Handbuch Rechtsradikalismus

Thomas Grumke · Bernd Wagner (Hrsg.)

Handbuch Rechtsradikalismus

Personen – Organisationen – Netzwerke
vom Neonazismus bis
in die Mitte der Gesellschaft

Leske + Budrich, Opladen 2002

Gedruckt auf säurefreiem und alterungsbeständigem Papier.

Die Deutsche Bibliothek – CIP-Einheitsaufnahme
Ein Titeldatensatz für die Publikation ist bei
Der Deutschen Bibliothek erhältlich

ISBN 3-8100-3399-5

© 2002 Leske + Budrich, Opladen

Das Werk einschließlich aller seiner Teile ist urheberrechtlich geschützt. Jede Verwertung außerhalb der engen Grenzen des Urheberrechtsgesetzes ist ohne Zustimmung des Verlages unzulässig und strafbar. Das gilt insbesondere für Vervielfältigungen, Übersetzungen, Mikroverfilmungen und die Einspeicherung und Verarbeitung in elektronischen Systemen.

Satz: Verlag Leske + Budrich, Opladen
Druck: DruckPartner Rübelmann, Hemsbach
Printed in Germany

Inhaltsverzeichnis

Einleitung		7
I.	Fachartikel	11
1.	*Bernd Wagner:* Kulturelle Subversion von rechts in Ost- und Westdeutschland: Zu rechtsextremen Entwicklungen und Strategien	13
2.	*Armin Pfahl-Traughber:* Die Entwicklung des Rechtsextremismus in Ost- und Westdeutschland im Vergleich. Eine vergleichende Analyse für die Handlungsfelder „Politik", „Aktion" und „Gewalt"	29
3.	*Thomas Grumke:* „Solidarität ist eine Waffe". Die rechtsextreme Internationale: Ideologie, Vernetzung und Kooperation	43
4.	*Michael Minkenberg:* Rechtsradikalismus in Mittel- und Osteuropa nach 1989	61
5.	*Dieter Rucht:* Rechtsradikalismus aus der Perspektive der Bewegungsforschung	75
6.	*Renate Bitzan:* Frauen in der rechtsextremen Szene	87
7.	*Thomas Pfeiffer:* Publikationen und Verlage	105
8.	*Sven Pötsch:* Rechtsextreme Musik	117
9.	*Klaus Parker:* Rechtsextremismus im Internet	129
10.	*Helmut Willems:* Rechtsextremistische, antisemitische und fremdenfeindliche Straftaten in Deutschland: Entwicklung, Strukturen, Hintergründe	141
11.	*Anton Maegerle:* Rechtsextremistische Gewalt und Terror	159
12.	*Margret Chatwin:* Die Rolle des Antisemitismus im Rechtsextremismus. Aktuelle Aspekte des Antisemitismus	173
13.	*Wolfgang Gessenharter:* Intellektuelle Strömungen und Vordenker in der deutschen Neuen Radikalen Rechten	189
14.	*Friedrich Paul Heller:* Mythologie und Okkultismus bei den deutschen Rechtsextremen	203
15.	*Lorenz Korgel/Dierk Borstel:* Rechtsextreme Symbolik und Kleidung im öffentlichen Raum: Bestandsaufnahme und Handlungsstrategien	213

II.	Aktivisten	229
1.	Einführung in die Teile II und III	231
2.	Personen	233
III.	Infrastruktur	351
1.	Organisationen	353
2.	Verlage/Vertriebe/Versandhandel	443
3.	Bands/Musiker	463
IV.	Verzeichnis von Akteuren gegen Rechtsradikalismus	483
V.	Bibliographie	519
VI.	Autorenverzeichnis	527
VII.	Personenregister	531
VIII.	Sachregister	539

1. Einleitung

> Ein Antisemit wird dadurch
> durchaus nicht anständiger,
> dass er aus Grundsatz lügt...
> (*Friedrich Nietzsche*)[1]

Im Jahr zwölf der deutschen Einheit sind erhebliche Verschleißerscheinungen der repräsentativen Demokratie im Bewußtsein weiter Teile der Bevölkerung festzustellen. Die Förderung von demokratischem Handeln und Bürgerengagement ist angezeigt, denn antidemokratische Diskurse im politischen Spektrum verbreitern und intensivieren sich. Dabei stehen die Ethnisierung der Betrachtung gesellschaftlicher Verhältnisse sowie Absagen an die Menschenrechte im Mittelpunkt. Besonders soziale Konflikte werden oft über die „Ausländerfrage" ausgetragen und mit ihr verquickt. Es kommt zur Ausprägung einer Kontrastgesellschaft, die der demokratischen Bindung nicht bedarf. Gewalt gegen sog. „Undeutsche" und „Ausländer" ist fester Bestandteil dessen.

In Deutschland besteht ein Netzwerk von heterogen rechtsradikal-orientierten Gruppierungen, die auf kommunaler Ebene als kulturelle, politische und geistige Institution fest etabliert und vielfach in der Öffentlichkeit dominant sind. Die völkischen und antidemokratischen Potentiale nehmen offensichtlich weiter zu und es ist zentral, diese zu benennen und zu analysieren um ihnen wirkungsvoll entgegentreten zu können.

Das wesentlich aus der Arbeit des *Zentrum Demokratische Kultur* (ZDK) hervorgegangene Handbuch versucht durch Fachartikel als auch durch einen Rechercheteil zu Personen und Infrastruktur einen umfassenden Überblick über den gegenwärtigen deutschen Rechtsradikalismus in all seinen ideologischen und organisatorischen Facetten und Ausformungen zu vermitteln. Darüber hinaus wird ein kommentiertes Verzeichnis von zivilgesellschaftlichen Initiativen gegen Rechtsradikalismus (Teil IV) sowie eine ausführliche Bibliographie (Teil V) angeboten.

Dieses Handbuch soll ein Nachschlagewerk zu allen Bereichen des gegenwärtigen deutschen Rechtsradikalismus sein, das sowohl Fachleuten als auch interessierten Bürgern hilfreich ist. Besonderes Gewicht ist deshalb gleichzeitig auf Benutzerfreundlichkeit und wissenschaftliche Qualität gelegt worden. Keine orthodoxen Vorgaben bestanden im Teil I hinsichtlich des Rechtsextremismus- bzw. Rechtsradikalismusbegriffs, so dass in den Fachartikeln die einzelnen Autorinnen und Autoren ihren eigenen Begriff zugrunde legen. Dies ist zum einen der – begrüßenswerten – Diversität der Diskussionslandschaft zum Thema geschuldet, die zum anderen nicht durch ein Aufoktroyieren eines einzelnen Begriffsver-

---

1   Friedrich Nietzsche, Der Antichrist, 1888: 55.

ständnisses einplaniert werden sollte.[2] Wer sich in die lebendige wissenschaftliche Begriffsdiskussion einlesen möchte, dem seien u.a. die neueren einschlägigen Beiträge von Butterwegge 2002, Jaschke 2001, Pfahl-Traughber 1999 oder Jürgen Winkler in Schubarth/Stöss 2000 empfohlen.

Für das vorliegende Handbuch wurde hinsichtlich des Titels als auch vor allem im Hinblick auf die Teile II und III begrifflich an die Vorarbeiten von Minkenberg (1998) und Gessenharter (1998) angeknüpft. So weist Wolfgang Gessenharter zu Recht darauf hin, dass „einem relativ ausgearbeiteten und ausformulierten juristischen Normenbereich für Rechtsextremismus" ein „eher diffus wirkendes disparates Einstellungs-, Verhaltens- und Organisationsfeld" gegenüber steht (Ebenda: 33). Gerade wenn es also um empirische oder auch vergleichende Forschung geht, droht ein vor allem den Verstoß gegen den amtlich-verfassungsrechtlichen Normenbereich bezeichnender Rechtsextremismusbegriff wichtige Facetten des Phänomens auszublenden. Dem trägt die Definition von Michael Minkenberg Rechnung, dessen Rechtsradikalismusbegriff „auch Kräfte und Bewegungen" einschließt, „die die geltende demokratische Ordnung als solche nicht in Frage stellen, jedoch durch Rückgriff auf den ultranationalistischen Mythos eine Radikalisierung nach rechts und damit eine Revision der Verfassungswirklichkeit bzw. einzelner Normen anstreben" (Minkenberg 1998: 34). Bei Rechtsradikalismus wie er hier verstanden wird, handelt es sich in der Tat um ein Phänomen, das vom Neonazismus bis in die Mitte der Gesellschaft reicht und sowohl die Verhaltens- als auch die Einstellungsebene mit einschließt. In diesem Sinne kann dazu parallel auch der engere Begriff rechts*extrem* weiter gebraucht werden für diejenigen Bestrebungen und Kräfte, die gezielt auf die weitgehende Abschaffung des demokratischen gesellschaftlichen und politischen Systems hinarbeiten und dafür zumeist bereit sind, illegale Mittel bzw. sogar Gewalt einzusetzen (vgl. Ebenda).

Diese Publikation steht in einer Reihe von ähnlichen, wenngleich oftmals inhaltlich oder konzeptionell verschiedenen Handbüchern bzw. Lexika zum Thema, die, vor allem da zumeist nicht (mehr) bekannt, an dieser Stelle nicht unerwähnt bleiben sollen. Eine Vorreiterrolle nahm die von Dudek/Jaschke 1984 herausgebrachte und heute noch sehr lesenswerte Publikation ein, gefolgt von Hirsch 1989, Wagner 1994, Fromm 1994 und dem bis heute weithin genutzten Mecklenburg 1996. Eine zentrale Rolle nimmt mittlerweile der *Informationsdienst gegen Rechtsextremismus* (*IDGR*; *www.idgr.de*), ein stetig wachsender Fachservice im Internet, ein. Desweiteren sei das 1993 vom *Dokumentationsarchiv des österreichischen Widerstandes* herausgegebene umfangreiche Handbuch des österreichischen Rechtsextremismus erwähnt.

Aber zur vorliegenden Publikation: Teil I umfaßt 15 Studien ausgewiesener Kenner zu verschiedenen Komponenten und Gesichtspunkten des Rechtsradikalismus. Absichtlich wurde hier eine Mischung von Autorinnen und Autoren aus dem akademischen und nichtakademisch-praktischen Bereich gewählt. Die Beiträge zeichnen sich durch eine Balance zwischen Überblick und Innovation aus, wobei z.T. bereits bekannte Ergebnisse konkretisiert als auch neue Erkenntnisse und Analysen präsentiert werden.

Während Bernd Wagner sich mit dem Phänomen rechtsextremer kultureller Subersion vor allem in Ostdeutschland auseinandersetzt nimmt Armin Pfahl-Traughber eine vergleichende Analyse der Entwicklung in Ost und West vor. Auf die Darstellung der immer stärker und signifikanter werdenden internationalen Vernetzung von Rechtsextremisten in Ideologie

---

2   Zum Rechtsextremismusverständnis des *Zentrum Demokratische Kultur* vgl. Rechtsextremismus heute. Eine Einführung in Denkwelten, Erscheinungsformen und Gegenstrategien, ZDK-Bulletin 1/2002, Leipzig (Klett- Verlag).

Einleitung

und Praxis (Grumke) folgt ein Beitrag über die bisher kaum wissenschaftlich untersuchten rechtsradikalen Potentiale und Akteure in Mittel- und Osteuropa (Minkenberg). Dieter Rucht setzt sich mit der Frage auseinander, ob Rechtsradikalismus als soziale Bewegung bezeichnet werden kann und revidiert dabei teilweise frühere eigene Befunde. Nach vertiefenden Beiträgen über Frauen in der rechtsextremen Szene (Bitzan), einschlägigen Publikationen und Verlagen (Pfeiffer), rechtsextremer Musik (Pötsch) und Rechtsextremismus im Internet (Parker) folgen Analysen von einschlägigen Straftaten bzw. deren Erfassung (Willems) sowie von Gewalt und Terror von der extremen Rechten (Maegerle). Margret Chatwin untersucht mit dem Antisemitismus ein Phänomen, das gleichermaßen als zentrales Element des Rechtsradikalismus wie auch gesamtgesellschaftlich unverändert wichtig ist. Nach Wolfgang Gessenharters Beitrag zu den aktuellen intellektuellen Strömungen im sog. neurechten „Scharnierspektrum" runden Untersuchungen zu rechtsextremer Mythologie und Okkultismus (Heller) sowie zu rechtsextremer Symbolik und Kleidung im öffentlichen Raum als auch Handlungsstrategien dagegen (Korgel/Borstel) den Teil I des Handbuchs ab.

Die Teile II und III enthalten Profile der zentralen Akteure – Personen und Organisationen – des gegenwärtigen Rechtsradikalismus in Deutschland. Diese Profile wirken mit den Fachartikeln zusammen und ergänzen diese. Um eine möglichst breite Darstellung der rechtsradikalen Infrastruktur zu ermöglichen, wurden Parteien, Gruppen, Organisationen, Verlage als auch die nicht mehr aus dem Rechtsextremismus wegzudenkenden Musiker bzw. Bands berücksichtigt. Es wurde dabei so sorgfältig wie möglich recherchiert und vor allem auf Primärquellen zurückgegriffen. Das leicht verspätete Erscheinen des Handbuchs ist auch auf das sorgfältige wie langwierige Abwägen von Fakten und Informationen zurückzuführen, wobei einzelne Textstellen mehrfach umgestellt oder auch vorliegende Informationen als nicht für den Kontext relevant wieder entfernt wurden. Im weiteren sei ausdrücklich auf die im Punkt II.1 gemachten Ausführungen zu den Profilen verwiesen.

Das vorliegende Handbuch Rechtsradikalismus ist wie erwähnt maßgeblich aus der Arbeit des *Zentrum Demokratische Kultur* (*ZDK*) in Berlin hervorgegangen. Dank gilt in diesem Sinne allen Mitarbeiterinnen und Mitarbeitern des *ZDK*. Eine Publikation dieser Größenordnung ist selbstverständlich nicht durch die Herausgeberschaft allein leistbar. Besonderer Dank gebührt daher dem schier unermüdlichen Einsatz von Saskia Gailius, R. J. Hamm, Cordula Mäbert, Dominik Nagl und Frank Preut sowie Ulrike Hofmann und Sven Pötsch für die Erstellung des Kapitels „Musik".

Speziell zu danken ist auch den zahlreichen befreundeten Expertinnen und Experten, die bei den nicht enden wollenden Detailfragen mit Rat und Tat zur Seite standen. Ohne alle diese Personen hier aufzählen zu können, seien an dieser Stelle neben Margret Chatwin (*IDGR*), Anton Maegerle (ein Ein-Mann-Forschungsinstitut für Rechtsextremismus und profunder Kenner der Materie) und Klaus Parker (*haGalil*), Thomas Pfeiffer und Armin Pfahl-Traughber erwähnt.

Ermöglicht wird die Arbeit des *ZDK* und damit die Verwirklichung des vorliegenden Handbuchs durch die großzügige Unterstützung der *Freudenberg Stiftung*, der Initiative „Mut gegen rechte Gewalt" des *Stern*, der *Verbundnetz Gas AG* und last but not least dem Träger des *ZDK*, den *Regionalen Arbeitsstellen für Ausländerfragen, Jugendarbeit und Schule* (*RAA*) *e.V.* sowie der *Amadeu Antonio Stiftung*.

Berlin im August 2002   Dr. *Thomas Grumke*

Bibliographie

Butterwegge, Christoph (2002): Rechtsextremismus, Freiburg: Herder.
Dudek, Peter/Jaschke, Hans-Gerd (1984): Entstehung und Entwicklung des Rechtsextremismus in der Bundesrepublik. Dokumente und Materialien. Zur Tradition einer besonderen politischen Kultur. Opladen: Westdeutscher Verlag.
Fromm, Rainer (1994): Am rechten Rand. Lexikon des Rechtsradikalismus. Marburg: Schüren.
Gessenharter, Wolfgang (1998): „Neue radikale Rechte, intellektuelle Neue Rechte und Rechtsextremismus: Zur theoretischen und empirischen Neuvermessung eines politisch-ideologischen Raumes", in: Ders./Fröchling, Helmut (Hrsg.): Rechtsextremismus und neue Rechte in Deutschland: Neuvermessung eines politisch-ideologischen Raumes? Opladen: Leske + Budrich.
Hirsch, Kurt (1989): Rechts von der Union. Personen, Organisationen, Parteien seit 1945. Ein Lexikon. München: Kesebeck & Schuler.
Jaschke, Hans-Gerd (2001): Rechtsextremismus und Fremdenfeindlichkeit. Begriffe, Positionen, Praxisfelder. 2. Auflage. Opladen: Westdeutscher Verlag.
Mecklenburg, Jens (Hrsg.) (1996): Handbuch deutscher Rechtsextremismus. Berlin: Elefanten Press.
Minkenberg, Michael (1998): Die neue radikale Rechte im Vergleich. USA, Frankreich, Deutschland. Opladen/Wiesbaden: Westdeutscher Verlag.
Pfahl-Traughber, Armin (1999): Rechtsextremismus in der Bundesrepublik, München: Beck.
Schubarth, Wilfried/Stöss, Richard (Hrsg.) (2000): Rechtsextremismus in der Bundesrepublik Deutschland. Eine Bilanz. Opladen: Leske + Budrich.
Stiftung Dokumentationsarchiv des österreichischen Widerstandes (Hrsg.) (1993): Handbuch des österreichischen Rechtsextremismus. Wien: Deuticke.
Wagner, Bernd (1994): Handbuch Rechtsextremismus. Netzwerke – Parteien – Organsiationen – Ideologiezentren – Medien, Reinbek: Rowohlt

I. Fachartikel

Kulturelle Subversion von rechts in Ost- und Westdeutschland: Zu rechtsextremen Entwicklungen und Strategien

Bernd Wagner

1. Einleitung

Synchron mit dem bisherigen Verlauf der deutschen Einheit vollzog sich eine differenzierte, insgesamt aber aufstrebende Entwicklung des Rechtsextremismus in der Bundesrepublik Deutschland bei tendenziellem Verfall der extremen politischen Linken.

Die Betrachtung dieser Vorgänge durch Politik und Medien konzentrierten sich lange Zeit auf die politischen Kapazitäten rechtsextremer Parteien in bezug auf den Parlamentarismus und auf die rechtsextreme Gewalt, die zumeist von Jugendlichen ausging. Dem lag ein Begriff des Rechtsextremismus zu Grunde, der die *aktiv-kämpferische Bestrebung* und die *politisch-motivierte Gewalt*, die sich *gegen die freiheitlich demokratische Grundordnung* richten, in den Mittelpunkt stellte. Insofern hatten es Analysen schwer, die auf einem Verständnis fußten, dass Rechtsextremismus als eine politisch intendierte Ideologie[1] begreift, „die im Kern aus einem Mythos in Form eines populistischen und romantischen Ultranationalismus besteht und die sich daher tendenziell gegen die liberale Demokratie und deren zugrundliegende Werte von Freiheit und Gleichheit sowie die Kategorien von Individualismus und Universalismus richtet." (vgl. Minkenberg 1998).

Nach der Niederschlagung der NS-Diktatur blieb der deutsche Rechtsextremismus trotz der Etablierung des menschenrechtlichen Grundwerte- und Demokratiesystems in Westdeutschland und der Errichtung der SED-Diktatur in unterschiedlicher Weise und in zeitlichen Wellen vital, seine Äußerung erschienen als Atavismus, als Anwandlungen Ewig Gestriger oder von denen verführter Junger.

In der DDR kam hinzu, dass rechtsextremes Denken und Handeln als Wirkung der Beeinflussung durch den *imperialistischen Klassenfeind* galt, da es per Doktrin im *Sozialismus keine sozialökonomischen und politischen Grundlagen für den Faschismus* hat geben können. Im Unterschied zur Bundesrepublik Deutschland war der Rechtsextremismus in der DDR nicht klassisch politisch, als politische Organisation präsent. Das Spektrum reichte von Propagandadelikten bis zu Gewaltstraftaten und terroristischen Aktivitäten, die bis in die bewaffneten Organe hineinreichten (siehe Madloch 2000: 66ff.). Immer wieder gab es Organisationsbemühungen, über die die Unterlagen des *Ministeriums für Staatssicherheit (MfS)*[2], der *Volkspolizei*, der Justiz, der *SED* und der Jugendorganisation *Freie*

---

1 Es wird ein weiter Begriff der Ideologie verwandt. Vgl. auch Boudon (1988) und speziell zu rechtsextremer Ideologie Grumke (2001).
2 Die Abteilung Staatsschutz des Zentralen Kriminalamtes der DDR, fand 1990 in MfS-Objekten in Berlin-Hohenschönhausen eine Vielzahl von Strafakten, die Zeugnis über rechtsradikale kriminelle Aktivitäten in der *Nationalen Volksarmee* (*NVA*) in den 80er Jahren ablegten.

gend (FDJ) Auskunft geben (vgl. Waibel 1996: 25ff.). Diese Bemühungen wurden abgesehen von den 1980er Jahren regelmäßig gesprengt.

Mit den 1970er Jahren zeigten sich in beiden deutschen Staaten erste Anzeichen einer neuen Tendenz: die Entwicklung von Elementen einer neuen rechtsextremen Bewegung, die neue Milieus bindet und bildet und die ihren Kern in der Jugend hat. Auffällig war dabei, dass diese Tendenz nicht über politische Kampagnen und direkt über gesellschaftliche Generatordiskurse erzeugt wurde, sondern sich als selbst entwickelnde *Lebensweise* präsentierte, die sich permanent umbaute. Ideologieelemente, kulturelle Muster, ökonomische Gebundenheiten, Szenen und Milieus gingen in einem Auf und Ab den gesellschaftlichen Bedingungen entsprechend immer neue Synthesen ein. Ein neuer Typus von Personen, eine Mischung von „Outlaw" und ideologischer „Kämpfer", trat Schritt für Schritt hervor. Besonders drastisch sichtbar wurde dies bei Nazi-Skinheads. Gewalt wurde ein zentrales Insignium dieser vom klassischen Rechtsextremismus relativ unabhängigen Entwicklung. In der Bundesrepublik war die Verbindung mit älteren Formationen des Rechtsextremismus über Schlüsselpersonen vorhanden, während dessen diese Verbindung in der DDR weitgehend ausfiel, wenn man von den Großeltern absieht.

Die neue rechtsextreme Bewegtheit reagierte in West und Ost fast zeitlich konvergent auf die Modernisierungsdrücke der diametralen deutschen Systeme und Gesellschaften. Sie erschien als Zersetzungserscheinung, als Kritik an der sozialen Homogenität und am Staat, als Desintegration in Folge der Veränderung politischer, geistiger, kultureller, letztlich basaler ökonomischer Verhältnisse (vgl. Bataille 1997). Ihre soziale Reichweite war bis zur deutschen Einheit noch relativ gering und politisch peripher. Ihr Einfluss auf das Geschehen sollte jedoch nach dem Fall der Mauer wachsen. Es entwickelte sich in den 1990er Jahren die Fähigkeit, die alten Formationen des Rechtsextremismus tendenziell zu überlagern und teilweise zu erneuern, wie dies im Fall der *Nationaldemokratischen Partei Deutschlands (NPD)* geschah. Eine zentrale katalytische Wirkung auf diesen Prozess hatte die Entwicklung in den Neuen Bundesländern, gekennzeichnet von ausgeprägten völkischen Orientierungen in der Bevölkerungsmitte, einer rechtsextrem orientierten Jugendkulturlandschaft und offenen Gewaltexzessen. Funke spricht in diesem Zusammenhang zu Recht von einem neuen Typ des Rechtsextremismus (vgl. Funke 2002).

Aus diesem Grund soll die Entwicklung dort an dieser Stelle nachgezeichnet werden, zumal auch zu beobachten ist, dass sich die Tendenzen im Osten auch im Westen seit einigen Jahren deutlich stärker bemerkbar machen.

Seit dem Beginn der 1990er Jahre bemüht sich das intellektuelle Spektrum des Rechtsextremismus, die Herausbildung des neuen Rechtsextremismus zu fördern und mit Konzepten und Strategien zu untersetzen. Ebenso wurden gezielt Projekte in die Realität gebracht, um ihre Reichweite bestimmen zu können und Mobilisierungspotentiale zu entfalten.[3] Die Schlüsselstellung hat dabei die Idee des Kulturkampfes, der sich in allen sozialen Sphären und gesellschaftlichen Bereichen abspielen soll (vgl. Funke 2002: 120ff.). Die *Neue Rechte* fördert diesen Prozess nach Kräften.[4]

---

3   Beispiele dafür sind die Projekte *Cafe Germania* in Berlin und in Dresden und das *Radio Germania* in Berlin
4   Vgl. den Beitrag von Wolfgang Gessenharter in dieser Publikation und Funke 2002: 248 ff.

2. Rechtsextreme Entwicklungen in der späten DDR

Ab der zweiten Hälfte der 1970er Jahre ergab sich in der DDR ein kultureller, ästhetischer, sozialer und politischer Modernisierungsdruck.[5] Die Schere zwischen der Entwicklung von Bedürfnissen und den Möglichkeiten ihrer Erfüllung klaffte mehr und mehr auseinander. Aus der Sicht des Systems stellte sich dieser Vorgang als Stagnation und Verfall dar. Die ohnehin schwache politische Bindung von *Partei-Klasse und -Masse*[6] zerfiel immer mehr, die Jugend wandte sich vom System ab, die relativ homogene Lebensweise differenzierte sich, mehr und mehr kollektive Identitäten entwickelten sich jenseits des politisch goutierten Offiziellen (vgl. Wolle 1998).

In diesem Prozess von Stagnation und Verfall bildeten sich parallel dazu neben den anderen kritischen und gegen das System gerichteten Gruppen und Szenen rechtsextreme Potentiale besonders in der Jugend heraus, die ihrerseits beschleunigend in den Niedergang eingriffen.

Die ersten rechtsextremen Gruppen formierten sich zum Ende der 1970er Jahre, so die Berliner NS-Rocker *Vandalen*.[7] Auch unter Fußballfans und Punks wurden rechtsextreme Entwicklungen sichtbar (vgl. Wagner 1997). Sie bildeten subkulturelle Milieus im Spektrum der DDR-Jugendkulturen, die sich Ende der 1970er, Anfang der 1980er Jahre rasant ausbreiteten und differenzierten.

Zu unterscheiden waren Gruppen, deren Identität auf Gewalt beruhte und in denen Gewalt als probates Instrument zur Durchsetzung von Ansprüchen angesehen wurde, und Gruppen, deren Selbstverständnis Gewalt gänzlich oder weitgehend ausschloß. Zugleich entwickelten sich rechtsextreme ideologische Muster, die ein Aufbegehren gegen die gesellschaftlichen Verhältnisse des Offiziellen begründeten, Ziele erhoffter Veränderungen bezeichneten und den Begriff des Kampfes in den Mittelpunkt stellten (vgl. Wagner 1993: 120). Um welche ideologische Grundmuster handelte es sich?:

– Kritik an der Ent-homogenisierung der unterstellten „deutschen" Lebensweise/ Kultur (Kampf gegen alles „Undeutsche", Schwule, Punks, Grufties u.a.),
– Entmachtung der Kommunisten und Herstellung eines „wahren Sozialismus",
– Eintreten gegen die Entwertung „deutscher Arbeit",
– Leben der „deutschen Wehrhaftigkeit",
– Einheit der deutschen Nation jenseits der DDR und der BRD unter Einbeziehung der ehemaligen „Ostgebiete" (vgl. Wagner 1994).

Diese ideologischen Gebilde, die zugleich im Alltag Konfliktlinien und damit für das tägliche Handeln bedeutsam waren, verwoben sich mit jugendlichen Szenen. Stufenweise entwickelte sich eine rechtsextrem-orientierte, autoritär-völkische[8] gewalttätige Jugendszene mit Bewegungscharakter, mit differenzierten Szenen von Skinheads, „Faschos" und Hooligans (vgl. Wagner 1994). Sie unterschied sich von den Gewälttätergruppen der 1970er Jahre durch klare ideologisch begründete Feindbilder, ihre Gewaltmittel und -methoden (vgl. Fitt-

---

5 Zum Begriff der Modernisierung siehe Rucht 1994: 54.
6 Gemeint ist das marxistisch-leninistische Theorem der stets erforderlichen Einheit der marxistisch-leninistischen Partei als Volkspartei und Vorhut der Arbeiterklasse mit der Arbeiterklasse und dem ganzen werktätigen Volk
7 Die *Vandalen* existieren in Berlin bis heute. Sie stellen den Kern der nunmehr strafrechtlich verfolgten rechten Kultband *Landser*.
8 Der Begriff des Völkischen wird hier im Sinne von Günter Hartung (1996) verwandt.

kau 1990) sowie der Vernetzung der kleinen Gruppen (vgl. Wagner 1997). Sie stellten nicht allein eine Subkultur dar, sondern erlangten auch Bewegungscharakter, was sich in Selbst- und Fremdbildern sowie Gruppenaktivitäten[9] niederschlug.

Bis zum Ende der DDR gab es keine geschlossenen rechtsextremen politischen Konzepte oder Programme, die einen Ordnungsentwurf für eine neue, gewaltsam aufzubauende Gesellschaftsorganisation dargestellt hätten. Das klassische westliche politische Protestverhalten gegenüber der etablierten gesellschaftlichen Macht fehlte. Es handelte sich aber auch nicht um marginalisierte, aus der Gesellschaft ausgegrenzte Personengruppen, die im Einsatz von Gewalt das einzige verfügbare Mittel zur Verteidigung ihres marginalen angeeigneten Raumes sahen. Das Ziel bestand darin, Anerkennung bei der unstrukturierten Mehrheit der Bevölkerung als spezielle „Werbeform" zu erzwingen und sich als militante Verteidiger „deutscher" Bevölkerungsinteressen auszuweisen. Das bezog sich auf die deutsche Einheit – allerdings jenseits von DDR und BRD – und auf die sozialökonomische Gerechtigkeit im Verhältnis von politischen und ökonomischen Eliten und der Masse des (deutschen) Volkes. Ein damals bedeutender Nazi-Skinhead drückte in einem Brief an die Szene aus, dass es ihm und der Szene um einen wirklichen deutschen Sozialismus gehe, der von Hitler bis Honecker nicht wirklich existiert habe. Auch sei die DDR eine Fehlentwicklung gewesen (vgl. Wagner 1997: 24).

1988 begannen Gruppen offen zu agieren, die sich nach dem Fall der Mauer als rechtsextrem-militante Bewegungsorganisationen wie u.a. die *Nationale Alternative* (*NA*) formierten oder solchen aus dem Westen wie der *Freiheitlichen Deutschen Arbeiterpartei* (*FAP*) beitraten.

Mit dem Ende der Honecker/Krenz-DDR hatte sich das strukturelle und personelle Gerüst des ostdeutschen Rechtsextremismus, ein netzwerkartiges Konglomerat aus Nationalsozialismus und Rassismus, herausgebildet und war mit dem westdeutschen Rechtsextremismus, hier mit der *Gesinnungsgemeinschaft der Neuen Front* (*GdNF*) in verstärkte Beziehung getreten. Die Orientierung an Ideen eines rassistischen „nationalen Sozialismus" war die östliche Norm. Die Entwicklung des Rechtsextremismus in der DDR war nach einer kurzen Periode symbolischen Protestes im Verlaufe der 1980er Jahre eine relativ spontane Entwicklung einer politischen Ideologie im Zusammenhang mit Subkulturbildungen, besonders verbunden mit Punks und Skinheads. In beiden starken Subkulturen verbreiteten sich rechtsextreme Orientierungen unterschiedlicher Niveaus, die große Teile Punks in rechtsextreme Skinheads verwandelte, die Skinheads diversifizierte und die Vorherrschaft rechtsextremer Skinheads ab Mitte der 1980er sicherte (vgl. Niederländer 1988).

Zusammenfassend kann festgestellt werden:

- In der DDR gab es repressionsbedingt keine rechtsextremen Parteien oder ähnliche Organisationen, allenfalls Kleingruppen mit Ambitionen.
- Der Rechtsextremismus entwickelte sich als politische Ideologie des Ultranationalismus in Kritik des Antinationalen der DDR und der demokratischen Nationenverständnisse der BRD. In ihm bediente man sich eines bestehenden völkischen Nationenkonzeptes gegen den demokratischen Westen, den Kapitalismus und Kommunismus.
- Der Rechtsextremismus entwickelte sich aus Subkulturen Jugendlicher als gewalttätige Bewegung von Kleingruppen. Im Sinne von Beichelt und Minkenberg (2002) handelte es sich um subkulturelle Milieus mit Elementen von sozialen Bewegungsorganisationen.

---

9 Als Beispiel kann die *Bewegung 30. Januar* in Ostberlin genannt werden, die 1988 gegründet wurde und aus der 1990 die *Nationale Alternative* hervorging.

- Der Rechtsextremismus in der DDR war ein Produkt von Stagnation und Zerfall des Systems, der auf einen neuen „Nationalen Sozialismus" insistierte.

Tabelle 1 Rechtsextremismus in der DDR

Zeit	Parteien/ Wahlorganisationen	Soziale Bewegungsorganisationen	Subkulturelle Milieus	rechtsextreme völkische Stimmungen/Orientierungen
1975 – 1980		Vandalen	Fußballfans	Marginal, doch anwachsend ausländerfeindlich
1980 – 1985		Vandalen, FAP Berlin, Erste NS-Skins, NF Kamerad. Berlin-Wehrsportgruppen (z.B. Cottbus)	Nazipunk, Nazimetal", deutsche" Oi - Skin, Edelskin, NS-Skinhead	Ausweitung der Ausländerfeindlichkeit, wachsendes Verständnis für rechtsextreme Aktivitäten
1985 – 1990		Siehe oben und Bewegung 30. Januar Söhne der Arier SS-Teutonenstaffel Zyklon B u.v.a.als relativ hermetische KleingruppenNetzwerk	Naziskinhead, Edelskin, Fascho „deutsche" Oi -Skin Hooligan (Teile)Netzwerk	dito

3. Nach dem Fall der Mauer – Die Neuen Bundesländer

Mit dem Mauerfall setzte ein neuer Schub der Entwicklung des Rechtsextremismus im Osten Deutschlands ein, der westdeutsche Rechtsextremisten in Erstaunen und Hoffnung versetzte. Es bildeten sich nationalsozialistische Organisationen, so die *Nationale Alternative (NA)*, die Gubener Heimatfront, Söhne der Arier u.a. Westliche Organisationen wie die *Deutsche Alternative (DA)* und die *Freiheitliche Deutsche Arbeiterpartei (FAP)* und die *Wiking-Jugend (WJ)* bildeten Ostgruppen. Sie stellten eine Verstärkung des ostdeutschen Rechtsextremismus dar, da das Kaderprinzip verstärkt wurde und Ideologietransfers einsetzten (Literatur., Schulungen, Treffen). Die Dimension der Parteien spielte zu der Zeit im ostdeutschen Rechtsextremismus eine untergeordnete Rolle. Das stellt einen Unterschied zu Westdeutschland und zu den Entwicklungen in Osteuropa dar (vgl. Niederländer 1988: 11).

Die gesellschaftspolitischen Problemthemen waren Arbeitsplätze, Asyl und Ausländer, Sicherheit, Ordnung, die Übertragung der westdeutschen Wirtschafts-, Sozial-, Eigentums- und Rechtsordnung sowie der gesellschaftlich-politischen sowie geistig-kulturellen Wert- und Erfolgsmaßstäbe. Für Millionen stellte der Weg zur staatlichen Einheit von BRD und DDR einen praktischen Gewinn dar. Zugleich handelte es sich jedoch um den Absturz aus einem berechenbaren gesellschaftlichen Raum: Transformation im Spannungsfeld zwischen der Herrschaft der D-Mark, den kapitalistischen Möglichkeiten sowie bürgerlichen Freiheiten und der normativen Entwertung der Ostexistenz, dem Verlust sozialer Berechenbarkeit und Sicherheit einschließlich der tradierten sozialen Chancenstruktur (vgl. Glatzer/Bös 1997). Das zeigte sich besonders in de-industrialisierten und allgemein ökonomisch entwerteten Gebieten sehr deutlich. Diese Tendenz ist nicht überwunden. Vielen Ostdeutschen war und ist die Vorstellung, Deutsche zweiter oder gar dritter Klasse in Deutschland zu sein

ein Greuel. Das bedingte Sarkasmus, Agressivität und Hass auf Ausländer, deren Dasein als unzulässiger Verstoß gegen die erwünschte Volksgemeinschaft gewertet wurde. Funke spricht in diesem Zusammenhang davon, dass die autoritär fügsamen Ostdeutschen einem sozialen Großexperiment mit ungewissem Ausgang ausgesetzt wurden, welches für viele in der Arbeitslosigkeit und in dem Gefühl, kolonialisiert worden zu sein, endete.[10]

Die Einführung der Demokratie wirkte nicht ausreichend in den profanen Alltag der Lebensbewältigung durch. Der Austausch oder die Verwandlung von Eliten im politischen Establishment und den Verwaltungen, den Schulen, der Polizei, die fast die gesamte Galerie ehemaliger Bürgerrechtler aufsog und an den Staat anpaßte, brachte manche unbekannte bürokratische Bedrängung zusätzlich. Es verbreitete sich die Ansicht, dass die DDR bezüglich sozialer und persönlicher Sicherheit, der Bildung, der Rechtsprechung und des Status der Frau der Bundesrepublik überlegen war (vgl. Thumfort 2001).

Über das Thema Asyl und Ausländer verbunden mit der unvorbereiteten Zuweisung von Asylbewerbern in die neuen Bundesländer wurden seit 1990 die Gefühle der Bedrohung und Blockade von Lebenschancen verstärkt (vgl. Wagner 1997), was zur Verstärkung ausländerfeindlicher und rassistischer Stimmungen führte. Diese Tendenz hält bis heute an.

Die Bezüge zwischen rechtsextremen subkulturellen Milieus und sozialen Bewegungsorganisationen verstärkten sich vor diesem Hintergrund, wenngleich sie auf der gesellschaftlichen Bühne unterschiedliche Rollen spielten. Die einen übten Gewalt aus, die anderen heizten die Stimmung an. In Hoyerswerda, Rostock, Cottbus, Altenburg und vielen anderen Orten kam es zu ausländerfeindlichen, rassistischen Pogromen, wo das Rollenspiel der rechtsextremen Akteure offenlag.

3.1. Rechtsextreme Gewalt

Nach 1990 wurden Argumente für ausländerfeindliche Haltungen aus dem Alltagsverständnis eines wachsenden Teiles der Bevölkerung geschöpft, die sich aus den kollektiv akkumulierten Affekten ergaben.[11] Angesichts der ökonomischen und sozialen Transformation in der DDR und den neuen Bundesländern verstärkten sie sich und erlangten die Dimension einer sozio-ideologischen Grundströmung, die in den Ereignissen von Hoyerswerda, Rostock und anderswo eruptiv ausbrach.

Gewalt spielte seither in den rechtsextremen Milieus und ihrem Bewegungszusammenhang trotz verstärkter staatlicher Repression ungebrochen eine besondere Rolle. Das Bundeskriminalamt (BKA) wies auf der Jahrestagung 2000 auf das starke Gewaltpotential im Osten hin.[12] Seit 1990 gab es in Deutschland über 140 Tötungen, die auf rechtsextreme Gesinnung und Motive zurückgehen.[13]

„Skinheads können ihren Willen mit Gewalt durchsetzen und werden immer Sieger bleiben" und „Wir kämpfen die deutschen Städte ausländerfrei" lauteten die Slogans der militanten rechtsextremen Jugend. Repressive Maßnahmen von Polizei und Strafjustiz konnten

---

10 Hajo Funke, Demokratieaufbau Ost, in: *Blätter für deutsche und internationale Politik*, Nr. 6/1998, S. 650 – 654.
11 Vgl. Michael Mara, Mehr als die Hälfte fremdenfeindlich, in: *Der Tagesspiegel*, 24.6.1998.
12 Bernhard Falk, Anmerkungen zum polizeilichen Lagebild Rechtsextremismus, Antisemitismus und Fremdenfeindlichkeit, In: Rechtsextremismus, Antisemitismus und Fremdenfeindlichkeit, BKA-Herbsttagung 2000, Neuwied und Kriftel 2001, S. 51 ff.
13 Nach einer fortlaufenden Dokumentation von Fällen im Zentrum Demokratische Kultur Berlin.

sie inzwischen als Selbstbestätigung gut verkraften, wenngleich solche trotzdem Wirkungen erzielten.

Viele Städte besaßen eine „kampferprobte" rechtsradikal ausgerichtete Szene.[14] Skinhead- und „Fascho-Gruppen" befanden sich Ende 1989 auf verschiedenen Entwicklungsstufen. Die unterste Stufe waren lose Cliquen, die eher amorphen Haufen glichen. Die höchste Stufe bildeten Kleingruppen mit zehn bis zwölf Mitgliedern, für die die eigene Gruppenorganisation bereits zum Fetisch geworden war. Die Organisation der Gruppe sicherte die Gewaltakte ab. Die allmähliche Entwicklung des Organisationsniveaus wirkte zugleich als Selektionsprozess unter den Anhängern der Gruppierung. Wer sich den disziplinierenden Forderungen nicht anpassen konnte, wurde von der Gruppierung abgetrennt. In der Gegenrichtung kamen Aufsteiger aus Cliquen in organisierte Gruppen. Jeder Prestigegewinn einer Gruppierung in der Öffentlichkeit wurde als Erfolg der eigenen Organisationsqualität gewertet. Die Parolen über Zucht und Ordnung, deutsche Treue und Kameradschaft, Sauberkeit und Disziplin gediehen in einer straffen inneren Organisation besser und förderten diese wiederum. Durch die festen Gruppen entwickelte sich das überregionale Kommunikationssystem besser.

Rechtsextreme Gewalt wurde ein integrierendes Moment und Aufbaustoff für das individuelle Ich eines großen Teils der jugendlichen rechtsextremen Szene. Insofern zog sie beständig vielfältige Persönlichkeitstypen an, darunter auch psychopathologische[15], weil der durch Drohung und Gewalt erzeugte Machtkontext wirkte. Den einen war er Ausdruck ihrer aggressionsgeladenen Gewordenheit, den anderen verhieß er Schutz durch Teilhabe an der Macht, wieder anderen gab er die Illusion von Persönlichkeit und Omnipotenz.

Gewalttaten entsprangen häufig einem aggressiven Aufschaukeln einer Situation in Berührung mit „Feinden" und ihre Entladung. Trunkenheitsentgleisungen waren dabei eine begünstigende Bedingung, nicht die Ursache. Gewalttaten im Sinne einer methodischen „Bekämpfung von Feinden" waren ebenfalls anzutreffen, allerdings seltener.

Die zentrale Rolle spielte das Raumordnungs- und Machtbewusstsein, wo Einflussphantasien und -gebiete idealtypisch kreiert wurden, die nach Maßgabe der eigenen Kraft geschaffen, gehalten und ausgeweitet wurden. Meist wurden sie durch die ideologischen Köpfe der rechtsextremen Szene als „national-befreite Zonen" bezeichnet (vgl. ZDK 1998). Andere sprechen von No-Go Areas oder Dominanzzonen (vgl. Funke 2002: 27ff.). Dafür wurde ein ideologisch begründeter Kleinkrieg gegen „Feinde" um Raumordnung und Macht geführt. Die „Feinde" standen für die Bezeichnung ideologisch gegründeter Konfliktlinien. Als „Feinde" galten Gruppen und Personen, die mit einem biologistischen Unwertschema belegt wurden und dann konkrete Menschen, die im Alltag den „Feinden" zugeordnet wurden. Im Mittelpunkt standen „Kanaken" und „Zecken". Die Ersten galten als biologisch „Undeutsche", die Zweiten als „Undeutsche" nach ihrer Ideologie und Kultur. In jedem Fall

---

14 1989 registrierte die Hauptabteilung Kriminalpolizei des DDR-Innenministeriums in der Dokumentation R, einer operativen polizeilichen Personendokumentation, die im Rahmen der Fahndung und Personenkontrolle von Bedeutung war, etwa 1000 Personen unter der Rubrik C, was bedeutete: rechtsextrem, intensiv gewalttätig. Dazu gab es unter anderen Rubriken weitere Personen wie rechtsextrem orientierte Hooligans; insgesamt rechnete die damalige DDR-Kripo mit einem „Verfügungspotential" von ca. 15 000 Personen, meist Jugendliche und Jungerwachsene bis 21 Jahre, davon 1/5 Mädchen.

15 Damit sind Persönlichkeiten bezeichnet, deren Verhalten im medizinischen und strafrechtlich relevanten Sinne keine Krankheitswertigkeit bedeutet, was aber für direkt von deren Sozialverhalten Betroffene, gerade Opfer ihrer Gewalt kaum einen Unterschied machen dürfte.

war ihre „Bekämpfung" in den Augen der Szenevertreter moralisch legitim, weil sie als apokalyptische Verderber des „Deutschen" galten.

Aus diesen Kämpfen und den nachfolgend kurz skizzierten kulturellen Fixierungen des neuen Rechtsextremismus bei gleichzeitiger Schwäche der Demokratie in den Kommunen entwickelten sich vielerorts rechtsextreme Konglomerate, die mehr als nur Gruppen und ihre kleinteiligen Herrschaftsräume sind. Sie stellen ein System dar, das multifunktional und netzwerkartig strukturiert ist, in dem Führung besteht und das Handeln grundsätzlich strategischen Mustern gehorcht sowie legalistisch und konspirativ agiert. Am besten zu vergleichen sind diese Gebilde mit mafiotischen Strukturen. Einen Prototyp stellt das Konglomerat Sächsische Schweiz dar.[16] Betroffene Kommunen[17] reagierten bisher überwiegend verunsichert, und einige wählten den Weg der indirekten Kollaboration, um die rechtsextreme Intervention aus der öffentlichen Wahrnehmung zu bekommen.

3.2. Kulturelle Fixierungen des Rechtsextremismus in den Neuen Bundesländern

Neben der Rekonstruktion völkischer Debatten und Diskurse bestand der eigentlich bedeutsame Vorgang seit Mitte der 1990er Jahre darin, dass sich ein heterogener rechtsextremer „Mainstream", der sich nicht eindimensional an jugendkulturellen Stilen wie den Skinheads festmacht, entwickelt hat. Er ist nicht auf den Osten Deutschlands beschränkt, dort allerdings sehr durchschlagend. Es handelt sich um eine kulturelle Fixierung von subkulturellen Milieus und sozialen Bewegungsorganisationen als Szene vor dem Hintergrund von völkischen Stimmungen in der gesamten Bevölkerung.

Völkische und rechtsextreme Bilder der Geschichte, des Gesellschaftszustandes, des Menschenbildes und entsprechende historische Visionen bestimmen das Bewusstsein in den existierenden und sich reproduzierenden Szenen und Jugendmilieus, die in den Kommunen und Regionen erheblichen Einfluss auf die jeweils nachwachsenden Jahrgänge als neue Sozialisationsmacht besitzen.

Von besonderer Relevanz war die Herausbildung eines eigenständigen rechtsextremen Kulturbetriebes, der in den Neuen Ländern Fuß fasste.

Diese Szene entwickelte eigene Idole, wie z.B. den verstorbenen britischen Sänger Ian Stuart – den Gründer der Band *Skrewdriver* und Mitinitiator des Netzes *Blood & Honour* –, Liedermacher wie Frank Rennicke und Jörg Hähnel, Bands wie *Landser*, *Spreegeschwader*, *Volkstroi*, *Odins Erben* oder *Thorshammer*. Diese werden u.a. in Szene-Läden wie *Helloween* und *Harakiri* präsentiert, in denen Bekleidung, CDs und Fanzines[18] für eine feste Käuferschaft feilgeboten werden.

Diese Idole werden nicht nur in der Jungmännerwelt geliebt und verehrt, sondern zunehmend auch vom weiblichen Publikum zelebriert. Das verweist darauf, dass geschlechtliche Partnerschaft als soziale Instanz zunehmend in die rechtsradikal orientierte Szenelandschaft implementiert wird.

Der Kulturbetrieb wurde so Bestandteil des rechtsextremen Kulturkampfes für ein ultranationalistisches System und eine zentrale Säule des Ideologie- und Organisationsgeschehens.

---

16 Siehe die Fallbeschreibung von Hajo Funke (2002: 38-50).
17 Aufschlussreiche Fallbeschreibungen liefert Burkhard Schröder (1997).
18 Fanzines sind „Fanzeitschriften", in diesem Falle allerdings nazistische.

Abbildung 1 Rechtsextremer Kulturbetrieb

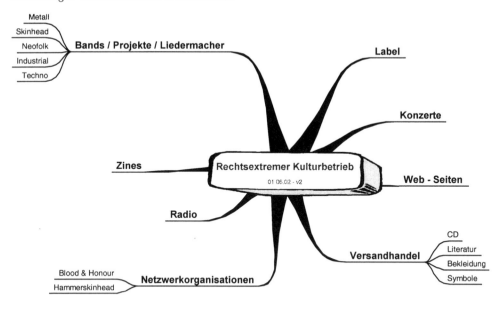

Tabelle 2 Rechtsextremismus in den neuen Bundesländern ab 1990

Zeit	Parteien/ Wahlorganisationen	Soziale Bewegungsorganisationen	Subkulturelle Milieus	Rechtsextreme Völkische Stimmungen/ Orientierungen
1990 – 1993	MNPD (1990) NA (1990) NWD (1990) REP DVU NPD FAP DA Deutsche Volkspartei (DVP) Keine Erfolge	GdNF Nationalistische Front (NF) Wiking-Jugend (WJ) Nationale Offensive (NO) Sozialrevolutionäre Arbeiterfront (SrA) Oderwacht Blood & Honour Hammerskin u.v.a. schwere Gewalttaten wachsende Akzeptanz	Skinhead subkulturelle unspezifische örtliche Gruppen Hooligans (Teile) schwere Gewaltstraftaten wachsende Akzeptanz	ausländerfeindlicher Schub Pogrome werden getragen
1994 – 1996	**einzelne Verbote u. Zerfall** DVU NPD REP BfB	**einzelne Verbote** Die Nationalen (Kameradschaftsnetzwerk) Oderwacht Blood & Honour Hammerskins u..a.	Skinhead subkulturelle unspezifische örtliche Gruppen Hooligans (Teile ideologisch kultureller Mainstream) rechtsextreme Bands	Stabilisierung der Ausländerfeindlichen und völkischen Stimmungen

4. Neu-Formierungen rechtsextremer sozialer Bewegungsorganisationen ab 1996/97

Mit dem Verbot diverser militanter rechtsextremer Organisationen, die für Ostdeutschland bedeutsam waren – die *Deutsche Alternative* (DA), die *Freiheitliche Deutsche Arbeiterpartei* (*FAP*), die *Nationale Offensive* (*NO*), die *Nationalistische Front* (*NF*), die *Nationale Liste* (*NL*), die *Wiking – Jugend* (*WJ*) u.a. –, schlug die Stunde für Konzepte der neuen sozialen Bewegungsorganisationen in einer spezifischen Verknüpfung:

- permanente Aktion,
- dezentrale Vernetzung,
- kulturelle Subversion,
- Eroberung des sozialen Nahraums,
- „national befreite Zonen"

als eine braune „zivilgesellschaftliche" Antwort auf das „Ende des Parteienzeitalters", wie es hieß. Es entstand eine neue Offensive, der „Nationale Widerstand" wurde kreiert, Mailboxen und das Internet als Instrument genutzt.

Den Staffelstab der Verbotenen übernahm zunächst der Verein *Die Nationalen e.V.*, der von Berlin aus ein Netz von Kameradschaften in den neuen Ländern mit dem Kern Brandenburg aufzog[19] und der wiederum mit seiner Auflösung Ende 1998 von der *NPD* beerbt wurde. Damit schlug die Erneuerungsstunde dieser Partei im Osten.

Politisch unstrukturierte rechtsextreme Gruppierungen Jugendlicher, Kameradschaften oder „Freizeitgruppen" auf unterschiedlichen Niveaus breiteten sich seit 1997 zunehmend in kleinen Städten und Dörfern aus, wo sie vielfach ein Schreckensregiment errichteten. Oft sind sie Hand in Hand mit direkt politisch firmierenden Gruppen, „Freie Kameradschaften" und *NPD*, aktiv.

Die Militanz wuchs seit 1997 trotz der verhängten Verbote von Organisationen und verstärkter polizeilicher Intervention wieder deutlich, was bedeutet, dass wohl kein eindimensionaler Zusammenhang zwischen Repression und Aktivität besteht. Die Rechtsextremen befanden sich im Aufwind. Das Zentrum des militanten deutschen Rechtsextremismus wechselte von West nach Ost.[20] Die Ereignisse und Umstände beflügelten ihr Selbstbewusstsein, den Fanatismus und Aktivitätswillen. „Wir sind wieder da" frohlockte ein dem Autor bekannter Aktivist.

„Freie" oder „Unabhängige Kameradschaften" nannten sich diejenigen, die sich nicht an die *Nationaldemokratische Partei Deutschlands* (*NPD*) binden oder in ihr aufgehen wollten und die sich dem Hitlerismus grundsätzlich verpflichtet fühlten. Sie nannten sich auch „Freie Nationalisten" und verstanden sich als Kern des „Nationalen Widerstandes". Heute treten sie unter den Stichworten „Frei – Sozial – National" auf. Demonstrationen für Meinungsfreiheit, die in der Demokratie beschränkt gesehen wird, sind ebenso auf der Agenda wie solche gegen „linke Chaoten", um Politik und Bürger zu erreichen. Führende „Freie" sehen sich gegenüber der dominanten *NPD* als nationale und sozial-revolutionäre Plattform.

---

19 Vgl. Markus Wallenberg, „Auflösung in ‚befreite Zonen': Die Sammlungsbewegung hat ihren Teil getan. Zur Selbstauflösung der *Nationalen e.V.*," in: ZDK 1998: 9.
20 Richard Stöss, „Rechtsextremismus im vereinten Deutschland," in: *Deutschland Archiv* Nr. 2/2000, S. 188ff.

Die Zeit um 1997 war wegen folgender wesentlicher Entwicklungen auf der Erscheinungsebene eine Zeit von Umbrüchen, die in den nachfolgenden Abschnitten illustriert werden:

- Der jugendkulturelle Rechtsextremismus ist eine von der Marginalität abgelöste, sich ausbreitende Normalität geworden.
- Die rechtsextreme Gewalt wuchs wieder an und stabilisierte sich auf dem Niveau von Spitzenwerten am Anfang der 90er Jahre.
- Der bewegungsförmige Rechtsextremismus dezentralisierte sich auf neuer logistischer und organisatorischer Basis und setzte dominant auf kulturelle Subversion und Militanz.
- Die ideologischen Gebilde des Rechtsextremismus wurden qualifiziert.
- Die völkischen Stimmungen in der Bevölkerung sind chronisch und normal geworden.
- Der Prozess der Eroberung des ländlichen Handlungsraumes ist vollendet.

Gründe für diese Entwicklung lassen sich seit etwa 1997 auf verschiedenen Ebenen feststellen:

- Trotz einiger Fortschritte sind die sozialökonomischen Parameter in den neuen Bundesländern schlecht. Die Arbeitslosigkeit liegt deutlich über der in den alten Bundesländern. Die Chancen für Jugendliche sind schlecht. Die Abwanderung von Menschen, besonders junger und kreativer, hält an.[21]
- Die Bevölkerungsstimmung ist tendenziell pessimistisch und ausländerfeindlich, wenngleich in verschiedenen Ausprägungen, rechtsextreme Ideen sind nicht nur auf rechtsextreme Gruppierungen beschränkt. Die Demokratie in Einheit mit den Menschenrechten genießt kein hohes Ansehen. Menschenrechtliche Gleichheit, Würde und Respekt sind vielfach Fremdwörter. Der individuellen und familiären Lebenssicherung werden altruistische Werte untergeordnet, im Bedarfsfall jene häufig ausgeschlossen (vgl. Stöss/Niedermayer 1998).
- Die rechtsextreme Szene entwickelte sich in vielen Orten zur kulturell-ideologischen Sozialisationsmacht und sozialen Kontrollinstanz mit Drohung und Gewalt. Rechtsextremismus ist so auch ein Abwanderungsfaktor und stärkt den Prozess der Homogenisierung.
- Die demokratische und zivilgesellschaftliche Substanz ist im Alltag vieler Kommunen gering ausgeprägt.[22]

---

21 Vgl. Irina Repke, Andreas Wassermann, Steffen Winter, „Wieder der doofe Rest?" in: *Der Spiegel* Nr.3/2002, S. 42-47.
22 Vgl. u.a. Schröder 1997 sowie Martin Behringer, Dierk Borstel, Desiree Pilz, Katrin Reimer, Catharina Schmalstieg, Kerstin Sischka, Rechtsextremismus und demokratische Kontexte unter besonderer Berücksichtigung sicherheits- und jugendpolitischer Aspekte – Eine Kommunalanalyse im Auftrag des Kreispräventionsrates im Landkreis Dahme-Spreewald, Zentrum Demokratische Kultur, Berlin 2001

Tabelle 3 Rechtsextremismus in den neuen Bundesländern ab 1997

Zeit	Parteien/ Wahlorganisationen	Soziale Bewegungsorganisationen	Subkulturelle Milieus	Rechtsextreme Völkische Stimmungen/ Orientierungen
ab 1997	DVU NPD REP BfB Wahlerfolge der DVU	Die Nationalen (Kameradschaftsnetzwerk) Blood & Honour Hammerskins Junge Nationaldemokraten (JN) Junge Landsmannschaft Ostpreussen (JLO) Heimattreue Jugend Freie Kameradschaften Führerloser Widerstand Internetseiten	Skinhead subkulturelle unspezifische örtliche Gruppen Hooligans (Teile ideologisch kultureller Mainstream) rechtsextreme Bands Versandbetriebe Internetseiten schwere Gewalt	Ansteigen rechtradikaler Orientierungen (vgl. Arzheimer/Schmidt/ Falter 2001: 237)

5. Die Entwicklung rechtsextremer Parteien im Osten Deutschlands

1989 tauchten in den neuen Bundesländern Gruppen von Leuten auf, die sich als *Deutsche Volksunion* (*DVU*) bezeichneten. Meist waren es junge Ost-Nazis, die sich einer politischen Hülle zu bedienen versuchten, die sie allerdings schnell davonwarfen. Sie hatten mit der Riege um Gerhard Frey in München geistig und organisatorisch nichts zu tun. Die *DVU* selbst konnte sich bis heute an der Basis nicht etablieren. Das konnten auch die Wahlerfolge und der Einzug in die Landtage Sachen-Anhalt (1998 – 16 Mandate)[23] und Brandenburg (1999 – 5 Mandate)[24] nicht bewirken.

Die Partei *Die Republikaner* (*REP*) fristet bis heute neben anderen rechtsextremen politischen Projekten in den neuen Bundesländern ein Schattendasein. Die Westpartei unternahm ab Januar 1990 einen Propagandafeldzug in der DDR, um Sympathien zu gewinnen, das Thema deutsche Einheit an sich zu ziehen und um Basisorganisationen aufzubauen. Diese Absicht scheiterte. Die *Deutsch-Soziale Union* (*DSU*), die *Christlich Demokratische Union* (*CDU*) und der *Demokratische Aufbruch* (*DA*) waren als „Allianz für Deutschland" hinsichtlich des Themas deutsche Einheit übermächtig. Vor diesem Hintergrund konnten auch die in der DDR 1990 gegründeten rechtsextremen Parteien, *Nationale Alternative* (*NA*), *Mitteldeutsche Nationaldemokratische Partei Deutschlands* (*MNPD*), *Deutsche Volkspartei* (*DVP*) und *Nationaler Widerstand Dresden* (*NWD*) nicht bestehen (vgl. Wagner 1994a). Sie wurden durch rechtsextreme Organisationen des Westens absorbiert. Insofern ist hier ein Unterschied zu den Ländern in Osteuropa erkennbar, in denen angesichts nationalistischer Themen schnell größere rechtsextreme Parteien Fuß fassen konnten.

Die *Nationaldemokratische Partei Deutschlands* (*NPD*) befand sich am Anfang der 90er Jahre in einer akuten Krise, galt politisch und organisatorisch als am Ende. Finanziell und ideologisch ausgeblutet wurde der Apparat drastisch reduziert. Die geistige und personelle Überalterung war auffällig. Die Hoffnung auf die Zusammenarbeit mit der *National-*

---

23 http://www.stala.sachsen-anhalt.de/lw98/
24 http://www.brandenburg.de/wahlen/landtag/

demokratischen Partei Deutschlands (NDPD) – der DDR-Blockpartei – 1990 zerstob recht schnell. Trotzdem sollten die Bemühungen nicht umsonst gewesen sein. Eine für die Partei interessante Struktur sollte mit dem Verein *Die Nationalen e.V.* entstehen. Diese Organisation entfaltete von Berlin aus ein weitläufiges Netzwerk von Kameradschaften, die nach der Selbstauflösung des Vereins 1998 mehrheitlich in die *NPD* eingingen. Der Vereinsvorsitzende wurde in den Bundesvorstand der *NPD* gewählt und ist heute zugleich Landesvorsitzender der *NPD* in Thüringen.

Die Wahlen liefen bis 1997 für alle rechtsextremen Parteien trotz einiger Zugewinne von Stimmen im Osten schlecht.

Die Republikaner blieben auch nach 1997 trotz des allgemeinen rechtsextremen Aufwindes im Osten marginal. Sie büßten Mitglieder an die *DVU* ein. Zwar bemühten sich die Ost-*Republikaner*, das „Weichei-Image" abzulegen, indem sie für ein Zusammengehen mit Ultraradikalen und Nazis plädierten. Diese Bestrebung wurde von der Bundesspitze massiv bekämpft, um den verfassungstreu-legalistischen Anstrich nicht zu gefährden, der westlichen Verbänden mit Wahlerfolgen wichtig war. Rechtsextreme junge Ostdeutsche können mit den *REP* im jetzigen Anstrich wenig anfangen

Das Gesamtpotential rechtsextremer Wahlorganisationen sollte nicht unterschätzt werden. In der Summe lag es 1998 real über fünf Prozent.[25] Der Stimmungsboden liegt offensichtlich zwischen 15 und 20 Prozent in der Gesamtbevölkerung. Das rechtsextreme Potential in Ostdeutschland ist weitaus größer. Edelstein sieht dieses Potential in der Jugend bei mindestens 30 Prozent (vgl. Edelstein 2001). Schon 1998 wiesen Stöss und Niedermayer auf diesen Umstand hin. Der Datenlage nach wird dies für Brandenburg von Sturzbecher (1997) gestützt. Auch Geng signalisiert eine deutlich sichtbare Problemlage.[26]

Die *Nationaldemokratische Partei Deutschlands (NPD)*, bis in die späten 80er Jahre eher eine aussterbende Altherrenriege und gefangen in einem völkischen Traditionalismus, mutierte über die Aktivitäten von „politischen Soldaten" zum Förderer einer rechtsextremen kulturellen und ideologischen Modernisierung. Zugleich profitierte die Partei und ihre Jugendorganisation *Junge Nationaldemokraten (JN)* von der Entwicklung in Ostdeutschland bis 1996.

Seit etwa 1997 entdeckte die *NPD* verstärkt die Neuen Bundesländer. Dort konnten ihre Themen besser vermittelt werden, und sie erhielt neue organisatorische Basen bis in kleine Städte und Dörfer hinein. Der Sitz des Bundesvorstandes wurde nach Ost-Berlin und der Sitz des Parteiorgans *Deutsche Stimme* nach Riesa (Sachsen) verlegt. Im Zuge dessen öffnete sie sich weit für das NS-Spektrum sowie rassistische und militante Skinheads.

Die *NPD* öffnete sich nicht nur in Richtung des militanten Nationalsozialismus sondern auch geistig und personell in Richtung eines aus der Linken kommenden „Nationalen Sozialismus". Das führte dazu, dass der Marxismus und Kommunismus nicht mehr generell verteufelt wurde. Dieser Schritt war in der Partei nicht unumstritten. Zur Zeit geht der Einfluss dieser Strömung wieder zurück. Eine Ausnahme bildet das ehemalige Mitglied der *Roten Armeefraktion (RAF)* Horst Mahler. Das schloss jedoch gemeinsame Aktivitäten mit Personen, die z.B. im *Kampfbund Deutscher Sozialisten (KDS)* – eine Kombination von *KPD*- und NS-Ideen – oder in Kreisen der National-Anarchie anzutreffen sind, nicht aus. Es wurde immer betont, dass es eine nationale Aufgabe sei, den Kapitalismus zu überwinden.

Seit 1997 gab es Veränderungen in der Strategie und Taktik der *NPD*. Die Theorie vom Ende des Parteienzeitalters, das neue nationalistische Bewegungen erfordere, wurde in den

---

25 Zusammen *NPD, REP, DVU, Bund Freier Bürger (BFB), Patrioten für Deutschland.*
26 Bernd Geng, „Befunde einer Schülerbefragung," in: *Neue Kriminalpolitik* Nr. 11/1999, S. 32-35

Mittelpunkt gestellt. Methodisch wurden Vorstellungen der kulturellen Subversion, der dezentralen Vernetzung und des Schaffens von „National befreiten Zonen" bevorzugt. Daraus wurde ein Ansatz der drei Säulen entwickelt: Kampf um die Köpfe, Kampf um die Straße und Kampf um die Parlamente. Im Alltag vor Ort flossen die drei Elemente der *NPD* zusammen und wurden auch von den Kameradschaften der Jugendorganisation *JN* getragen. Das schloss den Kampf der Ideologien ebenso ein, wie den Kampf um die örtliche soziale Raumordnung, notfalls mit Gewalt. Dazu gehörten auch öffentliche Symbolakte, damit auf das Bewusstsein der Menschen vermittelt über Massenmedien Einfluss gewonnen werden konnte. Demonstrationen im geschichtsträchtigen Berliner Stadtzentrum, Aufmärsche gegen die Wehrmachtsausstellung, gegen die „Verletzung der Meinungsfreiheit", gegen „Linken Terror", zur Ehrung von „Märtyrern der Bewegung" und gegen Massenarbeitslosigkeit sollten Präsenz und Aktivität der Partei verdeutlichen. Die *NPD* entwickelte in den Jahren 2000 und 2001 dabei eine erhebliche Mobilisierungsfähigkeit.

In der *NPD* stehen heute die Themen Arbeitslosigkeit, Sicherheit, „Überfremdung" propagandistisch im Mittelpunkt. In den letzten beiden Jahren gewann in Verbindung damit das Thema Globalisierung eine besondere Bedeutung. Dabei wird die Globalisierung, vom Kapitalismus erzeugt, als die erste Gefahr für die Menschheit und für Deutschland angesehen. Maßgeblich sei dafür der „Mammonismus", der auf die Juden zurückgehe. Der Antisemitismus spielt in dieser ideologischen Konstruktion eine entscheidende Rolle ebenso wie der Antiimperialismus gegenüber den USA. Ein Zitat des Rechtsanwaltes Mahler soll das verdeutlichen: „Die Luftangriffe auf Washington und New York vom 11. September 2001 markieren das Ende des Amerikanischen Jahrhunderts, das Ende des globalen Kapitalismus und damit das Ende des weltlichen Jahwe-Kultes, des Mammonismus." Er fügt hinzu: „In unserem Mitgefühl für die Toten von Manhattan und ihre Angehörigen schwingt der fortwährende Schmerz und die Trauer der Deutschen über die Opfer des angloamerikanischen Bombenterrors gegen die deutschen Großstädte. Die Bilder des Grauens wecken Erinnerungen an das Inferno von Dresden und Hiroshima. Die edelsten Gefühle der ahnungslosen Gutmenschen missbrauchend, versuchen die ‚One-World'-Strategen deren Entsetzen, ihre Wut und die Empörung über das Geschehene zu einem Rauchvorhang aufzupeitschen, hinter dem die Zusammenhänge unsichtbar bleiben sollen, die für die verzweifelte Kriegsführung der Todeskommandos ursächlich sind." Doch damit nicht genug: „Die militärischen Angriffe auf die Symbole der ‚mammonistischen' Weltherrschaft sind – weil sie vermittelt durch die Medien den Widerstandsgeist der Völker beleben und auf den Hauptfeind ausrichten – eminent wirksam und deshalb rechtens."[27]

6. Nach dem 11. September 2001

Schon vor dem 11. September 2001 war sichtbar, dass der Antisemitismus im Rechtsextremismus deutlich in den Vordergrund gespielt wurde, davon zeugten die Debatten über „Geheimgesellschaften"[28] ebenso wie die hasserfüllten Ausfälle von Leuten wie Horst Mahler, die so den globalen Kapitalismus charakterisiert zu haben glaubten. Auch Esoterik und Satanismus trugen dazu bei.

---

27 Horst Mahler, „Independence Day Live".
28 Siehe die Diskussionen um die Bücher von Jan von Helsing, die voll von antisemitischen Deutungen geschichtlicher Geschehnisse sind.

Sozialwissenschaftliche Untersuchungen bestätigten diesen Trend im Alltag, stärker in den Neuen Bundesländern, der sich beileibe nicht nur in der rechtsextremen Szene nachweisen ließ (vgl. Sturzbecher/Freytag 2000).

Diese Tendenz machte auch vor der Linken und Ultra-Linken nicht halt, ja sie wurde dort zum Teil mitgeneriert. „One World" und „Uncle Sam" wurden *die* großen Feinde angesichts dessen keine Analysen mehr erforderlich sind, sondern jede Gelegenheit des Angriffs ergriffen werden musste.

Über den Revisionismus und seine Szene ergaben sich permanent Assoziationen mit islamistischen antisemitischen Organisationen und Diskursen. In Deutschland war darin besonders die rechtsextreme Zeitschrift „Sleipnir" beteiligt, in der Antisemiten wie der Ex-Kommunistenchef Roger Garaudy u.a. publizistisch zum Zuge kamen. Eine wichtige Funktion erlangte in diesem Zusammenhang das in Schweden platzierte Internetprojekt *Radio Islam*, das von Ahmed Rami vielsprachig betrieben wird.

Bis zum 11. September 2001 war diese Tendenz noch begrenzt. Danach verwandelten sich antisemitische Bilder in Ideologie für die Massen und begannen ein gefährliches qualitativ neues Eigenleben. Die Tabus sind gefallen. Nunmehr haben sie sich auch in der demokratischen Politik und in Medien eingenistet.

Alle diese Entwicklungen ergeben in der Assoziation von Antisemitismus, Rechtsextremismus, linksextremen Strömungen und islamistischen Ideen, Gewalt und Terror eine verstärkte Gefahr für Menschenrechte, Freiheit und Demokratie.

Bibliographie

Arzheimer, Kai/Schmidt, Harald/Falter, Jürgen W. (2001): „Rechtsextreme Orientierungen und Wahlverhalten", in: Wilfried Schubarth/Richard Stöss (Hrsg.), Rechtsextremismus in der Bundesrepublik Deutschland. Eine Bilanz, Bonn, S. 220-246.
Bataille, Georges (1997): Die psychologische Struktur des Faschismus – Die Souveränität, München.
Beichelt, Timm/Minkenberg, Michael (2002): „Rechtsradikalismus in Transformationsgesellschaften. Entstehungsbedingungen und Erklärungsmodell", in: *Osteuropa* 52 (3), S. 247-263.
Boudon, Raymond (1988): Ideologie und Kritik eines Begriffs, Reinbek.
Edelstein, Wolfgang (2001): „Zur Genese des rechtsextremen Potentials in Deutschland und mögliche Antworten seitens der Schule", In: Demokratie lernen und leben – Eine Initiative gegen Rechtsextremismus, Rassismus, Antisemitismus, Fremdenfeindlichkeit und Gewalt, Gutachten und Empfehlungen, Band I: Probleme – Voraussetzungen – Möglichkeiten, Weinheim.
Fittkau, Karl-Heinz (1990): Zur Phänomenologie rechtsextremer Straftaten in der DDR, Humboldt-Universität Berlin, Promotion A.
Funke, Hajo (2002): Paranoia und Politik – Rechtsextremismus in der Berliner Republik, Berlin.
Glatzer, Wolfgang/Bös, Mathias (1997): „Anomietendenzen im Transformationsprozess – Analysen mit den Wohlfahrtssurveys", in: Wilhelm Heitmeyer (Hrsg.), Was treibt die Gesellschaft auseinander?, Frankfurt/Main, S. 557-585.
Grumke, Thomas (2001): Rechtsextremismus in den USA, Opladen.
Hartung, Günter (1996): „völkische Ideologie", in: Handbuch zur „Völkischen Bewegung" 1871-1918, München, S. 22-41
Madloch, Norbert (2000): „Rechtsextremismus in Deutschland nach dem Hitlerfaschismus", in: Klaus Kinner/Rolf Richter (Hrsg.), Rechtsextremismus und Antifaschismus, Berlin.
Minkenberg, Michael (1998): Die neue radikale Rechte im Vergleich. USA, Frankreich, Deutschland, Opladen/Wiesbaden.
Niederländer, Loni (1988): Zum politischen Wesen der Skinheads, unveröff. Forschungsbericht der Sektion Kriminalistik der Humboldt – Universität Berlin, Berlin.

Rucht, Dieter (1994): Modernisierung und neue soziale Bewegungen. Deutschland, Frankreich und die USA im Vergleich, Frankfurt/Main.
Schröder, Burkhard (1997): Im Griff der rechten Szene. Ostdeutsche Städte in Angst, Reinbek.
Stöss, Richard/Niedermayer, Oskar (1998): Rechtsextremismus, politische Unzufriedenheit und das Wählerpotential rechtsextremer Parteien in der Bundesrepublik im Frühsommer 1998, Arbeitshefte aus dem Otto-Stammer-Zentrum, Nr. 1, Berlin.
Sturzbecher, Dietmar (1997): Jugend und Gewalt in Ostdeutschland, Göttingen.
Sturzbecher, Dietmar/Freytag, Ronald (Hrsg.) (2000): Antisemitismus unter Jugendlichen, Göttingen.
Thumfort, Alexander (2000): „Politische Kultur in Ostdeutschland", in: *Aus Politik und Zeitgeschichte*, Nr. 39-40, S. 6-14
Wagner, Bernd (1993) „Extreme in Rechts – Die DDR als Vorstufe zum Heute", in. Robert Harnischmacher, Angriff von Rechts, Rostock/Bornheim – Roisdorf.
Ders. (1994): Jugend – Gewalt – Szenen, Berlin.
Ders. (1994a): Handbuch Rechtsextremismus, Reinbek.
Ders. (1997): Rechtsextremismus und kulturelle Subversion in den Neuen Ländern, Berlin.
Waibel, Harry (1996): Rechtsextremismus in der DDR bis 1989, Köln.
Wolle, Stefan (1998): Die heile Welt der Diktatur. Alltag und Herrschaft in der DDR 1971-1989, Berlin.
Zentrum Demokratische Kultur (1998): „National befreite Zonen" – vom Strategiebegriff zur Alltagserscheinung, Bulletin 1/1998.

Die Entwicklung des Rechtsextremismus in Ost- und Westdeutschland im Vergleich
Eine vergleichende Analyse für die Handlungsfelder „Politik", „Aktion" und „Gewalt"

Armin Pfahl-Traughber

1. Einleitung und Fragestellung

Folgt man der Berichterstattung mancher Medien, so handelt es sich beim Rechtsextremismus um ein überwiegend ostdeutsches Phänomen. Trifft diese pauschalisierende Einschätzung zu? Oder wurden einseitig einzelne Vorkommnisse zu einer solchen Bewertung herangezogen? Gilt die Aussage für alle Bereiche des Rechtsextremismus oder nur für einzelne Handlungsfelder? Wie ist die Entwicklung in diesem politischen Lager vergleichend einzuschätzen? Um diese und viele weitere ähnliche Fragen zu beantworten, bedarf es einer differenzierten Darstellung und Analyse des Rechtsextremismus in der erweiterten Bundesrepublik am Anfang des 21. Jahrhunderts (vgl. Pfahl-Traughber 1999, Stöss 1999). Hierbei ist nicht nur hinsichtlich der Entwicklungen in den östlichen und westlichen Bundesländern vergleichend zu fragen. Darüber hinaus gilt es für eine solche Analyse, die unterschiedlichen Handlungsfelder des Rechtsextremismus in Gestalt von „Politik", „Aktion" und „Gewalt" gesondert zu betrachten.[1]

2. Politik: Entwicklung der Parteien und der Wählerzustimmung

Zunächst zum Bereich der Parteien: Hierzu kann allgemein festgestellt werden, dass es in den neunziger Jahren keiner rechtsextremistischen Partei gelang, sich bundesweit als Wahlpartei zu etablieren. Bei Wahlen läßt sich ein wellenartiges Auf und Ab ausmachen, wobei die letztgenannte Tendenz vorherrsche. Lediglich in bestimmten Phasen konnten die Parteien vorübergehend Wahlerfolge von über fünf Prozent der Stimmen erlangen: Die *Deutsche Volksunion (DVU)* (vgl. Hoffmann/Lepszy 1998; Obszerninks/Schmidt 1998) erhielt 1991 in Bremen 6,2 Prozent, 1992 in Schleswig-Holstein 6,3 Prozent, 1998 in Sachsen-Anhalt 12,9 Prozent und 1999 in Brandenburg 5,3 Prozent der Stimmen. Für die Partei *Die Republikaner (REP)* (vgl. Jaschke 1990; Leggewie 1990) votierten in Baden-Württemberg 1992 10,9 Prozent und 1996 9, 1 Prozent der Wähler. Bei allen anderen Wahlen bewegte sich die Zustimmung für die genannten Parteien und die noch gesondert zu behandelnde *Nationaldemokratische Partei Deutschlands (NPD)* zusammen meist zwischen zwei und vier Prozent der Stimmen. Eine Ausnahme stellen nur die Landtagswahlen 2001 in Baden-Württemberg dar, wo die *REP* 4,4 Prozent der Stimmen erhielten und aus dem Landtag hinausfielen.

---

1   Die Darstellung erfolgt aus Sicht der politikwissenschaftlichen Extremismusforschung. Vgl. zur Definition von Rechtsextremismus und zur Unterscheidung der Handlungsfelder Pfahl-Traughber 1999: 11-20.

Von einer Etablierung als Wahlpartei für eine rechtsextremistische Partei auf landespolitischer Ebene kann demnach lediglich ansatzweise in zwei Fällen gesprochen werden: zum einen zeitweise für Baden-Württemberg aufgrund des zweimal hintereinander erfolgten Einzugs der *REP* ins Landesparlament mit einer relativ hohen Wählerzustimmung von jeweils um die zehn Prozent und zum anderen für Bremen auf niedrigem Niveau aufgrund des mehrfachen Einzugs der *DVU* in die Bürgerschaft. Zwar erhielt die Partei 1995 nur 2,5 und 1999 nur 3 Prozent der Stimmen, sie erlangte aber angesichts einer Zustimmung von über fünf Prozent in Bremerhaven aufgrund einer wahlrechtlichen Besonderheit trotzdem einen Sitz in der Bürgerschaft. In den neuen Bundesländern konnte bislang lediglich die *DVU* in den zwei vorgenannten Ländern bei Wahlen Zustimmungen von über fünf Prozent der Stimmen erhalten. Auch wenn diese Erfolge für die Partei sich in den letzten beiden Jahren ereigneten deutet dies keineswegs eine zukünftige Etablierung der *DVU* als Wahlpartei in Ostdeutschland an, erhielt sie doch bei den Landtagswahlen in 1998 in Mecklenburg-Vorpommern lediglich 2,9 und 1999 in Thüringen nur 3,1 Prozent der Stimmen.

Daher läßt sich hinsichtlich der Wählerzustimmung zusammenfassend feststellen, dass sie bis Ende der neunziger Jahre eindeutig in den westlichen Bundesländern überwog und erst in den letzten Jahren zwei Wahlerfolge einer rechtsextremistischen Partei in den östlichen Bundesländern zu verzeichnen waren. Da dem zur gleichen Zeit zwei aus rechtsextremistischer Sicht als Mißerfolge anzusehenden Wahlkandidaturen gegenüberstanden, läßt sich die Auffassung, wonach die Schwerpunkte in der Wählerzustimmung von West nach Ost übergewechselt seien, nicht aufrecht erhalten. Gleichwohl stieg in den letzten Jahren in den östlichen Bundesländern die Bereitschaft zur Wahl rechtsextremistischer Parteien gegenüber der Bereitschaft im Westen an. Im Rückblick fällt darüber hinaus auf, dass die *REP* in den alten Bundesländern zwar ab und an einen relativen Wahlerfolg verbuchen konnten, ihnen in den neuen Bundesländern im Unterschied zur *DVU* noch nicht einmal ein Achtungserfolg gelang. Dies erklärt sich möglicherweise durch das unterschiedliche politische Image, das sich beide Parteien in der Öffentlichkeit zu geben versuchen. Während die *REP* ihre rechtsextremistischen Positionen häufig hinter einem seriös-konservativ wirken sollendem Erscheinungsbild zu verbergen suchen, setzt die *DVU* auf platte Parolen, die direkt an Aversionen gegen etablierte Politik und Ressentiments gegen Fremde anknüpften. Offensichtlich stößt diese Agitationstechnik bei der rechtsextremistischen Wählerschaft in den östlichen Bundesländern auf eine höhere Zustimmung als die Variante der *REP*.

Die These, dass die Parteien sich dort bislang nicht als Wahlparteien etablieren konnten, bestätigt auch der Blick auf die Entwicklung der Mitgliederzahlen und der Organisationsstrukturen. Hierbei müssen allerdings die unterschiedlichen politischen Rahmenbedingungen für das Entstehen und die Entwicklung rechtsextremistischer Personenzusammenschlüsse in Erinnerung gerufen werden: Während mit einer Ausnahme – das Verbot der *Sozialistischen Reichspartei* (SRP) 1952 – sich Parteien dieses politischen Lagers in den alten Bundesländern frei entfalten konnten, waren sie in der DDR bis unmittelbar vor ihrer Auflösung als Staat im Jahre 1990 verboten. Nach der Öffnung der Grenzen versuchten die westdeutschen rechtsextremistischen Parteien in der damals noch existierenden DDR und danach in den neuen Bundesländern eigene Organisationsstrukturen aufzubauen. Hoffnungen auf einen massenhaften Zulauf blieben allerdings unerfüllt. Nur schleppend ging der Aufbau von Landes-, Kreis- und Ortsverbänden voran (vgl. Pfahl-Traughber 1992: 12f.). Von den im Jahr 2001 den *REP* angehörenden 11.500[2] und der *DVU* angehörenden 15.000 Mitgliedern,

---

2   Alle Zahlenangaben zu Mitgliedern rechtsextremistischer Organisationen sowie von Straftaten im Folgenden nach: Bundesministerium des Innern (Hrsg.) 1991ff.

waren nur unter 10 bzw. 5 Prozent in den östlichen Bundesländern organisiert. In den letzten Jahren sank sogar der Anteil der ostdeutschen Mitglieder in beiden Parteien kontinuierlich (vgl. Stöss 1999: 100).

3. Politik und Aktion: Die Entwicklung der NPD

Einen Sonderfall gegenüber der formulierten allgemeinen Einschätzung zur Situation des rechtsextremistischen Parteienlagers stellt die *NPD* dar. Die Partei hatte zu Beginn der neunziger Jahre den Tiefpunkt ihrer Entwicklung erreicht und sich gespalten (vgl. Wagner 1992). Daher gelang es ihr zunächst noch weniger als den beiden anderen rechtsextremistischen Parteien eigene Strukturen in den neuen Bundesländern aufzubauen, was sich allerdings in der zweiten Hälfte der neunziger Jahre schlagartig ändern sollte. Diese Entwicklung hing eng mit einer ideologischen, organisatorischen und strategischen Veränderung zusammen: Die Zahl der Mitglieder betrug 1996 3.500, stieg aber in den beiden folgenden Jahren kontinuierlich an und zwar 1997 auf 4.300 und 1998 auf 6.000. 1999 stagnierte die Entwicklung, 2000 stieg die Mitgliederzahl erneut auf 6.500 um 2001 erneut zu stagnieren. Ideologisch kam es einerseits zu einer Verschärfung der verbalen Ablehnung des demokratischen Verfassungsstaates, andererseits zu einer Neuorientierung hin zu einem „nationalen Sozialismus", der mit einer antikapitalistischen und völkischen Orientierung einhergeht. Strategisch ergänzte man die traditionellen parteipolitischen Aktivitäten durch eine stärkere aktionsorientierte Vorgehensweise, die sich insbesondere in öffentlichen Aufmärschen mit Neonazis und Skinheads artikuliert (vgl. Pfahl-Traughber 1999a).

All diese Veränderungen hängen eng mit den für die Partei bedeutsamen Entwicklungen in den östlichen Bundesländern zusammen, denn insbesondere von dort kam die überwiegende Zahl der neuen Mitglieder. In Sachsen besteht etwa mit 1.100 Mitgliedern der mit Abstand stärkste Landesverband. Zulauf erhielt die Partei dort insbesondere von jüngeren Männern, wohingegen die westlichen Landesverbände in ihrer Zusammensetzung stark überaltert sind. In den östlichen Bundesländern entwickelte sich auch die gegen die bisherige besitzbürgerliche Auffassung stehende neue ideologische Linie der Partei. Insbesondere mit der Ablehnung des Kapitalismus konnte man darüber hinaus an entsprechende Vorbehalte aus DDR-Zeiten anknüpfen und vermengte sie ideologisch mit den Forderungen nach einer ethnisch und politisch homogenen Gemeinschaft. Damit näherte sich die Partei programmatisch geistigen Strömungen des Rechtsextremismus der zwanziger Jahre, die eine Verknüpfung von „Nation" und „Sozialismus" beabsichtigten.

Mit diesem Prozeß einer ging die zunehmende Öffnung der Partei und ihrer Jugendorganisation *Junge Nationaldemokraten* (*JN*) für Aktivisten aus der Neonazi-Szene. Einigen von ihnen gelang es sogar bis in hohe Funktionen der *NPD* wie etwa den Bundesvorstand aufzusteigen, wobei auch hier die Entwicklung insbesondere von den östlichen Landesverbänden aus erfolgte, wenngleich es auch ähnliche Tendenzen von allerdings geringerer Bedeutung in den westlichen Landesverbänden gab. Außerdem integrierte die Partei zahlreich rechtsextremistische Skinheads bzw. nutzte sie als Mobilisierungspotential bei öffentlichen Aufmärschen. Solche gelangen der *NPD* in den letzten Jahren mitunter mit größeren Teilnehmerzahlen zwischen 1.000 und 5.000 Personen – und zwar sowohl in den alten wie in den neuen Bundesländern. Hierbei fällt auf, dass die Anlässe unterschiedlicher Natur waren: Während im Westen insbesondere der Protest gegen die Ausstellung „Vernichtungskrieg. Verbrechen der Wehrmacht 1941-1944" den Anlass bot, standen sozialpolitische Parolen wie „Arbeit zuerst für Deutsche", „Gegen Euro und Großkapital" oder „Unser deutsches Land in Arbeiter- und Bauernhand" im Mittelpunkt der Aufmärsche im Osten.

Zwar konnte die *NPD* mit solchen Demonstrationen in den letzten Jahren mehrmals so viele Aktivisten mobilisieren, wie es seit dem Beginn der siebziger Jahre Rechtsextremisten nicht mehr gelang. Bei Wahlen erzielte die Partei demgegenüber aber keine sonderlichen Erfolge, bewegte sich die Zustimmung bei Bundes- und Landtagswahlen doch lediglich zwischen 0,2 und einem Prozent der Stimmen. Selbst ihrem mitgliederstärksten Landesverband in Sachsen gelang bei den Landtagswahlen 1999 mit 1,4 Prozent lediglich ein Achtungserfolg. Damit konnte man zwar an der staatlichen Wahlkampfkostenrückzahlung partizipieren und sich finanziell sanieren. Von einer Etablierung als Wahlpartei läßt sich für die *NPD* allerdings noch nicht einmal in Ansätzen sprechen. Dafür erweist sie sich insbesondere in den östlichen Bundesländern als ein wichtiger Mobilisierungsfaktor für rechtsextremistische Aktionen.

Als Reaktion auf die im Sommer 2000 gestiegene öffentliche Aufmerksamkeit für den Rechtsextremismus forderten zunehmend Politiker ein Verbot der Partei, wende sie sich doch aggressiv-kämpferisch gegen die freiheitlich-demokratische Grundordnung. Bundesregierung, Bundesrat und Bundestag reichten 2001 beim Bundesverfassungsgericht einen Antrag auf Verbot ein.

4. Aktion: Die Neonazi-Szene in Ost- und Westdeutschland

Bei den Anhängern der Neonazi-Szene handelt es sich um Personenzusammenschlüsse, die sich ideologisch auf den historischen Nationalsozialismus beziehen und seit Anfang der siebziger Jahre unter den unterschiedlichsten Bezeichnungen existierten (vgl. Pfahl-Traughber 1997). Öffentlich in Erscheinung traten sie durch provozierende Aufmärsche und aggressive Propagandaaktivitäten, aber auch durch Gewalttaten von einzelnen Angehörigen. Gegen Ende der achtziger Jahre verlor die Szene immer mehr Aktivisten, die Zahl der organisierten Neonazis sank von 1987 2.100 auf 1989 1.500 Personen. Auch dieses Lager des Rechtsextremismus erhoffte sich, nach Öffnung der Grenzen in der damals noch bestehenden DDR und den späteren östlichen Bundesländern neue Anhänger zu finden. Ansprechen konnte man dabei dort bereits vor 1989 bestehende informelle neonazistische Kleingruppen, woraus auch in den Westen abgeschobene, später relativ bekannt gewordene Neonazis stammten. Mit deren Hilfe gelang der Aufbau eigener Organisationsstrukturen im Osten, wozu etwa die im Januar 1990 entstandene *Nationale Alternative* (*NA*) gehörte. Weitaus bedeutsamer wurde allerdings die 1989 noch im Westen gegründete *Deutsche Alternative* (*DA*), die mit rund 350 Mitgliedern 1992 zur größten neonazistischen Organisation in den neuen Bundesländern anwuchs (vgl. Pfahl-Traughber 1992: 13f.; Siegler 1991: 45-60).

Insgesamt erlebte durch diese Entwicklung die Szene einen Aufschwung und konnte neue Anhänger gewinnen. Deren Zahl stieg von 1991 von 1.400 im Vorjahr auf 2.100 an, die Zahl der Gruppen wuchs im gleichen Zeitraum von auf 27 auf 30. Parallel dazu entstanden informelle Personenzusammenschlüsse von gewaltbereiten Rechtsextremisten wie den Skinheads. Zu ihnen zählten 1991 bereits 4.200 Personen. Insbesondere in den östlichen Bundesländern wirkten die beiden Szenen im Laufe der Zeit immer enger zusammen, während in den westlichen Bundesländern zunächst noch stärker gegenseitige Vorbehalte feststellbar waren. Die weitere Entwicklung des neonazistischen Lagers sah sich seit 1992 einer besonderen Situation ausgesetzt: Von staatlicher Seite erfolgte eine Welle von Verbotsmaßnahmen. Darüber hinaus kam es zu einer Reihe von Demonstrations- und Veranstaltungsverboten sowie zu Exekutivmaßnahmen gegen einzelne Aktivisten, wobei neben Organisationsunterlagen und Propagandamaterial auch militärähnliche Ausrüstungsgegenstände und Waffen sichergestellt wurden.

Diese staatlichen Maßnahmen führten zunächst zu einer starken Verunsicherung der Neonazis, darüber hinaus verloren deren Angehörige durch die Auflösung der Organisationsstrukturen ihre Aktionsfähigkeit. Als Reaktion auf solche Entwicklungen sah sich die zersplitterte Szene fortan dazu genötigt, die bisherige Abgrenzung in konkurrierende Gruppen zumindest tendenziell aufzugeben und aufeinander zuzugehen. Dabei strebte man allerdings nicht unbedingt eine einheitliche Organisation an, sondern wollte vielmehr über gemeinsame Aktionsorientierungen, kommunikative Vernetzung und autonome Strukturen neue Handlungsmöglichkeiten austesten (vgl. Pfahl-Traughber 1997a). Nahezu im gesamten Bundesgebiet bildeten sich ab 1994 in unterschiedlichem Ausmaß neue regionale, zum Teil konspirativ arbeitende Personenzusammenschlüsse in Form von „Nationalen Kameradschaften" heraus. Deren Zahl stieg in den letzten Jahren kontinuierlich an: von 1998 80 auf 2001 150. Insbesondere in den neuen Bundesländern nahm ab 1996 die Form der Organisation der Szene über „Kameradschaften" zu. Dort waren bei einem Anteil der Ostdeutschen von 20 Prozent an der Gesamtbevölkerung gegen Ende der neunziger Jahre fast die Hälfte der 2.200 Neonazis aktiv. Insofern kann für diesen Teil des Rechtsextremismus ein Schwerpunkt in den östlichen Ländern konstatiert werden.

Ihre Kampagnenfähigkeit gewann die Szene zunächst nur eingeschränkt zurück: Neben mehreren Verbotsmaßnamen gegen Aufmärsche und Versammlungen waren dafür die Unfähigkeit zur bundesweiten Koordination dieser „Kameradschaften" und die Differenzen zwischen den jeweiligen Führungspersonen ausschlaggebend. So konnte man etwa 1999 und 2000 keinen zentralen Rudolf-Heß Gedenkmarsch durchführen. Ein Wandel setzte erst ab Herbst 2000 ein, gelang es dem Neonazi Christian Worch doch mehrmals, Verbote von Demonstrationen durch das Bundesverfassungsgericht aufheben zu lassen. Dies führte sowohl zu einem Anstieg der Demonstrationen als auch zu einem Anstieg der Teilnehmerzahlen. So führten Neonazis 2001 auch ohne die direkte Unterstützung der *NPD* drei Großdemonstrationen mit zwischen 900 und 2000 Aktivisten durch.

5. Aktion und Gewalt: Die Entwicklung der rechtsextremistischen Skinhead-Subkultur

Dies gilt in noch weitaus stärkerem Ausmaß für die Gruppe der rechtsextremistisch orientierten Skinheads. Hierbei handelt es sich um eine Ende der sechziger Jahre in Großbritannien entstandene Subkultur (vgl. Menhorn 2001), die sich hauptsächlich aus Jugendlichen des Arbeitermilieus zusammensetzte. Straßenkämpfe, hoher Alkoholkonsum und die Begeisterung für Fußball waren ebenso wichtige identitätsstiftende Merkmale wie Bomberjacken, hochgekrempelte Jeans mit breiten Hosenträgern und Doc-Martens- oder Springerstiefel. Zunächst blieb die Skinhead-Szene weitgehend unpolitisch, sah sich aber Mitte der siebziger Jahre Politisierungsbestrebungen von neonazistischen Organisationen ausgesetzt, was zur Spaltung der Subkultur in einen nicht-rechtsextremistischen und in einen rechtsextremistischen Teil führte. Eine ähnliche Entwicklung ließ sich in der Bundesrepublik und nahezu zeitgleich in der DDR um gut zehn Jahre später feststellen. Auch hier bildeten sich lockere Personenzusammenschlüsse von rechtsextremistisch orientierten Skinheads heraus. Vereinnahmungsversuche von Neonazi-Gruppen in der Bundesrepublik blieben allerdings zunächst erfolglos, ließen sich die Angehörigen der Subkultur doch trotz vieler ideologischer Gemeinsamkeiten aufgrund ihrer Ablehnung von diszipliniertem Handeln und festen Strukturen nur schwerlich in Organisationen einbinden (vgl. Farin/Seidel-Pielen 1993; Farin, 1997; Menhorn 2001).

Das politische Denken in dieser Szene nahm nicht die Form von geschlossenen Ideologien an. Vielmehr handelte es sich meist um diffuse Vorstellungen und platte Feindbilder, die sich weniger in programmatischen Überlegungen als vielmehr in aggressiven Parolen nationalsozialistischer und rassistischer Art artikulierten (vgl. Bundesamt für Verfassungsschutz 1998; 2000). Insbesondere in den Texten von rechtsextremistischen Skinhead-Bands kommen sie zum Ausdruck. So heißt es etwa in einem Lied der Band *Tonstörung* von 1992: „Wetz Dir Deine Messer auf dem Bürgersteig, laß die Messer flutschen in den Judenleib" oder in einem Song der Gruppe *Volkszorn* von 1994: „Große, kleine Punker schlagen, tausend dumme Türken jagen, das ist das, was mir gefällt". Die Band *Zillertaler Türkenjäger* forderte 1997 in einem Stück mit „Tritten in die Schnauze" gegen „Zecken und Ali-Banden" vorzugehen und die Gruppe *Die Härte* textete 1999 „Hurra, hurra, ein Nigger brennt!" (vgl. Baacke 1994; Baacke/Farin/Lauffer 1999). Die in diesen Aussagen deutlich werdende Gewaltgeneigtheit gilt als typisches Merkmal der Szene und entlud sich immer wieder in militanten Aktionen gegen Angehörige von als gegnerisch eingeschätzten gesellschaftlichen Gruppen (z.B. Fremde, „Linke", Obdachlose etc.).

Im Laufe der neunziger Jahre wuchs das Potential dieser Szene kontinuierlich an und zwar von 4.200 1991 auf 5.600 1993, von 6.200 1995 auf 7.600 1997. 1999 zählten 9.000, 2000 9.700 und 2001 10.400 Personen zur Gruppe der gewaltgeneigten Skinheads. Vergegenwärtigt man sich diese Zahlen auch in vergleichender Betrachtung, so läßt sich feststellen, dass dieser Bereich des Rechtsextremismus in den neunziger Jahren der einzige Bereich war, der nicht durch Stagnation, sondern durch ein kontinuierliches Anwachsen der Zahl von Anhängern gekennzeichnet ist. Über die Hälfte dieses Personenpotentials findet sich in den östlichen Bundesländern bei einem dortigen Gesamtbevölkerungsanteil von einem Fünftel. Überregional aktive Szenen bildeten sich in Südbrandenburg, Süd- und Ostthüringen und Westsachsen. Darüber hinaus bestehen in vielen weiteren Regionen, sowohl im städtischen Raum wie in kleineren Gemeinden, regional aktive Szenen. Dieser Schwerpunkt in Ostdeutschland zeigt sich auch am Beispiel von Berlin, wo Skinhead-Gruppen insbesondere in den östlichen Stadtteilen aktiv sind. In den westlichen Ländern bestehen größere Szenen insbesondere in einzelnen Regionen von Baden-Württemberg, Bayern und Niedersachsen.

Mit dem quantitativen Anwachsen des Skinhead-Potentials und seiner kontinuierlichen Präsenz an bestimmten Orten einher ging auch eine stärkere Strukturierung der Szene. Sie zeigte sich bei den Bemühungen der international aktiven Skinhead-Bewegung *Blood & Honour*, die gegen Ende der neunziger Jahre zunehmend Aktivisten für sich gewinnen konnte; oder bei der Gruppe der *Hammerskins*, die in dieser Hinsicht allerdings nicht so erfolgreich wirkte und nur geringen Einfluß entfaltete. Gebremst wurde dieser Prozeß durch das im September 2000 erfolgte Verbot von *Blood & Honour – Division Deutschland* durch das Bundesministerium des Innern. Es führte direkt zur Auflösung handlungsfähiger Strukturen und indirekt zum Rückgang der Konzertveranstaltungen. Der außerhalb der Organisation bestehende Vertrieb von Tonträgern mit rechtsextremistischer Musik war davon weniger betroffen und erfolgte weiter.

Parallel zu den Strukturierungstendenzen änderte sich auch das Verhältnis zu rechtsextremistischen Organisationen von Teilen der Skinhead-Szene. Vor allem in den östlichen

Bundesländern schlossen sich verstärkter regionale Führungspersonen der Szene der *NPD* oder neonazistischen „Kameradschaften" an. Auch wenn sich die Mehrheit der rechtsextremistischen Skinheads einer Einbindung in damit zusammenhängende Organisationsstrukturen nach wie vor verweigert, steigt das Ausmaß der Kooperation ständig an, wovon etwa gemeinsame Aufmärsche mit über tausend Teilnehmern aus diesen drei Bereichen des Rechtsextremismus zeugen. Damit kommt es immer mehr zu einer Aufweichung der bisherigen Abgrenzung, wobei auch hier die Entwicklung in den ostdeutschen Ländern stärker als in den westdeutschen Ländern ausgeprägt ist.

6. Exkurs: Das Ausmaß der alltagskulturellen Dominanz der rechtsextremistischen Szene

Vor dem Hintergrund dieser Tendenzen und der regionalen Präsenz von Angehörigen der Szene wurde sowohl aus deren Lager als auch in der kritischen Medienberichterstattung vom Bestehen „national befreiter Zonen" gesprochen. Bei der Auseinandersetzung mit diesem Aspekt ist um des Verständnisses der gesellschaftlichen Bedeutung des Angesprochenen eine möglichst klare und trennscharfe Definition dieser Bezeichnung notwendig. Von „befreiten Zonen" sprachen etwa die lateinamerikanischen Guerilla-Bewegungen gegen autoritäre Systeme in den sechziger und siebziger Jahren. Gemeint war damit die Kontrolle über bestimmte Regionen eines Landes, wo nicht mehr die Staatsorgane, sondern die Angehörigen solcher Bewegungen dauerhaft dominierten. In einem formal ähnlichen Sinne forderte auch ein Strategiepapier der *NPD*-Untergliederung *Nationaldemokratischer Hochschulbund* (NHB) aus dem Jahr 1991 die Schaffung „befreiter Zonen". Darin heißt es: Man müsse Freiräume schaffen, in denen man faktisch die Macht ausübe, in denen man sanktionsfähig sei und Feinde bestrafen könne. Man müsse so handeln, dass man in einem Meer der Sympathie schwimme und von der Bevölkerung akzeptiert werde.[3] „Befreite Zone" meint in diesen Sinne somit ebenfalls eine gesellschaftliche Hegemonie und staatsähnliche Kontrolle über ein bestimmtes Territorium.

Zunächst wurde dieses Konzept in der Szene nicht breiter rezipiert. Gleichwohl kam es in Verbindung mit den bereits beschriebenen Entwicklungen – einerseits des Anwachsens des Skinhead-Potentials und andererseits von dessen verstärkter Kooperation mit *NPD*- und Neonazi-Aktivisten – vor allem in den neuen Bundesländern in bestimmten Gegenden und zu bestimmten Zeiten zur alltagskulturellen Präsenz der Szene. An gewissen öffentlichen Orten versammelten sich regelmäßig deren Angehörige zur Abendzeit und ließen durch die schlichte Anwesenheit, aber auch durch aggressives Agieren eine bedrohliche Atmosphäre entstehen. Brutale Gewalttaten gegen als Fremde oder „Linke" angesehene Personen erhöhten diese Wirkung noch und ließen den Eindruck von einer regionalen Dominanz der Szene aufkommen. Der langjährige Beobachter des ostdeutschen Rechtsextremismus Bernd Wagner bemerkte dazu: „Zunehmend sind kleine Kommunen betroffen. In einem Ort wie Mahlow in Brandenburg oder Muldenstein in Sachsen-Anhalt kann eine Gruppe von 30 oder 40 Personen den öffentlichen Raum vollständig beherrschen: Jugendclubs, Bahnhöfe, Tankstellen oder Marktplätze mit einer gewissen Aura versehen." (Wagner 1998: 7; vgl. Schröder 1997). Vor dem Hintergrund der damit verbundenen Entwicklungen läßt sich durchaus

---

3 vgl. *Vorderste Front*, Nr. 2/Juni 1991, S. 4 und 6.

vom Entstehen einer diesbezüglichen sozialen Bewegung in den östlichen Bundesländern sprechen.

Hierbei handelt es sich in der historisch-vergleichenden Betrachtung um eine neue Qualität in gleich zweierlei Hinsicht: Zum einen war nach 1949 bislang eine derartige regionale Dominanz gewaltbereiter Rechtsextremisten nicht feststellbar und zum anderen besteht mit den Skinheads in diesem Zusammenhang erstmals eine eigene rechtsextremistische Jugendkultur mit Ausstrahlung in das allgemeine Jugendmilieu hinein. Gleichwohl darf vor dem Hintergrund dieses Sachverhalts nicht das Entstehen einer solchen Situation auf die strikte Befolgung der vorgenannten Konzeption der „national befreiten Zonen" zurückgeführt werden. Bei derartige Zusammenhänge suggerierenden Medienberichten rationalisierte man häufig diese Entwicklungen zu Konsequenzen strategischer Vorgaben, wozu die Szene weder intellektuell noch konzeptionell in der Lage war und ist. Vielmehr entstand die regionale alltagskulturelle Dominanz von Szene-Angehörigen automatisch durch das Anwachsen dieses Personenpotentials, die gesellschaftliche Präsenz und das aggressive bis gewalttätige Agieren. Vom Bestehen „national befreiter Zonen" im oben erwähnten Sinne kann indessen nicht gesprochen werden. Die Bezeichnung unterstellt die flächendeckende und längerfristige Aufhebung des Gewaltmonopols und der Souveränität des demokratischen Rechtsstaates in bestimmten Regionen, was zwar die Rechtsextremisten beabsichtigen, aber auch in den erwähnten Orten der zeitlich begrenzten alltagskulturellen Dominanz in dieser Form nicht feststellbar ist. Gleichwohl stellt die damit verbundene Entwicklung eine nicht hinzunehmende Bedrohung der öffentlichen Sicherheit dar, gestattet sie doch nicht allen Personen, sich gefahrlos an solchen Orten zu bewegen.

7. Gewalt: Entwicklung und Einschätzung rechtsextremistisch motivierter Gewalttaten

Und schließlich soll noch der Entwicklung der rechtsextremistisch motivierten Gewalttaten als der folgenreichsten Handlungsebene des Rechtsextremismus gesondert Aufmerksamkeit gezollt werden. Zunächst zur rein quantitativen Dimension: Die Zahl der rechtsextremistisch motivierten Gewalttaten stieg Anfang der neunziger Jahre rapide an und zwar von 178 1990 auf 849 1991 und 1.485 1992. Danach sank die Zahl von 1322 1993 auf 784 1994 und 612 1995. Anschließend kam es wieder zu einem Anstieg von 624 1996 auf 790 1997 und danach wieder zu einem erneuten Sinken auf 708 und erneutem Anstieg auf 746 1999 und 998 2000. Auch wenn der gegenwärtige Stand nur noch zwei Drittel der Gewalttaten auf dem Höhepunkt der Entwicklung im Jahr 1992 ausmacht stabilisierten sich doch die Zahlen auf einem relativ hohen Niveau, das vor Beginn der neunziger Jahre nie erreicht wurde. In allen Jahren zeigte sich bei der Verteilung der Gewalttaten nach Bundesländern, dass die Zahl der Gewalttaten im Osten weitaus höher lag als im Westen. So wurden etwa 2000 in den neuen Bundesländern 2,21 Gewalttaten je 100.000 Einwohner registriert und in den westlichen Ländern 0,95. Berücksichtigt man darüber hinaus noch den unterschiedlich hohen Ausländeranteil – in den westlichen Ländern liegt er zwischen 8,1 und 15,2 Prozent und in den östlichen Ländern zwischen 1,5 und 2,3 Prozent der Bevölkerung – so wird noch mehr deutlich wie sehr fremdenfeindliche Gewalttaten ein besonderes ostdeutsches Phänomen darstellen. Darüber hinaus veranschaulichen diese Zahlen, dass das Ausmaß der Gewalt offensichtlich nicht durch die hohe Zahl von anwesenden Ausländern bedingt ist. Das genaue Gegenteil läßt sich aus den Daten ablesen: In den Bundesländern mit einem relativ hohen Ausländeranteil kam es zu einem relativ geringen Ausmaß von rechtsextremistisch motivierter Gewalt.[4]

Wer sind nun die Täter? Auf diese Frage gab eine breit angelegte Untersuchung eines Trierer soziologischen Forscherteams um Helmut Willems mit Daten von 1991 und 1992 Antwort. Die systematische Auswertung von Polizeiakten veranschaulichte, dass von den Tatverdächtigen nahezu alle Männer und mehr als ein Drittel unter 18 Jahre alt waren. Die Meisten verfügten nur über einen niedrigen Bildungsstatus. Mit 18 Prozent lag der Anteil der Arbeitslosen zwar über der Arbeitslosenquote der Jugendlichen insgesamt, war aber keineswegs so deutlich erhöht, wie immer wieder angenommen wird. Ähnliches gilt für die Bedeutung familiärer Desintegrationserscheinungen, die mit einer Verbreitung von knapp über 20 Prozent nicht wesentlich höher als im Durchschnitt der Bevölkerung lagen. Für die Mehrzahl der Tatverdächtigen ließen sich Affinitäten und Zugehörigkeiten zu Skinhead- und anderen Gruppen mit fremdenfeindlichen Einstellungen (wozu auch Freizeitcliquen von Jugendlichen gehörten) nachweisen. Der größte Teil der fremdenfeindlichen Straftäter stellten aber unauffällige, „normale" Jugendliche und Ersttäter dar. Fast ausschließlich begingen sie die gewalttätigen Aktionen gegen Ausländer als Gruppentat, was die Auffassung von den „irregeleiteten Einzeltätern" widerlegt. Es kann bei entsprechenden Aktivitäten indessen nicht von einer Steuerung von außen gesprochen werden, da dies lediglich bei einer geringen Zahl von Fällen zutraf. Auch stammten fast alle Täter aus der Nähe des Tatortes, sie waren somit keine „Reisetäter" (vgl. Willems 1993 sowie Willems/Würtz/Eckert 1994).

Zu ähnlichen Ergebnissen kamen Untersuchungen des Kölner Kriminologen Frank Neubacher, der ebenfalls eine Inhaltsanalyse einschlägiger Urteile vornahm. Seine aus den Jahren 1990 bis 1994 stammenden Daten belegten ebenfalls einen besonders hohen Anteil von Taten in den östlichen Bundesländern, den nahezu ausschließlichen Männer-Anteil der Täter und den lediglich leicht überdurchschnittlichen Anteil von Arbeitslosen mit 21 Prozent. Mit diesem letztgenannten Aspekt widerlegte auch diese Studie weit verbreitete Auffassungen über die Ursachen für Handlungen fremdenfeindlicher Gewalttäter. Ihre Mehrheit hatte darüber hinaus ein materiell abgesichertes Zuhause und die Arbeitslosigkeit der Eltern spielte keine erkennbare Rolle. Auch die Täter selbst entstammten nicht mit dem Begriff „Desintegration" zu beschreibenden Lebenszusammenhängen, was einen damit zusammenhängenden bekannten Erklärungsansatz des Pädagogen Wilhelm Heitmeyer widerlegt (vgl. Heitmeyer 1987; kritisch dazu: Pfahl-Traughber 1993). Beachtenswert an Neubachers Untersuchung im vorliegenden Kontext sind darüber hinaus noch seine Ausführungen zum Ost-West-Vergleich: Dabei gab es für ihn keine durchgehenden Abweichungen im Sinne einer höheren oder niedrigeren Auffälligkeit. Im ganzen schienen ihm sogar die ostdeutschen Täter eher aus intakten und unbelasteten Lebensverhältnissen zu kommen. Allerdings sei der Anteil der Arbeitslosen unter den Tätern im Osten mit 33 Prozent signifikant höher als im Westen mit 14 Prozent (vgl. Neubacher 1999).

Neben den relativ spontan und unsystematisch durchgeführten rechtsextremistisch motivierten Gewalttaten verdienen auch die Tendenzen zur Entwicklung terroristischer Strukturen gesondertes Interesse. Derartige Debatten werden öffentlich häufig mit dem Schlagwort von der „Braunen Armee Fraktion" verbunden, womit der relativ hohe logistische Entwicklungsstand des Linksterrorismus der siebziger Jahre zum Maßstab der Erkenntnis gemacht wird. Hierdurch entsteht allerdings für die gegenwärtige Diskussion ein Zerrbild, da Rechtsextremisten in Vergangenheit und Gegenwart nicht in der Lage waren einen ähnlichen Planungsgrad wie die früheren Linksterroristen zu erreichen (vgl. Rabert 1995). Eine

---

4   Vgl. *Frankfurter Allgemeine Zeitung* vom 15.8.2000, S. 5.

Struktur ähnlich der RAF besteht im neonazistischen Lager nicht. Gleichwohl existieren dort Konzeptionen und Verlautbarungen, Gewaltbereitschaft und Waffenlager, was allerdings lange Zeit nicht mit einander verbunden war und sich auch nicht in konkreten Anschlagsplänen umsetzte. Die Mehrheit der Szene lehnt darüber hinaus terroristisches Vorgehen aus taktischen Gründen ab, befürchtet man dadurch doch noch stärkere Exekutivmaßnahmen des Staates auszulösen. Seit Ende der neunziger Jahre mehren sich allerdings die Anzeichen dafür, dass einzelne Aktivisten ihre Sammlung von Sprengstoff und Waffen mit Anschlagsoptionen verbinden. Die beiden bisher ungeklärten Sprengstoffanschläge, 1998 auf das Grab des ehemaligen Vorsitzenden des Zentralrats der Juden in Deutschland Heinz Galinski und 1999 auf die Ausstellung „Vernichtungskrieg. Verbrechen der Wehrmacht 1941 bis 1944" in Saarbrücken, stehen dafür. Gleiches gilt für Fälle im Raum Berlin und Brandenburg zwischen September 1999 und Juni 2000, wo es den Sicherheitsbehörden gelang, unmittelbar bevorstehende Anschläge zu verhindern.[5] Angesichts dieser Tendenzen besteht zwar nicht die Gefahr eines Aufbaus fester terroristischer Strukturen. Wahrscheinlicher könnte vielmehr eine Art „Feierabend-Terrorismus" in Gestalt des gewalttätigen Wirkens aus dem normalen Alltagsleben heraus oder das spontane Handeln von Einzeltätern ohne eine langfristige Konzeption und Zielsetzung sein. Eine diesbezügliche Schwerpunktsetzung der Entwicklung auf Ost- oder Westdeutschland läßt sich indessen hier nicht erkennen.

8. Bilanz und Einschätzung

Bilanziert man das oben Dargestellte hinsichtlich des Vergleichs der Entwicklung des organisierten Rechtsextremismus in den alten und neuen Bundesländern, so kann folgendes zusammenfassend gesagt werden: Von einer allgemeinen Verlagerung des Rechtsextremismus von West- nach Ostdeutschland läßt sich in dieser Pauschalität nicht sprechen. Eine differenzierte Betrachtung muß die unterschiedlichen Handlungsebenen in dem politischen Lager unterscheiden und gesondert untersuchen. Hierbei zeigt sich ein anderer Zusammenhang: Je stärker der Rechtsextremismus auf eine politische Mitgestaltung in Form von aktiver Parteipolitik oder auf theoretische Begründungen in Form von „Ideologieproduktion" orientiert ist, desto stärker findet man solche Tendenzen in den alten Bundesländern. Dafür spricht sowohl das Fehlen eigenständiger Kulturorganisationen wie die organisatorische Unterentwicklung von *DVU* und *REP* im Osten. Je stärker der Rechtsextremismus auf Aktionen, Parolen und Gewalt hin ausgerichtet ist, desto eher findet man derartige Handlungsformen in den neuen Bundesländern. Ablesbar ist dies am dortigen überdurchschnittlich hohen Anteil von Neonazis und Skinheads sowie der rechtsextremistisch motivierten Gewalttaten. Diese Unterschiede erklären sich zwar nicht allein, aber auch mit der Alterszusammensetzung im Rechtsextremismus in Ost und West: In den neuen Bundesländern gehören diesem politischem Lager im Durchschnitt eher Angehörige jüngerer Altersgruppen an.

Darüber hinaus zeigt die vergleichende Betrachtung der unterschiedlichen Handlungsfelder für politische Aktivitäten, dass es sich beim Rechtsextremismus – entgegen eines vielfach bestehenden Eindrucks durch die Berichterstattung der Medien – keineswegs nur um ein ost-, sondern um ein gesamtdeutsches Phänomen handelt. Insbesondere das Engagement westlicher Rechtsextremisten zu Beginn der neunziger Jahre veranschaulicht, in

---

5   Vgl. *Der Tagespiegel* vom 20.6.2000, S. 9.

welch hohem Maße von deren Seite versucht wurde, Anstöße zur Entwicklung von ostdeutschen Strukturen zu geben. Daraus darf allerdings nicht geschlossen werden, dass es sich in Ostdeutschland um eine Art „importiertes" Phänomen handelt. Dem widerspricht zum einen die informelle Existenz von neonazistischen Personenzusammenschlüssen und von Skinheads als Jugendkultur bereits zu DDR-Zeiten, andererseits das Anknüpfen von Rechtsextremisten an durch das *SED*-Regime sozialisierte antidemokratische Einstellungen in der Bevölkerung. Gerade der letztgenannte Aspekt als Bestandteil der politischen Kultur in den östlichen Bundesländern kann in seiner Bedeutung kaum unterschätzt werden. Autoritarismus, Antipluralismus, Freund-Feind-Denken und Kollektivismus blieben auch nach 1989 als Mentalitäten weiterhin bestehen und artikulierten sich als extremistische Strukturprinzipien nun unter politisch „rechten" Vorzeichen weiter.

Darüber hinaus muß berücksichtigt werden, dass auch zu DDR-Zeiten antisemitische und fremdenfeindliche Einstellungen in der Bevölkerung bestanden. Deren Existenz leugnete das *SED*-Regime allerdings aus politischen Gründen, wodurch es weder zu einer öffentlichen Auseinandersetzung um solche Fragen noch zur Einübung eines toleranten Umgangs mit Minderheiten kam. Und schließlich waren in Gestalt des Antiamerikanismus und des Antikapitalismus in der offiziellen DDR-Ideologie politische Auffassungen vorhanden, welche gegenwärtige Rechtsextremisten in ihrer Agitation ebenfalls als Anknüpfungspunkte nutzen können. Gerade in der Thematisierung von sozial- und wirtschaftspolitischen Positionen und deren inhaltlicher Verbindung mit rechtsextremistischen Grundpositionen zeigt sich dieser Zusammenhang immer wieder. Gegen den Hinweis auf das Fortleben bestimmter Bestandteile der politischen Kultur der DDR als mit verursachender Faktor für den Rechtsextremismus in den ostdeutschen Bundesländern spricht auch nicht der Hinweis darauf, dass viele der heute rechtsextremistischen Jugendlichen 1989 erst sechs bis zehn Jahre alt waren. Die erwähnten Mentalitäten sozialisierten vielfach Eltern und soziales Umfeld weiter.

Daher verwundert auch nicht die weiterhin bestehende Existenz unterschiedlicher Prägungen der politischen Kultur in den östlichen und westlichen Ländern (vgl. Falter/Gabriel/Rattinger 2000). Dies gilt ebenso für das gespaltene Urteil über die Bundesrepublik Deutschland als Gesellschaft und System[6] wie für das Ausmaß rechtsextremistischer und fremdenfeindlicher Einstellungen in den jeweiligen Bevölkerungen. Dabei fällt in der vergleichenden Betrachtung auf, dass das Potential zunächst in der ersten Hälfte der neunziger Jahre in den westlichen Bundesländern höher war. Der Politikwissenschaftler Jürgen W. Falter bezifferte es 1994 bezogen auf ein engeres Verständnis von Rechtsextremismus auf 5,5 Prozent im Westen und 3,7 Prozent im Osten und bezogen auf ein weiteres Verständnis von Rechtsextremismus auf 19,3 Prozent im Westen und 9,3 Prozent im Osten (vgl. Falter 1994; Stöss 1999: 29). Eine Untersuchung der Politikwissenschaftler Oskar Niedermayer und Richard Stöss konstatierte für 1998 demgegenüber eine Verteilung des rechtsextremistischen Einstellungspotentails von 12 Prozent in den alten und 17 Prozent in den neuen Bundesländern (vgl. Niedermayer/Stöss 1998; Stöss 1999: 30-36). Auch wenn die quantitative Einschätzung aufgrund der Auswahl der Items sicherlich diskussionswürdig wäre, veranschaulichen diese Daten doch einen im vorliegenden Kontext wichtigen Aspekt: der Anteil des rechtsextremistischen Einstellungspotentials war in der zweiten Hälfte der neunziger Jahre in den östlichen Bundesländern höher.

Wie läßt sich diese Entwicklung erklären? Stöss wies darauf hin, dass die anfängliche große Zuversicht der ostdeutschen Bevölkerung in das westliche System von Demokratie

---

6 Vgl. *Die Woche* vom 21. Mai 1999, S. 10.

und Marktwirtschaft in besonders herbe Enttäuschung umgeschlagen sei. Dieser Einschätzung kann sicherlich ebenso allgemein zugestimmt werden wie bezüglich der postulierten Wirkung. Allerdings erklärt diese Frustration nicht die politische Richtung der damit verbundenen Reaktion, die sich angesichts der Existenz einer als bedeutsame Kraft etablierten *PDS* auch in eine andere politische Richtung hätte wenden können. Neben der politischen Belastung dieser Partei durch ihre DDR-Vergangenheit spricht gegen eine solche Tendenz, worauf auch Stöss hinweist, die diffuse rechtsextremistische Grundeinstellung dieses Personenpotentials (vgl. Stöss 1999: 30-33). Da es sich hierbei um jüngere Altersgruppen handelt, kann dieses autoritäre und extremistische Einstellungspotential auch nicht mehr über eine traditionelle Anbindung an die PDS integriert werden. Hierin dürfte auch der eigentliche Grund für den Anstieg des rechtsextremistischen Einstellungspotentials in den östlichen Bundesländern zu sehen sein, besteht doch gerade bei der Altersverteilung der rechtsextremistisch Eingestellten im Osten und Westen ein auffälliger Unterschied: Während darunter in den alten Bundesländern eher die Älteren fallen, überwiegen in den neuen Bundesländern die Jüngeren (vgl. Kunkat 1999; Krüger/Pfaff 2001). Ohne die Entwicklung im Westen zu ignorieren, veranschaulichen diese Überlegungen, dass zukünftig insbesondere die Jugend im Osten am anfälligsten für die Deutungs- und Politikangebote des Rechtsextremismus sein dürfte.

Bibliographie

Baacke, Dieter u.a. (Hrsg.) (1994): Rock von rechts, Bielefeld (Gesellschaft für Medienpädagogik und Kommunikationskultur).
Baacke, Dieter/Farin, Klaus/Lauffer, Jürgen (Hrsg.) (1999): Rock von rechts II. Milieus, Hintergründe und Materialien, Bielefeld (Gesellschaft für Medienpädagogik und Kommunikationskultur).
Bundesamt für Verfassungsschutz (Hrsg.) (1998): Rechtsextremistische Skinheads. Entwicklung, Musik-Szene, Fanzines, Köln (BfV).
Bundesamt für Verfassungsschutz (Hrsg.) (2000): Skinheads. Bands & Konzerte, Köln (BfV).
Bundesministerium des Innern (Hrsg.) (1991ff.): Verfassungsschutzbericht 1990ff., Bonn bzw. Berlin (BMI).
Falter, Jürgen W. (1994): Wer wählt rechts? Die Wähler und Anhänger rechtsextremistischer Parteien im vereinigten Deutschland, München (C.H. Beck).
Falter, Jürgen W./Gabriel, Oscar W./Rattinger, Hans (Hrsg.) (2000): Wirklich ein Volk? Die politischen Orientierungen von Ost- und Westdeutschen im Vergleich, Opladen (Leske + Budrich).
Farin, Klaus (Hrsg.) (1997): Die Skins. Mythos und Realität, Berlin (Chr. Links Verlag).
Farin, Klaus/Seidel-Pielen, Eberhard (1993): Skinheads, München (C.H. Beck).
Heitmeyer, Wilhelm (1987): Rechtsextreme Orientierungen bei Jugendlichen. Empirische Ergebnisse und Erklärungsmuster einer Untersuchung zur politischen Sozialisation, Weinheim-München (Juventa Verlag).
Hoffmann, Jürgen/Lepszy, Norbert (1998): Die DVU in den Landesparlamenten: inkompetent, zerstritten, politikunfähig. Eine Bilanz rechtsextremer Politik nach zehn Jahren, Sankt Augustin (Konrad-Adenauer-Stiftung).
Jaschke, Hans-Gerd (1990): Die Republikaner. Profile einer Rechtsaußen-Partei, Bonn (J.W. Dietz).
Kunkat, Angela (1999): „Rechtsextremistische Einstellungen und Orientierungen männlicher Jugendlicher in Mecklenburg-Vorpommern", in: Frieder Dünkel/Bernd Geng (Hrsg.), Rechtsextremismus und Fremdenfeindlichkeit. Bestandsaufnahme und Interventionsstrategien, Mönchengladbach (Forum Verlag), S. 209-238.
Krüger, Heinz-Hermann/Pfaff, Nicole (2001): „Jugendkulturelle Orientierungen, Gewaltaffinität und Ausländerfeindlichkeit. Rechtsextremismus an Schulen in Sachsen-Anhalt", in: *Aus Politik und Zeitgeschichte*, B. 45 vom 2. November, S. 14-23.
Leggewie, Claus (1990): Die Republikaner. Ein Phantom nimmt Gestalt an, Berlin (Rotbuch Verlag).

Menhorn, Christian (2001): Skinheads – Portrait einer Subkultur, Baden-Baden (Nomos).
Neubacher, Frank (1999): Fremdenfeindliche Brandanschläge. Eine kriminologisch-empirische Untersuchung von Tätern, Tathintergründen und gerichtlicher Verarbeitung in Jugendstrafverfahren, Mönchengladbach (Forum Verlag).
Niedermayer, Oskar/Stöss, Richard (1998): Rechtsextremismus, politische Unzufriedenheit und das Wählerpotential rechtsextremer Parteien in der Bundesrepublik im Frühsommer 1998, Berlin (unveröffentlichtes Manuskript).
Obszerninks, Britta/Schmidt, Matthias (1998): DVU im Aufwärtstrend – Gefahr für die Demokratie? Fakten, Analysen, Gegenstrategien, Münster (Agenda Verlag).
Pfahl-Traughber, Armin (1992): „Rechtsextremismus in den neuen Bundesländern", in: *Aus Politik und Zeitgeschichte*, B 3-4 vom 10. Januar, S. 11-21.
Pfahl-Traughber, Armin (1993): „Nur Modernisierungsopfer? Eine Kritik der Heitmeyer-Studien", in: *Neue Gesellschaft/Frankfurter Hefte*, 40. Jg., Nr. 4, S. 329-336.
Pfahl-Traughber, Armin (1997): „Hitlers selbsternannte Erben. Die Neonazi-Szene. Zur Entwicklung einer rechtsextremistischen Subkultur", in: Bundesministerium des Innern (Hrsg.) Texte zur Inneren Sicherheit, Bd. 1, Bonn (BMI), S. 81-106.
Pfahl-Traughber, Armin (1997a): „Die Neonationalsozialisten-Szene nach den Verbotsmaßnahmen", in: Uwe Backes/Eckhard Jesse (Hrsg.), Jahrbuch Extremismus & Demokratie 9, Baden-Baden (Nomos), S. 156-173.
Pfahl-Traughber, Armin (1999): Rechtsextremismus in der Bundesrepublik, München (C.H. Beck).
Pfahl-Traughber, Armin (1999a): „Der ‚zweite Frühling' der NPD zwischen Aktion und Politik, in: Uwe Backes/Eckhard Jesse (Hrsg.), Jahrbuch Extremismus & Demokratie 11, Baden-Baden (Nomos), S. 146-166.
Rabert, Bernhard (1995): Links- und Rechtsterrorismus in der Bundesrepublik Deutschland von 1970 bis heute, Bonn (Bernard & Graefe Verlag).
Schröder, Burkhard (1997): Im Griff der rechten Szene. Ostdeutsche Städte in Angst, Reinbek (Rowohlt).
Siegler, Bernd (1991) Auferstanden aus Ruinen. Rechtsextremismus in der DDR, Berlin (Edition Tiamat).
Stöss, Richard (1999): Rechtsextremismus im vereinten Deutschland, Bonn (2. Aufl., Friedrich-Ebert-Stiftung).
Wagner, Peter M. (1992): „Die NPD nach der Spaltung", in: Uwe Backes/Eckhard Jesse (Hrsg.), Jahrbuch Extremismus & Demokratie 4, Baden-Baden (Nomos), S. 157-167.
Wagner, Bernd (1998), Rechtsextremismus und kulturelle Subversion in den neuen Ländern, Berlin (Zentrum Demokratische Kultur).
Willems, Helmut u.a. (1993): Fremdenfeindliche Gewalt. Einstellungen, Täter, Konflikteskalation, Opladen (Leske + Budrich).
Willems, Helmut/Würtz, Stefanie/Eckert, Roland (1994): Analyse fremdenfeindlicher Straftäter, Bonn (BMI).

//
„Solidarität ist eine Waffe". Die rechtsextreme Internationale: Ideologie, Vernetzung und Kooperation

Thomas Grumke

1. Internationale Nationalisten oder nationalistische Internationale?

Ultranationalismus, also wenn „in der Konstruktion nationaler Zugehörigkeit spezifische ethnische, kulturelle oder religiöse Ausgrenzungskriterien verschärft, zu kollektiven Homogenitätsvorstellungen verdichtet und mit autoritären Politikmodellen verknüpft werden" (Minkenberg 2001), gehört zweifellos zu den zentralen ideologischen Merkmalen des Rechtsextremismus. Daraus könnte gefolgert werden, dass Rechtsextremisten aus diesem Grund nicht dazu geneigt sind dauerhaft mit Rechtsextremisten anderer Länder zu kooperieren. Dies trifft vor allem im 21. Jahrhundert keinesfalls zu. Ganz im Gegenteil ist eine verstärkte internationale Vernetzung auf der extremen Rechten zu verzeichnen, die mehr und mehr auch organisatorisch-systematisch verankert ist (vgl. Kaplan/Weinberg 1998).

„Solidarität ist eine Waffe" heißt die Überschrift eines Berichts zum „4. Europäischen Kongreß der Jugend" der *Jungen Nationaldemokraten* (*JN*), wo alle „anwesenden Abordnungen und Gäste aus dem In- und Ausland ihren Willen [betonten], sich den plutokratischen Strukturen der egalitären ‚One World'-Verfechter entschlossen entgegenstellen zu wollen".[1] In diesem Sinne versteht heute ein großer Teil der extremen Rechten internationale Kooperation, die in Form von Finanzmitteln, Logistik, Personal oder auch – und nicht zu unterschätzen – Motivation vorkommen kann.

Intensive Kontakte werden schon seit Jahren gepflegt auf einschlägigen Veranstaltungen wie der flämischen „Ijzerbedevaart" in Diksmuide, Belgien (August), der „Ulrichsberg"-Gedenkfeier bei Klagenfurt (Oktober) oder der Gedenkfeier zum Todestag von Francisco Franco in Madrid (November). Die „Ijzer-Wallfahrt" wird seit 1927 jährlich am letzten Augustwochenende zum Gedenken an die im Ersten Weltkrieg gefallenen Flamen durchgeführt. Am Rande der Veranstaltung treffen sich Rechtsextremisten aus ganz Europa und Übersee (vgl. Maegerle 2002).

Struktur folgt Ideologie. Mit anderen Worten: es ist nicht anzunehmen, dass Rechtsextremisten unterschiedlicher Länder miteinander kooperieren oder Treffen organisieren und sich erst dann überlegen, was sie für gemeinsame Ziele bzw. Ideen vertreten. Im Gegenteil wird in der Regel, außer es liegt z.B. ein geschäftliches Interesse vor, eine Zusammenarbeit erst *aufgrund* weltanschaulicher Übereinstimmung bzw. gemeinsamer politischer Ziele verwirklicht. Aus diesem Grund sollen auch in diesem Beitrag erst diejenigen Ideologieelemente und politischen Ziele verdeutlicht werden, auf deren Basis sich ein Großteil der gegenwärtigen rechtsextremen Internationale vernetzt. Danach wird die organisatorische Ebene beleuchtet, wobei an konkreten Fallbeispielen die internationalen Vernetzungen der extremen Rechten nachgezeichnet werden.

---

1 Jürgen Distler, „Solidarität ist eine Waffe", in: *Deutsche Stimme*, Nov. 1997, S. 12.

Der Anspruch dieses Beitrages ist es nicht, restlos alle internationalen Netzwerke und Kooperationen der extremen Rechten auf- und nachzuzeichnen. Ziel ist es vielmehr, einen sich immer mehr verfestigenden Trend der Internationalisierung der extremen Rechten zu beschreiben. Dies soll, wie erwähnt, mit einer Reihe von Beispielen auf zwei Ebenen – der ideologischen und der organisatorischen – mit besonderem Augenmerk auf die deutsche Szene geschehen.

2. Die Ideologie des internationalen Rechtsextremismus

Vor der Darstellung der sich immer weiter entwickelnden internationalen rechtsextremen Infrastruktur ist es geboten, das ideologische Gerüst zu analysieren und zu verstehen, um das herum sich die Internationalisierung vollzieht.

Von Michael Kühnen, der wie kaum ein anderer die extreme Rechte der Bundesrepublik geprägt hat, stammt der Leitsatz: „Das System hat keine Fehler, es ist der Fehler" und die Aufforderung zum „Kampf gegen die Überfremdung", zum völkisch motivierten „Kampf gegen die Umweltzerstörung" und zur „Kulturrevolution gegen den Amerikanismus".[2] Hier formulierte Kühnen bereits Mitte der 1980er Jahre was heute zentraler Bestandteil der rechtsextremen Internationale ist.

In einem Grußwort für den zum 35. Jahrestag der *NPD* und dem 30. Jahrestag der *Jungen Nationaldemokraten* (*JN*) vom ehemaligen *JN*-Bundesvorsitzenden und jetzigen stellvertretenden *NPD*-Vorsitzenden Holger Apfel herausgegebenen Band „Alles Große steht im Sturm" legte Dr. William Pierce, der im Juli 2002 verstorbene Gründer und Führer der US-amerikanischen *National Alliance*[3], seine ideologischen Grundlagen einer internationalen Kooperation dar:

> Nationalisten in Deutschland, in Europa oder auch in Amerika stehen einem gemeinsamen Feind aller Völker gegenüber, dem internationalen Großkapital, daß allen geschichtlich gewachsenen Nationen zugunsten eines multikulturellen „melting pot" den Todesstoß versetzen will. Unser Kampf gegen die Weltherrschaftsbestrebungen und den Wirtschaftsimperialismus multinationaler Konzerne wird hart und entbehrungsreich sein – doch das Ziel einer wieder zu ihren Wurzeln zurückfindenden Völkergemeinschaft wird es wert sein, diesen harten Kampf und alle damit verbundenen Unannehmlichkeiten auf sich zu nehmen (in: Apfel 1999: 23).

Aus dieser Aussage, die als paradigmatisch für die rechtsextreme Internationale gelten kann, geht klar hervor, dass es nicht mehr nur um die Verteidigung einer Nation nach außen geht, sondern um mehr. Zentrale international agierende Aktivisten wie Pierce definieren Nationalität nicht nach Staatszugehörigkeit oder Geographie, sondern nach Rasse. Schützens- und verteidigenswert ist nicht die Nation an sich, sondern die von „Überfremdung" und „racemixing" bedrohte „weiße Rasse", die in den ihnen angestammten Nationen von einem skrupel-, traditions- und geschichtslosen „internationalen Großkapital", das zumeist offen oder verklausuliert als jüdisch dominiert verortet wird. Dabei wird in Rückgriff auf alte, überkommene antisemitische oder völkische Argumentations- und Theoriemuster ein schwer

---

2   Michael Kühnen, Lexikon der Neuen Front, 1987 (WWW-Seiten der *NSDAP/AO*, eingesehen am 10.05.2002).
3   Vgl. zu Pierces Ableben und zu seinem Nachfolger Erich Gliebe: Thomas Grumke, „Politisches Testament", in: *blick nach rechts*, 16/2002, S. 4-5 und Thomas Grumke, „Das politische Erbe", in: *blick nach rechts*, 17/2002, S. 6-7.

verdauliches Gemisch aus den wahlweisen Zutaten „internationale Volkssolidarität", „Antiimperialismus" und „Ausländer raus" zusammengebraut.

Resultat ist eine als *pan-arisch* bezeichnete Weltanschauung, die – nicht mehr slavophob wie die NS-Ideologie Hitlerscher Prägung – ausdrücklich Osteuropa und Russland als Teil der „weißen Welt" mit einschließt. Nur so ist es zu verstehen, wenn der II. Weltkrieg als „brudermordendes Desaster" (Pierce in Apfel 1999: 23) bezeichnet wird. David Duke setzt sogar seine größte Hoffnung auf Russland in der Verhinderung der, wie er es nennt, „relentless and systematic destruction of the European genotype", denn „our race faces a world-wide genetic catastrophe. There is only one word that can describe it: genocide".[4]

Um es zu wiederholen: international kooperierende Rechtsextremisten sind keine fahnenschwenkenden Patrioten, sondern ausgesprochen systemkritische bzw. -feindliche fundamentale Gegner von Pluralismus, parlamentarischer Demokratie und *allen* ihren Vertretern. Die Idee von der im amerikanischen Kontext sog. „Zionistisch Okkupierten Regierung" (*Zionist Occupied Government = ZOG*) dominiert mittlerweile den rechtsextremen Diskurs und gilt durchgehend als Beschreibung für die als reine Marionetten globaler (jüdisch dominierter) Finanzinteressen angesehenen Regierungen Europas und Nordamerikas. Oberstes Ziel ist die Erhaltung bzw. Reinhaltung der „weißen Rasse", was eine totale Ablehnung jeglicher Ein- und Zuwanderung, gewendet als „Überfremdung", zur logischen Folge hat.

Hieran schließt sich wiederum ein Anti-Amerikanismus an, der allerdings genauer als Anti-"Amerikanisches System" beschrieben werden muss. Der als imperialistisch bezeichnete Einfluss von in den USA ansässigen Finanz- und Medienunternehmen inkl. *Wall Street* wird als „volkszersetzend" und alle nationalen Eigenheiten planierend kritisiert. In einem Text, der auf „einer gemeinsamen Arbeitssitzung in Berlin-Köpenick von Vertretern der NPD und 8 weiteren Organisationen und Persönlichkeiten des Nationalen Widerstandes [...] einstimmig verabschiedet und unterzeichnet sowie auf der Demonstration in Berlin am 3. Oktober 2001 als verhinderter Redebeitrag von Horst Mahler verlesen" wurde, heißt es dementsprechend:

> Der Nationale Widerstand ist sich darin einig, daß die ethnische Durchmischung des Deutschen Volkes erzwungen ist, daß unser Volk in der Gefahr ist, das Opfer eines Völkermordes zu werden. [...] Im Erkennen des Urteils, daß der „American way of life" der Todesmarsch der menschlichen Gattung ist und deshalb vom Geist der selbstbewußten Volksgemeinschaft überwunden wird, zeigt sich die geistige Stärke, die allein fähig ist, jetzt den Sieg zu erringen.[5]

Noch tiefer in die Abgründe im Rechtsextremismus nicht selten vorfindbarer antijüdischer Verschwörungstheorien führen Auslassungen zu den Terroranschlägen vom 11. September 2001, für die *NPD*-Aktivposten und Ein-Mann-Ideologiefabrik Horst Mahler im Sinne des deutschen Presserechts verantwortlich zeichnet. In dem inzwischen weit zirkulierten Text „Independence-Day live" markieren die Anschläge „das Ende des Amerikanischen Jahrhunderts, das Ende des globalen Kapitalismus und damit das Ende des weltlichen Jahwe-Kultes, des Mammonismus". Weiter wird im Text argumentiert, dass die Terrorakte nichts anderes als Akte der Selbstverteidigung von den Vereinigten Staaten unterdrückter Völker sei: „Dieser Kleinkrieg ist ein Befreiungskrieg und als solcher ein Weltkrieg, weil der Feind der

---

4   David Duke, „Is Russia the Key to White Survival?", 2000 (WWW-Version, eingesehen am 20.05.2002).
5   „Den Völkern Freiheit. Den Globalisten ihr globales Vietnam", auf den WWW-Seiten des *Deutschen Kollegs* (eingesehen am 18.04.2002).

Völker die Welt beherrscht".[6] Auch wer dieser Feind ist, wird nicht verschwiegen: „Es ist der die gläubigen Juden auf die Erlangung der Weltherrschaft durch Geldleihe ausrichtende Jahwe-Kult, der dem kapitalistischen System gegenwärtig seine tödliche Dynamik verleiht."[7] Mahler verstieg sich letztendlich in der Aussage, die „militärischen Angriffe auf die Symbole der mammonistischen Weltherrschaft" seien „– weil sie vermittelt durch die Medien den Widerstandsgeist der Völker beleben und auf den Hauptfeind ausrichten – eminent wirksam und deshalb rechtens."[8] Ähnlich äußerten sich zahlreiche Rechtsextremisten in Europa und den USA.[9]

Als zentrales international kompatibles Bindemittel fungiert Antisemitismus, gepaart mit Kritik an der „Vergötzung des ‚American way of life' im Heiligenschein der ‚Menschenrechte'."[10] Offen ausgesprochen werden muss das Wort Jude nicht einmal, denn wenn von „One Worlders", „New World Order" oder von der „Ostküste" gesprochen wird, ist allen, die es verstehen wollen klar, wer hier gemeint ist. So diagnostizierte Horst Mahler z.B. 1999: „Besonders in Deutschland sind die Medien und die Bildungseinrichtungen eine von der amerikanischen Ostküste durch subtile Herrschaftstechniken gelenkte Besatzungsmacht, die im Volk als solche noch nicht erkannt ist".[11]

Transportiert wird diese Ideologie durch ebenfalls international erkannte bzw. anerkannte Codes, Symbole oder Schriften. Dazu gehören u.a. die „14 words" des amerikanischen Rechtsterroristen David Lane („We must secure the existence of our people and a future for White children") oder die unter dem Pseudonym Andrew McDonald 1978 von William Pierce veröffentlichten „The Turner Diaries", über die der Autor nach einer Europareise stolz behauptete: „*Every* nationalist in Europe has heard about *The Turner Diaries*".[12] Das Buch wurde neben anderen Sprachen auch von „German enthusiasts" ins Deutsche übersetzt, die nach langem Suchen einen Verlag außerhalb Europas oder Nordamerikas für *Die Turner Tagebücher* gefunden haben.[13]

In diesem zu Recht als „rechtsextreme Bibel" bezeichneten Roman nimmt die „arische Revolution" ihren Anfang in einem Bombenattentat auf das Hauptquartier des FBI und erlebt ihren Höhepunkt im sog. „Day of the Rope", an dem zehntausende von Personen mit Schildern wie „Ich habe meine Rasse verraten" an Straßenrändern aufgehängt werden. Nach einem nuklearen Bürgerkrieg und einer „mopping-up period" (d.h., nach der Tötung aller „nicht-Weißen", T.G.), ist die gesamte Welt am Ende des Romans „arisch", das Blutvergießen „hat sich gelohnt". Es ist bezeichnend, dass hier Gewalt eher als Heilmittel, denn als Krankheit dargestellt und damit bewusst bejaht und verteidigt wird. Diese kompromisslos positive Stellung zu Gewalt – als einzige Lösung des Problems der empfundenen fundamentalen Unterdrückung der „arischen Rasse" durch *ZOG* – ist einem steigenden Anteil der

---

6 „Independence-Day live", auf den WWW-Seiten des *Deutschen Kollegs* (eingesehen am 18.04.2002).
7 Ebenda.
8 Ebenda.
9 Vgl. nur die Sammlung von Stellungnahmen rechtsextremer Gruppen zum 11. September auf www.adl.org.
10 „Den Völkern Freiheit. Den Globalisten ihr globales Vietnam", auf den WWW-Seiten des *Deutschen Kollegs* (eingesehen am 18.04.2002).
11 Horst Mahler, „Der Globalismus als höchstes Stadium des Imperialismus erzwingt die Auferstehung der deutschen Nation", in: *Staatsbriefe*, Nr. 5-7/1999, S. 20.
12 *National Alliance Bulletin*, „Report from Greece", November 1998, S. 12. Hervorhebungen im Original.
13 *National Alliance Bulletin*, „Die Turner Tagebücher in Print", Dezember 1998, S. 1.

rechtsextremen Internationale inhärent. Gewalt wird dabei oft als von außen aufoktroyierte letzte Ressource im Kampf ums Überleben gesehen.

„In diesem Kampf ist jeder Gegner des heutigen Amerika objektiv unser Verbündeter, auch wenn er morgen unser Feind werden sollte", schreibt der rechtsextreme schweizer Veteran Gaston Armand Amaudruz in seinem Geleitwort zur *NPD*-Veröffentlichung „Alles Große steht im Sturm" (Apfel 1999: 15). Der damalige Vorsitzende der *British National Party* (*BNP*) John Tyndall schreibt an gleicher Stelle im Namen seiner Partei: „Die selben Feinde, die selben politischen und gesellschaftlichen Probleme, die gleichen Lösungsansätze für diese Probleme und sicher auch eine gemeinsame Zukunft. Dies alles bindet die nationalistischen Parteien Europas untereinander" (Ebenda: 22).

Der erfolgte kurze Aufriss der zentralen ideologischen Elemente pan-arischer Rassismus, Antisemitismus und (revolutionäre) Systemgegnerschaft in politischem, kulturellem, gesellschaftlichem und auch ökonomischem Sinne führt bei einer wachsenden Zahl führender Rechtsextremisten zu der Schlussfolgerung: „Cooperation across borders will become increasingly important for progress – and perhaps survival – in the future".[14]

3. Das Netzwerk des internationalen Rechtsextremismus

Es ist kaum möglich, die internationalen Vernetzungen des gegenwärtigen Rechtsextremismus in einem Artikel wie diesem auch nur annähernd zu umreißen. Seit dem Ende der Nazidiktatur ist eine internationale rechtsextreme Infrastruktur entstanden, die sich trotz nationalistischer Rhetorik immer weiter ausdifferenziert, verzweigt und verstetigt hat.

Während die deutsche rechtsextreme Szene notorisch zerstritten und organisatorisch fragmentiert ist, kristallisieren sich mehr und mehr so etwas wie *global players* heraus, die auch aus den oben beschriebenen ideologischen Gründen großen Wert auf lebendige Kontakte zu Gleichgesinnten in aller Welt legen. Hinzu kommt, dass Rechtsextremismus für eine kleine Anzahl von bestens vernetzten Aktivisten ein sehr einträgliches Geschäft ist, wo mit dem Verkauf von (nicht selten – zumindest in Deutschland – illegalen) Tonträgern, Devotionalien oder auch Druckerzeugnissen beachtliche Profite erwirtschaftet werden.

3.1. Die Internationale unterm Hakenkreuz

Interessanterweise kann gerade die neonazistische extreme Rechte auf eine gewisse Tradition internationaler Vernetzung zurückblicken. Schon 1959 plante George Lincoln Rockwell, Gründer und Führer der *American Nazi Party* (*ANP*), ein internationales Nazi-Netzwerk mit dem Endziel einer „arischen Weltordnung" (vgl. Simonelli 1999: 81ff.). Ein Ergebnis war die Gründung der *World Union of National Socialists* (*WUNS*), zu der u.a. Colin Jordan, Führer der *British National Socialist Movement*, und die französische Nazi-Mythologin Savitri Devi gehörten.[15] *WUNS*-Kontaktmann in Deutschland war der Hitler-Verehrer Bruno Ludtke, der sich zu Rockwells engstem Vertrauten in Europa entwickelte. Im Juli 1962 trafen sich Rockwell, Jordan, Devi, Ludtke und andere Neonazis erstmals bei einer geheimen sechstägigen Zusammenkunft in den abgelegenen Cotswold-Hügeln in Gloucestershire. Hier

---

14 *National Alliance Bulletin*, „Report from Greece", November 1998, S. 10.
15 Zu Devi vgl. die Darstellung von Nicholas Goodrick-Clarke (2000).

wurde das sog. „Cotswold Agreement" als strategische Grundlage von *WUNS* verabschiedet, welches u.a. eine nationalsozialistische Weltrevolution und ein „final settlement of the Jewish question" vorsah. Bis zum Jahre 1965 soll *WUNS* operative Ableger in 19 Ländern weltweit gehabt haben (vgl. Simonelli 1999: 86ff.). Nach dem gewaltsamen Tod Rockwells im Jahre 1967 verlor *WUNS* jedoch entscheidend an operativer Kraft und entwickelte, trotz einiger Wiederbelebungsversuche, kaum noch nennenswerte Aktivitäten.[16]

Aus dem Rockwell-Umfeld nach wie vor aktiv war bis zu seinem Ableben am 23.07.2002 Dr. William Pierce, der sich in den 1990er Jahren zu einer der Schlüsselfiguren der rechtsextremen Internationale entwickeln sollte (vgl. unten Abschnitt 3.2.). Pierce, der Mitte der 1960er eine Professur für Physik aufgegeben hatte, um vollzeit für die *ANP* und Rockwell zu arbeiten, redigierte u.a. *National Socialist World*, eine Publikation der *WUNS* (vgl. Simonelli 1999: 124). Obwohl Pierce betont, dass er niemals Mitglied der *American Nazi Party* bzw. noch nicht einmal mit ihr „assoziiert" war,[17] wurde er in der Zeit zwischen Juni 1969 und Januar 1971 als *Associate Editor* der Zeitschrift *White Power. The Newspaper of White Revolution* der *ANP*-Nachfolgeorganisation *NSWPP* (*National Socialist White People's Party*) geführt. In dieser Kapazität trat Pierce mit einer Artikelserie zum Thema „Lessons from MEIN KAMPF" in Erscheinung, in der er anhand einzelner Textstellen aus Hitlers Buch seine politischen Zielsetzungen herausarbeitete (vgl. Grumke 2001a: 112f.). Schon damals schrieb Pierce:

> In short, the present-day democratic states do not serve the racial interests of their creators, but have become instead racially destructive monstrocities. As National Socialists we reject the libertarian concept of the state as a public utility. We work to build a new type of state – the racial state [...].[18]

Der selbsternannte Nationalsozialist Pierce gründete 1974 die *National Alliance*, die mittlerweile Mitglieder in elf Staaten Europas und Südamerikas haben soll, und deren alleiniger und unumstrittener Führer er bis zu seinem Tod war (vgl. Grumke 2001a: 112ff.).

Ein weiterer Veteran internationaler neonazistischer Vernetzung ist Gary „Gerhard" Lauck. Nach kurzem Kontakt mit verschiedenen neonazistischen Gruppen schon in der High School-Zeit,[19] die er in Lincoln, Nebraska, verbrachte, und einer Reise nach Deutschland gründete Lauck im Jahre 1972 im Alter von 19 Jahren die *Nationalsozialistische Deutsche Arbeiter Partei – Auslands- und Aufbauorganisation* (*NSDAP/AO*). Von Anfang an lag Laucks Augenmerk – und damit das Augenmerk der *NSDAP/AO* – auf der Wiedereinsetzung der NS-Partei in Deutschland und der Weiterführung der Politik Hitlers. Gary Lauck selbst beschreibt die *NSDAP/AO* als „die Propagandamaschine der orthodox nationalsozialistischen Bewegung".[20] So fungiert die amerikanische *NSDAP/AO* als legaler Teil eines in Deutschland zentrierten (und hier illegalen und daher verdeckt operierenden) neonazistischen Netzwerkes. Seine Aufgabe als „Auslandsdeutscher" sieht Lauck darin, von den USA

---

16 Am 5./6. Juli 1975 veranstaltete der dänische Neonazi Paul Heinrich Riis-Knudsen in Aarhus ein Treffen von etwa 40 Rechtsextremisten aus Westeuropa und den USA mit der Absicht, eine neue *WUNS*-Plattform zu gründen. Teilnehmer war u.a. der Deutsche Manfred Roeder (Bundesministerium des Innern, Verfassungsschutzbericht 1975, Bonn, S. 38.).

17 So in einem persönlichen Interview mit dem Autoren am 12.09.1997 in Hillsboro, West Virginia.

18 Dr. William Pierce, „Lessons from MEIN KAMPF", in: *White Power*, Jan./Febr. 1970, S. 5.

19 Lauck betätigte sich für einen Nebenverdienst als Propagandist der Chicagoer *National Socialist Party of America* (*NSPA*) und knüpfte auch persönlichen Kontakt mit Albert Brinkmann, dem Führer der *Nationalsozialistischen Kampftruppe Horst Wessel* in New York.

20 In einem Brief an den Autoren vom 15.11.1996.

aus, wo seine Propaganda legal ist, für dieses Ziel in Deutschland zu agitieren und im Sinne seiner pan-arischen Ideologie Verbindungen zu „alten Kampfgenossen" in Europa herzustellen. Publizistisches Organ wurde ab 1973 der *NS Kampfruf*, der erst unregelmäßig, aber ab Januar 1976 vierteljährlich und kurz später alle zwei Monate erschien.

Der Umstand, dass eine englische Ausgabe (unter dem Namen *The New Order*) von Lauck erst zwei Jahre *nach* der deutschen verlegt wurde, unterstreicht zusätzlich die ursprüngliche Deutschlandbezogenheit der *NSDAP/AO*. In den folgenden Jahren internationalisierte sich die Partei jedoch und in den 90er Jahren brachte die *NSDAP/AO* – im Sinne ihrer pan-arischen Ideologie – Schriften in insgesamt mindestens zehn europäischen Sprachen heraus (vgl. Grumke 2001a: 109ff.). Lauck fungierte hier, wie auch in der Partei selbst, als verantwortlicher Leiter für Druck, Vertrieb und Management. Schon 1974 begab Gary Lauck sich wieder nach Deutschland und hielt auf einer Veranstaltung des deutschen Rechtsextremisten Thies Christophersen seine seitdem weit zirkulierte Rede „Warum wir Amerikaner noch Adolf Hitler verehren". Mittlerweile vollzeit mit der Partei- und Propagandatätigkeit beschäftigt, baute Lauck in den 70er und 80er Jahren seine politischen Kontakte nach Deutschland aus und arbeitete eng mit Schlüsselfiguren der hiesigen rechtsextremen Szene wie Michael Kühnen, Gottfried Küssel oder dem nach wie vor sehr aktiven Christian Worch zusammen.[21]

Angeblich verfügte die *NSDAP/AO* in den 90er Jahren in Deutschland über ca. 20000 Adressen, an die Propagandamaterial verschickt wurde. Bis zu seiner Verhaftung in Dänemark am 23. März 1995 galt Gary Lauck als *der* führende Produzent und Verbreiter rechtsextremer Propaganda weltweit. Für mehr als zwei Jahrzehnte ist es Lauck und seiner *NSDAP/AO* gelungen, einen regen Export seiner neo-nazistischen Schriften, Fahnen, Poster und Anstecker vor allem nach Deutschland zu organisieren. In der gerichtlichen Beweisführung gegen Lauck wurde allein die Auflage des deutschsprachigen *NS Kampfruf* mit bis zu 10000 angegeben.[22]

Gary Lauck wurde im August 1995 nach Deutschland ausgeliefert und am 2.8.1996 in Hamburg zu vier Jahren Haft verurteilt, die er voll absaß. Hiervon keineswegs beirrt setze Lauck seine Propagandatätigkeit nach seiner Rückkehr in die USA 1999 nahtlos fort – diesmal mit dem Schwerpunkt Internet.

3.2. Die pan-arische Internationale

Obwohl einige der oben genannten Kader nach wie vor sehr aktiv sind, haben sich die Grundlagen internationaler Vernetzung fundamental verändert. Die pan-arische Internationale des Rechtsextremismus geht nicht nur von anderen historischen (post-Kalter Krieg), gesellschaftlichen (Erlebnisgesellschaft) und biographischen Voraussetzungen aus, sondern ihm stehen auch völlig andere Mittel (Internet etc.) zur Verfügung. Wie schnell zu erkennen ist, bilden in der Gegenwart eben nicht mehr Hitlerverehrung und NS-Ideologie den weltanschaulichen Kitt internationaler Kooperationen, Hakenkreuz und Hitlergruss sind nicht die einigenden Symbole. Die sich immer weiter ausdifferenzierende rechtsextreme Internationale soll hier an einzelnen Fallbeispielen verdeutlicht werden.

---

21 Vgl. auch die Personenprofile in diesem Band.
22 Vgl. Landgericht Hamburg – Große Strafkammer 27, Urteil gegen Gary Lauck vom 22.August 1996 (Az. 627 KLs 7/96 und 140 Js 3/92), S. 19.

1. Eine wichtige internationale Achse stellt die Kooperation zwischen der *NPD* und ihrer Jugendorganisation *Junge Nationaldemokraten* (*JN*) mit der US-amerikanischen *National Alliance* (*NA*) des Dr. William Pierce dar, die wiederum beide freundlich der *Bristish National Party* (*BNP*) verbunden sind.

Nach ihrem Selbstverständnis sind die *Jungen Nationaldemokraten* „europäische Nationalisten", die ein „Europa der Nationen" anstreben, „zu dessen Verwirklichung sich alle Nationalisten Europas in einer grenzübergreifenden Einheitsfront zusammenschließen müssen".[23] Zur Stärkung des „Kameradschaftsbewusstseins" sind auch Fahrten ins europäische Ausland und „Treffen und Aktionen mit europäischen Kameradinnen und Kameraden" ausdrücklich vorgesehen.[24] Am traditionellen *JN*-Pfingstlager vom 9.-12. Juni 2000 in Sachsen-Anhalt nahmen z.B. ca. 30 schwedische „Kameraden" unter der Führung des Vorsitzenden der *Nationalen Jugend* Schwedens (*Nationell Ungdom*), Eric Hägglund teil. Das „Deutsch – Schwedische Pfingstlager" wiederholte sich vom 1.-4. Juni 2001 in der Kurpfalz mit diesmal 40 angereisten Skandinaviern, auf dem Eric Hägglund „anhand ausführlichen Bildmaterials über seine politische Reise nach Moskau" berichtete und auf „verschiedenste ökonomische Möglichkeiten" hinwies, die „zwischen russischen und schwedischen Nationalisten künftig genutzt werden sollen".[25] Hägglund wiederum war einer der Ehrengäste beim „2.Tag des Nationalen Widerstandes", einer *NPD/JN*-Großveranstaltung am 27. Mai 2000 in Passau (vgl. Maegerle 2002).

So organisieren die *JN* auch seit 1994 jährlich einen „Europäischen Kongreß der Jugend", bei dem unter zeitweise konspirativen Umständen mehrere hundert deutsche und internationale Rechtsextremisten zugeen sind. Am 18.10.1997 nahmen, wie schon im September 1996, Vertreter der *National Alliance* an dem „Europäischen Jugendkongress" im oberpfälzischen Furth im Wald teil.[26]

In einem Artikel in der *NA*-Zeitschrift *National Vanguard* im Frühjahr 1997 mit dem Titel „Friends in Germany: The National Democratic Party" wird sowohl der *NPD*-Vorsitzende Udo Voigt als auch die *NPD* selbst extrem positiv beurteilt und die Radikalisierung der *NPD* in der jüngeren Vergangenheit begrüßt. Die *NPD* unter Voigt „continues to pursue a revolutionary political course and seeks the active cooperation of serious like-minded organizations world-wide".[27] In einem Interview, das Udo Voigt dem *National Alliance*-Mitglied „Wolfgang Keller" am 9. August 1996 gegeben hatte, bestätigte dieser das Interesse der *NPD* an der Formation einer „worldwide confederation of nationalists as a step in the right direction".[28] Freundliche Beziehungen bestanden bereits zur *Ukrainischen National-Partei* (*UNA*), spanischen Nationalisten sowie natürlich zur *National Alliance*.[29]

Am 24. Oktober 1998 war die griechische rechtsextreme Organisation *Chrisi Avgi* („Goldene Morgenröte"), Ausrichter des „5. Europäischen Kongresses der Jugend" in Thessaloniki. Anwesend waren 150 „Kameraden", darunter eine *JN*-Delegation unter Führung von Alexander von Webenau, damals Bundesvorsitzender der *NPD*-Studierendenorgani-

---

23 Vgl. die Selbstdarstellung der *JN* auf den WWW-Seiten der *NPD*: „Junge Nationaldemokraten – Aus unseren politischen Leitsätzen" (WWW-Seiten der *NPD*, eingesehen am 21.04.2002).
24 Vgl. ebenda.
25 Vgl. den Eigenbericht von Alexander Delle auf den WWW-Seiten des *JN*-Bundesvorstandes (eingesehen am 21.04.2002) sowie *Deutsche Stimme* 6/2001, S. 11.
26 Vgl. Jürgen Distler, „Solidarität ist eine Waffe", in: *Deutsche Stimme*, Nov. 1997, S. 12.
27 „Friends in Germany: The National Democratic Party" in: *National Vanguard*, March/April 1997, S. 23.
28 Ebenda, S. 25.
29 Vgl. ebenda.

sation *Nationaldemokratischer Hochschulbund* (*NHB*). Stargast und -redner in Thessaloniki war Dr. William Pierce, der nach informellen Treffen am 25. Oktober am Folgetag (26. Oktober) nach Augsburg weiterreiste um hier Gleichgesinnte aus Deutschland und Frankreich zu treffen.[30]

Von Webenau war seinerseits am 18. April 1998 zur siebten „Leadership Conference" der *National Alliance* in deren Hauptquartier nach Hillsboro, West Virginia, eingeladen worden und hielt dort eine Rede vor ca. 60 Personen. Anschließend verbrachte von Webenau eine Woche bei der *NA* „as part of a program of developing closer understanding and collaboration between the Alliance and the NPD".[31] In ihrem monatlichen *Bulletin* stellt die *NA* weiter fest, dass solche „collaboration promises to be increasingly valuable to the Alliance as radical nationalists in Germany make gains at an explosive rate and move closer to real power".[32] Laut *NA Bulletin* vom September 1998 war ein Höhepunkt der „Leadership Conference" am 8. September d.J. ein Bericht des deutschen *NA*-Mitglieds „William Keller" mit einer Einschätzung „of various German organizations and individuals and their potential for furthering the aims of the Alliance".[33]

Bei „1. Tag des nationalen Widerstandes" der *NPD* am 7. Februar 1998 in Passau war wiederum Pierce einer der ausländischen Ehrengäste und sollte eine Rede halten, die allerdings von den örtlichen Behörden untersagt wurde. In seinem Grußwort in „Alles Große steht im Sturm" äußert sich Pierce enthusiastisch über dieses Ereignis als „eine der herausragendsten Erfahrungen, die ich je irgendwo bei einem nationalistischen Treffen machen durfte. [...] Die Teilnahme an diesem großartigen Ereignis war für mich ein geistiger Auftrieb von dem auch ich noch lange zehren werde" (Apfel 1999: 23). Auch die *NPD* und die Kooperation mit ihr wird sehr positiv bewertet: „Alles, was ich stets über die NPD in den vergangenen Jahrzehnten gehört habe, konnte ich in den letzten Jahren einer sich intensivierenden Zusammenarbeit zwischen der NPD und der National Alliance persönlich bestätigt sehen" (Ebenda).

Weitgehende Übereinstimmung wird auch auf der strategischen Ebene konstatiert. Pierce beeindruckt am stärksten

> bei der NPD und ihrer politischen Führung die Erkenntnis, daß in der Zukunft alle nationalistischen Organisationen über nationale Grenzen hinweg Hand in Hand mit nationalistischen Gruppen in anderen europäischen Ländern und in Amerika zusammenarbeiten müssen. Jene patriotischen Organisationen, deren Sicht auf ihr eigenes Land begrenzt und engstirnig bleibt, werden eine weitaus geringere Rolle spielen, als jene Organisationen, die fähig sind, ihre historischen Vorurteile zu überwinden, und deren Strategie auf der Zusammenarbeit mit überzeugten Nationalisten auf der ganzen Welt basiert (Apfel 1999: 23).

In diesem Sinne äußert Pierce sich zuversichtlich, dass „die wachsende und zunehmend effektive Zusammenarbeit" zwischen *NPD* und *NA* „in den kommenden Jahren zum Wohl al-

---

30 *National Alliance Bulletin*, „Report from Greece", November 1998, S. 10.
31 *National Alliance Bulletin*, „April Leadership Conference", April 1998, S. 1.
32 Ebenda.
33 *National Alliance Bulletin*, „Leadership Conference", September 1998, S. 1. Es kann nur vermutet werden, dass es sich um die gleiche Person handelt, die auch das Interview mit Udo Voigt für *National Vanguard* geführt hatte (siehe Fn. 27). Im *NA-Bulletin* vom März 1997 ist von einem „William K." die Rede, der an der großen Demonstration gegen die „Wehrmachtsausstellung" am 1. März 1997 in München zusammen mit schottischen *NA*-Mitgliedern teilgenommen habe. Ein Bild trägt die Unterschrift: „Member William K. carries one end of an Alliance banner in the March 1 demonstration. Further collaboration with the NPD is anticipated" (*National Alliance Bulletin*, „Report from Germany", March 1997, S. 2).

ler im Überlebenskampf stehenden Völkern intensiviert werden kann" (Ebenda). Es folgte ein weiterer Redeauftritt des *NA*-Führers am 30. Oktober 1999 beim „6. Europäischen Kongreß der Jugend" der *JN* im bayerischen Falkenberg, bei dem diesmal außerdem Teilnehmer aus Irland, Frankreich, Italien, Griechenland, Litauen, Schweden, Dänemark und Rumänien zugegen waren.[34]

Konkrete Formen nahm der von Pierce beschworene „Überlebenskampf" u.a. am 2. April 2001 an, als die *National Alliance* vor der deutschen Botschaft in Washington DC eine Demonstration gegen das Verbot der *NPD*, für die Freilassung von Hendrik Möbus und für „freie Meinungsäußerung" in Deutschland durchführte. Black-Metal-Neonazi Möbus, der im April 1993 mit zwei Komplizen einen Mitschüler brutal erdrosselt hatte, verstieß nach Verbüßen von zwei Drittel seiner Strafe gegen die Bewährungsauflagen (Verhöhnung seines Opfers und Zeigen des Hitlergrußes) und setzte sich im Dezember 1999 in die USA ab. Nach mehrwöchiger Observation des *NA*-Anwesens in Hillsboro, West Virginia, wurde Möbus Ende August 2000 von US-Marshalls festgenommen und in Auslieferungshaft verbracht. Unmittelbar im Anschluss an die Verhaftung stellte Möbus einen Antrag auf politisches Asyl in den Vereinigten Staaten, der Anfang März 2001 abgewiesen wurde.[35] Laut Pierce hat die *NA* $20000 in einen Anwalt für Möbus investiert, um dessen Abschiebung nach Deutschland zu verhindern, die aber am 29. Juli 2001 erfolgte.[36]

Angaben der *National Alliance* zufolge fand die Demonstration auf Anregung der *NPD* statt, da „the leaders of the NPD had requested our assistance in building pressure in the United States against the German government and its current campaign to ban the NPD because of its Political Incorrectness".[37] Insgesamt 45 Personen protestierten so mehr als eine Stunde vor der deutschen Botschaft, unter ihnen Vertreter der *American Friends of the British National Party* (*AF-BNP*) und David Dukes *NOFEAR*[38] – sowie Jürgen Distler, damals Chefredakteur des *NPD*-Blatts *Deutsche Stimme* und Jens Pühse, damals Mitglied des *NPD*-Parteivorstandes. Distler hielt bei einer anschließenden Veranstaltung in Arlington, Virginia, eine Rede, die vom Bremer Aktivisten Hendrik Ostendorf übersetzt wurde und übereinstimmend großen Anklang fand.[39] Danach hielten sich beide *NPD*-Vertreter für drei Tage im *NA*-Hauptquartier in West Virginia zu „very useful discussions"[40] auf, die möglicherweise auch den Ausbau des *NA*-Musikgeschäftes nach Europa zum Thema hatten.

Pierce hatte im Jahre 1999 die Musikfirma *Resistance Records* von dem Kanadier George Burdi aufgekauft. Ebenfalls übernommen wurde im Herbst 1999 das schwedische Musikimperium *Nordland Records* zusammen mit allen bestehenden Bandverträgen und der europäischen Adressenliste. Als Manager wurde Erich Gliebe, Sohn eines deutschen II. Weltkriegsveteranen und *NA*-Aktivist aus Cleveland, Ohio, eingesetzt. Der bekennende Fan der inzwischen in Deutschland wegen des Verdachts der Bildung einer kriminellen Vereini-

---

34 Vgl. „6. Europäischer Kongreß der Jugend. Zusammenarbeit vertieft", in: *Deutsche Stimme* 1/2000, S. 8.
35 Vgl. Thomas Grumke, „Gesinnungsfreunde. Flüchtiger Deutscher war bei Neonazis in den USA untergeschlüpft", in: *blick nach rechts*, Nr. 18/2000, S. 12.
36 William Pierce, „Demonstrating for Freedom", *American Dissident Voices Broadcast* vom 11.08.2001 (Textversion von der WWW-Seite der *National Alliance*, eingesehen am 12.05.2002).
37 *National Alliance Bulletin*, „NPD Support Demonstration", March 2001, S. 2.
38 Die *National Organization for European American Rights* (*NOFEAR*) ist nach einer Markenrechtsklage in *EURO* (*European-American Unity and Rights Organization*) umbenannt worden.
39 Vgl. *National Alliance Bulletin*, March 2001, S. 2 und *Heritage and Destiny. The Magazine of the American Friends of the BNP*, May/June 2001, S. 4f.
40 *National Alliance Bulletin*, March 2001, S. 2.

gung angeklagten Kult-Band *Landser* ließ in einem Gespräch mit der deutschen Szene-Musikzeitschrift *RockNord* verlauten: „Ich hoffe auch auf eine weitere Zusammenarbeit zwischen Resistance und der deutschen WP-Szene [WP = White Power; T.G.]. Wir möchten euch auf jede Art und Weise helfen, die uns möglich ist! Wir sehen uns!".[41] Kurz nach Pierces Tod wurde Gliebe auch die Leitung der *NA* übertragen.

Der ebenfalls auf der Veranstaltung in Arlington am 2. April 2001 anwesende Chef der *AF-BNP*, Mark Cotterill, fasste dort das Zusammentreffen von Rechtsextremisten aus drei Ländern treffend zusammen: „Although we are all Nationalists, here today we are only one Nationality, White. It is not an American fight, or a British fight or a German fight, it is a White fight and we have got to win it".[42]

Am 29. Juli 2001 fand eine weitere *NA*-Demonstration vor der deutschen Botschaft statt, die diesmal auch von der immer häufiger mit der *NA* kooperierenden virulent antisemitischen und rassistischen *World Church of the Creator* (*WCOTC*) unterstützt wurde (zur *WCOTC* vgl. Grumke 2001a: 126ff.). Die *WCOTC* gibt an, ihrerseits einen Ableger in Deutschland zu haben, der von einem „Reverend" Alfred Herwig geleitet wird und sich *Weltkirche des Schöpfers* nennt.

Eine weitere interessante Achse bilden denn auch die guten Beziehungen der *NPD/JN* zur *British National Party* (*BNP*; Vorsitzender ist seit November 1999 Nick Griffin), die wiederum verstärkt vor allem über die *American Friends of the BNP* (*AF-BNP*) in den USA aktiv waren und dort vereinzelt mit der *National Alliance* Veranstaltungen organisiert haben.[43] Schon im Februar 1997 hatte William Pierce eine Rede vor einer *BNP*-Versammlung in England gehalten und wurde danach von der britischen Regierung mit einem Einreiseverbot belegt. Im Mai 2001 tourte Nick Griffin durch die USA vor allem um Spenden für die *BNP* einzuwerben und Kontakte zu knüpfen. Am 12. Mai sprach Erica Hardwick von der *NA* Virginia einmal mehr über das aus ihrer Sicht grausame Schicksal, das Hendrik Möbus bei einer Auslieferung nach Deutschland erwarten würde.[44]

Bereits Ostern 2000 hatte Nick Griffin die USA besucht, um die *AF-BNP* als Dachorganisation für die traditionell zerstrittene amerikanische extreme Rechte zu etablieren. Zugegen bei einer Veranstaltung am 22. April waren neben „White Civil Rights leader" David Duke (damals *NOFEAR*) eine große Anzahl maßgeblicher Köpfe und Autoren der US-amerikanischen Szene, wie z.B. Kirk Lyons, Anwalt aus North Carolina. Redner war u.a. auch das deutsch-amerikanische *NPD*-Mitglied Roy Armstrong.[45] Armstrong, der auch unter dem angeheirateten Namen Godenau bekannt ist, ist ein ehemals dem rechtsextremen Veteranen Manfred Roeder nahestehender Aktivposten, der seit Jahrzehnten ein Bindeglied zwischen der deutschen und amerikanischen Szene darstellt (vgl. Grumke 2001b). Roeder wiederum war u.a. 1998 *NPD*-Kandidat für die Bundestagswahl und verfügt seinerseits über lebendige Kontakte zu Rechtsextremisten in aller Welt und vor allem den USA (vgl. Ebenda und das Personenprofil in diesem Band).

---

41 „Resistance. Der Phönix aus der Asche", in: *RockNord*, Nr. 66/67 (2001), S. 41.
42 So zitiert in: *Heritage and Destiny. The Magazine of the American Friends of the BNP*, May/June 2001, S. 5.
43 Die *AF-BNP* implodierte nachdem das *Southern Poverty Law Center* aufdeckte, dass Spenden unter Verletzung amerikanischer wie britischer Gesetze gesammelt wurden. Vgl. *SPLC Intelligence Report*, „Hands across the Water", Fall 2001, S. 14ff.
44 *Heritage and Destiny. The Magazine of the American Friends of the BNP*, May/June 2001, S. 7.
45 Vgl. *Heritage and Destiny. The Magazine of the American Friends of the BNP*, Summer 2000, S. 5.

Roy Armstrong war am 22. April 2000 nicht nur mit David Duke mit dem Auto aus Louisiana nach Virginia angereist,[46] sondern wird auf der *EURO*-Webseite auch als Kontaktmann für Mandeville/Covington, Louisiana, und umliegende Orte angegeben.[47] Der ehemalige *Ku Klux Klan*-Führer Duke wiederum näherte sich – nach einer stattlichen Anzahl von gescheiterten Wahlkampagnen für alle möglichen politischen Ämter vom Abgeordneten im Parlament von Louisiana bis zum Präsidenten der Vereinigten Staaten (vgl. Grumke 2001a: 159ff.) – Ende der 1990er u.a. der *National Alliance* an, auf deren Veranstaltungen er oftmals als Redner auftrat.

Mehr und mehr Zeit verbringt David Duke jedoch in Russland, wo er Verbindungen zu den stark anwachsenden rechtsextremen Strömungen knüpft und sein, u.a. in der Duma-Buchhandlung erhältliches russischsprachiges Machwerk „Die jüdische Frage aus den Augen eines Amerikaners" vertreibt.[48] Aus gutem Grund ist David Duke seit November 2000 nicht mehr in den USA aufgetaucht. Am 16. November 2000 durchsuchten FBI-Beamte Dukes Wohnung in einem Vorort von New Orleans und beschlagnahmten kistenweise Akten. Anwesend in Dukes Wohnung war an diesem Tag jedoch ein anderer: Roy Armstrong.

In Moskau bekommt Duke nicht nur die langersehnte Anerkennung, die ihm in seinem Heimatland oft verwehrt wurde, sondern er bewegt sich nun häufiger in Kreisen einer anderen international bestens vernetzten rechtsextremen Gruppe – der Holocaust-Leugner.

2. Die weltweit operierende Gemeinde der Holocaust-"Revisionisten" ist ein weiterer wichtiger Teil der rechtsextremen Internationale. An regelmäßig stattfindenden Kongressen und Konferenzen nehmen Shoa-Leugner aus allen Kontinenten Teil, wobei nahezu immer die gleichen Gesichter professioneller *global players* dieser Szene anwesend sind.[49] Mit geradezu religiösem Eifer wird hier an der „Richtigstellung" der Geschichte gearbeitet – aber auch Geld verdient.

Jüngst fand am 26. und 27. Januar 2002 in Moskau eine vom US-amerikanischen Magazin *Barnes Review* organisierte internationale Konferenz zum Thema „Die globalen Probleme der Weltgeschichte" statt. Einschlägig bekannte Teilnehmer waren neben dem aus Marokko stammenden und in Schweden lebenden Ahmed Rami, dem in Australien lebenden Deutschen Fredrick Toben[50] und dem seit Jahren auf der Flucht befindlichen Schweizer Jürgen Graf[51] auch Aktivposten David Duke.[52] In einem Radiointerview mit dem rechtsextremen Radiomoderator Hal Turner berichtete Duke am 12. Februar 2002 live aus Moskau, dass er sich neben Russland in den vergangenen Jahren auch wiederholt in Italien, Österreich, Deutschland, der Schweiz und Rumänien aufgehalten habe.

Für die Organisation der Moskau-Konferenz soll der Russe Oleg Platonov zuständig gewesen sein. Platonov fungiert als Mitherausgeber des *Journal for Historical Review*, das von der führenden holocaustleugnenden Organisation in den USA, dem *Institute for Historical Review (IHR)*, herausgegeben wird.

---

46 Ebenda, S. 6.
47 WWW-Seiten von *EURO* (eingesehen am 10.05.2002).
48 Vgl. Thomas Grumke, „Juden und Mafia. Ex Ku Klux Klan-Führer Duke genießt in Russland hohes Ansehen", in: *blick nach rechts*, Nr. 4/2001, S. 7.
49 Auch dieses seit vielen Jahren bestehende Geflecht ist in diesem Artikel nicht annähernd vollständig darstellbar. Vgl. ausführlicher z.B.: Deborah E. Lipstadt (1996): Leugnen des Holocaust. Rechtsextremismus mit Methode, Reinbek (Rowohlt).
50 Vgl. den Beitrag von Klaus Parker in diesem Band.
51 Vgl. das Personenprofil in diesem Band.
52 Zur Konferenz siehe auch den ausführlichen Bericht des *Informationsdienstes gegen Rechtsextremismus* auf http://www.idgr.de/news/2002/n020212.html.

Die zwischen 1979 und 2000 veranstalteten Konferenzen des *IHR* fanden ausnahmslos in den USA statt. Eine für den März 2001 geplante Zusammenkunft sollte nicht nur in bezug auf den Veranstaltungsort, Beirut, eine Neuerung zu den bisherigen bringen. Obgleich die Konferenz nicht wie vom *IHR* geplant, stattfinden konnte, lässt sich an ihr doch ein erneuter Wandel in der Strategie der Holocaust-Leugner festmachen. Hier wollten die Veranstalter an die seit einigen Jahren verstärkt geführte Diskussion anknüpfen, in der eine Neubestimmung des Verhältnisses zum Islam und insbesondere zu arabischen „Widerstandsbewegungen" verlangt wird. Als gemeinsam wird der Kampf gegen den „Zionismus" und den jüdischen Staat – Israel – angesehen. Dies liegt ganz auf der Linie eines für Beirut vorgesehenen deutschen Teilnehmers: dem scheinbar allgegenwärtigen Neu-NPDler Horst Mahler (vgl. oben).

Eine zentrale Figur in dieser Frage ist auch der in den 1960er Jahren zum Islam übergetretene Schweizer Ahmad Huber, der seinerseits über beste internationale Kontakte verfügt. In einem Interview mit der *NPD*-Zeitung *Deutsche Stimme* gab Huber zu verstehen, dass er die nationalsozialistische Rassenlehre ablehne, jedoch dem Dritten Reich Positives abgewinnen kann: „Die Muslime werden nie vergessen, daß Deutschland sich mit seiner Wehrmacht konsequent mit den Kolonialmächten England, Frankreich, Belgien und Holland auseinandersetzte. Wir beurteilen schon deshalb das Dritte Reich ganz anders, auch weil das Dritte Reich aus der Sicht der Muslime einige interessante islamische Elemente enthielt".[53] Das Interview endet mit Hubers Äußerung: „Wir Muslime stehen jetzt auf, wir sind jetzt erwacht und werden in unserem Bereich für Ordnung sorgen im Staat Allah".[54] Huber, der bis Ende 2001 als Mitglied des Verwaltungsrats der internationalen Finanzgesellschaft *Nada Management Organization* (vormals: *Al Taqwa*) fungierte, die mutmaßlich Aktivitäten der Terrororganisation *Al Qaida* von Osama bin Laden unterstützt hat,[55] nahm Ende Oktober 2000 am unter dem Motto „Nationaler Freiheitskampf lässt sich nicht verbieten" stehenden „7. Europakongress" der *JN* als Redner teil und sprach vor ca. 400 Teilnehmern aus Deutschland, der Schweiz, Italien, Frankreich, Großbritannien, Irland, Portugal, Griechenland und Spanien.[56] Gern gesehener Gast war Huber ebenfalls auf dem von der *NPD* veranstalteten *Deutsche Stimme*-Pressefest am 8. September 2001 im sächsischen Grimma.

Ein weiterer Weltreisender in Sachen „Revisionismus" ist der britische Historiker David Irving. Während seiner zahlreichen Auftritte in den USA, z.B. allein sechsmal auf der jährlichen *IHR*-Konferenz oder auch mehrmals auf Einladung der *National Alliance*, knüpfte er gute Kontakte zu führenden amerikanischen Rechtsextremisten, wie u.a. David Duke. Auch in der Bundesrepublik war der Brite vielfach als Redner zugegen, u.a. bei Veranstaltungen der *DVU*. Zuletzt wurde von Irving im September 2000 eine Grußbotschaft bei der Passauer *DVU*-Veranstaltung per Video eingespielt (vgl. Maegerle 2002). Die freundlichen Beziehungen zur *DVU* datieren zurück in die frühen 1980er Jahre, und schon am 9. Mai 1982 hatte Irving den „Europäischen Freiheitspreis der Deutschen National Zeitung" erhalten. Wie den Gerichtsakten im Verfahren „Irving vs. Penguin and Lipstadt" zu entnehmen ist, unterhielt Irving in den 1980ern und 1990ern außerdem Kontakte zu führenden deutschen Rechtsextremisten wie Günter Deckert oder Christian Worch und bezog weltweit

---

53 Interview mit Ahmad Huber in: *Deutsche Stimme* 9/2001, S. 3.
54 Ebenda.
55 Vgl. zu diesem sehr interessanten Komplex Maegerle 2002 sowie Martin Lee, „The Swastika and the Crescent", in: *SPLC Intelligence Report*, Spring 2002.
56 Vgl. den Bericht auf den WWW-Seiten der *JN* (eingesehen am 13.05.2002).

Spenden von 4017 Personen, davon 2495 aus den USA und Kanada.[57] Der *DVU*-nahen *National-Zeitung – Deutsche Wochen-Zeitung* verriet Irving in einem im Mai 2002 publizierten Interview, dass er trotz verlorenen Prozesses sowie Einreiseverboten in Deutschland, Kanada, Italien, Frankreich und Australien gedenke, auch weiterhin umfangreich publizistisch tätig zu sein und eine „großangelegte Biographie Himmlers" plane.[58]

Zunehmend populärer werden die für ihre durch den ersten Verfassungszusatz[59] gegenüber Rechtsextremisten sehr liberalen Vereinigten Staaten vor allem für in anderen Ländern mit dem Gesetz in Konflikt geratene Holocaust-Leugner. So heiratete der in Kanada von der Ausweisung bedrohte deutschstämmige Ernst Zündel Anfang 2001 seine langjährige Mitstreiterin Ingrid Rimland und zog nach Tennessee um, von wo aus ihre „Zundelsite" weiterbetrieben wird, auf der Dokumente in zehn Sprachen abrufbar sind. Ähnlich verfährt der eng mit dem *Institute for Historical Review* zusammenarbeitende und vor den deutschen Behörden flüchtige Germar Rudolf, der ebenfalls durch die Heirat mit einer Amerikanerin eine Aufenthaltsgenehmigung erwirken will und sich derzeit in Alabama aufhält. Der nach der Niederlage im sog. „Lipstadt-Prozess" Anfang März 2002 offiziell für bankrott erklärte Brite David Irving wiederum hält sich gerne und für lange Perioden im sonnigen Key West, Florida, auf.

Eine weitere internationale Konferenz der Holocaust-Revisionisten fand am 25. und 26. Mai 2002 in Triest, Italien, statt. Die italienische Organisation Nuovo Ordine Europeo (NOE) aus Triest hat einem Eigenbericht zufolge am 14. Dezember 2002 ihre dritte internationale „Revisionisten"-Konferenz in Italien abgehalten. Diesmal fand die Veranstaltung im Ort Pordenone (in der Region Friuli) unter dem bezeichneten Motto „In Erinnerung an die Millionen ziviler Opfer der Demokratien und ihrer Lügen" statt.

4. Rechtsextremismus im 21. Jahrhundert – die globalisierten Antiglobalisierer

1. Rechtsextremisten vernetzten sich mehr und mehr international. Rechtsextreme *global players* wie z.B. Horst Mahler, William Pierce, David Duke oder Ahmad Huber treten dabei in einer Vielzahl von Ländern auf und spielen eine sehr wichtige Rolle als „bad will ambassadors" ihrer jeweiligen Organisationen bzw. Anhänger. Die sich bildende rechtsextreme Internationale gruppiert sich dabei um die zentralen ideologischen Elemente panarischer Rassismus, Antisemitismus sowie (revolutionäre) Systemgegnerschaft und nutzt konsequent moderne Kommunikationstechnologie wie das Internet.[60]

Heute ist es nicht unwahrscheinlich, dass eine rechtsextreme CD in den USA aufgenommen, in Polen gepresst und via Internet in Schweden verkauft wird. Ein deutscher Neo-

---

57 Zu den deutschen Kontakten Irvings vgl. das Prozessgutachten von Prof. Dr. Hajo Funke auf http://www.holocaustdenialontrial.org/evidence/funke004.asp (eingesehen am 13.05.2002). Zu den Spendern vgl. D.D. Guttenplan/Martin Bright, „David Irving's Secret Backers", in: *The Observer*, 3. März 2002.
58 „Deutschland ist immer noch besetztes Land. David Irving im Exklusiv-Interview", in: *National-Zeitung – Deutsche Wochen-Zeitung*, Nr.21/2002 vom 17.Mai 2002, S. 1 und 7.
59 „Congres shall make no law respecting an establishment of religion or prohibiting the exercise thereof; or abridging the freedom of speech, or the press; or the right of the people peacably to assemble, and to petition the Government for the redress of grievances."
60 Vgl. den Beitrag von Klaus Parker in diesem Band sowie Grumke 2001c.

Nazi kann womöglich seine amerikanische Lieblingsband in der Schweiz live sehen. International agierende rechtsextreme Netzwerke wie *Blood & Honour*, *Hammerskins* oder auch *Resistance Records* nahmen laut Interpol allein im Jahre 1999 ca. $3,4 Million durch den Verkauf von (in Europa zumeist indizierter) Musik ein.[61]

Internationale Vernetzung stärkt die rechtsextreme Infrastruktur, erleichtert die Produktion und den Vertrieb von Propaganda und wirkt nicht zuletzt positiv auf die Motivation der einzelnen Akteure, die sich als Teil einer sie und ihr Land weit übersteigenden „großen" Sache sehen können. In einem Interview mit dem in der deutschen Szene weit verbreiteten *Zentralorgan* bestätigte William Pierce, der dort als „besonderer Freund des deutschen Widerstandes" bezeichnet wird, im Hinblick auf die deutsch-amerikanische Kooperation diese Einschätzung:

> Da beide Seiten von einem Zusammenwirken über die Grenzen hinweg nur profitieren können und sich die technischen und sonstigen logistischen Mittel dafür in den vergangenen Jahren erheblich vergrößert haben, steht einer Ausweitung der Zusammenarbeit nichts im Wege. Das ist in unser aller Sinn.[62]

Neben dem Besuch von Veranstaltungen verschafft gerade das Internet als wichtiges Kommunikationsmittel (nicht Rekrutierungsmittel), auch ein Gefühl der Verbundenheit und der Überlegenheit; die Gewissheit „ich bin nicht allein". Rechtsextremist x, der früher weitgehend isoliert in dem Örtchen y saß und ungeduldig auf die nächste Ausgabe des rechtsextremen Blattes z warten musste, erfreut sich heute womöglich an 100 Nachrichten pro Tag aus aller Welt, die ihm sagen, wie großartig die Sache ist, an die er glaubt. Dabei spielen amerikanische Server eine zentrale Rolle vor allem für europäische Aktivisten, die von dort aus ihre in den eigenen Ländern illegalen Inhalte problemlos der Welt präsentieren können. Eine Sprachbarriere besteht hierbei anscheinend nicht, deutsche Übersetzungen von amerikanischen Texten oder Strategiepapieren sind keine Seltenheit mehr. Interessanterweise werden gerade die USA immer wichtiger als „Ruhe- und Rückzugsraum" für international agierende Rechtsextremisten unter Ausnutzung des dort bestehenden Primats der Freiheit der Rede und des Ausdrucks. In den USA laufen allerlei Fäden des internationalen Netzwerks zusammen (Revisionisten, Musikhandel, Internet, Fundraising). Während bis in die 1980er Jahre Deutschland als „Heimat der Bewegung" *das* Zentrum des rechtsextremen Orbits war und von hier aus die maßgeblichen ideologischen Impulse (auch in Rückgriff auf das NS-Regime) ausgingen, ist die Lage nun fast umgekehrt (vgl. Grumke 2001b). Heute verläuft der Ideologie- und Propagandatransfer ostwärts vom „Land of the Free" nach Europa und die restliche Welt, wenngleich die Akteure nicht zwangsläufig Amerikaner sind.

Neben den angesprochenen Eheschließungen wohnt inzwischen z.B. auch ein deutscher Aktivist fest auf dem Anwesen der *National Alliance* in West Virginia. Im *NA Bulletin* vom April 2002 wird die Anstellung des Karlsruhers Mark Turner im „physical infrastruture department" bekannt gegeben, der sich besonders dem Bau eines neuen Bürogebäudes auf dem *NA*-Gelände widmen soll.[63] Mehr und mehr kristallisiert sich jedoch Russland, wo es inzwischen u.a. Internetdomains zu Schnäppchenpreisen gibt, als weiterer bevorzugter Aktionsort heraus. David Duke fragt inzwischen sogar: „Is Russia the Key to

---

61 Zitiert in: „White Pride World Wide", in: *SPLC Intelligence Report*, Fall 2001, S. 26. Zu rechtsextremer Musik siehe den Beitrag von Sven Pötsch in diesem Band.
62 Interview mit Dr. William Pierce, in: *Zentralorgan*, Nr.4/1998 (WWW-Version, eingesehen am 08.01.2002).
63 „New National Office Staff", in: *National Alliance Bulletin*, April 2002, S. 4.

White Survival?" und stellt fest, dass Russland als „White nation" mit einem hohen antisemitischen Einstellungspotential „critically important to the coming struggle" ist.[64]

2. Die sich gegenwärtig formierende rechtsextreme Internationale operiert von einer grundlegend anderen gesellschaftlichen, politischen und ökonomischen als auch technologischen Basis als alle Rechtsextremisten vorher. Sie ist ohne das Ende des Kalten Krieges und ohne das Angleichen der politischen und vor allem der sozioökonomischen Lebenswelten nicht denkbar, der die oben skizzierten zentralen Ideologieelemente kompatibel und attraktiv für Rechtsextremisten weltweit macht. Neben den in diesem Text dargestellten Fallbeispielen wächst die Zahl der Kooperationen mit Aktivisten aus Südamerika, Australien oder Südafrika an bzw. verfestigen sich. Organisationen wie die *WCOTC* unterhalten z.B. sogar Verbände in Australien, wo es zeitweise auch die *Australian Friends of the BNP* (später *Australian Friends of Europe*) gab.

Rechtsextremisten, die mittlerweile als schärfste Kritiker und Gegner des Prozesses der Globalisierung auftreten, globalisieren sich ihrerseits selbst. Es ist so nicht mehr entscheidend, von welchem Land aus der „nationale Widerstand" geführt wird, sondern wie. „Exil-Rechtsextremisten" wie z.B. Jürgen Graf, Germar Rudolf oder auch David Duke setzen ihre Aktivitäten unvermindert an ihren jeweilig wechselnden Standorten fort.

In Deutschland bemängelte die *NPD* nach der Landtagswahl von Sachsen-Anhalt: „Von der PDS bis zur Schill-Partei lagen alle auf der gleichen Linie der Globalisierer und Multikulturellen" und nach der Präsidentschaftswahl in Frankreich: „Der Erfolg von Jean Marie Le Pen und des Front National ist ein deutliches Zeichen für das Abwenden vieler Franzosen von der Globalisierungspolitik der französischen Führung".[65] Das Transistorthema Globalisierung steht im rechtsextremen Kontext wahrhaft global für die Macht des (jüdisch dominierten) Großkapitals, für amerikanischen Kulturimperialismus und für einen „multirassischen Genozid" bzw. ein „rassezerstörendes Trümmerfeld", das „von Washington, Wall Street und Hollywood angestrebt wird", wie es der *BNP*-Vorsitzende Nick Griffin in einem Interview mit der *Deutschen Stimme* formulierte.[66] Diese „Weltanschauung" ist wiederum anschlussfähig an einzelne fundamentalistische Kräfte in der islamischen Welt. In diesem Sinne ist es dann nicht mehr entscheidend, ob die USA als „zionistisch okkupiert" oder als „großer Satan" angesehen werden, das World Trade Center gilt in beiden Fällen als überragendes Symbol der „mammonistischen Weltherrschaft".

Unter anderem die mittlerweile „mahlerisierte" *NPD* versucht, aus dem Kampfthema Globalisierung propagandistisches Kapital zu schlagen. Deren Parteivorsitzender Udo Voigt wartete in einer Presseerklärung vom 13. September 2001 mit der interessanten wie aufschlussreichen Aussage auf, die *NPD* werde „sich an die Spitze einer neuen deutschen Friedensbewegung und aller Globalisierungsgegner setzen".[67] Wie eine solche Globalisierungskritik von rechts aussehen kann, zeigen die jüngeren Schriften von Vor-, Nach- und Ausdenker Horst Mahler: „Die Sache der Völker steht gut. Vor die Wahl gestellt, zu kämpfen oder unterzugehen, werden sie den Kampf wählen und siegen: Denn der Feind ist

---

64 David Duke, „Is Russia the Key to White Survival?", 2000 (WWW-Version, eingesehen 20.05. 2002).
65 „NPD: Erfreulicher Wahlsonntag in Frankreich", auf den WWW-Seiten der *NPD* vom 22.04. 2002 (eingesehen am 24.04.2002).
66 „Freiheitsrechte der Völker zurückfordern", in: *Deutsche Stimme*, März 2002, S. 3.
67 „Widerstand gegen Kriegstreiber formiert sich", Meldung vom 13.09.2001 auf den WWW-Seiten der *NPD* (eingesehen am 15.05.2002).

geistlos geworden und ohne Vision für die Welt von morgen".[68] Hierbei sollen die Völker von der rechtsextremen Internationale, dem „growing worldwide movement for truth, freedom and heritage", wie es David Duke nennt, angeleitet werden, denn, so Duke, „we all know that no White nationality can survive unless every White nationality survives. We can not win this struggle unless we stand indivisible against an implacable enemy whose hatred for us has grown and deepened for two millennia".[69]

Deutsche Rechtsextremisten kamen am 3. August 2002 in den seltenen Genuss David Duke persönlich kennen zu lernen. Der *EURO*-Vorsitzende trat auf dem *DS*-Pressefest in Königslutter als Redner auf. Weitere internationale Prominenz: *BNP*-Chef Nick Griffin.[70] Auch hier wird wieder die herausgehobene Stellung der *NPD* in der rechtsextremen Internationale deutlich, eine Funktion, die durch ein mögliches *NPD*-Verbot gefährdet wäre. So äußerte sich auch William Pierce:

> Of all the organizations outside the United States which share some of our goals, the NPD is the largest and most effective, and we have been building bridges to that group for the past several years with the aim of increasing useful collaboration in the future. It would be a blow to our interests as well as those of the NPD if the German government succeeds in banning the NPD.[71]

Bibliographie

Apfel, Holger (Hrsg.) (1999): Alles Große steht im Sturm. Tradition und Zukunft einer nationalen Partei, Stuttgart (Deutsche Stimme Verlag).

Goodrick-Clarke, Nicholas (2000): Hitler's Priestess: Savitri Devi, the Hindu-Aryan Myth and Neo-Nazism, New York (New York University Press).

Grumke, Thomas (2001a): Rechtsextremismus in den USA, Opladen (Leske + Budrich).

Grumke, Thomas (2001b): „Beziehungen zwischen Rechtsextremisten in den USA und Deutschland, 1945-1990" in: Detlef Junker et al. (Hrsg.), Die USA und Deutschland im Zeitalter des Kalten Krieges, 1945-1990. Ein Handbuch (2 Bände), Stuttgart/München (DVA), S. 740-749 (Band 2).

Grumke, Thomas (2001c): „Globalisierter Rechtsextremismus", in: *Die Neue Gesellschaft/ Frankfurter Hefte*, April, S. 220-223.

Kaplan, Jeffrey/Björgo, Tore (1998): Nation and Race. The Emerging Euro-American Racist Subculture, Boston (Northeastern Univ. Press).

Kaplan, Jeffrey/Weinberg, Leonard (1998): The Emergence of a Euro-American Radical Right, New Brunswick, NJ (Rutgers Univ. Press).

Maegerle, Anton (2002): „Ein Europa ohne Grenzen. Die europaweiten Verbindungen Rechtsextremer", in: *Tribüne. Zeitschrift zum Verständnis des Judentums*, Heft 162, S. 157-178.

Minkenberg, Michael (2001): „Rechtsradikalismus/Rechtsextremismus", in: Dieter Nohlen (Hrsg.), Kleines Lexikon der Politik, München (Beck).

Simonelli, Frederick J. (1999): American Fuehrer: George Lincoln Rockwell and the American Nazi Party, Urbana, IL (Univ. of Illinois Press).

---

68 „Independence-Day live", auf den WWW-Seiten des *Deutschen Kollegs* (eingesehen am 18.04. 2002).

69 David Duke, „Is Russia the Key to White Survival?", 2000 (WWW-Version, eingesehen 20.05. 2002).

70 Vgl. die Ganzseitige Ankündigung „Grosses Pressefest in Mitteldeutschland", in: *Deutsche Stimme*, Juni 2002, S. 11.

71 *National Alliance Bulletin*, March 2001, S. 2.

Rechtsradikalismus in Mittel- und Osteuropa nach 1989

Michael Minkenberg

Zu den vielfältigen Nebeneffekten des Transformationsprozesses in Mittel- und Osteuropa[1] nach 1989 gehört auch das Auftreten einer lautstarken radikalen Rechten, die in der Regel wenig beachtet wird, in Einzelfällen aber beträchtliche Wahlerfolge zu verzeichnen hat. Der Zugang zu diesem Phänomen ist nicht zuletzt durch die großen Unterschiede zwischen den einzelnen Ländern und die verworrenen und verwirrenden Verhältnisse im Zusammenhang des Regimewechsels erschwert. Der vorliegende Beitrag versucht eine Annäherung an den mittel- und osteuropäischen Rechtsradikalismus in vergleichender Perspektive. Es sollen vor allem die Besonderheiten, das Potenzial und die Konturen der radikalen Rechten in Mittel- und Osteuropa dargestellt werden. Dies geschieht anhand von ausgewählten Fällen, die sich zwei Ländertypen zuordnen lassen: auf der einen Seite Beispiele von nahezu konsolidierten Demokratien und EU-Beitrittskandidaten wie Polen, Ungarn und die Tschechische Republik, auf der anderen Länder wie Rumänien und Russland, wo die Demokratisierung noch im Gang ist. Dabei soll verdeutlicht werden, dass historische Faktoren, vor allem die Pfade der Nationsbildung und Staatswerdung, und politische Faktoren, die im unterschiedlichen Verlauf des Regimewechsels zu suchen sind, eine wichtige Rolle für den gegenwärtigen Rechtsradikalismus in der Region spielen.

1. Forschungsstand und Konzept

Im Gegensatz zur breiten Literatur über die Transformationsprozesse in Osteuropa hat das Phänomen des Rechtsradikalismus in der Region bisher nur geringe Aufmerksamkeit auf sich gezogen. Der Forschungsstand erschöpft sich in einigen Essays und Beiträgen zu Sammelbänden, die sich diesem Thema widmen (vgl. Cheles 1995; Merkl/Weinberg 1997; Hainsworth 2000). Von einzelnen Ausnahmen abgesehen (vgl. Ramet 1999), stellen die Beiträge in diesen Sammelbänden lediglich eine Ergänzung zu Abhandlungen dar, die Westeuropa oder westliche Demokratien insgesamt betreffen. Der größere Teil der vorliegenden Literatur ist eher journalistisch als akademisch ausgerichtet und eher länderspezifisch als vergleichend. Dabei nehmen Analysen der Situation in Russland einen relativ breiten Raum ein (vgl. Revlin 1999; Shenfield 2000; Umland 2002). Nicht nur mit Blick auf

---

1   Der Begriff Mittel- und Osteuropa umfasst die Region des sowjetischen Herrschaftsbereiches bis 1989. Strenggenommen müsste man weiter differenzieren und Südosteuropa und Russland bzw. die GUS-Staaten getrennt aufführen.

Russland werden oft Analogien zwischen der radikalen Rechten nach 1989 und dem Faschismus der Zwischenkriegszeit gezogen; es ist von einer „Weimarisierung" der russischen bzw. osteuropäischen Politik und einer Rückkehr der vorkommunistischen, ultranationalistischen oder gar faschistischen Vergangenheit die Rede (vgl. Hockenos 1993; Kopstein 1997; Laqueur 1996, hier bes. Kap. 3). Allerdings haben diese Gruppierungen von einigen wenigen, aber bemerkenswerten Ausnahmen wie Russland und Rumänien abgesehen bislang eher begrenzte Wahlerfolge zu verzeichnen. Aus diesem Grund argumentiert eine andere Interpretation des Phänomens, dass in dem selben Maße, wie sich die Parteiensysteme Mittel- und Osteuropas ihrem westeuropäischen Gegenüber annähern, sich auch die radikale Rechte europaweit ähnelt, zumindest dort, wo sie in Wahlen erfolgreich ist. (vgl. Mudde 2000a: 25). Eine dritte Erklärungsvariante betont, dass es sich bei der radikalen Rechten in Mittel- und Osteuropa nach 1989 weder um die Rückkehr einer prä-demokratischen und prä-kommunistischen Vergangenheit noch um die Entsprechung zur heutigen radikalen Rechten Westeuropas handelt. Vielmehr müssen die dominanten Kräfte der radikalen Rechten in den Transformationsländern ideologisch und strukturell von den meisten Varianten im Westen unterschieden werden (Beichelt/Minkenberg 2002; von Beyme 1996; Minkenberg 2002). Denn neben den je landesspezifischen Traditionen liegt mit dem Regimewechsel eine weitere Besonderheit vor. Es handelt sich dabei nämlich um mehrere Arten von Übergängen: von autoritären Regimen zu liberalen Demokratien, von sozialistischen Planwirtschaften zu kapitalistischen Marktwirtschaften und von Industrie- zu Dienstleistungsgesellschaften.

Ansätze zu einer konzeptionellen Grundlegung für den Vergleich des Rechtsradikalismus in Transformationsgesellschaften sind nur in wenigen Werken anzutreffen. Dazu zählen zunächst einige Schriften von Klaus von Beyme (1994, 1996), in denen dieser den mittel- und osteuropäischen Rechtsradikalismus im Kontext von Nationsbildungsprozessen und großen gesellschaftlich-politischen Konfliktlinien, wie sie sich im Zuge der Dynamik der Systemtransformation herausbilden, sieht. Auch Cas Mudde orientiert sich ganz überwiegend an der Dimension der politischen Parteien (Mudde 2000a, 2000b). Mudde entwirft eine Typologie rechtsradikaler Parteien, indem er zwischen vorkommunistischen, kommunistischen und postkommunistischen Parteien unterscheidet, wobei er darin den Ausdruck eines osteuropäischen Populismus sieht. Mudde kommt zu einem ähnlichen Ergebnis wie von Beyme und bescheinigt allen drei Parteitypen nur mäßigen Erfolg.

Statt dieser an Parteien und Parteiensystemen orientierten Herangehensweise soll im folgenden eine breitere Bestimmung des Phänomens vorgeschlagen werden. Dabei wird Rechtsradikalismus als eine politische Ideologie verstanden, die im Kern aus einem Mythos in Form eines populistischen und romantischen Ultranationalismus besteht und die sich daher tendenziell gegen die liberale Demokratie und deren zugrundliegende Werte von Freiheit und Gleichheit sowie die Kategorien von Individualismus und Universalismus richtet (vgl. hierzu und im folgenden Minkenberg 1998, Kap. 1). Die Mobilisierung der Öffentlichkeit durch dieser Ideologie verhaftete Bewegungen der radikalen Rechten ist ein Resultat intensiver Modernisierungsschübe in Industriegesellschaften. Diese Definition impliziert, dass für diese Mobilisierung neben strukturellen und institutionellen Faktoren auch die „kulturelle Resonanz" von Themen als Bedingung der Möglichkeit von Mobilisierung eine wichtige Rolle spielt. Aufgrund dieser Konzeptionalisierung von Rechtsradikalismus ergibt sich eine besondere Bedeutung des jeweiligen Nationsverständnisses, das sich auf vorherrschende politischen Werte und Legitimitätsvorstellungen als „Resonanzboden" für rechtsradikale Themen auswirkt. Dies kann als dreiteilige Typologie für moderne Nationen geschehen. Sie orientiert sich an der Offenheit der Definitionskriterien der Zugehörigkeit zur Nation und ist als Kontinuum mit drei Idealtypen zu denken: a) die politische Nation, in der der Glaube an gemeinsame politische Werte sowie die Akzeptanz eines darauf gegründeten Institutionengefüges überwiegt; b) die Kulturnation, in der der Glaube an die kulturellen Eigenarten der Nation vorherrscht, losgelöst von besonderen politischen Werten; c) die ethnische Nation oder Volksnation, die über die Grundlage der kulturellen Eigenarten hinaus vor allem durch den Glauben an die Abstammungsgemeinschaft charakterisiert ist (vgl. Alter 1985; Brubaker 1992; siehe auch Meinecke 1908: 2f).

Im postsozialistischen Europa ist die Geschichte der – im Vergleich zum westlichen Europa – „verspäteten" Nationalstaatsbildung besonders zu berücksichtigen. Kaum eine der Nationen kann als eine politische Nation bezeichnet werden, der Schwerpunkt liegt vielmehr auf Kulturnationen und ethnischen bzw. Volksnationen. In vielen Fällen hatten sich nationale Identitäten ohne die Existenz eines Nationalstaats herausgebildet; dieser entstand oftmals erst nach 1918. Dies bedeutet u.a., dass sich im Unterschied zu den Nationen des westlichen Europa ein „offizieller" Nationalismus nicht entwickeln konnte. Durch Neugründungen nach 1989/91 befinden sich einige Nationen sogar noch heute im unmittelbaren Prozess der Nationswerdung (z.B. Makedonien, Slowakei, Ukraine). Daher richtet sich der Nationalismus in postsozialistischen Gesellschaften viel stärker als im westlichen Europa auf ein in der Entstehung befindliches Gebilde.

Auf dem Hintergrund dieser Überlegungen bietet es sich an, den Rechtsradikalismus im allgemeinen wie auch den osteuropäischen im besonderen auf zwei Ebenen zu analysieren: auf der ideologischen Ebene im Sinne der programmatischen Natur und Ausrichtung und auf der institutionellen Ebene im Sinne des Grades an organisatorischer Verfestigung (vgl. hierzu auch Minkenberg 1998: Kap. 7). In Vereinfachung der verschiedenen in der Literatur vorgeschlagenen Ausgrenzungsfiguren im rechtsradikalen Diskurs umfassen die ideologischen Spielarten die folgenden Varianten: eine autokratisch-faschistische Rechte, die durch die Kriterien ideologischer Nähe zu faschistischen und autokratischen Regimen der Zwischenkriegszeit sowie einer zentralen, hierarchischen, auf einen „Führer" ausgerichteten Organisation gekennzeichnet ist; eine rassistisch-ethnozentrische Rechte, die sich durch eine Agenda der ethnischen Segregation und des Glaubens an die Überlegenheit der jeweils eigenen Ethnie und durch eine Argumentation der Unvereinbarkeit von Kulturen und Ethnien auszeichnet; und eine religiös-fundamentalistische Rechte, die primär religiös argumentierend die „Reinheit" und Überlegenheit der eigenen Kultur bzw. des eigenen Volkes verteidigt. Bei allen Varianten dominiert ein auf innere Homogenität bzw. Vergemeinschaftung abzielendes, antipluralistisches Nationsverständnis. Alle Varianten weisen außerdem einen gegen die etablierten Eliten gerichteten populistischen Stil auf. Bei den einzelnen Ausprägungen gibt es zweifellos Überlappungen und fließende Übergänge, in einigen Ländern Osteuropas (vor allem in Russland und Rumänien) ist die besondere Rolle eines Nationalkommunismus bereits in der Zeit vor 1989 zu berücksichtigen (vgl. Beichelt/Minkenberg 2002; Ishiyama 1998).

Auf der institutionellen Ebene wird die radikale Rechte als eine ideologische „Familie" politischer Organisationen und Gruppen bezeichnet, die Parteien, aber auch nichtparteiförmige Gruppierungen und Subkulturen umfasst. Zunächst sind Parteien und Wahlkampforganisationen zu nennen, die sich durch Teilnahme am politischen Wettbewerb zur Besetzung öffentlicher Ämter auszeichnen. Demgegenüber sind Bewegungsorganisationen nicht auf Wahlen und öffentliche Ämter, aber gleichwohl auf die Mobilisierung von Öffentlichkeit im allgemeinen und eines spezifischen Mobilisierungspotenzials im besonderen ausgerichtet. Von ihnen kann man das Ensemble von Kleingruppen und subkulturellen Milieus abgrenzen, welches relativ autonom von größeren Gruppen, Organisationen und Parteien operiert und von dem aus eher als von den anderen beiden Ebenen Gewalt ausgeht. Ein Vorschlag der Einordnung entsprechender Gruppierungen in Mittel- und Osteuropa findet sich weiter unten in Tabelle 2.

2. Das rechtsradikale Mobilisierungspotenzial in Mittel- und Osteuropa nach 1989: die Einstellungsebene

Im allgemeinen scheint das Mobilisierungspotenzial der radikalen Rechten in Mittel- und Osteuropa relativ groß, aber nicht bemerkenswert größer als in den westlichen Demokratien. Umfragedaten belegen für die frühen 1990er Jahre beträchtliche nationalistische und antisemitische Strömungen sowie eine rechte Selbstidentifikation in der Öffentlichkeit einiger mittel- und osteuropäischer Staaten (siehe Tabelle 1).

Tabelle 1: Das rechtsradikale Mobilisierungspotenzial in Mittel- und Osteuropa (1991/2000)

	Rechts 1991/92 (1)	Patriotisch 1991 (2)	Richtig oder falsch 1991 (3)	Irredentismus 1991 (4)	Kontrolle 1991 (5)	Antisemitismus 1991 (6)	Führer 2000 (7)	Diktatur 2000 (8)
CSFR (91)/ Tschech. Rep.	31	70	28	39	65	14	12	13
Ungarn	13	70	30	68	68	11	20	9
Polen	20	75	47	60	58	34	29	24
Bulgarien	23	75	53	52	38	9	44	35
Rumänien	16	k.D.	k.D.	k.D.	k.D.	22	36	25
Russland	9	60	42	22	45	22	54	43
Ukraine	k.D.	62	36	24	31	22	k.D.	k.D.
Litauen	26	63	39	46	54	10	k.D.	k.D.
Estland	21	k.D.	k.D.	k.D.	k.D.	k.D.	29	15

Fragen:
(1) Rechte Selbsteinordnung (in%, EU Durchschnitt: 20%)
(2) „Ich bin sehr patriotisch eingestellt" (% stimme zu)
(3) „Wir sollten für unser Land kämpfen, ob es recht oder unrecht hat" (% stimme zu)
(4) „Es gibt Teile der Nachbarländer, die eigentlich uns gehören" (% stimme zu)
(5) „Wir sollten den Zugang zu unserem Land mehr als bisher kontrollieren" (% stimme zu)
(6) Antisemitismus (negatives Urteil gegenüber Juden) (in %)
(7) „Es ist das beste, das Parlament loszuwerden und einen starken Führer zu haben, der Dinge schnell entscheiden kann" (% stimme zu)
(8) „Unter bestimmten Umständen ist eine Diktatur die beste Regierungsform" (% stimme zu)

Quellen: von Beyme 1996, S. 429, 438 (für Fragen 1-6); Gert Pickel/Jörg Jacobs, „‚Subjektive Legitimität' – Die Sicht der Bevölkerung auf den Rechtsstaat und die Bedeutung dieser Sicht für die Konsolidierung der osteuropäischen Transformationsstaaten 10 Jahre nach dem Umbruch", unveröff. Manuskript, Europa-Universität Viadrina Frankfurt (Oder) 2001, S. 6 (für Fragen 7-8).

Patriotische oder nationalistische Einstellungen sind im Osten nur in geringem Maße höher als im Westen. In Polen sind Antisemitismus und auch irredentistische Gefühle angesichts der „verlorenen Gebiete" relativ stark. Generell spielen, zumindest zu Beginn der neunziger Jahre, unter Osteuropäern Territorialfragen eine größere Rolle als in Westeuropa. Dies trifft vor allem auf Ungarn, Polen und Rumänien zu, wo große Teile des ehemaligen Territoriums nach dem Ersten (Ungarn) bzw. Zweiten Weltkrieg (Polen, Rumänien) verloren gingen und mit Ausnahme Polen große ethnische Minderheiten in den Nachbarländern leben. Auf der anderen Seite scheinen, insbesondere im Vergleich zu Westeuropa, Ressentiments gegenüber Einwanderern eher gering ausgeprägt, was mit der Tatsache zusammen hängt, dass die allgemeine Migrationbewegung in Europa bislang in Richtung Westen stattfindet. Hingegen gibt es eine weitverbreitete Ablehnung der größten regionalen Minderheit, der Roma, die mit Ausnahme von Polen und Tschechien zwischen 5% (Ungarn) und 9% (Rumänien) der Bevölkerung in Mittel- und Südosteuropa stellt (Barany 1998; Pan/Pfeil 2000). Diese Tendenzen sind im Kontext sinkenden Vertrauens in die Demokratie und geringer Zuversicht in das Parlament und die politischen Parteien zu sehen. So ist beispielsweise zwischen 1993 und 2000 der Teil der Rumänen, die eine autoritäre Regierung, welche mit „eiserner Hand" regiert, unterstützen würden, von 27% auf 36% gestiegen (vgl. Tab. 1 und Shafir 2000: 264). Aber auch in Polen, Estland, Bulgarien und Russland ist im Jahre 2000, wie Tabelle 1 zeigt, der Antiparlamentarismus bzw. die Zustimmung zu einer Politik der starken Hand oder einer Diktatur durchaus beträchtlich. Zusammenfassend bedeutet dies, dass das Einstellungsprofil des osteuropäischen Mobilisierungspotenzials für die radikale Rechte in eher klassischen Begriffen durch ein hohes Niveau an Nationalismus gemischt mit Antisemitismus und – in einzelnen Fällen – territorialen Empfindlichkeiten geprägt ist und von ziemlich starken antisystemischen Gefühlen oder autoritären Neigungen genährt wird. Dies ähnelt in der Tat der Situation während der Weimarer Republik. Aber wie drücken sich diese Einstellungen in politischem Verhalten aus?

3. Der rechtsradikale Parteiensektor in Mittel- und Osteuropa

Zunächst ist festzuhalten, dass es in fast allen Transformationsländern rechtsradikale Parteien gibt, deren Wahlerfolge sich aber stark unterscheiden. Auf den ersten Blick weisen die meisten dieser Parteien klare ideologische Tendenzen auf: einerseits autoritäre wie auch anti-demokratische Orientierungen, die es rechtfertigen, sie als „faschistisch-autokratisch" im oben beschriebenen Sinne zu klassifizieren, andererseits rassistische und/oder anti-semitische Einstellungen mit verschwommenen Grenzen zwischen biologischem Rassismus und Ethnozentrismus. Eine Übersicht dieser Parteien sowie anderer Gruppen und Organisationen bietet Tabelle 2.

Tabelle 2: Dominante Akteure der rechtsradikalen „Familie" in Mittel- und Osteuropa (nach 1989): Tschech. Rep. (CR), Polen (PL), Ungarn (H), Russland (R) und Rumänien (RU)

Ausrichtung der radikalen Rechten	Parteien/Wahlkampf-organisationen	Bewegungsorganisation	SubkulturelleMilieus
Faschistisch-autokratisch	CR: SPR-RSC H: MIÉP R: LDPR RU: PRM	PL: PWN-PSN PL: PNR R: Pamjat R: RNE RU: MPR RU: PDN	R: Werwölfe Skinheads
Rassistisch-Ethnozentrisch	CR: SPR RSC H: MIÉP PL: KPN PL: SN RU: PSM RU: PUNR	PL: PWN-PSN PL: Radio Maryja RU: Vatra Romaneasca	Skinheads
Religiös-fundamentalistisch	PL: ZChN PL: LPR	PL: Radio Maryja	

Abkürzungen:
KPN: Konfederacja Polski Niepodleglej (Konföderation für ein unabhängiges Polen)
LDPR: Liberal-Demokratische Partei Russlands
LPR: Liga Polskich Rodzin (Liga der Polnischen Familie)
MIÉP: Magyar Igazság és Élet Pártja (Ungarische Gerechtigkeits- und Lebenspartei)
MPR: Miscarea pentru Romania (Bewegung für Rumänien)
PDN: Partidul Dreapta Nationala (Partei der nationalen Rechten)
PNR: Polnische Nationale Wiedergeburt
PRM: Partidul Romania Mare (Partei für ein Großrumänien)
PSM: Partidul Socialist al Muncii (Sozialistische Arbeiterpartei)
PUNR: Partidul Unitatii Romane (Partei der Rumänischen Einheit)
PWN-PSN: Polska Wspólnota Narodowa: Polskie Stronnictwo Narodowe (Polnische Nationale Union)
RNE: Russische Nationale Einheit
SPR-RSC: Sdruzení pro republiku – Republikánská strana Ceskoslovenska (Republikaner)
Vatra Romaneasca: Rumänische Wiege
ZChN: Zjednoczenie Chrześcijańsko Narodowe (Christlich Nationale Union)

In der Tschechischen Republik ist die wichtigste Partei auf der radikalen Rechten die Partei *„Republikaner" (Sdruzení pro republiku – Republikánská strana Ceskoslovenska, SPR-RNC)*, die 1989 gegründet wurde und von Miroslav Sladek geführt wird. Diese Partei wurde nach der russischen LDPR und den deutschen „Republikanern" gestaltet, ist offen fremdenfeindlich und die einzige Partei Tschechiens, die die Sezession der Slowakei nicht akzeptiert. Ihre Träume einer wieder vereinigten „ethnisch reinen" Tschechoslowakei (mit einer rein slawischen Bevölkerung) vereinen sich mit der Vision eines paternalistischen und korporatistischen, d.h. autoritären Staates. (vgl. Szayna 1997: 125). 1994 wurde die Mitgliedschaft der Partei auf ungefähr 25.000 Mitglieder geschätzt, was sie als drittgrößte Partei in der Tschechischen Republik auswies (vgl. Brendgens 1998: 60). Nichtsdestotrotz scheiterte die *SPR-RNC* bereits in den Parlamentswahlen 1998 an der 5%-Hürde und kam nach einem

Prozess der Desintegration in den Nationalratswahlen vom Juni 2002 nur noch auf knapp ein Prozent der Stimmen (siehe Tabelle 3).

Die ungarische radikale Rechte wird von Istvan Czurkas *Ungarischer Gerechtigkeits- und Lebenspartei (Magyar Igazság és Élet Pártja, MIÉP)* dominiert, die sich 1993 vom konservativen *Ungarischen Demokratischen Forum (Magyar Demokráta Fórum, MDF),* einem der Protagonisten der „samtenen Revolution" 1989/90 abspaltete. Die *MIÉP* unterhält antisemitische und biologisch-nativistische Ansichten. Sie befürwortet eine Rückkehr alten ungarischen Territoriums, das heute zu Rumänien, der Ukraine und der Slowakei gehört, und weigert sich somit vehement, den Vertrag von Trianon zu akzeptieren, der die aktuellen Grenzen zwischen Ungarn und seinen Nachbarstaaten festlegte. Obwohl Czurka von sich behauptet, nicht antisemitisch zu sein, teilt er mit offen antijüdischen Neonazis das Ziel, die in seinen Augen vorhandene weltweite jüdisch-liberal-kosmopolitische Verschwörung, einschließlich der Weltbank, dem Internationalen Währungsfonds und George Soros, aufzudecken (vgl. Karsai 1999: 143). Auch die MIÉP ist seit den ungarischen Parlamentswahlen vom April 2002 nicht mehr im Parlament vertreten (siehe Tabelle 3).

Im Gegensatz zu Tschechien und Ungarn ist die polnische Situation durch einen hohen Grad der Verflüssigung gekennzeichnet, der oft zu einer Umstrukturierung des Parteiensystems und zu einer Umorganisation und Umbenennung der einzelnen Parteien führt. Zu Anfang der neunziger Jahre gab es in Polen sechs rechtsradikale Parteien, von denen keine in den ersten Wahlen der Einzug in das Parlament gelang (vgl. Prazmowska 1995).[2] Die wichtigsten von ihnen sind die *Nationale Frontpartei des Vaterlandes (Stronnictwo Narodowe 'Ojczyzna', SN),* die eine explizit antisemitische und anti-deutsche Position befürwortet und sich an den nationalistischen Ideen von Roman Dmowski in der Zwischenkriegszeit orientiert, , und die *Konföderation für ein unabhängiges Polen (Konfederacja Polski Niepodleglej, KPN),* die ideologisch nach den Ideen von Pilsudski ausgestaltet ist. Als eine polnische Besonderheit gibt es schließlich eine klerikal-nationalistische Partei, die *Christliche Nationale Union (Zjednoczenie Chrześcijańsko-Narodowe, ZChN),* die die Position vertritt, dass das katholische Dogma die Grundlage polnischer Politik sein sollte, und die von sich behauptet, die Interessen aller ethnischen Polen in Osteuropa zu vertreten. (vgl. Kalina 2000: 78-82, 114-118; siehe auch Szayna 1997: 116; Ost 1999: 98ff.). Während in den vergangenen Jahren *KPN* und *ZChN* einen Niedergang zu verzeichnen hatten, kam in der letzten Parlamentswahl vom September 2001 die neugegründete religiös-fundamentalistische *Liga der Polnischen Familie (LPR),* die als verlängerter Arm des ultrakatholischen Senders Radio Maryja gelten kann (siehe nächsten Abschnitt) und auf die Netzwerke älterer Parteien wie *ZChN* zurückgreift, ins Parlament (siehe Tabelle 3; vgl. auch Stankiewicz 2002). Im Vergleich zu den vorigen beiden Ländern haben die polnischen radikalen Rechtsparteien eine etwas größere, wenngleich wenig stabile Anhängerschaft. Dies wurde in der Literatur durch das Fehlen eines eindeutigen Gegners erklärt (so Ost 1999: 88). Diese Erklärung verliert allerdings im Zuge der wachsenden Kritik an Polens Beitritt zur Europäischen Union zunehmend an Überzeugungskraft, zumal der rechtspopulistische Bauernführer Andrzej Lepper und seine gegen die EU gerichtete Bewegung *Samoobrona* (Verteidigung) im September 2001 10.5 Prozent der Stimmen erzielte.

Anders als in den drei EU-Beitrittskandidaten Tschechien, Ungarn und Polen haben rechtsradikale Parteien in Russland und in Rumänien bedeutend größere Wahlerfolge erzielen können. In Russland spielte lange Zeit die *Liberale Demokratische Partei (LDPR)* die

---

2   Für einen detaillierten aber stark beschreibenden Überblick aller nationalen, nationalistischen und rechtsradikalen Parteien nach 1989 siehe auch Kalina (2000) sowie Grott (1994).

dominante Rolle am rechten Flügel (siehe Tabelle 3). Ihr Vorsitzender Wladimir Schirinowski unterhält Kontakte mit den Intellektuellen der französischen Nouvelle Droite, mit Jean-Marie Le Pen und Gerhard Frey (vgl. Lee 1997: 318-326; Revlin 1999: 138-156). Andere Gruppen wie beispielsweise die *Russische Nationale Einheit (RNE)*, die die Idee eines russischen revolutionären Ultranationalismus unterstützt, *die Russische Nationale Versammlung (RNA)* und die *Front der Nationalen Rettung (FNR)*, eine Allianz aus ungefähr 40 Parteien und Bewegungen, haben es nicht geschafft, eine bedeutsame Zahl von Stimmen auf sich zu vereinen. Nichtsdestotrotz nehmen sie für sich in Anspruch, mehr Mitglieder als die *LDPR* zu haben – Schätzungen gehen von circa 50.000 Mitgliedern der *LDPR* und ungefähr 120.000 Mitgliedern der anderen Gruppen aus. Ob Gennadi Suganows *Kommunistische Partei der Russischen Föderation*, die heute mit Abstand wichtigste Partei Russlands, wegen ihrer Vermischung eines russischen Imperialismus und einer nationalistischen Neuinterpretation des Stalinismus in die Kategorie der radikalen Rechten fällt, wie einige Beobachter vorschlagen (vgl. Williams/Hanson 1999), ist umstritten. Schließlich sind Nationalismus und Fremdenfeindlichkeit nicht die Kernelemente der Ideologie der *KPRF*, auch wenn Kontakte zwischen Suganow und ultranationalistischen, antisemitischen Organisationen dokumentiert sind (vgl. Mudde 2000a: 16; Williams/Hanson 1999: 267; Revlin 1999: 157-180). Der Niedergang der *LDPR* in den späten neunziger Jahren des letzten Jahrhunderts wird allerdings konterkariert durch den Aufstieg der Bewegung des Neofaschisten Alexander Dugin, der sich im politischen Establishment Moskaus, z.B. als Berater des Duma-Sprechers Gennadi Seleznew und als erfolgreicher Autor, Einfluss verschafft hat (vgl. Umland 2002: 30-39).

In Rumänien schließlich besteht eine ähnliche Situation, wo leicht identifizierbare rechtsradikale Parteien mit der Nachfolgepartei von Ceauşescus postkommunistischer Partei koexistieren. Neben dieser existieren die *Partei für Großrumänien PRM* und die *Partei der Rumänischen Einheit PUNR*. Die *PRM*, die 1991 von Eugen Barbu und Corneliu Vadim Tudor gegründet wurde und von Tudor geführt wird, gibt für die Mitte der neunziger Jahre eine Zahl von 35.000 Mitgliedern an und kann durch eine offen antisemitische und fremdenfeindliche d.h. im besonderen anti-ungarische und anti-Roma-Ideologie charakterisiert werden. Hinzu kommt eine anti-demokratische und anti-westliche Doktrin, die sich aus der Glorifizierung der *Partida Nationala*, einer nationalistischen Bewegung aus den dreißiger Jahren des 19. Jahrhunderts, der faschistischen Ideologie der Eisernen Garde und der kommunistischen Vergangenheit unter Ceauşescu ableitet. Im Jahr 2000 erhielten Tudor und seine Partei in den Präsidentschafts- und Parlamentswahlen mehr Stimmen denn je. Die Partei ist heute die zweitgrößte im Parlament und Tudor gelang es, die zweite Runde der Präsidentschaftswahlen zu erreichen, wo er ein Drittel der Stimmen gegen den ehemaligen Ceauşescu-Vertrauten Iliescu auf sich vereinte (siehe Tabelle 3). Im Vergleich dazu erschien die *PUNR*, die 1990 gegründet wurde und sich vor kurzem aufgelöst hat, kaum weniger extrem. Sie war ebenfalls chauvinistisch, staatsinterventionistisch und in besonderem Maße anti-ungarisch geprägt, aber weniger offen antisemitisch und antidemokratisch als die *PRM*. Die *Sozialistische Arbeiterpartei*, die der rumänischen Kommunistischen Partei nachfolgte, aber viel geringere Erfolge als die anderen post-kommunistischen Partein in Mittel- und Osteuropa erzielt, vereint nationalistische mit sozialistischen Ideen und weist offen Demokratie und westliche Werte und Kultur zurück. Alle drei Parteien waren zeitweise Mitglieder einer informellen Mehrheitskoalition von 1992 bis 1994 unter der Führerschaft der *Partei der Rumänischen Sozialdemokratie PRSD* (vgl. Gabanyi 1995, 1997; Gallagher 1995: 25-47; Shafir 1999).

Tabelle 3: Wahlergebnisse der mittel- und osteuropäischen radikalen Rechten: Tschechische Republik, Ungarn, Polen, Rumänien, Russland
(für Abkürzungen siehe Tabelle 2)

Land und Jahr	Wahlart	Kandidat/Partei	Stimmen (in%; **fett** falls Sitze)
Tschech. Rep.			
1990 (1)	Parl.	--	--
1992 (1)	Parl.	SPR-RSC	**7,5**
1992	Parl.	SPR-RSC	**6,0**
1996	Parl.	SPR-RSC	**8,0**
1998	Parl	SPR-RSC	3,9
2002	Parl.	SPR-RSC	1,0
Ungarn			
1990	Parl.	MIÉP	--
1994	Parl.	MIÉP	1,6
1998	Parl	MIÉP	**5,5**
2002	Parl.	MIÉP	4,4
Polen			
1990	Präs.(2)	Leszek Moczulski (KPN)	2,6
1991	Parl. (3)	KPN	**7,4**
		ZChN und Verbündete	**8,7**
1993	Parl.	KPN	**5,8**
		ZChN und Verbündete	6,3
1997	Parl.	[AWS (4)]	**[33,8]**
		ROP (4)	**4,0**
2001	Parl.	LPR	**7,9**
Russland			
1991	Präs.(2)	W. Schirinowski (LDPR)	7,8
1993	Parl.	LDPR	**22,9**
1995	Parl.	LDPR	**12,0**
1996	Präs.(2)	W. Schirinowski (LDPR)	5,7
1999	Parl.	Schirinowski-Block	**6,0**
2000	Präs	W. Schirinowski	2,7
Rumänien			
1991	Parl.	--	--
1992	Parl. (3)	PUNR, PRM, PSM	**14,6**
1996	Parl. (3)	PUNR, PRM, PSM	**11,4** (5)
1996	Präs.(2)	Gheorghe Funar (PUNR)	3,2
		Corneliu Vadim Tudor (PRM)	4,7
2000	Präs. (2)	Corneliu Vadim Tudor (PRM)	28,3
2000	Parl. (3)	PRM	**19,5**

Anmerkungen:
1) Tschechischer Teil der Nationalversammlung der CSFR
2) Präsidentschaftswahl, nur erster Wahlgang
3) Parlamentswahlen, nur erste Kammer
4) Ein Bündnis aus der gemäßigten Rechten (Solidarnosc) und der radikalen Rechten (KPN, ZChN, Radio Maryja); die neugegründete ultranationalistische ROP gelangte aus eigener Anstrengung in den Sejm.
5) Keine Sitze für PSM

4. Der Bewegungs- und Kleingruppensektor

Von allen dargestellten Ländern gibt es in Russland den größten und vielschichtigsten Sektor rechtsradikaler Bewegungen und Milieus (vgl. Umland 2002). Hier spielte die Gruppe *Pamjat (Erinnerung)* in den letzen Tagen der Sowjetunion eine wichtige Rolle. Es war die Organisation einer rechten sozialen Bewegung unter der Führerschaft von Dimitri Wasiliew, der sich selbst seit 1992 als einen Faschisten und Monarchisten beschrieben hat. *Pamjat* wurde Mitte der achtziger Jahre gegründet und begann nach der Auflösung der Sowjetunion zu zerbrechen. Viele der aktuellen Führer und Aktivisten der russischen radikalen Rechten sind in den späten 1980ern und frühen 1990ern durch Pamjat gegangen (vgl. Revlin 1999: 23-30, 34-60). Es gab und gibt in Russland zahlreiche Nazi-Organisationen, darunter die Werwölfe, die offiziell die nationalsozialistische Ideologie unterstützten, sich aber 1994 auflösten, als ihre Führer verhaftet wurden. In der Mitte der neunziger Jahre zählten Experten ungefähr 30 rechtsextreme Organisationen in Russland, von denen die *RNE* die größte und am besten organisierte war. Einer Schätzung zufolge hat die *RNE* einen harten Kern von ungefähr 6.000 bewaffneten Mitgliedern und 30.000 bis 50.000 aktive Unterstützer, die nicht Mitglieder sind (vgl. Parfenov/Sergeeva 1998).[3] Ähnlich gibt es auch in Rumänien einen sichtbaren und aktiven Bereich der Bewegungen. Am bekanntesten ist *Vatra Romaneasca*, die „Wiege Rumäniens", die durch ihre gewalttätigen Aktivitäten gegen ethnische Minderheiten, besonders gegen die ziemlich große ungarische Gruppe, sofort nach dem Ende des Ceauşescu Regimes bekannt wurde und als außerparlamentarischer Arm der *PUNR* angesehen wird. Andere Gruppen schließen die *Bewegung für Rumänien MPR* ein, die als erste Bewegung offen ihre Herkunft aus der Eisernen Garde bestätigte, und die *Partei des Nationalen Rechtes*, die die Statuten und die Organisationsstruktur (einschließlich der identischen Uniformen) der Eisernen Garde übernahm und die Demokratie zugunsten eines ethnokratischen, autoritären Staates ablehnt. Beide Gruppen sind nicht als Parteien registriert, versuchen aber, Unterstützung vor allem unter Rumäniens Jugend zu gewinnen (vgl. Gallagher 1995: 194ff; Shafir 2000: 255-259).

Der polnische Fall weist ebenfalls einen ausgeprägten und teilweise auch gewalttätigen Sektor von rechtsradikalen Gruppen und Bewegungen auf, die in der vorinstitutionellen Arena auftreten und Unterstützung mobilisieren. Eine der größeren Gruppen ist die neofaschistische Bewegung der *Polnischen Nationalistischen Union (Polska Wspólnota Narodowa: Polskie Stronnictwo Narodowe, PWN-PSN)*, die von Boreslav Tejkovski angeführt wird, ungefähr 4.000 Mitglieder zählt und in den Jahren 1991 und 1992 international durch ihre Attacken auf jüdisches Eigentum und die katholische Kirche bekannt wurde (vgl. Prazmowska 1995: 208f.). Eine andere Organisation im rechtsradikalen Bewegungssektor ist die *Partei der Nationalen Wiedergeburt PNR*, die als die bedeutendste faschistische Organisation in Polen bezeichnet werden kann und unter der Führerschaft des dreißigjährigen Adam Gmurczyk lokale Zweigstellen in vielen Städten einschließlich Lodz, Krakau und Warschau etabliert hat (vgl. Ost 1999: 96). Schließlich hat die ultrakatholische Radiostation *Radio Maryja* seit der Mitte der neunziger Jahre mit ihrer Mischung aus religiösen, antimodernen, nationalistischen, fremdenfeindlichen und manchmal auch antisemitischen Botschaften Millionen von Hörern und Anhängern, hauptsächlich arme pensionierte Arbeiter, Arbeitslose und alle Arten von „Transformationsverlierern" angezogen. Obwohl *Radio Ma-*

---

3 Eine neuere Schätzung geht von mehr als 40 rechtsradikalen und ultranationalistischen Gruppen, zusammen mit einer wachsenden Zahl von Skinheads, aus, siehe *Berliner Zeitung*, 18. Juli 2000, S. 9.

ryja weit davon entfernt ist, eine politische Partei zu sein, konnte es nichtsdestotrotz einen bedeutenden politischen Erfolg verzeichnen, als es in den späten neunzigern parlamentarische Verbündete in der Solidarnosc Gruppe AWS im polnischen Sejm gewann (vgl. Gluchowski 1999). Über diese Organisationen hinaus gibt es eine wachsende Szene rechtsextremistischer gewalttätiger Gruppen und Skinheads. In vielen polnischen Städten finden regelmäßige Treffen einiger hundert militanter Anhänger statt, genauso wie antisemitische oder faschistische Graffiti an den Gebäuden nicht außergewöhnlich sind.[4] Auch in der tschechischen Republik existiert eine sichtbare Szene gewaltbereiter rechter Extremisten, die oft Roma als ihre Opfer aussuchen (siehe oben) und auf ein gewisses Maß an Sympathie ihrer Mitbürger zählen können. Wie in Polen und in Ungarn waren/sind die Roma (noch vor Arabern, Schwarzen, Asiaten, Russen und Juden) die unbeliebteste ethnische Minderheit in der Tschechischen Republik.[5] Zwischen 1990 und 1998 starben in der Tschechischen Republik insgesamt 21 Personen an den Folgen rassistischer Übergriffe; was unter Berücksichtigung der Bevölkerungszahl des Landes bei weitem das Ausmaß rassistischer Gewalt im benachbarten Deutschland übertrifft (vgl. Penc/Urban 1998).

Zusammen genommen legen diese zugegebenermaßen noch spärlichen Zahlen die Annahme nahe, dass ein aktives, gewalttätiges subkulturelles rechtsextremistisches Milieu in Mittel- und Osteuropa entstanden ist. Die Tatsache, dass es sich unter den Umständen der Transformation entfaltet, impliziert eine besondere Dynamik dieser Entwicklung, die eher auf weiteres Wachstum und Expansion als auf einen Abschwung oder ein Verschwinden hindeutet.

5. Abschließende Betrachtungen: der historisch-politische Kontext des Rechtsradikalismus in Mittel- und Osteuropa nach 1989

Die Geschichte des postsozialistischen Europa ist durch einen Mangel an demokratischer Erfahrung und Praxis in der Vergangenheit und die Dynamik und Offenheit des Transformationsprozesses charakterisiert, der zu instabilen politischen Bündnissen und einem relativ fließenden Parteiensystem führt. Allgemein ist in den meisten dieser Länder eine radikale Rechte im Sinne eines populistischen und antidemokratischen Ultranationalismus entstanden, deren Auftreten von den sozioökonomischen und politischen Bedingungen der Transformation begünstigt wurde. Allerdings haben diese Gruppierungen mit Ausnahme weniger Länder bislang nur begrenzte Wahlerfolge erzielen können, so dass die radikale Rechte zumindest in den Ländern mit fortgeschrittener Konsolidierung im Moment keine ernsthafte Bedrohung für den Transformations- und Demokratisierungsprozess darstellt.

Die dominanten Kräfte der radikalen Rechten in diesen Ländern unterscheiden sich von den meisten westlichen Varianten in zweifacher Hinsicht. Zum einen ist die mittel- und osteuropäische radikale Rechte organisatorisch weniger entwickelt als ihr westliches Pendant; ein Schicksal, das sie mit den meisten politischen Parteien in der Region teilt. Deswegen muss eine Analyse des Phänomens sowohl die Charakteristika politischer Parteien als auch diejenigen sozialer Bewegungen berücksichtigen. Ein solcher Blick verdeutlicht, dass der

---

4 Vgl. z.B. *die tageszeitung*, 13. November 1998, S. 13.
5 Daten in W. Bergmann, „Euro Social", Meinungsprofile Ostmitteleuropa 1991, pers. Kommunkation mit dem Autor.

Parteiensektor – sowohl in der Stärke der Wahlerfolge als auch der Organisation gemessen – in den konsolidierten Ländern schwächer ist als in den meisten westlichen Demokratien, vor allem in Österreich, Belgien oder Frankreich. Demgegenüber lässt sich die Militanz und Gewaltbereitschaft im Sektor der Bewegungen und Kleingruppen nur schwer schätzen, sie scheint aber nicht so hoch wie in Deutschland, Schweden oder den Vereinigten Staaten zu sein. Zum anderen orientiert sich die radikale Rechte in Mittel- und Osteuropa ideologisch mehr an der Vergangenheit als ihr westliches Gegenüber, d.h. sie ist antidemokratischer und militanter. In den meisten Ländern, wo die Demokratie noch nicht „the only game in town" (Juan Linz) ist, eröffnet dies der radikalen Rechten Möglichkeiten, die sie im Westen nicht hat.

Zugleich jedoch ist der politische Raum für rechtsradikale Parteien relativ beschränkt, da Nationalismus die Ideologie nicht nur rechter Parteien, sondern der meisten Hauptakteure durchdringt. Dies ist vor allem auf die Prozesse der Nationsbildung in Mittel- und Osteuropa, das vorherrschende Nationsverständnis und die Besonderheiten des Regimewechsels nach 1989 zurückzuführen. In weiten Teilen der Region wie auch vorher schon im Falle Italiens und Deutschlands vollzog sich die Herausbildung von Nationalbewusstsein ohne Staat, der ethnische Nationsgedanke bildete sich als vorherrschender Typ heraus. Staatliche Kontinuitäten sind daher kürzer als bei den meisten westeuropäischen Nationen und zudem höchst unterschiedlich entwickelt (z.B. mit Rumänien und Ungarn auf der einen, die baltischen Staaten oder die Ukraine auf der anderen Seite). Als weiteres Merkmal des postsozialistischen Europa kann man die komplexe Konfiguration der Nationen zwischen Nationsbildungsprozessen, nationalen Minderheiten auf eigenem Territorium und Gruppen der eigenen Nation in „externen" Gebieten hervorheben (vgl. Brubaker 1997: Kap. 3). In einigen Staaten wie Ungarn und Rumänien spielen sie eine nicht nur für rechtsradikale Parteien wichtige Rolle.

Vor diesem Hintergrund weicht die Entwicklung der politischen Kultur in Mittel- und Osteuropa von der in Westeuropa ab. Nur die Tschechische Republik zeigt frühe Zeichen einer demokratischen Kultur mit einem relativ hohen Niveau an Systemverbundenheit und der Etablierung pluralistischer Prinzipien (vgl. Pickel/Jacobs 2001: 6). Jenseits bedeutender intraregionaler Unterschiede können die politischen Kulturen Mittel- und Osteuropas, die durch die Folgen der Sozialisierung im Sozialismus in der Vergangenheit und der Transformation in der Gegenwart geprägt wurden, durch eine geringere Akzeptanz der liberalen Marktprinzipien als im Westen und stärkere Orientierung an sozialistischen und egalitären Werten, durch eine Unzufriedenheit mit dem Transformationsprozess und seinen Ergebnissen und durch die Werte einer „traditionalen Autorität" (im Gegensatz zu einer säkular-rationalen Autorität) charakterisiert werden (vgl. von Beyme 1994: 349-354; Inglehart 1997: 93; Miller u.a. 1998). Im Gegensatz zu der Demokratisierung (West-) Deutschlands nach 1945 hat der antikommunistische Druck des Aufruhrs 1989 zwangsläufig zu einer Rehabilitierung des Nationalstaates in Osteuropa geführt. Deswegen sind nationalistische Rhetorik und das ethnische Konzept der Nation in der politischen Klasse und der breiten Öffentlichkeit kein Randphänomen, sondern relativ weit verbreitet, und zwar in einem spezifisch postkommunistischen Kontext einer im Vergleich zu Westeuropa schwächeren Zivilgesellschaft (vgl. Mudde 2002: 18).

Dies alles trägt dazu bei zu erklären, warum rechtsradikale Parteien und ihre ultranationalistischen Botschaften trotz des enormen Drucks und der Unsicherheiten des Transformationsprozesses sowie der Existenz eines rechtsradikalen Mobilisierungspotenzials nur begrenzte Unterstützung von den Wählern erhalten. Und es macht auch die Tatsache verständlicher, warum die radikale Rechte in Mittel- und Osteuropa klar antidemokratische und antisystemische Visionen einer neuen politischen Ordnung vertritt, um sich von den nationalistischen, aber offiziell demokratischen Parteien der moderaten Rechten und dem Rest des politischen Spektrums abzugrenzen. Normalerweise ist ihnen ein Nationalismus zu eigen, der ausdrücklich auf den Mythos einer organischen und ethnisch reinen Nation und auf die Glorifizierung autoritärer Regime einer nicht zu weit zurückliegenden nationalen Vergangenheit zurück greift.

Bibliographie

Alter, Peter (1985): Nationalismus. Frankfurt/Main (Suhrkamp).
Barany, Zoltan (1998): „Ethnic mobilization and the state: the Roma in Eastern Europe", in: Ethnic and Racial Studies, Bd. 21, Nr.2, S. 308-327.
Beichelt, Timm/Minkenberg, Michael (2002): „Rechtsradikalismus in Transformationsgesellschaften. Entstehungsbedingungen und Erklärungsmodell", in: Osteuropa, Jg. 52, Nr. 3 (März), S. 247-262.
Beyme, Klaus von (1994): Systemwechsel in Osteuropa. Frankfurt/Main (Suhrkamp).
Beyme, Klaus von (1996): „Rechtsextremismus in Osteuropa", in: Jürgen Falter u.a. (Hrsg.): Rechtsextremismus. Ergebnisse und Perspektiven der Forschung. Sonderheft der Politischen Vierteljahresschrift 27/1996. Opladen (Westdeutscher Verlag) S. 423-443.
Brendgens, Guido (1998): Demokratische Konsolidierung in der Tschechischen Republik, unveröffentlichte Magisterarbeit. Heidelberg (Universität Heidelberg, Institut für politische Wissenschaft).
Brubaker, Rogers (1992): Citizenship and Nationhood in France and Germany. Cambridge, MA/London (Cambridge University Press).
Brubaker, Rogers (1997): Nationalism Reframed. Nationhood and the National Question in the New Europe. Cambridge (Cambridge University Press).
Cheles, Luciano u.a. (Hrsg.) (1995): The Far Right in Western and Eastern Europe. 2. Auflage. London/New York (Longman).
Gabanyi, Anneli Ute (1995): „Politische Parteien in Rumänien nach der Wende", in: Südosteuropa,Bd. 44, Nr. 1-2, S. 1-50.
Gabanyi, Anneli Ute (1997): „Rumänien: Parlaments- und Präsidentschaftswahlen 1996", in: Südosteuropa, Bd. 46, Nr. 3-4, S. 119-145.
Gallagher, Tom (1995): Romania after Ceaușescu. The Politics of Intolerance. Edinburgh (The Universiy of Edinburgh Press).
Gluchowski, Piotr (1999): „Ave Radio Maryja", in: Transitions Bd. 6, Nr. 3, S. 70-74.
Grott, Bogumił (1994):, „Ruch narodowy w Polsce postkommunistyczenj", in: Arka, 53/54, S. 13-34.
Hainsworth, Paul (Hrsg.) (2000): The Politics of the Extreme Right: From the Margins to the Mainstream. London (Pinter).
Hockenos, Paul (1993): Free to Hate. The Rise of the Right in Post-communist Eastern Europe. New York/London (Routledge).
Inglehart, Ronald (1997): Modernization and Postmodernization. Princeton, NJ (Princeton University Press).
Ishiyama, John T. (1998): „Strange Bedfellows – Explaining Political Cooperation Between Communist Successor Parties and Nationalists in Eastern Europe", in: Nations and Nationalism, Bd. 4, Nr. 1, S. 61-85.
Kalina, Tomasz (2000): Polskie Partie Narodowe, unveröffentlichte Magisterarbeit. Warschau (Institut für Politikwissenschaft, Universität Warschau).
Karsai, Laszlo (1999): „The Radical Right in Hungary", in: Sabrina Ramet (Hrsg.): The Radical Right in Central and Eastern Europe. University Park, PA (The Pennsylvania State University Press), S. 133-146.
Kopstein, Joseph S. (1997): „The Weimar/Russia Comparison", in: Post-Soviet Affairs, Bd. 13, Nr. 3, S. 252-283.

Laqueur, Walter (1996) : Fascism. Past, Present, Future. Oxford (Oxford University Press).
Lee, Martin L. (1997): The Beast Reawakens. Boston (Little, Brown).
Meinecke, Friedrich (1908): Weltbürgertum und Nationalstaat. München/Berlin (R. Oldenbourg).
Merkl, Peter/Weinberg, Leonard (Hrsg.) (1997): The Revival of Right-Wing Extremism in the Nineties. London (Frank Cass).
Miller, William/White, Stephen/Heywood, Paul (1998): Values and Political Change in Post-Communist Europe. New York (St. Martin's Press).
Minkenberg, Michael (1998): Die neue radikale Rechte im Vergleich. USA, Frankreich, Deutschland. Opladen/Wiesbaden (Westdeutscher Verlag).
Minkenberg, Michael (2002): „The Radical Right in Post-socialist Central and Eastern Europe: Comparative Observations and Interpretations", in: East European Politics and Society, Bd. 16, Nr. 2 (im Erscheinen).
Mudde, Cas (2000a): „Extreme-right Parties in Eastern Europe", in: Patterns of Prejudice, Bd. 34, Nr.1, S. 5-27.
Mudde, Cas (2000b): „In the Name of the Peasantry, the Proletariat, and the People: Populisms in Eastern Europe", in: East European Politics and Society, Bd. 14, Nr. 2, S. 33-53.
Mudde, Cas (2002): „Warum ist der Rechtsradikalismus in Osteuropa so *schwach*?" in: Osteuropa, 52. Jg., Nr. 5 (Mai), S. 14-18.
Ost, David (1999): „The Radical Right of Poland: Rationality of the Irrational", in: Sabrina Ramet (Hrsg.): The Radical Right in Central and Eastern Europe. University Park, PA (The Pennsylvania State University Press), S. 85-108.
Pan, Christoph/Pfeil, Beate Sibylle (2000): Die Volksgruppen in Europa. Ein Handbuch. Wien (Braumüller).
Parfenov, Victor/Sergeeva, Marina (1998): „Russia: Showing Nationalist Grapes of Wrath", in: Transitions 5 (Juli), S. 34.
Penc, Stanislav/Urban, Jan (1998): „Czech Republic: Extremist Acts Galvanize Roma Population", in: Transitions 5 (Juli), S. 39.
Pickel, Gertl/Jacobs, Jörg (2001): „,Subjektive Legitimität' – Die Sicht der Bevölkerung auf den Rechtsstaat und die Bedeutung dieser Sicht für die Konsolidierung der osteuropäischen Transformationsstaaten 10 Jahre nach dem Umbruch", unveröff. Manuskript. Frankfurt (Oder) (Europa-Universität Viadrina Frankfurt (Oder), Kulturwiss. Fakultät).
Prazmowska, Anita J. (1995): „The new right in Poland: Nationalism, anti-Semitism and parliamentarianism", in: Luciano Cheles et al. (Hrsg.) The Far Right in Western and Eastern Europe. 2. Auflage. London/New York (Longman), S. 198-214.
Ramet, Sabrina (Hrsg.) (1999): The Radical Right in Central and Eastern Europe. University Park, PA (The Pennsylvania State University Press).
Revlin, Judith (1999): Slavophiles and Commissars. Enemies of Democracy in Modern Russia. New York (St. Martin's Press).
Shafir, Michael (2000): „Marginalization or mainstream? The extreme right in post-communist Romania", in: Paul Hainsworth, (Hrsg.): The Politics of the Extreme Right. London (Pinter), S. 247-267.
Shenfield, Steven (2000): Russian Fascism: Traditions, Tendencies and Movements. New York (M.E. Sharpe).
Stankiewicz, Katharina (2002): „Die neuen ‚Dmowskis' – eine alte Ideologie im neuen Gewand?", in: Osteuropa, 52. Jg., Nr. 3 (März), S. 263-279.
Szayna, Thomas (1997): „The Extreme Right Political Movements in Post-Communist Central Europe", in: Peter Merkl/Leonard Weinberg (Hrsg.): The Revival of Right-wing Extremism in the Nineties. London (F. Cass), S. 111-148.
Umland, Andreas (2002): „Toward an Uncivil Society? Contextualizing the Recent Decline of Extremely Right-Wing Parties in Russia", Harvard University, Weatherford Center for International Affairs, Working Paper No. 02-03 (Cambridge, MA: Harvard University).
Williams, Christopher/Hanson, Stephen (1999): „National-Socialism, Left Patriotism, or Superimperialism? The 'Radical Right' in Russia,"in: Sabrina Ramet (Hrsg): The Radical Right in Central and Eastern Europe. University Park, PA (The Pennsylvania State University Press)., S. 257-277.

Rechtsradikalismus aus der Perspektive der Bewegungsforschung

Dieter Rucht

Die Frage, ob es sich beim gegenwärtigen Rechtsradikalismus[1] in der Bundesrepublik um eine soziale Bewegung handelt, wurde bislang kontrovers diskutiert.[2] Nun könnte man diese Debatte getrost ignorieren, ginge es allein um eine begriffliche Konvention, die es erlaubt, einen eindeutigen Gegenstand unmissverständlich, zu bezeichnen. Wird jedoch der Begriff soziale Bewegung nicht nur nominalistisch sondern konzeptuell verstanden, so kommen theoretische, methodologische und empirische Aspekte ins Spiel.

Eine Schwierigkeit dieser Debatte besteht in der Unschärfe beider Ausgangsbegriffe. Es herrscht keine Einigkeit darüber, wie Rechtsradikalismus ideologisch und personell abzugrenzen ist. Da der Rechtsradikalismus in seiner Gesamtheit nicht durch eine formelle und übergreifende Organisation repräsentiert wird, liegt auch kein verbindliches Programm und keine eindeutige Zurechnung im Sinne einer Mitgliedschaft vor. Unscharf ist auch der Begriff soziale Bewegung, bei dem ebenfalls die Kategorie der Mitgliedschaft nicht so recht passen will, halten doch Bewegungen keine Eintritts- und Austrittsformulare bereit. Erst wenn auf den näher zu umreißenden Rechtsradikalismus die näher zu bezeichnenden Merkmale eines (bestimmten) Begriffs sozialer Bewegung empirisch zutreffen, kann begründet von einer rechtsradikalen (sozialen) Bewegung gesprochen werden. Erst dann liegt auch die Anwendung von Theoremen und Konzepten aus diesem Forschungsbereich nahe.

Schien mir vor Jahren noch Vorsicht geboten, den Rechtradikalismus als soziale Bewegung anzusprechen (vgl. Fußnote 2), so gibt es dafür zunehmend weniger Grund. Meine heutige These lautet, dass große Teile des gegenwärtigen Rechtsradikalismus in Deutsch-

---

1 Der Begriff Rechtsextremismus wird bevorzugt im Kontext von Rechtsprechung, Verfassungsschutz und einer dem Geist der „wehrhaften Demokratie" verpflichteten Extremismusforschung verwendet. Im Bundesverfassungsschutzgesetz gelten politische Aktivitäten und Organisationen als extremistisch, sofern sie sich gegen die „fundamentalen Prinzipien der freiheitlichen Grundordnung" richten. Dagegen bevorzuge ich im Rahmen sozialwissenschaftlicher Analysen den weniger normativ aufgeladenen Begriff des Rechtsradikalismus.

2 Eher ablehnend, wenngleich aus unterschiedlichen Gründen, ist die Position von Ohlemacher (1994) und Butterwegge (1993); eher zustimmend argumentieren Bergmann (1994), Bergmann/Erb (1994), Jaschke (1992; 1993) und Leggewie (1994). Eine ambivalente Position habe ich dagegen, zusammen mit Koopmans, in der Vergangenheit vertreten. Unser damaliges Fazit lautet: „Es existiert keine singuläre, alle heterogenen Erscheinungsformen umfassende rechtsradikale Bewegung. Allerdings gibt es Hinweise auf bewegungsförmige Elemente innerhalb des Rechtsradikalismus, die im Laufe der Zeit mehr oder weniger ausgeprägt sind." (Koopmans/Rucht 1996, S. 284f.)

land die Merkmale einer sozialen Bewegung erfüllen und es deshalb angemessen und fruchtbar ist, das Instrumentarium der Bewegungsforschung heranzuziehen.

Im Folgenden soll zunächst der Begriff soziale Bewegung diskutiert und eingegrenzt werden. Die hier entwickelten Kriterien werden dann an die Erscheinungsformen des gegenwärtigen Rechtsradikalismus angelegt, um schließlich Vorschläge zu unterbreiten, welche Konzepte und Instrumente der Bewegungsforschung zur theoretischen und empirischen Erschließung des Rechtsradikalismus hilfreich sein könnten. Nur gelegentlich soll dies auch an Beispielen illustriert werden.

1. Soziale Bewegung

Der Begriff soziale Bewegung gewann im 19. Jahrhundert an Konturen und hat sich inzwischen fest in der politischen Soziologie etabliert. Eine systematische, an den internationalen Diskussionsstand anschließende Bewegungsforschung setzte jedoch in der Bundesrepublik erst mit den Studien von Rammstedt (1978) und Raschke (1985) ein. Die in diesen Jahren aufkommende Bewegungsforschung bezog sich – im Unterschied zu diesen breit ansetzenden Studien – ganz überwiegend auf die *neuen* sozialen Bewegungen (Rucht 1991). Dies ist kein Zufall, bildeten diese doch den in dieser Phase dominierenden und zugleich sehr dynamischen Bewegungstypus. Einer empirischen Erhebung zufolge konnten zwischen 1975 und 1989 knapp drei Viertel der bundesdeutschen Protestmobilisierung den neuen sozialen Bewegungen zugeschrieben werden (Koopmans 1995: 51). Erst allmählich löste sich die Bewegungsforschung von ihrer engen Bindung an diesen speziellen Bewegungstypus und öffnete sich für Grundsatzfragen, darunter auch die allgemeine Bestimmung und Theoretisierung ihres Gegenstandes, charakterisiert durch einen hohen Formenreichtum, die Abwesenheit eindeutig greifbarer oder gar verfasster Organisationsstrukturen sowie das Fehlen klarer „Systemgrenzen". Obgleich gerade wegen dieser Unschärfen die Bewegungsbegriffe teilweise differieren, enthalten die meisten der gängigen Definitionen, wie Diani (1992) und della Porta/Diani (1999) gezeigt haben, einen gemeinsamen Kern.[3] Es herrscht also keine babylonische Sprachverwirrung.

Weitgehende Einigkeit besteht darüber, dass soziale Bewegungen einen *grundlegenden sozialen Wandel* anstreben. Dies unterscheidet sie beispielsweise von künstlerischen Strömungen, aber auch von politischen Kampagnen, die lediglich ein eng begrenztes Ziel, z.B. die Änderung eines Gesetzes oder den vorzeitigen Rücktritt eines Ministers, zu erreichen suchen. Es versteht sich, dass vor dem Hintergrund des angestrebten grundlegenden Wandels jeweils konkretere Teilziele angegangen werden, so dass nicht notwendigerweise jede einzelne Aktion oder Kampagne den umfassenderen Anspruch einer sozialen Bewegung explizit zur Geltung bringt. Auch bleibt die Richtung des sozialen Wandels offen. Nur vereinzelt wurde vorgeschlagen, den Bewegungsbegriff ausschließlich für „progressive" Bestrebungen zu reservieren. Apodiktisch geschieht dies bei Hofmann (1970: 7): „Soziale Bewegung ist Emanzipationsbewegung." Dieses Votum fand jedoch kaum Unterstützung, zumal

---

3   Im deutschen Sprachraum wird oft die Definition von Raschke (1985: 77) zitiert: „Soziale Bewegung ist ein kollektiver Akteur, der mit einer gewissen Kontinuität auf der Grundlage hoher symbolischer Integration und geringer Rollenspezifikation mittels variabler Organisations- und Aktionsformen das Ziel verfolgt, grundlegenden sozialen Wandel herbeizuführen, zu verhindern oder rückgängig zu machen."

es dem gängigen Sprachgebrauch widerspricht, dem zufolge auch der Faschismus als eine soziale Bewegung gilt.

Mit Blick auf die *Struktur* sozialer Bewegungen wird gelegentlich die Auffassung vertreten, Bewegungen seien weitgehend amorph und bildeten somit einen Gegensatz zu „Organisation" oder „Institution" (kritisch dazu Brand 1983). Jedoch zeigt ein näherer Blick auf praktisch alle Gebilde, die üblicherweise als Bewegung gelten, dass Bewegungen durchaus strukturiert sind. Hierbei erscheint es allerdings sinnvoll, zwischen den einzelnen Komponenten einer Bewegung und der Art ihrer Verknüpfung zu unterscheiden. Die Komponenten einer sozialen Bewegung können von kleinen informellen Gruppen bis hin zu stark organisierten oder sogar bürokratisierten sozialen Gebilden reichen. Insofern ist auch eine formelle Mitgliedschaft in einer Bewegungsorganisation möglich. Als Ganzes ist jedoch eine soziale Bewegung von einer formalen Organisation analytisch scharf abzugrenzen. Bewegungen verbinden ihre verschiedenen Elemente in einer lockeren, netzwerkartigen Struktur, in der es keine formalen Über- und Unterordnungen und somit auch keine „Spitze" gibt, von der aus, wie in einem Betrieb oder einem Staat, verbindliche Anweisungen ergehen könnten. Die Mitarbeit in bewegungsförmigen Gruppen und Organisationen sowie deren Zusammenschluss ist freiwillig. Entsprechend bedarf es einer besonders aufwendigen und kontinuierlichen Überzeugungsarbeit. Erst wenn eine einzelne Organisation eine Kontrolle über ihr gesamtes Umfeld ausübt bzw. sich deren Gruppen und Organisationen einverleiben oder unterordnen kann, wie dies in einer späteren Phase des Nationalsozialismus der Fall war, kann nicht mehr von einer sozialen Bewegung die Rede sein.

Schließlich stehen soziale Bewegungen in einer Konfliktsituation, in der sie gegen andere soziale Kräfte (z.B. den Staat, Gegenbewegungen, ökonomische Eliten) kämpfen und dabei vorwiegend, wenngleich nicht ausschließlich, zum Mittel des *kollektiven und öffentlichen Protests* greifen. Protest ist deshalb ein bevorzugtes Instrument sozialer Bewegungen, weil ihnen andere Formen der politischen Einflussnahme (durch Geld, Leistungsverweigerung, direkte Kontakte zu politischen Entscheidungsträgern) nicht oder kaum zur Verfügung stehen. Die Formen des Protests sind sehr variabel; sie können von Unterschriftensammlungen über Straßendemonstrationen und juristische Auseinandersetzungen bis hin zur Anwendung physischer Gewalt reichen.

Im Laufe ihres Wachstums und im Zuge von Teilerfolgen können Bewegungen die genannten Merkmale zunehmend abstreifen, indem sie sich etwa ideologisch mäßigen und sich mit kleinen Reformen bescheiden, vom Mittel des Protests absehen, weil ihnen dieser nicht länger als notwendig oder gar als kontraproduktiv erscheint, feste Strukturen annehmen und vielleicht sogar in einer kompakten Organisation aufgehen. Robert Michels (1911) hat diesen Trend in seiner Oligarchisierungsthese auf den Punkt gebracht, freilich damit die fragwürdige These verknüpft, dies sei eine unausweichliche Entwicklung (Rucht 1999).

Werden die angeführten Merkmale zusammengefasst, so lässt sich eine soziale Bewegung definieren als ein auf gewisse Dauer gestelltes und durch kollektive Identität abgestütztes Handlungssystem mobilisierter Netzwerke von Gruppen und Organisationen, welche sozialen Wandel mit Mitteln des Protests – notfalls bis hin zur Gewaltanwendung – herbeiführen, verhindern oder rückgängig machen wollen (vgl. Rucht 1994: 76f.).

2. Rechtsradikalismus als soziale Bewegung

Bevor diese analytischen Kriterien eines Bewegungsbegriffs auf den gegenwärtigen Rechtsradikalismus angelegt werden, erscheint es angebracht, diesen selbst zumindest grob zu umreißen. Rechtsradikalismus bezeichnet üblicherweise sowohl ein in den Köpfen verankertes Einstellungssyndrom als auch ein soziales Gebilde, das durch Interaktionen stabilisiert wird.

(1) Als ideologisches Syndrom ist Rechtsradikalismus (oder Rechtsextremismus) vielfach definiert und auch mit Mitteln der Umfrageforschung gemessen worden. Zum Beispiel fasst ihn Stöss (1995: 107) in den Dimensionen von Entfremdung, Autoritarismus, Nationalismus und Ethnozentrismus. Sieht man von dem m.E. nicht konstitutiven Merkmal der Entfremdung ab, so handelt es sich um eine Gegenposition zu den universalistischen Werten der Aufklärung. Diese Einstellungen können bei einem Individuum vorhanden sein, ohne dass es sich als Teil einer rechtsradikalen Gruppierung begreift und in deren soziales Feld eingebunden ist. Ein so verstandener Rechtsradikalismus wäre nichts anderes als die Summe aller rechtsradikal eingestellten Personen.

Dagegen ist Rechtsradikalismus als soziales Gebilde und politische Kraft das Ensemble von Gruppen und Organisationen, das die genannten Prinzipien öffentlich und programmatisch vertritt, also einen sozialen und politischen Konflikt eingeht und unter anderem daraus seine kollektive Identität gewinnt. Hierbei können jeweils spezifischere Werte und Kritikpunkte artikuliert werden. So haben beispielsweise Falter und Schumann (1988: 101) rechtsextreme Parteien durch zehn ideologische Merkmale charakterisiert: extremer Nationalismus, Ethnozentrismus, Antikommunismus, Antiparlamentarismus, Antipluralismus, Militarismus, Law and Order-Denken, das Verlangen nach einem starken Führer und/oder einer entsprechenden Exekutive, Anti-Amerikanismus und kultureller Pessimismus.

Werden diese Werte und Ziele zusammengenommen, so beinhalten sie nicht nur eine Kampfansage an den politischen Gegenpol der extremen Linken, sondern auch an die Kräfte der Mitte als wichtigsten Trägern des Status quo in liberalen Demokratien. Auch wenn die genauen Konturen der von Rechtsradikalen angestrebten gesellschaftlichen Ordnung nicht deutlich werden, so besteht doch kein Zweifel, dass ein grundlegender sozialer Wandel angestrebt wird. Dies belegen gleichermaßen programmatische Aussagen aus dem rechtsextremen Lager wie auch die darauf bezogenen Reaktionen der Politik und Justiz.

Diese ideologischen Merkmale lassen sich tatsächlich bei den Parteien wieder finden, die landläufig als rechtsradikal gelten, zum Beispiel der *NPD* in Deutschland, der *FPÖ* in Österreich, dem *Front National* in Frankreich und der *National Front* in Großbritannien. Zwar werden nicht alle diese Positionen explizit und eindeutig in den Programmen rechtsextremer Parteien formuliert, zumal es taktische Rücksicht zu nehmen gilt. Doch manifestieren sich diese Merkmale – mehr oder weniger deutlich – sowohl in Äußerungen von Spitzenvertretern und Funktionären dieser Parteien als auch ihrer einfachen Mitglieder. Gleiches gilt für andere und nicht parteiförmige Gruppierungen, die aufgrund ihrer ideologischen Ausrichtung ebenfalls als rechtsradikal einzustufen sind. Es versteht sich, dass hierbei keine scharfen Grenzziehungen zu äußerst konservativen Gruppen bestehen, welche nur einige der genannten ideologischen Merkmale aufweisen und/oder sie nur in einer stark gebrochenen Form vertreten.

Ungeachtet des Problems einer kaum aufzulösenden Grauzone zwischen dem reaktionären Konservatismus und dem genuinen Rechtsradikalismus kann davon ausgegangen werden, dass rechtsradikale Gruppierungen in Gestalt von Parteien, Verbänden, Kameradschaften und losen Jugendcliquen in der Bundesrepublik vorhanden sind und diese dem erstgenannten Kriterium einer sozialen Bewegung, dem Streben nach einem grundlegenden sozialen Wandel, genügen.[4] Teilweise verstehen sich die Gruppen sogar als Sozialrevolutionäre, die für die bestehende Ordnung nur Verachtung übrig haben und ihr explizit den Kampf ansagen.

(2) Stünden rechtsradikale Gruppen weitgehend unverbunden nebeneinander und bildeten keinen Kommunikations- und Aktionszusammenhang, so könnte man von einem Konglomerat einzelner Gruppen sprechen, nicht aber von einem Netzwerk, das eine kollektive Identität stiftet und in diesem Sinne das zweite Kriterium der Definition einer sozialen Bewegung erfüllt. Anders als bei der ideologischen Zielsetzung, die durch Programme, Reden, Aufsätze, Flugblätter, Parolen und dergleichen öffentlich kundgetan wird, sind die Verbindungen zwischen rechtsradikalen Gruppen weniger sichtbar, ja werden oft gezielt verschleiert, um Observierung und mögliche Strafverfolgung zu erschweren. Gleichwohl existiert eine Fülle von Hinweisen auf Verbindungen zwischen den Gruppen und Organisationen.

Zum ersten finden sich diverse rechtsradikale Gruppen zu gemeinsamen Veranstaltungen, Gedenktagen, Kundgebungen und Protestmärschen zusammen. Auch wenn solche Treffen üblicherweise von einer einzelnen Person angemeldet und lediglich von einer Gruppe organisiert werden, so wird das faktische Miteinander verschiedener Gruppen oft schon durch die Hinweise auf Spruchbändern und Fahnen sichtbar, mit denen sich die beteiligten Gruppen mit Namen und teilweise Ortsangabe kenntlich machen.[5] Die Verbundenheit wird auch durch die Gemeinsamkeit von Symbolen, Sprüchen, Liedern, Kleidung und Habitus deutlich.

Zum zweiten sind Verbindungen zwischen Gruppen auch insofern erkennbar, als es im rechtsradikalen Spektrum immer wieder zu internen Zusammenkünften kommt, die teilweise lediglich dem Erfahrungsaustausch und der Abstimmung von Aktionen dienen, teilweise aber auch zum Ziel haben, kleinere Gruppen zu koordinieren oder gar zu einer neuen Organisation zu verschmelzen. Dass diese Versuche aufgrund personeller, organisatorischer und ideologischer Rivalitäten oft scheitern und Spaltungen im rechtsradikalen Lager endemisch sind, ändert nichts an der Tatsache, dass das Gros bestehender Gruppen sich einem größeren Zusammenhang zurechnet und um entsprechende Verbindungen bemüht ist. Offenkundig reichen diese Versuche auch über den jeweiligen nationalen Rahmen hinaus, wie Zusammenkünfte einzelner rechtsradikaler Repräsentanten, größere gemeinsame Protestveranstaltungen (etwa der Bewegung *Blood & Honour*) und Versammlungen (etwa der jährliche „Europäische Kongress der Jugend"), aber auch die Links auf den mehrere Hundert zählenden Homepages rechtsradikaler Gruppen belegen.

Zum dritten sind rechtsradikale Gruppen zumindest partiell durch eine gemeinsame Infrastruktur und gemeinsame Kommunikationsmittel verbunden. Hierzu zählen unter anderem Zeitschriften und Fanzines, Verlage, Versandstellen für CDs, Rechtsberatung, Treffpunkte, Schulungen und dergleichen.

Viertens werden Gemeinsamkeiten auch an den mehrfachen Funktionen bzw. Organisationsmitgliedschaften einzelner Personen kenntlich. Nicht zuletzt haben Verfassungsschutzorgane in ihren Berichten immer wieder auf Querverbindungen zwischen einzelnen Personen, Gruppen und Organisationen hingewiesen (vgl. auch die ausführlichen Darstellungen hierzu in diesem Band).

---

4 So kann man etwa auf den T-Shirts Rechtsradikaler lesen: „Die Grenzen liegen nicht zwischen links und rechts, sondern zwischen oben und unten! Gegen System und Kapitalismus."
5 Beispielsweise waren auf der *NPD*-Demonstration am 1. Mai 2001 in Berlin-Hohenschönhausen nicht nur Banner der *NPD* und ihrer Unterorganisationen zu sehen, sondern auch Fahnen mit Aufschriften wie „Kameradschaft Germania Berlin" oder „Nationaler Widerstand. Insel Usedom".

Auch wenn keineswegs anzunehmen ist, dass alle rechtsradikalen Gruppen miteinander verknüpft sind und zudem viele Verbindungen nur indirekt, über Zwischenstationen existieren, so gibt es doch kaum einen Zweifel daran, dass die Mehrzahl der bestehenden Gruppen in ein Netzwerk eingebunden ist, das strukturell dem Muster anderer Bewegungen ähnelt. Die einzelnen Komponenten sind vielgestaltig und umfassen, wie schon angedeutet, informelle Zirkel und Cliquen, halbformelle Kameradschaften und Bünde sowie fest strukturierte Organisationen, darunter auch Parteien wie *NPD, DVU* und *Die Republikaner*. Das in vielen rechtsradikalen Kreisen anerkannte „Führerprinzip" und damit einhergehende Konkurrenzen sowie die hohe Wertschätzung persönlicher Bindungen, teils auch als Schutz gegen die Infiltration durch V-Leute des Verfassungsschutzes, erschweren allerdings ein enges und großflächiges Zusammenwirken der diversen Gruppen. Somit stellt sich das Netzwerk im Vergleich zu anderen Bewegungen als deutlich zerklüfteter und teilweise zerrissener dar. Dieser Unterschied ist jedoch nur gradueller Natur und spricht nicht gegen den generellen Befund, dass im Sinne des oben genannten Kriteriums ein „mobilisiertes Netzwerk von Gruppen und Organisationen" vorliegt, die sich trotz aller organisatorischen und persönlichen Rivalitäten, die auch anderen Bewegungen nicht prinzipiell fremd sind, als Teil einer „Bewegung" verstehen. Teilweise verwenden sie diesen Begriff auch als offensiv gemeinte Selbstbezeichnung, zumal er in ihren Augen durch den Nationalsozialismus positiv besetzt ist.

(3) Der Versuch, grundlegenden sozialen Wandel herbeizuführen, zu verhindern oder rückgängig zu machen, erscheint allein aufgrund von Appellen und Argumenten nicht aussichtsreich. Zwar finden sich in rechtsradikalen Kreisen auch relativ weiche Formen der Auseinandersetzung mit ihrer Umwelt, sei es im Rahmen intellektueller oder pseudointellektueller Zirkel, sei es auf dem Feld der Parteienkonkurrenz. Entscheidender aber ist die Erzeugung eines gesellschaftlichen oder politischen Drucks, der sich im Falle sozialer Bewegungen vor allem als Protestmobilisierung konkretisiert. Viele, wenngleich nicht alle rechtsradikale Gruppen und Organisationen beschreiten diesen Weg. Sie treten in demonstrativer Weise in der Öffentlichkeit auf, zeigen in provozierender Absicht ihre Symbole und Insignien, organisieren Kundgebungen und Märsche, greifen politische Gegenspieler und vermeintliche Sündenböcke, vor allem Ausländer, verbal und/oder tätlich an, bereiten sich teilweise sogar durch ein paramilitärisches Training auf Kämpfe mit ihren Gegnern vor. Die Verfassungsschutzdaten zur rechtsradikalen Gewalt wie auch die für wissenschaftliche Zwecke erstellten Daten zu Protestereignissen und zur Claims Analysis belegen, dass solche Handlungen in den frühen 1990er Jahren sprunghaft zugenommen und sich danach auf einem hohen Niveau stabilisiert haben (Koopmans 2001). Rechtsradikale Aktionen, die über Jahrzehnte hinweg einen relativ unbedeutenden Anteil am gesamten Protesthandeln hatten, stellen seitdem im Hinblick auf die Zahl der Aktionen einen erheblichen Anteil des Protestgeschehens und insbesondere der Kategorie gewaltförmiger Proteste (Koopmans 2001); sie bleiben allerdings hinsichtlich ihrer Mobilisierungskraft (gemessen als Anteil an allen Protestteilnehmern) nach wie vor unbedeutend.

Zusammenfassend ergibt sich der Befund, dass ein großer Teil der heute agierenden rechtsradikalen Gruppen und Organisationen die drei hier als Maßstab angelegten konstitutiven Merkmale einer sozialen Bewegung aufweist. Es kann somit in einem analytischen Sinne von einer rechtsradikalen Bewegung in der Bundesrepublik gesprochen werden. Dabei ist nicht die rechtsradikale Gesinnung als solche hinreichend für die Zurechnung zu dieser Bewegung. Auch eine minimale und punktuelle Unterstützung einer rechtsradikalen Gruppe, etwa in Form der Stimmabgabe von „Protestwählern", reicht nicht aus. Sofern jedoch Personen und Gruppen in ein übergreifendes Kommunikations- und Aktionsnetz eingebunden werden und sich zumindest gelegentlich an Protesthandlungen mit rechtsradikaler Zielsetzung beteiligen, sind sie Teil der entsprechenden Bewegung. Die theoretischen und konzeptionellen Instrumente der Bewegungsforschung sollten demnach auch auf diesen besonderen Gegenstand anwendbar sein und haben sich an ihm zu bewähren.

3. Der Ertrag der Bewegungsforschung für die Analyse des Rechtsradikalismus

Die Forschung zu sozialen Bewegungen stellt an ihren Gegenstand sehr unterschiedliche Fragen und wählt demzufolge auch verschiedenartige theoretische Perspektiven und methodische Zugänge. In einem neueren deutschsprachigen Aufsatz werden fünf „Paradigmen der Bewegungsforschung" vorgestellt, deren Benennung bereits den starken Einfluss der US-amerikanischen Debatte spiegelt: structural strains, collective identity, framing, resource mobilization und political opportunity structures (Hellmann 1998). Im selben Band werden diese Ansätze zudem auf zwei Bewegungstypen, die neuen sozialen Bewegungen und den Rechtsradikalismus, von jeweils verschiedenen Autoren angewandt. Ein Problem besteht jedoch darin, dass diese Beiträge nicht aufeinander bezogen sind und somit die komparativen Stärken und Schwächen der Paradigmen nicht sichtbar werden.

Stehen Ansätze der Bewegungsforschung oft unverbunden nebeneinander, so finden sich auf der anderen Seite auch Versuche, in Abgrenzung gegenüber anderen Ansätzen die Überlegenheit der eigenen Position herauszukehren oder diese gar zu einem Universalschlüssel zu erklären. Zuweilen geschieht dies, ohne sich der Beschränkung des eigenen Ansatzes, vielleicht auch nicht der erklärten Selbstbeschränkung anderer Perspektiven, zu vergewissern. Dagegen erscheint es angemessener, verschiedene theoretische und konzeptuelle Zugangsweisen in ihrer jeweiligen Fokussierung und spezifischen Leistung anzuerkennen. Ohne die Unvereinbarkeit bestimmter Basisannahmen leugnen zu wollen (etwa im Falle von „konstruktivistischen" und „objektivistische" Theorien), gilt doch für eine Reihe prominenter Ansätze, dass sie zueinander eher in einem Verhältnis der Komplementarität als der Unvereinbarkeit stehen. Dies soll ein Schema verdeutlichen, das verschiedene Ansätze der Bewegungsforschung nach zwei Kriterien – der Analyseebene und der Art der Problemstellung – lokalisiert.[6]

Tabelle 1   Zur Verortung von Aspekten der Bewegungsforschung

	Individuelle Ebene	Kollektive Ebene
Problematisierung	Deprivation	Thematisierung struktureller Spannungen; Framing
Mobilisierung	Gemeinschaftsgefühle; Motivation; Engagement	Kollektive Identität; Ressourcenmobilisierung; Protest; Framing
Stabilisierung	Übernahme von Rollen und Funktionen	Schaffung von Organisationen und Netzwerken; Programme; Nutzung/Beeinflussung von Gelegenheitsstrukturen; Framing

---

6   Es ist angelehnt an ein Schema, das ursprünglich konzipiert wurde, um die Bedingungen der Entstehung und vor allem Stabilisierung sozialer Bewegungen zu erhellen (Neidhardt/Rucht 1993).

Manche Ansätze rücken das Individuum in den Mittelpunkt und stellen insbesondere die Frage, unter welchen notwendigen und hinreichenden Bedingungen sich Personen an Aktivitäten sozialer Bewegungen beteiligen. Am konsequentesten wird diese Sicht von *Theorien rationaler Wahl* verfochten, die von der Annnahme ausgehen, dass kollektive Phänomene immer und überall lediglich eine Summe von Einzelhandlungen darstellen, bei denen Individuen dem Prinzip der Nutzenmaximierung folgen. Das Engagement in sozialen Bewegungen lässt sich demnach aus allgemeinen Annahmen ableiten, die in prinzipiell gleicher Weise auch für die politische Wahl oder den Kauf eines Autos gelten. Im Falle rechtsradikaler Bewegungen hieße dies, dass Personen sich dann daran beteiligen, wenn der subjektiv erwartete Nutzen ihres Engagements die erwarteten Kosten übersteigt. In ihrer Anwendung auf kollektives Handeln in sozialen Bewegungen erweitern Theorien rationaler Wahl den Nutzenbegriff und fassen darunter auch Aspekte wie die moralische Befriedigung oder das Gemeinschaftserlebnis (Opp 1994; 1999). Damit wird jedoch die Theorie derart ausgeweitet und verdünnt, dass am Ende alle Handlungen, also selbst der Überfall einer Clique alkoholisierter jugendlicher Rechtsradikaler auf einen Ausländer, als subjektiv rational erscheinen. Zudem werden die für Bewegungen ganz entscheidenden Interaktionsprozesse ausgeklammert bzw. nur als Randbedingung subjektiven Handelns betrachtet (Rucht 2001).

Andere Ansätze, die überwiegend in der Sozialpsychologie vertreten sind, wenden sich ebenfalls primär den Bedingungen zu, unter denen sich Individuen an Protesthandlungen und sozialen Bewegungen beteiligen; sie gehen jedoch von weniger restriktiven Prämissen als Theoretiker rationaler Wahl aus. Vielmehr wird betont, dass nicht nur rationale Nutzenkalküle, sondern auch andere Faktoren – etwa die Selbstverpflichtung auf moralische Prinzipien, die Suche nach Anerkennung, sowie Emotionen und Stimmungslagen – eine Rolle spielen können. Weder können diese zureichend als Kosten- oder Nutzenfaktoren verstanden werden, noch liegt einer Handlung immer eine Abwägung im Sinne einer (rationalen) Wahl zugrunde (Killian 1984). Diese Theorien erscheinen zumindest für einen Teil des rechtsradikalen Handelns situationsgerechter als die strengen Theorien rationaler Wahl. Von solchen Theorien, die soziale Kontexte einbeziehen, ergeben sich auch fließende Übergänge zu genuin soziologischen Theorien kollektiven Handelns, seien sie interaktionistischer, funktionalistischer, strukturalistischer, konstruktivistischer oder sonstiger Prägung.

Theorien, die ausdrücklich auf der Ebene kollektiven Handelns und seiner Bedingungsfaktoren ansetzen, sind bei der Analyse sozialer Bewegungen nicht nur aufgegriffen, sondern von hier aus auch teilweise erst entwickelt worden. Es sind im Wesentlichen auch die Ansätze, die bereits als „Paradigmen der Bewegungsforschung" aufgezählt wurden.

(1) Das Konzept *struktureller Spannungen* (structural strain) stellt einen wichtigen Baustein in der Theorie kollektiven Verhaltens von Neil Smelser (1962) dar. In Abgrenzung zu älteren massenpsychologischen Annahmen, die soziale Bewegungen – in einer Reihe mit Phänomenen wie zum Beischpiel der Panik – als Resultat eines affektiv vermittelten „Ansteckungsprozesses" erklärten, wird hier auf die Bedeutung struktureller Widersprüche in einer Gesellschaft hingewiesen. Diese bilden gleichsam den Urgrund, auf dem sich, bei Hinzutreten weiterer Faktoren, große Bewegungen entfalten. Ein Beispiel für strukturelle Spannungen sind unterschiedliche normative Erwartungen des ökonomischen und des kulturellen Systems; ein anderes Beispiel sind ungelöste Probleme innerhalb eines gesellschaftlichen Teilsystems (etwa die fehlende Leistungsfähigkeit des politischen Systems), die ein Potential für Unzufriedenheit schaffen und sozial desintegrativ wirken. Auf dieser Erklärungslinie ließe sich der Rechtsradikalismus in der Bundesrepublik als Resultat eines Desintegrationsprozesses deuten, bei dem bestimmte Gruppen, sei es aufgrund ökonomischer Benachteili-

gung, sei es aufgrund kultureller Entfremdung, sich als bedroht erfahren und damit für die Versprechen des Rechtsradikalismus, er sichere eine andere und bessere Zukunft, anfällig werden.

(2) Das Konzept der *Ressourcenmobilisierung* erklärt Art und Ausmaß von gesellschaftlichen Problemlagen für nachrangig. Entscheidend für das Zustandekommen von sozialen Bewegungen seien vielmehr Organisationen einschließlich der darin verankerten „Bewegungsunternehmer", die Ressourcen (vor allem Personen, Geld und Wissen) sammeln und in strategischer Absicht für Bewegungsziele einsetzen (McCarthy/Zald 1977). Ohne diesen Schritt käme kein Bewegungshandeln zustande; es bliebe bei brach liegenden Unzufriedenheitspotentialen. Im Falle des Rechtsradikalismus würde damit der organisierenden und mobilisierenden Kraft von strategisch operierenden Organisationen eine Schlüsselrolle zugesprochen. Dieser Faktor ist für die geplanten und koordinierten Aktivitäten des Rechtsradikalismus sicherlich zentral, nicht aber für jenes rechtsradikale Handeln, das informellen und teilweise auch situativen Charakter trägt und keiner expliziten Aufforderung oder Anleitung bedarf.

(3) Die *politischen Prozesstheorien* sind komplexer angelegt und integrieren Elemente der zuvor angesprochenen Theorien (McAdam 1982). Den Hintergrund für die Entstehung sozialer Bewegungen bilden demnach breitere sozio-ökonomische Prozesse (darunter auch die Möglichkeit struktureller Spannungen), die für bestimmte Gruppen Belastungen und Unzufriedenheit schaffen. Das Vorhandensein oder Entstehen organisatorischer Strukturen einerseits, begünstigende Gelegenheitsstrukturen andererseits, führen zu einer für die Beteiligten neuen kognitiven Situationsdeutung (cognitive liberation), in der kollektives Engagement als Lösung des Problems angesehen wird. Das Ausmaß sozialer Kontrolle, mit dem dieses Engagement beantwortet wird, aber auch die kollektive Deutung der Situation entscheiden dann ergänzend zu den bereits genannten Faktoren, ob die Bewegung einen weiteren Aufstieg oder aber einen Niedergang erfährt.

(4) Der Ertrag der in diesem Erklärungsmodell enthaltenen, aber oft getrennt vorgestellten *Konzepte politischer Gelegenheitsstruktur* besteht im Prinzip lediglich in einer weiteren Ausdifferenzierung der bewegungsexternen politischen Faktoren, die den Umfang und/oder die Art des Bewegungshandelns beeinflussen (für einen Überblick siehe McAdam 1996). Diese Konzepte kamen bisher vor allem in regional- und ländervergleichenden Analysen zur Anwendung. Sie versprechen zu erklären, warum z.B. der Rechtsradikalismus in bestimmten Ländern besser organisiert, mobilisierungsstärker oder auch radikaler ist als in anderen Ländern (dazu vgl. Minkenberg 1998).

(5) Mit Ausnahme von politischen Prozesstheorien sind alle genannten Theorien weitgehend blind gegenüber der kulturellen Dimension und speziell der Rolle von Deutungsprozessen in sozialen Bewegungen. Hier liegt die Stärke von *Identitätstheorien*, die von konstruktivistischen Annahmen ausgehen. Kollektive Identität ist eine soziale Konstruktion, in der Grenzen zwischen „wir" und „die anderen", insbesondere den Gegnern, markiert und die eigene Gruppe bzw. soziale Bewegung insgesamt als eine Einheit vorgestellt werden. Dabei wirken Selbst- und Fremdbilder zusammen, ohne jemals ganz zur Deckung zu kommen. Kollektive Identität verleiht ein Wir-Gefühl, ist oft auch die Voraussetzung, um sich in den Dienst einer Sache zu stellen, die nicht notwendigerweise persönlichen Gewinn verspricht. Für radikale Gruppen, und somit auch den Rechtsradikalismus, ist diese Grenzziehung typischerweise überprägnant, begreift man sich doch als Minderheit in einer als „feindlich" deklarierten Umwelt, die ihrerseits den Rechtsradikalismus als Bedrohung wahrnimmt. Trotzige,

provokante Bekundung der Gruppenzugehörigkeit und der Rückzug auf eigene Zonen – im Gegensatz zur argumentativen Auseinandersetzung mit der Umwelt – wird damit wesentlicher Teil der Identitätsbehauptung, ja ist selbst Teil des Protesthandelns der Bewegung.

(6) *Framing-Theorien* beziehen sich zumindest in ihrer bisherigen Anwendung vor allem auf die problematisierende, appellierende und auch argumentierende Situationsdeutung von Bewegungsakteuren (Snow et al. 1986). Insbesondere geht es um die nach innen wie nach außen geltend gemachte Skandalisierung eines Problems, die Benennung der Ursachen oder Verursacher sowie ein Lösungsangebot, das eng mit der eigenen Mission als Bewegung verknüpft wird. Es wäre ein Irrtum anzunehmen, das Framing spielte für rechtsradikale Bewegungen keine oder eine geringe Rolle. Zwar mag die Situationsdeutung rechtsradikaler Gruppen aus intellektueller Warte verzerrt oder schlichtweg falsch erscheinen, doch ist unzweifelhaft, dass an bestimmte Topoi, Bilder und reale Sachverhalte anknüpfende Frames geboten werden. Vielleicht ist es gerade ihre Grobschlächtigkeit und ihre Andersartigkeit, die rechtsradikale Deutungsmuster für ein bestimmtes Publikum besonders attraktiv machen. Anstatt also diese Deutungsmuster als inakzeptabel abzuwehren, stünde es einer verstehenden und erklärenden Sozialwissenschaft an, sie rekonstruktiv zu analysieren und nach dem ‚wie' und ‚warum' ihrer Wirkung zu fragen.

Für die Kategorien und Methoden der Frame-Analyse wie auch der anderen, hier nur knapp vorgestellten Ansätze gilt, dass sie nicht auf einen bestimmten Bewegungstypus zugeschnitten sind. Umso näher liegt es, sie auch auf rechtsradikale Bewegungen anzuwenden und damit die bisher dominierenden Zugangsweisen zu ergänzen und zu bereichern, die einerseits sehr stark durch subdisziplinäre Traditionen (etwa der Parteienforschung oder der Extremismusforschung), andererseits aber auch durch bestimmte methodische Vorlieben (etwa für die Umfrageforschung) geprägt sind.

4. Fazit

Zusammenfassend ist festzuhalten, dass der gegenwärtige Rechtsradikalismus in weiten Teilen den Kriterien des hier vorgestellten Konzepts einer sozialen Bewegung entspricht. Er hat sich als Bewegung – und nicht etwa nur als Einstellungssyndrom oder als eine parteiförmige gesellschaftliche Kraft – etabliert und wird auf absehbare Zeit nicht verschwinden. Somit bietet es sich an, ihn mit Konzepten und Methoden der Bewegungsforschung zu untersuchen. Damit soll kein Alleinvertretungsanspruch verbunden werden. Die nach unterschiedlichen Theorien, Fragestellungen und Zugangsweisen ausdifferenzierte Bewegungsforschung stellt jedoch ein fruchtbares Anregungs- und Analysepotential bereit, das herkömmliche Ansätze der Forschung zum Rechtsradikalismus ergänzt. Nicht zuletzt bietet die bewegungssoziologische Perspektive auch Chancen für eine stärker integrative Sichtweise und Interpretation des Rechtsradikalismus, die ihren Gegenstand nicht nach ihm äußerlichen Kriterien wie legal/illegal oder parteiförmig/nicht parteiförmig aufteilt und damit wesentliche Zusammenhänge verfehlt.

Bibliographie

Bergmann, Werner (1994): „Ein Versuch, die extreme Rechte als soziale Bewegung zu beschreiben", in: ders./Rainer Erb (Hrsg.), Neonazismus und rechte Subkultur, Berlin (Metropol), S. 183-207.

Bergmann, Werner/Erb, Rainer (1994): „Kaderparteien, Bewegung, Szene, kollektive Episode oder was?", in: *Forschungsjournal Neue Soziale Bewegungen* 7, Heft 4, S. 26-34.

Brand, Karl-Werner (1983): „‚Institutionalisierung' und ‚Bewegung' – ein falscher Gegensatz", in: Hans-Hermann Hartwich (Hrsg.), Gesellschaftliche Probleme als Anstoß und Folge von Politik, Opladen (Westdeutscher Verlag), S. 188-198.

Butterwegge, Christoph (1993): „Rechtsextremismus als neue soziale Bewegung?", in: *Forschungsjournal Neue Soziale Bewegungen* 6, Heft 2, S. 17-24.

Diani, Mario (1992): „The concept of social movement", in: *The Sociological Review* 40, Heft 1, S. 1-25.

della Porta, Donatella/Diani, Mario (1999): Social Movements. Issues and Problems, Oxford/Cambridge, MA (Blackwell).

Falter, Jürgen/Schumann, Siegfried (1988): „Affinity Towards Right-Wing Extremism in Western Europe", in: *West European Politics* 11, S. 96-110.

Hellmann, Kai-Uwe (1998): „Paradigmen der Bewegungsforschung. Forschungs- und Erklärungsansätze – ein Überblick", in: ders./Ruud Koopmans (Hrsg.), Paradigmen der Bewegungsforschung, Opladen (Westdeutscher Verlag), S. 9-30.

Hofmann, Werner (1970): Ideengeschichte der sozialen Bewegung des 19. und 20. Jahrhunderts, Berlin (Walter de Gruyter).

Killian, Louis M. (1984): „Organization, Rationality and Spontaneity in the Civil Rights Movement", in: *American Sociological Review* 49, Heft 6, S. 770-783.

Koopmans, Ruud (1995): Democracy From Below: New Social Movements and the Political System in West Germany, Boulder, CO (Westview Press).

Koopmans, Ruud (2001): „Alter Rechtsextremismus und neue Fremdenfeindlichkeit: Mobilisierung am rechten Rand im Wandel", in: Dieter Rucht (Hrsg.), Protest in der Bundesrepublik. Strukturen und Entwicklungen, Frankfurt a.M (Campus), S. 103-142..

Koopmans, Ruud/Rucht, Dieter (1996): „Rechtsradikalismus als soziale Bewegung?", in: Jürgen W. Falter/Hans-Gerd Jaschke/Jürgen R. Winkler (Hrsg.), Rechtsextremismus. Ergebnisse und Perspektiven der Forschung, Sonderheft 27 der PVS, Opladen (Westdeutscher Verlag), S. 265-287.

Leggewie, Claus (1994): „Rechtsextremismus – eine soziale Bewegung?", in: Wolfgang Kowalsky/Wolfgang Schroeder (Hrsg.), Rechtsextremismus. Einführung und Forschungsbilanz, Opladen (Westdeutscher Verlag), S. 325-338.

McAdam, Doug (1982): Political Process and the Development of Black Insurgency, 1930-1970. Chicago/London (The University of Chicago Press).

McAdam, Doug (1996): „Conceptual origins, current problems, future directions", in: ders./John D. McCarthy/Mayer N. Zald (Hrsg.): Comparative Perspectives on Social Movements. Political Opportunities, Mobilizing Structures, and Cultural Framings. Cambridge (Cambridge University Press), S. 23-40.

McCarthy, John D./Zald, Mayer N. (1977): „Resource Mobilization and Social Movements: A Partial Theory", in: *American Journal of Sociology* 82, S. 1212-1241.

Michels, Robert (1989): Zur Soziologie des Parteiwesens in der modernen Demokratie (zuerst 1911), Stuttgart (Kröner).

Minkenberg, Michael (1998): Die neue radikale Rechte im Vergleich – USA, Frankreich, Deutschland, Opladen/Wiesbaden (Westdeutscher Verlag).

Neidhardt, Friedhelm/Rucht, Dieter (1993): „Auf dem Weg in die ‚Bewegungsgesellschaft'? Über die Stabilisierbarkeit sozialer Bewegungen", in: *Soziale Welt* 44, Heft 3, S. 305-326.

Ohlemacher, Thomas (1994): „Schmerzhafte Episoden: Wider die Rede von einer rechten Bewegung im wiedervereinigten Deutschland", in: *Forschungsjournal Neue Soziale Bewegungen* 7, Heft 4, S. 16-25.

Opp, Karl-Dieter (1994): „Der ‚Rational Choice'-Ansatz und die Soziologie sozialer Bewegungen", in: *Forschungsjournal Neue Soziale Bewegungen* 7, Heft 2, S. 11-26.

Opp, Karl-Dieter (1999): „Contending Conceptions of the Theory of Rational Action", in: *Journal of Theoretical Politics* 11, S. 171-202.

Rammstedt, Otthein (1966): Sekte und soziale Bewegung: Soziologische Analyse der Täufer in Münster (1534/35), Köln/Opladen (Westdeutscher Verlag).

Raschke, Joachim (1985): Soziale Bewegungen. Ein historisch-systematischer Grundriß, Frankfurt a. M. (Campus).

Rucht, Dieter (1994): Modernisierung und neue soziale Bewegungen. Deutschland, Frankreich und USA im Vergleich, Frankfurt a. M./New York (Campus).

Rucht, Dieter (1996): „Recent Right-Wing Radicalism in Germany. Development and Resonance in the Public and Social Sciences", in: Frederic D. Weil (Hrsg.), Extremism, Protest, Social Movements, and Democracy. Vol. 3 of Research on Democracy and Society, Greenwich, CO (JAI Press), S. 255-274.

Rucht, Dieter (1999): „Linking Organization and Mobilization. Michels's Iron Law of Oligarchy Reconsidered", in: *Mobilization* 4, Heft 2, S. 151-169.

Rucht, Dieter (2001): „Zu den Grenzen von Theorien rationaler Wahl – dargestellt am Beispiel altruistischen Engagements", in: Jutta Allmendinger (Hrsg.), Gute Gesellschaft? Verhandlungen des 30. Kongresses der deutschen Gesellschaft für Soziologie in Köln 2000. Teil B, Opladen (Leske + Budrich), S. 962-983.

Schubarth, Wilfried/Stöss, Richard (Hrsg.) (2001): Rechtsextremismus in der Bundesrepublik Deutschland. Eine Bilanz, Leverkusen (Leske + Budrich).

Smelser, Neil, 1962. Theory of Collective Behavior, New York (The Free Press).

Snow, David A./Rochford, E. Bourke/Worden, Steven K./Benford, Robert D. (1986): Frame Alignment Processes, Micromobilization, and Movement Participation", in: *American Sociological Review* 51, Heft 4, S. 464-481.

Stöss, Richard (1995): „Bestimmungsfaktoren des Rechtsextremismus", in: Hans-Dieter Klingemann/Lutz Erbring/Nils Diederich (Hrsg.), Zwischen Wende und Wiedervereinigung. Analysen zur politischen Kultur in West- und Ost-Berlin 1990, Opladen (Westdeutscher Verlag), S. 102-131.

Frauen in der rechtsextremen Szene

Renate Bitzan

Obwohl die rechtsextreme Szene der Bundesrepublik Deutschland nach wie vor von Männern dominiert ist[1], gibt es seit langem auch einige aktive Streiter*innen* für die „nationale Sache" und die Beteiligung von Frauen und Mädchen scheint in den vergangenen Jahren tendenziell zugenommen zu haben. Über die Gründe lässt sich nur spekulieren: So könnte die gewachsene Akzeptanz rassistischer und nationalistischer Argumentationen in breiten Teilen der Bevölkerung und eine stärkere „subkulturelle" Verankerung der rechten Szene Hemmschwellen gesenkt haben. Dem zunehmenden Entstehen rechter Frauenorganisationen könnte das allgemein beobachtbare Phänomen von „Bewegungen" zugrunde liegen, dass ein quantitatives Anwachsen auch zu einer qualitativen Ausdifferenzierung im Sinne spezialisierter Bereiche und Zielgruppen führt. Die Initiatorinnen solcher Gruppen scheinen das Zusammensein und -agieren mit den männlichen „Kameraden" als zwar wichtig, aber nicht all ihre Bedürfnisse abdeckend zu empfinden und schätzen die „Gemeinschaft" unter den Frauen als produktiv und angenehm. Der *Bund Deutscher Mädel* (*BDM*) taucht dabei nicht selten als historisches Vorbild auf. Technologisch ist frau gleichwohl weniger rückwärtsgewandt: Internet und e-mail erleichtern Kontakte und Propaganda sowie die Wege zwischen Interessierten.

Dieser Beitrag soll versuchen, einen Überblick über den Anteil von Frauen am Rechtsextremismus zu geben, einige illustrierende Beispiele für unterschiedliche Funktionen und Selbstverständnisse von Frauen in der Szene darzustellen und die frauenorganisatorischen Entwicklungen innerhalb der letzten 10-15 Jahre zu skizzieren.[2]

1. Wie hoch ist der Frauenanteil im rechtsextremen Spektrum?

Für den Zeitraum seit Ende der 1980er Jahre lassen sich folgende quantitativen Einschätzungen aus staatlichen, journalistischen und wissenschaftlichen Quellen zusammenfassen:

---

1 Zu männerspezifischen Attraktivitäten an Ideologie und psycho-sozialer Erlebniswelt, die der Rechtsextremismus ausstrahlt und – mehr noch als die übrige heutige Gesellschaft ohnehin – auch bedient, vgl. z.B. Schenk 1993, Held/Horn/Leiprecht/Marvakis 1991

2 Neben eigenen Recherchen und veröffentlichter Literatur stütze ich mich dabei auch auf Informationen und Originalquellen, die mir von Kolleginnen zugänglich gemacht wurden. Insbesondere den Frauen des *Antifaschistischen Frauennetzwerks* und des *Forschungsnetzwerks Frauen und Rechtsextremismus* möchte ich an dieser Stelle für die Zusammenarbeit herzlich danken!
Ein Anspruch auf Vollständigkeit besteht angesichts des begrenzten Raumes selbstverständlich nicht.

Bei den „erfassten mutmaßlichen Gewalttaten mit rechtsextremistischer Motivation" lag die Beteiligung von Mädchen und Frauen über Jahre hinweg bei der eher marginalen Quote von ca. 3-5%.[3] In jüngerer Zeit jedoch sind hier Steigerungen zu verzeichnen, sodass die Quote bisweilen mit etwa 10% beziffert wird[4].

Bei rechtsextremen Parteien[5] schwankte der Frauenanteil an den Mitgliedern Mitte der 1990er Jahre zwischen 7 und 20% (vgl. Meyer 1994: 71, Sturhan 1997: 115, u.a.[6]). Recherchen im Jahr 2001 (vgl. Bitzan/Schmidt 2001) ergaben bei der *NPD* einen Frauenanteil von 18%[7], bei den *REP* von 20%[8]. (Die *DVU* verweigerte die Auskunft.)[9]

Unter den FunktionsträgerInnen der Bundes- und Landesvorstände der rechtsextremen Parteien schrumpft die Kluft zwischen den Geschlechtern bisweilen etwas, und der Frauenanteil wächst auf bis zu 25% an, so eine Analyse der Mittneunziger Jahre (vgl. Sturhan 1997: 120f). Eine aktualisierte Auswertung 2001[10] zeigt eine breite Streuung des Frauenanteils an den Vorständen der rechtsextrem orientierten Parteien[11] (zwischen 0 und 66,67%). Im Durchschnitt lag er bei etwa 20%[12]. Dabei werden Frauen nicht nur in die klassischen Beisitzer-Positionen gewählt[13], wie etwa ein jüngeres Beispiel zeigt: In dem im Herbst 2000

---

3 Die Quote von 8% für Nordrhein-Westfalen (vgl. Rogalla, Annette: „Wenn Frauen schlagen lassen", in: die *tageszeitung*, 28.1.1994) scheint für Anfang bis Mitte der 1990er Jahre eher eine Besonderheit darzustellen (vgl. im Übrigen verschiedene Angaben, zusammengetragen in Bitzan 2000: 25f).

4 Vgl. z.B. Innenministerium Thüringen, zitiert in: „Immer mehr Frauen in rechten Gruppen", in: *Frankfurter Rundschau*, 29.11.2000.

5 Darunter werden von den zunächst hier zitierten Autorinnen gefasst: *Nationaldemokratische Partei Deutschland (NPD), Deutsche Volksunion (DVU), Die Republikaner (REP)*, für einen gewissen Zeitraum auch die *Deutsche Liga für Volk und Heimat (DLVH;* 1996 umgewandelt in einen Verein) und der *Bund freier Bürger (BFB;* ebenfalls inzwischen nicht mehr als Partei aktiv).

6 Des weiteren: Herrmann, Friederike: „Rechte Szene: Frauen hassen anders", in: *Hessisch-Niedersächsische Allgemeine*, 17.4.1994, Rogalla , Annette: „Wenn Frauen schlagen lassen", in: die *tageszeitung*, 28.1.1994, vivian.com: „Frauen aktiv in der rechten Szene", in: http://www.vivian.com/, 11.12.2000

7 Eigenangabe Anfang 2001, Stand: Januar 2001

8 Eigenangabe Anfang 2001, Stand: nicht angegeben

9 Zum Vergleich die Eigenangaben anderer Parteien von Anfang 2001 zu ihrem Frauenanteil: *CSU* – 17,9% (Stand Dez. 2000), *FDP* – 24,5% (Stand 31.10.2000), *CDU* – 25,1% (Stand: Jan. 2000), *SPD* – 28,9% (Stand 31.12.1998), *Bündnis 90/Die Grünen* – 36,3% (Stand 1. Quartal 2000), PDS – 46% (Stand 31.12.1999)

10 Grundlage bilden die Unterlagen des Bundeswahlleiters vom Frühjahr 2001. Diese Unterlagen enthalten von allen registrierten Parteien Angaben zu Bundes- und Landesvorständen, Satzungen und Programmen auf dem zuletzt von den Parteien an den Bundeswahlleiter gemeldeten Stand (variierend i.d.R. zwischen 1998 und 2000).

11 Anhand von Programmen und Sekundärinformationen wurden 31 der Parteien von mir als „rechtsextrem orientiert" eingeschätzt und in die quantitative Auswertung einbezogen, somit auch solche, die z.T. nur regional verankert sind und/oder nicht durch nennenswerte Wahlerfolge bekannt geworden sind.

12 Vom jeweiligen Gesamtpersonal der Bundes- und Landesvorstände der einzelnen Parteien wurde der prozentuale Frauenanteil ermittelt (Streuung zwischen 0 und 42,86%) und daraus der Durchschnitt von 19,84% errechnet. Die „prominenten" Parteien *NPD, DVU* und *REP* liegen hier eher unter dem Durchschnitt. Lediglich in einigen Landesverbänden steigt ihr Funktionärinnen-Anteil über 20%.

13 Innerhalb der Bundes- und Landesvorstände der untersuchten 31 Parteien bekleiden mehr als 230 Frauen ein Amt.

neu gewählten Landesvorstand der *NPD* Berlin-Brandenburg finden sich zwei Frauen an prominenter Stelle (Karola Nachtigall und Stella Palau als Vorsitzende und stellvertretende Vorsitzende[14]); letztere war auch führend im *Skingirl Freundeskreis Deutschland* (*SFD*) aktiv[15].

Im Bereich der organisierten rechtsextremen Gruppierungen, Kameradschaften und Cliquen schätzen verschiedene Beobachterinnen und Beobachter der Szene den Mädchen- bzw. Frauenanteil auf etwa ein Viertel bis ein Drittel.[16]

Unter denjenigen, die rechtsextreme Parteien wählen, findet sich – seit Jahren relativ konstant – ein Frauenanteil von einem Drittel (vgl. z.B. Hofmann-Göttig 1989: 31, Rommelspacher 1994: 32; Informationen der Forschungsgruppe Wahlen 2001[17]), wobei lediglich im Detail altersspezifische und regionale Unterschiede auszumachen sind. Ein Beispiel für ein „Spitzenergebnis": Bei der Landtagswahl Sachsen-Anhalt 1998 wählte von den Frauen zwischen 18 und 25 Jahren fast jede fünfte *DVU*[18].

An der „mentalen Basis", also auf dem Feld der Einstellungspotenziale, sind schließlich – verschiedene Erhebungen insgesamt betrachtet – keine deutlichen Unterschiede mehr zwischen Männern und Frauen bzw. Jungen und Mädchen zu verzeichnen. Lediglich hinsichtlich einer Gewaltakzeptanz zur Durchsetzung politischer Ziele sind Frauen und Mädchen in ihrer Mehrheit deutlich zurückhaltender (vgl. zusammenfassend Ottens 1997: 178-190; Bitzan 2000: 34-43; eine der jüngeren Studien, die zum gleichen Ergebnis kommt: Niedermayer/Stöss 2000). Fremdenfeindlichkeit, Nationalismus und Autoritarismus, als weitere Merkmale einer rechtsextremen Einstellung, sind je nach Fragestellung etwas unterschiedlich verteilt. In manchen Studien aber z.T. sogar stärker bei Frauen und Mädchen vorzufinden.[19]

---

14 Vgl. *NPD*: Mitteilung an den Bundeswahlleiter, 1.11.2000
15 Vgl. Antifaschistisches Aktionsbündnis III (A3) Berlin: Pressemitteilung vom 2.11.2000
16 Zusammengetragene unterschiedliche Schätzungen aus den 1990er Jahren, die z.T. auch darunter liegen (10%, 20%): vgl. Bitzan 2000, S. 27f und 30f. Die Landes-Verfassungsschützer[innen?] gehen laut einer Umfrage unter den Ämtern im Jahr 2000 tendenziell von geringeren und stark unterschiedlichen Zahlen aus (zwischen 1 und 15%; vgl. unveröffentliche Ergebnisse einer schriftlichen Umfrage von Jana Arakeljan). Das Thüringische Innenministerium dagegen spricht von einem Frauenanteil unter den Neonazis von 20-30 Prozent (vgl. Innenministerium Thüringen, zitiert in: „Immer mehr Frauen in rechten Gruppen", in: *Frankfurter Rundschau*, 29.11.2000). In diversen Zine-Beiträgen fällt auf, dass die subjektive Wahrnehmung der in die Szene involvierten Frauen selbst offenbar schwankt zwischen euphorischen Zuwachsnachrichten und der bedauernden Feststellung, nach wie vor eine Minderheit darzustellen.
17 Informationen der Forschungsgruppe Wahlen Mannheim im Frühjahr 2001 über diverse Wahlergebnisse von 1990 bis 2001, unveröffentlichte Zusammenstellung unter dem Aspekt der weiblichen Wählerinnenschaft rechtsextremer Parteien von Oliver Jung, Michael Hoffmeier und Ekkehard Passolt, Göttingen, Mai 2001
18 Genau: 17,9%. Damit lagen die jungen Frauen deutlich über dem durchschnittlichen Gesamtergebnis der *DVU* von 12,9%, wenngleich sie andererseits unter den Werten der jungen Männer ihrer Altersgruppe blieben, die zu 31,7% *DVU* wählten (vgl. Statistisches Landesamt Sachsen-Anhalt (Hg.): Jugend in Sachsen-Anhalt 1998, Halle/Saale 2000).
19 Neben dem Problem, dass nicht alle Studien mit den gleichen Fragestellungen und mit vergleichbaren Befragtengruppen operieren, ist auch grundsätzlicher die Vergleichbarkeit von Befragungsergebnissen bei Frauen und Männern dabei umstritten. Vielfach geforderte geschlechtsspezifische Fragestellungen wurden erst in wenigen breiter angelegten Erhebungen versucht (vgl. Birsl 1994, Utzmann-Krombholz 1994, Horn-Metzger/Riegel 1995). Dagegen gibt es jedoch auch eine begründete Infragestellung des Konzepts, Frauen und Männer als spezifisch zu unterscheidende Untersuchungsgruppen ansehen zu müssen (vgl. Rippl/Seipel 1997).

Alles in allem ist es also nicht angebracht zu behaupten, Rechtsextremismus sei ein reines Männerproblem und Frauen seien die durchweg „besseren Menschen".

2. Frauenforen und -organisationen

Wenngleich von einer rechtsextremen Frauenbewegung keine Rede sein kann (genauer vgl. Bitzan 2000: 362f), so gibt es doch einige Versuche von Einzelveranstaltungen und längerfristigen Vernetzungen, die sich speziell an Frauen richten. Beginnen wir mit den Parteien: Die *NPD* veranstaltete Ende Oktober 1996 im Raum Kaiserslautern einen Frauenkongreß, der auf ein bemerkenswert generationenübergreifendes Interesse stieß: Es nahmen ca. 80 Frauen im Alter zwischen 17 und 85 Jahren teil (vgl. Sturhan 1997: 117). Die *NPD*-Jugendorganisation *Junge Nationaldemokraten* (*JN*) ernannte eine „Mädelbeauftragte"[20], richtete im Internet „Mädelseiten" ein und wirbt mit dem Slogan „Nationalismus ist auch Mädelsache". Dabei wird für die gegenseitige Akzeptanz von verschiedenen Wegen des Einsatzes plädiert, sei es als aktive Straßenkämpferin, sei es durch Mutterschaft. Ein *JN*-Mädelbund Nordrheinwestfalen wurde 2001 von Sandy Schlotmann ins Leben gerufen (vgl. Arakeljan 2001: 37f). In Hannover etablierte sich ein wöchentlicher *NPD*-Frauenstammtisch[21], in Quedlinburg eine *NPD*-Frauengruppe von ca. 15 bis 20 erwerbstätigen Frauen, die aktive Öffentlichkeitsarbeit durch Info-Stände, Vereinsarbeit und LeserInnenbriefe betreiben[22]. Der *NPD*-Kreisverband Magdeburg kündigte im Sommer 2001 ebenfalls einen „Nationalen Frauentreff in Magdeburg" an[23]. Im Februar 2002 gab es ein erstes Treffen der *Nationalen Mädelschar Ostwestfalen* die sich innerhalb des *NPD*-Kreisverbandes Minden-Lübbeck formierte[24].

Die *REP* gründeten im August 1995 in Wiesbaden den *Republikanischen Bund der Frauen* (*RBF*).[25] Inhaltlich will er politisches Engagement von Frauen fördern, vertritt aber zugleich ein traditionalistisches, auf Mutterschaft fokussiertes Frauenbild. Im Juni 1996 veranstaltete der *RBF* einen sog. „Frauentag" im baden-württembergischen Landtag (vgl. Sturhan 1997: 122f).

Ein *Nationaler Mädelbund Thüringen* unterzeichnete im Oktober 1998 einen Demo Aufruf gegen die als „Linksterroristen" bezeichnete Jugendgruppe unter kirchlichem Dach in Jena, die „Junge Gemeinde". Diese Demo wurde maßgeblich von der Thüringer *NPD* und dem *Thüringer Heimatschutz* veranstaltet.[26] Es wird vermutet, dass der *Nationale Mädelbund* eine Initiative aus dem Umfeld dieses *Thüringer Heimatschutzes* war.

---

20 Katharina Handschuh aus Dresden, die bis etwa Mitte 1998 auch Betreiberin des *Nationalen Infotelefons* (*NIT*) der *JN* war
21 Vgl. *NPD*-Kreisverband Hannover: „Frauenstammtisch jeden Samstag", in: Webseite, eingesehen 19.6.2001 und 8.1.2002
22 Lt. Arbeitskreis Antifaschismus Magdeburg
23 Vgl. *NPD*-Kreisverband Magdeburg: Termine, in: Webseite eingesehen am 21.7.2001
24 *NPD*-Kreisverband Minden, Webseite, eingesehen am 3.5.2002
25 Im *RBF* sind allerdings auch Männer zugelassen. Nach eigenen Angaben sind 70% der Mitglieder dieses Bundes Frauen.
26 Vgl. Clausen, Janine/Speit, Andreas: „'Wer predigt Liebe, wer Haß?' Anti-Antifa in Jena", in: *Der Rechte Rand. Informationen von und für AntifaschistInnen*, Nr 56, Jan/Feb 1999, S. 7f, hier: S. 7

Während im Spektrum der *Gesinnungsgemeinschaft der Neuen Front* und der *FAP* die *Deutsche Frauenfront* (*DFF*) und die *FAP-Frauenschaft* ihre aktivste Zeit in den 80er Jahren hatten (vgl. Schwarzmeier/Wunderlich 1995: 45-47, Dörr 1995: 46-48, Fichte 1997: 131-136, Bitzan 2000: 29), entwickelte sich seit dem Jahreswechsel 1990/91 der *Skingirl Freundeskreis Deutschland* (*SFD*, anfangs *Skingirl-Front Deutschland*) zu einer eigenständigen Frauenorganisation, die eine beachtliche Kontinuität aufwies. Entgegen des Namens fanden sich darin nicht nur Skingirls sondern auch andere junge Frauen im Alter von 16 bis über 30 Jahren aus dem Umfeld von Freien Kameradschaften und *NPD* zusammen. Es existierten acht Bezirksgruppen mit Schwerpunkt in Westdeutschland und Berlin. Feste Mitglieder gab es etwa 40-50, der Kreis der „Interessierten" in Anwartschaftsposition umfasste darüber hinaus etwa 60 Frauen. Mit persönlichen Briefen, einem organisationseigenen Rundbrief (mit wechselndem Namen: *Midgard, Irmgard, Walküre*) und gemeinsamen Treffen tauschten sich die *SFD*-Frauen regelmäßig aus und pflegten auch internationale Kontakte, insbesondere in die USA und nach Italien. Anfang November 2000 wurde auf der *SFD*-Homepage jedoch die Selbstauflösung bekannt gegeben.[27] Diese Entscheidung eines *inner circle* wurde unter Mitgliedern als eigenmächtig und im Umfeld als feige kritisiert, führte aber nicht zur Einstellung der Aktivitäten: Während die „Auflöserinnen" mittlerweile in der *Gemeinschaft deutscher Frauen* (*GdF*) reorganisiert zu sein scheinen, haben die „Enttäuschten" in der in Essen sowie online erscheinenden Zeitschrift *Triskele* ein neues Betätigungsfeld gefunden (Vgl. Schwarzmeier/Wunderlich 1995: 57-59, Dörr 1995: 48, Fichte 1997: 142-145, Bitzan 2000: 29, Arakeljan 2001: 70ff, u.a.[28]).

Seit Ende 1998 sind mehrere weitere Neugründungen von Organisationen und Initiativen zu verzeichnen, die (vorwiegend) Frauen ansprechen: Frauen aus dem *SFD* gründeten *Das Braune Kreuz* (*DBK*) als „nationalen Sanitätsdienst", der die Erste Hilfe bei rechten Demonstrationen übernimmt. (Um die Mitarbeit auch von männlichen Kameraden wird geworben.)[29] Ein weiteres Projekt aus diesem Umfeld heißt „Einfach ins kalte Wasser geworfen". Die beteiligten Frauen[30] haben es sich zur Aufgabe gemacht, Frauen, deren Partner inhaftiert sind, sozial und juristisch zu unterstützen.[31] Ebenfalls vor allem mit dem Ziel der Betreuung gleichgesinnter Gefangener und ihrer Angehörigen arbeitet der *Freie Mädelbund* (*FMb*) mit Kontaktadresse in Bad Gandersheim[32]. Aber auch Öffentlichkeitsarbeit, insbesondere zum mobilisierungsträchtigen Thema „Härtere Strafen gegen Kindesmissbrauch", steht im Zentrum der *FMb*-Aktivitäten, etwa durch Informationsstände und Unterschriftenli-

---

27 Dieser Schritt wird auf folgende offenbar einschüchternden Ereignisse zurückgeführt: auf die sich verschärfende *NPD*-Verbots-Debatte, auf eine Outing-Kampagne aus der Nachbarschaft gegen den Berliner Rechtsextremisten Oliver Schweigert, den Partner von Stella Palau, einer der führenden *SFD*-Frauen (und zugleich stellvertretenden *NPD*-Vorsitzenden von Berlin-Brandenburg, s.o.), auf das Verbot der Organisation *Blood&Honour* und auf eine Hausdurchsuchung bei Schweigert.
28 Siehe auch: Ausgaben von *Midgard, Irmgard, Walküre*; SFD-Webseite 2000; O.V.: „Ein falsches Signal zum falschen Zeitpunkt: SFD verbot sich selbst!", in: *Zentralorgan*, Nr. 11/2001, S. 15-16; *Triskele* Nr. 1-3
29 Vgl. Webseite *Das Braune Kreuz*, eingesehen am 18.5.2000
30 Sylvia Fischer (Anfang der 90er Jahre *Nationalistische Front*, Ende der 90er im *HNG*-Vorstand), Michaela Kiese (*HNG*-Beauftragte), Kathleen Dassow, Cathleen Grewe (*DBK*) u.a.
31 Vgl. Antifaschistisches Info-Blatt Nr.46/1999, S. 28-30
32 Vgl. Flugblätter des *FMb*

sten sowie z.B. einer Demonstration zu diesem Thema im Februar 2001 in Osterode.[33] Die *Mädelschar Deutschland (MSD)*, die im Umkreis des *Hamburger Sturm* und der sog. freien Kameradschaften in Norddeutschland entstand und als deren Kopf sich die Hamburger Geschichtsstudentin Inge Nottelmann öffentlich in Szene setzte[34], hat sich explizit die politische Schulung zur zentralen Aufgabe gesetzt. Monatlich werden entsprechende Seminare abgehalten. Doch auch an öffentlichkeitswirksamen Aktionen, wie etwa der Reinigung eines mit linken Kommentaren bedachten Soldatenehrenmals in Hamburg im Frühjahr 2000, beteiligten sich maßgeblich die „Kameradinnen" von der *Mädelschar*.[35]

Einige „Mädels aus der Altmark" gründeten die *Mädel-Kameradschaft Sachsen-Anhalt*, die sowohl Brauchtumspflege als auch politische Schulungen zum Programm erheben. Außerdem die „Erstellung von Faltbildern zu Frauenthemen" und die „aktive Beteiligung am politischen Kampf"[36]. Die Gruppe von schätzungsweise 15 bis 20 jungen Frauen, die auch Koordinationsfunktionen bei Demonstrationen und sog. Anti-Antifa-Aufgaben übernahm, war bis zur Inhaftierung ihrer „Anführerin" sehr aktiv.[37] Im Ruhrgebiet gründete sich eine sogenannte *Nationale Weiberaktionsfront (NWAF)*, über deren Aktivitäten über die Selbstpräsentation im Internet hinaus jedoch bislang wenig bekannt wurde.[38] Als weitere Frauenorganisation ist der *Bund heimattreuer Frauen (BhF)* zu nennen, der ebenso wie die *GdF* 2000 gegründet wurde und sich ähnlich wie diese vornehmlich zu Fragen germanischen Brauchtums äußert.[39] Es wurde vermutet, dass auch die *NWAF* in den *BhF* übergegangen ist. Der *BhF* wiederum löste sich allerdings mangels Masse wieder auf; eine der beiden Hauptaktivistinnen betreibt nun die Homepage „Wulfhildas kleines Reich"[40] und bietet einen Stammtisch an[41]. Zum Zweck, von den „Kameraden" mehr Respekt einzufordern und nicht nur als ihre Freundinnen wahrgenommen zu werden, gründete sich 1999 die Kameradschaft *Kraft Deutscher Mädels* in Stralsund[42]. Im Sommer 2001 organisierten sich die Frauen innerhalb der *Fränkischen Aktionsfront (F.A.F.)*, um sich „als nationale Frauen mehr politisches Gehör zu verschaffen" und einen Freiraum gegenüber den „männerdominierten Kameradschaftsabenden und Aktionen" zu etablieren. Ihr Ideal: „Die moderne, anständige, revolutionäre, selbstbewusste, nationale, deutsche Frau"[43]. Im Rahmen der *Deutschen Aufbau-Organisation* um Alfred Mechtersheimer organisiert Katharina Behrend aus Nordrhein-Westfalen eine Frauengruppe, die ihr erstes überregionales Treffen im Januar 2002 im

---

33 Vgl. Flugblätter und Unterschriftenliste des *FMb*; Fascher, Eckhard: Vor unserer Haustür! Rechtsextremismus in Südniedersachsen, hrsg. v. Verein für Umwelt- und Konfliktforschung e.V., Göttingen 2001, S. 9
34 Vgl. Strittmatter, Judka: „Echt link: Wie eine Gruppe ganz normaler junger Frauen (Arzthelferin, Studentin, Angestellte) rechts vom Weg abkam", in: *Allegra*, 3/2001, S. 42-48
35 Vgl. Aktionsbüro Norddeutschland: „Hier putzt der nationale Widerstand!", Pressemitteilung vom 14.5.2000, in: Webseite, eingesehen am 23.5.2000; Interview der *Mädelschar Deutschland* in: *Feuer & Sturm* o.D. (vermutl. 2000), S. 69f. Seit Ende 2001 nennt sich die *MSD Arbeitskreis Mädelschar* (vgl. Webseite NSAB Norddeutschland)
36 Vgl. Selbstdarstellung in: *Freyja* Nr.8, o.D.
37 Viviane Burmeister aus Bismarck galt als tragende Kraft der Gruppe, die zwar mit der *NPD* assoziiert, aber nicht darin Mitglied war (lt. Arbeitskreis Antifaschismus Magdeburg).
38 Beteiligt: Die Betreiberin des Zines „Freyja", Nadine (Kortegast oder Freitag)
39 Vgl. Vortrag von Kirsten Döhring und Renate Feldmann, Hamburg 16.6.2001; Webseiten von *BhF* und *GdF*
40 Vgl. Webseite.
41 Vgl. Online-Gästebuch des *FMb* vom 15.12.01
42 Vgl. Vortrag von Kirsten Döhring und Renate Feldmann, Hamburg 16.6.2001
43 Vgl. Monitor – Rundbrief des apabiz e.V. Nr.3, 12/2001, S. 6f

Raum Kassel/Fulda veranstaltete[44]. Der *blick nach rechts* berichtet Anfang 2002 von einer „Initiative der weißen Mädels"[45]; in einem Online-Gästebuch wird im April 2002 der neu gegründete *Nationale Frauenverbund Süddeutschland* gegrüßt.[46] Zum Teil äußern sich die Gruppen untereinander wohlgesonnen, zum Teil abgrenzend. So betont etwa die *Skingirl Union*, die „Mädels in Deutschland, Österreich und der Schweiz organisiert", dass sie „keinesfalls" so sein oder werden wolle, „wie der SFD bzw. FMb".[47] Eine bundesweite gemeinsame und starke Handlungsfähigkeit der Frauengruppen scheint ebenfalls bislang nicht gegeben: Dem Aufruf zum 1. Nationalen Frauendemonstration" am 27.7.2002 in Greifswald „gegen Kindesmissbrauch und Abtreibung"[48] folgten gerade einmal 17 Mädchen und Frauen.

Es kann also von einem gewissen „boom" an Frauengruppen im rechtsextremen Lager gesprochen werden für die letzten Jahre. Gleichwohl ist die Lebensdauer, Größe und Bedeutung etlicher dieser Gruppen noch nicht einzuschätzen. Das Medium Internet macht virtuelle „Papiertiger" wahrscheinlicher. Dennoch kann zumindest daraus geschlossen werden, dass die Idee, die politische Arbeit im Rahmen einer aktiven Frauengruppe umzusetzen, offenbar immer wieder attraktiv für bestimmte Aktivistinnen ist.

3. Mitläuferinnen und Macherinnen

In gemischtgeschlechtlichen Parteien und organisierten Gruppen finden sich in der Tat zahlreiche sogenannte Mitläuferinnen, oftmals eingebunden über Väter, Ehegatten oder Freunde. Diese Frauen übernehmen typischerweise eher Fleißaufgaben wie das Eintüten und Verschicken von Infomaterial, Telefondienste, etc. Daneben gibt es aber auch etliche Funktionärinnen. Im Folgenden seien – ergänzend zum vorigen Abschnitt – dafür einige Beispiele aufgeführt:

Frauen sind als Vorstandsmitglieder aktiv – wie z.B. Ursula Müller und Christa Goerth als langjährige *HNG*-Vorsitzende[49], die Jura-Studentin Judith Wolter in der *Initiative Pro Köln* (vgl. Fromm/Kernbach 2001), oder Ellen-Doris Scherer, die von 1990-99 dem saarländischen Landesverband der *NPD* vorstand und einige Zeit stellvertretende Bundesvorsitzende ihrer Partei war[50]. Seit 1994 im Bundesvorstand der *REP*: Uschi Winkelsett, im Herbst 2000 wiedergewählt (vgl. Sturhan 1997: 120, *REP* 2000[51]).

Als Abgeordnete in Kommunal- und Landesparlamenten finden sich Frauen wie z.B. die *NPD*-Frauen Christine Ringmeyer in Frankfurt am Main (vgl. Fromm/Kernbach 1993) und Doris Zutt[52] im hessischen Ehringshausen[53]; bei der *DVU* z.B. Claudia Wiechmann im

---

44 Vgl. Webseite *DAO*, eingesehen am 17.1.2002
45 Vgl. bnr 1/2002
46 Webseite, eigensehen am 29.4.2002
47 Webseite, eingesehen am 10.6.2002
48 Webseite der *Bürgerinitiative zur Wahrung der Grundrechte"*, eingesehen am 22.7.2002
49 Vgl. Mecklenburg 1996: 274ff, 462, 495f.
50 Vgl. Holger Apfel (Hg.): Alles Große steht im Sturm. Tradition und Zukunft einer nationalen Partei. 35 Jahre NPD – 30 Jahre JN, Stuttgart: Deutsche Stimme Verlag, 1999, S. 281
51 *Die Republikaner*: Pressemitteilung vom 18.11.2000 (Nr. 92/2000).
52 Doris Zutt ist auch Mitglied des Bundesvorstands der *NPD* (vgl. *NPD* 2000);
53 Vgl. Apfel 1999 a.a.O., S. 310; Kleffner, Heike: „Alles was rechts ist", in: *Jungle World*, 1.11.2000

Magdeburger Landesparlament (vgl. *PDS*-Fraktion im Landtag von Sachsen-Anhalt 2000). Wiechmann gründete sogar eine eigene neue Rechtsaußen-Partei namens *Freiheitliche Deutsche Volkspartei* (*FDVP*), deren Bundesvorsitzende sie auch ist[54].

Frauen organisieren Treffen und Aufmärsche, oder treten als Rednerinnen dort auf. Beispiel: Ursula Schaffer, *NPD*-Funktionärin und Vorsitzende der „Berliner Kulturgemeinschaft Preußen", aus der alten Generation, die in den 1990er Jahren regelmäßig internationale Aufmärsche zu Ehren der SS im brandenburgischen Halbe organisierte und dort vor jungen und alten Nazis verschiedener Fraktionen sprach (vgl. Mecklenburg 1996: 517f, Fromm/Kernbach 1993.) Oder Tanja Bajen aus Hannover, die sich im September 1997 in einer Fernseh-Talkshow als Rassistin bekannte und sagte, sie würde ihre Tochter deswegen auf eine Waldorfschule schicken, weil dort so wenige ausländische Kinder seien. Als die Schule daraufhin den Vertrag mit ihr aufkündigte, organisierte sie am 7.11.97 einen Aufmarsch vor der Schule, zu dem sie ca. 80 Mitglieder der norddeutschen Freien Nationalisten um Christian Worch mobilisieren konnte. Die zwei Wochen später in Hannover stattfindende Demonstration gegen die Ausstellung „Vernichtungskrieg. Verbrechen der Wehrmacht 1941-44" wurde ebenfalls von Bajen angemeldet[55].

Frauen machen sich auch mit ihrem Computer-Know-How in der Szene nützlich, wie z.B. Thekla Kosche[56], eine norddeutsche Aktivistin, die die Mailbox „Nordland-Netz", eine Abspaltung des Thulenetzes, betrieb (vgl. Heller/Maegerle 1998: 145f) und zur Zeit im *Bündnis Rechts* von Schleswig-Holstein organisiert ist[57]. Ein weiterer Schwerpunkt ihrer Aktivitäten liegt in der so genannten „Anti-Antifa-Arbeit": Sie fotografiert regelmäßig antifaschistische DemonstrantInnen und stellt die Fotos dann auf ihrer eigenen Homepage zur Verfügung[58]. Ebenfalls seit vielen Jahren im Internet präsent sind die „Storchennest"-Seiten von Birka Vibeke[59]. Melanie Dittmer, seit früher Jugend *JN*-Aktivistin in Nordrhein-Westfalen und am Bühnenprojekt Christoph Schlingensiefs mit angeblichen „Aussteigern" beteiligt (wobei Dittmer ihren Ausstieg lautstark dementiert!) (vgl. Speit 2001: 16), widmet sich derzeit ebenfalls zunehmend digitalen und verlegerischen Ambitionen (vgl. Fromm/Kernbach 2001).

Als Betreiberinnen von rechtsextremen Kneipen oder Cafes sind ebenfalls einige Frauen bekannt. Berühmt gewordenes Beispiel: Christiane Dollscheidt mit ihrem Club 88 in Neumünster[60]. Eine weitere Funktion für die Infrastruktur der „Erlebniswelt" nationalistischer Szenen ist die Eröffnung von Läden mit allerlei einschlägigen Produkten vom „T-Hemd" bis hin zum Parfum für den Herrn („Der Nationalist") und für die Dame („Walküre"), wie es z.B. in den von der bereits erwähnten Doris Zutt in Ehringshausen und im mecklenburgischen Waren betriebenen „Patrioten-Treffs" angeboten wird[61].

Unter ihrem Künstlerinnennamen Swantje Swanhwit tritt Iris-Katrin Fischer als Liedermacherin bei rechtsextremistischen Großveranstaltungen auf[62]. Größerer Bekannt- und Beliebtheit erfreut sich allerdings die aus Schweden stammende Anett mit ihren schwung-

---

54 Vgl. *FDVP*: Mitteilung an den Bundeswahlleiter, 16.8.2000
55 Vgl. Böhling, Thomas: „Neonazis gegen die ‚Wehrmachtsausstellung'. Münster – Bonn – Hannover", in: *Der Rechte Rand* Nr. 56, Jan/Feb 1999, S. 3f, hier S. 3
56 Vgl. Archiv-Notizen Duisburg, Oktober 1998, S. 10
57 Vgl. deren Webseite
58 Vgl. Monitor – Rundbrief des apabiz e.V. Nr.3, 12/2001, S. 2
59 Vgl. ebd.
60 Vgl. z.B. Müller, Peter: „Betroffene nicht allein lassen", in: *tageszeitung* (Hamburg), 26.6.2000
61 Vgl. Kleffner, Heike: „Alles was rechts ist", in: *Jungle World*, 1.11.2000
62 Vgl. Archiv-Notizen Duisburg, Oktober 1998, S. 6; Speit 1998: 21f

und gefühlvollen Balladen aus der Perspektive einer nationalgesinnten mutigen Mutter. Diese in der *NPD* organisierte Sympathieträgerin gerät allerdings neuerdings in Kritik, da sie manche Konzerttermine trotz bereits bezahlter Gage nicht einhält[63].

Auch als Geld- oder Immobilienspenderinnen fördern manche Frauen die rechtsextremen Aktivitäten. So spendete etwa Gertrud König im Jahr 1996 103.608 DM an die *DVU*[64].

Last but not least beteiligen sich Frauen an Ideologiebildung und -verbreitung, indem sie Artikel in einschlägigen Zeitschriften schreiben, eigene Fanzines herausbringen[65], Bücher produzieren oder als Referentinnen durch die Lande ziehen, wie beispielsweise die Hamburger Rechtsanwältin Gisela Pahl, die ihre juristischen Fachkenntnisse als Rechtshilfetipps an die Szene weitergibt[66], oder die (inzwischen verstorbene) neurechte Theoretikerin Sigrid Hunke, die die Grundlagen einer „europäischen Religion" entwarf, auf die sich u.a. Alain de Benoist bezog[67].

Insgesamt gesehen finden wir unter den Frauen im rechtsextremen Spektrum jedes intellektuelle Niveau, verschiedenste Lebensstile und ein breit gefächertes Mosaik von Aktivitäten. Wir finden dienende Befehlsempfängerinnen ebenso wie hochqualifizierte Akademikerinnen oder Organisationstalente. Der individuelle Lebensentwurf und die Aktivitäten der engagierten Frauen stehen oftmals in Widerspruch zu den eher traditionalistischen Aussagen zum Frauenbild in den Programmen ihrer Organisationen. Relativ selten kommt es jedoch dazu, dass darüber offen Konflikte ausgetragen werden (vgl. Skrydlo et al 1992: 130; Bitzan 2000: 231-253).

4. Sozialwissenschaftliche Thesen

Ende der 1980er/Anfang der 1990er Jahre setzte eine v.a. von feministischen Sozialwissenschaftlerinnen getragene Diskussion ein, die versuchte, sich dem Thema Frauen und Rechtsextremismus zu nähern. (Zuvor war es in der Forschung gängig – und zum Teil ist dies bis heute der Fall – geschlechtsspezifische Aspekte einfach zu ignorieren.)

Die Diskussionen und Forschungen zentrierten sich um die Fragen: Warum orientieren sich Frauen nach rechts? Was ist für sie attraktiv daran? Was sind ihre Motive? Und: Gibt es spezifische Formen, wie Frauen rechtsextreme Haltungen ausagieren?

---

63 Vgl. „Annett – weiß sie eigentlich was sie tut?", Forumsbeitrag von einer Sandra vom 25.12.2001 auf der Webseite der *GDF*.
64 Vgl. o.V.: „Die Finanzierung der DVU", in: *Der Rechte Rand* Nr. 52, Mai/Juni 1998, S. 9
65 Von Frauen produzierte Zines: *Knobelbecher, Schlachtruf, Volkstreue, Mädelbrief, Walküre, Victory, Storchennest* (nur Internet), *Freyja, Germanenorden, Aryan Sisterhood, Triskele, Das Treue Mädel*. Zines, an deren Produktion Frauen beteiligt sind: *SchwarzeFahne, Ruhrstürmer, Der gestiefelte Kater, Lübscher Aufklärer, Wille & Weg, bifröst*.
66 Gisela oder auch Gisa Pahl schreibt auch unter dem Pseudonym Gisela Sedelmaier bzw. Sedlmaier. (vgl. Bitzan 2000: 512). Mitte der 1980er Jahre wurde sie vom Verfassungsschutz als „Hauptaktivistin" des rechtsextremen *Bundes heimattreuer Jugend (BHJ)* geführt. Mehrere Jahre arbeitete sie in der Kanzlei des bekannten Neonazi-Anwalts Jürgen Rieger und leitet das 1992 gegründete *Deutsche Rechtsbüro (DRB)*, eine Vernetzung rechtsorientierter Anwältinnen und Anwälte, die in der gesamten einschlägigen Szene juristische Beratung, Schulung und die Vermittlung von Strafverteidigern anbietet (vgl. Mecklenburg 1996: 229 u. 255).
67 Zu Hunke und allgemein zu den „schreibenden" Frauen vgl. Bitzan 2000.

Die Beiträge dazu werden bisweilen in zwei Richtungen unterteilt: Der „kulturelle Ansatz", der sich v.a. auf Birgit Rommelspachers Theorie der patriarchalen Dominanzkultur stützte, und „soziologische Ansätze", die Rassismus bzw. Fremdenfeindlichkeit und Rechtsextremismus vor dem Hintergrund geschlechtsspezifischer Lebenslagen oder Sozialisationsmuster thematisierten und empirisch erforschten (z.B. Gertrud Siller, Ursula Birsl). Es entstanden jedoch auch Studien, die sich jenseits solcher Zuordnungen verstanden und mit Methoden der Biographieforschung (z.B. Michaela Köttig) oder der Text- und Diskursanalysen (z.B. Kirsten Döhring/Renate Feldmann, Gabriele Elverich) arbeiteten. Hier sei nur eine kleine Auswahl der bisherigen Ergebnisse thesenartig skizziert[68].

– *Nicht nur Modernisierungsverliererinnen:* Die sogenannte Defizitthese, mit der manche Rechtsextremismusforscher die vermehrte Orientierung zum Rechtsextremismus über Arbeitslosigkeit und Milieuverlust zu erklären versuchten, und die große Verbreitung fand, hat sich in empirischen Untersuchungen der letzten Jahre selten bewahrheitet. Es sind nicht vorrangig Arbeitslose, nicht einmal vorrangig Menschen, die Angst vor Arbeitslosigkeit haben, die auffällig häufiger rechtsextreme Einstellungen haben (vgl. z.B. Pollmer 1997). Bei Frauen greife diese These schon gar nicht, so das Argument der Kritikerinnen, müssten sie doch andernfalls entsprechend ihrer jahrelangen stärkeren Betroffenheit von Arbeitslosigkeit und Deklassierung die Mehrheit unter den Rechtsextremen stellen (vgl. z.B. Lohmeier 1991: 35, Büchner 1995:139).
– *Geschlechtsspezifische Politikformen:* Es sind nicht nur traditionelle Politikformen, wie reguläre Organisationen und Parteien, in den Blick zu nehmen, wenn wir den Rechtsextremismus von Frauen wahrnehmen wollen. Der Blick muss über die traditionell von Männern dominierten Arenen hinausgehen und auch das Alltagsverhalten als politisches Verhalten einbeziehen. Hier wenden Frauen oftmals subtile Formen der Ab- und Ausgrenzung an. (Vgl. Rommelspacher 1994: 38ff, Meyer 1994: 72f)
– *Delegierte und direkte Gewalt:* Die feststellbare Gewaltabstinenz bei der großen Mehrheit der Frauen bezieht sich in der Regel nur auf selbst ausgeführte direkte körperliche Gewalt, oft jedoch nicht auf delegierte Formen. D.h., dass Mädchen und Frauen oftmals der Gewaltanwendung im Prinzip zustimmen, sie aufgrund geschlechtsspezifischer Sozialisation in der Regel jedoch nicht selbst ausführen, sondern an die Männer der Gruppe oder an den Staat als Vollstrecker delegieren (vgl. Holzkamp/Rommelspacher 1991: 36f, Oltmans 1990: 42, Birsl 1992: 26f u. 29). Mittlerweile scheint sich allerdings auch die direkte Gewaltbereitschaft der jungen Frauen zu erhöhen (s.o.). So waren an schweren Angriffen auf „AusländerInnen" und Obdachlose in den vergangenen Jahren immer wieder auch Mädchen beteiligt.
– *Externalisierung von Konflikten:* Probleme und Konfliktlagen, die durch die „doppelte Vergesellschaftung" (Regina Becker-Schmidt) entstehen – also dadurch, dass der Wunsch vieler Frauen, sich sowohl familiär als auch beruflich zu engagieren, auf eine Wirklichkeit stößt, die sie daran mehr hindert als sie darin zu unterstützen – führen *nicht* umweglos zu der Lösung, eine traditionalistische familienorientierte Rolle zu wählen, und sich ideologischen Kräften zuzuwenden, die diese aufwerten. Vielmehr können die Konfliktlagen zur Externalisierung führen. D.h. nicht mehr die eigene Problemlage und die dem zugrunde liegenden gesellschaftlichen Missstände werden gesehen, sondern die Problemhaftigkeit wird verschoben, andere Themen und Menschen

---

68 Zusammenfassende Darstellungen der Debatte mit detaillierten Quellenverweisen: vgl. Ottens 1993, 1997; Birsl 1997; Bitzan 2000, S. 44-62.

zum Problem definiert, vorzugsweise die sogenannten Fremden. Das löst zwar keine Probleme, entlastet aber ungemein. (Vgl. Siller 1994: 192-194)
- *Irrelevanz propagierter Frauenbilder als Motivation:* Es ist dementsprechend auch nicht – wie zunächst mehrfach angenommen – das propagierte Frauenbild, was Frauen motiviert, sich rechtsextremen Gruppen oder Strömungen anzuschließen. Thematisch ist es in der Regel eher das sog. „Ausländerthema" und der Nationalismus (vgl. Fromm/ Kernbach 1993, 2001, Skrzydlo et al. 1992: 133-135). Auf psychosozialer Ebene betrachtet scheint das Motiv vieler jüngerer Mädchen und Frauen zu sein, einer „starken Clique" angehören zu wollen und damit Eigenwilligkeit zu demonstrieren (vgl. Köttig 1997: 149-151). Bei (anderen) jüngeren wie bei älteren Frauen hingegen ist es oftmals ein ausgeprägter Konventionalismus, eine rigide Sehnsucht nach Normalität, Ruhe, Ordnung und Eindeutigkeit (sowohl was die Erwartung an andere angeht als auch die Selbstbeschreibung; vgl. Horn-Metzger/Riegel 1995: 101f; Büchner 1995: 173-183)
- *Heterogenität der Frauenbilder:* Hierauf gehe ich im nächsten Abschnitt genauer ein.
- *Moderne Lebensentwürfe:* Eine deutliche Mehrheit der rechten jungen Frauen bevorzugt in ihrer konkreten Lebensweise einen emanzipatorischen Lebensentwurf. So zeigte z.B. eine Einstellungsuntersuchung mit Jugendlichen, dass dort ein emanzipatorisches Frauenbild und eine Berufsorientierung bei ca. 90% aller Mädchen auf Zustimmung stieß – unabhängig davon, ob sie sich selbst als rechts oder links bezeichnet hatten. Bei den männlichen Befragten hingegen stieß das emanzipatorische Frauenbild durchgängig bei nur 50% auf Zustimmung – sowohl bei den rechten als auch bei den linken. ... (vgl. Horn-Metzger/Riegel 1995: 103f).
- *Ethnisierung von Sexismus:* Rassismus bietet Mädchen und Frauen eine (akzeptierte) Möglichkeit, Erfahrungen sexualisierter Gewalt über den Mechanismus der „Ethnisierung von Sexismus" (Margret Jäger) umzudeuten. Sexualisierte Gewalt und Belästigung findet in der Tat in erheblichem Umfang in den verschiedensten Bereichen der Gesellschaft statt, am häufigsten allerdings im persönlichen Nahbereich. Nach wie vor mit Scham und Tabus belegt, ist vielen Betroffenen eine angemessene Verarbeitung verbaut, eine Konfrontation mit den Tätern angstbesetzt. Um den Pseudo-Frieden in der „Wir"-Gruppe aufrechtzuerhalten, werden die verdrängten Erfahrungen oft auf die sogenannten „fremden" Männer projiziert. Obwohl faktisch von diesen nicht mehr oder weniger sexuelle Angriffe ausgehen als von den sogenannten „eigenen" Männern, erfolgt die Zuschreibung von Bedrohlichkeit höchst unterschiedlich: Bagatellisierung bei den einen, Überzeichnung bei den anderen. (Vgl. Holzkamp/Rommelspacher 1991: 37, Rommelspacher 1994: 39)
- *Verknüpfung von Gelegenheitsstrukturen mit biographischen Zentralthemen:* Ausgehend davon, dass jede Biographie von ein bis zwei zentralen Themen geprägt ist, die Handlungen und Orientierungen stark beeinflussen, liegt darin möglicherweise der analytische Schlüssel für die Hinwendung von Mädchen und Frauen (wie auch von Jungen und Männern) zu rechtsextremen Gruppen und Ideologien. Diese individuellen Motivationen werden jedoch nur dann in dieser Form umgesetzt, wenn auch entsprechende Gelegenheitsstrukturen präsent sind. Insofern greifen hier gesellschaftliche und individuelle Bedingungen nicht weniger eng ineinander als bei den meisten anderen Erklärungsansätzen. Mehr als bei anderen Methoden tritt jedoch der häufige familiengeschichtlich-generationenübergreifende Bezug zur NS-Zeit zu Tage. (Vgl. Köttig 2000)

Fazit: Es hat sich m.E. gezeigt, dass bei der Frage nach Motiven und Ausdrucksformen von Frauen im Bereich rassistischer und rechtsextremer Orientierungen sowohl geschlechtsspezifische als auch geschlechterübergreifende Mechanismen zu berücksichtigen sind. Eine alleinige

Konzentration auf die sogenannten frauentypischen Verhaltensformen (wie etwa subtile Ausgrenzungen in Alltagssituationen) kann ebenso zu einer Sackgasse werden wie ihre frühere Ausklammerung aus Analysen politischen Verhaltens. Beide Bereiche (institutionelle, öffentlich gemachte Politik incl. offene Gewalt *und* politisches Alltagsverhalten) müssen im Blick bleiben, um dem Spektrum rechtsextremer Aktivitäten von Frauen gerecht zu werden.

5. Was ist „das" rechte Frauenbild?

Sowohl aus Einstellungsuntersuchungen, Interviewaussagen und Beobachtungen als auch aus der Analyse in rechtsextremen Blättern publizierter Beiträge von Frauen lässt sich ablesen, dass es „das" rechte Frauenbild nicht als einheitliches gibt – zumindest nicht seitens der Frauen selbst.

Es finden sich ganz unterschiedliche Positionen zu Fragen des Geschlechterverhältnisses und zu sogenannten „Frauenthemen":

Mutterschaft wird von einigen als zentrale Lebensaufgabe und Sinnerfüllung der Frau angesehen, von anderen lediglich als eine (nicht zwangsläufige) Phase im Leben von Frauen. Berufstätigkeit gilt manchen als Entfremdung und „Vermännlichung", anderen als selbstverständlicher und wesentlicher Teil weiblicher Lebensentwürfe. Sie fordern die Abschaffung von Benachteiligungen von Frauen im Berufsleben; ebenso sind Müttergehalt und Hausfrauenrente gängige Forderungen zur gesellschaftlichen Anerkennung der Frauenarbeit im reproduktiven Bereich geworden. Nur äußerst wenige postulieren dienende Selbstaufgabe und Demut als Tugenden, die Frauen an den Tag zu legen hätten. Für andere sind Job-Sharing und Aufteilung der innerfamiliären Arbeit zwischen Eheleuten selbstverständliche Postulate.

Einig sind sich die Frauen in der Ablehnung von Pornographie und in der Empörung über sexuelle Gewalt.[69] Unausgesprochene Einigkeit scheint in der Regel aber auch hinsichtlich heterosexueller Orientierung als selbstverständliche Norm zu herrschen.

Sehr unterschiedlich hingegen sind die Positionen zur Abtreibung. Von den meisten grundsätzlich als „Mord" und „volksschädigendes Verhalten" abgelehnt, pochen andere auf die Entscheidungsfreiheit der Frauen. Daneben findet sich die verbreitete eugenisch-rassistische Variante, die Abtreibungen „gesunder deutscher Kinder" strikt verurteilt, bei „Behinderungen" oder sog. „Mischlingen" aber einen Abbruch für richtig hält, ja z.T. zwingend vorschreiben will.[70]

Grundsätzliche Einstellungen rechter Frauen zum Geschlechterverhältnis lassen sich in zwei grobe Richtungen unterscheiden: Egalitäre Vorstellungen auf der einen Seite; polare auf der anderen. Zu fassen auch in den Begriffen von Gleichheit und Differenz.[71] Die Mehrzahl der Äußerungen basiert zwar auf einer polaren Auffassung, die Frauen und Männern tendenziell verschiedene Eigenschaften und Aufgaben zuschreibt. Doch angesehene Theoretikerinnen, wie z.B. die erwähnte Sigrid Hunke, entfalten mit Vehemenz das Idealbild einer egalitären Geschlechterordnung. Die einseitigen Zuschreibungen an die Geschlechter, ja

---

69 Unterschiede zu feministischen Positionen finden sich hier allein in Begründungszusammenhängen, wenn etwa von der „Ehre der deutschen Frau" oder von „volksschädigendem Verhalten" der Täter die Rede ist.
70 Im Detail untersucht und dargestellt sind diese unterschiedlichen Positionen in Bitzan 2000.
71 Diese Einteilung kann nur theoretisch-analytisch vorgenommen, nicht aber klar abgrenzbaren realen „Fraktionen" zugeordnet werden (vgl. Bitzan 2000: 294ff).

die Konstruktion von „Männlichkeit" und „Weiblichkeit" überhaupt, sollten ihrer Auffassung nach aufgehoben werden. Hunkes Darstellung des Germanentums im Wortlaut:

> „[Hier standen] Männer und Frauen als ganzheitliche Menschen (...), beide gleichen Rechten und Pflichten, beide gleichen Idealen und sittlichen Werten lebend und beide demselben Werturteil unterstellt. Hier ordnete sich das Verhältnis von Mann und Frau als Nebeneinander selbständiger und sich selbst bestimmender, einander ebenbürtiger Persönlichkeiten." (Hunke 1987: 30)

Die folgende historische Epoche schildert sie als Abkehr vom Gleichberechtigungsprinzip – ähnlich wie aus feministischen Analysen geläufig. Dazu ein längeres Zitat:

> „Die neue, kirchlich verordnete Geschlechterordnung prägte das europäische Bewußtsein in einer langwierigen schmerzhaften Umpolung im Sinne eines absoluten Andersseins von Mann und Frau, ihrer tiefen Wesens- und Rangverschiedenheit (...). Durch die Fixierung dieser Rollen infolge Erziehung und Wunschbild des Mannes bildete sich allmählich eine dogmatische Festlegung der Begriffe des ‚Männlichen' und des ‚Weiblichen' auf extreme Gegensätze heraus (...). Die Verpflichtung beider Geschlechter auf solcherweise einander ausschließende angebliche Wesensgegensätze hat die Menschen unseres Kulturkreises zu Spezialisten vereinseitigt, verarmt und in ihrem Menschsein gemindert. Sie hat die Frauen sich selbst tief entfremdet und verbogen, sie an ihrem Selbstsein gehindert und so ihre innere Freiheit zerstört (...). Unter dem Diktat der ‚Polaritäten' wurde der europäische Mann zum Spezialisten des Verstandes erzogen, des logischen Denkens, des kühlen Intellekts, der sein Leistungsleben ausschließlich von rationalen Prinzipien, unabhängig vom hinderlichen Gefühl leiten ließ. (...) Die Frau dagegen war ausschließlich für die Sparte des Gefühls, des Gemüts, der Seele und der Tränen zuständig, (...) zum Pflegen und Hegen des Nahen und Nächsten bestimmt. (...) [Wir müssen uns] in Bezug auf Mann und Frau endgültig freimachen von einem dualistischen Denken in einander ausschließenden und wertverschiedenen Gegensätzen (...) [und die] Begriffe von ‚männlich' und ‚weiblich', die sich als falsch besetzt erwiesen haben, endgültig aus dem Verkehr ziehen."[72]

Dass hier wahrscheinlich viele LeserInnen sofort zustimmen könnten, gibt zu denken...

Allerdings entspreche, so Hunke, das gleichberechtigte Geschlechterverhältnis allein der „hochentwickelten" nord- und mitteleuropäischen „Rasse" und ihren „ureigenen Wesensgesetzen". Diesen müsse wieder zur Geltung verholfen werden, nachdem die Frauen jahrhundertelang geknechtet worden seien. Die Frauenbewegung ist in der eigentümlichen Lesart dieser Rassistin der erfreuliche Aufbruch der „germanischsten" aller Frauen aus dieser Knechtschaft (vgl. Hunke 1987: 32, kritisch: Bitzan/Streubel 2000: 91).

Antisexismus kann sich, wie an diesem Ansatz zu sehen ist, gefährlich koppeln mit völkischen, nationalistischen und rassistischen Politiken. Ein absolutes Novum ist dies gleichwohl nicht: Bereits unter den Nationalsozialistinnen der 1920er bis 40er Jahre gab es eine Minderheit, die ein egalitäres Geschlechterverhältnis (incl. Quotierung) anstrebte, zugleich aber dezidiert die nationalistische und völkisch-rassistische NS-Politik befürwortete. 1937 erhielt diese Strömung Publikationsverbot (vgl. Crips 1990).

Ein weiteres Zitat-Beispiel, in dem Gleichberechtigungsforderungen mit einem polemischen Antisemitismus gekoppelt wird. Es stammt von Ursula Müller (*DFF* und *HNG*, s.o.):

> „Freiheitliches [= nationalistisches, Anm. R.B.] Denken hat niemals die Gleichberechtigung der Frau mit dem Mann in frage gestellt (...). Erst als das Geistesgift vom Sinai über seine Filiale in Rom alles Gesunde (...) verseuchte, wurden wir Frauen ‚das Gefäß der Sünde'. (...)
> (...) Wir [Frauen] haben unseren eigenen Standpunkt, unabhängig, wir wollen ihn gewahrt wissen. Gesagt sei das all jenen, die uns am liebsten im Haus eingegattert sehen würden. (...) [Also]

---

72 Hunke, Sigrid: „Die Zukunft unseres unvergänglichen Erbes in Mann und Frau", in: *Elemente*, 2. Ausg., Juni-Sept. 1987, S. 27-34, hier S. 31ff.

kann es nur eines geben: die freie Entscheidung der Frau zu überlassen, wohin sie sich berufen fühlt. Alles andere ist Despotie."[73]

Sich mit solcher Klarheit gegen Bevormundungsversuche männlicher „Kameraden" zu wehren, kommt zwar nicht ständig vor. Meistens wird der Sexismus vor allem außerhalb des eigenen politischen Lagers angeprangert,. indem z.B. „den Türken", „den amerikanischen Besatzern" oder auch bundesdeutschen Gerichten besondere Frauenfeindlichkeit gegenüber „der deutschen Frau" attestiert wird. Manchmal werden jedoch auch Frauenfeinde innerhalb der rechten Szene kritisiert. Ein Zitat von Cora Braune, die sich über den Sexismus der *National-Zeitung* empörte:

> „(...) da gibt es jemanden im sogenannten ‚nationalen Lager', der einen Teil seines Vermögens mit knallhartem Sexismus der Sonderprimitivklasse verdient hat. Sein Name ist Dr. Gerhard Frey. Frauenverachtung als besonderes Zeichen nationaler Gesinnung – Hetze als Geschäft? ‚Frech und frivol', so sollten sie damals sein, die Faschingsausgaben der vom Münchner Verleger Frey herausgegebenen ‚Deutschen Nationalzeitung'. Tatsächlich wurden sie jedoch nur eine Frechheit! (...) Was wußten die ‚Faschingszeitungen' des Herrn Doktor dem nationalen Wichser sonst noch zu bieten? (...)
> (...) gegen die ästhetische Darstellung eines nackten Körpers kann niemand Einwände erheben. Hier aber meldet sich eine obszöne Primitivität frauenfeindlichster Sorte zu Worte (...)."[74]

Moderat-sachlich und allgemeiner drückt sich ein *MSD*-Mitglied aus:

> „Die klassische Rollenverteilung verschwindet mehr und mehr von der Bildfläche. Wir Frauen sind den Männern zwar noch nicht gleichgestellt, (was vor allem wichtige Führungspositionen und die Politik betrifft) aber auch dieses wird sich wandeln." Und bezogen auf die rechte Szene beklagt sie: „Man muß als Frau doppelt so gut sein wie ein Mann. (...) Die alte Rollenverteilung, die der Gesellschaft entschwindet, ist noch in zu vielen (...) Köpfen vorhanden."[75]

Diese Beispiele mögen das Problem verdeutlichen, dass es punktuelle Überschneidungen zwischen den Positionen rechter Frauen und denen linker feministischer Frauen geben kann. Patriarchats- und Sexismuskritik sind kein eindeutiges Erkennungszeichen für eine insgesamt herrschaftskritische, demokratische oder humanitäre Orientierung.

6. Herausforderungen und Einschätzungen

Angesichts der Positionen-Vielfalt rechter Frauen zum Geschlechterverhältnis ist also zu fragen, wo sich vermeintliche oder tatsächliche Überschneidungen zu feministischen Positionen ergeben. Und zwar in beide Richtungen: Auch feministische Autorinnen, Politikerinnen und Praktikerinnen sind nicht gefeit davor, Elemente rechten Denkens unbewusst zu übernehmen.[76] Hier gilt es unseren Blick zu schärfen.

Ein weiterer problematischer Aspekt liegt m.E. darin, dass auch in einem formal scheinbar unveränderten demokratischen System zunehmende Arrangements vorstellbar sind, die einer modernisierten faschistoiden Vision entsprechen könnten. Auf die Rolle von Frauen bezogen, denke ich dabei etwa an die gleichzeitige Existenz mehrerer Prototypen:

---

73 Müller, Ursula: „Deutsche Frauen an die Front?", in: *Neue Front* Nr.23, 5/1985, S. 18.
74 Braune, Cora: „Nationalsexismus", in: *FAP-intern*, 3/1989, S. 19-21.
75 Interview der *Mädelschar Deutschland* in: *Feuer & Sturm* o.D. (vermutl. 2000), S. 69f, hier S. 70.
76 Vgl. zu dieser Problematik Bitzan 2000: 307-348.

Die weiße, leistungsstarke Frau in „Elitepositionen des Volkes", die gesunde weiße „Mehrfach-Nur-Mutter" zur „Arterhaltung" und die „minderwertige" Frau (nicht-weiße, behinderte, kranke, sozial geächtete, usw.) in mannigfachen Ausbeutungsrollen oder gar als zu tötender „Ausschuss". Frauen erscheinen darin nicht nur als Opfer, sondern auch als Profiteurinnen und Gestalterinnen.

Herrschaftskritische Frauenpolitik darf sich deshalb m.E. nicht allein auf Gleichstellungsforderungen für weiße Inländerinnen der Mittelschicht beschränken, sondern sollte sich gleichzeitig um den Abbau rassistischer und sozialer Hierarchien bemühen.

Auch die Frage nach den Ursachen für rechte Einstellungen kann nicht pauschal beantwortet werden. Differenzierungen der jeweiligen persönlichen und gesellschaftlichen Hintergründe sind nötig; geschlechtsspezifische, familien-geschichtliche, Ost-/West- und schichtspezifische Hintergründe verdienen Berücksichtigung, um nur einige Perspektiven zu nennen.

Wenn an den oben skizzierten soziologischen Erklärungen etwas dran ist, dann liegt eine Quelle rechtsextremer Orientierungen bei Frauen in der „Mitte der Gesellschaft", ist struktureller Natur: So wie Geschlechterverhältnis und Arbeit hier organisiert sind, sind bestimmte Konflikte zentral in der Gesellschaft angelegt: nämlich z.B. die Konflikthaftigkeit, die durch die mangelnden Umsetzungsmöglichkeiten der mehrdimensionalen Lebensgestaltungswünsche von Frauen entsteht. Das heißt, die Erweiterung beruflicher Chancen für Frauen und die Aufhebung der geschlechtlichen Arbeitsteilung in Haushalt und Familien sind hier zentrale Forderungen. Macht- und Partizipationsbedürfnisse von Mädchen sollten ernstgenommen und ihnen konstruktive Handlungsfelder eröffnet werden.

Die Bestärkung von Mädchen allein jedoch ist keine Gewähr dafür, dass Frauen und Mädchen ihre gewachsenen Durchsetzungskompetenzen positiv einsetzen. Sie können sie auch in rassistischer und nationalistischer Weise umsetzen. Deshalb sind sie auf der anderen Seite auch als Täterinnen und Gegnerinnen ernst zu nehmen – auch und gerade, wenn sie irgendwelchen Klischees von „der" rechten Frau nicht entsprechen.

Bezogen auf die rechtsextreme Szene der letzten 15 Jahre scheint es so, dass ein Primat der rassistischen Trennlinien vorherrscht. Das schafft vielleicht gerade den „Freiraum", dass in der Frage der Geschlechterpolitik die unterschiedlichsten Auffassungen koexistieren können und offenbar derzeit niemand auf eine – wie auch immer bestimmte – Linientreue besteht.

Das heißt für die Definition von Rechtsextremismus (als Ideologie) möglicherweise auch, dass Frauenfeindlichkeit ein Bestandteil sein *kann*, es aber nicht zwingend sein *muss*. Ähnlich wie eine Kapitalismuskritik in ein rechtsextremes Weltbild integrierbar ist, verhält es sich auch mit einer Patriarchatskritik. Wir haben uns also mit einer Vielzahl verschiedener ideologischer Strömungen und verschiedener Kombinationen von Elementen rechtsextremen Denkens auseinanderzusetzen.

Ob es in der künftigen Entwicklung des Rechtsextremismus in der BRD – ähnlich wie 1937 – zu einer Vereinheitlichung und Restaurierung differenzorientierter Geschlechterpolitik kommen wird, ist zwar nicht auszuschließen. Bislang deutet jedoch nichts darauf hin. Es fragt sich auch, ob die Gunst der heutigen Generation von Frauen und Mädchen mit einem restriktiv durchgesetzten traditionalistischen frauenpolitischen Kurs zu gewinnen wäre. Ich denke, an den jungen Frauen, die sich heute in der rechtsextremen Szene verorten, sind die (ursprünglich von der Frauenbewegung angestoßenen) Verschiebungen im allgemeinen Geschlechterdiskurs nicht spurlos vorbeigegangen. Rollenoffenheit und gewachsenes Selbstbewusstsein, die ihnen selbstverständlich erscheinen (bei gleichzeitiger Distanzierung vom „Emanzentum"), legen sie nicht bei Eintritt in die rechtsextreme Szene ab, sondern tragen sie dort mit hinein. Seltener in Form programmatischer Strategien, häufiger durch ihr persönliches Auftreten, ihr „gelebtes Leben" – und dabei scheint ihnen relativ gleichgültig zu sein, ob das im Widerspruch zu Programmen oder Ideen der Anführer steht.

Bibliographie

Arakeljan, Jana (2001): Zwischen „Storchennest" und Ku-Klux-Klan. Rassistische, neofaschistische und rechtsextreme weisse Frauen im Internet, unveröffentlichtes Manuskript (Stand: 26.8.2001).
Birsl, Ursula (1992): „Frauen und Rechtsextremismus", in: *Aus Politik und Zeitgeschichte. Beilage zur Wochenzeitung Das Parlament*, B 3-4/92, 10.1., S. 22-30.
dies. (1994): Rechtsextremismus: weiblich – männlich? Eine Fallstudie, Opladen (Leske + Budrich).
dies. (1997): „Rechtsextremismus und Fremdenfeindlichkeit: Reagieren Frauen anders? Zur Kategorie Geschlecht in der Rechtsextremismusforschung", in: Müller/Keinhorst 1997, S. 39-78.
Bitzan, Renate (Hg.) (1997): Rechte Frauen. Skingirls, Walküren und feine Damen, Berlin (Elefanten Press [inzwischen Espresso]).
dies. (2000): Selbstbilder rechter Frauen. Zwischen Antisexismus und völkischem Denken, Tübingen (edition diskord).
Bitzan, Renate/Schmidt, Juliane (2001): Frauenanteile an Parteimitgliedschaften, unveröffentlichte Zusammenstellung nach erfragten Parteiangaben und eigenen Berechnungen, Göttingen.
Bitzan, Renate/Streubel, Chrisitiane (2000): „Die germanischsten unter den Frauen..." Frauen in rechtsextremen Bewegungen, in: *Ariadne. Almanach des Archivs der deutschen Frauenbewegung*, Nr.37/38, S. 86-93.
Büchner, Britta Ruth (1995): Rechte Frauen, Frauenrechte und Klischees der Normalität. Gespräche mit „Republikanerinnen", Pfaffenweiler (Centaurus).
Crips, Liliane (1990): „‚National-feministische' Utopien. Pia Sophie Rogge-Börner und ‚Die deutsche Kämpferin' 1933-1937", in: *Feministische Studien* 1/90, S. 128-137.
Döhring, Kirsten/Feldmann, Renate (1999): Konstruktionen von Weiblichkeit in nationalsozialistischen und rechtsextremen Frauenzeitschriften, unveröffentlichte Diplomarbeit, FU Berlin.
Dörr, Bea (1995): „Organisierte Frauen in rechtsextremen Parteien und Organisationen", in: Wlecklik 1995, S. 45-49.
Eckart, Christel/Henze, Dagmar/Jansen, Mechthild M./Stolt, Susanne (Hg.) (1995): Sackgassen der Selbstbehauptung. Feministische Analysen zu Rechtsradikalismus und Gewalt. Schriftenreihe der Interdiziplinären Arbeitsgruppe Frauenforschung der Gesamthochschule Kassel, Kassel (Jenior & Preßler).
Elverich, Gabriele (2000): Der (modernisierte) Diskurs des Front National zur Stellung der Frau und seine Rezeption in der feministischen Kritik, unveröffentlichte Examensarbeit, Universität Göttingen.
FAG-LISA (Frauenarbeitsgemeinschaft der PDS) (2000): Rechtsextremismus – reiner Männerwahn? Dokumentation einer Fachtagung, veranstaltet von der FAG-LISA am 20. Mai 2000 in Rostock.
Fantifa Marburg (Hg.) (1995): Kameradinnen. Frauen stricken am braunen Netz, Münster (Unrast).
Fichte, Paula (1997): „Politische Aktivistinnen im militanten neofaschistischen Spektrum", in: Bitzan 1997, S. 131-146.
Fromm, Rainer/Kernbach, Barbara (1993): „Kameradinnen – die rechte Frauenfront", TV-Reportage, gesendet auf vox, 2.2.93.
dies. (2001): „Moderne Walküren. Rechtsradikale Frauen in Deutschland", TV-Reportage, gesendet auf vox, 2.4.01, 23.10 Uhr
Geden, Oliver (1996): Rechte Ökologie. Umweltschutz zwischen Emanzipation und Faschismus, Berlin (Elefanten Press [inzw. Espresso]).
Held, Josef/Horn, Hans/Leiprecht, Rudolf/Marvakis, Athanasios (1991): „‚Du mußt so handeln, daß Du Gewinn machst...'. Jugendliche und Rechtsradikalismus: Eine Tübinger Untersuchung und theoretische Überlegungen zu politischen Orientierungen jugendlicher Arbeitnehmer", in: Päd Extra, 5/91, S. 4-15.

Heller, Friedrich Paul/Maegerle, Anton (1998): Thule. Vom völkischen Okkultismus bis zur Neuen Rechten, 2. erw. u. akt. Aufl., Stuttgart (Schmetterling Verlag).

Hofmann-Göttig, Joachim (1989): „Die neue Rechte: Die Männerparteien", in: *Aus Politik und Zeitgeschichte. Beilage zur Wochenzeitung Das Parlament*, B 41-42, 6.10., S. 21-31.

Holzkamp, Christine/Rommelspacher, Birgit (1991): „Frauen und Rechtsextremismus", in: *Päd Extra*, Heft 1/91, S. 33-39.

Horn-Metzger, Traudel/Riegel, Christine (1995): „Junge Frauen und politische Orientierungen – Zusammenfassung von Ergebnissen einer Studie mit Auszubildenden", in: Wlecklik 1995, S. 91-111.

Köttig, Michaela (1997): „Mädchen sollen am besten die Klappe halten" – Mädchen in rechten Cliquen, in: Bitzan 1997, S. 147-156.

dies. (2000): Rechtsextreme Handlungs- und Orientierungsmuster: Eine historische und lebensgeschichtliche Dimensionierung, in: Miethe, Ingrid/Roth, Silke (Hg.) (2000): Politische Biographien und sozialer Wandel, Gießen (Psychosozial), S. 84-108.

Lohmeier, Cornelia (1991): „Wie immun sind Mädchen gegen Rechtsradikalismus?", in: *Deutsche Jugend*, Nr.39, Heft 1/91, S. 33-38.

Mecklenburg, Jens (Hg.) (1996): Handbuch deutscher Rechtsextremismus, Berlin (Elefanten Press [inzw. Espresso]).

Meyer, Birgit (1994): „'Wenn man so politisch aktiv ist, muß man sich ja noch lange nicht für Politik interessieren' Zum Politikverständnis von Mädchen", in: *Zeitschrift für Frauenforschung*, 12.Jg., Heft 1+2/94, S. 64-76.

Müller, Gudrun/Keinhorst, Annette (Red.) (1997): Mädchen, Frauen & Rechtsextremismus. Dokumentation einer Arbeitstagung vom 7.-9. November 1996 in Saarbrücken, Dialog (Schriftenreihe der Stiftung Demokratie Saarland) Nr. 4, Saarbrücken.

Niedermeyer, Oskar/Stöss, Richard (FU Berlin) (2000), zitiert nach Partisan.net, Nachrichten vom 11.8.00, in: http://www.dir-info.de/.

Oltmans, Hilke (1990): „Siegen, kämpfen, durchgreifen lassen. Rechtsextremismus bei Mädchen", in: *Widersprüche* Nr.35, 6/90, S. 41-45.

Ottens, Svenja (1993): „Zur Auseinandersetzung um das Verhältnis von (jungen) Frauen und Rechtsradikalismus", in: *Widersprüche* Nr. 46, 1/93, S. 83-93.

dies. (1997): „Rechtsextremismus – ein Männerproblem?", „Ausmaß und Formen rechtsextremer Einstellungen bei Frauen" und „Eigene Motive – eigene Formen?", in: Bitzan 1997, S. 166-177, S. 178-190 u. S. 191-214.

PDS-Fraktion im Landtag von Sachsen-Anhalt (Hg.) (2000) (Red. Britta Ferchland): Laßt uns doch einfach Frau sein. Rechte Frauen im Parlament – die DVU-Frauen im Landtag von Sachsen-Anhalt, Magdeburg.

Pollmer, Käthe (1997): „Rechtsextremismus ostdeutscher Jugendlicher – Ein Bewältigungsversuch von Deprivation?", in: *Gegenwartskunde*, Heft 3, S. 297-308.

Rippl, Susanne/Seipel, Christian (1997): „Gruppenunterschiede – Fakt oder Artefakt? Das Problem der Bedeutungsäquivalenz am Beispiel der Rechtsextremismusforschung", in: *Zeitschrift für Soziologie*, Jg. 26, Heft 2, 4/97, S. 139-150.

Rommelspacher, Birgit (1994): „Rassismus im Interesse von Frauen?", in: *Zeitschrift für Frauenforschung*, 12. Jg., Heft 1+2/94, S. 32-41.

Schenk, Michael (1993): „Jugend-Gewalt ist männlich", in: *Deutsche Jugend*, Heft 4/93, S. 165-172.

Schwarzmeier, Antje/Wunderlich, Eike (1995): „Politische Aktivistinnen für Volk und Vaterland", in: Fantifa Marburg 1995, S. 39-72.

Siller, Gertrud (1994): „Hindernisse und Zugangswege von jungen Frauen zu rechtsextremistischen Orientierungen", in: Institut für sozialpädagogische Forschung Mainz e.V. (Hg.): Differenz und Differenzen: Zur Auseinandersetzung mit dem Eigenen und dem Fremden im Kontext von Macht und Rassismus bei Frauen, Bielefeld (KT-Verlag), S. 185-196.

dies. (1997): Rechtsextremismus bei Frauen. Zusammenhänge zwischen geschlechtsspezifischen Erfahrungen und politischen Orientierungen, Opladen (Leske + Budrich).

Skrzydlo, Annette/Thiele, Barbara/Wohllaib, Nicola (1992): „Frauen bei den ‚Republikanern' in Westberlin – ein empirisches Projekt", unveröffentlichte Diplomarbeit am Fachbereich Politische Wissenschaften, FU Berlin.
Speit, Andreas (1998): „Über Zwerge und Elfen. Swantje Swanhwits rechte Mythen", in: *Der Rechte Rand. Informationen von und für AntifaschistInnen*, Nr.50, 1,2/98, S. 21f.
ders. (2001): „Etwas ist faul im Staate...", in: *Der Rechte Rand. Informationen von und für AntifaschistInnen*, Nr.71, 7,8/01, S. 16.
Sturhan, Katrin (1997): „Zwischen Rechtskonservatismus und Neonazismus – Frauen in rechtsextremen Parteien und Organisationen", in: Bitzan 1997, S. 104-130.
Tillner, Christiane (Hg.) (1994): Frauen – Rechtsextremismus, Rassismus, Gewalt, Münster (agenda).
Utzmann-Krombholz, Hilde (polis) (1994): Rechtsextremismus und Gewalt: Affinitäten und Resistenzen von Mädchen und jungen Frauen, hrsg. v. Ministerium für die Gleichstellung von Frau und Mann des Landes Nordrhein-Westfalen, Düsseldorf.
Wlecklik, Petra (Hg.) (1995): Frauen und Rechtsextremismus, Göttingen (Lamuv).

Publikationen und Verlage

Thomas Pfeiffer

1. Der rechtsextremistische Pressemarkt

Die Presse der deutschen Rechten hat viele Gesichter und eine in der Summe hohe Auflage. Insgesamt buhlten im Jahr 2001 laut Bundesamt für Verfassungsschutz 118 rechtsextremistische Periodika um Leser. Dass sich die Zahl der Blätter in den vergangenen zehn Jahren deutlich erhöht hat, verweist auf die kontinuierlichen publizistischen Anstrengungen dieses Lagers und darauf, dass es um immer engere Vernetzung bemüht ist. Es zeigt auch die Beständigkeit des Phänomens Rechtsextremismus, an der das Auf und Ab der Wahlerfolge rechtsextremistischer Parteien und die schwankenden – wenn auch gerade in jüngster Zeit alarmierenden – Zahlen rechtsextremistischer Gewalttaten Manchen zweifeln lassen. Die Jahresgesamtauflage rechter Periodika bewegt sich seit Langem auf hohem Niveau und lag 2001 bei 5,7 Millionen Exemplaren (2000: 5,3 Millionen).[1] Gleichzeitig sind die Auflagen der einzelnen Blätter sehr unterschiedlich: Sie reichen von Publikationen mit wenigen hundert Exemplaren, die weit jenseits wirtschaftlicher Tragfähigkeit liegen, bis hin zu den Marktführern, die regelmäßig einige Zehntausend Exemplare absetzen. Das älteste und lange Zeit erfolgreichste rechtsextremistische Periodikum ist die *National-Zeitung* des *DVU*-Vorsitzenden Gerhard Frey, die Mitte der 60er Jahre zu den größten deutschen Wochenzeitungen zählte, inzwischen aber erheblich an Auflage verloren hat. Während manche Publikationen ihr Erscheinen einstellten oder mit anderen fusionierten, versuchen sich nahezu in jedem Jahr neue Medien auf dem rechten Pressemarkt zu etablieren. Zu den wichtigsten Neugründungen zählt die rechtsintellektuelle *Junge Freiheit* (*JF*), die in den vergangenen 15 Jahren zwar beständig um das wirtschaftliche Überleben gekämpft, sich aber auch kontinuierlich professionalisiert hat und heute als Wochenzeitung im modernen Look an vielen Kiosken zu haben ist.

Zwischen den rechten Publikationen bestehen Konkurrenzverhältnisse: Sie konkurrieren um Prestige, Einfluss und Rezipienten. Daher haben sie individuelle Profile entwickelt: Mal geben sie sich bieder wie die JF mal martialisch und provokant wie die rund 50 Periodika der Skinhead-Szene. Ein Leit- oder Zentralorgan des deutschen Rechtsextremismus, das

---

[1] Vgl. Bundesministerium des Innern, Verfassungsschutzbericht 2001 (Pressefassung), S. 127. Die im Folgenden genannten Periodika sind nicht notwendigerweise im engeren Sinne als rechtsextremistisch einzustufen. Der Autor geht vom Begriff einer neuen sozialen Bewegung von rechts aus, die – wie alle sozialen Bewegungen – fließende Übergänge zum Umfeld kennzeichnen (Pfeiffer 2002: 15-21). In diesem Grenzbereich sind insbesondere die intellektuelle Neue Rechte und ihre Medien (Scharnierorgane) angesiedelt (Gessenharter 1998: 34). Zu den Bewegungsmedien werden hier alle Periodika gezählt, die wichtige Bewegungsziele unterstützen und deren Redaktionsmitglieder und/oder Autoren, zumindest teilweise, in die Bewegung eingebunden sind.

diesen als Gesamtheit publizistisch vernetzt, existiert zurzeit nicht. Dies spiegelt die Heterogenität der rechten Szenerie wider, deren Vielfalt strategischer Vor- und Nachteil zugleich ist. Sie erschwert es diesem politischen Lager, mit einer Stimme zu sprechen, somit öffentlich wahrgenommen zu werden und seine Aktivisten und Sympathisanten zentral anzusprechen. Andererseits entspricht die Vielfalt der Presse dem bewegungsförmigen Charakter des aktuellen deutschen Rechtsextremismus, der in seiner Gesamtheit netzwerkartig und nicht zentralistisch strukturiert ist. Die breite Palette der Periodika ermöglicht es, unterschiedliche Zielgruppen passgenau, somit besonders wirksam zu agitieren. Konkurrenzverhältnisse schließen konzertierte Mobilisierung keineswegs aus: Wichtige Veranstaltungen werden in einer Vielzahl rechtsextremistischer Periodika bekannt gemacht; entscheidende Informationen erreichen daher ein breites Publikum (am Beispiel einer *NPD*-Kundgebung: Pfeiffer 2002: 45-71)

Die meisten, insbesondere der größeren rechtsextremistischen Publikationen erscheinen in den alten Bundesländern. Darin schlägt sich nieder, dass Rechtsextremismus in der alten Bundesrepublik einen größeren Entfaltungsspielraum besaß als unter dem DDR-Regime und jahrzehntelang Erfahrungen im Umgang mit strafrechtlichen Schranken sammeln konnte. Eine Besonderheit stellt die *NPD*-Zeitung *Deutsche Stimme* dar, die im Jahr 2000 ihren Sitz von Bayern ins sächsische Riesa verlegt und somit nachvollzogen hat, dass der Aktionsschwerpunkt der Partei inzwischen in den neuen Ländern liegt. Intellektualisierungstendenzen, die im Rechtsextremismus der alten Bundesrepublik seit dem verpassten Einzug der *NPD* in den Bundestag, 1969, an Bedeutung gewonnen haben, bereiteten das Feld für die umfangreiche publizistische Tätigkeit. Die Presseproduktion der Szene hat Methode: Sie verfolgt das Ziel, das gesellschaftliche Klima systematisch zu verändern, statt spektakuläre, aber weitgehend folgenlose Wahlerfolge zu erzielen. Erklärtermaßen leitet sich diese Strategie vom Konzept der „kulturellen Hegemonie" ab, die der italienische Marxist Antonio Gramsci in den 30er Jahren formuliert hat und derzufolge eine politische Strömung erst dann die Macht im Staat übernehmen kann, wenn sie zunächst den vorpolitischen Raum erobert hat, das heißt, Themen und Begriffe besetzt, die den Kurs der Gesellschaft bestimmen.

2. Typen rechtsextremistischer Zeitungen und Zeitschriften

Die vielfältigen Periodika des deutschen Rechtsextremismus setzen unterschiedliche Akzente. Es ist sinnvoll, drei programmatisch-strategische Idealtypen von Zeitungen und Zeitschriften zu unterscheiden.

2.1 Ideologieorgane

Ideologieorgane beschäftigen sich vorwiegend mit den ideologischen Grundlagen des Rechtsextremismus. Auf dieser Basis diskutieren und konkretisieren sie die politischen Ziele, aber auch Strategie und Taktik, um diese Ziele zu erreichen. Zu den wichtigsten Ideologieorganen zählt etwa die Zeitschrift *Nation & Europa* (Coburg). Das Monatsblatt – 1951 gegründet und damit eine der ältesten rechtsextremistischen Zeitschriften – hat eine Leser-Blatt-Bindung verwirklicht, von der viele demokratische Hefte nur träumen können. Die Leser von *Nation & Europa (NE)* sind mitunter in der dritten Generation bei der Stange, in ihren Kellern stapeln sich fein säuberlich gesammelte Jahrgangsbände der Zeitschrift, den langjährigen Herausgeber Peter Dehoust kennen viele persönlich. Ziel des Blattes, das in einer Auflage von 15.000 Exemplaren erscheint und für das der 1994 geschasste REP-Vorsitzende Franz Schönhuber als Starautor schreibt, ist die Einheit der Rechten im Allgemeinen und der deutschen Rechten im Besonderen. Fast die gesamte Redaktion war 1991 federführend an der Gründung der Sammlungspartei *Deutsche Liga für Volk und Heimat* (*DLVH*) beteiligt, die später aber gescheitert ist. Der ehemalige *NE*-Chefredakteur Karl Richter hat 1998 das inzwischen zweimonatlich erscheinende Magazin *Opposition* aus der Taufe gehoben, das in der konkurrierenden *Verlagsgemeinschaft Berg* erschien, moderner gestaltet war, sich aber inhaltlich und von seinen Autoren her kaum von NE unterschied.

Ideologiebildend wirken auch die so genannten „revisionistischen" Periodika, die den Holocaust, die deutsche Schuld am Zweiten Weltkrieg und jegliche Beteiligung der Wehrmacht an Kriegsverbrechen in Frage stellen oder offen leugnen. Zu den wichtigsten Blättern dieser Art zählen die Tübinger Monatszeitschrift *Deutschland in Geschichte und Gegenwart* (*DGG*), die im Gewand einer seriösen wissenschaftlichen Zeitschrift erscheint, und die nicht mehr regelmäßig herausgegebene Berliner Zeitschrift *Sleipnir*, die durch einen antiimperialistischen Jargon auf den Schulterschluss mit Teilen der Linken setzt. Da die öffentliche Leugnung des Holocaust in Deutschland seit 1994 als Volksverhetzung strafbar ist, kommt sie in legalen, in Deutschland erscheinenden Periodika nicht ausdrücklich vor, sondern in Andeutungen, Frage- oder Zitatform. Revisionistische Zeitschriften, die im Ausland erscheinen, brauchen in der Regel keine strafrechtliche Rücksicht zu nehmen. So entzog sich der Holocaustleugner Germar Rudolf („Rudolf-Gutachten") einer Haftstrafe in Deutschland durch Flucht – zunächst nach Spanien, dann nach England. Inzwischen soll er in Mexiko leben und gibt die deutschsprachige, international vertriebene Zeitschrift *Vierteljahreshefte für freie Geschichtsforschung* (*VffG*) heraus. An der Grenze, mitunter jenseits der Legalität agitiert auch das *Zentralorgan*, das die neonazistische Connection um die Hamburger Thomas Wulff und Christian Worch herausgibt und das die autonome, gewaltbereite Szene – die „freien Kameradschaften" – mit Terminen und Ideologie versorgt. Als Beilage enthält das Magazin, das drei- bis viermal pro Jahr in einer Auflage von etwa 3.500 Exemplaren erscheint, das Skinhead-Heft *Blitzkrieg*.

2.2 Zielgruppenorgane

Zielgruppenorgane richten sich nicht an den Rechtsextremismus als Ganzen, sondern sprechen einzelne Teile passgenau an. Sie weisen ästhetische, sprachliche und/oder ideologische Muster auf, die für die jeweiligen Zielgruppen typisch sind; häufig gehören die Produzenten der Zielgruppe selbst an. Zielgruppenorgane sind etwa die Publikationen der rechtsextremistischen Skinhead-Szene. Das auflagenstärkste und professionellste Organ für dieses Publikum ist das Magazin *RockNORD*, das in Hilden (bei Düsseldorf) erscheint. Es enthält Interviews mit Skin-Bands, CD-Kritiken und Konzertberichte. Um seine Zielgruppe zu erweitern und somit die Auflage von 15.000 Exemplaren (eigene Angaben) zu steigern, hat sich das Blatt für Themen und Bands aus anderen Subkulturen mit rechtem Flügel geöffnet, insbesondere dem Gothic-Kult. Auf den hinteren acht Seiten enthält *RockNORD* Produktwerbung für Artikel, die der Verlag der Zeitschrift vertreibt. Sie ist insofern integraler Bestandteil einer vorwiegend kommerziell ausgerichteten Unternehmensgruppe. Nicht ums Geldverdienen geht es den kleinen Blättern des Skin-Kults (Skinzines), die in der Regel mit einfachen Mitteln produziert werden, in kleinen Auflagen erscheinen und aggressiver auftreten als kommerzielle Magazine wie *RockNORD*. Häufig erscheinen solche Zines anonym und enthalten plumpe – somit strafbare – NS-Verherrlichung. Zu den Zielgruppenorganen zählen auch die Blätter völkisch-neuheidnischer Sekten wie *Huginn und Muninn* der *Arbeitsgemeinschaft naturreligiöser Stammesverbände Europas (ANSE).* Das Blatt, das nach den legendären Raben des Gottes Wotan benannt ist, liefert Artikel zur mythischen Bedeutung der Externsteine, informiert über Stammestreffen (Things) und enthält Anzeigen wie „GÖTTER-RAT in allen Schicksalsfragen, durch das RUNEN-STAB-Orakel, sofort ab DM 10,-".

Spezialfälle von Zielgruppenorganen sind Periodika, die rechtsextremistische Parteien oder Organisationen für ihre Mitglieder herausgeben, insbesondere die *National-Zeitung (DVU), Deutsche Stimme (NPD)* und *Der neue Republikaner.* Sie sind Spiegelbilder ihrer Parteien: die *National-Zeitung* altbacken, antisemitisch und geschichtsklitternd, der *Republikaner* bieder und vergleichsweise zurückhaltend im Ton. Die *Deutsche Stimme (DS)* versucht denselben Spagat, an dem sich auch die *NPD* übt: Junge gewinnen und Alte nicht vergrätzen. Seitdem die *NPD* Skinheads und Funktionäre verbotener neonazistischer Kadergruppen systematisch einbindet, hat sich das Parteiblatt neuen Themen geöffnet: Mit Plattenkritiken und Konzertberichten will es für Leser unter 30 attraktiv werden. Skinhead-Rock, aber auch die rechten Ableger des Gothic-Kults stehen in der Zeitung hoch im Kurs. Mit einer monatlichen Auflage von rund 10.000 Exemplaren plus bis zu 80.000 des zeitweise erscheinenden *DS EXTRA* zählt die *Deutsche Stimme* zu den Marktführern im rechtsextremistischen Blätterwald. Inzwischen arbeitet die Zeitung, die auch an manchen Kiosken zu haben ist, kostendeckend und hat damit vielen Konkurrenzprodukten etwas voraus: Andere rechte Periodika tragen sich nur durch angegliederte Versandhandlungen, die das Minus ausgleichen.

2.3 Scharnierorgane

Scharnierorgane verbinden den Rechtsextremismus mit der übrigen Gesellschaft. Sie vertreten rassistische und nationalistische Positionen häufig in abgeschwächter Form und distanzieren sich von den aggressiveren Teilen der Szene. Dies gilt in der Regel für rechtsintellektuelle Blätter, die der so genannten „Neuen Rechten" zuzuordnen sind. Für die Bindegliedfunktion dieser Periodika ist es kaum erheblich, ob das Organ insgesamt als rechtsextremistisch im Sinne der Verfassungsschutzbehörden, das heißt als verfassungsfeindlich, anzusehen ist. Das Scharnierorgan par excellence ist die *Junge Freiheit*. Ihre Zielgruppe hat die *JF* recht genau im Blick: Sie fischt am Zusammenfluss von Rechtsextremismus und Wertkonservatismus nach akademisch gebildeten Rezipienten in der ersten Lebenshälfte. Sie ist das Flaggschiff der Neuen Rechten, die sich bedächtiger im Ton gibt und das Image der Ewiggestrigen loswerden will. Ein Leserbriefschreiber brachte den gewünschten Platz des Blattes auf den Punkt: Die Zeitung sei ein Ansatz, „um die gewaltige Marktlücke zwischen Bayernkurier/Rheinischer Merkur einerseits und Frey-Presse andererseits zu füllen." Von den Auflagen der *National-Zeitung*, die 1999 mit Freys *Deutscher Wochen-Zeitung* verschmolzen ist und nach einer Schätzung des Bundesamtes für Verfassungsschutz noch etwa 45.000 Exemplare in Umlauf bringt, trennen die *JF* allerdings Welten. Der Verfassungsschutz NRW beziffert deren Auflage auf rund 10.000.

Der rechte Rand des Vertriebenenspektrums wie auch des Burschenschaftswesens ist als Zielgruppe für Scharnierorgane besonders wichtig. Zum Scharnierorgan hat sich das *Ostpreußenblatt*, die Zeitung der *Landsmannschaft Ostpreußen*, entwickelt: Es tritt nach wie vor für die Rückgewinnung der ehemaligen deutschen Ostgebiete ein und hat verschiedentlich Aversionen gegen Flüchtlinge geschürt, die Verbrechen des Nationalsozialismus verharmlost sowie Sympathie für die *Republikaner* erkennen lassen. Ähnlich wie in der *JF* finden sich hier sowohl Autoren und Werbeanzeigen des rechtsextremistischen Lagers als auch des wertkonservativen, demokratischen Spektrums. (Mecklenburg 1996: 423) Deutlicher Position bezieht die Recklinghäuser Wochenzeitung *Der Schlesier* (Auflage: 8.500 bis 10.000), die an ihrer rechtsextremistischen Ausrichtung kaum Zweifel lässt. Die *Landsmannschaft Schlesien* hat sich daher 1988 von ihrem ehemaligen Hausblatt getrennt; heute dient die Zeitung als Sprachrohr der rechtsextremistischen Splittergruppe *Zentralrat der vertriebenen Deutschen* (Innenministerium NRW 2002: 147).

3. Professionalität

Die größeren rechtsextremistischen Periodika geben sich professionell, setzen sich aber über übliche massenmediale Standards in einigen Punkten hinweg. Auffällig ist etwa die systematische Ethnisierung der Berichterstattung, die *Nation & Europa* betreibt. In ihrer Rubrik „Aktuelles aus Multikultopia" (bis *NE* 12/1994: „Nachrichten von der Überfremdungsfront") schafft sie einen eigenen Nachrichtenfaktor: Sie sammelt Meldungen über Personen, die nicht deutscher Abstammung sind und die ausschließlich in negativen Kontexten auftreten (meist handelt es sich um Straftäter). Wie auch andere rechtsextremistische Blätter setzt sich *NE* über die Trennung von Nachricht und Kommentar hinweg. Ein eigener Standard, der in fast allen rechtsextremistischen Organen vorkommt, ist die Sprachregelung ‚Mitteldeutschland' als Bezeichnung der neuen Bundesländer, die den Anspruch auf die ehemaligen deutschen Ostgebiete implizit aufrecht erhält. Auf spezifische, für die Skinhead-Szene typische Weise setzt sich *RockNORD* von der üblichen Schriftsprache ab: Besonders deutlich sind die zahlreichen Orthografie- und Interpunktionsfehler, die, wenn nicht bewusst eingesetzt, dann toleriert werden, sowie vulgärsprachliche Formulierungen.

Das Abweichen von der journalistischen Norm geschieht mal unreflektiert mal gezielt. Auf eine allzu feste theoretische Basis hat der deutsche Rechtsextremismus seine Medienpraxis nicht gestellt. Die Umdeutung von Begriffen, die in neurechten Zeitungen wie der *Jungen Freiheit* erkennbar ist, wird allerdings ausdrücklich von Gramscis Konzept der kulturellen Hegemonie abgeleitet. Diese Blätter weichen bewusst vom üblichen Verständnis bestimmter Begriffe im massenmedialen Duktus ab und wollen diese mit neuen – rechten – Inhalten füllen. In einem ausführlichen *JF*-Interview (17.7.1998) bezeichnet beispielsweise Alain de Benoist, der Kopf der französischen „Nouvelle Droite", seine Position, die auf eine weitestmögliche Trennung von Ethnien hinausläuft, als „differenzialistischen Antirassismus" (erkennt die Unterschiede von „Rassen" an und will diese bewahren) oder „gemäßigten Multikulturalismus". Als „universalistischen Rassismus" bezeichnet er Positionen, die die Gleichheit von Menschen betonen und den „Rassen" somit ihre Identität nähmen. Auf diese Weise verkehrt er den üblichen Sprachgebrauch in sein Gegenteil. Ähnliche Verwirrspiele hat Armin Pfahl-Traughber anhand der Begriffe „Demokratie" und „Sozialismus" nachgewiesen (Pfahl-Traughber 1998: 38-46).

In den rechten Organen zeigen sich auch Professionalitätsdefizite, die nicht gewollt und unterschiedlich gravierend sind. Dies gilt für die geringe technische Innovationsbereitschaft mancher Blätter, das Ignorieren von Gestaltungsstandards mit der Folge eines verwirrenden oder ermüdenden Layouts, die mangelnde wirtschaftliche Tragfähigkeit und eine mitunter nachlässige redaktionelle Bearbeitung von Beiträgen, die die gewünschte seriöse Wirkung der Publikationen untergräbt. Durch sprachliche Signale wollen sich einige Blätter professioneller geben, als sie sind: Wenn beispielsweise *RockNORD* ihren unter dem Pseudonym „George Hell" auftretenden Redakteur als „Auslandskorrespondenten" bezeichnet, ist wohl eher ein Mitarbeiter gemeint, der private Reisen zu Skin-Konzerten mit Berichten für das Magazin verbindet als ein dauerhaft im Ausland wohnender oder regelmäßig und berufsmäßig ins Ausland reisender Autor.

Allerdings unterscheiden sich die Professionalitätsgrade der Periodika beträchtlich. Manche Organe haben einen bemerkenswerten Professionalisierungsprozess durchlaufen. Dies gilt insbesondere für die *Junge Freiheit* und durchaus auch für *RockNORD*: Sie haben sich von Freizeitaktivitäten jugendlicher Blattmacher zu Medien entwickelt, die technisch modern ausgestattet sind und von bezahlten Redakteuren kontinuierlich erstellt werden. Ein hohes Maß an Professionalität erfordert insbesondere die beständige Produktion der JF als Wochenzeitung. Sie zeichnet sich einerseits durch hohe Genrevielfalt aus und spielt mit glossierenden Elementen (vermeidet jedoch auch langatmig dozierende Texte nicht), andererseits unterstreicht ihr Design das gewünschte Image als modernes, konservatives Blatt. Die meisten der auflagenstärkeren Periodika werden von hauptamtlichen Kräften produziert: Die Bandbreite reicht von Ein-Personen-Redaktionen bis zum recht umfangreichen Mitarbeiterstab von Medien wie *JF* und *RockNORD*. Nur in seltenen Fällen sind die Herausgeber und Redakteure für ihre Tätigkeit formal qualifiziert, in den weitaus meisten Fällen erfolgt die Ausbildung durch ‚learning by doing'. Die berufsmäßigen Mitarbeiter rechter Periodika verfügen heute fast immer über reichlich publizistische Erfahrung, die sie in Tätigkeiten für ähnlich gelagerte Zeitungen und Zeitschriften erworben haben.

4. Verlage

Häufig erscheinen rechtsextremistische Zeitungen und Zeitschriften in Verlagen, die auch Bücher produzieren und vertreiben. Bücher tragen mehr noch als Periodika zur Ideologievermittlung bei. Sie haben einen wichtigen symbolischen Nebeneffekt: Allein die Existenz umfangreicher, aufwändig produzierter Bände trägt zu einer seriöseren Außenwirkung des Rechtsextremismus bei und vergewissert die Anhängerschaft der Richtigkeit ihrer Positionen. Der Publizist Burkhard Schröder beschreibt diese Haltung am Beispiel des Neonazis Karl Polacek mit dem Satz: „Wenn andere schreiben, was ich denke, kann ich ja nicht völlig verkehrt liegen" (Schröder 1992: 138).

Als größte rechtsextremistische Verlage und Versandhandlungen gelten der *Freiheitliche Zeitungs-Verlag* (*FZ-Verlag*) und der *Druckschriften- und Zeitungs-Verlag* (*DSZ-Verlag*), die zur Unternehmensgruppe Gerhard Freys gehören und einen breiten Fächer von NS-Devotionalien vertreiben. Eines der Werke des *FZ-Verlags* ist das antisemitische Lexikon „Prominente ohne Maske", das bekannte Persönlichkeiten als angebliche Juden enttarnt. Die *National-Zeitung* fungiert als Werbekatalog der Frey-Verlage: Seitenweise findet sich Produktwerbung im Blatt; auch redaktionelle Beiträge verfolgen häufig als oberstes Ziel, die Bücher der Unternehmen zu vermarkten. Hausverlag der *NPD* ist der *Deutsche Stimme-Verlag* in Riesa; Leiter ist Holger Apfel, zugleich stellvertretender Bundesvorsitzender der Partei und ehemals Chef der Nachwuchsorganisation *Junge Nationaldemokraten* (*JN*). Unter seiner Regie hat der *DS-Verlag* jetzt ein umfangreiches Sortiment vorzuweisen, darunter Bücher des letzten Goebbels-Adjutanten Wilfred von Oven („Mit ruhig festem Schritt – Aus der Geschichte der SA") sowie der Holocaustleugner David Irving („Göring") und Udo

Walendy („Wahrheit für Deutschland"). Darüber hinaus vertreibt das Unternehmen CDs, die den Skinhead- und Neonazi-Geschmack treffen wie die Alben der englischen Nazi-Skin-Band *Skrewdriver*, die in Szenekreisen als legendär gilt.

Neben solchen parteigebundenen Unternehmen bedienen 45 organisationsunabhängige Verlage und Vertriebe die rechte Klientel. Ihre hohe Zahl ist in den vergangenen Jahren recht konstant geblieben. Einer der größten und auf geschichtsklitternde Literatur spezialisiert ist der Tübinger *Grabert-Verlag* von Wigbert Grabert, der neben einer breiten Buchpalette die Zeitschrift *Deutschland in Geschichte und Gegenwart* herausgibt. Für Aufsehen sorgte der *Grabert-Verlag*, indem er eine ganzseitige Anzeige im Programmheft des 43. Deutschen Historikertages unterbringen konnte, der im September 2000 in Aachen stattgefunden hat. Der Historikerverband sprach von einer „Panne" und distanzierte sich von dem Inserat. Autoren, die nicht auf den ersten Blick mit dem Namen Grabert identifiziert werden möchten, versammelt das Tübinger Haus im Tochterunternehmen *Hohenrain-Verlag*. Dort hat etwa der ehemalige Berliner Innensenator Heinrich Lummer (*CDU*) sein Buch „Deutschland soll deutsch bleiben" veröffentlicht. Zu den am meisten Aufsehen erregenden Publikationen des Hauses zählt der 1994 erschienene Sammelband des Münchner Publizisten Rolf-Josef Eibicht „Hellmut Diwald. Sein Vermächtnis für Deutschland. Sein Mut zur Geschichte": Nach langwierigem Rechtsstreit, der bis zum Bundesgerichtshof führte, ließ das Amtsgericht Tübingen 1998 die Restexemplare des Buches einziehen und ordnet an, Filme und Druckplatten unbrauchbar zu machen. Das Gericht warf dem Soziologen Prof. Robert Hepp (Universität Vechta) vor, in einer lateinischsprachigen Fußnote seines Beitrages den Holocaust zu leugnen. Auch die *Verlagsgemeinschaft Berg* (VGB) in Inning am Ammersee, die den *Druffel-*, *Türmer-* und *Vowinckel-Verlag* umfasst, bietet ein breites Angebot revisionistischer Literatur. Dort erschien das Magazin *Opposition* (Auflage: 1.400) und erscheinen die Zweimonatszeitschrift *Deutsche Geschichte* (10.000) sowie das Jahrbuch *Deutsche Annalen*. Verlagseigentümer Dr. Gert Sudholt war viele Jahre lang Präsident der *Gesellschaft für freie Publizistik*, in der sich Verleger und Autoren zusammengeschlossen haben und die als größte rechtsextremistische Kulturorganisation gilt. Neben großen und traditionsreichen Häusern wie *Grabert* und *VGB* stehen rechte Kleinverlage, zu denen der Münchner *Kyffhäuser-Verlag* (Rolf-Josef Eibicht) zählt und die wirtschaftlich auf schwachen Füßen stehen.

Neben den Buchverlagen bedienen Labels und Musik-Vertriebe die Szene, vorwiegend deren jüngere Klientel. Für CDs mit rechtsextremistischem Gehalt hat sich in jüngster Zeit ein einträglicher Markt entwickelt. Entsprechend ist die Zahl der Rechtsrock-Vertreiber hoch, wenn auch rückläufig: Nach Angaben des Verfassungsschutzes boten 40 Firmen solche Produkte im Jahr 2001 bundesweit an (2000: 46), hinzu kommen immer mehr regionale Kleinstvertreiber. Zum wichtigsten Vertriebsmedium ist das Internet geworden. Zu den frühen, recht sachkundig erstellten Internet-Präsenzen des deutschen Rechtsextremismus zählt die *Creative Zeiten Verlag und Vertrieb GmbH*, die lange Zeit das Skinhead-Musikmagazin *RockNORD* herausgab und an die der *Moderne Zeiten-Vertrieb* und diverse Labels (unter anderem *Funny Sounds*) angegliedert waren. Nachdem *Creative Zeiten* wie auch *Funny Sounds* in Konkurs gegangen sind oder kurz davor stehen, erscheint *RockNORD* seit dem Sommer 2001 in der *VGR – Multimedia Verlagsgemeinschaft Rheinland GmbH* in Hilden bei Düsseldorf. „Kein Medium leistet auch nur ansatzweise – für die patriotische Musikszene – ähnliche Dienste wie das Internet", betonte der frühere *Creative-Zeiten*-Geschäftsführer Andreas Zehnsdorf. Die Notwendigkeit einer Homepage begründet er mit der ständigen Erreichbarkeit von Versandhandel und Verlag sowie geringen Möglichkeiten, die geschäftlichen Aktivitäten von außen zu behindern. Nach deutschem Recht strafbare CDs beispielsweise der Band *Zillertaler Türkenjäger* liefern Mail-Order-Vertriebe im Ausland. Den europaweiten Handel mit solchen Produkten dominiert die neonazistische Skinhead-Strömung *Blood & Honour*, deren deutsche Sektion und Jugendorganisation das Bundesinnenministerium im September 2000 verboten hat.

Das Oberhausener Unternehmen *Verlag und Agentur Werner Symanek* (*VAWS*) hat sich auf Print- und Musikprodukte für den rechten Rand der Gothic-Subkultur spezialisiert und beliefert ihn mit Tonträgern vorwiegend rechtsextremistisch orientierter Bands, Büchern und Kalendern, gibt selbst CDs heraus und hat zumindest zeitweise erwogen, ein eigenes Magazin für diese Szene auf den Markt zu bringen. Gleichzeit verlegt *VAWS* die *NPD*-nahe Zeitung *Unabhängige Nachrichten*. Alle Waren des Hauses können auch per Internet geordert werden. Ähnlich ausgerichtet ist der Dresdner *Eislicht-Verlag* von Stephan Pockrandt, dem auch das Label *Eis und Licht* gehört und der das Gothic-Magazin *Zinnober* (bis 2000: *Sigill*) herausgibt.

5. Funktionen

Die Zeitungen und Zeitschriften des deutschen Rechtsextremismus sind Teil eines publizistischen Geflechts, das dessen informationelles Kapillarsystem darstellt. Es vernetzt die Szene kulturell und personell, trägt zur Generierung einender Zentralbegriffe bei (symbolische Integration) und verschafft ihr eine – wenn auch eingeschränkte – Breitenwirkung.

5.1 Vernetzung

Die rechte Presse transportiert Ideologeme, Kampagnenthemen und Begriffe in die Verästelungen der rechtsextremistischen Netzwerke. So unterschiedlich die Periodika auch daherkommen, reflektieren sie doch die einenden Kampagnen dieses politischen Lagers und tragen auf diese Weise zu seiner kulturellen Vernetzung bei. Einige Schlüsselthemen finden sich in nahezu allen rechtsextremistischen Periodika: Auf die Behauptung, in Deutschland lebten zu viele nicht ethnisch deutsche Menschen, und die drastische Warnung vor weiterem Zuzug kann sich die gesamte rechte Presse verständigen. Das Thema ist geprägt durch das Theorem des ‚Ethnopluralismus', demzufolge ein deutscher Staat mit ethnisch homogener deutscher Bevölkerung angestrebt wird und ethnisch nicht deutsche Menschen als Störfaktoren aufgefasst werden. Eine weitere durchgängige Kampagne bildet das Thema Meinungsfreiheit. Die Behauptung, Staat und Eliten unterdrückten unliebsame rechte Positionen mit diktatorischen Mitteln, tritt durchgängig sogar in recht einheitlicher Schärfe auf. Sie wird mit dem höhnischen Schlagwort der „Political Correctness" versehen und häufig mit angeblichen „Umerziehungs"-Bemühungen verbunden. Der Begriff weist hier weit über die Reeducation-Programme der Westalliierten nach Ende des Zweiten Weltkriegs hinaus. Er bezeichnet Bestrebungen, deutsche Kultur und Werte systematisch durch Fremdes zu ersetzen. Auch die Verharmlosung des Nationalsozialismus taucht in fast allen Periodika auf, allerdings in spezifischen Varianten: Das Spektrum reicht von der Holocaustleugnung bis hin zu subtilen sprachlichen Relativierungsstrategien. Ausdrückliche NS-Verherrlichung ist auch aus strafrechtlichen Gründen selten. Der Kampagne gegen die Ausstellung „Vernichtungskrieg. Verbrechen der Wehrmacht 1941-1944" hat sich die rechtsextremistische Presse in einer Schärfe angeschlossen, die mit Kritik in der Sache wenig zu tun hat. Auf diese Weise tragen Publikationen, die sich mitunter spinnefeind geben, gemeinsam zur rechten Vernetzung bei.

Darüber hinaus sind personelle Beziehungen rechtsextremistischer Organe deutlich: Wenn Publikationen in Strömungen eingebunden sind, die sich verbal voneinander abgrenzen, können sich ihre Autorenschaften doch deutlich überschneiden. Ein eindrucksvolles Beispiel gibt der Münchner Publizist Rolf-Josef Eibicht ab. Der ehemalige *NPD*-, *REP*-, und *DVU*-Mann greift für neurechte Periodika zu Feder und Computer, aber auch für neonazistische und holocaustleugnende Schriften; in seinen Sammelbänden hat er vielfach Vertreter unterschiedlicher Flügel der deutschen Rechten vereint: von Heinrich Lummer, dem Law-and-Order-Mann der *Union*, bis zum Rassisten Jürgen Rieger.

5.2 Integration

Rechte Zeitungen und Zeitschriften tragen auch dazu bei, ein gemeinsames symbolisches Fundament der Szene zu entwickeln: Sie generieren, verbreiten und festigen integrationsstiftende Begriffe. So widmet sich die *Junge Freiheit* häufig und ausführlich dem Terminus nationale Identität und geht der Frage „Was ist rechts?" in einer Serie nach, die die Zeitung als „Debatte über Begriffe" ankündigt. Neben polarisierenden Begriffen (z.B. Demokratie, Revolution, Sozialismus) kristallisieren sich im breiten rechten Pressespektrum solche heraus, die symbolische Brennpunkte der Szene darstellen. Dies gilt in besonderer Weise für einen ethnisch definierten Begriff der Nation und einen mythologisierten Deutschland-Begriff. Ihre Kombination entspricht der Ideologie des ‚völkischen Nationalismus'. Symbolische Integration spenden auch Selbstkennzeichnungen rechtsextremistischer Gruppen und Strömungen, die durch Periodika sowie andere Medien hervorgebracht und/oder gefestigt werden. Besondere einende Wirkung geht von Etiketten wie national oder patriotisch aus. Die Selbstbezeichnung als rechts ist ambivalent: Zwar beziehen sich die meisten Organe im Tenor positiv auf diesen Begriff, meiden ihn aber oder schwächen ihn aus taktischen Gründen ab. Integrierend wirkt dagegen die durchgängig schroffe, vielfach beleidigende Abgrenzung von politischen Gegnern und demokratischen Massenmedien. Zudem eint die rechte Presse eine unterschiedlich aggressiv vertretene Frontstellung gegenüber der politischen Ordnung der Bundesrepublik Deutschland, die sich etwa in abschätzigen Bezeichnungen von Parlamentariern äußert. Dies gilt auch für Sprachregelungen, die sich vom üblichen massenmedialen Duktus stark absetzen wie die erwähnte Bezeichnung der neuen Bundesländer als ‚Mitteldeutschland'.

Rechte Zeitungen und Zeitschriften ergänzen Begriffe, die die Szene symbolisch integrieren, durch Wendungen, die auf Typus und Zielgruppe abgestimmt sind. So bezeichnet sich das Scharnierorgan *Junge Freiheit* systematisch als konservativ, was hier in einer an die Konservative Revolution angelehnten Bedeutung verstanden wird, nicht im Sinne eines auf Bewahrung bedachten, gemäßigten Standortes (Kellershohn 1994: 19f). Rechtsautonome neonazistische Gruppen und die mit ihnen kooperierenden *NPD*-Strukturen verwenden den Begriff des Nationalen Widerstandes. Innerhalb des Skinhead-Kults (zum Beispiel in *RockNORD*) treten nicht politisch konnotierte Schlüsselbegriffe hinzu wie Spaß und Freundschaft, die für das subkulturelle Selbstverständnis zentral sind und daher symbolisch integrierende Wirkung entfalten. Auf diese Weise werden Sprache und Symbolik der Zielgruppe angepasst, aus der sich die Redaktionen in der Regel rekrutieren. Dies gilt für Zielgruppenorgane wie *RockNORD* in besonderem Maße, für das eine enge Vertrautheit mit den Rezipienten unverzichtbare Erfolgsvoraussetzung ist.

Durch langfristige Bindungen der Rezipienten an rechtsextremistische Medien üben diese Integrationswirkungen aus, deren Stärke allerdings variiert. Eine außergewöhnlich hohe Leser-Blatt-Bindung hat das Ideologieorgan *Nation & Europa* verwirklicht, das seit nahezu 50 Jahren erscheint und in dieser Zeit ein treues Publikum um sich geschart hat. Zeitungen und Zeitschriften dürften in dieser Hinsicht besser geeignet sein als andere Medientypen. Sie erscheinen regelmäßig und bringen sich so bei der Leserschaft immer wieder in Erinnerung. Ihr Erscheinungsbild variiert in der Regel geringfügig und macht das Medium so den Lesern vertraut. Eine vergleichbar dauerhafte, enge, nachgerade emotionale Bindung etwa an Internet-Seiten ist unwahrscheinlich, da das Medium meist flüchtiger rezipiert wird und für den Nutzer buchstäblich nicht zu greifen ist.

5.3 Breitenwirkung

Die rechte Presse entfaltet nur eine begrenzte Breitenwirkung im Umfeld ihres politischen Lagers. Das Scharnierorgan *Junge Freiheit* ist mit dem Anspruch angetreten, ein Publikum zu erreichen, das weit über die rechtsextremistische Szene hinausreicht. Im erhofften Maße gelungen ist es nicht. Diesen Bemühungen stehen zwei Faktoren entgegen: erstens eine in Bezug auf rechtsextremistische Tendenzen zu Teilen sensible (Medien-)Öffentlichkeit, zweitens die stigmatisierende Wirkung, die von der Erwähnung in Verfassungsschutzberichten ausgeht. Wenn die Breitenwirkung rechter Blätter auch eingeschränkt ist, tragen sie doch dazu bei, Kampagnenthemen, Ideologeme, Begriffe und sonstige Symbole in das Umfeld zu transportieren. Diese Funktion können vor allem Scharnierorgane erfüllen. So gelingt der *Jungen Freiheit* trotz der genannten Schwierigkeiten in gewissen Grenzen der Brückenschlag zum etabliert-konservativen Spektrum, was sich in ihrer Autorenschaft und der Gruppe der Interviewpartner widerspiegelt sowie aus den verfügbaren Daten über die Leserschaft geschlossen werden kann. Wolfgang Gessenharter hat zu Recht darauf hingewiesen, dass über solche Scharniermedien Ideologeme in einen breiten öffentlichen Diskurs diffundieren können (Gessenharter 1998: S. 51-54). Der Begriff der ‚deutschen Leitkultur' ist eines der aktuellsten Beispiel für diesen Durchdringungsprozess.

Da die Breitenwirkung der rechten Presse prekär ist, gleicht sie nur bedingt aus, dass eine starke rechtsextremistische Partei zurzeit nicht existiert. In dieser Hinsicht muss die These von Astrid Lange präzisiert werden, die 1993 in ihrer Untersuchung von 50 rechtsextremistischen Periodika zu der Auffassung gekommen ist: „Faktisch ersetzen sie die Großpartei. Sie fungieren als organisatorische Klammer, als Koordinations- und Betreuungsinstanz. Sie gewährleisten einen regelmäßigen und dauerhaften Informationsfluss." (Lange 1993: 13) Durch das in erster Linie nach innen gerichtete Presse- und sonstige Mediennetz kann die öffentliche Präsenz der Großpartei aber nicht hergestellt werden, ebenso wenig die starke Integrations- und Mobilisierungswirkung einer solchen erfolgreichen Organisation.

6. Fazit

Die Presse des deutschen Rechtsextremismus zeigt die Vielgestaltigkeit und Gemeinsamkeiten dieses politischen Lagers sowie die Kontinuität seiner Aktivitäten. Konkurrenzverhältnissen zwischen Publikationen und Verlagen stehen breit angelegte Buchprojekte, die als publizistische Foren Einheit stiften, und die Überschneidung der Autorenschaften verschiedener rechter Periodika gegenüber sowie die konzertierte Mobilisierung für zentrale Veranstaltungen. Die Formel von der „Gleichzeitigkeit von Kooperation und Konkurrenz", auf die Martin Dietzsch das Verhältnis rechtsextremistischer Gruppen und Periodika 1988 gebracht hat (Dietzsch 1988: 34), ist nach wir vor gültig. Die heterogene, aber zusammen wirkende Publizistik des deutschen Rechtsextremismus ist um so wichtiger geworden, seit dieses Spektrum bewegungsförmige Züge angenommen hat, also zunehmend informell strukturiert ist und nicht zentral gelenkt und informationell bedient werden kann. Die Vielfalt der Zeitungen, Zeitschriften und ihrer Hausverlage zählt zu den entscheidenden Voraussetzungen, um das Schlagwort der „nationalen" Gegenkultur- und öffentlichkeit, das die Rechte von früheren – links orientierten – Bewegungen übernommen hat, in die Realität umzusetzen.

Periodika werden ihre hohe Bedeutung für den Rechtsextremismus nicht vollständig an das Internet abtreten. Das eher beliebige Surfen in digitalen Welten kann die langfristigen Bindungen an regelmäßig erscheinende Zeitschriften, die rechten Lesern vertraut sind und denen sie vertrauen, nicht ersetzen. Dem Problem der mangelnden Breitenwirkung der Szene können die Hunderte von Homepages aber vermutlich eher abhelfen: Die Hemmschwelle, eine rechte Zeitschrift am Kiosk zu kaufen oder zu abonnieren, ist für Sympathisanten höher als zur anonymen Lektüre der Internet-Publikationen. Die Stärke rechtsextremistischer Kommunikation ist das Zusammenspiel loser, mündlicher Kontakte und der breiten Medienpalette vom Flugblatt bis zur Homepage, das das Netzwerk stabilisiert, aktions- und kampagnenfähig macht. Im Medienverbund der Szene hat die rechte Presse einen festen Platz.

Bibliographie

Dietzsch, Martin (1988): Zwischen Konkurrenz und Kooperation. Organisationen und Presse der Rechten in der Bundesrepublik, in: Jäger, Siegfried (Hrsg.): Rechtsdruck. Die Presse der Neuen Rechten, Berlin/Bonn (Dietz), S. 31-80.
Gessenharter, Wolfgang (1998): Neue radikale Rechte, intellektuelle Neue Rechte und Rechtsextremismus. Zur theoretischen und empirischen Neuvermessung eines politisch-ideologischen Raumes, in: Gessenharter, Wolfgang und Fröchling, Helmut (Hrsg.): Rechtsextremismus und Neue Rechte in Deutschland. Neuvermessung eines politisch-ideologischen Raumes?, Opladen (Leske + Budrich), S. 25-66.
Kellershohn, Helmut (1994): Das Plagiat. Der Völkische Nationalismus der Jungen Freiheit, Duisburg (DISS).
Lange, Astrid (1993): Was die Rechten lesen. Fünfzig rechtsextreme Zeitschriften. Ziele, Inhalte, Taktik, München (Beck).
Pfeiffer, Thomas (2002): Für Volk und Vaterland. Das Mediennetz der Rechten – Presse, Musik, Internet, Berlin (Aufbau).
Pfahl-Traughber, Armin (1998): „Konservative Revolution" und „Neue Rechte". Rechtsextremistische Intellektuelle gegen den demokratischen Verfassungsstaat, Opladen (Leske + Budrich).
Schröder, Burkhard (1992): Rechte Kerle. Skinheads, Faschos, Hooligans, Reinbek (Rowohlt).
Innenministerium NRW (2002): Verfassungsschutzbericht des Landes Nordrhein-Westfalen für das Jahr 2001, Düsseldorf.

Rechtsextreme Musik

Sven Pötsch

1. Das Phänomen Rechtsrock/White Power Musik

Die beiden Begriffe „Rechtsrock" und „White Power Musik" umschreiben das selbe Phänomen, wobei im deutschen Sprachraum hauptsächlich der erste Begriff benutzt wird, im internationalen Kontext, vor allem im englischen Sprachraum und in Osteuropa, ist der Begriff „White Power Musik" die gängigere Bezeichnung. In dem vorliegenden Text wird der Begriff „Rechtsrock" verwendet, da sich der Text hauptsächlich der Analyse der deutschen Ausprägung des Phänomens widmet.

Wenn von „Rechtsrock" die Rede ist, so ist vor allem die Musik rechtsextremer Skinheadbands gemeint. Dabei ist jedoch zu beachten, dass es DIE deutsche Rechtsrockszene nicht gibt, sondern unterschiedliche Akteure mit unterschiedlichen Interessen, unterschiedliche Arten von Musik produzieren und verbreiten. Aber auch die Anhängerschar dieser Musik geht weit über das Spektrum subkulturell geprägter Rechtsextremisten hinaus, sodass unter dem Begriff Rechtsrock jegliche Art von Musik zusammengefasst werden kann, deren inhaltliche Botschaft Rechtsextremismus ist, zum Teil ganz offen, zum Teil subtil und versteckt. Die einzelnen Teilbereiche grenzen sich öffentlich streng voneinander ab, bei genauerer Betrachtung sind die Übergänge aber fließend. So gibt es neben unterschiedlichen musikalischen Stilrichtungen, auf die ich jedoch nicht näher eingehen werde[1], vor allem zwei verschieden Motivationslagen des Engagements im Bereich Rechtsrock. Während rechtsextreme Organisationen, wie das von Ian Stuart Donaldson begründete *Blood & Honour*-Netzwerk die Verbreitung rechtsextremer Musik zum Zwecke der politischen Indoktrination der Jugendsubkulturen verschrieben haben, steht bei Firmen, wie dem *TTV-Versand* oder *VGR* (früher *Creative Zeiten*, *Funny-Sounds*) der wirtschaftliche Gedanke im Vordergrund. Exemplarisch werden im folgenden zwei Fallbeispiele näher beschrieben, Unterschiede und Gemeinsamkeiten aufgezeigt und Interessensüberschneidungen beschrieben.

„White Power Musik" bzw. „Rechtsrock" ist untrennbar mit dem Namen Ian Stuart Donaldson verbunden, der Skinheadmusik in erster Linie als Sprachrohr der rechtsextremen Szene verstand und mit *Blood & Honour* eine Struktur schaffen wollte, die die Ideen des Nationalsozialismus einem breiteren Publikum näher bringen sollte: „Musik ist das ideale Mittel, Jugendlichen den Nationalsozialismus näherzubringen, besser als dies in politischen Veranstaltungen gemacht werden kann, kann damit Ideologie transportiert werden."[2] Neben

---

[1] Siehe dazu: Sven Pötsch, Herbert Weber: „Rechtsextreme Musik" in: Zentrum Demokratische Kultur (Hrsg.): Einführung Rechtsextremismus, Leipzig 2001.
[2] Ian Stuart in einen TV-Interview, zitiert nach Christian Dornbusch „Soundtracks to a White Revolution" in: *Zoon Politikon* 11, Darmstadt 2001.

der Vernetzung und gemeinsamen Vermarktung der rechtsextremen Skinheadbands, anfänglich nur in England, später in ganz Europa, der Organisation von Konzerten und dem Aufbau einer Infrastruktur knüpfte *B&H* aber auch Kontakte zu rechtsextremen Organisationen weltweit, in einigen Fällen wurde sogar die Entstehung solcher Organisationen unterstützt.

Gerade Deutschland kam dabei in das Visier der englischen Aktivisten. Zum einen sah man in Deutschland aufgrund der Geschichte einen guten Nährboden für rechtsextremes Gedankengut, zum anderen hatten deutsche Neonazis, vor allem die *Aktionsfront nationaler Sozialisten/Nationale Aktivisten (ANS/NA)* um die Hamburger Aktivisten Michael Kühnen und Christian Worch und die *Nationalistische Front (NF)*, insbesondere deren Führungskader und *KdF*-Sänger Andreas Pohl bereits in den 70er und frühen 80er Jahren entscheidende Vorarbeiten geleistet. Die beiden Organisationen hatten trotz der ideologischen und organisatorischen Unterschiede unabhängig von einander das Potential von Jugendsubkulturen in der politischen Arbeit erkannt und frühzeitig damit begonnen in den Fußballstadien aktiv Propaganda zu betreiben. Die Anhänger der *ANS/NA* gingen gezielt in die Fanblocks und versuchten die Fans zu agitieren. Mit mehr oder weniger direktem Erfolg. Aber sie prägten das Bild der Fanblöcke, ob sie nun konkret Leute auf ihre Seite zogen, oder nicht, spielte dabei keine Rolle. Entsprechend der Kühn'schen Theorie, das man eine Gruppe erst kennenlernen muß, um sie dann später lieben zu lernen, waren sie lange Zeit in den Stadien präsent, sie wurden bekannt. Wer Kontakt mit ihnen suchte, wußte, wo sie waren, wer zu ihnen gehören wollte, ging zum Fußball. Wer sich „einen Namen machen wollte", rief rassistische Parolen. Zum anderen wurde die Hilfe der Nazis gern in Anspruch genommen, wenn es zu Auseinandersetzungen mit der Polizei oder gegnerischen Fußballfans kam, so daß die offene Parteipropaganda zum Teil auf Ablehnung stieß, die Anwesenheit von Rechtsextremisten, die rassistischen Parolen störten jedoch kaum jemanden, Rechtsextremismus wurde zumindest in den Fußballstadien gesellschaftsfähig. Die Folge: Rechtsradikale kamen in die Fanblocks und prägen in vielen Vereinen bis heute das Bild, auch noch lange, nachdem die *ANS/NA* verboten und aufgelöst wurde.

Als sich Anfang und Mitte der 80er Jahre die Skinheadsubkultur auch in Deutschland, vor allem in deutschen Fußballstadien ausbreitete war sie daher viel stärker als in England rechtsextrem geprägt. Die organisierte Rechte war gern bereit dieses Potential in die politische Arbeit zu integrieren. Peter Dehoust, der Mitherausgeber des rechten Theorieorgans *Nation & Europa* forderte 1987: „Wir müssen uns dieser jungen Deutschen annehmen und froh sein, dass es nichtangepasste Deutsche gibt. Unsere Aufgabe ist (...) sie für das Volksganze zu gewinnen, ihnen den Weg dahin zu zeigen. (...) um diese Jugendlichen zu erreichen ist es notwendig sich mit den Modetrends in der Jugendszene ernsthaft zu befassen."[3] Neben dem politischen Potential barg die neue Jugendsubkultur aber auch ein wirtschaftliches Potential. In der Folgezeit entstanden parteinahe Versand – und Produktionsfirmen wie der Klartext Versand, der maßgebliches finanzielles Standbein der *Nationalistischen Front* (*NF*) war.[4] Tatsache ist, dass die *NF* mehrere Schulungszentren unterhielt und verschiedene *NF*-Führungsmitglieder als sogenannte Reisekader in ganz Deutschland unterwegs waren um Schulungsveranstaltungen abzuhalten und Kontakte zu knüpfen[5].

Mit dem Boom der deutschen Skinheadszene Anfang der 90er Jahre und vor allem der Ausbreitung des potentiellen Käuferkreises von Rechtsrockmusik, weit über die Grenzen

---

3 *Nation Europa*, Nr.9, Coburg, 1987.
4 Die Autoren in Searchlight 2001 geben den jährlichen Gewinn mit 120.000 DM an.
5 Vgl. Burkhard Schröder: Der V-Mann, Reinbek 1996

der Skinheadsubkultur hinaus, versuchten immer mehr Anbieter am wirtschaftlichen Erfolg teilzuhaben. Durch Sendungen wie „Einspruch" in SAT1 wurden rechtsextreme Bands wie *Störkraft* oder *Kraftschlag* plötzlich einem immer größer werdenden Publikum präsentiert und konnten so öffentlich für sich, ihre Musik, aber auch für ihre Gesinnung Werbung machen: „Fast 3 Millionen Menschen haben die Sendung gesehen, somit wurde ein riesiges Publikum erreicht, was wir sonst nicht haben. – wir sind im Gespräch, und nicht nur Störkraft sondern alle die, die die gleichen Ziele haben."[6] Infolge dieses Booms, aber auch der nach diesen öffentlichen Auftritten einsetzenden Repressionswelle gegen rechtsextreme Musik[7], gegen Druckerzeugnisse[8] und rechtsextremen Organisationen[9] kam die Produktion neuer Musik und die Organisation von Konzerten zeitweilig fast völlig zum Erliegen. Der Markt wurde neu geordnet und es bildeten sich zwei unterschiedliche Geschäftsmodelle heraus.

Ein Teil der an diesem Geschäft beteiligten Unternehmen und Einzelpersonen beschränkte sich darauf, legale Tonträger und Merchandising-Produkte zu produzieren und zu vertreiben, ein anderer Teil setzte auf illegale Strukturen um die Musik weiterhin mit strafbaren Texten vermarkten zu können.

2. Fallbeispiel Torsten Lemmer[10]

Vor allem der Düsseldorfer Unternehmer, der damalige Fraktionsgeschäftsführer der *Republikaner*-Abspaltung *Freie Wählergemeinschaft* (FWG) im Düsseldorfer Landtag und zeitweilige Pressesprecher sowie stellvertretende Vorsitzende des *FWG e.V.* Torsten Lemmer, war einer der ersten, die versuchten, ihr politisches Engagement mit einem finanziellen Standbein zu verbinden.

Nachdem es Lemmer nach einigen erfolglosen Versuchen Ende 1993 gelungen war Geschäftsräume anzumieten, konnte der bereits ab Mitte 1992 neben seiner *FWG*-Tätigkeit aufgebaute Plattenvertrieb seine Arbeit aufnehmen. Unter dem Titel „Dorfmusik" plante er bereits damals schon einen Plattenvertrieb und eine Musikzeitschrift, die einerseits den Verkauf der Platten ankurbeln sollte, anderseits aber auch durch inhaltliche Artikel zum aktuellen Zeitgeschehen, die Leserschaft, welche sich wahrscheinlich sonst keine politische Zeitschrift kaufen würde, ideologisch zu beeinflussen. Zu diesem Zwecke gründete er mit dem Herausgeber eines der bekanntesten rechten Theorieorgane *Europa Vorn*, Manfred Rouhs, eine GmbH. Geplant war die gemeinsame Herausgabe der *Europa Vorn* und einer Musikzeitschrift unter dem Titel *Moderne Zeiten*. An dieser Zeitung beteiligten sich der Störkraftsänger Jörg Petritsch und ein anderer *FWG*ler mit Namen Marc Peters. Beide zogen sich aber schnell aus diesem Projekt zurück, als sie merkten, dass mit dem wachsenden Bekanntheitsgrad auch wachsende Gegenwehr von Seiten der staatlichen Verfolgungsbehörden und der Antifa verbunden war. 1993 wurde dieser internen Abwanderungswelle

---

6 *Störkraft*-Sänger Jörg Petritsch in einem Brief an den Herausgeber des *United Skins*-Fanzines, zitiert nach http://www2.rz.hu-berlin.de/FPm/texte/farin.htm.
7 Z.B „Aktion Notenschlüssel" 1993.
8 Z.B. „Aktion Druckstock" 1993.
9 14 Organisationsverbote zwischen 1992 und 1995.
10 Torsten Lemmer ist nach eigenem Bekunden im Jahre 2000 aus der rechtsextremen Szene ausgestiegen und ist nicht mehr an Geschäften mit rechtsextremer Musik beteiligt.

dann Rechnung getragen, der Versand wurde in *Creative Zeiten Verlag und Vertrieb GmbH* umbenannt, alleiniger Geschäftsführer wurde Torsten Lemmer.

Lemmer erhoffte sich hiervon, eine jugendliche Klientel an sich und die *FWG* zu binden, sich dadurch selbst zu profilieren, überregional Bekanntheit zu erlangen und damit seinen weiteren Plattenvertrieb anzukurbeln und damit am Rechtsrock zu partizipieren. Aus diesem Grunde übernahm er auch das Management einer der bekanntesten deutschen Rechtsrockgruppen, *Störkraft*, obwohl damals noch nicht gerade viel Geld mit dieser Band zu verdienen war. Aber durch dieses Management war es ihm möglich, bundesweit in der vielbeachteten SAT1-Sendung „Einspruch" aufzutreten. Auch wenn die Meinungen über diese Sendung weit auseinandergehen, so konnte er sich doch als dynamischer Geschäftsmann darstellen, weit ab vom Image des dumpfen Schlägers, der sich aber dennoch für die Kultur „deutscher" Jugendlicher einsetzt und diesen gegenüber aufgeschlossen ist. Später hat sich Lemmer einen weiteren Gesellschafter und Geschäftsführer in den Verlag geholt, der auch gleichzeitig die Redaktion des Hochglanzmagazins *RockNord*, welches aus der eher unprofessionellen *Moderne Zeiten* hervorgegangen ist, übernommen hat. Der Essener Andreas Zehnsdorf hatte bereits in den 80er Jahren für die *FAP* verschiedene Fanzines, darunter den legendären *Querschläger* herausgegeben und später mit seiner Zeitung *Ketzerblatt Frontal* erstmals versucht eine Zeitung des faschistischen Spektrums außerhalb dieser kleinen klandestinen Gruppe zu plazieren. Allerdings schlug dieser Versuch fehl, da fast alle Ausgaben von der Bundesprüfstelle für jugendgefährdende Schriften indiziert wurden. Auch wenn heute eine Indizierung kaum eine nennenswerte Einschränkung bei der Vermarktung bedeutet, war die Szene damals noch so übersichtlich, dass es dem Polizeiapparat auch möglich war solche Indizierungen zu überwachen.

Exemplarisch ist hier dargestellt worden, wie kommerzielle Interessen und politisches Engagement miteinander verbunden werden, dennoch ist der Fall Torsten Lemmer nicht unbedingt typisch. Es wurden zumindest zeitweise enorme finanziellen Gewinne erzielt. Hier wird mit den Gewinnen aber nicht die finanzielle Autarkie der „Bewegung" gefördert, sondern der persönliche Wohlstandswunsch Einzelner. Selbst die Veranstaltungen die von den *RockNord*-Mitarbeitern organisiert werden, dienen hauptsächlich dem Gelderwerb. Dennoch profitiert die Szene eben auch davon, und somit wird dieses Geschäftsgebaren zwar kritisiert, so schreibt zum Beispiel der ehemalige *NPD*-Kader Steffen Hupka dazu: „...soll Mittel zum Zweck und nicht Selbstzweck sein, wie ihn viele Aussteiger früher oder heute praktizieren."[11] Letztlich arbeiten trotz inhaltlicher Differenzen und vor allem geschäftlicher Vorbehalte nahezu alle Firmen der Branche mit dem *RockNord* (*VGR*) zusammen. Die Geschäftsbeziehung in dieser Branche laufen in der Regel als Tauschgeschäfte ab, d.h. ein Plattenproduzent nimmt eine Musikband unter Vertrag, organisiert ein Tonstudio, lässt die CDs pressen, Erstauflagen zumeist in einer Größenordnung zwischen 2000 bis 5000 Exemplaren. Die CD wird dann in den meist hauseigenen Fanzines oder Bestellkatalogen beworben. Die anderen Musikfirmen der Branche bieten wiederum ihre Eigenveröffentlichungen dem CD-Produzenten zum Tausch im Verhältnis 1:1 an. Da bei der das *RockNord*-Magazin herausgebenden Gesellschaft *VGR* mehrere sehr bekannte Bands, wie *Kraftschlag* oder *Sturmwehr* exklusiv unter Vertrag sind, aber jeder Versand in Deutschland an dem Geschäft beteiligt sein möchte und das eigene Versandangebot so vielseitig wie möglich gestalten will, ist eine Zusammenarbeit unbedingt erforderlich.

Die Interessenlagen von Rechtsextremisten und Geschäftemachern überschneiden sich aber in vielen Fällen, sodass diese Grenzen oft nicht eindeutig erkennbar sind. Ein Beispiel

---

11 vgl. Steffan Hupka, „Befreite Zonen – aber wie?", in: *Deutsche Stimme*, November 1999, S. 18.

dafür ist die Band *Kraftschlag*, die ihre erste CD „Trotz Verbot" 1991 bei *Skull-Records* veröffentlichte. Der Bassist der Band war Mitglied der rechtsextremen *Freiheitlichen Deutschen Arbeiterpartei (FAP)*, die Band unterhielt gute Kontakte zu anderen rechtsextremen Organisationen, und lediglich ein Lied der CD enthielt keine strafbaren Textpassagen. Folgerichtig wurde die CD indiziert, und die Bandmitglieder wurden wegen Volksverhetzung zu zum Teil mehrjährigen Haftstrafen verurteilt. Der Sänger der Band, der Elmshorner Jens Arpe, saß einen Teil seiner Haftstrafe in Deutschland ab, setzte sich danach aber nach Dänemark ab, wo er aufgrund der dänischen Rechtssprechung vor weiterer Strafverfolgung sicher war. In Dänemark organisierte er mit dem gebürtigen Deutschen und *Blood & Honour*-Aktivisten, Marcel Schilf, mehrere Konzerte und den weiteren Vertrieb der in Deutschland indizierten CD. Mit Hilfe der dortigen *Blood & Honour*-Strukturen wurde eine Live-CD produziert, die wiederum einige der auf der ersten CD beanstandeten Titel enthielt. Die Band, und vor allem Jens Arpe selbst, kam dadurch weit über die Grenzen der deutschen Rechtsrockszene hinaus in den Ruf, trotz „Gesinnungshaft" unbeirrt für ihre rechtsextremen Ideale einzustehen und auch große persönliche Opfer wie der Gang ins „politische Asyl" in Kauf zu nehmen. Noch heute wirbt die Band damit, eine der bekanntesten „White-Power-Bands" zu sein. Offensichtlich war dieser Ruf der Band aber nicht genug. So kehrte Arpe Mitte der 90er Jahre nach Deutschland zurück und die Band wurde von Torsten Lemmer 1997 unter Vertrag genommen.

Hier hat die Band bis 2001 mehrere CDs eingespielt, die in einer Auflage von bis zu 18.000 CDs („Deutsch geboren") erschienen und für die bis zu 50.000 DM an die Band bezahlt wurden. Die Forderungen der Band waren so hoch, dass eine CD auf vier verschiedene Maxi-Cds aufgesplittet werden mußte, um überhaupt noch wirtschaftlichen Gewinn abzuwerfen. Nach der Vertragsunterzeichnung bei Lemmer und vor allem aufgrund der deutlich entschärften Texte verspielten *Kraftschlag* schnell ihren Ruf und gelten heute nicht mehr als Teil der Szene. Dennoch verkauften sich die CDs gerade unter jüngeren Konsumenten sehr gut. Neben den offiziellen *Kraftschlag*-CDs zeichnen sich die Bandmitglieder auch noch für weitere Musikveröffentlichungen, zum Beispiel unter dem Namen *Scheinheilige Brüder*, verantwortlich und ermöglichen es mittlerweile den Bandmitgliedern, hauptberuflich zu musizieren. Der ehemalige Schlagzeuger der Band spielte zeitweilig auch in der Band *V-Punk* um den Kieler Nachtclubbetreiber Zejlko.

Wenn man CDs in dieser Größenordnung verkaufen und gleichzeitig die Gewinne legal einstreichen möchte, muß man natürlich darauf achten, dass die CDs keine strafrechtsrelevanten Texte enthalten. Darauf achtete Torsten Lemmer, sehr genau, alle bei seinen Firmen produzierten CDs wurden von einem Rechtsanwalt überprüft, vermutlich aber nicht, weil er inhaltlich nicht mit dem Gesungenen übereinstimmte, sondern vor allem, weil die Indizierung, oder gar Beschlagnahme einer produzierten CD einen erheblichen finanziellen Verlust für ihn bedeuten würde.

Im letzten Jahr endete die Zusammenarbeit zwischen *Kraftschlag* und Torsten Lemmer im Rechtsstreit um die Rechte an der CD „12 Jahre – wie brennendes Benzin".

3. Fallbeispiel *Blood & Honour*

Szeneinterne Organisationen, wie das *Blood & Honour*-Netzwerk oder die *Hammerskin Nation* haben dagegen in erster Linie den Anspruch mit der Musik politische Botschaften zu übermitteln. So beschreibt die australische *Blood & Honour*-Sektion auf ihrer Homepage sogenannte „White Power Musik" als verbindendes Element der weißen Rasse und führt weiter aus: „WP-Musik verleiht uns Inspiration und Hoffnung. (...) WP-Musik erreicht diejenigen die sich uns anschließen und hilft ihnen, ihren Platz in unseren Reihen zu finden"[12] Von dem wirtschaftlichen Erfolg des Rechtsrockbooms wollte die Szene aber auch selbst profitieren. Das *Blood & Honour*-Netzwerk war dafür der optimale Überbau, da man faktisch ein Monopol auf rechtsextreme Musik besaß und man daher auch hohe finanzielle Forderungen an die Plattenproduzenten und –vertriebe stellen konnte. Wer mit der Musik von *Blood & Honour*-Bands Geld verdienen wollte, musste einen Teil der Gewinne an die Organisation abführen. Der deutsche Musikverleger Herbert Egolt beispielsweise zahlte monatlich mehrere hundert englische Pfund an Ian Stuart Donaldson und durfte dafür alle bekannten *B&H*-Bands exklusiv produzieren und vermarkten. *B&H* organisierte professionell Konzerte, bewarb die Musik in eigenen Publikationen und übernahm auch zum Teil den Vertrieb von illegalen Platten.

Blood & Honour Deutschland unterhielt seit 1993 pro forma sein Hauptquartier in Dänemark und eine Postfachadresse bei der *Nationalen Liste* der Hamburger Christian Worch und Torben Klebe. Von dort aus organisierten die deutschen Neonazis das Geschäft mit der Musik und erarbeiteten sich, ohne als Organisation selbst in Erscheinung zu treten, einen „guten Ruf" innerhalb der Szene, besonders, was die Professionalität der Organisation von illegalen Konzerten anging, 1994 wurde dem Netzwerk in Berlin ein organisatorischer Überbau gegeben, vorwiegend Skinheads aus „Ostdeutschland" gründeten die deutsche Muttersektion. Durch die internen Machtkämpfe innerhalb von *B&H* nach dem Tod von Ian Stuart Donaldson sank zwar der Einfluß von *B&H* kurzfristig, 1995/96 fand *B&H* zu seiner alten Stärke zurück, konnte in den folgenden Jahren sogar expandieren, jedoch nun viel stärker in Deutschland, als im Mutterland England. Hier wird die Entwicklung bis heute durch die Übernahme(versuche) von *Combat 18* auf *B&H* gelähmt.

Blood & Honour baute in der Folge des oben beschriebenen Booms mit der sogenannten „Versorgungslinie Nord" ein Netzwerk auf, mit dem die gestiegene Nachfrage nach Musik mit offen rechtsextremen Texten abgedeckt und enorme Gewinne erwirtschaftet werden konnten, die aber aufgrund der verdeckten und zum Teil im Ausland ansässigen Struktur vor dem Zugriff der deutschen Strafverfolgungsbehörden weitgehend geschützt war.

Eine besondere Schlüsselrolle in dieser Struktur fiel dabei *B&H Scandinavia* zu, welche bereits Anfang der 90er Jahre eng mit politischen Gruppen wie der *Dänischen Nationalsozialistischen Bewegung* (*DNSB*) oder dem schwedischen *Weißen Arischen Widerstand* (*VAM*) verbunden war und über eine, für damalige deutsche Verhältnisse hervorragende Infrastruktur verfügte. So betrieb der *DNSB* an der deutschen Grenze einen eigenen Radiosender (*Radio Oasen*) und verfügte über einen gut funktionierenden CD-Versand, den heute direkt in *B&H Scandinavia* aufgegangenen *NS88* des Deutsch-Dänen Marcel Schilf. Schätzungen zufolge belieferte Schilf bis zu 10.000 Kunden in ganz Europa mit dem härtesten Material an faschistischer Musik.

Die rechtsextremen CDs wurden in unterschiedlichen Tonstudios in Deutschland, aber auch in den USA oder in Westeuropa eingespielt. Die Masterbänder gelangten nach Osteuropa oder Asien, wo sie zu Billigstpreisen auf CDs gepresst wurden. Von hieraus gelangten sie über Dänemark oder Schweden zu den in Deutschland ansässigen *B&H*-Strukturen. So wurde zum Beispiel die CD „Rock gegen oben" der Berliner Band *Landser* bei Marcel Schilf in Dänemark aufgenommen, in Schweden abgemixt, von einer taiwanesischen Firma

---

12 Zitiert nach: Bundesministerium des Innern, Verfassungsschutzbericht 2001 (Pressefassung), S. 48.

in den USA gepresst dann über Dänemark an die Hamburger *B&H*-Struktur um Torben Klebe weitergeleitet, welche die CDs nach festen Kontingenten auf die weiteren deutschen *B&H*-Sektionen verteilte.

Verbindendes Element zwischen den einzelnen Akteuren war nicht zuletzt die Vernetzung der aus den USA operierenden *NSDAP/AO*, deren Auslandsgruppen in Deutschland in der *GdNF* organisiert waren, in Dänemark innerhalb der *DNSB*. Dieses System hatte aber mehrere Nachteile: Erstens mußten alle CDs mehr oder weniger zentral durch das „Nadelöhr" deutsch-dänische Grenze gebracht und auf der deutschen Seite zumindest kurzfristig gelagert werden. Dies führte zu mehreren Beschlagnahmeaktionen der deutschen Strafverfolgungsbehörden, bei denen zum Teil über 30.000 CDs sichergestellt werden konnten. Zum anderen war das hierarchisch aufgebaute Vertriebsnetz sehr anfällig im Falle von Verhaftungen und die Wege der CD konnten sehr weit zurückverfolgt werden. Unter aktiver Beteiligung der *B&H*-Strukturen in Ostdeutschland, vor allem in Sachsen und Sachsen-Anhalt wurde eine weitere Versorgungslinie, die sogenannte „Versorgungslinie Ost" aufgebaut. Musik, die in den USA oder in Westeuropa produziert worden war, wurde in Osteuropa gepresst und von dort direkt an die ostdeutschen Sektionen gegeben. Über dieses Netzwerk wurden deutsche Neonazis jedoch nicht nur mit CDs versorgt, es wurden auch Konzerte in Grenznähe organisiert. Zusätzlich bot eine einmal aufgebaute illegale Infrastruktur natürlich auch die Möglichkeit andere Güter illegal aber professionell nach Deutschland einzuführen. Vor allem Waffen und Drogen standen auf den Wunschlisten der deutschen Neonazis ganz oben.

Nachdem öffentlich auf diese Strukturen hingewiesen wurde und sich verschiedene Medien des Themas angenommen hatten,[13] verstärkten auch osteuropäische Strafverfolgungsbehörden den Druck auf diese Versorgungslinie. Das auf der CD „Rock gegen oben" von der Band *Landser* veröffentlichte Lied „Polackentango" verstärkte noch zusätzlich den Druck auf die Zusammenarbeit mit osteuropäischen Partnern. Dort heißt es:

> Wenn ich das seh' werd' ich echt sauer,
> Polacken-Lümmel schreien „White Power".
> Oh, wie ich dieses Scheißvolk hasse,
> seit wann gehör'n Polacken zur arischen Rasse?[14]

Die Folge war der rapide Zurückgang der grenzüberschreitenden Aktivitäten bis hin zu handfesten Auseinandersetzungen zwischen deutschen und polnischen Neonazis auf verschiedenen internationalen Konzertveranstaltungen wie dem „Ian-Stuart-Memorial 2000" und dem „Hammerfest 2001".

Nach dem Erfolg der in Verantwortung von *Resistance Records* in den USA erschienenen CD „Rock gegen oben" waren mehrere amerikanische Musikverlage bereit, Geld in deutschsprachige Musik für den deutschsprachigen Markt zu investieren und eröffneten hier für die europäische Rechtsrockszene völlig neue Möglichkeiten durch die Zusammenarbeit mit einem semi-professionellen Label, mit professioneller Marketingstrategie und ebensolchen Vertriebsstrukturen. Zwischen 1998 und 2000 wurden die Angebote der drei großen Firmen in diesem Bereich, *Resistance Records*, *Panzerfaust Records* und *Strikeforce Records* dem deutschen Markt angepasst. Viele deutsche CDs wurden in das Angebot genommen, die Internetauftritte sind zum Teil deutschsprachig, die Bestellung und Bezahlung von Deutschland aus wurde wesentlich vereinfacht. *Panzerfaust Records* produzierte gar eine Beilage zum deutschen *B&H*-Magazin Nr.9. Diese CD enthielt allerdings ein Lied mit der

---

13 vgl. *Der Spiegel* 30/97.
14 Band: *Landser*, CD: „Rock gegen oben" Lied: „Polackentango".

in Deutschland strafbaren Grußformel „Sieg Heil", so dass die Beilage beschlagnahmt wurde und das Heft ohne CD ausgeliefert wurde.

Diese amerikanisch-dominierte Vertriebsstruktur richtete sich aber vor allem an Einzelabnehmer, maximal an Sammelbesteller von kleineren Freundeskreisen. Für den Großhandel ist diese Struktur zu auffällig. Dennoch gibt es bei diesen Firmen auch etliche Großabnehmer, wobei jedoch in diesen Fällen mehr Wert auf konspirative Versandart gelegt wird. So werden zum Beispiel von deutschen Großabnehmern zum Schein Gewerbe angemeldet, zum Beispiel als Hard- und Software-Mailorder. Von einer Schein-Firma in den USA werden dann rechtsextreme CDs, als CD-Rohlinge getarnt, ohne Cover und Booklet an die Firma in Deutschland gesendet. Hier werden dann die CDs in CD-Trays verpackt, mit Inlay-Cards versehen und in die weiteren Vertriebsstrukturen ausgeliefert. Um den Weg der Lieferungen nicht rückverfolgbar zu machen, werden die Kennzeichnungsnummern der CDs zum Teil von Hand entfernt. Diese Vertriebsform hat jedoch den Nachteil, dass nur aktive Szenegänger diese CDs kaufen können, die Verbreitung und auch die Gewinnmargen deutlich begrenzt sind.

Es gibt aber noch mehrere andere Möglichkeiten an indizierte Musik-Cds zu gelangen. Die einfachste Möglichkeit ist, sich die Titel von einer der zahlreichen Internetseiten als MP3 herunterzuladen und die Stücke selbst auf CD zu brennen. Diese Variante ist aber aufgrund der Qualitätsverluste, der fehlenden Cover etc. nur für einen geringen Teil der Szenegänger eine akzeptable Alternative. Darüber hinaus wird in zahlreichen Publikationen, auf Internetseiten oder in Fanzines immer wieder betont, dass „Raubkopierer" die Szene kaputtmachen würden etc. Dem halten jedoch die Anhänger dieser Musiksparte entgegen, dass man die CDs ja auch kaufen würde, die meisten Rechtsrockfans aber nicht wissen, wo diese Musik erhältlich ist, da sie nicht in feste Szenestrukturen eingebunden sind.

Besonders der William Pierce von der *National Alliance*[15] gibt sich aber nicht mit dem Verkauf seiner CDs nach Europa zufrieden. So kaufte er eines der bekanntesten Labels des europäischen Rechtsrock-Marktes, das *Blood & Honour*-Label *Nordland* in Schweden, genehmigte dann aber dem Düsseldorfer Torsten Lemmer, bzw. seiner Firma *VGR* die Produktion eines „Best of Nordland" und eines „Resistance Greatest Hits"-Samplers, produzierte, zum Teil unter der Regie von *Landser*, mehrere internationale Sampler um sowohl die amerikanischen Bands dem deutschen Publikum näherzubringen, aber auch um die deutschen Bands international vermarkten zu können. So spielten zum Beispiel *Landser* mehrere englischsprachige Titel für *Resistance Records* ein.

Auch der als „Satansmörder" bekannt gewordene Mitbetreiber des NS-Black-Metall-Labels *Darker Than Black* und unter dem Pseudonym „Hagen von Tronje" im Hochglanzfanzine *RockNord* schreibende, Hendrik Möbus hielt sich während seiner Flucht vor den deutschen Strafverfolgungsbehörden längere Zeit bei William Pierce auf. Beachtenswert vor allem, da das Label *Darker Than Black* als Sublabel des bedeutendsten deutschen *Hammerskin*-Labels *Hate Records* des *Hammerskin*-Sektionsleiters Mirko Hesse geführt wird, während William Pierce vor allem mit *B&H*-Bands Geld verdient. Dies deutet auf eine weitere Annäherung der in Europa, vor allem in Deutschland, verfeindeten Fraktionen *HS* und *B&H* hin. Einendes Element sind hierbei offensichtlich die gemeinsamen wirtschaftlichen Interessen.[16]

---

15 Zu William Pierce siehe Thomas Grumke, Rechtsextremismus in den USA, 2001, S 112ff.
16 So wird auch auf der WWW-Seite von *B&H Deutschland* vom 28.05.2002 von einer Reise von *B&H*-Aktivisten zu einem *Hammerskin*-Treffen berichtet.

Spätestens seit dem Deutschlandtreffen der *B&H*-Bewegung am 3.Oktober 1998 formt sich jedoch das eigentlich als Musikbewegung initiierte Netzwerk *B&H* auch zu einer politischen Organisation. Waren vorher auf Demonstrationen und Kundgebungen vorwiegend Skinheads unter den Zeichen und Symbolen der *NPD* marschiert, tauchen nun neben den Fahnen der „freien Kameradschaften" verstärkt Fahnen der einzelnen *B&H*-Sektionen auf. Im Beschluß des oben angesprochenen Treffens heißt es dazu, man wolle Aktivisten sammeln „nicht nur in der Musik, sondern im Kampf". Die Mitglieder sollten sich „um diesen Standpunkt zu demonstrieren in Zukunft vermehrt geschlossen an politischen Aktionen beteiligen."[17] Welcher Standpunkt das war, daran läßt weder das, an das 25 Punkte-Programm der *NSDAP* angelehnte, 25 Punkte-Programm der *B&H*-Division Deutschland, noch die übrigen Veröffentlichungen einen Zweifel aufkommen.

Blood & Honour richtete sich „nach rassischen Gesichtspunkten." Nur Völker, „die der weißen Rasse angehören, sind als solche zu respektieren."[18] „Falls es nicht bald einen weißen Gegenschlag in Form einer Endlösung gibt, um dieses Problem (hier: Einwanderung Farbiger) gibt, um diese Problem zu bewältigen..."[19] In mehreren Ausgaben des *B&H*-Magazins, eines professionell gestalteten Hochglanzfanzines, wird Angehörigen der Waffen-SS gedacht, so zum Beispiel den Ritterkreuzträgern Erich Eberhardt (in der Ausgabe Nr. 4) Woll, Wittmann, Meyer, Hausser (Nr. 2).

Die Mitarbeit bei *B&H* ist deswegen für viele ältere Skinheadaktivisten so attraktiv, da sie einerseits ihre kulturelle Identität als Skinheads nicht aufgeben müssen, wie dies in vielen Parteien des rechten Lagers der Fall ist, anderseits die überregionale Vernetzung einen wesentlich verbindlicheren Rahmen herstellt, als die „freien Kameradschaften". Hinzu kommt, dass hier vorwiegend Skinheads aktiv sind, man also mit denen, mit denen man die politischen Überzeugungen teilt, auch die selben kulturellen Interessen hegt. Der politische Kampf kann hier sehr viel intensiver mit kulturellen Vorlieben verbunden werden. Da diese kulturellen Vorlieben als Mittel des politischen Kampfes gefördert und nicht, wie z.B. bei der *NPD* nur geduldet werden. Innerhalb kürzester Zeit entwickelte sich so *B&H* zu der am schnellsten wachsenden rechtsextremistischen Organisation in Deutschland, wobei jedoch die Zahl der Doppelmitgliedschaften mit den „Freien Kameradschaften" oder der *NPD* nicht zu unterschätzen ist. Mittlerweile gibt es im gesamten Bundesgebiet Sektionen, insgesamt 17 an der Zahl und mit mehreren Hundert Aktivisten. Besonders aktiv sind die Sektionen in Berlin und Brandenburg, aber auch im Süddeutschland.

Der Erfolg von *B&H* in Deutschland ist stark an das Versagen der *NPD* gekoppelt, die mit ihr sympathisierenden Skinheads dauerhaft an sich zu binden. So hat sie es z.B. nicht geschafft, bis auf wenige Ausnahmen Aufmärsche und Veranstaltungen zu wirklichen Erfolgen werden zu lassen. Während sich die *NPD*-Verantwortlichen stets an die Auflagen der Polizei was Bekleidung, Marschroute und eventuelle Demoverbote anging hielten – zumeist aus rein populistischen Gründen einer angestrebten „positiven Presseresonanz" –, gelang es beispielsweise den „Freien Kameradschaften" oder anderen lokalen Gruppen häufiger, „Katz und Maus" mit der Polizei zu spielen und sehr viel häufiger Demoverbote zu umgehen. Dies gelang vorwiegend durch die straffe Organisation und Konspiration von Aktivisten, die diese Erfahrungen unter anderem bei der Organisation von Konzerten verfassungs-

---

17 Offizieller Newsletter der *Blood & Honour*-Division Deutschland 1/98, zitiert nach: Searchlight 2001.
18 25 Punkte-Programm der *Blood & Honour*-Division Deutschland, zitiert nach Bundesministerium des Inneren: Verbotsverfügung *Blood & Honour*.
19 Max Hammer in „Der Weg Vorwärts" (offizielle *B&H*-Broschüre).

feindlicher Skinheadbands erworben haben. Nach dem Verbot der *NPD*-Demonstrationen am 1. Mai 1999 in Bremen und am 5. Juni 1999 in Hamburg organisierten Freie Kameradschaften und *B&H* die Ersatzkundgebungen, ohne Einbindung der *NPD*, aber mit Erfolg. Erfolgreich durchgeführte Aktionen sind als sinnstiftendes Erlebnis unablässig, um die Moral innerhalb der jeweiligen Organisation hoch zu halten.

4. Bewertung

Rechtsrock, bzw. White Power Musik, spielte und spielt eine entscheidende, wenn nicht gar die wichtigste Rolle bei der Weiterentwicklung und Vernetzung der internationalen Rechtsextremismusszene. So beruhen die Verbindungen zwischen der *NPD* und der *National Alliance*[20] in großem Maße auf den gemeinsamen wirtschaftlichen Interessen von Jens Pühse (*DS-Versand*) und William Pierce (*Resistance Records*) bei der gemeinsamen Vermarktung von Tonträgern. So wurde z.B. die CD „Spirit of 88 – White Power Skinheads", ein Soloprojekt eines *Spreegeschwader*-Musikers von Jens Pühse produziert und bis zur Indizierung über den *DS-Versand* vertrieben, nach der Indizierung übernahm *Resistance Records* den Verkauf über sein deutschsprachiges Internetangebot.

Auch bei der Rekrutierung neuer Aktivisten des organisierten Rechtsextremismus nimmt Musik bzw. Subkultur im Allgemeinen eine herausragende Stellung ein, obwohl die Anzahl der subkulturell geprägten und gewaltbereiten Rechtsextremisten in Deutschland vergleichsweise gering erscheint.[21] Jedoch ist festzustellen, dass im Gegensatz zum allgemeinen Trend der Abnahme des Personenpotentials innerhalb der rechtsextremen Szene dieser Bereich seit 1995 kontinuierlich stark anwächst.

Legt man vorsichtige Schätzungen von etwa 1,5 Millionen zwischen 1991 und 1998 produzierten Rechtsrock-CDs zugrunde (Searchlight 2001), so kann man allein daran ablesen, dass es sich bei dem Phänomen mittlerweile um ein Massenphänomen handelt.

Da sich „Rechtsrock" in bestimmten Regionen zur hegemonialen Jugendkultur entwickelt[22] hat, sind polizeiliche Maßnahmen allein nicht geeignet, wirksam gegen das Phänomen vorzugehen. Selbst spektakuläre Exekutivmaßnahmen, wie das Verbot der *Blood & Honour*-Division Deutschland oder die Verhaftungen der Berliner Rechtsrockbands *Landser* und *Deutsch Stolz Treu* und deren Vertriebsstrukturen durch das Berliner LKA waren nicht in der Lage die Strukturen nachhaltig zu schwächen. So wurde z.B. nur wenige Monate nach dem Verbot der *Blood & Honour*-Division Deutschland ein Sampler der Organisation mehrtausendfach illegal in Deutschland verbreitet[23] und ein legaler Soli-Sampler für einen bekannten *Blood & Honour*-Aktivisten produziert und vertrieben. Allein im ersten Halbjahr 2002 fanden mindestens 2 große Konzerte mit mehreren tausend Zuhörern in Deutschland statt. Hier wird versucht, sich einem breiten Publikum zu öffnen, indem man sich betont unpolitisch darstellt, obwohl die Vernetzung mit dem organisierten Rechtsextremismus leicht zu erkennen ist. So war eines der beiden oben angesprochenen Konzerte als Veranstaltung zum 20jährigen Bestehen der Hooligangruppe *Borussenfront* des Dortmunder Rechtsextre-

---

20 Siehe auch den Beitrag von Thomas Grumke in diesem Band.
21 Der Verfassungsschutzbericht 2001 spricht von 10.400.
22 Siehe auch den Beitrag von Bernd Wagner in diesem Band.
23 Vgl. Ralf Fischer/Sven Pötsch, „Kampf um die Strasse. Rechtsextremismus in Berlin," in: *Junge Welt* vom 05.11.2001.

misten Siegfried Borchardt[24] angekündigt. Die aufgetretene Band *KC – die Band*[25] gibt sich in Interviews und auf ihrer eigenen Homepage ebenfalls betont unpolitisch.[26] Dennoch beteiligte sich die Band in der Vergangenheit an eindeutig rechtsextreme CD-Samplern, z.B. an der indizierten Samplerreihe „Die Deutschen kommen", zusammen mit Bands wie *Landser* und *Nahkampf*.

Besondere Beachtung muß in Zukunft der Vernetzung von Bereichen der organisierten Kriminalität und dem organisierten Rechtsextremismus, wie im Falle der Berliner Gruppierung *Ariogermanische Kampfgemeinschaft – Vandalen*[27] geschenkt werden, da sich im Zuge der Exekutivmaßnahmen gegen die rechtsextreme Szene die illegalen Vertriebsstrukturen weiter professionalisieren werden, die vertriebenen Produkte innerhalb der organisierten Kriminalität austauschbar sind. So wurden bei einer einzigen Durchsuchung in eine *B&H* zugeschriebenen Lagerhalle 1997 mehr als 30.000 CD's aufgefunden. Legt man Herstellungskosten von etwa 30 Cent und einen Verkaufspreis von bis zu 20 € zugrunde, erkennt man diese Dimensionen des illegalen Handels mit indizierten CD's und es wird offensichtlich, dass die überdurchschnittlichen Gewinnsummen die im Bereich Rechtsrock verdient werden können, defacto nur noch mit Drogen und Waffenhandel erzielbar sind.

Beleg für diese Zusammenarbeit ist z.B. der Tod des norddeutschen Neonazis Sascha Meseberg, welcher 1999, vermutlich infolge eines Konfliktes im Zusammenhang mit Zigarettenschmuggel, erschossen wurde oder die Tatsache, dass ein Mitglied der Band *Landser*, nicht nur im musikalischen Bereich strafrechtsrelevant aufgefallen ist, sondern auch im Zusammenhang mit dem Handeln von illegalen CD's und auch mit Waffenverkäufen an eine rechtsterroristische Struktur in Erscheinung getreten war. Diese rechtsterroristische Struktur, die sogenannten *Nationalrevolutionären Zellen* hatten kurz zuvor dem der norddeutschen *Blood&Honour*-Szene zugerechneten Fanzine „Hamburger Sturm" ein Interview gegeben und Anschläge gegen die unterschiedlichen Feindbilder des Rechtsextremismus angekündigt. Der führende Kopf der Gruppe, ein später als VS-Mitarbeiter enttarnter Neonazi hatte mit tatkräftiger Unterstützung von amerikanischen Rechtsextremisten versucht, Strukturen des rassistischen *Klu Klux Klan* in Deutschland zu etablieren.

Bibliographie

Archiv der Jugendkulturen (Hrsg.): Reaktionäre Rebellen. Rechtsextreme Musik in Deutschland, Berlin 2001.
Farin, Klaus (Hg.), Die Skins Mythos und Realität, Berlin 1997.
Menhorn, Christian, Skinheads: Portrait einer Subkultur, Baden-Baden 2001.
Searchlight u.a., White Noise, Hamburg/Münster 2001.

---

24 Spitzname „SS-Siggi".
25 Vormals *Kategorie C* in bezug auf die Kategorisierung innerhalb der Datei „Gewalttäter Sport" beim Bundeskriminalamt.
26 Vgl. *RockNord* Nr. 74-75 und WWW-Seite *KC – die Band* (22.05.2002).
27 Mehrere Mitglieder der Vereinigung spielten in der Rechtsrock-Band *Landser*. Ein Mitglied der Band ist im Zusammenhang mit Waffenverkäufen an rechtsterroristische Strukturen vorbestraft.

Rechtsextremismus im Internet

Klaus Parker

Das Internet ist das weltweit am schnellsten wachsende Kommunikationsmedium. Aufgrund seiner Struktur ist es im wahrsten Sinne grenzenlos. Ob Inhalte in den USA, in Japan oder sonstwo auf der Welt zum Abruf bereitgehalten werden, spielt keine Rolle, da die Abrufbarkeit im Prinzip fast zeitgleich für jeden beliebigen Inhaber eines Zuganges zum Netz möglich ist. Dies eröffnet ungeahnte Chancen des schnellen Daten- und Meinungsaustausches über alle politischen und kulturellen Grenzen hinweg, aber selbstredend auch die naheliegende Möglichkeit des Mißbrauches in jedweder Form. Dieser Aufsatz soll darstellen, in welchen Formen rechtsextremistische Hetze als eine Form des Mißbrauches im Netz betrieben wird sowie welche Gegenstrategien machbar und erfolgversprechend sind. Jegliches Agieren im Netz geschieht notwendigerweise auf der Grundlage der technischen Gegebenheiten. Ich kann es also dem Leser nicht vollends ersparen, an einigen Stellen zur Netzstruktur und deren Funktionen Ausführungen zu machen.

1. Das Internet als Kommunikationsmedium

Um für den militärischen Bereich in den USA ein stabiles Kommunikationsmedium zu schaffen, wurde Ende der 60er/Anfang der 70er Jahre nach längerer Entwicklungszeit das sog. ARPA-Net in Betrieb genommen. Es handelte sich nicht um ein System mit Zentrale, sondern um ein sog. verteiltes Netzwerk. Dies geschah, um bei Beschädigung von Teilen des Netzwerkes die Kommunikationsstrukturen aufrechtzuerhalten. Deshalb „suchen" sich die in Pakete zerlegten Daten ihren Weg über andere noch funktionsfähige Rechner. Bis 1971 waren 15 Knotenrechner im ARPA-Net vorhanden. 1973 wurden einzelne Computer-Netzwerke über die vorhandenen Knotenrechner mit dem Netz verbunden. 1994 umfaßte das Netz bereits ca. 1.000 Hosts mit entsprechender Anzahl angeschlossener Subnetze. In diesen Zeitraum fällt auch die erste Anbindung einer deutschen Institution an das Netz: die Universität Dortmund. Aufgrund des rasanten Wachstums wurde von den USA der militärische Bereich vom ARPA-Net abgekoppelt und in ein neues Netzwerk, dem MILNET, überführt. Das ARPA-Net wurde zunächst vorrangig im universitären Bereich und im Forschungsbereich weiter entwickelt. Es wurde im allgemeinen Sprachgebrauch ab dort als „Internet" bezeichnet. Die am meisten genutzten Dienste des Internet bestehen traditionell in der Möglichkeit des Dateiaustausches (File-Transfer-Protocoll), der Übermittlung elektronischer Nachrichten (e-mail) und dem Usenet. Hierbei handelt es sich um sog. „schwarze Bretter", die in einzelnen News-Gruppen zusammengefaßt werden.

Neben diesen Ursprungsdiensten wurde Anfang der 90er Jahre als jüngster Dienst das sog. „World-Wide-Web" (WWW) entwickelt. Das diesem Dienst zu Grunde liegende HTTP-Proptokoll erlaubt eine Darstellung der übermittelten Daten auf einer benutzerfreundlichen Oberfläche, dem Browser. Durch die Verwendung sog. Links können Daten, die sich auf einem beliebigen Rechner befinden, schnell verknüpft werden. Neben der Übermittlung von Texten können innerhalb einer WWW-Seite auch Grafik- oder Tondateien eingebunden sein. Weiterhin ist es möglich, durch Zusatzprogramme interaktive Bereiche zu schaffen, in denen der Datenfluß auch vom Nutzer zum Rechner des Anbieters läuft. Dies geschieht in den WWW-basierten Chats und Diskussionsforen.

Der WWW-Bereich ist der am schnellsten wachsende Teil des Internets.

2. Globales Dorf oder Abbild der Realität?

Da das Internet zunächst im Forschungs- und universitären Bereich etabliert wurde und die dort tätigen Nutzer wie selbstverständlich die notwendigen Regeln des Umgangs mit der Technik und des Umgangs untereinander entwickelten und einhielten, entstand die Illusion eines „globalen Dorfes", einer zwar verschworenen, aber weltoffenen Netzgemeinschaft. Mit der rasanten Verbreitung des WWW-Dienstes und der damit einhergehenden Kommerzialisierung hat sich diese Sichtweise als Illusion erwiesen. Das Internet ist Spiegel der jeweiligen gesellschaftlichen Verhältnisse. Durch die sprichwörtliche Grenzenlosigkeit des Mediums und durch die Kommunikation praktisch in Echtzeit werden im Internet „die dunklen Seiten" gesellschaftlicher Zustände besonders krass sichtbar.

In dem Verfahren gegen den Geschäftsführer von CompuServe in Deutschland, Felix Somm, Ende der 90er Jahre wurde das Verhältnis von legalen zu illegalen Internetinhalten mit 1:999 angegeben und auch in das Verfahren eingeführt. Dieses Verhältnis dürfte auch heute noch zutreffend sein. Für den Bereich der im WWW abrufbaren Homepages mit rechtsextremistischem Inhalt liegen folgende Zahlen vor: Waren es 1996 noch 32, so belief sich die Zahl im Jahre 2000 schon über 800[1]. Gleichwohl handelt es sich im Verhältnis zu neuen hinzugekommenen Web-Seiten um eine unterproportionale Steigerung. Mit anderen Worten: Der Anteil volksverhetzender und rechtsextremistischer Propagandaseiten ist gegenüber dem Gesamtangebot gesunken. Allerdings nehmen die bestehenden einschlägigen Seiten an Bedeutung zu. Sie übernehmen die Funktion von Informations- und Schaltstellen für die Neonazi-Szene auch in Deutschland. Zur steigenden Attraktivität für Rechtsextremisten führen u.a. eine durchaus professionelle Gestaltung sowie ein verstärkter Regionalbezug der Inhalte.

3. Rechtsextremisten entdecken das Netz

Das Internet bietet die Möglichkeit, Inhalte gleich welcher Art praktisch zeitgleich weltweit zu verbreiten, und dies zu konkurrenzlos günstigen Bedingungen. Der Unterhalt aufwendiger Betriebsdienste, wie bei Printmedien, entfällt. Auch ist es unerheblich, in welchem

---

1 Antwort der Bundesregierung auf eine kleine Anfrage der Bundestagsabgeordneten Ulla Jelpke, März 2001.

Land die zum Abruf bereitgestellten Daten tatsächlich gespeichert sind. So kann nationalen Gesetzen zumindest technisch ausgewichen werden. Die Inhalte dieser rechtsextremistischen Webauftritte bestehen in der propagandistischen Verwendung von Hakenkreuzen, SS-Runen, einschlägigen Tondateien mit volksverhetzender Zielrichtung. Es wird Haß gegen Teile der Bevölkerung geschürt und zu Gewalttaten gegen sie aufgerufen. Die Opfer der NS-Diktatur werden verhöhnt und verächtlich gemacht. Völkermordhandlungen Nazi-Deutschlands werden geleugnet. Letzteres unter dem Deckmantel behaupteter „Wissenschaftlichkeit" und „revisionistischer" Geschichtsbetrachtung.

Für Web-Foren, Chatrooms und das Usenet haben Rechtsextremisten bereits im Jahre 1997 die sog. „Strategie der national befreiten Zonen" sinngemäß auf das Netz angewandt:

> Also, hinein in die Datennetze, sprecht Euch auf Euren Haeusern ab, erlernt die Rituale und dann forsch drauf los. Entwickelt eine Diskussionsstrategie, die vorerst darauf gerichtet sein muss, bekennende oder bekannte Antifa-Zecken und Schalom-Litaneienschreiber madig zu machen. Wenn diese sich wehren, muessen wir auch schreien oder besser schreiben. Wir werden sie dadurch isolieren. Wir als scheinbar entschiedene Demokraten aus der rechten Mitte verstehen dann ueberhaupt nicht, warum die Antifas gegen uns die Keulen schwingen und zu uns so intolerant sind. Liberale Scheisserchen verteidigen uns, wenn wir nur geschickt genug argumentieren, fuer uns die Freiheit der Netze verteidigen. So ziehen wir sie und die lesende Mehrheit auf unsere Seite. Die Arbeit, die Antifas aus den Netzen zu ekeln, uebernehmen diese Toleranz-Trottel gerne fuer uns.
> Eines ist besonders wichtig, bestaetigen wir uns gegenseitig mit kleinen Differenzen, es genuegen fuenf Aktive pro Forum und wir beherrschen inhaltlich Themenstellung und Diskussionsverlauf. Wenn's dann soweit ist, koennen wir die Katze aus dem Sack lassen, ueber Vertreibung, alliierten Bombenterror, Ueberfremdung etc. Diskussionen einleiten.[2]

Hier ein Beispiel für die Umsetzung der beschriebenen Strategie: Nach dem Skinhead-Mord an Alberto Adriano in der Nacht zum 11. Juni 2000 in Dessau eröffnete die Illustrierte „Stern" im Rahmen ihres Internetauftrittes ein Diskussionsforum unter der programmatischen Überschrift „Stop dem braunen Mob". Kurze Zeit nach Eröffnung des Forums erschienen im Forum des rechtsextremistischen „Nationalen Infotelefons" (NIT) – dieses wurde im Dezember 2001 vom Netz genommen – Hinweise auf das besagte Stern-Forum. Beim „NIT" wurde diskutiert, auf welche Weise das Stern-Forum zu besetzen und für rechtsextremistische Propaganda zu instrumentalisieren sei. Teilweise im Minutentakt erschienen sodann entsprechende Beiträge im Stern-Forum. Es sei über die Ausländerkriminalität zu sprechen, dieses Land sei überfremdet und man müsse sich daher über die Tat nicht wundern. Wurde ein besonders übler Beitrag, der das Opfer der Mordtat von Dessau, einem Mosambikaner, der langjährig in Deutschland lebte, zum Täter stempelte und die Täter zu Opfern, von der Online-Redaktion gelöscht, waren sofort weitere „Diskutanten" zur Stelle, die lauthals über die angebliche Beschränkung ihrer Meinungsfreiheit lamentierten. Beitragsschreiber, die sich eindeutig für entschiedene Maßnahmen gegen extremistische Gewalt und damit für einen effektiven Schutz potentieller weiterer Opfer aussprachen, wurden als „Blockwarte" und „Feinde der Freiheit" beschimpft. „Nationale Deutsche würden heutzutage ebenso verfolgt wie die Juden in den 30er Jahren. Dieser massive rechtsextremistische Foreneinfall, der zudem mit einem nicht unerheblichen Personalaufwand geführt wurde, hatte durchaus auch zum Ziel, eine angebliche Meinungsführerschaft neonazistischen Gedankengutes in den virtuellen Raum zu stellen. Die Online-Redaktion des „Stern" entschloß sich in dieser Situation zu einer zeitdeckenden Moderation des Fo-

---

2   Mailbox „Widerstand", 1997.

rums und konnte hierdurch die beabsichtigte „Übernahme" durch Rechtsextremisten verhindern.

Das in Deutschland herausgegebene jüdische Internet-Magazin haGalil (hebräisch für Galiläa, www.hagalil.com) war eines der ersten Angriffsziele von Rechtsextremisten. In deren Vorstellungswelt ist haGalil so etwas wie ein jüdisches Sprachrohr. Somit sollte durch Angriffe auf haGalil die Gesamtheit jüdischer Organisationen, jegliches jüdisches Leben betroffen werden. Die im Jahre 1999 noch offenen Foren von haGalil waren stärksten Attacken ausgesetzt. Postings erfolgten per Pseudonymen und überfallartig. Ein inzwischen rechtskräftig verurteilter Neonazi aus dem österreichischen Burgenland rief in einem Forum unverhohlen zu Mordtaten auf: „Läutet dass blutig die Seile sich röten/macht euch bereit Juda zu töten./Laut hallt der Donner der rettenden Rache/DEUTSCHLAND ERWACHE!".[3]

4. Offizielle Gegenstrategien

Das Internet folgt, wie oben ausgeführt, seinen eigenen technischen Grundlagen. Es ignoriert grundsätzlich jegliche nationalstaatliche Grenzen und damit auch die jeweiligen Rechtsordnungen. Es ist dem Grunde nach unbeherrschbar. Von Zeit zu Zeit wohlfeil auftauchende Patentrezepte werden zum Scheitern verurteilt sein:

4.1 Filtersoftware

Hierbei soll die weiterzuleitende bzw. anzuzeigende Webseite auf bestimmte in einer Datenbank geschlüsselte Begriffe untersucht werden. Eine Filterung des gesamten Textes nach Reizbegriffen würde zwangsläufig auch Seiten indizieren, die sich im Sinne der staatsbürgerlichen Aufklärung mit Rechtsextremismus und Neonazismus beschäftigen. Wahrscheinlich wäre die Internetseite des Bundesamtes für Verfassungsschutz eine der ersten ausgefilterten Internetseiten, weil dort Namen und Begriffe aus der rechten Szene zwangsläufig auftauchen.

Filtersoftware kann durchaus nützlich sein, wenn diese in Eigenverantwortung des Nutzers betrieben wird. Dieser kann dann bestimmen, welche Internetinhalte er bzw. seine minderjährigen Kinder nicht zur Kenntnis nehmen wollen oder sollen.

4.2 Sperrung rechtsextremistischer Seiten durch Zugangsanbieter

Das Netz und seine Protokolle wurden konzipiert, um Daten trotz Störung zu übermitteln. Die Sperrung von abrufbar gehaltenen Seiten ist eine solche „Störung". Diese „läßt das Netz nicht zu". Dies soll an einem Beispiel erläutert werden:

Für einen Access-Provider stellt die Möglichkeit der Änderung in der von ihm betriebenen DNS-Server-Datenbank die naheliegenste und oftmals einzige Möglichkeit von Seitensperrungen dar. Die eigentliche Zieladresse, die der Rechner des Nutzers ansteuert, be-

---

3   Ehemaliges offenes Forum zum Thema Antisemitismus des jüdischen Online-Magazins haGalil, April 1999.

steht nicht in dem bekannten URL, wie z.B. „www.irgendwo.de", sondern in einem numerischen Zifferblock wie 127.45.120.200, der sog. IP-Nummer. Die Zuordnung des URL zur eigentlichen IP Adresse erfolgt über das „Domain Name System". Bei der Eingabe eines URL wird also zunächst ein DNS-Server angesteuert, der anhand der Datenbank die IP-Adresse ermittelt. In der Regel vergibt der Access-Provider die IP-Adresse des von ihm genutzten DNS-Server an den Nutzer.

Alle weltweit vorhanden DNS-Server gleichen den jeweiligen Datenbestand untereinander ab und aktualisieren ihn. Jedoch kann der Betreiber eines solchen Servers bestimmte Datensätze von der Aktualisierung ausschließen und so die Zuordnung von URL und Ziel-IP manipulieren. Er kann mithin z.B. den URL www.vho.org (ein von dem flüchtigen Rechtsextremisten Germar Rudolf betriebenes „revisionistisches" Internetangebot) in der Datenbank mit der IP 194.8.192.40 verknüpfen. Dies ist die IP, die dem URL www.verfassungsschutz.de, mithin dem Bundesamt für Verfassungsschutz zugeordnet ist. Der Nutzer landet also nicht auf der von ihm angesteuerten rechtsextremistischen Seite, sondern auf einer beliebigen, vom Access-Provider bestimmten anderen Seite, im -fiktiven- Beispielfall eben beim BfV in Köln.

Diese „Sperrung" ist aber vom Nutzer mit wenigen Eingaben in der Browser-Konfiguration zu umgehen. Er braucht sich lediglich eines anderen der unzähligen DNS-Server zu bedienen und sich diesen nicht von seinem Access-Provider vorgeben zu lassen.

Es gibt noch diverse andere Möglichkeiten, derartige „Sperrungen" ins Leere laufen zu lassen, die hier nicht im Einzelnen erläutert werden sollen.

Unrühmlich haben sich mit derlei Augenwischerei in der jüngsten Vergangenheit diverse eidgenössische Internet-Service-Provider auf Druck des Schweizer Bundespolizeiamtes in Bern hervortun müssen. Die „Sperrung" von Seiten eines berüchtigten US-Dienstes, der fast ausschließlich neonazistische Haßseiten in seinen Unterverzeichnissen hostet, wurde dahingehend bewußt wahrheitswidrig kommentiert, besagte Sites „wären vom Netz". Das waren sie aber nicht! Die Schweizer Access-Provider hatten lediglich ihren Kunden dunkle Sonnenbrillen untergejubelt, damit diese glauben sollten, die scheinende Sonne sei der Mond.

4.3 Vereinheitlichung der Rechtslage

Aufgrund der Grenzenlosigkeit des Mediums Internet entfalten nationale Gesetze praktisch, d.h. in ihrer Durchsetzbarkeit, nur eine geringe Wirkung. Dennoch besteht in bezug auf Delikte der Volksverhetzung, mithin in bezug auf Hate-Speech-Delikte, durchaus ein international anerkannter Mindeststandard für die jeweils nationale Gesetzgebung. Die hier wohl bedeutendste Ausnahme hierzu stellen die USA dar.

Nach dem internationalen Pakt über bürgerliche und politische Rechte vom 19. Dezember 1966 verpflichten sich die Vertragsstaaten, jedes Eintreten für nationalistischen, rassistischen oder religiösen Hass, durch welches zur Diskriminierung, Feindseligkeit oder Gewalt aufgestachelt wird, zu verbieten. Das Internationale Übereinkommen zur Beseitigung jeder Form von Rassendiskriminierung vom 9. Mai 1966 verpflichtet die Vertragsstaaten, jede Verbreitung von Ideen, die sich auf die Überlegenheit einer Rasse oder den Rassenhass gründen, jedes Aufreizen zur Rassendiskriminierung und jede Gewalttätigkeit oder Aufreizung dazu gegen eine Rasse oder Personengruppe anderer Hautfarbe oder Volkszugehörigkeit sowie jede Unterstützung rassenkämpferischer Betätigung einschließlich ihrer Finanzierung zu einer nach dem Gesetz strafbaren Handlung zu erklären. Dieser Konvention sind 154 Staaten beigetreten. Die jeweilige Umsetzung dieser Konvention in nationales Recht erfolgt selbstredend vor dem Hintergrund der unterschiedlichen historischen Erfahrung der Nationen. Geprägt durch die Geschichte des 20. Jahrhunderts ist das deutsche Strafrecht streng ausgestaltet. In der Ausgestaltung der Vorgaben der Konvention kommen Österreich, die Schweiz, Frankreich, die Niederlande und Israel der rechtlichen Situation in Deutschland sehr nahe.

Die USA haben zwar die oben angeführte CERD-Convention ratifiziert, jedoch einen Verfassungsvorbehalt gemacht. Insofern läuft in den USA aufgrund des ersten Zusatzartikels zur Verfassung von 1791 (First Amendment: „*Congress shall make no law ... abridging the freedom of speech ...*") die Umsetzung der Konvention ins Leere. Es ist nicht damit zu rechnen, daß die USA sich der internationalen Poenalisierung von Hate-Speech anschließen.

5. Wirksame Gegenstrategien

5.1 Der inhaltliche Ansatz

Das Internet ist ein – zunächst – unüberschaubarer Markt der Informationen und der Meinungen. Rechtsextremistische und neonazistische Internetangebote werden bestehen, solange es Rechtsextremismus und Neonazismus gibt. Gegenstrategien zur Zurückdrängung rechtsextremistischer Internetinhalte müssen daher Information gegen Desinformation und Aufklärung gegen Verdummung setzen. In bezug auf das jüdische Internet-Magazin haGalil bedeutet dies, antisemitischer Hetze im Internet Informationen „aus erster Hand" entgegenzusetzen. haGalil-online wirkt schon seit Jahren wie ein Block, an dem antisemitische Seiten auf ihrem Weg zum Leser immer schwerer vorbei kommen. Noch vor 3 Jahren wurde jeder, der im deutschsprachigen Internet Informationen zu Begriffen wie „Judentum", „koscher", „Schabath" suchte, durch die Suchmaschinen auf antisemitische Seiten verwiesen. Unvoreingenommene Leser gelangten auf Seiten, die unter Titeln wie „Das Judentum besser verstehen" rechtsextremistische Gedanken verbreiten. Durch die Fülle der bei haGalil angebotenen Informationen gelang es inzwischen, die NS-Seiten auf abgeschlagene Positionen zu verdrängen.

Ein Internet-Magazin wie haGalil wird Rechtsextremisten in der Regel nicht zum Umdenken bringen können. Es kann aber dafür gesorgt werden, daß seriöse Informationen volksverhetzende Inhalte weitgehend verdrängen. Eine entscheidende Rolle spielen hierbei die erwähnten Suchmaschinen. Durch die Größe eines Internetangebotes, der häufigen Verlinkung von anderen Sites und ähnlichen Umständen hängt es ab, welchen Stellenwert das Magazin innerhalb des Ergebnisses von Suchanfragen einnimmt. Bei diesem sog. Ranking haben zwischenzeitlich rechtsextremistische Internetseiten bei identischen Suchbegriffen wenig Chancen. Sie landen gegenüber seriösen Angeboten wie z.B. haGalil auf den hinteren Rängen bei den Ergebnisseiten der Suchmaschinen.

5.2 Der rechtliche Ansatz

Das Internet ist kein rechtsfreier Raum. Was offline strafbar ist, ist es auch online. haGalil bietet seit langem auf seinen Seiten ein Meldeformular für rechtsextremistische und neonazistische Internetinhalte an. Diese werden von Juristen ausgewertet und, sofern strafbare Inhalte vorhanden sind und die Täterermittlung möglich ist, zur Anzeige gebracht. Bedingt durch geringe Kapazitäten der Strafverfolgungsbehörden im Bereich der Online-Kriminalität stellt sich die gegenwärtige Situation so dar, daß Täter eher einem geringen flächendeckenden Verfolgungsdruck ausgesetzt sind. Die Präventivwirkung des Strafrechtes hängt aber von dem tatsächlichen Täterrisiko der Entdeckung und Verurteilung ab. Aus diesem Grunde setzt haGalil die Priorität auf die Täterermittlung und nicht auf die sofortige Sperrung von Webseiten. Selbst wenn Rechtsextremisten ihre Internetseiten auf US-Server auslagern, steht dies in vielen Fällen einer Täterermittlung nicht entgegen. In vielen Fällen werden sog. Webforen in diese Seiten eingebunden, wobei der Forenanbieter in Europa ansässig ist, dessen technische Verbindungsdaten also dem Grunde nach den Strafverfolgungsbehörden zugänglich sind.

Seit der sog. Toben-Entscheidung[4] des Bundesgerichtshofes vom 12. Dezember 2000 (1 StR 184/00) gilt das deutsche Strafrecht auch bei Volksverhetzungsdelikten, wenn der Täter die strafbaren Inhalte vom Ausland her ins Netz gestellt hat, sofern diese in Deutschland abrufbar sind und die Inhalte gerade auf das Publikum in Deutschland zugeschnitten sind.

Diese Entscheidung hat weitreichende Folgen, weniger in bezug auf zu erwartende tatsächliche Verurteilungen von Straftätern durch deutsche Gerichte, sondern vielmehr durch indirekte Wirkungen. Täter dieser sog. Distanzdelikte werden nunmehr einen großen Bogen um die Bundesrepublik Deutschland machen, da sie damit rechnen müssen, hier zur Verantwortung gezogen zu werden. Und ohne die Geltung des deutschen Strafrechtes für Volksverhetzungsdelikte im Internet, sofern der Täter nur im Ausland handelt, wäre auch die im Inland begangene Beihilfe straflos. Beihilfe kann immer nur zu einer Haupttat begangen werden. Ein Berliner Holocaust-Leugner und Esoteriker mit rechtsextremistischem Hintergrund z.B. rühmte sich vor etlicher Zeit in einer Newsgroup der Tatsache, er habe dem Betreiber der neonazistischen Zündel-Site eine Reihe von Spenden zukommen lassen. Diese Art von Beihilfe wäre ohne Strafbarkeit der genannten Distanzdelikte straflos. Ein solches innerstaatliches Recht würde auch gegen die Bestimmung der o.a. CERD-Convention vom 9. Mai 1966 diametral entgegenstehen, da diese Konvention die Signarstaaten verpflichtet, auch die bloße Finanzierung von Volksverhetzungsstraftaten zu einer nach dem Gesetz strafbaren Handlung zu erklären. In der Gesamtschau hat die BGH-Entscheidung vom Dezember 2000 nicht nur zu einer Klarstellung der Rechtslage beigetragen, sondern den Handlungsspielräume der im Internet agierenden Rechtsextremisten und Antisemiten entscheidend eingeschränkt.

Das Urteil bindet auch die Strafverfolgungsbehörden im Ergebnis streng an den Legalitätsgrundsatz, wonach diese verpflichtet sind, wegen aller verfolgbaren Straftaten einzuschreiten, sofern tatsächliche Anhaltspunkte vorliegen (§ 152 Abs. 2 StPO). Diese Pflicht zum Tätigwerden kann aus Opportunitätsgründen nur dann entfallen, wenn die Durchführung des Verfahrens die Gefahr eines schweren Nachteils für die Bundesrepublik Deutschland herbeiführen würde oder wenn der Verfolgung sonstige überwiegend öffentlichen In-

---

4 Fredrick Toben ist australischer Staatsbürger deutscher Herkunft. Er betrieb von Australien aus ein Internetangebot, in dem er den nazistischen Völkermord an den Juden Europas leugnete und die Behauptung aufstellte, es handele sich um eine Erfindung jüdischer Kreise, um Geld zu erpressen. Toben wurde 1999 bei einem Besuch in Deutschland festgenommen und angeklagt. Das Landgericht Mannheim sah die Anwendbarkeit deutschen Strafrechtes für nicht gegeben, da T. lediglich in Australien gehandelt habe. Der Bundesgerichtshof hob die Entscheidung auf und führte aus, daß die Internetseiten schließlich in Deutschland abrufbar seien und auch für das „Missionsgebiet Deutschland" erstellt wurden. Die Auswirkungen der Tat träten im Inland ein. Von daher sei das deutsche Strafrecht zur Anwendung zu bringen.

teressen entgegenstehen (§ 153 c Abs. 2 StPO). Diese engen Voraussetzungen werden wohl kaum eintreten.

Rechtsextremisten in Deutschland, die, von der Person her unschwer identifizierbar, ein eigenes Internetangebot betreiben, halten in der Regel ihren redaktionellen Inhalt knapp unterhalb der Grenze zur Strafbarkeit. Das Teledienstgesetz (TDG) kennt drei Abstufungen von Verantwortlichkeit:

Der sog. Contentprovider, der eigene Inhalte ins Netz stellt, ist hierfür im vollen Umfang nach den allgemeinen Gesetzen verantwortlich (§ 5 Abs. 1 TDG). Der Service-Provider hält fremde Inhalte zur Nutzung vor. Er ist verantwortlich, sofern er von diesen fremden Inhalten Kenntnis hat und ihm eine Sperrung bzw. Löschung möglich und zumutbar ist (§ 5 Abs. 2 TDG). Letztendlich ist derjenige, der lediglich den Zugang zu fremden Inhalten vermittelt, als Accessprovider für diese Fremdinhalte nicht verantwortlich (§ 5 Abs. 3 TDG). Fremdinhalte, die zur Nutzung vorgehalten werden, sind z.B. Beiträge von Dritten in Webforen oder auch nach herrschender Meinung die sog. Links (Verknüpfungen zu anderen Web-Seiten). Hier sind bei den genannten inländischen Internetangeboten die meisten der eindeutig strafbaren Inhalte auszumachen.

Bei eingebundenen unmoderierten Foren ist dem Seitenbetreiber zunächst der Nachweis der positiven Kenntnis vom rechtswidrigen Beitrag des Posters zu erbringen. Behauptet nun der Betreiber eines Diskussionsforums, er habe in dem bewußten Wollen, möglicherweise strafbare Einträge nicht zur Kenntnis zu nehmen, sein eigenes Forum über einen längeren Zeitraum nicht gelesen, so wird ihm dies schwerlich zu widerlegen sein. Auch ein derartig bewußtes „Nicht-zur-Kenntnis-nehmen-wollen" privilegiert den Betreiber gem. § 5 Abs. 2 TDG. Strafrechtlich zur Verantwortung zu ziehen ist in einer solchen nicht unüblichen Fallkonstellation aber dennoch selbstredend derjenige, der diesen Beitrag in das betreffende Forum gesetzt hat. Zwangsläufig wird der Forenbetreiber durch das Ermittlungsverfahren insoweit tangiert, als er, soweit bei ihm vorhanden oder durch ihn zugänglich, die technischen Verbindungsdaten an die Strafverfolgungsbehörden herauszugeben hat. Über kurz oder lang wird sich ein solcher Forenbetreiber dafür entscheiden, entweder nur registrierten Benutzern Schreibrechte einzuräumen oder aber die Beiträge vor Veröffentlichung gegenzulesen und erst nach einer „Unbedenklichkeitsprüfung" die Freischaltung vorzunehmen. Auf diese Weise erfolgt zunächst eine „Verumständlichung" des Veröffentlichungsprozederes der rechtslastigen und damit gefahrgeneigten Webforen.

Entschließt sich der Forenbetreiber zu einer Moderation, mithin zum Gegenlesen der Forenbeiträge vor Freischaltung, so ist gleichzeitig damit klar, daß er Kenntnis von den jeweiligen Inhalten hat, noch bevor sie eigentlich Inhalte geworden sind. Da er sie freischaltet, entfällt auch das weitere Erfordernis der Zumutbarkeit einer Löschung. Hiermit steigt das persönliche Risiko des Forenbetreibers beträchtlich. Er haftet voll für die von ihm freigeschalteten strafbaren Diskussionsbeiträge, und er kann sich nicht damit herausreden, er habe deren Strafbarkeit nicht erkannt. Dies wäre nämlich allerhöchstens ein vermeidbarer Verbotsirrtum, der praktisch nur durch Gegenlesen der Beiträge durch einen Juristen zu einem *unvermeidlichen* Verbotsirrtum und damit zur Straflosigkeit führen könnte. Im Endeffekt wird für den Forenbetreiber die Plattform für Rechtsextremisten jedweder Coleur entweder zu einem Balanceakt mit unüberschaubaren Risiken oder zu einer äußerst kostenaufwendigen Angelegenheit, da jeder Beitrag auf strafbare oder ordnungswidrige Inhalte von einem Rechtsanwalt „abgeklopft" werden muß.

Ausgehend von den hier geschilderten Notwendigkeiten, denen sich ein Forenbetreiber gegenübersieht, sei hier ein Vorgehen geschildert, das zur massiven Ausbremsung eines neonazistischen Internetangebotes und schließlich zu dessen Schließung führte:

Es handelt sich um das ehemalige Internetangebot des Rechtsextremisten André Goertz, dem „NIT" (Nationales Infotelefon). Das NIT wurde im Dezember 2001 vom Netz genommen. Vorher war es über lange Zeit eines der entscheidenden Drehscheiben rechtsextremistischer Aktivitäten. Dort wurden die überfallartigen Angriffe z.B. auf das Forum des „Stern" (s.o.) abgesprochen. Von den Bearbeitern des haGalil-Meldeformulars wurden die Inhalte des NIT einschließlich sämtlicher Forenbeiträge seit dem Jahre 1999 gegengelesen und mitverfolgt. Sofern sich bei einem Forenbeitrag der Verdacht einer Straftat ergab, wurde Strafanzeige zur zuständigen Staatsanwaltschaft erstattet. Der zunehmende „Verfolgungsdruck" auf den Forenbetreiber hatte zunächst zwei Effekte. Es wurde wesentlich sorgfältiger gegengelesen. Viele Beiträge wurden gekürzt oder gar nicht in Veröffentlichung gestellt. Dies brachte dem NIT bei dem rechtsextremistischen Klientel den Ruf ein, zu moderat und zu wenig radikal zu sein. Weiterhin verzögerte sich das Freischaltungsverfahren durch die beschränkten personellen und qualitativen Ressourcen.

In einem veröffentlichten Forenbeitrag wurde der Betreiber Goertz am 14. Juni 2001 von einem Poster, der unter dem Pseudonym „Jemand" schrieb, gefragt, ob es eine Möglichkeit gäbe, das Forum aktueller zu halten. Am Vortage, dem 13. Juni 2001 z.B. habe das Forum einen ganzen langen Arbeitstag ohne Veränderung gestanden. Der Forenbetreiber Goertz antwortete am Samstag, 16. Juni 2001 mit folgenden Worten:

„Klar gibt es die! Geschulte Freiwillige, die die Texte vorher durchlesen und auf strafrechtlich relevante Inhalte überprüfen. Angesichts des sehr ausgeprägten politischen Strafrechts ist das eine Kunst für sich und jede Stelle, die wir übersehen, kreidet man uns an, selbst wenn wir den Beitrag gar nicht verfaßt haben. Es gibt da auch eine ziemlich frustrierte Rechtsanwältin in Berlin (den Namen verschweige ich aus Datenschutzgründen), die jeden veröffentlichten Beitrag prüft und bei kleinster Gelegenheit sofort eine Strafanzeige erstattet. Das nennt sich heute Zivilcourage. Wenn ich jemanden die Beiträge freischalten lasse und der macht einen Fehler, bin erneut ich es, der zur Rechenschaft gezogen wird, weil ich meine Sorgfaltspflicht nicht genügend ausgeübt habe. Meine Freizeit ist aus beruflichen Gründen bis Mitte nächsten Jahres auf ein Minimum beschränkt, deshalb dauert es hier eben häufig sehr lange. Mit der Konsequenz, daß sich die Leute beschweren und wer? – natürlich ich – dafür gebrandmarkt werde. Die NIT-Seiten und ihr Forum sind wirklich eine kostbare Sache! Sie kosten meine Zeit, mein Geld, meine Nerven."

Im Dezember 2001 stellte das „NIT" sang- und klanglos sein Erscheinen ein. Eine der wesentlichen Schaltstellen des Online-Rechtsextremismus war damit zunächst massiv in der Bewegungsfreiheit eingeschränkt worden und schließlich vom Netz genommen worden. Die über einen langen Zeitraum erforderliche Beobachtung und Analyse eines Internetauftrittes wie dem „NIT" erforderte auch diesseits erhebliche personelle Aufwendungen. Jedoch unter dem Strich: Die Risiko- bzw. Kostenerhöhung bei dem rechtsextremistischen Forenbetreiber war um ein Vielfaches größer!

Der zweite Bereich, in dem identifizierbare inländische Webseitenbetreiber trotz zurückhaltendem redaktionellen Inhalt die Grenzen der Strafbarkeit überschreiten, ist das Setzen von Links von in der Regel im außereuropäischen Ausland gehosteten Websites mit volksverhetzenden und NS-propagandistischen Inhalten. Dies geschieht nach dem unterschwelligen Motto, doch andere das sagen zu lassen, was man selber vortragen möchte.

Links werden nach der überwiegend herrschenden Rechtsansicht im Ergebnis so wie Fremdinhalte, die zur Nutzung bereitgehalten werden, bewertet (§ 5 Abs. 2 TDG). Allein durch die äußere Gestaltung der Verlinkung können sie aber auch Bestandteil des eigenen redaktionellen Inhaltes werden, so daß gem. § 5 Abs. 1 TDG die volle Verantwortlichkeit eintritt. Dies ist insbesondere dann der Fall, wenn der verlinkte Inhalt im Hauptframe des

Webbetreibers läuft. Durch Frames (Rahmen) wird eine Webseite in verschiedene Bereiche geteilt. Jeder dieser Einzelrahmen kann unterschiedlicher Herkunft sein. In der Regel besteht ein Frameset aus einem Kopf- und Navigationsframe sowie dem Hauptframe. Richtet der Seitenbetreiber seinen Auftritt so ein, daß im Hauptframe ein Fremdinhalt durch Verweis auf eine externe Seite läuft, so ist für den Betrachter nicht erkennbar, ob es sich um ein eigenes oder fremdes Angebot handelt. Durch die Einbindung der Fremdseite in die eigene Gestaltung (Navigationsleiste, Kopfframe) macht der Betreiber das fremde Angebot zu einem eigenen. Diese qualifizierte Form der Verlinkung findet z.B. statt bei den diversen Internetauftritten eines NPD-Mitgliedes aus Sachsen, welches u.a. so illustre Domain-Bezeichnungen wie „Kulturkammer.de", „Jungfroh.de" und bis vor einiger Zeit auch „Braunhemd.de" hielt. Auf den entsprechenden Seiten wurden die in den USA gehosteten aktuellen „Tagesnachrichten" des neonazistischen Störtebeker-Netzes[5] durch Verlinkung im Hauptframe verbreitet. Diese enthielten und enthalten eine Fülle von volksverhetzenden Inhalten. So werden Asylbewerber als lediglich menschenähnliche Gestalten diffamiert, vom NS-Volksgerichtshof verurteilte Widerstandskämpfer und hingerichtete katholische Geistliche als Volksschädlinge dargestellt usw.

Als vorläufiges Ergebnis ist hier festzuhalten, daß auch die weitaus größte Zahl von rechtsextremistischen Internetauftritten identifizierbarer Personen in Deutschland sich nicht im rechtsfreien Raume bewegt. Mag auch der im engeren Sinne redaktionelle Bereich zwar jenseits aller zivilisierten Vorstellungen von Menschenwürde und Akzeptanz des demokratischen Rechtsstaates sein, jedoch noch nicht eindeutig die Grenzen der Strafbarkeit überschritten haben, so ist doch bei fast allen in diese Kategorie fallenden Webseiten zu konstatieren, dass die Grenze zur Strafbarkeit regelmäßig in den interaktiven Segmenten und im Bereich der Verlinkung weit überschritten wird. Und dies ist kein Zufall. Rechtsextremismus geht stets einher mit einer Ideologie, der per se die Universalität der Menschenrechte nicht anerkennen kann. Diese Ideologie muß von der prinzipiellen Ungleichwertigkeit der Menschen ausgehen. Ansonsten würden sich rechtsextremistische Gedankenstrukturen ihrer eigenen Grundlage berauben und sich damit obsolet machen.

Mit diesem Gedankengang soll auch deutlich gemacht werden, daß Rassismus und Rechtsextremismus kein integrierbarer „Meinungsstand" innerhalb demokratisch verfaßter Gesellschaften sein kann. Durch internationale Abkommen sind derartige Ideologien geächtet. Sie stehen außerhalb einer jeglichen Diskussion. Sie sind so wenig akzeptabel wie die Propagierung von individuellen Mordtaten aus niederen Beweggründen.

Es geht mithin nicht um den Austausch von Argumenten. Es geht auch nicht darum, ob rechtsextremistische Hetzer „meinungsverfolgt" werden. Es geht darum, den unheilvollen Einfluß von menschenverachtender Hetze im Internet, die auch stets zu Taten führen kann und soll – die Brandanschläge auf Asylbewerberheime, die Schändung jüdischer Friefhöfe und Synagogen, das Tottreten von Obdachlosen sprechen hier eine beredte Sprache -, in der beabsichtigten Propagandawirkung zurückzudrängen und letztlich hierdurch in ihrer Bedeutung zu minimieren oder zu eliminieren.

---

5   Mit dem Störtebeker-Netz verbindet der Verfasser übrigens eine seiner ersten unliebsamen Begegnung mit den Bedrohungsaktionen der sog. Anti-Antifa. Nach der Verurteilung des „freien Nationalisten" Axel Möller aus Stralsund wegen Volksverhetzung (Möller hatte in einem der damals noch offenen Foren von *haGalil* die Forderung aufgestellt, Juden in Deutschland erneut zu ghettoisieren), erschien im Störtebekernetz die verhohlene Aufforderung, an die seinerzeitige Büroanschrift des Verfassers Briefe der „besonderen Art" zu versenden. Am 22. August 2002 wurde Möller erneut wegen Volksverhetzung durch das Amtsgericht Stralsund verurteilt.

Ein solches Vorgehen kann sich nicht auf den mehr repressiven Bereich des justitiellen Vorgehens beschränken. Die „Konkurrenz" der um Aufklärung bemühten Internetangebote mit volksverhetzenden Desinformationsseiten wird aufgrund des grenzenlosen Charakters des Internets bestehen bleiben. Von daher hat der Ansatz, gegen jede Hate-Speech-Seite mehrere Informations- und Aufklärungsseiten zu setzen, das Primat. Gleichwohl kann und darf auf eine effektive Strafverfolgung, soweit diese möglich ist, nicht leichtfertig verzichtet werden. Die Poenalisierung bestimmten Verhaltens in Übereinstimmung mit internationalen Abkommen bedarf ihrer Durchsetzung. Eine Strafnorm läuft ins Leere, wenn de facto ein geringes Täterrisiko besteht.

Die Handlungsmöglichkeiten gegen rechtsextremistische Internetinhalte sind, wie aufgezeigt, vorhanden. Sie sind vielfältig. Sie müssen und sie können genutzt werden, und zwar in einem weit größeren Umfange, als bisher geschehen.

Bibliographie

Brehmer, Karsten: Strafbare Internet-Inhalte in internationaler Hinsicht, Frankfurt/Main (Peter-Lang-Verlag), 2000.
Flatz, Christian/Riedmann, Sylvia/Kröll, Michael (Hrsg.): Rassismus im virtuellen Raum, Berlin, Hamburg (Argument-Verlag), 1998.
Nickolay, Bernd: Rechtsextremismus im Internet, Würzburg (Ergon Verlag), 2000.

Rechtsextremistische, antisemitische und fremdenfeindliche Straftaten in Deutschland: Entwicklung, Strukturen, Hintergründe

Helmut Willems

1. Politisch motivierte Kriminalität als soziale Definition

Obwohl das Thema des politischen Extremismus sowie insbesondere der politisch motivierten Kriminalität in der öffentlichen Debatte seit langem immer wieder für Schlagzeilen sorgt, wurde es im Kontext der soziologischen und kriminologischen Forschung bislang eher vernachlässigt. Zwar existiert eine umfangreiche Literatur über Terrorismus, Völkermord, revolutionäre Gewalt sowie über einzelne Aspekte politischer Kriminalität wie das Attentat (Vgl. Gurr 1970; Zimmermann 1971; Bayer-Katte 1982); auch gibt es eine Vielzahl von Publikationen zu sozialen Bewegungen, zu politischem Protest und Demonstrationen, in deren Kontext sich ein Teil der politisch motivierten Kriminalität ereignet, (vgl. Muller 1979; Willems 1997; Hellmann/Koopmans 1998); nach wie vor jedoch fehlt ein kriminologisches Konzept, mit dessen Hilfe eine systematische Phänomenologie der politisch motivierten Kriminalität erstellt werden könnte. Dies hängt nicht zuletzt auch damit zusammen, dass politisch motivierte Kriminalität systemabhängig ist. „Was in dem einen politischen System eine Straftat sein kann, ist möglicherweise in dem anderen politischen System eine Heldentat" (Schneider 1987: 862).

Gegenstand der folgenden Abhandlung sind die politisch motivierten Straftaten im Bereich des Rechtsextremismus, des Antisemitismus und der Fremdenfeindlichkeit innerhalb des demokratisch und rechtsstaatlich verfassten Systems der Bundesrepublik Deutschland. Von politisch motivierter Kriminalität wollen wir dann sprechen, wenn Straftaten begangen werden, die von den Beteiligten politisch gemeint oder von den Kontrollorganen als politisch definiert werden. Diese pragmatische Definition erlaubt es, auch Straftaten gegen Fremde und Minderheiten in Deutschland als politische Straftaten einzustufen, weil sie auf politische Entscheidungen und deren Folgen abzielen, selbst wenn sie nicht in jedem Fall auch von dezidiert politischen Ideologien getragen werden.

Während sich in den siebziger und achtziger Jahren politisch motivierte Gewalt vor allem im Kontext von Protestaktionen ereignete, die von Personen und Gruppen aus dem linken postmaterialistischen Bildungsbürgertum getragen wurden, muss für die neunziger Jahre festgestellt werden, dass sich diese Situation mit dem Anwachsen von Fremdenfeindlichkeit und Rechtsextremismus grundlegend geändert hat. Es sind nun eher Gruppen aus der Unterschicht mit fremdenfeindlichen, rassistischen und rechtsextremistischen Einstellungen, die im Kontext des Einwanderungskonfliktes und der Globalisierungsängste aktiv werden (Vgl. Eckert u.a. 1990: 293-414; Willems/Eckert 1995: 89-23).

2. Daten und Datenprobleme – schwierige Interpretation polizeilicher Statistiken

Eine systematische und auf die zeitliche Veränderung hin orientierte Darstellung rechtsextremistisch, antisemitisch oder fremdenfeindlich motivierter Straftaten ist auf jene Daten angewiesen, die von den Polizeien der Länder entsprechend erfasst und definiert werden und schließlich vom Bundeskriminalamt zusammengefasst dargestellt werden.

Bei der politisch motivierten Kriminalität spielt mehr noch als bei der allgemeinen Kriminalität die Definitionsmacht der Polizei eine starke Rolle. Die Staatsschutzdienststellen bemühen sich, die Straftaten nach der politischen Motivation der Täter zu klassifizieren. Eine entsprechende Zuordnung erfolgt, wenn die politische Motivation „eindeutig erkennbar oder nach Würdigung der Gesamtumstände zu vermuten ist" (BKA-ST 1997). In vielen Fällen aber ist eine entsprechende täter- oder organisationsbezogene Zuordnung durch die Polizeibeamten nur bedingt oder aber nicht eindeutig möglich. Dies führt zu der bekannten Situation, dass zwischen 50% und 70% aller bekannt gewordenen Staatsschutzdelikte in der Polizeilichen Kriminalstatistik-Staatsschutz (PKS-S) nicht nach links- oder rechtsextremistisch klassifiziert werden können und daher in den entsprechenden Statistiken nicht auftauchen, weil Täter und Tatmotive nicht bekannt sind und die entsprechenden Straftaten keiner Organisation (Zuordnungskriterium der PKS-S) zurechenbar sind.[1] Außerdem können in der Praxis gleich gelagerte Delikte durchaus von Polizeidienststelle zu Polizeidienststelle, von Bundesland zu Bundesland jeweils unterschiedlich kategorisiert werden, weil zum einen das Problembewusstsein der Polizeibeamten im Hinblick auf Fremdenfeindlichkeit und Rechtsextremismus unterschiedlich ausgeprägt sein dürfte und zum anderen länderspezifisch unterschiedliche Handhabungsweisen existieren.

Aufgrund der vorgegebenen Erfassungsmöglichkeiten in den Statistikbögen der PKS-S war es zudem bislang nur bedingt möglich, eine Straftat entsprechend der aktuellen Erscheinungsformen statistisch abzubilden. Die PKS unterscheidet nur zwischen Links- und Rechtsextremismus, weist also fremdenfeindliche und antisemitische Straftaten nicht eigens aus. Daher verfügen wir im Hinblick auf fremdenfeindliche und antisemitische Straftaten erst seit 1993, für den Bereich des Rechtsextremismus in Deutschland erst seit 1997 über spezifische Meldedienste (KPMD-S-Daten). In den entsprechenden KPMD-S-Statistiken werden die in der Bundesrepublik Deutschland polizeilich festgestellten und gemeldeten rechtsextremistischen, fremdenfeindlichen und antisemitischen Straftaten (einschließlich der Versuche) eines Jahres dokumentiert und bewertet. Anders als bei der PKS-S werden die Straftaten im Rahmen des kriminalpolizeilichen Meldedienstes-Staatsschutz (KPMD-S) aufgrund von polizeilichen Erstmeldungen erfasst und können daher sehr tatzeitnah dargestellt werden. Dies bedeutet natürlich eine höhere Unsicherheit bezüglich der gemeldeten Fälle, die sich aufgrund der weiteren polizeilichen Ermittlungsarbeit als Fehlmeldungen herausstellen können oder aber doch hinsichtlich der statistischen Kategorisierung nachträglich korrigiert werden müssen. Ob durch die Umstellung in der Erfassung die Zahl der nach dem KPMD-S gemeldeten Fälle grundsätzlich höher liegt als die Zahl der nach der PKS-S gemeldeten Fälle; wie sich dies anteilsmäßig darstellt und wie sich dies nach der Bereinigung der Statistik wieder verändert, darüber liegen uns keine Informationen vor. Immerhin liegen

---

1 Die Verfassungsschutzbehörden stufen nicht nur Taten aus etablierten rechtsextremistischen Organisationen, sondern auch Taten aus unstrukturierten losen Zusammenschlüssen als rechtsextremistisch ein.

die KPMD-S-Daten für die entsprechende jährliche Belastung mit rechtsextremistischen Straftaten in den 90er Jahren z.T. bis zu 100% höher als die PKS-S-Daten.

3. Organisationen, Gruppenzugehörigkeiten und Gewaltpotentiale

Wir wollen uns nun der Frage zuwenden, welches die Strukturen, die Gruppen und Parteien und schließlich die Personen sind, die für politisch motivierte Straftaten mit rechtem bzw. rechtsextremistischem, fremdenfeindlichem und antisemitischem Hintergrund verantwortlich sind. Dabei muss davon ausgegangen werden, dass der Rechtsextremismus weder ideologisch noch organisatorisch einheitlich ist. Die vom Bundesamt für Verfassungsschutz vorgelegten Zahlen zu den rechtsextremistischen Potentialen beruhen in der Regel auf der Auswertung von Mitgliederzahlen (bei den Parteien) sowie der Zählung und Schätzung von Gruppen und Gruppengrößen (im nichtorganisierten Bereich). Ergänzend dazu werden bekannte gewalttätige und gewaltbereite Gruppen (insbesondere Skinhead-Gruppen und Neonazis) hinsichtlich ihrer Mitgliederzahl geschätzt. Hinzugerechnet wird die Zahl der in den letzten beiden Jahren ermittelten rechtsextremistischen Gewalttäter (für die Gewalttaten, bei denen keine Organisations- oder Gruppenzugehörigkeit festgestellt wurde); sowie eine geschätzte durchschnittliche Täterzahl für die Delikte, die nicht aufgeklärt wurden. Weil einzelne, unbekannte Täter für mehrere Delikte in Frage kommen können, ist hier eine gewisse Unschärfe enthalten.

Nach dem Verfassungsschutzbericht 2001 gab es Ende des Jahres 2001 in Deutschland insgesamt 141 rechtsextremistische Organisationen und Personenzusammenschlüsse mit einer geschätzten Gesamtzahl von 49.700 (2000 waren es 50.900) Mitgliedern (inklusive nichtorganisierte Rechtsextremisten). Die Mehrzahl der rechtsextremistischen Personen wird als Mitglieder der drei großen rechtsextremistisch eingestuften politischen Parteien identifiziert: der *Republikaner*, der *Deutschen Volksunion* (*DVU*) und der *Nationaldemokratischen Partei Deutschlands* (*NPD*). Insgesamt 10.400 (2000 waren es 9.700) Personen (und damit fast 7% mehr als 2000) werden als „subkulturell geprägte und sonstige gewaltbereite Rechtsextremisten" identifiziert. Damit sind vor allem Skinheads gemeint, die der Verfassungsschutz aufgrund ihrer „subkulturellen Komponenten" wie „martialischem Auftreten, aggressiver Musik und exzessivem Alkoholkonsum", aufgrund einer durchgehend unterstellten Gewaltbereitschaft sowie eines geringeren Organisiertheitsgrades von den verschiedenen Neonazigruppen (insbesondere Kameradschaften) mit insgesamt 2800 (2000 waren es 2.200) Personen im Jahre 2.001 unterscheidet.

Während also auf der Ebene der Gesamtpersonenzahl ein leichter Rückgang gegenüber dem Vorjahr zu verzeichnen ist, hat sich nach Ansicht des Bundesamtes für Verfassungsschutz das Potential gewaltbereiter Rechtsextremisten seit 1996 kontinuierlich von ca. 6.200 auf nunmehr 10400 im Jahre 2.001 erhöht, wobei eine Konzentration in den neuen Bundesländern festgestellt wird. Dabei muss freilich offen bleiben, ob es sich hierbei im vollen Umfang um einen echten Anstieg handelt oder ob lediglich eine verbesserte Dunkelfeldaufhellung zum Ausdruck kommt.

Diese Einteilung der rechtsextremistischen Szene in politische Parteien und Organisationen, in Neonazis und in subkulturell geprägte und sonstige gewaltbereite Rechtsextremisten ist durchaus hilfreich für die Unterscheidung unterschiedlicher Aktionsformen und insbesondere auch für die Frage nach Straf- und Gewalttaten. Vor allem rechtsextremistische Skinheads (es gibt auch linke Skins) und ihr Umfeld, die seit Anfang der neunziger Jahre als die zahlenmäßig größte Gruppe der Gewaltbereiten im Spektrum des Rechtsextremismus identifiziert werden, sind für einen großen Teil der Gewalttaten im Bereich des Rechtsextremismus, der Fremdenfeindlichkeit und des Antisemitismus verantwortlich. Dabei wird vor allem im Osten ein Schwerpunkt der rechtsextremen Skinheads gesehen, wo in bestimmten Städten und Regionen die territoriale Dominanz der rechten Jugendcliquen und die Etablierung sogenannter „national befreiter Zonen"[2] eine neue Eskalationsstufe der Entwicklung rechtsextremistischer Gewalt darstellt, ohne dass diese sich unmittelbar im Anstieg rechter Gewalttaten widerspiegelt.

Zwar gibt es auch aus dem Bereich der erklärten Neonazis durchaus ernstzunehmende Potentiale an Gewalttätern und gewaltbereiten Rechtsextremisten sowie seit Jahren bereits Hinweise auf Waffen und Sprengstoffe. Es fehlen bislang aber die terroristischen Strukturen zu diesbezüglichen Aktivitäten, weil – so das BfV – die meisten Rechtsextremisten aus „taktischen Erwägungen terroristische Anschläge" (BMI 1999: 25) ablehnen. Die Angst vor einer verschärften Strafverfolgung sei nach wie vor vorhanden. Vorherrschend sind daher nicht direkte Gewalttaten, sondern eher politische Agitationsformen und konkrete Aktionen, wie gegen die Wehrmachtsausstellung, die NATO-Militäraktion im Kosovo und die Anti-Antifa-Aktivitäten. Gleichwohl darf nicht übersehen werden, dass es schon in der jüngsten Vergangenheit Sprengstoffanschläge mit typisch rechten Zielsetzungen (Wehrmachtsausstellung in Saarbrücken am 09.03.1999; Grab des 1992 verstorbenen ehemaligen Vorsitzenden des Zentralrates der Juden in Deutschland, Galinski, am 19.12.1998 in Berlin)[3] gab und eine gewaltorientierte Strategie durchaus von Akteuren aus dem Bereich der Neonazis gefordert und auch gerechtfertigt wird. Wie weit hier eine terroristische Infrastruktur bereits aufgebaut ist, lässt sich schwer sagen.

Während sich also die Mehrzahl der politisch motivierten Straftaten, insbesondere der Gewalttaten, im rechtsextremistischen Spektrum auf das Feld der Skinheads und Neonazis sowie deren Umfeld konzentriert, bemühen sich die rechtsextremistischen Parteien, strafbares Handeln zu vermeiden. Neben der Teilnahme an Wahlen auf verschiedenen Ebenen stehen für rechtsextremistische politische Parteien Agitation und Kampagnen gegen Einwanderung und Asyl, Holocaust-Gedenken, Kriegsschuld und Vergangenheitsbewältigung generell, aber auch gegen das Demokratieprinzip und die Präsenz von Juden im Zentrum ihrer publizistischen Propagandaaktionen. Dabei wird insbesondere das Thema Einwanderung und Asyl genutzt, um auch jenseits der rechtsextremistischen Szene Unterstützung und Akzeptanz zu mobilisieren.

---

2 Diese Etablierung territorialer Dominanz durch rechte Gewaltcliquen wird ausführlich geschildert und analysiert durch das Zentrum Demokratische Kultur, das von einer kulturellen Hegemonie rechtsextremer Skinheadgruppen sowie von „national befreiten Zonen" als einer Alltagserscheinung in einem großen Teil der ostdeutschen Gemeinden spricht (Vgl. z.B. ZDK, Kulturelle Hegemoniebestrebungen Rechtsextremer in der Jugendszene, Bulletin 1/1997 und ZDK, „National befreite Zonen". Vom Strategiebegriff zur Alltagserscheinung, Bulletin 1/1998). Dabei ist freilich darauf hinzuweisen, dass der Begriff der „nationalbefreiten Zonen" selbst aus dem Spektrum des Rechtsextremismus stammt (siehe dazu BMI 1999: 26).

3 Der Sprengstoffanschlag in Düsseldorf im Juni 2000 ist hinsichtlich der Täter und des Tatmotivs bislang unaufgeklärt; auch wenn er in der öffentlichen Diskussion schnell dem Rechtsextremismus zugeordnet wurde.

4. Die Entwicklung der Straf- und Gewalttaten im Bereich des Rechtsextremismus, der Fremdenfeindlichkeit und des Antisemitismus

Hinsichtlich der längerfristigen Entwicklung rechtsextremistisch, antisemitisch und fremdenfeindlich motivierter Straftaten seit den achtziger und neunziger Jahren können wir auf der Basis der PKS-S einen Überblick geben: Danach zeigt sich ein dramatischer Anstieg von durchschnittlich ca. 1.300 Straftaten jährlich in den achtziger Jahren auf durchschnittlich ca. 4.000 jährlich in den neunziger Jahren. Die PKS-S zeigt, dass sich das Niveau der rechtsextremistischen Straftaten (inkl. fremdenfeindliche und antisemitische Straftaten) mehr oder weniger kontinuierlich schon seit dem Ende der achtziger Jahre bis zum Ende der neunziger Jahre hin erhöht hat: von 948 im Jahre 1986 auf 1.528 im Jahre 1990, 4.972 im Jahre 1993 und 7.576 im Jahre 2.000 (vgl. Schaubild 1). Für das Jahr 2001 wurden vom BKA insgesamt gar 14725 Straftaten aus dem Phänomenbereich „rechts" gemeldet, wobei hier freilich aufgrund der seit dem 01.01.2001 geänderten Terminologie ein direkter Vergleich mit den Vorjahren nicht möglich sein dürfte.

Die Zahl aller Gewalttaten mit rechtsextremistischem Hintergrund (also sowohl Gewalttaten gegen Fremde als auch gegen Linke, jüdische Mitbürger und sonstige politische Gegner) hat sich von 624 im Jahre 1996 auf 998 im Jahre 2.000 und 980 im Jahre 2001 erhöht (BMI 1999: 21; BMI 2000; BMI 2001: 35).

Auch die rechtsextremistischen Straftaten sind in Ausmaß und Entwicklung stark von politischen Ereignissen und Aktionen abhängig. So sind etwa der Geburtstag von Adolf Hitler (April) oder auch der Todestag von Rudolf Heß (August) typische Gedenk- und Aktionstage für rechte Gruppen, die immer mit einer entsprechenden Erhöhung der Fallzahlen von strafrechtlichen Delikten einhergehen. Im Jahre 1997, 1998 und 1999 hat insbesondere die Wehrmachtsausstellung eine Vielzahl von rechten Aktionen und Protesten ausgelöst, in deren Kontext sich vermehrt Straftaten und Auseinandersetzungen mit linken Gruppen ereigneten (vgl. Schaubild 2).

Die überwiegende Mehrzahl der als rechtsextremistisch eingestuften Straftaten bezieht sich auf Propagandadelikte: Von den 6.937 rechtsextremistischen Straftaten im Jahre 1999 waren insgesamt über 80% (5.938) diesem Bereich zuzuschlagen. 445 Straftaten wurden als „andere Straftaten" zusammengefasst und betrafen vor allem den Tatbestand der Volksverhetzung, Verstöße gegen das Versammlungsgesetz, Beleidigung etc. Sachbeschädigungen schlugen mit 222 Fällen und Körperverletzungen mit 228 Fällen zu Buche.

Das Niveau an rechtsextremistischen und fremdenfeindlichen Straf- und Gewalttaten ist im Osten und Westen deutlich unterschiedlich. Während wir im Osten pro eine Million Einwohner ca. 22 Gewalttaten mit rechtsextremistischem Hintergrund zählen, sind es im Westen sieben. Auch zeigt die Übersicht des Verfassungsschutzes, dass die Belastung der jeweiligen Bundesländer mit rechtsextremistischen Gewaltdelikten pro 100.000 der Bevölkerung in allen neuen Bundesländern deutlich höher liegt als in den alten (BMI 2000: 22f.).

Schaubild 1: Rechtsextremistische, antisemitische und fremdenfeindliche Straftaten 1980-2000; seit 1993 einschließlich neuer Länder

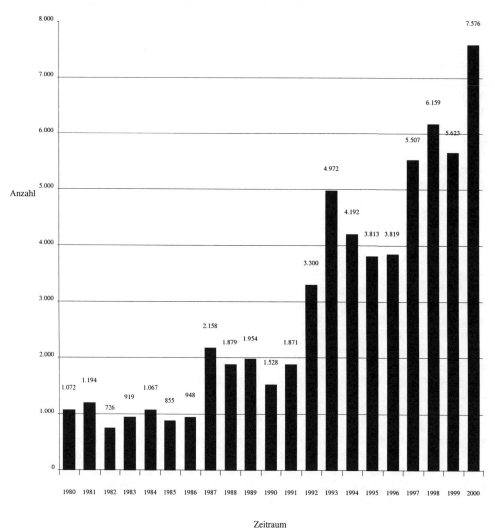

Quelle: BKA (Hg.), Polizeiliche Kriminalstatistik (PKS) Staatsschutz 1980-2000

Seit 1992 bzw. 1993 hat die Polizei eigene Sondermeldedienste zur Erfassung fremdenfeindlicher und antisemitischer Straftaten eingerichtet, sodass wir hier für einen Großteil der neunziger Jahre spezielle Daten haben. Was die Entwicklung der fremdenfeindlichen Straftaten angeht, zeigt sich, dass sich nach einer Hochphase der fremdenfeindlichen Straftaten in den Jahren 1992 und 1993 mit 6.336 bzw. 6.721 Fällen seit 1994 ein deutlicher Rückgang feststellen lässt, der sich mittlerweile auf einem Niveau von ca. 2.000-3.000 Fällen pro Jahr stabilisiert hat. Bis zum Jahr 2000, in dem dann erneut mit 3.594 Fällen eine deutliche Steigerung festzustellen ist. Höhepunkte der fremdenfeindlichen Straftatenentwicklungen waren die Monate Oktober bis Dezember 1992, Juni 1993 und August bis Oktober 2000: Hier gab es nach den fremdenfeindlichen Ausschreitungen von Hoyerswerda, von Rostock-Lichtenhagen sowie nach der Brandstiftung von Mölln und Solingen und nach dem Sprengstoffanschlag von Düsseldorf jeweils eine Welle von Nachahmungen (vgl. Schaubild 3).

Im Kontext der fremdenfeindlichen Straftaten erfahren insbesondere Brandstiftungen sowie Tötungsdelikte eine besondere Aufmerksamkeit. Das Jahr 1993 war mit insgesamt 284 gezählten Brandstiftungen und Brandanschlägen besonders auffällig. Seitdem hat sich die Zahl der Brandanschläge deutlich reduziert: von 80 im Jahre 1994 auf 20 bis 30 jährlich für die Jahre 1995 bis 1999.

Insgesamt wurden vom Bundeskriminalamt zwischen 1990 und 1999 zunächst nur 16 Todesopfer im Kontext der fremdenfeindlichen Straftaten gezählt. Die Zahl hat sich mittlerweile erhöht und wird vom BKA derzeit mit 36 angegeben. Abweichend von den offiziellen Zahlen werden von Journalisten für den gleichen Zeitraum jedoch bis zu 97 Todesopfer als Folge rechtsextremistischer und fremdenfeindlicher Gewalt gezählt. Die Zahl der versuchten Tötungsdelikte liegt für die Jahre 1994-1999 konstant zwischen acht und elf Fällen jährlich. Ähnliche Konstanz weisen die Zahlen zur Körperverletzung auf, wenngleich auf wesentlich höherem Niveau. In der Zeit der großen fremdenfeindlichen Ausschreitungen 1993 wurden insgesamt 727 Körperverletzungsdelikte gezählt. Diese Zahl hat sich über 494 Körperverletzungsdelikte im Jahr 1994 auf 372 Delikte 1995 reduziert und bewegt sich seitdem im Bereich zwischen 300 und 400 fremdenfeindlich motivierten Körperverletzungen jährlich.

Die überwiegende Mehrzahl aller fremdenfeindlichen Straftaten aber wird als Verbreitung von Propagandamitteln und Verwendung von Kennzeichen verfassungswidriger Organisationen sowie als andere Straftaten, hier insbesondere Volksverhetzung, kategorisiert. Sie machen durchschnittlich ca. 70% bis 80% aller registrierten fremdenfeindlichen Straftaten aus. Dies verweist auf die Ähnlichkeiten mit vielen rechtsextremistischen Delikten und ist auch ein Hinweis darauf, wie schwierig und unsicher im Einzelfall die Einordnung einer Straftat sein kann.

Hinsichtlich der Opfergruppen fremdenfeindlicher Gewalt lässt sich trotz der erheblichen Ungenauigkeit und Unvollständigkeit der entsprechenden Statistik folgendes festhalten: Zu Beginn der fremdenfeindlichen Ausschreitungen in den Jahren 1992/1993 waren insbesondere Asylbewerber sowie die ehemaligen Vertragsarbeiter der DDR in den neuen Bundesländern betroffen; seit 1993 sind es dann mehrheitlich andere in Deutschland lebende Ausländer, erst an zweiter Stelle folgen Asylbewerber und schließlich auch die Aussiedlergruppen. Aussiedler werden (ungeachtet ihres deutschen Passes) vielfach als Fremde, als „Russen" betrachtet. Insbesondere in den ehemaligen Militärstandorten, in denen nach Abzug der NATO-Streitkräfte große Gruppen von Aussiedlern angesiedelt wurden, eskalieren Konflikte zwischen einheimischen und zugewanderten Jugendlichen und jungen Männern sowie Gruppen von deutschtürkischen Jugendlichen (Strobl/Kühnel 2000: 144dd.; Dietz 1999: 153-176; Eckert u.a. 1999: 191-206). Vielfach werden deutsche Staatsangehörige Opfer, weil sie aufgrund ihres äußeren Erscheinungsbildes für Ausländer/Fremde gehalten werden oder aber weil sie bei fremdenfeindlichen Straftaten als Beteiligte angegriffen werden (z.B. Wachmann an Asylbewerberunterkunft oder zu Hilfe eilender Deutscher bei einer Körperverletzung zum Nachteil eines Ausländers).[4]

---

4 Dabei muss freilich berücksichtigt werden, dass sowohl illegal hier lebende Ausländer als auch Asylbewerber in vielen Fällen davor zurückschrecken, sich der Polizei als Opfer fremdenfeindlicher oder rechtsextremistischer Gewalt zu erkennen zu geben, sodass wir in bezug auf die genaue Zusammensetzung der Gruppe der Opfer fremdenfeindlicher Gewalt ein hohes Dunkelfeld haben.

Schaubild 2: Rechtsextremistische Straftaten (ohne fremdenfeindliche und antisemitische), davon Gewaltdelikte 1997-2000, monatlich

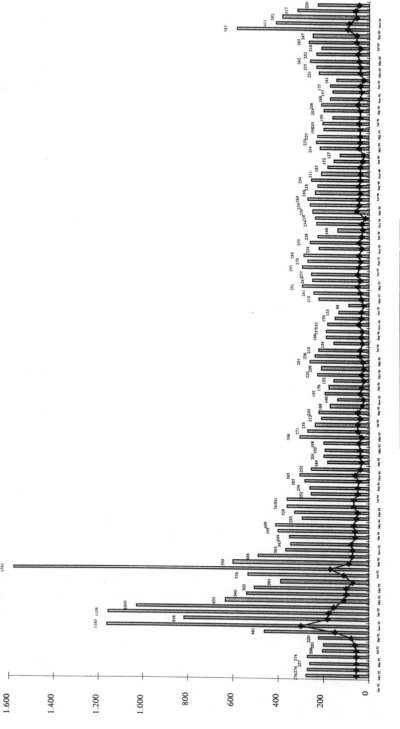

Quelle: Bundeskriminalamt (Hg.), Kriminalpolizeilicher Meldedienst Staatsschutz 1997 – 2000; nur rechtsextremistische Straftaten, ohne fremdenfeindliche und antisemitische Straftaten.

Rechtsextremistische, antisemitische und fremdenfeindliche Straftaten in Deutschland 149

Schaubild 3: Fremdenfeindliche Straftaten, davon Gewaltdelikte 1992-2000

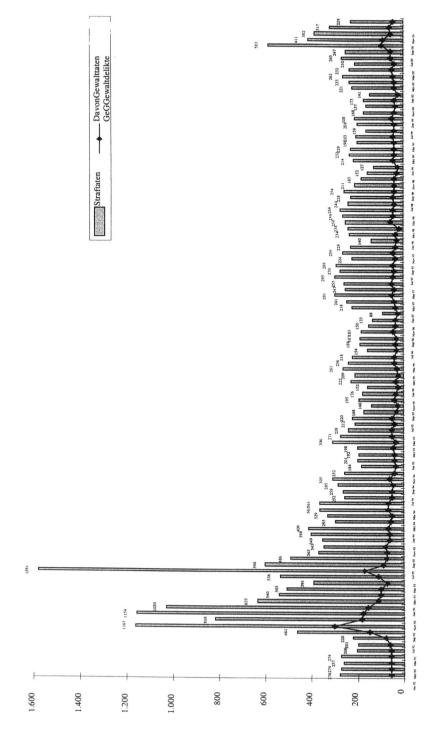

Quelle: Bundeskriminalamt (Hg.), Kriminalpolizeilicher Meldedienst Staatsschutz 1997-2000; nur rechtsextremistische Straftaten, ohne fremdenfeindliche und antisemitische Straftaten.

Die besondere Bedrohung ausländischer Mitbürger in den neuen Bundesländern durch fremdenfeindliche und rechtsextremistische Gewalttaten wird deutlich, wenn man die Anzahl der fremdenfeindlichen Gewalttaten pro 100.000 der nichtdeutschen Bevölkerung in Ost und West miteinander vergleicht. Das Kriminologische Forschungsinstitut Niedersachsen e.V. kommt zu dem Ergebnis, dass nach einer Steigerung insbesondere von 1997 auf 1998 im Jahr 1999 das Opferrisiko eines Ausländers oder einer Ausländerin in den neuen Bundesländern mit 65,5 fremdenfeindlichen Straftaten (pro 100.000 der nichtdeutschen Bevölkerung) gegenüber 3,5 in den alten Bundesländern (ohne Berlin) fast zwanzigmal so hoch ist. Dabei lässt sich sowohl im Westen als auch im Osten nochmals ein deutliches Nord-Süd-Gefälle beobachten.

In bezug auf die antisemitischen Straftaten liegen uns verlässliche Zahlen seit 1994 vor, nachdem im Juli 1993 der Sondermeldedienst eingerichtet worden war. Von 1994 bis 1996 hat sich die Zahl der antisemitischen Straftaten von 1.366 auf 846 reduziert, seitdem bewegt sie sich auf einem jährlichen Niveau von 800-900 Straftaten, und steigt im Jahre 2000 wieder auf 1378.

Der Schwerpunkt der antisemitischen Straftaten liegt im Bereich der Volksverhetzung/ Beleidigung (meist unter „sonstige Straftaten" einsortiert) sowie der Propagandadelikte – dies betrifft zwischen 70% und 90% der antisemitischen Straftaten jährlich. Sachbeschädigungen und Störung der Totenruhe (Schändung jüdischer Friedhöfe) als typische antisemitische Delikte sind demgegenüber deutlich geringer (ca. 10-20%). Der Anteil der Gewaltdelikte gegen Personen (Körperverletzung; Tötungsdelikte – auch versuchte; Bedrohung) liegt in der Regel deutlich unter 10% der Straftaten (siehe auch Erb 1998). Das kann freilich nicht als Entwarnung gelten: Die verbale Abwertung ist immer schon der tätlichen Verfolgung vorausgegangen.

5. Täter und Tatverdächtige: Struktur und biographische Hintergründe fremdenfeindlicher, rechtsextremistischer und antisemitischer Tatverdächtiger

Die Trierer Untersuchung (Willems u.a. 1993; Willems u.a. 1994) zu fremdenfeindlichen Tatverdächtigen hatte in den Jahren 1992 und 1993 erstmals auf der Basis polizeilicher Einschätzungen eine empirische Grundlage hinsichtlich der Struktur, der biographischen Hintergründe sowie der Gruppenzugehörigkeit von fremdenfeindlichen Straftätern erarbeitet. Für die Jahre 1997 und 1998 wurde von einer Münchener Forschungsgruppe[5] eine Replikation dieser Studie aufgelegt, um Veränderungen in der Zusammensetzung in der Tätergruppe dokumentieren zu können.[6]

---

5 Die Studie wurde am Deutschen Jugendinstitut e.V. unter Leitung von Dr. Klaus Wahl durchgeführt.

6 Die Daten zu den fremdenfeindlichen Tatverdächtigen beziehen sich auf Straftaten, die zwischen dem 1.1.1997 und 31.12.1997 begangen wurden (Vollerhebung). Sie bildet auch die Grundlage für den Vergleich zwischen 1991-1993 und 1997. Für den Vergleich fremdenfeindlicher, rechtextremistischer und antisemitischer Tatverdächtiger 1997 wurden Vollerhebungen für diejenige Gruppe der Tatverdächtigen realisiert, die keine reinen Propagandatäter waren.

Für 1997 wurden entsprechend des polizeilichen Ermittlungsstands vom Oktober 1998 insgesamt 7.126 ermittelte Tatverdächtige angegeben, davon 3.202 fremdenfeindliche Tatverdächtige, 2.346 rechtsextremistische (ohne reine Propagandadelikte) und 1.185 rechtsextremistische Tatver-

Wie schon Anfang der neunziger Jahre waren auch 1997 die Mehrzahl der fremdenfeindlichen Tatverdächtigen Jugendliche und junge Erwachsene. Die Alterszusammensetzung hat sich kaum verändert. Im Hinblick auf die Begehung fremdenfeindlicher und rechtsextremistischer Straftaten sind geschlechtsspezifische Unterschiede überaus deutlich geworden. Sowohl in den Untersuchungen 1993/1994 als auch 1997 waren jeweils über 90% aller Tatverdächtigen männlich. Insbesondere die fremdenfeindlichen und rechtsextremistischen Gewalttaten wurden nahezu ausschließlich von jungen Männern begangen. Dies bedeutet nun freilich nicht, dass Fremdenfeindlichkeit und Rechtsextremismus generell ein reines Männerphänomen sind. Vielmehr wissen wir aus verschiedenen Untersuchungen, dass Frauen in rechtsextremistischen Parteien sowie auch in fremdenfeindlichen und rechten Jugendgruppen durchaus eine Rolle spielen und dass sie in bezug auf fremdenfeindliche Einstellungen sogar höhere Werte aufweisen können, wie sie für Männer festgestellt wurden.

Auch in bezug auf die Arbeitslosigkeit bestätigten sich die Ergebnisse der Trierer Studie weitgehend: Der Anteil der Arbeitslosen an den Tatverdächtigen ist zwar mit 22% doppelt so hoch wie bei den entsprechenden Altersgruppen (mit ca. 12%); insgesamt aber ist die Mehrheit der fremdenfeindlichen Tatverdächtigen in beruflicher Hinsicht nicht desintegriert. Es ist somit nicht notwendig die selbst erfahrene Arbeitslosigkeit, sondern eher die Angst vor Arbeitslosigkeit im Umfeld der Täter, die mit entsprechenden fremdenfeindlichen Einstellungen, Handlungen bzw. Gruppenzugehörigkeiten korreliert.

Auch hinsichtlich der Bildungsabschlüsse sind keine großen Veränderungen zu verzeichnen: Sofern fremdenfeindliche Tatverdächtige nicht ohnehin noch Schüler sind, verfügen sie vorwiegend über einen Hauptschul- oder Realschulabschluss. Tatverdächtige mit Abitur oder Hochschulabschluss sind deutlich unterrepräsentiert. Der Zusammenhang zwischen Fremdenfeindlichkeit und niedrigen Bildungsabschlüssen wird hier erneut bestätigt.

Deutlich erhöht zwischen 1993 und 1997 hat sich der Anteil der Tatverdächtigen, für die es polizeiliche Vorkenntnisse wegen politisch motivierter Straftaten gab (von 20% auf 34%). Der Anteil der Einzeltaten hat sich gegenüber 1992/93 nur leicht erhöht von 21% auf 24%. Fremdenfeindliche Straftaten sind nach wie vor hauptsächlich spontane Gruppentaten. Sie sind auch 1997 nicht nennenswert häufig von Dritten organisiert und finden überwiegend in der Nähe der Wohnorte der Tatverdächtigen statt, wobei Alkohol oft eine wichtige Rolle spielt. Gleichwohl ist der Anteil der Reisetäter gestiegen; auch liegen 1997 häufiger Hinweise auf überlokale Vernetzungen vor als noch 1992. Zugenommen hat im Vergleich zu 1993 auch die Vorbelastung der fremdenfeindlichen Tatverdächtigen mit anderen nichtpolitischen Straftaten (von 47% auf ca. 57%). Die Gruppe mit typischen kriminellen Karrieren ist deutlich größer geworden. Dies deutet darauf hin, dass ähnlich wie in Schweden auch in Deutschland Fremdenfeindlichkeit und ethnische Konflikte in den Haftanstalten zum Problem werden könnten.

Hinsichtlich der Gruppenzugehörigkeit zeigen sich ebenfalls leichte Veränderungen: Im Vergleich zu 1992/1993 gibt es mehr Tatverdächtige mit einer Zugehörigkeit zu rechtsextremistischen Gruppen und Skinheadgruppen, während der Anteil der Tatverdächtigen aus sonstigen informellen Gruppen und Gruppen mit fremdenfeindlichen Zielen abgenommen hat. Dies kann natürlich auch auf eine verbesserte Szenekenntnis der Polizeibeamten zurückzuführen sein. Gleichwohl gilt nach wie vor, dass fremdenfeindliche Tatverdächtige nicht überwiegend aus explizit rechtsextremistischen Gruppen und aus Skinheadgruppen kommen.

---

dächtige (nur Propagandadelikte) sowie 393 antisemitische Tatverdächtige. Der Rücklauf von Fragebögen betrug insgesamt 6.352 (ohne Bremen; Berlin nur zu 10%).

Wie insbesondere die Ergebnisse der Trierer Studie verdeutlichen konnten, setzt sich die Gruppe der fremdenfeindlichen Tatverdächtigen sowohl hinsichtlich der biographischen Merkmale als auch hinsichtlich der Motive, der verfestigten Handlungsbereitschaften und politischen Gesinnungen durchaus heterogen zusammen. Es wurden vier unterschiedliche Tätertypen identifiziert:

a) der ideologisch-motivierte, rechtsextremistische Täter. Er ist oft Mitglied in rechtsextremistischen Parteien und Gruppierungen und verfügt über ein ideologisch verfestigtes rechtsextremistisches Weltbild.
b) der ausländerfeindliche Jugendliche. Er ist nicht dem rechtsextremistischen Parteienspektrum zugehörig, sondern ist eher Teil jugendlicher Subkulturen wie Skins, Hooligans oder anderen Cliquen. Er ist weniger durch ein festes rechtsextremistisches Weltbild als durch Vorurteile und feindselige Haltungen bis hin zur Gewaltbereitschaft gegenüber Ausländern gekennzeichnet.
c) der kriminelle Jugendliche mit beruflichen und privaten Negativkarrieren, einer bereits ausgeprägten kriminellen Karriere sowie einer hohen, aber diffusen Gewaltbereitschaft.
d) der Mitläufer mit wenig ausgeprägten rechtsextremistischen Ideologien, ausländerfeindlichen Gesinnungen oder Gewaltbereitschaft, aber einer starken Gruppenorientierung (Willems u.a. 1993: 200ff.).

Diese Befunde werden auch durch die jüngste DJI-Täterstudie sowie durch Forschungen zur Struktur fremdenfeindlicher Straftäter in Schweden, Norwegen sowie anderen europäischen Ländern gestützt (Bjørgo 1997; Lööw 1993; Peucker/Gaßebner/Wahl 2000).

Die Bedeutung dieser Tätertypen wird auch für den Bereich der antisemitischen Straftäter beschrieben. Erb weist darauf hin, dass mehr als die Hälfte der antisemitischen Gewalttaten zwischen 1993 und 1995 von rechtsextremistischen Neonazis, von Skinheads und Hooligans sowie von sonstigen fremdenfeindlichen Gruppen begangen werden. Ein deutlich anderes Profil weisen (wie schon bei fremdenfeindlichen und rechtsextremistischen Propagandataten) auch bei antisemitischen Straftaten die Propagandatäter auf. Sie sind in der Regel deutlich älter als die meist jugendlichen Gewalttäter, gehören meist rechten und rechtsextremistischen Parteien an und sind oft als Wiederholungstäter bekannt (Erb 1998).

Ein der Szene militanter linksextremistischer Gruppen vergleichbarer Gewaltdiskurs existiert im Bereich des militanten Rechtsextremismus nicht. Es gibt so gut wie keine Tatbekennungen mit inhaltlicher Relevanz und bislang nur eine Handvoll schriftlicher Beiträge, die sich ausdrücklich mit der Option des Gewalthandelns befassen. Hieraus lassen sich nur punktuelle Erkenntnisse darüber gewinnen, in welchem Ausmaß Gewalthandlungen strategisch geplant und legitimiert werden. Immerhin gibt es innerhalb der rechtsextremistischen Szene aber Überlegungen zu einer strategisch geplanten und angewendeten revolutionären Gewalt, sowie im Umfeld ein hohes, kaum steuerbares Aggressions- und Gewaltpotential insbesondere in Skinhead-Gruppen.

Auch aus der Konfrontation mit linken militanten Antifa-Gruppen ergibt sich eine Debatte über die rechte Gewalt und Gewaltbereitschaft. Hier wird gefordert, dass die „bei den Gegnern stets ‚bewunderten' Eigenschaften selbstverständliche Inhalte des eigenen nationalistischen Widerstandswillens werden bzw. in der entsprechenden Radikalität noch übertroffen werden" müssten.[7] Viel zulange seien zudem Nationalisten in der Öffentlichkeit

---

7   Einheit und Kampf, Mai 1997, S. 3.

„Freiwild" für linksautonome Gewalttäter gewesen. Nun sei die Zeit gekommen, „den Spieß herumzudrehen".[8]

Neben der instrumentell-strategisch konzipierten politischen Gewaltbereitschaft (insbesondere in den neo-nazistischen Parteien) sowie der sich als Gegengewalt legitimierenden Gewaltbereitschaft (vor allem gegen Linke), gibt es bei den rechtsextremistischen und fremdenfeindlichen Skinheads eine hohe generalisierte Gewaltbereitschaft, die sich selbst kaum als legitimationsbedürftig versteht und einhergeht mit einer eliminatorischen Hetze gegen Minderheiten, Ausländer, Juden, Linke etc., wie sie sich insbesondere auch im Internet abbildet. Das Internet ist mittlerweile für rechtsextremistische Parteien und Gruppierungen zu einem bevorzugten Medium der Selbstdarstellung und Agitation geworden. Ein Beleg dafür ist die Zunahme an eliminatorischen Hetztiraden, an Gewaltaufrufen und sogenannten Hasslisten. Sie erhalten Personen, die von rechten Gruppen als Feinde dargestellt und damit als potentielle Angriffsobjekte angesehen werden können.

6. Erklärungsmuster fremdenfeindlicher und rechtsextremistischer Gewalt

Die theoretische Debatte zur Erklärung von Fremdenfeindlichkeit und Rechtsextremismus ist entsprechend der Komplexität des Gegenstandsbereichs nach wie vor durch heterogene und konkurrierende Ansätze gekennzeichnet. Ohne damit den Anspruch erheben zu wollen, die Vielzahl aller Thesen und Argumente abbilden zu können, sind hier vier Ansätze hervorzuheben:

An erster Stelle sind hier verschiedene Sozialisationshypothesen zu nennen, die davon ausgehen, dass der Grund für Gewaltbereitschaft und Fremdenhass in einer problematischen Verarbeitung konfliktreicher und defizitärer Familienbeziehungen besteht (Vgl. hierzu Hopf 1995; König 1998). Dabei steht die These im Vordergrund, dass „die kognitive und emotionale Verarbeitung von Beziehungserfahrungen bei der Herausbildung von Gewaltneigungen und rechtsextremen Orientierungen eine wichtige Rolle spielt" (Hopf 1995: 129). Insbesondere die geschlechtsspezifische Sozialisation junger Männer steht dabei im Vordergrund des Interesses.[9] Entsprechende psychodynamische Entwicklungen sind vermutlich bei „rechter" Gewaltbereitschaft verbreiteter als bei linker (Vgl. Eckert 1996), können sich freilich auch in „linken" Kampf- und Gewaltneigungen äußern, wie es zumindest eine Untersuchung über gewaltaffine Videofans nahe legt (Vgl. Weiß 1997). Auch Fremdenfurcht und Fremdenfeindlichkeit, die nicht notwendig gewaltbereit ist, wird im Zusammenhang mit familialer Sozialisation gesehen. Autoritäre und/oder inkonsistente Erziehung kann Dispositionen zur Vorurteilsbildung erzeugen, die sich angesichts wahrgenommener verschärfter Konkurrenz mit Zuwanderern auf dem deutschen Arbeitsmarkt im Zuge der Globalisierungs- und Standortdiskussion aktualisieren (Vgl. Ahlheim/Heger 2000).

An zweiter Stelle ist hier der Desintegrationsansatz zu nennen (Vgl. Heitmeyer 1995). Im Zentrum dieses Ansatzes steht die Hypothese, dass vor dem Hintergrund fortschreitender Modernisierungsprozesse (insbesondere die zunehmende Marktförmigkeit sozialer Beziehungen und kultureller Muster) sich alltagsweltliche, von Generation zu Generation tradierte

---

8 Deutsche Stimme, Sonderbeilage März 2000.
9 Siehe hierzu Birsl 1994; Rommelspacher 1998, die nicht individuelle Sozialisation als vielmehr die Muster einer männlichen Dominanzkultur im Auge hat; Siller 1997.

Milieus mit ihren je eigenen Kommunikationsformen, ihren spezifischen Werten und Orientierungsangeboten und ihren typischen sozialen Beziehungen und Bindungen zunehmend auflösen. Der Bedeutungsverlust traditioneller Milieus (von sozialer Schicht, Nachbarschaft, Familie, Verwandtschaft und Arbeitsgruppen etc.) wird als ein zentraler Aspekt sozialer Desintegration beschrieben. Aus ihr resultieren Verunsicherungen in der Identitätsbildung und Lebensplanung, die für viele den Rückgriff auf vermeintlich klare und unabweisbare Zugehörigkeiten wie Abstammung und Nation nahe legen. In einer pointierten Variante wird der neue Rechtsextremismus als Konsequenz der neoliberalen Marktradikalität angesetzt: „Der aktuelle Rechtsextremismus und Rechtspopulismus beruht auf einer Brutalisierung, Ethnisierung und Ästhetisierung alltäglicher Konkurrenzprinzipien."[10] Offen bleibt freilich, warum sich die fremdenfeindliche Gewalt schubartig in den neunziger Jahren ausgebreitet hat.

Auf diese Fragen antwortet – drittens – die These des „Konflikts um die Einwanderung", die die Eskalation von Einwanderungskonflikten und die politische Brisanz von Fremdheitserfahrungen in den Vordergrund rückt (Eckert 1999, Willems 1997). Die massive Zuwanderung von über vier Millionen Aussiedlern und Asylbewerbern zwischen 1988 und 1992 hat zu zunehmenden Konflikten in den Aufnahmeorten geführt. Dem folgte eine intensive Einwanderungs- und Asylrechtsdebatte, während der sich die in Bund und Ländern regierenden Parteien bis zum Asylrechtskompromiss von 1993 nicht auf einen Weg der Problembewältigung einigen konnten. Dies wiederum hat Chancen für rechte Parteien und jugendliche Schläger eröffnet. In Teilen der Bevölkerung entwickeln sich Vorstellungen von Konkurrenz um Arbeitsplätze und Wohnraum und einer „ungerechten" Bevorzugung von Einwanderern durch den Staat. In diesem Zusammenhang wird die Zugehörigkeit zum deutschen Volk aus Ausschließungsgrund gegen Einwanderer für viele attraktiv (Vgl. hierzu Willems 1993, 1997; Eckert 1998, 1999). Über den Volksgedanken findet dann auch der Antisemitismus und der Kampf gegen „Schädlinge des Volkes" eine neue Renaissance. Hier konnten sich gewaltbereite fremdenfeindliche jugendliche Subkulturen eine politische Bedeutung zuschreiben. Erklärt wird freilich durch diese Entstehungsbedingungen nicht, warum Fremdenfeindlichkeit und Rechtsextremismus sich in den neuen Ländern verstärkt festgesetzt haben, in denen vergleichsweise wenige Zuwanderer leben.

Hierfür wird – viertens – neben dem Hinweis darauf, dass die Bürger der DDR kaum Gelegenheit hatten, den Umgang mit Einwanderern zu lernen, vor allem die These der autoritären Reaktion auf Anomie ins Feld geführt. Die Verunsicherung durch den Zusammenbruch des sozialistischen Systems, verstärkt durch die ganz neue Angst vor Arbeitslosigkeit, führt zu dem Versuch, sich durch die Zugehörigkeit zu dem „einen Volk" zu stabilisieren, das dann gegen „Eindringlinge" verteidigt werden muss.

Die vier Erklärungsmuster sind teilweise durchaus kompatibel. Unter den Bedingungen einer verstärkten Vorurteilsneigung und wahrgenommenen ökonomisch-beruflichen Konkurrenzsituation sowie angesichts der Vorstellungen von einer Gemeinschaft, die gegen einen weiteren Zustrom zu verteidigen sei, können Vorurteile und Gewaltbereitschaften dann durchaus handlungswirksam werden.

---

10 Menschik-Bendele/Ottomeyer, 1998: 303; ähnlich auch Butterwegge 2002, der freilich stärker die Konkurrenzideologie des Neoliberalismus in den Vordergrund rückt.

7. Gesellschaftliche Konflikte, politisch motivierte Gewalt und die Reaktionen des demokratischen Staates

Politisch motivierte Gewalt findet zumeist an gesellschaftlichen Konfliktlinien statt, deren Eingrenzung institutionell nicht gelungen ist. So wurde beispielsweise am Anfang der siebziger Jahre deutlich, dass unsere Wirtschaftsweise und unser Konsum vielfach mit Prinzipien der ökologischen Nachhaltigkeit unvereinbar sind. An dieser Konfliktlinie kristallisierte sich die Ökologiebewegung, und an deren Rand fanden auch links-extremistische Positionen einen neuen Anschluss.

Heute bilden sich im Zuge der Globalisierung, des technischen Fortschritts der Mikroelektronik und der Wanderungsbewegungen neue Konfliktlinien heraus. Viele Menschen sehen sich durch Rationalisierung und internationale Konkurrenz in ihrem Wohlstand bedroht. Entsprechend fürchten sie die Konkurrenz auf den Arbeitsmärkten, befürworten eine Begrenzung der Einwanderungsmöglichkeiten und tendieren zur Aufwertung der eigenen nationalen Zugehörigkeit als Garanten sozialer Sicherheit. Diese Ängste formierten sich angesichts der dramatisch ansteigenden Einwanderung von Aussiedlern und Asylbewerbern zwischen 1988 und 1993, die vielerorts zu Überlastungserscheinungen geführt hat. Im Parteienwettbewerb wurde die Asylproblematik dramatisiert, während gleichzeitig die Problembewältigung über Jahre hinweg ausblieb. Die so sich ausbreitende fremdenfeindliche und rechtsextreme Bewegung konnte vor allem in den neuen Bundesländern Fuß fassen. Fremdenfeindlichkeit und Nationalismus sind hier angesichts des ideologischen Vakuums nach dem Zusammenbruch des Kommunismus sowie den Belastungen des Umbruchs, insbesondere durch Arbeitsmarktprobleme, attraktiv, weil sie neue exklusive Solidaritäten und Vorrechte zu versprechen scheinen. Damit erhält der klassische Rechtsextremismus, der lange nur noch als Relikt aus der ersten Hälfte des Jahrhunderts galt, neue Zuflüsse (Eckert 1999: 31-45).

Wir müssen daher davon ausgehen, dass wir es bei der Fremdenfeindlichkeit mit einem Phänomen zu tun haben, das uns auf lange Zeit hinaus beschäftigen wird. Denn die weltweiten Wanderungsbewegungen führen nicht notwendig zur Assimilation oder neu entstehenden Kulturmustern, sondern auch zu Identitätspolitiken, die tatsächliche oder imaginiere Herkünfte dramatisieren und gegen eine „postmoderne Beliebigkeit" ins Feld führen. Entsprechende Gewaltneigungen finden hier ihre subjektive Legitimation.

Für den demokratischen Staat ist eine differenzierte Reaktion im Umgang mit verschiedenen Formen des politischen Extremismus und der politisch motivierten Kriminalität von großer Bedeutung. Dazu gehört einerseits natürlich die Unterscheidung zwischen legalem und illegalem Verhalten; andererseits aber auch die Unterscheidung zwischen rechtswidrigem, aber gleichwohl verständlichem, legitimem politischen Protest und nicht akzeptablem politischem Extremismus, selbst wenn er sich legalistisch verhält. Nur durch entsprechende Differenzierungsbereitschaft ist der Staat in der Lage vorhandene Konfliktpotentiale in der Gesellschaft aufzulösen und Konflikte nicht weiter eskalieren zu lassen. Und nur unter diesen Bedingungen wird die Demokratie als Konfliktlösungsmodell akzeptiert und nicht grundsätzlich in Frage gestellt. Der politische Extremismus will das liberale Verfassungssystem destabilisieren. Er will die Eskalation der gesellschaftlichen Konflikte und der Gewalt, sofern damit die Abschaffung des verhassten Systems erreichbar erscheint. Daher versucht der politische Extremismus die verschiedenen gesellschaftlichen Konfliktfelder und Konfliktthemen für eigene Zwecke zu instrumentalisieren und weiter zu eskalieren. Dem muss der Staat entschieden entgegentreten. Er kann dies tun indem er die unterschiedlichen Konfliktgruppen differenziert behandelt und so den Konflikt deeskaliert.

Bibliographie

Amnesty International: Ausländer als Opfer, Polizeiliche Mißhandlungen in der Bundesrepublik Deutschland, Berlin, 1995
Backes, Otto und Wilhelm Heitmeyer: Risikokonstellationen im Polizeialltag (Manuskript), Bielefeld, 1997
Baeyer-Katte, Wanda von, Dieter Claessens, Hubert Feger und Friedhelm Neidhardt: Gruppenprozesse, Analysen zum Terrorismus 3, Opladen, 1982
BfV: Rechtsextremistische Bestrebungen im Internet, Köln, 2000
Birsl, Ursula: Rechtsextremismus: männlich – weiblich? Eine Fallstudie zu geschlechtsspezifischen Lebensverläufen, Handlungsspielräumen und Orientierungsweisen, Opladen, 1994
Bjørgo, Tore: Racist and Right-Wing Violence in Scandinavia: Patterns, Perpetrators and Responses, Oslo, 1997
BKA Polizeilicher Staatsschutz: Konfrontation von Links und Rechts, 1999
BKA-ST: Richtlinien für den kriminalpolizeilichen Meldedienst in Staatsschutzsachen, 15.04.1993
BKA-ST: Lagebericht Staatsschutzkriminalität, 1997, 2000
BMI (Hg.): Verfassungsschutz, Bestandsaufnahme und Perspektive, Halle/Saale, 1998
BMI: Verfassungsschutzbericht, 1999, 2000, 2001
BMI, BMJ: Erster periodischer Sicherheitsbericht. Berlin 2001
Bornewasser, Manfred, Roland Eckert und Helmut Willems: Die Polizei im Umgang mit Fremden – Problemlagen, Belastungssituationen und Übergriffe, in: Schriftenreihe der Polizei-Führungsakademie: Fremdenfeindlichkeit in der Polizei?, Lübeck, 1996, S. 2-166
Brusten, Manfred (Hg.): Polizei-Politik, Weinheim, 1992
Butterwegge, Christoph, Rechtsextremismus, Feiburg, 2002.
Diederichs, Otto: Hilfe, Polizei – Fremdenfeindlichkeit bei Deutschlands Ordnungshütern, Berlin, 1995
Dietz, Barbara: Jugendliche Aussiedler in Deutschland: Risiken und Chancen der Integration, in: Bade, Klaus J. und Jochen Oltmer (Hg.): Aussiedler: deutsche Einwanderer aus Osteuropa, Osnabrück, 1999, S. 153-176
Eckert, Roland: Demokratie, Konflikt und Gewalt. Wie geht unsere Gesellschaft mit neuen sozialen Auseinandersetzungen um?, in: Dettling, Warnfried: Perspektiven für Deutschland, München, 1994, S. 262-284
Eckert, Roland (Hg.): Wiederkehr des ‚Volksgeistes'? Ethnizität, Konflikt und politische Bewältigung, Opladen, 1998
Eckert, Roland: Neue Quellen des Rechtsextremismus. In: Widmann, Peter, Rainer Erb und Wolfgang Benz (Hg.): Gewalt ohne Ausweg? Strategien gegen Rechtsextremismus und Jugendgewalt in Berlin und Brandenburg, Berlin, 1999, S. 31-45
Eckert, Roland, Max Kaase, Friedhelm Neidhardt und Helmut Willems: Ursachen, Prävention und Kontrolle von Gewalt aus soziologischer Sicht, Gutachten der Unterkommission III (Soziologie), in: Schwind, Hans-Dieter, Jürgen Baumann u.a. (Hg.): Ursachen, Prävention und Kontrolle von Gewalt, Band II: Erstgutachten der Unterkommissionen, Berlin, 1990, S. 293-414
Erb, Rainer: Antisemitische Straftäter der Jahre 1993-1995, in: Bundesministerium des Innern (Hg.): Jugend und Gewalt, Texte zur inneren Sicherheit, 1998
Falter, Jürgen W. und Kai Arzheimer: Rechtsextremismus unter Jugendlichen in Deutschland 1998 und im Vergleich zum Jahr 1994, Gutachten im Auftrag des Bundesministeriums für Familie, Senioren, Frauen und Jugend, unveröff. Manuskript, Universität Mainz, 1998
Frindte, Wolfgang, Friedrich Funke und Susanne Jacob: Fremdenfeindlichkeit – eine komplexe Suche, in: Frindte, Wolfgang (Hg.): Fremde – Freunde – Feindlichkeiten, Opladen, Wiesbaden, 1999, S. 50-69
Gurr, Ted Robert: Why Men Rebel, Princeton, NJ, 1970
Heitmeyer, Wilhelm: Rechtsextremistische Orientierungen bei Jugendlichen, Weinheim, 1995.
Hellmann, Kai-Uwe und Ruud Koopmans (Hg.): Paradigmen der Bewegungsforschung, Entstehung und Entwicklung von Neuen Sozialen Bewegungen und Rechtsextremismus, Opladen, 1998

Hopf, Christel: Familie und Rechtsextremismus: familiale Sozialisation und rechtsextreme Orientierungen junger Männer, Weinheim, 1995
Jaschke, Hans-Gerd: Rechtsextremismus und Fremdenfeindlichkeit, Begriffe, Positionen, Praxisfelder, Opladen, 1994
König, Hans-Dieter (Hg.), Sozialpsychologie des Rechtsextremismus. Frankfurt/Main, 1998
Kümmel, Gerhard und Paul Klein: Gewalt und Militär, unveröffentlichtes Manuskript, 2000
Lööw, Heléne: The Cult of Violence – The Swedish Racist Counter-Culture, in: Bjørgo, Tore and Witte, Rob (Eds.): Racist Violence in Europe, Basingstoke, 1993
Maibach, Gerda: Polizisten und Gewalt – Innenansichten aus dem Polizeialltag, Reinbek, 1996
Menschik-Bendele, Jutta/Ottomeyer, Klaus: Sozialpsychologie des Rechtsextremismus: Entstehung und Veränderung eines Syndroms, Opladen, 1998.
Mletzko, Matthias: Merkmale politisch motivierter Gewalttaten von militanten autonomen Gruppen, Magisterarbeit Mainz, 1999, S. 92-101
Münchmeier, Richard: Miteinander – Nebeneinander – Gegeneinander? Zum Verhältnis zwischen deutschen und ausländischen Jugendlichen, in: Deutsche Shell (Hg.): Jugend 2000, Bd. 1, 13. Shell Jugendstudie, Opladen, 2000, S. 221-260
Muller, Edward N.: Aggressive Political Participation, Princeton, NJ, 1979
Peucker, Christian, Martina Gaßebner und Klaus Wahl: Fremdenfeindlichkeit: Taten, Täter, Trends, München, 2000 (Entwurf)
Rommelspacher, Birgit: Dominanzkultur. Texte zu Fremdheit und Macht, Berlin 1998.
Schmidt, Peter und Aribert Heyder: Wer neigt eher zu autoritärer Einstellung, die Ostdeutschen oder die Westdeutschen? Eine Analyse mit Strukturgleichungsmodellen, in: Richard Alba, Peter Schmidt und Martina Wasmer (Hg.): Deutsche und Ausländer: Freunde, Fremde oder Feinde? Blickpunkt Gesellschaft 5, Wiesbaden, 2000, S. 439-483
Schneider, Hans Joachim: Kriminologie, Berlin, New York, 1987, S. 862
Siller, Gertrud: Rechtsextremismus bei Frauen: Zusammenhänge zwischen geschlechtsspezifischen Erfahrungen und politischen Orientierungen, Opladen, 1997
Strobl, Rainer und Wolfgang Kühnel: Dazugehörig und ausgegrenzt, Analysen zu Integrationschancen junger Aussiedler, Weinheim/München, 2000, S. 144-150
Terwey, Michael: Ethnocentrism in Present Germany: Some Correlations with Social Integration and Subjective Assessments, ZA-Information, 1998, S. 135-166
Weiß, R. H.: Gewalt, Medien und Aggressivität bei Schülern. Göttingen, 2000.
Willems, Helmut: Fremdenfeindliche Gewalt, Einstellungen, Täter, Konflikteskalation, Opladen, 1993
Willems, Helmut: Jugendunruhen und Protestbewegungen – Eine Studie zur Dynamik innergesellschaftlicher Konflikte in den europäischen Ländern, Opladen, 1997
Willems, Helmut und Roland Eckert: Wandlungen politisch motivierter Gewalt in der Bundesrepublik, in: *Gruppendynamik*, 1995, 26. Jahrgang, S. 89-23
Willems, Helmut, Stefanie Würtz und Roland Eckert: Analyse fremdenfeindlicher Straftäter, in: BMI, Texte zur inneren Sicherheit, Bonn, 1994
Willems, Helmut, Eckert, Roland: Eskalation und Deeskalation sozialer Konflikte. In: Heitmeyer, Wilhelm, Hagan, John: Internationales Handbuch der Gewalt. 2002
Zimmermann, Ekkart: Soziologie der politischen Gewalt, Stuttgart, 1971

Rechtsextremistische Gewalt und Terror

Anton Maegerle

Der von Rechtsextremisten propagierte „Kampf um die Straße" zeigt Erfolg: fast täglich werden in der Bundesrepublik Deutschland Menschen durch Rechtsextremisten diskriminiert und tätlich angegriffen. Zählte das Bundesamt für Verfassungsschutz 1992 6.400 gewaltbereite Rechtsextremisten, so waren es nach Angaben desselben Amtes Ende 2000 bereits 9.700; eine Steigerung von 52%.[1]

2001 wurden in der Bundesrepublik von offiziellen Stellen 10.113 rechtsextreme und fremdenfeindliche Straftaten registriert, darunter 579 Gewaltdelikte und 508 Angriffe gegen Personen. 385 Menschen sind von Rechtsextremisten verletzt worden. Versuchte Tötungen wurden sieben mal erfasst. Die Jahresbilanz nennt 7463 Tatverdächtige, 731 vorläufig Festgenommene und 155 erlassene Haftbefehle.[2]

Seit der deutsch-deutschen Vereinigung sind mindestens 100 Todesopfer rechtsextremer Gewalt in der Bundesrepublik zu beklagen. Die rechtsextreme Szene ist jünger, militanter, gewalttätiger und aktionistischer geworden. Die Überfälle und Attacken werden immer brutaler und die Hemmschwelle der Täter sinkt. Bekämpft wird, was nicht ins völkische Weltbild passt: Ausländer, Homosexuelle, Behinderte, Obdachlose, Linke, Gewerkschafter, Sinti, Roma, Juden und neuerdings auch Aussiedler.

Eine klare Unterscheidung zwischen spontanen Gewaltakten Einzelner und geplantem, „nachhaltigem", politisch gezieltem und von einer Gruppe von mindestens drei Personen verübten Terror[3] ist heute nicht mehr zu halten. In den siebziger und frühen achtziger Jahren gab es aktionistisch orientierte Kleingruppen wie die *Volkssozialistische Bewegung*

---

1 Vgl. http://www.verfassungsschutz.de/publikationen/gesamtpage17.html.
2 Vgl. dpa v. 01.02.2002. Auf die Differenzen in den Statistiken von Bund und Ländern soll hier nicht eingegangen werden.
3 Dies ist die in der Bundesrepublik gebräuchliche (durchgängig bei Rabert 1995) und in der Rechtssprechung gängige Definition von „Terror". Walter Laqueur schreibt in seinem Standardwerk „Terrorismus": „Eine Definition von ‚Terror' gibt es nicht, und es wird sie auch in naher Zukunft nicht geben" (Laqueur 1977: 10). Chomsky und Herman weisen auf die ideologische Belastung von Laqueurs Verständnis von „Terror" und „Terrorismus" hin. Laqueur spricht nach Chomsky und Herman von „Terrorismus von unten", der von Bewegungen ausgeht, und schließt definitorisch den Staatsterrorismus aus (Chomsky/Herman 1979: 87). Rudolf Walther definiert „Terror" eher allgemein als „Beziehung zwischen Zielen und Mitteln" und bestimmt diesen Begriff nach dem Kriterium der „historischen Situationsgerechtigkeit", wobei er sich der Gefahr bewusst ist, dass „Terror" als politischer Kampfbegriff benutzt wird (Walther 1990: 324). Im Folgenden werde ich versuchen, den Terrorbegriff situationsgerecht im heutigen politischen Kontext zu bestimmen.

Deutschlands/Partei der Arbeit (*VSBD/PdA*) des Friedhelm Busse oder die *Deutschen Aktionsgruppen* von Manfred Roeder, die einer solchen Definition von Terror genügten. Gleichzeitig gab es „unorganisierte Einzelaktionen aus terroristischen Motiven", auf die die „Merkmale der systematischen, planmäßigen und organisierten Gewaltanwendung in der Regel" nicht zutrafen (Rabert 1995: 314).

Während der Gewaltwelle Anfang der neunziger Jahre mit den Höhepunkten der fremdenfeindlichen Ausschreitungen in Hoyerswerda (1991), Rostock-Lichtenhagen (1992) und den Mordanschlägen in Mölln (1992) und Solingen (1993) erlangte die rechtsextreme Gewalt eine neue Qualität. Vorbereitete Mordaktionen wie Brandanschläge stehen seitdem im Kontext verbreiteter Fremdenfeindlichkeit, und die von den Behörden bemühten Grenzen zwischen Randale und Terror verfließen.

Der folgende Beitrag versucht, dass Phänomen aufzuarbeiten und geht faktenorientiert vor, d.h. es sind Vorfälle rechtsextremen Terrors beispielhaft in Kästen über den gesamten Text eingefügt.

1. Angedrohte Gewalt

Seit etwa Mitte 1998 haben in der gesamten neonationalsozialistischen Szene die gewaltbejahenden Äußerungen zugenommen. Offen wird die Anwendung von Gewalt als Mittel zur Durchsetzung politischer Ziele in neonazistischen Publikationsorganen gerechtfertigt.

Diese sprachliche Gewalt geht rasch in Drohungen gegen missliebige Einzelpersonen über. So schreibt der Holocaustleugner Germar Rudolf in den *Vierteljahresheften für freie Geschichtsforschung* (*VffG*): „Die Lämmergeduld des deutschen Volkes hält bestimmt nicht ewig an." Rudolf, der sich aus strafrechtlichen Gründen aus der Bundesrepublik abgesetzt hat und in den USA lebt, rät engagierten Demokraten wie dem Mannheimer Staatsanwalt Hans-Heiko Klein, „sich daher im eigenen Interesse besser etwas zurückzuhalten", da die Szene „nun die Bleistifte spitzt und anfängt, Strichlisten zu machen."[4]

Im April 2001 nahm das Landeskriminalamt Brandenburg die Ermittlungen gegen die neonationalsozialistisch orientierte Skin-Band *White Aryan Rebels* auf. Die Band ruft auf ihrer CD „Noten des Hasses" zum Mord an Prominenten auf. Namentlich erwähnt werden u.a. die frühere Bundestagspräsidentin Rita Süßmuth, Michel Friedman, Vizepräsident des Zentralrates der Juden, und zwei Beamte der Berliner Polizei-Spezialeinheit PMS (Politisch Motivierte Straßengewalt), die in der Szene besonders verhasst sind.

Ende 2001 attackierte der *Nationale Widerstand Nürnberg* (*NWN*) Staatsanwälte in Chemnitz. Anlass war das Ermittlungsverfahren gegen einen Neonazi aus dem fränkischen Forchheim, der bei der Kontrolle an der deutsch-tschechischen Grenze indizierte Musik des *NPD*-Barden und Ex-Kaders der *Wiking-Jugend* (*WJ*), Frank Rennicke, im Auto hatte. Der ermittelnden Staatsanwaltschaft Chemitz drohten die anonymen Neonazis: „Sollen sie nur ermitteln, verfolgen – und sich damit tiefer und tiefer in untilgbare Verbrecherschuld verstricken. Mit jeder der ... maßnahmen des ... BRD-Regimes kommen denn auch neue Namen in unsere ‚Kundenkartei' – Namen derer, die wir, wenn das Blatt sich radikal gewendet haben wird, dann sehr eingehend ‚betreuen' werden." Die Drohung der Nürnberger

---

4 *VffG*, 2/2000, S. 124.

Neonazis wurde u.a. per Mailingliste von „Der Weiße Wolf", einer ehemaligen Neonazi-Postille aus der JVA Brandenburg verbreitet.[5]

2. Anti-Antifa

Die Rechtsextremen führen Listen potentieller Gewaltopfer. Am 24. Februar 2001 marschierten 100 Neonazis durch die westfälische Stadt Lüdenscheid. Timo Pradel, *NPD*-Vorsitzender des Kreisverbandes Märkischer Kreis, verlas im agitatorischen Anti-Antifa-Stil die Namen von ca. 20 Kommunalpolitikern und Lokaljournalisten, die seiner Auffassung nach „verantwortlich für die Pogromstimmung gegen nationale Deutsche" seien.[6]

Anti-Antifa-Aktivitäten sind seit August 1992 ein wesentlicher Schwerpunkt rechtsextremer Aktivitäten. Damals erschien die Neonazi-Postille *Index*, Organ der *Nationalen Liste* (*NL*) um Thomas Wulff und Christian Worch, mit einer Schwerpunkt-Ausgabe zum Thema Anti-Antifa.

Zu den Anti-Antifa-Aktivitäten zählen u.a. das Ausspähen von politischen Andersdenkenden, die Veröffentlichung von Namen, Adressen, Fotos und Lebensumständen, einhergehend mit Bedrohung und Gewaltaufrufen bis hin zu Gewalttaten. Ausspioniert werden neben politischen Gegnern (z.B. Gewerkschafter) auch Polizisten, Staatsanwälte, Richter, Mitarbeiter der Verfassungsschutzbehörden und Journalisten. Im Juli 2000 wurde in Sachsen-Anhalt eine von Rechtsextremisten erstellte CD-Rom mit zahlreichen Fotos von Politikern und Journalisten erstellt.

Die in Nürnberg erscheinende Anti-Antifa-Postille *Landser* veröffentlichte im Frühsommer 2001 die Adressen und Telefonnummern zweier Deutsch-Pädagogen am Johannes-Scharrer-Gymnasium, die sich u.a. durch Projekte gegen Rassismus und Ausländerfeindlichkeit hervorgetan hatten. Ihre Häuser wurden mit roter Farbe beschmiert. Der Freundeskreis des Neonazis Frank Rennicke veröffentlichte 2001 mehrfach Anschrift und Telefonnummer eines gegen ihn ermittelnden Staatsanwaltes aus dem schwäbischen Kornwestheim.

Führende Anti-Antifa-Aktivisten der letzten Jahre sind u.a.

– Thekla-Maria Kosche (Kiel), die einst unter dem Namen „Gothmag99" Kopf der Asgard-Mailbox war und heute beim norddeutschen *Bündnis Rechts* aktiv ist
– Casjen Bayen (Uelzen), Ex-*FAP*-Aktivist, *HNG*-Leserbriefschreiber
– Oliver Schweigert, vormals Bereichsleiter Ost der Gesinnungsgemeinschaft der Neuen Front (GdNF) und Vorsitzender der Nationalen Alternative (NA), heute einer der Köpfe des Nationalen und Sozialen Aktionsbündnisses Mitteldeutschland

Zu der akademischen Variante der Anti-Antifa gehören die in rechtsextremen Kreisen aktiven Hans-Helmuth Knütter (Referent bei der *Gesellschaft für freie Publizistik* und dem *Cannstatter Kreis*) und Alfred Mechtersheimer (*Deutschland-Bewegung*). Einer der engsten Mitstreiter von Mechtersheimer ist Roland Wuttke, Kopf des „Arbeitskreises Medien und Demokratie" der *Deutschland-Bewegung*. Steckbriefartig stellt Wuttke, seit Jahren auch Autor in verfassungsfeindlichen Organen wie *Nation + Europa* und *Opposition*, in Flugblättern missliebige Journalisten an den Pranger.

---

5   Zit. nach *blick nach rechts* 1/2002, S. 15; Auslassungen im Original.
6   Vgl. *tageszeitung* vom 26.02.2001, S. 2.

Der emeritierte Hochschulprofessor Knütter, der weiterhin Promotionsstudenten an der Philosophischen Fakultät der Rheinischen Friedrich-Wilhelms-Universität in Bonn betreut, ist Doktorvater des langjährigen *Junge Freiheit*-Mitarbeiters Claus-Michael Wolfschlag. Dessen Dissertation „Das ‚antifaschistische Milieu'" ist 2001 im ultrarechten österreichischen *Leopold Stocker Verlag* (Graz) erschienen. Im Anti-Antifa-Stil werden darin missliebige Journalisten, Publizisten und Wissenschaftler vorgestellt. In einer Rezension des Buches im Parteiorgan *Der Republikaner* ist zu lesen: „Die Schreibtischtäter, die – oft mit öffentlichen Geldern gefördert – staatsfeindliche Methoden und Ziele salonfähig machen, nennt der Autor beim Namen."[7]

3. Antisemitische Gewaltdrohungen und Champagnerantisemitismus

Antisemitismus ist ein fester Bestandteil rechtsextremen Denkens und Handelns. Er hat die Funktion einer verbindenden Ideologie, die die Welt als von Juden dominiert und manipuliert erklärt.[8]

> Am 29. August 2000 wurden am Bahnhof von Gerwisch (Jerichower Land) Schmierereien antisemitischen Inhalts festgestellt, die für viele andere stehen: „Skinheads Deutschland, Ruhm und Ehre der Waffen-SS, hate society no remorse", „Pogo tanzen, Bierchen saufen, sich mit fiesen Zecken raufen, wir bleiben unserem Motto treu, Heil dem Führer oi, oi, oi", „Wenn Adolf seinen Scheitel pflegt und Goering am Gashahn dreht, Juden toasten das ist geil, im Doitschen Reich sagt man Sieg Heil."[9]

Nicht nur bei verbalen Aggressionen, auch in der Praxis sind „die Juden" die bevorzugten Feinde der Rechten. Immer häufiger verüben Rechtsextremisten Übergriffe im Bereich der KZ-Gedenk-u. Mahnstätten. Allein im ehemaligen KZ Buchenwald gab es von Januar 1998 bis Sommer 2000 knapp 40 Vorfälle. Antisemitische Friedhofsschändungen, Angriffe auf Synagogen und jüdische Gedenkstätten sind en vogue.

Die im Raum Potsdam operierende *Nationale Bewegung* verübte am 8. Januar 2001 einen Brandanschlag auf die Trauerhalle des jüdischen Friedhofes in Potsdam. Am Tatort wurde ein antisemitisches Hetzschreiben aufgefunden. Der Text zeuge von „knallhartem Antisemitismus", sagte ein Sprecher des Brandenburgischen Innenministeriums.[10]

Bereits ein Jahr zuvor wurde der Friedhof geschändet, indem dort zum 70. Todestag des „durch jüdische Kommunisten ermordeten SA-Helden Horst Wessel" ein rotes Holzkreuz aufgepflanzt wurde. Die Potsdamer *Nationale Bewegung* verfolgt die im Rechtsextremismus verbreitete Strategie, symbolische Orte und Daten mit völkischen Inhalten zu assoziieren. Ihre Aktionen richten sich an Orte und Daten, die für den Nationalsozialismus Bedeutung hatten. Neu ist der Grad der Professionalisierung und Konspiration. Bekennerschreiben verweisen darauf, dass diese Taten geplant und ideologisch vorbereitet sind. Die konservati-

---

7 *Der Republikaner*, 10/2001, S. 4.
8 Vgl. auch den Beitrag von Margret Chatwin in diesem Band.
9 Verfassungsschutzbericht des Landes Sachsen-Anhalt 2000, S. 9.
10 Vgl. *Netzzeitung* vom 08.01.2001.

ve Tageszeitung *Die Welt* konstatierte, dass jede Woche einer der 2.100 jüdischen Friedhöfe in der Bundesrepublik geschändet wird. Diese Angabe könnte sogar untertrieben sein.[11]

Fahndungserfolge bei antisemitischen Friedhofsschändungen sind selten. Der Frankfurter Historiker Adolf Diamant beschrieb in einer Studie, dass seit 1945 bei 63,5 Prozent der Friedhofsschändungen keine Täter gefunden werden konnten.[12] Champagner-Antisemiten leisten diesem aggressivem Judenhass Vorschub. Seit der Bubis-Walser-Debatte 1998/99 und der Veröffentlichung des zum Bestseller aufgestiegenen Buches „Die Holocaust-Industrie" von Norman Finkelstein 2001 verbreiten sie wieder offen antisemitische Klischees.

4. Verbreitung und Ausführung von rechtsextremen Gewaltdrohungen und Gewalttaten – Die Gewaltwelle 2000/2001

Rechtsextreme Gewaltdrohungen sind vor allem deshalb gefährlich, weil sie rasch in Handlungen umschlagen können. Im *NIT*-Forum von Andre Goertz (Hamburg) wurde am 4.September 2001 zum Aufbau von „Bürgerwehren" aufgerufen: „Zunächst wendet man sich an einen Bekannten im Ort", der „heimatverbunden/ortsverbunden ist … Man fragt, ob er froh darüber ist, dass sich immer mehr Ausländer hier niederlassen, und ob er ein Schicksal des Ortes XY dem Heimatort ersparen möchte. Wenn er Ersteres verneint, bzw. Zweiteres bejaht, fragt man ob er etwas tun möchte. Dann erklärt man die Idee: Bildung einer Bürgerwehr." Weiter heißt es: „Ein Sammelruf der Bürgerwehrmitglieder" soll dann erfolgen, „wenn ‚verdächtige' Personen bei einer Haus- oder Wohnungsbesichtigung gesichtet werden. Sofortiger Treffpunkt am Ort des Geschehens. Man tritt als Gruppe auf und einer sagt den Fremden, dass sie hier nicht erwünscht sind, während die Anderen ohne Worte Unterstützung signalisieren."

Dieser Aufruf zum Aufbau von „Bürgerwehren" passt ins Konzept von „National befreiten Zonen". Das 1991 von der *NPD*-Studierendenorganisation *Nationaldemokratischer Hochschulbund* (*NHB*) veröffentlichte Strategiepapier „Schafft befreite Zonen!", ein Begriff der lateinamerikanischen Guerilla, sieht die Schaffung von Freiräumen vor, in denen Rechtsextremisten faktisch die Macht ausüben: Gemeint ist die soziale Hegemonie rechtsextremer und rechtsextrem orientierter Strukturen, ihre räumliche, soziale, zeitliche, personelle und geistige Vorherrschaft und Wirkung.[13]

Die angestrebten „National befreiten Zonen" sehen keinen Platz mehr für „Gruppenfremde" vor: So wurde am 13. Februar 1999 in der brandenburgischen Stadt Guben der algerische Flüchtling Omar Ben Noui bei einer Hetzjagd durch Neonazis in den Tod getrieben. Zu Beginn ihrer Treibjagd hörten die Neonazis im Auto die CD „Republik der Strol-

---

11 Andreas Nachama, Vorsitzender der Jüdischen Gemeinde in Berlin, gibt an, dass in der Bundesrepublik „in den letzten Jahren pro Woche im Durchschnitt zwei jüdische Friedhöfe geschändet" wurden. (Nachama in einem Interview mit dem *blick nach rechts* 22/1999, S. 11)
12 Ralf Eibl, „Jede Woche wird ein jüdischer Friedhof geschändet", in: *Die Welt* vom 14. Februar 2000.
13 Ein Beispiel für „befreite Zonen" bilden „nationale Jugendzentren" wie im sächsischen Zittau, wo der *Nationale Jugendblock* (Vorsitzender: Alexander Pakiet) von 1992 bis Sommer 2002 in einem städtischen Haus residieren konnte. Das Gefühl ein Rückzugsgebiet zur Verfügung zu haben, in dem der rechte Gruppenkonsens überwiegt, gibt der rechtsextremen Subkultur eine militärischstrategische Dimension und legitimiert Übergriffe durch den Konsens Gleichgesinnter.

che" von der NS-Kombo *Landser*. Die Hetz-Musik von *Landser* spielt in der Neonazi- und Skin-Szene eine exorbitant wichtige Rolle. Sie animiert, die durch die Texte transportierte Aggressivität und Brutalität auch in die Tat umzusetzen.

> In der Nacht zum Pfingstsonntag am 11. Juni 2000 ermordeten drei Skins den gebürtigen Mosabikaner Alberto Adriano in Dessau (Sachsen-Anhalt). Vor der Tat berauschten sich die Skins an *Landser*-Liedern. Am 9. Juli 2000 griffen Neonazis, darunter *NPD/JN*-Funktionäre, Besucher der KZ-Gedenkstätte Kemna in Nordrhein-Westfalen an. Am 29. Oktober 2000 überfielen Neonazis in Dessau drei linksorientierte Personen. Sie traten so stark auf die Opfer ein, bis das Knacken der Gesichtsknochen zu hören war. Fünf Neonazis misshandelten am 15. Januar 2001 im brandenburgischen Bernau den 22-jährigen Tilo R.. Sie übergossen ihn mit Benzin und zündeten ihn an.

Die rechtsextreme Gewalt richtet sich immer häufiger auch gegen Polizisten. In der Nacht vom 15. auf den 16. April 2001 schlug der Neonazi Alexander Schlichting, Mitglied der *Kameradschaft Pinneberg* (Schleswig-Holstein), bei einer Geburtstagsfeier im Clubheim TSV Ellerbek im Kreis Pinneberg, einen im Einsatz befindlichen Polizisten mit einem Stuhl nieder. Der Polizeimeister erlitt schwere Kopf- und Wirbelsäulenverletzungen. Schlichting unterhält seit seiner Inhaftierung und folgenden Verurteilung im Dezember 2001 zu einer 15-monatigen Haftstrafe regen Briefkontakt zur *HNG*-Vorsitzenden Ursel Müller.

Zwölf Rechtsextremisten griffen in der Nacht vom 14. auf den 15. Juli 2001 in Gotha mehrere Polizisten mit Stühlen und Aschenbechern an. Die Beamten wollten die Jugendlichen überprüfen, die in und vor einer Gaststätte randaliert und rassistische Sprüche gegrölt hatten.

In der Nacht vom 20. auf 21.Oktober 2001 versuchten sechs Skinheads einen in der Polizeiwache Immenstadt/Allgäu in Polizeigewahrsam genommenen Gleichgesinnten zu befreien. Gewaltsam versuchten die Skins, durch die Sicherheitsschleuse ins Gebäude zu gelangen. Nur ein massives Polizeiaufgebot konnte die Gefangenenbefreiung verhindern.

Am 10. Juni 2001 löste die Polizei in einem Waldstück bei Martinsrieth nahe der Bundesautobahn 38 im sachsen-anhaltinischen Landkreis Sangerhausen ein Skin-Konzert auf. Bei der Beendigung der nicht genehmigten Veranstaltung wurden die Polizeibeamten von den ca. 300 Skins mit Steinen, Flaschen und brennenden Gegenständen beworfen.

Seit Sommer 2000 verzeichnen die Sicherheitsbehörden bei Skin-Konzerten eine neue Tendenz. So bereiten sich die Organisatoren von Skin-Konzerten zum Teil gezielt auf Gegenmaßnahmen für den Fall einer polizeilichen Auflösung der Veranstaltung vor.

> Am 29. Juni 2001 verübten Neonazis im sachsen-anhaltinischen Jeßnitz einen Brandanschlag auf ein vietnamesisches Textilgeschäft. Bei einem rassistisch motivierten Überfall wurde am 2.Juli 2001 in Zwickau ein Mosambikaner erheblich verletzt. In der Nacht des 9. August 2001 wurde der 61-jährige Obdachlose Dieter Manzke in Dahlewitz (Brandenburg) von fünf jungen Männern im Alter zwischen 17 und 22 Jahren in einem leer stehenden Gartenbungalow erschlagen. Mindestens einer der mutmaßlichen Täter soll der rechtsextremen Szene im Nachbarort Mahlow angehören.
>
> Am 18. August 2001 überfielen 4 Neonazis eine Punker-Wohngemeinschaft im sächsischen Weißwasser. Als Folge kündigte der Zwangsverwalter des Hauses den Punks die Wohnung.
>
> Am 7. Oktober 2001 überfielen rund 30 zum Teil mit Baseballschlägern bewaffnete Rechtsextremisten das vor allem von linksorientierten Jugendlichen besuchte Cottbusser Jugendhaus Glad House und prügelten auf diese ein. Am 1. Februar 2002 schleuderten drei Neonazis Molotow-Cocktails in einen gut besuchten türkischen Imbiss in Berlin-Hellersdorf. Wie durch ein Wunder

wurde niemand verletzt. In den Vernehmungen bei der Kriminalpolizei gaben die Täter später an, sie hätten „einmal ein Kanakenhaus brennen sehen wollen".

5. Waffen- und Sprengstofffunde/Organisation rechter Gewalt

Während der Gewaltwelle 2000/2001 beschlagnahmten die Sicherheitsbehörden Waffenlager und outeten Bombenbastler. Immer öfter war der Besitz von Waffen oder Sprengstoff nicht in der für viele Neonazis typischen Affinität zu allem Militärischen bzw. als Ausdruck eines weit verbreiteten Waffenkults begründet, sondern gezielt zum Zweck des Angriffs auf den politischen Gegner beschafft.

Bei Hausdurchsuchungen bei Mitgliedern und Anhängern der militaristisch-nationalistischen *Skinheads Sächsische Schweiz* (*SSS*) wurden am 24. Juni 2000 unter anderem zwei Kilogramm Sprengstoff, scharfe Zündvorrichtungen, Sprenggranaten, Raketenteile, Pistolen, Gewehre, Panzerfäuste und größere Mengen Munition entdeckt. Die paramilitärische Truppe hatte in Sachsen und in Tschechien Wehrsportübungen durchgeführt. Auffällig war die Nähe zur *NPD*. Immer wieder hatten Mitstreiter der *SSS* Ordnerdienste für die *NPD* geleistet und die Partei bei Wahlkämpfen unterstützt. Die *SSS* wurde im April 2001 durch das Sächsische Staatsministerium des Innern verboten.

Im Februar 2001 wurde der *NPD*-Plakatierer Falk L., der zur *Kameradschaft Bremen-Nord* gehört, zu drei Jahren Jugendhaft verurteilt. Die Polizei stellte in der Wohnung des 21-jährigen Neonazis in Bremen am 31. Oktober 2000 Bauanleitungen zur Herstellung von Sprengstoff sowie ca. 95 Gramm des hochexplosiven Eigenlaborats Acetonperoxid sicher. Nach Überzeugung des Amtsgerichtes Bremen-Blumenthal plante der polizeibekannte Rudolf Heß-Anhänger damit einen Anschlag auf ein Asylbewerberheim oder ein von Ausländern bewohntes Hochhaus. Eine Anleitung zur Herstellung des Sprengstoffs besorgte sich L. im Internet.

Bei Mirko Hesse, führender Kopf der bundesdeutschen *Hammerskins* und einer der zentralen Rechtsrock-CD-Dealer sowie Ex-Mitglied der *Nationalen Offensive*, aus Langburkersdorf bei Neustadt beschlagnahmte die Polizei im Juni 2001 über 10.000 CDs, darunter jede Menge *Landser*-CDs, sowie eine Maschinenpistole und eine Pistole der Marke Sauer. 1997 hatte der damals 22-jährige aus dem Landkreis Sächsische Schweiz die Firma *HA-Records* („Produktion von Tonträgern und Vertrieb, Produktion von Merchandise ,Werbung', Textilien und Vertrieb, Versandhandel") als Gewerbe angemeldet. Die unternehmerische Selbständigkeit wurde ihm mit Fördergeldern des Freistaates Sachsen und der EU in Höhe von 13.000 Mark versüßt.

Am 13.Oktober 2001 nahm ein Spezialeinsatzkommando der Berliner Polizei bei einem Großeinsatz in Berlin-Marzahn einen rechtsextremen Waffenhändler, der in der *Kameradschaft Treptow* aktiv gewesen sein soll, und zwei Kunden fest. Beschlagnahmt wurde ein 38er Spezial-Trommelrevolver und 49 Schuss Munition. Weitere Durchsuchungen in sechs Wohnungen in Berlin und Brandenburg brachten u.a. ein panzerbrechendes Geschütz, zwei Scharfschützen-Karabiner, eine Pumpgun, einen 45er Colt und ein Jagdgewehr mit Zwillingslauf zu Tage. Der Waffenhändlerring gehörte zu einem Geflecht aus Rechtsextremisten, Disko-Türstehern und Zuhältern.

Wozu die Waffenhorte gut sind, erklärte *NPD*-Chef Udo Voigt 1998 im Rahmen einer öffentlichen *NPD*-Veranstaltung in Kaufbeuren: „Nun, werte Kameraden und Kameradinnen, Wehrdienst hat niemand geschadet, und ich rate den Jungen, davon Gebrauch zu machen, denn man weiß nie, wozu das eines Tages gut ist, wenn man eine Waffe gebrauchen kann, denn auf Deutschland kommen schwere Zeiten zu."[14]

Praxisorientierte Tipps für braune Untergrundkämpfer liefert das Buch „Werwolf – Winke für Jagdeinheiten", das von der *NPD*-parteieigenen *Deutsche Stimme Verlagsgesellschaft* verkauft wird. „Werwolf"-Autor ist Arthur Ehrhardt, ehemals SS-Hauptsturmführer sowie Chef der „Bandenbekämpfung" im Führerhauptquartier und 1951 Gründer der rechtsextremen Monatszeitschrift *Nation Europa* (heute: *Nation + Europa*). Der Werwolf war ein Versuch des Nationalsozialismus, die Anfang 1945 absehbare Besetzung Deutschlands durch eine Art Guerillakrieg zu überleben. Er scheiterte kläglich. Dennoch kursiert in der braunen Szene bis heute die „Werwolf"-Strategie von Ehrhardt. In der im Januar 1945 herausgegebenen „Kleinkriegsanleitung" werden „die grundlegenden Regeln für den Partisanenkrieg festgelegt": „Wesen und Führungsgrundsätze des Kleinkrieges, Aufstellung von Jagdeinheiten, Ausbildung, Taktik, Kampf gegen Feindagitation, Unterkunft und Verpflegung." Verleger der 68-seitigen Faksimile-Ausgabe ist Karl-Heinz Dissberger (*Barett/Kabinett-Verlag*), der 1975 für die *NPD* bei den Landtagswahlen in Nordrhein-Westfalen kandidierte. 1980 wurden bei einer Hausdurchsuchung bei Dissberger, zeitweilig Mitglied der *Wiking-Jugend*, mehrere tausend Schuss Munition, Pistolen und mit TNT gefüllte Handgranaten entdeckt. Dissberger war Düsseldorfer Verbindungsmann von Wehrsportgruppen-Chef Karl-Heinz Hoffmann. Bis zum Verbot der *Nationalistischen Front* (*NF*) belieferte Dissberger auch den Verlag und Versandhandel von Meinolf Schönborn, Führer der *NF*.

Als Werwolf-Krieger wollte 1991 die Neonazi-Truppe *Werwolf Jagdeinheit Senftenberg* in den Kampf ziehen. Um ihren Feldzug zur Befreiung Deutschlands zu führen, planten die „Werwölfe" einen Raubüberfall. Da kein eigenes Auto vorhanden war, erschossen sie am 12.Dezember 1991 den Autofahrer Timo Kählke. Kopf der Gruppe war Jens-Werner Klocke (alias „Werwölfchen"), der wegen dieses Mordes in der JVA Brandenburg eine 15-jährige Haftstrafe absitzt. Klocke wird von der *HNG* betreut.

Aktivisten für „Werwolf-Gruppen" wollten ab Anfang der 90er Jahre die beiden Kader der *Nationalen Offensive* (*NO*), Henry Fiebig und Christian Scholz, später „Schriftleiter" der *HNG-Nachrichten*, für eine gewaltsame „Nationalsozialistische Revolution" rekrutieren. An ausgesuchte Interessierte verschickten sie ein gemeinsam erarbeitetes Konzept namens „Eine Bewegung in Waffen", das auszugsweise auch im *NS-Kampfruf* der *NSDAP/AO* veröffentlicht wurde.

---

6. Internationale Verbindungen – am Beispiel der USA[15]

Die Professionalisierung und Konspiration von Rechtsextremisten, vornehmlich neonazistischen Kameradschaften, nimmt zu. Einzelne Aktivisten aus diesen Reihen stellen ein unkalkulierbares Risiko dar. Militante Widerstandszellen fordern die Aufnahme des bewaffneten Kampfes und sehen sich in einem „Krieg mit dem System". Inhaftierte Gleichgesinnte werden als „Prisoner of War" (POW = „Kriegsgefangene") verehrt.

Das Modell für diesen Krieg ist das vom US-Amerikaner Louis Beam entwickelte Konzept des „führerlosen Widerstandes" („leaderless resistance"). Bei dieser Strategie ist die Befehlsstruktur abgeschafft, ein zentrales Hauptquartier gibt es nicht, die Einzelaktivisten

---

14 Zit. nach Bundesministerium des Innern: Verfassungswidrigkeit der NPD. Oktober 2000, S. 64.
15 Vgl. hierzu auch den Beitrag von Thomas Grumke in diesem Band.

oder Kleinstgruppen (geheime Widerstandszellen) werden als „lone wolves" dann militante und terroristische Aktionen durchführen, wenn die Zeit dafür reif ist (vgl. Grumke 2001: 85ff).

„Bildet Zellen nach dem Vorbild des führerlosen Widerstandes, unterstützt die nationalrevolutionären Zellen", forderte am 6. Mai 2001 Michael Krick, vormals einer der führenden Köpfe der *Sauerländer Aktionsfront* (*SAF*) und heute Bindeglied zwischen niederländischen und bundesdeutschen Neonazis, auf einer konspirativen Veranstaltung. Krick weiter: „Greift das System und seine Knechte an, wo immer es geht. Auch die, die gegen unsere Rasse vorgehen und sie zu vernichten suchen – Staatsschutz, Staatsanwälte und Richter – haben Namen, Adressen, Familien. Macht ihnen klar, dass wir das ganz einfach nicht mehr dulden. Eurer Phantasie sind hierbei keine Grenzen gesetzt. Jeder mag seinen Ermessensspielraum für sich selbst abstecken. Als Vorbild mag uns ganz deutlich die baskische ETA dienen."[16]

Als Held gilt in diesen Neonazi-Kreisen der inhaftierte US-amerikanische Rechtsterrorist David Lane. Lane war Mitglied der rechtsterroristischen Organisation *The Order* (1983 – 1985), die u.a. einen Bombenanschlag auf die Synagoge in Idaho verübte, und wurde wegen Mitbeteiligung des Mordes an dem jüdischen Rundfunkmoderator Alan Berg (Denver) 1984 zu 190 Jahren Gefängnis verurteilt. Vom Knast aus gibt Lane regelmäßig Interviews für Neonazi-Blätter. Nachdrucke finden sich auch in bundesdeutschen Zines. Lane, Ex-Aktivist der *Knights of the Ku Klux Klan*, ist Erfinder des Neonazi-Codes „14 Words": „We must secure the existence of our people and a future for white children." Der Code wird weltweit von allen Neonazis als Ergänzung des Codes „88" (8. Buchstabe im Alphabet: H; 88: HH = „Heil Hitler!") benutzt.

Ebenfalls aus den USA stammt der weltweit bei Rechtsextremisten zur Bibel avancierte rechtsterroristische Roman *The Turner Diaries*, den der Hitler-Verehrer William Pierce 1978 unter seinem damaligen Pseudonym Andrew Macdonald veröffentlichte. „Die Turner-Tagebücher sagen und zeigen alles, was von Wichtigkeit ist. Lasst sie uns in die Tat umsetzen!" propagiert der Rechtsterrorist Kay Diesner in einem Terroraufruf, der anstandslos die Knastkontrolle des in Lübeck einsitzenden passierte.[17]

Der notorische Antisemit Pierce, Schüler des 1967 verstorbenen Hitler-Verehrers George Lincoln Rockwell, ist Führer der heute mitgliederstärksten Neonazigruppe *National Alliance* (*NA*) in den USA.[18] Engste Kontakte unterhält die *NA* zur *Nationaldemokratischen Partei Deutschlands* (*NPD*) und den *Jungen Nationaldemokraten* (*JN*).

7. Rechtsterrorismus 1980 –2001

Zutreffend ist, dass Rechtsextremisten mit ihren Unternehmungen die Bundesrepublik Deutschland in der Vergangenheit nicht ernsthaft gefährden konnten. Dennoch gab es immer wieder rechtsextreme Gruppierungen und sogenannte Einzeltäter aus dem rechtsextremen Milieu, von denen erhebliche rechtsterroristische Aktivitäten ausgingen.

---

16 ZDF-Frontal 21 v. 15.Mai 2001 „Neonazi-Aussteiger".
17 Privatarchiv Maegerle.
18 Zu Pierce, der *National Alliance* und den *Turner Diaries* vgl. Grumke 2001: 58ff., 112ff. und 215ff.

In den letzten 20 Jahren wurden mehrere Prozesse wegen rechtsterroristischer Strukturen geführt; z.B.: Bückeburger Prozess (1979), Braunschweiger Prozess (1981), Prozess Karl-Heinz Hoffmann (*Wehrsportgruppe Hoffmann*; 1986), Prozess *Deutsche Aktionsgruppen* (Kopf: Manfred Roeder; 1982), Prozess *Kommando Omega* (Stratege: Friedhelm Busse, 1983), Prozess Gruppe Kexel/Hepp (1985), Prozess Peter Naumann (1988). Eingestellt wurde 1993 die Anklage gegen 28 Personen wegen Zugehörigkeit einer terroristischen Vereinigung in der *Nationalistischen Front* (*NF*).

In der Nacht zum 17. Dezember 1988 beging Josef Saller, seit 1986 Mitglied der *NF*, einen Brandanschlag auf ein überwiegend von Ausländern bewohntes Haus in Schwandorf, bei dem eine dreiköpfige türkische Familie und ein linker Deutscher ums Leben kamen. Wegen besonders schwerer Brandstiftung wurde Saller vom Landgericht Amberg zu einer Freiheitsstrafe von 12 Jahren und 6 Monaten verurteilt. Als Sallers Haftzeit im Juli 2001 zu Ende ging, schaltete Volker Göttlinger (Roding), dessen Anschrift sich in den Adressenverzeichnissen des österreichischen Neonazis Franz Radl und der *Volkstreuen Außerparlamentarischen Opposition* (*VAPO*) von Gottfried Küssel findet, in den *HNG-Nachrichten* die Anzeige „Unser Kamerad Josef Saller sucht ... eine Wohnung, evtl. auch vorerst zur Untermiete bei einem Kameraden." Unterschlupf fand Saller dann in einer Wohnung, die unmittelbar neben dem Verlagsgebäude der *Deutschen Stimme* in Riesa lag. Die sächsische Provinz hat Saller zwischenzeitlich wieder verlassen.

Am frühen Morgen des 19. September 1991 starb der 27-jährige Samuel Kofi Yeboah, Flüchtling aus Ghana, bei einem Brandanschlag auf seine Unterkunft in Saarlouis. Die Täter sind bis heute unbekannt. Der Fall wurde nie aufgeklärt. Im Februar 1997 wurde der Gladbecker Thomas Lemke, zeitweilig Mitglied der *HNG*, der *DVU* und der Kühnen-treuen Organisationen *Nationale Sammlung* (*NS*) und *Deutsche Alternative* (*DA*), wegen dreifachen Mordes zu lebenslanger Haft verurteilt. Opfer von Lemke war u.a. eine junge Frau, die Lemke durch einen Sticker mit der Aufschrift „Nazis raus" aufgefallen war.

Am 19. Februar 1997 verübte der Berliner Kay Diesner, der sich selbst zum *Weißen Arischen Widerstand* (*WAW*) zählt, einen Anschlag auf einen Buchhändler der Berliner Landesgeschäftsstelle der *PDS*. Am 23. Februar 1997 tötete er – inzwischen auf der Flucht – auf einem Autobahnparkplatz bei Rosenburg (Schleswig-Holstein) einen Polizeibeamten, ein zweiter wurde schwer verletzt. Das Landgericht Lübeck verurteilte Diesner, der „im Auftrag der Götter Odin und Thor" gehandelt hat, am 8. Dezember 1999 wegen Mordes und zweifachen versuchten Mordes zu lebenslanger Haft. Als politischer Ziehvater von Diesner, Leserbriefschreiber in den *HNG-Nachrichten*, gilt Arnulf Priem.

Im Dezember 1997 wurden bei den Mitgliedern der Berliner *Kameradschaft Treptow*, Patrick Demming und Carsten Müller, Hinweise auf einen Rohrbombenanschlag auf ein *PDS*-Mitglied gefunden. Im Januar 1998 stellte die Polizei im thüringischen Jena vier funktionsfähige Rohrbomben sicher. Gegen die flüchtigen Bombenbastler Uwe Böhnhardt, Uwe Mundlos, Beate Zschäpe, die dem direkten Umfeld der Neonazi-Gang *Thüringer Heimatschutz* (*THS*) zuzurechnen sind, wurde Haftbefehl erlassen. Es besteht der Verdacht, dass die drei Genannten auch an der Herstellung weiterer selbstgefertigter Sprengkörper beteiligt waren, die zwischen Oktober 1996 und Dezember 1997 im Raum Jena aufgefunden worden waren.

Den weiterhin (!) Untergetauchten, die in Südafrika vermutet werden, hat die Neonazi-Skin-Band *Eichenlaub* ein Lied mit dem Titel „Warum" gewidmet.

Ungeklärt ist bis dato der politisch bedeutsame Sprengstoffanschlag auf das Ausstellungsgebäude der Wanderausstellung „Vernichtungskrieg. Verbrechen der Wehrmacht 1941 bis 1944" in Saarbrücken am 9.März 1999. Es entstand ein Sachschaden in Höhe von 500.000 Mark. Von den Medien verdächtigt wurde der „seit Jahrzehnten aktive Rechtsterrorist" Ekkehard Weil.[19] Weil pflegte auch zeitweilig Kontakte zu Bendix Wendt, der mehrfach für die bundesdeutsche und österreichische Neonazi-Szene Waffen und Sprengstoff beschafft hat.

Ebenso wie der Anschlag auf die „Wehrmachtsausstellung" ist der zweimalige Sprengstoffanschlag auf das Grab von Heinz Galinski, dem ehemaligen Vorsitzenden des Zentralrats der Juden, zuletzt im Januar 1999, nicht aufgeklärt. Beide Anschläge zielten auf Hassobjekte der rechtsextremen Szene.

In einem „Interview aus dem Untergrund" meldeten sich im Mai 1999 sogenannte „national-revolutionäre Zellen" in der Neonazi-Postille *Hamburger Sturm* zu Wort: „Wir sind eine Gruppe von mehreren Personen die in der NPD politisch tätig sind, aber mit dem NPD-Führungsstil unzufrieden geworden sind. Auch hat der Staat sein übriges getan für unseren neuen Weg den wir jetzt eingeschlagen haben. Unser Weg ist der aus dem Untergrund handelnde Aktivist. Also der, der Freien Nationalisten, der National-Revolutionären Zellen in Deutschland." (Fehler im Original) Voraussetzungen, Aktivist dieser „Zellen" zu werden, sind: „Als erstes muss dieser absolut zuverlässig und verschwiegen sein, wenn möglich Kampfsport betreiben und mit Waffen umgehen können. Auch ist das Alter entscheidend: unter 21jährige werden nicht aufgenommen, auch keine Frauen, weil diese meistens labil sind. Computerkenntnisse sind wichtig!" Zur Frage der Gewalt äußern die selbsternannten Untergrundkämpfer: „Man darf einfach nicht vergessen das wir im Krieg sind mit diesem System und da gehen nun mal einige Bullen oder sonstige Feinde drauf." (Fehler im Original)[20]

Zum Umfeld der *Nationalrevolutionären Zellen* wird Ralf Luckow zugerechnet. Luckow soll zeitweilig auch für den Vertrieb von *Landser*-CDs zuständig gewesen sein.[21] Gitarrist bei *Landser* und führendes Mitglied der neuheidnischen Neonazi-Gang *Vandalen* ist Jean-Rene Bauer. Am 5.Oktober 2000 wurde Bauer vom Amtsgericht Berlin-Tiergarten wegen Verstoßes gegen das Waffengesetz zu zwei Jahren Freiheitsstrafe auf Bewährung verurteilt. Bei einem Waffendeal mit Luckow, dem Bauer ein Kleinkalibergewehr mit Zielfernrohr, Schalldämpfer und Munition verkaufen wollte, wurde er von der Polizei geschnappt.

Im Februar 2000 fand bei Bernd Tödter im schleswig-holsteinischen Bad Segeberg eine Wohnungsdurchsuchung statt. Die Polizei entdeckte in der Wohnung des Aktivisten der *Kameradschaft Nordmark* neben zum Teil gefährlicher Übungs- und Manövermunition auch ein panzerbrechendes Geschoss, Leuchtspurmunition, diverse Schachteln scharfe Winchester- und Pistolenmunition, einen Bolzenschussapparat sowie zwei Schreckschusspistolen. Ein Teil der Munition stammt aus Bundeswehrbeständen.

Der Dortmunder Michael Berger ermordete am 14. Juni 2000 drei Polizeibeamte und richtet sich dann selbst. Berger war zeitweilig *DVU*-und *REP*-Mitglied und pflegte Kontakte zur *NPD* und zu Neonazi-Kreisen um Siegfried Borchardt, vormals Chef der *Borussen-Front* und *FAP*-Landesvorsitzender in NRW. Nach Bergers Tod tauchten Aufkleber in Dortmund auf: „Berger war ein Freund von uns! 3:1 für Deutschland". Beschlagnahmt wur-

---

19 *Focus* 11/1999, S. 16.
20 *Hamburger Sturm*, Mai 1999, S. 22.
21 Vgl. *blick nach rechts*, 22/2001, S. 4.

den Aufkleber und Flugis u.a. beim *HNG*-Leserbriefschreiber Michael Krick, einem engen Weggefährten von Borchardt. In Bergers Wohnung stellte die Polizei nach dessen Selbstmord eine Automatik-Pistole, zwei Gewehre und eine Splittergranate sicher.

Der bisherige Höhepunkt rechtsterroristischer Aktivitäten bildete das Jahr 1980. Am 22. August 1980 verübten Mitglieder der von Manfred Roeder gegründeten *Deutschen Aktionsgruppen* einen Brandanschlag auf eine von Vietnamesen bewohnte Flüchtlingsunterkunft in Hamburg. Bei dem Brandanschlag kamen zwei Vietnamesen ums Leben.

Einen Monat später, am 26. September 1980, verübte der Neonazi Gundolf Köhler, der jahrelang in der rechtsextremen Szene aktiv war und zeitweilig der *Wehrsportgruppe Hoffmann* angehörte, ein Sprengstoffattentat (Werfergranate aus dem II. Weltkrieg) auf dem Münchner Oktoberfest, bei dem 13 Personen starben und 211 Personen zum Teil schwer verletzt wurden. Ungeklärt ist bis heute, ob Köhler alleine oder mit weiteren Sympathisanten und/oder Aktivisten der *WSG Hoffmann* geplant und durchgeführt hat.

Sektionsleiter und Waffenlieferant der ca. 400 Mitglieder starken *WSG Hoffmann* war der neuheidnische Neonazi Anton Pfahler aus dem bayrischen Sinning (Landkreis Neuburg/Donau), der Ende der 90er Jahre für bundesweite Schlagzeilen sorgte. Pfahler, Eigentümer eines 14 Tonnen schweren Panzers aus dem II. Weltkrieg, gehörte einst der *Wiking-Jugend* (*WJ*), einer Imitation der *Hitler-Jugend* (*HJ*), an. Zumindest zeitweilig war er Aktivist des ordensähnlich strukturierten *Deutschen Bundes* und Funktionär der militant antichristlichen *Arbeitsgemeinschaft Naturreligiöser Stammesverbände* (*ANSE*), die eng mit dem ariosophisch ausgerichteten *Armanenorden* (*AO*) verbunden ist. Er ist bayrisches *NPD*-Mitglied in den Zeiträumen 1965 bis 1976, 1988 bis 1991 und erneut seit 1994.

Das Ingolstädter Landgericht verurteilte ihn am 14. September 1999 wegen zahlreicher Verstöße gegen das Kriegswaffenkontrollgesetz und das Waffengesetz zu einer Haftstrafe von drei Jahren und acht Monaten. Bei einer Hausdurchsuchung bei Pfahler waren im Juni 1998 u.a. fünf Handgranaten, mehrere Maschinenpistolen, Munition und eine große Menge rechtsextremistischer Propaganda sichergestellt worden. Besorgt wurden die Waffen auf dem sogenannten Tschechenmarkt in Eger. Pfahler und andere Kameraden hatten sich entsprechend dem in Neonazi-Kreisen kursierenden Aufruf „bewaffnete Zellen" für den politischen Umsturz zu bilden, in den 90er Jahren mit schweren Waffen ausgerüstet. Auf Pfahlers Privatgelände in Sinning befand sich von 1998 bis zum Jahresbeginn 2000 die Redaktion, Anzeigenabteilung und der Versandhandel des *NPD*-eigenen *Deutsche Stimme-Verlages* (nun: Riesa/Sachsen).

Nach dem Verbot der *WSG Hoffmann* 1980 fanden mehrere Aktivisten bei der rechtsextremen Vereinigung *Der Stahlhelm e.V. – Kampfbund für Europa*, ebenfalls einer paramilitärischen Vereinigung, eine neue politische Heimat. Karl-Heinz Hoffmann war bereits zuvor als Jugendreferent beim *Stahlhelm* tätig gewesen.

Bis zu seiner Selbstauflösung im Juni 2000 bildete der *Stahlhelm* (dessen „Landesverband Pfalz" weiterhin existent ist) ein Sammelbecken für aktive Neonazis. In seinen Reihen tummelten sich u.a. der *ANSE*-Kader Klaus Kämpf (Schwabach/Bayern), der die Biografie „Verrat und Treue" von Karl-Heinz Hoffmann mit persönlicher Signatur vertreibt, das *JN*-Mitglied Roman Greifenstein (Münster), vom Amtsgericht Soltau wegen eines brutalen Überfalls auf eine Party bei Celle 1998 zu einer Haftstrafe von 18 Monaten verurteilt, Stefan Bliesmer (Tostedt bei Hamburg), Mitglied der *HNG* und einst Kader der zwischenzeitlich verbotenen *Freiheitlichen Deutschen Arbeiterpartei* (*FAP*), sowie Walter Schwalbach (Blickweiler), der 1990 als Mitglied der *Deutschen Volksunion* (*DVU*) auf Platz 3 der Liste der *NPD* zur saarländischen Landtagswahl kandidierte.

Bei Hausdurchsuchungen im Großraum Kaiserslautern im März 1998 im Zusammenhang mit Schändungen jüdischer Friedhöfe und dem Anschlag auf eine Döner-Bude in Neustadt/Weinstrasse, beschlagnahmten die Behörden bei *Stahlhelm*-Mitgliedern mehrere Maschinenpistolen, eine Panzergranate und 8000 Schuss Munition. Einzelne *Stahlhelm*-Mitglieder waren gar selbst als Waffenlieferanten der braunen Szene namentlich bekannt. Bekannt war den Behörden auch, dass bei konspirativ durchgeführten Treffen des *Stahlhelms* mit scharfen Waffen geschossen wurde.

Gepflegt wurde beim *Stahlhelm* ein soldatisch geprägtes, opferbereites Männlichkeitsbild: aufmarschiert wurde in Uniformierung, Wehrsportübungen (nach bestandener Prüfung wurde ein „Stahlhelm-Wehrsportkreuz" verliehen), Märsche, Sommer- und Winterlager sowie Kameradschaftsabende wurden abgehalten, Sonnwendfeiern veranstaltet, ein Osterbiwak organisiert und Demonstrationen durchgeführt. So demonstrierten im Februar 1999 mehrere hundert Neonazis in Saarbrücken gegen die Wanderausstellung „Vernichtungskrieg. Verbrechen der Wehrmacht 1941 bis 1944". Mitorganisiert wurde der Aufmarsch vom *Stahlhelm*.

Kampfredner auf der Demonstration war der Ex-*JN/NPD*-Kader Peter Naumann, ein militanter Antisemit und verurteilter Rechtsterrorist. Naumann offenbarte Gleichgesinnten 1982 seinen Plan, das alliierte Kriegsverbrechergefängnis in Berlin-Spandau zu sprengen, um den dort einsitzenden Hitler-Stellvertreter Rudolf Heß zu befreien. Nach von ihm verübten Sprengstoffanschlägen in der Bundesrepublik und Italien wurde er 1988 zu einer Haftstrafe von vier Jahren und sechs Monaten verurteilt und im Dezember 1990 vorzeitig aus der Haft entlassen. Naumann, der während seiner Haftzeit in Kontakt mit der *HNG* stand, engagierte sich nach seiner Haftentlassung sofort wieder in rechtsextremistischen Zusammenhängen. Im August 1995 behauptete Naumann, sich von der Gewalt als Mittel der Politik losgesagt zu haben. Im Beisein von Redakteuren des ARD-Magazins „Panorama" präsentierte Naumann Beamten des Bundeskriminalamtes umfangreiche Waffendepots, die in Erddepots in Niedersachsen und Hessen gebunkert waren: darunter ca. 200 kg Sprengstoff unterschiedlicher Art, drei Schusswaffen, Zündmittel, Panzerfaust- und Handgranaten, Minen und eine größere Menge Munition. Heute ist Naumann, vormals stellvertretender *JN*-Bundesvorsitzender, einer der gefragtesten Referenten in neonationalsozialistischen Kreisen.

Bei Veranstaltungen tritt Naumann des öfteren mit dem einstigen Linksterroristen Horst Mahler auf. Die erste Saalveranstaltung dieser besonderen Art fand am 20.März 1999 auf Einladung der im April 1993 gegründeten neonationalsozialistischen *Kameradschaft Karlsruhe* (heute: *Nationaler Widerstand Karlsruhe*), der führenden Neonazi-Kameradschaft im südwestdeutschen Raum, statt.

Neuerdings scheint Mahler zu glauben, dass die Bundesrepublik kurz vor einem Bürgerkrieg steht. In seiner Eintrittserklärung in die *NPD* am 12.August 2000, die er mediengerecht vor laufenden Kameras an den *NPD*-Vorsitzenden Udo Voigt im Hinterzimmer einer Kneipe im nordbadischen Bruchsal übergab, hetzt er: „Die jetzt in den Medien losgetretene Verbotskampagne ist ein letzter verzweifelter Versuch, den Vormarsch des Jungen Deutschland zu stoppen und unser Volk in einen Bürgerkrieg zu stürzen. (...) Das ist der Anfang vom Ende dieses Vasallenregimes, das jetzt sehr schnell von der Bühne abgeräumt werden wird. (...) Deutschland wird den unser Volk vereinigenden Aufstand wählen und siegen. (...) Wir alle müssen uns gegenwärtig halten, daß wir uns im Krieg befinden und das Deutsche Reich unseren Beitrag zur Verteidigung des Deutschen Volkes jetzt einfordert und uns auch persönliche Opfer zumutet. Es ist jetzt die Zeit, uns unserer Ahnen würdig zu erweisen."[22]

---

22 http://www.sachsen.de/kamagne/Mahler.htm

8. „Rechte Armee Fraktion" (RAF) in Gründung?

Organisierter Terrorismus nach RAF-Muster wird es, soweit absehbar, nicht geben, da sich zwar viele Neonazis als nationale Widerstandskämpfer gerieren, aber letztlich noch vor dem Schritt in den Untergrund zurückweichen. Zudem fehlt es nach wie vor an einer ausreichenden Zahl intelligenter Führer, die bewaffnete Kleingruppen systematisch steuern könnten und logistischen Voraussetzungen, die für einen aus dem Untergrund heraus geführten Kampf unabdingbar sind. Hinzu kommt, dass eine straff organisierte Terrorgruppe, die Objekte oder Personen angreift, die das „System" repräsentieren, vom Staat zerschlagen werden könnte.

Gefahr geht dagegen von sogenannten ungebundenen Einzeltätern oder Kleinstgruppen aus, die auf dem Bodensatz der militanten Szene gedeihen. Wenn sich ihre Gewalt gegen die „Anderen" systematisch entlädt, wird sie zum sektiererischen Bürgerkrieg aus Frustration über die Unmöglichkeit einer zweiten „Machtergreifung". Die Konstellation dafür ist vorhanden: der Hass einigt die „lone wolves", ist ihr Programm, die Gewaltschranken sind niedrig, zunehmend kursieren Waffen und Sprengstoff in dieser Szene, sie üben Wehrsport. Propagiert wird eine kompromisslose und gewaltorientierte Strategie zur Durchsetzung ihrer menschenverachtenden Ziele, die in ausdrücklichen Kriegserklärungen an „das System", den „Unrechtsstaat", gipfelt. Hierbei berufen sich rechtsextreme Kreise immer wieder auf den Art.20 Abs. 4GG (Widerstandsrecht) und die vermeintliche Notwehrsituation.

Rechtsterroristen huldigen einem ideologischen Kitt, der weniger aus politischen Theorien als vielmehr aus Symbolen, subkultureller Trivialkunst und ersatzreligiösen Mythen besteht. Konstitutiv für diese Szene sind ein in den Hintergrund getretener Organisationskontext bei gleichzeitigem Konsens auf einer Mythen- und Symbolebene, die der Allgemeinheit kaum verständlich ist.[23]

Diese Szene bringt Fanatäter hervor, die mit ihren Aktionen ein Zeichen setzen wollen und sich dadurch verstanden fühlen. Dies entspricht nicht der eingangs erwähnten Definition von „Terror" (geplant, nachhaltig, von einer Gruppe verübt), ist aber mehr als spontanes, sporadisches oder individuelles Handeln. Während der Gewaltwelle 2000/2001 bildete sich der Typus des „Auswahlmörders" heraus (Heller/Maegerle 2001: 181ff), der sich situativ seine Opfer aus der eingangs erwähnten Opfergruppe heraussucht. Diese in eine völkische Bewegung eingebetteten Einzeltäter sind der neue Typus des Rechtsterroristen.

Bibliographie

Chomsky, Noam/Herman, Edward S. (1979): The Washington Connection and Third World Fascism. Bd.1., Nottingham (Spokesman).
Grumke, Thomas (2001): Rechtsextremismus in den USA, Opladen (Leske + Budrich).
Heller, Friedrich Paul/Maegerle, Anton (2001): Die Sprache des Hasses: Rechtsextremismus und völkische Esoterik. Stuttgart (Schmetterling Verlag).
Laqueur, Walter (1977): Terror. Frankfurt (Suhrkamp).
Landesamt für Verfassungsschutz Hamburg (2001): Rechtsextremismus in Stichworten: Ideologien, Organisationen, Aktivitäten. Hamburg (LfV Hamburg).
Rabert, Bernhard (1995): Links- und Rechts-Terrorismus in der Bundesrepublik Deutschland von 1970 bis heute, Bonn (Bernard & Graefe Verlag).
Verfassungsschutzberichte des Bundes und der Länder 1990-2001
Walther, Rudolf (1990): „Terror, Terrorismus". In: Brunner, Otto u.a.: Geschichtliche Grundbegriffe: historisches Lexikon zur politisch-sozialen Sprache in Deutschland. Bd.6. Stuttgart (Klett-Cotta).

---

23 Siehe auch die Beiträge von F.P. Heller sowie Dierk Borstel und Lorenz Korgel in diesem Band.

Die Rolle des Antisemitismus im Rechtsextremismus – Aktuelle Aspekte des Antisemitismus

Margret Chatwin

> „Wir Glatzen machen nur das,
> was andere auch wollen, sich aber nicht trauen."
> *(22-jähriger Skin)*[1]

1. Die Geister, die ich rief ...

Ein Interview in der rechten Wochenzeitung *Junge Freiheit* Anfang des Jahres 2002 löste einen öffentlichen Disput aus, der in der Folge in den Medien auch als „Antisemitismus-Streit"[2] benannt wurde. Es war nicht die erste Auseinandersetzung mit dem Antisemitismus, die in der Bundesrepublik seit dem Ende des nationalsozialistischen Unrechtsregimes öffentlich ausgetragen wurde. Doch hier war etwas eingetreten, das bis dahin undenkbar war: Vertreter demokratischer Parteien traten mit Äußerungen hervor, die von vielen als antisemitisch empfunden wurden und entsprechenden Beifall von rechtsaussen erhielten.

Der Landtagsabgeordnete Jamal Karsli, eben von den Grünen zur *FDP* übergetreten, hatte in dem Interview mit der Wochenzeitung heftige Kritik an Israel geäußert und dabei von dem Einfluss einer „zionistischen Lobby" auf die Politik Deutschlands gesprochen. Wörtlich sagte Karsli, die „zionistische Lobby" habe „den größten Teil der Medienmacht in der Welt inne und kann jede auch noch so bedeutende Persönlichkeit klein kriegen. Denken Sie nur an Präsident Clinton und die Monika-Lewinsky-Affäre". Kritik an Karslis Aussagen kam vor allem aus den Reihen der Grünen. Grünen-Chefin Claudia Roth warf Karsli „ein unerträgliches Ausmaß an Unmoral und politischer Verantwortungslosigkeit" vor und bezeichnete seine Äußerungen „dummdreist" und „brandgefährlich". Bereits Wochen zuvor hatte der aus Syrien stammende Politiker in einer Presseerklärung geschrieben, das israelische Militär verwende „Nazimethoden". Veröffentlicht wurde diese Erklärung auf den Webseiten der stramm-rechten, verschwörungstheoretisch orientierten Splitterpartei *Bürgerrechtsbewegung Solidarität (Büso)* unter der Führung von Helga Zepp-LaRouche. Der jüdisch klingende Name soll offenbar eine Komplizenschaft der Juden bei diesem Sexskandal

---

1 In: „Jugend Ost zwischen Chaos und Karriere", *Der Spiegel* vom 25.11.1997.
2 Der Begriff Antisemitismus wurde 1879 von Wilhelm Marr geprägt. In diesem Jahr erschien seine Hetzschrift „Der Sieg des Judentums über das Germanentum". Wörtlich übersetzt bedeutet der Begriff „Semitenfeindschaft", diese Feindschaft richtet sich aber ausschließlich gegen Juden, die als minderwertig und gefährlich gesehen werden. Im Folgenden wird Antisemitismus daher gleichbedeutend mit Judenfeindschaft verwendet.

des früheren US-Präsidenten suggerieren. Derartige Unterstellungen decken sich mit der Vorstellungswelt der *Büso*, die 1999 eine Unterschriftskampagne für Clinton zur Abwehr einer „britisch-jüdischen Verschwörung" initiiert hatte. Während es sich hier um eine völlig unbedeutende politische Gruppierung handelte, deren Aktionen in der Öffentlichkeit keinen sonderlichen Widerhall finden, erregten Karslis Äußerungen als politischer Mandatsträger im Landtag eines großen Bundeslandes erhebliches öffentliches Aufsehen.

Der stellvertretende *FDP*-Bundesvorsitzende und NRW-Politiker Jürgen Möllemann erwies sich als der vehementeste Verteidiger Karslis. Er gab ihm jedoch zu bedenken, dass Begriffe wie zionistische Lobby „in Deutschland leicht als antisemitisch missdeutet werden". Möllemann ist Präsident der *Deutsch-Arabischen Gesellschaft* und hatte in einem Interview mit der Berliner *tageszeitung/taz* Verständnis und Sympathie für die organisierten Selbstmordattentate gegen israelische Zivilisten geäußert. Er sagte in dem Interview, Israels Politik fördere den Terrorismus. Dagegen würde er sich „auch wehren, und zwar mit Gewalt ... auch im Land des Aggressors". Als Teilnehmer einer Diskussionsrunde beim ZDF sagte Möllemann, er fürchte „dass kaum jemand den Antisemiten, die es in Deutschland gibt, ... mehr Zulauf verschafft hat als Herr Scharon und in Deutschland ein Herr Friedman mit seiner intoleranten und gehässigen Art".

Mit diesen Äußerungen war Möllemann es gelungen, sich zum Held der Stammtische und rechtsextremen Zirkel zu machen. Der *NPD*-Vorsitzende Udo Voigt trug ihm prompt die Mitgliedschaft in der rechtsextremen Partei an, Neonazis trugen bei einem Aufmarsch in Leipzig Anfang Juni 2002 ein Transparent mit der Aufschrift „Solidarität mit Möllemann" vor sich her, das Webforum der *FDP* quoll über von antisemitischen Zuschriften, die unverkennbar von Personen des neonazistischen Spektrums stammten, und die *National-Zeitung* des Dr. Gerhard Frey setzte Michel Friedmans Konterfei zusammen mit beleidigenden persönlichen Angriffen auf das Titelblatt einer Ausgabe im Juni 2002. Der Rechtsrock-Verleger Torsten Lemmer verteilte in der Düsseldorfer Innenstadt *FDP*-Wahlmaterial. In einer Schrift der rechtsextremen *DVU* hieß es: „Der FDP-Politiker Jürgen Möllemann hat mit seinen Äußerungen offenbar zum Ausdruck gebracht, was große Teile des deutschen Volkes denken, doch kaum zu sagen wagen". Der *FDP*-Bundesvorsitzende Guido Westerwelle sah seine Partei mit Hilfe der antisemitischen Ressentiments zunächst im Aufwind, Umfragen ließen das erklärte Ziel der Partei, bei den nächsten Bundestagswahlen 18 Prozent der Wählerstimmen zu erhalten, realistisch erscheinen, und schon pochte Möllemann auf einen Ministerposten nach den nächsten Bundestagswahlen. Mit einer Flut antisemitischer Zuschriften von bisher ungeahnter Bösartigkeit und Gehässigkeit musste auch der Zentralrat der Juden sich auseinandersetzen. Wie sehr die Schamgrenze durch die Ereignisse gesunken war, wurde daran erkennbar, dass die Zuschriften in zahlreichen Fällen mit vollem Namen und sogar mit korrekter Anschrift gezeichnet waren. Der stets latent vorhandene Antisemitismus war zum Tagesthema geworden.

2. Prüfstein der Demokratie

Kontroversen über den Umgang mit der jüdischen Minderheit, vor allem aber über den Umgang mit dem Jahrtausendverbrechen des Judenmordes durch die Nationalsozialisten gab es in der Vergangenheit immer wieder. Doch nie zuvor wurde der seit 1945 bestehende demokratische Konsens der Ächtung judenfeindlicher Äußerungen und Handlungen in der Öffentlichkeit durch politische Entscheidungsträger in dieser Form missachtet.

Die westlichen Alliierten hatten die „Judenfrage" zum „Prüfstein der Demokratie" erklärt (Bergmann 2001b, 245). Die Maßnahmen zur Demokratisierung der Deutschen waren

„Entnazifizierung" und „Umerziehung" („Re-Education"). Auch die neue politische Elite hatte die Ächtung des Antisemitismus zu ihrer Sache gemacht und trotz mehrerer Wellen antisemitischer Übergriffe (z.B. 1947 sowie 1959 und 1960) war nach den statistischen Erhebungen ein kontinuierlicher Rückgang judenfeindlicher Einstellungen zu verzeichnen. Nach einer Untersuchung der amerikanischen Militärregierung aus dem Jahre 1946 mussten 40 Prozent der Befragten als Antisemiten betrachtet werden, 22 Prozent als Rassisten, 19 Prozent als Nationalisten und nur 20 Prozent waren frei von derartigen Ressentiments. Die Frage „Würden Sie sagen, es wäre besser (ist für Deutschland besser), keine Juden im Land zu haben?", beantworteten 1952 37 Prozent mit Ja, 1983 nur noch 9 Prozent mit Ja, 1998 zeigte die Befragung in Ost 10 Prozent und West 8 Prozent (Bergmann 2001: 15). Für die ehemalige sowjetisch besetzte Zone und spätere DDR fehlen solche Daten. (Bergmann, 1997, 397) Der staatlich verordnete Antifaschismus der DDR und die Zensur ließen antisemitische Vorfälle gar nicht erst an die Öffentlichkeit dringen.

Erste Opfer antisemitischer Übergriffe nach 1945 waren Überlebende des Holocaust, die als DP's („Displaced Persons") vor allem in Flüchtlingslagern untergebracht waren (Schulze Wessel 1999: 177). Nicht nur wurde ihnen in der Bevölkerung die Solidarität verweigert, sondern sie sahen sich auch konfrontiert mit Gleichgültigkeit bis hin zu offener Ablehnung (Bergmann 2001b: 348). Durch vielerlei Diffamierungen in der Öffentlichkeit wurden sie zu Kriminellen gestempelt und so als Täter der Nachkriegsgesellschaft stilisiert. (Schulze Wessel 1999: 185). Außerdem kam es zu zahlreichen Schändungen jüdischer Grabstätten. Der Konsens seit 1945 hieß aber auch, dass Angriffe auf Juden nicht nur als Angriffe auf die jeweilige Person zu betrachten sind, sondern wegen der vergangenen Verfolgung und Vernichtung der Juden unter nationalsozialistischer Herrschaft zugleich als Angriff auf die politische Kultur der Bundesrepublik. Dies wiederum macht Juden und deren Einrichtungen gleichzeitig aber auch zu besonders gefährdeten Angriffszielen von Demokratiegegnern.

Zur Abwehr von Schuld musste eine „jüdische Schuld" erfunden werden. Die Tradierung antisemitischer Vorteile war wesentlicher Bestandteil der Verleugnungstrategien. In der Nachkriegszeit wurden jüdische Frauen und Mädchen etwa der Prostitution verdächtigt. Juden waren im Sprachgebrauch als „jüdische Händler", als „Schacher", „Betrüger" und „Schwarzmarkthändler" präsent, die unfähig seien zu „ehrlicher Arbeit".

Der Polizeipräsident der Stadt Stuttgart schrieb am 1. April 1946 an den amerikanischen Geheimdienst: „Man kann heute allgemein in Stuttgart feststellen, dass es solchen Personen, die sich in den letzten 12 Jahren als Gegner des Nationalsozialismus nicht an dem antisemitischen Geschrei beteiligt haben, heute durch diese Vorkommnisse und durch das Verhalten der Polen jüdischen Glaubens schwer fällt, ihre gegenüber den Juden freundliche Haltung weiter beizubehalten. ... Solche Vorgänge sind jedoch keineswegs geeignet, den vom Nationalsozialismus dem deutschen Volk gepredigten Rassenhass abzubauen." Am Ende einer solchen Argumentation steht die klare Schuldzuweisung an die Juden, durch ihr Verhalten den Antisemitismus selbst zu verantworten. Im gleichen Bericht findet sich der Vorwurf, die polnischen Juden hätten mit Nazi-Organisationen zusammengearbeitet, da sie bei einer Rückkehr nach Polen sofort wegen der Zusammenarbeit mit der *SS* oder dem *SD* verhaftet würden. Der Polizeipräsident unterstellt außerdem, dass ein großer Teil der DPs kriminelle Elemente seien (Schulze Wessel 1999: 188).

3. Die Wende

Eine Zäsur nahm Ignatz Bubis unmittelbar nach der Wiedervereinigung der beiden deutschen Staaten wahr. Nach einer Amtszeit von sieben Jahren als Vorsitzender des Zentralrats der Juden in Deutschland zog er in einem Interview bittere Bilanz: „Ich habe nichts, fast nichts erreicht". Unermüdlich war Bubis über die Jahre hinweg von Gesprächstermin zu Gesprächstermin geeilt, um über das Judentum zu informieren und so Vorurteile abzubauen. Dabei hatte er stets auch eindringlich vor Fremdenfeindlichkeit und rechtsextremer Gewalt gewarnt. Die Offenheit, mit der er seinen Gesprächspartnern gegenübertrat, brachte ihm viel Respekt und viele Sympathien ein. So war er im Laufe der Zeit zu einer moralischen Instanz geworden. Und doch musste er im Anschluss an die deutsch-deutsche Wiedervereinigung eine Eskalation von rechtsextremer Gewalt erleben, die sich gegen Fremde und Juden richtete sowie gegen deren Einrichtungen. Immer häufiger ließen Rechtsextremisten ihren antisemitischen Gefühlen in aller Öffentlichkeit freien Lauf. Bubis sprach von einem „Tabubruch" der sich mit der Wende ereignet hatte (Bubis 1993: 175).

Der Konsens des Nachkriegsdeutschlands schien nach der Wende urplötzlich zu erodieren. Nationalistische Gefühle und patriotischer Überschwang wurden nicht mehr ausschließlich von rechten Parteigängern zum Ausdruck gebracht, sondern vereinzelt auch von Vertretern der Bürgerrechtsbewegungen, die mit ihren Demonstrationen den Fall der Mauer und das Ende der DDR herbeigeführt hatten. Die intellektuelle Variante war die Debatte um die „nationale Identität", verbunden mit der Forderung nach „deutscher Normalität", um sich von der Last der Geschichte zu befreien. Als die Massen auf der Straße „Wir sind das Volk" skandierten, haben dies viele offenbar im völkischen Sinne verstanden.[3]

Eine im Auftrag des *Spiegel* von Emnid und Gallup durchgeführte Untersuchung aus dem Jahre 1992 über rechtsextremistische Einstellungen in Ost und West ergab erstaunlicherweise den Befund, dass „der Anteil der Ostdeutschen, der sich antisemitisch, rechtsradikal oder ausländerfeindlich äußert, geringer (ist) als der entsprechende Anteil der Westdeutschen. Die Bundesbürger im Osten nehmen die Konsequenzen aus der NS-Vergangenheit für die Gegenwart ernster". Der Anteil der antisemitisch eingestellten Befragten im gesamten Deutschland betrug 13 Prozent, im Westen waren es 16 Prozent, im Osten vier Prozent. Und die Frage, ob die Demokratie in Deutschland durch radikale und extremistische Gruppen gefährdet seien, bejahten 79 Prozent der Juden, 69 Prozent der Ostdeutschen und 47 Prozent der Westdeutschen. Nach Auffassung des *Spiegel* haben sich die meisten früheren DDR-Bürger eine Aversion gegen das NS-Regime bewahrt". Dem stimmten auch die Antisemitismus-Experten Werner Bergman und Rainer Erb vom Berliner Zentrum für Antisemitismusforschung zu, die in der Studie mit der Bemerkung zitiert wurden: „Auch der Antifaschismus war in der DDR verordnet, aber er entsprach bei vielen der eigenen Überzeugung" (Stöss 2000: 27-28).

---

3   Der Spruch „Wir sind das Volk" fiel bereits bei einer internationalen Zusammenkunft von Holocaustleugnern in München am 21. April 1990 im Münchner Löwenbräukeller, die unter dem Motto „Wahrheit macht frei" stand.

4. Erscheinungsformen des Antisemitismus

4.1 Offener Antisemitismus

Das Hauptziel antisemitischer Angriffe waren über all die Jahre hinweg die obersten Repräsentanten der in Deutschland lebenden jüdischen Minderheit. Neben verbalen Angriffen in der Öffentlichkeit und diffamierenden Artikeln in der einschlägigen rechtsextremen Presse kam es auch zu gewaltsamen Angriffen.

Als Ignatz Bubis sich so desilusioniert in der Öffentlichkeit äußerte, war er bereits von schwerer Krankheit gezeichnet. Aber sicher war dies nicht die alleinige Ursache für seine depressiven Worte. Bubis sah sich fast ohne Unterbrechung antisemitischen Kampagnen ausgesetzt. Auch die Vorgänger von Bubis standen stets im Zentrum rechtsextremer Agitation und krimineller antisemitischer Angriffe. Heinz Galinski war selbst im Tod das Ziel rechtsextremer Gewalttäter, die seine Grabstätte mehrfach schändeten. Bundespräsident Roman Herzog sprach hier von der Tat eines „verwirrten Einzelgängers". Bubis musste aber auch zahlreiche Versuche der „Entsorgung der deutschen Vergangenheit"⁴ erleben, wie sie aus der Mitte der Gesellschaft heraus durch Politiker und Intellektuelle geschahen. Da war der Gang von Kohl und Mitterand zu den Soldatenfriedhöfen in Bitburg, der „Historikerstreit", aber auch die Äußerungen des Schriftstellers Martin Walser anlässlich der Verleihung des Friedenspreises des deutschen Buchhandels 1998, die zu der „Bubis-Walser-Kontroverse" führten. Bei all diesen Ereignissen ging es um eine „Revision" des deutschen Geschichtsbildes, es ging darum, mit der jüngsten deutschen Geschichte fertig zu werden, in deren Zentrum die nationalsozialistische Ideologie mit ihrem Rassenhass und Antisemitismus steht und die direkt in die Vernichtung der Juden mündete.

Nach der Wiedervereinigung der beiden deutschen Staaten nahmen die fremdenfeindlichen Gewalttakte ab Herbst 1990 in erschreckendem Maße zu. Nicht nur der Umfang alarmierte die politischen Vertreter, sondern auch die brutale Gewalt, mit der Rechtsextremisten in Ost und West gegen ihre erklärten Gegner vorgingen. Die Opfer wurden meist im Schlaf durch Brandsätze überrascht und hatten so oftmals keine Chance, dem Flammeninferno zu entkommen. Die Orte Rostock, Solingen, Mölln, Hoyerswerda, wurden weltweit zum Symbol rechtsextremer Gewalt in Deutschland. Mit einer gewissen Zeitverzögerung war auch eine Zunahme antisemitischer Übergriffe zu verzeichnen.⁵

Wie schon sein Vorgänger Heinz Galinski, verstand auch Bubis seine Position als Vorsitzender des Zentralrats als „Wächteramt". Er äußerte sich immer wieder zu diesen Vorfällen, ergriff Partei für die terrorisierten ausländischen Mitbürger und mahnte zu Toleranz. Als die rechtsextremen Überfälle schließlich auch jüdische Einrichtungen zum Ziel hatten, wurde Bubis obendrein von dem Chef der rechtsradikalen Republikaner, Franz Schönhuber, als „Volksverhetzer" diffamiert. Schönhuber hatte einen Tag nach dem Anschlag auf die Lübecker Synagoge im März 1994 Bubis als „einen der schlimmsten Volksverhetzer

---

4 Vgl. Hans-Ulrich Wehler, Entsorgung der Vergangenheit? Ein polemischer Essay zum „Historikerstreit", München 1988
5 Antisemitische Straftaten werden erst seit Mitte 1993 gesondert in der Kriminalitätsstatistik erfasst. Bis zu diesem Zeitpunkt wurden antisemitisch motivierte Straftaten innerhalb der Rubrik „fremdenfeindliche Delikte" oder als „normale Kriminalität" erfasst. (Erb 1997: 160). Seit Januar 2001 wurde zur besseren Erfassung fremdenfeindlicher und antisemitischer Straftaten der Begriff „politisch motivierte Straftaten" eingeführt (BMI 2001: 262). Eine demoskopische Antisemitismusforschung besteht in Europa erst seit den 60er Jahren (Bergmann 1996: 172).

Deutschlands" bezeichnet. Auf den Vorwurf von Bubis, Schönhuber sei ein „politischer Brandstifter", hatte Schönhuber erklärt: „Die Volksverhetzer sind Herr Bubis, Herr Friedman und andere." Schönhuber erstattete sogar Strafanzeige gegen den Vorsitzenden des Zentralrats der Juden wegen Verleumdung und Volksverhetzung. Ihm folgte die bayerische *NPD* mit einer Anzeige. Die Partei begründete das mit dem Vorwurf Bubis' gegen die *NPD*, sie sei mit anderen rechtsstehenden Parteien schuld am Brandanschlag gegen die Synagoge in Lübeck. Das Ostpreußenblatt stellte sich in der Ausgabe vom 16. April 1994 schützend vor Schönhuber. Juristisch wurde Schönhuber wegen seiner Äußerungen nicht belangt. Am 7. Mai 1995, kurz vor dem 50. Jahrestag der Befreiung von der Nazidiktatur, kam es zu einem neuerlichen Brandanschlag auf die jüdische Synagoge in Lübeck. Um 2 Uhr morgens wurde ein Brandsatz in den Haupteingang geworfen, der von selbst verlöschte ohne Schaden anzurichten, der zweite vernichtete einen Schuppen vollständig. Menschen kamen dabei nicht zu Schaden. Als Täter wurden bei dem ersten Anschlag vier junge Männer ermittelt, die das Feuer aus rechtsradikalen Motiven gelegt hatten. Immer wieder attackiert wurde Ignatz Bubis durch die Neonazi-Presse, allen voran die „National-Zeitung", zunehmend aber auch durch Veröffentlichungen durch das Medium Internet. Im Jargon von Rechtsradikalen wurde er oft diffamierend der „Oberjude" genannt.

Ein besonders widerwärtiger Vorfall, der sich gegen Ignatz Bubis richtete, ereignete sich im Oktober 1998 in Berlin. Neonazis trieben ein Ferkel mit einem aufgemalten Davidstern und seinem Namen über den Alexanderplatz in Berlin. Die „Judensau" war eine seit dem 13. Jahrhundert bekannte, vor allem im 15. und 16. Jahrhundert weit verbreitete Form der antijüdischen Darstellung. Bei zahlreichen Kirchen finden sich Figuren mit dem Motiv der „Judensau". Der Hintergrund ist zum einen die weit verbreitete Verachtung des Schweines, die in den zahllosen Varianten als Schimpfwort zum Ausdruck kommt, zum anderen ist die Schmähung als „Judensau" in dem für gläubige Juden geltenden Verbot des Verzehrs von Schweinefleisch zu sehen. Die „Judensau" ist also Ausdruck einer grenzenlosen Verachtung der Juden und ist Teil der Strategie der Entmenschlichung der Juden (Hortzitz 1995: 22ff).

So verwundert nicht, dass Schweine auch heute noch recht häufig Verwendung bei antisemitisch motivierten Angriffen und Straftaten finden, oftmals auch im Zusammenhang mit der Schändung jüdischer Grabstätten und Mahnmale: In der Nacht zum 20. April 1992, des „Führers Geburtstag", warfen Neonazis eine Schweinekopfhälfte in den Vorgarten der Erfurter Synagoge, das Mahnmal für deportierte Juden in Berlin-Grunewald wurde im Oktober 1993 mit Schweineköpfen geschändet.

Fast in Vergessenheit geraten sind heute die Ereignisse der Schabbat-Nacht vom 13. auf den 14. Februar 1970 in München. Der Anschlag auf das jüdische Altersheim traf die jüdische Gemeinde ins Mark und löste bundesweit Entsetzen aus. Mit Brandverstärkern wurde im Treppenhaus des jüdischen Altersheimes Feuer gelegt, das Gebäude dabei völlig verwüstet, sieben Bewohner kamen ums Leben. Trotz intensiver Nachforschungen blieb der Fall ungeklärt, die Täter wurden nie ermittelt. Bei den Opfern des Brandanschlags handelte es sich ausschließlich um Überlebende der Konzentrationslager.

4.2 Friedhofschändungen

In seinem letzten Interview sagte Ignatz Bubis: „Ich möchte in Israel beerdigt werden, weil ich nicht will, dass mein Grab in die Luft gesprengt wird – wie das von Heinz Galinski. ... Leider ist die Gefahr, dass die Würde der Toten verletzt wird, hier immer noch groß – besonders, wenn man ein öffentliches Amt hat."

Neben antijüdischen Parolen, die unter sogenannten Propagandadelikten subsumiert werden, nahmen Schändungen jüdischer Friedhöfe zu. Offizielle Zahlen bezüglich dieses Delikts sind über die Erhebung der Fälle von „Störung der Totenruhe" zu erhalten. Beleidigungen und Bedrohungen von Juden wurden oftmals von den ermittelnden Polizeidienststellen nicht als antisemitisch motiviert erkannt, sondern als „gewöhnliche Kriminalität" und „Vandalismusakte" rubriziert, weshalb es kein verlässliches Zahlenmaterial dazu gibt (Erb 1997: 161). Viele der Opfer antisemitischer Straftaten sind dabei nach einer Untersuchung von Rainer Erb selbst gar nicht Juden, sondern sie wurden Opfer, weil sie als „jüdisch" ihrem Aussehen nach betrachtet wurden oder sie nach dem Verständnis von Rechtsextremisten als „Judenknechte", als Vertreter dieser „Judenrepublik" gesehen werden. Erb meint daher, dass auch solche antisemitischen Straftaten als Judenhass gewertet werden müssen (Erb 1997: 178).

Schon im Jahr 1945 wurden in den westlichen Besatzungszonen mindestens zehn Schändungen jüdischer Friedhöfe dokumentiert. Allein in Hessen zählte man von Kriegsende bis 1950 30 Fälle, und die Landeskriminalämter der Bundesrepublik Deutschland gaben für den Zeitraum von Januar 1948 bis Mai 1957 die Zahl der mutwilligen Zerstörungen auf jüdischen Friedhöfen mit 171 an. Die Zahlen basieren auf den Fällen, die zur Anzeige gebracht wurden (Neiss 2001: 57).

Wiederum an dem symbolträchtigen Tag des 20. April 1957 fanden sich auf dem Areal des „Ausländerfriedhofs Jammertal" in Lebenstedt, Niedersachsen, 78 der 120 jüdischen Grabsteine umgeworfen und zum Teil zerbrochen. Das Mahnmal für die zu Tode gekommenen Zwangsarbeiter aller Nationen war vom Sockel gestürzt, und am Fuße eines Grabes lag eine Strohpuppe mit der Aufschrift: „Deutschland erwache, Israel verrecke". Erst vier Jahre später konnten im Zuge der Ermittlungen im Zusammenhang neonazistischer Aktivitäten drei der fünf Friedhofsschänder ermittelt werden. Einer der Täter war ehemaliges Mitglied der bereits 1952 verbotenen rechtsextremistischen Sozialistischen Reichspartei, ein anderer gehörte der nationalistisch ausgerichteten Deutschen Reichspartei an und hatte 1956 für den Rat der Stadt Salzgitter kandidiert. Den Angeklagten wurde neben der Friedhofsschändung Waffenbesitz, Verabredung zur Gründung einer geheimen, verbrecherischen und auf Sprengstoffanschläge zielenden Organisation vorgeworfen. Im Zuge der Ermittlungen stellte sich heraus, dass der Haupttäter auch einen Sprengstoffanschlag auf die Gedenkstätte Bergen-Belsen und Attentate auf eine Reihe führender Persönlichkeiten, insbesondere Juden und deutsche Politiker, geplant hatte. Der Hauptangeklagte erhielt sechs Jahre Zuchthaus, ein weiterer Angeklagter wurde zu zweieinhalb Jahren Gefängnis verurteilt und ein dritter zu einem Jahr Jugendstrafe (Neiss 2001: 58). Die Hakenkreuzschmierereien an der Kölner Synagoge während der Weihnachtstage 1959 und die nachfolgenden antisemitischen Schmierereien wurden durch den damaligen Bundesinnenminister Gerhard Schröder (*CDU*) mit der Mutmaßung erklärt, „dass hier die Verbindungslinien zu sowjetischen-zonalen Drahtziehern eine besondere Rolle spielen" (Neiss 2001: 59). Ein Deutungsversuch, der nicht nur von Franz-Josef Strauß beharrlich wiederholt wurde, sondern der bis heute in rechtsextremen Kreisen kolportiert wird.

Immer wieder ist der jüdische Friedhof Berlin Weissensee das Ziel antisemitischer Übergriffe. Im Dezember 1949 wird die Gedenktafel beschädigt, schon sechs Monate später folgt der nächste Übergriff auf die Begräbnisstätte. 1966 wurden neun Grabsteine umgestürzt, 200 Mauersteine gestohlen und weitere gewaltsame Zerstörungen an Mauern und Zaun registriert. Wurden in den 50er Jahren vorrangig Grabsteine umgestürzt und aus ihrer Verankerung gerissen, plakatierten die Täter in den 60er und 70er Jahren vermehrt antisemitische Diffamierungen und nationalsozialistische Parolen mit Pinsel und Farbe, später mit Spraydosen, auf Grabsteine und Einfriedungsmauern (Neiss 2001: 59).

Losungen, die von Grabschändern angebracht wurden: „Deutsche wehrt Euch" (Aschaffenburg 1981), „Kauft nicht bei Juden" (Müncheberg 1995), „Heil Hitler", „Judas Verräter" (1977 in Hannover Bothfeld), „Ausländer verpisst Euch" (Dresden 1993), „Zecken raus", „Ausländerfreie Zone" (Bad Freienwalde 1993), „Türken raus" (Nürnberg 1983), „Ausländer raus" (Wriezen 1993), „Auschwitz-Lüge" (Bamberg 1965, Hechingen 1990), „Sechs Millionen sind gelogen" (Aschaffenburg 1985), „Tod den Juden" (Pretzfeld 1994), „Juda verrecke" (Ihringen 1990) (Neiss 2001: 61-62). Im April 2002 wurde auf das Mahnmal für die Opfer des Nazi-Terrors in Ahlem geschmiert: „Solidarität mit Palästina", „Auschwitzlüge", „Judas stirb".

Nicht nur NS-Symbole wie Hakenkreuz und NS-Runen finden sich auf den geschändeten Grabstätten, die Parolen verdeutlichen, wie Ausländerfeindlichkeit und Antisemitismus sich im Ideologiegebäude von Rechtsextremisten komplementieren. Die Friedhofschändung durch meist jugendliche Cliquen ist Protest und symbolischer Akt, mit dem versucht wird, die Vergangenheit auszulöschen. Das Gelände wird als Schlachtfeld betrachtet. Wird die Aufklärungsquote bei diesem Delikt im Jahr 1957 noch mit 57 Prozent angegeben, sank diese bis Mitte der 80er Jahre auf 30 bis 35 Prozent und liegt heute bei etwa 15 Prozent (Neiss 2001: S. 64).

Französische Neonazis verübten im Juni 1996 einen besonders makabren Anschlag auf jüdische Grabstätten auf dem Friedhof von Carpentras (Vaucluse). Sie verwüsteten 35 Gräber und schändeten den Leichnam eines Juden mit satanistischen Praktiken. Die Täter standen in enger Verbindung mit den *Charlemagne Hammerskins*, zwei waren langjährige Mitglieder der rechtsextremen *Parti Nationaliste Française et Européen* (*PNFE*). Hervé Guttoso (Jahrgang 1973) war bereits 1995 wegen eines ähnlichen Delikts verurteilt worden und setzte sich nach der Tat nach Großbritannien ab.

Einen in der Öffentlichkeit wenig beachteten Skandal löste die „Judenverbrennung" (Strohpuppe) aus, die Studenten der Bundeswehrhochschule in München im Februar 1997 inszeniert hatten. Dabei sangen sie auch Nazilieder. Nach Bekanntwerden des Falles äußerten die Verantwortlichen ihr Bedauern und stellten den Fall als untypische Ausnahmeerscheinung hin, der nicht auf einen Trend zum Antisemitismus in der Bundeswehr schließen lasse. Die beteiligten Offiziere wurden entlassen (Bergmann 2001: 20). Doch im Oktober des gleichen Jahres wird ein Video bekannt, das Bundeswehrsoldaten des Gebirgsjägerbataillons 571 im sächsischen Schneeberg gedreht hatten. Die Botschaften sind eindeutig antisemitisch und fremdenfeindlich. Ähnlich menschenverachtende Videos drehten Bundeswehrsoldaten schon in den Vorjahren, doch neu waren hier die rechtsradikalen und antisemitischen Inhalte.[6]

Friedhofschändungen und ähnliche Delikte werden meist als „Spontanhandlungen" einzelner Täter beschrieben, der Bericht eines Neonazi-Aussteigers, der an solchen Taten unmittelbar beteiligt war (siehe Kasten), legt jedoch nahe, dass ein Großteil dieser Delikte in der Neonaziszene akribisch geplant und vorbereitet werden.

Bericht eines Neonazi-Aussteigers:

„Meiner Erfahrung nach muss man bei Straftaten mit antisemitischem Hintergrund, die von Rechtsextremisten verübt werden, zwischen zwei Täterprofilen unterscheiden.

Zum einen der Täter, der seine Tat hauptsächlich gegen irgend etwas Jüdisches richtet, um in die Szene hinein zu wirken. Meistens Jugendliche aus dem Skinheadmilieu, die sich hierdurch gegen-

---

6 „Gebirgsjäger blamieren Rühe ein zweites Mal", *Ludwigsburger Kreiszeitung* vom 27.10.1997.

über ihren „Kameraden" beweisen wollen. Ihnen ist zwar klar, dass ihre Tat etwas „krasses" darstellt aber dieses Bewusstsein kommt nicht durch die Tat an sich, sondern ist mit dem hohen Verfolgungsdruck, dem sich die Täter ausgesetzt glauben, begründet.

Welche Bedeutung ihre Tat für gläubige Juden hat, ist ihnen nur in den seltensten Fällen bewusst. Ihr Antrieb zu einer antisemitischen Straftat ist meist nicht die eigene Überzeugung oder beruht auf irgendwelchen „Erkenntnissen", sondern eher auf der Tatsache, dass „die Juden" das Hauptfeindbild der nationalsozialistischen Weltanschauung waren und sind.

Woher dieses Feindbild kommt, oder wie dies von sogenannten „Ideologien" „begründet" wird, wissen die Täter meist nicht. Es geht Ihnen eigentlich nur um die Tat.

Beim zweiten Tätertypus, meist langjährige „Aktivisten" der Neonaziszene, ist die Tat ausschließlich ideologisch motiviert und der Täter glaubt meist an eine komplexe Verschwörungstheorie, in der Juden und oder Zionisten (dies wird in der Szene meist gleichgesetzt) die Weltherrschaft an sich reißen oder die „arische Rasse" vernichten wollen.

Dieser Tätertyp befasst sich in der Regel sehr intensiv mit dem Judentum oder viel mehr mit dem was die Nazis daraus machen. Ihm ist die Wirkung, die seine Tat auf gläubige Juden hat, voll bewusst und dies ist mit der Grund für die Tat. Er will „den Juden" klar machen, dass selbst die Toten nicht verschont werden und versteht die Tat als Warnung an die Lebenden. Sein Ziel ist die Einschüchterung und Demütigung der in Deutschland lebenden Juden. Sie sollen durch solche „symbolische Taten" zur Flucht aus Deutschland getrieben werden. Es geht ihm darum ein Gefühl der Unsicherheit zu verbreiten und in noch nicht verheilten Wunden zu stochern.

Weitere Ziele dieser Tätergruppe sind die „Aufklärung" der Öffentlichkeit über die angebliche „Weltverschwörung" und ein möglichst großes Medienecho. Damit seine Tat, und damit seine „Botschaft" publik wird, und möglichst viele Nachahmer findet.

Eine Tat aus diesem Täterbereich wird meist akribisch vorbereitet und von langer Hand geplant, da die Szene davon überzeugt ist, dass der Staat und damit auch die Gerichte und der Polizeiapparat, die Handlanger der allmächtigen „Weltverschwörung" sind. Deshalb gehen die Täter auch davon aus, dass und es gibt in der Szene eine Fülle von Strategien und Taktiken wie der Strafverfolgung – ... – entgegen gewirkt werden kann.

In der Szene wurde im Laufe der Jahre ein fundiertes Wissen über polizeiliche Ermittlungstaktiken und Methoden angehäuft, das in Schulungen und auf Kameradschaftsabenden gerne von den „erfahrenen Kameraden" an die „jungen Kameraden" weitergegeben wird.

So ist es eine Szene-Taktik, dass Taten zwar lange geplant werden, aber es werden nie Skizzen oder schriftliche Aufzeichnungen darüber angefertigt. Für alles was mit der Tat zusammenhängt gilt absolutes „Funkfernsprechverbot" (Handy). Das konkrete Tatziel wird zumeist erst Stunden vor der konkreten Tat festgelegt. Es ist üblich, dass Aktivisten der Szene meist eine „Aktionskiste" im Kofferraum bereit haben um so möglichst jeder Zeit „Spontanaktionen" durchführen zu können. In der Kiste befinden sich meist Hammer, Meißel, Brechstange, Sprühdosen, Handschuhe, Gummistiefel und alte Kleidung. Nach der Tat werden alle Tatwerkzeuge, selbst Kleidung und Schuhe vernichtet. Es wird geraten die Sachen zu verbrennen und dann zu vergraben oder in einen Fluß zu werfen.

So werden Taten zwar lange geplant, aber es werden nie Skizzen oder schriftliche Aufzeichnungen darüber angefertigt. Auf Kameradschaftsabenden und Schulungen werden auch immer wieder die „Verschwörungstheorien" à la „Die Weisen von Zion" oder Henry Fords „Internationaler Jude" thematisiert und weitergetragen."

4.3 Christlicher Antijudaismus

Dass die Handlung der Grab- und Friedhofsschändung auf religiösem Fundament ruht, ist den Tätern meist nicht bewusst. So weist auch die Strohpuppe, die anlässlich der Schändung des Friedhofes in Salzgitter-Lebenstedt am 20. April 1957 demonstrativ präsentiert wurde, auf den religiösen Brauch der Judas-Verbrennung zu Ostern hin. Es war eher Zufall, dass die Tat am Geburtstag Hitlers verübt wurde, gleichzeitig war es die Nacht von Karfreitag auf Karsamstag (Neiss 2001: 61).

Der Jude, der sich dem christlichen Glauben verweigert, wurde im christlichen Antijudaismus zum „Gottesmörder" – ein besonders zählebiges antisemitisches Stereotyp, das bis heute zur Diffamierung von Juden verwendet wird. Immer wieder mussten Juden als Sündenböcke herhalten, etwa als vermeintliche Verursacher von Pest und Krankheit. Auch als „Brunnenvergifter" wurden sie verdächtigt.[7]

Aus dem christlichen Antijudaismus entwickelten sich zahllose weitere Legenden. Mit der Ritualmordlegende werden Juden beschuldigt, sie würden unschuldige Christenkinder ermorden, um an das Blut zu kommen, welches sie angeblich für ihre geheimen Riten bräuchten. Doch wer sich ein wenig mit dem Judentum befasst hat, weiß um die Unsinnigkeit dieser Behauptung, gilt Blut im Judentum doch als unrein, dessen Kontakt nach Möglichkeit zu meiden ist. Schon im Mittelalter kam es aufgrund dieser Ritualmordlegenden zu vielen Pogromen, Folterungen durch die Inquisition und zu Morden an Juden. Kaiser Friedrich II und Papst Innozenz IV. hatten sich öffentlich gegen diese Blutbeschuldigungen gewandt, doch ihre Mahnung blieb vergeblich.

Nach der Ermordung des Simon von Trient 1475 wurde der Vorwurf des Ritualmordes auch mit der figurativen Darstellung der „Judensau" verknüpft. Europaweit sind mehr als 700 Ritualmordbeschuldigungen bekannt, die stets mit grausamen Verbrechen gegen Juden einhergingen.

Der Vorwurf des Ritualmordes wurde auch gezielt von der NS-Propaganda aufgegriffen und wurde wesentlicher Teil des Programms der Judenvernichtung. Immer wieder zeigt „Der Stürmer" Illustrationen, die mehrere antijüdische Klischees verbinden: „Mörder Juda" wird als „Blutsauger", „Parasit" und als der „hässliche, krummnasige Jude" dargestellt, der etwa einem weiblichen, hilflosen, natürlich „arischen" Opfer in kaltblütiger Gier für seine religiösen Riten die Kehle aufschneidet.[8]

Noch am 4. Juli 1946 war der Vorwurf des Ritualmordes der Auslöser für das Pogrom von Kielce, bei dem alle jüdischen Bewohner des polnischen Ortes ermordet wurden.

Eine kleine Gruppe christlicher Fundamentalisten um den österreichischen Pfarrer Gottfried Melzer pflegt trotz kirchlichen Verbots den „Anderl-von-Rinn-Kult" und pilgert alljährlich zum „Judenstein" in Rinn, Tirol, dem angeblichen Ort eines Kindesmordes durch Juden im Jahre 1462. Und im Jahr 2002 erscheint in der ägyptischen halbamtlichen Tageszeitung Al-Ahram ein Artikel, in dem gleichlautende Beschuldigungen gegen Juden erhoben wurden. Zur Abhaltung des Purim-Festes, so die Zeitung, benötigten Juden das Blut von Teenagern. Die Vereinigung der palästinensischen Ärzte und Pharmakologen in Griechenland behauptete im gleichen Jahr öffentlich, die israelische Armee würde Leichenteile von Palästinensern verkaufen und für medizinische Experimente verwenden. Auf zahllosen

---

7   Der Vorwurf, Brunnen zu vergiften, richtete sich ebenso häufig gegen die Minderheit der „Zigeuner", den Sinti und Roma.

8   Vgl. Die Ritualmordlegende im „Stürmer", http://www.idgr.de/lexikon/stich/r/ritualmord/rm-stuermer.html

Webseiten werden in allen Sprachen angeblich authentische Berichte über jüdische Ritualmorde verbreitet. Neben US-amerikanischen Rechtsextremisten und religiösen Sektierern sind hier auch viele Webseiten vertreten, die unter islamischem Banner firmieren. Als „Quellen" werden oftmals die schon lange als antijüdische Fabrikationen entlarvten Schriften christlicher Autoren genannt, insbesondere die Veröffentlichungen des deutschen Theologen August Rohling (1839-1931), der sich zum Kenner des Talmud ernannte, um sich vor Gericht mit seinem Nichtwissen zu blamieren. Ebenso häufig findet sich der Name des Orientalisten Erich Bischoff in den bibliographischen Angaben solcher Publikationen. In vielen Fällen entstammen die Schriften Verlagen, die eng mit dem NS-Propagandaapparat verbunden waren. Ein weiteres antisemitisches Stereotyp, das dem christlichen Antijudaismus entstammt, ist das der sexuellen Zügellosigkeit. Das Bild der „schönen und geilen Jüdin"[9] wird bis heute von einschlägigen Kreisen gepflegt, oftmals illustriert am Beispiel der biblischen Geschichte der Esther, der alljährlich im Judentum durch das Purim-Fest gedacht wird.

4.5 „Antizionismus"

Eine stetige Zunahme antisemitischer Straf- und Gewalttaten wird auch von den Verfassungsschutzbehörden festgestellt. Der Verfassungsschutz Hamburg beschreibt in seinem Bericht für das Jahr 2000 die „besorgniserregende" Verquickung „antisemitischer und antizionistischer Agitation" in Deutschland, stellt aber gleichzeitig fest, dass nicht alle dieser Straftaten auf das Konto von Rechtsextremisten gingen. So wurde der Brandanschlag auf die Synagoge in Düsseldorf in der Nacht zum 3. Oktober 2000 von zwei ausländischen Jugendlichen arabischer Herkunft verübt. Bei dem Bombenanschlag am 27. Juli 2000 in Düsseldorf, bei dem mehrere jüdische Aussiedler aus den GUS-Staaten zum Teil schwer verletzt wurden, war ebenfalls eine Täterschaft von Rechtsextremisten nicht nachzuweisen.

Der Nahost-Konflikt wurde zusehends durch radikale Moslems auf europäischem Boden ausgetragen. War der „Kampf für die Sache der palästinensischen Freiheitsbewegung" bis dahin eher in linken Kreisen en vogue, fanden es nun auch ausgewiesene Neonazis chic, mit dem „Pali-Tuch" um den Hals sich an antiisraelischen Demonstrationen zu beteiligen. Aus der Politik des Staates Israels gegenüber den Palästinensern, vor allem aber aus der Militärstrategie im Umgang mit dem Terror gegen Zivilisten seit Ausrufung die zweiten Intifada im September 2000, wird die Rechtfertigung abgeleitet, Juden in toto „Zionisten" nennen zu dürfen. Avi Beker, der Generalsekretär des Jüdischen Weltkongresses sagte bei der Vorstellung des Antisemitismus-Berichts 2001, man sehe „eine unheilige Allianz zwischen der extremen Rechten, der extremen Linken und Moslems".[10] Auch die Ziele gewalttätiger Übergriffe hätten sich verändert. Nicht mehr jüdische Monumente und Grabsteine seien primär Ziel der Attacken, sondern nunmehr richteten sie sich verstärkt gegen Synagogen und Juden auf der Straße. Allein die Ereignisse in Berlin bestätigen diese Diagnose: Ende April 2002 kam es zu einem Brandanschlag auf die Berliner Synagoge am Fraenkelufer. Nur wenige Monate zuvor gab es bereits einen Anschlag auf die jüdische Religionsstätte. Auf den jüdischen Friedhof in Berlin-Charlottenburg wurde ein Sprengstoffanschlag verübt, zwei orthodoxe Juden wurden am helllichten Tag auf dem Kurfürstendamm über-

---

9 Vgl. „Die Mordnacht". Das Geheimnis des jüdischen Purimfestes enthüllt, *Der Stürmer*, März 1934, Nr. 11 (Titelblatt).
10 Siehe dazu auch: Anton Maegerle: Die unheilige Allianz zwischen Hakenkreuz und Halbmond, *Tribüne. Zeitschrift zum Verständnis des Judentums*, Heft 160, 4. Quartal, S. 218 – S. 232, 2001

fallen und misshandelt, zwei jüdische Frauen wurden auf offener Straße attackiert, weil eine von ihnen einen Davidstern trug. Doch auch Frankreich wurde von einer Welle von Anschlägen gegen jüdische Einrichtungen und Personen erschüttert. Meldungen über eine Zunahme antisemitischer Anschläge kamen aus Großbritannien, aus Belgien und aus Russland. Am 28. Mai 2002 wurde eine junge Frau schwer verletzt, als sie ein Plakat mit der Aufschrift „Tod den Juden" an einem Straßenrand bei Moskau abriss. Dabei kam ein versteckter Sprengsatz zur Explosion. Einen Tag nach der Explosion wurde ein jüdischer Junge aus Moskau von Skinheads zusammengeschlagen. Der ungarische Rechtsextremist Istvan Czurkas trat Anfang 2002 mit offen antisemitischen Parolen zu den Parlamentswahlen an, in Italien hat sich die Neonazi-Fraktion *Forza Nuova* gemeinsam mit den militanten und ultraklerikalen Abtreibungsgegnern *Militia Christi* dem „Kampf gegen den Zionismus" verschrieben. Der aus Marokko stammende, seit vielen Jahren mit schwedischer Staatsangehörigkeit ausgestattete Holocaustleugner Ahmed Rami rubriziert die Opfer des Stalinismus als „Verbrechen des Zionismus", um gleichzeitig zu behaupten, der Mord an den Juden durch die Naitonalisozialisten sei „ein von den Zionisten erfundener Gaskammer-Holocaust".[11] Außerdem bestätige die Politik Israels die Echtheit der „Protokolle der Weisen von Zion", eines antijüdischen Falsifikats, dessen erste Fassung einst vom zaristischen Geheimdienst Ochrana produziert wurde.[12]

Die UN-Weltkonferenz gegen Rassismus in Durban, Südafrika, im August/September 2001 wurde von Teilnehmern aus arabischen Staaten umfunktioniert in eine „Zionismus"-Diskussion, Israel wurde des Rassismus und der Apartheid-Politik beschuldigt. Arabische Konferenzteilnehmer hatten das internationale Treffen vom ersten Tag an zu einer Demonstration des Hasses gegen den Staat Israel und die Juden instrumentalisiert. Ein Vertreter der *Anti-Defamation League* berichtete in einem Leserbrief an die „New York Times" vom 5. September 2001, dass durch die Arabische Rechtsanwaltsvereinigung antisemitische Broschüren verteilt wurden, in einem anderen Bericht war davon die Rede, dass Transparente mit den Aufschriften „Hitler hätte den Job zu Ende bringen sollen", „Zionismus ist Rassismus" und „Schluss mit der israelischen Apartheid" entrollt wurden. Ungestört konnten Flugblätter mit der Aufschrift „Licence to kill a Jew" verteilt werden. Zur Konferenz zugelassene arabische NGO-Gruppen boten auch die „Protokolle der Weisen von Zion" zum Verkauf an. Antisemitische Karikaturen waren nach diesen Berichten allerorts präsent. „Die Grenze zwischen Antizionismus und Antisemitismus ist fließend", konstatierte Paul Spiegel, der Präsident des Zentralrats der Juden, im Dezember 2001.[13]

4.6 Antijüdische Konspirationsthesen

Eine Zunahme antisemitisch motivierter Gewalttaten ist vor allem seit dem Anschlag vom 11. September 2001 auf das World Trade Center in New York und auf das Pentagon zu verzeichnen. Der Angriff auf das Zentrum des Welthandels bediente das Klischee vom „Weltjudentum", das eine „zionistische Weltherrschaft", eine „Einweltregierung", anstrebe und seinen Sitz an der amerikanischen „Ostküste" habe. Die „Ostküste" ist somit die Chiffre, die

---

11 Ahmed Rami: Von der russischen Revolution, Online-Artikel.
 http://www.scriptcache.de/unglaublichkeiten/freimaureroktoberrevolution/remi.html
12 ders.: Israels Politik bestätigt die Echtheit der Protokolle der Weisen von Zion, Online-Artikel,
 http://www.abbc3.dom/protocols/d-intro.htm
13 Immer mehr Drohbriefe, *Der Spiegel* (Online-Ausgabe), 21.12.01

verschwörungstheoretisch inspirierte Antisemiten auf der ganzen Welt verstehen. Schon der NS-Propagandaapparat bediente sich dieser Metaphorik. Und auch der zum Rechtsextremisten mutierte ehemalige RAF-Terrorist Horst Mahler benutzt den Terminus „Ostküste". Einmal rutschte ihm gar ein „Ostküsten-Juden" raus. Jörg Haider schimpfte im Wiener Wahlkampf 2001 auf den „Herrn Greenberg" von der „Ostküste" (Heller 2002).

Zentraler Bestandteil antisemitischer Konspirationsthesen sind die „Protokolle der Weisen von Zion". Ungeachtet aller Gutachten und gerichtlichen Überprüfungen des „Dokuments" wird damit bis heute der Nachweis einer international agierenden jüdischen Verschwörung konstruiert. Auch in den postkommunistischen Staaten findet die Schrift durch rechtsextreme und ultraklerikale Gruppen weite Verbreitung und dient dazu, die Juden für die politischen Ereignisse und wirtschaftlichen Misserfolge verantwortlich zu machen. Unter dem Eindruck der militärischen Intervention der Westmächte erschienen 1999 in verschiedenen serbischen Zeitschriften antisemitisch gefärbte Beiträge. Selbst das Magazin *Politika*, bis dahin eher als das Sprachrohr liberaler Intellektueller bekannt, verbreitete mehrere Artikel, die auf der Annahme eines jüdischen Weltmachtstrebens basierten und alle antisemitischen Klischees der „Protokolle" aufwiesen.[14]

5. Rechte Internationale

1998 erläuterte Hans-Günter Eisenecker, damals stellvertretender Bundesvorsitzender der *NPD*, seine Vision einer antisemitischen Internationale: Eine weltweite Allianz gegen den liberalistischen Kapitalismus, wie er von den USA und Israel verkörpert werde. Als potentielle Bündnispartner nannte Eisenecker schon damals islamistische Bewegungen, russische Nationalisten, das Regime von Nordkorea und Castros Kuba. Auch wenn seine Vorstellungen in Teilen der rechtsextremen Partei auf wenig Gegenliebe stieß, so zeigen die Ereignisse nach dem 11. September, dass Koalitionen und gemeinsame Aktionen dieser Gruppen teilweise schon Realität geworden sind.

Eisenecker hatte sich damit dem sog. „nationalbolschewistischen Flügel" innerhalb der *NPD* zugewandt, der seit Jahren schon „antiimperialistische Solidarität" mit totalitären Staaten kommunistischer Prägung und mit arabischen Machthabern propagiert. 1998 war in der *Sachsen-Stimme* der *NPD* eine Solidaritätserklärung für diese Staaten abgedruckt, im gleichen Jahr erklärte Udo Voigt auf dem Jahreskongress der *NPD* „Solidarität mit dem Kuba Fidel Castros", eine Delegation des *NPD*-Parteivorstandes reiste nach Pjöngjang. Eingefädelt hatte die Kontakte der Nationalbolschewist Michael Koth, vor Jahren noch stellvertretender Vorsitzender der *Kommunistischen Partei Deutschlands* (*KPD*).[15]

Die mittlerweile verbotene Schweizer Organisation *Verité et Justice* plante gemeinsam mit der führenden Organisation der Holocaustleugner, dem *Institute for Historical Review* (*IHR*) mit Sitz in den USA, vom 31. März bis zum 3. April 2001 eine internationale Zu-

---

14 Jovan Byford, Michael Billig: The emergence of antisemitic conspiracy theories in Yugoslavia during the war with NATO; in: *Patterns of Prejudice*, Vol 35, Nr. 4/2001, Hrsg. Institute for Jewish Policy Research, London, 53ff.

15 Anton Maegerle: Ein kommunistisches Paradies, *blick nach rechts*, 2/98, S. 2; Jean Cremet: Antiimperialismus von rechts, *blick nach rechts*, 25-26/98, S. 7-8; Frank Jansen: „Jeder Gegner der Demokratie ist ein Verbündeter. Terroristen in aller Welt halten die USA für den ‚großen Satan'," *Tagesspiegel* vom 12.9.2001. Vgl. auch die Personenprofile in diesem Band.

sammenkunft in Beirut zum Thema „Revisionismus und Zionismus"[16], die Delegierte aus Europa, den USA und dem Nahen Osten zusammenbringen sollten. Jürgen Graf, der ehemalige Direktor von *Verité et Justice*, ist ein Justizflüchtling, der sich nach längerer Zwischenstation im Iran nun zwischenzeitlich aufgrund einer Eheschließung legal in Russland aufhalten soll. Als Redner waren die Franzosen Roger Garaudy und Henri Roques angekündigt, *NPD*-Mitglied Horst Mahler aus Deutschland, der Deutsch-Australier Fredrick Toben, der Russe Oleg Platonov sowie Mark Weber, Direktor des *Institute for Historical Review (IHR)*. Der Vortrag, den Mahler vorbereitet hatte, trug den Titel „Endlösung der Judenfrage". Die Konferenz wurde von der libanesischen Regierung verboten, daraufhin hatte man versucht, auf das jordanische Amman auszuweichen. Doch auch hier kam es zu einem offiziellen Verbot. Dem jordanischen Hochschullehrer Ibrahim Alloush war es daraufhin gelungen, mit Hilfe des jordanischen Schriftstellerverbandes eine Veranstaltung zum Thema „Revisionismus" durchzuführen. Alloush kündigte an, in naher Zukunft ein *Arab Committee of Historical Revisionism* gründen zu wollen.[17] Oleg Platonov fungierte als Mitveranstalter einer internationalen Konferenz der Holocaustleugner und Antisemiten am 26./27. Januar 2002 in Moskau. Neben zahlreichen russischen Referenten nahmen der Österreicher Gerhoch Reisegger teil, Ahmed Rami sowie der Amerikaner David Duke, vormals Mitglied des antisemitischen und rassistischen *Ku Klux Klan*, der schon seit Jahren intensive Kontakte nach Russland pflegt. Hauptredner war Jürgen Graf.

Der Kitt, der gesellschaftliche Gruppen von links und rechts verbindet, sind antiamerikanische Ressentiments, die Ablehnung des Liberalismus und des „westlichen Imperialismus" vor allem aber der kaum verbrämte Antisemitismus, der sich gerne als „Antizionismus" geriert. Dem Westen werden Attribute wie Überheblichkeit, Schwäche, Gier, Verdorbenheit und Dekadenz zugeschrieben. Die Verbindung, die dabei auch mit religiösen Fundamentalisten eingegangen wird, mündet in eine „Theologie der Bombe" (Walter Lacqueur), die Leid und Opfer heroisiert. Das erklärte gemeinsame Ziel der „Antizionisten" ist die Vernichtung des Staates Israel.

Bedroht und weit entfernt von einer „Normalität" sehen Juden in Deutschland sich nach dem „Antisemitismus-Streit", den Jürgen Möllemann ausgelöst hat. In einem Interview mit dem Fernsehsender „Phönix" am 14. Juni 2002 meinte Paul Spiegel: „Der Antisemitismus hat in Deutschland nie aufgehört zu existieren und Möllemann hat den Klischees neue Nahrung verschafft. Die Hemmschwelle für antijüdische Äußerungen ist nicht nur gesunken, sondern überhaupt nicht mehr vorhanden."

Die im Juni 2002 veröffentlichte Studie des Frankfurter Sigmund-Freud-Instituts und der Universität Leipzig scheint Spiegel recht zu geben. Gegenüber einer vergleichbaren Untersuchung aus dem Jahre 1999 ist danach ein deutlicher Anstieg antisemitischer Einstellungen zu verzeichnen.[18] Das rechte Wählerpotential, auf das Möllemann populistisch

---

16 „Revisionismus" ist die beschönigende Bezeichnung für einen pseudowissenschaftlichen Geschichtsrevisionismus, der auf die Relativierung und Leugnung des Holocaust zielt. Die Exponenten des „Revisionismus" versuchen dabei nachzuweisen, dass die historischen Dokumente des Nationalsozialismus und der Judenvernichtung auf Fälschungen beruhen (vgl. dazu: Deborah Lipstadt: Leugnen des Holocaust, Rechtsextremismus mit Methode. Reinbek bei Hamburg, 1996, sowie Jürgen Zarusky: Leugnung des Holocaust. Die antisemitische Strategie nach Auschwitz. *BPS Aktuell – Amtliches Mitteilungsblatt*. Jahrestagung 9./10. Nov. 1999, Marburg.

17 Holocaust Denial in the Middle East: The Latest anti-Israel, Anti-Semitic Propaganda Theme, Anti-Defamation League (Hrsg.)

18 Elmar Brädler, Horst-Eberhard Richter: Politische Einstellungen in Deutschland. Ergebnisse einer repräsentativen Erhebung, Sigmund-Freud-Institut/Universität Leipzig, Juni 2002

schielt, dürfte vor allem bei den in dieser Studie genannten 36 Prozent zu suchen sein, die sich klar antisemitisch geäußert hatten.

Bibliographie

Bergmann, Werner/Erb, Rainer (1997): „Antisemitismus in Deutschland 1945-1996", in: Wolfgang Benz/Bergmann, Werner: Vorurteil und Völkermord, Bonn (Bundeszentrale für politische Bildung).

Bergmann, Werner (2001): „Aus der Geschichte gelernt? Konflikte über Antisemitismus in der Bundesrepublik Deutschland (1949-2000)", in: Tuor-Kurth, Christina (Hrsg.): Neuer Antisemitismus – alte Vorurteile?, Berlin (Kohlhammer).

Bergmann, Werner (2001b): „Die Judenfrage als Prüfstein der Demokratie". Die Aufarbeitung des Antisemitismus in der Bundesrepublik Deutschland, in: Vorurteil und Rassenhaß, Hrsg. Hermann Graml, Angelika Königseder, Juliane Wetzel, Berlin.

Bubis, Ignatz (1993): Ich bin ein deutscher Staatsbürger jüdischen Glaubens. Köln.

Bundesministerium des Innern (Hrsg.) (2001): „Politisch motivierte Kriminalität", in: Periodischer Sicherheitsbericht, Juli. (http://www.bmi.bund.de/Downloads/210.pdf)

Erb, Rainer (1997): „Antisemitische Straftäter der Jahre 1993 bis 1995", in: Jahrbuch für Antisemitismusforschung/hrsg. für d. Zentrum für Antisemitismusforschung der Technischen Universität, Berlin . Frankfurt, M. [u.a.], Nr. 6, S. 160-180.

Heller, Friedrich Paul: „Holocaustleugnung und neuer Antisemitismus", Online-Artikel, veröffentlicht beim Informationsdienst gegen Rechtsextremismus, (http://www.idgr.de/texte-/rechtsextremismus/antisemitismus/antisemitismus-international.html)

Hortzitz, Nicoline (1995): „Die Sprache der Judenfeindschaft", in: Julius Schoeps, Antisemitismus und Vorurteile, München u.a. : Piper.

Neiss, Marion (2001): „Friedhofsschändungen in Deutschland", in: Jahrbuch für Antisemitismusforschung/hrsg. für d. Zentrum für Antisemitismusforschung der Technischen Universität, Berlin. Frankfurt, M. [u.a.], 10 (2001), Band 10, S. 55-66.

Schulze Wessel, Julia (1999): „Die neue Gestalt des Antisemitismus in der deutschen Nachkriegsgesellschaft: eine Analyse deutscher Polizeiakten der Jahre 1945-1948", in: Jahrbuch für Antisemitismusforschung/hrsg. für d. Zentrum für Antisemitismusforschung der Technischen Universität, Berlin. Frankfurt, M. [u.a.], Nr.8, S. 177-194.

Richard Stöss (2000): Rechtsextremismus im vereinten Deutschland, Bonn (Friedrich-Ebert-Stiftung).

Intellektuelle Strömungen und Vordenker in der deutschen Neuen Radikalen Rechten

Wolfgang Gessenharter

Wenn in den Verbotsanträgen gegen die *NPD* als zentraler Punkt die Wesensverwandtschaft mit der *NSDAP* herausgestellt wird, dann mag dies vielleicht für eine Reihe von Aussagen aus dieser Partei heraus zutreffen; für den gesamten Bereich, der in der politischen Alltagssprache heute mit „Rechtsextremismus" bezeichnet und in der wissenschaftlichen Diskussion präziser begründet mit „neue radikale Rechte" benannt wird, müssen für die ideologische Charakterisierung differenziertere Beschreibungen verwendet werden. Dies nicht zuletzt deshalb, weil seit Beginn der Bundesrepublik bzw. insbesondere seit dem *SRP*-Urteil von 1952 sich das gesamte rechte Lager infolge des normativen Leitbildes der „streitbaren Demokratie" davor hüten musste, in die dort formulierten Verbotsfallen zu tappen. Zudem ist dieses Lager keine sozial kompakte Einheit, sondern eher einer vielschichtigen, durchaus auch in sich widersprüchlichen sozialen Bewegung vergleichbar (vgl. Gessenharter 1998).[1] Und was für die sozialen Strukturen und Ablaufprozesse im Verlauf der letzten 50 Jahre gilt und sicher auch weiterhin gelten wird, ist in der ideologischen Dimension nicht grundsätzlich anders. Die Definition des Rechtsextremismus als „eine antiindividualistische, das demokratische Grundaxiom menschlicher Fundamentalgleichheit negierende Abwehrbewegung gegen die liberalen und demokratischen Kräfte und ihr Entwicklungsprodukt, den demokratischen Verfassungsstaat," (Backes/Jesse 1989: 43) ist nicht falsch, aber auf einer derartig hohen Abstraktionsebene angesiedelt, dass sie nur wenig Blick ermöglicht für Entwicklungen im Zeitverlauf bzw. für charakteristische Unterschiede in den einzelnen Bereichen dieser „Bewegung". Nichtsdestoweniger ist es das mehr oder weniger starke Festhalten an diesen Grundsätzen, das es erlaubt, Ideologieprodukte dem rechtsradikalen Spektrum zuzuordnen, ohne allerdings damit sofort etwas über deren Verfassungsfeindlichkeit oder gar -widrigkeit auszusagen. Erst wenn solche Produkte allerdings die Grundüberzeugungen des Grundgesetzes, insbesondere seine zentralen Aussagen in Art.1 und 20, nicht nachvollziehbar teilen bzw. sie sogar mehr oder weniger offen ablehnen, lassen sie sich eindeutig dem rechtsradikalen Gedankengut zurechnen.

Die folgende Analyse der rechtsradikalen Ideologie nimmt sich vor, die zentralen Aspekte jenes Gedankengebäudes herauszuarbeiten, das von einer intellektuellen Elite, die sich selbst Neue Rechte, junge Konservative o.ä. nennt, seit Anfang der 70er Jahre bis heute als theoretische und strategische Grundlegung einer betont nationalen Politik formuliert wird. Dabei werden punktuell andere Akzente sichtbar, als wenn es um die Ideologie des gesamten rechten Lagers geht (z.B. Butterwegge 2002, Stöss 2000, Schubarth/Stöss 2000).

---

[1] Zum Rechtsradikalismus als soziale Bewegung vgl. auch den Beitrag von Dieter Rucht in diesem Band.

Butterwegge (2002: 26) beispielsweise bezeichnet „Rassismus, Nationalismus, Biologismus, Sozialdarwinismus, Sexismus, Autoritarismus und Militarismus" als „Kernideologien" bzw. „-ideologeme" des Rechtsextremismus. Für Pörksen (2000: 69f.) sind darüber hinaus noch „Primat der Rechte des Volkes gegenüber den Rechten des Einzelnen, Antisemitismus und Verschwörungstheorien", Verherrlichung oder Apologie des Nationalsozialismus und Relativierung seiner Verbrechen, „unbedingter Wahrheitsglaube und Freund-Feind-Denken, Abwertung fundamentaler aufklärerischer und demokratischer Prinzipien (z.B. Gleichheitspostulat...) zugunsten autoritärer bzw. diktatorischer Staatsformen", sowie Gewaltbereitschaft zentrale rechtsextreme Ideologeme.

Schon zu Beginn der Ausarbeitung einer Theorie durch die jungen Rechten gab es ideologische Parallelen zu und sogar enge Verbindungen mit dem konservativen, vor allem national-konservativen Spektrum. Als wichtigste Bindeglieder können für die 70er und 80er Jahre Armin Mohler, der ehemalige Sekretär Ernst Jüngers, und Gerd-Klaus Kaltenbrunner, damals junges philosophisches und schriftstellerisches *enfant terrible*, gelten (vgl. Gessenharter 1994). War bis zum Ende der deutschen Teilung immer noch der „Kampf der europäischen Kulturvölker gegen die bolschewistische Gefahr" eines der Hauptthemen, so wurde seit den 80er Jahren die Auseinandersetzung mit dem Thema „Ausländer/Asylanten" zunehmend wichtig. Dabei legte man sowohl Wert auf Anschlussfähigkeit an die Diskurse in der Mitte der Gesellschaft, wollte dennoch aber Einfluss auch auf das rechte Lager als Ganzes behalten bzw. erreichen. Dieser Spagat lässt sich in den wichtigsten rechten Publikationsorganen, z.B. *Nation & Europa, Criticón, Junge Freiheit*, mehr oder weniger deutlich feststellen. Um ihn bewältigen zu können, hat einer der führenden Köpfe der Neuen Rechten, Karlheinz Weißmann, gefordert, sich der „politischen Mimikry" zu bedienen, also je nach Adressaten unterschiedlich hart und angriffslustig und im Zweifelsfall eher verfassungskonform zu argumentieren.

Im folgenden sollen acht Diskussionsfelder vorgestellt werden, die für das neurechte Denken charakteristisch sind. Sie tauchen vor allem in intellektuell anspruchsvolleren Argumentationen auf, verfehlen aber durchaus nicht ihre Wirkung bis in die harte rechte Szene hinein, wie Internet-Auftritte zeigen (s. Gessenharter 1998: 50f.). Diese Felder hängen inhaltlich miteinander zusammen, was nicht bedeutet, dass sie auch immer im Gesamtzusammenhang diskutiert werden. Vielmehr werden in einzelnen Publikationszusammenhängen durchaus unterschiedliche Schwerpunkte gesetzt, und manche Themen haben im Laufe der Zeit manchmal mehr, manchmal weniger Beachtung gefunden.

Die acht Themen sind: Antiuniversalismus, Absage an NS-Ideologie, Verhältnis Kollektiv-Individuum, Freund-Feind-Denken, Ethnopluralismus, Homogenitätserzwingung und Aussonderung des Heterogenen, Autoritärer Etatismus, elitärer „Verismus".

Antiuniversalismus

Verbindendes Element für alles Rechtsaußen-Denken ist die Wendung gegen Modernisierungsprozesse, die im sozialen Bereich als Entwurzelung aus vertrauten Milieus, im politischen Bereich als wachsender Machtanspruch in Wahrheit nicht zur Herrschaft taugender Bevölkerungsteile und im ideologischen Bereich als Folgen von Prozessen dargestellt werden, die zwar als „Aufklärung", als „Befreiung aus Unmündigkeit" daherkämen, in Wirklichkeit aber die Menschen aus ihrem eigenen Erlebnishorizont herausrissen und sie Ideologien preisgäben, die mit idealistischen Zukunftsversprechungen eigentlich nur Macht über sie ausüben wollten. Der Ruf „Gegen 1789!", bereits von den Nazis aufgenommen, wendet sich fundamental gegen die Zielvorstellungen der Französischen Revolution, gegen „Freiheit, Gleichheit, Brüderlichkeit", und dabei insbesondere gegen ein Denken, das Individuen und eben nicht Kollektive (wie Völker oder Stammesgemeinschaften) zum Ausgangspunkt politischen Denkens und Handelns nimmt. Angeblich egoistischer Individualismus und Liberalismus werden als gefährliche Gegner angesehen und die auf ihnen ruhenden politischen Systeme der westlichen Demokratien als Ausgeburt ideologischer Hirngespinste eingestuft. Die dahinter stehende jüdisch-christliche Tradition mit ihrer Betonung der Unantastbarkeit der Würde des je einzelnen Menschen, wobei sich dieser über alle Stammes-, Kultur- und Sprachgrenzen hinaus als Bruder und Schwester innerhalb einer Menschheit versteht, wird als die Sinne vernebelnde und Machtinteressen verbergende Herrschaftsideologie verstanden. Insbesondere die Vorstellung allgemein gültiger Menschenrechte, verbunden mit der Idee der Menschheit, wird als Knebelinstrument gegenüber Kollektiven aufgefasst, die sich historisch durch gemeinsame Sprache, Kultur, Schicksal, auch Abstammung herausgebildet hätten. Dieser alle Unterschiede einstampfenden und zu einem Einheitsbrei verrührenden „Verwestlichung" wurde während des Kalten Krieges auch das kommunistisch-bolschewistische Denken zugeschlagen, weil es sich ja ebenfalls der Aufklärung und der Revolutionsideologie von 1789 verdanke. Die beiden Hauptakteure, die USA und die UdSSR, galten als „feindliche Brüder", verbunden in einer nivellierenden „Wodka-Cola-Kultur". Es verwundert daher nicht, dass 1989 im rechten Lager nicht „200 Jahre Französische Revolution", sondern „200 Jahre Gegenrevolution" zelebriert wurden, wobei in letzterer „nicht allein eine Reaktion auf die Verletzung der Lebenswelt, sondern zugleich ein mit Theologie und Ontologie gesättigtes Weltbild" gesehen wird, das sich „gegen die konstruktivistische Hybris", also gegen ein „Leben im Schatten ausgedachter Politikentwürfe" (d.h. also bloßer Hirngespinste anstatt ‚realitätsgerechten' Denkens) „gegen die Verpolitisierung des Menschen durch die Revolutionäre", insofern gegen eine „Politokratie" wendet.[2] Es versteht sich von selbst, dass sich diese Gegnerschaft gegen 1789 später ebenso erbittert „Gegen 1968!" wenden musste, weil man in den Bestrebungen der 68er die Hauptabsicht erkannte, auf den Denkmodellen der Aufklärung die Realisierung der Versprechungen von 1789 einzuklagen.

Absage an NS-Ideologie

Aus der Tatsache, dass die Gegnerschaft gegen die Ideen der Französischen Revolution auch in der NS-Ideologie eine wichtige Rolle spielte, kann nicht gefolgert werden, dass die NS-Ideologie auch heute noch im rechten Lager eine zentrale Rolle spiele. Mochte in den Anfangsjahren der Bundesrepublik insbesondere das *SRP*-Verbot von 1952 das rechte Lager davon abhalten, sich zu ungeschminkt der NS-Phraseologie zu bedienen, so steckte dennoch im Antibolschewismus sowie in der Anklage gegenüber den handelnden und sich mit den Westmächten arrangierenden Politikern als „Verrätern an Deutschland", weil sie nämlich die staatliche Einheit, große Teile der Ostgebiete und damit auch frühere Machtpositionen aufgegeben hätten, ein an die Weimarer Jahre erinnernder Zug, der bei Teilen der Bevölke-

---

2 Themenheft „200 Jahre Gegenrevolution" der neurechten Zeitschrift *Criticón*, Nr. 115, Sept./Okt. 1989, S. 207 (Editorial).

rung auf Widerhall stieß.³ Erst nach der Niederlage der *NPD* bei der Bundestagswahl 1969 trat jene NS-Gemeinsamkeit zunehmend in den Hintergrund, weil sich nun auch immer mehr junge Menschen, zum Teil akademisch gebildete junge Männer, in die Reihen der durch die NS-Zeit diskreditierten Parteikader drängten und darauf verwiesen, dass sie schon aus Altersgründen von ihren Gegnern nicht mehr mit der NS-Vergangenheit konfrontiert werden könnten. Während sich diese Teile des rechten Lagers hauptsächlich durch Publikationen, durch Tagungen und andere kulturelle Aktivitäten öffentlichkeitswirksam in Szene zu setzen versuchten, sich dabei parteipolitischer Aktivitäten weitgehend enthielten, entstand parallel dazu zunehmend eine bewusst neonazistische Szene, der es auf öffentliche Provokation und Randale ankam, und in der man sich auch nicht scheute, strafbare Handlungen zu begehen und Gefängnisstrafen zu kassieren. Jedoch stand die Öffentlichkeitswirksamkeit, die auch noch durch eine aufgescheuchte Presse intensiviert wurde, in keinem Verhältnis zu ihrem tatsächlichen Einfluss auf das rechte Lager oder gar auf die Gesellschaft im allgemeinen. Schon gar nicht vermochte diese Szene einen Beitrag zur ideologischen Entwicklung des rechten Lagers zu leisten. Vielmehr griffen, insbesondere in den 90er Jahren, wichtige neonazistische Wortführer, z.B. Christian Worch oder Michael Kühnen, auf zentrale Versatzstücke aus dem intellektuellen neurechten Teil des rechten Lagers zurück und leiteten eine Intellektualisierung auch ihrer eigenen subkulturellen Milieus ein die für manche Beobachter eine neue Qualität des härtesten Teils der Szene signalisierten.⁴ Die wichtigsten Anstöße zur Entwicklung eines „zeitgemäßen" neurechten, „rechts-" oder auch „jungkonservativen" Denkens entstehen seit dieser Zeit jedoch aus den oben bereits erwähnten Zirkeln, in denen sich ebenso Professoren wie Journalisten und Schriftsteller, (pensionierte) Generäle wie Studenten finden. Der Anteil derer, die rechten Studenten-Verbindungen als Aktive oder als „Alte Herren" angehören, ist groß; zudem sind die meisten von ihnen auch in konservativen Kreisen bekannt und verfügen über gesellschaftlichen und politischen Einfluss.⁵ Ist diese intellektuelle Neue Rechte wirklich neu? Insofern ja, als sie es fertig brachte, sich ab den 70er Jahren immer stärker personell und organisatorisch von den Verbindungen zu den Altnazis zu lösen und eine neue Einflussstrategie zu verfolgen, die nicht (mehr) auf parteipolitische, sondern auf ideologisch-kulturelle Erfolge setzt. Insofern nein, als sie keine wirklich neue politische Zielvorstellung entwickelt, sondern bewusst anknüpft an den Gedankengängen der Weimarer Konservativen Revolution. Mit dem Rückgriff auf diese Gedankenströmung glaubte man sich trotz vieler inhaltlicher Parallelen zur NS-Ideologie von ihr dennoch distanzieren zu können, weil es sich zwar um dieselbe Wurzel handelte, man jedoch für die Radikalisierung und Pervertierung dieser Gedanken durch die Nazis nicht haften musste. Verschwiegen wird bei dieser Strategie allerdings, dass manche Denker aus dieser Richtung durchaus ambivalent zu Hitler standen (vgl. Breuer 1993).

Für die heutige Neue Rechte kann das Werk Carl Schmitts (1888-1985) als das mit Abstand am meisten prägende Gedankengebäude aus dem Kreis der Konservativen Revolution gelten.⁶ Schmitt, schon in der Weimarer Zeit als Staatsrechtslehrer weithin bekannt, diente

---

3   Wie die 10,5 Prozent Stimmen für die extreme Rechte bei der ersten Bundestagswahl 1949 zeigen.
4   So schon vor einigen Jahren Uhrlau 1996. Zur Ideologie des Neonazismus vgl. Pörksen 2000.
5   Vgl. Gessenharter 1994, Schmidt 2001, der besonders die neurechte Zeitschrift *Criticón* analysiert, sowie Brauner-Orthen 2001, Woods 2001, Pfeiffer 2002.
6   Natürlich gibt es auch andere Anknüpfungspunkte bis hin zu Friedrich Georg Jünger, dem Bruder Ernst Jüngers: vgl. *Junge Freiheit* Nr. 27/01 v. 29.6.01, S. 11, wo sich lange wörtliche Zitate über den gewünschten „Nationalismus" (er ist „keine kritische Bewegung; er ist eine autoritative Satzung härtester Prägung") und die „Blutsgemeinschaft" (anstatt „Gemeinschaft des Geistes") fin-

sich nach 1933 für einige Jahre den Nazis als „Kronjurist" an, bevor es um ihn stiller wurde. Nach 1945 verhinderten zwar die Alliierten, dass Schmitt an einer deutschen Universität noch einmal einen Lehrstuhl erhielt, gleichwohl wirkte er intensiv auf jene geistigen Eliten in der Bundesrepublik ein, die dem Grundgesetz kritisch bis ablehnend gegenüberstanden. Schmitt selbst hatte für die Unterstützer des Grundgesetzes nur die herabsetzende Bezeichnung „Grundgesetzler" übrig oder spottete über die im Grundgesetz festgelegten Grundrechte als „unveräußerliche Eselsrechte".

Verhältnis Kollektiv-Individuum

Der grundlegende Unterschied zwischen der Position des Grundgesetzes und der Carl Schmitts besteht darin, wie das Verhältnis von Individuum und Kollektiv, z.B. Volk oder Staat, gesehen wird. Für Carl Schmitt besitzt eindeutig das Kollektiv den Vorrang; folgerichtig ist „politisch" für ihn „alles, was die Lebensfragen eines Volkes als eines einheitlichen Ganzen betrifft." Das Grundgesetz dagegen, gleichsam als Paukenschlag gegen diese kollektivistische Sichtweise, legt mit seinen ersten Worten (Art.1, Abs.1 GG) eindeutig die entgegengesetzte Priorität fest: „Die Würde des Menschen ist unantastbar. Sie zu achten und zu schützen ist Verpflichtung aller staatlichen Gewalt." Wird im Neonazismus heute sehr klar einem nationalistischen Kollektivismus (getreu der NS-Losung: „Du bist nichts, dein Volk ist alles!") das Wort geredet, verhält man sich bei den intellektuellen Wortführern der Neuen Rechten vorsichtiger, weil man sich nicht offen grundgesetzwidrig äußern will. So wird zum einen gerne auf den mehr oder weniger deklamatorischen Charakter des Art.1 GG verwiesen, den man nur nicht zu „individualistisch" auslegen dürfe, weil der Einzelmensch ja immer auch sein Leben in Sozialbeziehungen führe. Während hier die Grenzlinie zwischen einem kollektivistischen Ansatz und einem sozialkonservativen Ansatz, der auf der Spannung zwischen Eigenorientierung und Sozialbindung besteht, fließend sein kann, liegt in der Stellungnahme zur Position und Person Carl Schmitts quasi der kollektivistische Lackmus-Test. Die flapsige Bemerkung aus der neurechten Szene: „Wer mit dem Grundgesetz unter dem Kopfkissen schläft, braucht Carl Schmitt nicht", ist nur ein Beispiel für das das neurechte Denken einigende Band, dass nämlich eine Orientierung an Carl Schmitt das Bekenntnis zum Grundgesetz ausschließt. Aber auch dieses Selbstverständnis wird oft noch verbal weichgespült: So äußerte die neurechte Wochenzeitung *Junge Freiheit* anlässlich ihres 15-jährigen Bestehens 2001, dass man das 5-jährige Bestehen der *JF* 1991 bewusst in Plettenberg, dem Wohn- und Begräbnisort Schmitts, gefeiert habe, weil „die Beschäftigung

---

den. „Angesichts der oftmals verblüffenden Aktualität vieler Betrachtungen F.G. Jüngers und der meist schwierigen Zugänglichkeit dieser Texte ist zu hoffen, daß ein Verleger endlich das Wagnis eingeht und sie gesammelt publiziert." Zu Ernst Jüngers früher politischer Publizistik äußert Karlheinz Weißmann: „In vieler Hinsicht wirkten sie (d.h. seine Prognosen in den Schriften) darüber hinaus und erschienen in einer immer unförmiger werdenden Welt als Perspektiven neuer Gestaltung und Integration. Davon abgesehen war der Nationalismus verstanden als geistige Position, als ‚sehr moderner Akt, der für einen organischen Bestand die Mittel des Bewußtseins ins Treffen bringt', wohl der falsche Ausgangspunkt, bietet aber noch im Fehlschlag ein Beispiel für jene Art von Gegen-Aufklärung, die nottut." (*JF* 42/01 v. 12.10.01, S. 13) Lenk/Meuter/Otten 1997 verweisen neben Carl Schmitt und Ernst Jünger noch auf Georges Sorel, Oswald Spengler und Martin Heidegger als „Vordenker der Neuen Rechten". Vgl. auch Pfahl-Traughber 1998 und Funke 2002.

mit Carl Schmitt... bei der JF einen großen Raum ein[nimmt]". Oder: „Die Ideen der Neuen Rechten in Deutschland werden von einem fernen Spiegel reflektiert. Dieser Spiegel ist Carl Schmitt."[7]

Freund-Feind-Denken

Für Schmitt und damit ebenso für die Neue Rechte ist die Unterscheidung von „Freund und Feind" „die spezifische politische Entscheidung". Diese politiktheoretische Setzung Carl Schmitts hat eminente politikpraktische Folgen: Nicht Konfliktlösung über Diskussion und Kompromisse in Anerkenntnis von Unterschieden in den Interessen, sondern die stetige Orientierung am „Ernstfall" und an der damit notwendig verbundenen streng alternativen „Die oder wir"-Konfliktsituation lässt beispielsweise abwägende parlamentarische Debatten schnell zu illusionärem, schwatzbudenartigem und vor allem ineffektivem Gerede verdrehen. Der Freund-Feind-Tunnelblick lässt folgerichtig auch keine Orientierung an Menschenrechten zu, weil diese Rechte eine Kategorie wie „Menschheit" voraussetzt, welche wiederum in der normativen Vorstellung einer prinzipiellen Gleichheit aller Menschen (übrigens auch der zukünftigen) und damit der Brüderlichkeit bzw. Geschwisterlichkeit Grundlage einer auf Verständigung und nicht auf Vernichtung des Anderen abzielenden Politik ist.

Ethnopluralismus

Für Schmitt hingegen folgt „aus dem Begriffsmerkmal des Politischen... der Pluralismus der Staatenwelt".[8] Die politische Einheit setzt die reale Möglichkeit des Feindes und damit eine andere, koexistierende politische Einheit voraus. Es gibt deshalb auf der Erde, solange es überhaupt einen Staat gibt, immer mehrere Staaten. Ein die ganze Erde und die ganze Menschheit umfassender ‚Welt‚staat' ist gar nicht vorstellbar: „Die politische Welt ist ein Pluriversum, kein Universum." Aus dieser ‚Erkenntnis' heraus brandmarkt er sodann das vermeintlich Gefährlich-Illusionäre menschenrechtlich orientierter Politik mit dem Verdikt: „Wer Menschheit sagt, will betrügen." Gerd-Klaus Kaltenbrunner, einer der besonders intensiv in den deutschen Konservatismus hineinwirkenden intellektuellen Neuen Rechten, betitelte ganz in dieser Tradition einen seiner vielen Herausgeberbände bezeichnend „Illusionen der Brüderlichkeit" plus Untertitel „Die Notwendigkeit, Feinde zu haben" (1980). Worauf hier die Neue Rechte verweist, ist nicht die allfällig bekannte Tatsache, dass Interessenkonflikte Gegnerschaften hervorrufen (können), sondern dass es zu jedem Kollektiv „notwendig" gehört, in einem ständigen Kampf auf Leben und Tod zu stehen, was man zwar ignorieren könne, aber eben nur um den Preis des eigenen Untergangs. Die Formel der Neuen Rechten heißt folglich: „Bataille statt Debatte." (Lenk u.a. 1997: 14) Liberale, pluralistische Politik versuche, diesen in der Natur der Menschen angelegten Zusammenhang

---

7 So Winfried Knörzer, Rezension der Mohler Festschrift (=U. Fröschle/M.J.Klein/M. Paulwitz (Hrsg.): Der andere Mohler. Lesebuch für einen Selbstdenker. Armin Mohler zum 75. Geburtstag, St. Casciano-Verlag 1995) in: *JF* 41/95 v. 13.10.1995, S. 23, und dann: „Auch in das Gewebe dieses Buches sind die Schmittschen Fäden eingesponnen." Zur JF und zu *N+E* vgl. Pfeiffer 2002, Kap.5 und 6.
8 Schmitt 1996: 54f; ebenso die folgenden Zitate.

umzumogeln in einen ökonomischen Konkurrenzkampf. Letztlich sei aber unumgänglich, dass ohne eine substantielle Gleichheit[9] kein menschliches Kollektiv auf Dauer bestehen könne. „Die deutsche Volkssubstanz ist mittlerweile so in ihren Fundamenten bedroht, dass die nationale Frage zu der entscheidenden Existenzfrage schlechthin geworden ist", urteilt ein Autor in *Nation & Europa*,[10] einer der bekanntesten und ältesten Monatszeitschriften des rechten Lagers, und stellt den größeren ideologischen Zusammenhang her: „Längst verläuft die maßgebliche Frontlinie nicht mehr im herkömmlichen Links-Rechts-Schema. Das wesentliche Gegensatzpaar heißt heute nationale Identität versus Entfremdung, Ethnopluralismus gegen One-World-Ideologie. Auf dieser Grundlage muss eine neue Freund-Feind-Definition vorgenommen werden." Noch näher an den Konservatismus rückt jüngst ein Autor in der *Jungen Freiheit*, der im Ziel des Liberalismus, nämlich einer „homogenen Menschheitgesellschaft", totalitäre Züge entdeckt, nämlich „die Reduzierung der Welt auf das Gleiche", „die Freiheit zum Immergleichen", und statt eines solchen „Scheinpluralismus" (im Anschluss an Alain de Benoist) einen „substanziellen", „rechten" Pluralismus fordert, in dem „die Individuen nicht durch eine universalistische Ideologie unmittelbar... auf die Totalität Menschheit bezogen sind, sondern konkret vermittelt durch herkünftige, daraus entwickelte, sowie neue Zwischenkörperschaften. Sie geben als Kulturen, Religionen, Nationen, Völker (auch Familie?) individueller Verschiedenheit einen konkret allgemeinen, nicht bloß abstrakt menschlichen Rückhalt: Individuelle mit kollektiven Identitäten in Wechselwirkung."[11]

Man sieht, dass an dieser Stelle durchaus Anschlussfähigkeit zu Wolfgang Schäubles 1994 geäußerten Gedanken von Deutschland als einer „Schutz- und Schicksalsgemeinschaft"[12] ebenso besteht wie zur späteren Forderung aus Unionskreisen nach einer deutschen „Leitkultur".

Homogenitätserzwingung und Aussonderung des Heterogenen

Freunde von den Feinden zu unterscheiden, bedeutet – und hier ist Carl Schmitt und mit ihm die Neue Rechte ebenfalls nur konsequent – im eigenen Lager der Freunde keine gravierenden Differenzen und Dissonanzen zuzulassen, sondern auf eine möglichst umfassende Vereinheitlichung, „Homogenität", zu drängen, wozu „nötigenfalls die Ausscheidung oder Vernichtung des Heterogenen" gehöre (Schmitt 1969: 15). Hier nur ein jüngeres Beispiel aus einer Vielzahl anderer für diese Sicht: So spielt Werner Olles in der *Jungen Freiheit* unter klarem, sogar wörtlichem Bezug auf die Schmitt-Tradition die Frage ein, ob als Überwindung des „Verfall(s) der Massengesellschaft" am Beginn der „Wiedergewinnung der Nation... notwendigerweise der Bürgerkrieg" zu stehen hätte. Denn: „Die politische Stabilität eines Staates und einer Nation besteht... eben auch darin, in der Lage zu sein, sich kulturell, politisch und nötigenfalls auch militärisch gegen das Fremde wehren zu können".[13]

---

9   Für Carl Schmitt variiert zwar in der Geschichte die „Substanz der Freiheit": „Seit dm 19. Jahrhundert besteht sie vor allem in der Zugehörigkeit zu einer bestimmten Nation, in der nationalen Homogenität." (Schmitt 1969, S. 13ff.).
10 Dietmar Engelhard, „Den Kulturkampf aufnehmen: Neue Herausforderungen, rechte Strategien", in: *Nation & Europa*, Jg.49, H.3, April 1999, S. 54-58, S. 57.
11 Reinhart Maurer, „Die Tücken des Pluralismus", in: *JF* Nr. 8/02 v. 15.2.02, S. 18.
12 Schäuble 1994; vgl. dazu u.a. die kritische Analyse von Kellershohn 1998.
13 *Junge Freiheit* Nr.27 v.20.6.01, S. 7.

Das eigene Kollektiv vor Feinden zu schützen, heißt auch, die eigene Identität vor den Angriffen aus deren Reihen zu bewahren. Werden die Unterschiede zwischen der Eigen- und der Fremdgruppe in erster Linie auf unterschiedliche Gene zurückgeführt und wird sodann diese biologisch bedingte Eigenart der Fremdgruppe insgesamt negativ gesehen, also gegenüber den Eigenarten der Eigengruppe abgewertet, spricht man von Rassismus. Da mittlerweile die wissenschaftlichen Belege für solche genetisch bedingten Kollektivmerkmale immer stärker bezweifelt werden[14], wird in neurechten Kreisen auch einem kulturellen Rassismus das Wort geredet: „Auch wenn bestimmte Lebensgewohnheiten, Sitten und Gebräuche einer bestimmten Menschengruppe verabsolutiert, sozusagen als die einzig normale Form zu leben angesehen werden, und andere, davon abweichende Lebensformen negativ bewertet werden, ohne dass dies unbedingt genetisch begründet wird, ist von Rassismus zu sprechen." (Jäger 1991: 60) Rassismus ist also immer Ausschließungsdenken und -praxis und dient damit auch der Stabilisierung der eigenen Gruppenidentität gegenüber einer negativ bewerteten, die eigene Identität in Frage stellenden Fremdgruppenidentität. So heißt es etwa bei einer neonazistischen Vereinigung: „Wir wollen endlich keine Wohnungsnot mehr haben. Wir wollen unsere Wohnungen nicht länger für eingedrungene Asylbetrüger, Zigeuner, Rauschgifthändler und Extremisten verlassen müssen... Wir wollen unsere Gesundheit nicht gefährden wegen der vielen Krankheiten, die von den Eindringlingen hereingeschleppt werden. Wir wollen in unseren Städten wegen der ausländischen Gewaltverbrecher und Mörder nicht mehr um unser Leben fürchten müssen." Und an anderer Stelle: „Von Mitte September bis Mitte Oktober 1991 wurden 532 Anschläge auf ausländische Rauschgift- und Diebeszentralen – Asylantenwohnheime genannt – ausgeführt. In einer Woche im Oktober allein 72 Brandanschläge. Das deutsche Volk tritt zum Widerstand gegen seine Auslöschung an und beginnt, sich zu wehren – wie es das Grundgesetz befiehlt. Deutsches Volk, wehr' dich gegen deine Feinde!" (zit. bei Pörksen 2000: 71 und 82) Solch scharfe Töne hört man üblicherweise nicht in den Äußerungen der intellektuellen neurechten Wortführer, aber in der Sache laufen sie ebenfalls auf die Mechanismen von Eigenidentitätsbildung und Ausstoßung des Fremden hinaus. Widerhall findet dies dann z.B. im konservativen Lager, wenn etwa, wie Hajo Funke am Beispiel Jörg Schönbohms aufgelistet hat (Funke 2002: 234-248), der damalige Berliner Innensenator (und heutige Brandenburgische CDU-Innenminister) Ende der 90er Jahre die Ausländer als „integrationsunwillig" oder sogar „integrationsunfähig" bezeichnete, weil sie „aus einer anderen, womöglich niedrigeren Kultur" kämen, und deshalb zur Forderung der „vollen Unterordnung der ausländischen Menschen unter die ‚rechtlichen, sozialen, kulturellen und wirtschaftlichen Bedingungen'" „gelangte, wofür er schon damals den „Kampfbegriff einer ‚deutschen Leitkultur'" popularisierte (Ebd.: 243).

Der Antisemitismus ist weitestgehend eine Unterart des Rassismus. Gilt im klassischen Antisemitismus „der Jude" als der Parasit schlechthin, der durch seine Eigenart, nämlich zersetzende Intellektualität, Berechnung, List und Betrug, seine Wirtsvölker ausbluten lasse, so ist gerade im deutschen rechten Antisemitismus nach Auschwitz eine entscheidende Brechung eingetreten: So lange die Juden auch öffentlich auf ihrem Juden-Sein bestehen und die Rechte einer religiösen Minderheit für sich reklamieren, ließen sie für die Deutschen die Wunde „Auschwitz" nicht zur Ruhe kommen, wogegen sich, so jetzt die Neue Rechte, das deutsche Volk mittlerweile mehr als 50 Jahre nach Auschwitz zu Recht zur Wehr zu setzen beginne. Laut einem solchermaßen „sekundären Antisemitismus" (s. dazu Ahlheim/Heger 2002: 50) hätten die Deutschen jetzt endlich das Recht, „aus dem Schatten Hitlers herauszutreten", die Zeit für „Canossa-Gänge", für die den Deutschen nach 1945 abverlangte De-

---

14 Vgl. die knappe Zusammenstellung bei Jäger 1991.

mutshaltung, die Zeit ihrer „Umerziehung" sei nun endgültig vorbei. Wer gegenüber den Deutschen dies allerdings immer noch verlange, sei selbst schuld, wenn er damit die Ablehnung des deutschen Volkes auf sich ziehe.

Insofern warf man dem *FDP*-Politiker Möllemann zu Recht Ausgriffe in den Antisemitismus vor, als er im Sommer 2002 dem Zentralrat der Juden entgegenhielt, für den möglicherweise aufkommenden Antisemitismus selbst schuld zu sein, wenn Deutsche wegen ihrer Vergangenheit die israelische Politik gegenüber den Palästinensern nicht mehr kritisieren dürften. In dieselbe Kerbe aber hatte schon der *FDP*-Vorsitzende Westerwelle 2001 gehauen, als er im Rahmen der Nationalstolzdebatte forderte, „die Jugend müsse vom Zwang befreit werden, ‚mit gebeugtem Haupt und gebeugtem Gang' durchs Leben zu laufen."[15] Und in der sog. Walser-Bubis-Debatte hatte der Schriftsteller Martin Walser gegenüber dem Juden Ignatz Bubis geäußert, er lasse sich „von niemandem, auch von Ihnen nicht, dreinreden", wie er seinen eigenen Seelenfrieden kriege. „Mein Gewissen bleibt mein Gewissen. Oder ich pfeife drauf, dann schenke ich es Ihnen" (*FAZ*, 14.12.1998). „Für Walser ist Ignatz Bubis nicht nur als der andere, sondern als der Jude in seiner Instanzenhaftigkeit, eben als Jude, der ihm die Erinnerung an Auschwitz präsentiert, abgewiesen worden und zum Störenfried seines Seelenfriedens erklärt worden."[16]

Nationalismus,[17] Rassismus und Antisemitismus gehen im deutschen rechten Lager nicht zwangsläufig mit einer chauvinistischen Überhöhung des deutschen Wesens „über alles in der Welt" einher, am ehesten noch im neonazistischen Bereich. Viel häufiger findet sich dagegen, wie erwähnt, ein Ethnopluralismus, nach dem alle Ethnien prinzipiell gleich viel wert sind, aber prinzipiell im Kampf gegeneinander stehen. In diesem Kampf muss nun die jeweilige „eigene" Ethnie überlegen sein, sonst verschwindet sie auf Dauer von der historischen und politischen Bühne: Nationalismus, gegebenenfalls Rassismus und Antisemitismus, dienen insofern der Selbsterhaltung. Pluralismus existiert also immer nur zwischen Kollektiven, keinesfalls darf er sich innerhalb eines Kollektivs einnisten.

Autoritärer Etatismus

Das hat Folgen für die Vorstellung vom richtigen Staat im rechten Lager. Dabei kann man einerseits – generell – von einem Autoritären Etatismus sprechen, also von einer Staatsverherrlichung, wobei es sich um einen gegen die Freiheit des einzelnen Menschen gerichteten, eben autoritären Staat handelt, denn letzterer hat (s.o.) den Vorrang vor dem Individuum. Andererseits sind durchaus graduelle Unterschiede zu erkennen. Wenn etwa der *NPD*-Vorsitzende Voigt auf die „Schaffung einer Volksgemeinschaft" abzielt[18] und in einer *NPD*-Broschüre eine bewusst revolutionäre politische Strategie bekundet wird („Wir wollen nicht

---

15 So der *Spiegel* Nr.23 v. 3.6.02, S. 32.
16 So Funke 2002: 229; Zum Antisemitismus bei Walser vgl. Klotz/Wiegel 2001.
17 Nationalismus von seiner Geschichte her auch „ein Mittel zur politischen Emanzipation des Bürgertums gegenüber dem Adel" und Begründer einer demokratischen Revolution, immer aber auch in der Gefahr, „mit Fremdenhass, mit Feindseligkeit gegenüber vermeintlichen nationalen Gegnern außerhalb des Landes, später immer mehr auch im Innern" einherzugehen, so Wehler, Hans-Ulrich: Nationalismus als fremdenfeindliche Integrationsideologie, in: Heitmeyer, Wilhelm (Hrsg.): Das Gewalt-Dilemma. Gesellschaftliche Reaktionen auf fremdenfeindliche Gewalt und Rechtsextremismus, Frankfurt am Main 1994, S. 79, zit. in: Butterwegge 2002: 33.
18 Rede in Passau am 27.5.2000, dokumentiert in Verfassungsschutzbericht des Bundes 2000: 55.

bewahren, wir wollen dieses System überwinden, weil davon das Überleben unseres Volkes abhängt."),[19] dann zeigt dies die offene Gegnerschaft zum pluralistischen Parteiensystem, die auch vor der Übernahme zentraler NS-Begriffe nicht zurückscheut. Die *NPD* versteht sich selbst als die zum Alleinvertretungs- und Führungsanspruch in einem elitären Staats- bzw. Gesellschaftsmodell berechtigte Elite, weil sie über die Kenntnis der „wahren" Zusammenhänge von Staat und Gesellschaft verfüge. Bei der *NPD* wird jedoch nur radikalisiert, was sich in unzähligen Schriften und Statements der intellektuellen Neuen Rechten dokumentieren lässt: Die bis zur totalen Ablehnung reichenden Vorbehalte gegenüber einem Staatsverständnis, das den Menschen die Möglichkeit gibt, nach rechtsstaatlichen Maßstäben und in Freiheit und Gleichheit nach dem Willen der jeweiligen politischen Mehrheit politische Herrschaft auszuüben, wozu auch gehört, den einzelnen Menschen in die Lage zu versetzen, sich an diesen Willensbildungs- und Entscheidungsprozessen zu beteiligen. Demgegenüber wird ein Modell vertreten, demzufolge ein Kollektiv immer schon eine Gemeinschaft darstellen muss, bevor es sich in aktuelle politische Zielkonflikte überhaupt einlassen kann. Diese Gemeinschaft aber muss, wie oben schon erläutert, gegebenenfalls auch autoritär durch „Vernichtung" dessen, was die Gemeinschaft stören könnte, bewahrt werden. Im Ton etwas feiner wird dieser Zusammenhang beispielsweise von Kaltenbrunner so zusammengefasst, dass sich Deutschland etwas weniger nach dem Vorbild der antiken athenischen Demokratie, die von ihren Grundzügen her das Demokratiebild des Grundgesetzes bestimmt, und mehr in Richtung des von Zwang und Härte geprägten antiken Sparta entwickeln solle, wobei er die dortige staatsautoritäre Kindererziehung und den „Patriotismus bis zum totalen Selbstopfer" positiv hervorhebt.[20] Einige Jahre später hat Karlheinz Weißmann in ähnlichem Sinne davon gesprochen, dass man heute der fatalen Neigung widerstehen müsse, „den Staat als Versorgungsgemeinschaft zu begreifen, [...] so als ob sich der Leviathan in eine zärtlich bergende Mutter verwandelt habe."[21] Um einen Beitrag zur Wiederherstellung einer potenten Staatlichkeit zu leisten, hat Weißmann (zusammen mit weiteren Mitgliedern seiner studentischen Verbindung, der *Deutschen Gildenschaft*) i. J. 2000 das *Institut für Staatspolitik* gegründet, wofür ihm seither die *Junge Freiheit* ständig Beifall zollt. Hier soll jene kulturelle Hegemonie vorbereitet werden, die nach Stellung der „Systemfrage" zu einer „Revolution von rechts" führen muss, in der gegen die Übel der Gegenwart, z.B. „zunehmenden Persönlichkeitsverfall in der metropolitanen Massengesellschaft, den indifferenten Pluralismus der liberalistischen Moderne..., den zunehmenden Einfluß fremder, zudringlicher Völker, Kulturen und Religionen" usw., der „starke, autoritative Staat" erstehen soll, wozu vielleicht sogar ein „Bürgerkrieg" nötig ist, was „in der Entscheidung einer dafür zuständigen, legitimierten und souveränen Macht liegen (müsste), nicht aber in der Hand ressentimentgeladener, politisierender Gartenzwerge", womit der Autor der *Jungen Freiheit*, Werner Olles, die gegenwärtigen, auch konservativen Politiker meint.[22]

---

19 Dokumentiert ebenda.
20 Kaltenbrunner, Gerd-Klaus: Sparta. Huldigung an das altgriechische Preußen, in: *Criticón* Nr. 100 (1987), S. 73-76.
21 Weißmann, Karlheinz: Rückruf in die Geschichte. Die deutsche Herausforderung: Alte Gefahren – Neue Chancen, Berlin-Frankfurt: Ullstein ²1993 (¹1992), S. 157. Mit dem Bild des „Leviathan" nimmt Weißmann bewusst eine Figur aus der Staatstheorie des Thomas Hobbes auf, der damit im 17. Jh. die absolute Monarchie symbolisiert. Gegen dieses potente Ungeheuer setzt er dagegen die moderne Verweib- und Verweichlichung des Staates.
22 Vgl. *Junge Freiheit* Nr. 27/01 v. 29.6.01, S. 7.

Elitärer „Verismus"

„Uns geht es um geistigen Einfluß, nicht die intellektuelle Lufthoheit über Stammtischen, sondern über Hörsälen und Seminarräumen interessiert uns, es geht um Einfluß auf die Köpfe, und wenn die Köpfe auf den Schultern von Macht- und Mandatsträgern sitzen, um so besser." Mit diesen Worten Weißmanns (*Junge Freiheit* Nr. 36/01 v. 31.8.01, S. 6) ist die vom linken Theoretiker Gramsci entwickelte Strategie der kulturellen Hegemonie präzise beschrieben, die immer vor einer nachhaltigen politischen Machtübernahme zu stehen habe. Wenn man Menschen dazu bringen will, von sich aus und letztlich freiwillig sich einer notfalls auch autoritären Herrschaft zu fügen, dann geht dies nur, indem man in den Köpfen der Menschen jene „Wirklichkeiten" etabliert, die diese Herrschaft nötig machen. In den pluralistischen und liberalen Demokratien seien die Menschen bislang nur deshalb so folgebereit, weil ihnen seit den Weltkriegen individuelle Sicherheit und Wohlstand vorgegaukelt worden seien; dies ändere sich aber zunehmend durch eine immer stärker multikulturelle und globalisierte Welt, die die Menschen in wachsendem Ausmaß von sich, ihrem Nahbereich und ihrem Volk entfremdeten. Um diesen „Bedarf nach geistiger Orientierung" (a.a.O.) zu decken, schlagen die rechten Intellektuellen vornehmlich drei Wege ein: Zum einen den Kampf gegen die linken Utopien, die nicht nur falsch seien, sondern auch für das eigene Volk gefährlich; zum zweiten ihre Orientierung an solchen Denkern wie Thomas Hobbes oder Carl Schmitt, die in Zeiten von Elend und Krieg gelebt und damit das Leben so gesehen hätten, wie es sich nun einmal darstellt, nämlich als ständigen Kampf ums Überleben (Verismus); und drittens den Versuch, den Anschluss an jenes Meinen und Wissen zu gewinnen, das in einem gesunden Volk zuhause ist, wobei es darauf ankomme, durch gezielte Tabubrüche wieder jenem gesunden Volksempfinden auf die Sprünge zu helfen, das durch linke Manipulation und durch Aufstellen von Denk- und Sprechverboten immer mehr im Prokrustesbett einer linken political correctness zu verkümmern drohe.[23] So geht die *NPD* etwa davon aus, dass sie mit ihrem „lebensrichtigen Menschenbild" auf „Seiten der Natur und der göttlichen Gesetze" stehe (zit. in Verfassungsschutzbericht 2000, S. 68), und übernimmt damit übrigens Absicherungsformeln, wie sie sich reihenweise in Hitlers „Mein Kampf" finden. So sieht etwa Heimo Schwilk, *Welt am Sonntag*-Journalist und einer, der die weiche intellektuelle Neue Rechte wie kaum ein anderer verkörpert, sich selbst in einem wachsenden Kreis (auch „89er" genannt) „rechtsintellektueller und nonkonformer Geister aller politischen Lager. Das ist es ja gerade, was die Hüter des alten Denkens auf die Palme treibt: daß die 89er eben nicht einer gemeinsamen Ideologie folgen, sondern die Freiheit des Denkens zurückgewonnen haben. Man könnte bei den 89ern von einer ‚Solidargemeinschaft der Erkennenden' sprechen, die bestrebt sind, den Verblendungszusammenhang der alten Republik zu durchbrechen."[24] Die Verbindung von Tabubruch und Orientierung am „gesunden

---

23 In diesem dritten Schritt decken sich übrigens die Neue intellektuelle Rechte und ein rechter Populismus vollständig, wobei auch in den anderen beiden Schritten oft mehr oder weniger Ähnlichkeit bis Gleichheit besteht, wie sich etwa für Jörg Haider unschwer feststellen lässt; vgl. dazu Gessenharter, Wolfgang: „So etwas wie ein rot-weiß-roter Volkstribun". Jörg Haider und die Neue Rechte auf dem Sprung zur politischen Hegemonie? in: Frankfurter Rundschau v. 30. März 2000, S. 21 (Dokumentation); wiederabgedruckt unter dem Titel „Die Neue Radikale Rechte in Österreich: Ideologie, Unterstützungspotential und politische Strategien Jörg Haiders und seiner FPÖ, in: Faber, Richard (Hrsg.): Liberalismus in Geschichte und Gegenwart, Würzburg: Königshausen & Neumann 2000, S. 241-250.

24 Schwilk, Heimo: Rechte Demokraten (1996), wiederabgedr. in: Schacht, Ulrich/Schwilk, Heimo: Für eine Berliner Republik. Streitschriften, Reden, Essays nach 1989, München: Langen Müller

Menschenverstand" wird dann zur rechtspopulistischen Strategie, wenn versprochen wird, letzterem gegen alle Gegner wieder zum Durchbruch zu verhelfen, womit eine Orientierung versprochen wird an jener Wirklichkeit, die laut rechtem Denken ohnehin nicht hintergangen werden kann, nämlich am eigenen Volk, der eigenen Nation. Damit aber wird letztlich die im Grundgesetz vorgeschriebene Orientierung an der Würde des Menschen reduziert auf die Orientierung an der Würde des (Volks-)Deutschen.

Bibliographie

Ahlheim, Klaus/Heger, Bardo: Die unbequeme Vergangenheit. NS-Vergangenheit, Holocaust und die Schwierigkeiten des Erinnerns, Schwalbach/Ts.: Wochenschau Verlag, 2002.

Backes, Uwe/Jesse, Eckhard: Politischer Extremismus in der Bundesrepublik Deutschland, Bonn: Bundeszentrale für politische Bildung, 1989.

Brauner-Orthen, Alice: Die Neue Rechte in Deutschland. Antidemokratische und rassistische Tendenzen, Opladen: Leske + Budrich, 2001.

Breuer, Stefan: Anatomie einer konservativen Revolution, Darmstadt: Wissenschaftliche Buchgesellschaft, 1993.

Butterwegge, Christoph: Rechtsextremismus. Freiburg/Basel/Wien: Herder Spektrum, 2002

Funke, Hajo: Paranoia und Politik. Rechtsextremismus in der Berliner Republik, Berlin: Verlag Hans Schiler, 2002.

Gessenharter, Wolfgang: Kippt die Republik? Die Neue Rechte und ihre Unterstützung durch Politik und Medien, München: Knaur, 1994.

Gessenharter, Wolfgang: „Neue radikale Rechte, intellektuelle Neue Rechte und Rechtsextremismus: Zur theoretischen und empirischen Neuvermessung eines politisch-ideologischen Raumes", in: Gessenharter, Wolfgang/Fröchling, Helmut (Hrsg.): Rechtsextremismus und Neue Rechte in Deutschland. Neuvermessung eines politisch-ideologischen Raumes? Opladen: Leske + Budrich, 1998, S. 25-66.

Gessenharter, Wolfgang: „Die Neue Radikale Rechte in Österreich: Ideologie, Unterstützungspotential und politische Strategien Jörg Haiders und seiner FPÖ", in: Faber, Richard (Hrsg.): Liberalismus in Geschichte und Gegenwart, Würzburg: Königshausen & Neumann, 2000, S. 241-250.

Jäger, Siegfried: „Rassismus. Thesen zur Klärung eines umstrittenen Begriffs", in: Butterwegge, Christoph/Isola, Horst (Hrsg.): Rechtsextremismus im vereinten Deutschland, 3. Auflage, Bremen/Berlin: Steintor, 1991, S. 56-61.

Kellershohn, Helmut: „Vom ,totalen' zum ,schlanken' Staat. Zur Kontinuität konservativen Staatsdenkens: Ernst Forsthoff und Wolfgang Schäuble", in: Buntenbach, Annelie/Kellershohn, Helmut/Kretschmer, Dirk (Hrsg.): Ruck-wärts in die Zukunft. Zur Ideologie des Neokonservatismus, Duisburg: DISS,1998, S. 52-97.

Klotz, Johannes/Wiegel, Gerd (Hrsg.): Geistige Brandstiftung. Die neue Sprache der Berliner Republik, Berlin: Aufbau Taschenbuch, Verlag 2001.

Lenk, Kurt/Meuter, Günter/Otten, Henrique Ricardo: Vordenker der Neuen Rechten. Frankfurt am Main/New York: Campus, 1997.

Pfahl-Traughber, Armin: „Konservative Revolution" und „Neue Rechte". Rechtsextremistische Intellektuelle gegen den demokratischen Verfassungsstaat, Opladen: Leske + Budrich, 1998.

Pfeiffer, Thomas: Für Volk und Vaterland. Das Mediennetz der Rechten – Presse, Musik, Internet, Berlin: Aufbau Taschenbuch Verlag, 2002.

Pörksen, Bernhard: Die Konstruktion von Feindbildern. Zum Sprachgebrauch in neonazistischen Medien, Wiesbaden: Westdeutscher Verlag, 2000.

1997, S. 211-225, S. 221; vgl. zu Schwilk und andere intellektuelle Neue Rechte auch die Beispiele bei Funke 2002: 254-258.

Schacht, Ulrich/Schwilk, Heimo: Für eine Berliner Republik. Streitschriften, Reden, Essays nach 1989, München: Langen Müller, 1997.
Schäuble, Wolfgang: Und der Zukunft zugewandt, Berlin: Siedler, 1994.
Schmidt, Friedemann: Die neue Rechte und die Berliner Republik, Wiesbaden: Nomos, 2001.
Schmitt, Carl: Die geistesgeschichtliche Lage des heutigen Parlamentarismus, 4. Aufl., Berlin: Duncker & Humblot, 1969.
Schmitt, Carl: Der Begriff des Politischen, 6. Aufl., Berlin: Duncker & Humblot, 1996.
Schubarth, Wilfried, Stöss, Richard (Hrsg.): Rechtsextremismus in der Bundesrepublik Deutschland. Eine Bilanz, Opladen: Leske + Budrich, 2000.
Stöss, Richard: Rechtsextremismus im vereinten Deutschland, 3. Aufl., Berlin: Friedrich-Ebert-Stiftung, 2000.
Uhrlau, Ernst: Binnenstruktur und Vernetzungstendenzen rechtsextremer Mobilisierung im Vergleich zu anderen Bewegungen. In: *Berliner Debatte INITIAL* (1996)1, S. 12-20
Wehler, Hans-Ulrich: Nationalismus als fremdenfeindliche Integrationsideologie, in: Heitmeyer, Wilhelm (Hrsg.): Das Gewalt-Dilemma. Gesellschaftliche Reaktionen auf fremdenfeindliche Gewalt und Rechtsextremismus, Frankfurt am Main 1994
Woods, Roger: Nation ohne Selbstbewußtsein. Von der konservativen Revolution zur neuen Rechten, Baden-Baden: Nomos, 2001.

Mythologie und Okkultismus bei den deutschen Rechtsextremen

Friedrich Paul Heller

Ist es Ihnen schon mal passiert, dass Sie beim Staubsaugen unterm Schrank etwas erwischt haben, was mit einem kling-kling-kling das Saugrohr hochfuhr? Sie denken es war eine Münze, ein Ring, vielleicht ein Schmuckstück aus alten Zeiten. Die Sache lässt Ihnen keine Ruhe, und sie öffnen endlich den Staubbeutel. Da war's ein rostiger Nagel. Ähnlich ist es mit den Mythen der Nazis. Man hört davon, alles klingt alt und geheimnisvoll. Wenn man aber der Sache nachgeht und im Staub stochert, war es abgestandener Mist.

Über Wotan und Odin wissen wir kaum etwas. Völkerkundler und Religionswissenschaftler des 19. Jahrhunderts haben die vorchristlichen germanischen und keltischen Religionen aus überlieferten Bruchstücken rekonstruiert. Das Wenige, was sie gefunden haben, haben völkische Esoteriker und Propagandisten ausgeschmückt und zu einer Pseudoreligion umgemodelt. Die Hitlerbewegung hat ein paar griffige Symbole (Hakenkreuz, Sig-Runen, die Anrede „Heil" u.a.) und die Lehre vom arischen Übermenschen aus dieser Pseudoreligion herausgepickt.

Wenn heutige Rechtsextreme „Odin" auf ihren Jacken stehen haben und sich Runen in die Haut tätowieren, die unbestimmt von irgendeiner germanischen Urzeit künden, knüpfen sie an diese völkischen Konstruktionen an. Ihre Musik munkelt von vorchristlichen Ursprüngen. All das soll Kontinuität suggerieren: Über Jahrhunderte oder gar Jahrtausende will diese Symbolik eine Brücke schlagen. Untergründig, irgendwie „im Blut" oder durch „Erberinnern" soll sich die germanische Glaubenswelt bis zu den heutigen Deutschen weitervererbt haben.

Was die Odinisten und Wotansanbeter wirklich meinen, ist die Hitlerzeit, die Zeit „unserer Großväter", die keine Mörder gewesen sein sollen. Die Zeit, in der man ungestraft die Juden und alle, die anders waren, hassen durfte. Aber das getraut sich kaum jemand zu sagen. Deshalb schieben die Rechtsextremen mythologische Symbole vor. Diese konstruierte Mythologie ist der Glaubenskern einer Symbolsprache, mit der sie sich verständigen und die immer mehr zu einem Weltbild wird (ausführlich in Heller/Maegerle 2001: 8ff).[1]

Die Mythologie der heutigen Rechtsextremen ist also konstruiert. Das war in die Hitlerzeit nicht anders. Hitler selbst war vom Germanenkult seiner Parteiideologen nicht recht überzeugt. Halten wir uns also an Alfred Rosenberg, der in der *NSDAP* fürs Weltanschauliche zuständig war und mit dem „Mythus des 20. Jahrhunderts" das nach „Mein Kampf" zweitwichtigste Buch der Hitlerzeit geschrieben hat. Dort heißt es gleich zu Anfang: „Die Aufgabe unseres Jahrhunderts: aus einem neuen Lebensmythus einen neuen Menschentypus zu schaffen." (Rosenberg 1936: 2). Rosenberg tritt also ausdrücklich als Mythenstifter auf.

---

1   Vgl. auch den Beitrag von Lorenz Korgel und Dierk Borstel in diesem Band.

Er bringt dann auf 700 Seiten Rückgriffe auf Dinge, die er für mythologische Stoffe hält. Es geht ihm darum, dass alte Mythen im völkischen Aufbruch nach dem 1. Weltkrieg wieder an die Oberfläche kommen. Rosenbergs Mythenstiftung ist gründlich misslungen: Hitler hat sich abfällig über das Buch geäußert, die Partei hat sich darüber mokiert und eine Wirkungsgeschichte nach 1945 ist ihm auch im rechten Lager versagt geblieben.

Warum knüpfen alte und neue Hitleranhänger an diesen Mythenbildungen an?[2] Mythen legitimieren Handlungen. Der Verweis auf Mythen hatte in der Antike eine ähnliche Funktion wie der heutige Verweis auf die Staatsverfassung. Was Gott oder die Götter vorgegeben haben, ist nicht hinterfragbar. Wenn es als Auftrag verstanden wird, muss es ausgeführt werden. Das gilt auch für Morde. 1996 gestand der Rechtsextremist Thomas Lemke fünf Morde, die ihm von Odin befohlen worden sein sollen. Der rechtsextreme Kay Diesner schoss 1997 einen linken Buchhändler an und erschoss einen Polizisten, beides unter Berufung auf Odin. Auch politische Texte greifen gerne auf mythologische Redeweisen zurück, wenn ihnen die Argumente ausgehen. Die im Kern mythologische rechtsextreme Symbolsprache ersetzt fehlende politische Programme.

1. Neuheiden

Zum Selbstverständnis Westeuropas gehört der Rückgriff aufs christliche Abendland. Bezüge wie das „C" im Kürzel der Unionsparteien sind aber nur zu halten, solange es noch Leute gibt, die tatsächlich in die Kirche gehen. Kein Weihnachtsgeschäft ohne Weihnachtsgottesdienste. Ähnlich verhalten sich Rechtsextremismus und Neuheidentum zueinander. Die Rechtsextremen sind latente oder offene Kritiker des aus dem Judentum hervorgegangenen Christentums und beziehen sich, da ihnen der Atheismus zu aufgeklärt ist, auf vorchristlich-germanische Mythen. Das soll aber mehr sein als kulturelle Rückbesinnung. Die germanischen Mythen fungieren als Teil einer konstruierten sinnstiftenden Vergangenheit, und sie eignen sich bestens, die 12 Jahre Hitlerzeit durch 2000 Jahre germanisch-deutscher Geschichte zu relativieren. Um diesen quasireligiösen Vergangenheitsbezug durchzuhalten, muss es jemanden geben, der tatsächlich an die germanischen Götter glaubt. Diese Gläubigen sind die scheinbar unpolitischen Neuheiden und – in der politischen Variante – die Neuen Rechten.

Schon wenige Jahre nach dem Zweiten Weltkrieg waren neuheidnische Zirkel wie die 1951 gegründete *Artgemeinschaft – Germanische Glaubensgemeinschaft wesensmäßiger Lebensgestaltung e.V.* und die *Gesellschaft für biologische Anthropologie, Eugenik und Verhaltensforschung e.V.* entstanden. In beiden Organisationen nimmt der mehrfach vorbestrafte Rechtsanwalt Jürgen Rieger eine führende Stellung ein. Rieger bezichtigt das dem Judentum entstammende Christentum der Schuld an der Umweltzerstörung und der Zerstörung alter Rangordnungen. Statt christlicher Moral will er eine biologisch begründete Ethik, in der der Stärkere einen höheren Wert hat als der Schwächere. 1974 wurde der *Nordische Ring e.V.* gegründet, in dem Rieger ebenfalls eine Rolle spielt.

Im Zuge der New Age-Bewegung und der Ökologiebewegung entstanden eine Reihe weiterer neuheidnischer Gruppen, darunter

- der *Armanenorden* (gegründet 1976, Sitz in Köln),
- die *Arbeitsgemeinschaft naturreligiöser Stammesverbände Europas* (ANSE), die europäische heidnische Gruppen miteinander in Verbindung bringt,

---

2 Diese neuerliche Mythenbildung erläutern wir als „Thule-Mythologie" in Heller/Maegerle 1998.

- der *Heidenkreis Hamburg e.V.*(gegründet 1995, mit Verbindungen zu rechtsextremen Gruppen),
- die *Germanische Glaubens-Gemeinschaft* und die *Heidnische Gemeinschaft*, beide in Berlin,
- die *Gylfiliten,* die Hitler als Halbgott anbeten,
- der *Bund der Goten* (1990 gegründet).

Michael Kühnen schrieb 1992 in den *Staatsbriefen*[3] einen Grundsatzartikel über die „Grundlagen des Heidentums" und machte damit dies etwas rauschebärtige Thema auch unter der rechtsextremen Jugend aktuell. Kühnen will in diesem Artikel „das Heidentum bewusst als Religion erneuern". Heide sei derjenige, der sich in seiner Seele und mit seinem Verstand von einem Mythos angesprochen fühlt, die dazugehörigen Riten praktiziert und als ein tiefer denkender Mensch sich außerdem noch einer Ethik der Arterhaltung und Artentfaltung von Volk, Rasse und Kultur verpflichtet weiß."

Ende der achtziger und Anfang der neunziger Jahre hatten Heidengruppen Konjunktur, insgesamt aber nur begrenzten Zulauf (es mögen wenige hundert Personen beteiligt gewesen sein). Ihre Anziehungskraft bestand darin, dass sich bei ihnen rassistische Motive mit Ökologie mischten, denn die Naturgottheiten standen für ein heiles Verhältnis von Mensch und Natur. Auch Feministinnen, die die Tradition der vom Christentum unterdrückten „weisen Frauen" (Hexen) hochhielten, stießen zu den Heidengruppen. Die neuheidnischen Gruppen profitierten also von der Ökologie- und der Frauenbewegung, die damals Konjunktur hatten.

Heute sind die Neuheiden bedeutungslos. Ihre Botschaft lebt aber in der neonazistischen Szene und vor allem in der Musikszene weiter.

2. Die Neue Rechte

Die intellektuelle Neue Rechte (hier im engen, metapolitischen Sinn verstanden) wollen als politisch-kulturelle Avantgarden jeden Anschein des Sektierertums vermeiden. Da sie sich auf vorchristliche oder nichtchristliche europäische Traditionen beziehen, gehört das Neuheidentum zu ihren Begründungsfiguren, und sie praktizieren die entsprechenden Kulte mit Hingabe. Das *Thule-Seminar* verkündet eine „europäische Wiedergeburt", die es ohne den Rückgriff auf vorchristliche Mythen nicht begründen kann. Nach einem Aufschwung in den achtziger und frühen neunziger Jahren des 20. Jahrhunderts ist das *Thule-Seminar* politisch bedeutungslos geworden.

Die *Europäischen Synergien* und das *Deutsche Synergon* (gegründet 1995, Hamburg) sind nüchterner als das *Thule-Seminar*, zu dem sie eine Alternative sein wollen. Aber auch diese Organisation lässt sich einen gemäßigten Götterkult nicht nehmen.

Entscheidend an den unpolitischen und den politischen neuheidnischen Gruppen ist nicht die Anzahl ihrer Mitglieder, sondern ihre Stichwortgeberfunktion. Sie haben in die Musikszene und in die Esoterik hineingewirkt. Ihre Schriften hatten oder haben kleine Auflagen und sind meist vergriffen, aber im Internet schwirren Bruchstücke von Gedanken und Texten umher und tragen zur „Sprache des Hasses"(Heller/Maegerle 2001: 8ff) bei. Wenn Skinheads sich Odin-Embleme in die Haut tätowieren lassen, dann haben sie diese Stichwörter aufgenommen und in ihre Subkultur integriert.

---

3 In der Nr. 8/9 des Jahres 1992, S. 23ff.

3. Esoterik

Neben der rechtsextremen Subkultur hat die Esoterik zur Popularisierung rechtsextremer Mythologien beigetragen. Im religiös-sanften Unschuldsgewand transportiert sie rechte Hasssymbole. Der große Popularisierer dieser Esoterik ist Jan van Helsing. Helsing ist der bekannteste gegenwärtige Esoteriker im deutschen Sprachraum. Sein Erfolgsrezept ist Griffigkeit und Vereinfachung. Helsing heißt in Wahrheit Jan Udo Holey. Er wurde am 22.3.1967 in Dinkelsbühl geboren. Die Auflagen seiner Bücher und Videos gehen in die Hunderttausende. Die beiden erfolgreichsten Bücher Helsings sind die „Geheimgesellschaften und ihre Macht im 20. Jahrhundert" (1993) und die „Geheimgesellschaften 2". Das Doppelwerk macht sich die Theorie von der jüdischen Weltverschwörung durch „Illuminati" (die Erleuchteten) zu eigen. Die Illuminati sind nach Helsing eine jüdisch-freimaurerische Elite, die über Banken und Wirtschaftskonzerne fast die gesamte Weltwirtschaft kontrolliert. Sie gehören zu den „jüdischen Monopolträgern" (Helsing 1995: 119). Als Drahtzieher erwähnt Helsing immer wieder die jüdische Familie Rothschild. Die Illuminati dirigieren im Hintergrund eine geheime Weltregierung. Die Illuminati wollen die Menschheit versklaven und haben zu diesem Zweck schon zwei Weltkriege angezettelt. Als Beweis für die Weltverschwörung führt Helsing die „Protokolle der Weisen von Zion" an.[4]

In seinem Buch „Unternehmen Aldebaran – Kontakte mit Menschen aus einem anderen Sonnensystem" durchfliegt das deutsche Raumschiff Odin einen „Dimensionskanal" und landet im Bauch eines Raumschiffs des Sonnensystems Aldebaran. Den Gruß, den die Aldebaraner erbieten, ist der Hitlergruß. Diese Außerirdischen brauchen menschliches Genmaterial, damit ihre Rasse nicht ausstirbt. Deshalb entführten sie nachts Menschen und entnahmen ihnen Samen. Die Sendboten des Alls, bei denen es sich „um besonders schöne Exemplare der Spezies ‚Arier' handelte, blond und blauäugig", die deutsch sprechen und ein Hakenkreuz auf der Schuhsohle haben (Helsing 2000: 141), kreuzen sich mit den Menschen, denn auch diese sind degeneriert, weil durch unterschiedliche Kolonisationen außerirdischer Völker mehrere irdische Rassen entstanden sind. So was tut nicht gut, denn das Ideal ist, dass es pro Planet nur eine Rasse gibt (Helsing 2000: 210 und 273). Diese rassistischen Phantasien legitimiert Helsing dadurch, dass er sie in eine jahrtausendealte Vergangenheit zurückverlegt oder ins Universum projiziert und damit zum Ursprungsmythos stilisiert.

In seinem Roman „Die innere Welt: das Geheimnis der Schwarzen Sonne" popularisiert Helsing ältere, oft völkische Phantasien über eine Welt innerhalb unserer Welt. Sie ist seit 30.000 Jahren besiedelt, vielleicht aber schon seit Millionen Jahren. Zu den Völkern im Erdinneren gehören „die Wikinger, die Alt-Deutschen und die Neu-Deutschen (...) die älteste Rasse der inneren Welt ist germanischen Ursprungs" (Holey 1998: 190). Die Alt-Deutschen sind Abkömmlinge deutscher Kolonisten in Brasilien, die sich 1572 vor den Giftpfeilen der Indianer in einen Tunnel am Amazonas zurückzogen. Dieser Tunnel führte ins Erdinnere. Die Neu-Deutschen sind Nationalsozialisten, die ins Erdinnere flüchteten, als die deutsche Kriegsniederlage bevorstand (Holey 1998: 107ff).

Die Hauptstadt Neu-Deutschlands ist, wie man einem Straßenschild am Ortseingang entnehmen kann, Neu-Berlin. In Neu-Berlin gibt es Gebäude, die der Architekt Alfred Speer „auf Befehl von Adolf Hitler" entworfen hat (Holey 1998: 170).

In der Mitte der Hohlwelt hängt eine künstliche Sonne aus unzerstörbaren Kristallen, die „schwarze (unsichtbare, F.P.H.) Strahlen" aussendet.

---

4 Vgl. hierzu den Beitrag von Margret Chatwin in diesem Band.

Exkurs „Schwarze Sonne"

> Die Schwarze Sonne, die den Untertitel von Helsings Roman liefert, ist ein Zentralsymbol der rechtsextremen Mythologie. Sie steht für die *SS*. In Wilhelm Landigs Thule-Romantrilogie steht sie für das „geheime selbstständige Reich" der Nationalsozialisten nach 1945 (Landig o.J.: 251). Die Esoteriker sehen in ihr ein Urgestirn, um das sich das ganze Universum drehen soll. Historisch geht die Schwarze Sonne auf Himmlers esoterische Neigungen zurück. Himmler hatte die Wewelsburg bei Paderborn – auch mit Hilfe von KZ-Häftlingen – zu einer *SS*-Ordensburg ausbauen lassen. Im „Obergruppenführersaal" der Burg ist die Schwarze Sonne in den Boden eingelassen. Es ist eine Art Sonnenrad, dessen zwölf Achsen aus Sig-Runen bestehen und das an ein sich drehendes Hakenkreuz erinnert. Im Saal mit der Schwarzen Sonne feierte die *SS* germanische Riten. Die Schwarze Sonne gibt es szeneintern als T-Shirt, als Tischdecke, als Thule-Uhr, als Kleinplastik, als Manschettenknöpfe, silbernes Gasfeuerzeug, Anstecker usw. Der Versandkatalog der *Deutschen Stimme* (*NPD*) bietet 15 dieser Varianten an.
>
> Die Schwarze Sonne baut sich düster blinkend am Bildschirm auf, wenn man die entsprechenden Homepages anklickt, und sie geistert als Wort oder Bild durch die Dark-Wave Szene. Ein NS-Devotionalienversand eines *NPD*-Jugendfunktionärs ist nach ihr benannt. Die Neonazi-Skin-Postille *Der Landser* (Frühjahr 2000) feiert sie als „esoterische Metapher für das Licht des eigenen Inneren, der Seele des Menschen von Atlantis, den Ariern". Sie sei, so heißt es dort, „die Hüterin unserer uralten eigenen germanischen Werte und Widerstandszeichen gegen die heute in Deutschland herrschende internationalistische und volkszerstörende Kraft des uns vom innersten her fremden und aufgezwungenen Materialismus". Das *Zentralorgan*, die bundesweit führende Zeitschrift der Freien Nationalisten, bringt seit dem Jahr 2000 eine Artikelreihe „Im Zeichen der Schwarzen Sonne", in der nationalsozialistische Symbole wie der SS-Totenkopfring vorgestellt werden. Der Ursprung der Schwarzen Sonne braucht (auch in Vertriebsanzeigen) nicht mehr erwähnt zu werden. Jeder weiß, worum es geht.
>
> Die Schwarze Sonne ist szeneninternes Erkennungszeichen. „Mit der schwarzen Sonne zeigten wir auf der Bühne eindeutig Flagge", beschreibt der rechte Liedermacher Josef Maria Klumb einen Auftritt beim Wave-Gothic-Treffen in Leipzig 2000, wo er mit Hilfe dieses Symbols ein Auftrittsverbot unterlief (*Metapo* 2, Frühling 2000, S. 15).

4. Esoterische Rechtfertigungen von Auschwitz

Die Verknüpfung von völkischer Mythologie und Esoterik hat Methode. Beide stehen sich in ihrer heutigen Ausformung in einer Weise nahe, die weit über ihre spärlichen historischen Gemeinsamkeiten hinausgeht. Sie unterscheiden zwischen einer Elite – der höheren Rasse oder den Erleuchteten – und dem unerleuchteten Rest der Menschheit. Beide sind auf Führer angewiesen – was die Esoterik betrifft, bildet sich im autoritär strukturierten Umfeld bei unterschiedlichen Graden der Erleuchtung zwangsläufig der Sektenführer heraus.

Der Glaube an die Wiedergeburt relativiert alle Verbrechen des Nationalsozialismus. Als Jude ins KZ eingeliefert worden zu sein, kann als gerechte Strafe für die Untaten während einer früheren Inkarnation gedeutet werden. Die *SS* musste grausam sein, denn sie war nur ein irdischer Trupp im Kampf kosmischer Mächte, so der „metaphysische Antisemitismus" Savitri Devis (zitiert nach Goodrick-Clarke 1998: 121f). Auch Horst Mahler betont in seiner „Flugschrift an die Deutschen" diesen „religiösen Bezug des Holocaust". Der Tod wiederum ist keine endgültige Vernichtung, denn die Seele lebt im Karma weiter. Die esoterische Rechtfertigung von Auschwitz findet sich z.B. in Trutz Hardos (Klarname: Tom Hockemeyer) Buch „Jedem das Seine". Dort interpretiert Hardo Auschwitz als das „vorherbestimmte Schicksal der Juden" und als „gerechte Sühne für begangene Untaten im früheren Leben". Das Buch wurde 1998 wegen Volksverhetzung beschlagnahmt. „Jedem das Seine" war ein Motto der *SS* (siehe Neitzert 2001: 7ff).

Das esoterische Denken relativiert moralische Urteile. Es rechtfertigt alles Böse als Gegenseite des Guten. Die Rechtfertigung von Auschwitz ist also eine mögliche, wenn auch nicht notwendige Folge des esoterischen Ansatzes. Wenn Helsing den Juden die Schuld am Zweiten Weltkrieg und an ihrer eigenen Vernichtung zuschreibt (Helsing 1995: 150ff), folgt er dieser Logik. Nicht nur, dass jeder im jeweiligen Leben ausbaden muss, was er in einem früheren angerichtet hat; man kann sein Schicksal dadurch abwenden, dass man ein besserer Mensch wird (Helsing 1995: 281). Daraus schlussfolgern braune Esoteriker: Wer das nicht tut, ist selbst dran schuld, wenn er im nächsten Leben vergast wird. Aber die Esoterik kann nicht alles deuten. Sie mag sich mit Feuersbrünsten, Kriegen, Unfällen und Individualverbrechen abplagen. An Auschwitz scheitert sie. Auschwitz ist ein historisch einmaliges Ereignis, das absolut Böse ohne Gegenpol. Die Lehre von der ewigen Wiederkehr ist mit Auschwitz unvereinbar.

5. Satanismus

Die sanfte Esoterik und der todestrunkene Satanismus scheinen sich gegenseitig auszuschließen. Nicht so, wo die Esoterik rechtsextrem inspiriert ist: Im Katalog des *Sun Service Groß- und Versandhandels*, der 2001 zusammen mit einem nach der fruchtbaren Erdgöttin Gaia benannten Katalog verschickt wurde, werden neben Friedens- und Altarkerzen allerhand Vampirumhänge angeboten, wie sie die Satanisten tragen. *Gaia* wird von Stefan Ulbrich, dem Gründer des neurechten *Arun-Verlags*, vertrieben. Dieser Verlag versackt immer mehr in Esoterik; die Esoterik wird ihrerseits immer politischer.

Die meisten Satanisten sind unpolitisch. Aber auch hier bildet sich ein Rand heraus, der Inhalte des Rechtsextremismus übernimmt. Dieser Rand ist schwer fassbar, da er nur ausnahmsweise öffentlich zugängliche Dokumente hervorbringt. Die Schnittstelle zwischen Satanismus und Rechtsextremismus ist die Pop-Musik. 2000 trat ein Sänger namens Kadmon, der Verbindungen zur Wave-Gothic-Szene hat, auf deren jährlichem Fest in Leipzig auf. Kadmon verbreitet unter seinem richtigen Namen Gerhard Petak von einer Wiener Postfachadresse aus Material, das zur braunen Esoterik gehört. Eine CD „Allerseelen" aus dem Jahre 1995 trägt als Cover die Schwarze Sonne, Kadmons „bevorzugtes Symbol". In Dresden trat Kadmon bei einer Veranstaltung auf, die ein *Kulturkreis Ahnenerbe* organisiert hat. Auf dem Plakat war die Wewelsburg abgebildet. Die *Stiftung Ahnenerbe* war eine Untergliederung der *SS*, die auf der bereits erwähnten Wewelsburg ihren Sitz hatte. Auf die Frage der *Jungen Freiheit* (49/1999) „Wo möchten Sie jetzt am liebsten sein?" antwortet er: „In Neuschwabenland...". Von Kadmon gibt es CDs zu Neuschwabenland. Neuschwabenland ist ein Teil der Antarktis, in den sich der rechtsextremen Mythologie zufolge nach 1945 die Elite der *SS* mit Flugscheiben zurückgezogen hatte. Der rechte Liedermacher Josef Maria Klumb hatte beim selben Wave-Gothic-Treffen einen nicht im Programm vorgesehenen Auftritt. Klumb („Jay Kay") ist rechter Esoteriker und singt gegen die Weltverschwörung der Illuminati.

„Einige dieser Gruppen treiben einen offenen Satanskult. Andere wenden sich dem gesellschaftlich designierten Teufel, Adolf Hitler, zu. Beides kommt auf dasselbe heraus", schreibt Horst Mahler in seiner „Stellungnahme der Nationaldemokratischen Partei Deutschlands im Parteiverbotsverfahren vor dem Bundesverfassungsgericht" vom 20. April 2001 (Der 20. April ist der Geburtstag dieses Teufels!). Mahlers Parallelisierung von Satanskult und Hitler-Bewunderung ist zu direkt, aber wenn beides auch nicht dasselbe ist, gibt es doch gemeinsame Motive. Mahler muss es wissen.

6. „Volk" als Mythos

Worin unterscheiden sich die mythologischen Phantasien der Rechtsextremen vom Sektierertum der UFO-Seher und Psychoklüngel? Alle rechtsextremen Mythen und Symbole wären bedeutungslos, wenn sie nicht auf eine unverrückbare Größe bezogen werden können. Diese Größe ist das deutsche Volk. Der mythologische Kerngehalt des Rechtsextremismus besteht aus „Blut" und „Volk". Beides macht die Substanz aus, ohne die es keinen Sinn hätte, gegen die, die anders sind, zu hetzen. Der Mythos vom Volk, das durch Blutsbande zusammengehalten wird, beleiht den Nationalsozialismus und scheint eine Kontinuität zwischen der Hitlerzeit und heute herzustellen. Der Nationalsozialismus wurde als „Blut- und Boden-Ideologie" bezeichnet, weil er dem Rassenwahn und der Doktrin vom Lebensraum anhing. Wenn sich ein heutiges, mittlerweile verbotenes rechtsextremes Netzwerk *Blood& Honour* nennt, bezieht es sich auf diese Tradition. „Volk" ist ein Zentralbegriff jedes Rassismus. Ohne ein präzises Verständnis von „Volk" hängt alles, was Rassisten sagen, in der Luft. Der immer wieder beschworene Unterschied von „Gemeinschaft" (als organische Volksgemeinschaft) und „Gesellschaft" (als kalte soziologische Konstruktion) wird gegenstandslos, wenn niemand mehr weiß, was „Volk" ist.

Aufgeklärtere Rechtsextremisten halten zwar an einem biologischen Volksbegriff fest, argumentieren aber, nachdem sie ihr Rassenbekenntnis abgelegt haben, kulturell (ausführlich in Heller/Maegerle 2001: 43ff). Der *Euro-Kurier*, eine Verlagszeitschrift des auschwitzleugnenden *Grabert-Verlags*, fragt in seiner Ausgabe vom August 2001 rhetorisch: „Sind Begriffe wie ‚Volk', ‚Nation', ‚Staat' und ‚Reich' angesichts der *Pax Americana* nicht ohnehin bloße Theorie...?" (Hervorhebung im Original). Zur Klärung dieser Begriffe verliert der dreiseitige Artikel kein einziges Wort. Stattdessen wettert er gegen die „Konsumspießer", das Fast-food-Essen, den Beschiss an Kleinaktionären der Telekom, den Niedergang der deutschen Sprache und das Internet und schimpft auf Adorno, den „Prediger der Frankfurter Schule". Ein Volk, das dadurch gefährdet ist, dass es bei McDonald isst, hat keine von einer „eiserner Logik der Naturgesetze" (Hitler 1944: 311) geschützte biologische Substanz, wie sie der biologische Rassismus noch selbstverständlich voraussetzte.

Das *Deutsche Kolleg*, dessen Köpfe die linken Renegaten Reinhold Oberlercher und Horst Mahler sind, ist sich dieser Problematik bewusst und bestimmt „Volk" als „Gemeinschaft von Abstammung, Sprache und Schicksal". Das „Deutsche Volk" ist „das gemeingermanische Volk" (*Deutsches Kolleg*: „Reformation der NPD"). Zwar spricht Mahler ohne Umschweife von Rasse, er weiß aber, dass er diesen Begriff nicht biologisch definieren kann. Es sei der Fehler des „historischen Nationalsozialismus" gewesen, „die völkische Lebensordnung einseitig nur als biologische Überlebensstrategie" zu begreifen. In „Verflossene Freundschaften?" spricht Mahler von „ehernen Naturgesetzen", denen die rassistisch-sozialdarwinistische Doktrin anhing. Er gibt, obwohl er den Begriff in Anführungszeichen setzt, keine Quelle an; wahrscheinlich bezieht er sich auf die ähnliche, oben zitierte Stelle in „Mein Kampf". Mahler möchte diese Denkweise überwinden.

„Volk" ist der Zentralbegriff in Mahlers politischer Philosophie. Er spricht vom „Volk" als einer unveränderlichen Größe. „Wir" sind „Germanische Krieger" und gehören zu einer „germanischen Volksgemeinschaft" („Offener Brief an Daniel Goldhagen"). Diese Kontinuität über Jahrtausende kann es aber nicht geben, am wenigsten, wenn man, wie Mahler, „Volk" kulturell definiert. Kultur ist nicht konstant, und sie ist äußeren Einflüssen ausgesetzt. Wenn, wie bei allen hier gezeigten Beispielen, „Volk" kulturell definiert wird, geht der rassenbiologische, auf Substanz bezogene Inhalt des traditionellen Volksbegriffs verloren. Im heutigen Rechtsextremismus ist „Volk" endgültig zum Mythos geworden.

Mahlers Volksbegriff ist im Kern antisemitisch. Mahler stellt der „germanischen Volksgemeinschaft" die „Zersetzer der Sittlichkeit" (die Juden) gegenüber (Mahler: „Ausrufung des Aufstands der Anständigen" und Mahler: „Endlösung der Judenfrage"). Der germanische und der jüdische Geist werden bei Mahler zu Grundprinzipien, die in einem ewigen und universellen Krieg miteinander liegen (ähnlich bei Hitler 1944: 702ff). Nach Mahler ist die Geschichte „der Kampf des zersetzenden Jüdischen Geistes gegen den sittlichen Geist der Germanen" (Mahler: „Gotteserkenntnis statt Judenhass"), eine typisch dualistisch-mythologische Denkfigur. Dieser Dualismus von Gut und Böse ist ein uraltes mythologisches Motiv. Wenn Mahler, ohne dies je zu begründen, in der Bevölkerung der Bundesrepublik Deutschland eine „germanische Volksgemeinschaft" ausmacht, rechtfertigt er seinen Nationalismus und Antisemitismus durch mythologische Figuren.

Mahler vermengt seine Mythologisierungen mit einer Art religiöser Sinnstiftung: Den Toten des Zweiten Weltkrieges will er „wieder einen Sinn [...] geben", indem die Nachkriegsordnung rückgängig gemacht wird (Mahler: „Recht und Pflicht zu Krieg und Frieden"). Hier hat ein pseudoreligiöses Motiv Vorrang vor der politischen Analyse. In seinem „'Pflichtheft' der Deutschen" lässt Mahler etwas wie eine exklusive Offenbarung anklingen, ein klassisches esoterisches Motiv: „Wisse, dass unserem Volk die Wissenschaft als Wissen vom absoluten Geist gegeben ist (...) Also verfluche nicht den Feind, sondern schließe ihn in deine Gebete ein, auf dass er des Wissens vom absoluten Geist teilhaftig werde."

Die Symbolsprache des Rechtsextremismus kann sich in einer Weise verfestigen, die neue Mythen entstehen lässt. Ein Beispiel ist die „Ostküste". Gemeint ist der Nordosten der USA und vor allem New York City und die Wallstreet. Die „Ostküste" geistert durch viele rechtsextreme Texte. Ein Buch mit dem Titel „Wer oder was ist die ‚Ostküste' des Dr. Helmut Kohl?", das ein Stammautor der *Jungen Freiheit* geschrieben hat, hat das Stichwort geliefert. Jörg Haider schimpfte im Wiener Wahlkampf 2001 auf „Herrn Greenberg" von der „Ostküste", und seine Zuhörer wussten, wie das zu verstehen war. In einem ungezeichneten Artikel im *Euro-Kurier* (Februar 2001) heißt es: „Unter der totalen Herrschaft der Besatzungsmächte konnten durch die von der Ostküste der USA zurückgekehrten Emigranten der Frankfurter Schule die längst überwundenen Ideen des Marxismus und des Klassenkampfes, der Rätediktatur und der Demokratisierung aller Institutionen, der Kulturzerstörung und Internationalisierung, garniert mit Psychoanalyse und sexueller Ausschweifung, in Westdeutschland erneut Fuß fassen". Der Artikel betont zwei mal die jüdische Herkunft der Gründer der Frankfurter Schule. Horst Mahler spricht oft und gerne von der „Ostküste", und einmal rutscht ihm ein „Ostküsten-Juden" raus. Kurz, „Ostküste" ist ein Kampfwort des metaphorischen Antisemitismus. Es ist die Schnittstelle von Antisemitismus und Antiamerikanismus.

Ein verschwörungstheoretischer Ansatz gibt, ohne es direkt zu sagen, der „Ostküste" die Schuld an den Attentaten vom 11. September 2001. Der *Euro-Kurier* (5/2001) erwähnt in einem Artikel „Warum geschah das Attentat vom 11. September 2001?" zwei mal die „Ostküste". Ähnliches steht in dem Buch „Die geheime Weltmacht: die schleichende Revolution gegen die Völker" von Conrad C. Stein, das Ende 2001 im mit Grabert verbundenen Hohenrain-Verlag erschien. Im Vorwort zu diesem verschwörungstheoretischen Buch heißt es: „Symbolhaft attackiert wurde mit der Zerstörung des New Yorker World Trade Center nicht Amerika, sondern die ‚Ostküste' (...)". Die „Ostküste" taucht als Feind „der Völker" noch ein paar mal auf. An einer Stelle spricht der Text im selben logischen Zusammenhang vom „sogenannten Weltjudentum".

7. Okkultismus und die heutige Produktion von Hass

Esoterik und Mythologisierungen wirken altväterlich, aber so, wie sie heute Konjunktur haben, sind sie sehr zeitgemäß. Das Bild vom rostigen Nagel im Staubsaugerbeutel stimmt hier nicht mehr. Autonome Sinnsetzung ohne Rückgriff auf Gegebenes ist konstitutiv für die Moderne. Die heutige Remythologisierung entspricht einer gesellschaftlichen Tendenz. Politische Parteien, Verbände, Jugendkulturen, ja die gesamte Kulturindustrie haben sich dieser autonomen Sinnsetzung in trivialisierter Weise verschrieben. Sie werfen „ideologischen Ballast" ab und lassen sich ihre Vorgaben von Meinungsforschern machen. Verfilmte Mythen sind Kassenschlager. Wer bei Wotan und Odin an Geraune aus ferner Vorvergangenheit denkt, verkennt diese Aktualität.

Deshalb steht auch die moderne Inszenierung der rechtsextremen Mythologie auf CDs und im Internet nicht im Widerspruch zu den archaischen Inhalten. Sie verhalten sich wie reale Lebenswelten zur Privatreligionen. In den USA gibt es den Typus des christlich-fundamentalistischen Computerspezialisten. Er glaubt, dass die Erde 6000 Jahre alt sei, weil es so in der Bibel steht, und übt einen technisch-wissenschaftlichen Beruf aus, bei dem auch kleine Ungenauigkeiten nicht vorkommen dürfen.

8. Gewaltpotentiale

Durch die Popularisierung der rechten Mythologien wird Hass erzeugt. Durch Fahnen, Tätowierungen und Song-Texte werden Jugendliche für rechte Gruppen gewonnen. Skinhead-Musik hilft mehr als alle Argumente und Bekehrungsversuche beim Rekrutieren neuer Mitglieder. Nicht über Argumente und Programme, sondern über Symbole stellen diese Gruppen ihren internen Konsens her. Die Stichwörter und Symbole des Hasses werden nach und nach zu einem eigenen Weltbild. Es verbreitet sich in „befreiten Zonen", deutet Gedenkstätten für seine eigenen Zwecke um und enteignet Jahrestage. Die Versuche, am Brandenburger Tor zu demonstrieren und den 1. Mai zum völkischen Gedenktag umzumodeln, sind Teil dieser Strategie.

Der Hass flutet einige Zeit im virtuellen Raum des Internet und der CDs hin und her. Aber irgendwann muss er sich entladen. Dann trifft es Menschen, die gerade am falschen Ort sind und in das Schema vom „Anderen" passen, das die Rechtsextremen im Kopf haben. Wenn diese Gewalt gegen die „Anderen" sich systematisch entlädt, wird er zum sektiererischen Bürgerkrieg aus Frustration über die Unmöglichkeit einer zweiten Machtergreifung. Die Konstellation dafür ist vorhanden: Der Hass einigt die lone wolves (rechtsextreme Einzelkämpfer) und ist ihr Programm. Die Gewaltschranken sind niedrig. Waffenfunde und Wehrsportübungen bei Rechtsextremen nehmen seit ein paar Jahren zu. Vorbild ist der

Werwolf. Der historische Werwolf war ein letzter und völlig gescheiterter Versuch, das Dritte Reich durch Guerillaverbände auch nach der Besetzung Deutschlands zu erhalten.

Das rechtsextreme Gewaltpotential ist vor allem wegen seiner Unkalkulierbarkeit gefährlich. Bisher haben es die Rechten – von Einzelaktionen abgesehen – bei Kriegserklärungen gegen die Gesellschaft belassen. Veränderte politische Konstellationen können aus solchen Drohungen Wirklichkeit werden lassen.[5]

Bibliographie

Goodrick-Clarke, Nicholas (1998): Hitler's Priestess: Savitri Devi. The Hindu-Aryan Myth and Neo-Nazism, New York (New York University Press).
Heller, Friedrich Paul/ Maegerle, Anton (2001): Die Sprache des Hasses: Rechtsextremismus und völkische Esoterik, Stuttgart (Schmetterlingverlag).
Heller, Friedrich Paul/Maegerle, Anton (1998): Thule: vom völkischen Okkultismus bis zur Neuen Rechten, Stuttgart (Schmetterlingverlag, 2.Aufl.).
Helsing, Jan van (1995): Geheimgesellschaften und ihre Macht im 20. Jahrhundert – ein Wegweiser durch die Verstrickungen von Logentum und Hochfinanz, Trilaterale Kommission, Bilderberger, CFR, UNO, Gran Canaria (Ewert-Verlag).
Helsing, Jan van (2000): Unternehmen Aldebaran: Kontakte mit Menschen aus einem anderen Sonnensystem, Fichtenau (Ama Deus).
Hitler, Adolf (1944): Mein Kampf, München (Verlag Franz Eher).
Holey, Jan Udo (1998): Die innere Welt. Das Geheimnis der Schwarzen Sonne, Fichtenau (Ama Deus).
Landig, Wilhelm (o.J.): Götzen gegen Thule, Hannover (Hans Pfeiffer Verlag).
Neitzert, Lutz (2001): „‚Jedem das Seine': der Fall Trutz Hardo", in: Eimuth, Kurt Helmuth/Lemhöfer, Lutz (Hrsg.), Braune Flecken in der Esoterik. Der Antisemitismus der Alternativen, Frankfurt am Main (Forum Bd. 18. GEP-Buch).
Rosenberg, Alfred (1936): Der Mythus des 20. Jahrhunderts, München (Hoheneichen Verlag).
Stein, Conrad C. (2001): Die geheime Weltmacht. Die schleichende Revolution gegen die Völker, Tübingen (Hohenrain).

Zeitungen und Zeitschriften:
Euro-Kurier. Aktuelle Buch- und Verlagsnachrichten. Tübingen (Grabert-Verlag).
Der Landser, Nürnberg.
Junge Freiheit, Berlin.
Metapo, Metapolitik im Angriff zur Neugeburt Europas. Zeitschrift des Thule-Seminars, Kassel.
Zentralorgan, Boitzenburg

Die Zitate von Horst Mahler und des *Deutschen Kollegs* sind aus den jeweils erwähnten Internettexten.

---

5 Vgl. den Beitrag von Anton Maegerle in diesem Band.

Rechtsextreme Symbolik und Kleidung im öffentlichen Raum: Bestandsaufnahme und Handlungsstrategien

Lorenz Korgel und Dierk Borstel

Als Dietrich Diedrichsen 1992 in einer Österreichischen Zeitung von den Pogromen von Rostock-Lichtenhagen las, konnte er seinen Augen nicht trauen: Einige der etwa 1200 Angreifer auf die zentrale Aufnahmestelle für Asylbewerber trugen offenbar Malcolm-X-Kappen (vgl. Diedrichsen 1993: 253). Dem Wiener Nachrichtenmagazin *Profil* war damals etwas aufgefallen, was heute in deutschen Zeitungen noch immer nicht ausreichend reflektiert wird, für Fachexperten jedoch eine Selbstverständlichkeit ist: es gibt nicht „die" einheitliche rechtsextreme Jugendkultur (etwa Skinheads). Statt dessen präsentiert sich „das Problem" Rechtsextremismus zehn Jahre nach Rostock in vielgestaltigen Ideologien und Formen.

Diese Ausdifferenzierung ist in den vergangenen Jahren besonders deutlich in Schulen und Einrichtungen der Jugendsozialarbeit auffällig geworden. Die Pädagoginnen und Pädagogen sahen sich einer Flut von Kleidungsstilen und Symbolen gegenüber, die sie schlicht nicht deuten konnten. Handlungsunsicherheit bis hin zum latenten Nichtverhalten gegenüber rechtsextremen Ausdrucksformen sind bis heute die Folgen dieses „Nichtverstehens". Inzwischen gehen einige Schulen dazu über, Kleidung und Symbolik, die ihnen irgendwie verdächtig erscheint, zu verbieten. Selten sind diese Maßnahmen eingebettet in Diskurse der inhaltlichen Auseinandersetzung und können daher nur als Notbremse innerhalb einer Entwicklung interpretiert werden, die man mit pädagogischen oder aufklärerischen Mitteln nicht mehr zu bewältigen glaubt.

Die Gründe für diesen Mangel an inhaltlicher Auseinandersetzungskompetenz liegen in der bundesdeutschen Auffassung, die Bekämpfung des „Extremismus" sei Hauptaufgabe des Staates. Massenhaft verteilten Landesverfassungsschutzämter ihre Broschüren zu rechtsextremer Kleidung und Symbolik in die Schulen und Jugendhäuser. Begierig lernten die Pädagoginnen und Pädagogen, was verboten und nicht verboten ist. Eine Kultur der politischen Bewertung rechtsextremer Ausdrucksformen entstand leider nicht.

Die Grundbedingungen für eine Umkehr dieser Fehlentwicklung scheinen sich allerdings abzuzeichnen. Die Broschüren der Verfassungsschutzämter gewinnen in der jüngsten Vergangenheit an Qualität, und vor allem zivilgesellschaftliche Institutionen haben die Diskussion um rechtsextreme Kleidung und Symbolik mit der Herausgabe hochwertiger Materialien versachlicht (vgl. Bibliographie). Tatsächlich sind rechtsextreme Kleidungsstile mit allen ihren Graubereichen und rechtsextreme Symbolik in der aktuellen Literatur sehr differenziert beschrieben. Der vorliegende Artikel wird sich daher auf einen Überblick über die aktuellen Erscheinungsformen beschränken und ausführlich auf deren politische Bedeutung und die daraus abzuleitenden Handlungsmaßnahmen konzentrieren.

1. Rechtsextreme Kleidung

Oberflächlich betrachtet ist Kleidung die Verhüllung des Körpers, also eine Form in die etwas hinein gesteckt wird. Eng gefasst ist Kleidung auch keine Ideologie sondern bestenfalls dessen Hülle. Zweifelsfrei ist Kleidung aber auch Teil von Ästhetik. Spätestens mit diesem Aspekt ist der Bekleidung eine politische Komponente zuzurechnen, auch wenn das Politische manchmal nur darin besteht, „dass das Politische geleugnet wird" (Schröder 2001: 71). Kleidung verschafft Identität. Insbesondere Markenkleidung markiert Gruppen, Außenseiter, sozialen Status, sie kann Ausdruck politischer Richtungen sein, Trauer ausdrücken oder auch Kraft, Stolz und Sicherheit. Kleidung ist also Teil der Alltagskommunikation. Wer sie interpretieren kann, hat möglicherweise eine kommunikative Brücke zu dessen Träger.

In der Interpretation liegt allerdings eine große Schwierigkeit. Ebenso wie das Kommunikationsmittel *Sprache* ist Kleidung einem dynamischen Wandel unterlegen. Die Marke *Lonsdale* galt bis vor wenigen Jahren als klares Signal für eine rechtsextreme Gesinnung. Heute ist sie jedoch so weit verbreitet, dass sich eine eindeutige Aussage nicht mehr treffen lässt. *Lonsdale* wird inzwischen von linken Jugendlichen, Migranten, linken, unpolitischen und rechtsextremen Skinheads sowie von Freunden des Boxsports getragen.[1] Wenn bestimmte rechtsextreme Gruppierungen eine bestimmte Kleidung tragen, heißt dies noch nicht, dass alle anderen mit derselben Kleidung dieselben Einstellungen aufweisen. Kinder und junge Jugendliche, die zunehmend den rechtsextremen Dresscode verwenden, können häufig nur Brocken rechtsextremer Ideologien wiedergeben oder tragen den *Pitbull* Pullover gar aus dem einfachen Grund in ihrer Gegend „keinen aufs Maul zu bekommen".

Kleidung gibt also hauptsächlich darüber Auskunft in welchen Szenen sich Personen bewegen. Die Bewertung der politischen Einstellungen dieser Szenen bedarf einer differenzierten Analyse.

Trotz dieser widerspenstigen Uneindeutigkeit jugendlicher Kleidungsstile gibt es Orientierungshilfen, die zuweilen sogar klare Aussagen zulassen. Deutlich wird dies, bei der Betrachtung derer, die rechtsextreme Kleidung produzieren bzw. vertreiben. Ihre Motivation besteht einerseits darin Profit für sich selbst und ihre politische Arbeit zu erzielen und andererseits in der Möglichkeit rechtsextreme Ideologien kulturell zu erweitern. Ihre politische Einstellung ist relativ klar, sie ist rechtsextrem oder anders gesagt rassistisch bzw. antisemitisch. Bei einer Durchsicht rechtsextremer Versandbetriebe fallen in bezug auf Bekleidung zwei verschiedene Produktsegmente auf. Einerseits werden Markenartikel vertrieben, die nicht aus eigener Herstellung stammen sondern bestimmter (vermeintlich) rechtsextremer Szenen zuzuordnen sind. Diese Marken passen wegen ihres Skinheadbezuges oder ihrer Nähe zu militärischen Dresscodes in das Selbstverständnis rechtsextremer Szenen. Andererseits existiert ein breites Angebot an Kleidung, deren Vertriebsrechte allein bei den rechtsextremen Versandhäusern liegen.[2] Diese Kleidung ist meist mit Motiven bedruckt, die rassistische, antisemitische, völkische und positive Bezüge zum Nationalsozialismus aufweisen.

---

1 Zur Wandlung rechtsextremer Kleidungsstile (bspw. vom „klassischen" Naziskinoutfit zum Outfit der Rockerszene) vgl. *Antifaschistisches Info Blatt*: Nr. 55/2002. S. 14-16.
2 Derzeit sind etwa drei Dutzend rechtsextreme Wort- und Bildmarken beim deutschen Patentamt angemeldet (vgl. Weiss 2002: 2).

1.1 Rechtsextrem adaptierte Kleidung

Zur ersten Kategorie rechtsextremer Versandartikel gehören Marken wie *Lonsdale, Fred Perry, Ben Sherman, Troublemaker* und *Pitbull* (vgl. Flad 2001). Neben diesen Markenartikeln vertreiben rechtsextreme Versandhäuser Artikel, die nicht speziell wegen ihrer Marke, sondern wegen ihres Militär- oder Skinheadbezuges vertrieben werden. Hierzu zählen die verschiedensten Formen der sog. „Bomberjacke", *Alpha-Jacken* (auch als Damenversion erhältlich), *Donkey-Jacken* und *Harrington-Jacken*. In diesen Bereich sind auch Schuhe der Marken *Ranger, Doc Martens, Shelly* sowie Bundeswehrhosen in verschiedenen Ausführungen hinzuzurechnen. Neben der Versorgung dieser „klassischen" Szenen versuchen rechtsextreme Versandstrukturen mit einem ausdifferenzierten Angebot auch neue Zielgruppen zu erschließen. Für Mädchen und junge Frauen werden T-Shirts mit dem Aufdruck „Luder" oder „Zicke" feilgeboten, wobei diese Artikel auch in gewöhnlichen Kaufhäusern zu erstehen sind. Komplettiert wird die Produktpalette schließlich durch spezielle Angebote für Kinder. Ein Werbefoto eines rechtsextremen Versandbetriebes zeigt kleine Mädchen und Jungen in Pullovern und T-Shirts mit dem Logo oder dem Schriftzug der aus dem Fernsehen bekannten Zeichentrickgestalt „Wicki". Ein anderer Versand bietet Schriftzüge wie „Nordland" oder „German Child" als Druckmotive für Kinder T-Shirts.

Darüber hinaus eignen sich rechtsextreme Szenen, meist mit regionaler Begrenzung, bestimmte Marken an, die nur in Ausnahmefällen bei rechtsextremen Versandstrukturen erhältlich sind. Beispiele einer solchen selbstdynamischen Aneignung sind die Kleidungsmarken *Everlast, Helly Hansen* und Turnschuhe der Marke *New Balance*.

Nicht ohne Grund gehören die hier aufgezählten Bekleidungsartikel zum Angebot rechtsextremer Geschäftemacher. Einige Marken sind für Rechtsextremisten schon wegen ihres Firmenlogos interessant. Das „nsda" inmitten des Schriftzuges *Lonsdale* ist hierbei die bekannteste Variante. *Fred Perry* Hemden sind wegen ihres Ährenkranzes beliebt, während das Logo von *Alpha-Jacken* an das verbotene SA-Zivilabzeichen erinnert. Das auffällige „HH" auf *Helly Hansen* Accessoires lässt sich als Abkürzung für „Heil Hitler" deuten und das N auf den Schuhen der Marke *New Balance* gilt als Symbol für „national" oder ähnelt der „Zündel-Rune" des kanadischen Holocaustleugners Ernst Zündel. Auf *NPD*-Demonstrationen ist diese Produktpalette nach wie vor präsent, obwohl einige der hier aufgezählten Marken bereits als „antideutsch" gelten.[3] Folglich können diese Marken auf einen rechtsextremen Hintergrund hindeuten, sie müssen es aber nicht.

1.2 Kleidung aus rechtsextremer Produktion

Diese Einschränkung gilt nicht für den zweiten Bereich rechtsextremer Bekleidung. Es handelt sich dabei v.a. um Jacken, Pullover und T-Shirts, die unter einem eigenen Label, mit gesicherten Verkaufsrechten oder mit rechtsextremen Druckmotiven verziert sind. Verbre-

---

3 Die ablehnende Haltung bezieht sich auf die weite Verbreitung mancher Marken bis hin zu jugendlichen Migrantengruppen einerseits und andererseits auf das antirassistische Engagement einiger Firmen. So sponsern Firmen wie *Lonsdale* und *Fred Perry* inzwischen antirassistische Konzerte. Der *Patria-Versand* hat entsprechend die beiden Marken aus seinem Angebot genommen und vertreibt im Jahr 2002 nur noch Restposten (vgl. Katalog Nr. 25/2002). Die Turnschuh-Marke *New Balance* wird indessen auf der rechtsextremen Homepage von *Die Kommenden* (Stand: 22.04.02) als antideutsch beschrieben, weil sie in Israel der „Laufschuh Nummer 1" sei.

itete rechtsextreme Marken sind *Consdaple, Masterrace, Walhall Germany, Hatecrime Streetwear, Working Class Streetwear, Celtic Wear* und *Dobermann*.

Zu typischen rechtsextremen Druckmotiven gehören in unterschiedlichsten Varianten Logos bzw. Schriftzüge rechtsextremer Musikprojekte wie *Landser, Skrewdriver,*[4] etc. Daneben existiert eine Vielzahl rechtsextremer Aufdrucke, die sich der Kunde individuell auf dem gewünschten Accessoire bestellen kann. Hierzu gehören alle Druckmotive mit den Zahlencodes „14" (häufig in Kombination mit weißer Faust) und „88" (auch kombiniert mit Ährenkranz oder „Chaos 88"), Motive mit dem Schriftzug „Odin" (z.B. „Odin statt Jesus" oder „Odins Law") sowie weitere Schriftzüge mit völkisch-germanischem Hintergrund wie „Walhalla", „Walküre", „Wotans Volk" etc.[5] Aufzuzählen sind außerdem die Schriftzüge „Hate Rock", „Hier marschiert der nationale Widerstand", „Wehrwolf", „Nordmann", „Gegen Chaoten", „Deutschland heilig Vaterland", „Ewiges Deutschland", „Blue Eyed Devils", „White Power", „Nationalist" und „Schwarzer Orden" usw. Bedeutend sind weiterhin Aufdrucke mit Symbolen aus der germanischen Mystik, so die „Triskele", die „Schwarze Sonne" und das „Keltenkreuz". Nicht zuletzt gehören in diese Reihe T-Shirt-Aufdrucke mit Bezug zur Zeit des Nationalsozialismus, wie alle Schriftzüge und Darstellungen des „Rudolf Heß" und Parolen wie „Unsere Soldaten waren die besten der Welt".

Der hier aufgezählte zweite Bereich rechtsextremer Bekleidung ist fast ausschließlich in rechtsextremen Versandstrukturen erhältlich. Die speziell aufgedruckten Motive und Schriftzüge stellen entweder einen codierten (z.B. Co*nsdap*le oder „88" für „Heil Hitler") oder direkten (z.B. offene Rudolf Heß-Verehrung) Bezug zur Zeit des Nationalsozialismus dar. Hinzu kommen germanisch mythologische Motive, die auf die angebliche Ahnengemeinschaft der Deutschen anspielen und zur Begründung völkischer Ideologiefragmente des deutschen Rechtsextremismus dienen. Obwohl vereinzelt auch sich als „unpolitisch" definierende" Anhänger der germanischen Mystik germanische Symbole auf ihren T-Shirts tragen ist in der Regel davon auszugehen, dass gezielt rechtsextreme Vertriebsstrukturen für den Erwerb genutzt wurden. Häufig wird die Kleidung auch durch Geschwister oder rechtsextreme Kader an Kinder und Jugendliche weitervermittelt. Von einem Kontakt zu einer rechtsextremen Szene ist daher bei dieser Bekleidung grundsätzlich auszugehen, auch wenn sie noch nichts über den Grad der Szeneanbindung oder die Ausprägung rechtsextremer Ideologien bei den Trägern aussagen muss.

Bei den zuletzt genannten Bekleidungskategorien ist der Aspekt der politischen Weltanschauung stark ausgeprägt. Die auf T-Shirts und Pullover aufgedruckten Motive gewinnen damit einen symbolischen Charakter, der noch mehr ausdrückt als Selbstinszenierung. Deutlich wird dies bei der eingehenden Betrachtung rechtsextremer Symbolik.

2. Rechtsextreme Symbole

Es ist eigentlich merkwürdig, dass die großen bürgerlichen Parteien durch eine ausgesprochene Symbolarmut auffallen. Bis auf ihre Buchstabenkürzel verwenden *SPD, CDU/CSU* und *FDP* kaum ein dauerhaftes Symbol als Ausdruck ihrer politischen Richtung. Die Erklärung ist schlicht: Sie hatten es nie nötig. Als fest im Grundgesetz verankerter Teil der politi-

---

4   Sowohl *Landser* als auch *Skrewdriver* werden häufig mit ihren Anfangsbuchstaben in Frakturschrift abgekürzt.
5   Zur symbolischen Bedeutung von Zahlencodes vgl. unten. Zur Bedeutung der germanischen Mythologie vgl. den Beitrag von Friedrich Paul Heller in diesem Band.

schen Willensbildung verstanden sich diese Parteien immer als Teil des Staates und fungierten als Sammelbecken der „demokratischen Mitte". Um den Konsens dieser „Mitte" zu symbolisieren genügte der Rückgriff auf die staatliche Symbolik, wie die Nationalflagge, die Nationalhymne oder die „D-Mark". Für diese Parteien gab es nie einen Anlass den mit staatlichen Symbolen ausgedrückten Konsens zu verändern.

Bei den *Grünen* verhält es sich schon anders. Als eine Partei die in einer politischen Bewegung ihren Ursprung hat, verwendeten sie besonders in ihrer Anfangszeit ein ganzes Sammelsurium der Symbolik.[6] Anders als die bürgerlichen Parteien waren die „Grünen" mit ihrem ursprünglichen Ziel der Konsensverschiebung darauf angewiesen, Menschen zu mobilisieren und um sich zu scharen.

Es ist kein Zufall, dass rechtsextreme Symbolik in den 1990er Jahren zu einem gesellschaftspolitischen Problem wurde. Die öffentliche Ausbreitung dieser Symbolik fiel in eine Zeit, als sich der deutsche Rechtsextremismus zu einer politischen Bewegung formierte. Bis heute versuchen rechtsextreme Akteure mit ihrer Symbolik den politischen Konsens in Deutschland zugunsten einer rassistischen, antisemitischen und völkischen Gesellschaftsordnung zu verschieben. Mit dem Aufbau einer Symbolwelt gelingt es diesen Akteuren, die ideologischen Gemeinsamkeiten der unterschiedlichsten Gruppierungen auszudrücken und zu binden, ohne sie organisatorisch zusammenfassen zu müssen.

Zur Systematisierung rechtsextremer Symbolik wird häufig auf die Kategorien „verboten"/"nicht verboten" zurückgegriffen. Dieser Zugang ist als Handlungsgrundlage jedoch sehr beschränkt. Theoretisch sind alle Symbole der *NSDAP* und ihrer Unterorganisationen, sowie die Symbole verfassungswidriger rechtsextremer Nachkriegsorganisationen in Deutschland verboten.[7] Aber schon bei weniger bekannten Symbolen aus dem Nationalsozialismus, wie dem Gau-Abzeichen der Hitlerjugend, ist die deutsche Rechtsprechung nicht einheitlich (vgl. Dahm 2001). Außerdem gelingt es Rechtsextremisten die bestehenden Verbote durch Abwandlungen der Symbolik zu umgehen.

Effektiver ist daher die Sortierung rechtsextremer Symbole nach ihrem politisch/ideologischem Gehalt, auch wenn sich nicht alle Symbole mit Bestimmtheit einer bestimmten Ideologierichtung zuordnen lassen.

2.1 Symbole mit nationalsozialistischem Hintergrund

Ein eindeutiges Symbol ist nach wie vor das Hakenkreuz. Es steht bis heute für die Rassenideologie des Nationalsozialismus (vgl. Stuhl 2001). Zu der Reihe eindeutiger nationalsozialistischer Symbole gehören neben dem Hakenkreuz auch die anderen Abzeichen und Symbole der *NSDAP* und ihrer Unterorganisationen, wie etwa die Sig-Rune (als Doppel-Sig-Rune bekannt), das *SA*-Zivilabzeichen, das Gau-Dreieck (oder auch Gau-Winkel), oder andere Symbole in Kombination mit dem Hakenkreuz, so etwa das Zahnrad und die Lebensrune. Als T-Shirt Aufdruck, Aufnäher oder Schmuck sind diese Symbole in der Öffentlichkeit kaum präsent. Auffallend ist ihre Verwendung jedoch im Zusammenhang mit rechtsextremer Militanz. Bei nächtlichen Angriffen auf jüdische Friedhöfe und Aufenthaltsorte politischer Gegner beschmieren die rechtsextremen Täter regelmäßig das Objekt ihres Hasses mit der Doppel-Sig-Rune der nationalsozialistischen *Schutz-Staffel*. Außerdem sind die hier

---

6   Wovon heute freilich nur noch der Igel als Symbol übrig geblieben ist.
7   Über die Möglichkeiten des juristischen Vorgehens gegen rechtsextreme Kleidung und Symbolik liegt eine Fülle von Informationen vor. Vgl. u.a. Schmitt 2000 und Landesamt für Verfassungsschutz Sachsen 2000.

aufgezählten Symbole von Relevanz, da sie in Abwandlungen verkauft, getragen und benutzt werden. Beispielsweise verwenden die sog. *Hammerskins* das nationalsozialistische Zahnrad mit zwei gekreuzten Zimmermannshämmern, und der *Wikinger-Versand* vertreibt Gau-Abzeichen in leichter Abwandlung.[8]

2.2 Symbole mit antidemokratisch/militaristischer Ausrichtung

Eine über viele Spektren des Rechtsextremismus hinaus integrierende Bedeutung hat die Reichskriegsflagge. Sie symbolisiert von der Vergangenheit der deutschen Geschichte bis in die Gegenwart das „Deutsche Reich" als Gegensatz zum demokratisch verfassten deutschen Staat. Insbesondere die Farben Schwarz Weiß Rot repräsentieren die antidemokratische und militaristische Komponente der deutschen Geschichte. Adolf Hitler verlieh diesen Farben (bzw. dem schwarzen Flaggenteil) außerdem eine explizit antisemitische Bedeutung (vgl. Heller/Maegerle 2001: 19). „Schwarz Weiß Rot" und die Reichskriegsflagge sind in sehr unterschiedlichen Variationen und Kontexten des deutschen Rechtsextremismus zu finden. Zahlreiche Musikbands kombinieren die Farben für die Gestaltung ihrer CD-Cover (häufig in Kombination mit sog. „Wikingerästhetik"), die *NPD* griff bei der Gestaltung des Parteilogos auf sie zurück und rechtsextreme Versandbetriebe vertreiben die unterschiedlichsten Artikel mit Bezug zur Reichskriegsflagge und ihren Farben (vgl. ausführlich Fahr 2000).

2.3 Symbole der sogenannten „Ahnengemeinschaft"

Im Gegensatz zu den genannten Symbolen, bietet der Bereich der sog. germanischen Mystik eine Symbolwelt mit teilweise diffusem Hintergrund. Allerdings bedienen sich rechtsextreme Gruppierungen verstärkt diesem Symbolbereich, da er sich scheinbar spielerisch mit dem eigenen völkischen Ideologieensemble kombinieren lässt und Identifikationen schafft, die den Träger des Symbols „deutsch" fühlen lässt, ohne sich als „Neo-Nazi" definieren zu müssen (vgl. Heller/Maegerle 2001: 32). Beispiele dieser Symbolwelt sind die „Schwarze Sonne", der „Thorshammer", die „Lebensrune", die „Tyr-Rune", das „Keltenkreuz" sowie das germanische Runen-System „Futhark". Diese Symbole werden zwar auch von sich als unpolitisch definierenden neuheidnischen Gruppen verwendet, sind jedoch gleichzeitig Bestandteil der Symbolik organisierter rechtsextremer Gruppen, wie der *NPD*, den Kameradschaften und zahlreicher rechtsextremer Musikprojekte. Besonders deutlich wird die integrierende und übergreifende Funktion der mythologisch-germanischen Symbolik an der sog. „Schwarzen Sonne". Als zwölfspeichiges Sonnenrad in Mitten des Obergruppenführersaales der *SS*-Kultstätte Wewelsburg hatte die „Schwarze Sonne" bereits im Nationalsozialismus eine symbolische Bedeutung, die Eugen Kogon zufolge über den „Hakenkreuzweg geradlinig zu den glühenden Öfen von Auschwitz führte" (Kogon 1974: 22). Heute ist die „Schwarze Sonne" für den rechtsextremen Musiker Josef Klumb „ein Symbol unserer Eigenart", das er „gerne auch im Lichte mancher NS-Esoteriker" betrachtet.[9] Andere wieder verwenden das Symbol als Kleidungslabel (z.B. *Patria-Versand*) oder einfach nur als gra-

---

8   Vgl. Wikinger-Versandkatalog 2000.
9   Josef Klumb in einem Interview auf der Internetseite: http://www.fortunecity.de/kraftwerk/laibacher/ 428/jk.htm. Titel: Abstellgleise zu Startrampen. GfM im Gespräch mit Josef Klumb. Stand: 31.01.02.

phisches Hintergrundelement im Versandkatalog.[10] Gleichzeitig fungiert das Sonnenrad als Symbol zahlreicher rechtsextremer Internetseiten und erfreut sich zunehmender Beliebtheit in sog. autonomen Kameradschaftsspektren. Keiner der Anwender scheint ein Definitionsmonopol auf die „Schwarze Sonne" zu beanspruchen. Auf diese Weise wird sie zu einem kulturellen Bekenntnis, welches Absonderung und Protest aber auch Bewegung und Kampf zum Inhalt haben kann.

2.4 Symbole der Feindschaft zum „System"

Zu einem festen Symbolbestandteil wurden in den 1990er Jahren auch Kleidung und Kleidungsbestandteile mit hauptsächlich symbolischem Charakter, die bislang nur aus Protestbewegungen der politischen Linken bekannt waren. Durch die Addition antikapitalistischer Fundamentalkritik mit völkischen und antisemitischen Komponenten, sehen sich rechtsextreme Organisationen zuweilen als legitime Fortsetzung der antikapitalistischen linken Bewegung der 70er und 80er Jahre. Entsprechend verwenden Rechtsextremisten heute die scheinbar erfolgreiche Symbolik linker Protestkultur, wie z.B. das Konterfei des Ernest ‚Che' Guevara auf einer roten Fahne[11]. Das deutlichste Beispiel für diese Entwicklung ist das sog. „Palästinensertuch". Auf rechtsextremen Demonstrationen ist dieses Symbol des palästinensischen Befreiungskampfes insbesondere seit dem 11. September 2001 nicht mehr ungewöhnlich. Für den modernen Rechtsextremismus verkörpert dieses Tuch den angeblich legitimen Anspruch eines Volkes auf das ihm historisch und kulturell zugeschriebene Territorium gemäß ethnopluraler Ideologievorstellungen. Der Terminus „Befreiung" bezieht sich hier nicht auf die Emanzipation benachteiligter Individuen, sondern nur auf die Wiederherstellung und Verteidigung der „völkischen Substanz".

Ein anderes, wenn auch vom Original abgewandeltes Symbol ist die schwarze Fahne. In einen Kreis eingefasst, ähnelt sie der schwarzen Fahne der linken „Antifaschistischen Aktion", die allerdings die schwarze Fahne mit einer roten Fahne kombiniert. Die schwarze Fahne ist zuletzt bei Demonstrationen aus dem Spektrum sog. „freier" oder „autonomer" Kameradschaften, insbesondere in Thüringen, aufgefallen. Aber auch ein im Berliner Kameradschaftsspektrum entstandenes Flugblatt aus dem Frühjahr 2002 zeigt neben der Überschrift „Linke Strukturen unterwandern und zerschlagen" die schwarze Fahne und darunter eine bislang für Antifa-Gruppen typische Graphik.[12] Während das „Palituch" noch eine kommunikative Ebene mit einer bestimmten Diskursrichtung der bundesrepublikanischen Politik darstellt, ist bei der Schwarzen Fahne die Suche nach subversiver Symbolik offensichtlich. Um den völligen Bruch mit dem verhassten politischen System auszudrücken bedient sich der deutsche Rechtsextremismus der Symbolik seines ärgsten politischen Feindes.[13]

---

10 Vgl. Katalog „Terror Miezen" des *Pit Bull Germany*-Versandhauses, 2001.
11 Z.B. auf der Demonstration des *Bündnis Rechts Brandenburg* am 15.09.01 in Frankfurt/Oder. Vgl. die Webseite von „Bilderfront" des *Widerstands Fürstenwalde/Spree* (Stand: 05.03.02).
12 Vgl. Bildarchiv des *Zentrum Demokratische Kultur*. Die schwarze Fahne wird auch häufig mit dem Symbol „Hammer und Schwert" kombiniert. Dieses Symbol steht für die 1931 gegründete und 1933 verbotene antikapitalistisch-nationalsozialistische „Schwarze Front" um Otto Strasser.
13 Gleichzeitig dient die schwarze Fahne auch als Abgrenzungsmittel sog. „Freier Nationalisten" zur Anhängerschaft der *NPD* (vgl. Pfeiffer 2002: 63).

2.5 Symbole zur Markierung von Feind- und Eigengruppen

Eine weitere Symbolgruppe ist die Reihe der Symbole, die eigens zur Markierung von Feindgruppen kreiert wird. So werden in rechtsextremen Versandkatalogen Aufnäher in Form und Farben von Warn- und Verbotsschildern versendet, die klare rassistische, völkische und antisemitische Inhalte aufweisen. Hierzu gehören Symbole in unterschiedlichen Formen mit Warnungen vor „Zecken" (in Anspielung auf „Punker" und „Linke"), mit durchgestrichenen Nasen und dem Slogan „gegen Nasen" (in Anspielung auf „Juden") und durchgestrichene als Karikatur dargestellte Menschen mit schwarzer Hautfarbe. Hinzu kommen allerlei Schriftzüge mit symbolischer Bedeutung, die meist auf die Zerstörung des politischen Gegners anspielen, wie „Rot-Front zerschlagen" (im Schrifttyp von „Coca-Cola") oder „Keine Ruhe den Rotfaschisten".

Die zuletzt dargestellten Symbole sind häufig Kreationen rechtsextremer Gruppierungen oder Versandhäuser. Teilweise bedienen sich ihre Erfinder bereits aus dem Nationalsozialismus bekannter Vorlagen, teilweise erstellen Rechtsextremisten die Symbole jedoch völlig neu. Die Gruppe „Von Thronstahl" hat beispielsweise den Spaten, der bereits von Adolf Hitler als Symbol für den nationalsozialistischen Arbeitsdienst beschrieben wurde (vgl. Giesecke 1999: 19), wieder entdeckt. Dagegen bietet der *Patria-Versand* den „Nationalen Wirbel" als neues „Erkennungszeichen" an.[14]

2.6 Zahlencodes

Die wichtigste Kreation rechtsextremer Symbolik ist die Zahlencodierung. Mit ihr ist es Rechtsextremisten möglich, Provokation, Angriff und Subversivität gleichzeitig auszudrücken. Meist richtet sich diese Symbolik an die Öffentlichkeit der Eigen- und Feindgruppen. Rechtsextreme Szenen schaffen sich Wiedererkennungszeichen im öffentlichen Raum und vergewissern sich ihrer Stärke, Macht und Durchsetzungsfähigkeit. Einerseits geschieht die Anwendung dieser Codes professionell auf Kleidung und Musik-CD-Covern. Andererseits finden sich die Zahlen als eilig „dahingeschmierte" Markierungen öffentlicher Räume.[15] Die betroffenen Feindgruppen (etwa linke Jugendliche oder Migranten) wissen die Symbole, im Gegensatz zur allgemeinen Öffentlichkeit, zu interpretieren, und meiden die entsprechenden Orte, wenn es ihnen nicht gelingt eigene kulturelle Symbole entgegenzusetzen. Die bekanntesten und nach wie vor oft verwendeten Zahlencodes sind die Zahlen „88" (für „Heil Hitler") und „18" (für Adolf Hitler). Fast ebenso häufig wird der Code „14" oder „14 Words" verwendet, der eine rassistische Losung des amerikanischen Rechtsextremisten David Lane symbolisiert. Ergänzt werden diese Codierungen durch Zahlencodes, deren Anwendung regional und je nach Konjunktur unterschiedlich ist. Dazu zählt z.B. die „28" als Kürzel für die verbotene *Blood & Honour-Division Deutschland* aber auch die „13/47" (für „Mit deutschem Gruß"), die „74" (für „Groß Deutschland") oder die „19/8" (für „Sieg Heil").

Zusammengefasst wirken rechtsextreme Symbole nur selten funktional (bspw. wie Verkehrsschilder). Ihre entscheidende Wirkung liegt in Erzeugung emotionaler Reaktionen „wie Vorsicht, Angst, Ablehnung, oder Anziehung (und) Sympathie" (Behrenbeck 1996:

---

14 Vgl. *Patria-Versand* Katalog Nr. 25/2002: 33. Vgl. auch die Abbildung in Fahr: 2001: 100.
15 Neuerdings ist zu beobachten, daß rechtsextreme Formeln auch Eingang in die bislang als unpolitisch oder „linkskulturell" geltende Berliner Graffiti-Szene gefunden haben (vgl. Bildarchiv Zentrum Demokratische Kultur).

58). Aus dieser Perspektive verweist die rechtsextreme Symbolik meist auf soziale Zusammenhänge. Nur durch deren Kontextbezüge erhalten die Symbole ihre Bedeutung. Das Keltenkreuz auf einem Friedhof in Irland ist nichts anderes als eine traditionelle Art der Grabmalgestaltung. Das Keltenkreuz auf einer Demonstration rechtsextremer Gruppierungen, vielleicht noch inmitten einer Reihe weiterer germanischer Runen, verweist dagegen auf die angebliche Ahnengemeinschaft der Angehörigen einer angenommenen nordisch-arisch weißen Rasse. Auf diese Weise gelingt es Rechtsextremisten mit Hilfe von Symbolen „Wir-Gruppen" und „Feindgruppen" zu bestimmen. Über das Ausmaß der Mobilisierungswirkung von Symbolen und ihre Rolle bei der nonverbalen Gruppenbestimmung existiert bis dato noch keine geschlossene Theorie. Sicher ist nur, dass ihr sowohl die „Wir-Gruppen" als auch die „Feindgruppen" eine hohe Bedeutung zumessen (vgl. Warnke 1994: 177). Auf diese Weise wird die politische Symbolik des Rechtsextremismus zu einem wichtigen Faktor bei der Manifestierung lokaler Machtverhältnisse.

Die Motive zur Verwendung rechtsextremer Kleidung und Symbolik können bei Betrachtung von Einzelpersonen, wie bereits erwähnt, stark variieren. Das gesamte Ensemble rechtsextremer Ästhetik ist dagegen von eindeutiger gesellschaftspolitischer Relevanz. Die Verwendung und Verbreitung bestimmter Kleidung und Symbolik sind zentrale Instrumente des deutschen Rechtsextremismus. Sie zielen einerseits auf die ökonomische Absicherung rechtsextremer Strukturen und Aktivitäten und andererseits auf die (kulturelle und politische) Dominanz im öffentlichen Raum, bzw. in der Gesellschaft selbst. In diesem Moment wird der Einsatz rechtsextremer Ästhetik zu einer Methode der Erlangung kultureller Hegemonie, die auf die Eroberung der demokratischen Zivilgesellschaft hinaus laufen soll (vgl. Behringer 2002, Korgel 2000, Wagner 1998).

3. Demokratische Aktionen und Reaktionen gegen rechtsextreme Symbolik und Kleidung

Aus der Sicht der Praktiker, die mit den beschriebenen Phänomenen konfrontiert sind, stellt sich die Frage nach den Optionen der Aktion und Reaktion sowie nach deren Sinnhaftigkeit. Dieses beinhaltet eine theoretische und eine praktische Dimension. Theoretisch ist zu fragen, was einer solchen rechtsextrem-orientierten Hegemoniebestrebung generell entgegen gestellt werden sollte. Das heißt, es muss die Frage nach den eigenen Wertvorstellungen und den eigenen Gesellschaftsbildern und -zielen gestellt werden, um daraus abgeleitet nach den praktischen Umsetzungsformen und ersten Erfahrungen mit diesen zu fragen.

3.1 Theoretische Fragen

Glaubhafte und auf Dauer angelegte Strategien können nur für etwas und nicht alleine gegen etwas entwickelt werden.

Bei der Beantwortung der Frage hilft ein Blick (zurück) in die rechtsextremen Wertvorstellungen, die einen Rechtsextremisten zu einem Rechtsextremisten machen. Dabei ist festzustellen, dass seine Ideologie um ein Weltbild kreist, in dem Menschen unterschiedliche Wertigkeiten zuerkannt werden. Er unterteilt die Menschheit in höher- und minderwertige Gruppen und erklärt diese Hierarchie mit rassistischen Mythen, kulturellen Überhöhungen, antisemitischen Phantasien oder nationalistischen Wahnideen.

Dieser Vorstellung steht in einer Demokratie das Prinzip der Gleichwertigkeit der Menschen entgegen. Gleichwertigkeit bedeutet nicht, dass Menschen nicht verschieden, also größer oder kleiner seien, dass einer mehr Wissen mit sich rumträgt als ein anderer, unterschiedliche Augenfarben haben kann etc., sondern heißt, dass die Menschen gerade in ihrer Individualität die gleichen Rechte und Pflichten besitzen, sie somit grundsätzlich (und nicht nur vor dem Gesetz) gleichberechtigt behandelt werden müssen.

Dieses Prinzip der Gleichwertigkeit der Menschen ist der Kern der Vorstellung von Demokratie; denn Demokratie ist nicht alleine als politisches Ordnungsprinzip oder als Methode der politischen Willensbildung zu verstehen, sondern mit Demokratie werden unabdingbare Wertvorstellungen, explizit die Menschenrechte und damit der ausdrückliche Schutz von Minderheiten, verbunden.

Wenn davon ausgegangen wird, dass Demokratie von ihren normativen Grundlagen her eine logische und konsequente Antwort auf rechtsextreme Erscheinungen ist, muss die Frage gestellt werden, wie diese Demokratie gesichert bzw. weiter durchgesetzt werden kann. Greven beantwortet sie in einem kurzen Leitsatz: „Nach einem bekannten Wort kann man die Demokratie angesichts irgendwelcher Gefährdungen nur mit weiterer Demokratisierung sichern." (Greven 1995: 35) Ein Engagement gegen Rechtsextremismus muss immer die Arbeit für mehr Demokratie im oben formulierten Sinne sein.

3.2 Die Praxis-Seite

Ohne diese theoretisch anmutenden Überlegungen ist ein zufriedenstellender Umgang mit rechtsextremer Symbolik und Mode in der Praxis kaum möglich; denn mit der eigenen authentischen Positionierung steht und fällt der eigene Status und Stand in der Auseinandersetzung gerade mit rechtsextrem-orientierten Jugendlichen. Viele Erfahrungen zeigen, dass diejenigen als Gesprächspartner (und die Diskussion ist nun einmal ein unersetzliches Mittel jeder Auseinandersetzung) akzeptiert werden, die sich zu ihren eigenen demokratischen Wertvorstellungen bekennen und sich klar und deutlich positionieren. Anbiederungen werden gerade von rechtsextrem-orientierten Jugendlichen als unehrliche Versuche belächelt und zurückgewiesen oder gezielt für ihre Zwecke instrumentalisiert.

Die Handlungsschritte lassen sich folgendermaßen gliedern. Zunächst werden in vier Punkten wesentliche Grundfragen der Auseinandersetzung diskutiert. Dem folgen die Fragen nach dem Rüstzeug, das nötig ist, um die Auseinandersetzung führen zu können und den Mitteln und Methoden dieses Streits.

4. Handlungsschritte

4.1 Grundfragen der Auseinandersetzung

Ist eine Auseinandersetzung mit der Symbolik überhaupt sinnvoll?

Sinn und Zweck der Mode und Symbolik liegt ja u.a. in der öffentlichen Positionierung desjenigen, der sie trägt oder zeigt. Der eine will Räume abstecken und Macht in ihnen ausüben. Andere zeigen ihre Zugehörigkeit zu einer Clique, ohne vielleicht im einzelnen zu wissen, was sie zur Schau stellen. Der nächste erfreut sich an der provokanten Ästhetik und lässt jede Empathie für den Betrachter vermissen. Weitere wollen ihre Ruhe haben oder haben Angst und passen sich deshalb einer dominierenden Clique an.[16] Egal welches dieser Motive zutrifft, alle sollten Anlass geben zu handeln. Die Praxis zeigt immer wieder, dass es Rechtsextremen gelingt, über Symbolik und Einschüchterung Räume zu erkämpfen, die später nur schwer wieder zurückzuerobern sind. Demokraten dürfen solchen demokratiefeindlichen Tendenzen nicht zusehen. Ihr Ziel muss es sein, demokratische Werte zu sichern und auszubauen. Wesentlich ist dabei die Perspektive der Betrachtung. Dazu einige Ausführungen:

Täter- oder Opferperspektive? Wer geht vor?

Der eigene Standpunkt ist in der Auseinandersetzung von entscheidender Bedeutung. Es ist ein Unterschied, ob ich mich als neutraler Moderator verstehe oder eindeutig positioniere, denn ohne eigene Positionierung fällt jeder faktisch in der Auseinandersetzung aus. Zwei Beispiele aus der Berliner Schulpraxis:

In beiden Schulklassen positionierten sich mehrere SchülerInnen in der Diskussion mit den Autoren eindeutig rechtsextrem. Sie titulierten Migranten als „Untermenschen" und bezeichneten sich selber als „überlegende Arier". In beiden Klassen saßen auch SchülerInnen, die zu potentiellen Opfergruppen des Rechtsextremismus zu zählen sind: in einer Klasse zwei Jugendliche mit Migrationshintergrund, in der zweiten Klasse eine Schülerin mit körperlicher Behinderung. Hinzu kamen mehrere Jugendliche, die sich recht ruhig verhielten oder sich unklar positionierten. Recht unterschiedlich war das Verhalten der jeweiligen Lehrkräfte:

In einer Klasse äußerte der Lehrer, man müsse Verständnis für die (rechtsextremen) Parolen aufbringen. Jugendliche hätten heute kaum noch Perspektiven in dieser „kalten Gesellschaft", im Fernsehen würde nur Gewalt gepredigt und der Alkohol habe viele Elternköpfe vernebelt. Jugendliche suchten sich dann eben ihre eigenen Auswege. Die beiden Schülerinnen mit Migrationshintergrund blieben in der Diskussion ruhig. Später äußerten sie im persönlichen Gespräch ihre Angst, zur Schule zu gehen. Sie fühlten sich nicht unterstützt, hätten keinen Ansprechpartner und seien froh über jede Stunde, die sie nicht in der Schule verbringen müssten. Freunde hätten sie hier nicht.

In der anderen Klasse positionierte sich die Lehrerin eindeutig. Sie stellte klar, dass sie zwar die rechtsextremen SchülerInnen als Menschen respektiere; ihre Ideologie jedoch ablehne. Sie widersprach deren Thesen, band die „ruhige" Fraktion ins Gespräch mit ein und stellte sich vor die Schülerin mit Handicap. Diese sagte später, sie fühle sich unterstützt und wisse, an wen sie sich wenden könne. Die Rechtsextremen spürten den Gegenwind und hielten sich im Vergleich zu anderen Schulen zurück. Sie habe auch an der Schule Freunde und Freundinnen und fühle sich trotz allem halbwegs wohl.

Natürlich steht und fällt das Schulklima nicht alleine mit dem Verhalten der Lehrkräfte; dennoch haben sie daran wesentlichen Anteil. In diesen Beispielen positioniert sich die Lehrerin eindeutig gegen die rechtsextremen Ideologien und stellt sich auf die Seite des potentiellen Opfers. Diese fühlt sich gestärkt, was die Rechtsextremisten schwächt und Dritte wahrnehmen. Der Lehrer hingegen nimmt die Rechtsextremisten in Schutz, entschuldigt sie und vernachlässigt die Schülerinnen mit Migrationshintergrund. Sie bleiben alleine, sind isoliert und die Rechtsextremisten fühlen sich gestärkt.

Die Lehrerin positioniert sich somit eindeutig, stellt sich auf die Seite derjenigen, die vom Rechtsextremismus besonders betroffen sind und prägt somit auch das Klima in ihrer Klasse mit. Ihr Blick richtet sich auf die Opfer und nicht auf die „Täter" bzw. Rechtsextre-

---

16 Den empirischen Beleg dazu liefert auch: Zentrum Demokratische Kultur 2001.

misten. Beim Lehrer ist es umgekehrt. Ein Blick auf potentielle Opfer ist nicht erkennbar und die Rechtsextremisten gehen gestärkt daraus hervor.

Zweierlei lässt sich somit festhalten:

- Der Mut zur eigenen Positionierung ist für eine erfolgreiche Auseinandersetzung unerlässlich.
- Zur eigenen Positionierung gehört unbedingt die Opferperspektive. Opferschutz muss vor Tätererklärung gehen.[17]

Öffentliche Positionierung: ja/nein?

Die rechtsextreme Symbolik ist darauf ausgerichtet, Öffentlichkeit herzustellen, die somit schon gegeben ist. Eine Reaktion muss deshalb ebenso öffentlich erfolgen, um wirksam werden zu können. Noch besser ist es jedoch, schon vor der rechtsextremen Provokation zu agieren und sich öffentlich zu den eigenen Wertvorstellungen zu bekennen. In verschiedenen Schulen und Jugendeinrichtungen gibt es Erfahrungen mit der projektartigen Ausarbeitung einer gemeinsamen Ergänzung der Hausordnung, in dem der Umgang mit rechtsextremer Mode und Symbolik von vorne herein geregelt ist. Ein solcher Ansatz erfüllt gleich drei Ziele: Er eröffnet die Diskussion, was sensibilisierend wirkt. Er schafft Handlungsklarheit für alle und verhindert somit mögliche Unsicherheiten auf allen Seiten. Jugendliche und Erwachsene kommen ins Gespräch und verständigen sich über gemeinsame Wertvorstellungen und Regeln des Zusammenlebens hierarchieübergreifend.

4.2 Bedingungen für eine Auseinandersetzung

Zwei Grundbedingungen sollten idealtypisch gegeben sein:

Information/Mut zur Differenzierung

So banal es auch klingen mag: jedes praktische Handeln setzt die Information voraus und manches klärt sich bereits durch einfaches Nachfragen bei demjenigen, der entsprechende Moden trägt. Zum Hintergrund der Betrachtung der Symbolik wird in Fortbildungen gerne eine kleine Übung angewandt. An die Tafel wird dann ein Schild mit der gelben Aufschrift „m" gezeichnet. Die Teilnehmer sollen dann erklären, worum es dabei ginge. Die wenigsten belassen es bei der Beschreibung, dort sei ein kleines „m" sondern identifizieren es als Firmensymbol von „McDonalds". Sobald dieser Name fällt, werden die TeilnehmerInnen gefragt, was für Assoziationen sie zu dieser Firma hätten. Regelmäßige Antworten sind u.a.: Fastfood, Hunger, Ausbeutung, Umweltverschmutzung, Fleisch, spielende Kinder, Amerika, aggressiver Kapitalismus, leckere Pommes u.a. In der Analyse werden daraufhin folgende Punkte festgehalten:

- An der Tafel stand nur ein kleines „m". Der Betrachter braucht damit nichts zu verbinden.
- Der Betrachter kann jedoch dieses Symbol als Zeichen für eine Firma identifizieren und mit dieser verschiedene Assoziation verbinden, positive wie negative.
- Die Assoziationen des Betrachters müssen nicht mit den Wünschen desjenigen übereinstimmen, der dieses Symbol trägt. McDonalds dürfte nicht daran gelegen sein, mit Hunger und Umweltschmutz-Assoziationen zu werben.

---

17 Zur Einbeziehung der Perspektive von Opfern rechtsextremer Gewalt in Maßnahmen gegen Rechtsextremismus vgl. Wendel 2001.

Diese Grundmuster sind auch auf die rechtsextreme Symbolik zu übertragen.

Beliebtes Beispiel ist die oben schon erwähnte Sportmarke „Lonsdale". In den vertriebenen Symbol- und Erkennungsheften, die zum rechtzeitigen Erkennen rechtsextremer Symbole beitragen sollen, wird diese Sportmarke noch immer gerne erwähnt. In der Praxis jedoch sind schon Lehrer aufgetaucht, die diese Markenartikel komplett unpolitisch zum Tennisspielen tragen und Jugendliche, die „Lonsdale" aufgrund ihres demokratischen Engagements, welches sich in der Unterstützung alternativer Festivals äußert, schätzen sowie antirassistische Skinheads, die die vornehmlich proletarische Herkunft der Sportartikelfirma, hervorheben. Sie alle unter dem Label „Rechtsextremismus" zu subsumieren, wäre entsprechend falsch.

Voraussetzung zur Auseinandersetzung ist somit konkret zweierlei:
1. Kenntnis über Symbolik und deren Bedeutung
2. Mut zur Differenzierung/Nachfrage nach der persönlichen Bedeutung und der Motivation desjenigen, der die Symbolik und Mode zur Schau stellt.

Einheitliche Linie durch Vernetzung

Diese eigene, demokratische Positionierung ist nicht auf Einzelpersonen zu begrenzen. Gerade im Kontext von Schule und Jugendarbeit ist eine Absprache mit den Kollegen und die Formulierung einer einheitlichen Linie unerlässlich. Verschiedene Personenkreise werden ansonsten gegeneinander ausgespielt, was zu einer Aufwertung derjenigen führt, denen dieses gelingt. Für einen Träger rechtsextremer Symbolik oder Mode bedeutet dieses einen besonderen provokatorischen Erfolg. Es empfiehlt sich deshalb, sich rechtzeitig über Trends und Codes zu informieren, indem Experten von außen und deren Wissen miteinbezogen wird, um dann gemeinsam zu einer einheitlichen und verbindlichen Handlungslinie zu gelangen. Vernetzung bedeutet somit nicht alleine Austausch im eigenen Kreise sondern auch die bewusste Suche nach Unterstützern von außen.[18]

4.3 Methoden der Auseinandersetzung

Die Methodenfrage soll anhand von vier Stichworten diskutiert werden:

Diskussion

Die Grundform jeder Auseinandersetzung ist die Diskussion. Tatsächlich wird dieser Punkt gerne auch von Profis wie Lehrern oder Sozialarbeitern vermieden. Die Gründe dafür sind vielfältig. Auf Nachfrage wird erwähnt: unpolitisches Selbstverständnis, Angst vor Auseinandersetzung, Unsicherheit in der eigenen Positionierung, fehlende Kenntnisse bezüglich rechtsextremer Ideologieformen. Jenseits des unpolitischen Selbstverständnisses, welches an sich schon ausgesprochen fraglich erscheint, denn auch der vermeintlich Unpolitische handelt zutiefst Politisch, lassen sich die anderen Ängste durch gezielte Fortbildungen und Argumentationstrainings gegen rechtsextreme Parolen und Argumente abbauen. Hinzu kommt der eingangs erwähnte Faktor der Vernetzung, der den Einzelnen aus seiner Isolation hervorhebt und damit zu seiner Stärkung der Person beitragen kann. Manchmal lassen sich

---

18 Im Teil IV dieses Bandes befindet sich eine Liste mit möglichen Partnern.

auch Experten von außen dazuholen, die nicht nur mit den Multiplikatoren sondern auch mit Jugendlichen ins Gespräch kommen.[19]

Diskussion um Verbote

Generell gibt es bei der Bewertung von rechtsextremer Mode und Symbolik mindestens zwei wesentliche Perspektiven. Derjenige, der sie trägt, beruft sich auf sein Recht der freien Entfaltung der Persönlichkeit. Handelt es sich um einen gebildeten Rechtsextremisten, verweist er vielleicht auch gerne auf das Grundgesetz und preist den Artikel 2 GG als sein persönliches Grundrecht, dessen Einschränkung zutiefst undemokratisch sei. Auf eben diesen Artikel 2 GG können sich jedoch auch diejenigen berufen, die tatsächlich oder potentiell Opfer rechtsextremer Gewalt sind. Durch die Positionierung der rechtsextremen Seite und ihre gegebenenfalls auch Angst einflößenden Machtdemonstrationen, gerade wenn es sich um größere Cliquen oder sonstige Gruppen handelt, werden diesen Personenkreisen ebenfalls wesentliche grundsätzliche Rechte eingeschränkt. In der Rechtsprechung erfolgt in solchen Situationen ein Ausgleich von Grundrechtspositionen, indem z.B. übergeordnete Ziele formuliert werden. Für den Bereich Schule gelten die allgemeinen Schulgesetze der Länder und die demokratischen Grundbestimmungen als Zielsetzung des schulischen Lernens. Deren Umsetzung verlangt die Gewährleistung des „Schulfriedens", eines Klimas, dass das gemeinsame Lernen und Leben ermöglicht. Im Falle der rechtsextremen Mode und Symbolik wird dieser „Schulfrieden" von der rechtsextremen Seite gefährdet, indem potentiellen oder realen Opfern sinnhaft gedroht wird, während umgekehrt keine objektive Bedrohung der rechtsextremen Seite durch die potentiellen Opfern vorliegt. Es ist von daher nicht nur legitim, sondern dringend anzuraten, die Perspektive derjenigen, die unter dem Machtausdrucksversuch der rechtsextremen Seiten leiden, in den Mittelpunkt zu stellen und ihre Erwartungen und Wünsche zu erfüllen und sich auch öffentlich klar und deutlich auf ihre Seite zu stellen. Dabei handelt es sich um einen eindeutig demokratischen Akt, der trotz der möglichen Kritik von rechtsextremer Seite auch als solcher zu bezeichnen ist.

Zu breiteren öffentlichen Diskussionen kam es in Folge der öffentlichen Positionierung einiger Schulen im Bundesgebiet, die per Hausordnung rechtsextreme Symbolik und Mode verbieten wollten. Um zu einer Bewertung dieser Idee zu kommen, sind einige Differenzierungen unumgänglich:

Zunächst gibt es natürlich einen Anteil an rechtsextremer Symbolik, der bereits aus strafrechtlichen Gründen nicht getragen werden darf. Die Paragraphen 86 und 86a des Strafgesetzbuches behandeln die Frage nach Propagandadelikten und gelten natürlich auch im Schulkontext. Ein offen getragenes Hakenkreuz ist somit beispielhaft bereits heute auch ohne zusätzliche Hausordnung verboten.

Schwieriger ist die Frage nach einem Verbot von Modeartikeln und Codes bzw. Symbolen, die nicht unter die genannten Paragraphen fallen; aber dennoch als Erkennungsmerkmale der Szene bekannt sind. Hierbei prallen wiederum die o.g. Grundrechtspositionen aufeinander, die auszugleichen sind, wobei auf die Perspektive derjenigen, die eingeschüchtert werden sollen, verwiesen werden soll und damit auch der Verbotsoption zugeneigt wird, wohl wissend, daß Verbote Probleme nicht lösen können. Sie müssen in öffentliche Debat-

---

19 Als Einstiegslektüre zu empfehlen ist: Klaus-Peter Hufer; Argumentationstrainings gegen Stammtischparolen. Materialien und Anleitung für Bildungsarbeit und Selbstlernen, Schwalbach 2001 (3. Auflage) Zahlreiche Stiftungen und Landeszentralen für politische Bildung bieten dieses Training an. Interessenten können sich auch an das ZDK wenden. (siehe Adressenliste).

ten eingefügt sein und erklärt werden. Dann können sie notwendige Positionierungen sein, die empfohlen werden können. Alleine für sich stehend stellen sie jedoch keine Lösungen dar, sondern sind nur Ausdruck von Hilflosigkeit. Eingebettet in ein Konzept der Demokratisierung hingegen, können sie zentrale Momente einer Gegenstrategie sein. Ausdrücklich gewarnt sei davor, mögliche Probleme alleine mit Verboten lösen zu wollen, da Verbote zwar ein Mittel der Auseinandersetzung sind, nicht jedoch die hinter der Symbolik steckende Ideologie konkret und wirkungsvoll angreifen können.

Decodierung – eine etwas andere Taktik

Bei jenen Marken, die nicht aus dem rechtsextremen Kontext stammen, sondern von dieser Seite nur adaptiert wurden, bietet sich auch die Chance, sie als rechtsextrem gedeutete Symbole zu decodieren. Dieses geschieht zum Beispiel darin, dass entsprechende Firmen antirassistische Jugendfestivals sponsern, Textilien mit antirassistischen Aufdrücken verteilen und sich somit und anders für ein demokratisches Gemeinwesen engagieren. Den Rechtsextremen wird damit Wind aus den Segeln genommen, der denjenigen, die unter rechtsextremen Dominanzbestrebungen leiden, zu Gute kommt. Solche Gruppen zu stärken und für andere attraktiv zu machen, dürfte gerade im Jugendbereich zu den erfolgversprechenden Maßnahmen gegen rechtsextreme Erscheinungen gehören.

Offensive Auseinandersetzung

Zur öffentlichen Auseinandersetzung gehören auch symbolische Aktionen wie die von Schülern und Schülerinnen aus Berlin Hellersdorf, die ihren Stadtteil nach rechtsextremen Aufklebern und Schmierereien durchsuchten, diese photographierten und sie danach vernichteten. Solche Aktionen schaffen Öffentlichkeit und sind offensiv. Sie sind gerade für politisch unerfahrene Menschen leicht umsetzbar und verfehlen trotzdem nicht eine konkrete demokratische Positionierung.[20]

5. Schlussfolgerungen

Jugendbegleitende Erwachsene haben es nicht leicht. Wie oben dargestellt, verändern und wandeln sich die Formen der politischen Selbstinszenierung ständig.

In vielen Orten scheinen gerade nach der breiten Sommerdiskussion 2000 rechtsextreme Moden und Symbole zumindest im Jugendbereich spontan verschwunden zu sein. Die darin gesetzten Hoffnungen jedoch, dass auf diese Weise auch das Problem des Rechtsextremismus beseitigt wäre, sind bis heute nicht erfüllt. Im Gegenteil, demokratische Akteure v.a. in ländlichen Gegenden berichten, dass es die rechtsextreme Szene einfach nicht mehr nötig habe, Hegemoniebestrebungen symbolisch zu verdeutlichen, weil sie eben jene bereits im Alltag erreicht hätten und eine Sicherung mangels Alternativen nicht nötig erscheine. Aus dieser Entwicklung lässt sich ablesen, dass der Ruf nach mehr politischer Bildung einerseits richtig ist, andererseits aber auch schnell auf seine Grenzen in der Praxis stößt. Demzufolge sollte sich politische Bildung nicht auf das Auswendiglernen rechtsextremer Symbolik und ihrer Bedeutung konzentrieren, sondern auf deren ideologische Hintergründe

---

20 Vgl. *Tagesspiegel* 08.11.01: „Schüler setzen sich gegen Rechte zur Wehr".

und ihre Folgen. Die Wirkungsmacht rechtsextremer Ästhetik und Symbolik kann nur durch aktive politische Positionierung für ein demokratisch-menschenrechtliches Gemeinwesen eingedämmt werden.

Bibliographie

Behrenbeck, Sabine (1996): Der Kult um die toten Helden. Vierow bei Greifswald.
Behringer, Martin (2002): Rechtsextreme Symbolik und Kleidungscodes. In: Bulletin – Schriftenreihe des Zentrum Demokratische Kultur. Rechtsextremismus heute. Eine Einführung in Denkwelten, Erscheinungsformen und Gegenstrategien, 1/2002. S. 51-56.
Dahm, Volker (2001): Freibrief für Rechtsextremisten? Zur Rechtsprechung bei öffentlicher Verwendung von NS-Kennzeichen. In: *Vierteljahreschriften für Zeitgeschichte*. Sonderdruck 1/2001.
Dietrichsen, Dieter (1993): Freiheit macht arm. Köln.
Fahr, Margitta-Sybille (2000): „Stolz weht die Flagge schwarz-weiß-rot". Hg.: Kommunalpolitisches Forum e.V. Berlin.
Fahr, Margitta-Sybille (2001): Spirit of 88. Rechtsextreme Zeichen und Symbole. Erfurt.
Flad, Henning (2001): Kleidung machen Leute. Rechtsextremismus und Kleidungsstil. In: Archiv der Jugendkulturen (Hg.): Reaktionäre Rebellen. Rechtsextreme Musik in Deutschland. Berlin. S. 99-116.
Giesecke, Hermann (1999): Hitlers Pädagogen: Theorie und Praxis nationalsozialistischer Erziehung. Weinheim/München.
Greven, Michael Th. (1995); Demokraten fallen nicht vom Himmel, in: Klein, Ansgar (Hrsg.); Wertediskussion im vereinten Deutschland, Köln, S. 30-35
Heller, Paul/Maegerle, Anton (2001): Die Sprache des Hasses. Stuttgart.
Korgel, Lorenz (2000) : Zivilgesellschaft und Rechtsextremismus. In: Bulletin – Schriftenreihe des Zentrum Demokratische Kultur 1/2000, S. 12-17.
Kogon, Eugen (1974): Der SS-Staat. Reinbek bei Hamburg.
Landesamt für Verfassungsschutz Sachsen (Hg.) (2000): Mit Hakenkreuz und Totenkopf. Wie sich Rechtsextremisten zu erkennen geben. Dresden.
Pfeiffer, Thomas (2002): Für Volk und Vaterland. Das Mediennetz der Rechten – Presse, Musik, Internet. Berlin.
Schröder, Burkhard (2001): Nazis sind Pop. Berlin.
Schmitt, Ulli (2000): Nicht wegschauen – eingreifen. Landeszentrale für politische Bildung Rheinland-Pfalz, Mainz.
Stuhl, Frauke (2001): Ich weiß nicht, was soll es bedeuten... Die Symbolik der extremen Rechten. In: Archiv der Jugendkulturen (Hg.): Reaktionäre Rebellen. Rechtsextreme Musik in Deutschland. Berlin. S. 117-130.
Wagner, Bernd (1998): Rechtsextremismus und kulturelle Subversion. In: Bulletin – Schriftenreihe des Zentrum Demokratische Kultur, Sonderheft 1998.
Warnke, Martin (1994): Politische Ikonographie. Hinweise auf eine sichtbare Politik. In: Leggewie, Claus (Hg.): Wozu Politikwissenschaft? Über das Neue in der Politik. Darmstadt. S. 170-178.
Weiss, Michael (2002): Von der Frakturschrift zur Flammenwand. In: Monitor – Rundbrief des apabiz e.V., Nr. 4, März 2002, S. 1-3.
Wendel, Kay (2001): „Die Odyssee des Abdul K., Die Arbeit der Opferperspektive e.V. (Brandenburg). In: Schneider, Ulrich (Hg.): tut was! Strategien gegen rechts. Köln.
Zentrum Demokratische Kultur (Hg.) (2001): Rechtsextremismus und demokratische Kontexte unter besonderer Berücksichtigung sicherheits- und jugendpolitischer Aspekte. Eine Kommunalanalyse im Auftrag des Kreispräventionsrates im Landkreis Dahme-Spreewald, Berlin.

/ II. Aktivisten

1. Einführung in die Teile II und III

In dem Bewußtsein, dass gerade personenbezogene Daten problematisch sind, sollen hier einige Anmerkungen vorangestellt werden. Nicht alle genannten Personen in den folgenden Profilen sind automatisch rechtsradikal, wie nicht alle Mitglieder der genannten Gruppen bzw. Organisationen ausnahmslos Rechtsradikale sind, ebensowenig wie alle Personen, die über die dargestellten Verlage Bücher beziehen, etc.

Die in den Teilen II und III dargestellten Sachverhalte sind zur Information über den deutschen Rechtsradikalismus gedacht und nicht etwa (wie es mit an Sicherheit grenzender Wahrscheinlichkeit von einigen hier Genannten aufgefaßt werden wird) zur Diffamierung von Individuen oder eines „abweichenden" politischen Denkens. Es wurde penibel darauf geachtet, keine privaten Informationen in den Profilen zu verarbeiten, auch wenn diese belegbar vorlagen. Relevant waren also nicht private Vorlieben, Adressen, Fotos oder familiäre Zusammenhänge sondern das politische Tun und Wirken. So ist auch die Auswahl der genannten Aktivisten, Gruppen usw. nach dem Kriterium des Einflußes auf und die Bedeutung für den gegenwärtigen deutschen Rechtsradikalismus getroffen worden. Das schließt bereits verbotene oder aufgelöste Organisationen ebenso mit ein wie verstorbene Aktivisten, nach eigenem Bekunden ausgestiegene Aktivisten und ausländische Rechtsradikale, die auf die deutsche Szene ein- bzw. in ihr mitwirken.

Rechtsradikalismus ist ebenso wie die Gesellschaft, in die er eingebettet ist, einem ständigen Wandel ausgesetzt. Er ist dynamisch wie heterogen. Die Arbeit an dem vorliegenden Handbuch hat noch einmal bestätigt, dass Gruppen oder Organisationen im deutschen Rechtsradikalismus seit 1945 gekommen und gegangen sind (oder auch verboten wurden), die zentralen Aktivisten jedoch den eigentlichen roten Faden und die Kontinuität der rechtsradikalen Bewegung bilden. Schon deshalb ist die ausführliche Darstellung dieser führenden Aktivisten und ihres Umfelds zum Verständnis des Phänomens unerläßlich. Hier handelt es sich um Personen, die durch ihr politisches Engagement das freiheitlich-demokratische Gesellschaftssystem in Frage stellen, antipluralistisch den offenen Marktplatz der Ideen und Lebensweisen schließen und die Fundamentalgleichheit aller Menschen nicht anerkennen wollen.

Die nachfolgenden Profile zeigen u.a., dass es sich zumindestens bei den hier genannten Führungsaktivisten keinesfalls um sozial deklassierte, ungebildete Schläger handelt, sondern um größtenteils mit akademischen Graden ausgestattete, z.T. kreative, intellektuell begabte und äußerst engagierte Individuen. Desweiteren besteht eine vielfältige rechtsradikale Infrastruktur in Deutschland mit Parteien, Organisationen, Gruppen, Verlagen, Versänden, Musikern usw., wobei neue Aktionsformen und -bündnisse einen wachsenden Stellenwert einnehmen (siehe → *Kameradschaften*).

Stand der nachfolgenden Profile ist i.d.R. Mai/Juni 2002. Obwohl nach Kräften auf Aktualität geachtet wurde, werden verschiedene Informationen oder Fakten bei Erscheinen schon wieder hinfällig oder überholt sein. Dies läßt sich bei dem hochkomplexen und häufigen Änderungen unterworfenen Phänomen Rechtsradikalismus leider nicht vermeiden. Anregungen, oder auch Hinweise auf Fehler sind jederzeit sehr willkommen.

Zur Benutzung sei auf das ausführliche Personen- und Sachregister verwiesen als auch auf die mit einem Pfeil → kenntlich gemachten Querverweise innerhalb der Profile, die die vielfältigen Zusammenhänge, Vernetzungen und Verquickungen deutlich machen. Jedem Profil ist ein Kasten vorangestellt, in dem komprimiert die zentralen Informationen zusammengefaßt sind. Es sei ausdrücklich darauf hingewiesen, dass in den Kästen bei der Nennung von Organisationen und Funktionen in den Personenprofilen sowie der führenden Aktivisten in den Organisationsprofilen relevante aktuelle wie *auch* vergangene, z.T. nicht mehr existierende Aktivitäten, Funktionen etc. erfaßt sind. Eine formale Mitgliedschaft ist *nicht* zwingend erforderlich, um ein wichtiger Aktivist einer Organisation zu sein. Die Sachverhalte werden in der Regel dann im Text konkretisiert.

Bewußt wurde bei den Quellenangaben auf die volle Zitation rechtsradikaler Webseiten verzichtet, um hier nicht auch eine entsprechende Linksammlung anzubieten.

2. Personen

Holger Apfel

Geboren: 1970

Wohnort: Riesa (Sachsen)

Beruf: Verlagskaufmann

Organisationen: → *Junge Nationaldemokraten (JN)*, → *Nationaldemokratische Partei Deutschlands (NPD)*

Funktionen: *NPD*-Kreisvorsitzender von Hildesheim (1990-97), Vorsitzender des *JN*-Landesverbandes Niedersachsen (1990-94), Mitglied des *NPD*-Landesvorstandes Niedersachsen (1992-97), stellvertretender Bundes-Vorsitzender der *NPD* (seit 2000), stellvertretender Bundesvorsitzender der *JN* (1992-94), Bundesvorsitzender der *JN* (1994-1999), *NPD*-Landesvorstand Bayern, Mitglied des *NPD*-Parteivorstandes (seit 1994), Mitglied des *NPD*-Parteipräsidiums, Amtsleiter für Organisation und Öffentlichkeitsarbeit (seit 1995), Geschäftsführer der → *Deutsche Stimme Verlags GmbH*[1].

Aktivitäten: Schon als Schüler arbeitete Holger Apfel beim *Studentenbund Schlesien (SBS)* mit[2], einem 1974 von Hans-Michael Fiedler gegründeten „Bildungsverein, welcher der NPD nahesteht."[3] Dieses Engagement sieht → Udo Voigt in Apfels schlesischem Elternhaus begründet, wodurch er bereits in seiner Jugend geprägt worden sei und die „Teilung Deutschlands und die anhaltende Fremdbesetzung der Gebiete im deutschen Osten als Schande für das deutsche Volk" empfunden habe.[4] Nach dem Abitur leistete Apfel seinen Wehrdienst ab und trat 1989 in die → *NPD* und → *JN* ein. Schnell konnte er in der Partei und ihrer Jugendorganisation Fuß fassen und machte eine „steile Karriere als JN- und NPD-Führungskraft".[5]

---

1   Impressum *Deutsche Stimme* 5/2002.
2   Vgl. Udo Voigt, „Der Bundesorganisationsleiter Holger Apfel", in: Holger Apfel (Hrsg.), Alles Große steht im Sturm: Tradition und Zukunft einer nationalen Partei, 1999: 330.
3   Hans-Dietrich Sander, „Die Frage nach der Einheit", in: *Staatsbriefe* 7-8/1998: 1f., hier: 2.
4   Voigt, in Apfel 1999: 330.
5   Ebd.

Nachdem er fünf Jahre in seinem erlernten Beruf als Verlagskaufmann tätig war, gab er diese Tätigkeit auf und widmete sich seit 1996 dem Aufbau der zu diesem Zeitpunkt angeschlagenen → *Deutsche Stimme Verlags GmbH* und ist Chefredakteur der *Deutschen Stimme*. In der Folgezeit entwickelte sich diese zu einem, wie Voigt es formulierte, „seriösen, umsatzstarken nationalen Verlag".[6] Der Umsatz ist dem zufriedenen *NPD*-Vorsitzenden zufolge bis 1999 um das 50- bis 100-fache gestiegen und fließt fortan in die Parteiarbeit der *NPD* ein.[7] Noch heute ist Apfel Chefredakteur und Verantwortlicher im Sinne des Presserechts der vom *DS*-Verlag herausgegebenen *Deutschen Stimme*. Apfel ist neben → Jürgen Distler einer der ersten „des neuen Typs von NPD-/DS-Angestellten, die ihren eigenen Beruf kündigten, um der Sache zu dienen."[8]

Udo Voigt lernte Apfel auf einem Lehrgang im *Nationaldemokratischen Bildungszentrum (NBZ)* in Oberitalien kennen. Den „Grundlehrgang" schloss Apfel als „Jahrgangsbester" ab. Daran anschließend begann er in Deutschland „mit dem Wiederaufbau der Jungen Nationaldemokraten nach deren bundespolitischen Niedergang Ende der 80er Jahre."[9] Von 1990 bis 1994 war Apfel Vorsitzender des *JN*-Landesverbandes Niedersachsen, den er „zum stärksten JN-Landesverband aufbaute."[10] 1992 wurde Apfel stellvertretender Bundesvorsitzender der *JN*. 1994 löste er schließlich den seit 1992 amtierenden Andreas Storr als Bundesvorsitzenden ab und bekleidete dieses Amt bis 1999. Eine erneute Kandidatur lehnte Apfel ab, was er in einem Interview mit der *Deutschen Stimme* im März 1999 folgendermaßen begründete: „Sowohl ich als auch ein großer Teil der langjährigen Führungsmannschaft werden nicht mehr für den JN-Bundesvorstand kandidieren. Ich habe die JN-Arbeit rund zehn Jahre in führenden Funktionen begleitet, gehe nun auf die 30 zu und habe mit fünf Jahren die längste Amtszeit als Bundesvorsitzender in der Geschichte der JN wahrgenommen. Ich denke, daß es nicht Aufgabe der JN sein darf, zu Berufsjugendlichen zu mutieren und die JN haben sich in ihrer Geschichte nicht zuletzt deshalb wohltuend von den etablierten Jugendorganisationen abgehoben, daß sie nicht von Endzwanzigern oder noch älteren geführt wurden und der Bezug zur jugendlichen Basis dadurch immer gegeben war."[11]

Parallel zu seiner Karriere bei den *JN* gelang es Apfel, sich in der Mutterpartei *NPD* zu etablieren. Von 1990 bis 1997 war er Mitglied des *NPD*-Landesvorstandes Niedersachsen und von 1992 bis 1997 bekleidete er das Amt des Kreisvorsitzenden der *NPD* in Hildesheim. Seit 1994 ist Apfel Mitglied des Parteivorstandes der Bundes-*NPD*, seit 1995 zudem Mitglied im Parteipräsidium.

1998 wurde er als Wahlkampfleiter der *NPD* nach Mecklenburg-Vorpommern beordert, als „Feuerwehr".[12] Die *NPD* erzielte bei diesen Wahlen schließlich ein landesweites Ergebnis von über 1% der abgegebenen Stimmen und kam somit in den Genuss der staatlichen Parteienfinanzierung.[13] Apfel selbst kandidierte am 18. Februar 2001 bei den Oberbürgermeisterwahlen in Saarbrücken und erreichte 1,61% der abgegebenen Stimmen.

Anfang 2001 hatte Apfel versucht, einen Unvereinbarkeitsbeschluss gegenüber der *Revolutionären Plattform (RPF)* um → Steffen Hupka innerhalb der *NPD* zu erwirken, konnte

---

6 Ebd.
7 Ebd.
8 Ebd.
9 Ebd.
10 Ebd.
11 „NPD-Jugend steht vor Führungswechsel", in: *Deutsche Stimme* 3/1999, S. 3.
12 Voigt in Apfel 1999: 330.
13 Ebd.

sich aber mit diesem Ansinnen nicht durchsetzen.[14] Zu den Gegnern des Unvereinbarkeitsbeschlusses gehörten unter anderem der einstige Vorsitzende der rechtsextremen *Die Nationalen e.V.*, → Frank Schwerdt, sowie → Dr. Hans-Günter Eisenecker, wobei letzterer sich sogar von der *RPF* öffentlich distanziert hatte. Der Versuch der Abgrenzung dürfte aber eher taktisch motiviert gewesen sein, denn noch am 27. Mai 2000 erklärte Apfel laut *blick nach rechts* auf dem „2. Tag des nationalen Widerstandes" in Passau: „Ja, wir sind eine verfassungswidrige Partei. Ja, wir arbeiten mit verfassungswidrigen Organisationen zusammen."[15]

Apfel tritt aufgrund seiner führenden Funktion innerhalb der Partei oft bei *NPD*-Veranstaltungen als Redner auf. Auf der *NPD*-Kundgebung am 1. Mai 2001 in Dresden ließ Apfel seinem völkischen Gedankengut freien Lauf: „Wir Nationaldemokraten bekennen uns zum Staatsangehörigkeitsrecht auf der Grundlage völkischer Abstammung. Nur wer deutsches Blut in seinen Adern fließen hat, kann für uns ein Deutscher sein".[16] In der gleichen Rede legte er ein Bekenntnis zu einer Art „Großdeutschland" ab: „Im Gegensatz zum vaterlandslosen Denken von dem antifaschistischen Pöbel da oben bekennen wir uns als Nationalisten und zu unserem Vaterland (...), zu unserer angestammten Heimat – von der Maas bis an die Memel, von der Etsch bis an den Belt."[17] Am 1. Mai 2002 trat Apfel bei der *NPD*-Demonstration in Berlin als Redner auf und sprach über „Massenentlassungen, Lehrstellenmangel, Lohnkürzungen und Steuererhöhungen". Hier beklagte der *NPD*-Aktivposten „das Interesse fremder Mächte an unserem Geld, unseren Betrieben und der Ausbeutung unserer Arbeitskräfte" und die „systematische Demontage des Sozialstaats, der von staatlicher Regulierung und Globalisierungswahn geprägt" sei.[18]

Bedeutung: Durch die Wahl Holger Apfels zum Bundesvorsitzenden der *JN* 1994 verbesserte sich das zwischenzeitlich belastete Verhältnis zwischen der *NPD* und ihrer Jugendorganisation wieder. So stellte auch Udo Voigt fest: „Schon Anfang der 90er schaffte [Apfel] es, daß es der JN nicht nur gelang, Glaubwürdigkeit in der nationalen Jugend zurückzugewinnen, sondern auch innerhalb der NPD wieder ein ernstzunehmender Faktor wurde. [...] Unter Holger Apfel wurden frühere Gegensätze zwischen NPD und JN überwunden, und die JN kann sich heute zurecht als die Speerspitze der NPD bezeichnen."[19]

Apfel leistete zudem einen nicht zu unterschätzenden Beitrag zur Radikalisierung der *JN* in der ersten Hälfte der 90er Jahre. So gehörte Apfel 1993 zu den Rednern bei dem Rudolf-Heß-Gedenkmarsch in Fulda (Hessen).[20] Und als sich die *JN* 1996 erstmalig mit Unterstützung und Billigung der *NPD*-Parteispitze an der Vorbereitung und Durchführung der Aktivitäten zum Gedenken an Rudolf Heß beteiligte, hielt Apfel bei der zentralen Veranstaltung in Worms die Hauptrede.[21] Gut informierten Kreisen zufolge ist das Verhältnis zu neu-*NPD*'ler → Horst Mahler gespannt, der womöglich von Apfel als Konkurrent um einen zukünftigen Parteivorsitz angesehen wird. Was der omnipräsente Redner, Propagandachef, Einpeitscher und Multifunktionär, dessen Leben voll in der Partei aufzugehen scheint, nach einem etwaigen Verbot der *NPD* tun wird, ist allerdings vollkommen ungewiß.

---

14 Vgl. Jean Cremet, „Schulterschluss", in: *blick nach rechts* Nr.19/2001, S. 4/5.
15 Zit. nach Jean Cremet, „Keine Kameraden", in: *blick nach rechts* Nr.3/2001, S. 6/7, hier: 7.
16 Zit. nach Verfassungsschutzbericht 2001 Freistaat Sachsen, Pressefassung: 50.
17 Zit. nach Verfassungsschutzbericht des Bundes 2001, Pressefassung: 63.
18 Zit. nach Parteivorstand, „Demonstration in Berlin erfolgreich beendet", Meldung vom 1.5.2002 auf den Webseiten der NPD (eingesehen am 30.5.2002).
19 Voigt, in Apfel, 1999: 330.
20 Vgl. Uwe Hoffmann, Die NPD: Entwicklung, Ideologie und Struktur, 1999: 417.
21 Vgl. http://www.idgr.de/lexikon/bio/a/apfel-holger/apfel.html (eingesehen am 30.5.2002).

Alain de Benoist

> **Geboren**: 1943
>
> **Wohnort**: Paris (Frankreich)
>
> **Beruf**: Publizist
>
> **Organisationen**: *Groupement de Recherche et d'Études sur la Civilisation Européenne (GRECE)*
>
> **Funktionen**: Herausgeber von *Nouvelle École*, Chefredakteur von *Éléments* und *Krisis*, ständiger Mitarbeiter der *Jungen Freiheit*

Aktivitäten: Alain de Benoist, der als intellektueller Kopf der sogenannten *Nouvelle Droite* in Frankreich gilt, bewegte sich schon als Jugendlicher in rechtsradikalen Zusammenhängen. Als Schüler war er in der 1958 verbotenen chauvinistischen, antisemitischen und fremdenfeindlichen Organisation *Jeune Nation* aktiv[22], die nach dem Krieg von den Brüdern Pierre, François, Jacques und Henri Sidos mit dem Ziel gegründet worden war, sowohl Kapitalismus als auch Kommunismus zu bekämpfen, die französischen Besitzungen in Afrika zu „verteidigen" und den französischen Staat „wiederherzustellen"[23]. In seiner Studentenzeit engagierte sich Benoist für die rechtsradikale Gruppierung *Fédération des Étudiants Nationalistes (FEN)*, die eine Nachfolgeorganisation der *Jeune Nation* darstellte[24].

Benoists politischer Ziehvater wurde der Algerien-Freiwillige und rechtsradikale Publizist Dominique Venner[25], der zwischen 1963 und 1966 als Herausgeber der Zeitschrift *Europe-Action* fungierte. Mittels *Europe-Action*, für die auch Benoist unter dem Pseudonym Fabrice Laroche als Autor tätig war, propagierte Venner bereits in den frühen 1960ern eine ideologische Neuausrichtung der politischen Rechten in Frankreich.

In der Folge der Mai-Unruhen von 1968 gründeten rechte Intellektuelle unter maßgeblicher Beteiligung von Alain de Benoist und Dominique Venner den *Groupement de Recherche et d'Études sur la Civilisation Européenne (GRECE)* [deutsch: *Forschungs- und Studiengruppe über die europäische Zivilisation*] in Nizza, nachdem eine solche Gründung bereits seit längerem in rechten Zirkeln diskutiert worden war. Die Gründungsmitglieder der Organisation rekrutierten sich zu einem erheblichen Teil aus dem *Mouvement Nationaliste du Progrès (MNP)*, das 1967 unter der Bezeichnung *Rassemblement Européen pour la Liberté (REL)* erfolglos zu den französischen Parlamentswahlen angetreten war, und in dem Venner ebenfalls eine zentrale Rolle gespielt hatte. GRECE war von Anfang an nicht als parteipolitische Organisation mit Massenbasis, sondern als elitäre rechte Denkfabrik geplant. Seine Protagonisten bemühten sich, die Gründe für die Erfolglosigkeit der „alten Rechten" im Frankreich der 60er zu ergründen und zu einer ideologischen Neuausrichtung des rechten Lagers beizutragen. Ihr politisches Projekt war die Schaffung einer „Neuen Rechten", die die Defizite der alten Rechten, die nach Meinung von Benoist vor allem in ihrer Ideologie- und Kulturfeindlichkeit sowie dem Fehlen einer langfristigen politischen Strategie bestanden hatten, überwinden sollte. Die Theoretiker der *Nouvelle Droite* schöpf-

---

22 Vgl. Armin Pfahl-Traughber, „Konservative Revolution" und „Neue Rechte". Rechtsextremistische Intellektuelle gegen den demokratischen Verfassungsstaat, 1998: 131.
23 Webseite der Zeitschrift *Jeune Nation*, eingesehen am 6.5.02.
24 Vgl. Pfahl-Traughber, 1998: 131.
25 Vgl. ebenda.

ten bei der Realisierung ihres Vorhabens, eine „Kulturrevolution von rechts" (so der deutsche Titel eines Buches von Benoist) herbeizuführen, aus einem äußerst heterogenen und ideologisch weit gestreckten theoretischen Fundus, der von Carl Schmitt über Vertreter biologistischer Vererbungs-, Verhaltens- und Rassentheorien bis hin zu dem Marxisten Antonio Gramsci reichte. Letzterer wurde allerdings nur sehr selektiv rezipiert. Benoist und seine Mitstreiter propagierten eine „metapolitische" Strategie, mit der die Rechte die „kulturelle Hegemonie" in der Gesellschaft erobern sollte. Dabei bemühten sie sich primär über eigene Publikationen und Veröffentlichungen in konservativen Zeitschriften, wie dem *Le Figaro-Magazine*, Wochenendbeilage der Tageszeitung *Le Figaro*, oder der Wirtschaftszeitschrift *Valeurs actuelles*, Einfluss auf das geistige Leben in Frankreich zu gewinnen. Mit seinem elitären Auftreten und wissenschaftlichen Anspruch versucht *GRECE* autoritäre, antidemokratische, antiliberale, antiamerikanische und antiaufklärerische Positionen bei politischen Entscheidungsträgern und bei als Multiplikatoren betrachteten Gruppen, wie Wissenschaftlern, Journalisten und Künstlern, salonfähig zu machen. Zu den ideologischen Grundpfeilern von *GRECE* gehört außerdem die Ablehnung der als „egalitär" denunzierten jüdisch-christlichen Religionstradition zugunsten einer neuheidnischen Religiosität, die Propagierung rassistischer Ideen, die mit euphemistischen Etikettierungen wie dem Begriff „Ethnopluralismus" getarnt werden, sowie eine ideologische Verklärung des Indoeuropäertums zum Ursprung einer angestrebten europäischen Zivilisationsgemeinschaft.

Vor allem in den 1970er und 1980er Jahren gelang es den Protagonisten der *Nouvelle Droite*, ein erhebliches öffentliches Interesse auf sich zu ziehen. 1978 wurde Benoist sogar für seine Aufsatzsammlung *Vu de droite* von der renommierten Académie Française ausgezeichnet. Seit 1968 ist er Herausgeber der *GRECE*-Zeitschriften *Nouvelle École* und *Eléments*[26]. Für letztere verfasste er unter dem Pseudonym Robert de Herte Leitartikel[27]. Weitere Publikationen der *GRECE* waren die Rezensionszeitschrift *Panorama des idées actuelles* und das Vereinsorgan *Le Lien*. Seit 1988 erscheint unter Benoists Herausgeberschaft außerdem dreimal jährlich in einer Auflage von 3000 Exemplaren die Zeitschrift *Krisis*, die sich Anfang der 90er Jahre um einen Brückenschlag ins grün alternative und kommunistische Lager bemühte[28].

Zu seinen besten Zeiten in den späten 70er und frühen 80er Jahren soll *GRECE* bis zu 4000 Mitglieder besessen haben[29], die in einer kaum überschaubaren Zahl von Clubs, Arbeitskreisen und Gruppen organisiert waren. Interne Auseinandersetzungen wegen persönlicher und ideologischer Differenzen führten jedoch später zu Austritten wichtiger Protagonisten wie Guillaume Faye (mittlerweile *Terre et Peuple*) und zur Abspaltung konkurrierender Organisationen wie der *Synergies Européennes*[30]. Außerdem übten die Erfolge des *Front National* in den 1980ern eine erhebliche Anziehungskraft auf Teile der *Nouvelle Droite* aus, insbesondere auf die Anhängerschaft des *GRECE*-Ablegers *Club de L'Horloge*. Die vormaligen *GRECE*-Mitglieder Yvan Blot (mittlerweile parteilos), Bruno Mégret (mittlerweile *Mouvement national républicain* [*MNR*]) und Pierre Vial (mittlerweile *Terre et Peuple*) machten beim *Front National* sogar eine steile parteipolitische Karriere. Programmatisch gibt es aber auch erhebliche Unterschiede zwischen *GRECE* und dem *FN*. Benoist vertritt etwa nach wie vor eine Ablehnung des liberal kapitalistischen Wirtschaftssystems.

---

26 Vgl. Pfahl-Traughber, 1998: 134f.
27 Vgl. Bernhard Schmid, Die Rechte in Frankreich, Berlin 1998: 164.
28 Vgl. ebenda. 1998: 164.
29 Vgl. ebenda 1998: 158.
30 Vgl. Pfahl-Traughber, 1998: 149f.

In Deutschland erschien 1981 beim rechtsradikalen → *Grabert Verlag* in dem Buch „Das unvergängliche Erbe. Alternativen zum Prinzip der Gleichheit" eine deutsche Übersetzung eines Aufsatzes von Benoist. Als Herausgeber des Bandes fungierte Pierre Krebs, der sich seit 1980 bemüht, nach dem Vorbild von *GRECE* das deutsche → *Thule Seminar* aufzubauen. In der eher theoriefeindlich eingestellten rechtsradikalen Szene in Deutschland unterblieb jedoch eine breite Rezeption der Arbeiten Benoists. Einzelpersonen wie der bekannte Publizist und bekennende Faschist Armin Mohler[31] oder der ehemalige Herausgeber der rechtsintellektuellen Theoriezeitschrift *Criticon* Caspar von Schrenck-Notzing, stehen Benoist und den Positionen der *Nouvelle Droite* allerdings durchaus aufgeschlossen gegenüber. Zeitweilig schrieb Benoist als Gastautor für → Manfred Rouhs rechtsradikale Publikation *Europa vorn*. Texte und Stellungnahmen Benoists fanden sich aber auch im *Thulenetz* und der *Jungen Freiheit*. Benoists 1999 auf deutsch erschienene Aufsatzsammlung *Aufstand der Kulturen* sowie den Essay *Die Wurzeln des Hasses* über den Terroranschlag vom 11. September wurde in der *Edition Junge Freiheit* verlegt. Bei dem rechtsradikalen Tübinger *Hohenrain Verlag* (Geschäftsführer: Wigbert Grabert; *Grabert Verlag*) erschien 2001 Benoists Buch *Schön vernetzte Welt*, in dem der theoretische Kopf der *Nouvelle Droite* sich in zwölf Aufsätzen dem Thema Globalisierung widmet. Als Redner war Benoist darüber hinaus Gast bei der Münchner Burschenschaft *Danubia*[32].

Bedeutung: Auch wenn der Einfluss von *GRECE* und Alain de Benoist im rechtsradikalen Lager Frankreichs in den letzten Jahren erheblich zurückgegangen ist, sollte ihre Bedeutung für den französischen und europäischen Rechtsradikalismus nicht unterschätzt werden. Insbesondere in Frankreich erreichte die *Nouvelle Droite* zeitweise eine erhebliche Breitenwirkung und ihre Protagonisten verfügten über Kontakte bis in einflussreiche politische Kreise[33]. Auf ideologischem Gebiet wirkte sie im rechtsradikalen Lager überaus innovativ und verstand es geschickt, alte rechtsradikale Positionen theoretisch neu zu fundieren und zu aktualisieren. Alain de Benoist kam bei diesem Unternehmen die Rolle eines wandlungsfähigen „Chefideologen" zu, der es im Laufe der Jahre auch verstand, manche seiner Thesen, etwa bezüglich des Themas Ökologie oder eines jetzt weniger biologistisch als stärker kulturalistisch inspirierten Rasse-Diskurses, zu modifizieren. Dies hat jedoch auch erhebliche ideologische Differenzen zwischen Benoist und vielen seiner ehemaligen Mitstreiter produziert, die mitunter in einem äußerst scharfem Tonfall ausgetragen werden.

Indem die *Nouvelle Droite* den Rechtsradikalismus in Frankreich intellektualisierte, leistete sie langfristig einen Beitrag dazu, rechtsradikale Parteien wie den *Front National* und deren Ideologie auch bei gebildeten Schichten hoffähig zu machen. In Deutschland hingegen blieb die Rezeption Benoists auf einen kleinen Kreis von Rechtsintellektuellen mit eher marginalem Einfluss auf das Geschehen im rechtsradikalen Lager beschränkt. Dennoch konnte Benoist auf eine Anhängerschaft in ganz Europa zählen. In England verbreitet der Brite Michael Walker seine Ideen in dem Magazin *The Scorpion*, in Belgien waren es die Zeitschriften des späteren *GRECE*-Dissidenten Robert Steuckers, *Vouloir* und *Orientations*.

---

31 Vgl. ebenda, 1998: 170.
32 Bayerisches Staatsministerium des Inneren, Pressemitteilung 268/01, 14. Juni 2001.
33 Bruno Mégret war beispielsweise zwischen 1979-1981 Mitglied des ZKs der gaullistischen Partei *RPR*. Vgl. Schmid, 1998: 159.

Siegfried Roland Borchardt

Geboren: 1953

Wohnort: Dortmund

Beruf: Industriekaufmann

Organisationen: → *Aktionsfront Nationaler Sozialisten/Nationale Aktivisten (ANS/NA)*, → *Komitee zur Vorbereitung der Feierlichkeiten zum 100. Geburtstag Adolf Hitlers (KAH)*, → *Freiheitliche Deutsche Arbeiterpartei (FAP)*, → *Hilfsorganisation für nationale politische Gefangene und deren Angehörige (HNG)*, Kameradschaft Dortmund (→ *Kameradschaften*).

Funktionen: Kameradschaftsführer *ANS/NA*, Kreisleiter *KAH*, Landesvorsitzender *FAP* in NRW, stellvertretender Bundesvorsitzender *FAP*.

Aktivitäten: Nachdem sich Siegfried Borchardt nach eigenen Angaben[34] in den frühen siebziger Jahren noch in linken Zusammenhängen engagiert hatte, knüpfte er über die Hooliganszene Kontakte zu rechtsextremen Organisationen. Er gründete 1982 den Dortmunder Fanclub *Borussenfront* und wurde Kameradschaftsführer bei der *Aktionsfront Nationaler Sozialisten* (→ *ANS/NA*) und später Kreisleiter beim → *KAH*. Ab 1984 baute er mit anderen ehemaligen *ANS/NA*-Kadern den Landesverband Nordrhein-Westfalen der → *Freiheitlichen Deutschen Arbeiterpartei (FAP)* auf, für die er 1984 bei der Kommunalwahl und 1985 als Spitzenkandidat zur Landtagswahl antrat, obwohl er zum Zeitpunkt der Landtagswahl wegen Körperverletzung in Untersuchungshaft saß (er wurde 1986 in diesem Fall freigesprochen). Es folgten weitere Anklagen wegen Körperverletzung und Volksverhetzung, die mit einer Freiheitsstrafe endeten[35]. Im Jahr 1988 wurde Borchardt Landesvorsitzender in NRW und stellvertretender Bundesvorsitzender der *FAP*. Bei der Wahl zum Europaparlament 1989 war Borchardt ebenfalls aufgestellt (Listenplatz 4). Zwischen 1989 und 1991 war Borchardt wiederum zeitweise in Haft[36]. 1995 wurde er in Luxemburg wegen einer Rudolf-Heß-Gedenkveranstaltung vor der deutschen Botschaft inhaftiert. Nach dem Verbot der *FAP* arbeitete er mit den *Deutschen Nationalisten* zusammen, trat aber ansonsten kaum mehr in Erscheinung. Derzeit ist er im Bereich der Freien Kameradschaften (→ *Kameradschaften*) – er unterhält gute Kontakte zur *Sauerländer Aktionsfront (SAF)* und ist selbst Mitglied der *Kameradschaft Dortmund* des *Nationalen Widerstands Ruhrgebiet* – aktiv und organisierte mit → Christian Worch zusammen Demonstrationen in Dortmund. „Schon seit Jahrzehnten war in Dortmund keine nationale Demo mehr erlaubt worden. V.a. der Rechtshilfe von Kamerad Christian Worch haben wir es zu verdanken, dass wir am 21. Oktober 2000 mit 600 Kameraden in Dortmund marschieren konnten." Es „konnten viele alte Kameraden wieder aktiviert werden, neue Kameraden sind zu uns gestoßen."[37] Bis März 2001 konnten zwei weitere Demonstrationen durchgeführt werden. Für Aufsehen sorgte außerdem eine Geburtstagsfeier im November 2000, die von der Polizei gewaltsam aufgelöst

---

34 Vgl. Interview mit Siegfried Borchardt, *Zentralorgan* Nr. 11 (Februar 2001), S. 23ff.
35 Ebd.
36 Ebd.
37 Zitate ebd. S. 23 und 24.

werden mußte. Wegen der Schlägerei stand Borchardt einmal mehr in Dortmund vor Gericht und kam in diesem Fall mit einer Geldstrafe von 1.200 DM davon[38].

Bedeutung: Borchardt, der auch „SS-Siggi" genannt wird, ist in erster Linie regional in Westdeutschland und den Benelux-Staaten aktiv. Er rekrutiert seine Anhänger vor allem unter Hooligans und Skinheads, laut Verfassungsschutz Nordrhein-Westfalen sollen aber auch → *NPD*-Mitglieder im *Nationalen Widerstand Ruhrgebiet* aktiv sein[39]. Obwohl ein Veteran des westdeutschen Rechtsextremismus konnte Borchardt auch aufgrund einer Vielzahl von Strafverfahren, die seinen Aktionsradius deutlich einschränkten, über den nordrhein-westfälischen Raum hinaus keinen nennenswerten Einfluß entfalten.

Thomas Brehl

> **Geboren:** 1957
>
> **Wohnort:** Langen (Hessen)
>
> **Beruf:** Ehem. BGS-Beamter
>
> **Organisationen:** *Wehrsportgruppe Fulda (WSG Fulda), Nationale Aktivisten,* → *Aktionsfront Nationaler Sozialisten/Nationale Aktivisten (ANS/NA),* → *Gesinnungsgemeinschaft der Neuen Front (GdNF),* → *Komitee zur Vorbereitung der Feierlichkeiten zum 100. Geburtstag Adolf Hitlers (KAH),* → *Kampfbund Deutscher Sozialisten (KDS).*
>
> **Funktionen:** Leiter der *WSG Fulda* und der *Nationalen Aktivisten*, zeitweise Organisationsleiter der *ANS/NA* und der *GdNF*, Bereichsleiter Süd der *ANS/NA*, Generalsekretär des *Freundeskreises Deutsche Politik* und des *KAH*, Sprecher der *Nationalen Initiative ‚Freiheit für Gottfried Küssel'*, Vorsitzender der *Aktion Ausländerrückführung (AAR)* und des *KDS*.

Aktivitäten: Thomas Brehl ist als Rechtsextremist seit Ende der 70er Jahre aktiv, von 1980-82 leitete er in erster Linie eine *Wehrsportgruppe Fulda*. Die Gruppe benannte sich 1982 in *Nationale Aktivisten* um, weil man verstärkt an politischer Arbeit interessiert war, und schloss sich Anfang 1983 mit → Michael Kühnens *Aktionsfront Nationaler Sozialisten* zur → *ANS/NA* zusammen[40]. Damit wurde Brehl anfangs neben Arnd-Heinz Marx, nach dessen Rauswurf Ende 1983 neben → Jürgen Mosler und → Christian Worch, Stellvertreter Kühnens und Mitglied der Organisationsleitung der *ANS/NA* und nach deren Verbot der → *GdNF*. Als Vorsitzender der *Aktion Ausländerrückführung (AAR)*, einer Frontorganisation der *ANS/NA*, trat er 1983 auch bei den hessischen Landtagswahlen in Fulda an.[41] *ANS/NA* und *AAR* wurden im Dezember 1983 nach ihrem Verbot aufgelöst.

Als Kühnen im März 1984 nach Frankreich floh, wurde Brehl Organisationsleiter der *GdNF*. Im Mai 1984 wurde von Kühnen, Brehl und Neonazis aus anderen europäischen Ländern in Madrid das → *Komitee zur Vorbereitung der Feierlichkeiten zum 100. Geburtstag Adolf Hitlers (KAH)* gegründet und Brehl zum Generalsekretär ernannt. Das *Komitee*

---

38 *blick nach rechts* 08/2001, S. 5.
39 Verfassungsschutz NRW, Tätigkeitsbericht 2000: 99.
40 Rainer Fromm, Die ‚Wehrsportgruppe Hoffmann', 1998: 147ff.
41 Ebd. 150f.

wurde 1986 jedoch vom schwulenfeindlichen Flügel um Jürgen Mosler übernommen und Brehl deshalb als Generalsekretär abgesetzt. Außerdem verließ er zeitweise die *GdNF*, deren Leiter er formal aber bis April 1987 blieb.

1992 wurde Brehl vom Landgericht Frankfurt am Main wegen Verstoßes gegen das Verbot der *ANS/NA* zu einem Jahr auf Bewährung verurteilt. Im Oktober 1993 gründete er u.a. mit Michael Petri und → Arnulf Priem in Langen die *Nationale Initiative ‚Freiheit für Gottfried Küssel'*, deren Sprecher er wurde. 1999 gründete Brehl dann u.a. mit → Michael Koth und Frank Hübner den → *Kampfbund Deutscher Sozialisten (KDS)*, eine Organisation, die „rechte" und „linke" Sozialisten unter dem Banner von Volk und Nation sammeln will. Brehl arbeitet dort vor allem mit Axel Reitz von der Kameradschaft Köln (→ *Kameradschaften*) zusammen. Im Rahmen des *KDS* verfaßte Brehl auch einen Offenen Brief an Egon Krenz, um ihm eine Zusammenarbeit in einer „Revolutionären Einheitsfront" anzubieten. Beachtung fanden neben seiner organisatorischen Arbeit seine Broschüren, Artikel, Gedichte und vor allem seine Briefe, die er in einschlägigen Magazinen veröffentlichte, darunter dem *Zentralorgan*, *Hamburger Sturm*, *Mut* und *Recht und Wahrheit*, sowie der Webseite des *KDS*.

Bedeutung: Mittlerweile hat Thomas Brehl zwar nicht wie sein ehemaliger *ANS/NA*-Kamerad → Jürgen Mosler der Szene offiziell den Rücken zugekehrt, steht aber in dem Ruf, sich bei Aktionen nicht mehr blicken zu lassen und nur noch schwülstige Gedichte zu schreiben[42]. Der *KDS* als Querfrontorganisation ist bisher kein durchschlagender Erfolg, könnte aber nach einem Verbot → *NPD*-Mitgliedern insbesondere des „nationalrevolutionären Flügels" um die ehemalige *Revolutionäre Plattform* als Auffangbecken dienen. Ob das dem „abgehalfterten Polit-Kasper"[43] Brehl zu einem Comeback verhelfen wird, bleibt abzuwarten.

Friedhelm Busse

Geboren: 1929

Wohnort: München

Beruf: Schriftsetzer

Organisationen: *Bund Deutscher Jugend (BDJ)*, *Deutsche Reichspartei (DRP)*, → *Nationaldemokratische Partei Deutschlands (NPD)*, *Aktion Neue Rechte (ANR)*, *Partei der Arbeit/Deutsche Sozialisten (PdA/DS)*, *Volkssozialistische Bewegung Deutschlands/Partei der Arbeit (VSBD/PdA)*, → *Freiheitliche Deutsche Arbeiterpartei (FAP)*.

Funktionen: Kreisvorsitzender Wattenscheid *NPD*, Gründer der *PdA/DS* und der *VSBD/PdA*, Landesbeauftragter der *ANR* in NRW, Vorsitzender der *FAP*, Leiter der *Katakombenakademie*, Betreiber des *NIT* Bayern.

Aktivitäten: Friedhelm Busse gehört noch zur sogenannten „Erlebnisgeneration" und meldete sich nach zwei Jahren Adolf-Hitler-Schule im Alter von 15 Jahren freiwillig zum

---

42 Vgl. die wenig schmeichelhaften Ausführungen zu Brehl in „Ein BARschloch weniger", *Zentralorgan* Nr. 12 (Juli 2001), S. 7.
43 A.M., „Braune Solidarität," in: *blick nach rechts*, 03/1997, S. 7.

Volkssturm. Nahezu nahtlos setzte er sein politisches Engagement in den fünfziger Jahren im *Bund Deutscher Jugend (BDJ)* fort. Schon zu dieser Zeit wurde er zu einer Haftstrafe verurteilt, weil er bei einem *BDJ*-Treffen 1952 in eine Prügelei mit Vertretern der *FDJ* verwickelt war. 1963 kam es zu einer Verurteilung wegen Sprengstoffbesitzes im Zusammenhang mit der separatistischen Bewegung in Südtirol.[44] Er war Mitglied der *Deutschen Reichspartei (DRP)* und später der → *NPD*, für die er bei der Bundestagswahl 1969 in Moers kandidierte. Seine Opposition zum „bürgerlichen" Kurs von Adolf von Thadden brachte ihm allerdings 1971 den Ausschluß aus der *NPD*. Danach versuchte er, eigene Parteistrukturen aufzubauen, seine *Volkssozialistische Bewegung* (1971 als *Partei der Arbeit* gegründet, 1975 umbenannt) wurde allerdings 1982 verboten, nachdem einzelne Mitglieder in Frankreich eine Terrorgruppe *Kommando Omega* gegründet und eine Bank ausgeraubt hatten. Auf dem Weg zu einem zweiten Bankraub kamen zwei der Neonazis bei einer Schießerei mit der Polizei um.[45] In den siebziger Jahren engagierte sich Busse außerdem in der *Aktion Neue Rechte* und wurde dort Landesbeauftragter für Nordrhein-Westfalen, Bundesvorstandsmitglied und Referent für Strategie.

Anfang der achtziger Jahre kam er wieder in mehreren Fällen mit dem Gesetz in Konflikt: 1980 wegen Volksverhetzung und Beleidigung und 1981 gar wegen Sprengstoffbesitzes und Mitwisserschaft bei einem Bankraub (im Zusammenhang mit dem *Kommando Omega*), wofür er 1983 zu drei Jahren und neun Monaten Gefängnis verurteilt wurde.[46] Unmittelbar nach seiner Haftentlassung 1986 begann Busses Karriere in der → *Freiheitlichen Deutschen Arbeiterpartei (FAP)*, die zu dieser Zeit von militanten Neonazis aus dem Umfeld → *Michael Kühnens* übernommen wurde und die Busse als Vorsitzender ab 1988 bis zum Verbot 1995 leitete. Schon früh hatten ihm → Jürgen Mosler und → Michael Swierczek, zu deren Flügel in der „Bewegung" Busse gezählt wurde, einen chaotischen Führungsstil vorgeworfen und die Partei nach seiner Wiederwahl 1990 verlassen.[47] Anfang der neunziger Jahre zeichnete er außerdem für Propagandamaterial der Anti-Antifa-Kampagne,[48] an der sich vor allem westdeutsche *FAP*-Kader unter Norbert Weidner beteiligt hatten, presserechtlich verantwortlich.

In den letzten Jahren verzweigen sich Busses Aktivitäten von diversen journalistischen Engagements (*Berlin-Brandenburgische Zeitung, Junges Franken*) über Redeauftritte bei der *NPD* und diversen → *Kameradschaften*, zu denen er gute Kontakte hat, bis zur Kaderschulung in seiner Münchener *Katakombenakademie*, von wo aus er auch einen Buchdienst betreibt. Außerdem betreut er seit 1997 das *Nationale Infotelefon Bayern*, zeichnet für eine Webseite unter dem Namen „Freies Franken" verantwortlich und gibt die *Nachrichten – Informationen – Meinungen* als Hausorgan der *Katakombenakademie* heraus.

---

44 Vgl. Patrick Moreau, Les Héritiers du IIIe Reich: L'extrême droite allemande de 1945 à nos jours, 1994: 393f. und Uwe Backes/Patrick Moreau, Die extreme Rechte in Deutschland, 1993: 77.
45 Vgl. Innenministerium Nordrhein-Westfalen, Verfassungsschutzbericht 1981, Kap. 1.4.4 und Ulrich Chaussy, „Eine Nazi-Operette wird ernst: Vom Rechtsextremismus zum Rechtsterrorismus – Fortschreibung des Berichts über die ‚Junge Front' und die VSBD," in: Wolfgang Benz (Hrsg.), Rechtsextremismus in der Bundesrepublik, 1989: 139ff.
46 Chaussy 1989: 142. Der Vorwurf der Bildung einer terroristischen Vereinigung musste fallengelassen werden, weil §129a StGB nicht auf nur im Ausland bestehende Organisationen angewendet werden kann.
47 Vgl. Jens Mecklenburg (Hrsg.), Handbuch deutscher Rechtsextremismus, 1996: 258f.
48 Zur Anti-Antifa siehe den Beitrag von Anton Maegerle in diesem Band.

Bedeutung: Der über siebzigjährige Friedhelm Busse ist noch immer einer der aktivsten Rechtsextremisten in der Bundesrepublik. Er ist nach wie vor beliebter Redner und wichtige Identifikationsfigur, während er in Organisationen kaum mehr eine verantwortliche Rolle spielt, seit die *FAP* verboten wurde. War er früher in rechtsterroristische Kreise verwickelt, ist er heute vor allem Propagandist, der sich bei der 1. Mai Demonstration der *NPD* in Essen 2001 zu dem Satz hinreißen ließ: „Wenn Deutschland judenfrei ist, brauchen wir kein Auschwitz mehr", wofür er jüngst in erster Instanz zu 21 Monaten Haft ohne Bewährung wegen Volksverhetzung verurteilt wurde.[49]

Thies Christophersen

Geboren: 1918 (†1997)

Wohnort: Mohrkirch (bei Flensburg), Kollund (Dänemark)

Beruf: Landwirt, Agrarjournalist, Verleger, Publizist

Organisationen: *Deutsche Partei (DP)*, → *Nationaldemokratische Partei Deutschlands (NPD)*, *Bürger- und Bauerninitiative e.V. (BBI)*, → *Nationalsozialistische Deutsche Arbeiterpartei/Auslands- und Aufbauorganisation (NSDAP/AO)*.

Funktionen: Vorsitzender der *Bürger- und Bauerninitiative e.V.*, Herausgeber von *Die Bauernschaft*, Inhaber des *Nordwindverlags* und Herausgeber der Schriftenreihe *Kritik, die Stimme des Volkes*.

Aktivitäten: Als Mitglied des *Deutschen Jungvolks*, einer Vorläuferorganisation der *Hitler-Jugend*, erfuhr Thies Christophersen schon als Jugendlicher eine nachhaltige Prägung durch die nationalsozialistische Ideologie. 1943 trat er in die *Waffen-SS* ein und wurde im folgenden Jahr als *SS*-Sonderführer für Pflanzenschutz im Auschwitz-Nebenlager Raisko in der Abteilung für Pflanzenkautschuk eingesetzt.

Nach dem Krieg übernahm er zunächst den landwirtschaftlichen Betrieb seines Vaters, wechselte jedoch schon bald in den Beruf des „Agrarjournalisten." Sein weiterer politischer Werdegang führte von der *CDU* über die *Deutsche Partei (DP)* bis zur → *NPD* immer weiter nach rechts. Keine dieser Parteien vermochte ihn jedoch dauerhaft in ihren Reihen zu halten. Selbst die *NPD* war ihm nach eigenem Bekunden noch „zu demokratisch"[50]. 1968 beteiligte er sich an der Gründung der *Notgemeinschaft Deutscher Bauern (NDB)*. Christophersen übernahm in dieser Organisation die Funktion des Landesgeschäftsführers und betreute als „Schriftleiter" das Verbandsorgan *Deutscher Bauer*. Die Zeitschrift wurde aber schon bald wegen wirtschaftlicher Schwierigkeiten vom → *DSZ-Verlag* des rechtsextremistischen Verlegers → Dr. Gerhard Frey übernommen. Kurz darauf schied Christophersen aufgrund von Meinungsverschiedenheiten aus ihrer Redaktion aus und widmete sich der Herausgabe der völkisch-rassistische Publikation *Die Bauernschaft. Für Recht und Gerechtigkeit*. 1971 erfolgte eine Umbenennung der *NDB* in *Bürger- und Bauerninitiative*

---

49 Vgl. *Frankfurter Rundschau*, 26. April 2002.
50 Vgl. Informationsdienst gegen Rechtsextremismus, Thies Christophersen, http://www.idgr.de/lexikon/bio/c/christophersen-thies/christophersen.html (eingesehen 1.6.2002).

(BBI). Im selben Jahr erschien auch erstmalig Christophersens Zeitschrift *Kritik – Die Stimme des Volkes*. 1972 trat er als Inhaber des neu gegründeten *Kritik*-Verlags und Herausgeber eines von → Manfred Roeder verfassten Pamphlets in Erscheinung.

Als Autor der Broschüre *Die Auschwitz-Lüge*, zu der Roeder das Vorwort schrieb, erlangte Christophersen 1973 große Bekanntheit im rechtsextremen Lager. Mit der in viele Sprachen übersetzten Schrift setzte sich der ehemalige *SS*-Mann an die Spitze der Bewegung der Holocaust-Leugner. *Die Auschwitz-Lüge* war eine der ersten Publikationen, in denen der Holocaust unverhohlen in Frage gestellt wurde. Da Christophersen auf seine persönliche Anwesenheit in der Nähe des Lagers Auschwitz im Jahr 1944 verweisen konnte, kam ihm scheinbar besondere Glaubwürdigkeit zu. Schnell genoss er in „revisionistischen" Kreisen den Ruf eines „Kronzeugen" für ihre Thesen. Als der deutschkanadische Holocaustleugner → Ernst Zündel sich 1988 wegen seiner propagandistischen Tätigkeit vor einem kanadischen Gericht zu verantworten hatte, bestellte dessen Verteidigung unter anderem Christophersen zur Entlastung des Angeklagten in den Zeugenstand.

Christophersen geriet 1973 erstmals in das Visier der Justiz, nachdem er ein Buch mit dem Titel *Ist Rassebewusstsein verwerflich?* veröffentlicht hatte. Ein Jahr später forderte er in Vorträgen die Wiederzulassung der *NSDAP* und im November 1974 besuchte der US-amerikanische Neonaziführer und Gründer der → *NSDAP/AO* → Gary Rex Lauck auf Einladung von Christophersens *BBI* und Roeders *Deutscher Bürgerinitiative* die Bundesrepublik. Wegen Verbreitung nationalsozialistischer Propaganda verurteilte das Landgericht Flensburg Christophersen 1976 zu einer Geldstrafe. Zusammen mit den Rechtsextremisten Erwin Schönborn und Klaus Huscher plante er für 1977 die Abhaltung eines später verbotenen „Auschwitz-Kongresses" in Nürnberg. Auch in den folgenden Jahren geriet Christophersen immer wieder mit dem Gesetz in Konflikt. 1978 wurde er wegen Volksverhetzung und Verunglimpfung des Staates, 1979 wegen Verbreitung verfassungswidriger Symbole verurteilt. Zwei Jahre später entzog er sich durch Flucht ins Ausland erstmals einer Haftstrafe in der Bundesrepublik. 1983 war er an der Vorbereitung einer Veranstaltung der rassistischen Gruppierung *Europäische Neuordnung* (*ENO*) in Hagenau (Elsass) beteiligt. Seiner Verhaftung an der deutsch-belgischen Grenze im selben Jahr folgte 1984 eine erneute Verurteilung wegen Verunglimpfung des Staates und des Andenkens Verstorbener. 1986 floh Christophersen, nachdem er zwischenzeitlich eine Freiheitsstrafe verbüßt hatte, vor weiterer strafrechtlicher Verfolgung nach Kollund (Dänemark).

Während er von Dänemark aus mit Hilfe seiner Versandbuchhandlung *Nordwind* den Vertrieb neonazistischen Propagandamaterials fortsetzte, verlegte er den Sitz des *Kritik*-Verlages in die Schweiz. Christophersens Zeitschrift *Die Bauernschaft* erschien ab 1987 im *Nordland Forlag* des dänischen Neonazis *Poul Rijs Knudsen*. Eine Auslieferung des in Deutschland mit Haftbefehl gesuchten Christophersen an die Bundesrepublik scheiterte an den liberalen dänischen Gesetzen zur Meinungs- und Pressefreiheit. 1988 erschien er als Redner auf einer Veranstaltung zum 100. Geburtstag von Adolf Hitler in Madrid. Im selben Jahr legte er den Vorsitz der zwei Jahre später aufgelösten *BBI* nieder. 1992 war Christophersen Teilnehmer eines von der spanischen Neonazi-Organisation *CEDADE* organisierten „Revisionistentreffens". Massive Proteste seiner dänischen Nachbarn zwangen ihn 1995 zur Aufgabe seines Wohnsitzes in Kollund, woraufhin Christophersen sich in die Schweiz absetzte, die ihn jedoch aufforderte, binnen Jahresfrist das Land zu verlassen. *Die Bauernschaft* wurde von 1994 bis zu ihrer endgültigen Einstellung drei Jahre später von Ernst Zündel herausgegeben. Nach kurzem Exil in Spanien starb Christophersen am 13. Februar 1997 in Molfsee bei Kiel.

Bedeutung: Thies Christophersen spielte über viele Jahre eine herausragende Rolle im deutschen Rechtsextremismus. Als Verfasser der Schrift *Die Auschwitz-Lüge* gehört er zu den Pionieren der Holocaust-Leugner und genoss bis zu seinem Lebensende unter Gleichgesinnten höchstes Ansehen. Bedeutung in rechtsextremistischen Kreisen erlangte Christophersen aber auch durch den Vertrieb und die Veröffentlichung von neonazistischem Propagandamaterial sowie durch die Veranstaltung von sogenannten „Lesertreffen" der *Bauernschaft*, die meist im Ausland stattfanden. 1992 traten in Antwerpen anlässlich eines dieser Treffen einschlägig bekannte Rechtsextremisten wie Gaston Armand Armaudruz, → David Irving und → Christian Worch auf. Bekannt ist auch, dass Christophersen 1990 sein Haus in Kollund für ein konspiratives Treffen der Führungsriege der in Deutschland verbotenen *NSDAP/AO* zur Verfügung stellte und dass die berüchtigte, 1993 erschienene Anti-Antifa-Broschüre *Der Einblick* über ein in der Nähe seines dänischen Wohnorts gelegenes Postfach zu beziehen war. Nach seiner Flucht aus Dänemark nahm Christophersens Bedeutung jedoch stark ab. Versuche von Neonazis in den vergangenen Jahren, öffentlich Gedenkveranstaltungen für Christophersen abzuhalten, zeigen jedoch, dass seine Person in rechtsextremistischen Kreisen weiterhin eine gewisse Austrahlungskraft besitzt.

Günter Deckert

Geboren: 1940

Wohnort: Weinheim (Baden-Württemberg)

Beruf: Gymnasiallehrer

Organisationen: → *Nationaldemokratische Partei Deutschlands (NPD)*, → *Junge Nationaldemokraten (JN)*, Arbeitsgemeinschaft Nationaldemokratischer Lehrer, Deutsche Partei (DP), Komitee für die Wiedereinführung der Todesstrafe, Deutsche Liste.

Funktionen: *NPD*-Kreisvorsitzender in Mannheim und dem Rhein-Neckar Kreis, Gemeinderat in Weinheim (*NPD*, *Deutsche Liste Weinheim*), Bundesvorsitzender der *JN*, Landesvorsitzender der *JN* in Baden-Württemberg, Mitglied des *NPD*-Landesvorstandes Baden-Württemberg, Mitglied des *NPD*-Bundesvorstandes, Vorsitzender der *Deutschen Partei*, Bundesvorsitzender der *NPD*.

Aktivitäten: Der notorische Holocaust-Leugner und langjährige Gemeinderat in der baden-württembergischen Gemeinde Weinheim, Günter Deckert, gehört wegen der zahlreichen gegen ihn angestrengten Gerichtsverfahren zu den bekannteren Gesichtern der von einem Verbot bedrohten → *NPD*. Nach einem Studium der Romanistik und Anglistik in Heidelberg und Montpellier machte der später wegen seiner rechtsextremistischen Aktivitäten aus dem Schuldienst entlassene Gymnasiallehrer schnell Karriere in der *NPD*. Schon seit 1965 Parteimitglied, trat der inzwischen zum *NPD*-Kreisvorsitzenden von Mannheim aufgestiegene Deckert vier Jahre später für die Partei bei den Bundestagswahlen an. Im selben Jahr beteiligte er sich an der Gründung der *NPD*-Jugendorganisation → *Junge Nationaldemokraten (JN)*, deren Bundesvorsitz er von 1973-1975 inne hatte[51]. 1972 wurde er baden-württembergischer Landesvorsitzender dieser Organisation und trat außerdem als Mitglied des

---

51 Uwe Hoffmann, NPD. Entwicklung, Ideologie und Struktur, 1999: 399.

NPD-Landesvorstandes in Baden-Württemberg und des Bundesvorstandes in Erscheinung. Im selben Jahr gründete er die *Arbeitsgemeinschaft Nationaldemokratischer Lehrer*. Nachdem Deckert bereits 1974 bei den Bürgermeisterwahlen in seiner Heimatgemeinde Weinheim spektakuläre 25,3% der Stimmen erzielt hatte[52], gelang ihm dort ein Jahr später erstmals der Einzug in den Gemeinderat. Zwischen 1975 und 1977 bekleidete er das Amt des stellvertretenden *NPD*-Bundesvorsitzenden[53]. 1979 war er Mitbegründer eines *Komitees für die Wiedereinführung der Todesstrafe* und unterlag in einer Kampfabstimmung um den Posten des *NPD*-Bundesvorsitzenden gegen Martin Mußgnug. Drei Jahre später schied Deckert aus der *NPD* aus, um einer drohenden Entlassung aus dem Schuldienst zu entgehen. Dies hatte aber nicht seinen Rückzug aus der aktiven Politik zur Folge. Mit der von ihm gegründeten *Deutschen Liste Weinheim* gelang Deckert wiederholt der Einzug in den Weinheimer Gemeinderat. 1986 fungierte er als Gründer der *Deutschen Partei* (DP) und übernahm deren Vorsitz. Mit seiner demonstrativen Distanzierung von der *NPD* konnte Deckert jedoch seine 1988 erfolgte Entfernung aus dem Schuldienst nicht abwenden. In den 80er Jahren erregte Deckert vor allem mit aggressiver ausländerfeindlicher und rassistischer Propaganda Anstoß, so etwa als Erstunterzeichner einer „Bürgeraktion Ausländerstop". Darüber hinaus verfasste er die Schriften „Ausländer Stop – Handbuch gegen Überfremdung" (1981) und „Die Asylantenfrage gestern und heute" (1987) und trat auf Veranstaltungen der einschlägigen Organisationen → *Gesellschaft für Freie Publizistik* (*GFP*) und *Deutsches Kulturwerk europäischen Geistes (DKeG)* auf.

1991 kehrte Deckert zur *NPD* zurück und wurde noch im selben Jahr zum Kreisvorsitzenden des Rhein-Neckar Kreises und Bundesvorsitzenden der Partei gewählt. Unter Deckerts Führung steuerte die *NPD* immer deutlicher einen Annäherungskurs auf das offen neonazistische Spektrum zu, während sich der Parteivorsitzende vorrangig über das Thema der Holocaust-Leugnung zu profilieren suchte. Ein von Deckert in Weinheim organisierter Vortrag des amerikanischen Holocaust-Leugners Fred Leuchter, bei dem Deckert als Übersetzer auftrat und Leuchters Thesen zustimmend kommentierte, zog 1992 eine Verurteilung Deckerts wegen Volksverhetzung, Aufstachelung zum Rassenhass sowie Verleumdung und Beleidigung der Opfer des Holocaust zu einem Jahr auf Bewährung und 10 000 DM Geldstrafe nach sich.

1994 hob der Bundesgerichtshof jedoch das Urteil des Landgerichts Mannheim auf, da es den Tatbestand der Volksverhetzung als nicht hinreichend erwiesen ansah.[54] Ein in einem neuerlichen Verfahren, ebenfalls durch das Landgericht Mannheim ergangenes Urteil brachte zwar keine Änderung des Strafmaßes, sorgte aber für erhebliches öffentliches Aufsehen, da Deckert die richterliche Begründung des Urteils mit finanziellem Gewinn verbreitete. In der Urteilsbegründung hatte der zuständige Richter Orlet dem Angeklagten unter anderem Charakterstärke und Verantwortungsbewusstsein attestiert[55]. Die gerichtlichen Auseinandersetzungen wegen der „Leuchter"-Angelegenheit waren damit jedoch nicht zu Ende. 1995 hob der Bundesgerichtshof auch das ein Jahr zuvor gefällte Urteil wieder auf. Erst mit

---

52 Vgl. Jens Mecklenburg (Hg.), AntifaReader. Antifaschistisches Handbuch und Ratgeber, 1996: 93.
53 Vgl. Hoffmann, 1999: 399.
54 Die Tat erfolgte vor Einfügung des § 130 Abs. 3 in das StGB (Auschwitzlüge). Der BGH begründete die Aufhebung des ersten Urteils damit, dass die Leugnung der Shoa zwar auch Volksverhetzung sein *könne* – nach altem Recht –, das Urteil jedoch hierzu an einer mangelhaften Begründung leide.
55 Vgl. o.A., „Heil Rufe bei Deckert Prozess", in: *Berliner Zeitung* vom 22.4.1995.

der Verurteilung Deckerts durch das Landgericht Karlsruhe zu zwei Jahren Haft ohne Bewährung fand die Angelegenheit ihren endgültigen Abschluss[56].

Die Haftstrafe, die Deckert ab Dezember 1995 in der JVA Bruchsal verbüßte, löste in rechtsextremistischen Kreisen im In- und Ausland eine Welle der Solidarisierung mit dem vermeintlichen „Märtyrer" aus. In der *NPD* konnte Deckert indessen nicht von seinem Status als „politischer Gefangener" profitieren. Im Herbst 1995 enthob ihn das Parteipräsidium unter anderem wegen angeblicher finanzieller Unregelmäßigkeiten des Bundesvorsitzes. Auch im Gefängnis war Deckert weiter politisch tätig. Er verfasste unter anderem Artikel für die von seinen Sympathisanten herausgegebene „geschichtsrevisionistische" Publikation *Deckert-Depesche* (später: *Deckert-Stimme*)[57]. Darüber hinaus handelte sich Deckert mit seinen vielfältigen rechtsextremistischen Aktivitäten eine kaum zu überblickende Zahl weiterer Klagen ein. Verurteilt wurde er unter anderem wegen Beleidigung von Ignatz Bubis und Polizeibeamten. Dies hatte zur Folge, dass Deckert erst im Januar 2000 aus der Haft entlassen wurde.

Nach seiner Haftentlassung schrieb sich Deckert an der Universität Heidelberg für den Studiengang Rechtswissenschaft ein[58] und unternahm im Sommer 2001 in Nürnberg vergeblich den Versuch, als Kandidat einer ausländerfeindlichen der *NPD* nahestehenden Liste für das Amt des Bürgermeisters zu kandidieren[59]. Dennoch konnte die *Bürgerinitiative Ausländerstopp* bei den bayerischen Kommunalwahlen am 3. März 2002 in Nürnberg 2,3% der Stimmen erlangen. Damit zog zum erstenmal seit 30 Jahren wieder ein Mitglied der *NPD* in den Nürnberger Stadtrat ein[60]. Zu handgreiflichen Auseinandersetzungen zwischen Deckert und Ordnern der Partei kam es im Frühjahr 2002 auf dem *NPD*-Bundesparteitag im niedersächsischen Königslutter, auf dem die um Deckert, den schleswig-holsteinischen *NPD*-Landeschef Peter Borchert und den kürzlich aus der Partei ausgeschiedenen → Steffen Hupka gescharten Radikalen vergeblich versuchten, den *NPD*-Bundesvorstand zu übernehmen[61]. Gegen den derzeitigen Parteichef → Udo Voigt erhoben sie den Vorwurf, V-Leute des Verfassungsschutzes gedeckt zu haben[62].

Zuletzt machte Deckert durch seinen Versuch von sich reden, in dem im Erzgebirge gelegenen Gränitz, einen Treffpunkt für Rechtsextremisten zu eröffnen[63]. Zu diesem Zweck hat Deckert bereits 2001 bei einem Dresdner Auktionshaus eine alte Landgaststätte erworben und lässt das Gebäude derzeit sanieren[64]. Nach Angaben des Verfassungsschutzes beabsichtigt Deckert die Eröffnung eines „Deutschen Hauses", in dem Tagungen, Seminare, Parteitage und Konzerte stattfinden sollen[65].

---

56 Vgl. ebenda.
57 Vgl. Jörg Fischer, Das NPD Verbot, 2001: 25.
58 Vgl. Jochen Leffers, „Rechtsextremist Günter Deckert. Erst Gefängnis, dann Uni", in: *UniSPIEGEL* 2/2001.
59 Vgl. Jörg Völkerling, „Ex NPD Chef will OB werden", in: *taz* vom 11.8.2001 und Bernd Siegler, „Die vermasselte Propagandashow", in: *taz* vom 30.8.2001.
60 Vgl. Jörg Fischer, „Erfolg für Rassisten bei Kommunalwahl", in: *junge Welt* vom 6.3.2001.
61 Vgl. o.A., „NPD-Parteitag. Rauferei unter Rechten", in: *Der Spiegel* Nr. 14/2002 (vom 30.3.2002): 19.
62 Vgl. ebenda.
63 Vgl. o.A., „Neonazi Deckert plant Treffpunkt im Erzgebirge", in: *Dresdner Neueste Nachrichten* vom 13.5.02.
64 Vgl. ebenda.
65 Vgl. ebenda.

Bedeutung: Seit Jahrzehnten ist Günter Deckert eine feste Größe im deutschen Rechtsextremismus, und das juristische Nachspiel des Vortrages von Fred Leuchter in Weinheim verschaffte ihm auch internationale Bekanntheit. Unter anderem setzte sich der britische Holocaust-Leugner → David Irving öffentlich für eine Haftentlassung Deckerts ein. Deckert ist außerdem maßgeblich verantwortlich für die seit Anfang der 90er Jahre erfolgte Öffnung der *NPD* gegenüber der militanten Neonazi-Szene. Entschieden trieb er darüber hinaus die verstärkte Nutzung der Neuen Medien durch rechtsextremistische Kreise voran. Seit der Übernahme des *NPD*-Bundesvorsitzes durch Udo Voigt ist Deckerts Bedeutung in der Partei jedoch erheblich zurückgegangen. Vielen Parteimitgliedern gilt er als zu sehr auf ein Thema fixiert. Voigt erstattete wegen des Verdachts auf Veruntreuung von Parteigeldern sogar Strafanzeige gegen seinen Amtsvorgänger. Ein Ermittlungsverfahren der Staatsanwaltschaft Stuttgart wurde jedoch mittlerweile wegen offensichtlicher Haltlosigkeit der Vorwürfe eingestellt.

Peter Dehoust

Geboren: 1936

Wohnort: Coburg (Bayern)

Beruf: Verleger

Organisationen: *Bund Nationaler Studenten* (*BNS*), → *Nationaldemokratische Partei Deutschlands* (*NPD*), *Nation Europa – Freunde e.V.*, *Hilfskomitees Südliches Afrika* (*HSA*), → *Gesellschaft für Freie Publizistik* (*GfP*), → *Deutsche Liga für Volk und Heimat* (*DLHV*).

Funktionen: Herausgeber von *Nation & Europa*

Aktivitäten: Peter Dehoust ist zusammen mit → Harald Neubauer und dem 1996 verstorbenen langjährigen ehemaligen →*NPD*-Bundesvorsitzenden Adolf von Thadden Herausgeber der rechtsintellektuellen Zeitschrift *Nation & Europa*, die mit einer Auflage von 14.500 Exemplaren zu den auflagenstärksten Publikationen im rechtsradikalen Spektrum gehört und als bedeutendstes Strategie- und Theorieorgan im Bereich der Neuen Rechten gilt[66].

In den 1950er Jahren betätigte sich Dehoust im 1961 verbotenen *Bund Nationaler Studenten* (*BNS*) und wurde verschiedentlich als Chefideologe der Organisation bezeichnet[67]. Von 1960 bis 1978 fungierte Dehoust als Herausgeber des rechtsgerichteten *Deutschen-Studenten-Anzeigers*[68], an dem er bis 1971 auch als Redakteur mitarbeitete. 1968 wurde Dehoust Bezirksvorstandsmitglied der *NPD* in Bayreuth, zwei Jahre später 1. Vorsitzender des *NPD*-Kreisverbandes Coburg[69]. 1970 kandidierte er für die *NPD* bei den bayerischen Landtagswahlen.

---

66 VS-Bericht des Landes NRW 2000: 130.
67 Kurt Hirsch, Rechts von der Union, 1989: 365. Jens Mecklenburg (Hg.), Handbuch Deutscher Rechtsextremismus, 1996: 453.
68 Hirsch 1989: 365.
69 Ebenda.

Nach dem Tod von Arthur Ehrhardt wurde Dehoust 1971 „Hauptschriftleiter" der Zeitschrift *Nation Europa*. Der ehemalige SS-Sturmbannführer und Chef der Bandenbekämpfung im Führerhauptquartier Ehrhardt hatte das Heft, dessen Namen auf eine Begriffsprägung des britischen Faschistenführer Oswald Mosley zurückgeht[70], 1951 mit dem ehemaligen SA-Mann und NS-Dichter Herbert Böhme ins Leben gerufen. Letzterer hatte bereits im Jahr zuvor bei der Gründung des *Deutschen Kulturwerks europäischen Geistes* (*DKeG*) eine entscheidende Rolle gespielt. Ideologisch orientierte sich das Blatt an dem Konzept eines „Europa-Nationalismus", wie es in den Reihen der *Waffen-SS* vertreten worden war[71], und den Ideen des rechtsextremen italienischen Philosophen Julius Evola. Zu den Unterstützern der Zeitschrift zählten der ehemalige stellvertretende Reichspressechef Helmut Sündermann und sein Nachfolger als Leiter des rechtsradikalen Druffel Verlages, Gert Sudholt[72].

1972 wurde Dehoust Vorstandsmitglied des *NPD*-Landesverbandes Bayern und war Mitorganisator des „1. Nationaleuropäischen Jugendkongresses", auf dem er in das „Generalsekretariat der 1. Intereuropäischen Nationale" gewählt wurde. Vier Jahre später übernahm er den Vorsitz des Vereins *Nation Europa – Freunde e.V.* (derzeit ca. 200 Mitglieder) und des auf seine Initiative neu gegründeten *Hilfskomitees Südliches Afrika* (*HSA*)[73], das sich die Solidarität mit dem weißen Südafrika und der Apartheid auf die Fahnen geschrieben hat. Letzteres ist eng mit dem → *Nation Europa Verlag* verbunden und stellt einen Versuch dar, eine Brücke zu rechtskonservativen bürgerlichen Kreisen zu schlagen. Kontakte zum *HSA* pflegte auch der südafrikanische Journalist Arthur Kemp, gegen den 1993 im Zusammenhang mit der Ermordung des *ANC*-Führers und südafrikanischen *KP*-Chefs Chris Hani ermittelt wurde[74].

1978 übernahm Dehoust das Amt des stellvertretenden *NPD*-Kreisvorsitzenden in Oberfranken und kandidierte erneut bei den bayerischen Landtagswahlen für die Partei. Im folgenden Jahr trat Dehoust als Vorsitzender des außenpolitischen Bundesausschusses der *NPD* und Vorstandsmitglied der → *Gesellschaft für Freie Publizistik* (*GfP*) in Erscheinung[75].

Seit Mitte der 1980er Jahre engagierte sich Dehoust für die Bildung einer rechten Sammlungsbewegung[76]. Diese Bestrebungen mündeten 1991 in die Gründung der → *Deutschen Liga für Volk und Heimat* (*DLVH*), der Dehoust als Bundesvorstandsmitglied angehört[77]. Bereits im Jahr zuvor war es zu einer Fusion von *Nation Europa* mit den *Deutschen Monatsheften* des Verlegers Gert Sudholt gekommen. Da Sudholt darauf drängte, dass der Zusammenschluss zu einer erkennbar neuen Publikation führen sollte[78], führt das Heft seit dem den Titel *Nation & Europa. Deutsche Monatshefte*.

1992 machte Dehoust Adolf von Thadden und den damaligen Abgeordneten im Europaparlament und *DLVH*-Funktionär → Harald Neubauer, der 1990 nach einem Streit mit → Franz Schönhuber aus den → *Republikanern* ausgeschieden war, zu Mitherausgebern von *N&E*. 1994 wurde das Blatt mit der *Deutschen Rundschau*, dem Parteiorgan der *DLVH*, vereinigt. Der ehemalige Herausgeber der *Deutschen Rundschau* und Neubauers zeitweili-

---

70 Thomas Pfeiffer, Für Volk und Vaterland, 2002: 145.
71 Bernd Wagner, Handbuch Rechtsextremismus, 1994: 168f.
72 Jens Mecklenburg (Hrsg.), Handbuch Deutscher Rechtsextremismus, 1996: 421.
73 Hirsch 1989: 365.
74 Anton Maegerle, „,Deutsch-Südafrikanische Gesellschaft' im Zwielicht", in: *blick nach rechts* 13/1993, S. 3f.
75 Hirsch 1989: 365.
76 Jens Mecklenburg (Hrsg.), AntifaReader, 1996: 94.
77 Jens Mecklenburg (Hrsg.), Handbuch Deutscher Rechtsextremismus, 1996: 454.
78 Pfeiffer 2002: 146.

ger parlamentarischer Referent Karl Richter wurde daraufhin als Redaktionsmitglied von *N&E* übernommen. Richter schreibt darüber hinaus für diverse einschlägige Publikationen, darunter *Junge Freiheit*, *Deutschland in Geschichte und Gegenwart* und die *National-Zeitung*, und ist außerdem Chefredakteur der zweimonatlich erscheinenden Zeitschrift *Opposition. Magazin für Deutschland*, die inhaltlich eine große Ähnlichkeit mit *N&E* aufweist. Harald Neubauer wird unter dem Pseudonym Werner Baumann als *N&E*-Redakteur genannt.[79] Neubauer ist mittlerweile Mehrheitseigner der Zeitschrift und gilt inoffiziell als hauptverantwortlich für den Inhalt des Hefts[80]. Weitere Redaktionsmitglieder sind Dehoust (verantwortlich i.S.d.P.) und der ehemalige hessische Landesvorsitzende der *Republikanischen Jugend* (*RJ*) Andreas Lehmann[81]. Nicht mehr im Impressum als Redaktionsmitglied geführt wird der ehemalige Bundesvorsitzende des *Nationaldemokratischen Hochschulbundes* (*NHB*), Dietmar Engelhardt, der zeitweilig als jüngster *N&E*-Redakteur galt und mittlerweile zum *NPD*-Parteiorgan *Deutsche Stimme* gewechselt sein soll[82]. Zum weiteren Umfeld der Redaktion gehört seit Oktober 1995 auch Franz Schönhuber, der seine Differenzen mit Harald Neubauer beigelegt hat und in *N&E* regelmäßig als Autor der Kolumne „Aus meiner Sicht" auftritt. Als Geschäftsführerin der *Nation Europa Verlags GmbH* fungiert Inge Winterstetter[83]. Dem Unternehmen angeschlossen ist ein florierender Buchversand, der die Verluste der defizitär arbeitenden Zeitschrift ausgleicht[84]. In seinem Sortiment finden sich neben rechtsradikalen und „geschichtsrevisionistischen" Publikationen auch „Geschenkideen" wie ein „Julleuchter aus Ton", ein „Schwarze-Sonne-Leuchter" oder das Spiel „Weltenwandler", mit dem „Jung und Alt" die „germanische Mythologie spielend kennenlernen" können.

1996 wurde Dehoust von der *Gesellschaft für freie Publizistik* (*GfP*) für sein Lebenswerk mit der *Ulrich-van-Hutten-Medaille* ausgezeichnet[85]. Zu Jahresbeginn 2000 veröffentlichte er das Buch *Zwangsarbeiter – Lüge & Wahrheit*, in dem er propagandistisch gegen die jüngst geleisteten Entschädigungszahlungen an NS-Sklavenarbeiter zu Felde zieht und das angeblich „projüdische" Verhalten der Bundesregierung geißelt[86]. Darüber hinaus ist Dehoust Verfasser der Bücher *Heuchler, Henker, Halunken. Der Nürnberger Prozess vor 50 Jahren* und *Ignatz Bubis – Die Wahrheit: Sein Leben. Seine Geheimnisse. Seine Macht*. 2001 erklärte laut *blick nach rechts* der Stadtrat von Coburg Peter Dehoust und Harald Neubauer zu unerwünschten Personen in der Stadt[87].

Bedeutung: Peter Dehoust ist ein seit Jahrzehnten aktiver Rechtsradikaler und gern gesehener Gast und Referent bei rechtsradikalen Veranstaltungen in der Bundesrepublik. Er unterhält darüber hinaus Kontakte zu Gleichgesinnten im Ausland. Im Dezember 1996 traf sich der Führer des französischen *Front National* (*FN*) Jean–Marie Le Pen mit Dehoust, Neubauer und Schönhuber in Straßburg[88]. Zu einem weiteren Treffen mit Vertretern des *FN* kam es 1997 im Rahmen einer von den *Nation Europa-Freunden e.V.* und der *GfP* gemein-

---

79 VS-Bericht des Landes NRW 1997: 130.
80 Pfeiffer 2002: 146.
81 VS-Bericht des Landes Bayern 2000: 50.
82 Vgl. Pfeiffer 2002: 149.
83 Webpräsenz von *Nation & Europa* (eingesehen am 21.5.02).
84 Pfeiffer 2002: 147.
85 VS-Bericht des Landes NRW 1996 112.
86 VS-Bericht des Landes NRW 2000: 130f.
87 Meldungen in: *blick nach rechts* 9/2001, S. 14..
88 VS-Bericht des Landes NRW 1996: 52.

sam organisierten und von Dehoust geleiteten Veranstaltung im bayerischen Kösching[89]. Die relative Bedeutungslosigkeit der *DLHV* im rechtsradikalen Spektrum, bei der Dehoust nach wie vor im Bundesvorstand vertreten ist, gilt nicht für Dehousts Publikation *N&E*. Obwohl das im DIN A 5-Format erscheinende und einfach gestaltete Heft von der Aufmachung her an eine Schülerzeitung erinnert, kommt ihm als Forum der überparteilichen Debatte eine wichtige Rolle bei der Vernetzung der zersplitterten radikalen Rechten in Deutschland zu. Darüber hinaus ist es Dehoust in der Vergangenheit immer wieder gelungen, prominente ausländische Rechtsradikale als Autoren für das Heft zu gewinnen, so etwa Vertreter der *Nouvelle Droite* in Frankreich, wie → Alain de Benoist und Yvan Blot.

Jürgen Distler

Geboren: 1971

Wohnort: Riesa (Sachsen)

Beruf: Verlagskaufmann, Journalist

Organisationen: → *Die Republikaner (REP)*, *Landsmannschaft Schlesien*, → *Junge Nationaldemokraten (JN)*, → *Nationaldemokratische Partei Deutschlands (NPD)*.

Funktionen: Bayerischer Landesvorstand und Bundesvorstand *JN*, stellvertretender Bundesvorsitzender *JN*, bayerischer Landesvorstand und Bundesvorstand *NPD*, Chefredakteur *Deutsche Stimme*.

Aktivitäten: Der aus Bayreuth stammende Jürgen Distler wurde zunächst 1989 Mitglied der → *Republikaner (REP)*, die er jedoch bereits im folgenden Jahr verließ, weil die Partei offenbar „nicht auf den weltanschaulichen Fundamenten aufbaute, denen er sich verpflichtet fühlte."[90] Er kam in Kontakt mit den → *Jungen Nationaldemokraten (JN)* und wurde wenig später Mitglied der → *NPD*-Jugendorganisation. In der Region Franken war er Mitinitiator der Vernetzung der lokalen *JN*-Verbände in den „Regionalen Aktionsgruppen". Er wurde Mitglied des Landes- und des Bundesvorstands der *JN* und → Holger Apfels Stellvertreter in den Jahren 1995-1999. Zu dieser Zeit arbeitete er vor allem im Bereich Öffentlichkeitsarbeit und für das *JN*-Organ *Der Aktivist*.

Erst Mitte der neunziger Jahre trat er auch der Mutterpartei bei und wurde 1996 in den bayerischen Landesvorstand gewählt, dem er für zwei Jahre angehörte. Auf dem Parteitag in Stavenhagen (Mecklenburg-Vorpommern) 1998 wurde er dann Mitglied des Bundesvorstandes, in dem er vier Jahre lang saß.

Im Herbst 1996 zog Distler, der zuvor Redakteur der *Deutschen Stimme (DS)* geworden war, zusammen mit Holger Apfel, der 1996 ebenfalls hauptberuflich beim → *DS-Verlag* tätig wurde, in eine von den Geschwistern Krieg an die *NPD* vererbte Villa in Ehningen (Baden-Württemberg) ein.[91] Zusammen bauten sie die *Deutsche Stimme* zu einer regelmäßig erscheinenden Monatszeitung auf akzeptablem Niveau auf. Vor allem junge Akademiker wie

---

89 VS-Bericht des Landes NRW 1997: 130.
90 Udo Voigt, „Der Chefredakteur der Monatszeitung ‚Deutsche Stimme', Jürgen Distler," in: Holger Apfel (Hrsg.), Alles Große steht im Sturm, 1999, S. 335.
91 Eva Bernhard, „Ungeliebte Erben", in: *blick nach rechts*, 04/1997, S. 6f.

→ Jürgen Schwab, Alexander von Webenau oder heute Jürgen Gansel sorgten für die inhaltliche Erneuerung. Seit Februar 1999 Chefredakteur der *DS* zog Distler mit dem Verlag im Jahr 2000 nach Riesa (Sachsen), wo er 2001 als Kandidat zur Bürgermeisterwahl antrat. Leiter seines Wahlbüros war der ebenfalls in Riesa lebende Skinhead → Jens Pühse. Das Ergebnis von 6,5% Stimmenanteil (weniger als 1000 Stimmen)[92] fiel jedoch eher mager aus. Seit Februar 2001 fungiert der Multifunktionär Holger Apfel als Chefredakteur der Parteizeitung. Im Oktober 2001, einer Ausgabe mit zahlreichen Artikeln und Erklärungen zu den Terroranschlägen in den USA vom September, erschien der letzte namentlich gekennzeichnete Artikel von Jürgen Distler in der *Deutschen Stimme*, seit Mai 2002 wird er nicht mehr als Redakteur geführt.

Distler war in Partei und Zeitung u.a. für Kontakte ins Ausland zuständig. So führte er für das Blatt Interviews mit Ilse Carola Salm, die weitreichende Kontakte nach Belgien pflegt und bei deutschen Rechtsextremisten für die *Ijzerbedevaart* in Diksmuide wirbt, Yvan Blot und Jean-Yves Le Gallou, beide ehemalige *Front National* Politiker, und Nick Griffin von der *British National Party*. Für eine Demonstration der *American Friends of the British National Party* gegen das *NPD*-Verbotsverfahren in der Bundesrepublik reiste er im April 2001 eigens nach Washington, D.C., und hielt dort eine Rede. Dort traf er auch mit Aktivisten der amerikanischen *National Alliance* zusammen, zu der die *NPD* rege Kontakte hält.[93]

Bedeutung: Jürgen Distler hat der *JN/NPD* seit über zehn Jahren treu gedient und sich Mitte der neunziger Jahre sogar hauptberuflich an sie gebunden. Voigt lobte ihn ausdrücklich als „Vorreiter des neuen Typus von NPD-/DS-Angestellten, die ihren eigenen Beruf kündigen, um der Sache zu dienen."[94] Seine Arbeit bei der *Deutschen Stimme* hat dafür gesorgt, dass der Partei seit einigen Jahren wieder ein regelmäßig erscheinendes, respektables Medium zur Verfügung steht, wenn auch bisher weder der Umstieg auf den Wochenrhythmus noch der Kioskverkauf erreicht werden konnten. Dass er seit einigen Monaten praktisch keine Funktionen in der *NPD* ausübt, könnte mit dem durch das Verbotsverfahren drohenden Verlust der materiellen Existenzgrundlage zusammenhängen.

---

92 *blick nach rechts* 10/2001, S. 15.
93 Siehe hierzu den Beitrag von Thomas Grumke in diesem Band.
94 Udo Voigt, „Der Bundesorganisationsleiter Holger Apfel", in Apfel 1999: 330.

Dr. Hans-Günter Eisenecker

> **Geboren**: 1950
>
> **Wohnort**: Goldenbow (Mecklenburg-Vorpommern)
>
> **Beruf**: Rechtsanwalt
>
> **Organisationen**: → *Junge Nationaldemokraten (JN)*, → *Nationaldemokratische Partei Deutschlands (NPD)*.
>
> **Funktionen**: Kreisvorsitzender der *NPD* Vechta (1971-75)[95], Landesvorsitzender des *Nationaldemokratischen Hochschulbundes (NHB)* in Schleswig-Holstein, Mitglied im *NPD*-Landesvorstand Hamburg (1974-75), Mitglied im *JN*-Landesvorstand Hamburg, stellvertretender Bundesvorsitzender der *NPD* (1998–2002), Landesvorsitzender der *NPD* in Mecklenburg-Vorpommern (seit 1999), Leiter der Rechtsabteilung der *NPD* (bis 2001).

Aktivitäten: Das erste Mal trat Dr. Hans-Günter Eisenecker 1969 in die → *NPD* ein[96] und war im Kreisverband Vechta aktiv, wo er schon bald die Aufgaben als Kreisgeschäftsführer und des Kreisschatzmeisters übernahm sowie von 1971 bis 1975 Kreisvorsitzender war. Nach Beginn seines Jura- und Politologie-Studiums übernahm Eisenecker den Landesvorsitz des *Nationaldemokratischen Hochschulbundes (NHB)* in Schleswig-Holstein und arbeitete im dortigen Landesverband mit.[97] Einem Universitätswechsel geschuldet arbeitete er 1974 und 1975 in den Landesvorständen der Hamburger → *JN* und *NPD* mit.[98] 1975 schied er vorerst wieder aus der Partei aus, den Worten → Udo Voigts zufolge „aus Studiengründen [...] und infolge ‚chaotischer Zustände' in der *JN*-Hamburg, welche von der *NPD*-Landesleitung geduldet wurden".[99] 1997 trat Eisenecker schließlich wieder der *NPD* bei.[100]

Nach der Vereinigung beider deutscher Staaten zog Eisenecker nach Mecklenburg-Vorpommern um, eröffnete dort eine Anwaltskanzlei und wurde „zunehmend ersucht, die Strafverteidigung von Nationalisten zu übernehmen."[101] Eisenecker stand unter anderem der 1994 verbotenen → *Wiking-Jugend (WJ)* bis zuletzt juristisch zur Seite.[102] 1999 war Eisenecker Verteidiger der im August 1997 vom Innenministerium Brandenburg verbotenen *Kameradschaft Oberhavel*, die vor dem Oberverwaltungsgericht gegen ihr Verbot geklagt hatte.[103] Des weiteren verteidigte Eisenecker das damalige *NPD*-Landesvorstandsmitglied aus Nordrhein-Westfalen, Thorsten Crämer, der vor dem Wuppertaler Landgericht angeklagt und verurteilt wurde, weil er gemeinsam mit anderen Rechtsextremisten im Juli 2000

---

95 Udo Voigt, „Der stellvertretende Parteivorsitzende Dr. Hans-Günter Eisenecker", in: Holger Apfel (Hrsg.), Alles Große steht im Sturm: Tradition und Zukunft einer nationalen Partei, 1999: 327.
96 Ebd.
97 Ebd.
98 Ebd.
99 Ebd.
100 Ebd.
101 Ebd.
102 Anton Maegerle, „Auffangbecken NPD", in: *blick nach rechts* Nr.19/2000, S. 8.
103 *HNG-Nachrichten*, Nr. 226, 11/1999.

eine Gedenkveranstaltung in der Gedenkstätte für das ehemalige Konzentrationslager Kemna bei Wuppertal überfallen hatte.[104]

Auf dem Bundesparteitag der *NPD* 1998 in Stavenhagen (Mecklenburg Vorpommern) wurde Eisenecker „auf Wunsch Voigts"[105] zum stellvertretenden Parteivorsitzenden gewählt.[106] Eisenecker wurde, so Voigt, „[n]icht immer richtig ausgelegt und verstanden", und „eine von ihm ausgehende Diskussion um einen sogenannten ‚Neuen Kurs' der Partei [sorgte] für heftige innerparteiliche Debatten, welche aber unabdingbar für den laufenden Dynamisierungsprozeß der Partei" seien.[107]

1999 wurde Eisenecker schließlich zum Landesvorsitzender der mecklenburg-vorpommerschen *NPD* gewählt, nachdem er dieses Amt bereits ein Jahr zuvor kommissarisch übernommen hatte.[108] Innerparteilich wird ihm der Niedergang des dortigen *NPD*-Landesverbandes zur Last gelegt[109] (Mitgliederzahlen: 1998: ca.350; 1999: 300; 2000: 250; 2001: 220).[110] Auch in anderer Hinsicht wird Eisenecker innerparteilich stark kritisiert. So missfällt vielen *NPD*-Mitgliedern die von Eisenecker verfolgte „nationalbolschewistische" Linie.[111] Zudem wird ihm vorgeworfen, bei den juristischen Auseinandersetzungen um die Durchführung von *NPD*-Demonstrationen zu defensiv vorzugehen.[112]

Eisenecker ist, ebenso wie → Horst Mahler, von der *NPD* bevollmächtigter Rechtsanwalt im *NPD*-Verbotsverfahren. Überdies war Eisenecker Leiter der Rechtsabteilung der *NPD*.[113] Von diesem Amt trat er Ende November 2001 nach seiner Kritik an der Vorgehensweise Udo Voigts gegenüber dem schleswig-holsteinischen Landesverband der *NPD* zurück. Voigt hatte über den Landesverband „Notstandsmaßnahmen" verhängt und einzelne Kreisverbände aufgelöst. Begründet wurde dies in einer Meldung vom 24.9.2001 auf der Internetpräsenz der *NPD* „seitens der Parteiführung mit Verstößen gegen Programm und Satzung sowie der zunehmenden Einflußnahme parteifremder und -feindlicher Kreise, die auch seitens des Landesvorstandes und auf dessen Internetseite immer offener zur Schau gestellt wurde."[114] Schleswig-Holstein ist eines der Bundesländer, in denen die mittlerweile nicht mehr existente *Revolutionäre Plattform – Aufbruch 2000 (RPF)*, ein innerparteilicher Zusammenschluss von Personen, die eng mit dem Spektrum des Freien Nationalen Widerstandes wie → Christian Worch und → Thomas Wulff zusammenarbeiten, großen Einfluß hatte. Zu den führenden Köpfen der *RPF* zählten → Steffen Hupka sowie der zwischenzeitlich abgesetzte *NPD*-Landesvorsitzenden von Schleswig-Holstein, Peter Borchert. Eisenekker gehörte bereits zu den Gegnern des am 10.12.2000 vom Bundesvorstand in Berlin gefassten Unvereinbarkeitsbeschlusses gegenüber der *RPF*. Die Ablehnung des von → Holger

---

104 Rolf Krehle, „Brutaler Angriff", in: *blick nach rechts* Nr.2/2001, S. 5.
105 Uwe Hoffmann, Die NPD: Entwicklung, Ideologie und Struktur, Frankfurt/Main, 1999: 273.
106 Voigt, in: Apfel 1999: 327.
107 Ebd.
108 Ebd.
109 Andreas P. Zaleshoff, „Ein Bumerang", in: *blick nach rechts* Nr.2/2001, S. 6/7, hier: 6.
110 Extremismusbericht Mecklenburg-Vorpommern 1998: 6 und Extremismusbericht Mecklenburg-Vorpommern 2001.
111 Zaleshoff, in: *blick nach rechts* Nr.2/2001, S. 6.
112 Ebd., S. 6/7.
113 Voigt, in: Apfel 1999: 327.
114 Meldung vom 24.9.2001, „Turbulenzen bei NPD-Landesparteitag in Schleswig-Holstein", in: Webseite der *NPD* (eingesehen am 7.6.2002).

Apfel eingereichten Antrages verwundert insofern, als daß Eisenecker sich zuvor öffentlich von der *RPF* distanziert hatte.[115]

Auf dem Parteitag 2002 im niedersächsischen Königslutter kandidierte Eisenecker nicht erneut für das Amt des stellvertretenden Parteivorsitzenden. Statt seiner wurde nun Ulrich Eigenfeld zum dritten stellvertretenden Vorsitzenden neben den im Amt bestätigten → Holger Apfel und Jürgen Schön gewählt.[116] Eisenecker äußerte auf dem Parteitag Kritik an der Parteiführung, dass im Vorstand beschimpft und politisch abserviert werde, wer sich nicht auf Voigts Kurs befinde.[117]

Bedeutung: Die Differenzen zwischen Eisenecker und der Führungsriege der Partei waren bis Ende 2001 so weit angewachsen, daß aus dem Parteivorstand kein Widerspruch kam, als Eisenecker sein Amt als Leiter der Rechtsabteilung der *NPD* im November 2001 niederlegte. So schrieb →Frank Schwerdt in einem Bericht über den Kleinen Parteitag der *NPD* in der *Deutschen Stimme* von Dezember 2001: „Die Differenzen zwischen ihm [i.e. Eisenecker] und allen übrigen anwesenden Mitgliedern des Parteivorstandes seien in der zurückliegenden Zeit so groß geworden, daß eine sinnvolle Arbeit im Führungsgremium nicht mehr möglich sei, wurde betont."[118] So entschied sich Eisenecker auch, nicht mehr für das Amt des stellvertretenden Bundesvorsitzenden zu kandidieren. Seine Funktion als Landesvorsitzender der *NPD* in Mecklenburg-Vorpommern hat er jedoch weiterhin inne. Zudem führt er die Landesliste, so wurde es auf dem Landesparteitag am 20.10.2001 in Neustadt-Glewe beschlossen, zur Landtagswahl 2002 in Mecklenburg-Vorpommern vor Maik Spiegelmacher (Greifswald) und Lutz Dessau (Rostock) an.[119]

Dr. rer. pol. Gerhard Michael Frey

Geboren: 1933

Wohnort: München

Beruf: Verleger

Organisationen: *Deutsche Volksunion e.V., Freundeskreis der Wehrsportgruppe Hoffmann, Freiheitlicher Rat (FR), Aktion Oder-Neiße (AKON), Volksbewegung für Generalamnestie (VOGA), Initiative für Ausländerbegrenzung (IfA), Aktion Deutsches Radio und Fernsehen (ARF), Ehrenbund Rudel – Gemeinschaft zum Schutz deutscher Soldaten, Deutscher Schutzbund für Volk und Kultur (DSVK),* → *Deutsche Volksunion (DVU), Druckschriften- und Zeitungsverlag GmbH (DSZ-Verlag), Freiheitlicher Buch- und Zeitschriften-Verlag GmbH (FZ-Verlag).*

Funktionen: Vorsitzender *DVU*, Geschäftsführer *DSZ-Verlag* und *FZ-Verlag*, Herausgeber *National-Zeitung (NZ)*.

---

115 Jean Cremet, „Keine Kameraden", in: *blick nach rechts* Nr.3/2001, S. 6/7, hier: 7.
116 Pressemitteilung der NPD zum Parteitag, in: Webseite der *NPD* (eingesehen am 26.03.2002).
117 Thomas Sager, „Abkehr von der NPD", in: *blick nach rechts* Nr.7/2002, S. 4.
118 Frank Schwerdt, „Gegen den Krieg aus nationaler Verantwortung", in: *Deutsche Stimme* 12/2001: 14.
119 Webseite der *NPD* Mecklenburg-Vorpommern (eingesehen am 7.6.2002).

Aktivitäten: Der *DVU*-Vorsitzende Gerhard Frey entstammt einer wohlhabenden bayerischen Kaufmannsfamilie, deren Kaufhäuser heute von seinem Bruder Adalbert betrieben werden. Er studierte Rechts- und Staatswissenschaften und promovierte an den Universitäten München und Graz. Nachdem er bereits einige Zeit Mitarbeiter der *Deutschen Soldaten-Zeitung (DSZ)*, einer von ehemaligen *NSDAP*- und *Waffen-SS*-Mitgliedern gegründeten Zeitung, war, kaufte er 1958 50% Anteile an der *DSZ* und gründete die *Deutsche Soldaten-Zeitung Verlag GmbH* (heute: → *Druckschriften- und Zeitungsverlag GmbH, DSZ-Verlag*). Seitdem hat er seinen Konzern zum größten rechtsradikalen Verlag in der Bundesrepublik ausgebaut. Er erwarb 1960 die *DSZ* ganz und kaufte weitere Zeitungen auf, die in der Folge in der *DSZ* aufgingen. Außerdem hielt er für zwei Jahre über 30% an der Zeitschrift *Nation Europa* (heute: *Nation & Europa*). Ab 1963 erschien die *DSZ* als *Deutsche National-Zeitung (DNZ)* wöchentlich und gab sich eine mehr nationaldemokratische Ausrichtung. Geschichtsrevisionistische und antisemitische Themen blieben dabei vorherrschend, was 1969 den damaligen Bundesinnenminister Benda veranlaßte, die Einstellung der *DNZ* und die Aberkennung der Grundrechte für Frey zu beantragen, was jedoch vom Bundesverfassungsgericht 1974 abgelehnt wurde.

In den siebziger Jahren begann Frey, seine publizistische Tätigkeit mit konkret politischen Aktivitäten zu flankieren. 1971 gründete er den Verein → *Deutsche Volksunion e.V.* mitsamt Vereinsorgan *Deutscher Anzeiger (DA)*. Der Verein entstand vor allem in Reaktion auf die Ostverträge und den Niedergang der → *Nationaldemokratischen Partei Deutschlands (NPD)* und hatte anfangs zum Ziel, von rechts auf die Unionsparteien einzuwirken. Noch im selben Jahr konnte die *Deutsche Volksunion e.V.* mehrere Kundgebungen durchführen. Kontakte bestanden zu diesem Zeitpunkt sowohl zur *Aktion Widerstand* und zur *NPD* als auch zur *Aktion Neue Rechte (ANR)*. Letztere beteiligte sich auch an der von Frey 1972 initiierten Sammlungsbewegung *Freiheitlicher Rat (FR)*, in dem neben der *Deutschen Volksunion e.V.* auch die → *Wiking-Jugend (WJ)* und der → *Stahlhelm* aktiv waren. Weiteres Mitglied des *FR* war die *Aktion Oder-Neiße (AKON)*, eine revanchistische Organisation, deren Vorsitz Frey 1974 übernahm und die damit Teil der Organisationsstruktur um die *Deutschen Volksunion e.V.* wurde. Laut eines Beitrags in der *NPD*-Festschrift „Alles Große steht im Sturm" trat Frey 1975 der *NPD* bei und wurde als Beisitzer in den Bundesvorstand gewählt, scheiterte aber bei dem Versuch, Martin Mußgnugs Stellvertreter zu werden. Süffisant heißt es dort: „Zum Erstaunen vieler trat Frey plötzlich der NPD bei. War er kurzfristig zum uneigennützigen Idealisten mutiert? Mitnichten, vielmehr wollte er aus dem Stand stellvertretender Parteivorsitzender und Verleger der Parteipresse werden. Doch die Delegierten des Parteitags wählten den Möchtegern-Senkrechtstarter ‚lediglich' als Beisitzer in den Parteivorstand".[120]

Laut des gleichen Beitrages sah Frey diese Abstimmungsniederlage „nicht nur als Schmähung, sondern vor allem als Geschäftsschädigung", was ihn veranlaßte, die Partei wieder zu verlassen: „Er zog sich aus dem Geschäft zurück, trat also aus der NPD wieder aus".[121]

1976 startete die *Deutsche Volksunion e.V.* eine erste breit angelegte revisionistische Kampagne, bei der sich Frey Hitlers „Lieblingssoldaten" Oberst Hans-Ulrich Rudel[122] be-

---

120 Stephan Corbeau, „Die NPD und der Verleger Frey. Eine lange, aber nicht unendliche Geschichte", in: Holger Apfel (Hrsg.), Alles Große steht im Sturm, 1999: 143.
121 Ebd.
122 Rudel war bei Kriegsende der höchstdekorierte Wehrmachtsoldat. Nach der Kriegsgefangenschaft ging er für einige Jahre nach Südamerika, kehrte jedoch bald wieder zurück und war u.a. bei der Bundestagswahl 1953 Spitzenkandidat der *Deutschen Reichspartei (DRP)* in Hamburg.

diente. Außerdem trat der amerikanische Holocaustleugner Austin App[123] als Redner auf. Bei einigen der Veranstaltungen wurde laut Fromm die *Wehrsportgruppe Hoffmann* als Saalschutz eingesetzt, 1975 zahlte er sogar eine Geldstrafe von ca. 8000 DM für den Leiter der Wehrsportgruppe, Karl-Heinz Hoffmann.[124] 1978 wurden auch Veranstaltungen mit dem ehemaligen persönlichen Referenten Joseph Goebbels, Wilfried von Oven, durchgeführt. Ein Jahr später gründete Frey eine *Volksbewegung für Generalamnestie (VOGA)*, 1980 folgte die *Initiative für Ausländerbegrenzung (IfA)*, 1981 die *Aktion Deutsches Radio und Fernsehen (ARF)*. Nach dessen Tod wurde 1983 ein *Ehrenbund Rudel* gegründet, außerdem 1984 der *Schutzbund für Leben und Umwelt* (später: *Deutscher Schutzbund für Volk und Heimat, DSVK*)[125]. Die Organisationen bilden einen Kreis von sogenannten Aktionsgemeinschaften um die *Deutsche Volksunion e.V.* und die Partei *DVU*, von denen seit 1999 nur noch die *IfA*, die *AKON* und der *Ehrenbund Rudel* existieren. 1982 veranstaltete Frey erstmals Veranstaltungen mit dem britischen Revisionisten → David Irving, dem weitere Vortragsreisen bis in die frühen neunziger Jahre folgten. Im selben Jahr wurde erstmals die alljährliche Großkundgebung der *Deutschen Volksunion e.V.* in Passau durchgeführt.

1986 kaufte Frey die *Deutsche Wochen-Zeitung (DWZ)*, in der 1991 der *DA* aufging. Ab September 1999 wurde wiederum die *DWZ* in die *DNZ* integriert und firmiert seitdem unter den Titel *National-Zeitung – Deutsche Wochen-Zeitung (NZ)*. 1986 begann Frey außerdem, die *Deutsche Volksunion e.V.* zur Wahlpartei auszubauen. Anfangs unter dem Namen *Deutsche Volksliste*, ab 1987 als *DVU – Liste D*, versuchte Frey nunmehr den Sprung in die Parlamente. Die *Liste D* stellte zwar bereits 1987 einen Abgeordneten in Bremerhaven, blieb aber ansonsten bei Landtags- und Europawahlen erfolglos. Noch im selben Jahr konnte die *DVU* über 10% der Stimmen in Bremerhaven gewinnen und auch in den Bremer Landtag einziehen. 1992 gewann sie außerdem sechs Mandate im Kieler Landtag. Die Wahlerfolge sind vor allem darauf zurückzuführen, dass Frey große Summen in Plakate und Flugblätter stecken kann, die mit populistischen Parolen Protestpotentiale abzuschöpfen versuchen. Die Abgeordneten waren dabei in der Regel vollkommen unerfahren und an Weisungen aus München gebunden, was dazu führte, dass sich die Fraktionen binnen kurzer Zeit wieder auflösten[126]. Die *DVU*-Fraktion, die sich nach einem spektakulären Wahlerfolg von 12,9% 1998 im Magdeburger Landtag konstituierte, hielt aus den selben Gründen nicht viel länger[127].

Zur Bundestagswahl 1998 kandidierte der ehemalige Vorsitzende der → *Republikaner (REP)*, → Franz Schönhuber, hinter Gerhard Frey auf Platz 2 der *DVU*-Liste. Eine gemeinsame Erklärung der beiden Politiker 1994 hatte Schönhuber vermutlich letztlich den Parteivorsitz der *REP* gekostet. Bei der Europawahl 1999 verzichtete er allerdings auf eine Kandidatur. Die Mitgliederzahl der *DVU* konnte zwar in den letzten sechs Jahren für kurze Zeit von 15000 auf 18000 gesteigert werden, fiel jedoch ebenso schnell auf den ursprünglichen

---

123 App schrieb u.a. 1973 eine einflußreiche Broschüre mit dem Titel *The Six Million Swindle: Blackmailing the German People for Hard Marks with Fabricated Corpses*.
124 Vgl. hierzu und zu den Kontakten zwischen der *WSG Hoffmann* und der *Deutschen Volksunion e.V.* allgemein Rainer Fromm, Die ‚Wehrsportgruppe Hoffmann', 1998: 120-125.
125 Zur Chronologie vgl. Annette Linke, Der Multimillionär Frey und die DVU, 1994: 185ff.
126 Die Bremer Fraktion verlor 1993 den Fraktionsstatus, die Fraktion in Kiel existierte bereits nach einem Jahr nicht mehr. Vgl. Ebd.: 45f.
127 Die Fraktion spaltete sich Anfang des Jahres 2000, ein Teil der Abgeordneten gründete eine neue *Freiheitliche Deutsche Volkspartei (FDVP)*.

Stand zurück[128]. Die *DVU* bleibt damit aber die größte rechtsradikale Partei in der Bundesrepublik.

Bedeutung: In den letzten Jahren läßt sich beobachten, dass Dr. Gerhard Frey seine – ohnehin weitgehend inhaltsgleichen – Zeitungen zusammenführte und heute mit der *NZ* nur noch eine wöchentliche Publikation anbietet und offenbar immer weniger bereit ist, die hoch verschuldete und politisch wenig erfolgreiche Partei aus eigener Tasche am Leben zu erhalten. Dafür spricht auch die Entscheidung, bei den Landtagswahlen in Sachsen-Anhalt, bei denen die *DVU* zuletzt fast 13% erreichte, nicht wieder anzutreten.[129] Nicht nur innerhalb der eigenen Partei, die immerhin die mitgliederstärkste rechtsradikale Partei in der Bundesrepublik ist, ist sein politischer Stil umstritten. Die beispiellose Verquickung von wirtschaftlichen und politischen Interessen in der *DVU* und dem Verlagsimperium veranlassen auch politische Nachbarn wie das *Nationale und Soziale Aktionsbündnis Norddeutschland* zu offenen Protesten.[130] Der Münchener Verleger unterhält dagegen gute Kontakte zur revisionistischen Szene und zu Rechtsradikalen im Ausland wie Jean Marie Le Pen und bis vor kurzem Wladimir Schirinowski in Rußland.

Jürgen Graf

Geboren: 1951

Wohnort: derzeit vermutlich Russland

Beruf: Lehrer

Organisationen: *Arbeitsgemeinschaft zur Enttabuierung der Zeitgeschichte (AEZ)*

Funktionen: Verfasser zahlreicher „geschichtsrevisionistischer" und antisemitischer Schriften, Fremdsprachenredakteur von → Germar Rudolf über die Homepage der in Belgien ansässigen *Stichting Vrij Historisch Onderzoek* (*VHO*) vertriebene Zeitschrift *Vierteljahreshefte für freie Geschichtsforschung*.

Aktivitäten: Der 1951 in Basel geborene Sohn eines Bankangestellten gilt als bekanntester und aktivster schweizer Holocaust-Leugner. Nach einem Studium der englischen, französischen und skandinavischen Philologie arbeitete Graf als Sprachlehrer an einer Baseler Schule. 1982 verließ er die Schweiz, um eine Reise durch Asien zu machen.[131] Graf fand in Taipeh/Taiwan eine Anstellung als Universitätslektor für deutsche Sprache und kehrte erst 1988 die Schweiz zurück, wo er ab 1990 als Latein- und Französischlehrer in Therwil bei Basel arbeitete.[132] Zuvor hatte er sechs Monate auf dem als Asyl-Empfangsstelle dienenden

---

128 Zahlen des bayerischen Landesamtes für Verfassungsschutz, vgl. die Verfassungsschutzberichte der Jahre 1996-2001.
129 Vgl. *blick nach rechts* 05/2002, S. 15. Als Gründe wurden u.a. finanzielle Schwierigkeiten angegeben.
130 Vgl. *blick nach rechts* 08/2000, S. 15.
131 Vgl. Jürgen Graf, „Holocaust Revisionism And its Political Consequences, 1. The intellectual adventure which changed my life", in: Webpräsenz von „Wilhelm Tell" (eingesehen am 4.4.2002).
132 Vgl. ebd.

Rheinschiff „Basilea" gearbeitet und seine dort gemachten Erfahrungen in einem fremdenfeindlichen Buch mit dem Titel *Das Narrenschiff* verarbeitet,[133] das in rechten Kreisen großen Anklang fand.

1991 lernte er den betagten schweizer „Revisionisten" Arthur Vogt kennen.[134] Nach Grafs eigenen Angaben lernte er erst durch ihn die Thesen der „Revisionisten" kennen und entwickelte sich unter seinem Einfluss zum Holocaust-Leugner.[135] Bereits zwei Jahre später trat Graf mit seiner ersten eigenen „revisionistischen" Publikation in Erscheinung. Unter dem Titel *Der Holocaust auf dem Prüfstand* veröffentlichte er eine gekürzte Fassung seines Buches *Der Holocaust-Schwindel*, das kurze Zeit später erschien und von Graf in Zusammenarbeit mit dem einschlägig bekannten Franzosen Robert Faurisson verfasst worden war.[136] Unmittelbar nach der Veröffentlichung von der *Holocaust auf dem Prüfstand* wurde Graf vom Schulunterricht suspendiert,[137] fand aber ein Jahr später eine Anstellung an einer privaten Sprachschule in Basel.[138] 1993 trat Graf auf einer Veranstaltung des völkisch-heidnischen schweizer *Avalon*-Kreises auf, bei der er als Übersetzer von Robert Faurisson fungierte.[139] Im selben Jahr machte der die Bekanntschaft des zu diesem Zeitpunkt 73jährigen Holocaust-Leugners Gerhard Förster, der ihn beauftragte, für seinen Verlag *Neue Visionen GmbH* ein Buch über das Vernichtungslager Auschwitz zu verfassen.[140] Unterstützt von dem italienischen Holocaust-Leugner Carlo Mattogno, mit dem Graf seitdem wiederholt zusammengearbeitet hat und von dem er auch einige Schriften übersetzte, entstand das 1994 veröffentlichte Buch *Auschwitz. Tätergeständnisse und Augenzeugen des Holocaust.*[141] Im selben Jahr reiste Graf in die USA, und trat in Kalifornien als Referent bei der 12. Tagung des *Institute for Historical Review* auf.[142] Dort machte er Bekanntschaft mit bekannten Größen aus der Szene der Holocaust-Leugner, darunter → Ernst Zündel, Mark Weber und Bradley Smith. Außerdem gründete er im Sommer dieses Jahres mit Arthur Vogt und Andreas J. W. Studer die *Arbeitsgemeinschaft zur Enttabuierung der Zeitgeschichte (AEZ)*, die die Zeitschrift *Aurora* herausgab.[143] 1995 wurde er in der Bundesrepublik in Abwesenheit wegen Volksverhetzung zu einem Jahr Haft ohne Bewährung verur-

---

133 Vgl. Peter Hug, „Das Netz der Holocaust-Leugner", in *tages-anzeiger* vom 22.7.1998, http://www.tages-anzeiger.ch/archiv/98juli/980722/77033.HTM (eingesehen am 4.4.2002).
134 O.A. „Vom ‚Asylexperten' zum ‚Auschwitz-Leugner'. Wie die ‚Schweizerzeit' Jürgen Graf Beachtung schenkte", in: *Neue Zürcher Zeitung* vom 30.12.1999, http://www.lorraine.ch/antifa bern/Texte/ 991230nzzgraf1.shtml (eingesehen am 4.4.2002).
135 Vgl. Jürgen Graf, „Holocaust Revisionism And its Political Consequences, 1. The intellectual adventure which changed my life", in: Webpräsenz von „Wilhelm Tell" (eingesehen am 4.4. 2002).
136 Vgl. ebd.
137 Vgl. o.A. „Holocaustleugner-Prozess in Baden. Unbedingt für Jürgen Graf und Gerhard Förster", http://www.kuzeb.ch/karnikl/04-17.htm (eingesehen am 4.4.2002).
138 Vgl. Jürgen Graf, „Holocaust Revisionism And its Political Consequences, 1. The intellectual adventure which changed my life", in: Webpräsenz von „Wilhelm Tell" (eingesehen am 4.4. 2002).
139 Vgl. http://www.idgr.de/lexikon/bio/g/graf-juergen/graf.html (eingesehen am 4.4.2002).
140 Vgl. Jürgen Graf, „Holocaust Revisionism And its Political Consequences, 1. The intellectual adventure which changed my life", in: Webpräsenz von „Wilhelm Tell" (eingesehen am 4.4. 2002).
141 Vgl. ebd.
142 Vgl. Brigitte Bailer-Galanda et al., Die Auschwitzleugner, „Revisionistische" Geschichtslüge und historische Wahrheit, 1996: 340.
143 Vgl. Peter Hug, „Das Netz der Holocaust-Leugner", in: *tages-anzeiger* vom 22.7.1998, http://www.tages-anzeiger.ch/archiv/98juli/980722/77033.HTM (eingesehen am 4.4.2002).

teilt.[144] Mit Haftbefehl gesucht wird der Holocaust-Leugner in Deutschland außerdem, weil er es 1997 versäumte, zu einem Gerichtstermin zu erscheinen.[145]

Grafs „geschichtsrevisionistische" Aktivitäten brachten ihn 1998 auch in der Schweiz mit dem Gesetz in Konflikt. Im Juli 1998 verurteilte ihn das Bezirksgericht Baden im Kanton Aargau zusammen mit seinem Verleger Gerhard Förster zu 15 (Förster 12) Monaten Haft und einer empfindlichen Geldstrafe.[146] Zur Entlastung der Angeklagten berief Grafs Verteidiger den österreichischen Holocaust-Leugner Wolfgang Fröhlich in den Zeugenstand. Im Zusammenhang mit der Publikation der französischen Ausgabe von *Der Holocaust auf dem Prüfstand* verurteilte ihn 1999 ein französisches Gericht wegen Rassendiskriminierung zu einer Geldstrafe von 50.000 Franc. Ein Versuch von Grafs Anwalt gegen das schweizer Urteil Berufung einzulegen scheiterte endgültig im Frühjahr 2000.[147] Um der Gefängnishaft zu entgehen, setzte sich Graf ins Ausland ab. Zuflucht fand er zunächst in Teheran.[148] Mittlerweile soll er sich allerdings in Russland befinden und seinen Aufenthalt dort durch Heirat legalisiert haben.[149] An der Organisation einer für 2001 in Beirut geplanten internationalen „Revisionistenkonferenz", die nach Protesten aus dem In- und Ausland abgesagt werden musste, war Graf maßgeblich beteiligt.[150] Im Januar 2002 war er Hauptredner auf einer zweitägigen Tagung von Holocaust-Leugnern in Moskau, die von der amerikanischen Zeitschrift *Barnes Review* zusammen mit dem Herausgeber der *Moskauer Enzyklopädie der russischen Kultur*, Oleg Platonov, veranstaltet wurde.[151]

Bedeutung: Jürgen Graf ist mittlerweile eine der zentralen Figuren in der Szene der Holocaust-Leugner. Seine Publikationsliste ist lang und seine persönliche Verbindungen sind international weit gespannt. Gute Kontakte unterhält er unter anderem zu → Germar Rudolf in dessen Verlag *Castle Hill Publishers* 2000 Grafs Buch *Riese auf tönernen Füßen. Raul Hilberg und sein Standardwerk über den Holocaust* erschien.[152] Graf ist aber auch mit dem australischen Holocaust-Leugner Fred Toben[153] sowie dem in Schweden lebenden Exilmarokkaner und „Revisionisten" Ahmed Rami gut bekannt. Für letzteren betätigte Graf sich auch mehrfach als Übersetzer.[154] Darüber hinaus ist Graf mit dem *Institute for Historical*

---

144 Vgl. http://www.idgr.de/lexikon/bio/g/graf-juergen/graf.html (eingesehen am 4.4.2002).
145 Vgl. ebd.
146 Vgl. Peter Hug, „Unbedingt für Auschwitz-Leugner", in: *tages-anzeiger* vom 22.7.1998, http://www.tages-anzeiger.ch/archiv/98juli/980722/110385.HTM (eingesehen am 4.4.2002).
147 Vgl. http://www.idgr.de/lexikon/bio/g/graf-juergen/graf.html (eingesehen am 4.4.2002).
148 Vgl. ebd.
149 Vgl. ebd.
150 Vgl. ebd.
151 Vgl. ebd.
152 Vgl. Jürgen Graf, „Holocaust Revisionism And its Political Consequences, 1. The intellectual adventure which changed my life", in: Webpräsenz von „Wilhelm Tell" (eingesehen am 4.4. 2002). Außerdem findet sich in der englischen Ausgabe des von Rudolf unter dem Pseudonym Ernst Gauss herausgegebenen Buches *Grundlagen zur Zeitgeschichte* (engl. *Dissecting the Holocaust*) eine gekürzte Fassung eines Kapitels (*IV. Die Gaskammern*) aus einem von Graf und C. Mattogno gemeinsam geschriebenen Buch über das KZ Majdanek: C. Mattogno, *The Gas Chambers of Majdanek*, in Ernst Gauss (Hrsg.), „Dissecting the Holocaust. The Growing Critique of 'Truth' and 'Memory'", in: Webpräsenz von *CODOH* (eingesehen am 5.4.2002).
153 Vgl. ebd.
154 Auf der Homepage von Rami findet sich ein Photo, das Graf und Rami gemeinsam zeigt: Webpräsenz von Rami (eingesehen am 5.4.2002). Übersetzt hat Graf Ramis Autobiographie *Ein Leben für die Freiheit*, vgl. ebd. (eingesehen am 5.4.2002). Das „Werk" wird eingeleitet von

Review (IHR) eng verbunden. Im Mai 2000 war er zu Gast bei der 13. „revisionistischen" Konferenz des *IHR* und sein dort gehaltener Redebeitrag wurde in der Zeitschrift des Instituts veröffentlicht.[155] Der Umstand, dass sich Graf auf der Flucht vor den schweizer Justizbehörden befindet, scheint seine Aktivitäten kaum zu beeinträchtigen. Welche Bedeutung Graf in der „Internationale" der Revisionisten mittlerweile zukommt, zeigt sich auch daran, dass im Internet fast alle seiner Texte gleich auf mehreren Servern und in verschiedenen Sprachen zum Download angeboten werden.[156]

Christian Hehl

Geboren: 1969

Wohnort: Ludwigshafen

Beruf: unbekannt

Organisationen: → *Freiheitliche Deutsche Arbeiterpartei (FAP)*, → *Nationalistische Front (NF)*, *Aktionsfront Nationalrevolutionärer Kameraden (ANK)*, → *Junge Nationaldemokraten (JN)*, → *Nationaldemokratische Partei Deutschlands (NPD)*, → *Blood & Honour (B&H)*, → *Hilfsorganisation für nationale politische Gefangene und deren Angehörige e.V. (HNG)*

Funktionen: Vorstand *ANK*, Landesvorstand Rheinland-Pfalz *NPD*

Aktivitäten: Seit Ende der achtziger Jahre ist der Skinhead Christian Hehl in diversen rechtsextremen Gruppen organisiert. Hehl kommt aus dem Hooliganbereich und war einer der Anführer des Waldhof Mannheim Fanclubs *The Firm*. Darüber fand er seinen Weg zu → *FAP* und → *NF* und später zur *Aktionsfront Nationalrevolutionärer Kameraden (ANK)*, die u.a. Michael Petri 1992 als Ersatz für die zuvor verbotene → *Deutsche Alternative (DA)* gegründet hatte[157]. Selbst im Bundesvorstand der *ANK* fungierte der korpulente Hehl in erster Linie als „Leibwache" für den Karlsruher Manfred Huck, der die *ANK* mitgegründet hatte und ebenfalls in deren Vorstand saß. Im November 1994 wurde Hehl wegen diverser Straftaten, u.a. Angriffs auf einen Polizisten bei der gescheiterten Gründung einer *Kameradschaft Stuttgart*, zu einer Haftstrafe von fünfzehn Monaten verurteilt. Im August 1996 nahm er am Rudolf-Heß-Gedenkmarsch in Worms teil. Am 17. Dezember folgte eine weitere Haftstrafe von einem Jahr wegen eines Angriffs auf einen Autonomen in Speyer, die nach Berufung zur Bewährung ausgesetzt wurde. Am 1. März 1997 nahm der Pfälzer an der Großdemonstration der → *NPD* gegen die Ausstellung „Vernichtungskrieg. Verbrechen der Wehrmacht 1941-1944" in München

---

→ Gerd Honsik, es findet sich aber auch ein Vorwort des Übersetzers Graf. Ins Deutsche übersetzt hat Graf außerdem Ramis Buch *Die Macht der Zionisten*, in: Webpräsenz von *Radio Islam* (eingesehen am 5.4.2002).

155 Vgl. Jürgen Graf, „Holocaust Revisionism And its Political Consequences, 1. The intellectual adventure which changed my life", Webpräsenz von „Wilhelm Tell" (eingesehen am 5.4.2002).

156 Eine Linkliste zu Texten von und über Graf findet sich auf Russ Granatas Homepage (Subpage: *The Jürgen Graf Webpage*), in: Webpräsenz von *Russ Granata* (eingesehen am 5.4.2002).

157 Der sich inzwischen von der Szene distanzierende Michael Petri wurde 1997 wegen Weiterführung der *DA* zu einer sechsmonatigen Bewährungsstrafe verurteilt. Hehl war im selben Verfahren mit angeklagt, wurde jedoch freigesprochen.

teil. Im August wurde er beim Rudolf-Heß-Gedenkmarsch in Königslutter zusammen mit → Oliver Schweigert (ehem. → *NA*) und Michael Krick (*Sauerländer Aktionsfront*) festgenommen. Im Oktober 1997 eröffnete Hehl in Ludwigshafen ein Ladengeschäft namens *Hehl's World*, in dem er neben szenetypischer Bekleidung diversen NS-Devotionalien, Literatur und Musik anbot. Nach Protesten von Anwohnern musste er den zum rechtsextremen Anlaufpunkt mutierten Laden bereits im Mai 1998 wieder aufgeben. Am 1. Mai 1998 nahm Hehl an der Demonstration der *NPD* in Leipzig teil, im Juni war er in Kassel bei der von der *Republikanischen Jugend* angemeldeten Demonstration gegen die Wehrmachtsausstellung anwesend.

Am 24. Mai 1999 nahm er neben → Jens Pühse und Oliver Schweigert wiederum an einer *NPD*-Veranstaltung in Bruchsal zu „50 Jahre Grundgesetz" teil, bei der → Michael Swierczek eine Rede hielt. Im Juni versteckte er sich zunächst bei dem Betreiber des *Verlags und Versands „Visionen"*, Andreas Gängel, in Karlsdorf, weil er gegen seine Bewährungsauflagen verstoßen hatte und nunmehr seine Haftstrafe aus dem Jahre 1996 antreten sollte, wurde aber noch im selben Monat in dessen Haus verhaftet.[158] Am 30. November 2000 endete seine Haft, während der er wie zuvor 1996/97 von der → *HNG* betreut wurde. Schon im Februar 2001 war er wieder für die *NPD* unterwegs und organisierte eine Wahlkampfdemonstration in Ludwigshafen und nahm im März an einer Demonstration „Keine Moschee in Bad Kreuznach" teil. Im Mai musste seine Geburtstagsfeier mit Konzert in Steinach von der Polizei aufgelöst werden. Fünf „Kameraden" wurden festgenommen[159]. Im August war er beim Rudolf-Hess-Gedenkmarsch in Wunsiedel zugegen. Er kandidiert für den Landesverband Rheinland-Pfalz der *NPD* zur Bundestagswahl 2002 auf Platz sieben der Landesliste und als Direktkandidat in Ludwigshafen.

Bedeutung: Christian Hehl ist für die *NPD* heute eine wichtige Integrationsfigur zwischen der Parteistruktur und Freien Kräften sowie Hooligans und Skinheads, die sich traditionell ungern vor den Karren der Partei spannen lassen. Er ist, wie er oft genug bewiesen hat, kein geschickter Taktierer oder gar eine Führungspersönlichkeit. Mit seinem Auftreten und seiner kompromisslosen Art versteht er es aber, gerade junge Menschen – vorwiegend männlichen Geschlechts – zu begeistern. Organisatorisch ist er zwar eher regional gebunden, durch seine Reisetätigkeit kreuz und quer durch die Republik und seine ausschweifenden Geburtstagsfeiern hat er sich aber mittlerweile bundesweit einen Ruf erworben.

Thorsten Heise

Geboren: 1969

Wohnort: Northeim (Niedersachsen)

Beruf: Radio- und Fernsehtechniker

Organisationen: → *Freiheitliche Deutsche Arbeiterpartei (FAP)*, → *Hilfsgemeinschaft für nationale politische Gefangene und deren Angehörige e.V. (HNG)*, *Kameradschaft Northeim* (siehe → *Kameradschaften*).

Funktionen: Landesvorsitzender Niedersachsen *FAP*, Organisationsleiter *Kameradschaft Northeim*.

---

158 *blick nach rechts* 13/1999, S. 14.
159 Daniel Ernst, „Happy Birthday," in: *blick nach rechts* 12/2001, S. 5.

Aktivitäten: Der in Südniedersachsen lebende Thorsten Heise, seit 1984 Skinhead, wurde gegen Ende der achtziger Jahre Mitglied der → *Freiheitlichen Deutschen Arbeiterpartei (FAP)*. Unter seinem Mentor, dem Österreicher Karl Polacek, wurde er nach den Austritten von Anhängern → *Jürgen Moslers* 1990, darunter auch der damalige niedersächsische Landesvorsitzende Norbert Apfel, zunächst kommissarischer Leiter des Landesverbandes. Nachdem er bereits 1988 zu einer Bewährungsstrafe verurteilt worden war, weil er einen türkischen Jugendlichen angegriffen hatte, wurde im folgenden Jahr wieder gegen ihn ermittelt, nachdem er einen libanesischen Asylbewerber zu überfahren versucht hatte. Daraufhin floh er im Frühjahr 1990 nach Ostdeutschland, wo er sich am Aufbau von *FAP*-Strukturen beteiligte, und erklärte, er „werde von der Staatsanwaltschaft dazu gezwungen, in den Untergrund abzutauchen," werde sich aber stellen, sobald „Deutsche wieder über Deutsche urteilen, ohne Besatzer und Judenknechte im Hintergrund."[160] Im Februar 1991 wurde er von Zielfahndern in Ost-Berlin gestellt und im Juni erneut ein Verfahren angesetzt. Am 5. Juli 1991 wurde er vom Landgericht Göttingen zu einer Bewährungsstrafe von zwei Jahren wegen Landfriedensbruchs, Nötigung, Körperverletzung und gefährlichen Eingriffs in den Straßenverkehr verurteilt.

Als 1992 Polacek, der in der Zwischenzeit zum Landesvorsitzenden der *FAP* in Niedersachsen gewählt worden war, nach Österreich abgeschoben wurde, machte der Landesverband Heise zu dessen Nachfolger. Wegen einer unangemeldeten Demonstration gegen die Abschiebung mußte er eine Geldstrafe von 2100 DM zahlen. Weil er im August 1993 in einer verbotenen Uniform beim Rudolf-Hess-Gedenkmarsch auftrat, wurde er 1996 erneut zu einer Geldstrafe von 2700 DM verurteilt. Im März 1994 trat er zusammen mit dem Bonner *FAP*-Kader Norbert Weidner bei einer unangemeldeten Demonstration für die *Afrikaaner Weerstands Beweging (AWB)* des Eugene TerreBlanche vor der südafrikanischen Botschaft auf. Im Mai 1995 kam Heise wiederum mit einer achtmonatigen Bewährungsstrafe davon, nachdem er im Februar 1994 auf einer Abiturfeier Schüler mit einer Gaspistole angeschossen hatte. 1997 war es bei einer von Heise organisierten „Vatertagstour" zu einem Scharmützel mit der Polizei gekommen, wofür Heise abermals vor Gericht stand und zu einer ursprünglich auf Bewährung ausgesetzten Freiheitsstrafe von sechs Monaten verurteilt wurde. Das Landgericht Göttingen hob die Bewährung jedoch auf und hängte eine weitere ursprünglich zur Bewährung ausgesetzte einjährige Freiheitsstrafe an. Ab Frühjahr 2000 saß er deshalb für 18 Monate in der JVA Wolfenbüttel.[161]

Im Oktober 1995 gelang es Heise zu einem letztlich verbotenen Skinheadkonzert in Northeim 1000 Personen zu versammeln. Seit 1990 organisiert Heise solche Konzerte, bei denen es zum Teil auch zu Gewalttätigkeiten kommt. Nach dem Verbot der *FAP* verstärkten sich diese Aktivitäten noch und Heise knüpfte Kontakte zu *Combat 18* in Großbritannien[162] und zu Aktivisten in Skandinavien,[163] wo er unter anderem 1997 einen später indizierten Konzertmitschnitt produzieren ließ. Im Dezember 1998 gründete Heise einen „Großhandel für Bild- und Tonträger, Geschenkartikel, Militärbekleidung und -schuhe, Campingartikel". Im Februar und November 2000 wurden die Geschäftsräume des nunmehr unter dem Namen *W – B Bild- und*

---

160 Zitiert nach Herta Teufel, „Über den Umgang mit einem Neonazi" in: *Der Rechte Rand* Nr. 11 (März/April 1991), S. 15.
161 Innenministerium Niedersachsen, Verfassungsschutzbericht 2000: 37.
162 Vgl. Michael Weiss, „Begleitmusik zu Mord und Totschlag," in: Searchlight u.a. (Hrsg.), White Noise, 2001: 81, das Interview mit Nick Lowles in: *Jungle World* 18/1999, 28. April 1999, sowie „Neues & Altes aus Göttingen," in: *Antifaschistisches Info-Blatt*, Nr. 48 (1999), S. 37.
163 Die CD *Northeim Live Vol. 2* wurde beispielsweise bei dem Label *NS Records* des →*Blood & Honour*-Aktivisten Marcel Schilf in Dänemark produziert. Vgl. Innenministerium Nordrhein-Westfalen, Skinheads und Rechtsextremismus, 4. Auflage, 2001: 115.

Tonträger Großhandel, Militärbekleidung auftretenden Versandhandels Heises sowie seine Privatwohnung durchsucht und Tonträger im Wert von ca. 26.000 DM beschlagnahmt.[164]

Des weiteren beteiligte er sich nach dem *FAP*-Verbot am von → Christian Worch und → Thomas Wulff initiierten Aufbau sogenannter Freier → *Kameradschaften*. Seine *Kameradschaft Northeim* ist mittlerweile die mitgliederstärkste in Niedersachsen mit guten Kontakten zum → *NPD*-Kreisverband Göttingen.[165] Er nahm außerdem am „1. Tag des Nationalen Widerstands" 1998 in Passau und der 1. Mai Demonstration der *NPD* in Leipzig desselben Jahres ebenso teil wie an mehreren Demonstrationen gegen die Ausstellung „Vernichtungskrieg. Verbrechen der Wehrmacht 1941-44" in den Jahren 1998 und 1999, bei denen er zum Teil auch Reden hielt. Ebenso sprach er auf einer Demonstration der *NPD* gegen ein geplantes Asylbewerberheim in Gera am 12. Februar 2000 und nahm an einer von der *Republikanischen Jugend* angemeldeten Demonstration in Kassel teil, bei der auch der damalige Baden-Württembergische Landesvorsitzende der → *Republikaner* Christian Käs und der Hamburger Neonazi Thomas Wulff zugegen waren.[166] Im Verbotsverfahren gegen die *NPD* vor dem Bundesverfassungsgericht ist Heise als Auskunftsperson geladen. Am 30. Mai 2002 wurde seine Wohnung im Rahmen eines Ermittlungsverfahrens wegen Volksverhetzung erneut durchsucht.[167]

Bedeutung: Thorsten Heise ist einer der führenden Köpfe der sogenannten *Freien Kameradschaften* mit Anbindung an die *NPD*. Zudem nutzt er seit Jahren über von ihm organisierte Konzerte und den Vertrieb von CDs das Medium Musik, um junge „Kameraden" für seine Sache zu gewinnen. Zwar wurden seine Aktivitäten immer wieder durch staatliche Verfolgungsmaßnahmen und zum Teil gewalttätige antifaschistische Aktionen gebremst, als Lebensmotto wählte er jedoch schon in den achtziger Jahren: „Nun erst recht!"[168] Er bestreitet beharrlich, aktiv im *Blood & Honour* Netzwerk tätig gewesen zu sein, dennoch pflegte er Kontakte zu deren Kreisen in Großbritannien und den skandinavischen Ländern.

Gerd Honsik (Pseudonym: Gerhon Endsik)

Geboren: 1941

Wohnort: Spanien

Beruf: Publizist

Organisationen: *Rugia Markomannia, Ring Freiheitlicher Studenten (RFS), Nationaldemokratische Partei Österreichs (NDP), Kameradschaft Babenberg, Volksbewegung, Ausländer Halt-Bewegung (AUS), Nationale Front (NF), Knut-Hamsun-Gesellschaft Wien, Nein zur Ausländerflut*.

Funktionen: Bundesvorstand der *NDP*, Redakteur der Zeitschrift *Babenberger*, Gründer und Vorsitzender verschiedener explizit ausländerfeindlicher Parteien bzw. Wahllisten im Umfeld der *Volksbewegung*, Herausgeber der Zeitschrift *Halt*.

---

164 Vgl. Innenministerium Niedersachsen, Verfassungsschutzbericht 2000: 32.
165 Vgl. Innenministerium Niedersachsen, Verfassungsschutzbericht 1999: 6, 37, 43, und Innenministerium Niedersachsen, Verfassungsschutzbericht 2000: 37.
166 Vgl. Innenministerium Niedersachsen, Verfassungsschutzbericht 1998: 75f.
167 *tageszeitung*, 31. Mai 2002, S. 7.
168 Brief Heises in *Nachrichten der HNG* 01/95, S. 11.

Aktivitäten: Der 1941 geborene Gerd Honsik, Sohn eines *SS*-Offiziers, ist ein langjähriger rechtsextremistischer Aktivist in Österreich und Autor von politisch einschlägigen Büchern und Gedichtbänden. 1961 verübte der erst zwanzigjährige Honsik im Zuge des in den 60er Jahren aufkommenden Südtirolterrorismus Brandanschläge auf die italienische Botschaft in Wien. Während seiner Studentenzeit wurde er Mitglied der Burschenschaft *Rugia Markomannia* und trat der Burschenschaftlervereinigung *Ring Freiheitlicher Studenten* (*RFS*) bei. 1976 ließ sich Honsik in den Bundesvorstand der 1988 wegen nationalsozialistischer Wiederbetätigung verbotenen *Nationaldemokratischen Partei Österreichs* (*NDP*) wählen. Drei Jahre später wurde Honsik Redakteur der Zeitschrift *Babenberger*, die bis 1980 als Organ der in diesem Jahr von den österreichischen Behörden aufgelösten *Kameradschaft Babenberg* erschien. Seit dem ist Honsik maßgeblich an der Herstellung des rechtsextremistischen Hetzblattes *Halt. Wandzeitung des österreichischen Widerstandes* beteiligt, dessen Redaktion sich aus dem Umfeld der aufgelösten Kameradschaft und sowie der rechtsextremen Gruppen *Aktion Neue Rechte*, *Nationalistischer Bund Nordland* und *NDP* rekrutierte. 1981 veröffentlicht er im Eigenverlag seinen Gedichtband „Lüge, wo ist dein Sieg?" und hielt eine Dichterlesung im Wiener Hilton Hotel. Mehrheitlich aus ehemaligen Mitgliedern der *Kameradschaft Babenberg* speiste sich die Anfang der 1980er Jahre um Gerd Honsik gebildete *Volksbewegung*, die sich schnell zu einer zentralen Gruppierung der österreichischen Neonaziszene mit großer publizistischer Bedeutung und weitreichenden Verbindungen entwickelte. Aus ihr entstand auch die 1982 von Honsik initiierte Wahlplattform *Ausländer-Halt-Bewegung* (*AUS*). Zwei Jahre später war Honsik Mitbegründer der militanten Splitterpartei *Nationale Front* (*NF*), der wegen nationalsozialistischer Wiederbetätigung keine Rechtspersönlichkeit zuerkannt wurde. 1983 wurde er Mitglied der neu gegründeten *Knut-Hamsun-Gesellschaft Wien*, die noch im selben Jahr eine Veranstaltung mit dem Titel „Neunzig Minuten deutsche Balladen" durchführte, auf der Honsik seinen Gedichtband „Fürchtet Euch nicht" präsentierte. 1986 leiteten die Behörden gegen Honsik ein Verfahren wegen NS-Wiederbetätigung ein. Ein Jahr später folgte eine Verurteilung zu einer Geldstrafe wegen Herabwürdigung des Staates und seiner Symbole. Im November 1987 veröffentlicht Honsik in seiner Publikation *Halt* ein angeblich historisches Dokument eines „Militärpolizeilichen Dienstes" des „Alliierten Kommandos" von 1948, aus dem hervorgeht, dass in einer Reihe von nationalsozialistischen Konzentrationslagern, darunter auch Mauthausen, keine Ermordungen mittels Giftgas stattgefunden haben. Das sogenannte *Lachout-Dokument* (benannt nach dem Religionslehrer und früheren Leutnant des Wiener Wachbatallions Emil Lachout, der das Dokument in Umlauf gebracht hatte) wurde jedoch schnell als Fälschung der plumpsten Machart enttarnt[169]. 1988 ordnete das Landgericht für Strafsachen Wien die Beschlagnahme des von Honsik herausgegebenen Buches „Freispruch für Hitler? 37 ungehörte Zeugen wider die Gaskammer" an, in dem von J.G. Burg bis → Ernst Zündel fast alle international bekannten Holocaust-Leugner zu Wort kommen. Das Buch führte ein Jahr später in der Bundesrepublik zu einer Verurteilung Honsiks zu einer Geldstrafe von 54.000 DM. Das Urteil wurde jedoch 1992 zu einer bedingten Haftstrafe von 12 Monaten und einer Geldstrafe von 5000 DM abgeändert. 1990 trat Honsik auf einer Veranstaltung des „Revisionisten" → David Irving in Dresden auf und unternahm den vergeblichen Versuch, mit der Liste *Nein zur Ausländerflut* bei den österreichischen Nationalratswahlen anzutreten. Anfang der 90er Jahre stand Honsik immer wieder wegen seiner extremistischen Aktivitäten in Österreich und Deutschland vor Gericht. Nach einer Verurteilung

---

169 Vgl. Dokumentationsarchiv des österreichischen Widerstandes (*DÖW*), Das Lachout-„Dokument". Anatomie einer Fälschung, Wien 1989.

zu einer Haftstrafe von 18 Monaten wegen seiner als NS-Wiederbetätigung gewerteten Anstrengungen zur Leugnung des Holocaust floh Honsik von Österreich nach Spanien. Dort stand er in Kontakt mit dem ebenfalls flüchtigen deutschen Altnazi → Otto Ernst Remer. Die Publikation *Halt* konnte auch nach der Flucht Honsiks weiter erscheinen und wurde über Adressen in Spanien, Gibraltar und Tschechien vertrieben. Mittlerweile ist sie über ein Postfach im schwedischen in Malmö zu beziehen. Honsik selbst soll sich aber derzeit immer noch in Spanien aufhalten und seit dem 11. September in seinen *Halt*-Artikeln verstärkt für eine Zusammenarbeit von Islamisten und Neonazis werben[170]. Honsik ist auch Herausgeber des Buches „Zuerst nach Casablanca", das von dem in Schweden lebenden Holocaust Leugner und ehemaligen Panzerleutnant der marokkanischen Armee, Ahmed Rami, verfasst und dem Schweizer „Revisionisten" → Jürgen Graf ins Deutsche übersetzt wurde.[171]

Bedeutung: Gerd Honsik war über Jahrzehnte eine feste Größe im österreichischen Rechtsextremismus. Seine „revisionistischen" und neonazistischen Aktivitäten hatten in Österreich sogar schon mehrfach zur Folge, dass sich das Parlament mit seiner Person beschäftigte. Mittlerweile scheint seine Bedeutung jedoch rapide gesunken zu sein. Ob die Auflage von *Halt* tatsächlich 10.000 Exemplare beträgt, wie Honsik behauptet, ist äußerst zweifelhaft. Die Publikation ist unter deutschen Neonazis wenig bekannt und erscheint nur noch unregelmäßig[172]. Honsik äußert sich aus dem Exil immer wieder kommentierend zu tagespolitischen Themen und Aktivitäten von Rechtsextremisten, ohne jedoch Einfluss auf das Geschehen in der rechtsextremen Szene ausüben zu können. Immerhin gelang es Honsik trotz seiner schwierigen Lage, → Horst Mahlers antisemitische Hetzschrift „Guten Tag, Herr Friedmann" in seinem Verlag *Bright Rainbow* zu veröffentlichen, die ebenfalls über Malmö verbreitet wird[173].

---

170 Vgl. Dokumentationsarchiv des Österreichischen Widerstands, „Neues von Ganz Rechts – Jänner 2002. Neues von Honsik", http://www.doew.at/projekte/rechts/chronik/2002_01/halt.html (eingesehen am 17.6.2002)
171 Vgl. ebenda.
172 Vgl. Deutsche Welle, „Die Neo-nazistische Propaganda aus dem Ausland nach Deutschland. Internet, ausländische Flugschriften, internationale Kontakte, Skinhead-Konzerte. Eine Dokumentation", November 2000, http://www.dwelle.de/monitor/dokumentation/neonazi.doc (eingesehen am 17.6.2002).
173 Vgl. Stephen Roth Institute, Antisemitism Worldwide 2000/1. Austria, http://www.tau.ac.il/Anti-Semitism/asw2000-1/austria.htm (eingesehen am 17.6.2002).

Steffen Hupka

> **Geboren**: 1962
>
> **Wohnort**: Timmenrode (Sachsen-Anhalt)
>
> **Beruf**: Tischler
>
> **Organisationen**: → *Aktionsfront Nationaler Sozialisten/Nationale Aktivisten (ANS/NA)*, → *Hilfsorganisation für nationale politische Gefangene und deren Angehörige e.V. (HNG)*, → *Nationalistische Front (NF)*, Sozialrevolutionäre Arbeiterfront (SrA), Förderwerk Mitteldeutsche Jugend (FMJ), Direkte Aktion/Mitteldeutschland (JF), Unabhängiger Arbeitskreis, Harzfront, → *Junge Nationaldemokraten (JN)*, → *Nationaldemokratische Partei Deutschlands (NPD)*, Kameradschaft Blankenburg/Quedlinburg (→ *Kameradschaften*).
>
> **Funktionen**: Kassenwart *ANS/NA*, Mitarbeiter *Sieg*, Bereichsleiter Nord *NF*, Schulungsleiter *NF* und *SrA*, Herausgeber *Aufbruch* und *Umbruch*, Korrespondent *Junges Franken* und *Berlin-Brandenburger Zeitung*, Redakteur *Einheit und Kampf*, Schulungsreferent *JN* und *NPD*, Landesvorsitzender Sachsen-Anhalt *NPD*.

Aktivitäten: Schon 1983 war der in Hannover geborene Steffen Hupka bei der → *Aktionsfront Nationaler Sozialisten* → Michael Kühnens aktiv. Nach deren Verbot tauchte er als Mitarbeiter der österreichischen Zeitschrift *Sieg* auf und wurde Mitglied der → *HNG*. Bereits im Gründungsjahr 1985 schloss er sich der → *Nationalistischen Front (NF)* an und wurde dort Schulungsleiter und 1989 Schriftleiter des Rundbriefes *Aufbruch*. Noch vor dem Verbot der *NF* 1992 folgte er der Fraktion um Andreas Pohl und baute die *Sozialrevolutionäre Arbeiterfront (SrA)* mit auf. Da diese Organisation ihre Mitglieder vornehmlich in den neuen Bundesländern rekrutierte, war es nur konsequent, dass Hupka 1993 nach Quedlinburg umzog. Neben den Aktivitäten innerhalb der *NF*-Nachfolger *SrA*, *Förderwerk Mitteldeutsche Jugend (FMJ)* und *Direkte Aktion/Mitteldeutschland (JF)* begann er im Ostharz freie Kameradschaftsstrukturen, die in Quedlinburg anfangs unter dem Namen *Unabhängiger Arbeitskreis* firmierten, aufzubauen. Ab 1994 trat dieser Arbeitskreis gemeinsam mit Gruppen aus Thale und Blankenburg als *Harzfront* auf, die ihrerseits eng mit dem *Deutschen Freundeskreis Nordharz (DFN)* zusammenarbeitete. Zudem ist seit 1994 seine Arbeit innerhalb der Anti-Antifa dokumentiert.[174]

1994 erkannte Hupka nach offizieller → *NPD*-Version, dass „nur der organisierte Wille Macht bedeutet"[175] und trat den → *Jungen Nationaldemokraten (JN)* bei, mit denen er schon seit einiger Zeit punktuell zusammengearbeitet hatte. Zwei Jahre lang konnte er seit April 1994 die „Hefte für Ideologie und Strategie" *Umbruch* – organisationsunabhängig – herausgeben, war ab 1995 Korrespondent der *Berlin-Brandenburger Zeitung* und deren Schwesterorgan *Junges Franken* und Redakteur der *JN*-Zeitschrift *Einheit und Kampf*. Seit Mai 1996 war er Beisitzer im *JN*-Bundesvorstand als Leiter des Referats für Schulung, die

---

174 Vgl. Ministerium des Innern des Landes Sachsen-Anhalt, Verfassungsschutzbericht des Landes Sachsen Anhalt 1995: 3ff. Zur Anti-Antifa siehe den Beitrag von Anton Maegerle in diesem Band.
175 „Steffen Hupka, Mitglied des Parteivorstandes," in: Holger Apfel (Hrsg.), Alles Große steht im Sturm: 1999: 338.

selbe Funktion übernahm er 1998 in der Mutterpartei *NPD*, der er ein Jahr zuvor beigetreten war. 1997 wurde er Landesvorsitzender in Sachsen-Anhalt.

Das „Schulungsorgan" *Umbruch* hatte sich 1994 noch folgendermaßen geäußert: „Im Gegensatz zu den bürgerlich-konservativen Parteien und Organisationen ist das Kaderprinzip ein wesentliches Merkmal nationalrevolutionärer Arbeit, weil wir erkannt haben, daß der lange Weg zum politischen Erfolg, der oftmals Rückschläge und Durststrecken aufweisen wird, nur mit diesem Prinzip zu bewältigen ist. Auch die Auseinandersetzung mit dem politischen Gegner ist nur mit dieser Struktur zu bestehen."[176] Solche Ansichten sollte Hupka auch vertreten, als er Führungspositionen innerhalb der *NPD* inne hatte. Im Oktober 1999 wurde über den Landesvorstand der organisatorische Notstand ausgerufen und der Vorstand zeitweilig abgesetzt, weil Hupka die Gründung weiterer Kreisverbände zu torpedieren versucht hatte[177]. Im März 2000 wurde auf dem Landesparteitag Andreas Karl zum neuen Landesvorsitzenden gewählt. Hupka trat vom Amt des Landesbeauftragten der *JN* zurück und wurde nicht wieder in den Bundesvorstand gewählt, hatte also im März 2000 keine Parteiämter mehr. Daraufhin tat er sich mit anderen Parteioppositionellen zusammen und gründete die *Revolutionäre Plattform – Aufbruch 2000 (RPF)* innerhalb der *NPD*. Die *RPF* erklärte, sie wolle aus der *NPD* „eine geschlossene revolutionäre Weltanschauungspartei mit einer klaren strategischen Konzeption"[178] machen. Nachdem der Parteivorstand Anfang Dezember 2000 noch einen Unvereinbarkeitsbeschluss gegenüber der *RPF* fasste, konnte unter Vermittlung → Horst Mahlers im Januar 2001 ein Kompromiss geschlossen werden, der vorsah, dass die *RPF* die eigenständige Arbeit einstellen und in eine Arbeitsgemeinschaft überführt werden würde. In der Folge stellte aber die *RPF* ihre Arbeit keineswegs ein, sondern führte 2001 vier Kongresse und zwei Demonstrationen durch, noch wurde eine offizielle Arbeitsgemeinschaft eingerichtet. Im Dezember 2001 wurde Hupka daraufhin endgültig aus der Partei ausgeschlossen. Am 12. Januar 2002 löste sich die *RPF* offiziell auf. Nachdem bekannt geworden war, dass Spitzenfunktionäre der Partei Informanten des Verfassungsschutzes waren und der Vorsitzende Voigt dies vergleichsweise gelassen hinnahm[179], erklärte Hupka die Partei sogar zu einer „feindlichen Organisation". Zuvor hatte der Landesverband Sachsen-Anhalt seinerseits in einer Presseerklärung im Anschluss an den Landesparteitag am 23. Februar Hupkas Auftritt als „Versuch des Systems [...], Unruhe und Zwiespalt in die Partei des nationalen Widerstandes zu bringen,"[180] gewertet. Auch Voigt sprach davon, dass Hupka selbst „wiederholt verdächtigt wurde, geheimdienstlich tätig zu sein."[181]

Bedeutung: Steffen Hupkas Karriere in der *NPD* dürfte nach der neuerlichen Eskalation des Konflikts endgültig beendet sein. Mit seinen weitreichenden Kontakten in der Szene der

---

176 „Der Kader", in: *Umbruch*, 1. Jg., Nr. 1 (1994), S. 9.
177 Im Oktober 1999 soll es nur einen Kreisverband in Sachsen-Anhalt gegeben haben. Siehe „Behauptungen und Tatsachen Teil 2" in: *NPD Echo*, Nr. 2, 01/2002, zit. nach Webseite *NPD Echo* (eingesehen am 6. Juni 2002).
178 Bundesministerium des Innern, Verfassungsschutzbericht 2001 (Pressefassung): 82.
179 Gegen Wolfgang Frenz und Udo Holtmann wurden Ausschlussverfahren eingeleitet, Voigt ließ sich aber nicht auf eine Hetzjagd auf vermeintliche weitere Spitzel in den eigenen Reihen ein, noch war er bereit, selbst eine eidesstattliche Erklärung abzugeben, nie für den Verfassungsschutz gearbeitet zu haben.
180 Presseerklärung des Landesverbands Sachsen-Anhalt vom 23. Februar 2002, zit. nach Webseite der *NPD* Sachsen-Anhalt (eingesehen am 6. Juni 2002).
181 Interview mit Voigt, 27. Mai 2002, zit. nach Störtebeker-Netz (eingesehen am 6. Juni 2002).

Freien Nationalisten, die sich spätestens seit der V-Mann-Affäre ebenso von der *NPD* distanziert haben, dürfte einer bruchlosen Kontinuität in seiner politischen Arbeit jedoch nichts im Wege stehen. Seiner Hauptaufgabe, der Schulung von potentiellen Führungskadern, kann er seit 2001 im von Uwe Meenen (→ *Deutsches Kolleg*) gekauften Schloss Trebnitz (bei Bernburg, Sachsen-Anhalt) nachkommen, in dem ein „Nationales Zentrum Mitteldeutschland" entstehen soll[182].

David John Cadwell Irving

Geboren: 1938
Wohnort: London (UK) und Key West, Florida (USA)
Beruf: (Amateur)Historiker
Organisationen: keine
Funktionen: Inhaber des Verlages *Focal Point Publications*

Aktivitäten: David Irving, Sohn eines britischen Marineoffiziers, gilt als eine der Leitfiguren im Lager der Geschichtsrevisionisten und Holocaustleugner. 1957 begann er ein Studium der Physik am Londoner *Imperial College*, musste dieses jedoch zwei Jahre später aufgrund finanzieller Schwierigkeiten abbrechen[183]. Schon während seiner Studentenzeit sorgte Irving durch seine radikale Gesinnung für Aufsehen. In verschiedenen studentischen und universitären Publikationen veröffentlichte Irving Artikel rassistischen, antisemitischen und rechtsradikalen Inhalts[184]. Nach dem Abbruch seines Studiums arbeitete er zunächst in Deutschland als Stahlarbeiter bei Thyssen und eignete sich sehr gute Deutschkenntnisse an. Danach arbeitete er als Stenograph für das *U.S. Strategic Air Command* auf einer Militärbasis nahe Madrid und kehrte dann nach England zurück, um ein nie abgeschlossenes Studium der Politischen Ökonomie aufzunehmen. Angeregt durch den Herausgeber der in Köln ansässigen Zeitschrift *Neue Illustrierte* begann Irving 1962, an einer 37teiligen Serie über den Alliierten Luftkrieg im Zweiten Weltkrieg zu arbeiten. 1963 veröffentlichte er ein vielbeachtetes, aber wegen seiner übertrieben hohen Angaben zu den Opferzahlen[185] äußerst umstrittenes Buch über die Bombardierung Dresdens 1945. Seitdem verfasste Irving mehr als 30 Bücher, darunter auch stark apologetische Werke über die Nazigrößen Hitler, Göring, Hess und Goebbels. Sie erreichten zum Teil hohe Auflagen und fanden eine weite Leserschaft. Bekannt ist, dass Irving seit den 70er Jahren über Kontakte zu rechtsradikalen Organisationen wie der britischen *National Front* und der deutschen → *Gesellschaft für freie Publizistik* (*GFP*) verfügte. Größeres Aufsehen erregte allerdings erst sein 1977 erschienenes Buch „Hitlers War", in dem Irving die These vertrat, Hitler habe den Holocaust nie angeordnet und bis 1943 auch nichts von der Ermordung der europäischen Juden gewusst. Zu

---

182 Ministerium des Innern Sachsen-Anhalt, Verfassungsschutzbericht 2001: 33.
183 Vgl. *Anti-Defamation League*, David Irving: Propagandists' Poster Boy, http://www.adl.org/holocaust/irving.html (eingesehen am 2.6.2002).
184 Vgl. ebenda.
185 Vgl. ebenda.

diesem Zeitpunkt war Irvings Reputation noch so groß, dass sich der renommierte Historiker und damalige Leiter des *Instituts für Zeitgeschichte* Martin Broszat provoziert fühlte, die Irvingschen Thesen in einer Fachzeitschrift scharf anzugreifen[186].

In den 80er Jahren suchte Irving immer offener den Schulterschluss mit Rechtsradikalen. So akzeptierte er 1982 eine Auszeichnung durch die *Deutsche National-Zeitung* des einschlägig bekannten Verlegers → Gerhard Frey und trat später auch häufiger als Redner auf Veranstaltungen von dessen damals noch nicht als Partei konstituierter Vereinigung → *DVU* in Erscheinung[187]. Im selben Jahr wurde Irving außerdem wegen des Verdachts der Propaganda und Betätigung für den Nationalsozialismus aus Österreich nach Deutschland abgeschoben.

Dass sich auch die von Irving vertretenen historischen Thesen radikalisiert hatten, zeigte sich 1988. In diesem Jahr trat er als Zeuge der Verteidigung in dem Prozess gegen den deutschkanadischen Rechtsradikalen und Geschichtsrevisionisten → Ernst Zündel auf und vollzog dort öffentlichkeitswirksam seine Wandlung vom Hitler-Apologeten zum Holocaustleugner. Ein Jahr später verfasste Irving das Vorwort zur britischen Ausgabe des sogenannten *Leuchter-Reports*, einem von den Anwälten Zündels in Auftrag gegebenen Gutachten, in welchem die Existenz von Gaskammern in Auschwitz geleugnet wird. 1990 unternahm er mehrere Vortragsreisen durch die Bundesrepublik, deren Höhepunkt Irvings Auftritt auf der revisionistischen Großveranstaltung „Wahrheit macht frei" in München bildete, unter deren 800 Teilnehmern sich führende deutsche Neonazis wie Ewald Bela Althans und → Michael Kühnen befanden. 1992 wurde Irving aus Kanada ausgewiesen. Mittlerweile existieren in mehreren Ländern Einreiseverbote gegen Irving. Das Landgericht München verurteilte ihn 1993 wegen Beleidigung und Verunglimpfung des Andenkens Verstorbener zu einer Geldstrafe von 30.000 DM.[188] Einige Monate später wurde Irving dann auch aus Deutschland ausgewiesen, eine Entscheidung die drei Jahre später vom Verwaltungsgericht München noch einmal ausdrücklich bestätigt wurde.

Für weltweite Schlagzeilen sorgte der von Irving gegen die Wissenschaftlerin Deborah Lipstadt angestrengte Verleumdungsprozess, der im Januar 2000 in London begann. Lipstadt hatte in ihrem Buch „Denying the Holocaust: The growing assault on Truth and Memory" Irving als Hitler-Verehrer, Tatsachenfälscher und einen der gefährlichsten Holocaustleugner bezeichnet. In dem spektakulären Prozess, in dem eine ganze Reihe renommierter Wissenschaftler als Zeugen auftrat, wollte Irving nicht nur seinen Ruf wiederherstellen, sondern auch vor Gericht die historische Tatsache des Holocaust in Zweifel ziehen. Das Verfahren endete jedoch mit einer herben Niederlage für den Geschichtsrevisionisten. Im am 11. April 2000 verkündeten Urteil wird Irving als „aktiver Holocaustleugner, Antisemit und Rassist" bezeichnet. Außerdem ist Irving nun gezwungen, auch die Gerichtskosten der Gegenseite zu tragen. Insgesamt sieht er sich mit Forderungen konfrontiert, die sich auf über 2 Millionen Pfund[189] belaufen. Ein Antrag auf Revision wurde am 20. Juli 2001 endgültig abgelehnt. Im März 2002 erklärte das oberste Zivilgericht (High Court) den Holocaust-Leugner für bankrott, nachdem er sich außer Stande sah, eine erste Zahlung von 150.000 Pfund an Lipstadts Verlag *Penguin Books* zu leisten[190].

---

186 Martin Borszat, „Hitler und die „Endlösung". Aus Anlaß der Thesen von David Irving", in: *Vierteljahreshefte für Zeitgeschichte*, 25/1977: 739-775.
187 Vgl. Annette Linke, Der Multimillionär Frey und die DVU, 1994: 188ff.
188 Vgl. Verfassungsschutzbericht des Bundes 1993: 151.
189 Vgl. *Guardian* vom 21.7.2001.
190 Vgl. o. A., „Holocaust Denier bankrupt", *BBC News* vom 4.3.2002, http://news.bbc.co.uk/hi/english/uk/newsid_1853000/1853263.stm (eingesehen am 3.6.2002).

Bedeutung: Durch den von Irving selbst angestrengten Verleumdungsprozess ist dem „Geschichtsrevisionisten" jetzt auch gerichtlich attestiert worden, was dem unvoreingenommen Beobachter ohnehin längst bekannt war: Bei David Irving handelt es sich um einen der aktivsten und aggressivsten Leugner des nationalsozialistischen Massenmordes an den europäischen Juden. Sein Verlag *Focal Point Publications* ist mit einer Hompepage im Internet vertreten, auf der einige seiner Werke zum kostenlosen Download angeboten werden. Irving verfügt darüber hinaus über beste Kontakte zu rechtsradikalen Personen und Organisationen auf der ganzen Welt. Die juristische Niederlage dürfte ihn außerhalb der rechtsradikalen Szene endgültig um seinen Ruf als vermeintlich seriösen Historiker gebracht haben. Im rechtsradikalen Lager hingegen haben Irvings notorische Prominenz und jüngst sein Debakel vor Gericht seine Popularität und integrierende Wirkung eher noch gesteigert. Im Internet werden mittlerweile Spenden für den jetzt finanziell ruinierten Geschichtsfälscher gesammelt. Motto: „Sink the Battleship Auschwitz!"

Michael Koth

Geboren: 1956

Wohnort: Berlin

Beruf: Ehem. Angestellter der BVG und S-Bahn Berlin

Organisationen: *Freie Deutsche Jugend (FDJ), Sozialistische Einheitspartei West-Berlins (SEW), Kommunistische Partei Deutschlands – Roter Morgen (KPD Roter Morgen), Nationalkomitee Freie DDR (NKFDDR), Komitee Freiheit für Erich Mielke, Erich-Honecker-Solidaritätskomitee, Mauerbaukomitee 13. August, Solidaritätskomitee für die Opfer politischer Verfolgung in Deutschland, Freundeskreis Ernst-Thälmann-Gedenkstätte e.V. Ziegenhals,* → *Kampfbund Deutscher Sozialisten (KDS), Partei der Arbeit Deutschlands (PdAD), Gesellschaft zum Studium und zur Verbreitung der Dschutsche-Ideologie – Deutsch-Koreanische Freundschaft, Freundschaftsgesellschaft Pro Nordkorea.*

Funktionen: Vorsitzender *PdAD*, stellvertretender Vorsitzender *KDS*

Aktivitäten: Michael Koth machte eine Lehre bei der Reichsbahn der DDR und wurde Mitglied der *Freien Deutschen Jugend (FDJ)* in West-Berlin und der *Sozialistischen Einheitspartei West-Berlins (SEW)*, der Schwesterorganisation der *SED*, sowie später der *KPD Roter Morgen* und anderer kommunistischer Kleingruppen. Nach dem Mauerfall knüpfte er Kontakte zu *SED*- und *Stasi*-Kreisen bis hinauf zu den Honeckers[191] und engagierte sich in diversen DDR-nostalgischen Organisationen. Außerdem begann er sich für die Demokratische Volksrepublik Korea (DVRK; Nordkorea), einem der letzten verbliebenen nominell sozialistischen Staaten, zu interessieren.

Ab Mitte der neunziger Jahre verdichten sich die Hinweise auf eine Zusammenarbeit Koths mit Rechtsextremisten. Von Anfang an warb er für das Querfrontmagazin *Sleipnir* der Berliner Verleger Andreas Röhler und Peter Töpfer. 1996 gründete Koth die *Partei der Arbeit Deutschlands (PdAD)* in Anlehnung an die nordkoreanische *Partei der Arbeit Koreas*

---

[191] Vgl. Fabian Lembke, „Genosse Kamerad," in: *Jungle World*, 4. Oktober 2000, S. 30.

(PdAK), zu der offizielle Beziehungen bestehen. Daneben rief er diverse Unterorganisationen wie die *Gesellschaft zum Studium und zur Verbreitung der Dschutsche-Ideologie* ins Leben, über die für die DVRK und den Nationalkommunismus der *PdAK* geworben werden soll. Über die *PdAD* entwickelten sich aber auch Beziehungen zur → *NPD*, die Koth mit einem Infostand zum „1. Tag des Nationalen Widerstands" in Passau 1998 einlud.[192] Im Gegenzug schickte die *NPD* eine Delegation gemeinsam mit dem *PdAD*-Vorsitzenden zu einem Besuch des damaligen Büros für den Schutz der Interessen der Koreanischen Demokratischen Volksrepublik in der Botschaft der Volksrepublik China. Teilnehmer auf *NPD*-Seite waren u.a. → Hans-Günter Eisenecker, Winfried Petzold und Jürgen Schön.[193]

Der Schritt vom Nationalbolschewismus Kim Il Sungs zum Nationalen Sozialismus → Michael Kühnens war für Michael Koth nicht groß. 1997 traf er sich erstmals mit Thomas Brehl und weiteren westdeutschen Neonazis in Langen, um die Möglichkeiten einer Zusammenarbeit auszuloten. 1999 gründeten die beiden dann in Cottbus gemeinsam mit Frank Hübner und Michael Thiel den → *Kampfbund Deutscher Sozialisten (KDS)*, eine sich in erster Linie „antiimperialistisch" präsentierende Querfrontorganisation, die neben Berlin und Langen vor allem auch in Köln aktiv ist. Koth ist im *KDS* vor allem publizistisch tätig, er gibt die Zeitschriften *Gegenangriff* und *Wetterleuchten* heraus. Des weiteren meldete er neben der Domain des *KDS* auch die Internetpräsenz → Arnulf Priems an, die jedoch mittlerweile vom Netz genommen wurde.[194]

Bedeutung: In weiten Teilen des rechtsextremen Spektrums hatte die Querfrontstrategie Michael Koths und Thomas Brehls bisher keinen durchschlagenden Erfolg. Dennoch gibt es eine nationalrevolutionäre Nische, die u.a. von *Sleipnir* und den *Staatsbriefen* bedient wird, in der der *KDS* und die *PdAD* eine Rolle spielen können.[195] Die Bedeutung dieser Organisationen kann mit einem Verbot der *NPD*, bei der Koth weiterhin sporadisch auftaucht und deren Jugendorganisation mehr und mehr auf den Anti-Globalisierungszug aufspringt, nur steigen. Ob der Extremeklektiker Koth in einem solchen Falle die nötigen Führungsqualitäten besäße, scheint jedoch fraglich.

---

192 „Ein Kommunist vollzieht den Schulterschluß" (Leserbrief von Koth), in: *Deutsche Stimme*, Juli 1998, S.11.
193 Vgl. „Nordkoreas Botschafter empfing Nationalisten," in: *Deutsche Stimme* 9-10/98, S. 1.
194 Die Internetseiten Priems sind mittlerweile bei der → *NSDAP/AO* untergebracht.
195 Vgl. auch die sehr positive Kritik des *KDS*-Theorieorgans *Wetterleuchten* in der *Jungen Freiheit*: Ulli Baumgarten, „Nationalkommunistisch," in: *Junge Freiheit* 31. März 2000, S. 14.

Michael Kühnen

> **Geboren:** 1955 († 1991)
>
> **Wohnort:** Langen (Hessen)
>
> **Beruf:** Ehem. Leutnant der Bundeswehr
>
> **Organisationen:** → *Junge Nationaldemokraten (JN), Aktion Widerstand, Aktion Neue Rechte (ANR),* → *Aktionsfront Nationaler Sozialisten/Nationale Aktivisten (ANS/NA),* → *Komitee zur Vorbereitung der Feierlichkeiten zum 100. Geburtstag Adolf Hitlers (KAH),* → *Gesinnungsgemeinschaft der Neuen Front (GdNF),* → *Nationalsozialistische Deutsche Arbeiterpartei/Auslands- und Aufbauorganisation (NSDAP/AO).*
>
> **Funktionen:** Gründer und Leiter der *ANS/NA* und der *GdNF*, Gründer der *Antizionistischen Aktion* und der *Aktion Ausländerrückführung*, Initiator und Mitbegründer des *KAH*.

Aktivitäten: Michael Kühnen engagierte sich schon früh in verschiedenen rechtsextremen Organisationen, unter anderem als vierzehnjähriger bei den → *Jungen Nationaldemokraten (JN;* „erster nationaldemokratischer Schülersprecher"[196]), und verstand sich schon damals als „Faschist". Kurzzeitig wurde er aber auch Mitglied bei der *Jungen Union* und der *Kommunistischen Partei Deutschlands*. Gleich nach dem Abitur wurde Kühnen 1974 Zeitsoldat bei der Bundeswehr, die ihn aber 1977 wegen seiner politischen Aktivitäten unehrenhaft entließ.[197] 1977 erhielt er nach eigenen Angaben die Anordnung von der → *NSDAP/AO*, eine deutsche Zweigstelle zu gründen. So entstand der *SA-Sturm Hamburg 8. Mai* in Hamburg, der nach außen als *Freizeitverein Hansa* auftrat und aus dem schließlich die *Aktionsfront Nationaler Sozialisten* als legale Frontorganisation hervorging (1983 Vereinigung mit den *Nationalen Aktivisten* unter → Thomas Brehl zur → *ANS/NA*).[198] Es waren insbesondere die medienwirksam inszenierten Aktionen dieser Organisation, in der auch →Christian Malcoci, → Siegfried Borchardt und → Christian Worch tätig waren, die Kühnens Ruf als Medienstar begründeten. Dies obwohl Kühnen bereits 1978 inhaftiert und im ersten sogenannten „Bewegungsprozess" in Bückeburg zu einer vierjährigen Haftstrafe verurteilt wurde.[199]

Im Dezember 1983 wurde die *ANS/NA* verboten und aufgelöst, Kühnen benannte die Zeitschrift seiner „Bewegung", *Die Innere Front*, in *Die Neue Front* um, und der Führungskreis trat fortan als → *Gesinnungsgemeinschaft der Neuen Front (GdNF)* auf. Im März 1984 floh Kühnen nach Frankreich, um einer erneuten Verhaftung zu entgehen, wurde aber im Oktober abgeschoben und verhaftet und im Januar 1985 wegen der Verbreitung von NS-Propagandamaterial zu drei Jahren und vier Monaten Haft verurteilt. Die Organisationsleitung übernahm Thomas Brehl. 1986 begannen führende Kader um → Jürgen Mosler, Volker Heidel und → Michael Swierczek gegen Homosexuelle in der „Bewegung" zu hetzen. Sie warfen den Chef der *Auslands-ANS*, Michel Caignet, wegen dessen Aktivitäten in der

---

196 Kühnen, Vorwort zu Die Zweite Revolution, zit. nach *NSDAP/AO* Webseite (eingesehen am 21.3.2002).
197 Ebd.; siehe auch Jens Mecklenburg (Hrsg.), Handbuch deutscher Rechtsextremismus, 1996: 485.
198 Siehe hierzu Rainer Fromm, Die ‚Wehrsportgruppe Hoffmann', 1998: 139f, insbesondere Fn. 10.
199 Anton Maegerle, Rainer Fromm, „Biographie eines Neonazi: Michael Kühnen," in: *Der Rechte Rand*, Nr. 14 (Januar/Februar 1991), S. 19.

Schwulenszene raus[200] und verfassten ein Manifest, das von vielen führenden *GdNF*-Kadern unterschrieben worden war. Kühnen solidarisierte sich mit Caignet, erklärte zunächst seinen Austritt aus der *GdNF* und gab schließlich eine Schrift unter dem Titel „Nationalsozialismus und Homosexualität" heraus, in der er den antischwulen Affekt mit spießbürgerlicher Prüderie und jüdisch-christlicher Leibfeindlichkeit gleichsetzte, die vom Nationalsozialismus zu überwinden seien. Der „Bewegungsstreit" spaltete die *GdNF*. Fortan wurden unterschiedliche Ausgaben der Zeitschrift *Die Neue Front* von den beiden Flügeln herausgegeben. Im April 1987 begann Kühnen noch aus dem Gefängnis heraus die Organisation umzustrukturieren und übertrug Christian Worch die Leitung.

Um den Verlust der Frontorganisation *ANS/NA* aufzufangen, gingen von Kühnen 1984 der Aufruf an seine Anhänger zum Beitritt zur → *Freiheitlichen Deutschen Arbeiterpartei (FAP)* (er selbst wurde nie Mitglied) und die Initiative zum → *Komitee zur Vorbereitung der Feierlichkeiten zum 100. Geburtstag Adolf Hitlers (KAH)* aus. Daneben war er mit einigen Anhängern Mitglied in → Gary Laucks *NSDAP/AO* und hatte einige Gefolgsleute in der → *Hilfsorganisation für nationale politische Gefangene und deren Angehörige (HNG)* platziert. Später wurden u.a. einige Parteien wie die → *Deutsche Alternative*, die → *Nationale Alternative* oder die → *Nationale Liste* im Umfeld der *GdNF* gegründet und als legale Arme der Organisation genutzt.

Von der Gründung des *Freizeitvereins Hansa* bis zu seinem Tod 1991 verbrachte Kühnen fast acht Jahre wegen diverser Propagandadelikte im Gefängnis, die er in erster Linie dazu nutzte, die zwei Bände von *Die zweite Revolution*, *Das politische Lexikon der Neuen Front* und einige Broschüren, u.a. einen Kommentar zum Programm der *NSDAP* oder zum Thema „politisches Soldatentum", zu verfassen. Er erkannte früh, dass in der Hooliganszene Mobilisierungspotential liegt, und verfasste bereits 1990 einen *Arbeitsplan Ost*, in dem er den Aufbau rechtsextremer Strukturen in Ostdeutschland vorzeichnete. Vor allem seine offiziellen Nachfolger neben → Christian Worch → Arnulf Priem, Heinz Reisz und → Gottfried Küssel, trieben diesen Aufbau Anfang der neunziger Jahre voran.

Bedeutung: Mit seinem Charisma und seiner geschickten Medienpolitik, die auf offener Provokation basierte, gelang es Michael Kühnen, einige der noch heute bedeutenden Köpfe in der „Bewegung" um sich zu sammeln. Viele seiner Ideen haben weiterhin hohen Stellenwert in der Szene und begründen seine Bedeutung über den Tod hinaus. Seinen ehemaligen Gefolgsleuten, die weiterhin zentrale Positionen innehaben, fehlt es aber an dessen Innovationsgeist und Führungsqualitäten. In seiner politischen Ausrichtung blieb Kühnen als erster „Neo-Nazi" immer kompromisslos: die Neugründung der *NSDAP* und das „Vierte Reich" waren seine erklärten Ziele.[201]

---

200 Vgl. Georg Christians, ‚Die Reihen fest geschlossen': Die FAP, 1990: 115ff.
201 Kühnen, Vorwort zu Lexikon der neuen Front, zit. nach *NSDAP/AO* Webseite (eingesehen am 21.3.2002).

Gottfried Heinrich Küssel

Geboren: 1958

Wohnort: Wien (Österreich)

Beruf: „Student"[202]

Organisationen: *Burschenschaft Danubo-Markomannia*, *Aktion Neue Rechte* (Österreich), → *Nationalsozialistische Deutsche Arbeiterpartei/Auslands- und Aufbauorganisation (NSDAP/ AO)*, *Kameradschaft Babenberg*, *Volksbewegung gegen Überfremdung/Ausländer-Halt-Bewegung (Volksbewegung)*, *Nationale Front*, *Volkssozialistische Partei*, *Volkstreue Außerparlamentarische Opposition (VAPO)*, → *Gesinnungsgemeinschaft der Neuen Front (GdNF)*.

Funktionen: Herausgeber *Halt!*, Einsatzleiter *Volksbewegung*, Jugendführer *Nationale Front*, Gründer und Vorsitzender *VAPO*, Bereichsleiter Österreich *GdNF*.

Aktivitäten: Gottfried Küssel war 1976 Mitglied der österreichischen *Aktion Neue Rechte* und nach eigenen Angaben seit 1977 Mitglied der amerikanischen Kaderorganisation → *NSDAP/ AO*.[203] Ab 1979 bis zu ihrer behördlichen Auflösung im April 1980 war er Mitglied der *Kameradschaft Babenberg*, in der unter anderem auch → Gerd Honsik aktiv war. Anfang der achtziger Jahre war Küssel zeitweise Herausgeber der antisemitischen Zeitschrift *Halt!* und Aktivist der *Volksbewegung gegen Überfremdung/Ausländer-Halt-Bewegung*, der Honsik vorstand. Küssel, der sich unter seinem zweiten Vornamen für kurze Zeit auch die Mitgliedschaft in der *Jungen Österreichischen Volkspartei (JVP)*, der Jugendorganisation der ÖVP, erschlich, kandidierte außerdem 1980 bei den Gemeinderatswahlen in Payerbach (Niederösterreich) für die *FPÖ*.[204] 1984 wurde er erstmals wegen Wiederbetätigung im sogenannten Wiener *ANR-Prozeß* zu einer fünfzehnmonatigen Bewährungsstrafe verurteilt. Er engagierte sich 1984/85 bei der *Nationalen Front* und der *Volkssozialistischen Partei* und gründete 1986 seine eigene Gruppierung, die *Volkstreue Außerparlamentarische Opposition*, die neben Demonstrationen auch Wehrsportübungen organisierte. Über diese Gruppe soll er 1987 den Kontakt zu deutschen Neonazis um → Michael Kühnen hergestellt haben. Wenn er zu diesem Zeitpunkt bereits seit zehn Jahren Mitglied der *NSDAP/AO* gewesen war, ist es allerdings nicht unwahrscheinlich, dass dieser Kontakt bereits vorher bestand. Kühnen machte Küssel zum „Bereichsleiter Ostmark" der → *GdNF* und setzte ihn als Kontaktperson zur *GdNF* im Neonazizentrum in der Weitlingstrasse in Berlin ein (→ *Nationale Alternative*). Küssel organisierte außerdem 1990 den Parteitag der → *Deutschen Alternative* in Cottbus und traf sich mit → Gary Lauck und anderen *NSDAP/AO*-Kadern bei → Thies Christophersen in Dänemark. Kaum mehr als zwei Wochen nach der Vereinigung der deutschen Staaten, am 20. Oktober 1990, fand in Dresden die erste große Neonazi-Demonstration mit Kühnen, → Christian Worch und Küssel an der Spitze statt. Ebenfalls 1990 nahm er am von Ewald Althans organisierten Kongreß „Wahrheit macht frei" in München teil, auf dem sich fast alle namhaften Holocaustleugner aus dem In-

---

[202] Eigenangabe Küssels bei seiner Gerichtsverhandlung. Siehe „Wiener Gericht verurteilt Neonazi Küssel zu zehn Jahren Haft," in: *blick nach rechts* 20/1993, S. 8.

[203] Dokumentationsarchiv des österreichischen Widerstandes (Hrsg.), Handbuch des österreichischen Rechtsextremismus, 1994: 332.

[204] Brigitte Bailer-Galanda, Wolfgang Neugebauer, Haider und die ‚Freiheitlichen' in Österreich, 1997: 162.

und Ausland trafen. Nach dem Tod Kühnens übernahm Küssel neben Worch, Heinz Reisz und → Arnulf Priem die Leitung der *GdNF*. Im Laufe des Jahres 1991 trat Küssel mehrfach in den Medien auf, wobei er unverblümt den Holocaust leugnete und sich selbst als Nationalsozialisten bezeichnete. Er bekam Einreiseverbot in die Bundesrepublik Deutschland und wurde am 7. Januar 1992 in seiner Wiener Wohnung verhaftet. Am 29. September 1993 wurde das Urteil vom Landgericht Wien ausgesprochen: 10 Jahre Haft wegen NS-Wiederbetätigung. Das Urteil rief auch bundesdeutsche Aktivisten wie → Thomas Brehl und Michael Petri auf den Plan, die in Cottbus umgehend eine *Nationale Initiative ‚Freiheit für Gottfried Küssel'* ins Leben riefen. Küssel selbst schrieb während der Haftzeit für die *Nachrichten der HNG* (→ *HNG*).

Bereits 1999 wurde Küssel auf Bewährung vorzeitig freigelassen und tauchte seitdem bei mehreren Veranstaltungen auf. Er nahm an einer Veranstaltung der Zeitschrift *Zur Zeit*[205] und einer Sonnenwendfeier von Burschenschaftlern[206] teil und war bei einem Treffen von → *Blood & Honour*-Aktivisten in Wien, das von der Polizei aufgelöst werden mußte, mitsamt seinem früheren Stellvertreter Gerd Endres anwesend.[207]

Bedeutung: Gottfried Küssel ist neben → Herbert Schweiger, Gerd Honsik und Walter Ochensberger der bedeutendste Rechtsextremist in Österreich und war fest in deutsche Strukturen integriert. In den achtziger Jahren rekrutierte er seine Anhänger vor allem unter Fußballfans und betrieb mit diesen „Wehrsport". 1984 war er im *ANR*-Prozeß zusammen mit dem Terroristen Ekkehard Weil angeklagt,[208] 1995 wurden zwei Mitglieder der *VAPO*, Peter Binder und Franz Radl, jr., wegen einer Attentatsserie angeklagt, jedoch im Dezember d.J. nur wegen Wiederbetätigung verurteilt.[209] Nach der Vereinigung der deutschen Staaten war er im Kühnen-Umfeld maßgeblich am Aufbau der Strukturen in Ostdeutschland beteiligt. Der bruchlose Übergang nach seiner Haftentlassung zeigt, dass er sich von staatlicher Repression nicht zurückschrecken läßt.

Gary Rex „Gerhard" Lauck

Geboren: 1953

Wohnort: Lincoln, Nebraska (USA)

Beruf: unbekannt (studierte Germanistik und Philosophie ohne Abschluss)

Organisationen: *Kampftruppe Horst Wessel, National Socialist Party of America (NSPA),* → *Nationalsozialistische Deutsche Arbeiterpartei/Auslands- und Aufbauorganisation (NSDAP/AO), RJG Engineering.*

Funktionen: Gründer und Leiter der *NSDAP/AO*, Herausgeber des *NS-Kampfruf*, Geschäftsführer *RJG Engineering.*

---

205 „Sumpf des Willens," in: *Profil*, 18. Februar 2001.
206 *blick nach rechts* 14/2001, S. 16.
207 Anton Maegerle, „Anschluss gesucht," in: *blick nach rechts* 13/2001, S. 9.
208 Antifaschistisches Autorenkollektiv, Drahtzieher im braunen Netz, 1996: 17.
209 Constanze Beck, *Volkstreue Außerparlamentarische Opposition (VAPO)*, Informationsdienst gegen Rechtsextremismus http://www.idgr.de/lexikon/stich/v/vapo/vapo.html (eingesehen 2. Juni 2002).

Aktivitäten: Schon während seiner Schulzeit schloss sich Gary Lauck der amerikanischen *Kampftruppe Horst Wessel* an und wurde später Propagandachef der *National Socialist Party of America (NSPA)* in Chicago. 1972 gründete er dann die → *Nationalsozialistische Deutsche Arbeiterpartei/Auslands- und Aufbauorganisation (NSDAP/AO)*, deren Leiter er bis heute ist. Mit seiner Organisation verfolgt er das Ziel, die *NSDAP* in Deutschland wieder als Partei zu etablieren und einen nationalsozialistischen Staat zu gründen. Auf seiner Webseite posiert er im braunen Hemd mit Seitenscheitel und schmalem Schnauzbart vor einer Hakenkreuzfahne. Er produziert und vertreibt Propagandamaterial und NS-Devotionalien, darunter den *NS-Kampfruf*, der laut gerichtlicher Beweisführung gegen Lauck im August 1996 eine Auflage von 10.000 Exemplaren erreicht.[210] Webseite und Schriften sind mittlerweile in vielen Sprachen zugänglich. Neben dem Vertrieb von in vielen Ländern verbotenem Material bietet er einen „zensurfreien" Internetservice, *RJG Engineering*, an, der insbesondere von deutschen Aktivisten genutzt wird.[211] Lauck hält engen Kontakt mit deutschen Rechtsextremisten und unternahm in den siebziger Jahren Vortragsreisen nach Deutschland. 1974 referierte er bei → Manfred Roeders *Deutsche Bürgerinitiative* in Hamburg und wurde festgenommen und ausgewiesen. 1976 wurde er nach illegaler Einreise wegen des Verwendens verfassungsfeindlicher Symbole verurteilt und verbrachte sechs Monate in Haft.[212] Drei Jahre später durfte er allerdings erneut einreisen und als Entlastungszeuge für → Michael Kühnen aussagen. 1990 und 1992 unternahm er wieder Reisen nach Dänemark zu → Thies Christophersen und nach Deutschland, um die neuen Bundesländer zu bereisen und Michael Kühnen und weitere Mitglieder der → *GdNF* zu treffen. 1995 wurde er dann aufgrund eines internationalen Haftbefehls der Staatsanwaltschaft Hamburg in Dänemark festgenommen und nach Deutschland ausgeliefert. Im Verfahren wurde er der Volksverhetzung, der Aufstachelung zum Rassenhass und der Verbreitung von NS-Propaganda schuldig gesprochen und zu vier Jahren Haft verurteilt, die er voll absaß. Wenige Wochen nach der Verbüßung seiner Haftstrafe und der Ausweisung aus der Bundesrepublik trat er im Sommer 1999 beim „Aryan World Congress" der *Aryan Nations* in Hayden Lake, Idaho, auf.[213] Seine Aktivitäten haben sich in den letzten Jahren stark auf das Internet als Propagandamedium konzentriert, wo er mit modifizierten Computerspielen und alternativen URLs, die z.B. die Namen des Verfassungsschutzes und des Bundesministeriums des Innern tragen, von sich reden macht.

Bedeutung: Gary Laucks politischer Einfluss ist nicht besonders groß und seine Organisation ist von marginaler Bedeutung. Gerade sein offen an den historischen Nationalsozialismus angelehntes Auftreten und die konspirative Organisationsform lassen potentielle Partner auf Abstand gehen. Dabei hat er gerade in den siebziger Jahren eine zentrale Rolle beim Aufbau neonationalsozialistischer Strukturen in der Bundesrepublik gespielt. Als Lieferant für Propagandamaterial und als Betreuer von rechtsextremen Webseiten ist er weiterhin gerade für Deutsche äußerst interessant. Die Verlagerung seiner Aktivitäten ins Internet in Verbindung mit seinem makabren „Humor" zielen offenkundig darauf ab, die jüngere Generation anzusprechen. Obwohl Lauck, gerade wegen seines konsequenten Hitlerkultes, von vielen Rechtsextremisten sowohl in den USA wie auch in Deutschland als „1936 stehen geblieben" belächelt wird, hat sich weder Spott noch die empfindliche Haftstrafe bremsend

---

210 Vgl. Thomas Grumke, Rechtsextremismus in den USA, 2001: 110.
211 Zum Beispiel laufen die Seiten des *Nationalen Widerstands Westdeutschland* und *Norddeutschland*, der *Nachrichten der HNG* und des *Adolphus-Bundes* über *RJG Engineering*.
212 Vgl. Jens Mecklenburg (Hrsg.), Handbuch deutscher Rechtsextremismus, 1996: 487.
213 Vgl. Grumke 2001: 111.

auf seine neonazistische Propagandatätigkeit ausgewirkt. So hat der Umstand, dass Lauck vier Jahre als sogenannter „politischer Gefangener" für seine Überzeugungen beim „Feind" eingesessen hat, sein Profil bei den Kameraden eher gestärkt.

Horst Mahler

> **Geboren**: 1936
>
> **Wohnort**: Kleinmachnow (Brandenburg)
>
> **Beruf**: Rechtsanwalt
>
> **Organisationen**: *Bürgerbewegung ‚Für Unser Land'*, → *Nationaldemokratische Partei Deutschlands (NPD)*.
>
> **Funktionen**: Mitbegründer und stellvertretender Vorsitzender *Bürgerbewegung ‚Für Unser Land'*, juristischer Vertreter der *NPD* im Verbotsverfahren vor dem Bundesverfassungsgericht.

Aktivitäten: Der jetzige Anwalt der → *Nationaldemokratischen Partei Deutschlands (NPD)* im Verbotsverfahren war Ende der fünfziger Jahre Mitglied der *Sozialdemokratischen Partei Deutschlands (SPD)* und des *Sozialistischen Deutschen Studentenbundes (SDS)* und in den sechziger Jahren wichtiges Mitglied der *Außerparlamentarischen Opposition (APO)*. Er verteidigte 1968 die späteren Mitglieder der *Roten Armee Fraktion (RAF)* Andreas Baader und Gudrun Ensslin und tauchte nach der von ihm eingefädelten Befreiung Baaders im Mai 1970 unter. Nach einem Banküberfall wurde er im Oktober 1970 verhaftet und nach Revision vor dem Bundesgerichtshof 1974 zu einer vierzehnjährigen Haftstrafe wegen gemeinschaftlichen schweren Raubes, Bildung einer kriminellen Vereinigung und der Befreiung Baaders verurteilt. Hatte er noch 1971 in der programmatischen Schrift „Über den bewaffneten Kampf in Westeuropa" den Terror der *RAF* verteidigt, verkündete er 1977 die Abkehr vom revolutionären Marxismus. Er beschäftigte sich daraufhin im Gefängnis ausführlich mit der Philosophie Hegels.[214]

Nach Absitzen von zwei Drittel seiner Haftstrafe kam er 1980 frei und betätigte sich anfangs als juristischer Berater bis er Ende 1987 wieder als Anwalt zugelassen wurde. Um den Ex-Terroristen war es ruhig geworden, als er 1997 eine Laudatio auf den konservativen Philosophen Günther Rohrmoser hielt, in der er Deutschland als „besetztes Land" bezeichnete und die Shoah stark relativierte. In diesem Text machte Mahler die Täter zu Opfern: „Der Völkermord hat uns als Menschen zerstört. Zuallererst uns Deutsche, auch als Volk."[215] In späteren Texten wie dem Offenen Brief an Daniel Goldhagen werden bei ihm gar die Opfer zu Tätern gemacht: Mit Aussagen wie „der Tod ein Meister aus Juda" und „Das Verhängnis der Juden ist ihre Wahnvorstellung, das auserwählte Volk Jahwes, eines Völkermörders, zu sein, welches alle anderen Völker anfeindet, und dafür von jedem ange-

---

214 Vgl. Eckhard Jesse, „Biographisches Porträt: Horst Mahler," in: Uwe Backes, Eckhard Jesse (Hrsg.), Jahrbuch Extremismus & Demokratie, Jg. 13, 2001: 183ff.
215 Horst Mahler, „Zwischen Turmbau zu Babel und Pfingstwunder" (zitiert nach Webseite des *Deutschen Kollegs, 28.8.2002*).

feindet wird"[216] rechtfertigt Mahler die nationalsozialistische Vernichtungspolitik als bloße Selbstverteidigung gegen eine jüdische Verschwörung.

1998 nutzte Mahler den Medienrummel um 30 Jahre 68er, um seiner zunächst etwas überraschenden politischen Neuorientierung weitere Publizität zu verleihen. Neben *Focus* und *Süddeutscher Zeitung* stellte er auch der *Jungen Freiheit* einen Text zur Verfügung und trat bei der Münchener *Burschenschaft Danubia* auf. Er begrüßte die umstrittene Rede Martin Walsers in der Frankfurter Paulskirche und forderte den damaligen Präsidenten des *Zentralrats der Juden in Deutschland*, Ignatz Bubis, nach dessen Protesten auf: „Sir, geben Sie Gedankenfreiheit!"[217] Im November desselben Jahres verfasste Mahler dann eine „Flugschrift an die Deutschen, die es noch sein wollen", in der er vor einem Aussterben des deutschen Volkes warnte und Gewalt gegen Ausländer rechtfertigte.

Im folgenden Jahr schloss er seine sich immer deutlicher abzeichnende Kehrtwende zum Rechtsextremismus ab und trat u.a. bei den *Deutschen Konservativen* und der *Kameradschaft Karlsruhe* (→ Kameradschaften) auf. Interviews mit Mahler erschienen im neonazistischen *Zentralorgan* und der Parteizeitung der *NPD*, der *Deutschen Stimme*. In den *Staatsbriefen* erschien ein Artikel unter dem Titel „Der Globalismus als höchstes Stadium des Imperialismus erzwingt die Auferstehung der Deutschen Nation", in dem Mahler sein Themenfeld um eine antisemitische Wirtschaftspolitik erweiterte und das „Deutsche Reich" als „nur vorübergehend handlungsunfähig" bezeichnete.[218] In dem Text versuchte Mahler eine „antiimperialistische Friedenspolitik" zu beschreiben, die sich der Herrschaft der (mutmaßlich jüdischen) Hochfinanz entledigt, um wieder zu einer als natürlich bzw. göttlich beschriebenen Ordnung zu finden. Weitere Texte des Jahres führten den „Reichsgedanken" weiter aus. Er engagierte sich des weiteren bei der *Bürgerbewegung ‚Für Unser Land'*, die eine Zeit lang versucht hatte, regelmäßige Montagsdemonstrationen gegen die Integration von Ausländern zu veranstalten. Auf seinen Namen wurde auch deren Internet-Präsenz angemeldet, die jedoch mittlerweile vom Netz genommen wurde.

Im Jahr 2000 fand Mahler dann seinen Weg zur *NPD*. Er sprach auf dem „2. Tag des Nationalen Widerstands" in Passau, referierte bei *NPD*-Arbeitskreisen und trat im August schließlich der Partei medienwirksam bei. Daneben sprach er auf Veranstaltungen des *Freizeitvereins Isar* und der italienischen *Forza Nuova*. Als die *NPD*-Verbotsdiskussion im Herbst 2000 aufkam und Bundeskanzler Schröder den „Aufstand der Anständigen" ausrief, forderten Mahler und seiner Mitstreiter im *Deutschen Kolleg*, → Reinhold Oberlercher und Uwe Meenen, im Gegenzug das Verbot aller „vom jüdischen Volksgeist beeinflußten Vereinigungen und Einrichtungen".[219] Im November d.J. wurde Mahler offiziell als juristischer Vertreter der *NPD* im Verbotsverfahren vor dem Bundesverfassungsgericht beauftragt. Im Januar 2001 schloß die *Vereinigung Berliner Strafverteidiger* ihr Mitglied Horst Mahler wegen seiner politischen Tätigkeit aus. Im März wurde seine eigene Internetpräsenz vom Provider gesperrt und im Juni seine Wohnung von der Polizei durchsucht. Die Hausdurchsuchung geriet jedoch zum Fiasko, weil dabei auch Material sichergestellt wurde, das Mahler im Verbotsprozeß vor dem Verfassungsgericht verwenden wollte.

---

216 Ders., „Offener Brief an Daniel Goldhagen" (zitiert nach Webseite des *Deutschen Kollegs*, 28.8.2002).

217 Ders., „Offener Brief an Ignatz Bubis" (zitiert nach Webseite des *Deutschen Kollegs*, 28.8.2002).

218 Ders., „Der Globalismus als höchstes Stadium des Imperialismus erzwingt die Auferstehung der deutschen Nation", in: *Staatsbriefe* 6-7/99, S. 19-24.

219 Ders., „Ausrufung des Aufstandes der Anständigen" (zitiert nach Webseite des *Deutschen Kollegs*, 28.8.2002).

Anfang 2001 wurde er außerdem als Redner bei einer Tagung des *Institute for Historical Review* (*IHR*) in Beirut, die letztlich auf internationalen Druck hin von den libanesischen Behörden verboten wurde, angekündigt und sein Beitrag unter dem Titel „Endlösung der Judenfrage" vorab veröffentlicht. Furore machte im Herbst seine Rechtfertigung der Terroranschläge auf das World Trade Center in New York und das Verteidigungsministerium in Washington, D.C., als Selbstverteidigung gegen den „Vernichtungskrieg der Globalisten gegen die Kulturen der Völker".[220] Dem wurde eine Erklärung zum 3. Oktober nachgefügt, in der behauptet wird, das Deutsche Reich stehe seit 1914 im Krieg und die Terroranschläge seien als „Kampfauftrag" für den Nationalen Widerstand in Deutschland zu verstehen.[221]

Mahler will im Verbotsverfahren vor allem auf den Einfluß staatlicher Behörden in der *NPD* durch Informanten der Verfassungsschutzbehörden aufmerksam machen und damit die Verbotsanträge entkräften. Diese Strategie ist mit den zahlreichen Enttarnungen von V-Männern Anfang 2002 und der darauf folgenden Aussetzung des Verfahrens zunächst aufgegangen. Der Parteivorsitzende → Udo Voigt und Mahler stützen sich dabei gegenseitig gegen die parteiinterne Opposition um den zweiten Verfahrensbeauftragten →Hans-Günter Eisenecker und → Steffen Hupka, die Mahlers Einfluß für parteischädigend halten.

Bedeutung: Mit seinen wirren, als „Antiimperialismus" getarnten antisemitischen Verschwörungstheorien liegt Mahler deutlich auf der Linie etwa eines „Volkssozialisten" → Friedhelm Busse oder der sich immer stärker „antikapitalistisch" gerierenden Freien Nationalisten wie → Christian Worch. Allein eine gewisse Nähe zum Christentum, die bei Mahler (noch) besteht, und sein hochtrabender Philosophenhabitus trennen ihn von den Stiefelkameraden. Es ist allerdings nicht zu erwarten, dass diese allzu genau nachfragen, und so dürfte dem Ex-Linken in den nächsten Jahren eine glänzende Karriere im deutschen rechtsextremen Spektrum bevorstehen. Wichtigstes Sprachrohr Mahlers ist dabei das *Deutsche Kolleg*, das sich mehr und mehr zu einer ideologischen und propagandistischen Klammer zwischen *NPD* und den *Freien Kameradschaften* entwickelt. Für die *NPD* muß sich allerdings noch zeigen, ob Mahler, der der Partei zweifelsfrei schon seinen Stempel aufgedrückt hat, ein Gewinn oder ein Belastung ist.

---

220 Ders., „Independence Day live" (zitiert nach Webseite des *Deutschen Kollegs*, 28.8.2002).
221 Ders., „Den Völkern Freiheit – Den Globalisten ihr Globales Vietnam" Vorschlag des *Deutschen Kollegs* für eine Erklärung des Nationalen Widerstands zum 3. Oktober 2001 (zitiert nach Webseite des *Deutschen Kollegs*, 28.8.2002).

Christian Malcoci

> **Geboren**: 1963
>
> **Wohnort**: Grevenbroich (Nordrhein-Westfalen)
>
> **Beruf**: unbekannt
>
> **Organisationen**: → *Aktionsfront Nationaler Sozialisten/Nationale Aktivisten (ANS/NA)*, → *Gesinnungsgemeinschaft der Neuen Front (GdNF)*, → *Komitee zur Vorbereitung der Feierlichkeiten zum 100. Geburtstag Adolf Hitlers (KAH)*, → *Nationalsozialistische Deutsche Arbeiterpartei/Auslands- und Aufbauorganisation (NSDAP/AO)*, → *Freiheitliche Deutsche Arbeiterpartei (FAP)*, → *Nationale Offensive (NO)*, → *Hilfsorganisation für Nationale Politische Gefangene und deren Angehörige e.V. (HNG)*, *Thule-Orden*, → *Artgemeinschaft, Nederlandse Volksunie (NVU)*.
>
> **Funktionen**: Kameradschaftsführer *ANS/NA*, Sektionsleiter West und Leiter des *Referats Sicherheit KAH*, stellvertretender Vorsitzender und Kassenwart *HNG*, Schriftleiter der *Nachrichten der HNG*, Gründer *Thule-Orden* und Herausgeber *Thule – Zeitschrift des Ordens*, Parteisekretär *NVU*.

Aktivitäten: Der gebürtige Rumäne Christian Malcoci war in den frühen achtziger Jahren einer der führenden Kader in den Kühnen-Organisationen → *Aktionsfront Nationaler Sozialisten/Nationale Aktivisten (ANS/NA)* und → *Gesinnungsgemeinschaft der Neuen Front (GdNF)*. 1985 wurde er Leiter des *Referats Sicherheit (RfS)* im → *Komitee zur Vorbereitung der Feierlichkeiten zum 100. Geburtstag Adolf Hitlers (KAH)*, das heute vor allem als Vorform der in den frühen neunziger Jahren von →Christian Worch eingeleiteten Anti-Antifa[222] gesehen wird. Das *RfS* diente sowohl als Sicherheitsdienst für Veranstaltungen als auch zur „Feindaufklärung" und als Screeningstelle für potentielle Kader. Daneben war er Funktionär in der → *Freiheitlichen Deutschen Arbeiterpartei (FAP)* und Mitglied der amerikanischen → *Nationalsozialistischen Deutschen Arbeiterpartei/Auslands- und Aufbauorganisation (NSDAP/AO)*. Auch seine damalige Ehefrau Maria Luise Malcoci war in der Frauenorganisation der *FAP*, der *Deutschen Frauenfront (DFF)*, aktiv. Heute betreibt sie den *Thule Multimedia Verlag*[223] und kandidierte auf Vermittlung des niederländischen Neonazis Martijn Freling 1998 für die *Centrumpartij '86* in den Niederlanden.[224]

Christian Malcoci verließ 1990 zusammen mit → Jürgen Mosler und → Michael Swierczek die *FAP* und gründete mit letzterem die → *Nationale Offensive*, eine Kleinpartei mit Sitz in Augsburg, die bereits 1992 wieder verboten wurde. Seit 1992 stand er außerdem gemeinsam mit Mosler und Swierczek in Stuttgart wegen Weiterführung der verbotenen *ANS/NA* vor Gericht. Der Prozeß platzte 1994 und nach seiner Wiederaufnahme 1995 zeigte sich Malcoci ebenso wie seine Mitangeklagten geständig und bekannte sich öffentlichkeitswirksam und strafmildernd zur freiheitlich-demokratischen Grundordnung. Er erhielt eine Freiheitsstrafe von 18 Monaten auf Bewährung. 1992 gründete er den *Thule-Orden* und gab eine Zeitschrift unter dem Namen *Thule – Zeitschrift des Ordens* heraus. Der Orden wurde 2001 in die → *Artgemeinschaft*, eine pseudoreligiöse Vereinigung unter der Leitung → Jürgen Riegers, eingegliedert.[225] Ebenfalls Anfang der neunziger Jahre wur-

---

222 Zur Anti-Antifa vgl. den Beitrag von Anton Maegerle in diesem Band.
223 Vgl. *blick nach rechts* 05/2000, S. 15.
224 Vgl. Pierre Briegert, „Fluchthilfe-Netzwerk," *blick nach rechts* 04/2001, S. 4.
225 Vgl. *blick nach rechts* 12/2001, S. 14.

de Malcoci Stellvertreter der neu gewählten Vorsitzenden der → *HNG* → Ursula Müller und leitete von 1993-97 die *Nachrichten der HNG*. Heute ist er Kassenwart der *HNG*.[226]

In seinem Umfeld entstand vermutlich die Broschüre *Eine Bewegung in Waffen*, eine Anleitung zur Bildung sogenannter Werwolf-Gruppen, die mit spektakulären Terroraktionen eine Destabilisierung des Staates bewirken sollen, die dann von politischen Organisationen genutzt werden kann. So heißt es dort: „Im entscheidenden revolutionären Moment des Umsturzes ist der harte Kern der Bewegung, bzw. des illegalen Arms, als Werwolf anzusehen, dessen Kleinkrieg durch das Ziel unseres politischen Kampfes, die Revolution zur endgültigen Durchsetzung der Lebensrechte der deutschen Nation, legitimiert wird".[227] Ab 1996 schrieb er für die *Berlin-Brandenburger Zeitung*, dem Organ des Vereins *Die Nationalen* unter → Frank Schwerdt, das 1999 eingestellt wurde. Zur Zeit ist er Parteisekretär der *Nederlandse Volksunie (NVU)* und trat bei den Kommunalwahlen 2002 in Kerkrade an (Ergebnis: 0,84%). Er betreibt vermutlich zwei rechtsextreme Internetseiten.[228]

Bedeutung: Christian Malcoci gehört seit zwei Jahrzehnten zu den führenden Rechtsextremisten in der Bundesrepublik. Er ist außerdem wichtiges Bindeglied zur niederländischen Szene. Vor allem für „Kameraden" in Nordrhein-Westfalen ist Malcoci trotz seines Engagements in den Niederlanden nach wie vor einer der wichtigsten Ansprechpartner. Gerade in den letzten Jahren tritt er neben seinem Parteiengagement in der *NVU* für eine verstärkte Militanz ein,[229] nicht zuletzt im Internet. Auf einer von der *NVU* organisierten Veranstaltung im Mai 2001 referierte u.a. der kurz darauf festgenommene Neonazi Michael Krick (ehem. *Sauerländer Aktionsfront, SAF*) zum Aufbau militanter Strukturen nach dem Vorbild des „führerlosen Widerstands"[230] und bezeichnete die baskische Terrorgruppe *Euzkadi Ta Askatasuna (ETA)* als Vorbild.[231]

---

226 Vgl. Innenministerium Nordrhein-Westfalen, Verfassungsschutzbericht 2001: 75.
227 Hans Westmar, Eine Bewegung in Waffen, Band 2: Strategie und revolutionärer Kleinkrieg, Kapitel 1.3: Der illegale Kampf, Lincoln, NE: NSDAP/AO, 1992, S.12.
228 Vgl. *blick nach rechts* 02/2001, S. 15. Die Verantwortung für die Webseiten ist schwer nachvollziehbar, zumal die Registrierungsinformationen bei den Network Information Centers oft offensichtlich gefälscht sind (die Seite des *Nationalen und Sozialen Aktionsbündnisses Norddeutschland* war beispielsweise bis Mai 2002 auf den Namen „Rainer Zufall" angemeldet) oder wie im Falle des Serviceproviders *RJG Engineering* von → Gary Lauck hinter Firmennamen versteckt werden. Die Beiträge sind außerdem für gewöhnlich nicht namentlich bzw. mit Pseudonymen gekennzeichnet. Vgl. zum Problemfeld Internet allgemein den Beitrag von Klaus Parker in diesem Band.
229 Vgl. *blick nach rechts* 02/2001, S. 15.
230 Zum Konzept des „leaderless resistance" des amerikanischen Rechtsextremisten Louis Beam siehe Thomas Grumke, Rechtsextremismus in den USA, 2001: 85ff.
231 Vgl. Tomas Sager, „Terror als Konzept", in: *blick nach rechts*, 12/2001, S. 3, und ders., „Hass auf ‚Knechte'", in: *blick nach rechts*, 02/2002, S. 3.

Dr. rer. pol. Alfred Mechtersheimer

Geboren: 1939

Wohnort: Starnberg (Bayern)

Beruf: Oberstleutnant a.D., Diplom-Politologe

Organisationen: *Christlich-Soziale Union (CSU), Friedenskomitee 2000, Deutsch-Arabisches Friedenswerk, Deutschland-Bewegung (DB),* → *Deutsche Aufbau-Organisation (DAO).*

Funktionen: Leiter *Friedenskomitee 2000* und *Deutsch-Arabisches Friedenswerk*, Initiator und Sprecher *DB*, Mitinitiator und Mitglied des Sprecherrates *DAO*.

Aktivitäten: Alfred Mechtersheimer war in den siebziger Jahren Mitglied der *CSU* bis er 1981 von der Partei ausgeschlossen wurde. Seit Ende 1981 betrieb er ein *Forschungsinstitut für Friedenspolitik* in Starnberg. 1985 schrieb er ein Vorwort für eine Broschüre, von der Auszüge bereits zuvor in der nationalrevolutionären Zeitschrift *wir selbst* erschienen waren. Dort forderte er „die ‚Selbstbefreiung' der Deutschen von den Siegern des zweiten Weltkriegs."[232] Im Rahmen seines Engagements in der Friedensbewegung der achtziger Jahre kam er in Kontakt mit den *Grünen* und zog 1987 als parteiloser Kandidat auf der Landesliste der *Grünen* in Baden-Württemberg in den Bundestag. Zu dieser Zeit kam es wiederholt zu Spannungen, weil Mechtersheimer immer wieder nationalistisch argumentierte und gegen die Westbindung der Bundesrepublik wetterte. 1989 kam es dann zum Eklat, weil er für die *M.A.G. (Muhammar Al Gaddafi) Stiftung für Frieden und Solidarität*, tätig war, die der libysche Staatschef Gaddafi mit 10 Millionen US-Dollar ausgestattet hatte.[233] Damals konnte er den Bruch mit der Fraktion durch seinen Rückzug noch verhindern.

Im Januar 1989 kündigte Mechtersheimer an, das Friedensforschungsinstitut schließen zu wollen und in ein Komitee zu überführen, dass sich explizit für die Befreiung Deutschlands einsetzen solle.[234] 1990 gründete er daraufhin das *Friedenskomitee 2000*. Mit diesem Schritt begann er, sich verstärkt im rechtsradikalen Spektrum zu engagieren. 1993 war Mechtersheimer Mitbegründer eines *Deutsch-Arabischen Friedenswerks*, das sich für den irakischen Diktator Saddam Hussein einsetzte, und veröffentlichte das Buch „Friedensmacht Deutschland – Plädoyer für einen neuen Patriotismus" im Ullstein-Verlag, das er selbst als theoretische Grundlage für die Arbeit von *DB* und → *DAO* bezeichnet.[235]

Aus dem Komitee heraus entstand 1995 die *Deutschland-Bewegung (DB)*, die sich als Sammlungsbewegung versteht und von Klaus Rainer Röhl als „APO von rechts" bezeichnet wurde.[236] Der *Informationsdienst Frieden 2000* firmiert seit 1996 als *Nachrichten der Deutschland-Bewegung*. Als Sprecher der *DB* tingelte er daraufhin durch die Republik und versuchte, die hoffnungslose Fragmentierung der Szene von ultrarechten *FDP*-Politikern bis zu den *Republikanern (REP)* aufzuheben und für seine Bewegung zu werben. Er referierte u.a. beim *Cannstatter Kreis*, dem *Bündnis Konstruktiver Kräfte Deutschlands (BKKD)*, dem *Bund Freier Bürger (BFB)* und den → *Republikanern*. Selbst für einen Artikel in den *Unabhängi-*

---

232 Jens Mecklenburg (Hrsg.), Handbuch deutscher Rechtsextremismus, Berlin, 1996: 491.
233 „Stiftungsdiskussion zum falschen Zeitpunkt," in: *tageszeitung* 29. März 1989, S. 4.
234 „Mechtersheimers Institut macht dicht," in: *tageszeitung* 21. Januar 1989, S. 4.
235 Selbstdarstellung Mechtersheimers auf seiner Homepage, eingesehen am 12. Juni 2002.
236 Nach: *blick nach rechts* 07/1998, S. 15.

gen Nachrichten war sich Mechtersheimer nicht zu schade. Er baute auch Kontakte nach Österreich auf, wie sein Referat bei einem Symposium der Zeitschrift *Zur Zeit* im Jahre 2001[237] und sein Auftritt bei den Kärntner Kulturtagen[238] im selben Jahr zeigen. An den nach der Wahl → Udo Voigts zum → *NPD*-Parteivorsitzenden initiierten „Runden Tischen" nahm Mechtersheimer ebenso teil,[239] wie am Parteitag 1997 der *NPD*-Abspaltung → *Deutsche Liga für Volk und Heimat (DLVH)*.[240] Er war einer der Vorreiter einer 1996 begonnenen und vom Bonner Prof. Dr. Hans-Helmuth Knütter koordinierten Anti-Antifa-Kampagne gegen den Journalisten Anton Maegerle, der unter anderem im *blick nach rechts* über Mechtersheimers Aktivitäten berichtet hatte. Er führte zudem Veranstaltungen gegen die Wehrmachtsausstellung durch.[241]

Gegen Ende der neunziger Jahre verdichteten sich Hinweise, dass Mechtersheimer versuchte, die rechten Kleinparteien *BFB, Deutsch-Soziale Union (DSU)* und *Deutsche Partei (DP)* zu vereinigen. Im Januar 2000 gründete sich dann die *Deutsche Aufbau-Organisation (DAO)*, die sich zum Ziel gesetzt hatte, eine neue Partei am rechten Rand zu gründen. Die Streitereien nahmen jedoch kein Ende, und die seit Jahren stagnierenden *REP* zeigten sich nicht zur Mitarbeit bereit, so dass das Projekt genau zwei Jahre später wieder beendet wurde. Die Bemühungen sollen in der *DB* weitergeführt werden.

Bedeutung: Der notorische Gastredner Alfred Mechtersheimer ist seit über zehn Jahren mehr oder weniger erfolglos darum bemüht, rechtskonservative bis rechtsradikale Kleingruppen zusammenführen, um sie sowohl auf der Ebene einer sozialen Bewegung wie auf parteipolitischer Ebene zu einer wirkungsvollen Kraft in der Bundesrepublik zu machen. Er vertritt vor allem rechtspopulistische Forderungen nach rigoroser Einschränkung der Einwanderung, Volksbegehren und einem starken Staat bei der Bekämpfung von Kriminalität. Immer wieder scheint in den Äußerungen Mechtersheimers und seiner Organisationen Antisemitismus und der antidemokratische Affekt gegen Parteien, verstanden als Sonderinteressen, denen das monolithische „Allgemeinwohl" des Volkes entgegengesetzt wird, hervor.

Jürgen Mosler

Geboren: 1955

Wohnort: Oberhausen

Beruf: Setzer

Organisationen: → *Aktionsfront Nationaler Sozialisten/Nationale Aktivisten (ANS/NA)*, → *Gesinnungsgemeinschaft der Neuen Front (GdNF)*, → *Komitee zur Vorbereitung der Feierlichkeiten zum 100. Geburtstag Adolf Hitlers (KAH)*, → *Freiheitliche Deutsche Arbeiterpartei (FAP)*.

Funktionen: Organisationsleitung *ANS/NA*, Leiter des *KAH*, Landesvorsitzender NRW und Generalsekretär *FAP*.

---

237 *blick nach rechts* 24/2001.
238 *blick nach rechts* 19/2001, S. 16.
239 Als Gastredner am 22. Juni 1996 in Krefeld. Vgl. Innenministerium des Landes Nordrhein-Westfalen, Verfassungsschutzbericht 1996: 59.
240 *blick nach rechts* 01/1998, S. 3.
241 Volkmar Wölk, „Wanderzirkus," in: *blick nach rechts* 10/2002, S. 3.

Aktivitäten: Jürgen Mosler wurde 1983 neben → Thomas Brehl und → Christian Worch Stellvertreter → Michael Kühnens in der → *ANS/NA* und baute nach deren Verbot die → *GdNF*-Strukturen und den → *FAP* Landesverband NRW, dem er anfangs auch vorstand, mit auf. 1986 war er der Kopf einer Gruppe von Aktivisten, die sich in einem Manifest offen gegen Homosexuelle innerhalb der „Bewegung" aussprach. In der Folge verließen Thomas Brehl und Michael Kühnen unter Protest offiziell die *GdNF*, und die Mosler-Gruppe übernahm die Publikation *Neue Front – Publikation des Nationalen Widerstands* und die Leitung des → *Komitees zur Vorbereitung der Feierlichkeiten zum 100. Geburtstag Adolf Hitlers (KAH)*. Außerdem tauchte sein Name zu dieser Zeit neben denen seiner Anhänger im Impressum der österreichischen Zeitschrift *Sieg* auf. Herausgeber war der Gründer des *Bundes Volkstreuer Jugend*, Walter Ochensberger.[242] Auch innerhalb der *FAP* gewann die Anti-Kühnen-Fraktion mehr und mehr Einfluß, so dass Mosler zum Generalsekretär der Bundespartei aufstieg. Als der neue Vorsitzende → Friedhelm Busse allerdings 1990 wiedergewählt wurde, verließ die Gruppe um Mosler, die Busse Führungsschwäche vorwarf, aus Protest die Partei. Die Funktionäre aus Moslers Umfeld, namentlich → Michael Swierczek und → Christian Malcoci, gründeten daraufhin die → *Nationale Offensive*.

Im Stuttgarter „Bewegungsprozess" war Jürgen Mosler Hauptangeklagter (Verteidiger: → Jürgen Rieger). Ihm wurde vorgeworfen, die verbotene *ANS/NA* innerhalb des *KAH* weitergeführt zu haben. Der Prozess platzte 1994, und als das Verfahren 1995 wieder aufgenommen wurde, zeigte sich Mosler geständig und verkündete, er wolle künftig nichts mehr mit der Neonazi-Szene zu tun haben. Er wurde daraufhin zu zwei Jahren Haft auf Bewährung verurteilt. Nichtsdestotrotz schrieb er seitdem für die *Nordische Zeitung* der → *Artgemeinschaft*[243] und sprach auf dem „1. Tag des Nationalen Widerstands" der → *NPD* in Passau 1998.[244]

Bedeutung: Mosler, der immer eher im Schatten Kühnens stand, ist heute von geringer Bedeutung. Dennoch führte er zeitweise die wichtigsten Organisationen des militanten Rechtsextremismus in der Bundesrepublik an und genießt offenbar noch immer großen Respekt in der Szene.

Ursula Müller

Geboren: 1933

Wohnort: Mainz

Beruf: Gärtnerin

Organisationen: → *Nationaldemokratische Partei Deutschlands (NPD)*, → *Gesinnungsgemeinschaft der Neuen Front (GdNF)*, → *Komitee zur Vorbereitung der Feierlichkeiten zum 100. Geburtstag Adolf Hitlers (KAH)*, *Deutsche Frauenfront (DFF)*, → *Hilfsorganisation für nationale politische Gefangene und deren Angehörige e.V. (HNG)*.

Funktionen: Vorsitzende *DFF*, Vorsitzende *HNG*.

---

242 Vgl. Dokumentationsarchiv des österreichischen Widerstandes (Hrsg.), Handbuch des österreichischen Rechtsextremismus, 1994: 242.
243 Jürgen Mosler, „Gedanken zur Jahreszahl ‚2000'," in: *Nordische Zeitung*, Jg. 68, Nr. 1 (2000), S. 5f. und ders., „Naturdenkmal ‚Femeiche'," in: *Nordische Zeitung*, Jg. 68, Nr. 3 (2000), S. 60.
244 Vgl. Anton Maegerle, „Ein dritter NPD-Frühling," in: *blick nach rechts* 04/1998, S. 8.

Aktivitäten: Curt und Ursula Müller betreiben in Mainz eine Gärtnerei, die seit Jahrzehnten als Treffpunkt für Neonazis dient. In den sechziger und frühen siebziger Jahren engagierten sich beide noch in der → *Nationaldemokratischen Partei Deutschlands (NPD)*, wobei nur Ursula Müller tatsächlich Mitglied wurde. Ihr Ehemann Curt kandidierte allerdings 1972 zur Bundestagswahl, schloß sich dann aber der *Aktion Widerstand* an. Auch ihr Sohn Harald wurde Anfang der siebziger Jahre Mitglied der *NPD*-Jugendorganisation → *Junge Nationaldemokraten* sowie der → *Wiking-Jugend*. Mitte der siebziger Jahre kam es zu mehreren Aktionen, u.a. attackierten Vater und Sohn gemeinsam mit → Thies Christophersen und → Manfred Roeder und anderen in West-Berlin eine Ausstellung der *Aktion Sühnezeichen* und beschädigten Ausstellungsschilder. Sie bauten Kontakte zum *Kampfbund Deutscher Soldaten* und zur *Wehrsportgruppe Hoffmann*, die in Hessen einen Ableger namens *Sturm 7* unterhielt, auf, später auch zur → *Aktionsfront Nationaler Sozialisten/Nationale Aktivisten (ANS/NA)* und der → *NSDAP/AO*. Nach dem Verbot der *ANS/NA* traf sich die Führungsriege auf dem Gärtnereigelände der Müllers zu einer Wintersonnenwendfeier, um die neue Situation zu besprechen.[245]

1984 wurde Ursula Müller Vorsitzende der *Deutschen Frauenfront (DFF)*, der Nachfolgeorganisation des *Mädelbundes* der *ANS/NA*, und Schriftleiterin des *DFF*-Organs *Die Kampfgefährtin*. Nachdem sie sich 1986 mit Unterzeichnung des Manifests gegen „Dekadenz in der Bewegung" gegen Kühnen gestellt hatte, mußte sie den Posten 1988, als → Michael Kühnen die *GdNF* neu organisierte, an Ursula Worch abtreten. 1991, nach dem Tod Kühnens, wurde sie statt dessen Vorsitzende der → *Hilfsorganisation für nationale politische Gefangene und deren Angehörige e.V. (HNG)*, der vorher die Kühnen treue Christa Goerth vorstand. Nachdem 1992 die → *Deutsche Alternative (DA)* vom Bundesinnenminister verboten worden war, trafen sich deren Vorsitzender Michael Petri und einige seiner Anhänger in Mainz, um ihr weiteres Vorgehen zu besprechen und Ersatzorganisationen zu schaffen. Der Prozeß wegen Weiterführung der *DA* endete im August 1997 mit Freisprüchen für Curt und Ursula Müller. Beide sind heute in erster Linie für die *HNG* tätig. Ursula Müller hat sich in den letzten Jahren mehrfach von neonazistischen Zeitschriften interviewen lassen[246] und bekam im Mai 2000 auf dem „2. Tag des Nationalen Widerstands" in Passau den mit 2000 DM dotierten „Nationalen Solidaritätspreis" der *NPD* verliehen.[247]

Bedeutung: Die von Ursula Müller geleitete *HNG* ist eine der bedeutendsten Organisationen im deutschen Rechtsextremismus, insbesondere nachdem zahlreiche Verbote die neonationalsozialistische Szene getroffen hatten und sich daraufhin die Mitgliedszahlen der *HNG* fast jährlich erhöhten. Die Bedeutung der Gärtnerfamilie über die *HNG* hinaus scheint jedoch in den letzten Jahren zurückgegangen zu sein, was sowohl dem fortgeschrittenen Alter der beiden als auch der Umstrukturierung der Neonazi-Szene geschuldet sein dürfte. Bis in die frühen neunziger Jahre diente das Anwesen der Müllers in Mainz aber als zentrale Kommunikationsstätte der neonazistischen Szene mit Hitler-Geburtstags- und Sonnwendfeiern. Ursula Müller ist eine der wenigen Frauen, die in den letzten 30 Jahren führende Positionen inne hatte und bis heute hohes Ansehen in der Szene genießt. Sie versteht das Verhältnis von Mann und Frau zwar als organische Einheit, aber mit klar verteilten Rollen. Ihr Motto: „Es mögen Männer Welten bauen, es steht und fällt ein Volk mit seinen Frauen".[248]

---

245 Vgl. zum gesamten Abschnitt Rainer Fromm, Die ‚Wehrsportgruppe Hoffmann, 1998: 187-192.
246 1996 vom *Hamburger Sturm*, 1998 vom *Zentralorgan*, 2000 von *Kraft durch Froide*.
247 Klaus Beier, „Nationale Opposition zeigt Selbstbewußtsein", in: *Deutsche Stimme*, Juli 2000, S. 3.
248 Ursula Müller, „Frauen im Kampf," in: *Triskele* Kalender 2002.

Wolfgang Nahrath

> **Geboren**: 1929
>
> **Wohnort**: Stolberg (Nordrhein-Westfalen)
>
> **Beruf**: Chemieingenieur
>
> **Organisationen**: *Sozialistische Reichspartei (SRP), Deutsche Reichspartei (DRP),* → *Nationaldemokratische Partei Deutschlands (NPD),* → *Wiking-Jugend (WJ),* → *Freundeskreis Ulrich-von-Hutten*
>
> **Funktionen**: Bundesführer *WJ*, Bundesvorstand *NPD*

Aktivitäten: Wolfgang Nahrath war ebenso wie sein Vater Raoul seit 1949 Mitglied der *Sozialistischen Reichspartei (SRP)*, die 1952 verboten wurde. Noch im selben Jahr wurde unter maßgeblicher Beteiligung Raoul Nahraths ein Nachfolger der Jugendorganisation der *SRP*, der *Reichsjugend*, unter dem Namen → *Wiking-Jugend (WJ)* gegründet. Deren Bundesführer war anfangs Walter Matthaei, ehemaliger Referent im Ministerium für die besetzten Ostgebiete unter Alfred Rosenberg, bereits 1954 übernahm jedoch Raoul Nahrath die Bundesführung. Seitdem befand sich die *WJ* ununterbrochen bis zu ihrem Verbot 1994 unter der Leitung der Familie Nahrath. 1953 beigetreten übernahm Wolfgang Nahrath 1967 die Bundesführung von seinem Vater und gab sie 1991 an seinen Sohn Wolfram ab, der sie bis zum Verbot innehatte.

Neben der *WJ* engagierte sich Wolfgang Nahrath weiter bei Parteien. Er trat nach dem Verbot der *SRP* der *Deutschen Reichspartei (DRP)* bei und ist seit 1965 Mitglied der → *Nationaldemokratischen Partei Deutschlands (NPD)*, bei der er über die Jahre verschiedene Funktionen ausübte, zuletzt wurde er 1993 zum stellvertretenden Landesvorsitzenden in NRW und in den Bundesvorstand gewählt und trat 1994 zur Europawahl und 1998 zur Bundestagswahl an. Als Mitglied des *NPD*-nahen *Deutschen Arbeitnehmerverbandes (DAV)* wurde er 1992 als Sozialrichter eingesetzt, mußte den Posten allerdings 1994 wegen seines offenen Bekenntnisses zum Nationalsozialismus wieder aufgeben.[249] Außerdem befand sich ab 1994 für einige Jahre der Sitz der → *Jungen Nationaldemokraten (JN)* auf dem Anwesen der Nahraths in Stolberg.

Mitte der achtziger Jahre hatte es allerdings in der *JN* noch einen Antrag für einen „Unvereinbarkeitsbeschluß" gegenüber der *WJ* gegeben, weil deren Bundesführung in Person Wolfgang Nahraths seit 1984 in Kontakt zu ehemaligen *ANS/NA*-Aktivisten getreten war und 1985 gemeinsam mit der → *Freiheitlichen Deutschen Arbeiterpartei (FAP)* eine „Volkstreue Außerparlamentarische Opposition"[250] gegründet hatte.[251] Anfang der neunziger Jahre gab es außerdem eine Annäherung an die → *Nationalistische Front (NF)*. Persönliche Verbindungen Nahraths bestehen außerdem zum → *Freundeskreis Ulrich-von-Hutten* unter der früheren *BDM*-Funktionärin Lisbeth Grolitsch und dem ehemaligen *SS*-Untersturmführer → Herbert Schweiger. Schweiger und Nahrath traten in den letzten Jahren des öfteren auf *NPD*-Veranstaltungen vor allem gegen die „Wehrmachtsausstellung" auf,

---

249 Vgl. Innenministerium Nordrhein-Westfalen, Verfassungsschutzbericht 1994: 56.
250 Es handelte sich hierbei um ein kurzlebiges Aktionsbündnis, das nicht mit der österreichischen Organisation unter → Gottfried Küssel zu verwechseln ist.
251 Vgl. Innenministerium Nordrhein-Westfalen, Verfassungsschutzbericht 1985: 10 *(JN)* und 11 *(WJ)*.

zuletzt sollten sie auf der Demonstration am 1. Dezember 2001 in Berlin gemeinsam auftreten, erhielten jedoch Redeverbot.

Wolfgang Nahrath sorgte auch dafür, dass seine Söhne in rechtsextremen Organisationen unterkamen. Dirk Nahrath war wie seine Brüder bei der *WJ*[252] und stand in Kontakt zu Pedro Varela vom *Circulo Español de Amigos de Europa (CEDADE)*.[253] Ulf Nahrath saß einige Zeit im Bundesvorstand der *FAP*.[254] Wolfram Nahrath wurde Nachfolger seines Vaters als Bundesführer der *WJ*, sitzt im Bundesschiedsgericht der *NPD*[255] und unterhält über die *Berliner Kulturgemeinschaft Preußen* Kontakte zum Kreis um Lisbeth Grolitsch.[256] Er hat außerdem namhafte Rechtsextremisten juristisch vertreten (u.a. → Frank Rennicke und Andreas Storr[257]).

Bedeutung: Wolfgang Nahrath hat sich durch seine langjährige Arbeit für die *Wiking-Jugend* und die *NPD* in der Szene enormen Respekt erworben und weitreichende Kontakte geknüpft. Das Verbot der *WJ* hat zwar ein Gutteil seines Lebenswerks zunichte gemacht, er selbst hatte sich aber zum Verbotszeitpunkt bereits zurückgezogen und vor allem der *NPD* zugewendet, in der der über Siebzigjährige aber mittlerweile nur noch als Redner tätig ist. Vor allem sein Sohn Wolfram scheint das Erbe des Vaters antreten zu wollen.

Peter Naumann

> **Geboren**: 1952
>
> **Wohnort**: Wiesbaden
>
> **Beruf**: Diplom-Chemiker
>
> **Organisationen**: → *Junge Nationaldemokraten (JN)*, → *Nationaldemokratische Partei Deutschlands (NPD)*, *Aktionsgemeinschaft Nationaler Verbände/Völkischer Bund (ANV/VB)*
>
> **Funktionen**: Stellv. Bundesvorsitzender *JN*, Vorsitzender *ANV/VB*

Aktivitäten: 1970 wurde Peter Naumann Mitglied von → *JN* und → *NPD*, wo er verschiedene Funktionen ausübte, unter anderem war er 1976 Stellvertreter des damaligen *JN*-Vorsitzenden Winfried Krauß.[258] 1974 wurde erstmals bekannt, dass Naumann mit Sprengstoff experimentiert.[259] Am 30. August 1978 verübte er einen Anschlag auf das Mausoleo Fosse Ardeatine in der Nähe von Rom,[260] einem Denkmal für die 335 Opfer eines Massakers, das deutsche Soldaten am 24. März 1944 begangen hatten. Im selben Jahr plante er

---

252 Vgl. Jens Mecklenburg (Hrsg.), Handbuch deutscher Rechtsextremismus, 1996: 320.
253 Vgl. *Searchlight* 01/99.
254 Vgl. Innenministerium Nordrhein-Westfalen, Verfassungsschutzbericht 1989: 13.
255 Vgl. Frank Jansen, „Recht gegen Rechts," in: *Tagesspiegel* 1. Februar 2001.
256 Vgl. Mecklenburg 1996: 500f.
257 Vgl. Kerstin Eschrich, „Verfolgte Verfolger," in: *Jungle World* 47/2000.
258 Burkhard Schröder, „Ein ‚Bombenhirn'," in: *blick nach rechts* 18/1995, S. 2f.
259 Anton Maegerle, „Erklärung der kämpferischen Gewaltfreiheit'," in: *blick nach rechts* 19/1995, S. 2f.
260 Anton Maegerle, „Brauner Stratege," in: *blick nach rechts* 11/1999, S. 9.

mit dem Forstwirtschaftsmeister Heinz Lembke, der die Polizei im Herbst 1981 zu umfangreichen Waffenlagern führte und in der Haft Selbstmord beging,[261] Anschläge auf Sendemasten.[262] Neben Waffen, Sprengstoff und Munition aus Bundeswehrbeständen[263] wurde dort auch Naumanns Fingerabdruck gefunden.[264] Ende 1979 flogen in Nottuln (Nordrhein-Westfalen) und Koblenz während der Ausstrahlung der Fernsehserie „Holocaust" tatsächlich Sendemasten in die Luft, so dass mehrere hunderttausend Menschen keinen Empfang hatten.[265] Anfang der achtziger Jahre verabredete Naumann mit den Rechtsterroristen Odfried Hepp und Walther Kexel, beide Mitglieder in → Friedhelm Busses *Volkssozialistischer Bewegung Deutschlands/Partei der Arbeit (VSBD/PdA)*, Rudolf Heß aus dem Gefängnis zu befreien.[266] Er überwarf sich jedoch mit der Hepp-Kexel-Gruppe und das Vorhaben platzte. Es war der Doppelagent Hepp, der nach seiner Festnahme 1987 seinen Ex-Gefährten Naumann schwer belastete und für dessen Festnahme sorgte. Im Oktober 1988 wurde Naumann vom Oberlandesgericht Frankfurt wegen des Anschlages in Rom und der Verabredung zur Sprengung von Sendeanlagen, versuchter Gründung einer terroristischen Vereinigung und Verstößen gegen das Waffen- und Sprengstoffgesetz zu vier Jahren und sechs Monaten Haft verurteilt.[267] Im Dezember 1990 kam er wieder frei, während der Haft war er von der →*HNG* betreut worden und schrieb an deren Publikation Leserbriefe.

1985 hatte Naumann die *Aktionsgemeinschaft Nationaler Verbände/Völkischer Bund (ANV/VB)* gegründet, die in erster Linie Propaganda vertrieb und konspirative Schulungen und Feiern organisierte. Nach seiner Haftentlassung reaktivierte er die Organisation, stellte sie aber im Mai 1995 endgültig ein. Er hatte Kontakt zum ehemaligen Chef der → *Nationalistischen Front (NF)*, → Meinolf Schönborn, gefunden und erklärte, nachdem er mit den Briefbombenattentaten in Österreich 1993 in Verbindung gebracht[268] und Anfang des Jahres 1995 einmal mehr Sprengstoff bei ihm gefunden worden war,[269] öffentlichkeitswirksam seine Abkehr von Gewalt als Mittel der politischen Auseinandersetzung. Mit ARD-Journalisten und BKA-Beamten öffnete er Erddepots in Niedersachsen und Hessen, in denen sich neben Waffen und Munition fast 200 kg Sprengstoff befanden.[270] Stattdessen verfolge er jetzt die Strategie der „kämpferischen Gewaltfreiheit", erklärte er dem *JN*-Organ *Einheit und Kampf*.[271] Zu einer Festnahme oder gar Anklage gegen ihn wegen der Waffenlager kam es nicht.

Seither firmiert Naumann als Freier Nationalist und tritt vor allem im Umfeld der *NPD* auf, so zum Beispiel beim *JN*-Bundeskongreß 1999 in Klingenberg (Sachsen) oder einer Demonstration der *NPD* am 8. Mai 1999 in Berlin. Aber auch die um Abgrenzung zu Neonazis bemühten → *Republikaner* ließen den Rechtsterroristen auf dem Parteitag des Kreis-

---

261 Zu Lembke siehe Rainer Fromm, Die ‚Wehrsportgruppe Hoffmann', 1998: 242f.
262 Olaf Goebel, „Wer ist Naziterrorist Peter Naumann: Aussteiger, VS-Agent, Bombenhirn, Verräter? Alles oder nichts?" in: *Der Rechte Rand* Nr. 37, November/Dezember 1995, S. 11f.
263 Fromm 1998.
264 Goebel, „Wer ist Naziterrorist," a.a.O.
265 Hans-Gerd Jaschke, Birgit Rätsch, Yury Winterberg, Nach Hitler, 2001: 28.
266 Jens Mecklenburg (Hrsg.), Handbuch deutscher Rechtsextremismus, 1996: 501.
267 Innenministerum Nordrhein-Westfalen, Verfassungsschutzbericht 1995: 89.
268 Vgl. Schröder, „Bombenhirn," a.a.O.
269 Vgl. Olaf Goebel, „‚Bombenhirn' Peter Naumann," in: *Der Rechte Rand* Nr. 34, April/Mai 1995, S. 19.
270 Bundesministerium des Innern, Verfassungsschutzbericht 1995: 116.
271 Ebd.: 117.

verbandes Werra-Meißner (Hessen) im Januar 1998 referieren.[272] Zusammen mit → Horst Mahler trat er u.a. am 20. März 1999 bei der *Kameradschaft Karlsruhe* und einer von Mahler organisierten Veranstaltung „Reichstreuer" am 9. November d.J. auf. Im Sommer 2001 fungierte er zusammen mit dem ehemaligen *JN*-Bundesgeschäftsführer Sascha Wagner als Kontaktmann für eine Veranstaltung gegen die NATO in Karlsruhe, bei der auch → Udo Voigt sprach.

Bedeutung: Der Veteran der „Bewegung" Peter Naumann, der im Zentrum der Welle des Rechtsterrorismus von 1977 bis 1982 stand, ist heute vor allem Identifikationsfigur in rechtsextremistischen und neonazistischen Kreisen. Weder seine Absage an die Gewalt noch die vielen Ungereimtheiten in bezug auf seine Person und sein damaliges Umfeld (der Doppelagent Hepp, der undurchsichtige Lembke),[273] haben seiner Popularität in weiten Kreisen dieser Szene offenbar einen Abbruch getan.

Harald Neubauer

Geboren: 1951

Wohnort: Hamburg

Beruf: Kaufmann

Organisationen: → *Nationaldemokratische Partei Deutschlands (NPD)*, *Aktion Neue Rechte (ANR)*, → *Deutsche Volksunion (DVU)*, → *Druckschriften- und Zeitungsverlag (DSZ-Verlag)*, → *Republikaner (REP)*, → *Deutsche Liga für Volk und Heimat (DLVH)*, → *Deutsche Aufbauorganisation (DAO)*

Funktionen: Landesbeauftragter *DVU* Hamburg, stellvertretender Bezirksvorsitzender *NPD* Oberbayern, Redakteur *Deutscher Anzeiger* und *Deutsche National-Zeitung*, Generalsekretär *Republikaner*, Vorstandsmitglied *DLVH*, Sprecherrat *DAO*

Aktivitäten: 1969 trat Neubauer erstmals in die → *Nationaldemokratische Partei Deutschlands (NPD)* ein, die er allerdings drei Jahre später wieder verläßt, um sich in der *Aktion Neue Rechte* zu engagieren. Er wurde noch im Gründungsjahr Mitglied der → *Deutschen Volksunion e. V.* und 1973 deren Landesbeauftragter für Hamburg. Ein Jahr später arbeitete er als Redakteur beim → *DSZ-Verlag*, wo er u.a. verantwortlicher Redakteur des *Deutschen Anzeigers* war, und zog 1975 nach Bayern um. Dort trat er wieder in die *NPD* ein und brachte es zum stellvertretenden Bezirksvorsitzenden, eine Funktion, die er 1980 zugunsten der *DVU* wieder aufgab. Nachdem Neubauer bereits 1981 Schönhubers erstes Buch „Ich war dabei" begeistert rezensiert hatte, trat er 1983 den → *Republikanern (REP)* bei und diente sich von nun an → Franz Schönhuber an. Er kündigte 1984 bei → Gerhard Frey und arbeitete sich zum Generalsekretär und persönlichen Referenten des Parteivorsitzenden hoch. Gemeinsam mit Schönhuber zog er 1989 ins Europaparlament ein, wo die *Republika-*

---

272 Bundesministerium des Innern, Verfassungsschutzbericht 1998: 44.
273 Vgl. vor allem Goebel, „Wer ist Naziterrorist," a.a.O., und Schröder, „Bombenhirn," a.a.O. sowie Sönke Braasch, „Waffenvernarrte rechte Szene," in: *blick nach rechts* 22/1995, S. 9.

ner mit dem *Front National* und dem belgischen *Vlaams Blok* eine gemeinsame Fraktion bildeten. In Deutschland befürwortete Neubauer eine ähnliche Zusammenarbeit mit rechtsradikalen Parteien wie der *DVU* – die mittlerweile Parteistatus hatte – und der *NPD*, die Schönhuber jedoch vehement ablehnte. 1990 kam es auf dem Parteitag der *REP* zum Machtkampf, den Schönhuber für sich entscheiden konnte. Neubauer verließ die Partei, um es diesmal mit einer eigenen Parteigründung zu versuchen. Die → *Deutsche Liga für Volk und Heimat (DLVH)* entstand 1991 als Sammlungsbewegung von enttäuschten Mitgliedern der *NPD* und der *Republikaner*. Namhafte Mitglieder waren neben Neubauer vor allem Jürgen Schützinger, Martin Mußgnug und der Kölner → Manfred Rouhs, sowie Frank Hübner, der 1993 in Cottbus für den Posten des Bürgermeisters kandidierte. Durchschlagende Wahlerfolge blieben der *Deutschen Liga* jedoch verwehrt und sie gab 1996 den Parteistatus auf. Ein Jahr später schied Neubauer aus dem Präsidium aus. Seither ist er vor allem publizistisch tätig, insbesondere in seiner Funktion als Mitherausgeber von *Nation & Europa*, die er seit 1992 innehat. Außerdem betätigt er sich als Referent bei Burschenschaften und der → *Gesellschaft für Freie Publizistik (GfP)* und wurde Mitglied des Sprecherrats der → *Deutschen Aufbauorganisation (DAO)* → Alfred Mechtersheimers, die sich 2000 gründete und zum Ziel hat, die deutsche Rechte zu einen.

Bedeutung: Harald Neubauer war Mitglied in den wichtigsten rechtsradikalen Parteien und war enger Vertrauter einiger ihrer Führungspersönlichkeiten, obwohl er dazu neigt, sich nach Beendigung des Vertrauensverhältnisses nicht immer positiv über seine Mentoren zu äußern. So hielt er *DVU*-Chef Frey Geldgier, Franz Schönhuber Streitsucht vor.[274] Er hat weitreichende Kontakte auch ins Ausland und scheut sich außerdem nicht, mit Neonazis aufzutreten; er soll sogar selbst Mitglied der → *NSDAP/AO* gewesen sein.[275] Heute ist er in erster Linie Mitherausgeber des wichtigsten Theorieorgans der radikalen Rechten, während sein parteipolitisches Engagement vorerst ruht.

Dr. Reinhold Oberlercher

Geboren: 1943

Wohnort: Hamburg

Beruf: Publizist

Organisationen: *Sozialistischer Deutscher Studentenbund (SDS), Gruppe 146,* → *Deutsches Kolleg (DK).*

Funktionen: Verfasser eines „Reichsverfassungsentwurfs" und eines „Entwurfs eines Hundert-Tage-Programms der Nationalen Notstandsregierung in Deutschland", ideologischer Vordenker des *DK*.

Aktivitäten: Der 1943 in Dresden geborene Reinhold Oberlercher kam 1960 aus der DDR in den Westen. Von 1965 bis 1970 studierte er Pädagogik, Philosophie und Soziologie in

---

274 Vgl. Interview in *Junge Freiheit*, 17. September 1999.
275 So Michael Kühnen in dem Film *Wahrheit macht frei*. Vgl. Mecklenburg 1996: 503.

Hamburg und exponierte sich als Funktionär und Theoretiker des *Sozialistischen Deutschen Studentenbundes (SDS)*.[276] Nach Angaben des AStAs der Universität Hamburg zeigte Oberlercher 1967 einen Pädagogikprofessor an und bezeichnete ihn als „alternden Ideologen des pädagogischen Hitlerfaschismus".[277] Von 1969 bis 1975 leitete er eine Arbeitsgruppe zur Formalisierung des „Kapitals" von Karl Marx und eine Kampagne zur Kapital-Schulung. Als Herausgeber der Zeitschrift *Theorie und Klasse. Blätter für wissenschaftliche Kritik* fungierte er von 1971 bis 1975. Oberlercher promovierte 1975 mit einer Arbeit über „Theorien über die Arbeitskraft in der neueren Geschichte des pädagogischen und philosophischen Denkens". In den 1970er und 1980er Jahren hatte er immer wieder mit längeren Phasen der Erwerbslosigkeit zu kämpfen und war unter anderem als Lehrbeauftragter der Hamburger Universität, als freier Filmrealisator beim Norddeutschen Rundfunk und als Autor des *Rheinischen Merkur/Christ und Welt* tätig.[278]

Anfang der 1980er erregte Reinhold Oberlercher erstmals durch fremdenfeindliche Äußerungen Aufsehen. 1981 veröffentlichte er in der Zeitschrift *Direkte Aktion*, Organ der anarchosyndikalistischen Gewerkschaft *Freie Arbeiter Union (FAU)*, ein „Manifest deutscher Anarchisten", in dem er behauptete, die Staatsfeindlichkeit „zersetzt den bürgerlichen nationalstaat rechtsextremistisch, falls er vom einheimischen arbeitsmarkt ausländische konkurrenz nicht fernhält. deutsche anarchisten fordern daher sofortiges einstellungsverbot für ausländer...".[279] Außerdem agitierte er in dem Artikel für einen „nationalen befreiungskampf gegen rußland, dessen besatzungstruppen das haupt-hindernis der deutschen einheit darstellen...". Diese Äußerungen hatten den sofortigen Ausschluss Oberlerchers aus der linksradikalen Organisation zu Folge. Kontakt suchte er in den 1980ern zu „nationalrevolutionären" Kreisen, die im Rahmen ihrer sogenannten „Querfrontstrategie" Einfluß auf die Linke gewinnen wollte. Beiträge Oberlerchers erschienen unter anderem in den Zeitschriften *Junges Forum* von der *Deutsch-Europäischen Studiengesellschaft (DESG)* und *Aufbruch*, Zeitschrift des *Nationalrevolutionären Koordinationsausschußes (NR-KA)*, der später unter der Bezeichnung *Politische Offensive* auftrat.[280] Seit der zweiten Hälfte der achtziger Jahre publizierte Oberlercher vermehrt auch in bekannteren rechtsradikalen Zeitschriften, darunter *Europa Vorn*, *Nation & Europa* und *Criticón*, später auch in *Sleipnir* und den *Staatsbriefen*, herausgegeben von dem ehemaligen *Welt*-Redakteur Dr. Hans-Dietrich Sander.[281] Als Referent trat Oberlercher Ende der 1980er Jahre bei Vereinigungen, wie dem → *Witikobund*, der Münchner Burschenschaft *Danubia* und dem *Ring Freiheitlicher Studenten (RFS)* in Wien auf.[282] Bei letzterem propagierte er einen Anschluss Österreichs an

---

276 Vgl. Kurz-Biographie von Dr. Reinhold Oberlercher, Internetseite des *Deutschen Kollegs* (eingesehen am 8.6.02).
277 Vgl. AStA Uni Hamburg, „Der Forschung? Der Lehre? Der Bildung?, 75 Jahre Hamburger Universität, studentische Gegenfestschrift zum Universitätsjubiläum 1994", zit. n.: Bündnis keinen Fußbreit den Faschisten, „Dr. Reinhold Oberlercher oder Lechts und Rinks kann man nicht velwechsern", in: *trend. Onlinezeitung für die alltägliche Wut* 10/99, http://www.trend.partisan.net/trd1099/t321099.html (eingesehen am 8.6.02).
278 Vgl. Armin Pfahl-Traughber, „Konservative Revolution" und „Neue Rechte". Rechtsextremistische Intellektuelle gegen den demokratischen Verfassungsstaat, Opladen 1998, S. 186f.
279 *Direkte Aktion* März 1981, zit. n. Bündnis keinen Fußbreit den Faschisten. Vgl. auch: Burkhard Schröder, „Neonazis online: Im ‚Thule-Netz'", http://www.burks.de/artikel/taz3.html (eingesehen 8.6.02). (Kleinschreibung im Original).
280 Vgl. Bündnis keinen Fußbreit den Faschisten.
281 Vgl. ebenda.
282 Vgl. Schröder, a.a.O.

Deutschland.[283] Oberlercher galt außerdem als Vordenker der 1988 an der Hamburger Universität (an der Oberlercher zeitweise auch als Privatdozent beschäftig war) gegründeten neurechten *Gruppe 146 Studentische Vereinigung*.[284]

Anfang der neunziger Jahre führte die *Deutsch-Europäische Studiengesellschaft* (*DESG*) in Berlin Tagungen unter dem Titel „Denkfabrik Europa der Völker" durch,[285] in deren Zusammenhang Oberlercher einen in den *Staatsbriefen* veröffentlichten „Reichsverfassungsentwurf" und einen „Entwurf eines Hundert-Tage-Programms der Nationalen Notstandsregierung in Deutschland" vorstellte.[286] Oberlercher propagiert einen „Machtergriff" des nationalen Lagers sowie die „Wiederherstellung" des Deutschen Reiches in einem völkisch begründeten, autoritären Staat, dem „Vierten Reich". Oberlerchers Geschichtsbild ist wesentlich durch Antisemitismus, Fremdenfeindlichkeit und Rassismus geprägt. Als „nationalrevolutionärer" Theoretiker bemüht sich Oberlercher daneben um eine „nationale" Interpretation des Marxismus, die dem rechtsextremen Lager zu einem politischen Brückenschlag nach links verhelfen soll (O-Ton Oberlercher: „Die kapitalistische Weltrevolution, die seit 1989 triumphiert, tut dies in den Begriffen von Marx: Ware, Geld, Kapital, Mehrwert, Profit, Zins, Unternehmergewinn, usw. Die antikapitalistische Weltrevolution, die hoffentlich bald in Gang kommt, kann nur als Folge von Nationalrevolutionen gedacht werden.").[287] Seit Ende 1994 existiert das → *Deutsche Kolleg* (*DK*) in Berlin, das neben → Horst Mahler von Oberlercher dominiert wird und seine Schriften in Rahmen einer „Schulungskampagne" zum obligatorischen Lernstoff für eine „nationale Intelligenz" gemacht hat, die sich das *DK* mittels der Gründung von Schulungsgruppen in mehreren deutschen Städten und sogar der Abhaltung von Prüfungen heranzüchten wollte. Mittlerweile ist diese Schulungskampagne jedoch weitgehend zum Erliegen gekomen. Stattdessen konzentrierten führende Mitglieder des *DK* ihre Aktivitäten zeitweilig auf die *Freie Deutsche Sommerakademie* in der sie Werbung für Oberlerchers Ideen betrieben.

Oberlercher ist regelmäßig Gast bei rechtsradikalen Veranstaltungen. 1996 trat er als Referent bei einer „Bundesschulung" der *Jungen Nationaldemokraten* (*JN*) auf, 1997 erschien er als Redner bei einer Tagung des *Arbeitskreises für deutsche Politik e.V.*, 1998 war er Ehrengast beim Bundeswahlkongress der → *NPD*.[288] Zum Zerwürfnis zwischen Hans-Dietrich Sander und Oberlercher kam es 1999, als letzterer zusammen mit Horst Mahler und Johannes P. Ney am 9. November in Leipzig 10 „Thesen zu Reichstatthalterschaft" aufstellte. (These II: „Nach Wiedererlangung seiner Handlungsfähigkeit hat das Deutsche Reich die Bundesrepublik Deutschland abzuwickeln. ..." These III: „Die Belange eines handlungsunfähigen Rechtssubjektes können von jedem, dem es beliebt, in Geschäftsführung ohne Auftrag (GoA) wahrgenommen werden. ...") Sander kritisierte in *Staatsbriefe* 10/99: „Bestenfalls wird die Reichsidee, ... noch bevor sie in die Öffentlichkeit einsickert, lächerlich gemacht. Schlimmstenfalls ist es Anlaß zu verstärkten Repressalien und Verfol-

---

283 Vgl. ebenda.
284 Vgl. Jens Mecklenburg, Handbuch deutscher Rechtsextremismus, 1996: 230. Vgl. außerdem: o.A., „Gruppe 146. Neurechte Kaderschmiede an der Uni", in: *Antifaschistische Informationen, Rechte Organisationen in Hamburg*, Nr.1, Erscheinungsdatum: 2. Juni `95; Herausgegeben von: Bündnis keinen Fußbreit den Faschisten, zit. nach: http://www.nadir.org/nadir/archiv/Antifaschismus/ Organisationen/Hochschulgruppen/AI146.html (eingesehen am 8.6.02).
285 Vgl. Mecklenburg, 1996: 230.
286 Vgl. ebenda: 503.
287 Webseite der *Werkstatt Neues Deutschland* (eingesehen am 8.6.02).
288 Vgl. Informationsdienst gegen Rechtsextremismus (*IDGR*), „Reinhold Oberlercher", http://www.idgr.de/lexikon/bio/o/oberlercher-reinhold/oberlercher.html (eingesehen am 8.6.02).

gungen und wieder einmal würde Potential gespalten." Im Oktober 2000 veröffentlichte Oberlercher zusammen mit → Horst Mahler und dem ehemaligen → JN-Funktionär und Bundesvorsitzenden der *Jungen Republikaner* Uwe Meenen auf der von Mahler betriebenen Internetseite *Werkstatt Neues Deutschland* ein antisemitisches Pamphlet („Ausrufung des Aufstandes der Anständigen") des *DK*, in dem ein „Verbot der jüdischen Gemeinden" gefordert wird. Am 9.Mai 2001 hielt Oberlercher auf Einladung des schleswig-holsteinischen Landesamts für politische Bildung anläßlich des 25. Jahrestages des Todes von Ulrike Meinhof einen Vortrag vor Schülern in einem alternativen Kommunikationszentrum in Kiel.[289] Am 6. Oktober d.J. referierte Oberlercher auf einem *JN*-Schulungsseminar über das Thema „Raumorientierte Volkswirtschaft/nationale Ökonomie".[290] Oberlecher gehört außerdem zu den Unterstützern der maßgeblich von → *NPD* und *NHB* initiierten *Deutschen Akademie* mit Sitz in Kaiserslautern.[291]

Bedeutung: Reinhold Oberlercher ist neben Horst Mahler der wohl prominenteste rechtsextremistische Renegat der einstmals linken 1968-Generation. Seine wirren Ideen und sein „Reichs"-Fetischismus stoßen im rechtsextremen Lager nicht auf ungeteilte Zustimmung. Mit seinen radikalen Thesen und seiner rassistischen Hetze, die er mittlerweile vorwiegend auf Vorträgen und im Internet verbreitet, kommt Oberlercher zweifellos die Rolle eines Scharfmachers und Anheizers im rechtsextremistischen Spektrum zu. In den letzten Jahren trat Oberlercher verstärkt bei Veranstaltungen im Umfeld der *NPD* in Erscheinung.

Arnulf Winfried Horst Priem

Geboren: 1948

Wohnort: Berlin

Beruf: Betriebswirt

Organisationen: → *Deutsche Volksunion e.V.*, *Kampfgruppe Priem e.V.*, → *Nationalsozialistische Deutsche Arbeiterpartei/Auslands- und Aufbauorganisation (NSDAP/AO)*, *Asgard-Bund e.V.*, *Vandalen Ariogermanische Kampfgemeinschaft*, *Wotans Volk*, → *Gesinnungsgemeinschaft der Neuen Front (GdNF)*, → *Nationale Alternative (NA)*, → *Deutsche Alternative (DA)*, *Berliner Block*.

Funktionen: Gründer und Leiter *Kampfgruppe Priem e.V.*, *Asgard-Bund e.V.* und *Wotans Volk*, Aktionsführer Berlin *NSDAP/AO*, Landesvorsitzender Berlin *DA*.

Aktivitäten: Arnulf Priem wurde 1967 in Ost-Berlin wegen staatsfeindlicher Hetze zu zweieinhalb Jahren Haft verurteilt und 1968 von der Bundesregierung freigekauft. Er zog nach Freiburg im Breisgau und wurde dort 1971 Mitglied der → *Deutschen Volksunion e.V.* Außerdem kandidierte er dort 1976 als Landtagskandidat für die → *NPD*, ohne jedoch Mit-

---

289 Vgl. ebenda.
290 Vgl. Verfassungsschutzbericht des Landes Nordrhein-Westfalen 2001, Online-Version (eingesehen am 8.6.02): 56.
291 Vgl. ebenda: 59.

glied zu werden. 1974 wurde von ihm die *Kampfgruppe Priem e.V.* ins Leben gerufen, mit der er weitreichende Kontakte u.a. zum *Kampfbund Deutscher Soldaten* und der *Volkssozialistischen Bewegung Deutschlands (VSBD)* knüpfte. Der Rocker Priem, der schon zu dieser Zeit sein Haar lang trug, stieß im Ländle zunehmend auf Ablehnung und zog 1977 nach West-Berlin, wo er Aktionsführer der → *NSDAP/AO* wurde, der auch die *Kampfgruppe* angeschlossen wurde. Noch im selben Jahr wurde seine Wohnung durchsucht und u.a. SS-Uniformen und ein Maschinengewehr gefunden, wofür er zu einer einjährigen Bewährungsstrafe verurteilt wurde.[292] Weitere Verurteilungen wegen NS-Propaganda und Waffenbesitz folgen in den Jahren 1980 und zweimal 1982. 1980 war er an der Gründung des neuheidnischen *Asgard-Bundes* beteiligt und wurde später deren Vorsitzender. Die Jugendgruppe *Wotans Volk* wurde 1987 ebenfalls von Priem gegründet und geleitet und fungierte auch als „Hauptschulungsamt" der → *Gesinnungsgemeinschaft der Neuen Front (GdNF)*. Bereits Ende der siebziger Jahre will Priem in Kontakt zu → Michael Kühnen gekommen sein.[293] 1989 kandidierte er zusammen mit Andreas Pohl von der → *Nationalistischen Front (NF)* und Lutz Schillock[294] auf der Liste der *Freiheitspartei* zu den Abgeordnetenhauswahlen in Berlin. In der Zwischenzeit hatte er 1984 die *Kampfgruppe Priem* bereits aufgelöst. Mit dem Fall der Mauer wurde er zu einem der wichtigsten „Aufbauhelfer" Kühnens in Ostdeutschland. Er unterstützte den Aufbau der Ost-Berliner → *Nationalen Alternative (NA)* und wurde nach der Vereinigung im August 1992 Berliner Landesvorsitzender der → *Deutschen Alternative (DA)*. Die beiden Parteien bildeten gemeinsam mit *Wotans Volk* im März 1990 den zonenübergreifenden *Berliner Block*. Des weiteren nahm er sich der noch zu DDR-Zeiten gegründeten *Ariogermanischen Kampfgemeinschaft – Vandalen* an. Folgerichtig gehörte er nach dem Tod Kühnens zur neuen Führungsriege der *GdNF*. Sein Karrierehoch währte jedoch nicht lange. Zum einen stieß er unter Kameraden auf wenig Verständnis mit seinen Ausgrabungen an ehemaligen Weltkriegsschauplätzen (Störung der Totenruhe), wo er nach Nazimemorabilia suchte, die er verkaufte. Zum anderen wurde er mit u.a. Kay Diesner,[295] → Oliver Schweigert und Detlef Nolde[296] 1994 in seiner Wohnung in Berlin festgenommen und ein Jahr später zu dreieinhalb Jahren Haft wegen der Bildung eines bewaffneten Haufens und Verunglimpfung des Staates verurteilt. Er soll im Verfahren mit der Polizei zusammengearbeitet haben und ist seither als Verräter gebrandmarkt. Nach seiner Haftentlassung gab er an, sich nur noch der Hühnerzucht widmen zu wollen. Seine von → Michael Koth angemeldete Internetdomain ist zwar verwaist, die Inhalte sind aber noch immer über die *NSDAP/AO* abrufbar, unter anderem eine Mitte der neunziger Jahre von → Christian Malcoci herausgegebene „germanische" Kurzgeschichte.

Bedeutung: Seit 30 Jahren ist Arnulf Priem eine der „schillerndsten" Randfiguren im deutschen Rechtsextremismus. Der Militariafan und Motorradrocker begann als Redner bei der *Deutschen Volksunion e.V.*, führte jugendliche Kameraden an den Wehrsport heran und war

---

292 ID-Archiv 1992: 52.
293 Fromm 1998: 186.
294 Lutz Schillock wurde später wegen der Tötung von zwei Kameraden zu vierzehn Jahren Haft verurteilt.
295 Kay Diesner sitzt mittlerweile eine lebenslange Freiheitsstrafe wegen Mordes und zweifachen versuchten Mordes ab.
296 Detlef Nolde (geb. Cholewa) wurde gemeinsam mit Schillock wegen der Tötung zweier Kameraden festgenommen und angeklagt. Da ihm eine direkte Tatbeteiligung nicht nachgewiesen werden konnte, wurde er wegen gefährlicher Körperverletzung zu einer Freiheitsstrafe von zweieinhalb Jahren verurteilt.

maßgeblich am Aufbau neonazistischer Strukturen in den neuen Bundesländern beteiligt. Wie bereits in den siebziger Jahren ist er auch heute äußerst umstritten, sammelt aber noch immer vornehmlich junge Menschen um sich, um sie an Heidentum, Militarismus und nationalsozialistisches Gedankengut heranzuführen.

Jens Pühse

> **Geboren**: 1972
>
> **Wohnort**: Riesa (Sachsen)
>
> **Beruf**: Molkereifachmann
>
> **Organisationen**: → *Junge Nationaldemokraten (JN)*, *Studentenbund Schlesien (SBS)*, → *Nationalistische Front (NF)*, → *Nationaldemokratische Partei Deutschlands (NPD)*, *Blitzversand*, *Tonträgervertrieb Jens Pühse*.
>
> **Funktionen**: Schatzmeister KV Bremen-Stadt *JN*, stellvertretender Bundesvorsitzender *SBS*, Bundesorganisationsleiter *JN*, Vorsitzender KV Freising *NPD*, Beisitzer im Bundesvorstand *NPD*, stellvertretender Landesvorsitzender Sachsen *NPD*, Inhaber *Blitzversand* und *Tonträgervertrieb Jens Pühse*.

Aktivitäten: Der in Wilhelmshaven geborene Jens Pühse trat 1987 erstmals den → *Jungen Nationaldemokraten (JN)* bei und wurde im Kreisverband Bremen-Stadt Schatzmeister. Daneben war er von 1988 bis 1990 stellvertretender Bundesvorsitzender des *Studentenbundes Schlesien (SBS)*. Im Wahlkampf zur Europawahl im Juni 1989, zu der die → *NPD* ein Bündnis mit der → *DVU* eingegangen war, arbeitete Pühse im Wahlkampfteam Heinrich Gerlachs, wofür er im selben Jahr von der *DVU* mit dem Andreas Hofer Preis geehrt wurde. Nach seinem Umzug nach Freising (Bayern) 1989 machte sich bei ihm Enttäuschung über den „liberalen" Kurs der Mutterpartei breit und er verließ die *JN*, um bei der → *Nationalistischen Front (NF)* aktiv zu werden. Nach deren Verbot engagierte er sich zunächst bei einer Freien Kameradschaft und gründete 1993 den *Blitzversand*, dem wenig später der *Tonträgervertrieb Jens Pühse* folgte.

1994 wurde er wieder Mitglied bei den *JN* und wurde 1996 als Organisationsleiter Mitglied im Bundesvorstand, 1997 zudem Vorsitzender des *NPD*-Kreisverbands Freising. 1997 überführte er seinen Vertrieb für Musik und Bekleidung in den → *Deutsche Stimme Verlag (DS-Verlag)*. Zwischenzeitlich erschien das Gesamtverzeichnis des Verlags als „Pühses Liste".

Seit er wieder Mitglied der *JN* geworden war, hatte Pühse Aufgaben im Bereich des Ordnungsdienstes der Partei übernommen.[297] Großen Respekt bei der Parteiführung erwarb er sich bei der Organisation des Aufmarsches gegen die Wehrmachtsausstellung am 1. März 1997 in München, wo über 4000 Menschen demonstrierten. Auch beim „1. Tag des Nationalen Widerstandes" fungierte er als Türsteher. 1997 wurde Pühse zu einer Strafe von 120 Tagessätzen zu je 60 DM verurteilt, weil er beim verbotenen Rudolf-Heß-Gedenkmarsch in Worms im August 1996 teilgenommen hatte.[298]

---

297 Antifaschistisches Autorenkollektiv, Drahtzieher im braunen Netz, 1996: 118.
298 E.B., „Nachspiel zu Rudolf-Heß-Marsch," in: *blick nach rechts* 25/1997, S. 9.

1998 wurde er als Beisitzer in den Bundesvorstand der *NPD* gewählt und war dort Mitglied der Organisationsabteilung, was ihn offenbar so vereinnahmte, dass er 1999 von den Aufgaben im *JN*-Vorstand zurücktrat. Im Jahr 2000 zog er mit dem *DS-Verlag* ins sächsische Riesa und eröffnete im Verlagsgebäude ein Ladengeschäft. Auf dem Landesparteitag im Oktober wurde er zum Stellvertreter Winfried Petzolds, des Landesvorsitzenden der sächsischen *NPD*, gewählt. Zudem kandidiert er 2002 auf der Landesliste Sachsen für die *NPD*. Seinen Posten im Bundesvorstand verlor er jedoch im März 2002.

Besonders aktiv ist Jens Pühse weiterhin im Vertrieb rechtsextremer Musik, auch auf internationaler Ebene. Nach der Teilnehme an einer am 2. April 2001 von der *National Alliance* organisierten Demonstration vor der deutschen Botschaft in Washington, D.C. gegen ein Verbot der *NPD* hielten sich Pühse und → Jürgen Distler für drei Tage im *NA*-Hauptquartier in West Virginia zu „very useful discussions"[299] auf, die möglicherweise auch den Ausbau des Musikgeschäftes der *National Alliance* nach Europa zum Thema hatten.

Bedeutung: Der geschäftstüchtige Skinhead Jens Pühse ist eines der Beispiele dafür, wie die *NPD* unter → Udo Voigt Ende der neunziger Jahre versuchte, Aktivisten verbotener Organisationen und Skinheads in die eigenen Reihen zu integrieren. Mit der Übernahme seines Plattenvertriebs erhoffte sich die Partei darüber hinaus an dem lukrativen Geschäft mit Rechtsrock und Fanartikeln zu profitieren. Er hat den *Nationaldemokraten* seither vor allem als Ordner und Organisationsleiter gedient, wofür er im Jubiläumsband als „Motor von Großveranstaltungen" gelobt wird.[300]

Otto Ernst Fritz Adolf Remer

Geboren: 1912 († 1997)

Wohnort: Bad Kissingen, Malaga (Spanien)

Beruf: Generalmajor a.D., Handelskaufmann, Maurer

Organisationen: *Gemeinschaft unabhängiger Deutscher, Sozialistische Reichspartei (SRP),* → *Freundeskreis Ulrich von Hutten, Die Deutsche Freiheitsbewegung e.V. (DDF), J.G. Burg Gesellschaft.*

Funktionen: stellvertretender Bundesvorsitzender der *SRP*, Vorsitzender des *SRP*-Landesverbandes Schleswig Holstein, Vorsitzender der *DDF e.V.*, Ehrenvorsitzender der *DDF e.V.*, Herausgeber des *DDF*-Organs *Der Bismarck-Deutsche*, Herausgeber der *Remer-Depesche*, Vorsitzender der *J.G. Burg Gesellschaft*.

Aktivitäten: Otto Ernst Remer kam Zeit seines Lebens eine besondere Rolle in deutschen Neonazikreisen zu, da er wie kein Zweiter die Kontinuität von altem und neuem Rechtsextremismus verkörperte. Remer, der bereits 1933 als Berufssoldat in die Reichswehr eingetreten war, spielte bei der Niederschlagung des Putschversuches vom 20. Juli 1944 als

---

299 *National Alliance Bulletin*, March 2001, S.2.
300 „Jens Pühse – Mitglied des Parteivorstandes," in: Holger Apfel (Hrsg.), Alles Große steht im Sturm: Tradition und Zukunft einer nationalen Partei, 1999, S. 336.

Kommandeur des Berliner Wachbatallions eine maßgebliche Rolle. Hitler belohnte ihn für diese Tat gleich durch mehrmalige Beförderung bis zum Dienstgrad des Generalmajors.

Nach dem Krieg war Remer einer der ersten, die sich erneut in nationalsozialistischem Sinn betätigten. 1949 war er Mitbegründer der *Gemeinschaft unabhängiger Deutscher* und der später als verfassungswidrig verbotenen *Sozialistischen Reichspartei (SRP)*. In der *SRP* übte Remer die Funktionen des stellvertretenden Parteivorsitzenden und Landesvorsitzenden von Schleswig Holstein aus. 1951 wurde er wegen übler Nachrede zu vier Monaten Haft verurteilt. Ein Jahr später musste sich Remer in einem aufsehenerregenden Prozess wegen Beleidigung der Verschwörer des 20. Juli vor dem Landgericht Braunschweig verantworten. Der zuständige Staatsanwalt Fritz Bauer leistete damals mit diesem Verfahren zugleich einen wichtigen Beitrag zur Aufarbeitung der Geschichte des 20. Juli und zur moralischen und juristischen Rehabilitierung des Widerstandes gegen den Nationalsozialismus in der bundesrepublikanischen Nachkriegsgesellschaft. Remer wurde zu einer zweimonatigen Haftstrafe verurteilt, entzog sich jedoch dem Strafvollzug durch Flucht nach Ägypten. Nach einigen Jahren der Tätigkeit als Militärberater für Gamal Abdel Nasser und als Waffenhändler in Syrien kehrte Remer 1954 in die Bundesrepublik zurück, wo er von einer Amnestie profitierte. Ein bereits 1952 gestellter Antrag der Bundesregierung, ihm wegen seiner unrühmlichen Verwicklung in die Ereignisse des 20. Juli 1944 die Grundrechte zu entziehen, wurde 1960 vom Bundesverfassungsgericht abgelehnt. Wegen abfälliger Äußerungen über den deutschen Widerstand verlor Remer jedoch im Juli des selben Jahres seine Offizierspension. Zwar wurde diese ihm 1974 durch einen Gnadenakt des damaligen Bundespräsidenten Scheel wieder zuerkannt, mit seiner fortgesetzten hetzerische Agitation handelte er sich aber 1985 erneut ihren zeitweiligen Verlust ein.

Nach einem fast 20jährigen Rückzug ins Privatleben engagierte sich Remer in den 1980er Jahren wieder verstärkt politisch. 1982 hatte er Anteil an der Gründung des neonazistischen Vereins → *Freundeskreis Ulrich von Hutten* und trat außerdem als Redner auf der 30 Jahrfeier der → *Wiking Jugend (WJ)* in Erscheinung. Im folgenden Jahr verließ Remer den *Freundeskreis* und gründete *Die Deutsche Freiheitsbewegung (DDF)*, deren Vorsitz er bis 1989 ausübte. Außerdem zeichnete er für die Herausgabe des *DDF*-Organs *Der Bismarck-Deutsche* (ab 1989 *Recht und Wahrheit*) verantwortlich. Als Redner war er außerdem gern gesehener Gast auf Veranstaltungen des Auschwitzleugners → Thies Christophersen. 1986 wurde er wegen des Vertriebs von Videokassetten „revisionistischen" Inhalts vor dem Landgericht Kempten angeklagt und wegen Beleidigung und Verunglimpfung des Andenkens Verstorbener verurteilt. Ein Jahr später referierte Remer auf einer Tagung des berüchtigten, in Kalifornien ansässigen *Institute for Historical Review* über seine Rolle bei der Niederschlagung des 20. Juli. Zum selben Thema war bereits 1982 im rechtsradikalen *K. W. Schütz-Verlag* ein Buch Remers mit dem Titel *Verschwörung und Verrat um Hitler* erschienen. Ein weiteres „geschichtsrevisionistisches" Werk über den Zweiten Weltkrieg publizierte er 1989 im Selbstverlag. 1990 befand sich Remer unter den Teilnehmern der von dem Neonazi → Ewald Bela Althans organisierten revisionistischen Großveranstaltung „Wahrheit macht frei".

Nach seiner Ablösung als Vorsitzender der *DDF* blieb Remer zunächst Ehrenvorsitzender des Vereins, schied aber 1991 aufgrund interner Auseinandersetzungen endgültig aus der Organisation aus. Fortan betätigte er sich als Herausgeber der *Remer-Depesche*, die als Organ der von ihm neu gegründeten *J.G. Burg Gesellschaft* erschien und das von ihm bereits bekannte neonazistische Ideengut und revisionistische Geschichtsbild verbreitete. Nachdem er sich bereits 1991 vor einem Schöffengericht in Bad Kissingen wegen Volksverhetzung und Aufstachelung zum Rassenhass hatte verantworten müssen, folgte ein Jahr später Remers letzter großer Auftritt vor der Justiz. Wegen der gleichen Delikte verurteilte ihn das Landgericht Schweinfurt am 22. Oktober zu 22 Monaten Haft ohne Bewährung. Zu seiner Verteidigung bediente sich Remer eines von dem Diplomchemiker → Germar Rudolf erstellten Gutachtens, welches vorgeblich wissenschaftliche Beweise für die Auschwitzlüge erbringen sollte. Dieser sogenannte *Rudolf-Report* fand in rechtsextremen Kreisen weite Verbreitung und wird von „Revisionisten" bis heute zur Untermauerung ihrer Behauptungen angeführt. Nur kurze Zeit nach dem Verfahren in Schweinfurt wurde er vom Landgericht München zusätzlich wegen Verbreitens der Auschwitzlüge verurteilt. Remer entzog sich dem Zugriff der deutschen Behörden durch Flucht nach Spanien. Obwohl ein Asylantrag von den dortigen Behörden abgelehnt wurde, kam es wegen der abweichenden spanischen Rechtsverhältnisse (der Straftatbestand der Volksverhetzung existiert in Spanien nicht) nicht zu einer Auslieferung an die Bundesrepublik. Remer starb 1997 im Alter von 85 Jahren im südspanischen Malaga.

Die *Remer-Depesche* erschien seit 1994 unter dem veränderten Titel *Deutschland-Report*. Als Nachfolger des 1995 eingestellten *Deutschland-Reports* gilt das von England aus vertriebene *National-Journal*. Die Publikation ist mit einer Online-Ausgabe auch im Internet präsent und wird vom Remer-Unterstützerkreis *Die Freunde im Ausland (DFiA)* herausgegeben. Die im Heft angegebene englische Kontaktadresse ist nach Verfassungsschutzangaben identisch mit der des bekannten britischen Rechtsradikalen und Verlegers Anthony Hancock. Remers Ehefrau Anneliese Remer-Heipke betrieb zunächst von Bad Kissingen, später Spanien aus den *Verlag Remer-Heipke* über den die Werke Remers und anderer Rechtsradikaler bezogen werden konnten.

Bedeutung: Otto Ernst Remer ist über seinen Tod hinaus als eine wichtige Symbolfigur für Neonazis im In- und Ausland. Neben verherrlichenden Artikeln über den „Kriegshelden" Remer finden sich im Internet auf rechtsextremistischen Seiten auch Remer-Memorabilia wie Poster. Dass sich Remer bis ins hohe Alter nicht nur publizistisch betätigte, sondern auch aktiv an Bestrebungen beteiligte, neonazistische Strukturen international zu vernetzen, dürfte zusätzlich zur Legendenbildung um seine Person beigetragen haben. Als sich beispielsweise 1988 alte und junge Nazis aus ganz Europa in Frankreich zu einer Sonnenwendfeier versammelten, war auch Remer unter den Teilnehmern.[301] Darüber hinaus wurden ihm Kontakte zur chauvinistischen, russischen *Pamjat-Bewegung* nachgesagt. Freunde hatte Remer aber auch unter arabischen Islamisten und Antisemiten, so etwa den Exilmarokkaner Ahmed Rami, der in Schweden eine Internetseite mit dem Namen *Radio Islam* betreibt.

---

301 Vgl. Antifa Frankfurt, „Von der ‚illegalen NPSDAP' zu den ‚freien Kameradschaften'", in: http://antifa.frankfurt.org/Mai/Kameradschaften.htm (eingesehen am 29.5.2002).

Jürgen Rieger

Geboren: 1946

Wohnort: Hamburg und Gut Sveneby (Schweden)

Beruf: Rechtsanwalt

Organisationen: *Aktion Oder-Neiße (AKON)*, *Bund Heimattreuer Jugend (BHJ)*, → *Wiking-Jugend (WJ)*, *CSU-Freundeskreis*, *Freundeskreis Filmkunst e.V.*, *Mütterdank e.V.*, *Gesellschaft für biologische Anthropologie, Eugenik und Verhaltensforschung e.V. (GbAEV)*, *Norddeutscher Ring*, *Northern League*, *Heide-Heim e.V.*, *Heideheim e.V.*, → *Artgemeinschaft – Germanische Glaubens-Gemeinschaft wesensgemäßer Lebensgestaltung e.V. (AG-GGG)*, *Familienwerk e.V.*

Funktionen: Vorsitzender *GbAEV*, *Artgemeinschaft*, *Familienwerk* und *Heide-Heim*, Vorstand *Nordischer Ring*, Wissenschaftlicher Beirat *Weltbund zum Schutz des Lebens*, Herausgeber *Nordische Zeitung* und *Recht und Justiz*, Redakteur *Neue Anthropologie* und *Nordische Zukunft*.

Aktivitäten: Noch zu Studienzeiten avancierte der Hamburger Jürgen Rieger zum stellvertretenden Bundesvorsitzenden der *Aktion Oder-Neiße (AKON)*. Außerdem engagierte er sich in den sechziger Jahren bei der *Aktion Widerstand*, dem *Bund Heimattreuer Jugend* und den → *Jungen Nationaldemokraten*, deren Landesverband Hamburg er „praktisch – ohne Mitglied zu sein – geleitet"[302] hat. 1974 wurde er wegen zweifacher Körperverletzung bei einer Demonstration der *Aktion Widerstand* 1970 in Würzburg zu einer Geldstrafe verurteilt. 1971 war er außerdem Sprecher des von ihm mitgegründeten *CSU-Freundeskreises*, von dem Mitglieder an der vorgetäuschten Entführung Prof. Dr. Berthold Rubins (*AKON*) beteiligt waren, die darauf abzielte, die Stimmung bei der Landtagswahl in Schleswig-Holstein zugunsten der *CDU* zu beeinflussen.

Rieger verfaßte 1969 ein Buch zum Thema „Rasse – Ein Problem auch für uns", das 1972 indiziert wurde. Mit der Umbenennung der *Deutschen Gesellschaft für Erbgesundheitspflege* in *Gesellschaft für biologische Anthropologie, Eugenik und Verhaltensforschung e.V. (GbAEV)* 1972 wurde Jürgen Rieger deren Vorsitzender und Redakteur des Vereinsorgans *Neue Anthropologie*. 1974 entstand aus der *GbAEV* der *Norddeutsche Ring* mit ähnlich rassistischer Zielrichtung, der die Zeitschrift *Nordische Zukunft* herausgibt und in der *Northern League* (Niederlande) organisiert ist. Zudem war die *GbAEV* anfangs mit dem *Weltbund zum Schutz des Lebens (WSL)* assoziiert. 1987 wurde Rieger zudem Leiter der neuheidnischen → *Artgemeinschaft (AG-GGG)*.

Seit 1975 ist Jürgen Rieger selbständig als Anwalt tätig und hat seitdem zahlreiche namhafte Rechtsextremisten vor Gericht vertreten, darunter → Michael Kühnen, → Christian Worch und → Jürgen Mosler. In den Prozessen kam es immer wieder zu heftigen Kontroversen, so als Rieger im Prozeß des *SS*-Sturmbannführers Arpad Wiegand 1981 behauptete, das Warschauer Ghetto sei nur eine seuchenhygienische Maßnahme gewesen und die dort internierten Juden hätten nicht verhungern müssen, wenn sie mehr Solidarität geübt hätten. Zwar wurde Rieger daraufhin zunächst zu einer Geldstrafe verurteilt, der Bundesgerichtshof sah seine damaligen Aussagen jedoch als legitime Wahrnehmung der Interessen seines Mandanten und hob das Urteil 1987 auf. In einem anderen Fall wollte Rieger 1995/96 in ei-

---

302 Jürgen Rieger, „Geleitwort," in: Holger Apfel (Hrsg.), Alles Große steht im Sturm: Tradition und Zukunft einer nationalen Partei, 1999: 14.

nem Prozeß gegen → Thomas Wulff wegen Leugnung des Holocaust den Auschwitz-Leugner → Germar Rudolf als Sachverständigen vorladen lassen, der die These untermauern sollte, dass in Auschwitz keine Vergasungen von Menschen stattgefunden hätten.[303] Er berief sich darüber hinaus in seiner gerichtlichen Beweisführung auf einschlägig bekannte „revisionistische" Texte, wie den *Leuchter Report* oder das *Rudolf-Gutachten*.[304] Der Rechtsanwalt wurde daraufhin selbst angeklagt und zunächst freigesprochen. Im April 2002 wurde dieses Urteil vom Bundesgerichtshof aufgehoben, ein endgültiges Urteil steht noch aus. Einen in der Szene gefeierten Erfolg verbuchte Rieger, als er 2001 die Anmeldung und Durchführung eines Rudolf-Heß-Gedenkmarsches in Wunsiedel, dem Ort von Heß Grabstätte, vor den Gerichten erreichte. Zum Kommunikations- und Informationszentrum zwischen Kadern und Rechtsanwälten hat sich neben dem älteren *Deutschen Rechtsschutzkreis (DRSK)*, deren Mitteilungsblatt *Recht und Justiz* Rieger zeitweise herausgab, das 1992 ins Leben gerufene *Deutsche Rechtsbüro (DRB)* entwickelt, mit dem auch Riegers ehemalige Mitarbeiterin Gisa Pahl in Verbindung gebracht wird.[305] Pahl, die ihrerseits führende Rechtsextremisten wie z.B. → Frank Schwerdt juristisch vertritt, trat u.a. auf dem Jahreskongreß der → *Gesellschaft für Freie Publizistik* im April 2001 als Rednerin auf.[306]

Ende der siebziger Jahre erwarb der *Freundeskreis Filmkunst e.V.*, dem Rieger angehörte, ein Gelände in Hetendorf bei Celle. In dem Gebäude fanden jedoch nicht nur Vorführungen von Filmen aus den dreißiger und vierziger Jahren statt. Auch rechtsextreme Organisationen wie die → *Nationalistische Front (NF)*, für die Rieger 1991 einen „Neun-Punkte-Plan zur Ausländerrückführung" verantwortete, die → *Freiheitliche Deutsche Arbeiterpartei (FAP)* und die → *Wiking-Jugend (WJ)*, allesamt mittlerweile verboten, führten dort Veranstaltungen durch und konnten auf die tatkräftige Mithilfe Riegers zählen. Seit 1991 fanden dort außerdem regelmäßig die sogenannten *Hetendorfer Tagungswochen* statt, in den neunziger Jahren eine zentrale Veranstaltung der extremen Rechten. Der ebenfalls von Rieger geleitete Verein *Heide-Heim e.V.* übernahm das Grundstück 1992 und trat neben anderen mit Rieger verbundenen Organisationen als Veranstalter der *Tagungswochen* auf. 1998 wurde der Verein verboten und das Grundstück und die Vereinskonten beschlagnahmt. Der Versuch 1998 mit den *Mitteldeutschen Vortragstagen* in Ostritz einen Ersatz für die Tagungswochen zu schaffen scheiterte.

Im April 1995 kaufte Jürgen Rieger für etwa drei Millionen DM das Landgut Sveneby bei Mariestad (Västra Götaland, Schweden), um dort mit „Artgenossen" einen Ökohof mit Schulungseinrichtungen zu betreiben. Für den ökologischen Landbau erhielt er sogar Subventionen der *Europäischen Union*. 1997 wurde die *GbAEV* aus dem Vereinregister gelöscht und ihr Sitz ins nahe gelegene Moholm verlegt. 1999 kaufte Rieger darüber hinaus ein Kino in Hameln.

1996 wurde der Anwalt mit dem Andreas-Hofer-Preis der → *DVU* ausgezeichnet, 1998 trat er beim „1. Tag des Nationalen Widerstands" der → *NPD* auf. Seine politischen Aktivitäten über die Anwaltstätigkeit hinaus sind nach der Schließung des Schulungszentrums in Hetendorf eher in den Hintergrund getreten.

---

303 Vgl. *Nachrichten der HNG*, Nr. 234 (Juli 2000), nach Webseite der *Nachrichten der HNG* (eingesehen am 7. Juni 2002).
304 Vgl. Landesamt für Verfassungsschutz Hamburg, Verfassungsschutzbericht 1996: 44.
305 Vgl. http://www.idgr.de/lexikon/bio/pq/pahl-gisa/pahl.html.
306 Vgl. die Webpräsenz der *Gesellschaft für Freie Publizistik* (eingesehen am 10.6.2002) bzw. den Band 17 der fortlaufenden Veröffentlichung der Redebeiträge der GFP-Jahreskongresse mit dem Titel „Deutschland wird leben".

Bedeutung: Neben seinen zahlreichen Aktivitäten im Bereich zwischen Rassismus und Heidentum/nordische Mythologie ist Jürgen Rieger vor allem als Rechtsanwalt tätig und verteidigte bisher zahlreiche namhafte Rechtsextremisten vor Gericht. Seine weitreichenden Kontakte im In- und Ausland machen den für seine Militanz berühmt-berüchtigten Rassisten zu einer der zentralen Figuren im bundesdeutschen Rechtsextremismus. Zwar war das Verbot des *Heide-Heim e.V.* und die Schließung der Hetendorfer Tagungsstätte ein herber Rückschlag, als Strafverteidiger und Ideologe genießt Rieger aber nach wie vor in der rechtsextremen Szene enormes Ansehen.

Manfred Roeder

Geboren: 1929

Wohnort: Schwarzenborn (Hessen)

Beruf: ehem. Rechtsanwalt

Organisationen: *Deutsche Bürgerinitiative (DBI), Freiheitsbewegung Deutsches Reich, Europäische Freiheitsbewegung, Deutsche Aktionsgruppen, Deutsch-Russisches Gemeinschaftswerk – Förderverein für Nord-Ostpreußen.*

Funktionen: Vorsitzender *DBI*, Vorsitzender *Deutsch-Russisches Gemeinschaftswerk.*

Aktivitäten: In einer *Nationalpolitischen Erziehungsanstalt* erzogen nahm Manfred Roeder 1945 noch an den Kämpfen um Berlin teil. 1967 wurde er in Westberlin als Anwalt zugelassen und begann sich nach seinem Umzug nach Bensheim (Hessen) ab 1970 in der *CDU* zu engagieren. Im selben Jahr gründete er eine *Bürgerinitiative gegen moralische und politische Anarchie*, die ab Dezember 1971 als *Deutsche Bürgerinitiative (DBI)* auftrat, später auch als *Freiheitsbewegung Deutsches Reich* und *Europäische Freiheitsbewegung*. Anfangs machte er vor allem mit Aktionen gegen Sexshops und „entartete Kunst" von sich reden. 1973 veröffentlichte er *Die Auschwitz-Lüge* von → Thies Christophersen und schrieb ein Vorwort dazu, ab 1974 war er außerdem Mitarbeiter bei dessen Zeitschrift *Bauernschaft*. 1975 kaufte er das Haus Richberg in Schwarzenborn, das ihm und seinen Anhängern seitdem als Stützpunkt dient. Mit dem Eingangsdatum vom 7. Februar 1975 erhielt Roeder einen Brief des Grossadmirals a.D. Karl Dönitz, auf den er seitdem seine Autorität als „Reichsverweser" aufzubauen versucht. Dort heißt es wörtlich: „Ich bin nicht gewählt worden, und meine Amtsführung als Staatsoberhaupt vom 1. bis 21. Mai 1945 liegt dreissig Jahre zurück. Ich überlasse es Ihnen, daraus die rechtlichen Folgerungen zu ziehen."[307] Noch im Jahr 2000 kommentiert Roeder: „Das habe ich auch getan und *1975 einen Reichstag nach Flensburg einberufen. Dort wurde beschlossen, eine vorläufige Reichsvertretung zu bilden* [...]. Ich wurde einstimmig als Sprecher der Reichsvertretung gewählt."[308] Zu dieser Zeit arbeitete er vor allem mit Christophersen und Erwin Schönborn vom *Kampfbund Deutscher Soldaten* zusammen.

---

307 Kopie des Dönitz-Briefes im Archiv des *Zentrum Demokratische Kultur*.
308 Manfred Roeder, zit. nach *Deutsche Bürgerinitiative* 06/2000 (Hervorhebungen im Original).

1976 wurde Roeder von einer *Ku Klux Klan*-Sektion, die zu dieser Zeit von David Duke geleitet wurde, in die USA eingeladen und knüpfte erste Kontakte. In Deutschland hatte er zuvor ein vorläufiges Berufsverbot erhalten und war vom Amtsgericht Heilbronn zu 5.000 DM Geldstrafe wegen Verunglimpfung des Andenkens Verstorbener verurteilt worden. Im folgenden Jahr folgte eine Verurteilung zu drei Monaten Haft plus Geldstrafe. Seiner Inhaftierung versuchte er sich 1978 durch Flucht zu entziehen, reiste aber heimlich wieder in die Bundesrepublik ein und begann im Untergrund zu arbeiten. 1980 verkündete er in einem seiner Rundbriefe: „Nach 8 Jahren war der ‚legale' Weg erschöpft."[309] Er hatte sich Heinz Colditz, Sibylle Vorderbrügge und Raymund Hörnle angeschlossen, einem terroristischen Trio, dem Roeder den Namen *Deutsche Aktionsgruppen* gab. Nachdem im August 1980 bei einem Brandanschlag zwei Vietnamesen starben, wurden Roeder und seine Gefährten festgenommen. 1982 wurde Roeder, dem eine direkte Beteiligung an den Anschlägen nicht nachgewiesen werden konnte, zu einer Haftstrafe von 13 Jahren verurteilt. Während seiner Haft leitete seine damalige Ehefrau Gertraud die Geschäfte der *DBI*.

Schon nach acht Jahren Gefängnis wurde Roeder 1990 wegen guter Führung entlassen und nahm am „Revisionistenkongress" „Wahrheit macht frei" in München teil. 1992 gründete er den Verein *Aktion Ostpreußenhilfe* innerhalb der *Gemeinschaft Deutscher Osten*, der im folgenden Jahr in *Deutsch-Russisches Gemeinschaftswerk – Förderverein für Nord-Ostpreußen* umbenannt wurde. Ziel sollte es sein, in der Gegend um Kaliningrad deutschstämmige Familien anzusiedeln. Für dieses Regermanisierungsprogramm erhielt er auch Sachmittel aus Beständen der Bundeswehr.[310] Ein 1996 ausgesprochenes Einreiseverbot lässt diese Aktivitäten vorerst erlahmen. 1995 besuchte er mit → Peter Naumann eine Diskussionsveranstaltung um das Hetendorfer Veranstaltungszentrum und referierte bei der Führungsakademie der Bundeswehr zum Thema „Übersiedlung von Rußlanddeutschen in den Raum Königsberg". 1996 verübte er einen Anschlag auf die Ausstellung „Vernichtungskrieg. Verbrechen der Wehrmacht 1941 bis 1944" in Erfurt, für den er zu einer Geldstrafe von etwa 4.500 DM verurteilt wurde.[311] Im folgenden Jahr meldete er eine Demonstration in Marburg an, die vor allem von der *Sauerländer Aktionsfront* besucht wurde. Bei der Bundestagswahl 1998 präsentierte sich der mehrfach vorbestrafte Roeder als „Kanzleralternative". Er kandidierte in Stralsund als Kandidat der → *Nationaldemokratischen Partei Deutschlands (NPD)*. Weil er bei einer Wahlkampfveranstaltung die Shoah leugnete, wurde er vom Amtsgericht Grevesmühlen zu zwei Jahren Gefängnis ohne Bewährung verurteilt. Ein Jahr später wandelte das Landgericht Schwerin die Strafe in eine einjährige Bewährungsstrafe um. 1999 nahm Roeder mit Naumann an einer Veranstaltung „Reichstreuer" um → Horst Mahler teil. Nachdem er den Vizepräsidenten des *Zentralrats der Juden in Deutschland*, Michel Friedman, beleidigt hatte, wurde Roeder vom Amtsgericht Karlsruhe zu einer weiteren Geldstrafe von etwa 4.500 DM verurteilt. Im Jahr 2000 folgte eine sechsmonatige Bewährungsstrafe des Landgerichts Marburg wegen eines Artikels in Roeders *Deutschem Jahrweiser*, in dem die Verbrechen des Nationalsozialismus verharmlost worden waren. Eine Verurteilung zu zwei Jahren und drei Monaten Haft durch das Landgericht Rostock wegen Roeders Äußerungen auf dem *NPD*-Parteitag in Stavenhagen, die als Volksverhetzung und Verunglimpfung des Staates gewertet worden waren, wurde vom Bundesge-

---

309 Zit. nach Rainer Fromm, Die ‚Wehrsportgruppe Hoffmann': Darstellung, Analyse, Einordnung, Frankfurt/Main, 1998: 241.
310 *NDR* Fernsehen, „Panorama" vom 11. Dezember 1997 (Transkription unter http://www.ndrtv.de/panorama/archiv/19971211.html, eingesehen am 1.6.2002).
311 Verfassungsschutzbericht des Bundes 1996: 157.

richtshof vorerst aufgehoben. Ein mit Kontaktadresse der *Vereinigten Rechten* des Mario Meurer verteilter „Offener Brief an die Mitglieder des Deutschen Bundestags", in dem Roeder den Volksvertretern die „Abschaffung des eigenen Volkes" vorwarf, handelte ihm 2002 ein weiteres Gerichtsverfahren in Frankfurt wegen Verunglimpfung des Staates ein. 2001 sprach Roeder auf einer Veranstaltung unter Leitung des deutschen Rechtsradikalen Dr. Claus Nordbruch in Pretoria (Südafrika).[312]

Bedeutung: Manfred Roeder ist eine der Integrationsfiguren am äußersten rechten Rand, sein politisches Engagement reicht von kleinbürgerlichem Moralismus über Revanchismus zu offener Hitler-Verehrung. In über dreißig Jahren politischer Aktivitäten hat er bewiesen, dass er sich von – oft halbherziger – staatlicher Repression nicht davon abhalten lässt, gegen Demokratie, Pluralismus und Freiheit zu hetzen. Über seine weitreichenden nationalen und internationalen Kontakte dürfte er auch in seiner derzeit schwierigen finanziellen Situation – nach seiner Scheidung musste er das Haus Richberg aufkaufen[313] – genügend Unterstützer finden, um seine Arbeit fortzusetzen. Zuletzt im Kalender 2002 des Szene-Zines *Triskele* fordert Roeder in einem „Märchen, unsere geistige Rüstung" betitelten Text: „Zurück zur eigenen Art! Zurück zur Natur! Zurück zum einfachen Leben! Und das Reich wird neu entstehen!"

Sascha Roßmüller

Geboren: 1972

Wohnort: Straubing (Bayern)

Beruf: Landschaftsgärtner

Organisationen: Nationaler Block (NB), → *Junge Nationaldemokraten (JN)*, → *Nationaldemokratische Partei Deutschlands (NPD)*.

Funktionen: Bundesvorstandsmitglied der *JN* (seit 1996), Landesvorsitzender der *JN* Bayern (1997-1999), Bundesvorsitzender der *JN* (seit 1999), stellvertretender *NPD*-Landesvorsitzender Bayern, Mitglied des *NPD*-Bundesvorstandes (seit 2000).

Aktivitäten: Der seit 1988 politisch aktive Sascha Roßmüller gehörte zu den Gründungsmitgliedern des 1991 ins Leben gerufenen und auf Bayern beschränkten neonazistischen[314] *Nationalen Blocks (NB)*,[315] welcher schließlich 1993 durch das Bayerische Staatsministerium des Innern verboten wurde.

1994 kandidierte Sascha Roßmüller erstmals als Bezirks- und Landeskandidat für die → *NPD*, wenngleich er zum damaligen Zeitpunkt noch kein Parteimitglied war. Der *NPD* beigetreten ist er schließlich 1996. Seit 1995 ist Roßmüller Mitglied der → *JN*, seit 1996

---

312 Meldungen, in: *blick nach rechts* Nr.19/2001, S.15.
313 Meldungen, in: *blick nach rechts* Nr.1/2001, S. 16.
314 Verfassungsschutzbericht Bayern 1999: 40.
315 „Der JN-Bundesvorsitzende Sascha Roßmüller", in: Holger Apfel (Hrsg.), Alles Große steht im Sturm: Tradition und Zukunft einer nationalen Partei, 1999: 334.

Mitglied des *JN*-Bundesvorstandes. Im gleichen Jahr wurde Roßmüller in den bayerischen *JN*- und *NPD*-Landesvorstand gewählt. Von 1997 bis 1999 war Roßmüller stellvertretender *JN*-Bundesvorsitzender sowie bayerischer *JN*-Landesvorsitzender.[316] Derzeit ist er ebenso wie Franz Salzberger stellvertretender Landesvorsitzender der *NPD* Bayern. Dortiger Landesvorsitzender ist Ralf Ollert.[317] Im April 1999 wurde Roßmüller schließlich auf dem *JN*-Bundeskongreß in Klingenberg (Bayern) zum *JN*-Bundesvorsitzenden gewählt. In einer Kampfabstimmung setzte der von der *NPD*-Führung protegierte Roßmüller sich gegen seinen Gegenkandidaten Achim Ezer aus Nordrhein-Westfalen durch. Anschließend erhoben Ezer und seine Anhänger gegen Roßmüller unter anderem den Vorwurf des Wahlbetrugs. Ezer und weitere *JN*'ler aus Nordrhein-Westfalen, Baden-Württemberg und Sachsen traten schließlich aus der *JN* aus und gründeten im Juni 1999 das *Bildungswerk Deutsche Volksgemeinschaft (BDVG)*, welches seit dem Frühjahr 2000 unter der Bezeichnung *Bewegung Deutsche Volksgemeinschaft (BDVG)* auftritt und bislang relativ unbedeutend geblieben ist. Seit 2000 ist Roßmüller überdies, kraft seines Amtes als *JN*-Bundesvorsitzender, Mitglied des *NPD*-Bundesvorstandes.

In seiner an die Wahl zum *JN*-Bundesvorsitzenden anschließenden Rede kündigte Roßmüller einen radikaleren politischen Kurs an.[318] Und im August 2001 stellte er fest, seit seinem Amtsantritt habe innerhalb der *JN* „ein gewisser Strategiewechsel" stattgefunden[319] und die *JN* habe sich „in den letzten zwei Jahren vor allem um einen stärkeren Strukturaufbau durch die Konzentration auf Basisschwerpunkte" sowie die „Unterstützung von Stützpunktaktivitäten im jeweils engeren Heimatkreis" bemüht.[320]

Roßmüller ist einer Kooperation von *NPD/JN* mit den Kräften des „freien nationalen Widerstandes" gegenüber aufgeschlossen. In einem Interview mit der *Deutschen Stimme* von August 2001 unterstreicht er die Bedeutung einer solchen Zusammenarbeit: „In den meisten Fällen existiert eine freundliche, konstruktive Zusammenarbeit mit unabhängigen Kameradschaften. Das ist gut so und wird von uns natürlich auch weiterhin gefördert."[321] Weiter heißt es: „Am ehesten kann man wohl sagen, daß wir partiellen Kooperationen mit allen politikfähigen Nationalisten gegenüber aufgeschlossen gegenüberstehen, die ihr Augenmerk auf die Gestaltung der Zukunft richten und erkennen lassen, daß in der Kooperation zwischen parteigebundenen und ungebundenen Kräften nicht das Trennende, sondern das Gemeinsame zu suchen ist."[322]

Dass Roßmüller auch keine Berührungsängste gegenüber rechtsextremen Skinheads hat, zeigte sich am 26. Mai 2001, als er gemeinsam mit dem rechtsextremen Skinhead und *JN*-Funktionär → Christian Hehl dessen „Geburtstagsfeier", gleichzeitig rechtsextremes Skinhead-Konzert, in Steinach (Landkreis Straubing-Bogen in Bayern) organisierte und durchführte. Das ungenehmigte Konzert, an dem rund 600 Skinheads unter anderem aus den Benelux-Staaten, Frankreich, Österreich und der Schweiz teilnahmen, wurde schließlich von der Polizei aufgelöst.[323]

---

316 Ebd.
317 Verfassungsschutzbericht Bayern 2001: 37.
318 Verfassungsschutzbericht Bayern 1999: 40.
319 „Junge Nationaldemokraten – jung, dynamisch, national: Die etwas andere Jugend in der bundesrepublikanischen Spaßgesellschaft", in: *Deutsche Stimme* 8/2001: S.3.
320 Ebd.
321 Ebd.
322 Ebd.
323 vgl. Verfassungsschutzbericht Bayern 2001: 79.

Bedeutung: Die Wahl Roßmüllers zum *JN*-Bundesvorsitzenden 1999 ebenso wie die seiner damaligen Stellvertreter, die seinen Kurs mittragenden Alexander Delle und Alexander von Webenau, der jedoch im November des Jahres wieder zurücktrat, unterstreicht die Öffnung der *JN* gegenüber dem neonazistischen Spektrum bei gleichzeitiger fester Anbindung an die *NPD*. Innerhalb der Partei wird Roßmüller daher auch als „verläßliche Führungskraft" angesehen, die zudem gerne als Redner präsentiert wird, „versteht er es doch wie kein anderer, Intellekt und rhetorische Naturbegabung geistreich zu vereinen."[324]

Wohin sich Roßmüller im Falle eines möglichen *NPD*-Verbotes, von dem auch die *JN* betroffen wäre, orientieren wird, ist schwer abzuschätzen, da er zwar einer Kooperation mit → *Freien Kameradschaften* durchaus aufgeschlossen gegenübersteht, andererseits die Organisationsform Partei als „unvermindert erforderlich und allen anderen Modellen überlegen" ansieht.[325] Bis auf weiteres wird Roßmüller also auch öffentlich als deftiger Redner auftreten, wie zuletzt auf einer *NPD*-Demonstration in Nürnberg am 1. Mai 2002.

Manfred Rouhs

Geboren: 1965

Wohnort: Köln

Beruf: Verleger, Publizist

Organisationen: *Junge Union, Ring Freiheitlicher Studenten (RFS),* → *Deutsche Liga für Volk und Heimat (DLVH),* → *Junge Nationaldemokraten (JN),* → *Republikaner (REP), Bürgerbewegung Pro Köln e.V.*

Funktionen: Inhaber des *Verlags Manfred Rouhs*, Herausgeber von *Signal – Das patriotische Magazin* (ehemals *Europa Vorn*), Landesvorsitzender der *Jungen Nationaldemokraten (JN)* in Nordrhein-Westfalen, Stadtrat für *REP* in Köln, Stadtrat für *DLVH* in Köln, *DLVH*-Kreisvorsitzender Köln, Schatzmeister der *Bürgerbewegung Pro Köln e.V.*

Aktivitäten: Der äußerst umtriebige und scheinbar omnipräsente Rechtsradikale Manfred Rouhs ist Inhaber des *Verlags Manfred Rouhs* und Herausgeber der Zeitschrift *Signal – Das patriotische Magazin*. Als Schüler war Rouhs, bevor er 1981 zur Jugendorganisation der → *NPD* wechselte,[326] Mitglied der *Jungen Union*.[327] An der Universität Köln studierte er Rechtswissenschaft. 1985 bis 1987 war er Landesvorsitzender der → *Jungen Nationaldemokraten (JN)* in Nordrhein-Westfalen.[328] Im März 1987 wechselte Rouhs zu den → *Republikanern (REP)*. Hintergrund seines Ausscheidens bei den *JN* waren Vorwürfe, er habe die Namen der nordrhein-westfälischen *JN*-Mitglieder an die *Republikaner* weitergege-

---

324 „Der JN-Bundesvorsitzende Sascha Roßmüller", in: Apfel, 1999: 334.
325 „Junge Nationaldemokraten – jung, dynamisch, national: Die etwas andere Jugend in der bundesrepublikanischen Spaßgesellschaft", in: *Deutsche Stimme* 8/2001, S.3.
326 Vgl. Pascal Beucker/Marcus Meier, „Antifa der Jecken", in: *Jungle World* vom 6.9.2000, in: http://www.nadir.org/nadir/periodika/jungle_world/_2000/37/08a.htm (eingesehen am 1.6.2002).
327 Vgl. http://www.idgr.de/lexikon/bio/r/rouhs-m/rouhs.html (eingesehen am 1.6.2002).
328 Vgl. ebd.

ben.³²⁹ Ebenfalls im März 1987 wurde Rouhs Mitglied des *Rings Freiheitlicher Studenten* (*RFS*). Diese Studentenverbindung existierte Ende der 1980er Jahre an einem knappen Dutzend bundesdeutscher Hochschulen. Seine Mitgliedschaft reichte von Anhängern der *FPÖ* über Völkisch-Deutschnationale bis hin zu Neonazis.³³⁰ Zusammen mit Markus Beisicht, ebenfalls Mitglied des *RFS*, baute Rouhs den Kölner Kreisverband der *Republikaner* auf und zog bei den Kommunalwahlen im Januar 1989 für die Partei in den Kölner Stadtrat ein. Schon im Oktober 1989 enthob ihn jedoch der Landesvorstand *REP*, Nordrhein-Westfalen wegen Putschversuchs von seinen Ämtern, und einen Monat später wurde Rouhs aus der Partei ausgeschlossen.³³¹

Nach der Wende soll Rouhs nach Angaben des *Informationsdienstes gegen Rechtsextremismus* (*IDGR*) beim Aufbau rechtsradikaler Strukturen eine Rolle gespielt haben.³³² Im März 1991 gründete Rouhs zusammen mit Torsten Lemmer und Christian Eitel die Firma *LER & Partner GmbH*, die er jedoch schon einen Monat später wieder verließ. 1991 gehörten Rouhs und Beisicht zu den Gründern der → *Deutschen Liga für Volk und Heimat* (*DLVH*), die sich um den ehemaligen *REP*-Europaabgeordneten → Harald Neubauer konstituierte.³³³ Im Kölner Stadtrat bildet die *DLVH* von 1991-1993 eine eigene Fraktion.³³⁴ Rouhs und Beisicht fielen dort vor allem durch ihre Agitation gegen Roma, Flüchtlinge, Bettler und Drogenkranke sowie durch die Verbreitung einer antisemitischen Hetzschrift gegen den Schriftsteller Ralph Giordano auf.³³⁵ 1993 setzte Rouhs auf Plakaten ein Kopfgeld auf eine „illegal" in Deutschland lebende Asylsuchende aus.³³⁶

Bei der Kommunalwahl 1994 verfehlte die Kölner *DLVH* zwar den Wiedereinzug in den Stadtrat, erregte aber durch die Verwendung eines Zitats des rumänischen Faschistenführer der 1930er Jahre Corneliu Codreanu aufsehen.³³⁷

Im April 1996 zog Rouhs mit seinem Verlag von Köln nach Eschweiler-Dürwiß bei Aachen und betrieb dort den Aufbau eines „Nationalen Zentrums". Der Versuch scheiterte jedoch kläglich, da sich in dem Ort Widerstand gegen das Unternehmen formierte.³³⁸ Zwar feierten in Eschweiler im Herbst 1996 ca. 250 Personen das 10jährige Jubiläum von Rouhs Zeitschrift,³³⁹ dennoch verließ er den Ort schon nach sechzehn Monaten und kehrte zurück nach Köln. Zuvor hatte der Stadtrat die Bürger der Stadt aufgefordert, „gemeinsam friedliche Aktionen gegen Neonazismus und Rassismus in Eschweiler durchzuführen".³⁴⁰ Der Leverkusener Rechtsanwalt Karlheinz Schlaeper (Vater von Gabriele Renate Beisicht, der früheren *RFS*-Bundesvorsitzenden und die Frau von Markus Beisicht) stellte Rouhs in Köln

---

329 Vgl. ebd.
330 Vgl. Pascal Beucker, „Völkisch für die Lebensfrohen", in: *taz* vom 14.8.2000, zit. in: http://www.beucker.de/artikel/taz00-08-14.htm (eingesehen am 1.6.2002).
331 Vgl. http://www.idgr.de/lexikon/bio/r/rouhs-m/rouhs.html (eingesehen am 1.6.2002).
332 Vgl. ebd.
333 Vgl. Beucker/Meier, „Antifa der Jecken", in: *Jungle World* vom 6.9.2000, in: http://www.nadir.org/nadir/periodika/jungle_world/_2000/37/08a.htm (eingesehen am 1.6.2002).
334 Vgl. http://www.idgr.de/lexikon/bio/r/rouhs-m/rouhs.html (eingesehen am 1.6.2002).
335 Vgl. Beucker/Meier, „Antifa der Jecken", in: *Jungle World* vom 6.9.2000, in: http://www.nadir.org/nadir/periodika/jungle_world/_2000/37/08a.htm (eingesehen am 1.6.2002).
336 Vgl. Michael Klarmann, „Grundgesetztreues Gegeneinander", in: *Telepolis. Magazin der Netzkultur*, in: http://www.heise.de/tp/deutsch/inhalt/co/11939/1.html (eingesehen am 2.6.2002).
337 Vgl. http://www.idgr.de/lexikon/bio/r/rouhs-m/rouhs.html (eingesehen am 1.6.2002).
338 Vgl. Beucker, „Völkisch für die Lebensfrohen", in: *taz* vom 14.8.2000, in: http://www.beucker.de/artikel/taz00-08-14.htm (eingesehen am 1.6.2002).
339 Vgl. Verfassungsschutzbericht des Landes Nordrhein-Westfalen 1996: 141.
340 Vgl. ebd.

eine Eigentumswohnung als Geschäftsräume für seinen Verlag zu Verfügung.[341] 1998 hielt Rouhs auf einer Feier anlässlich des fünfjährigen Bestehens des *Nationalen Infotelefons* (*NIT*) von André Goertz eine Ansprache.[342] Im gleichen Jahr trat er neben bekannten Rechtsradikalen, wie → Franz Schönhuber und Gerd Sudholt, als Mitunterzeichner einer „antiimperialistischen" Solidaritätserklärung für den Irak in Erscheinung, in der zu Spenden für irakische Kinder aufgerufen wurde. Urheber der Aktion war der Chef des *Front National* (*FN*), Jean-Marie Le Pen und sein Verein *SOS – Enfants d'Iraque!*.

Rouhs ist auch maßgeblicher Aktivist des Vereins *Bürgerbewegung Pro Köln e.V.*, der ca. 15 Mitglieder hat und 1996 auf Initiative der *DLVH* gegründet wurde.[343] Offiziell ist Rouhs Schatzmeister des Vereins. Der Kandidat von *Pro Köln* Stephan Flug, Autor in der der rechtsradikalen Publikation *Opposition* und ehemaliger Kreisvorsitzender der *REP* in Siegen, erhielt bei der Oberbürgermeisterwahl im September 2000 0,3% der Stimmen. Für Aufsehen sorgte der Verein durch Mahnwachen und Demonstrationen, die sich gegen die mittlerweile verbotene islamistische Organisation *Kalifatstaat* richteten. 2001 organisierte *Pro Köln* Fackelmärsche gegen einen von der Stadt Köln befürworteten Straßenstrich, an denen sich auch Mitglieder → *Freier Kameradschaften* beteiligten.[344] Anläßlich des nächsten „Christopher Street Day", ein Umzug der schwulen Gemeinde der Stadt, will die Initiative als wahrer „Aufstand der Anständigen" eine „Mahnwache wider den Werteverfall" abhalten.[345]

Nach Informationen des *IDGR* hat Rouhs den Prozessbevollmächtigten der *NPD*, → Horst Mahler, öffentlich der Agententätigkeit bezichtigt und Strafanzeige gegen ihn erstattet.[346] Außerdem bezichtigte er auf der Internetseite der Zeitschrift *Signal* die *NPD*-Funktionäre Thorsten Crämer und Nico Wedding, Mitarbeiter des Bundesamtes für Verfassungsschutz zu sein.[347] Das von Rouhs auf der Homepage von *Signal-Online* verbreitete Gerücht, auch der *NPD*-Bundesgeschäftsführer → Frank Schwerdt sei Mitarbeiter des Verfassungsschutzes, beschäftigte im Mai 2002 das Landgericht Köln. Schwerdt und Rouhs einigten sich nach einer Meldung des *NPD*-Parteivorstandes vom 20.5.02 in einem Vergleich, bei dem sich Rouhs verpflichtete, die Behauptung nicht länger zu verbreiten.[348] Das *NPD*-Organ *Deutschen Stimme* legte im Juni 2002 allerdings mit einem gesalzenen Artikel nach, in dem Rouhs als „Kleinverleger", „Möchtegern-Politiker" und „Prototyp eines Verlierers" bezeichnet wird.[349]

Weitere gerichtliche Auseinandersetzungen drohen Rouhs jetzt auch mit dem Bundesamt für Verfassungsschutz. Auf der Internet-Homepage von *Pro Köln* forderte Rouhs, die

---

341 Vgl. ebd.
342 Vgl. http://www.idgr.de/lexikon/bio/r/rouhs-m/rouhs.html (eingesehen am 1.6.2002).
343 Vgl. BfV-Presseerklärung vom 22.02.2002, „Das BfV erstattet Strafanzeige gegen den Kölner Rechtsextremisten Manfred Rouhs", zit. nach: http://www.verfassungsschutz.de/news/page60.htm (eingesehen am 2.6.2002).
344 Vgl. Klarmann, „Grundgesetztreues Gegeneinander", in: *Telepolis. Magazin der Netzkultur*, in: http://www.heise.de/tp/deutsch/inhalt/co/11939/1.html (eingesehen am 2.6.2002).
345 Vgl. ebd.
346 Vgl. http://www.idgr.de/lexikon/bio/r/rouhs-m/rouhs.html (eingesehen am 1.6.2002).
347 Vgl. Klarmann, „Grundgesetztreues Gegeneinander", in: *Telepolis. Magazin der Netzkultur*, in: http://www.heise.de/tp/deutsch/inhalt/co/11939/1.html (eingesehen am 2.6.2002).
348 Vgl. NPD-Parteivorstand, „Wer bezahlt Manfred Rouhs", Meldung vom 20. Mai 2002, in: www-Webseite der NPD (eingesehen am 2.6.2002).
349 Friedrich Wieder, „Spitzel, Spalter oder einfach nur Provokateur?", in: *Deutsche Stimme*, 6/2002, S. 12.

sofortige Auflösung des Verfassungsschutzes und rief zu einer Demonstration gegen das Amt auf. Er begründete seine Forderung mit der Behauptung, der Verfassungsschutz sei verantwortlich für einen Überfall auf die KZ-Gedenkstätte Kemna im Juli 2000, an der die angeblichen V-Männer Thorsten Crämer (zur Tatzeit *JN*-Bundesvorstandsmitglied, nordrhein-westfälischer *JN*-Landesvorsitzender und Beisitzer des *NPD*-Landesvorstands) und Nico Wedding[350] (stellvertretende Vorsitzende des *JN*-Landesverbandes NRW) maßgeblich beteiligt waren.[351]

Die Zeitschrift *Signal* ist von Rouhs bereits 1987 unter dem Namen *Europa Vorn* gegründet worden.[352] Rouhs publizierte unter diesem Namen im eigenen Verlag das zunächst vierzehntägig erscheinende Heft *Europa Vorn aktuell* und die mindestens einmal jährlich erscheinende Sonderausgabe *Europa Vorn spezial*, die sich mit politischen Grundsatzfragen beschäftigte.

Seit Anfang 1997 erschien *Europa Vorn aktuell* im Hochglanzdruck und stellte zur Vermeidung von Mehrkosten die Erscheinungsweise auf einen zweimonatlichen Rhythmus um, wobei es zu Verspätungen kam.[353] Das Projekt *Europa Vorn* stellte einen Versuch dar, zur Intellektualisierung des Rechtsradikalismus beizutragen und bot Autoren der Neuen Rechten ein Forum für Strategiediskussionen, enthielt aber auch fremdenfeindliche, antisemitische und „revisionistische" Propaganda.[354] Grundlage von *Europa Vorn* waren die Ideen der französischen Nouvelle Droite und ihres Vordenkers → Alain de Benoist sowie die der Konservativen Revolution. Autoren des Heftes waren unter anderem Wolfgang Strauss, Franz Schönhuber, das *REP*-Mitglied Hans Rustemeyer und → Reinhold Oberlecher. *Europa Vorn* strebte eine Scharnierfunktion zwischen rechtsradikalen Positionen und der etablierten Politik an. In einem Flugblatt warb die Zeitschrift 1995 unter der Überschrift „Deutschlands Neue Rechte" um Abonnenten und bezeichnete sich großspurig als „die bekannteste und mit Abstand meist verkaufte deutsche Zeitschrift der europäischen Neuen Rechten".[355] In manchen Artikeln offenbarten Autoren der Zeitschrift auch unverhüllt primitiv rassistische Anschauungen.[356] Mit der Ausgabe Nr.124/125 Juni/Juli 1998 erfolgte eine Umbennung von *Europa Vorn* in *Signal*. (Von 1940-1945 existierte eine gleichnamige Auslandsillustrierte der deutschen Kriegspropaganda, die zeitweise in 20 verschiedenen Sprachen erschien.). Begründet wurde die Namensänderung mit Irritationen die der alte Titel nach dem Ende des Kalten Krieges ausgelöst hätte. Während man ursprünglich mit dem Europabegriff einen Gegensatz zu den beiden Supermächten zum Ausdruck bringen und ein Europa der „freien Völker" im Sinne der Nouvelle Droite propagieren wollte, könnte er

---

350 Vgl. o.A., „Klage gegen Bundesrepublik", in: *junge Welt* vom 13.02.02, in: http://www.jungewelt.de/2002/02-13/015.php (eingesehen am 2.6.2002).
351 Vgl. BfV-Presseerklärung vom 22.02.2002, „Das BfV erstattet Strafanzeige gegen den Kölner Rechtsextremisten Manfred Rouhs", zit. nach: http://www.verfassungsschutz.de/news/page60.htm (eingesehen am 2.6.2002).
352 Vgl. Verfassungsschutzbericht des Landes Nordrhein-Westfalen 1996: 141.
353 Vgl. Verfassungsschutzbericht des Landes Nordrhein-Westfalen 1997: 131.
354 Vgl. Verfassungsschutzbericht des Landes Nordrhein-Westfalen 1996, S. 141.
355 Vgl. Verfassungsschutzbericht des Landes Nordrhein-Westfalen 1995, S. 137f.
356 Z.B.: „Für mich ist es unvorstellbar, mit einer Frau von nicht-europäischer Herkunft eine Verbindung einzugehen, weil ich solche Frauen als sexuell unattraktiv empfinde. Mir wäre eine widerspenstige, schwierige Europäerin, mit der ich mich alle paar Wochen streiten müsste, zehnmal lieber als eine devote, bildhübsche Thailänderin, die in ihrem eigenen Land dem Heiratsmarkt verlorengeht und bei uns in Deutschland nichts verloren hat." zit. nach: Verfassungsschutzbericht des Landes Nordrhein-Westfalen 1995: 140.

heute als Bekenntnis zum Europa der Europäischen Union missverstanden werden.[357] *Signal* erscheint vierteljährlich und hat eine Auflage von ca. 5.000 Exemplaren und besitzt seit 1998 eine Internetseite, auf der aktuelle Kurznachrichten kommentiert werden.[358] Im Bundestagswahlkampf 1998 propagierte *Signal* die Wahl der → *DVU*.[359]

Die in der Regel von mehreren hundert Personen besuchten alljährlichen *Signal*-Pressefeste sind seit Jahren ein Treffpunkt für bekannte Rechtsradikale. Teilnehmer waren bisher u.a. Dr. Claus Nordbruch, Franz Schönhuber, Gert Sudholt, → Peter Dehoust und der ehemalige Professor für dialektischen und historischen Materialismus Dr. Michael Nier. Für das neben Podiumsdiskussionen und Vorträgen stattfindende musikalische Rahmenprogramm sorgten einschlägig bekannte Liedermacher und Musikgruppen wie → Frank Rennicke, *Nordwind* und → *Sturmwehr*. *Europa Vorn*/*Signal*-Pressefeste fanden 1997 in Halle, 1998 in Dresden und Wurzen, 1999 in Engen (Baden-Württemberg) sowie 2000 und 2001 in Neustadt/Glewe statt. Für 2002 ist erstmals ein *Signal*-Pressefest in Rouhs Heimstadt Köln angekündigt. Als Redner sind → Dr. Alfred Mechtersheimer und → Harald Neubauer angekündigt, die Bands *Von Thronstahl*, *Norwind* und *Eskil*.[360]

Am 15.12. 1994 erschien erstmals *Hoppla*, eine Schülerzeitung, die Ideen von *Europa Vorn* unter jugendlichen Lesern populär machen sollte.[361] 1995 erschienen nur zwei Ausgaben der Publikation,[362] die eine Auflage von ca. 10.000 erreichte. Ungefähr seit Juni 1994 betrieb Rouhs den Aufbau eines *Europa Vorn-Infotelefons*, mit dem u.a. zu Demonstrationen mobilisiert wurde, insgesamt jedoch nur wenige Informationen bereit hielt.[363] Im selben Jahr unterstützte die Zeitschrift auch die Vereinigungsbestrebungen im rechtsradikalen Lager, indem im Heft die sogenannte „Pulheimer Erklärung" veröffentlicht und für Unterschriften geworben wurde.[364] Das Dokument war Ergebnis eines „Runden Tisches" am 2.9.1995 in Pulheim, an dem Rechtsradikale verschiedener Gruppierungen teilnahmen. Bereits am 10. Juni des Jahres hatten die *DHLV*-Landesvorsitzenden Rouhs und Markus Beisicht[365] zu einem „Runden Tisch" in Bergisch Gladbach eingeladen, an dem u.a. Mitglieder von *NPD*, *DVU* und *REP*[366] teilnahmen. Die Einigungsbestrebungen im rechtsradikalen Lager gipfelten am 19. November 1995 in einer offiziell als Autorenlesung von Franz Schönhuber deklarierten Veranstaltung in Overath-Marialinden (Rheinisch-Bergischer Kreis), zu der von *Europa Vorn* eingeladen wurde[367].

Anfang 1997 erschien in Rouhs Verlag die rechtsradikale Jugendzeitschrift *Neue Doitsche Welle – Das politische Jugendmagazin* (*NDW*).[368] Chefredakteur war der Angehörige des *JN*-Bundesvorstandes Sascha Wagner.[369] In der Ausgabe 6 des Heftes wurde das Kon-

---

357 Vgl. Verfassungsschutzbericht des Landes Nordrhein-Westfalen 1998: 118.
358 Vgl. Verfassungsschutzbericht des Landes Nordrhein-Westfalen 2000: 132.
359 Vgl. Verfassungsschutzbericht des Bundes 1998: 74.
360 Vgl. „SIGNAL Pressefest 2002", www-Seiten von *Signal-Online* (eingesehen am 2.6.2002).
361 Vgl. Verfassungsschutzbericht des Landes Nordrhein-Westfalen, zit. nach: CD-ROM *VS-info NRW 2001*.
362 Vgl. Verfassungsschutzbericht des Landes Nordrhein-Westfalen 1995: 139.
363 Vgl. ebd.: 140.
364 Vgl. ebd.: 161.
365 Vgl. Verfassungsschutzbericht des Landes Nordrhein-Westfalen 1998: 66.
366 Vgl. Verfassungsschutzbericht des Landes Nordrhein-Westfalen 1995: 140.
367 Vgl. ebd.: 67.
368 Vgl. Verfassungsschutzbericht des Landes Nordrhein-Westfalen 1998: 92.
369 Vgl. ebd.

zept sogenannter „nationalbefreiter Zonen" militanter Neonazis propagiert.[370] Im November 1998 gab Rouhs die Einstellung der gedruckten *NDW*-Ausgabe als eigenständige Publikation an und gab bekannt, dass ab Ende Dezember 1998 unter der Rubrik *Neue Deutsche Welle* Szene-Berichte, CD-Kritiken und Interviews in der Zeitschrift *Signal* veröffentlicht würden.[371]

Über seinen Verlag wickelt Rouhs das Geschäft des *Europa Vorn*-Versandhandels mit politisch meist einschlägigen Büchern, Videos und CDs ab. Mit dem Musikangebot sollen vorrangig Jugendliche angesprochen werden. Auf der Homepage werden auch MP3s zum Download angeboten und Kleinanzeigen veröffentlicht. Darüber hinaus hält die Seite zahlreiche weitere Serviceleistungen, wie einen Chatroom und ein Leserforum bereit. 1997 übernahm Rouhs die Restbestände des Buchdienstes des im selben Jahr verstorbenen ehemaligen nordrhein-westfälischen *JN*-Aktivisten Michael Prümmer.[372] Am 6. August des Jahres durchsuchte die Polizei im Rahmen eines bundesweiten Einsatzes gegen 24 Anbieter rechter Skinheadmusik auch die Geschäftsräume von Rouhs Verlag.[373]

Bedeutung: Rouhs Versuch, über das Vehikel rechter Rockmusik eine junge Zielgruppe anzusprechen, ist bereits seit einigen Jahren zu beobachten. 1997 berichtete der Verfassungsschutz Nordrhein-Westfalen, dass Rouhs bei der deutsch-holländischen Skinheadband *Kieckers fünfte Kolonne und die Holländer* die Produktion einer CD mit fremdenfeindlichen und nationalistischen Texten in Auftrag gab.[374] Der Sänger und die Schlagzeugerin der Band waren seit Jahren einschlägig bekannte Rechtsradikale. Nach Einschätzung des Bundesamtes für Verfassungsschutz ist diese Schwerpunktverlagerung teilweise auch auf kommerzielle Gesichtspunkte zurückzuführen.[375] Rouhs Publikation hatte zeitweise mit erheblichen finanziellen Schwierigkeiten zu kämpfen. Als rechtsintellektuelles Theorieorgan spielt *Signal*, anders als *Nation & Europa*, kaum noch eine Rolle und setzt nun stärker auf die Kommentierung tagespolitischer Themen. Zukünftig soll das Heft durch eine enge Verzahnung von Druckausgabe und Internetpräsenz den Charakter einer Internetzeitung bekommen.[376] Bereits 1998 äußerte sich Rouhs wie folgt über seine neue Strategie: „Wir wollen die geistige Käseglocke zerstören, die die ‚Diktatur der Guten' über unser Land gestülpt hat. Wir werden sie von innen zerschlagen, nicht von außen. Und das Internet wird dabei unser wichtigstes Werkzeug sein."[377]

---

370 Vgl. ebd.
371 Vgl. ebd.
372 Vgl. Verfassungsschutzbericht des Landes Nordrhein-Westfalen 1995: 105.
373 Vgl. Verfassungsschutzbericht des Landes Nordrhein-Westfalen 1997: 108.
374 Vgl. ebd.: 102.
375 Vgl. Verfassungsschutzbericht des Bundes 2001, Pressefassung: 117, (Onlineversion, eingesehen am 2.6.2002).
376 Vgl. ebd.
377 Vgl. Verfassungsschutzbericht des Landes Nordrhein-Westfalen 1998: 120.

Germar Rudolf (verehelicht Germar Scheerer)

> **Geboren**: 1964
>
> **Wohnort**: Huntsville, Alabama (USA)
>
> **Beruf**: Diplomchemiker
>
> **Organisationen**: → *Republikaner, Schlesische Jugend, Stichting Vrij Historisch Onderzoek (VHO), Committee for Open Debate on the Holocaust (CODOH).*
>
> **Funktionen**: Verfasser des „Rudolf-Reports", Herausgeber der *Vierteljahreshefte für freie Geschichtsforschung* (*VffG*), Eigentümer der Verlage *Castle Hill Publishers* und *Theses & Dissertations Press*.

Aktivitäten: Der in Deutschland mit Haftbefehl gesuchte Diplom-Chemiker und Holocaust-Leugner Germar Rudolf hält sich derzeit vermutlich in den USA auf. Nach Beendigung seines Chemiestudiums an der Universität Bonn absolvierte er 1989/90 seinen Wehrdienst bei der Luftwaffe. 1986 nahm er an der Gründung des *Vereins Deutscher Studenten* (*VDSt*) teil.

Für kürzere Zeit war Rudolf außerdem Mitglied der → *Republikaner* und der *Schlesischen Jugend*. 1990 begann er beim Max-Planck-Institut in Stuttgart, wo er ein Promotionsstipendium erhalten hatte, mit der Erstellung einer Doktorarbeit.

Öffentliche Bekanntheit erlangte Rudolf ein Jahr später, als er im Auftrag des Düsseldorfer Rechtsanwaltes Hajo Hermann ein Gutachten für die Verteidigung des damals vor Gericht stehenden Altnazis und Holocaust-Leugners → Otto Ernst Remer erstellte. Das später als „Rudolf-Report" bekannt gewordene Gutachten sollte naturwissenschaftliche Beweise dafür erbringen, dass im nationalsozialistischen Vernichtungslager Auschwitz kein Massenmord durch Giftgas stattgefunden habe. Rudolfs Gutachten wurde in rechtsextremistischen Kreisen begeistert aufgenommen und gehört zusammen mit dem einige Jahre zuvor von dem Amerikaner Fred Leuchter verfassten „Leuchter Report" zu den am häufigsten zitierten Schriften der Holocaust-Leugner. Die Untersuchung entstand jedoch unter höchst fragwürdigen Umständen und wurde vom Gericht nicht als Beweismittel anerkannt. Rudolf hatte ohne Erlaubnis und unkontrolliert in Auschwitz aus den Ruinen der Gaskammern Proben entnommen und diese dann von dem renommierten Institut Fresenius auf Blausäurespuren untersuchen lassen. Dabei bediente er sich missbräuchlich der Briefbögen des Max-Planck-Instituts, um so über die mangelnde Seriosität seines Unternehmens hinwegzutäuschen. Nach der Veröffentlichung des „Rudolf-Reports" in einer von Otto Ernst Remer herausgegeben Fassung verlor Rudolf nicht nur seine Anstellung am Max-Planck-Institut, sondern musste auch sein Promotionsvorhaben aufgeben. 1994 wurde er wegen Volksverhetzung, Aufstachelung zum Rassenhass, Verunglimpfung des Andenkens Verstorbener und Beleidigung angeklagt. Obwohl Rudolf in diesem Verfahren beteuerte, die veröffentlichte Fassung seines Gutachtens sei nicht von ihm, sondern allein von Remer zu verantworten, folgte das Gericht nicht dieser Bewertung. Es wurde vielmehr festgestellt, dass Rudolf bereits seit längerem im Kontakt mit bekannten Rechtsradikalen und Holocaust-Leugnern wie → Ernst Zündel, → Günther Deckert, → David Irving und dem Kreis um Remer stand und außerdem bei der Veröffentlichung seines Reports maßgeblich involviert war. Das Landgericht Stuttgart verurteilte ihn daher am 23. Juni 1995 zu einer Gefängnisstrafe von einem Jahr und zwei Monaten ohne Bewährung. Rudolf setzte sich daraufhin im März 1996 über Spanien nach England ab, von wo aus er seine propagandistische Tätigkeit unvermindert fortsetzte. Bereits 1993 war im britischen Verlag *Cromwell Press* eine von ihm offiziell autorisierte Fassung des „Rudolf-Reports" erschienen. Unter dem Pseudonym Ernst Gauss veröffentlichte er 1995 im Tübinger → *Grabert Verlag* das mittlerweile indizierte Buch „Grundlagen zur Zeitgeschichte. Ein Handbuch über strittige Fragen des 20. Jahrhunderts". Ein Jahr später publizierte er unter dem selben Namen bei der rechtsradikalen belgischen *Stichting Vrij Historisch Onderzoek* (*VHO*) (deutsch: „Freie historische Forschung") die Broschüre „Kardinalfragen zur Zeitgeschichte". 2000 trat Rudolf auf einer von David Irving organisierten Konferenz in den Vereinigten Staaten auf.

Rudolf ist alleiniger Herausgeber der „revisionistischen" *VHO*-Publikation *Vierteljahreshefte für freie Geschichtsforschung* (*VffG*) und Eigentümer der Verlage *Castle Hill Publishers* und *Theses & Dissertations Press*. Als „Fremdsprachenredaktion" der *VffG* fungiert der in der Schweiz rechtskräftig verurteilte Holocaust-Leugner Jürgen Graf, von dem mittlerweile mehrere Bücher in Rudolfs Verlag erschienen sind. Die Online-Ausgabe der *VffG* sowie Rudolfs weitere Internetauftritte finden sich über die Domain der *VHO*, für die mittlerweile ebenfalls Rudolf verantwortlich zeichnet. Nach Angaben Rudolfs wurde die *VHO* samt angeschlossenem Buchversandhandel am 12. Februar 2002 von den belgischen Behörden geschlossen und eine Adressliste beschlagnahmt.[378] Die von der Organisation juristisch unabhängige *VHO*-Internetseite ist indessen weiterhin erreichbar.

Eine enge Verzahnung des Internetangebots der *VHO* mit dem des *Committee for Open Debate on the Holocaust* (*CODOH*) weist darüber hinaus auf Rudolfs Verbindung zu dem US-amerikanischen Rechtsradikalen Bradley R. Smith hin. Dieser gewährt Rudolf, wie einem *VffG*-Artikel von Oktober 2001 zu entnehmen ist, Unterschlupf in seinem an der Grenze zu den USA gelegenen Haus in Mexiko. In England drohte dem Diplomchemiker eine Auslieferung an die Bundesrepublik, nachdem Ende 1999 ein britischer Journalist seinen Aufenthaltsort aufgespürt hatte.[379] Wie Rudolf jüngst in einem E-mail-Newsletter verbreitete, hegt er derzeit Heiratspläne. In Huntsville/Alabama will er eine US-Bürgerin kennengelernt haben, die bereit ist, den Holocaust-Leugner zu ehelichen.[380] Als Hochzeitstermin war der 1. Juni 2002 angekündigt. Sollte die Hochzeit tatsächlich stattgefunden haben, hätten sich Rudolfs Sorgen und eine drohenden Abschiebung nach Deutschland einstweilen erledigt.

Bedeutung: Germar Rudolf kommt in den internationalen Zirkeln der Holocaust-Leugner mittlerweile eine exponierte Rolle zu. Gerne gibt er sich den Anschein einer eigentlich politisch völlig unbedarften Persönlichkeit, die in Deutschland zu Unrecht das Opfer politischer Verfolgung geworden ist. Mit dem „Rudolf-Report" hat er die wichtigste in den 90er Jahren erschienene „revisionistische" Schrift vorgelegt. Von den von Rudolf vorgetragenen „naturwissenschaftlichen Beweisen" erhofften sich die Holocaust-Leugner eine breitere gesellschaftliche Akzeptanz ihrer historischen Thesen. Bedeutsam ist aber auch die umfangreiche publizistische und verlegerische Tätigkeit Rudolfs, die ihm neben seinem Märtyrerstatus die wohlwollende Aufmerksamkeit seines Publikums sichert. Nicht einer gewissen Komik entbehrt, dass sich Rudolf bei seinen zahlreichen Veröffentlichungen einer kaum noch zu überblickenden Zahl von Pseudonymen bedient, die sich nicht selten auch noch gegenseitig auf-

---

378 Vgl. Germar Rudolf, V.H.O shut down by Belgian authorities, in: *Revisionist News* vom 17.4.2002.
379 Vgl. Jessica Barry, Chris Hastings, „German neo-Nazi fugitive is found hiding in Britain", in: *Sunday Telegraph* vom 17.10.1999 (Online-Ausgabe, eingesehen am 27.5.02).
380 Vgl. Germar Rudolf, „The Wedding of the Year", in: *Revisionist News* vom 4.3.2002.

einander Berufen und so ein eigenes Zitierkartell bilden. Neuerdings deutet sich ein Zerwürfnis zwischen Germar Rudolf und Teilen des *IHR* an. In einer internen Stellungnahme, die in dem Newsletter *Revisionist News* veröffentlicht wurde und die von Rudolf stammen soll, erhebt dieser schwerwiegende Vorwürfe gegen die seiner Meinung nach unfähigen *IHR*-Mitglieder Mark Weber und Greg Raven.[381]

Dr. med. Rolf Schlierer

Geboren: 1955

Wohnort: Stuttgart

Beruf: Rechtsanwalt

Organisationen: *Nationaldemokratischer Hochschulbund (NHB)*, *Deutsche Burschenschaft*, *Ring Christlich-Demokratischer Studenten (RCDS)*, → *Republikaner (REP)*, *Studienzentrum Weikersheim*, *Burschenschaft Germania*

Funktionen: Pressereferent *Deutsche Burschenschaft*, Fraktionsvorsitzender *Republikaner* im baden-württembergischen Landtag, stellvertretender Landesvorsitzender Baden-Württemberg der *Republikaner*, Bundesvorsitzender der *Republikaner*

Aktivitäten: Der derzeitige Bundesvorsitzende der → *Republikaner* Rolf Schlierer hat in den siebziger Jahren zunächst Humanmedizin in Gießen studiert und war seit 1974 Mitglied der örtlichen *Burschenschaft Germania*. Zeitweise war er auch im *Nationaldemokratischen Hochschulbund* (→ *NPD*) aktiv.[382] Bis er 1979 als Arzt approbiert wurde, hatte er sich daneben in der *Deutschen Burschenschaft* als Vorsitzender des Hochschulpolitischen Ausschusses sowie beim *Ring Christlich-Demokratischer Studenten (RCDS)* engagiert. Es folgte der Grundwehrdienst als Sanitätsoffizier, dem ein weiteres Studium von 1981-88 in Tübingen (Jura und Philosophie) folgte. Zu dieser Zeit fungierte er als Pressereferent für die *Deutsche Burschenschaft* (1982-85) und war von 1985-89 Mitglied beim *Studienzentrum Weikersheim*, einem *CDU*-nahen konservativen think tank. Seit 1991 ist er Anwalt in Stuttgart.

1987 trat Schlierer erstmals in die Partei → *Die Republikaner (REP)* ein, die er allerdings ein Jahr später wieder verließ, weil ihm zu extreme Umtriebe in der Partei mißfielen. Erst nach dem Wahlerfolg in Berlin 1989 trat er wieder ein und begann seine Parteikarriere. Noch im selben Jahr wurde er Mitglied der Programmkommission und stellvertretender Landesvorsitzender in Baden-Württemberg. Er zog in den Stadtrat von Stuttgart ein und wurde Fraktionsvorsitzender. Beim Ruhsdorfer Bundesparteitag 1990, bei dem sich der damalige Bundesvorsitzende → Franz Schönhuber einiger unliebsamer Elemente in der Partei entledigte, wurde Schlierer dessen Stellvertreter. 1992 gewannen die *REP* 15 Mandate im Stuttgarter Landtag und wählten Rolf Schlierer zum Fraktionsvorsitzenden, sein Konkurrent Christian Käs blieb aber bis vor kurzem Landesvorsitzender. Als Franz Schönhuber, der

---

381 Vgl. Germar Rudolf, „CARTO", in: *Revisionist News* vom 17.5.2002.
382 Lüder Meier/Birgit Griese, „Die REPublikaner im Landtag von Baden-Württemberg (1992-96)", in: Christoph Butterwegge (Hrsg.), Rechtsextremisten in Parlamenten: Forschungsstand, Fallstudien, Gegenstrategien, 1997: 214.

1990 noch den Abgrenzungsbeschluß gegen innerparteilichen Widerstand durchdrückte und die Partei damit in eine heftige Krise stürzte, vier Jahre später eine Erklärung mit dem → *DVU*-Vorsitzenden → Gerhard Frey abgab, in der beide eine engere Zusammenarbeit der beiden Rechtsparteien ankündigten, kam es zum offenen Schlagabtausch. Auf dem Bundesparteitag in Sindelfingen wurde Schlierer am 17. Dezember 1994 zum Bundesvorsitzenden gewählt, woraufhin Schönhuber seiner Partei wenig später den Rücken zukehrte. Doch auch Schlierer konnte den unter Schönhuber begonnenen inneren Zerfall nicht aufhalten und die Partei zu Wahlerfolgen führen. Zwar konnten die *REP* 1996 wieder fast 10% der Stimmen in Baden-Württemberg erreichen, 2001 scheiterten sie allerdings an der 5%-Hürde, obwohl sich Schlierer Jörg Haiders ehemaligen Werbechef zu Hilfe holte. Seitdem sind die *REP* in keinem Landesparlament mehr vertreten. Im Februar 2002 gelang es Schlierer, Käs auszubooten und damit seinen schärfsten Konkurrenten auszuschalten. Wegen angeblicher finanzieller Unregelmäßigkeiten wurde Käs seiner Ämter enthoben und Karl-August Schaal zum geschäftsführenden Landesvorsitzenden ernannt. Inwieweit es dadurch zu einer tieferen Spaltung und weiteren Austritten kommen wird, bleibt abzuwarten. Publizistisch tritt Schlierer vor allem in der Parteizeitung *Der Republikaner* auf, außerdem hat er eine eigene Webseite geschaltet.

Bedeutung: Unter dem neuen Vorsitzenden sollte die Intellektualisierung der Partei und eine unbedingte Abgrenzung nach rechts außen erreicht werden. Schlierer wollte die *Republikaner* zu einer echten Alternative zu den Unionsparteien machen, u.a. indem er mit kleineren *CDU*- und *FDP*-Ablegern (*BFB*, *DSU* etc.) Gespräche führte. Diese Projekte können heute als großenteils gescheitert angesehen werden. Zwar ist der Flügel derjenigen, die eine engere Zusammenarbeit mit *DVU* und → *NPD* und einen schärferen Rechtskurs befürworten, mit dem Rauswurf von Christian Käs stark geschwächt, die potentiellen Partner haben sich aber längst aufgelöst und der Charakter der Partei als One-Issue-Partei, die allein Ressentiments gegen Nicht-Deutsche schürt, hat sich kaum verändert. Nach dem Verlust der letzten Landtagsfraktion steht Schlierer vor einem Scherbenhaufen.

Meinolf Schönborn

Geboren: 1955

Wohnort: Herzebrock (Nordrhein-Westfalen)

Beruf: gelernter Maschinenschlosser

Organisationen: → *Nationaldemokratische Partei Deutschlands (NPD)*, → *Junge Nationaldemokraten (JN)*, Förderkreis Junges Deutschland (FJD), → *Nationalistische Front (NF)*, → *Hilfsorganisation für nationale politische Gefangene und deren Angehörige (HNG)*, Klartext-Verlag, Verlag und Versandhandel Meinolf Schönborn, Deutscher Spielwarenversand (DSV).

Funktionen: Landesvorsitzender NRW *JN*, Vorsitzender *NF*.

Aktivitäten: Schönborn war seit 1972 Mitglied in der → *Nationaldemokratischen Partei Deutschlands (NPD)* und wurde 1981 in den nordrhein-westfälischen Landesvorstand der → *Jungen Nationaldemokraten (JN)* gewählt. Zu dieser Zeit gründete er daneben einen

Förderkreis Junges Deutschland (FJD). 1983 wurde er Landesvorsitzender der *JN*. Unter seinem Vorsitz wurde die ausländerfeindliche Agitation der vom Landesverband herausgegebenen Zeitschrift *Klartext* so stark verschärft, dass der Bundesvorstand der *JN* die weitere Herausgabe unterband. Nachdem Schönborn mit seinem Redaktionsteam versuchte, den *Klartext* außerhalb der *JN* herauszugeben, wurde der Landesvorstand abgesetzt und Schönborn im November 1984 aus der *NPD* ausgeschlossen.[383] Nichtsdestotrotz gab Schönborn mit der alten Redaktion den *Klartext* weiter heraus und warb dort nunmehr für die → *Freiheitliche Deutsche Arbeiterpartei (FAP)*.[384] Am 16. November 1985 beteiligte sich Schönborn an der Gründung der → *Nationalistischen Front (NF)* als bundesweiter Partei und wurde zunächst deren Generalsekretär. Nach internen Auseinandersetzungen Anfang des Jahres 1986 wurde er Vorsitzender und kaufte ein Haus in der Bielefelder Bleichstraße, das der *NF* künftig als Zentrum dienen sollte. Im selben Jahr wurde auch der *Klartext-Verlag* gegründet, der einer der ersten rechtsextremistischen Musikverlage in Deutschland war und der Finanzierung der *NF* diente. In den folgenden Jahren knüpfte Schönborn zahlreiche Kontakte zu → *GdNF*, *FAP* und → *WJ*. Der Parteitag 1992 fand in den Räumen des *Heide-Heim e.V.* des → Jürgen Rieger in Hetendorf statt, Kader der *NF* nahmen außerdem an Veranstaltungen der *Deutschen Kulturgemeinschaft* teil, deren stellvertretender Vorsitzender → Herbert Schweiger im Gegenzug 1992 als Referent angekündigt wurde. 1989 kaufte die *NF* ein weiteres Haus in Detmold, 1991 wurde das Haus in Bielefeld zu Gunsten des neuen *NF*-Zentrums aufgegeben. Auf dem Bundesparteitag 1991 kündigte der Vorsitzende die Bildung eines Ordnerdienstes unter dem Namen *Nationale Einsatzkommandos (NEK)* an. In einer Broschüre wurde deren Konzeption weiter ausgearbeitet und Freikorps und *Waffen-SS* als historische Vorbilder genannt. Damit war klar, dass die *NEK* mehr als nur dem Saalschutz dienen sollten, und der Generalbundesanwalt leitete daraufhin Ermittlungen wegen des Verdachts der Bildung einer terroristischen Vereinigung ein.[385] Im November 1992 erfolgte dann das Verbot der *NF*. Noch im Sommer hatte sich, vermutlich aufgrund der staatsanwaltlichen Ermittlungen gegen Schönborn, ein Großteil der *NF*-Kader unter der Führung des stellvertretenden Vorsitzenden Andreas Pohl abgespalten und die *Sozialrevolutionäre Arbeiterfront (SrA)* gegründet, die vom Verbot der *NF* nicht getroffen wurde. Auch den *FJD* und den *Klartext-Verlag* konnte Schönborn in den folgenden Jahren weiter nutzen. Er versuchte, seine Anhängerschaft in einer Gesinnungsgemeinschaft nach Vorbild von → Michael Kühnens *GdNF* zu organisieren, die er auch als *Propagandaverteilkreise (PVK)* bezeichnete. Die bruchlose Weiterführung seiner politischen Aktivitäten vom *NF*-Zentrum in Detmold aus führten im Juni 1994 zu einer Anklage wegen Fortführung einer verbotenen Organisation. Im Sommer des Jahres versuchte er deshalb nach Kværs (Dänemark) zu fliehen und kaufte dort ein Haus, das ihm zukünftig als Druckerei und Versandzentrum dienen sollte. Nach Demonstrationen der Anwohner gegen die Präsenz deutscher Neonazis räumte Schönborn das Haus jedoch wieder und wurde im November kurzzeitig wegen Fluchtgefahr inhaftiert. Ein Jahr später erfolgte der Urteilsspruch des Landgerichts Dortmund, das ihn zu zwei Jahren und drei Monaten ohne Bewährung verurteilte. Nach erfolgloser Revision vor dem Bundesgerichtshof trat er seine Strafe ein weiteres Jahr später im November 1996 an. Nach seiner Haftentlassung nahm er am „2. Tag des Nationalen Widerstands" der *NPD* in Passau im Mai 2000 teil[386] und betreibt seit November

---

383 Vgl. Verfassungsschutzbericht des Landes Nordrhein-Westfalen 1983: 7 und 1984: 8.
384 Vgl. die Abbildung im Verfassungsschutzbericht des Landes Nordrhein-Westfalen 1984: 22.
385 Vgl. Verfassungsschutzbericht des Landes Nordrhein-Westfalen 1991: 33.
386 Verfassungsschutzbericht Niedersachsen 2000: 53.

2001 wieder einen Spielwarenhandel. Außerdem tauchte er beim Pressefest des *Deutsche Stimme Verlages* (→ *NPD*) 2001 und beim Frühjahrsfest 2002 der → *Artgemeinschaft* auf.

Bedeutung: Für einige Jahre leitete Meinolf Schönborn eine der erfolgreichsten militanten rechtsextremen Kaderparteien, deren straffe Organisation an die nationalsozialistische *Schutzstaffel (SS)* angelehnt war. Er knüpfte Kontakte zu den wichtigsten neonationalsozialistischen Organisationen im deutschsprachigen Raum und hatte dort viele Gönner (v.a. Rieger und Schweiger). Die *NF* war insbesondere über die Berliner Gruppe um Andreas Pohl auch am Aufbau rechtsextremer Strukturen in den neuen Ländern beteiligt, zahlreiche noch heute aktive Rechtsextremisten wie → Steffen Hupka und → Jens Pühse waren *NF*-Kader. Außerdem war der *Zündstoff-Versand* einer der Pioniere auf dem rechtsextremen Musikmarkt. Sein Flirt mit dem bewaffneten Kampf und das daraufhin erfolgte Verbot seiner Organisation brachen ihm jedoch politisch das Genick, seit dem mißglückten Versuch, sich in Dänemark anzusiedeln, dürfte er auch finanziell am Ende sein. Nach Verbüßung seiner Haftstrafe ist er kaum mehr in Erscheinung getreten, sein Einfluß dürfte derzeit gering sein.

Franz Xaver Schönhuber

Geboren: 1923

Wohnort: München

Beruf: Publizist

Organisationen: → *Republikaner (REP)*

Funktionen: Bundesvorsitzender *Republikaner*, Bundestagskandidat → *Deutsche Volksunion (DVU)*

Aktivitäten: Franz Schönhuber trat mit 18 Jahren in die *NSDAP* ein und meldete sich 1942 freiwillig zur *Waffen-SS*. Nach dem Krieg arbeitete er zunächst bei verschiedenen Zeitungen und war von 1974 bis 1980 Vorsitzender des *Bayerischen Journalisten-Verbandes* und während dieser Zeit auch zwei Jahre Mitglied des Deutschen Presserates. Als freier Mitarbeiter arbeitete er schon seit den 1950er Jahren für den *Bayerischen Rundfunk* (bis 1983), zuletzt als Hauptabteilungsleiter und Stellvertretender Chefredakteur, wo er ab 1975 eine eigene Sendung hatte („Jetzt red i"). Nachdem er 1981 seine autobiographischen Aufzeichnungen *Ich war dabei* veröffentlicht hatte, kam es zu starken Protesten gegen die den Nationalsozialismus verharmlosende Schrift, die letztlich zu seiner Entlassung führten. Nach seiner Entlassung beim *Bayerischen Rundfunk* engagierte sich Schönhuber zeitweise beim *Deutschlandrat*, einem rechten think tank, in dem unter anderem auch Hellmut Diwald, Armin Mohler und Bernhard Willms aktiv waren.

Als die vom neuen Bundeskanzler Helmut Kohl angekündigte „geistig-moralische Wende" ausgeblieben und der bayerische Ministerpräsident Franz-Josef Strauß 1983 maßgeblich an der Einfädelung eines Milliardenkredits für die DDR beteiligt war, verließen die langjährigen *CSU*-Mitglieder Franz Handlos und Ekkehard Voigt die Partei aus Protest und gründeten die *Republikaner*. Mit von der Partie: der nunmehr stellungslose Journalist Franz Schönhuber, der stellvertretender Vorsitzender wurde. Dessen kompromissloser Rechtskurs polarisierte in der Partei jedoch so sehr, daß Handlos und Voigt bereits 1985 ihrer Partei den Rücken kehrten und Schönhuber den Vorsitz überließen. Voigt kehrte 1989 als Wahlkampfmanager zurück, Handlos gründete noch 1985 die *Freiheitliche Volkspartei (FVP)*, in der später u.a. Torsten Lemmer und Dieter Stein aktiv waren.

Schönhuber gelang es mit seiner journalistischen Erfahrung und einer gewissen Redegewandtheit immer wieder, für Aufsehen zu sorgen. Er erreichte seine Popularität nicht allein mit ausländerfeindlichen Parolen, sondern auch mit klassisch konservativen Themen wie Familienpolitik gepaart mit dem Image als Außenseiter, der das korrupte Establishment in München und Bonn aufmischen würde. Damit gelang es ihm, Protestwähler zu gewinnen und bis weit ins bürgerliche Lager zu integrieren. Dennoch blieben überzeugende Wahlerfolge vor allem in Bayern 1986 aus. Erst 1989 konnten sich erste Fraktionen der *Republikaner* im West-Berliner Abgeordnetenhaus und dem Europaparlament konstituieren.

Mit dem Erfolg kam jedoch auch der Zwist in die Reihen der *Republikaner*. Der Europaabgeordnete und rechte Hand Schönhubers → Harald Neubauer, der sich für eine vereinigte Rechte aussprach, verließ 1990 mit einigen anderen die Partei. Zuvor hatte Schönhuber auf dem Parteitag in Ruhsdorf einen umstrittenen Beschluß durchgesetzt, der Bündnisse mit anderen rechten Parteien untersagte. In der Folge konnten die *REP* zwar in Baden-Württemberg und Berlin weitere beachtliche Wahlerfolge erzielen, ihrem Vorsitzenden gelang es aber nicht, seine Partei zusammenzuhalten. Als er 1994 angesichts des Zerfalls eine gemeinsame Erklärung mit dem *DVU*-Vorsitzenden → Gerhard Frey veröffentlichte, wurde er Opfer seines eigenen Abgrenzungsbeschlusses und mußte den Parteivorsitz an seinen bisherigen Stellvertreter → Rolf Schlierer abtreten. 1995 verließ das einstige Zugpferd die von ihm mitgegründete Partei, um von nun an vor allem mit Frey zusammenzuarbeiten. 1998 kandidierte er auf Platz zwei der *DVU*-Liste für den Bundestag, verzichtete aber 1999 auf eine Kandidatur zur Europawahl.

Mittlerweile ist Schönhuber wieder vor allem publizistisch tätig. Er schreibt regelmäßige Kolumnen für die *National-Zeitung* und *Nation & Europa*, wo er noch Ende 2001 von einer neuen Rechtspartei träumte,[387] und tritt als Referent auf. Zuletzt veröffentlichte er ein Buch gemeinsam mit dem → *NPD*-Anwalt → Horst Mahler. Außerdem hat er seit einiger Zeit eine eigene Internetpräsenz.

Bedeutung: Franz Schönhuber war bis Mitte der neunziger Jahre einer der bekanntesten Politiker der Bundesrepublik. Sein Populismus und seine Medienerfahrung verhalfen den *REP* zu ihrem Aufstieg, mit seiner hemdsärmeligen Art und seinem Schlingerkurs gegenüber politisch benachbarten Parteien brachte er sie letztlich an den Rand der Auflösung. Seine Abgrenzungsversuche gegenüber Rechtsextremisten dürften mit der Unterzeichnung von Horst Mahlers Aufruf „Ja zu Deutschland – Ja zur NPD" endgültig beendet sein, wenn sie je ernst zu nehmen gewesen waren.[388] Zu seinem achtzigsten Geburtstag am 10. Januar 2003 teilte Schönhuber auf seiner Webseite in einer „Persönlichen Geburtstagsnachricht" mit, dass er den Ehrentag mit seiner Frau weit weg von Deutschland verbringen wird: „Vielleicht ist es das letzte Atemholen in einer, wenn auch löchrigen Friedenszeit, bevor die in Amerika wirkenden Kräfte des Bösen alles nieder bomben, was ihrem Weltherrschaftsanspruch im Wege steht. Wir möchten gerade jetzt nicht jeden Tag zusehen wollen, wie sich unser Land ergeben darauf einstellt, zu kolonialem Dasein erniedrigt zu werden".[389]

---

387 Franz Schönhuber, „Skizzen für eine neue Partei", in: *Nation & Europa*, Nov/Dez 2001, S. 59ff.
388 Auf der Webpräsenz der NPD wird Schönhuber als „Erstunterzeichner" dieser Initiative gegen ein NPD-Parteiverbot ausgewiesen (eingesehen am 29.10.2002).
389 Webpräsenz vom Franz Schönhuber (eingesehen am 11.1.2003)

Jürgen Schwab

> **Geboren**: 1967
>
> **Wohnort**: Nürnberg
>
> **Beruf**: Diplom-Germanist, Journalist
>
> **Organisationen**: *Akademische Burschenschaft Thessalia zu Prag* (Bayreuth), *Akademische Burschenschaft Germania* (Graz), → *Die Republikaner (REP)*, *Deutsche Burschenschaft (DB)*, *Bund Frankenland e.V.*, *Deutscher Freundeskreis Franken (DFF)*, *Frankenrat*, → *Nationaldemokratische Partei Deutschlands (NPD)*, *Deutsche Akademie*.
>
> **Funktionen**: Schriftleiter *Junges Franken*, Redakteur *Aula* und *Deutsche Stimme*, Leiter Arbeitskreis Volk und Staat im Parteivorstand der *NPD*.

Aktivitäten: Jürgen Schwab studierte in Bamberg Germanistik, Kommunikations- und Politikwissenschaft. Seine Diplomarbeit mit dem Titel „Eine Zensur findet nicht statt? Die Einschränkung der Kommunikationsfreiheit in der Bundesrepublik Deutschland" erschien 1996 in Kurzfassung in den *Deutschen Annalen* der → *Verlagsgesellschaft Berg* und 1997 als Buch beim → *Nation Europa Verlag*,[388] das er auch beim „1. Tag des nationalen Widerstandes" der → *NPD* vorstellte. Er wurde Mitglied der Burschenschaften *Thessalia zu Prag*, Bayreuth, und *Germania*, Graz,[389] und 1997 Mitglied im Ausschuss für Öffentlichkeitsarbeit der *Deutschen Burschenschaft (DB)*. Mitte der neunziger Jahre war er außerdem Mitglied der Redaktion der *FPÖ*-nahen Burschenschafterzeitung *Aula*, im *Aula-Verlag* erschien 1998 das von Schwab und dem österreichischen ehem. *SA*-Sturmführer und *FPÖ*-Abgeordneten Dr. Otto Scrinzi herausgegebene Buch „1848 – Erbe und Auftrag".

Politisch begann Schwab sich bei den → *Republikanern (REP)* zu engagieren, scherte jedoch bald aus. 1991 gehörte er zu einer Gruppe von Rechtsradikalen, denen der *REP*-nahe *Fränkische Bund e.V.* zu angepasst war und die den sezessionistischen *Bund Frankenland e.V. (BF)* gründeten. Zu den Gründungsmitgliedern gehörten Uwe Meenen (heute: → *Deutsches Kolleg*) und der Verleger Siegfried Bublies. Der *BF* war im Dachverband *Deutscher Freundeskreis Franken (DFF)* organisiert, in dessen Führungsgremium, dem *Frankenrat*, Schwab ebenfalls saß.[390] Meenen war darüber hinaus seit 1994 bestrebt, weitere regionalpatriotische Organisationen in einer *Deutschen Volksfront* zu vernetzen. Der *DFF* gab seit 1993 die Zeitung *Junges Franken* heraus, deren verantwortlicher Schriftleiter anfangs Jürgen Schwab war. Ab 1995 wurde das *Junge Franken* im *Nationalen Medienverband* → Frank Schwerdts herausgegeben und seitdem vom heutigen *NPD*-Pressesprecher Klaus Beier verantwortet.

Seit Beendigung seines Studiums betätigt sich Schwab als freier Journalist u.a. bei der *Jungen Freiheit* und deren österreichischem Ableger *Zur Zeit*, den *Staatsbriefen* und von März 1999 bis Februar 2001 als Redakteur der *NPD*-Zeitung *Deutsche Stimme (DS)*, in der er unter anderem einen Fortsetzungsroman veröffentlichte. Er tritt zudem als Referent auf,

---

388 Jürgen Schwab, „Die Meinungsdiktatur: Wie ‚demokratische' Zensoren die Freiheit beschneiden", Coburg, Nation Europa Verlag, 1997.
389 Dokumentationsarchiv des österreichischen Widerstandes (DÖW), „Neues von ganz rechts – 02/2001", in: http://www.doew.at/projekte/rechts/2001_02/olymp.html (eingesehen am 8.6. 2002).
390 Antifaschistisches Autorenkollektiv, „Drahtzieher im braunen Netz", Hamburg, 1996: 196.

so bei der → *HNG* Jahreshauptversammlung 2001,[391] dem Jahreskongress 2000 der → *Gesellschaft für Freie Publizistik (GfP)*,[392] der *Jungen Landsmannschaft Ostpreußen*,[393] dem *Hoffmann von Fallersleben Bildungswerk*[394] und natürlich weiterhin bei Burschenschaften.[395] Bei der *Deutschen Akademie* führte er in den Sommersemestern 2000 und 2001 Schulungen durch.[396]

In der *DS* und der *NPD* tritt Schwab in den letzten Jahren vehement für eine Intellektualisierung ein und fordert, den „Kampf um die Köpfe" ernst zu nehmen. „Der eigentliche Grund für das Versagen beim Kampf um die Köpfe dürfte wohl darin liegen, daß Teile des Parteivorstandes die konkreten Maßnahmen bei dieser Auseinandersetzung als bloße ‚Kosmetik' betrachten: Weil der NPD in der Öffentlichkeit und auch im bürgerlichen nationalen Lager das Ansehen einer ‚primitiven Glatzen-Partei' anhaftet, sollen Akademiker, Publizisten und Intellektuelle in die Partei ‚eingebunden' werden. [...] Das Charisma von Horst Mahler interessiert die Herren Parteifunktionäre – nicht dessen inhaltliche und begriffliche Positionen."[397] Im Frühjahr 2001 gründete der Parteivorstand der *NPD* einen „Arbeitskreis Volk und Staat", um diesem Defizit Rechnung zu tragen und machte Jürgen Schwab zum Leiter. Seither hat vor allem das Vorstandsmitglied Jürgen Gansel Schwabs Position bei der *DS* übernommen. Schwab veröffentlicht aber weiterhin vor allem programmatische Artikel wie seine achtteilige Artikelserie „Kampf um den Staat" in der Parteizeitung.

Schwabs politische Vorstellungen sind dabei vor allem von dem Gedanken geprägt, dass „völkerrechtlich" gesehen das Deutsche Reich nach dem 8. Mai 1945 weiterbestanden hätte und seither lediglich handlungsunfähig sei. Abgesehen davon, dass damit auch die aktuelle Grenzziehung mit Oder und Neiße als Ostgrenze und einem unabhängigen österreichischen Staat in Frage gestellt wird, wird das „von den westalliierten Besatzern oktroyiert[e]"[398] Grundgesetz, das laut §146 explizit nicht als Verfassung zu verstehen sei, dadurch in Frage gestellt und kommt die bis Kriegsende formal gültige Weimarer Reichsverfassung wieder ins Spiel. Diese sieht Schwab durchaus als Vorbild an, soweit sie zu einer Präsidialdemokratie mit plebiszitären Elementen und einem geschwächten Reichstag ausgebaut werden kann.[399] Er arbeitet dabei vor allem mit den im Dunstkreis des *Deutschen Kollegs* und der *Staatsbriefe* kursierenden Vorschlägen für Reichsverfassungen von → Dr. Reinhold Oberlercher, → Horst Mahler und Dr. Hans-Dietrich Sander, dem Herausgeber der *Staatsbriefe*, die stark von monarchistischen (Sander) oder pseudomonarchistischen (Mahler) Konzepten bestimmt sind. Seine politischen Vorstellungen sind zudem von Carl

---

391 Vgl. DÖW, „Neues von ganz rechts 10/2001", in: http://www.doew.at/projekte/rechts/chronik/2001_10/schwab.html (eingesehen am 11.6.2002).
392 Webseite der *GfP* (eingesehen am 11.6.2002). Demnach erschien sein Vortrag vom Jahreskongress 2000 auch im Band XVI der Veröffentlichungen der *GFP*.
393 Vgl. *blick nach rechts* 04/2000, S.14.
394 A.M., „Bildung für die Szene," in: *blick nach rechts* 06/2000, S. 13.
395 Siehe u.a. Anton Maegerle, „Schnittpunkte," in: *blick nach rechts* 14/2001, S. 5. Zum Treffen von Burschenschaftern in Salzburg siehe Bayerisches Innenministerium, Pressemitteilung 268/01 vom 14. Juni 2001 zu B! Teutonia, Regensburg; Fachschaft Philosophie an der Rheinisch-Westfälischen Technischen Hochschule Aachen, „NS-Propagandist Jürgen Schwab bei Libertas Brünn,", in: http://www.rwth-aachen.de/fsphil/7_1_aktuell/schwab.htm (eingesehen am 11.6.2002).
396 Vgl. Webseite der *Deutschen Akademie* (eingesehen am 11.6.2002).
397 Jürgen Schwab, „Der Kampf um die Köpfe – fängt beim ordnungspolitischen Denken an," zit. nach Webseite von *Die Kommenden* (eingesehen am 8.06.2002).
398 Jürgen Schwab, „Verdrängter Reichsbegriff," in: *Deutsche Stimme*, 2/2000, S. 14.
399 Siehe Jürgen Schwab, „Offener Brief an Horst Mahler,", in: Webseite der *Werkstatt Neues Deutschland* (eingesehen am 10.6.2002).

Schmitt geprägt. Auch Schwab will den „starken Mann" an der Spitze des Staates und dem Parlamentarismus, der bei ihm immer wieder als „Bürgerkrieg" beschrieben wird, ein Ende bereiten. Provokant fragt er in der *Deutschen Stimme*: „Brauchen wir überhaupt einen Bundestag und wenn ja, wofür? [...] Brauchen wir vielleicht die Wiedereinführung der (Erb-)-Monarchie?"[400] Schwab geht dabei davon aus, dass „das Volk", das selbstverständlich als „biologische Einheit" verstanden wird,[401] nur ein Interesse haben kann und dieses sich in der Wahl eines übermächtigen Präsidenten und Volksentscheiden manifestieren soll. Individualismus und Interessenausgleich in einem deliberativen System, wie sie noch am Beginn der modernen Demokratietheorie in der amerikanischen Revolution standen, sind Schwab ein Graus. Damit werden die demokratischen Elemente seiner Staatstheorie ausgehöhlt, die Reste bleiben als billiger Populismus zurück.

Interessanterweise wird sowohl von Schwab selbst[402] wie auch vom *DS*-Schreiber Florian Geyer[403] die Hoffnung geäußert, dass die begrifflichen und konzeptionellen Klärungen der verfassungsrechtlichen Positionen der *NPD* im „Arbeitskreis Volk und Staat" dazu beitragen könnten, dass der Öffentlichkeit und nicht zuletzt dem Bundesverfassungsgericht die Argumente bezüglich der Verfassungswidrigkeit der Partei ausgehen würden. Im Gegenteil zeigen die Ausführungen Schwabs, dass, soweit seine Positionen für die Partei repräsentativ sind, die *NPD* in keinster Weise bereit ist, das politische System der Bundesrepublik mitzutragen und statt dessen bestrebt ist, das parlamentarische System in Gänze abzuschaffen.

Bedeutung: Jürgen Schwab hat in den letzten Jahren maßgeblich dazu beigetragen, dass die *Deutsche Stimme* unter ihrem Chefredakteur → Jürgen Distler (Februar 1999 bis Februar 2001) eine mehr oder minder anspruchsvolle Monatszeitung geworden ist. Seine programmatische Arbeit hat in der Tat über die revolutionären Parolen hinaus Klarheit darüber schaffen können, was für einen Staat die *NPD* will.[404] Schwab hat es dabei verstanden, seine Vorstellungen weitgehend vom „lunatic fringe"[405] fernzuhalten und wissenschaftlich zu formulieren. Inhaltlich muss aber klar sein, dass er ein eindeutig rassistisches Menschenbild vertritt und Demokratie bestenfalls als „völkische Herrschaft" übersetzt. Darüber hinaus ist er Bindeglied zwischen *NPD* und Burschenschaften und hat gute Kontakte nach Österreich.

---

400 Jürgen Schwab, „Diskussionen um eine neue Ordnung," in: *Deutsche Stimme* 5/2002, S. 10.
401 Jürgen Schwab, „Basisdemokratie und Europa der Regionen," in: *Deutsche Stimme* 9/2001, S. 18.
402 „Gespräch mit der Zeitschrift ‚Herrenhaupt'," zit. nach Webseite von *Die Kommenden* (eingesehen am 8.6.2002).
403 Florian Geyer, „Systemkritik und Wirtschaftspolitik," in: *Deutsche Stimme* 4/2002, S. 11.
404 Eine Ausarbeitung der Positionen des Arbeitskreises wurde inzwischen in der Schriftenreihe *Profil*, Heft Nr.11, veröffentlicht und ist insoweit offizielle Position der Partei. Siehe hierzu auch Verfassungsschutzbericht des Bundes 2001, Pressefassung: 63f. Nicht umsonst dürfte er als Auskunftsperson im Verbotsverfahren vom Bundesverfassungsgericht geladen worden sein.
405 Charakterisierung Eckhard Jesses in Bezug auf Horst Mahler. Vgl. Eckhard Jesse, „Biographisches Porträt: Horst Mahler," in: Jahrbuch Extremismus & Demokratie, Bd.13 (2001): 188.

Herbert Schweiger

Geboren: 1924

Wohnort: Mürzzuschlag (Österreich)

Beruf: Publizist

Organisationen: *Verband der Unabhängigen (VdU), Nationaldemokratische Partei (NDP)/Landesorganisation Steiermark, Deutsches Kulturwerk europäischen Geistes (DKeG), Deutsche Kulturgemeinschaft (DKG), Komitee zur Wahl eines nationalen Deutsch-Österreichers.*

Funktionen: *VdU*-Landesobmann, Präsidiumsmitglied des *DKeG*-Österreich, Vorstandsmitglied der *DKG* (Deutschland).

Aktivitäten: Der rechtsextreme Veteran Herbert Schweiger, einst Freiwilliger der *Waffen-SS* und *SS*-Untersturmführer der Division „Leibstandarte Adolf Hitler", ist seit Jahrzehnten eine der zentralen Führungsfiguren des österreichischen Rechtsextremismus. Nach dem Krieg betätigte er sich als Funktionär der deutschnationalen Partei *Verband der Unabhängigen (VdU)*, die 1949 als „Konglomerat von Altnazis, Neonazis, Deutschnationalen und einigen wenigen Liberalen"[406] gegründet worden war. 1953 wurde Schweiger *VdU*-Landesobmann in der Steiermark.[407] Nachdem sich im April 1956 als Ergebnis von politischen Auseinandersetzungen innerhalb des *VdU* die *Freiheitliche Partei Österreichs (FPÖ)* als neue Rechtspartei konstituiert hatte, kandidierte Schweiger in Graz als deren Spitzenkandidat.[408] Im selben Jahr gründet er außerdem eine *Nationaldemokratische Partei (NDP)/Landesorganisation Steiermark*.

In den 1970er Jahren trat Schweiger als Referent auf Veranstaltungen des *Deutschen Kulturwerks europäischen Geistes (DKeG)* in der Bundesrepublik und Österreich Erscheinung.[409] Diese Organisation war 1950 von dem *SA*-Dichter Herbert Böhme mit einem finanziellen Zuschuss von 100.000 DM aus den Kassen der deutschen Industrie in der Bundesrepublik ins Leben gerufen worden.[410] Eine namensgleiche österreichische Schwesterorganisation wurde 1976 vorübergehend verboten.[411] Als Nachfolgeorganisation gründete sich daraufhin in Wien die *Deutsche Kulturgemeinschaft (DKG)*. Nach der Aufhebung des Verbots der *DKeG*-Österreich blieben beide Organisationen, personell und ideologisch ohnehin weitgehend identisch, bestehen.[412] Als sich 1979 in Deutschland eine besonders radikale Fraktion ebenfalls unter der Bezeichnung *Deutsche Kulturgemeinschaft (DKG)* vom *DKeG* abspaltete, schlossen sich die *DKG*-Österreich und das *DKeG*-Österreich ideologisch diesem Flügel (*DKG*-Deutschland) an. Herbert Schweiger gehört mit der ehemaligen *BDM*-Gau-Unterführerin Lisbeth Grolitsch zu den Präsidiumsmitgliedern des *DKeG*-Österreich.[413]

---

406 Vgl. Brigitte Bailer-Galanda/Wolfgang Neugebauer, Haider und die „Freiheitlichen" in Österreich, 1997: 12.
407 Vgl. Brigitte Bailer-Galanda et al. (Hrsg.), Die Auschwitz-Leugner, 1996: 366.
408 Vgl. ebd.
409 Vgl. ebd: 367.
410 Vgl. Jens Mecklenburg (Hrsg.), Handbuch deutscher Rechtsextremismus, 1996: 253.
411 Vgl. Verfassungsschutzbericht des Landes Nordrhein-Westfalen über das Jahr 1995: 57.
412 Vgl. ebd.
413 Vgl. Stiftung Dokumentationsarchiv des österreichischen Widerstandes (Hrsg.), Handbuch des österreichischen Rechtsextremismus, 1994: 135.

Grolitsch ist zugleich Präsidentin dieses Vereins.[414] Außerdem ist sie Präsidentin der *DKG-Österreich*[415] und der *DKG-Deutschland*.[416] Im Vorstand der bundesrepublikanischen *DKG* ist auch Herbert Schweiger zu finden.[417] Zwischen 1977 und 1992 war Schweiger regelmäßig Referent bei den jährlichen „Gästewochen" des österreichischen *DKeG*.[418] Beiträge von Schweiger erschienen unter anderem in den *Mitteilungen des Deutschen Kulturwerkes europäischen Geistes* und den *Huttenbriefen für Volkstum, Kultur und Wahrheit*.[419] Letzere erscheinen als Organ der *DKeG* und des *Freundeskreises Ulrich von Hutten*, der 1982 von Grolitsch (auch Vorsitzende des *Freundeskreises*[420]) und Otto Ernst Remer gegründet wurde und sich stark mit den Mitgliedern der *DKG* und der *Notgemeinschaft für Volkstum und Kultur* (*NG*) überschneidet.[421] Der *Freundeskreis Ulrich von Hutten* gilt als inoffizielles Führungsgremium der *DKG* in Deutschland.[422] (Das *DKeG* in der Bundesrepublik hat sich 1996 selbst aufgelöst. Seine Aktivitäten werden jedoch von einer Nachfolgeorganisation namens *Deutschen Kulturwerk* (*DK*) fortgeführt.[423] Vom *DKeG*-Österreich hat sich nach internen Streitigkeiten der Verein *Kulturwerk Österreich-Landesgruppe Kärnten* abgespalten.[424])

1980 engagierte sich Schweiger im österreichischen Präsidentschaftswahlkampf als Mitglied des *Komitees zur Wahl eines nationalen Deutsch-Österreichers* für den rechtsradikalen Kandidaten Norbert Burger.[425] Auch an → Gerd Honsiks Versuch, 1984 in Österreich eine neonazistische Partei mit dem Namen *Nationale Front* zu gründen, war Schweiger beteiligt. Bei der schließlich vom Innenministerium verbotenen[426] Gründungsversammlung der Partei sollte Schweiger als Redner auftreten.[427] Wegen programmatischer Nähe zum Nationalsozialismus erhielt die Organisation jedoch nie den Rechtsstatus einer Partei.[428]

1990 war Schweiger einer von „37 ungehörten Zeugen wider die Gaskammer", die Adolf Hitler in einem von Honsik herausgegebenen Buch „revisionistischen" Inhalts einen „Freispruch" erteilten.[429] Im selben Jahr verurteile ihn ein Grazer Geschworenengericht wegen NS-Wiederbetätigung zu drei Monaten Haft auf Bewährung.[430] Dennoch trat Schweiger

---

414 Vgl. Dokumentationsarchivs des österreichischen Widerstandes, Neues von ganz rechts, Mai 2001, „Grolitsch-Appell", in: http://www.doew.at/projekte/rechts/chronik/2001_05/hutten.html (eingesehen am 12.4.2002).
415 Vgl. Verfassungsschutzbericht Bayern 1997: 61.
416 Vgl. Jens Mecklenburg, 1996: 239.
417 Vgl. http://www.idgr.de/lexikon/bio/g/grolitsch-lisbeth/grolitsch.html (eingesehen am 12.4. 2002).
418 Vgl. Stiftung Dokumentationsarchiv des österreichischen Widerstandes (Hrsg.), Handbuch des österreichischen Rechtsextremismus, 1994: 136f.
419 Vgl. Bailer-Galanda et al., 1998: 368.
420 Vgl. Verfassungsschutzbericht Bayern 1999: 50.
421 Vgl. Mecklenburg, 1996: 239.
422 Vgl. ebd.
423 Vgl. Verfassungsschutzbericht des Landes Nordrhein-Westfalen 1998: 58.
424 Vgl. Republik Österreich, Bundesministerium für Inneres, Staatsschutzbericht 1999, Wien 2000: 34, (Internetversion, eingesehen am 23.4.2002).
425 Vgl. Bailer-Galanda et al., 1998: 367.
426 Vgl. Stiftung Dokumentationsarchiv des österreichischen Widerstandes (Hrsg.), 1994: 329.
427 Vgl. Bailer-Galanda et al., 1998: 367.
428 Vgl. Dokumentationsreferat der HTU-Graz, „VfGH-Beschluß – Untersagung einer Versammlung" (3. März 1987),in: http://oeh.tu-graz.ac.at/dokumentation/materialien/vfb68286.htm (eingesehen am 16.4.2002).
429 Vgl. Gerd Honsik, „Freispruch für Hitler. 37 ungehörte Zeugen wider die Gaskammer, Gibraltar 199412, Zeuge Nr. 31", (Internetversion, eingesehen am 23.4.2002).
430 Vgl. Bailer-Galanda et al., 1998: 367.

auch in den folgenden Jahren immer wieder bei einschlägigen Organisationen als Referent auf. So etwa bei den 1991 von der mittlerweile verbotenen → *Wiking-Jugend* (*WJ*) im niedersächsischen Hetendorf abgehaltenen Tagen der „Volkstreuen Jugend", beim 3. Gesamtdeutschen Kongress (1992) der → *Gesellschaft für Freie Publizistik* (*GFP*), bei den Gästewochen des *DKeG* sowie 1994 bei einer Veranstaltung des *Nationaldemokratischen Hochschulbunds* (*NHB*) zum Thema „Deutschland im Würgegriff der Weltplutokratie".[431]

Kontakte unterhielt Schweiger darüber hinaus zu der mittlerweile verbotenen militanten Neonaziorganisation → *Nationalistische Front* (*NF*) in der Bundesrepublik, deren Führungskader (u.a. → Meinolf Schönborn) an Veranstaltungen des *DKeG* in Österreich teilnahmen.[432] Nach Einschätzung des *Stephen Roth Instituts für Antisemitismus- und Rassismusforschung* an der Universität Tel Aviv kam Schweiger innerhalb der *NF* die Rolle eines „Chefideologen" zu.[433]

1995 veröffentlichte Schweiger ein rassistisches, den Nationalsozialismus glorifizierendes Buch mit dem Titel *Evolution und Wissen. Neuordnung der Politik. Grundsätze einer nationalen Weltanschauung und Politik*. Das in Österreich mittlerweile verbotene Machwerk und seine sonstigen politischen Aktivitäten führten 1997 in Österreich zu einer Verurteilung Schweigers zu einer Haftstrafe von 15 Monaten (drei davon bedingt).[434]

In den letzten Jahren ist festzustellen, das Schweiger vermehrt bei Veranstaltungen der → *NPD* in der Bundesrepublik auftritt. 1999 war er Ehrengast beim *NPD*-Parteitag in München, Gastredner beim *NPD*-Landesparteitag in Nordrhein-Westfalen und als Redner bei einer → *JN*-Veranstaltung in Bayern angekündigt.[435] Im Mai 2000 referierte auf dem von der *NPD* organisierten „2. Tag des nationalen Widerstands" in Passau über „Die völkische Zusammengehörigkeit von Deutschland und Österreich".[436] Außerdem trat Schweiger als Autor in der *NPD*-Parteizeitung *Deutsche Stimme*[437] und in der Jubiläumsschrift der Partei *Alles Große steht im Sturm* in Erscheinung[438]. Der *NPD*-Landesverband Brandenburg verlieh Schweiger 2000 den Emil-Maier-Dorn-Preis.[439] Im September 2001 war er als Redner auf dem Pressefest des *NPD*-Organs *Deutschen Stimme* im sächsischen Grimma angekündigt. Im selben Monat nahm Schweiger am *JN*-Bundeskongress in Neustadt-Glewe teil.[440] Im

---

431 Vgl. ebd.: 367f.
432 Vgl. Antifaschistisches Autorenkollektiv, Drahtzieher im braunen Netz, 1996: 47. O.A., „Führer in das IV. Reich", in: *Lotta Dura. Zeitung für Antifaschismus und mehr*, Nr. 9/97, (Internetversion, eingesehen am 27.5.2002).
433 Vgl. Stephen Roth Institute (Hrsg.), „Antisemitism Worldwide 1998/99", Austria, in: http://www.tau.ac.il/Anti-Semitism/asw98-9/austria.html (eingesehen am 23.4.2002).
434 Vgl. http://www.idgr.de/lexikon/bio/s/schweiger-herbert/schweiger-h.html (eingesehen am 23.4.2002). Verfassungsschutzbericht Nordrhein-Westfalen 1995: 57.
435 Vgl. http://www.idgr.de/lexikon/bio/s/schweiger-herbert/schweiger-h.html (eingesehen am 23.4.2002).
436 Vgl. http://www.aida-archiv.de/2000_05.html (eingesehen am 23.4.2002).
437 Vgl. http://www.idgr.de/lexikon/bio/s/schweiger-herbert/schweiger-h.html (eingesehen am 23.4.2002).
438 Vgl. Dokumentationsarchiv des Österreichischen Widerstandes, „Neues von ganz rechts – Jänner 2000. ‚Ostmärker' in der NPD", in: http://www.doew.at/projekte/rechts/chronik/2000_01/npd.html (eingesehen am 23.4.2002).
439 Vgl. Fraktion der PDS im Deutschen Bundestag (Hrsg.), „Fakten und Argumente zum NPD-Verbot", o.O. 2000, S.9, (Internetversion, eingesehen am 27.5.2002).
440 Vgl. Verfassungsschutzbericht des Bundes 2001, Pressefassung: 90, (Internetversion, eingesehen am 27.5.2002).

November d.J. war er Hauptredner auf der „25. Gästewoche des Freundeskreises Ulrich von Hutten", an deren Ausrichtung auch die *DKG*-Österreich beteiligt war.[441]

Bedeutung: Ungeachtet seines hohen Alters ist Herbert Schweiger nach wie vor eine der zentralen Personen im deutschen und österreichischen Rechtsextremismus. Ansehen im rechtsextremen Lager genießt Schweiger nicht zuletzt aufgrund seines Status als Veteran der *Waffen-SS*. Auch die Verurteilung zu einer Haftstrafe brachten dem angeblich politisch Verfolgten Sympathien der Szenen ein. Zu seinen damaligen Unterstützern zählte unter anderem der mittlerweile selbst zu einer Haftstrafe verurteilte[442] österreichische Rechtsextremist und Chef der *Partei Neue Ordnung* (*PNO*), Robert Dürr,[443] der anlässlich des Schweiger-Verfahrens ein *Solidaritätskomitee Herbert Schweiger* ins Leben rief.[444]

Schweiger ist Verfasser zahlreicher Artikel und Bücher und nimmt im deutsch-österreichischen Neonazi-Netzwerk die Rolle eines Vordenkers und Theoretikers ein. Eine nicht geringe Zahl von Neonazi-Kadern dürfte unter Anleitung Schweigers und seiner Gesinnungsgenossen im *DKeG* eine ideologische Schulung erfahren haben.

Oliver Schweigert

Geboren: 1968

Wohnort: Berlin

Beruf: Kfz-Schlosser

Organisationen: *Nationale Alternative (NA), Aktionsbüro Mitteldeutschland*

Funktionen: Vorsitzender der *Nationalen Alternative (NA)*, Internetbeauftragter des *Aktionsbüros Mitteldeutschland*

---

441 Vgl. ebd: 124.
442 Vgl. Dokumentationsarchiv des Österreichischen Widerstandes, „Neues von ganz rechts – September 2001. Dürr-Urteil rechtskräftig", in: http://www.doew.at/projekte/rechts/chronik/2001_09/duerr.html (eingesehen am 23.4.2002).
443 Dürr pflegt enge Kontakte zur *NPD* in Deutschland und gilt als einer der wichtigsten Anti-Antifa-Aktivisten Österreichs. Er trat in der Bundesrepublik wiederholt auf Veranstaltungen der *NPD* und ihrer Untergliederungen auf. Am 7. November des Jahres verurteilte ihn ein Geschworenengericht in Eisenstadt wegen NS-Wiederbetätigung zu einer mehrjährigen Haftstrafe. Gegenstand der Anklage waren die *PNO-Nachrichten* und ein von Dürr vertriebenes „Antifa-Handbuch". Zu den Prozessbesuchern gehörte auch Herbert Schweiger. Eine Beschwerde Dürrs gegen das Urteil wurde im September 2001 vom Obersten Gerichtshof zurückgewiesen, zugleich das Strafmaß von drei auf zwei Jahre Haft, davon sechs Monate unbedingt, reduziert. Vgl. Informationsdienst gegen Rechtsextremismus, „Robert Dürr", in: http://www.idgr.de/lexikon/bio/d/duerr-robert/duerr.html (eingesehen am 27.5.2002). Dokumentationsarchiv des Österreichischen Widerstandes, „Neues von ganz rechts – November 2000. Dürr verurteilt", in: http://www.doew.at/projekte/rechts/chronik/2000_11/duerr.html (eingesehen am 27.5.2002). Dokumentationsarchiv des Österreichischen Widerstandes, „Partei Neue Ordnung", in: http://www.doew.at/projekte/rechts/organisation/pno.html (eingesehen am 27.5.2002).
444 Vgl. Parlamentarische Materialien des österreichischen Parlaments, 6476/J XX.GP, „Anfrage der Abgeordneten Öllinger, Freundinnen und Freunde an den Bundesminister für Justiz betreffend neonazistische Aktivitäten" vom 18.6.1999, in: http://www.parlinkom.gv.at/pd/pm/XX/J/texte/064/J06476_.html (eingesehen am 23.4.2002).

Aktivitäten: Eine Zeit lang war Schweigert Anhänger → Michael Kühnens, pflegte Verbindungen zu verschiedenen Kühnen-nahen Gruppierungen und war ein Verfechter des von Kühnen propagierten neonazistischen Gedankengutes. 1990 ernannte Kühnen ihn sogar zum „Bereichsleiter Ost" der → *Gesinnungsgemeinschaft der Neuen Front (GdNF)* und beauftragte ihn mit der Durchführung der Ausdehnung der nationalistischen Bewegung auf das Gebiet der ehemaligen DDR. Als jedoch die Beliebtheit Kühnens innerhalb der ostdeutschen Neonazi Szene abnahm, „überdachte" auch Schweigert seine Bewunderung für Kühnen und wandte sich – womöglich aus taktischen Gründen – von diesem ab.[445]

Schweigert war zeitweise Aktivist der → *Deutschen Alternative* und der → *Freiheitlichen Deutschen Arbeiterpartei (FAP)*[446] sowie Mitglied der 1990 in Ostberlin gegründeten → *Nationalen Alternative*, deren Vorsitzender er 1991 wurde. Unter seiner Führung hatte die *NA* Berlin jedoch infolge interner Führungsstreitigkeiten einen bedeutenden Rückgang ihrer Anhängerschaft zu verzeichnen.[447] Im Dezember 1990 kandidierte das *NA*-Mitglied Schweigert in Berlin-Lichtenberg (als Einzelkandidat) bei den Wahlen zum Berliner Abgeordnetenhaus, erreichte aber lediglich niederschmetternde 0,2% der Stimmen.[448] Rund eineinhalb Jahre später, im Mai 1992, trat Schweigert bei den Wahlen zu den Berliner Bezirksverordnetenversammlungen (BVV) in einem Wahlbezirk in Berlin-Lichtenberg an, diesmal für das rechtsextreme Wahlbündnis *Die Nationalen*.[449] *Die Nationalen* wurden im September 1991 von Anhängern der → *NPD*, der → *Deutschen Liga für Volk und Heimat (DLVH)*, der *Freiheitlichen Deutschen Arbeiterpartei (FAP)* sowie ehemaligen Mitgliedern der → *Republikaner (REP)* gegründet und nannten sich ursprünglich *Freiheitliche Wählergemeinschaft – „Wir sind das VOLK" (WSDV)*.[450] Nachdem sie bei den bereits erwähnten Wahlen jedoch lediglich zwischen 0,2 und 0,7% der Stimmen erzielen konnten, wandelten sie sich in den Verein *Die Nationalen e.V.* um. Deren Vorsitzender wurde 1993 → Frank Schwerdt.

Im August 1996 wurde Schweigert vom Landgericht Berlin zu einer viermonatigen Freiheitsstrafe verurteilt, weil das Gericht es als erwiesen ansah, dass er Flugblätter der → *NSDAP/AO* zur Verbreitung aufbewahrt habe.[451] Laut *blick nach rechts* ist er außerdem Abonent des von der von → Gary Lauck geführten *NSDAP/AO* herausgegebenen *NS-Kampfrufes* sowie Leserbriefschreiber in den → *HNG*-Nachrichten.[452] Des weiteren findet sich Schweigerts Name in der Anschriftenliste der österreichischen *Volkstreuen Außerparlamentarischen Opposition (VAPO)* des → Gottfried Küssel.[453]

Seit Jahren gehört der ehemalige Kroatien-Söldner[454] Schweigert zu den führenden Kameradschafts- und Anti-Antifa-Aktivisten im Berlin-Brandenburger Raum. Laut einem

---

445 Dr. Gerd Friedrich Nüske, „Entwicklung des Rechtsextremismus in Berlin", in: Landesamt für Verfassungsschutz Berlin (Hrsg.), Rechtsextremismus in Berlin, 1994, S.7-62, hier: 43.
446 Anton Maegerle, „Der braune Sumpf", in: *blick nach rechts* Nr.5/1997: S.2.
447 Dr. Gerd Friedrich Nüske, „Entwicklung des Rechtsextremismus in Berlin", in: Landesamt für Verfassungsschutz Berlin, 1994: 47.
448 Verfassungsschutzbericht des Bundes 1990: 18.
449 Uwe Backes, Patrick Moreau, Die extreme Rechte in Deutschland: Geschichte – gegenwärtige Gefahren – Ursachen – Gegenmaßnahmen, 1993: 115.
450 Dr. Gerd Friedrich Nüske, „Rechtsextremistische Bestrebungen in Berlin", in: Landesamt für Verfassungsschutz, 1994, S.63-177, hier: 151.
451 Tagebuch, in: *blick nach rechts* Nr.17/1996, S.13.
452 Tagebuch, in: *blick nach rechts* Nr.14/1997: S.14.
453 Meldungen, in: *blick nach rechts* Nr.22/1999: S.14.
454 Anton Maegerle, „Der braune Sumpf", in: *blick nach rechts* Nr.5/1997: S.2.

Bericht der *Jungle World* wurden bei einer Hausdurchsuchung bei Schweigert im Oktober 1999 Anti-Antifa-Listen gefunden.[455]

Schweigerts Name taucht auch immer mal wieder im Zusammenhang mit dem mittlerweile ritualisierten Gedenken an Rudolf Heß auf. 1997 gehörte er zu den aufgezählten Rufnummern und Kontaktpersonen, die auf den Ansagen *Nationaler Infotelefone (NIT)* bezüglich der Anfahrt zum geplanten Rudolf Heß-Gedenkmarsch in Königslutter (Niedersachsen) angeben wurden. Der „Gedenkmarsch" selbst wurde schließlich nach wenigen Metern gestoppt. Ebenso wie u.a. Michael Krick und der mittlerweile verstorbene Andree Zimmermann von der *Sauerländer Aktionsfront (SAF)* sowie → Christian Hehl wurde auch Schweigert an diesem Tag festgenommen.[456] 2000 trat Schweigert als Anmelder einer Demonstration zum Gedenken an Rudolf Heß in Erscheinung.[457] Des weiteren scheint der „SA-Fan"[458] Schweigert den ehemaligen *SA*-Mann Horst Wessel zu verehren und ist zumeist bei den alljährlichen Gedenkveranstaltungen zu dessen Ehren zugegen und meldete 2000 eine für Berlin geplante Demonstration zum 70. Todestag von Wessel an.

Von Zeit zu Zeit bewegt sich Schweigert zudem im Umfeld von → Arnulf Winfried Priem. So wurde Schweigert am 13. August 1994 zusammen mit 26 weiteren Neonazis in Priems Wohnung verhaftet. Es wurden Waffen, Sprengstoff und Molotow-Cocktails sichergestellt. Unter den Verhafteten befanden sich auch Kay Diesner, Enno Gehrmann sowie Detlef Cholewa (heute: Detlef Nolde).[459] Knapp sechs Jahre später, im Oktober 2000, war Schweigert neben → *Blood&Honour*-Aktivist Stefan Lange und Karola Nachtigall unter den Anwesenden der 18. Jahresfeier der Berliner *Vandalen* in deren Berliner Clubhaus, welche zu späterer Stunde von der Polizei gestürmt wurde. Nachtigall war zum damaligen Zeitpunkt noch *NPD*-Landesvorsitzende von Berlin-Brandenburg.[460] Auf dem *NPD*-Bundesparteitag 2002 in Königslutter (Niedersachsen) wurde Nachtigall in den neuen *NPD*-Bundesvorstand gewählt.

Neben → Udo Voigt, → Horst Mahler, → Friedhelm Busse, → Manfred Roeder u.a. Persönlichkeiten des deutschen Rechtsextremismus gehörte Schweigert zu den Erstunterzeichnern eines nach den Terroranschlägen in den USA am 11.September 2001 verfassten anti-amerikanischen und pseudo-antiimperialistischen Aufrufes „Den Völkern Freiheit – Den Globalisten ihr globales Vietnam!", den Schweigert für das *Nationale und Soziale Aktionsbündnis Mitteldeutschland* unterschrieb.[461] Derzeit zählt Schweigert zu den führenden Köpfen dieses *Aktionsbündnisses*[462] und wird als „Betreuer der Heimatseiten des Aktionsbüros Mitteldeutschland" angegeben.[463] Im Internet trat Schweigert des öfteren unter den Pseudonymen „Pittiplatsch" bzw. „pitti88" auf.

Am 20.04.2000 heiratete Oliver Schweigert die damalige stellvertretende *NPD*-Vorsitzende von Berlin, Stella Palau. Diese war auch Mitbegründerin des *Skingirl Freundeskreises Deutschland (SFD)*. Stella Schweigert gehört zudem zu den Unterzeichnern des von → Christian Worch und → Steffen Hupka verfassten Aufrufes „Unser Ausstiegsangebot"

---

455 Korinna Klasen/Olga Lembke, „Tod per Internet", in: *Jungle World* vom 5.01.2000, S.13.
456 Karl Hamilton, „Ein Schlag ins Wasser", in: *blick nach rechts* Nr.18/1997, S.5/6.
457 Pressemitteilung des Aktionsbüro Mitteldeutschland vom 22.8.2000 „Und es war doch Mord!", auf den www-Seiten von *Die Kommenden* (eingesehen am 10.6.2002).
458 Ingo Hasselbach/Winfried Bonengel, Die Abrechnung: Ein Neonazi steigt aus, 2001: 88.
459 Anton Maegerle, Der braune Sumpf, in: *blick nach rechts* Nr.5/1997, S.2.
460 Meldungen, in: *blick nach rechts* Nr.20/2000, S.14.
461 Webseite der NPD (eingesehen am 15.3.2002).
462 vgl. den Beitrag von Anton Maegerle in diesem Band.
463 Webseite des NPD-Kreisverbandes Magdeburg (eingesehen am 10.6.2002).

vom 18. Mai 2001. Darin machen die Unterzeichner „allen VS-Spitzeln (einschließlich ehemaliger!) ein Angebot auf Ausstieg aus der Denunziation, aus der VS-Verstrickung, aus Lüge und Betrug an eigenen Kameraden und Freunden." Zu den weiteren Unterzeichnern des Aufrufes gehören Jürgen Gerg, → Frank Rennicke, → Jörg Hähnel, Andrew Stelter, Jens Pakleppa, Rene Bethage, Alexander Scholz, Jürgen Krumpholz, Danny Marquard, Jörn Lemke, Annemarie Paulitsch, Marco Pölzius, Bernd Stehmann, Lutz Giessen, Wolfgang Teufel, Torben Stecker, → Siegfried Borchardt und → Christian Malcoci.[464]

Bedeutung: Oliver Schweigert ist einer der führenden Anti-Antifa- und Kameradschaftsaktivisten im Raum Berlin/Brandenburg und kann als eine der wichtigsten Personen des dortigen militanten Neonazi-Spektrums angesehen werden. Als zentrale Figur des *Nationalen und Sozialen Aktionsbündnis Mitteldeutschland (NSAM)* ist er auch bundesweit von Bedeutung. U.a. Schweigerts Neigung zu „Heldenverehrung" (Horst Wessel, Rudolf Heß) läßt ihn regelmäßiger Gast auf rechtsextremen Demonstrationen sein. Da ihn auch in der Vergangenheit staatliche Zwangsmaßnahmen nicht ernsthaft beeindrucken konnten, ist zu erwarten, dass Schweigert auch in Zukunft als rechtsextreme Ein-Mann-Gang in Erscheinung treten wird.

Frank Schwerdt

Geboren: 1944

Wohnort: Berlin

Beruf: Diplom-Ingenieur

Organisationen: → *Nationaldemokratische Partei Deutschlands (NPD)*, *Christlich Demokratische Union Deutschlands (CDU)*, *Freimaurerloge „Friedrich der Große"*, → *Die Republikaner (REP)*, *Hoffmann von Fallersleben Bildungswerk e.V.*, → *Deutsche Liga für Volk und Heimat (DLVH)*, *Die Nationalen e.V.*, *Vortrag – Buch – Reise Verlags GmbH (VBR-Verlag)*

Funktionen: Landesvorstand Berlin-West *NPD*, Kreisvorstand Berlin-Reinickendorf *CDU*, stellvertretender Landesvorsitzender *REP*, Landesvorsitzender *DLVH*, Vorsitzender *Die Nationalen e.V.*, Geschäftsführer *VBR-Verlag*, Bundesvorstand *NPD*

Aktivitäten: Schon 1965 wurde Frank Schwerdt Mitglied der gerade gegründeten → *Nationaldemokratischen Partei Deutschlands (NPD)* in West-Berlin und wurde dort Mitglied des Landesvorstands. Am 16. Januar 1971 traf er im Rahmen der Jahrestagung des *Zollernkreises* neben anderen Rechtsradikalen auch auf *CDU*-Politiker wie Heinrich Lummer.[465] Noch im selben Jahr verließ er die *NPD*, um von 1972 bis 1989 für die Berliner *CDU* zu arbeiten, wo er unter anderem Pressesprecher des Kreisverbands Reinickendorf und Bezirkverordneter wurde. Im selben Zeitraum war er nach eigenen Angaben Mitglied der Freimau-

---

464 „U n s e r Ausstiegsangebot", zit. in: http://www.ring-gegen-rechts-und-rassis mus.de/Aktuell/ 052001/1_29.htm (eingesehen am 11.6.2002).
465 Vgl. Jens Mecklenburg (Hrsg.), Handbuch deutscher Rechtsextremismus, 1996: 213.

rerloge „Friedrich der Große".[466] Im Jahr des großen Wahlerfolgs der *Republikaner* 1989 trat Schwerdt der Partei bei und wurde wenig später deren Landesvorsitzender. Zudem war Schwerdt Funktionär des 1990 zunächst als *REP*-nahe Stiftung gegründeten *Hoffmann von Fallersleben Bildungswerks*. Ebenfalls 1990 wurde der *Verlag der Berliner Republikaner (VBR)* gegründet, der sich 1995 in *Vortrag – Buch – Reise Verlag (VBR-Verlag)* umbenannte und unter maßgeblicher Leitung Schwerdts stand.

Spätestens mit dem Beitritt zu der 1991 gegründeten → *Deutschen Liga für Volk und Heimat (DLVH)* begann Schwerdt Kontakte zur neonazistischen Szene in Berlin zu knüpfen. Über den persönlichen Kontakt zu Andreas Pohl wurden zum Beispiel Schulungen von Kadern der *Sozialrevolutionären Arbeiterfront (SrA)* im *Hoffmann von Fallersleben Bildungswerk* abgehalten,[467] das nach dem Übertritt vieler Mitglieder der *REP* zur *DLVH* parteiunabhängig geworden war. Schwerdt wurde Landesvorsitzender der *DLVH* in Berlin-Brandenburg und als solcher 1993 aus der Partei ausgeschlossen, weil er dafür verantwortlich gemacht wurde, dass der ehemalige Vorsitzende der verbotenen → *Deutschen Alternative (DA)*, Frank Hübner, als *DLVH*-Kandidat zur Bürgermeisterwahl in Cottbus angetreten war.

Schwerdt hatte sich bereits 1991 dem im September d.J. gegründeten Verein *Die Nationalen e.V.* angeschlossen, und wurde nun nach dem Ausschluss aus der *DLVH* deren Vorsitzender. Ähnlich wie die → *Deutsche Volksunion (DVU)* waren *Die Nationalen* in einen Verein und eine separate, aus der *Freien Wählergemeinschaft ‚Wir sind das Volk'* entstandene Partei gegliedert. Zudem bildeten sie Mitte der neunziger Jahre eine Jugendgruppe *Junges Nationales Spektrum (JNS)*, Hochschulgruppen und eine Gefangenenhilfe, sowie regionale Verbände, vor allem in Ostdeutschland. Kontakte entstanden vor allem zur *Berliner Kulturgemeinschaft Preußen (BKP)* und dem *Studentenbund Schlesien (SBS)*.[468] Nach dem Verbot der → *Freiheitlichen Deutschen Arbeiterpartei (FAP)* dienten *Die Nationalen* als Auffangbecken für deren Mitglieder. 1995 kandidierten die ehemaligen *FAP*-Kader Mike Penkert und Detlef Cholewa (heute: Nolde) als Direktkandidaten der *Nationalen* bei den Abgeordnetenhauswahlen in Berlin und erhielten zusammen 156 Stimmen.[469] Als eines der wichtigsten Projekte kristallisierte sich jedoch die Herausgabe der *Berlin Brandenburger – Zeitung der nationalen Erneuerung (BBZ)* (anfangs: *Zeitung der Nationalen*) heraus, die aus der Wahlkampfzeitung 1992, *Nationale Nachrichten (NN)*, entstand. Herausgeber der *NN* war Andreas Storr, 1992-1994 *JN*-Bundesvorsitzender. Die *BBZ* wurde unter dem Herausgeber Frank Schwerdt von Hans-Christian Wendt, bis vor kurzem Schriftleiter der *Nachrichten der* → *HNG* und Redakteur der *Deutschen Stimme*, als Chefredakteur geleitet. Die *BBZ* wurde ab Herbst 1995 auch im *Thule-Netz* verbreitet und schloss sich mit der Zeitung des *Deutschen Freundeskreises Franken*, *Junges Franken* zusammen. Zum Netz des *Nationalen Medienverbandes* kamen in der Folge die *Neue Thüringer Zeitung*, die *Süddeutsche Allgemeine Zeitung*, die *Mitteldeutsche Rundschau* und die *Westdeutsche Volkszeitung* hinzu. Wendt gab daneben auch einen *Schulungsbrief* unter dem Pseudonym *Völkischer Freundeskreis Berlin (VFK)* heraus, in dem unverhohlen neonationalsozialistische Propaganda verbreitet wurde. So hieß es dort, dass „[d]as 25-Punkte-Programm der NSDAP sowie die weltanschauliche Gesetzgebung des nationalsozialistischen Deutschland [...] ohne Einschränkung Gültigkeit" hätten.[470] Im September 1996 wurde Schwerdt „wegen des Vor-

---

466 O.A., „Fahrlässiger Journalismus", in: *Deutsche Stimme*, 4/2002, S. 11.
467 Vgl. Bernd Wagner, Handbuch Rechtsextremismus, 1994: 141.
468 Vgl. Mecklenburg 1996: 291.
469 Vgl. Verfassungsschutzbericht Berlin 1995: 96.
470 Verfassungsschutzbericht Berlin 1995: 97.

rätighaltens der strafbewährten neonazistischen Berliner Publikation „Der Schulungsbrief"."[471] zu zwölf Monaten Haft ohne Bewährung verurteilt. Nach Revision beim Bundesgerichtshof wurde die Strafe auf neun Monate reduziert, ab Juni 1998 saß er in der JVA Tegel ein. Im Oktober 1998 folgte eine weitere sechsmonatige Haftstrafe, weil im *VBR-Verlag* eine CD der Neonazi-Band *Volksverhetzer* mit gewaltverherrlichenden Texten produziert und verkauft worden war.[472] Während der bis zum 30. Mai 2000 dauernden Haft wurde Schwerdt von der *HNG* betreut. Auch während der Haftzeit schrieb er für die *Deutsche Stimme*.

1997 lösten sich *Die Nationalen* wieder auf, um einem Verbot zuvor zu kommen. Im selben Jahr rief Schwerdt seine Anhänger auf, in die *NPD* einzutreten und wurde auch selbst nach 26 Jahren wieder Mitglied. Zeitungen des *Nationalen Medienverbandes* firmierten 1999 noch kurz als Regionalausgaben der *Deutschen Stimme*, wurden dann jedoch eingestellt.[473] Schwerdt schrieb daraufhin vermehrt für die *Deutsche Stimme*, bei der er seit April 2001 auch als Redakteur geführt wird. Aufgrund seiner Arbeit bei den *Nationalen* stieg Schwerdt bereits 1998 in den Bundesvorstand auf und leitete dort das Referat Propaganda, wo er unter anderem ein neues *NPD*-Logo mit dem Schriftzug „Die Nationalen" entwarf. Seit Januar 2001 ist er Bundesgeschäftsführer, seit April Landesvorsitzender in Thüringen, wo Schwerdt bei der Bundestagswahl 2002 die Landesliste der *NPD* anführen wird. Im Frühjahr 2002 wurden im Zuge der V-Männer-Affäre verschiedentlich Vorwürfe laut, auch Schwerdt sei möglicherweise vom Verfassungsschutz als Vertrauensmann angeworben worden. Gegen den Kölner Verleger → Manfred Rouhs konnte Schwerdt in einem Gerichtsverfahren wegen dieser Behauptung erfolgreich einen Vergleich abschließen, der es Rouhs untersagt, den Vorwurf zu wiederholen[474] und einen gesalzenen Artikel in der *DS* nach sich zog.[475]

Bedeutung: „Mit dem Schlagwort der ‚Ausländerfeindlichkeit' wird in der BRD versucht, ganz normale nationale Regungen zu unterdrücken,"[476] so Schwerdt in der *Deutschen Stimme*. Um seine „ganz normalen Regungen" auszuleben, ist er seit über zehn Jahren in rechtsextremen und neonazistischen Zusammenhängen in vielfältiger Weise aktiv. Er hat eine ganze Reihe von Aktivisten in seinem Umfeld versammelt und hält weiterhin neben seinem Parteiengagement engen Kontakt zu den → *Freien Kameradschaften*, deren Vertreter → Worch und → Hupka auch auf einer von der *NPD* organisierten Demonstration „Freiheit für Frank Schwerdt" am 5. Dezember 1998 in Tegel sprachen. Frank Schwerdt kann nach wie vor als eine zentrale Figur der rechtsextremen Szene in Berlin-Brandenburg gelten.

---

471 Verfassungsschutzbericht Berlin 1998: 88.
472 Ebd.
473 Vgl. Verfassungsschutzbericht des Bundes 1999: 36. Namentlich genannt sind die *Berlin-Brandenburger* und die *Neue Thüringer Zeitung*.
474 Pressemitteilung des *NPD* Parteivorstands vom 20. Mai 2002. Zu den Vorwürfen siehe auch „Fahrlässiger Journalismus", in: *Deutsche Stimme* 4/2001, S.11.
475 Friedrich Wieder, „Spitzel, Spalter oder einfach Provokateur? Der Kleinverleger und Möchtegern-Politiker Manfred Rouhs – Prototyp eines Verlierers" in: *Deutsche Stimme* 6/2002, S. 12.
476 Zit. nach Verfassungsschutzbericht des Bundes 1999: 36.

Werner Joachim Siegerist

Geboren: 1947

Wohnort: Hamburg

Beruf: Journalist

Organisationen: *Bürgeraktion Demokraten für Strauß, Konservative Aktion (KA), Die Deutschen Konservativen e.V., Lettische Bewegung der Nationalen Unabhängigkeit (LNNK), Volksbewegung für Lettland (Tautas kustiba Latvijai – TKL).*

Funktionen: Geschäftsführer der *Bürgeraktion Demokraten für Strauß*, Geschäftsführer und stellvertretender Vorsitzender der *Konservative Aktion (KA)*, Vorsitzender von *Die Deutschen Konservativen e.V.*, Kandidat und Abgeordneter der Lettischen Bewegung der Nationalen Unabhängigkeit (*LNNK*), Vorsitzender der *Volksbewegung für Lettland*.

Aktivitäten: Der Journalist Werner Joachim Siegerist ist seit den frühen 1980er Jahren eine feste Größe in rechtskonservativen und rechtsradikalen Kreisen. Erste politische Erfahrungen sammelte er als Jugendlicher während einer Schriftsetzer-Lehre im *Christlichen Gewerkschaftsbund*.[477] Nach Ableistung seines Wehrdienstes schlug Siegerist eine journalistische Laufbahn ein und machte Karriere bei der „*BILD*"-Zeitung. Mit nur 24 Jahren wurde er Redaktionsleiter von *BILD* und *BILD am SONNTAG* in der Bremer Redaktion.[478] Im Bundestagswahlkampf 1980 engagierte sich Siegerist als Geschäftsführer der *Bürgeraktion Demokraten für Strauß* für den Kanzlerkandidaten der *CDU/CSU*. Als 1981 aus der *Bürgeraktion* die teils von prominenten Persönlichkeiten wie dem *ZDF*-Moderator Gerhard Löwenthal und dem Likörfabrikanten Ludwig Eckes getragene *Konservative Aktion (KA)* hervorging,[479] beteiligte sich Siegerist als deren Geschäftsführer und stellvertretender Vorsitzender an ihren Aktivitäten.[480] Die *KA* bemühte sich als konservative Interessengruppe, die *CDU/CSU* in ihrem Sinn politisch zu beeinflussen und trat vorwiegend durch Anzeigenkampagnen in Zeitschriften und Zeitungen in Erscheinung. Von der *KA* angefeindet wurden *SPD*, *Grüne* und die als Zusammenschluss von „nützlichen Idioten Moskaus" diffamierte Friedensbewegung.[481]

Nach einem vereinsinternen Zerwürfnis über die Frage, ob die *KA* eine Kampagne zur Freilassung des Hitler-Stellvertreters Rudolf Heß initiieren sollte, wie dies von einem Flügel um Siegerist gefordert wurde, spaltete sich die Organisation 1985.[482] Eine kleine Gruppe von Anhängern Siegerists gründete daraufhin im April 1986 den Verein *Die Deutschen Konservativen e.V. (DK)*, dem Joachim Siegerist seit dem vorsitzt. Ehrenpräsident der

---

477 Vgl. Joachim Siegerist, „Aktuelle Briefe", März 2001, Internetseite der Deutschen Konservativen (eingesehen am 29.5.2002).
478 Jens Mecklenburg (Hrsg.), Handbuch Deutscher Rechtsextremismus, 1996: 170.
479 Vgl. ebd.
480 Vgl. Kurt Hirsch, Rechts von der Union. Personen, Organisationen, Parteien seit 1945, 1989: 298. Die Deutschen Konservativen e.V., „Wir über uns. Selbstdarstellung der Deutschen Konservativen e.V.", in: Internetseiten der *Deutschen Konservativen* (eingesehen am 5.5.2002).
481 Vgl. Mecklenburg, 1996: 170.
482 Vgl. Die Deutschen Konservativen e.V., „Wir über uns. Selbstdarstellung der Deutschen Konservativen e.V.", in: Internetseite der *Deutschen Konservativen* (eingesehen am 5.5.2002).

rechtsradikalen Organisation[483] ist der *CDU*-Politiker und ehemalige Innenminister von Berlin Heinrich Lummer.[484] Zum politischen Hauptfeind der *DK* avancierte schon bald der *SPD*-Vorsitzende und Altbundeskanzler Willy Brandt, über den Siegerist 1986, nachdem er seine Stelle als Chefreporter der *HÖRZU* aufgegeben hatte, ein Buch veröffentlichte, dem später noch zwei weitere folgten.[485] 1987 wurde Siegerist zusammen mit anderen Mitgliedern der *DK* wegen Beleidigung von Willy Brandt zu einer Geldstrafe verurteilt.[486] Im selben Jahr trat der Verein außerdem erfolglos bei der Hamburger Bürgerschaftswahl an. Auch Siegerists Versuch, 1991 als Einzelkandidat der *DK* in die Hamburger Bürgerschaft einzuziehen, scheiterte.[487] Wegen Volksverhetzung wurde er 1997 vom Hamburger Landgericht zu einer Bewährungsstrafe von einem Jahr und neun Monaten sowie einem Bußgeld in Höhe von 24.000 DM verurteilt.[488] Siegerist hatte 1992 in einem Rundschreiben mit einer Auflage von mehreren tausend Exemplaren Sinti und Roma als „kriminelles Pack" bezeichnet und behauptet: „Die Zigeuner produzieren Kinder wie die Kaninchen".[489] Das Urteil von 1997 revidierte eine bereits 1994 ergangene Verurteilung Siegerists wegen Aufstachelung zum Rassenhass.

Nach dem Ende der Sowjetunion verlagerte der im schleswig-holsteinischen Neukirchen geborene Sohn eines Letten und einer Deutschen seine Aktivitäten nach Lettland.[490] 1992 erhielt Siegerist die lettische Staatsbürgerschaft und 1993 gelang ihm als Kandidat der radikal-nationalistischen *Lettischen Bewegung der Nationalen Unabhängigkeit (LNNK)* der Einzug in das lettische Parlament. Nur ein Jahr später wurde Siegerist jedoch aus der Fraktion der *LNNK* ausgeschlossen. Daraufhin gründete Siegerist eine eigene Partei, die *Volksbewegung für Lettland*.[491] Sie erhielt bei den Wahlen 1995 15% der Stimmen und zog als drittstärkste Kraft in das lettische Parlament ein.[492] Siegerist machte sich in dieser Situation sogar Hoffnungen auf das Amt des Ministerpräsidenten. Seine Partei vermochte sich jedoch nicht auf Dauer in der lettischen Parteienlandschaft zu etablieren. 1998 verfehlte sie mit 1,74% der Stimmen den Wiedereinzug in das Parlament.[493] Siegerist sorgte in Lettland unter anderen damit für Schlagzeilen, dass er demonstrativ an einem Umzug der Veteranen der lettischen *Waffen-SS*-Freiwilligenverbände teilnahm und außerdem die Errichtung einer

---

483 1995 stufte der Verfassungsschutz die *Deutschen Konservativen* als rechtsextrem ein. Vgl. Christian Kersten, „Lummers rechte Schulter", in: *Berliner Zeitung* vom 18.8.1998, Online-Ausgabe (eingesehen am 8.4.2002). Verfassungsschutzbericht des Bundes 1995: 188.
484 Vgl. Jean Cremet, „Vordenker Lummer?", in: *Antifaschistische Nachrichten* Nr.10/1999, Online-Ausgabe (eingesehen am 8.4.2002).
485 Vgl. Joachim Werner Siegerist, Willy Brandt – Das Ende einer Legende, 1986; ders., Verbrecher und andere Deutsche: das Skandal-Buch Willy Brandts, 1989; ders., Willy Brandt ohne Maske: neue Enthüllungen, 1989.
486 Vgl. Mecklenburg, 1996: 247.
487 Vgl. ebd: 529f.
488 Vgl. *Antifaschistische Nachrichten* Nr.24/1997, Online-Ausgabe (eingesehen am 7.4.2002).
489 Vgl. Dokumentationsarchiv des Österreichischen Widerstands, „Neues von ganz rechts – Mai 2000. Rechtsextreme Solidarität", Online-Ausgabe (eingesehen am 7.4.2002).
490 Vgl. Die Deutschen Konsverativen e.V, „Berufliches und politisches über Joachim Siegerist", in: Internetseite der *Deutschen Konservativen* (eingesehen am 7.4.2002).
491 Vgl. Samuel Salzborn, „Differente Ergebnisse. Wahlen in Lettland und Polen", in: *Der Rechte Rand* Nr.11/12/1998, S.14. Manfred Quiring, „Erfolg eines Bauernfängers". In: *Berliner Zeitung* vom 5.10.1995, Online-Ausgabe (eingesehen am 8.4.2002).
492 Vgl. ebd.
493 Vgl. Jean Cremet, „Vordenker Lummer?", in: *Antifaschistische Nachrichten* Nr.10/1999, Online-Ausgabe (eingesehen am 8.4.2002).

„Soldaten-Kapelle im ehemaligen Kurland-Kessel" nebst eines Museums zum Andenken an die Soldaten der Wehrmacht betrieb.[494]

In der Bundesrepublik traten Siegerist und die *DK* während des Bundestagswahlkampfes 1998 mit einer Pressekampagne in Erscheinung. Gemeinsam mit Heinrich Lummer warnten sie in Anzeigen vor dem Sieg eines *SPD*-geführten „Volksfrontbündnisses"[495] und diffamierten Gerhard Schröder als Bewunderer von Fidel Castro und Erich Honecker.[496] Heinrich Lummer gehörte auch zu den Teilnehmern einer Reisegruppe der *DK*, die versuchte, am 9. November 1998, dem 60. Jahrestag der Reichspogromnacht, nach Israel einzureisen. Die israelischen Behörden verweigerten ihr die Einreise, da sie befürchteten, unter den Teilnehmern befänden sich Altnazis und der als unerwünscht geltende Siegerist. Bei letzterem handelte es sich nach Einschätzung des israelischen Außenministeriums um einen „politisch aktiven Rassisten des extremen rechten Flügels", der nicht nach Israel eingelassen werden durfte.[497]

Für den Bundestagswahlkampf 2002 kündigte Siegerist an, dass sich die *DK* „wohl mehr als manch einem Zeitgenossen lieb, massiv in die deutsche Politik einmischen" würden.[498] Ungefragte Unterstützung erfährt der Kanzlerkandidat der Unionsparteien Edmund Stoiber durch Siegerists Verein unter anderem in Form eines von den *DK* hergestellten und in hoher Auflage vertriebenen Aufklebers mit der Losung: „Ganz Deutschland: Ja zu Stoiber".[499]

Bedeutung: Obwohl die Mitgliederzahl der *DK* auf kaum mehr als zwei Dutzend Mitglieder geschätzt wird,[500] behauptet der Verein, er verfüge über mehr als 40.000 Anhänger.[501] Mehr noch als an einem Wahlsieg Stoibers scheint Siegerist derzeit an einer Veränderung der bundesrepublikanischen Parteienlandschaft gelegen zu sein. Aus diesem Grund unterstützen die *DK* den Versuch des Hamburger Rechtspopulisten Ronald Schill, die Aktivitäten seiner Partei auch auf andere Bundesländer auszudehnen. In Zeitungsanzeigen rief der Verein zur Wahl der Schill-Partei in Sachsen-Anhalt auf[502] und scheut dabei auch nicht den vorprogrammierten Konflikt mit den Unionsparteien. Beteiligt sind Siegerist und sein Verein aber auch an dem Versuch des ehemaligen hessischen *FDP*-Landtagsabgeordneten Heiner Kappel, verschiedenen „rechten" Gruppierungen zu einer engeren Zusammenarbeit zu

---

494 Vgl. hma, „Ein Museum für die Wehrmacht?", in: *Antifaschistische Nachrichten* Nr.5/1999, Online-Ausgabe (eingesehen am 8.4.2002).
495 Vgl. Christian Kersten, „Lummers rechte Schulter", in: *Berliner Zeitung* vom 18.8.1998, Online-Ausgabe (eingesehen am 8.4.1998).
496 Vgl o. A., „Gemeinsame Sache. Mobilmachung gegen den SPD-Kandidaten", in: *Berliner Zeitung* vom 18.8.1998, Online-Ausgabe (eingesehen am 8.4.2002).
497 Vgl. ohne Autor, „Israel verweigert deutschen Ultrarechten die Einreise", in *Berliner Zeitung* vom 10.11.1998, Online-Ausgabe (eingesehen am 8.4.2002). Ojars J. Rozitis, „Zur Verhinderten Israelreise der Deutschen Konservativen", in: http://www.hagalil.com/archiv/98/11/israel.htm (eingesehen am 8.4.2002).
498 Vgl. Die Deutschen Konsverativen e.V, „Berufliches und politisches über Joachim Siegerist", in: Internetseite der *Deutschen Konservativen* (eingesehen am 7.4.2002).
499 Vgl. Die Deutschen Konservativen e.V., „Stoiber-Aufkleber immer mehr gefragt", in: Internetseite der *Deutschen Konservativen* (eingesehen am 8.4.2002).
500 Vgl. Mecklenburg, 1996: 274.
501 Vgl. Die Deutschen Konservativen e.V., „Wir über uns. Selbstdarstellung der Deutschen Konservativen e.V.", in: Internetseite der *Deutschen Konservativen* (eingesehen am 5.5.2002).
502 Vgl. Anzeige in der *FAZ* vom 28.03.2002, S.12. Internetseite der *Deutschen Konservativen* (eingesehen am 8.4.2002).

bewegen.⁵⁰³ Kontakte unterhält Siegerist nach eigenem Bekunden außerdem zu dem österreichischen Rechtspopulisten Jörg Haider, dem er eine Fortsetzung seiner politischen Karriere auf europäischer Ebene wünscht.⁵⁰⁴

In seinen offiziellen Stellungnahmen bemüht sich Siegerist stets um eine Abgrenzung von rechtsextremistischen Gruppierungen wie der → *NPD*. Dessen ungeachtet haben die *DK* kein Problem damit, den rechtsextremen Barden → Frank Rennicke zur Bestreitung des musikalischen Rahmenprogramms bei ihren zweimaljährlich stattfindenden Jahreskongressen zu engagieren.⁵⁰⁵

Insgesamt scheint es äußerst fraglich, ob es Siegerist und seinen Anhängern gelingen wird, ihr politisches Gewicht im rechten Lager zu vergrößern. Unbill drohte dem Verein unlängst von der Hamburger Sparkasse. Diese kündigte den *DK* im Anfang 2001 das Vereinskonto.⁵⁰⁶

Wilhelm Stäglich

Geboren: 1916
Wohnort: Hamburg
Beruf: Finanzgerichtsrat, Richter
Organisationen: *Institute for Historical Review* (*IHR*)
Funktionen: Mitglied des *Editorial Advisory Committee* des *Journal of Historical Review*

Aktivitäten: Der 1916 geborene Wilhelm Stäglich erlebte den Zweiten Weltkrieg als Ordonanzoffizier im Stab einer Flakabteilung, die einige Monate bei Auschwitz zum Schutz der Industrieanlagen sowie der Arbeits- und Konzentrationslager stationiert war.

1972 ließ sich der nach dem Krieg vom Finanzgerichtsrat zum Richter aufgestiegene Stäglich in den *NPD*-Landesvorstand von Hamburg wählen. Die Veröffentlichung eines Artikels in einer rechtsradikalen Zeitschrift führte zwei Jahre später zur Einleitung eines Disziplinarverfahrens gegen Stäglich. 1975 versetzte ihn das Oberlandesgericht Hamburg in den Ruhestand und kürzte für den Zeitraum von fünf Jahren seine Pensionsbezüge. Dennoch hielt Stäglich weiter an seiner rechtsradikalen Gesinnung fest. 1977 sollte er auf dem von dem Altnazi → Thies Christophersen geplanten „Auschwitz-Kongress" in Nürnberg als

---

503 Vgl. Die Deutschen Konservativen e.V., „Erstmals Einigung der „rechten" Verbände", in: Internetseite der *Deutschen Konservativen* (eingesehen am 5.5.2002). O.A., „Stoibers Freundeskreise", in: *junge Welt* vom 12.03.2002, Online-Ausgabe (eingesehen am 8.4.2002).

504 Vgl. A.M., „In der Offensive", in: *blick nach rechts* Nr.20/2000, S. 4; Dokumentationsarchiv des österreichischen Widerstands, „Trifft sich FPÖ-Spitze mit Rechtsextremen?, Neues von ganz rechts – Oktober 2000", in: http://www.doew.at/projekte/rechts/chronik/2000_10/fpoe.html (eingesehen am 8.4.2002).

505 Vgl. *Konservative Deutsche Zeitung*, Kongreß-Sonderausgabe 2002, S. 4, in: Internetseite der *Deutschen Konservativen* (eingesehen am 8.4.2002).

506 Vgl. Joachim Siegerist, „Aktuelle Briefe", März 2001, in: Internetseite der *Deutschen Konservativen* (eingesehen am 8.4.2002). Ders., „Aktuelle Briefe", Mai 2001, in: Internetseite der *Deutschen Konservativen* (eingesehen am 8.4.2002).

Redner auftreten. Ein Jahr später verfasste er einen Brief an das *Internationale Rote Kreuz*, in dem er die Bezeichnung „Vernichtungslager" für die nationalsozialistischen Mordanstalten in Osteuropa ablehnte und sich als Holocaust-Leugner zu erkennen gab. 1979 erschien im einschlägig bekannten Tübinger → *Grabert-Verlag* Stäglichs Buch *Der Auschwitz-Mythos*, das später auf Anordnung des Landgericht Stuttgarts beschlagnahmt wurde. In diesem Buch erklärt Stäglich alle Beweise für den Holocaust zu Fälschungen oder behauptet, sie seien durch Folter erpresst worden. Der offenkundige Dilettantismus des Autors und sein rabiater Antisemitismus, der die Argumentation des Werkes durchzieht, erübrigte eine ernsthafte Diskussion des Buches in Fachkreisen. Von der Gemeinde der Holocaust-Leugner wurde das Buch jedoch trotz seiner plumpen Machart begeistert aufgenommen und gehört bis heute zur „revisionistischen" Standardliteratur.

Das *Institute for Historical Review* (*IHR*) honorierte 1981 Stäglichs Arbeit mit seiner Berufung in den redaktionellen Beirat der Zeitschrift *Journal of Historical Review* und lud ihn zwei Jahre später als Referenten zur 5. „Revisionisten"-Tagung des Instituts nach Kalifornien ein. Die Universität Göttingen hingegen sah sich 1983 veranlasst, Stäglich seinen Doktortitel abzuerkennen, eine Maßnahme die vier Jahre später vom Bundesverwaltungsgericht in Berlin ausdrücklich bestätigt wurde. 1990 war Stäglich Teilnehmer des von dem Neonazi Ewald Bela Althans organisierten „revisionistischen" Kongresses „Wahrheit macht frei" im Münchner Löwenbräukeller und für das folgende Jahr war ein Auftritt Stäglichs auf einer unter dem Motto „Schluss mit dem Holocaust" stehenden Veranstaltung der →*Nationalistischen Front* angekündigt. Auch für die 1993 von Thies Christophersen geplanten „Nordischen Dichtertage" hatte Stäglich seine Teilnahme zugesagt. Im Oktober 1997 trat er zusammen mit → Jürgen Rieger und anderen bekannten Rechtsextremisten auf einer „Revisionisten"-Tagung in der Nähe Flensburgs auf, die als Gedenkveranstaltung für den im selben Jahr verstorbenen Christophersen organisiert worden war.

Bedeutung: Wilhelm Stäglich hat mit seinem Buch *Der Auschwitz-Mythos* einen der zentralen Texte der Holocaust-Leugnung verfasst. Das Buch fand trotz Beschlagnahmung und Indizierung in Deutschland erhebliche Verbreitung und wird vom Ausland aus auch hierzulande vertrieben. Mittlerweile ist es darüber hinaus in einer englischen Übersetzung erhältlich und wird im Internet zum Download angeboten. Stäglich war jahrelang ein wichtiger Aktivist des internationalen „Revisionismus" und scheute dabei auch nicht die Nähe von offen neonazistischen Kreisen. Zusammen mit → Udo Walendy ist er Herausgeber der in England gedruckten Broschüre *NS-Bewältigung*.[507] In den letzten Jahren ist es allerdings sehr ruhig um den betagten Holocaust-Leugner geworden.

---

507 Vgl. Informationsdienst gegen Rechtsextremismus, „Wilhelm Stäglich", in: http://www.idgr.de/lexikon/bio/b/butz-arthur/butz.html (eingesehen am 29.5.2002).

Michael Swierczek

Geboren: 1961

Wohnort: München

Beruf: unbekannt

Organisationen: → *Junge Nationaldemokraten (JN)*, *Junge Front (Volkssozialistische Bewegung Deutschlands/Partei der Arbeit)*, → *Aktionsfront Nationaler Sozialisten/Nationale Aktivisten (ANS/NA)*, → *Gesinnungsgemeinschaft der Neuen Front (GdNF)*, → *Komitee zur Vorbereitung der Feierlichkeiten zum 100. Geburtstag Adolf Hitlers (KAH)*, → *Freiheitliche Deutsche Arbeiterpartei (FAP)*, → *Nationale Offensive (NO)*.

Funktionen: Bundesvorstand *JN*, Kameradschaftsführer München *ANS/NA*, Herausgeber *Neue Front – Publikation des Nationalen Widerstands*, Sektionsleiter Süd *KAH*, stellv. Generalsekretär *FAP*, Herausgeber *FAP-intern*, Gründer und Vorsitzender *NO*, Herausgeber *Rechtskampf*.

Aktivitäten: Michael Swierczek begann seine politische Karriere bei den → *Jungen Nationaldemokraten (JN)*, in deren Bundesvorstand er saß. Später wechselte er zu den Volkssozialisten → Friedhelm Busses, in deren Jugendorganisation *Junge Front* er aktiv war. Nach deren Verbot 1982 wurde er Kameradschaftsführer im Raum München bei der *Aktionsfront Nationaler Sozialisten* (→ *ANS/NA*) → Michael Kühnens. 1986 unterzeichnete Swierczek das Anti-Homosexuellen Manifest des Mosler-Flügels und wurde Schriftleiter der *Neuen Front – Publikation des Nationalen Widerstands*. Außerdem wurde ihm die Sektionsleitung Süd des *KAH* übertragen. Als → Jürgen Mosler in den späten achtziger Jahren *FAP*-Generalsekretär wurde, wurde Swierczek sein Stellvertreter und Herausgeber des internen Parteiblatts. In den achtziger Jahren war Swierczek daneben Gitarrist der Band *Kruppstahl*. 1990 wurde Friedhelm Busse als Parteivorsitzender der *FAP* bestätigt, was Mosler und einige Gefolgsleute, die Busse Führungsschwäche vorwarfen, veranlaßte, aus der *FAP* auszutreten und eigene Wege zu gehen. Noch im Juli des Jahres gründeten Swierczek, → Christian Malcoci und andere die → *Nationale Offensive (NO)*, die allerdings schon 1992 wieder verboten wurde. Die Verbotswelle Anfang der neunziger Jahre veranlaßte Swierczek, die Zeitschrift *Rechtskampf* herauszugeben und gemeinsam mit der *Nationalen Initiative ‚Freiheit für Gottfried Küssel'* um → Thomas Brehl und Michael Petri im Dezember 1993 eine Rechtskampfwoche zu veranstalten. Ziel war es, über juristische und organisatorische Konsequenzen der Organisationsverbote zu informieren und den Zusammenhalt der von den Verboten betroffenen Szene zu gewährleisten.

Ab 1992 standen Mosler, Swierczek, Malcoci und andere in Stuttgart im zweiten sog. „Bewegungsprozeß" vor Gericht. Swierczek wurde wegen Fortführung der *ANS/NA* innerhalb des *KAH* zu 15 Monaten Gefängnis auf Bewährung verurteilt, wobei ihm zugute gehalten wurde, daß er sich – wie seine Mitangeklagten – aus der Neonazi-Szene zurückgezogen habe. Ab 1991 schrieb Swierczek allerdings für die Zeitschrift *Sieg* des Österreichers Walter Ochensberger, 1996 analysierte er in der Zeitschrift *Widerstand* den Entwicklungsstand der rechten Szene. Am 24. Mai 1999 trat er als Redner bei einer Veranstaltung der → *NPD* zu „50 Jahre Grundgesetz – Wir fordern: Meinungsfreiheit für alle! Freiheit für alle politischen Gefangenen!" auf und interviewte deren späteren Anwalt → Horst Mahler für das *Zentralorgan*. Er war darüber hinaus maßgeblich an der Bildung Freier Kameradschaftsstrukturen (→ *Kameradschaften*) in Süddeutschland beteiligt.

Bedeutung: Der Münchener Swierczek gehört heute ebenso wie vor zwanzig Jahren zu den „führende[n] Neonazis"[508] in der Bundesrepublik. Zentrale Figur u.a. der *NO* und des *KAH* in den achtziger und frühen neunziger Jahren entwickelte er in der Folgezeit mit seinen Kameraden von damals das Konzept der *Freien Kameradschaften*. Michael Swierczek ist heute einer der Köpfe der *Freien Nationalisten* in Süddeutschland.

Udo Voigt

Geboren: 1952

Wohnort: Hennigsdorf (Brandenburg)

Beruf: Flugzeugbauer, Bundeswehroffizier, Diplom-Politologe

Organisationen: → *Nationaldemokratische Partei Deutschlands (NPD)*

Funktionen: Bundesvorsitzender *NPD*

Aktivitäten: Der heutige Bundesvorsitzende der → *Nationaldemokratischen Partei Deutschlands (NPD)* ging 1972 nach einer ersten Ausbildung als Metall-Flugzeugbauer zur Luftwaffe und wurde dort Offizier. Im Rahmen der Ausbildung war er unter anderem in Griechenland und den USA. 1984 verließ er die Bundeswehr mit dem Grad des Hauptmanns. Er begann, in München Politikwissenschaft zu studieren und schloss 1987 mit dem Diplom ab.

Bereits als Schüler war er 1968 in die *NPD* eingetreten. Seit 1978 Kreisvorsitzender in Freising wurde er 1982 Mitglied im bayerischen Landesvorstand und 1992 Landesvorsitzender. Ab 1984 saß er im Bundesvorstand, leitete ab 1985 das *NPD*-Schulungszentrum in Iseo (Italien), wurde 1986 Mitglied im Parteipräsidium und 1995 stellvertretender Bundesvorsitzender. In den Wirren der frühen neunziger Jahre, als die Partei zu spalten drohte, stand Voigt zunächst noch an der Seite des umstrittenen neuen Vorsitzenden → Günter Deckert. Nach dessen Verurteilung im November 1995 zu einer zweijährigen Haftstrafe wegen Volksverhetzung wurde Deckert von den zuständigen Gremien der *NPD* seiner Funktionen enthoben.[509] Auf dem Bundesparteitag Ende März 1996 in Bad Dürkheim wurde Voigt mit 88 gegen 83 Stimmen für den inhaftierten Deckert zum Bundesvorsitzenden gewählt.

Voigt übernahm von Deckert eine heillos zerstrittene Partei, deren Mitgliederstand seit Jahren sank (1996: 3500[510]) und die sich zudem noch immer in finanziell desolatem Zustand befand.[511] Der neue Vorsitzende kündigte an, die „revisionistische" Kampagne Deckerts sofort zu stoppen und ein breites Bündnis mit anderen rechten Parteien anzustreben. Die „Runden Tische" für ein „Bündnis Deutschland" scheiterten jedoch an mangelndem Interes-

---

508 Verfassungsschutz Bayern, Informationen 1. Halbjahr 2001: 16.
509 Ihm wurde zudem zur Last gelegt, unkorrekt mit dem Parteivermögen umgegangen zu sein.
510 Mitglieder- und Teilnehmerzahlen hier und im folgenden nach Verfassungsschutzbericht des Bundes, Jahrgänge 1995-2001.
511 Bereits Deckert hatte einen Schuldenberg aus der Mußgnug-Ära übernommen und war selbst nicht immer gänzlich uneigennützig mit dem Parteivermögen umgegangen. Vgl. Uwe Hoffmann, Die NPD: Entwicklung, Ideologie und Struktur, 1999: 253 (Mußgnug) und 271ff. (Deckert).

se bei → Rolf Schlierers → *Republikanern*, dem lange schwelenden Streit mit → Gerhard Freys → *DVU* und der sich abzeichnenden Auflösung der → *DLVH* als Wahlpartei. Voigt musste also aus eigener Kraft den Umschwung schaffen und setzte dafür auf offensive Mitgliederwerbung auch im Bereich der von zahlreichen Verboten betroffenen neonationalsozialistischen Szene und unter Skinheads sowie bei der Jugendorganisation → *Junge Nationaldemokraten (JN)*, die bereits langsam Aufwind bekam (Mitgliederzahl 1995: 150, 1996: 200). Die *NPD* begann außerdem schon vergleichsweise früh neue Medien für die Propaganda einzusetzen und richtete noch im März 1996 eine Internetpräsenz ein. Im Juli und November des Jahres fanden zudem zwei „Nationale Internet-Kongresse" unter Führung der *NPD* statt.[512]

Im Oktober 1997 verkündete Voigt das neue strategische Konzept der *NPD*, das auf dem Parteitag in Stavenhagen (Mecklenburg-Vorpommern) 1998 als für die Partei verbindlich festgelegt wurde. Dort heißt es: „Wenn die NPD ihre Ziele in Deutschland erreichen will, muß sie – im übertragenen Clausewitzschen Sinne – drei große Schlachten schlagen: die Schlacht um die Köpfe, die Schlacht um die Straße und die Schlacht um die Wähler."[513] Jede dieser Schlachten sei gleich wichtig, um sich auf Dauer im politischen Spektrum der Bundesrepublik zu etablieren und eine ernstzunehmende Kraft zu werden. Interessant an diesem Papier ist, dass es rhetorisch und konzeptionell bereits stark an „linke" Positionen erinnert. Die Anlehnung an den politischen Gegner fand mit der Zeit aber auch auf inhaltlicher Ebene statt, wie Parolen wie „Sozialismus ist machbar" oder „Gegen Staat und Kapital" deutlich machen.

Nur wenige Monate später auf dem „1. Tag des Nationalen Widerstandes" in Passau im Februar 1998 gestand Voigt jedoch ein, dass der Kampf um die Straße in der gegenwärtigen Situation Vorrang haben müsse und Wahlen erst mittelfristig gewonnen werden könnten. Er verkündete die *Nationale Außerparlamentarische Opposition (NAPO)*, die in den nächsten Jahren die Straßen der Republik für den Nationalen Widerstand zurückgewinnen solle. „Erst wenn wir den von uns eröffneten ‚Kampf um die Straße' endgültig für uns entschieden haben, kann der ‚Kampf um die Parlamente' mit der Aussicht geführt werden [...], eine dauerhafte nationale Kraft im Nachkriegsdeutschland zu etablieren," erklärte Voigt in einer späteren Ausarbeitung des *NAPO*-Konzepts.[514]

Dies obwohl er mit seiner Partei zu diesem Zeitpunkt bereits einige beachtliche Erfolge bei Anmeldung und Durchführung von Demonstrationen verzeichnen konnte, insbesondere die größte Demonstration rechtsextremer Gruppen seit Anfang der siebziger Jahre am 1. März 1997 in München. Über 4.000 Menschen demonstrierten gegen die seit 1995 gezeigte Ausstellung „Vernichtungskrieg. Verbrechen der Wehrmacht 1941-1944" des *Hamburger Instituts für Sozialforschung*, die zu einem zentralen Kristallisationspunkt rechter Mobilisierung wurde. Auch der „1. Tag des Nationalen Widerstandes" war mit 4.000 Teilnehmern ein großer Erfolg für die *NPD*. Im Bereich Wahlen war es weiterhin bereits ein Erfolg, 1% der Wählerstimmen zu erreichen, um Wahlkampfkostenerstattung zu bekommen. Eine intellektuelle Erneuerung in der Partei fand zwar unter dem Amtsleiter für Politik und Bündnisse, Per Lennart Aae, und nach dessen Ausschluss vor allem durch → Jürgen Schwab statt, und es gelang auch, aktuelle Diskurse wie Globalisierung aufzugreifen. Inwieweit dies

---

512 Verfassungsschutzbericht des Landes Nordrhein-Westfalen 1996: 58.
513 NPD-Parteivorstand, „Das strategische Konzept der NPD", in: Holger Apfel (Hrsg.), Alles Große steht im Sturm: Tradition und Zukunft einer nationalen Partei, 1999, S.356-360, hier: 359.
514 Udo Voigt, „Mit der NAPO auf den Weg in das neue Jahrtausend", in: Apfel 1999, S.469-475, hier: 471.

aber bei der Mitgliederwerbung und der Wirkung über die extreme Rechte hinaus eine Rolle spielte, ist schwer zu ermessen.

Der Verbotsprozess, der Anfang 2001 angestrengt wurde, zeigte Wirkung sowohl innerhalb der Partei als auch in deren Umfeld. Innerhalb der Partei war vor allem die Berufung des von Voigt protegierten ehemaligen *RAF*-Terroristen → Horst Mahler als juristischem Vertreter der Partei vor dem Bundesverfassungsgericht neben → Hans-Günter Eisenecker eine äußerst umstrittene Entscheidung. Nachdem Aae die Prozessstrategie Mahlers öffentlich kritisiert hatte, sah sich Voigt sogar genötigt, ihn seiner Ämter zu entheben. Im Umfeld der Partei brachen lange schwelende Konflikte auf, als der Parteivorsitzende am 14. August 2000 zunächst ein Moratorium für Demonstrationen aussprach. Bissig kommentierte → Christian Worch: „Die NPD hat drei Jahre lang ein wenig auf dem Vulkan getanzt. [...] Gefüttert mit Staatsknete und im Besitz dieser Parteiherrlichkeit, des Parteienprivilegs, ist die NPD dann übermütig geworden. Und zwar nach innen hin, der Szene gegenüber. Da lief eine Vereinnahmungsstrategie."[515]

Zum Bruch mit großen Teilen der Kameradschaftsszene kam es jedoch erst, als Anfang 2002 eine Reihe von Informanten des Verfassungsschutzes unter namhaften Mitgliedern der Partei aufgedeckt wurden und Voigt dies mit relativer Gelassenheit hinnahm.[516] In Anlehnung an das Motto des Parteitags am 17. März des Jahres in Königslutter (Niedersachsen), „Deutschland wir kommen," riefen die *Freien Nationalisten* ihre Anhänger auf: „Kommt lieber nicht!" Voigt wurde dort mit etwa 75% der Delegiertenstimmen wiedergewählt, sein Gegner hieß wie vor sechs Jahren Günter Deckert. Nachdem sich die Führungsriege weigerte, eine eidesstattliche Erklärung abzugeben, dass sie nie für den Verfassungsschutz gearbeitet haben, erklärte → Steffen Hupka, Kopf der innerparteilichen Opposition, in einem offenen Brief an die „Kameradinnen und Kameraden" vom 20. März 2002 unmissverständlich: „Die NPD stellt daher für mich seit dem 17.3.2002 eine feindliche Organisation dar."[517]

Bedeutung: Udo Voigt ist offenkundig Opfer seines eigenen Erfolgs geworden, sowohl was das mögliche Verbot der von ihm geführten Partei angeht als auch im Hinblick auf die von ihm ausgerufene *NAPO*. Das von ihm vorangetriebene Bündnis mit Neonazis und Skinheads und der offensiv geführte Kampf um die Straße haben der Partei zwar fast eine Verdoppelung der Mitgliederzahl (2001: 6500) und erhöhte Präsenz in der Öffentlichkeit gebracht, sie aber auch angreifbar gemacht gegenüber einem Staat, der in den neunziger Jahren ebenso offensiv mit Verboten auf die Gefahr von rechts reagierte. Nachdem er einige seiner Kritiker aus der Partei entfernt hat, bleibt abzuwarten, ob er mit seinem „Aushängeschild" Horst Mahler das *NAPO*-Bündnis und die vielen neu gewonnenen Mitglieder wird zusammenhalten können, oder ob aus der dynamischen Avantgarde des „Nationalen Widerstandes" der späten neunziger Jahre wieder eine klassisch nationaldemokratische Altherrenriege wird.

---

515 Christian Worch, „Zur politischen Selbstkastration der NPD", Artikel vom 26. September 2000, zit. nach Webseite *Die Kommenden* (eingesehen am 6.6.2002).

516 Die Vorstandsmitglieder Wolfgang Frenz und Udo Holtmann wurden im April 2002 nach Entscheidung des Landesschiedsgerichts Nordrhein-Westfalen aus der Partei ausgeschlossen.

517 „Offener Brief von Steffen Hupka" vom 20. März 2002, zit. nach Webseite des *Störtebeker-Netz*, Interview mit Steffen Hupka (14. Mai 2002) (eingesehen am 6.6.2002).

Udo Walendy

> **Geboren**: 1927
>
> **Wohnort**: Vlotho (Nordrhein-Westfalen)
>
> **Beruf**: Diplom-Politologe
>
> **Organisationen**: → *Nationaldemokratische Partei Deutschlands (NPD)*, *Verlag für Volkskunde und Zeitgeschichtsforschung*, *Institute for Historical Review (IHR)*.
>
> **Funktionen**: Landesvorsitzender der *NPD* in Nordrhein-Westfalen, Inhaber des *Verlags für Volkskunde und Zeitgeschichtsforschung*, Herausgeber der Zeitschrift *Historische Tatsachen*, Autor des Buches *Wahrheit für Deutschland*, Mitglied des Beirats der *IHR*-Zeitschrift *Journal of Historical Review*.

Aktivitäten: Udo Walendy ist ein langjähriger Vertreter des „Geschichtsrevisionismus" in Deutschland und seit vielen Jahrzehnten aktiver Rechtsradikaler. In den 50er Jahren war er Angestellter im Hauptquartier der britischen Streitkräfte in Mönchengladbach, später Lehrbeauftragter im Generalsekretariat des *Deutschen Roten Kreuzes* und Leiter der Volkshochschule Herford. 1963 gründete Walendy den in Vlotho ansässigen *Verlag für Volkskunde und Zeitgeschichtsforschung*, in dem er bis 1996 vorwiegend selbstverfasste „revisionistische" Publikationen, darunter auch ab 1975 die berüchtigte Schriftenreihe *Historische Tatsachen*, veröffentlichte.[518] Ein Jahr später erschien in diesem Verlag Walendys voluminöses Werk *Wahrheit für Deutschland - Die Schuldfrage des Zweiten Weltkrieges*. In der Tradition des US-Amerikaners David L. Hoggan, der kurz zuvor ein Buch mit ähnlicher Stoßrichtung verfasst hatte, bestritt Walendy Deutschlands Schuld an der Auslösung des Zweiten Weltkrieges und bewies dabei außerordentliches Geschick beim manipulativen Umgang mit Quellen.

Unmittelbar nach ihrer Gründung in die → *NPD* eingetreten, wurde Walendy schon bald Mitglied des *NPD*-Bundesvorstandes (1965-1972) und Bundestagskandidat der Partei.[519] Von 1971-1973 war er Landesvorsitzender der *NPD* in Nordrhein-Westfalen. 1977 lud der Holocaust-Leugner → Thies Christophersen Walendy als „wissenschaftlichen Zeugen" zu einem später verbotenen „Auschwitz-Kongress" nach Nürnberg ein. Ein Jahr später beantragte das Jugendamt der Stadt Hamm die Indizierung der 1970 erschienenen Taschenbuchausgabe seiner Schrift *Wahrheit für Deutschland*. Die Bundesprüfstelle für jugendgefährdende Schriften gab dem Antrag statt, nach mehr als zehnjährigem Rechtsstreit wurde die Indizierung jedoch 1994 aufgehoben. Eine abermalige Indizierung mit abgewandelter Begründung wurde drei Jahre später durch eine Entscheidung des Verwaltungsgerichts Köln zurückgenommen. 1979 ordnet das Landgericht Bielefeld die Einziehung des von Walendy in seinem Verlag übernommenen Buches *Die Auschwitz-Lüge* von Thies Christophersen an. Im selben Jahr hielt Walendy außerdem einen Vortrag bei der „1. Revisionisten"-Tagung des in den Vereinigten Staaten beheimateten *Institute for Historical Review* (*IHR*). Verschiedentlich trat Walendy bei Veranstaltungen rechtsextremer Gruppen, wie der → *Wi-*

---

518 Vgl. Verfassungsschutzbericht des Landes Nordrhein-Westfalen für 1999: 135.
519 Nach Angabe des Verfassungsschutzes war Walendy von 1965 bis 1972 Mitglied des Bundesvorstandes (Verfassungsschutzbericht des Bundes 2000: 65). Hoffmann nennt hingegen abweichend: 1966-1973 (Uwe Hoffmann, Die NPD. Entwicklung, Ideologie und Struktur, 1999: 94).

king-Jugend (*WJ*) und dem *Deutschen Kulturwerk europäischen Geistes* (*DKeG*), in Erscheinung. 1986 wurde Walendy Mitglied des Beirats der *IHR*-Zeitschrift *Journal of Historical Review*. Zwei Jahre später trat er in Toronto als Zeuge der Verteidigung im Prozess gegen den Holocaust-Leugner → Ernst Zündel auf. 1991 war Walendy unter den Teilnehmern eines von dem Neonazi Ewald Althans organisierten internationalen „Revisionisten"-Kongresses in München. Im Mai 1996 verurteilte ihn das Landgericht Bielefeld wegen Volksverhetzung zu 15 Monaten Haft ohne Bewährung.[520] Wenig später wurden bei einer Hausdurchsuchung in Walendys Geschäfts- und Privaträumen mehrere Bücher und Ausgaben seiner Zeitschrift *Historische Tatsachen* beschlagnahmt.[521] 1997 verurteilte ihn das Amtsgericht Herford wegen Leugnung des Holocaust zu einer Freiheitsstrafe von 14. Monaten ohne Bewährung.[522] Der Haftantritt hatte eigentlich im März erfolgen sollen, der schlechte Gesundheitszustand Walendys verzögerte jedoch bis Oktober die Verbringung des Holocaust-Leugners in eine Haftanstalt.[523] Einen Monat zuvor hatte ihn die nordrhein-westfälische *NPD* noch demonstrativ auf Platz 1 der Landesliste als Kandidaten für die Bundestagswahl aufgestellt.[524] Am 31. Mai 1999 wurde Walendy aus der Haft entlassen.[525] Im April 2001 wurde er von der rechtsradikalen → *Gesellschaft für Freie Publizistik* (*GFP*) mit dem *Ulrich-von-Hutten-Preis* ausgezeichnet.[526]

Bedeutung: Udo Walendy war über viele Jahrzehnte einer der prominentesten Vertreter des „Geschichtsrevisionismus" in Deutschland. Als Verfasser des Buches *Wahrheit für Deutschland* gehört er in der Bundesrepublik zu den Pionieren dieser Spielart des Rechtsradikalismus. Walendy beschränkte sich bei seiner Tätigkeit aber nicht auf die Rolle des „rechtsintellektuellen" Wegbereiters von „revisionistischem Gedankengut", sondern trat als Spitzenfunktionär der *NPD* auch als Politiker in Erscheinung. Seine verlegerische und publizistische Tätigkeit ließen ihn zu einer der zentralen Persönlichkeiten im deutschen Rechtsradikalismus werden. Die 18-monatige Inhaftierung des altersschwachen Walendy verlieh ihm bei seinen Anhängern zudem den Nimbus eines „Märtyrers" und machte ihn neben → Günter Deckert zur Symbolfigur der „Opfer" eines angeblichen staatlichen „Gesinnungsterrors".[527] Seine praktische Bedeutung für das rechtsradikale Lager ist indessen in den letzten Jahren stark zurückgegangen. Nachdem gegen Walendy ein Gewerbeuntersagungsverfahren eingeleitet worden wurde, übernahm seine Ehefrau Ende 1999 den Verlag.[528] Als Konsequenz der juristischen Schwierigkeiten, die sich für Walendy aus der Herausgabe der *Historischen Tatsachen* ergaben stellte dieser 1996 die Zeitschrift ein.[529] Weitere Ausgaben des Hefts (ab Nr.69) erschienen aber in Verantwortung der in Belgien ansässigen *Stichting Vrij Historisch Onderzoek* (*VHO*), die seit Heft Nr.72 auch offiziell Herausgeberin der *Historischen Tatsachen* ist.[530] Auf der Homepage der *VHO* (für die → Germar Rudolf verant-

---

520 Vgl. Verfassungsschutzbericht des Bundes 1996: 158.
521 Vgl. *blick nach rechts* 7/96, S.16.
522 Vgl. Verfassungsschutzbericht des Bundes 1997: 122.
523 Vgl. „29 Monate Haft für kranken Autor Udo Walendy!", in: Internetseite der *HNG* (eingesehen am 4.1.2002)
524 Vgl. http://www.idgr.de/lexikon/bio/w/walendy-udo/walendy.html (eingesehen am 1.4.2001).
525 Vgl. Verfassungsschutzbericht des Landes Nordrhein-Westfalen für 1999: 113.
526 Vgl. *blick nach rechts* Nr.11/2001, S. 15.
527 Vgl. Verfassungsschutzbericht des Landes Nordrhein-Westfalen für 1999: 113.
528 Vgl. ebd.: 136.
529 Vgl. ebd.: 135.
530 Vgl. ebd.

wortlich zeichnet) werden insgesamt 74 Nummern der Zeitschrift (sowie 3 Indexbände) verzeichnet und zum Kauf angeboten. Nach Angaben des *Informationsdiensts gegen Rechtsextremismus (IDGR)* ist aber mittlerweile auch Nr.75 der *Historische Tatsachen* erschienen.[531]

Christian Friedrich Worch

Geboren: 1956

Wohnort: Hamburg

Beruf: gelernter Notariatsgehilfe

Organisationen: → *Aktionsfront Nationaler Sozialisten/Nationale Aktivisten (ANS/NA)*, → *Nationalsozialistische Deutsche Arbeiterpartei/Auslands- und Aufbauorganisation (NSDAP/AO), Deutschvölkische Gemeinschaft (DVG)*, → *Gesinnungsgemeinschaft der Neuen Front (GdNF)*, → *Hilfsorganisation für Nationale Politische Gefangene und deren Angehörige (HNG)*, → *Freiheitliche Deutsche Arbeiterpartei (FAP), Nationale Liste (NL)*

Funktionen: zeitweise Organisationsleiter der *ANS/NA* und der *GdNF*, Leiter des Schulungsamtes und des Amtes für Gefangenenhilfe der *ANS/NA*, Schriftleiter der *Nachrichten der HNG*, stellvertretender Vorsitzender der *NL*

Aktivitäten: Nach anfänglicher Mitgliedschaft in der → *NPD* baute Christian Worch ab 1977 mit → Michael Kühnen die *Aktionsfront Nationaler Sozialisten* (ab 1983 → *ANS/NA*) auf und leitete die Organisation während Kühnens Gefängnisaufenthalten.[532] Nach dem Verbot der *ANS/NA* 1983 war Worch am Aufbau der → *GdNF* beteiligt und gab zeitweise deren Organ *Die Neue Front* heraus. Außerdem wurde er 1984 Schriftleiter der *Nachrichten der HNG* unter der neuen Vorsitzenden Christa Goerth, ebenfalls eine treue Kühnen-Gefährtin. 1985 mußte Christian Worch diesen Posten allerdings an Volker Heidel, ebenfalls *ANS/NA*-Kader, abtreten, weil er selbst eine Haftstrafe anzutreten hatte, blieb aber in der → *HNG* aktiv. Worch folgte auch dem Aufruf Kühnens, in die → *FAP* einzutreten, deren Hamburger Landesverband von → Thomas Wulff geleitet wurde. Im „Bewegungsstreit" um die Homosexualität einiger profilierter *ANS/NA*- bzw. *GdNF*-Kader versuchte Worch in erster Linie, eine vermittelnde Rolle zu spielen: Er wurde zeitweise Redakteur bei → Jürgen Moslers Version der Zeitschrift *Die Neue Front – Publikation des Nationalen Widerstands*, bemühte sich aber gleichzeitig darum, Wulff und den Hamburger Landesverband der *FAP* auf Kühnens Seite zu ziehen. Mit der Gründung der *Nationalen Initiative ‚Freiheit für Michael Kühnen'* durch Worch, für die er auch seine Kontakte in der *HNG* nutzte, bezog er endgültig Stellung für Kühnen.

1989 initiierte Worch – weniger als zwei Monate vor der Gründung der → *Deutschen Alternative (DA)* als legalem Arm der *GdNF* – die Wahlpartei *Nationale Liste (NL)* in Hamburg. Er selbst übernahm anfangs keine Funktion, sondern setzte Leute aus seinem Um-

---

531 Vgl. http://www.idgr.de/lexikon/bio/w/walendy-udo/walendy.html (eingesehen am 4.1.2002).
532 Vgl. Christian Worch, „Vorwort", in: Michael Kühnen, Die Zweite Revolution – Band 1: Glaube und Kampf, zit. nach Webseite der *NSDAP/AO* (eingesehen am 27.5.2002).

feld, nicht zuletzt seine damalige Ehefrau Ursula, die bereits bei der *Deutschen Frauenfront (DFF)* Ämter bekleidete, in die Spitzenpositionen. Später wurde er stellvertretender Vorsitzender unter Thomas Wulff. Gewisse Bedeutung erlangte die Partei durch die zwischen 1989 und 1995 organisierten Rudolf-Heß-Gedenkmärsche und durch das Parteiorgan *Index*, das Worch u.a. 1991/92 für die Vorbereitung der Anti-Antifakampagne nutzte.[533] Ziel dieser Initiative war der Aufbau einer dezentralen Struktur über bestehende Organisationsgrenzen hinweg, um „Feindaufklärung" zu betreiben und Aktivisten die Möglichkeit zur Gegenwehr zu geben.

Nachdem er 1997 aus mehr als einjähriger Haft wegen Verstoßes gegen das *ANS/NA*-Verbot entlassen wurde, unternahm der Hamburger mit seinem altgedienten Gefährten Wulff erneut den Versuch, Gesinnungsgenossen zu vernetzen, ohne jedoch eine feste Organisation zu bilden. Die „Freien Nationalisten" gaben sich eine Art Dachverband unter dem Namen *Nationales und Soziales Aktionsbündnis Norddeutschland* (mittlerweile auch in anderen Regionen vertreten), nutzen Telefonansagen (Infotelefone) und eine Internetplattform für die Kommunikation, geben das *Zentralorgan* als Druckschrift heraus und machen Geschäfte mit dem *Zentralversand*. Die „freien Kräfte" sollen durch ihre informelle Vernetzung geringe Angriffsfläche für staatliche Maßnahmen bieten. Ihre Fähigkeit, Anhänger zu mobilisieren, konnten sie insbesondere im Verein mit der *NPD* bei den Demonstrationen gegen die Ausstellung „Vernichtungskrieg. Verbrechen der Wehrmacht 1941-44" des *Hamburger Instituts für Sozialforschung* unter Beweis stellen. Dennoch blieb die Zusammenarbeit mit der *NPD* nicht reibungslos. So lehnte Worch im August 2000 ein vertrauliches Angebot des Bundesvorsitzenden → Udo Voigt, den Vorsitz des Landesverbands Hamburg zu übernehmen, in einer öffentlichen Erklärung ab. Christian Worch ist in den letzten Jahren vermehrt im Ruhrgebiet, wo er mit dem ehemaligen *FAP* Landesvorsitzenden in NRW → Siegfried Borchardt und der *Sauerländer Aktionsfront* zusammenarbeitet, sowie in Mecklenburg-Vorpommern aktiv. Des weiteren war er maßgeblich am Aufbau des → *Bündnis Rechts* in Lübeck beteiligt.

Bedeutung: Nach dem Tod Michael Kühnens 1991 kristallisierte sich unter dessen zahlreichen Stellvertretern und Nachfolgern vor allem Christian Worch als „Kopf der Bewegung" heraus. Es waren vor allem seine immer neuen Organisationskonzepte, die darauf ausgerichtet waren, es staatlichen Stellen so schwer wie möglich zu machen, den Verbotshebel anzusetzen, die der militanten rechtsextremen Szene die Impulse gaben. Zudem versteht er es, gerade junge Menschen für seine Ziele zu mobilisieren und großangelegte Aktionen mit gutem Gespür für die Themen zu organisieren. Seine internationalen Kontakte erstrecken sich von der *Danmarks Nationalsocialistike Bevægelse (DNSB)* über die *Faisceaux Nationalistes Européens (FNE)* in Frankreich, für die er in den 80er Jahren als Verbindungsmann fungierte, bis in die Vereinigten Staaten zur → *NSDAP/AO*. Er ist und bleibt kompromißloser Rechtsextremist, der auch Haftstrafen in Kauf nimmt, um seine politischen Ziele zu erreichen. Als Erbe einiger Immobilien in Hamburg kann er es sich leisten, sich ganz der Politik zu widmen, und gerade angesichts einer geschwächten und mit sich selbst beschäftigten *NPD* kann die Bedeutung Christian Worchs für die deutsche rechtsextreme Szene nur noch steigen.

---

533 Zur Anti-Antifa vgl. den Beitrag von Anton Maegerle in diesem Band.

Thomas „Steiner" Wulff

> **Geboren**: 1962
>
> **Wohnort**: Hamburg
>
> **Beruf**: unbekannt
>
> **Organisationen**: → *Gesinnungsgemeinschaft der Neuen Front (GdNF)*, → *Komitee zur Vorbereitung der Feierlichkeiten zum 100. Geburtstag Adolf Hitlers (KAH)*, → *Freiheitliche Deutsche Arbeiterpartei (FAP)*, Nationale Liste (NL), Nationales und Soziales Aktionsbüro Norddeutschland (NSAB Norddeutschland).
>
> **Funktionen**: Sektionsleiter Nord *KAH*, Landesvorsitzender *FAP* HH, Vorsitzender *NL* und Schriftleiter *Index*.

Aktivitäten: Der Hamburger Thomas Wulff, der sich selbst gerne nach dem *SS*-General Felix Steiner benennt, ist enger Weggefährte → Christian Worchs aus „Bewegungs"-Zeiten. Anfangs hatte sich Wulff im Bewegungsstreit auf die Seite der Kühnengegner geschlagen und deren *Manifest* mit unterzeichnet, hielt sich dann aber an den Kühnen-treuen Worch. Er war unter anderem Sektionsleiter Nord des → *Komitee zur Vorbereitung der Feierlichkeiten zum 100. Geburtstag Adolf Hitlers (KAH)* und wurde in den achtziger Jahren Landesvorsitzender der → *Freiheitlichen Deutschen Arbeiterpartei (FAP)* in Hamburg. 1991 übernahm André Goertz diesen Posten, nachdem Wulff mit Worch und anderen die *Nationale Liste (NL)* als Regionalpartei gründet hatte und deren Vorsitzender geworden war. Später übernahm er auch die Schriftleitung des Parteiorgans *Index*. An der in dieser Zeitschrift initiierten Anti-Antifa-Kampagne war er ebenso beteiligt.[534]

Nach dem Verbot der *NL* 1995 war Wulff kurzzeitig Mitglied der → *Deutschen Liga für Volk und Heimat (DLVH)*, die allerdings zu dieser Zeit bereits dabei war, sich die Form eines Vereins zu geben, und in Zukunft auf die Teilnahme an Wahlen verzichten wollte. Außerdem sprach er auf einer Demonstration der *Republikanischen Jugend* am 6. Juni 1998 in Kassel.[535] Ab Dezember 1994 erschien die Zeitschrift *Bramfelder Sturm*, die von einer gleichnamigen → *Kameradschaft* aus *NL*-Mitgliedern um Thomas Wulff herausgegeben wurde; ab November 1996 trug sie den Namen *Hamburger Sturm*. 1998 gab es erste Auflösungserscheinungen und die Bramfelder Skinheads um Torben Klebe, der mittlerweile eine wichtige Rolle im → *Blood & Honour*-Netzwerk spielte, spaltete sich ab und firmierte fortan wieder unter dem alten Namen. 2000 wurde die Publikation verboten und die Kameradschaft vom Hamburger Innensenator aufgelöst.

Als Christian Worch 1997 aus der Haft entlassen wurde, begann dieser mit Wulff erneut, mit dem Modell der *Freien Kameradschaften* und dem *Nationalen und Sozialen Aktionsbündnis Norddeutschland (NSAB Norddeutschland;* → *Kameradschaften)* ihre Anhänger zu vernetzen, ohne dabei eine formale Organisation zu bilden. Um das *Aktionsbüro*, in dem die Fäden zusammenlaufen, bildeten sich die Zeitschrift *Zentralorgan* mit angeschlossenem Versand, ein *Freies Infotelefon* und eine Internetseite, sowie ein Verlag. Durch die informelle Struktur soll es Außenstehenden – von staatlichen Stellen bis zu politischen

---

534 Antifaschistisches Autorenkollektiv, Drahtzieher im braunen Netz, 1996: 66. Zur Anti-Antifa vgl. den Beitrag von Anton Maegerle in diesem Band.
535 Vgl. Verfassungsschutzbericht Hamburg 1998: 61.

Gegnern – schwer gemacht werden, Informationen zu sammeln und Gegenmaßnahmen zu ergreifen. Nicht zuletzt die technischen Möglichkeiten der mobilen Kommunikation machen eine Mobilisierung trotz dieses vermeintlichen Handicaps äußerst effektiv. So konnten diverse Demonstrationen gegen die Ausstellung zu den Verbrechen der Wehrmacht im Zweiten Weltkrieg und – „Steiners" Spezialgebiet – „Heldengedenken" und Kranzniederlegungen für gefallene deutsche Soldaten durchgeführt werden. Ende der neunziger Jahre erwarb er gemeinsam mit Michael Grewe ein Anwesen in Mecklenburg-Vorpommern, das bereits für diverse Veranstaltungen genutzt wurde, und das dem → *Nationalen Sanitätsdienst „Braunes Kreuz"* und dem *FSN-Zentralversand* offenbar mittlerweile als Zentrale dient.[536] Daneben dient der *Club 88* in Neumünster den *Freien Nationalisten* in Norddeutschland als Treffpunkt.

Gegen Ende der neunziger Jahre begann eine Annäherung zwischen der → *NPD* und den autonomen Kräften, die ihren Höhepunkt erreichte, als einer der Aktivisten aus Wulffs Umfeld, Peter Borchert, im Februar 2001 zum Landesvorsitzenden in Schleswig-Holstein gewählt wurde und die *Freien* praktisch den Landesverband übernahmen. Die Parteikarriere Borcherts endete jedoch noch im selben Jahr. Angesichts des möglichen Verbots der *NPD* haben enttäuschte *DLVH*- und *NPD*-Anhänger ohnehin in den letzten Jahren angefangen, Hand in Hand mit den Freien Kräften das → *Bündnis Rechts* in Lübeck aufzubauen, das bereits Nachahmer in anderen Städten gefunden hat.

Bedeutung: Was den norddeutschen Raum angeht ist Thomas Wulff neben Christian Worch der Kopf der neonazistischen Szene. Zwar sind einige Skinheads, die unter Torben Klebe neben dem *Hamburger Sturm* auch bei *Blood & Honour* aktiv waren, eigene Wege gegangen, gerade das Konzept der *Freien Kameradschaften* und regionalen *Aktionsbündnisse*, die Kontakte insbesondere zur *NPD* pflegen, hat aber bundesweit seine Nachahmer gefunden. Die Zeitschrift *Zentralorgan* und die Internetseite des *NSAB Norddeutschland* zählen zu den wichtigsten Medien am äußersten rechten Rand.

Ernst Zündel (Pseudonym Christof Friedrich)

Geboren: 1939
Wohnort: Tennessee (USA)
Beruf: Grafiker
Organisationen: *Samisdat Publishers*
Funktionen: Eigentümer des Verlages *Samisdat-Publishers Ltd.*

Aktivitäten: Ernst Zündel ist einer der aktivsten und aggressivsten Leugner des Holocaust und einer der wichtigsten Protagonisten beim weltweiten Vertrieb von neonazistischem und „geschichtsrevisionistischem" Propagandmaterial. Der gebürtige Deutsche wanderte 1957 nach Kanada aus, um sich der Ableistung des Wehrdienstes in der Bundesrepublik zu entziehen. In Kanada arbeitete er zunächst als Grafiker und Fotoretuscheur und widmete sich

---

536 B. Ohne „Ein Neues Hetendorf?" in: *blick nach rechts* 04/2000, S.3.

nebenberuflich der Malerei. In Montréal lernte Zündel den frankokanadischen Neonaziführer Adrien Arcand kennen und entwickelte unter dessen Einfluss eine zunehmend rechtsradikale Gesinnung.[537] Zündel besuchte in den 60er Jahren Abendkurse an der Université de Montréal und erhielt so die Möglichkeit, sich mit eigenen Beiträgen an einer von Studenten herausgegebenen Zeitschrift und dem Programm der universitätseigenen Fernsehstation zu beteiligen. Seine antisemitischen und antikommunistischen Ausfälle verhalfen Zündel schnell zu einer notorischen lokalen Prominenz und spornten ihn an, eine Gruppe Gleichgesinnter um sich zu scharen, die mit Demonstrationen gegen „antideutsche Hetze" und der öffentlichen Verharmlosung des Nationalsozialismus auf sich aufmerksam machte.

Nach einer Begegnung mit dem Holocaust-Leugner → Thies Christophersen in den frühen 1970er Jahren übersetzte Zündel dessen Schrift *Die Auschwitz-Lüge* ins Englische. 1976 gründete er den Verlag *Samisdat-Publishers Ltd.* und trat als Mitherausgeber der neonazistischen Zeitschrift *White Power Report* in Erscheinung. Über seinen Verlag wurden zahlreiche „revisionistische" Publikationen und Videokassetten vertrieben, darunter auch Zündels privates Sprachrohr, der *Germania*-Rundbrief. Inhaltlich wurde das unregelmäßig erscheinende Blatt von antisemitischen Tiraden, apologetischen Äußerungen zum Nationalsozialismus und der Verunglimpfung der Bundesrepublik Deutschland dominiert, es fanden sich aber auch Hinweise auf Zündels eher obskures Faible für die nationalsozialistische UFO-Forschung. Neben Interessenten für eine Expedition zu „Hitlers antarktischen UFO-Stützpunkten" suchte Zündel auch Käufer für die von ihm vertriebenen UFO-Modelle, die angeblich Fluggeräten nachgebildet waren, die von deutschen Wissenschaftlern im Zweiten Weltkrieg als „Wunderwaffe" entwickelt wurden.[538]

1979 beteiligte sich Ernst Zündel an der Gründung des *Institute for Historical Review* in Kalifornien, das sich zu einer der wichtigsten Institutionen der Holocaust-Leugnung mit wissenschaftlichem Anstrich entwickelt hat. Ein Jahr später verlegte er die von dem britischen „Revisionisten" Richard Harwood verfasste Hetzschrift *Did Six Million Really Die?* in seinem Verlag. Großes Aufsehen erregte Zündel 1981 mit der massenhaften weltweiten Verschickung von kostenlosen Tonbandkassetten und Schriften „revisionistischen" Inhalts. 1985 verurteilte ihn ein kanadisches Gericht wegen „Veröffentlichung falscher Nachrichten über den Holocaust" zu 15 Monaten Haft auf Bewährung. Wegen eines Formfehlers wurde das Urteil jedoch zwei Jahre später aufgehoben und ein neuer Prozess eröffnet, in dem von → David Irving, über Robert Faurisson bis hin zu Thies Christophersen fast alle international bekannten Holocaust-Leugner als Zeugen der Verteidigung auftraten. Zündel beauftragte außerdem den US-Amerikaner Fred Leuchter mit der Anfertigung eines Gutachtens, aus dem hervorgehen sollte, dass die Massentötungen durch Giftgas im Vernichtungslager Auschwitz technisch nicht möglich gewesen seien. Obwohl das Gericht den sogenannten *Leuchter-Report* nicht als wissenschaftliche Expertise akzeptierte, und die Behauptungen des Hochstaplers Leuchter mittlerweile widerlegt worden sind, gilt den „Revisionisten" dieses Gutachten nach wie vor als eines ihrer stärksten Argumente bei der Leugnung des Holocaust. Der zweite Zündel-Prozess endete mit einer Verurteilung des Angeklagten zu neun Monaten Haft ohne Bewährung. Zündel legte jedoch gegen diese Entscheidung Berufung ein und wurde 1992 vom Obersten Gerichtshof Kanadas freigesprochen.

---

537 Vgl. o.A., „Ernst Zündel. Sein Kampf für Deutschland. Ein Lebenslauf in historischen Daten und Stichworten." Es handelt sich bei diesem Text um eine wahrscheinlich von Zündel selbst verfasste Biographie, die auf der *Zundelsite* zu finden ist (eingesehen 29.5.2002).
538 Vgl. Informationsdienst gegen Rechtsextremismus, „Ernst Zündel," http://www.idgr.de/lexikon/bio/xyz/zuendel-ernst/zuendel.html (eingesehen 29.5.2002).

1990 organisiert Zündels damaliger Kontaktmann in Deutschland Ewald Bela Althans in München die „revisionistische" Großveranstaltung „Wahrheit macht frei!" Ein Jahr später wurde Zündel in der Wohnung der → Michael Kühnen-Vertrauten Ingrid Weckert in München verhaftet, nachdem er zuvor konspirativ in die Bundesrepublik eingereist war, um an einer weiteren „revisionistischen" Veranstaltung teilzunehmen. Es folgte eine Verurteilung zu einer Geldstrafe von 12.600 DM wegen Volksverhetzung und Aufstachelung zum Rassenhass. In den frühen 1990er Jahren erwarb Zündel Sendezeit bei nordamerikanischen Fernseh- und TV-Stationen.[539] Er bemühte sich außerdem vergeblich, die kanadische Staatsbürgerschaft zu erwerben. Mittlerweile ist er mit der deutschstämmigen, in der Ukraine geborenen US-Amerikanerin Ingrid Rimland verheiratet, um so einer möglichen Abschiebung in die Bundesrepublik zu entgehen. Rimland zeichnet auch offiziell für Zündels seit Mitte der 90er Jahre bestehendes Internetangebot *Zundelsite* verantwortlich und verschickt täglich *ZGrams* genannte E-Mail-Mitteilungen an die Leserschaft der Seite. Anfang 2002 wurde Zündels Webseite in Kanada wegen ihrer rassistischen Ausrichtung auf Entscheidung des kanadischen Menschenrechtstribunals verboten. Zündel wurde eine Frist von 30 Tagen gesetzt, das beanstandete Material von der Internetseite zu entfernen oder das Urteil anzufechten. Da Zündel vermutlich mittlerweile bei Rimland im US-amerikanischen Bundesstaat Tennessee[540] lebt und in den Vereinigten Staaten eine andere Gesetzeslage herrscht, scheint es jedoch äußerst fraglich, ob Zündels kalifornischer Internetprovider *Webcom* künftig seine Internetseite aus dem Netz verbannen wird.

Bedeutung: Ernst Zündel ist weltweit einer der größten Verbreiter von „revisionistischem" Propagandamaterial. Die intensive Nutzung des neuen Mediums Internet hat ihm diese Tätigkeit in den letzten Jahren erheblich erleichtert. Zündel betreibt daneben aber auch die Produktion und den Vertrieb von Videoaufklärungsfilmen und sorgte mit dem Kauf von Sendezeit bei US-amerikanischen Fernseh- und Rundfunkstationen für Schlagzeilen. Eigenen Angaben zu Folge strahlt er via Satellit außerdem einmal wöchentlich sein englischsprachiges Fernsehprogramm *Voice of Freedom* aus.[541] Zündel verfügt über beste Kontakte zu Revisionisten und Rechtsextremisten auf der ganzen Welt und ist ein wichtiges Glied im internationalen rechtsradikalen Netzwerk. Dennoch ist der Exzentriker Zündel nicht unumstritten.[542]

---

539 Vgl. Thomas Pfeiffer, Für Volk und Vaterland. Das Mediennetz der Rechten – Presse, Musik, Internet, 2002: 309.
540 Vgl. Anti-Defamation League, „Ernst Zundel. Defending Hitler, Denying the Holocaust," http://www.adl.org/holocaust/zundel.html (eingesehen 28.5.2002).
541 Vgl. *Zundelsite* (eingesehen 29.5.2002).
542 Vgl. Pfeiffer 2002: 310.

Doris Klara Hildegard Zutt

> **Geboren**: 1955
>
> **Wohnort**: Ehringshausen (Hessen)
>
> **Beruf**: Altenpflegerin
>
> **Organisationen**: → *Nationaldemokratische Partei Deutschlands (NPD)*
>
> **Funktionen**: Mitglied im Bundesvorstand der *NPD* (seit 1993), Fraktionsvorsitzende der *NPD* in Ehringshausen (Hessen)

Aktivitäten: Nach ihrem Volksschulabschluss machte Doris Zutt zunächst eine Lehre als Verkäuferin und ließ sich schließlich Ende der 90er Jahre zur staatlich anerkannten Altenpflegerin ausbilden.

Seit 1980 ist Doris Zutt, Mutter zweier Kinder, Mitglied der → *NPD*. Sie war viele Jahre Mitglied des *NPD*-Landesvorstandes von Hessen, zwischendurch gar stellvertretende Landesvorsitzende. Seit 1993 gehört Doris Zutt überdies – derzeit als einzige hessische Vertreterin – dem *NPD*-Bundesvorstand an „und gehört stets zur Truppe der Spitzenkandidaten der Partei zu Bundes-, Europa- und Landtagswahlen in Hessen."[543] Seit 1989 sind sowohl Doris Zutt wie auch ihr Ehemann Alfred Zutt in der *NPD*-Fraktion von Ehringshausen vertreten. Zutt betont die Notwendigkeit einer „Gemeindepolitik zum Nutzen der deutschen Bürger". Vor Ort „deutsche Politik für deutsche Menschen zu machen" bedeutet für Zutt unter anderem die Bekämpfung von „Überfremdung".[544]

Bei den hessischen Kommunalwahlen 1997 erhielt die *NPD* in Ehringshausen (Lahn-Dill-Kreis) 22,9% der Wählerstimmen und erreichte damit das beste Ergebnis, das die *NPD* jemals hatte (1989: 6,4%, 1993: 13,6%). Bei den hessischen Kommunalwahlen 2001 erlitt die *NPD* allerdings herbe Einbußen und konnte nunmehr lediglich 7,1% der Stimmen erzielen.[545] 1998 kandidierte Zutt bei den Bundestagswahlen für die *NPD* und erreichte 1,3% der Stimmen. Im September 2001 wurde sie auf dem Landesparteitag der *NPD*-Hessen in Lohra vor Volker Sachs und dem *JN*-Landesvorsitzenden Stefan Rochow auf Platz eins der hessischen Landesliste zur Bundestagswahl im September 2002 gewählt.[546] Zudem trat sie 2001 bei der Bürgermeisterwahl in Waren (Mecklenburg-Vorpommern) an, wo sie rund 2% der Stimmen auf sich vereinen konnte.[547]

Doris Zutt tritt des öfteren auf rechtsextremen Demonstrationen in Mecklenburg-Vorpommern als Rednerin auf. So war sie unter anderem auf einer *NPD*-Demonstration am 1. September 2001 in Greifswald, die unter dem Motto „Gegen Krieg und militaristischen

---

[543] „Doris Zutt, Mitglied des Parteivorstandes", in: Holger Apfel (Hrsg.), Alles Große steht im Sturm: Tradition und Zukunft einer nationalen Partei, 1999: 339.

[544] Doris Zutt, „Gemeinsinn fördern – Leben schützen – Zukunft sichern!", in: *Klartext – Die Deutsche Stimme von Ehringshausen*, Februar 1997.

[545] http://www.verfassungsschutz-hessen.de/sachdateien/bibliothek/kw2001.htm (eingesehen am 5.6.2002).

[546] Webseite der *NPD*-Hessen (eingesehen am 4.6.2002).

[547] http://www.stadt-waren-mueritz.de/rathaus/wahl-bm.html (eingesehen am 5.6.2002).

Größenwahn" stand, neben → Dr. Hans-Günter Eisenecker, Maik Spiegelmacher und Axel Möller („freier Nationalist" aus Stralsund) ebenfalls mit einem Redebeitrag präsent.[548]

Gemeinsam mit ihrer Familie betreibt Doris Zutt in Ehringshausen seit 1998 „Zutt´s Patriotentreff", einen rechtsextremen Gemischtwarenladen, in dem unter anderem NS-Devotionalien und einschlägige Musik erworben werden können und der zugleich als Treffpunkt dient. Im November 1999 eröffneten die Zutts auch in Waren in den Räumlichkeiten einer ehemaligen Fleischerei einen „Patriotentreff".[549] Waren soll, so die Vorstellung von Doris Zutt, eine „nationale Hochburg" werden.[550] Nachdem der Bürgermeister von Waren (*SPD*) sich in verschiedenen Zeitungsartikeln gegen den „Patriotentreff" positioniert hatte, verfaßte Zutt einen offenen Brief, der per Postwurfsendung an mehrere tausend Haushalte der Kleinstadt verteilt wurde. In diesem berief sich Zutt unter anderem auf Rosa Luxemburgs Ausspruch „Freiheit ist auch immer die Freiheit des Andersdenkenden" und bezichtigte den Bürgermeister, „auf dem linken Auge blind" zu sein.[551]

Der „Patriotentreff" gehört, neben dem vom *Kameradschaftsbund Usedom (KBU)* herausgegebenen *Insel-Boten*, zu den Unterstützern des *Norddeutschen Sprachrohr – Schülerzeitung für Mecklenburg-Vorpommern*,[552] für den der stellvertretende *NPD*-Landesvorsitzende von Mecklenburg-Vorpommern, Lutz Dessau, als freier Mitarbeiter schreibt.[553] Chefredakteur des *Sprachrohr* ist Hannes Gerlach, ehemaliger Vorsitzender der *Schülerinitiative für freie Meinungsbildung und -äußerung* in Greifswald. Diese „NPD-Tarnorganisation"[554] wurde im Januar 2001[555] von Schülern der verbundenen Haupt- und Realschule Friedrich Engels in Greifswald gegründet, um, so heißt es in einer Selbstdarstellung, „sich der Diskriminierung ‚politisch unkorrekter' Meinungen" entgegenzustellen.[556] Hierzu gibt die *Schülerinitiative* das bereits erwähnte *Sprachrohr* heraus, veranstaltet Demonstrationen (u.a. „Gegen Drogen und Gewalt") und Infostände und sammelt Unterschriften „gegen den Zuzug ausländischer Mitbürger".[557]

Bedeutung: Doris Zutt ist eine der wenigen aktiven rechtsextremen Veteraninnen.[558] Zutt gehört unter den rechten Frauen zu den Traditionalistinnen, d.h. sie sieht die Aufgabe von Frauen vor allem in der Familie. So wird Zutt mit den Worten zitiert: „Wir haben unsere Männer, die an vorderster Stelle das Recht auf Arbeit haben. Wenn ich auf die Frauenpolitik gehe, dann sage ich, die Männer gehen arbeiten, die Frauen bleiben zu Hause. Wir bekommen die Kinder. Wir müssen die Zukunft sichern."[559] Ihr Führungsstil ist recht rigoros, sie versucht in erster Linie durch freundliche Nachbarschaftshilfe in ihrem Kreis und nicht in der nationalen Öffentlichkeit aufzutreten. In einer Szene, wo Frauen in Führungsfunktionen Mangelware sind, kommt Doris Zutt eine besondere Bedeutung zu.

---

548 http://www.verfassungsschutz-mv.de/pages/quabe0301.htm (eingesehen am 4.6.2002).
549 Heike Kleffner, „Brauner Szeneladen", in: *blick nach rechts* Nr.23/2000, S.2-3.
550 Meldungen, in: *blick nach rechts* Nr.17/2001: 15.
551 Wirbel um Zutts „Patriotentreff", in: *Deutsche Stimme* 10/2000, S.10.
552 Webseite des *Sprachrohr* (eingesehen am 6.6.2002).
553 ebd.
554 Peter Nowak, „Getarnte Agitation", in: *blick nach rechts* Nr.19/2001, S.6.
555 Lukas Kühn, „Kinder und Kameraden", in: *Ostseezeitung* vom 1.2.2002.
556 Webseite des *Sprachrohr* (eingesehen am 6.6.2002).
557 vgl. Peter Nowak, „Getarnte Agitation", in: *blick nach rechts* Nr.19/2001, S.6.
558 vgl. den Beitrag von Renate Bitzan in diesem Band.
559 Rainer Fromm/Barbara Kernbach, „Frauen drängen verstärkt in die rechtsextreme Szene: Experten befürchten Verfestigung der Strukturen", in: *Die Welt* vom 2.4.2001.

III. Infrastruktur

1. Organisationen

Aktionsfront Nationaler Sozialisten/Nationale Aktivisten (ANS/NA)

Gründung: 1977 *ANS*, nach dem Zusammenschluss mit der *NA* 1983: *ANS/NA* (verboten im Dezember 1983 vom Bundesminister des Innern).

Sitz: Hamburg

Funktionäre/namhafte Aktivisten: → Michael Kühnen († 1991), → Thomas Brehl, → Christian Malcoci, → Christian Worch

Mitgliederzahl: Zum Zeitpunkt des Verbots ca. 270

Publikationen: *Die Innere Front, Das Korps*

Programmatik/politische Zielsetzung: Die *ANS/NA* wollte die Wiederzulassung der *Nationalsozialistischen Deutschen Arbeiterpartei* (*NSDAP*) erreichen und bekannte sich offen zum Nationalsozialismus. Der ideologische Kopf der *ANS/NA*, → Michael Kühnen, fühlte sich dem sogenannten „linken Flügel" innerhalb der *NSDAP* zugehörig (dem sozialrevolutionären Röhm/Strasser-Flügel)[1] und sah sich in der Tradition der *SA*.

Die *ANS* ging 1977 aus dem von Michael Kühnen gegründeten *Freizeitverein Hansa* in Hamburg hervor. Gegen Ende desselben Jahres wurde sie als legaler Arm der → *Nationalsozialistischen Deutschen Arbeiterpartei/Auslands- und Aufbauorganisation* (*NSDAP/AO*) bezeichnet.[2]

Organisation und Aktivitäten: Die Geschichte der *ANS/NA* ist eng mit der Person Michael Kühnens verbunden. Kühnen schaffte es, der anfangs sehr kleinen Gruppe der *ANS*, durch provokante und äußerst medienwirksame Aktionen einen hohen Bekanntheitsgrad zu verschaffen. 1978 kam es beispielsweise zu einem Aufmarsch der *ANS*-Aktivisten, bei dem sie Eselsmasken trugen und Schilder mit der Aufschrift: „Ich Esel glaube noch, dass in deutschen KZs Juden vergast wurden" mitführten. Die so erreichte Bekanntheit führte dazu, dass die Organisation anwuchs und sich auf verschiedene Bundesländer ausweiten konnte.

Organisiert war die *ANS* in ca. 30 Kameradschaften und in sogenannte Bereiche Nord, Süd, West und Mitte. Daneben gab es den *Mädelbund* für Frauen, den *Freundeskreis Deutsche Politik* für Sympathisanten und die *Aktion Ausländerrückführung*, eine weitere Unterorganisation, die an den hessischen Landtagswahlen 1983 in einigen Wahlkreisen teilnahm.

---

1   Vgl. Armin Pfahl-Traughber, Rechtsextremismus in der Bundesrepublik, 1999: 55ff.
2   Vgl. Jens Mecklenburg, Handbuch deutscher Rechtsextremismus, 1996: 149f.

1979 wird Kühnen wegen Aufstachelung zum Rassenhass, Verherrlichung von Gewalt und Volksverhetzung zu einer mehrjährigen Haftstrafe verurteilt. Während dieser Zeit kommt es zu keiner nennenswerten Aktion der Gruppe.

Den Gefängnisaufenthalt nutzt Kühnen um mehrere politische Texte zu verfassen. Nach seiner Entlassung 1982 werden die Aktivitäten der *ANS* wiederbelebt. 1983 kommt es zum Zusammenschluss der *ANS* und der *NA* (die *NA* wurde 1982 von → Thomas Brehl gegründet). Wenig später im selben Jahr, werden die Gruppe und ihre zahlreichen Unterorganisationen verboten.

Nach dem Verbot der *ANS/NA* wurde 1984 die Nachfolgeorganisation der Gruppe, die → *Gesinnungsgemeinschaft der Neuen Front (GdNF)*, gegründet. Mitglieder der *GdNF* unterwanderten ab 1984 die → *Freiheitliche Deutsche Arbeiterpartei (FAP)*.

Bedeutung: Die *ANS/NA* hatte auf die Entwicklung des Neonazismus in der Bundesrepublik maßgeblichen Einfluss. Anfang der 80er Jahre stellte sie die wichtigste neonationalsozialistische Organisation dar und konnte den Führungsanspruch innerhalb der neonazistischen Szene lange Zeit für sich in Anspruch nehmen. Ihre dominierende Rolle innerhalb des neonazistischen Lagers wurde mit der Fortführung der *ANS/NA* in Form der → *GdNF* behauptet. Ideologisch orientiert sich immer noch der Großteil der neonazistischen Organisationen und Gruppen am historischen Vorbild der *SA*.

Kühnen erreichte es durch seine für die Neonazi-Szene in der Bundesrepublik neue Provokations- und Propagandataktik, den Neonationalsozialismus in die Öffentlichkeit zu tragen und zum vielbeachteten Medienthema zu machen.

Aus ihren Reihen rekrutierte die Neonazi-Szene Personen, die bis heute politisch aktiv sind, wie beispielsweise → Christian Worch.

Armanen-Orden

Gründung: 1976

Sitz: Köln

Funktionäre/namhafte Aktivisten: Adolf und Sigrun Schleipfer (auch: Sigrun von Schlichting)

Mitgliederzahl: Es existieren nur ungenaue Angaben, die zwischen 50-150 variieren.

Publikationen: *Irminsul – Stimme der Armanenschaft*

Programmatik/politische Zielsetzung: Nach eigenen Angaben ist der *Armanen-Orden* die älteste und bekannteste Heidengruppe Europas.[3] Ideologischer Kern des Ordens ist die vom Österreicher Guido von List begründete Lehre von der sogenannten „Ariosophie". Dieser Lehre zufolge sind die „Arier", oder auch „Ario-Germanen", allen anderen „Rassen" überlegen. Die „Ariosophie" verbindet völkische Elemente mit Esoterik, antisemitischen Weltverschwörungstheorien und Heidentum.

---

3 Vgl. Franziska Hundseder, Wotans Jünger, 1998: 126ff.

In der Satzung behauptet der *Armanen-Orden*, er stelle das „germanische Volkstum" dar, welches wiederum der „Hauptstamm der weißen Rasse" sei.[4] Jedes Mitglied müsse die „germanischen Göttermythen" als „natürliche Urbilder germanischer Wesensart" anerkennen. Gleichsam ist der *Orden* nach eigener Auffassung – wie die einzelnen Mitglieder – „einziger natürlicher Ordnungsträger des Ariogermanentums".[5]

Organisation und Aktivitäten: 1976 gründete Adolf Schleipfer den *Armanen-Orden* in Köln. Die Organisation ging aus der neugegründeten *Guido von List Gesellschaft* hervor. Der *Armanen-Orden* versucht, heidnischen Germanenkult und Glauben zu stärken. Eine Wiederbelebung des Germanenkultes, um rassistische Denk- und Handlungsweisen zu legitimieren und zu festigen, wurde schon von den Nazis angestrebt.[6]

Der *Armanen-Orden* betreibt einen Buchversandhandel (→ *Armanen-Verlag*) mit einschlägiger Literatur und veranstaltet Feierlichkeiten zu alten germanischen Festtagen. Es bestehen enge Verbindungen zu anderen Organisationen aus dem heidnisch-rechtsextremen Spektrum. In der deutschen „Heidenszene" soll der *Orden* mittlerweile eine zentrale Rolle besitzen.[7]

Sigrun Schleipfer führt nicht nur den *Armanen-Orden*, sondern auch die *Arbeitsgemeinschaft Naturreligiöser Stammesverbände Europas* (*ANSE*)[8]. Im Netzwerk der verschiedenen neuheidnischen Gruppen stellen der *Armanen-Orden* und die *ANSE* eine Art zentraler Knotenpunkt dar. Die *ANSE* übernimmt dabei eine eher aktive Rolle, während der *Orden* mehr für die ideologische Basis sorgt. Die *Arbeitsgemeinschaft* organisiert Besuche von Kultstätten sowie Stammestreffen und führt Seminare für Runenlehre durch. Sie unterhält europaweit gute Kontakte zu anderen neuheidnischen Organisationen. U.a. in *Nation & Europa* geschaltete Anzeigen (→ *Nation Europa Verlag GmbH*) legen den Schluß nahe, dass die *ANSE* gezielt Menschen aus dem rechtsradikalen Spektrum ansprechen möchte. Die Publikation der *ANSE* ist die Zeitschrift *Huginn und Muninn*.

Bedeutung: Der *Armanen-Orden* besitzt allem Anschein nach eine zentrale Rolle innerhalb der neuheidnischen Szene der Bundesrepublik. Das ist vielen neuheidnischen Gruppen angeblich nicht bewusst[9] und somit kann der *Armanen-Orden* mit Hilfe seiner Vorfeldorganisationen und europaweiten Kontakte seine rassistische, antisemitische Ideologie unter anderen neuheidnischen Gruppen verbreiten. Dabei versucht der Orden gezielt rechtsradikale Kreise anzusprechen und stellt damit eine Art Bindeglied zwischen Neuheidentum und Rechtsradikalismus dar.

---

4   Zit. in ebd.: 129.
5   Zit. in ebd.
6   Vgl. ebd.: 126f.
7   Vgl. Pressemitteilung des antirassistischen *Rabenclan e.V.*, in: http://www.rabenclan.de/presse4. htm (eingesehen am 4.3.2002).
8   Vgl. http://www.idgr.de/lexikon/stich/a/anse/anse.html. (eingesehen am 4.3.2002).
9   Vgl. Pressemitteilung des antirassistischen *Rabenclan e.V.*, in: http://www.rabenclan.de/presse4. htm (eingesehen am 4.3.2002).

Artgemeinschaft – Germanische Glaubensgemeinschaft wesensgemäßer Lebensgestaltung e.V.

> **Gründung**: 1951
>
> **Sitz**: Hamburg, Zahlungen an die Artgemeinschaft gehen auf ein Konto in Berlin.[10]
>
> **Funktionäre/namhafte Aktivisten**: → Jürgen Rieger
>
> **Mitgliederzahl**: 2000 ca. 140, 2001 ca. 120
>
> **Publikationen**: *Nordische Zeitung* (vierteljährlich), weitere Publikationen sind der *Gefährtschaftsbrief*, die *Schriftenreihe der Artgemeinschaft* und die Reihe *Werden und Wesen der Artreligion*.

Programmatik/politische Zielsetzung: Die *Artgemeinschaft* bekennt sich nach eigenen Aussagen zu „Naturgesetzen"[11], in denen sich das „Göttliche" offenbare: „Kampf ist Teil des Lebens; er ist naturnotwendig für alles Werden, Sein und Vergehen. Jeder einzelne von uns wie unsere gesamte Art stehen in diesem Ringen. Wir bekennen uns zu diesem nie endenden Lebenskampf".[12]

Der Verein sieht sich in der Tradition germanischer, heidnischer Vorfahren und übernimmt deren „Sonnen- und Naturverehrung". Die *Artgemeinschaft* bekennt sich zum „germanischen Kulturerbe" und dessen „Weiterentwicklung".

Einige Auszüge aus dem „Artbekenntnis" und dem „Sittengesetz" der Artgemeinschaft spiegeln deren rassistische politisch-religiösen Ziele und Kernelemente wieder:

„Der Mensch ist unsterblich in den Nachkommen und Verwandten, die sein Erbe teilen. Nur sie können unsere von den Ahnen erhaltenen Anlagen verkörpern. Wir bekennen, daß der höchste Sinn unseres Daseins die reine Weitergabe unseres Lebens ist".[13]

Im sogenannten „Sittengesetz unserer Art" heißt es ebenso biologistisch: „Das Sittengesetz in uns gebietet gleichgeartete Gattenwahl, die Gewähr für gleichgeartete Kinder."[14] Und weiter im Artbekenntnis: „Die Menschenarten sind verschieden in Gestalt und Wesen. Diese Verschiedenheit ist sinnvolle Anpassung an die unterschiedlichen Naturräume. Wir bekennen uns zur Erhaltung und Förderung unserer Menschenart als höchstem Lebensziel, denn auch sie ist eine Offenbarung des Göttlichen".[15]

Organisation und Aktivitäten: Gegründet wurde die *Artgemeinschaft* 1951 in Göttingen von Wilhelm Kusserow. 1965 vereinigte sie sich mit der *Nordisch-religiösen Gemeinschaft*, die bereits 1927 als *Nordische Glaubensgemeinschaft e.V.* gegründet worden war. Die *Artgemeinschaft* arbeitet seit ihrer Gründung an der „Neugestaltung eines uns gemäßen Glaubens"[16] und veranstaltet bis heute Feste nach germanischer Tradition, wie die Sommerson-

---

10 Vgl. Impressum *Nordische Zeitung*, Heft 3/66, Jahrgang 2.
11 Dieses Zitat u.f. von der Homepage der *Artgemeinschaft* (eingesehen am 25.5.2002).
12 „Das Artbekenntnis, Punkt 2", Homepage der *Artgemeinschaft* (eingesehen am 25.5. 2002).
13 Ebd. Punkt 12 (eingesehen am 25.5.2002).
14 „Das Sittengesetz unserer Art, Punkt 19", Homepage der *Artgemeinschaft* (eingesehen am 25.5.2002).
15 „Das Artbekenntnis, Punkt 3", Homepage der *Artgemeinschaft* (eingesehen am 25.5. 2002).
16 *Nordische Zeitung*, Heft 3/66.Jahrgang: 61.

nenwendfeiern und Julfeste. Der Verein rief in der Vergangenheit auch zur Teilnahme an den sogenannten „Hetendorfer Tagungswochen" auf.

Die „Hetendorfer Tagungswochen" wurden von 1991 bis zum Verbot 1998 der maßgeblich für die Durchführung der „Tagungswochen" verantwortlichen Vereine, *Heide-Heim e.V.* und *Heideheim e.V.*, durchgeführt. Leiter beider Vereine war der Rechtsanwalt → Jürgen Rieger. Auf diesen „Tagungswochen" trafen sich i.d.R. Aktivisten rechtsextremer Organisationen. Die Treffen galten als Schulungs- und Tagungstreffen. In der Verbotsbegründung des niedersächsischen Innenministeriums hieß es u.a., dass die Tätigkeit beider Vereine darauf abzielte, die verfassungsmäßige Ordnung fortlaufend zu untergraben und sie letztendlich zu beseitigen.

An Veranstaltungen die von der *Artgemeinschaft* durchgeführt werden, nehmen ebenfalls zahlreiche Personen und ehemalige Aktivisten der neonazistischen Szene teil.[17]

Bedeutung: Die Artgemeinschaft besitzt gute Verbindungen zu anderen rechtsextremen Gruppierungen. Die veranstalteten Treffen dienen der weiteren Vernetzung der Aktivisten und vermutlich auch der Schulung der anwesenden Teilnehmer.

Mit der eigenen Auslegung einer „Naturreligion", die an das „germanische Kulturerbe" anknüpft, werden die rassistischen Inhalte der „Artbekenntnis" und der „Sittengesetze" gerechtfertigt. Der Verein verbindet naturreligiösen Glauben mit rechtsextremen Inhalten, die einer „Blut und Boden Ideologie" entsprechen. Damit versucht die *Artgemeinschaft* auf neuheidnische Kreise Einfluss zu nehmen.

Blood & Honour

Gründung: *Blood & Honour* – Mitte der 80er Jahre in Großbritannien/*Blood & Honour Division Deutschland* – 1994; verboten am 14. September 2000.

Sitz: *Blood & Honour* besitzt weltweit sogenannte *Divisionen*. Der Hauptsitz der *Deutschen Division* befand sich bis zum Verbot in Berlin.

Funktionäre/namhafte Aktivisten: Ian Stuart Donaldson († 1993), → Christian Hehl, Torben Klebe, Stefan „Pinocchio" Lange, Marcel Schilf († 2001)

Mitgliederzahl: Alleine in England wurden 1996 ca. 3000 Mitglieder vermutet. In Deutschland gab es zum Verbotszeitpunkt 2000 ca. 200 aktive *Blood & Honour*-Mitglieder. Daneben zählten ca. 100 Personen nach Eigenangaben zu den Aktivisten der Jugendorganisation *Blood & Honour White Youth*.[18]

Publikationen: U.a. die Magazine *Blood & Honour* in England und *Blood & Honour Division Deutschland* in der Bundesrepublik.

Programmatik/politische Zielsetzung: Mitte der 80er Jahre versuchte die *National Front* in Großbritannien vermehrt auf die englische Skinheadszene einzuwirken.[19] Als Gegenreaktion zu den vermehrt stattfindenden *Rock Against Racism*–Konzerten, organisierte die *Na-*

---

17 Vgl. Verfassungsschutzbericht des Landes Nordrhein-Westfalen 2001: 60.
18 Vgl. Verbotsbegründung des Bundesministeriums des Innern, 2000: 5.
19 Vgl. Antifaschistisches Autorenkollektiv, Drahtzieher im braunen Netz, 1996: 177f.

tional Front mit neonazistischen Skinheadbands wie *Skrewdriver* und *No Remorse* Konzerte unter dem Motto *Rock Against Communism*.[20] 1984 kam es in Zusammenarbeit von *National Front* und englischen Naziskinheads zur Gründung des *White Noise Club*, einer Organisation, die eine gewisse Vorbildfunktion für das wenig später gegründete *Blood & Honour*-Netzwerk besaß. Aufgrund von finanziellen Streitigkeiten zwischen dem *White Noise Club* und einigen Naziskinheads, gründete der Neonazi und Bandleader der Gruppe *Skrewdriver*, Ian Stuart Donaldson, das *Blood & Honour*-Netzwerk. Donaldson glaubte daran, dass mit Hilfe der Musik die neonazistische Ideologie besser als mit rein politischen Veranstaltungen unter Jugendlichen verbreitet werden könne. Die Organisation des Netzwerkes ist oftmals am Vorbild des „führerlosen Widerstandes" (engl. „leaderless resistance") orientiert.[21] Auf einer Webpage der skandinavischen *Blood & Honour-Division*, wird das internationale *B&H*-Magazin *Route 88* zitiert: „There are conflicts raging on the Nationalist scene (...) At times, bitter ones have made enemies out of former friends. Alliances change and many feel frustrated from the disunity. We are not going to act as a hammer of one position against another. Still, we have our views on all matters, which we will not compromise (...) We believe in Direct Action, Leaderless Resistance and National Revolution".[22]

„Führerloser Widerstand" meint eine vom amerikanischen Rechtsextremisten Louis Beam entworfene Strategie, nach der autonome Aktionen von Rechtsextremisten von geheimen „Widerstandszellen" ausgeführt werden. Diese Widerstandszellen besitzen keine Gruppenstruktur in hierarchischer Form, sondern folgen einer gemeinsamen Ideologie. Somit kommt dieses Zellensystem ohne jegliche Befehlsstruktur aus und kann autonom agieren. Diese Zellen bestehen nicht notwendigerweise aus mehreren Personen. Es können „Ein-Mann-Zellen" existieren und handeln.

Anfang der 90er Jahre kam es zu Gründungen von *Blood & Honour-Divisionen* u.a. in Ländern wie den USA, Schweden, Frankreich, Griechenland, Spanien und Norwegen.

Trotz der häufigen Orientierung am „führerlosen Widerstand" existieren im *B&H*-Netzwerk lokal und regional strenge Hierarchien. In der deutschen *Division* beispielsweise wurden die einzelnen „Sektionsleiter" samt Anhang auf eine stärkere politische Ausrichtung ihrer Aktionen eingeschworen. Auf einem bundesweiten Treffen wurde ein „25-Punkte-Programm" verabschiedet (die Ähnlichkeit zum 25-Punkte-Programm der *NSDAP* dürfte nicht zufällig sein), in dem auch die Orientierung am faschistischen Führerprinzip festgeschrieben wurde.[23] Dieses Programm mitsamt der politischen Ausrichtung soll nicht bei allen anwesenden Teilnehmern auf Gegenliebe gestoßen sein. Eine *Sektion* verließ sogar die deutsche *B&H-Division* nach diesem Treffen.[24]

Blood & Honour versteht sich auch heute noch als neonazistische Organisation, die über ihre Einbindung in die Naziskinheadszene versucht, für diese Konzerte zu veranstalten und Tonträger mit entsprechendem politischen Inhalt zu vertreiben. Dem Netzwerk gehören

---

20 Vgl. Antifaschistisches Infoblatt 1999/49, in: http://www.nadir.org/nadir/periodika/aib/49/s22.htm (eingesehen am 13.12.2001).
21 Zum Begriff des „leaderless resistance" vgl. Thomas Grumke, Rechtsextremismus in den USA, 2001: 85ff.
22 Zit. nach „Presenting the Blood & Honour Scandinavia, as well as the International Blood & Honour, to the world-wide internet viewers", in: Webpage der *Blood & Honour Scandinavia* (eingesehen am 12.6.2002).
23 Vgl. Frank Jansen, „Der einsame Wolf", in: *blick nach rechts* Nr.7/2000, S.3.
24 Ebd.

u.a. verschiedene Bands, Plattenfirmen, Konzertveranstalter und einige bekannte Funktionäre aus rechtsextremen Parteien an.[25]

Das politische Betätigungsfeld von *Blood & Honour* geht aber über die subkulturelle Dimension hinaus. Auf der Hauptseite von *Blood & Honour* im Internet, wird die Vormachtstellung der *Combat 18*, einer englischen Terrorgruppe, die sich in kleinen dezentralen Zellen organisiert und als Anti-Antifagruppe versteht,[26] innerhalb der Organisation deutlich.

Organisation und Aktivitäten: Die ersten Kontakte zwischen *Blood & Honour* und deutschen Naziskinheads kamen 1991 zustande. Die Naziskinhead-Vereinigung *Kreuzritter für Deutschland*, zu der die Band → *Noie Werte* gehörte, veranstaltete zwischen 1991 und 1993 mehrere Konzerte mit Bands aus dem *Blood & Honour*-Netzwerk, brachte ein „Fanzine" mit Namen *Die Burg* heraus und vertrieb Musik-CDs.[27] 1993 verunglückte Ian Stuart tödlich und es kam zu Machtkämpfen um die neue Führungsrolle innerhalb des *Blood & Honour*-Netzwerkes. *Combat 18* konnte schließlich die Führungsrolle übernehmen und steigerte erheblich den militanten und konspirativen Charakter der Organisation. In Dänemark kam es deshalb teilweise zu gewalttätigen Auseinandersetzungen.

1993 richtete sich *Blood & Honour Deutschland* ein „Hauptquartier" in Dänemark, aufgrund der guten Kontakte zwischen deutschen und dänischen Neonazis, ein. Als Firmenadresse wurde das Postfach der *Nationalen Liste* in Hamburg angegeben.

1994 wurde die *Blood & Honour Division Deutschland* in Berlin gegründet.[28] Die *Division* galt als „Muttersektion" und wurde hauptsächlich von ostdeutschen Naziskinheads organisiert und geleitet.[29] Insgesamt existierten in der Bundesrepublik mindestens 15 Sektionen.

Viele der Konzerte mit rechtsextremen Skinheadbands wurden mit Hilfe des *Blood & Honour*-Netzwerkes organisiert, bei denen mehrere hundert Konzertteilnehmer keine Seltenheit waren. Im September 1999 kam es sogar zu einer Veranstaltung mit ca. 2000 Teilnehmern. Bei solchen Konzerten zeigte sich oft die hohe Funktions- und Organisationsfähigkeit des Netzwerkes.[30] Die Teilnehmer konnten im Falle des Verbots eines Konzertes innerhalb kürzester Zeit an Ausweichorte gelotst werden. Planung und Durchführung erfolgten stets konspirativ, was aber die Auflösung vieler Konzerte durch die Sicherheitsbehörden nicht verhindern konnte.[31]

Die Veranstaltungen des Netzwerkes galten in der rechtsextremen Skinheadszene als die am besten organisierten Konzerte. Sie dienten dem Verkauf von Tonträgern, erhöhten die Vernetzung innerhalb der Szene und trugen vermehrt politische Inhalte in die Szene. Neben den Konzerten gab das Netzwerk das gleichnamige Fanzine *Blood & Honour* heraus, das in einer Auflage von ca. 3000 Exemplaren erschien.

Das Verbot der *Blood & Honour Division Deutschland* und der dazugehörigen Jugendorganisation *White Youth* im September 2000 durch das Bundesministerium des Inneren, konnte die Aktivitäten des Netzwerkes nicht unterbinden. Die schon vor dem Verbot konspirativ operierenden Strukturen existieren auch weiterhin. Auf einer Homepage der *Blood & Honour Division Deutschland* heißt es: „Wie Ihr wißt, stellte das Bundesministerium des Inneren, durch Verfügung vom 12. und 13. September 2000, fest, daß sich unsere Division

---

25 Vgl. den Beitrag von Sven Pötsch in diesem Band.
26 Vgl. Antifaschistisches Autorenkollektiv 1996: 66f.
27 Vgl. ebd.: 177f.
28 Vgl. Verbotsbegründung des Bundesministeriums des Innern, 2000: 4.
29 Vgl. *Antifaschistisches Infoblatt* Nr.10-11/1999: 22ff.
30 Vgl. Verfassungsschutzbericht des Bundes 2000: 7f.
31 Vgl. ebd.: 3ff.

Deutschland „... gegen die verfassungsmäßige Ordnung und den Gedanken der Völkerverständigung richtet...'. Daraufhin wurden wir verboten und aufgelöst. DENKSTE! Denn wie Ihr seht, sind wir trotz Verbot nicht tot. Wir werden weiter machen bis zum bitteren Ende. Dank an alle, die auch in dieser Zeit an uns geglaubt und uns unterstützt haben. Macht weiter so! Des weiteren geht ein ganz besonderer Dank, an den ehemaligen RAF – Anwalt, Otto Schily, der sich wohl, aus mangelnder Beschäftigung mit sich selbst, zum Ziel gemacht hatte, als Chefankläger des Systems zu wirken".[32]

Neben diesen Erklärungen kommt es immer wieder zu Konzerten, die von den alten Strukturen des *Blood & Honour*-Netzwerks ausgerichtet und veranstaltet werden.[33] Die Szene ist dabei, die alten Strukturen aufrechtzuerhalten – mit Erfolg. Für diese neuen/alten Strukturen wird mittlerweile ein Szene-beliebter Zahlencode verwendet: „28" – für die Buchstaben „B" und „H" des Alphabets.

Im April 2002 ist es zu Durchsuchungen von 43 Räumen in 7 Bundesländer gegen ca. 30 Personen gekommen, die verdächtigt wurden, das verbotene Netzwerk weiterzuführen.[34] Festgenommen wurde bei diesen Aktionen niemand. Es wurden allerdings u.a. Personal-Computer, Zeitschriften und CD's mit Bezug zum *Blood & Honour*–Netzwerk sowie zahlreiche Waffen, darunter Karabiner und Revolver, beschlagnahmt.

Bedeutung: Die *Blood & Honour Division Deutschland* hat es durch ihre subkulturelle Ausrichtung geschafft, vermehrt politische Inhalte in die rechtsextreme Skinheadszene zu tragen. Gemeinsame Konzerte und Veranstaltungen haben zu einem großen Zusammenhalt in der Szene beigetragen und unterstützten die Herausbildung einer starken rechten Subkultur. Die personellen Verflechtungen und Kontakte mit den sogenannten → *Kameradschaften* und die ähnliche konzeptionelle Ausrichtung an dezentralen Strukturen, um politischen Widerstand zu organisieren, sind Indizien dafür.

Aufgrund dieser strukturellen Konzeption ist es nicht weiter verwunderlich, dass *Blood & Honour* auch nach dem Verbot weiterhin aktiv ist.

Der Handel mit Tonträgern und Merchandise-Fanartikeln dürfte zudem eine nicht zu unterschätzende Finanzquelle darstellen.

---

32 Vgl. Webpage der *Blood & Honour Division Deutschland* (Hervorhebung im Original, eingesehen am 12.6.2002).
33 Vgl. u.a. Heike Kleffner, „Die PDS zweifelt an Schilys Härte", in: *die tageszeitung* vom 1.6.2002, S.6.
34 O.A., „Blood & Honors gesucht", in: *die tageszeitung* vom 26.4.2002, S. 2.

Bündnis Rechts

Gründung: 1998

Sitz: Lübeck

Funktionäre/namhafte Aktivisten: Dieter Kern (Vorsitzender und *BR* Schleswig-Holstein), Reinhart Eggert (*BR* Mecklenburg-Vorpommern), Melanie Hehr (*BR* Baden-Württemberg), Detlev Brüel (*BR* Hamburg), M. Fischer (BR Brandenburg), Enrico Kehring (*BR* Sachsen), Bernd Tödter (*BR* Hessen), Marcel Müller (*BR* Nordrhein-Westfalen).[35]

Mitgliederzahl: Genaue Angaben existieren nicht.

Publikationen: *Lübscher Aufklärer*

Programmatik/politische Zielsetzung: Das *Bündnis Rechts* versteht sich als „unabhängige Gemeinschaft sozialer und demokratischer Patrioten".[36] Das vorrangige Ziel ist die Herstellung eines breiten Bündnisses von nationalen Parteien, Vereinen, freien → *Kameradschaften* und freien Nationalisten in der Bundesrepublik, um bei Kommunalwahlen eine gemeinsame Plattform zu besitzen. Das Bündnis bietet sich selbst nahezu allen rechtsextremen Gruppen und Personen an, obwohl nach eigenen Angaben teilweise große inhaltliche Differenzen existieren.

Deutschland müsse laut des Manifestes der Wählergemeinschaft als „Land der Deutschen" erhalten bleiben. Nationalistisches und völkisches Gedankengut sind hierbei zentral. Beispielsweise wird eine Wirtschafts- und Sozialordnung gefordert, die an „nationalen Kriterien" ausgerichtet ist. Ebenso verlangt das *Bündnis Rechts* die Beibehaltung des Staatsbürgerschaftsrechts auf Basis der Abstammung und richtet sich gegen eine „Überfremdung" Deutschlands durch „Asylmissbrauch" und „maßlose Einwanderung".[37]

Organisation und Aktivitäten: Im *Bündnis* selbst sind vermutlich relativ wenige Personen aktiv, die hauptsächlich durch Veröffentlichungen im eigenen Organ, dem *Lübscher Aufklärer*, politisch in Erscheinung treten. Daneben organisiert das Wählerbündnis auch Demonstrationen. Einige Veranstaltungen kommen in Zusammenarbeit mit anderen rechtsextremen Organisationen zustande.

In der Vergangenheit traten bei Demonstrationen die massgeblich vom *Bündnis* mitorganisiert wurden, neben Freien Nationalisten wie → Christian Worch und → Steffen Hupka, auch Mitglieder der → *NPD* als Redner in Erscheinung, wie z.B. am 3.10.2001 in Berlin → Udo Voigt, → Horst Mahler, → Peter Borchert und → Frank Schwerdt.

Neben der Homepage unterhält das *Bündnis* zwei Infotelefone. Zwischen dem *Bündnis Rechts* und der Neonazi-Szene bestehen gute Kontakte. Beispielsweise unterhalten das *Bündnis Rechts* und der neonazistisch ausgerichtete *Club 88*, nach einem Artikel von → Christian Worch im *Lübscher Aufklärer*, gute Beziehungen.[38]

Am 16.1.2002 wurde Dieter Kern zweitinstanzlich vom Landgericht Lübeck zu einer Geldstrafe in Höhe von € 1.500 wegen des Verwendens eines *SS*-Totenkopfes verurteilt, ge-

---

35 Vgl. Homepage des *Bündnis Rechts* (eingesehen am 29.5.2002).
36 „Manifest der Wählergemeinschaft: Bündnis Rechts (BR)", Homepage des *Bündnis Rechts* (eingesehen am 29.5.2002).
37 Ebd. (eingesehen am 29.5.2002).
38 Vgl. Verfassungsschutzbericht des Landes Schleswig-Holstein 2000: 21.

gen das er Revision einlegte. Vertreten wurde Kern vom rechtsextremen Multifunktionär und Szeneanwalt → Jürgen Rieger. Bereits am 19.2.2002 stand Kern wieder vor Gericht, diesmal um gegen seine nach eigenen Angaben insgesamt fünfte Kündigung seit 1998 als Mitarbeiter des Lübecker Umweltamtes vorzugehen. Das Gericht entschied zu Gunsten Kerns und wies die Kündigung der Stadt Lübeck zurück.[39] Kern durfte aber nicht in sein Büro zurückkehren, da die Stadtverwaltung Ende Januar eine zweite Kündigung, aufgrund des Berufungsurteils vom 16.1.2002, ausgesprochen hatte. Gegen das Revisionsurteil sowie gegen die zweite Kündigung, hat Kern mit seinem Anwalt Rieger Revision eingelegt. Mit einer Entscheidung in beiden Fällen kann erst in ein paar Monaten gerechnet werden.

Bedeutung: Die Bedeutung des *Bündnis Rechts* besteht in der Netzwerkarbeit, die es mit der Errichtung der Info-Telefone und der Webpage betreibt. Nicht unbedeutend ist die Zusammenarbeit mit der *NPD* und führenden Neonazis. Zu dieser Szene erweist sich das *Bündnis Rechts* als kompatibel. Das beweist auch die Erstunterzeichnung des NPD-Aufrufs „Den Völkern die Freiheit – Den Globalisten ihr globales Vietnam" durch Dieter Kern. Diese könnte als Indiz für eine erfolgreiche Netzwerkarbeit gelten.

Das *Bündnis Rechts* könnte nach einem Verbot der *NPD* womöglich als Auffangbecken dienen. Das Ziel des *Bündnis Rechts*, „nationale Parteien, Vereine, freie Kameradschaften und freie Nationalisten zu bündeln, um bei künftigen Kommunalwahlen eine gemeinsame Plattform zu schaffen",[40] hat bis heute allerdings noch keine bedeutenden Wahlerfolge für das Wählerbündnis zum Ergebnis gehabt, obwohl bei den Wahlen zur Lübecker Bürgerschaft 1998 das *Bündnis Rechts Lübeck* aus dem Stand 3,6% erzielen konnte.

Deutsche Alternative (DA)

Gründung: 5.5.1989 (verboten am 10.12.1992 durch den Bundesminister des Innern)

Sitz: Cottbus

Funktionäre/namhafte Aktivisten: Frank Hübner (Bundesvorsitzender), René Koswig, Michael Petri, Roman Dannenberg, → Arnulf Winfried Priem

Mitgliederzahl: Zum Verbotszeitpunkt ca. 340.

Publikationen: *Brandenburger Beobachter*

Programmatik/politische Zielsetzung: Die *DA* war ein Teil der → *Gesinnungsgemeinschaft der Neuen Front* (*GdNF*) insofern, als dass sie ihr als Wahl- und Massenpartei dienen sollte. Sie war der „parteipolitische Arm" der → *GdNF*.

Ihrem Parteiprogramm zufolge strebte die *DA* die Wiederherstellung des Deutschen Reiches an. So forderte sie beispielsweise die „Rückgewinnung der geraubten Ostgebiete".[41] Sie nannte sich die „wirkliche Alternative" und strebte „nach einer stolzen und glücklichen

---

39 Vgl. Andreas Speit, „Der Grenzfall", in: *blick nach rechts* Nr.5/2002, S.2.
40 Zit. nach Homepage des *Bündnis Rechts* (eingesehen am 29.5.2002).
41 Zit. in Uwe Backes/Patrick Moreau, Die extreme Rechte in Deutschland, 1993: 74.

Zukunft des deutschen Volkes"[42] nach Vorbild des 3.Reiches. In vielen Punkten glich die Programmatik dem 25-Punkte-Programm der *NSDAP*.

Organisation und Aktivitäten: Die *DA* wurde 1989 in Bremen auf Initiative des Bremer Landesverbandes der → *Freiheitlichen Deutschen Arbeiterpartei* (*FAP*), des → Michael Kühnen-Flügels, gegründet.

Am 13.Januar 1990 wurde in der Nähe von Bonn ein Parteitag abgehalten, bei dem Walter Matthaei, ein früherer *SRP*-Funktionär und → *Wiking-Jugend*–Gründer, zum „Reichsführer" ernannt wurde.[43] Im selben Monat wurde ein „Arbeitsplan Ost" verabschiedet, der die Schaffung selbständiger Strukturen in Ostdeutschland zum Ziel hatte.

Bereits im Juli 1990 wurde in Cottbus ein Parteitag mit ca. 120 Teilnehmern abgehalten. Zentrale Figur des Parteitages war Michael Kühnen, der Frank Hübner bei seinen Aktivitäten in Cottbus maßgeblich unterstütze. Im Laufe dieses Parteitages kam es zu einer medienwirksamen Verhaftung Kühnens.[44]

Nach internen Konflikten zwischen ost- und westdeutschen Aktivisten, gab sich die *DA* eine rein ostdeutsche Führung. Am 18.September 1991 wurde Frank Hübner zum Bundesvorsitzenden gewählt, René Koswig zum Stellvertreter.

Hübner, der 1985 wegen „illegaler Kontaktaufnahme" in die Bundesrepublik abgeschoben wurde, trat kurz nach dem Fall der Mauer mit ehemaligen „Kameraden" in Cottbus in Kontakt. Dort versuchte er auf die rechtsextreme Skinheadszene Einfluss zu nehmen – mit großem Erfolg.

Mit rund 350 Mitgliedern (ca. 200 davon in Cottbus), konnte die *DA* zur damalig größten neonazistischen Organisation in Ostdeutschland anwachsen. Bei der Rekrutierung Jugendlicher konnten einige Erfolge verzeichnet werden. Hauptsächlich Schüler, darunter viele Gymnasiasten, interessierten sich für die Aktivitäten der *DA*.[45]

Ab Sommer 1992 begann die *DA* offen für eine aktive Teilnahme am Krieg in Kroatien zu werben und Wehrsportgruppen aufzubauen. Kurz vor dem Verbot der Partei wurde ihr Plan bekannt, sogenannte Mobile-Einsatzkommandos, nach dem Vorbild US-amerikanischer *Militias*[46] zu errichten.

Einige Monate nach dem Verbot der Partei, wurden im Juli 1993 zahlreiche Wohnungen ehemaliger Aktivisten der DA durchsucht. Dabei wurde Propagandamaterial und teilweise auch Waffen sichergestellt.

Aus dem Verbotsbeschluss gegen die *DA* ging hervor, dass viele ehemalige Mitglieder der *DA* an gewalttätigen Übergriffen auf Flüchtlinge beteiligt waren.

Bedeutung: Auch wenn es die *DA* nicht schaffte, sich als Massen- und Wahlpartei zu etablieren, so hatte sie durchaus Erfolg bei der Rekrutierung junger Menschen. Der Plan, Jugendliche für die eigenen Ideen und Ziele zu gewinnen und sie nach dem Vorbild der *SA* zu mobilisieren, hatte gerade in Ostdeutschland viel Erfolg.

Die Bedeutung der *DA* liegt in ihrer Funktion als Mobilisator bereits existierender rechtsextremer Potentiale in Ostdeutschland. Ihr Rekrutierungserfolg galt neonationalsozialistischen Kreisen damals schon als weiteres Indiz für die Eignung Ostdeutschlands als Rekrutierungs- und Mobilisierungsgebiet.

---

42 Zit. in Mecklenburg, Handbuch deutscher Rechtsextremismus, 1996: 233.
43 Vgl. Backes/Moreau 1993: 74.
44 Vgl. Armin Pfahl-Traughber, Rechtsextremismus in der Bundesrepublik, 1999: 59.
45 Ebd. 1999: 59.
46 Vgl. Thomas Grumke, Rechtsextremismus in den USA, 2001: 142ff.

Deutsche Aufbau-Organisation (DAO)

Gründung: 26.1.2000; am 26.1.2002 wurde auf einer Tagung der *DAO* erklärt, dass sie in die *Deutschland-Bewegung* zurückgeführt werden soll. Damit wurde das Projekt *DAO* eingestellt.[47]

Sitz: Starnberg (Bayern); *DAO* und *Deutschland-Bewegung* verfüg(t)en auch über ein Büro in Berlin.

Funktionäre/namhafte Aktivisten: → Dr. Alfred Mechtersheimer, → Harald Neubauer, Claudia Wiechmann, Baldur Springmann

Mitgliederzahl: unbekannt

Publikationen: Die *Friedensbewegung 2000* gibt den *Pressespiegel/Frieden 2000* heraus, der zweimal im Monat erscheint.

Programmatik/politische Zielsetzung: Die *DAO* wollte eine Plattform für verschiedene Kräfte bilden, um eine Partei zu gründen, die eine Alternative zu den etablierten Parteien darstellen sollte. Falls in der Zwischenzeit eine andere „national-patriotische" Partei Erfolge zu verzeichnen hätte, würde die *DAO* diese dabei unterstützen bundesweit aktiv zu werden. Anderenfalls wollte sie weiterhin Anstrengungen unternehmen, eine neue nationale Partei ins Leben zu rufen. Als Vorbild sollte die *Freiheitliche Partei Österreichs (FPÖ)* dienen.[48]

Die *DAO* wollte Menschen zusammenführen, die „für ihre patriotische Überzeugung jahrelang diffamiert wurden" und „gegen den Umgang mit ihrem Volk und dessen Vergangenheit und Zukunft aufbegehren".[49]

Die *DAO* führte die Arbeit der → Mechtersheimer Organisation *Deutschland-Bewegung* weiter, die wiederum von der Mechtersheimer Initiative *Frieden 2000* initiiert wurde. Beide Organisationen besitzen nationalistische und fremdenfeindliche Tendenzen.

Mittlerweile soll die *DAO* wieder in die *Deutschland-Bewegung* zurückgeführt werden.[50]

Die *Deutschland-Bewegung* erklärt in 10 Punkten ihre Ziele. Sie will „den demokratischen Rechtsstaat herstellen, den Staat aus dem Griff der Parteien befreien und die Trennung von Gesetzgebung und Verwaltung sowie die Freiheit der Rechtsprechung erreichen".[51] In den folgenden Punkten werden die für Rechtsradikale obligatorischen Themen aufgelistet wie u.a. die Aufgabe der D-Mark, die Kritik an der EU-Osterweiterung und die „Zuwanderung aus kulturfremden Kontinenten". Angeblich seien Themen wie Zuwanderung, „Multi-kulti-Gesellschaft" und „Asylmissbrauch" in den öffentlichen Debatten tabuisiert. In den Punkten zu den Themen Familie, Ökologie, „innerer und äußerer Frieden", Europa und deutscher Identität, geht es letztendlich um das durch fremde Kulturen bedrohte deutsche Volk. Das gipfelt in der pseudo-progressiven Forderung: „Gerade aus ökologischen Gründen verbietet sich die Massenzuwanderung in das übervölkerte Deutschland". Im letzten Punkt der aufgelisteten Ziele wird es verschwörungstheoretisch, wenn von „mächti-

---

47 Vgl. Homepage der *Deutschland-Bewegung*, „Über die DAO" (eingesehen am 30.5.2002).
48 Vgl. Informationsdienst gegen Rechtsextremismus (IDGR), „Deutsche Aufbau-Organisation (DAO)", http://www.idgr.de/lexikon/stich/d/dao/dao.html (eingesehen am 30.5.2002).
49 Vgl. Homepage der *Deutschland-Bewegung*, „Was ist die Deutsche Aufbau-Organisation (DAO)" (eingesehen am 10.1.2002).
50 Zit. nach ebd., „Deutsche Aufbau-Organisation (DAO)" (eingesehen am 30.5.2002).
51 Dieses Zitat und folgende nach ebd., „Über Uns/Unsere Ziele" (eingesehen am 30.5.2002).

gen Wirtschaftsinteressen" gesprochen wird, die „aus unseren Kindern heimat- und bindungslose Konsumenten einer globalen Spaßkultur machen".

Organisation und Aktivitäten: Am 26.1.2000 wurde die *DAO* in Fulda aus der Taufe gehoben. Die Arbeit der *DAO* wurde von einem sogenannten „Sprecherrat" koordiniert. Diesem Rat gehörten u.a. → Harald Neubauer, Claudia Wiechmann und Baldur Springmann an.

Auf einer Tagung vom 27.-28.1.2001 in Wustrau (Brandenburg), wurde die Arbeit am *DAO*-Grundsatzprogramm abgeschlossen. Bundesweite Treffen sollten zukünftig mindestens halbjährlich stattfinden.

Auf der Tagung der *DAO* am 26.1.2002 in Fulda kam man zu dem Ergebnis, dass derzeit weder eine Parteigründung noch eine „Empfehlung zugunsten"[52] einer anderen Partei möglich sei. Die Bemühungen um eine Einigung des extrem rechten Parteienlagers, sollen aber in der *Deutschland-Bewegung* fortgeführt werden. Dort sei die Idee der *DAO* ja schließlich auch entstanden.

Einem Bericht[53] des → *NPD*-Parteiorgans *Deutsche Stimme* zufolge (→ *Deutsche Stimme Verlags GmbH*), wollen das *DAO*-Umfeld und andere „Rechtskonservative" die Entwicklung der sogenannten „Schill-Partei", der *Partei Rechtsstaatlicher Offensive (PRO)*, abwarten. Um die Entwicklung der „Schill-Partei" besser beurteilen zu können, sollen Arbeitskreise errichtet werden, die den Zustand der Partei einschätzen sollen.

Ebenfalls soll ein Arbeitskreis „zur Erarbeitung eines ‚Patriotischen Aktionsprogramms' durchgeführt"[54] werden, um die Arbeit der *Deutschland-Bewegung* fortzuführen. Was bei der weiteren Arbeit der diversen von Mechtersheimer aus der Taufe gehobenen Organisationen herauskommt, bleibt abzuwarten.

Bedeutung: Die verschiedenen inhaltlich austauschbaren Organisationen um Alfred Mechtersheimer treten offensichtlich auf der Stelle. Zwar haben sich in der Vergangenheit verschiedene bekannte Personen aus dem rechten Milieu in der *DAO* zusammengefunden, allerdings haben diese Personen schon Karrieren in anderen Organisationen hinter sich, die keine dauerhaften Erfolge verzeichnen konnten.

Die Ziele der *Deutschland-Bewegung* umfassen die herkömmlichen rechtsradikalen ideologischen Inhalte, ohne ein eigenes Profil gewinnen zu können.

Dennoch deuten die Aktivitäten der *Deutschland-Bewegung*, der *DAO* und der Einzelaktivisten aus diesem Umfeld darauf hin, dass man hierzulande händeringend nach einer Partei in Form der österreichischen *FPÖ* sucht. Ob eine Antwort auf diese Frage in den Kreisen um Mechtersheimer oder der „Schill-Partei" zu finden sein wird, ist fraglich.

---

52 Vgl. ebd., „Über die DAO" (eingesehen am 30.5.2002).
53 Vgl. Alexander Frisch, „Deutschland-Bewegung stampft das Projekt ‚Deutsche Aufbau-Organisation' ein," in *Deutsche Stimme* 03/2002, S. 4.
54 Ebd.

Deutsche Liga für Volk und Heimat e.V. (DLVH)

> **Gründung:** 1991 (als Partei löste sich die *DLVH* im Oktober 1996 auf und gründete sich gleichzeitig neu als Verein).
>
> **Sitz:** Früher Villingen-Schwenningen (Baden-Württemberg), mittlerweile befindet sich der Sitz in Coburg (Bayern).
>
> **Funktionäre/namhafte Aktivisten:** → Manfred Rouhs, → Harald Neubauer, Ingo Stawitz, → Peter Dehoust, Franz Glasauer, Jürgen Schützinger, Martin Mußgnug, Rudolf Kendzia, → Frank Schwerdt
>
> **Mitgliederzahl:** Die Mitgliederzahl ging bundesweit von 600 im Jahre 1999 auf ca. 300 im Jahre 2000 zurück. Im Jahre 2001 soll die *DLVH* nur noch über ca. 200 Mitglieder verfügen.
>
> **Publikationen:** *Deutsche Rundschau*

Programmatik/politische Zielsetzung: In einem Flugblatt der *Deutschen Allianz* hieß es zur Gründung: „Das politische Versagen der Altparteien ist offenkundig. Deutsche Patrioten haben sich deshalb zur Deutschen Allianz zusammengeschlossen, um eine politische Alternative für die Neunziger ins Leben zu rufen und in der bundesdeutschen Parteienlandschaft zu verankern. Die Deutsche Allianz versteht sich als nationale Sammlung."[55]

Im Manifest des Vereins heißt es: „(...) Die Deutsche Liga wendet sich entschieden gegen maßlose und unkontrollierte Einwanderung, gegen Asylmißbrauch und Überfremdung. Deutschland darf nicht zum Vielvölkerstaat werden (...) Die Deutsche Liga bekennt sich zu einer Wirtschafts- und Sozialordnung der nationalen Präferenz. Arbeitsplätze, Wohnraum und soziale Versorgung müssen vorrangig den Einheimischen zur Verfügung gestellt werden (...)."[56]

Organisation und Aktivitäten: Am 18. Januar 1991 konstituierte sich in München der Verein *Deutsche Allianz – Vereinigte Rechte* als eine Art Sammlungsbewegung. Im August desselben Jahres beschloss der Bundesvorstand auf einer Sitzung in Würzburg aufgrund einer Klage der *Allianz-Versicherungsgesellschaft*,[57] den Verein in *Deutsche Liga für Volk und Heimat (DLVH)* umzubenennen.

In Villingen-Schwenningen kam es am 3.Oktober 1991 zur offiziellen Parteigründung der *DLVH*. Unter den Gründungsmitgliedern und dem Parteipräsidium befanden sich einige ehemalige Funktionsträger anderer einschlägiger Parteien; u.a. Rudolf Kendzia (ehemaliger Landesvorsitzender der → *NPD* in Berlin und später Schatzmeister der → *Republikaner* in Berlin), → Harald Neubauer (zuvor besaß er diverse Funktionen in der *NPD*, der → *DVU* und bei den *Republikanern*), Jürgen Schützinger (ehemaliger stellvertretender Bundesvorsitzender der *NPD*), Franz Glasauer (ehemaliger *NPD*-Funktionär in Bayern und danach Schriftführer der *Republikaner* in Bayern) oder Martin Mußgnug (der zuvor ca. 20 Jahre den Posten des Bundesvorsitzenden der *NPD* innehielt).

---

55   Zit. in Sönke Braasch, „Deutsche Liga für Volk und Heimat – Neue Rechtspartei gegründet," in: *Der Rechte Rand* 14/1991, S. 20.
56   Zit. in Innenministerium Baden-Württemberg, Verfassungsschutzbericht 1996: 96.
57   Vgl. Antifaschistisches Autorenkollektiv, Drahtzieher im braunen Netz, 1996: 188ff.

Maßgeblicher Initiator war Harald Neubauer, ehemals der „Kronprinz" → Franz Schönhubers, mit dem er allerdings in Streit geriet, als es um die Abgrenzung der *Republikaner* zum neonazistischen Spektrum ging. Gleichberechtigter Vorsitzender neben Neubauer wurde Jürgen Schützinger.

Die *Deutsche Liga* wollte sich als politische Kraft rechts von den *Republikanern* etablieren und auch eine Alternative zu den anderen bekannten Rechts-Parteien, wie *NPD* und *DVU* bieten. Allerdings konnte die Partei nur relativ wenige gute Ergebnisse bei Wahlen erzielen; die *DLVH* erhielt mit ihrem Kandidaten Martin Mußgnug im Wahlkreis Tuttlingen-Donaueschingen bei der Landtagswahl in Baden-Württemberg 1992 4,6% der Stimmen und in Villingen-Schwenningen erhielt die Partei mit ihrem Kandidaten Schützinger 3,0%. 1993 kandidierte Frank Hübner auf einem *DLVH*-Ticket für das Oberbürgermeisteramt in Cottbus. Durch Parteiübertritte konnte die *DLVH* Mandate in den Landesparlamenten von Bremen (1991-1993) und Schleswig-Holstein (1993-1996) übernehmen.[58] Schützinger erhielt 1999 bei der Kommunalwahl erneut ein Mandat im Gemeinderat Villingen-Schwenningens und im Kreistag des Schwarzwald-Baar-Kreises.

Die Umwandlung der Partei in einen Verein im Oktober 1996 geschah, um so die Rolle einer Sammlungsbewegung besser erfüllen zu können. Damit wurde die Konsequenz aus dem fehlenden Zuspruch der Wähler gezogen.

In den Reihen der *DLVH* fanden sich viele ehemalige Funktionäre aus den anderen Rechts-Parteien und rechtsextremen Kreisen wieder, u.a. auch der Mitherausgeber der Zeitschrift *Nation & Europa*, → Peter Dehoust.

Nach wie vor versucht die *DLVH*, sich als Sammlungsbewegung zu etablieren, was aber angesichts rückläufiger Mitgliedszahlen, auch nachdem sich die Partei wieder in einen Verein umwandelte, als gescheitert betrachtet werden kann.

Bedeutung: Als Partei und auch Verein war und ist die *DLVH* relativ bedeutungslos. Das angestrebte Ziel, eine neue alternative Partei zu den bisherigen Rechtsaußen-Parteien zu etablieren, schlug fehl. Trotz einiger bekannter Personen der rechtsextremen Szene in ihren Reihen, konnte sie nicht auch nur im Ansatz den eigenen Anspruch erfüllen, als neue Sammlungsbewegung zu fungieren. Dem half auch die Umwandlung in einen Verein nicht ab.

Bedeutsam ist die *DLVH* insofern, als sie die Zerstrittenheit und desolate Situation der rechtsextremen Parteienlandschaft erkennen lässt. Trotz einiger bekannter Personen der rechtsextremen Szene, konnte die *DLVH* keine Erfolge verzeichnen. Nicht überraschend wird die *DLVH* in einem Beitrag in der *NPD*-Zeitung *Deutsche Stimme* (→ *Deutsche Stimme Verlag GmbH*) gehässig „schon bei ihrer Gründung als Totgeburt" bezeichnet.[59]

---

58 Vgl. Informationsdienst gegen Rechtsextremismus, „Deutsche Liga für Volk und Heimat", http://www.idgr.de/lexikon/stich/d/dlvh/dlvh.html (eingesehen am 5.6.2002).
59 Friedrich Weider, „Spitzel, Spalter oder einfach nur Provokateur?" in: *Deutsche Stimme*, 06/2002, S. 12.

Deutsche Volksunion (DVU)

Gründung: 1971/1987 (Als Verein wurde die *DVU* 1971 gegründet. Die Partei wurde 1987 als *Deutsche Volksunion – Liste D* aus der Taufe gehoben. Im Februar 1991 nannte sie sich in *Deutsche Volksunion* um).

Sitz: München

Funktionäre/namhafte Aktivisten: → Dr. Gerhard Frey

Mitgliederzahl: 2001 auf ca. 15.000 Mitglieder gesunken von knapp 17.000 im Jahr 2000

Publikationen: Früheres Parteiorgan war der *Deutsche Anzeiger*. Der *Anzeiger* wurde später in andere Publikationen Freys integriert (→ *Druckschriften- und Zeitungsverlag GmbH – DSZ-Verlag GmbH*). Die in diesem Verlag erscheinende *National-Zeitung – Deutsche Wochen-Zeitung* (NZ) ist seit mehreren Jahren praktisch das Presseorgan der *DVU*. Die Auflagenhöhe beträgt mittlerweile ungefähr 45.000 Exemplare.

Programmatik/politische Zielsetzung: Das Parteiprogramm ist in einem relativ moderaten Stil verfasst und besteht aus 12 Punkten. Darin bekennt sich die *DVU* pathetisch zur freiheitlich demokratischen Grundordnung der Bundesrepublik Deutschland:[60] „‚Ich schwöre, daß ich meine Kraft dem Wohle des deutschen Volkes widmen, seinen Nutzen mehren, Schaden von ihm wenden, das Grundgesetz und die Gesetze des Bundes wahren und verteidigen, meine Pflichten gewissenhaft erfüllen und Gerechtigkeit gegen jedermann üben werde. So wahr mir Gott helfe.' Daß deutsche Politik in Deutschland endlich wieder gemäß dieser Vorschrift des Grundgesetzes betrieben wird, ist das Hauptziel unserer Partei".[61]

Im Mittelpunkt steht im folgenden allerdings die „Bewahrung der Deutschen Identität" (Punkt 1). Diese sei zu bewahren, indem man den „Ausländeranteil begrenzt", „Asylverfahren beschleunigt" und „kriminelle Ausländer" ausweist.[62] In typischer *DVU*-Manier wird verkündet: „Alle gerecht Denkenden werden unser Anliegen verstehen und gutheißen, den deutschen Charakter Deutschlands zu erhalten".[63]

Die „Anstrengungen" der *DVU* würden sinnlos werden, wenn es „Politikern im Bund mit der Meinungsindustrie gelänge, Deutschland in einem Vielvölkerstaat beziehungsweise einer ‚Europäischen Union' aufzulösen". Realitätsfern wird gefordert: „in angemessener Zeit die Zweckmäßigkeit eines weiteren Verbleibs Deutschlands in der Europäischen Währungsunion und ggf. die Möglichkeiten für die Wiedereinführung der Deutschen Mark zu prüfen" (Punkt 2).[64]

„Die Abtrennung der deutschen Gebiete östlich von Oder und Neiße als Kriegsfolge" wird abgelehnt, da sie „völkerrechtlichen Grundsätzen" widerspräche (Punkt 2).[65]

Die *DVU* fordert im dritten Punkt des Programms die „Gleichberechtigung für Deutschland"; beklagt die „zugemutete einseitige Vergangenheitsbewältigung in der Art einer Zuweisung von Kollektivschuld oder Kollektivverantwortung" und stellt reaktionär fest: „Wir

---

60 Vgl. Parteiprogramm der *DVU* 1993: 1, Homepage der *DVU* (eingesehen am 21.4.2002).
61 Ebd. 1993: 1.
62 Ebd. 1993: 1.
63 Ebd. 1993: 1.
64 Ebd. 1993: 2.
65 Ebd. 1993: 2.

wenden uns dagegen, daß kommende Generationen einer Diskriminierung ausgesetzt bleiben und für Vorgänge verantwortlich gemacht werden, an denen sie nicht mitgewirkt haben" (Punkt 3).[66]

In den folgenden Punkten werden verschiedene Themen abgehandelt, die fast alle eine Kernaussage beinhalten: Rechte nur für Deutsche, denn schließlich soll Deutschland „das Land der Deutschen bleiben"[67].

Das Parteiprogramm der *DVU* von 1987, bzw. das Programm der *Deutschen Volksunion – Liste D* (Erläuterung zur Umbenennung der Partei siehe unten) enthielt Forderungen wie: „Die Einführung des Wahlrechts für Ausländer lehnt die DVU – Liste D entschieden ab. Die DVU – Liste D ist eine Zusammenschluß deutscher Bürgerinnen und Bürger. Sie wendet sich bewusst gegen die Verfilzung durch Parteibuchwesen und verficht eine Politik für den Bürger"[68] oder: „Begrenzung des Ausländeranteils, Stop dem zunehmenden Ausländerzustrom, Beschleunigung des Asylverfahrens, Ausweisung von kriminellen Ausländern".[69] Die Themenschwerpunkte sind immer auf dieselben fremdenfeindlichen, Kriegsfolgen – verharmlosenden Elemente reduzierbar und offenbaren eine schwach entwickelte Programmatik.

Das Parteiprogramm der *DVU* wurde 1993 sprachlich modifiziert. Seitdem besteht es aus den erwähnten 12 Punkten, die sich im Kern an der ersten Fassung des Programms anschließen.

Die politische Ausrichtung der *DVU* wird in der *National-Zeitung – Deutsche Wochen-Zeitung* (→ *Druckschriften und Zeitungsverlag GmbH*), das als Presseorgan der *DVU* gilt, deutlicher erkennbar.[70] Die Artikel und Schlagzeilen der *National-Zeitung – Deutsche Wochen-Zeitung* (NZ), sind extrem reißerisch aufgemacht. Sie berichtet in unterschwelliger und häufig auch offen rassistischer, antisemitischer und Kriegsfolgen verharmlosender Manier. Die Schlagzeilen folgen in der Regel einem „Frage-Antwort-Schema": „Kommen 15 Millionen Ausländer? Wie das deutsche Volk ausgetauscht werden soll", „Wiedergutmachung oder Erpressung? Wie Deutschland zur Kasse gebeten wird"[71] oder „Freibrief für kriminelle Ausländer? Deutsche rechtlos im eigenen Land".[72]

Gebetsmühlenartig werden immer wieder dieselben Themen angesprochen: Relativierung der Kriegsschuld, „Ausländerkriminalität" sowie die „Bewahrung der deutschen Identität" und der „Gefahr" für sie durch „Ausländer".

Auffällig ist die antisemitische Agitation, die immer wieder in unterschiedlicher Form deutlich wird, wie u.a. folgende Zitate belegen: „Zwei Ausländer (der aus England stammende Houston Stewart Chamberlain und der Franzose Arthur de Gobineau) und zwei Juden aus Wien (die Schriftsteller Arthur Trebitsch und Otto Weininger) hatten maßgeblichen Einfluß auf Hitlers rassistische Weltanschauung von ‚minderwertigen Juden' und ‚höherwertigen Ariern'. Tatsachen, die gern verschwiegen werden, passen sie doch nicht ins Klischee, daß die NS-Judenverfolgung einzig auf deutschem Mist gewachsen und womöglich Ausdruck eines deutschen Erbschadens sei"[73] oder: „Beispiellos ist die Karriere des George Soros innerhalb der Machtstrukturen des internationalen Großkapitals. Gewissermaßen

---

66 Ebd. 1993: 2.
67 Ebd. 1993: 1.
68 Zit. nach Anette Linke, Der Multimillionär Frey und die DVU, 1994: 26.
69 Zit. ebd., 1994: 26.
70 Vgl. Verfassungsschutzbericht des Bundes 2000: 77ff.
71 *National-Zeitung/Deutsche Wochen-Zeitung*, Nr. 13/2001: 1.
72 Ebd., Nr. 17/2001: 1.
73 *Deutsche National-Zeitung*, Nr. 14/1997: 6.

aus dem Nichts ist der 1930 in Budapest als Sohn eines jüdischen Anwalts geborene Soros zu einem der mit Abstand reichsten Männer der Erde aufgestiegen. Er gilt international als erfolgreichster und größter Spekulant. Wer jedoch nicht zu den ‚Insidern' der Finanzwelt gehört, ahnt nicht im entferntesten, welche Macht und welchen Einfluß der ‚Geld-Guru' der Devisenhändler und Börsianer gewissermaßen ‚überstaatlich' ausübt. (...) Tatsächlich hat Soros in ungezählten Interviews nie einen Zweifel daran gelassen, daß es ihm darauf ankommt, ‚die Welt zu verändern'".[74]

Auch Holocaust – „Revisionist" → David Irving war ein gern gesehener Gast auf *DVU* – Veranstaltungen. Laut eines Gutachtens von Prof. Hajo Funke im Gerichtsverfahren David Irving gegen *Penguin Books* und Deborah Lipstadt, trat der Brite seit den frühen 1980er Jahren bis zu seinem Einreiseverbot 1993 häufig als Redner auf *DVU* – Großveranstaltungen auf.[75]

Freys Führungsstil in der Partei und seine Funktion innerhalb der → *Druckschriften und Zeitungsverlag GmbH* legen den Schluß nahe, dass er praktisch alleine die politischen Leitlinien der *DVU* vorgibt.

Organisation und Aktivitäten: Gegründet wurde die *DVU* 1971 zunächst als Verein. Die Gründung fiel in die Zeit, in der die → *NPD* ins politische Abseits geriet. Bei der Bundestagswahl 1969 scheiterte sie knapp an der 5% – Hürde (sie erhielt ca. 1,5 Millionen Stimmen – 4.3%)[76]. Bei der anschließenden Bundestagswahl 1972 erhielt die *NPD* nur noch ca. 0,2 Millionen der Wählerstimmen. Auch die Mitgliederzahlen fielen danach rapide. Die → *NPD* stand damals praktisch vor dem politischen Aus.

Weiterhin sorgte die Entspannungspolitik der damaligen sozialliberalen Bundesregierung gegenüber den „sozialistischen" Staaten für Unmut im Lager der radikalen Rechten. Der *Deutsche Anzeiger* schrieb 1971: „Letzter Anlaß für die Gründung war die sich steigernde Kapitulationspolitik der roten Regierung gegenüber dem Osten, insbesondere die Verträge von Moskau und Warschau (...) Die DVU ist keine Partei. Sie will alle verfassungstreuen Kräfte von mitte bis rechts zusammenführen".[77] Sie verstand sich als Sammlungsbewegung nationalkonservativer Kreise und diente Teilen der zerfallenden extremen Rechten als Auffangbecken.

An der Gründung des Vereins waren u.a. auch der frühere Obersturmführer der *Waffen-SS* und *NPD*-Abgeordnete Walter Brandner sowie Wilhelm Pleyer, der aufgrund seiner publizistischen Tätigkeiten diverse Literaturpreise im 3. Reich erhielt,[78] beteiligt. Auch Frey war maßgeblich an der Gründung beteiligt und wurde zum Vorsitzenden des Vereins gewählt.

Damals schwankte sie zwischen „diffusen deutschnationalen und national-konservativen Orientierungen, ergänzt um geschichtsrevisionistische und militaristische Auffassungen".[79] Die *DVU* machte seit den 70ern durch öffentliche Veranstaltungen auf sich aufmerksam.[80] 1976 begann eine langfristig angelegte Kampagne unter dem Motto „Gerechtigkeit für Deutschlands Helden".[81] Symbolfiguren für diese Kampagne waren der wegen Kriegsverbrechen von den Alliierten in Frankreich verurteilte ehemalige *SS*-Standartenführer Jo-

---

74 Ebd., Nr. 6/1997: 11.
75 Vgl. Hajo Funke, Expert Witness Report, http://www.holocaustdenialontrial.org/evidence/funke.asp (eingesehen am 8.6.2002), Abschnitt 3.
76 Vgl. Linke 1994: 14.
77 Zit. in ebd. 1994: 15.
78 Vgl. ebd. 1994: 15.
79 Vgl. Armin Pfahl-Traughber, Rechtsextremismus in der Bundesrepublik, 1999: 28.
80 Ebd. 1994: 15ff.
81 Vgl. Jens Mecklenburg, Braune Gefahr, 1999: 13.

chen Peiper und Hans-Ulrich Rudel, hochdekorierter ehemaliger Luftwaffenoffizier des 3. Reichs, der schon 1936 als Freiwilliger innerhalb der *Legion Condor* auf der Seite des spanischen Diktators Francisco Franco kämpfte.[82]

Im *DVU*-Umfeld agierten im Laufe der Zeit verschiedene „Aktionsgemeinschaften", wie u.a. die *Aktion Oder-Neiße (AKON)* und die *Initiative für Ausländerbegrenzung (IfA)*.[83] Diese fungierten als „Rekrutierungsinstrumente".

Wie Fromm ausführt, sollen Mitglieder der *Wehrsportgruppe Hoffmann* und Karl-Heinz Hoffmann selbst, den Saalschutz für einige Veranstaltungen der *DVU* übernommen haben.[84] Frey und Hoffmann unterhielten Kontakte und in Freys *Wochenzeitung* wurde verharmlosend über die Aktivitäten der Wehrsportgruppe berichtet. Es bestanden zwar Unterschiede in den politischen Vorstellungen, aber die Zusammenarbeit in Form des Saalschutzes, der übernommenen Prozesskosten von Hoffmann durch Gerhard Frey und die Berichte in Freys *Wochenzeitung* über Hoffmann, zeugen zumindest von einer gewissen Sympathie zwischen den beiden.[85]

1987 wurde die *DVU – Liste D* gegründet (das *D* stand natürlich für Deutschland), wiederum mit Frey als Vorsitzenden. Gemeinsam mit der → *NPD* wurde ein Kooperationskonzept ausgearbeitet, nachdem sich die beiden Parteien abwechselnd bei anstehenden Wahlen unterstützen sollten.[86]

Das Verhältnis zwischen Gerhard Frey und der *NPD* kann jedoch schon seit der Gründung der *NPD* als gestört bezeichnet werden. In einem Beitrag in der *NPD*-Festschrift „Alles Große steht im Sturm" heißt es unfreundlich: „Damals mischte sich Frey, hauptsächlich mit seiner ‚National-Zeitung', massiv in die inneren Angelegenheiten der NPD ein, indem er beispielsweise den Ablauf von Bundesparteitagen, ja sogar Vorstandssitzungen hämisch kommentierte und Indiskretionen ausstreute. So bezeichnete er das NPD-Präsidium gerne als ‚das Syndikat' und versuchte, ihm nicht genehme NPD-Führungsmitglieder mit ihrer Vergangenheit im Dritten Reich unter Druck zu setzen".[87]

Die Zusammenarbeit der *DVU – Liste D* und der *NPD* kam nach nicht allzu langer Zeit wieder zum erliegen. Innerhalb der *NPD* gab es ständig erheblichen Widerstand gegen Frey und die Zusammenarbeit mit seiner *DVU*.[88]

Die *DVU* konnte Ende der 80er und im Laufe der 90er Jahre immer wieder kleinere Wahlerfolge bei Landtagswahlen (ebenfalls bei der Europawahl 1989) erzielen. Der bedeutende und bisher beispiellose Wahlerfolg der *DVU* bei den Landtagswahlen 1998 in Sachsen-Anhalt, konnte bislang von ihr nicht wiederholt oder auch nur annähernd erreicht werden. Sie erhielt am 26. April 1998 12,9% der Zweitstimmen in Sachsen-Anhalt und konnte damit das bisher beste Ergebnis einer Partei der radikalen Rechten in der Bundesrepublik erzielen. Der Wahlerfolg der *DVU* in Sachsen-Anhalt 1998 ist umso erstaunlicher, weil die ohnehin mit nur schwach entwickeltem Parteiinnenleben ausgestattete *DVU* auch in diesem Bundesland kaum vertreten war.

Die Arbeit der *DVU*-Abgeordneten in den Parlamenten kann als dilletantisch bezeichnet werden, sofern sie überhaupt anwesend waren.[89] Ein gutes Beispiel für die Arbeit der *DVU*-

---

82 Vgl. Linke 1994: 19ff.
83 Vgl. Uwe Backes/Patrick Moreau, Die extreme Rechte in Deutschland, 1993: 44.
84 Vgl. Rainer Fromm, Die Wehrsportgruppe Hoffmann, 1998: 120ff.
85 Ebd. 1998: 120ff.
86 Vgl. Uwe Hoffmann, Die NPD, 1999: 240ff.
87 Stephan Corbeau, „Die NPD und der Verleger Frey", in Holger Apfel (Hrsg.), Alles Große steht im Sturm, 1999: 142.
88 Vgl. ebd. 1999.: 141ff.

Abgeordneten in Landtagen sind die Mitglieder des sachsen-anhaltinischen Landtages, die nach der Wahl 1998 ihr kurzes politisches Zwischenspiel einlegen durften. Unter den 16 gewählten *DVU*-Landtagsabgeordneten war ein Abgeordneter als mutmaßlicher ehemaliger *Inoffizieller Mitarbeiter* (*IM*) der Staatssicherheit der DDR in die Schlagzeilen geraten[90] und ein junger Mann, gegen den ein Ermittlungsverfahren wegen Hakenkreuzschmierereien lief, das allerdings eingestellt wurde. Für ihn rückte ein anderer junger unbekannter Mann nach. Der Spitzenkandidat der *DVU* wurde zudem zu einer Geldstrafe von 1.500,- DM verurteilt, weil ihn dass zuständige Gericht dafür schuldig erkannte, seine ehemalige Ehefrau mit einer Gaspistole bedroht zu haben.[91]

Bei nachfolgenden Wahlen konnte die *DVU* kaum mehr Erfolge verzeichnen oder trat erst gar nicht mehr an. Bei den Bundestagswahlen im selben Jahr erhielt sie nur ca. 1,2% der Stimmen bundesweit und bei der nachfolgenden Landtagswahl in Sachsen-Anhalt im April 2002, trat die *DVU* aufgrund der zu erwartenden Wahlschlappe nicht mehr an.

Die Partei wird von Dr. Gerhard Frey in einem autokratisch-feudalen Stil geführt. Landesverbände sind nur schwach ausgestattet und die politischen Leitlinien werden von der Bundeszentrale in München vorgegeben. Vereinzelt kam es zu „kleineren Aufständen" gegen Frey, die allerdings nichts an seiner dominierenden Rolle in der Partei änderten.

Bedeutung: Die Bedeutung der *DVU* liegt nicht in ihrer Rolle als Wahlpartei. Sie kann nur wenige Erfolge, wie z.B. das sensationelle Ergebnis in Sachsen-Anhalt vorweisen. Das Ergebnis kann aufgrund der schwach ausgebildeten Parteistrukturen und der unzureichenden Parteipräsenz eher als Indiz für den Einfluss der Frey-Presse auf Teile der Bevölkerung und insbesondere auf Menschen mit rechtsextremen Einstellungsmustern gelten, den diese zweifelsohne besitzt (→ *Druckschriften und Zeitungsverlag GmbH*). Frey kann mit Hilfe seiner Presseerzeugnisse und den damit angehäuften Finanzmitteln die *DVU* am Leben erhalten und versucht sich mit ihr neben seinen Publikationen, auch in Form einer Partei im rechten Lager zu etablieren. Auch angesichts rückläufiger Mitgliedszahlen kann man z.Zt. nicht davon ausgehen, dass sich die *DVU* als Wahlpartei behaupten kann.

Die *DVU* stellt eine Art Phantompartei ihres unangefochtenen Bundesvorsitzenden und politischen Ideologen, Dr. Gerhard Frey dar, der über erhebliche finanzielle Mittel verfügt und mit seinen Publikationen Stimmungen im rechten Lager beeinflussen kann.

Dass die *DVU* als Sammlungsbewegung für zersplitterte rechtsextreme Kräfte nach einem eventuellen *NPD*-Verbot fungieren könnte, ist auch aufgrund der erheblichen Spannungen mit der *NPD* eher unwahrscheinlich.

Literatur

Elsässer, Jürgen (1998): Braunbuch DVU, Hamburg.
Holtmann, Everhard (2002): Protestpartei am rechten Rand. Die DVU in der Wählerlandschaft und im Landtag von Sachsen-Anhalt, 3. Auflage, Opladen.
Linke, Anette (1994): Der Multimillionär Frey und die DVU, Essen.
Obszerninks, Britta/Schmidt, Matthias (1998): DVU im Aufwärtstrend – Gefahr für die Demokratie?, Münster.

---

89 Vgl. Linke 1994: 42ff. und Holtmann, Protestpartei am rechten Rand. Die DVU in der Wählerlandschaft und im Landtag von Sachsen-Anhalt, 3. Auflage, 2002.
90 Vgl. z.B. Eberhard Löblich, „An sich selbst gescheitert", in: *Tagesspiegel* vom 14.4.2002.
91 Vgl. Britta Obszerninks/MatthiasSchmidt, DVU im Aufwärtstrend – Gefahr für die Demokratie?, 1998: 119f.

Deutsches Kolleg (DK)

> **Gründung**: 1994
>
> **Sitz**: Das *Deutsche Kolleg* besitzt eine Postfachadresse in Würzburg.
>
> **Funktionäre/namhafte Aktivisten**: → Reinhold Oberlercher, → Horst Mahler, Uwe Meenen
>
> **Mitgliederzahl**: ca. 50
>
> **Publikationen**: Diverse Texte auf der Homepage (wie beispielsweise die *Schulungstexte zum Vierten Reich* oder das *Pflichtenheft der Deutschen*). Es existieren Schulungsmappen zu unterschiedlichen Themen.

Programmatik/politische Zielsetzung: Das *Deutsche Kolleg* bezeichnet sich in seinem Manifest als „Studien- und Kampfgemeinschaft".[92] Eine Mitgliedschaft im *Kolleg* verpflichte zum „Eid gemäß des Artikels 4 Absatz 3 des Reichsverfassungsentwurfs" von → Reinhold Oberlercher. Dieser lautet: „Ich schwöre, daß ich dem Deutschen Volke und dem Deutschen Reiche die Treue halten, mit meinem Gut und Blut seine Freiheit schützen und alle meine Pflichten gewissenhaft erfüllen werde. Dies schwöre ich, so wahr mir Gott helfe."[93]

Ferner heißt es pathetisch und mit einer Tendenz zum Größenwahn: „Das Deutsche Kolleg ist eine geistige Verbindung reichstreuer Deutscher und reichstreuer Schutzgenossen des Deutschen Volkes. Das Deutsche Kolleg (DK) ist somit ein Denkorgan des Deutschen Reiches. Wie jeder Deutsche so hat auch das DK alle Rechte des Deutschen Reiches einschließlich der Souveränität und des Rechts zum Kriege bis zu dem Tage, an dem das Deutsche Reich auch durch besondere Staatsorgane wieder handlungsfähig wird. Seines geistigen Charakters wegen übt das DK den materiellen Teil der Staatsgewalt des Deutschen Reiches nicht aus. Das DK beschränkt sich auf theoretische, pädagogische und programmatische Reichstätigkeit. Das DK begreift, urteilt und schließt, aber es verzichtet darauf, materialiter anzugreifen, Urteile körperlich zu vollstrecken und die Reichsfeinde militärisch unter Beschluß und Beschuß zu nehmen. Das DK leistet durch Theorien, Schulungen, Programme, Erklärungen und Wortergreifungen seinen Beitrag zur Wiederherstellung der vollen Handlungsfähigkeit des Deutschen Volkes als Deutsches Reich".[94]

Aufgabe des *DK* sei, ein Fernkolleg zu etablieren. Mit Hilfe dieses Fernkollegs sollen „Eliten" herangezogen werden, die dem herrschenden „wissenschaftlichen Weltbild" die eigene Vorstellung von Wissenschaft entgegensetzen. Diese setzt „Leben, Volk, Nation, Geist und Gott" wieder ins Zentrum der Überlegungen, die angeblich nicht im etablierten „wissenschaftlichen Weltbild" vorkommen und „intellektuell geächtet" sind. Dem Mitinitiator Oberlercher geht es nicht nur um die Etablierung eines neuen Begriffes von Wissenschaft, sondern um den „Machtergriff", vor dem nach eigener Aussage der „Wortergriff" steht.[95]

---

92 Dieses und folgendes Zitat nach Webseite des *Deutschen Kollegs*, „Manifest" (eingesehen am 30.5.2002).
93 Zit. nach ebd.
94 Zit. nach ebd. „Hauptseite" (eingesehen am 30.5.2002).
95 Zit. in Innenministerium des Landes Nordrhein-Westfalen, Verfassungsschutzbericht 1995: 104.

Auf der Webseite wird übelste rassistische und antisemitische Hetze betrieben und die Kriegsverbrechen des 3. Reiches werden verharmlost. Die Adresse auf den Erklärungen des *Deutschen Kollegs* wird in der Regel mit dem Zusatz „Deutsches Reich" versehen.[96]

Organisation und Aktivitäten: Gegründet wurde das *Deutsche Kolleg* 1994 aus einem Leserkreis der *Jungen Freiheit* in Berlin.[97] Der Mitinitiator des Kollegs, Reinhold Oberlercher, ist ehemaliger Aktivist des *Sozialistischen Deutschen Studentenbundes* (*SDS*). Hieraus lässt sich erklären, warum auch „linke Kritikansätze" in den Texten Oberlerchers und des *Kollegs* vorzufinden sind, die rechtsextrem umgedeutet werden.

Das Kolleg erstellte anfangs sogenannte Schulungsmappen und bot Kurse zur „Reichsbürgerkunde" an. Diese Aktivitäten kamen in den letzten Jahren zum Erliegen.

Das *Deutsche Kolleg* unterhält eine Webseite, über die ihre größtenteils abstrusen Texte verbreitet werden. Oberlercher, Mahler und Meenen verfassten zusammen das Manifest des *Deutschen Kollegs* sowie verschiedene andere Texte, die auf der Homepage des Kollegs abrufbar sind.

Die Texte enthalten vor allem antisemitisches und rassistisches Gedankengut. Es wird das Verbot „aller vom jüdischen Volksgeist beeinflussten Vereinigungen und Einrichtungen"[98] gefordert und in antisemitischer und verschwörungstheoretischer Weise die „gläubige Judenheit" dazu aufgefordert, den „Kampf gegen unser Volk" einzustellen.

Unmittelbar nach den Terrorattacken vom 11.September 2001 in den Vereinigten Staaten, erschien eine Erklärung Mahlers, in der er die Anschläge als „eminent wirksam, und deshalb rechtens"[99] bezeichnete. Auf der Homepage des *Kollegs*, wird in weiteren Texten vom „längst überfälligen Generalangriff" auf die USA geredet, die des Verbrechens schuldig wären, „zwei Weltkriege gegen Deutschland" geführt zu haben. Mit Beginn der Militäraktionen in Afghanistan, hätten die USA den „3. Weltkrieg" eingeleitet.[100]

Nicht zuletzt veranstaltet das *DK* Tagungen, so wurde z.B. für den 15. und 16.Juni 2002 zu einer Veranstaltung mit dem Titel: „Aufstandsplan für das Deutsche Volk"[101] eingeladen.

Bedeutung: Es ist unklar, ob das *DK* allen Ernstes als Ideologiefabrik des „Deutschen Reiches" intendiert ist, oder nur dazu dient, Horst Mahlers Hegel-Fimmel auszuleben. Inwieweit das Ziel erreicht wurde, Kader heranzubilden, lässt sich abschließend ebenfalls nicht beurteilen. Mit dem → *NPD*-Mann Mahler, hat die Organisation aber zweifelsohne eine der mittlerweile bekanntesten Personen des rechtsextremen Spektrums in ihren Reihen.

Die Erklärungen des *Kollegs* mit ihren zum Teil wirren Inhalten, könnten aufgrund ihres provokativen Gehalts auf viel Zustimmung bis in die „Stiefelträgerfraktion" des Rechtsextremismus stoßen. In einer „schneller, härter, lauter"-Manier werden allerdings Inhalte geäußert, die selbst hartgesottene „Kameraden" zum Kopfschütteln bringen dürften.

Dass das *DK* allerdings regen Kontakt zur „Basis" unterhält, beweist der Umstand, dass Uwe Meenen, nebenbei *NPD*-Kreisvorsitzender in Würzburg, zusammen mit dem kürzlich

---

96 Vgl. u.a. „Weihnachtsbotschaft – Schlussbemerkung über Leitkultur", „Pflichtenheft der Deutschen" oder „Kapitalistische Maul- und freihändlerische Klauenseuche," Webseite des *Deutschen Kollegs* (eingesehen am 30.5.2002).
97 Vgl. Innenministerium des Landes Nordrhein-Westfalen 1995: 103.
98 Zit. nach Webpage des *Deutschen Kollegs*, „Ausrufung des Aufstands der Anständigen" (eingesehen am 30.5.2002).
99 Zit. nach ebd., „Independence-Day live" (eingesehen am 30.5.2002).
100 Zit. nach ebd., „Der Untergang des judäo-amerikanischen Imperiums" (eingesehen am 14.1.2002).
101 Vgl. ebd.

in Unfrieden von der NPD geschiedenen → Steffen Hupka im sachsen-anhaltinischen Landkreis Bernburg den Kauf eines leer stehenden Schlosses einfädelte, welches zu einem Schulungszentrum ausgebaut werden soll.

Freiheitliche Deutsche Arbeiterpartei (FAP)

Gründung: 1979 – verboten am 24. Februar 1995

Sitz: Halstenbek (Schleswig-Holstein)

Funktionäre/namhafte Aktivisten: Martin Pape (Bundesvorsitzender 1979-1988), → Friedhelm Busse (Bundesvorsitzender 1988 bis zum Verbot), André Goertz, → Thorsten Heise, → Siegfried „SS-Siggi" Borchardt, Karl Polacek, → Jürgen Mosler, → Michael Swierczek

Mitgliederzahl: nach Parteiangaben 1993 ca. 1000[102] (zum Verbotszeitpunkt wohl 400-500)

Publikationen: *Deutscher Standpunkt, Neue Nation, Aufrecht! – Zeitschrift für nationale Solidarität, Standarte, Sturm*

Programmatik/politische Zielsetzung: Unter Martin Pape lässt sich die FAP als eine antijesuitische (er hielt den Katholizismus für den Weltverschwörer), nationalistische und fremdenfeindliche Partei mit rechtsextremen Tendenzen beschreiben.

Der Einfluss der ab 1984 verstärkt in die FAP eintretenden Neonazis aus dem → Michael Kühnen-Umfeld (dazu auch → GdNF und → ANS/NA), ließ die Partei immer offener rassistisch, antisemitisch und neonationalsozialistisch ausgerichtet agieren. In einer vom „FAP – Referat Propaganda" herausgegeben „Argumentationshilfe" hieß es beispielsweise: „(...) erst nach 1933 hatte ein deutschdenkender Mensch überhaupt die Möglichkeit erhalten, seine politischen Vorstellungen offen zu äußern".[103]

Ziele der FAP waren „Ausländerrückführung", „Deutschland den Deutschen", „deutsche Arbeitsplätze für deutsche Arbeitnehmer", ein „Deutscher Sozialismus als Zukunftsvision" im Sinne der SA- Brüder Georg und Otto Strasser sowie „Antiimperialismus".[104] Weiterhin wurde eine Wiedervereinigung Deutschlands in den Grenzen von 1939, mit anschließender Neutralität und Blockfreiheit gefordert.[105]

Organisation und Aktivitäten: 1979 benannte Martin Pape seine 1969 gegründete Partei *Sozial-Liberale Deutsche Partei* (SLP) in *Freiheitliche Deutsche Arbeiterpartei – FAP* um, die entgegen einiger Darstellungen schon unter Pape als Vorsitzenden (1979-1988) rechtsextreme Züge besaß. Beispielsweise bekannte sich die FAP in einem Aktionsprogramm von 1979 zum „deutschen Soldatentum" und behauptete: „Was deutsche Soldaten v.a. in den zwei Weltkriegen geleistet haben, wird noch in Jahrtausenden Bewunderung und Beachtung finden".[106] Auch forderte die Partei einen „Zusammenschluss Europas" unter deutscher Füh-

---

102 Vgl. Uwe Backes/Patrick Moreau, Die extreme Rechte in Deutschland, 1993: 78.
103 Zit. in Jens Mecklenburg, Handbuch deutscher Rechtsextremismus, 1996: 259.
104 Vgl. Georg Christians, Die Reihen fest geschlossen. Die FAP – Zu Anatomie und Umfeld einer militant-neofaschistischen Partei in den 80er Jahren, 1990: 40ff.
105 Ebd. 1990: 42.
106 Zit. in ebd. 1990: 22.

rung und verlangte ein Recht auf Selbstbestimmung der Deutschen in Gebieten, die im 2. Weltkrieg von den Nazis widerrechtlich annektiert wurden.[107] Die *FAP* vertrat schon zu Beginn die Meinung, „Fremdarbeiter" müssten in Ihre Heimat „rückgeführt" werden. Weiterhin hieß es im Aktionsprogramm, die „freiwillige Pflege von Wehrsport ist wie im Osten zu fördern".[108]

Nach dem Verbot der → *ANS/NA* Michael Kühnens, traten die ehemaligen Aktivisten der Kühnen-Truppe vermehrt in die *FAP* ein. Dieser Umstand wurde vielfach als „Unterwanderung" bezeichnet. Es gibt allerdings Indizien dafür, dass gerade Pape ein zwiespältiges Verhältnis gegenüber dieser „Unterwanderung" besaß.[109] Einerseits genoss er den Mitgliederzuwachs, die neugegründeten Landesverbände und den neugewonnenen Medienrummel um die *FAP*, andererseits erfuhr er einen eklatanten Machtverlust durch den Zuwachs der Kühnen-Anhängerschaft in der *FAP*. Die Neumitglieder aus den Neonazikreisen wurden von der *FAP*-Bundesleitung unzureichend oder gar nicht überprüft. Kühnen selbst trat der *FAP* nicht bei. Er schrieb zur „Unterwanderung" 1984: „Durch die FAP bekamen wir doch noch eine Chance. Der Bundesvorsitzende dieser national-konservativen Partei gestattete uns, in die FAP einzutreten, einen Landkreis Ulm zu gründen und an der Landtagswahl teilzunehmen. Herr Pape ist zwar in den meisten Punkten anderer Meinung als wir, ließ uns aber freie Hand. Wir nutzen die Gelegenheit".[110] Das Anwachsen der *FAP* durch ehemalige Aktivisten der *ANS/NA* führte zunächst zu keinem Verbotsantrag von staatlicher Seite.

Den Eintritt der Kühnen-Anhänger in die *FAP* nutzten diese geschickt um weitere Aktivisten zu rekrutieren und sie für ihre neonationalsozialistischen Zielvorstellungen zu gewinnen.

1986 kam es innerhalb der *FAP* unter den ehemaligen Aktivisten der *ANS/NA*, bzw. der „neonationalsozialistischen Bewegung" zum sogenannten Richtungsstreit (→ *GdNF* und → *ANS/NA*). Kühnen verlor seinen Einfluss auf die *FAP* und der Kühnen-feindliche Flügel unter → Jürgen Mosler dominierte von da ab die Partei. 1988 wurde schließlich → Friedhelm Busse von der Mosler-Fraktion zum neuen Bundesvorsitzenden der *FAP* gewählt. Kühnens Anhänger verließen die Partei zunehmend.

Ab 1989 kam es auch zu Differenzen zwischen Busse einerseits und Anhängern von Mosler und → Michael Swierczek. Nach Busses Bestätigung als Parteivorsitzender 1990, traten beide aus der *FAP* aus.

Im Februar 1995 wurde die FAP vom Bundesministerium des Innern verboten. Die von der *FAP* eingebrachte Anfechtungsklage wurde am 20.Oktober 1995 vom Bundesverwaltungsgericht zurückgewiesen. Die *FAP* stellte nach Ansicht des Gerichts keine Partei im Sinne des Grundgesetzes dar und konnte daher als Verein verboten werden.

Die Mitglieder der *FAP* und deren Sympathisanten traten immer wieder durch gewalttätige Aktionen in Erscheinung.[111] Bei den wenigen Wahlen an denen die *FAP* teilnahm, konnte sie keine nennenswerten Ergebnisse erreichen.

Bedeutung: Die *FAP* avancierte unter dem Einfluss der Neonazi-Anhängerschaft Kühnens und in den Jahren nach deren Machtverlust, zum zentralen Auffangbecken der Neonazis in

---

107 Ebd. 1990: 22.
108 Zit. ebd. 1990: 23.
109 Ebd. 1990: 30ff.
110 Zit. nach ebd. 1990: S. 35.
111 Vgl. Margret Chatwin, Freiheitliche Deutsche Arbeiterpartei (FAP), http://www.idgr.de/lexikon/ stich/f/fap/fap.html, (eingesehen am 30.5.2002).

der Bundesrepublik. Sie schaffte es mittels Medienresonanz, provokanter Auftritte der Mitglieder und einfacher Programmatik, viele neue Anhänger zu rekrutieren.

Nach dem Verbot suchten viele *FAP*-Aktivisten eine neue Heimat, die sie z.B. bei der 1998 aufgelösten Organisation *Die Nationalen e.V.* unter dem jetzigen Bundesgeschäftsführer der → *NPD*, → Frank Schwerdt, fanden.

Unter anderem → Friedhelm Busse wurde ständiges Redaktionsmitglied der *Berlin-Brandenburger-Zeitung der nationalen Erneuerung (BBZ)*, die den *Nationalen* nahestand.

Literatur

Christians, Georg (1990): Die Reihen fest geschlossen. Die FAP – Zu Anatomie und Umfeld einer militant-neofaschistischen Partei in den 80er Jahren, Marburg.

Freundeskreis Ulrich von Hutten e.V.

Gründung: 1982
Sitz: Starnberg
Funktionäre/namhafte Aktivisten: Lisbeth Grolitsch (Vorsitzende des Vereins und Schriftleiterin der *Huttenbriefe*), Generalmajor der Wehrmacht a.D. Otto Ernst Remer († 1997)
Mitgliederzahl: 1987-1992 etwa 300, heute sind genaue Zahlen unbekannt.
Publikationen: *Huttenbriefe für Volkstum, Kultur, Wahrheit und Recht*

Programmatik/politische Zielsetzung: Die Ziele des Vereins werden in der Zeitschrift *Huttenbriefe für Volkstum, Kultur, Wahrheit und Recht* deutlich. Der Freundeskreis sei „der Zukunft verpflichtet im Dienste des Deutschen Volkes, seiner Geschichte und Kultur".[112] Zentral sind eine rassistische Weltanschauung, Antisemitismus, Verschwörungstheorie und der Versuch, die Verbrechen des Nationalsozialismus zu verharmlosen, bzw. zu rechtfertigen. Beispielsweise heißt es: „Die Rassenschranken durch humanistisch-utopische Vorstellungen überwinden zu wollen, sind Parolen zum Selbstmord gewachsener Völker, die sich zum Schaden aller Menschen auswirken und nicht zu deren Nutzen. Die Gleichheitsideologie ist der größte Irrtum und Unsinn, der jemals philosophisch, religiös und politisch zum Ausdruck gebracht wurde".[113] In einer anderen Ausgabe der *Huttenbriefe* liest man: „Der Wahn des auserwählten Volkes, sich als das einzig würdige, gottgefällige zu bezeichnen und den Goi (Nichtjuden) schlechthin als Untermenschen zu bewerten, ist so unbegreiflich, daß ein normal veranlagter volksbewußter Mensch dies nur als Propaganda gegen die Juden abtun kann, wenn er die historischen Zusammenhänge zwischen Altem und Neuem Testament und die Geldkapitalpolitik der vergangenen zweihundert Jahre nicht kennt".[114] Des weiteren wird in den *Huttenbriefen* behauptet: „Ausländer ohne germanisch-deutsches Rasseerbgut

---

112 Zit. nach *Huttenbriefe* 5+6/1997: 2.
113 Zit. nach *Huttenbriefe* 2/1986: 5, in: Dokumentationsarchiv des österreichischen Widerstandes, Handbuch des österreichischen Rechtsextremismus, 1994: 138.
114 Zit. nach *Huttenbriefe* 4/1986: 1, in ebd. 1994: 138.

sind seelengesetzlich – auch wenn sie das selbst gar nicht wollen – gefährliches Fremdelement in unserem Volkskörper".[115] Aus diesem Grunde müssten Sie Deutschland „unter allen Umständen" verlassen.

Zu Adolf Hitler heißt es, sein „Kampf galt der Wiederherstellung des Lebensrechtes des deutschen Volkes unter anderen Völkern".[116]

Ulrich von Hutten begründete im 16. Jahrhundert den Kult um den cheruskischen Heerführer Hermann in der deutschen Poesie. Die Figur des Hermann, bzw. Arminius, besiegte die Römer vernichtend im Jahre 9 n. Chr. Das Hermannsdenkmal im Teutoburger Wald steht zum Gedenken an diese Schlacht. Politisches Ziel Huttens war die Befreiung Deutschlands von der „römischen Vormachtstellung", wozu ihm Hermann der Cherusker als Vorbild diente.

Organisation und Aktivitäten: Gegründet wurde der Verein 1982 u.a. von der ehemaligen „Gau-Unterführerin" des *Bundes Deutscher Mädchen* (*BDM*), Lisbeth Grolitsch. Der Verein besitzt enge Kontakte zur *Deutschen Kulturgemeinschaft* (*DKG*), der *Notgemeinschaft für Volkstum und Kultur* (*NG*) und dem *Deutschen Kulturwerk europäischen Geistes* (*DKeG*) (→ Herbert Schweiger).

Die Herausgabe der *Huttenbriefe* ist praktisch die Hauptaktivität des Vereins. Darüber hinaus werden verschiedene Tagungen organisiert, wie beispielsweise die sogenannten „Gästewochen" auf denen sich deutsche und österreichische Rechtsradikale und Ewiggestrige ein Stelldichein geben. Diese „Gästewochen" dienen der Verbreitung der Ziele und politischen Ideen des *Freundeskreises* sowie der Schulung angehender Kader im rechtsradikalen Spektrum.

Vom 2. bis zum 7. November 2001 fand die „25. Gästewoche des ‚Freundeskreises Ulrich von Hutten e.V.'" unter dem Motto „Kampf der Werte gegen die Zerstörungswelle des Amerikanismus" in Rosenheim mit ca. 140 Teilnehmern statt. Als Hauptredner fungierte der Österreicher → Herbert Schweiger, der der → *NPD* nahe steht.

Bedeutung: Die vom *Freundeskreis* mitorganisierten Treffen und Tagungen lassen aufgrund der Beteiligung von bekannten Größen aus der rechstradikalen Szene den Schluss zu, dass der Verein eine wichtige Rolle bei der Aus- und Weiterbildung von Kadern der Szene besitzt.

Mit aktiven und ehemaligen Funktionären, wie Grolitsch und Remer, sind, bzw. waren, zwei wichtige Personen der rechtsradikalen Szene Mitglied im Verein. Grolitsch stellt immer noch ein wichtiges Bindeglied zwischen „alten" und „jungen" Rechtsradikalen dar, tritt jedoch wegen ihrer angeschlagenen Gesundheit kaum noch in der Öffentlichkeit auf. Im Falle des Ablebens der letzten „Gründungsmitglieder", könnten die Aktivitäten des Vereins zum Erliegen kommen.

---

115 Zit. nach *Huttenbriefe* 6/1993: 7, in ebd. 1994: 139.
116 Zit. nach *Huttenbriefe* 2/1989: 3, in ebd. 1994: 138.

Gesellschaft für Freie Publizistik (GFP)

> **Gründung**: 1960
>
> **Sitz**: Oberboihingen (Baden-Württemberg)
>
> **Funktionäre/namhafte Aktivisten**: Dr. Rolf Kosiek (Vorsitzender), Dr. Gert Sudholt (stellvertretender Vorsitzender), → Peter Dehoust, Karl Richter, Jürgen Schützinger, Rudolf Enßlen, Dr. Albrecht Jebens[117]
>
> **Mitgliederzahl**: 2000 ca. 460, 2001 ca. 500
>
> **Publikationen**: *Das Freie Forum*

Programmatik/politische Zielsetzung: Die *Gesellschaft für Freie Publizistik* stellt drei Themen in den Mittelpunkt ihrer Aktivitäten: die Relativierung der Kriegsschuld, die „Ausländerfrage" und die Meinungsfreiheit für die „nationale Publizistik". Ziel der Organisation ist es, die Publizistik im gesamten rechten Spektrum zu koordinieren. Der Gesellschaft gehören u.a. Verleger, Autoren, Publizisten und Buchhändler des rechtsradikalen Spektrums an.[118] Sich selbst stellt die Gesellschaft gerne als Verfechter der Meinungs- und Pressefreiheit dar. Bei dem Versuch eine eigene Interpretation der Geschichtsschreibung zu präsentieren, werden revisionistische und rassistische Tendenzen sichtbar.[119]

Die *GFP* führt jährliche Kongresse durch, auf denen Personen aus dem rechtsradikalen Lager Vorträge halten. Weiterhin veranstaltet die *Gesellschaft* Seminare und Foren zu speziellen Themen. Seit 1963 verleiht die *GFP* jährlich den „Ulrich-von-Hutten-Preis", mit dem u.a. schon Frau Dr. Holle Grimm, → Peter Dehoust, der Goebbels-Mitarbeiter Wilfried von Oven und → Udo Walendy ausgezeichnet wurden.

Organisation und Aktivitäten: 1960 gründete sich die *GFP* hauptsächlich um „Aufklärung" über die Kriegsschuldfrage zu leisten. Laut Eigendarstellung hat sich die *GFP*: „die Aufgabe gestellt, sich für die Freiheit und Wahrheit des Wortes einzusetzen, insbesondere wahrheitswidrige Medienaussagen aufzugreifen und mit Leserbriefen, Berichtigungen und Gegendarstellungen zu korrigieren und strafbare politische Handlungen auf dem Mediengebiet juristisch prüfen zu lassen, Stellungnahmen zu wichtigen Geschehnissen in der Vergangenheit und Gegenwart in den Medien anzustreben, das Geschichtsbewußtsein in regionalen und überregionalen Vortragsveranstaltungen zu stärken, politische Organisationen zu unterstützen und zu fördern, die der Erhaltung unseres Volkes sowie dem Aufbau und der Ermittlung von politischen Führungskräften dienen".[120]

Gegründet wurde die *GFP* von ehemaligen *SS*-Offizieren und *NSDAP*-Funktionären.[121] Seit 1992 ist Rolf Kosiek der Vorsitzende, der auch Mitarbeiter des → *Grabert-Verlags* ist und als ehemaliger „Chefideologe" der → *NPD* gilt.

---

117 Vgl. die Rubrik „Vorstand", auf der Webpage der *GFP* (eingesehen am 10.6.2002).
118 Vgl. Verfassungsschutzbericht des Bundes 2000: 111f.
119 Vgl. Verfassungsschutzbericht des Landes Nordrhein-Westfalen 2000: 77f.
120 Zit. in: Vom Wollen und Werden der Gesellschaft für Freie Publizistik e.V., auf der Webpage der GFP (eingesehen am 27.5. 2002).
121 Vgl. Uwe Backes/Patrick Moreau, Die extreme Rechte in Deutschland, 1993: 122.

Die Hauptaktivität der *Gesellschaft* besteht in der Durchführung eines jährlichen Kongresses. Auf diesen Kongressen halten regelmäßig bekannte Personen der rechtsradikalen Szene Vorträge, wie u.a. → David Irving, → Harald Neubauer, → Dr. Alfred Mechtersheimer und → Udo Walendy. Letzterer wurde auf dem „Deutschen Kongress" der *GFP* im April 2001 mit dem Ulrich-von-Hutten-Preis ausgezeichnet. → Walendy gehörte in der Vergangenheit zu den aktivsten „Revisionisten" in der Bundesrepublik. Der Kongress im April 2001 stand unter dem Motto „Deutschland wird leben" und beinhaltete u.a. Vorträge zu den Themen „Ausländer und Asylanten – ein drängendes Problem" und „Die Entartung der freiheitlich-demokratischen Grundordnung zur antifaschistisch-volksdemokratischen Herrschaft".[122]

Die *GFP* besitzt aufgrund ihrer Mitglieder zahlreiche Verbindungen zu anderen Organisationen und Verlagen des rechtsradikalen Lagers. Gern gesehener Referent auf dem „Deutschen Kongreß" 2000[123] war so auch *NPD*-Vordenker → Jürgen Schwab.

Nach Recherchen des ARD – Magazins *Panorama*,[124] ist Dr. Albrecht Jebens nicht nur Vorstandsmitglied der *GFP*, sondern ebenfalls *CDU*-Mitglied.

Bedeutung: Die *GFP* gilt als größte rechtsradikale Kulturvereinigung in der Bundesrepublik und bedient die rechtsradikale Szene mit Hilfe ihrer Kongresse mit wichtigen Treffen, auf denen Strategiediskussionen abgehalten werden können. Mit ihrer Mitgliederstruktur schafft es die *Gesellschaft*, Personen aus den unterschiedlichen rechtsradikalen Strömungen in ihrer Organisation zu sammeln.

Der *GFP* gehören hauptsächlich Verleger, Buchhändler, Publizisten und Autoren des rechtsradikalen Lagers ebenso an, wie der ehemalige Geschäftsführer des unionsnahen *Studienzentrum Weikersheim* (*SZW*) und *CDU*-Mitglied Dr. Albrecht Jebens.

Gesinnungsgemeinschaft der Neuen Front (GdNF)

Gründung: 1984 als Folge des Verbots der → *ANS/NA*.

Sitz: Die *GdNF* unterteilte sich in diverse Kameradschaften mit unterschiedlichen Sitzen und bediente sich verschiedener sogenannter Massen- und Frontorganisationen.

Funktionäre/namhafte Aktivisten: → Michael Kühnen, → Christian Worch, → Gottfried Küssel, → Arnulf Winfried Priem, → Thomas Brehl

Mitgliederzahl: inkl. der Suborganisationen 1992/93 ca. 400

Publikationen: *Die Neue Front*

Programmatik/politische Zielsetzung: Die Programmatik und die politische Ausrichtung der *Gesinnungsgemeinschaft der Neuen Front* ist im „Lexikon der Neuen Front" nachzule-

---

122 Vgl. „2001 Deutschland wir leben", Webpage der *GFP* (eingesehen am 27.5.2002).
123 Vgl. Verfassungsschutzbericht des Bundes 2000: 112.
124 Vgl. *Panorama* Beitrag, Vertuschen und verdrängen – Rechtsradikale in der CDU, Sendung Nr. 614 vom 6.6.2002.

sen, das → Michael Kühnen verfaßte.[125] Darin bezeichnet er die *Neue Front* als „Gesinnungsgemeinschaft des Nationalsozialismus der neuen Generation".[126]

Die ideologische Ausrichtung ist dem historischen Vorbild der *SA* nachempfunden und als „sozialrevolutionär" zu bezeichnen.

Für die Dauer des Verbots nationalsozialistischer Organisationen, soll die sogenannte „Generallinie" als Art Parteiprogramm der *Neuen Front* fungieren. Im Falle der Wiederzulassung der *NSDAP* in der Bundesrepublik, erhält das alte Parteiprogramm der *NSDAP* wieder volle Geltung: „Die Neue Front versteht sich als legaler Arm der nationalsozialistischen Bewegung der neuen Generation und damit als Keimzelle der neuzugründenden Nationalsozialistischen Deutschen Arbeiterpartei".[127]

Kühnen bezeichnete das „Endziel" seiner „Bewegung" auch als die „Neue Ordnung". Diese „Neue Ordnung" beruhe auf einer „traditionellen arischen Hochkultur".[128]

In der *Neuen Front* ist nachzulesen, dass die *GdNF* sich um diese Publikation herum gruppiert.[129] Sie bezeichnet sich selbst als „Gemeinschaft von überzeugten und bekennenden Nationalsozialisten".[130] Anhänger der Gemeinschaft werde man, indem man die Zeitschrift abonniere und somit dem Leserkreis beitrete. Herausgegeben wurde die Zeitschrift von einem anonymen, wechselnden Redaktionskollektiv in den Niederlanden.

Organisation und Aktivitäten: Die *Gesinnungsgemeinschaft der Neuen Front* entstand nach dem Verbot der → *ANS/NA* 1983, im Jahre 1984. Nach → Kühnens Angaben wurde die *Gesinnungsgemeinschaft* bereits 1977 in Hamburg als *SA-Sturm Hamburg 8.Mai*, auch *Freizeitverein Hansa* genannt, gegründet[131]. Es ist anzunehmen, dass Kühnen diese Angaben machte, um seiner Organisation einmal mehr einen konspirativen und bedrohlichen Anstrich zu verleihen. Die Aktivitäten der ehemaligen Kameraden des *Freizeitvereins Hansa* und der → *ANS/NA*, bei denen es durchaus personelle Übereinstimmungen gab, wurden quasi rückwirkend der dubiosen *Gesinnungsgemeinschaft* zugeordnet. Diese wurde faktisch aber erst 1984 als Antwort auf das → *ANS/NA* – Verbot gegründet.

Mit Hilfe der *GdNF* bemühten sich → Kühnen und die ehemaligen Funktionäre der → *ANS/NA*, die personelle Struktur der verbotenen Organisation zu erhalten. Im Zuge dessen entstanden sogenannte Leserkreise, die als Basis für eine neue neonationalsozialistische Organisation dienen sollten. Die Anhänger organisierten sich in den sogenannten „Vorfeldorganisationen" und unterwanderten auch die → *FAP*.

Im „Lexikon der Neuen Front" nennt Kühnen die jeweiligen Leiter der *Gesinnungsgemeinschaft*, → Christian Worch, → Thomas Brehl und sich selbst.

Die sogenannten „Vorfeld-" oder „Frontorganisationen" waren u.a. die *Antizionistische Aktion*, das *Antikommunistische Aktionsbündnis*, die *Freie Gewerkschaftsbewegung*, der *Volksbund Rudolf Heß*, der *Freundeskreis Heinz Reisz*, die *Nationale Sammlung*, die *Nationale Liste*, die *Aktion Lebensschutz* und die → *Deutsche Alternative (DA)*.[132] Mit Hilfe der

---

125 Vgl. Michael Kühnen, Lexikon der Neuen Front, 1987 (abrufbar unter der Webpage → Gary Laucks, eingesehen am 24.1.2002).
126 Ebd. 1987.
127 Ebd. 1987.
128 Ebd. 1987.
129 Vgl. *Die Neue Front*, 71/1990: 1.
130 Ebd. 71/1990: 1.
131 Vgl. Michael Kühnen, Lexikon der Neuen Front, 1987 (abrufbar unter der Webpage → Gary Laucks, eingesehen am 24.1.2002).
132 Vgl. Uwe Backes/Patrick Moreau, Die extreme Rechte in Deutschland, 1993: 71f.

DA konnte die *GdNF* ihre Aktivitäten auf die neuen Bundesländer ausweiten. Die vielen „Frontorganisationen" dienten dazu den Anschein zu erwecken, als würde eine breite und mitgliederstarke „Bewegung" entstehen. Gleichzeitig lenkten sie von der eigentlichen *GdNF* ab. Tatsächlich konnte die *GdNF* mit ihren Suborganisationen nicht über ca. 400 Mitglieder und Aktivisten hinauswachsen.

Im Laufe der Zeit beteiligten sich einige der „Frontorganisationen" an den Landtagswahlen in Hessen und den Bürgerschaftswahlen in Hamburg. Beide Wahlen verliefen jedoch mit keinem nennenswerten Ergebnis für die Organisationen.

1986 kam es zum Richtungsstreits innerhalb der neonationalsozialistischen „Bewegung" aufgrund der von → Mosler angestoßenen Debatte um Michael Kühnens Homosexualität, da diese nach Mosler unvereinbar mit der nationalsozialistischen Weltanschauung sei. Mosler ging es bei dieser Kontroverse nur vordergründig um Kühnens Homosexualität. Diese nahm er eher zum Anlass, den Machtkampf innerhalb der *Gemeinschaft* zu seinen Gunsten zu entscheiden.[133]

1991 verstarb → Michael Kühnen und → Gottfried Küssel wurde als neuer Chef der *GdNF* vorgestellt.[134] Dieser gründete 1986 die *Volkstreue außerparlamemtarische Opposition* (VAPO) in Österreich, die als „Bereich Ostmark" ein Teil der *GdNF* war.[135] Küssel konnte jedoch Kühnens Position nicht voll ausfüllen und galt als umstritten. → Christian Worch konnte sich eher als neue Führungspersönlichkeit etablieren.[136] Der Tod Michael Kühnens lähmte die Aktivitäten der *GdNF*.

1994 wurde Christian Worch wegen Fortführung der → ANS/NA vom Landgericht Frankfurt a.M. zu zwei Jahren Freiheitsstrafe ohne Bewährung verurteilt. Damit betrachtete das Gericht die *GdNF* als Fortführung der *ANS/NA*. Bevor die *GdNF* als Nachfolgeorganisation verboten werden konnte, löste sie sich selbst auf.

Bedeutung: Die *GdNF* und ihre vielen Nebenorganisationen hatten auf die neonazistischen Strukturen in der Bundesrepublik großen Einfluß. Noch heute ist die Neonazi-Szene ideologisch eher am historischen Vorbild der *SA* orientiert.

Nach dem Verbot der → *ANS/NA* diente die *GdNF* als Sammelbecken für die Anhängerschaft → Kühnens und wurde nach dem Fall der Mauer verstärkt in Ostdeutschland aktiv. Dort war sie maßgeblich an der Errichtung einer neonazistischen Szene beteiligt.

Die *Gesinnungsgemeinschaft* und die angegliederten Suborganisationen fungierten als eine Art Kaderschmiede. Noch heute bekannte Personen der Szene, waren schon in der → *ANS/NA* und der *GdNF* aktiv. Die derzeit wichtigste Führungsperson aus dem ehemaligen *GdNF*-Umfeld dürfte → Christian Worch sein.

---

133 Vgl. Georg Christians, Die Reihen fest geschlossen. Die FAP – Zu Anatomie und Umfeld einer militant-neofaschistischen Partei in den 80er Jahren, 1990: 115ff.
134 Vgl. Verfassungsschutzbericht des Bundes 1991: 92ff.
135 Vgl. *Die Neue Front*, 72/1990: 32.
136 Ebd.72/1990: 92ff.

Hammerskins

> **Gründung:** 1986 in Dallas/USA, bzw. ab 1991 auch in der Bundesrepublik aktiv
>
> **Sitz:** Die *Hammerskins* sind in sogenannten „Chapters" im ganzen Bundesgebiet aktiv. Es existiert eine Postfachadresse in Schwetzingen.
>
> **Funktionäre/namhafte Aktivisten:** u.a. Mirko Hesse
>
> **Mitgliederzahl:** zwischen 100 und 200 Mitglieder bundesweit.
>
> **Publikationen:** *Hass-Attacke, Hammerskin, Wehrt Euch, Resistance*

Programmatik/politische Zielsetzung: *Hammerskins* verstehen sich als eine Art „arische Bruderschaft". Alle *Hammerskins* sollen in einer „Hammerskin-Nation" vereinigt werden. Das Weltbild der *Hammerskins* ist durch die Ideologie der *white supremacy*[137] bestimmt. Das heißt, sie gehen von der „Überlegenheit der weißen Rasse" aus. Ihr Ziel der „weißen Vorherrschaft" wollen sie mit Hilfe des Konzeptes des *leaderless resistance*[138] (kurze Erläuterung des Begriffs → *Blood & Honour*), des führerlosen Widerstandes, erreichen.

Auf der Homepage der *Southern Cross Hammerskins* (Australien), werden die Richtlinien für einen Hammerskin aufgezählt. Die Richtlinien verdeutlichen das elitäre Selbstbild der *Hammerskins*. Es geht darum, seinen „Brüdern" gegenüber immer die Wahrheit zu sagen, seinen Geist und Körper zu formen, man soll in Harmonie mit dem Gesetz und der Natur leben, das „rassische Bewußtsein" soll an die eigenen Kinder weitergegeben werden, gegenseitiger Respekt unter den *Hammerskins* wird gefordert und Drogen sind streng untersagt.[139] Eine Aufnahme in die Reihen der *Hammerskins* erfolgt erst nach einer Art Probezeit. Die Hammerskins werden aufgrund ihrer elitären Ideologie auch als „SS der Bewegung" bezeichnet.

Organisation und Aktivitäten: Gegründet wurden die *Hammerskins* 1986 in Dallas/USA.[140] Das Symbol der *Hammerskins*, zwei gekreuzte Zimmermannshämmer in den Farben Schwarz, Weiß und Rot, soll die Nähe der Mitglieder zur Arbeiterbewegung darstellen. Angeblich diente der Film *The Wall*, von der Pop-Band *Pink Floyd*, den *Hammerskins* als Vorbild, ihr Symbol zu wählen. In dem Film gibt es eine Szene, in der eine Armee von rotschwarzen Hämmern marschiert und „faschistische Massen" symbolisiert, gegen die sich der Film richtet.

In den USA gelten die *Hammerskins* als eine der gefährlichsten Nazi-Skinhead-Gruppen. Im Laufe der Jahre bildeten sich *Hammerskin* Gruppen in verschiedenen Teilen der USA, Kanadas, Australiens und Europas. Eines der wichtigsten Bindeglieder zwischen den *Hammerskin*-Gruppen ist die Musik, bzw. die Musik der ihnen nahestehenden Bands.

In der Bundesrepublik traten die *Hammerskins* erstmals 1991 in Brandenburg in Erscheinung.[141] Die deutschen *Hammerskins* veranstalten, ähnlich wie → *Blood & Honour*, Konzerte und publizieren sogenannte *Fanzines*, d.h. Magazine für die Anhängerschaft.

---

137 Vgl. Thomas Grumke, Rechtsextremismus in den USA, 2001: 137ff.
138 Ebd. 2001: 85ff.
139 Vgl. Webpage der *Southern Cross Hammerskins* (eingesehen am 14.2.2002).
140 Vgl. Grumke 2001: 137ff.
141 Vgl. http://verfassungsschutzgegenrechtsextremismus.de (eingesehen am 14.2.2002).

Blood & Honour und die *Hammerskins* stellen zwei um den Einfluß auf rechtsextreme Skinheads miteinander konkurrierende Organisationen dar.[142] So ist es auch schon zu massiv gewalttätigen Auseinandersetzungen zwischen einzelnen Anhängern der beiden Gruppen gekommen.

Die aktivsten *Hammerskins* in der Bundesrepublik agieren in Sachsen. Dort erscheint auch das Fanzine *Hass-Atacke*. Einer der führenden Aktivisten der deutschen *Hammerskins*, Mirko Hesse aus Langburkersdorf bei Sebnitz, hatte an verschiedenen Orten rund 10.000 CD's mit verbotener Neonazi-Musik (u.a. → *Landser*), aber auch Waffen und Munition gelagert. Dafür wurde er im Dezember 2001 vom Landgericht Dresden zu zwei Jahren Haft ohne Bewährung verurteilt.[143] Mittlerweile wurde Hesse als V-Mann des Bundesamtes für Verfassungsschutz enttarnt und sieht gleichzeitig ein neues Gerichtsverfahren auf sich zukommen. Unterdessen fand vom 9.-11. August 2002 das jährliche „Hammerfest" im Schweizer Örtchen Affolten am Albis und Teilnahme zahlreicher deutscher Aktivisten statt.[144]

Bedeutung: In der Bundesrepublik besitzen die *Hammerskins* weniger Einfluß auf die rechtsextreme Skinheadszene als die „Konkurrenzorganisation" *Blood & Honour*. Trotzdem organisieren sie regelmäßig gut besuchte Konzerte. Ihr Einfluß auf die subkulturelle Szene ist nicht zu unterschätzen. Es existieren auch vielfach Verbindungen zu den → *Freien Kameradschaften*.

Die latente Gewaltbereitschaft und stramme neonazistische Ausrichtung in Verbindung mit dem Verhaltenskodex, machen die Hammerskins zu einer der unberechenbarsten Größen der internationalen rechtsextremen Szene.

Hilfsorganisation für nationale politische Gefangene und deren Angehörige e.V. (HNG)[145]

Gründung: 1979

Sitz: Mainz (eingetragen in Frankfurt a.M.)

Funktionäre/namhafte Aktivisten: → Ursula „Ursel" Müller (Vorsitzende), → Curt Müller, Christa Goerth (Vorsitzende bis 1991), Christian Wendt (ehemaliger Schriftleiter), → Christian Malcoci, → Christian Worch (ehemaliger Schriftleiter), Mareike Brauchitsch (Schriftleiterin seit 2002)

Mitgliederzahl: 600 im Jahr 2001 (2000: 550 und 1999: 500)

Publikationen: *Nachrichten der HNG*, Auflage rund 700 monatlich

---

142 Vgl. Verfassungsschutzbericht des Bundes 2000: S. 42.
143 Lukas Kilian, „Schlechte Geschäfte", in: *blick nach rechts*, 1/2002: 7f.
144 Vgl. Thomas Grumke, „SS der Bewegung", in: *blick nach rechts*, 17/2002, S. 5.
145 Scheinbar ist sich die *HNG* selbst nicht ganz sicher, welchen Namen sie trägt. So wird in einer Anzeige in *Junges Franken*, Aug./Sept. 1997: 9 ebenso von „Hilfsgemeinschaft" gesprochen, wie auf der Eingangsseite der *HNG*-Webpage. In den *Nachrichten der HNG* ist von „Hilfsorganisation" die Rede.

Programmatik/politische Zielsetzung: Ziel der *HNG* ist es, ein Steuerungsinstrument für neonazistische Gruppen zu schaffen sowie „die ideelle und materielle Unterstützung inhaftierter Kameraden und deren Angehöriger sowie Hilfe bei der Beschaffung von Arbeitsplätzen und Wohnraum nach der Haftentlassung. Ein weiteres wichtiges Ziel ist, die Öffentlichkeit über Unrechtsmaßnahmen und -urteile zu informieren und zu sensibilisieren".[146] Zum letzteren gehört die Dokumentation von Rechtsurteilen, um „die Verantwortlichen später einmal zur Rechenschaft ziehen zu können (...) Dazu gehören auch die Namen von Staatsanwälten, Einsatzleitern der Polizei oder Richtern, die mit den jeweiligen Vorgängen zu tun haben".[147]

Selbst distanziert sich die *HNG* in einer Ausgabe ihrer *Nachrichten der HNG* davon, „politische Ziele zu verfolgen".[148] In der Oktoberausgabe des Jahres 1999 der *Nachrichten der HNG*, erschien jedoch ein „Aufruf an alle Gefangenen", in dem es u.a. heißt: „Der politische Kampf ist im Knast nicht beendet – er wird mit anderen Mitteln fortgesetzt. Wer nur in Ruhe seine Tage absitzen will, der vergeudet wertvolle Zeit! Der politische Kampf muß auch im Knast organisiert werden".[149]

Die *HNG* betreut eine Unmenge von „Gefangenen" aus verschiedensten Organisationen des rechtsextremen Spektrums. Sie besitzt damit eine integrierende Funktion und fördert die Vernetzung der Szene.

Organisation und Aktivitäten: Die *HNG* wurde im September 1979 unter der maßgeblichen Leitung von Henry Beier gegründet. Teilweise langjährige Haftstrafen für Aktivisten der rechtsextremen Szene, machten zum damaligen Zeitpunkt eine organisierte Betreuung notwendig.

Ab 1983 traten der *HNG* verstärkt Personen aus dem Umfeld → Michael Kühnens bei.[150] 1984 übernahm schließlich Christa Goerth, eine ehemalige → *ANS/NA* – Aktivistin, den Vorsitz der *HNG*. Inzwischen war → Christian Worch zum Schriftleiter ernannt worden. Der Einfluß auf die *HNG* des Kühnen-Umfeldes wuchs stark an. Kühnen bemühte sich darum, die *HNG* als von der *ANS/NA* unabhängigen Verein erscheinen zu lassen. Alleine die von den Kühnen-Gefolgsleuten Worch und Goerth übernommenen Spitzenfunktionen, legen einen anderen Schluss nahe. Ein Ermittlungsverfahren der Staatsanwaltschaft Dortmund gegen Mitglieder der *HNG*, wegen des Verdachts auf Fortführung der verbotenen *ANS/NA*, wurde 1986 aufgrund fehlender Beweise eingestellt.

Worch wurde 1985 als Schriftleiter abgelöst, da er eine Haftstrafe antreten musste. Trotzdem organisierte er die seit 1984 existierende Initiative *Freiheit für Michael Kühnen* in Zusammenarbeit mit der *HNG* weiter.

Christa Goerth schaffte bis zu ihrem Rücktritt als Vorsitzende 1991, die finanzielle Basis der *HNG* zu sichern. Das geschah vermutlich u.a. mit Hilfe von großzügigen Spenden einiger Altnazis.[151] Die *HNG* konnte angeblich Mieten „gefangener Kameraden" übernehmen und zahlte deren Angehörigen sogar eine Art monatlicher Rente.[152]

---

146 *Nachrichten der HNG* April/1998, Webpage der *HNG* (eingesehen am 18.2.2002).
147 Zit. in *Nachrichten der HNG* Juli/2000: 2.
148 *Nachrichten der HNG* März/2000, Webpage der *HNG* (eingesehen am 18.2.2002).
149 *Nachrichten der HNG* Oktober/1999, Webpage der *HNG* (eingesehen am 18.2.2002).
150 Vgl. Georg Christians, Die Reihen fest geschlossen. Die FAP – Zu Anatomie und Umfeld einer militant-neofaschistischen Partei in den 80er Jahren, 1990: 164ff.
151 Ebd. 1990: 164ff.
152 Ebd. 1990: 171.

Ursula Müller, die Trägerin des „Nationalen Solidaritätspreises" der → *NPD*, ist seit 1991 die Vorsitzende des Vereins. Seit April 2002 ist Mareike Brauchitsch, ehemalige Aktivistin der 1997 aufgelösten *Die Nationalen*, neue Schriftleiterin der *Nachrichten der HNG* und löst damit Christian Wendt ab.[153]

Die *HNG* leistet neben der finanziellen Unterstützung auch Hilfe in ideeller Form. Die *Hilfsorganisation* gibt Rechtstipps und hilft bei der Vermittlung von einschlägigen Kontakten. Den Gefangenen wird der Eindruck vermittelt, sie hätten kein Unrecht begangen. Somit wird versucht die Inhaftierten in der rechtsextremen Szene zu halten.

Ebenfalls besitzt die *HNG* sehr gute Kontakte zu anderen rechtsextremen Organisationen im Ausland.

In den *Nachrichten der HNG* wird regelmäßig eine Gefangenenliste veröffentlicht, neben der auch eine Liste von internationalen Inhaftierten der rechtsextremen Szene erscheint. Die *HNG* fordert ihre Leser dazu auf, den Inhaftierten Briefe zu schreiben und organisierte beispielsweise die „Aktion der Zehn", bei der „Weihnachtspakete" an die Gefangenen weitergeleitet werden.

Zu den „betreuten" Inhaftieren gehören und gehörten neben einigen ausländischen Aktivisten u.a. → Günther Deckert, → Thorsten Heise, → Frank Schwerdt, → Udo Walendy, → Gary Lauck und → Michael Kühnen.

Bedeutung: Die *HNG* ist gegenwärtig eine der wichtigsten und größten rechtsextremen Organisation in der Bundesrepublik. Der Verein übt eine Vorbildfunktion für andere „Gefangenenhilfen" im Ausland aus und steht in regem Kontakt mit diesen Organisationen.[154] Daneben betreut die *HNG* international militante Rechtsextreme und inhaftierte Mitglieder des Vereins rekrutieren in den Vollzugsanstalten neue Aktivisten.[155] Dadurch kommt es zu regelrechten „Zellenbildungen" innerhalb der Haftanstalten. Die *HNG* dient als wichtigste Plattform der Kommunikation zwischen inhaftierten Rechtsextremen, die ihrerseits mit Hilfe des Vereins als Multiplikatoren wirken.

Die zentrale Stellung der *HNG* in der rechtsextremen Szene belegt auch der Umstand, dass sich führende Kader auf den alljährlichen Hauptversammlungen ein Stelldichein geben. Auf der Versammlung des Jahres 2001 traten z.B. der rechtsextreme Veteran → Friedhelm Busse und *NPD*-Ideologe → Jürgen Schwab als Redner auf.[156]

---

153 Vgl. o.A., Meldungen, in: *blick nach rechts*, 10/2002: 14.
154 Vgl. Rainer Fromm, Die „Wehrsportgruppe Hoffmann": Darstellung, Analyse und Einordnung, 1998: 165ff.
155 Vgl. Bernd Wagner, Handbuch Rechtsextremismus, 1994: 115f.
156 Vgl. o.A., Jahreshauptversammlung der *HNG* am 31.3.2001, in: *Triskele*, Nr. 2 (Internetausgabe, eingesehen am 17.6.2002).

Junge Nationaldemokraten (JN)

> **Gründung**: 1969
>
> **Sitz**: Riesa (Sachsen)
>
> **Funktionäre/namhafte Aktivisten**: → Sascha Roßmüller (Bundesvorsitzender), Mike Layer (stellvertretender Bundesvorsitzender), Alexander Delle (stellvertretender Bundesvorsitzender), → Holger Apfel (Bundesvorsitzender bis 1999), Tobias Bär (Bundespressesprecher), Steffen Egolf (Landesvorsitzender Baden-Württemberg), Axel Flickinger (Landesvorsitzender Rheinland-Pfalz), Stefan Göbeke-Teichert (Landesvorsitzender Bayern).
>
> **Mitgliederzahl**: ca. 500
>
> **Publikationen**: *Der Aktivist* (Auflage 1.000, erscheint unregelmäßig – zuletzt 1999), *Frontdienst* (erscheint unregelmäßig), *JN-INTERN* (erscheint seit 2000 zweimonatlich als Informationsblatt des *JN*-Landesverbandes Niedersachsen).

Programmatik/politische Zielsetzung: Die *JN* sind die Jugendorganisation der *NPD* und „integraler Bestandteil" der Mutterpartei. Sie wollen dennoch nicht im Schatten der *NPD* stehen, sondern entwickeln nach eigenem Bekunden „vielmehr als revolutionäre Bewegung für junge Nationalisten zwischen 14 und 35 Jahren autonome konzeptionelle Vorstellungen."[157] Ideologie, Ziele und Programm der *JN* entsprechen weitgehend denen der *NPD*, werden jedoch seitens der *JN* aggressiver zum Ausdruck gebracht.

Die *JN* verstehen sich selbst als „die nationalistische Jugendbewegung Deutschlands",[158] als „weltanschauliche-geschlossene Jugendbewegung neuen Typs mit revolutionärer Ausrichtung und strenger innerorganisatorischer Disziplin, deren Aktivitäten hohe Einsatz- und Opferbereitschaft abverlangt wird."[159] Dementsprechend orientieren sich die *JN* am „Leitbild des politischen Soldaten […], der von seinen Idealen angetrieben wird, der unzweideutig handelt, wenn es gilt, unseren politischen Auftrag tapfer zu erkämpfen. […] Für ein Engagement in unserer nationalistischen Bewegung ist der hundertprozentige politische Aktivismus unabdingbare Voraussetzung."[160]

Im Zentrum der Weltanschauung der *JN* steht das Volk, verstanden als eine „auf Dauer angelegte […] Schicksalsgemeinschaft von Generationen auf der Grundlage gemeinsamer Abstammung, Überlieferung, Sprache, Geschichte, Wesensart, Heimatvorstellung und Zukunftsbereitschaft".[161] Dementsprechend wird die Verwirklichung einer „Volksgemeinschaft" angestrebt.[162] Nach Ansicht der *JN* „bedarf [es] der Verantwortung des Zentralparlaments, um den Solidarismus der Volksgemeinschaft nicht zu zerstören."[163] In den „Thesen zum zentralistischen Staatsaufbau" heißt es weiter: „Das ‚Neue Reich' muß nach unseren Vorstellungen ein Staat mit einer unbedingten und starken Zentralgewalt sein. Von der

---

157 Selbstdarstellung der *JN* auf den WWW-Seiten der *NPD* (eingesehen am 4.3.2002).
158 Ebd.
159 Ebd.
160 Ebd.
161 „Jugendpolitische Leitlinien", beschlossen am 2./3.9.1995 auf dem 24. Ordentlichen Bundeskongreß der *Jungen Nationaldemokraten* (JN) in Klötze (Sachsen-Anhalt): 4.
162 Selbstdarstellung der *JN* auf den WWW-Seiten der *NPD* (eingesehen am 4.3.2002).
163 „Thesen zum zentralistischen Staatsaufbau, Nr.3", in: WWW-Seiten der *JN* (eingesehen am 9.4.2002).

Zentralgewalt gehen die notwendigen Befehle, Anweisungen, Anregungen und Organisationsarbeiten für die untergeordneten Gliederungen des Staates aus. [...] Alles was den Bestand des Reiches und der deutschen Volksgemeinschaft betrifft, bleibt [...] in den festen Händen der Zentralgewalt."[164]

Die *JN* gehen davon aus, daß jedes Volk einen ihm angestammten „Lebensraum" habe. Gemäß ihrer „Blut und Boden"-Ideologie streben sie, bedacht um gemäßigte Formulierungen, „ein gemeinsames Europa der Vaterländer und Völker" an.[165] Es gelte, die „Vielfalt der Völker und ihrer Kulturen" zu erhalten, wiederherzustellen und weiterzuentwickeln: „Die Sicherung der Eigenart der Völker und ihre Unabhängigkeit und Selbstbestimmung sind Gewährleistung für eine in sich dauerhafte und beständige Ordnung, für geistige und kulturelle Vielfalt und Grundlage für die Selbstverwirklichung des einzelnen."[166]

Zudem vertreten die *JN* einen ausgesprochenen, völkisch gewendeten, „Anti-Imperialismus", der seinen Ausdruck vor allem im Anti-Amerikanismus findet: „Hauptträger des Imperialismus sind heute die USA."[167] Nicht zuletzt deswegen fordern die *JN* den sofortigen Austritt Deutschlands aus „raumfremden Bündnissen wie NATO und EU".[168] Die anti-amerikanische Stoßrichtung findet ihren Ausdruck auch in einer Erklärung des 30. *JN*-Bundeskongresses am 22.9.2001 in Neustadt-Glewe (Mecklenburg-Vorpommern) zu den Anschlägen vom 11. September 2001; dort „lehnen die *JN* die ‚blinde' Solidarisierung mit den USA im Sinne einer Verantwortungsübernahme bzw. der Unterstützung militärischer Aktivitäten der Amerikaner [...] strikt ab."[169] Diese Ablehnung wird unter anderem damit begründet, Deutschland könnte aufgrund einer solchen Haltung „schnell zur Zielscheibe ähnlich-gearteter Anschläge werden".[170] In dieser Erklärung kommt auch eine anti-israelische Haltung der *JN* zum Tragen: „Auf das allerschärfste verurteilen die Jungen Nationaldemokraten den politisch perversen Missbrauch der Situation von Seiten der Israelis".[171] Im Anschluss an die Erklärung des *NPD*-Parteivorstandes vom 13.9.2001 werden die Anschläge in den USA als „das Ergebnis einer imperialistischen US-Politik zur Unterdrückung freier Völker [...], die irgendwann einmal Gegenreaktionen hervorrufen musste" bezeichnet. Und weiter: „Es ist richtig, an das jahrzehntelang anderen Völkern zugefügte Unrecht der USA zu erinnern und den grausamen Ereignissen in den USA den Völkermord in Ruanda und Palästina sowie die Bombardierung Dresdens, Berlins und Hiroshimas gegenüberzustellen."[172] In diesem Sinne wird auch scharfe Kritik an dem als große Gefahr für Nation und Volk wahrgenommenen Prozeß der Globalisierung geübt. In einer auf den G8-Gipfel in Genua 2001 Bezug nehmenden Pressemitteilung des *JN*-Bundesvorstandes heißt es: Es „wird wieder klar, daß es in Zukunft immer wichtiger wird, gegen das Konzept der Globalisierung vorzugehen. Die Jungen Nationaldemokraten rufen deshalb jetzt schon auf, sich an kom-

---

164 Ebd., Nr.6.
165 „Thesen zum Nationalismus, Nr.19", in: WWW-Seiten der *JN* (eingesehen am 9.4.2002).
166 Ebd., Nr.12.
167 Ebd., Nr. 17.
168 Selbstdarstellung der *JN* auf den WWW-Seiten der *NPD* (eingesehen am 4.3.2002).
169 „Diesjähriger Bundeskongreß erfolgreich verlaufen – Junge Nationaldemokraten beziehen Stellung zum Amerika-Attentat" (gezeichnet von Tobias Bär), in: WWW-Seiten der *JN* (eingesehen am 9.4.2002).
170 Ebd.
171 Ebd.
172 Ebd.

menden, friedlichen Demonstrationen gegen die Globalisierung zu beteiligen!"[173] Auf den Webseiten des *JN*-Bundesvorstandes findet sich unter anderem ein Text, den an einem „Aktionskomitee" mit der Bezeichnung *Nationalisten gegen Globalisierung* beteiligte Gruppen und Personen unterstützen. In diesem Text heißt es: „Wir sind der Meinung, dass unsere nationalistische Weltanschauung nicht vereinbar ist mit der Globalisierung der Wirtschaft, die auf Dauer zu Menschen ohne Kultur führen wird, die überall und nirgends zuhause sind und sehr leicht zu beeinflussen sind, sowohl ideologisch, wie auch als Konsumenten."[174] Und weiter: „Für uns ist die Globalisierung nicht mehr als eine angepasste, moderne Form des Internationalismus. Globalisierung bedeutet das Verschwinden von nationalen Grenzen, um in der nächsten Phase die Identität der Völker auszuwischen. Wir aber wollen nicht entarten zu dem, was man Weltbürger nennt, ohne Identität und ohne Seele. Wir sind Nationalisten und somit stolz auf unser Volk und wünschen dies auch in Zukunft zu erhalten."[175] Das ideologische Arsenal von Volk und Nation wird damit um Kampfbegriffe wie Globalisierung, Imperialismus und Identität erweitert und damit auch international kompatibel gemacht.[176]

Organisation und Aktivitäten: Die JN sind neben der Bundesorganisation in mehrere Landesverbände gegliedert. Eine genaue Zahl läßt sich hier schwer festmachen, da sich immer mal wieder Landesverbände auflösen, wie beispielsweise im Juni 1999 der Landesverband Sachsen,[177] und neu konstituieren. Daneben bestehen zahlreiche Kreis- und Ortsverbände.

Auf dem *JN*-Bundeskongress 1999 in Klingenberg (Bayern) vollzog sich ein „Generationswechsel" innerhalb der *JN*-Führungsriege. → Sascha Roßmüller löste den seit 1994 amtierenden → Holger Apfel als Bundesvorsitzenden ab. In einer Kampfabstimmung hatte sich Roßmüller gegen den ehemaligen *JN*-Landesvorsitzenden von Nordrhein-Westfalen, Achim Ezer, durchgesetzt.[178] Während Ezer und seine Anhänger aus der *JN* eine „parteiunabhängige Kaderorganisation" mit enger Anbindung an das kameradschaftliche Spektrum formen wollten, hielt Roßmüller an der Parteibindung fest. Daraufhin verließen Ezer und einige Anhänger die *JN* und riefen das *Bildungswerk Deutsche Volksgemeinschaft (BDVG)* ins Leben, welches seit Frühjahr 2000 unter dem Namen *Bewegung Deutsche Volksgemeinschaft (BDVG)* auftritt.[179]

Politisch und organisatorisch werden die *JN* in Personal und Struktur vom Bundesvorstand geführt. Dieser gibt die politischen Leitlinien vor und koordiniert die bundesweite Kooperation der einzelnen Verbände. Der Bundesvorstand wird regulär alle zwei Jahre auf dem Bundeskongreß gewählt.[180] Dieser Kongreß findet jährlich statt, zuletzt am 22.9.2001 in Neustadt-Glewe (Mecklenburg-Vorpommern), auf dem Roßmüller im Amt bestätigt wurde. Der *JN*-Bundesvorsitzende ist immer zugleich Mitglied des *NPD*-Parteivorstandes. Auf den

---

173 Pressemitteilung: „Die JN solidarisiert sich!", in: WWW-Seiten der *JN* (eingesehen am 24.4.2002).
174 „Informationsplattform zum Thema Globalisierung", in: WWW-Seiten der *JN* (eingesehen am 24.4.2002).
175 Ebd.
176 Vgl. auch den Beitrag von Thomas Grumke in diesem Band.
177 Vgl. Klaus Beier, „Spalter-Clique versucht JN zu destabilisieren", in: *Deutsche Stimme* 7/1999, S.4.
178 Vgl. „Roßmüller neuer JN-Chef", in: *Deutsche Stimme* 6/1999, S.7.
179 Die *BDVG* ist als relativ unbedeutend einzuschätzen und entfaltete bislang keine beachtenswerten Aktivitäten.
180 Selbstdarstellung der *JN* auf den WWW-Seiten der *NPD* (eingesehen am 4.3.2002).

Bundeskongressen der *JN* sind in der Regel zudem Mitglieder des *NPD*-Bundesvorstandes anwesend.

Einmal jährlich führen die *JN* einen „Europäischen Kongreß der Jugend" durch, jedesmal unter einem anderen Motto. Im Oktober 2000 stand der Kongreß unter dem Motto: „Nationaler Freiheitskampf lässt sich nicht verbieten". Unter den 400 Teilnehmern waren insgesamt 100 „Kameraden" aus Schweden, der Schweiz, Italien, Frankreich, Großbritannien, Irland, Griechenland, Portugal und Spanien.[181] Das musikalische Beiprogramm bei *JN*-Veranstaltungen bilden oft Auftritte rechtsradikaler Liedermacher. So spielten auf dem Bundeskongreß 2001 Annett und Lars Hellmich[182] und auf dem „Europäischen Kongreß der Jugend" 1999 → Frank Rennicke und → Jörg Hähnel auf.[183]

Verstärkte Aufmerksamkeit richten die *JN* auf die kommunale und regionale „Basisarbeit" und hierbei insbesondere auf die Jugend als primäre Zielgruppe. Denn: „Erst wenn die Jugend die volkserhaltenden Ideale erkennt, erkämpft und verwirklicht, hat die Jugend, hat unsere Nation wieder eine lebenswerte Zukunft."[184] So geben die *JN* verschiedene Schüler- und Jugendmagazine heraus, wie zum Beispiel „*Jugend-wacht*" des Landesverbandes Berlin-Brandenburg. Daneben finden von den *JN* organisierte Schulungen statt, mit denen deren „politischen Vorstellungen in weite Kreise der deutschen Jugend" getragen werden sollen.[185] Regionale Informationsveranstaltungen und „Kameradschaftstreffen" sollen den Sympathisanten vor Ort Hilfestellungen zum Aufbau von Strukturen geben.[186]

Jugendliche sollen vor allem durch zahlreiche Angebote von Aktivitäten angesprochen und erreicht werden. Immer wieder treten die *JN* durch die Mobilisierung zu Kundgebungen und Demonstrationen in Erscheinung. Ein nicht zu unterschätzendes Mobilisierungspotenzial finden die *JN* insbesondere unter rechtsextremen Skinheads wie auch unter Kameradschaftsaktivisten. Insbesondere seit der zweiten Hälfte der 90er Jahre kooperieren die *JN* zudem eng mit zahlreichen sogenannten → *Freien Kameradschaften* bzw. Kameradschaftsaktivisten. Nach der Verbotswelle gegen zahlreiche neonazistische Gruppierungen Anfang/Mitte der 90er Jahre traten viele Aktivisten dieser Szene der *NPD/JN* bei. Personen aus diesem Umfeld übernahmen sogar Führungspositionen bei den *JN*. So waren im Bundesvorstand der *JN* von 1996 → Steffen Hupka, → Jens Pühse und Sascha Roßmüller vertreten.[187]

Die *JN* richten auch „traditionelle Feiern" und Gedenkveranstaltungen aus. Zu den weiteren Angeboten gehören Zeltlager, wie das traditionelle *JN*-Pfingstlager. 2000 und 2001 nahmen am *JN*-Pfingstlager unter anderem Mitglieder der *Nationalen Jugend Schwedens*, angeführt von Erik Hägglund teil.[188] Bei der *Nationalen Jugend*, auf schwedisch *Nationell Ungdom*, handelt es sich um die Jugendorganisation der *Schwedischen Widerstandsbewegung*.

Bedeutung: Nach den Beitritten zahlreicher Aktivisten der in den 90er Jahren verbotenen neonazistischen Organisationen zu den *JN* entwickelten sich diese zwischenzeitlich zu einem Scharnier zwischen *NPD*, Neonazis und weiteren rechtsradikalen Zusammenschlüssen. Für das Jahr 1998 ließ sich aber bereits feststellen, dass eigenständige Aktivitäten der *JN* im

---

181 WWW-Seiten der JN (eingesehen am 9.4.2002).
182 WWW-Seiten der *JN* (eingesehen am 9.4.2002).
183 WWW-Seiten der *JN* (eingesehen am 9.4.2002).
184 „Jugendpolitische Leitlinien", beschlossen am 2./3.9.1995, S.5.
185 Selbstdarstellung der *JN* auf den WWW-Seiten der *NPD* (eingesehen am 4.3.2002).
186 Vgl. ebd.
187 Vgl. Verfassungsschutzbericht des Bundes 1996: 137.
188 Vgl. WWW-Seiten der JN (eingesehen am 4.3.2002).

Abnehmen begriffen waren und zunehmend in den Aktionen der Mutterpartei aufgingen. Diese Entwicklung verstärkte sich im Laufe des Jahres 1999. Da sich Führungskader der *JN* zunehmend an der *NPD* orientierten, haben die *JN* weiter an Eigenständigkeit eingebüßt und verloren an Profil, was unter anderem der leichtfüßige Durchmarsch des ehemaligen Bundesvorsitzenden Holger Apfel zum stellvertretenden *NPD*-Vorsitzenden belegt.

Als einzige der rechtsradikalen Parteien in der Bundesrepublik verfügt die *NPD* über eine politisch relevante Jugendorganisation. Die *JN* stellen gar den zur Zeit größten Zusammenschluss jüngerer Rechtsradikaler dar. In den Reihen der *JN* wurden in der Vergangenheit große Teile der Strategien und Ideen, an denen sich die *NPD* orientiert, entwickelt. Zwar ist die Mutterpartei im Verhältnis zwischen *NPD* und *JN* federführend, wird aber stark von den *JN* beeinflusst. Somit sind die *JN* durchaus als Ideen- bzw. Impulsgeber anzusehen. Sobald die von den *JN* vertretenen Vorstellungen in den Augen der *NPD* zu „revolutionär" werden, werden die *JN* von der *NPD* schon mal „gebremst". Des weiteren können die *JN* als Kaderschmiede für den Führungsnachwuchs der *NPD* gesehen werden. Führende *NPD*-Figuren wie → Günter Deckert, → Udo Voigt und auch Holger Apfel bekleideten vorher zentrale *JN*-Ämter.

Unter Sascha Roßmüller hat sich der Kurs der *JN* höchstens noch einmal radikalisiert, was jedoch allem Anschein nach nicht zu einem Mitgliederzuwachs junger Rechtsextremisten aus dem Lager der *Freien Nationalisten* o.a. geführt hat.

Die *JN* sind, da laut Satzung „integraler Bestandteil der NPD", im Falle eines Verbotes der Mutterpartei ebenfalls aufzulösen. Sollte die Partei verboten werden, so sieht es der *NPD*-Verbotsantrag der Bundesregierung vom 29.1.2002 vor, auch das Vermögen der *JN* „zugunsten des Bundes zu gemeinnützigen Zwecken" einzuziehen.[189]

Kameradschaften/Freie Nationalisten

Gründungen: Nach den staatlichen Gegen- und Verbotsmaßnahmen 1992 begann vermehrt die Organisierung neonazistischer Aktivisten in *Kameradschaften*, auch *Freie Kameradschaften* oder *Freie Nationalisten* genannt.

Führungspersonen/namhafte Aktivisten: Mirko Appelt, → Siegfried Borchardt, → Peter Borchert, → Friedhelm Busse, Lutz Giesen, → Thorsten Heise, → Steffen Hupka, → Torben Klebe, → Christian Malcoci, → Oliver Schweigert, Sven Skoda, Bernd Stehmann, → Michael Swierczek, Tobias Thiessen, → Christian Worch, → Thomas Wulff

Anzahl der Kameradschaften: 2001 rund 150 *Kameradschaften* bundesweit (Zahlen für 2000: ca. 150).

Mitgliederstruktur: Vorwiegend Personen aus der Neonazi-Szene und rechtsextreme Skinheads. Meist befinden sie sich im Alter von 18-25 Jahren. Von den Aktivisten sollen etwa 10% Frauen sein.

Mitgliederstärke: Eine *Kameradschaft* besteht i.d.R. aus 10 bis 30 Personen. Im Jahr 2000 waren ca. 2200 Personen in *Kameradschaften* eingebunden. Für das Jahr 2001 konnte ein Anwuchs auf etwa 2800 Aktivisten beobachtet werden.

---

189 Verbotsantrag der Bundesregierung, S.1 und 21, in: http://WWW.extremismus.com/dox/antrag.pdf (eingesehen am 19.5.2001).

Programmatik/politische Zielsetzung: Die Programmatik und das Selbstverständnis der *Freien Kameradschaften/Freien Nationalisten* steht in engem Bezug zur Entwicklung der neonazistischen Szene in der Bundesrepublik.

Der Niedergang der → *NPD* gegen Ende der 60er, Anfang der 70er Jahre, führte zu verschiedenen Reaktionen der extrem rechten Szene, u.a. auch zur Herausbildung einer eigenständigen Neonazi-Szene.[190] Diese Szene trat vermehrt durch provokante öffentliche Aktionen in Erscheinung. Ideologisch und auch handlungsorientiert gab es Parallelen zur *SA*, bzw. zu deren Hauptfiguren Ernst Röhm und den Gebrüder Strasser. Diese Gruppen und Aktionen entstanden in enger Zusammenarbeit von Nazis, die also das 3.Reich noch erlebt haben und schon damals aktiv gewesen sind, und sogenannten Neo-Nazis. Neonazismus bezeichnet nicht unbedingt eine ideologische Neuvariante des Nationalsozialismus, bzw. der jeweiligen Hitler- oder Röhm/Strasser– Auslegung davon. Er beschreibt eher den qualitativen Anstieg dieser neonazistischen Aktivitäten in den 70ern und den „neuen" Aktivistenkreis.

Von herausragender Bedeutung für die Entwicklung der neonazistischen Szene in der Bundesrepublik, waren die Aktivitäten von → Michael Kühnen und seinen Organisationen → *ANS/NA*, → *GdNF* und deren Geflecht von Nachfolgeorganisationen, deren Einfluss innerhalb der → *FAP* sowie die aus diesen Kreisen stammenden Kaderpersonen. Auch wenn Kühnen und die Personen aus seinem Umfeld nie unumstritten waren und auch heute noch immer sind, konnten sie ideologische und organisatorische Akzente setzen. In diesem Zusammenhang ist vor allem der Einfluss des Kühnen-Umfelds auf die Entwicklung und Herausbildung neonazistischer Kreise in Ostdeutschland nach 1989 zu nennen (→ *Deutsche Alternative;* → *Nationale Alternative*).[191]

Nach den staatlichen Maßnahmen gegen neonationalsozialistische Gruppen, Vereine, Veranstaltungen und Einzelaktivisten 1992ff., kam es in der Szene zu Diskussionen um eine Reorganisierung der Mitglieder und alternative Organisationsstrukturen. Ein erneuter Zusammenschluß in einer neuen Partei stellte sich aufgrund der damaligen Ereignisse als nicht erfolgversprechend dar.

Dennoch ließen sich zwei Haupttendenzen der Reorganisierung feststellen, die an eine Partei gebunden waren: die → *NPD* und ihre Jugendorganisation → *JN*.[192] Zum Teil sammelten sich die Aktivisten der verbotenen Organisationen in der *NPD/JN*, zum anderen Teil wurden die sogenannten *Freien Kameradschaften* gebildet. Diese *Kameradschaften* stellten eine Weiterentwicklung der Organisationsform der → *GdNF* dar, die seinerzeit schon eine eher lockere Struktur aufwies und mit ihren zahlreichen Neben- und Vorfeldorganisationen vom Kern der „Bewegung" (→ *GdNF*) ablenken wollte.

Die im Frühjahr 1992 einsetzende „Anti-Antifa-Kampagne", gilt als zentraler Punkt in der Entwicklung der *Kameradschaften*.[193] Die geplanten Maßnahmen gegen politische Gegner, womit nicht nur mutmaßliche Antifa-Aktivisten gemeint waren, zeigten der Szene, dass gemeinsame Aktionen auch partei- und gruppenübergreifend möglich waren. Eine mögliche Zusammenarbeit der unterschiedlichen Neonazi-Gruppen wurde somit attraktiv. Dabei ging es nicht unbedingt um die Schaffung einer neuen festen Organisation, als vielmehr um gemeinsame Aktionen und die Vernetzung der zersplitterten Gruppen und Aktivisten.

---

190 Vgl. Armin Pfahl-Traughber „Der organisierte Rechtsextremismus in Deutschland nach 1945", in: Schubarth/Stöss, Rechtsextremismus in der Bundesrepublik Deutschland, 2001: 71ff.
191 Vgl. u.a. ebd. 2001: 71ff. und Stöss, Rechtsextremismus im vereinten Deutschland, 2000: 88ff.
192 Vgl. Verein zur Förderung politischer Jugendkulturen e.V./Antifa 3000, Freie Kameradschaften, 2002: 5ff.
193 Ebd.: 60ff. und Pfahl-Traughber in: Schubarth/Stöss 2001: 71ff.

Eine zentrale Person innerhalb der *Kameradschafts*-Szene, neben den oben genannten, ist der Hamburger Neonazi und früheres Mitglied der 1995 verbotenen → *Nationalen Liste*, Thomas Wulff. Er erarbeitete 1996 das Konzept der *Freien Nationalisten*. Damit verfolgte er das Ziel, die zersplitterten Neonazi-Aktivisten und *Kameradschaften* in Norddeutschland zu gemeinsamen Aktionen zu bewegen und zu vernetzen. Im Anschluß daran, bildeten sich die sogenannten *Kameradschaftsbündnisse*, wie beispielsweise das *Nationale und Soziale Aktionsbündnis Norddeutschland*, in dem sich verschiedene freie und autonome *Kameradschaften* für Aktionen zusammenschlossen und auch heute noch zusammenschliessen. Die *Freien Nationalisten*, bei denen auch Christian Worch aktiv ist, arbeiteten und arbeiten immer wieder eng mit der → *NPD* und den → *JN* zusammen, was allerdings nicht grundsätzlich positiv von den unterschiedlichen *Kameradschaften* aufgenommen wird. Teilweise wurden durch diese Zusammenarbeit aber erhebliche Mobilisierungserfolge erzielt.[194] Kameradschaftsmitglieder sind vereinzelt auch Mitglieder der *NPD* oder *JN*. Gleichzeitig bedient sich die *NPD* der *Kameradschaften* um neue Mitglieder zu gewinnen und innerhalb der subkulturellen rechtsextremen Szene, vor allem in Ostdeutschland, an Einfluß zu gewinnen.

Kennzeichnend für *Kameradschaften* ist eine neonazistische Grundeinstellung. Die Programmatik kann unter den einzelnen Gruppen variieren, was häufig auf die unterschiedliche Mitgliederstruktur (je nach Mitgliederanteil von Personen aus dem Neonazi-Spektrum oder dem Umfeld rechtsextremer Skinheads) zurückzuführen ist.

Trotzdem gibt es eine gemeinsame ideologische Basis, die man u.a. im *Zentralorgan*, einer Publikation in Heftform aus dem Umfeld von Wulff und Worch, die seit 1998 erscheint und von Aktivisten der *Freien Nationalisten* herausgegeben wird, nachlesen kann. In der ersten Ausgabe ist ein Interview mit einem sogenannten *Freien Nationalisten* abgedruckt, in dem dieser den Begriff *Freier Nationalist* erklärt.[195] Demnach fühlt sich ein *Freier Nationalist* zuerst „dem Volke und der Nation"[196] verpflichtet. Gemein sei allen *Freien* eine „nationalsozialistische Gesinnung" und „revolutionäre Grundhaltung". Diese Aktivisten seien eher bereit, „persönliche und politische Differenzen zugunsten eines gemeinsamen Vorgehens, zumindest zeitweise, in den Hintergrund zu stellen". Feste Strukturen sollen vermieden werden, um eine größere Einheit zu erreichen: „Die Entwicklung (die Gründung der Freien Kameradschaften, Anm. d.Verf.) war nach den vielen Organisationsverboten fast zwangsläufig". „Das Konzept, immer wieder neue Parteien und Gruppierungen zu gründen, ging nicht mehr auf". Aktionen sollen ähnlich den vorgegebenen Mustern linksautonomer Gruppen durchgeführt werden, um einen staatlichen Zugriff zu erschweren. Um diese Aktionen zu koordinieren, „gibt es neuerdings sog. Koordinierungstreffen, auf denen Vertreter aller relevanten Aktionsgruppen teilnehmen können (nicht müssen!)". „Es ist außerdem in Norddeutschland ein Aktionsbüro eingerichtet worden, welches laufend über aktuell anstehende Aktionen Auskunft geben kann. Des weiteren nutzen Freie Nationalisten natürlich auch weiterhin die Veranstaltungen, welche von den bestehenden nationalen Strukturen und Parteien angeboten werden. Dies entspricht ihrem Selbstverständnis von vernetzter Arbeit (...) Die schwarze Fahne ist das Symbol der Not in unserem Reich (...) Sie steht für den Kampf den wir führen in einer Welt des Hasses und der Zerstörung (...)". Weiter heißt es im *Zentralorgan*: „Unser gemeinsames Symbol, für das wir kämpfen, wird erst wieder auf unseren Fahnen prangern, wenn wir dieses System vernichtet haben".

---

194 Vgl. Pfahl-Traughber in: Schubarth/Stöss 2001: 71ff.
195 Vgl. *Zentralorgan* 1/1998: 23ff.
196 Dieses u. folgende Zitate ebd. 1/1998: 23ff.

Weitere ideologische Eckpfeiler werden u.a. auf diversen Internetseiten verbreitet. Eine zentrale Internetpräsens ist die des *Nationalen Widerstandes*. Dort werden ebenfalls die neonationalsozialistischen Grundausrichtungen mit ihren rassistischen, antisemitischen und biologistischen Elementen deutlich. Hier wird auch das antikapitalistische Element hervorgehoben.

Die Nähe zur sozialrevolutionären Variante des Nationalsozialismus der *SA*, spiegelt sich an den dort verbreiteten Inhalten wieder. Auch die Strategie der *SA*, über zahlreiche Aufmärsche und Kundgebungen die „Straße zu erobern", wird von den *Kameradschaften* bevorzugt übernommen. Die Gewalt, zu der es bei *SA*-Märschen immer wieder kam, wird bis jetzt allerdings von den *Freien* abgelehnt, weil es politisch noch nicht als opportun erscheint. Die Gewalt ist der Ideologie aber notwendigerweise inhärent. Auch fallen Einzelaktivisten aus den Reihen immer wieder durch gewalttätige Übergriffe auf, auch wenn das bei den Aufmärschen i.d.R. (noch) nicht der Fall ist. Durch den Gewaltverzicht auf Aufmärschen, soll es den Behörden schwerer gemacht werden, Kundgebungen zu verbieten. Auch wird damit in der Öffentlichkeit der Anschein erweckt, es handele sich bei den *Freien Kameraden* um „volksnahe" und seriöse Zeitgenossen, die durch Polizei und Antifaschisten bedroht würden. Somit stellen sie sich gerne als Opfer „staatlicher" und „antifaschistischer Repression" dar; von ihnen selbst geht nach diesem öffentlichen Bild keine Gewalt aus.

Das Konzept der „National befreiten Zonen" wird häufig von *Kameradschaften* übernommen und versucht in die Tat umzusetzen, was ihnen eine große Bedeutung innerhalb der rechtsextremen Szene verschafft. Diese Vormachtstellung können sie vor allem im ländlichen Raum und insbesondere in Ostdeutschland für sich beanspruchen.[197] Gerade in diesen Zonen (die auch als „Angstzonen" oder „No-Go-Areas" bezeichnet werden können)[198], wird das Gewaltpotential der *Freien Kameraden* überdeutlich. Der direkte Nachweis von Gewalttaten der *Kameradschaften* erweist sich als besonders schwierig, da nichts in der Form eines Parteiausweises o.ä. existiert. Die Straftaten werden somit immer Einzeltätern zugewiesen, die in keiner Form organisiert zu sein scheinen.

Organisation und Aktivitäten: Die verschiedenen *Kameradschaften* arbeiten auch heute in unterschiedlicher Form zusammen. Wie oben erwähnt, kommt es vermehrt zu Kooperationen mit einigen Gruppen und Parteien. Beispielsweise an der Mobilisierung für *NPD*-Aufmärsche, sind *Kameradschaften* des öfteren maßgeblich beteiligt.[199] Die Kooperation mit der → *NPD*, wird von weiten Teilen der *Kameradschaften* jedoch heftig kritisiert und häufiger auch gänzlich abgelehnt.

Organisationsstrukturen, die Führungsstile und die Aktivitäten der einzelnen *Kameradschaften* variieren stark. Zu gemeinsamen Aktionen kommt es, wie oben erwähnt, mit Hilfe von *Kameradschaftsbündnissen*.

Entgegen des in der Öffentlichkeit verbreiteten Bildes der strukturlosen und autonomen Zellen, existiert unter den *Kameradschaften* eine strenge Hierarchie, an dessen Spitze sich langjährige Aktivisten und führende Kader befinden.

Zentrale Schaltstellen der bundesweiten Kameradschaftsstruktur sind u.a. die sogenannten Koordinierungs- und Organisationsbüros.[200] Als maßgebliche überregional aktive

---

197 Vgl. Bernd Wagner, Rechtsextremismus und kulturelle Subversion in den neuen Ländern, – Sonderausgabe des Bulletin des ZDK 1998, und Bulletin des ZDK, National befreite Zonen – Vom Strategiebegriff zur Alltagserscheinung, 1/1998.
198 Vgl. den Beitrag von Bernd Wagner in diesem Band.
199 Vgl. Verfassungsschutzbericht des Bundes 2000: 20ff.
200 Vgl. Verein zur Förderung politischer Jugendkulturen e.V/Antifa 3000, Freie Kameradschaften, 2002: 8ff.

und bundesweit bedeutende Organisationen sind vor allem vier zu nennen: das *Freie und Soziale Aktionsbüro Norddeutschland*, der *Widerstand West*, das *Nationale und Soziale Aktionsbündnis Mitteldeutschland* und der *Widerstand Süd*.

Das *Aktionsbüro Norddeutschland* (koordiniert maßgeblich Aktionen in Schleswig-Holstein, Hamburg, Mecklenburg-Vorpommern, Niedersachsen, Bremen und in Teilen von Hessen) besitzt bundesweit eine führende Rolle. In ihm sind führende Kader der *Freien Nationalisten* aktiv (u.a. → Christian Worch und → Thomas Wulff), zahlreiche Aktionen gehen von diesem Büro aus, es besitzt einen relativ großen Kreis an Aktivisten und nicht zuletzt erscheint aus diesem Umfeld das *Zentralorgan*.

Neben neueren Formen der Kommunikation (Internet, Mailboxen, Mobiltelefone etc.) hat sich auch ein „klassisches" Informationsmedium durchgesetzt: das *Zentralorgan*, wo regelmäßig politische Artikel zu verschiedenen Themen abgedruckt werden. Einige Artikel des Heftes können auch online auf der Internetseite des *Nationalen Widerstandes* eingesehen werden.[201] Neben dem *Zentralorgan* existierte vor einiger Zeit noch die Informationsschrift *Hamburger Sturm*. Die gleichnamige Vereinigung unter der Führung Thomas Wulffs, wurde im August 2000 von den zuständigen Hamburger Behörden verboten.

Führende *Kameradschaften* im norddeutschen Raum sind u.a.:

Kameradschaft Bremen
Kameradschaft Celle 73
Kameradschaft Hamburger Sturm (2000 verboten)
Kameradschaft Lüneburg/Uelzen Trupp 16
Kameradschaft Northeim
Kameradschaft Pinneberg

Der *Widerstand West* (Nordrhein-Westfalen, Rheinland Pfalz) kann in seinem Umfeld ebenfalls mit szenebekannten Aktivisten aufwarten (u.a. → Siegfried Borchardt, Sven Skoda, Bernd Stehmann, → Christian Malcoci). Die *Kameradschaft* unterhält angeblich gute Verbindungen zur → *Hilfsorganisation für nationale politische Gefangene und deren Angehörige e.V.* (*HNG*) und zu niederländischen Neonazis.

Führende *Kameradschaften*, die dem *Widerstand West* zugeordnet werden können sind u.a.:

Kameradschaft Dortmund
Kameradschaft Düsseldorf
Kameradschaft Rhein-Sieg-Kreis
Sauerländer Aktionsfront (SAF)

Im *Nationalen und Sozialen Aktionsbündnis Mitteldeutschland* (Brandenburg, Berlin, Sachsen-Anhalt, Sachsen, Thüringen) sind u.a. Führungspersonen wie → Oliver Schweigert, Mirko Appelt, Lutz Giesen und → Steffen Hupka aktiv. Die Arbeit dieses Büros wird dadurch unterstützt, dass es in Ostdeutschland auf eine breitere rechte Jugendsubkultur zurückgreifen kann, als dies vielfach in anderen Teilen der Bundesrepublik der Fall ist. Dadurch treten eine Vielzahl von *Kameradschaften* in Erscheinung, deren organisatorische Überlebenszeit schwierig zu verfolgen ist, weil sie oft nur sehr kurz existieren. Diese Instabilität der „Kleinstkameradschaften" gilt aber nicht für die übergreifende Struktur der *Ka-*

---

201 Die Website des *Nationalen Widerstandes* verweist auf weitere Internetseiten aus dem Umfeld der Kameradschaften (eingesehen am 3.12.2001).

meradschaften in diesem Raum. Es existieren selbstverständlich auch eine Reihe von zeitlich und organisatorisch beständigen *Kameradschaften*.

An der Schaffung der sogenannten „National befreiten Zonen" (oder besser: kulturellen Hegemonie) haben die *Freien* in diesem Raum ihren maßgeblichen Anteil.

Führende *Kameradschaften* im Raum „Mitteldeutschland" (so im rechtsextremen Jargon) sind u.a.:

Kameradschaft Gera
Thüringer Heimatschutz
Kameradschaft Germania Berlin
Selbstschutz Sachsen-Anhalt
Skinheads Sächsische Schweiz (2001 verboten)

Der *Widerstand Süd* (Bayern, Baden-Württemberg) organisiert weitaus weniger öffentliche Aufmärsche als die oben genannten Gruppen. Die *Kameradschaften* aus diesem Raum organisieren eher Konzerte und Vorträge. Zu den besonders beliebten Aktivitäten sollen auch die Durchführung von Stammtischen, Grillabenden und Fußballturnieren gehören. Aktivisten aus diesem Umfeld sollen gute Kontakte zu Aktivisten der rechtsextremen Szene in Österreich besitzen.

Führende Kameradschaften in diesem Umfeld, dem z.B. auch → Friedhelm Busse und → Michael Swierczek nahe stehen, sind u.a.:

Franken Widerstand
Freizeitverein Isar 96 e.V.
Freie Kameradschaft Karlsruhe
Kameradschaft Schwarzwald-Bär
Aktionsbüro Nationaler Widerstand-Freilassing

Alle genannten Aktionsbüros werden in unterschiedlichem Maße und unterschiedlicher Ausprägung im Sinne der Programmatik der *Freien Nationalisten* aktiv. D.h. es werden u.a. Aufmärsche und Kundgebungen organisiert, Vorträge gehalten, Schulungen durchgeführt, „Bündnisse" z.B. mit der → *NPD* oder den → *JN* koordiniert, Internetseiten sowie Infotelefone unterhalten. Die erwähnten Personen sind nicht notwendigerweise „Mitglieder" der Aktionsbüros und *Kameradschaften*. Sie tauchen aber u.a. als Kontaktpersonen, als Anmelder von Aufmärschen, als Redner oder als Ordner von Veranstaltungen auf.

Merkmal der *Kameradschaften* generell ist eine gut ausgebaute Vernetzung mit Hilfe moderner Kommunikationsmöglichkeiten. Genutzt werden beispielsweise sogenannte *Nationale Info-Telefone (NITs)*, Mailboxen wie das *Thule-Netz,* Mobiltelefone und das Internet.

Diese sogenannten *Info-Telefone* sind Anrufbeantworter, auf denen man die neuesten Nachrichten der Szene abhören kann. Es existieren zahlreiche *Info-Telefone*, wie z.B. das *NIT-Hamburg* (von André Goertz mitinitiiert und inzwischen eingestellt[202]), *NIT Preußen – Stimme des nationalen Widerstandes* in Berlin und Brandenburg, *NIT Sauerland* oder das *NIT Mitteldeutschland – Regionalanschluss Mecklenburg – Stimme des nationalen Widerstandes*.

Aktiv werden die *Kameradschaften* auf unterschiedlichen Ebenen und zu verschiedenen Themenkomplexen. Neben den Anti-Antifa-Aktivitäten und der Vernetzung untereinander, treten die *Kameradschaften* vermehrt zu aktuellen Anlässen in Erscheinung. U.a. geht es dabei um Sozial- und Arbeitsmarktpolitik, Doppelte Staatsbürgerschaft, US-Aussenpolitik, Bundeswehreinsätze im Ausland und die Darstellung der Wehrmachtsverbrechen in der Öf-

---

202 Zum *NIT Hamburg* vgl. den Beitrag von Klaus Parker in diesem Band.

fentlichkeit. Die politischen Botschaften werden über Aufmärsche und Kundgebungen in die Öffentlichkeit gebracht. Die betriebenen Internetseiten, die Publikationen und Infotelefone dienen eher dem Informationsaustausch untereinander. Damit wird selbstverständlich aber auch der Versuch unternommen, neue Aktivisten zu gewinnen.

Die wesentlichen Aktionsfelder der *Kameradschaften* lassen sich auf drei Kernbereiche reduzieren:

- Ausbau der Vernetzung der *Kameradschaften* und Einzelaktivisten
  - mit Hilfe der Internetpräsenzen, Infotelefone und weiteren informationellen Kontakten
- Propagieren eigener politischer Inhalte und Stellungnahmen zu tagespolitischen Themen
  - geschieht über Aufmärsche und Kundgebungen
- Bekämpfung der politischen Feinde, bzw. die Sammlung von Informationen über diese
  - daran arbeiten die sogenannten Anti-Antifa-Aktivisten, die bundesweit in verschiedenen Gruppen innerhalb der jeweiligen *Kameradschaften* Informationen sammeln

Bislang gab es keine offene Befürwortung politisch motivierter Gewalt. Das geschieht allerdings eher aus strategischen Gründen. Die Ablehnung von Gewalt zur Durchsetzung der eigenen politischen Überzeugungen, gilt nicht für einzelne Mitglieder der *Kameradschaften*, die immer wieder durch gewalttätige Aktionen auffallen. Die Gewaltbereitschaft innerhalb der *Kameradschafts-* und Neonazi-Szene ist in letzter Zeit tendenziell ansteigend.[203]

Bedeutung: Die rechtsextremen *Kameradschaften* konnten nicht den Organisationsgrad erreichen, den sie sich ursprünglich erhofft hatten. Dennoch hat sich diese neue Organisationsform bis heute bewährt, da sie staatliche Verbotsmaßnahmen erschwert und bis auf einige Ausnahmen unterlaufen kann.

Im Hinblick auf den Rechtsextremismus in Ostdeutschland hat das Modell der *Kameradschaften* beachtliche Erfolge zu verzeichnen. Mit Hilfe des Konzeptes der *National befreiten Zonen* konnten sich gerade unter Jugendlichen Ansätze einer rechtsextremen kulturellen Hegemonie entwickeln. *Kameradschaften* und rechtsextreme Milieus sind aber selbstverständlich ein gesamtdeutsches Problem, wenngleich im Osten der Republik ein breiteres Rekrutierungsfeld besteht.

Die Anzeichen für eine steigende Gewaltbereitschaft unter den *Kameradschaften*, in Verbindung mit Waffen- und Sprengstoffbeschlagnahmungen, unterstreichen ihre Gefährlichkeit. Die zentrale Bedeutung liegt allerdings, wie oben erwähnt, bei den Erfolgen neonazistischer *Kameradschaften*, rechtsextreme Jugendmilieus zu schaffen, zu festigen und – oft eingebettet in einen lokalen rassistischen Konsensus – kulturelle Hegemonien einzurichten, in denen eine örtliche *Kameradschaft* auch die Definitions- und Identifikationsmacht übernimmt.

Literatur

Verein zur Förderung politischer Jugendkulturen e.V./Antifa 3000 (Hrsg.) (2002): Freie Kameradschaften, Hannover.

---

203 Vgl. den Beitrag von Anton Maegerle in diesem Band, Verfassungsschutzbericht des Bundes 2000: 50ff. und Verfassungsschutzbericht des Bundes 2001: 56ff.

Kampfbund Deutscher Sozialisten (KDS)

Gründung: 1.5.1999

Sitz: Berlin

Funktionäre/namhafte Aktivisten: → Thomas Brehl (Organisationsleitung sowie „Gausekretär des Gau Hessen"), → Michael Koth („Gausekretär des Gau Brandenburg/Bezirksleitung Berlin"), Heinz Kronz (Chef des Ordnerdienstes), Silvio Buchholz („Stützpunktleiter des Gau Thüringen"), M. Friedrich („Stützpunkt-Leiter der Kreisleitung Leipzig"), Andreas Gruhle („stellvertretender Gausekretär der Kreisleitung Reicherbeuern"), Peter Habermann („Gausekretär des Gau Oberbayern"), Marco Kreutzer („Gausekretär der Kreisleitung Nordhausen"), I. Leuken („Stützpunkt-Leiter der Kreisleitung Halle"), Axel Reitz („Gausekretär des Gau Rheinland"), Martin Scheele („Gausekretär des Gau Westfalen"), S. Schmidtke („Verantwortlicher des Nationalen Widerstand – Sozialistische Zelle Strausberg").[204]

Mitgliederzahl: ca. 30

Unterorganisationen: *Sozialistisches Winterhilfswerk (SWHW)*

Publikationen: *Der Gegenangriff*, *Wetterleuchten* („theoretisches Organ") sowie die von Thomas Brehl verfassten *Schriften wider den Zeitgeist*.

Programmatik/politische Zielsetzung: Die hinter der Gründung des *KDS* durch → Michael Koth, Michael Thiel und Frank Hübner stehende Idee war es, ein „Diskussions- und Kampfforum auf der Basis des gemeinsamen Bekenntnisses zu Volk und Staat"[205] zu schaffen. Programmatische Grundlage des *KDS* ist die sogenannte „Langener Erklärung" vom 14.Februar 1999. Der *KDS* soll nach eigenen Angaben sowohl „rechten" wie auch „linken Sozialisten" gleichermaßen offen stehen,[206] sieht er sich doch als Teil einer „rot-braunen Einheitsfront"[207]. Propagiert wird ein „Modell eines auf die nationalen Erfordernisse zugeschnittenen deutschen Sozialismus"[208]. Wie weitreichend der „Sozialismus"-Begriff des *KDS* ist, wird anschaulich auf deren Homepage verdeutlicht. Hier finden sich einige Plakate des *KDS*, welche jeweils ein Konterfei eines „Sozialisten" zeigen; die Auswahl spricht für sich: abgebildet sind unter anderem Friedrich Engels, Josef Goebbels, → Michael Kühnen und Kim Jong Il.[209] Der „internationale Sozialismus marxistischer Prägung" als „Komplize des internationalen Kapitals"[210] wird allerdings entschieden abgelehnt. Zu der „sozialistischen" Komponente des Kampfes gegen die „Diktatur des Kapitals" gesellt sich das Bekenntnis zu „Volk und Heimat", die Ablehnung der „sogenannten ,One-World-Gesellschaft'" sowie die Forderung nach einem „Selbstbestimmungsrecht aller Völker".[211]

---

204 Alle Informationen von den WWW-Seiten des *KDS* (eingesehen am 5.5.2002).
205 Langener Erklärung, in: WWW-Seiten des *KDS* (eingesehen am 25.10.2001).
206 Ebd.
207 WWW-Seiten des *KDS* (eingesehen am 23.1.2002).
208 Langener Erklärung, in: WWW-Seiten des *KDS* (eingesehen am 25.10.2001).
209 Vgl. WWW-Seiten des *KDS* (eingesehen am 23.1.2002).
210 Micha Togram, Grundsätze eines sozialistischen Nationalismus, Grundsatz 2, in: WWW-Seiten des *KDS* (eingesehen am 7.5.2002).
211 Langener Erklärung, in: WWW-Seiten des *KDS* (eingesehen am 25.10.2001).

Der *KDS* bezeichnet seine Ausrichtung selbst als „Antikapitalismus von Rechts". In einem unter der Schriftleitung Michael Koths von Micha Togram[212] verfassten „7-Thesen-Papier", charakterisiert als „Versuch einer authentischen ,Selbstdarstellung'" werden die „Grundsätze eines sozialistischen Nationalismus" formuliert. Diesbezüglich heißt es: „Mit dem Konzept eines sozialistischen Nationalismus will die antikapitalistische Rechte im Lager der opportunistischen Rechten und der marxistischen Linken um Mitkämpfer und Bündnispartner ringen."[213] Als „antikapitalistische Kampfstrategie"[214] wird Nationalismus propagiert und die „Unvereinbarkeit von Liberalismus und Nationalismus"[215] konstatiert. Unter Nationalismus versteht der *KDS* „den politischen Willen seßhafter Abstammungs- und Siedlungsgemeinschaften (Völker) zur politischen Selbstorganisation ihres Lebensraumes (Heimat) in einem gemeinsamen Nationalstaat (Kurzform: Nation) mit dem Ziel der Selbstbestimmung nach innen und außen, der wirtschaftlichen Selbstversorgung, der militärischen Selbstverteidigung und der kulturellen Selbstverwirklichung nach eigener Art und Weise (Identität)".[216] Und weiter heißt es im vulgär-völkischen Jargon: „Der Nationalismus ist die politische Nutzanwendung einer bodenständigen Raumsoziologie, die in der räumlichen Verwurzelung des Menschen im Boden seiner Heimat die entscheidende Voraussetzung seiner sozial-kulturellen Entwicklung sieht. Die Formel ‚Blut und Boden' unterstreicht die biologische und territoriale Doppelnatur der menschlichen Sozialisation, d.h. der Gruppenbildung unter Menschen." Hier zeigt sich bereits, was in den weiteren Ausführungen verdeutlicht wird: der *KDS* vertritt einen ausgeprägten Rassismus und scheut sich auch nicht vor einer beinahe inflationären Verwendung dieses Terminus. So lautet ein Plädoyer des *KDS*: „Überwinden wir [...] den völkerzerstörenden ‚Massismus' durch einen ins Positive gewendeten völker – und kulturenrespektierenden ‚Rassismus'. Indem wir die völkerverachtende und kulturennivellierende Gleichmacherei bekämpfen, bekennen wir uns zur völkerachtenden und ‚rassenrespektierenden' Kulturenvielfalt auf dieser Erde."[217]

Zudem findet sich in den Reihen des *KDS* ein offener Anti-Amerikanismus. So werden die USA als „Hauptstütze" des „globalen Irrsinns" bezeichnet.[218] Unverblümt heißt es auf einem *KDS*-Plakat: „Befreit SLOBODAN MILOSEVIC aus USraelischer Geiselhaft!"[219] Und in einem vom gerade mal Anfang 20jährigen Axel Reitz verfassten Artikel im *Gegenangriff* Nr.1/2002, wird der Terror-Anschlag auf das World Trade Center vom 11. September 2001 mit den Worten kommentiert, dass „nun die USA etwas von dem zurückbekommen hatten, mit dem sie seit Jahrzehnten unliebsame Völker und Staaten traktiert hatten (...). Der Terror war in das Land zurückgekehrt, von dem aus er seinen Lauf genommen hatte", in das „teuflische Amerika".[220]

---

212 Da ein Micha Togram nicht als Funktionär des *KDS* in Erscheinung tritt liegt es nahe, dass es sich hier um ein Pseudonym handelt (rückwärts gelesen: Achim Margot!?!).
213 Micha Togram, Grundsätze eines sozialistischen Nationalismus, Grundsatz 2, in: WWW-Seiten des *KDS* (eingesehen am 7.5.2002).
214 Ebd.
215 Ebd., Grundsatz 3.
216 Ebd., Grundsatz 2.
217 Ebd.
218 Ebd., Grundsatz 1.
219 WWW-Seiten des *KDS* (eingesehen am 23.1.2002) Hervorhebung im Original.
220 Axel Reitz, „Wer Wind sät, wird Sturm ernten ...", in: WWW-Seiten des *KDS* (eingesehen am 23.1.2002)

Organisation und Aktivitäten: Die Organisationsstruktur besteht aus zahlreichen Gauen und Kreisleitungen, die von sogenannten Gausekretären bzw. Stützpunkt-Leitern angeführt werden. Wenn auch solche Einheiten des *KDS* nahezu im gesamten Bundesgebiet bestehen, so sind die regionalen Schwerpunkte der Aktivitäten des *KDS* in und um (die, wie es in Kreisen des *KDS* heißt „Reichshauptstadt"[221]) Berlin und Langen – dem Wohnort Thomas Brehls – aber auch Köln zu verorten. Die Organisationsleitung ist im hessischen Langen ansässig, wo gleichzeitig der Sitz des Gau Hessen liegt. Sowohl dieser Gau wie auch die Organisationsleitung liegt in den Händen des Szene-Veteranen und ehemaligen Kühnen-Gefährten → Thomas Brehl.

Die Bezirksleitung Berlin/Gau Brandenburg hat ein sogenanntes *Sozialistisches Winterhilfswerk (SWHW)* ins Leben gerufen. Dieses verteilte angeblich im Winter 1999/2000 Kleidung, Lebensmittel und Geld „für die Opfer des kapitalistischen BRD-Systems".[222]

Zwar ist der *KDS* im rechtsextremen Lager weitgehend isoliert, dennoch sind einige erwähnenswerte Kontakte festzustellen. So bestehen zwischen dem „Gau Rheinland" des *KDS* und der *Kameradschaft Walter Spangenberg Köln*, personelle Überschneidungen.[223] Diese nach einem SA-Mann benannte Kameradschaft war vormals bekannt unter der Bezeichnung *Freie Kameradschaft Köln*, deren „Gründungsvater" Siegfried Lutz „Altaktivist" der → *Freiheitlichen Deutschen Arbeiterpartei (FAP)* war. Der Gausekretär des Gau Rheinland des *KDS*, Axel Reitz, übt in der *Kameradschaft Spangenberg* maßgeblichen Einfluß aus. In einem auf deren Homepage angesiedelten Text, überschrieben mit „Unser Kampf", schreibt Reitz: Es „gibt in unserem Volk eine kleine Schar von revolutionären geistern (sic!), welche nicht gewillt sind, die herrschenden Zustände zu akzeptieren und Deutschland in den Abgrund stürzen zu lassen! Diese kleine Schar, meine lieben Kameraden, sind wir! Wir mögen heute nur wenige sein, mögen über keinerlei Einfluß, Geld oder Macht verfügen – trotzdem sind wir die alleinige Alternative zum Untergang unseres Volkes und letztendlich auch unserer Rasse. Unser Kampf gilt keinem geringeren Ziel, als dem Überleben unserer Art, unserer tausendjährigen Geschichte und unserer wunderbaren Kultur."[224] *KDS*-Aktivisten nahmen zudem des öfteren an von der *NPD* angemeldeten Demonstrationen teil.

Auf dem „Gautreffen-Rheinland" des Jahres 2000 war → Christian Worch als Hauptredner anwesend.[225]

Bedeutung: Beim *KDS* findet sich eine verquaste ideologische Verquickung von „Sozialismus" und völkischen Elementen. Die Bedeutung des *KDS* in der rechtsextremen Szene ist als gering einzuschätzen, was an dem mangelnden Interesse sowohl von Rechts- als auch von Linksextremisten an einer rot-braunen Kooperation als auch an dem unter „Kameraden" eher belächelten Führungspersonal liegt. Signifikant ist lediglich die Affinität zur *NPD*, auf deren Demonstrationen unter anderem Michael Koth ein eifriger Teilnehmer ist.

---

221 „Erfolgreiches Gautreffen-Rheinland" Köln, 14.7.2001, in: WWW-Seiten des *KDS* (eingesehen am 7.5.2002).

222 „Die Waffe der kein Feind widersteht heißt: Nationale Solidarität", in: WWW-Seiten des *KDS* (eingesehen am 25.10.2001).

223 Innenministerium des Landes Nordrhein-Westfalen, Rechtsextremismus und Fremdenfeindlichkeit in Nordrhein-Westfalen – Bestandsaufnahme, Hintergründe und Gegenstrategien, Düsseldorf, 2001: 34.

224 WWW-Seiten der *Kameradschaft Walter Spangenberg* (eingesehen am 8.5.2002).

225 „Erfolgreiches Gautreffen-Rheinland", Köln 14.7.2001, in: WWW-Seiten des *KDS* (eingesehen am 7.5.2002).

Komitee zur Vorbereitung der Feierlichkeiten zum 100. Geburtstag Adolf Hitlers (KAH)

> **Gründung:** 1984-1995 (faktisch als Nachfolgeorganisation der → ANS/NA verboten)
>
> **Sitz:** Das *KAH* besaß keinen festen Sitz und war ursprünglich als europaweite Organisation geplant. Es entstand aus Kadern der → *GdNF* und wurde in Madrid gegründet.
>
> **Funktionäre/namhafte Aktivisten:** → Thomas Brehl, → Michael Swierczek, → Christian Malcoci, → Ursula Müller, Michel Caignet (Frankreich), Leon Degrelle (Belgien/Spanien), → Michael Kühnen, → Jürgen Mosler
>
> **Mitgliederzahl:** Es existieren keine genaue Angaben.
>
> **Publikationen:** *Deutscher Beobachter, prozeß-info*

Programmatik/politische Zielsetzung: Das *KAH* wurde gegründet um „Feierlichkeiten" zum 100. Geburtstag Adolf Hitlers im Jahre 1989 zu organisieren, die als Ausgangspunkt für eine europaweite Vernetzung und Schaffung einer gemeinsamen Bewegung der zersplitterten neonationalsozialistischen Szene fungieren sollten.

Programmatisch hielt sich das *KAH* vermutlich an die Vorgaben der → *ANS/NA* und der → *NSDAP/AO*.[226] Diese Vermutung kann angestellt werden, weil viele Aktivisten des *KAH* ebenso in → Kühnens „Bewegung" (→ *GdNF*) aktiv waren.[227]

Organisation und Aktivitäten: 1984 gründete sich das *KAH* nach Aussagen → Thomas Brehls nach guter *SA*-Manier in einer Bierkneipe am *Plaza del Sol* in Madrid.[228] Über die Zusammensetzung der Gründungsmitglieder existieren verschiedene Aussagen. Aller Wahrscheinlichkeit nach waren aber → Thomas Brehl, → Michael Kühnen, Leon Degrelle, Michel Caignet und einige weitere europäische Neonazi-Funktionäre anwesend.[229] Dem *Komitee* sollen sich verschiedene europäische Neonazi-Organisationen angeschlossen haben wie u.a. die französische *Faisceaux Nationalistes Européens* (FNE), die irische *National Socialist Irish Workers Party* (NSIWP), die britische *National Socialist Party of the United Kingdom* (NSPUK), die flämische *Vlaamse Militanten Orde* (VMO) und Teile der österreichischen *Nationalen Front*.

Es fanden in der Folgezeit einige europaweite Treffen der verschiedenen Mitglieder statt, wie z.B. ein sogenanntes „Führerthing" in England. Mit Hilfe der französischen Kontakte konnte Kühnen eine Zeit lang die Zeitschrift *Unser Europa* herausbringen, deren Zielgruppe die europäische Neonazi-Szene war.

Aufgrund des Machtkampfes innerhalb der → *GdNF* kam es nicht nur dort zur Spaltung in verschiedene Flügel. Die Aktivitäten des *KAH* nahmen ebenfalls stark ab. Im sogenannten „Stuttgarter Bewegungsprozess" wurde festgestellt, dass das *KAH* 1995 als Nachfolgeorganisation der → *ANS/NA* zu betrachten ist. Damit wurde sie faktisch verboten.

---

226 Vgl. Jens Mecklenburg, Handbuch deutscher Rechtsextremismus, 1996: 281f.
227 Vgl. Georg Christians, Die Reihen fest geschlossen. Die FAP – Zu Anatomie und Umfeld einer militant-neofaschistischen Partei in den 80er Jahren, 1990: 100ff.
228 Vgl. Rainer Fromm, Die „Wehrsportgruppe Hoffmann": Darstellung, Analyse und Einordnung, 1998: 159ff.
229 Ebd. 1998: 160 und Christians 1990: 100ff.

Bedeutung: Das Ziel des *KAH*, eine einheitliche europäische neonationalsozialistische Bewegung zu schaffen, wurde von ihm nicht erreicht. Allerdings wurden die europäischen Kontakte in der Szene durch die Treffen des *KAH* intensiviert. → Kühnens „Bewegung" unternahm also schon frühzeitig den Versuch, die europäische Zusammenarbeit rechtsextremer Kreise auszubauen. Das geschah vor allem mit Hilfe der personellen Verstrickungen mit der *GdNF*, der *FAP*, der *NSDAP/AO* und anderen Organisationen aus dem Kühnen-Umfeld sowie den anwesenden Aktivisten diverser europäischer Gruppen.

Als Nachfolgeorganisation der verbotenen → *ANS/NA* war es ebenfalls ein weiterer Versuch, die Aktivisten zusammenzuhalten und ihre Arbeit voranzutreiben.

Nationaldemokratische Partei Deutschlands (NPD)

Gründung: 28.11.1964 in Hannover

Sitz: Berlin

Funktionäre/namhafte Aktivisten:

Bisherige Bundesvorsitzende: Friedrich Thielen (1964-1967), Adolf von Thadden (1967-1971), Martin Mußgnug (1971-1990), → Günter Deckert (1990-1996)

Bundesvorstand: → Udo Voigt (Parteivorsitzender seit 1996), → Holger Apfel (stellvertretender Parteivorsitzender), Ulrich Eigenfeld (stellvertretender Parteivorsitzender und Generalsekretär), Jürgen Schön (stellvertretender Parteivorsitzender), Erwin Kemna (Bundesschatzmeister), Klaus Beier (Bundespressesprecher), Manfred Börm, Alexander Delle, Jürgen Gansel, Stefan Köster, Martin Laus (*NHB*-Vorsitzender), Uwe Leichsenring, Stefan Lux, Peter Marx, Karola Nachtigall, Friedrich Preuß, → Sascha Roßmüller (→ *JN*-Vorsitzender), → Frank Schwerdt (Geschäftsführer), → Doris Zutt

Weitere namhafte Aktivisten:
Per Lennart Aae, → Jürgen Distler, → Dr. Hans-Günter Eisenecker (bis 2002 stellvertretender Parteivorsitzender; *NPD*-Prozeßbevollmächtigter im Verbotsverfahren), Frank Kerkhoff (Landesvorsitzender der *NPD* Sachsen-Anhalt seit 23.2.2002), Winfried Krauß, → Horst Mahler (*NPD*-Prozeßbevollmächtigter im Verbotsverfahren), Winfried Petzold (Landesvorsitzender der *NPD* Sachsen), → Jürgen Schwab

Mitgliederzahl: 2001: 6.500[230]; 2000: 6.500[231]; 1999: 6.000[232]

Publikationen: *Deutsche Stimme* (gegründet 1976; erscheint monatlich[233]); zahlreiche regionale und örtliche Publikationen, wie z.B. *Sachsen Stimme* (hrsg. vom *NPD*-Landesverband Sachsen)

Unter-/Nebenorganisationen: *Nationaldemokratischer Hochschulbund e.V. (NHB)*, → *Junge Nationaldemokraten (JN)*

Programmatik/politische Zielsetzung: In der zweiten Hälfte der 90er Jahre hat die *NPD* ideologisch verstärkt national-revolutionäre und national-bolschewistische Ideologieele-

---

230 Verfassungsschutzbericht des Bundes 2001 (Pressefassung): 62.
231 Verfassungsschutzbericht des Bundes 2000: 54.
232 Ebd.
233 Vgl. Uwe Hoffmann, Die NPD: Entwicklung, Ideologie und Struktur, 1999: 435/436.

mente, sowie Elemente eines nationalen Sozialismus aufgenommen.[234] Die programmatische Umorientierung wurde vor allem mit der Wahl → Udo Voigts zum *NPD*-Bundesvorsitzenden 1996 vorangetrieben.[235] Im selben Jahr wurde auch das neue, bis heute gültige *NPD-Parteiprogramm* beschlossen, an dessen Ausarbeitung unter anderem Udo Voigt, Winfried Krauß und Per Lennart Aae maßgeblich beteiligt waren.[236] In diesem Programm nehmen die soziale Frage und deren völkische „Lösung", sowie antikapitalistische Demagogie einen zentralen Stellenwert ein.

In der Einleitung des Parteiprogramms, welche überschrieben ist mit „Neue Lösungen finden!" heißt es: „Wir stehen mit einem lebensrichtigen Menschenbild gegen Fremdherrschaft und Fremdbestimmung, gegen Überfremdung, Ausbeutung und Unterdrückung, für deutsche Freiheit, für Freiheit der Völker, für eine soziale Neuordnung in Deutschland, die unserem Menschenbild entspricht." Zwar werden im Parteiprogramm immer wieder Begriffe wie „soziale Gerechtigkeit" oder „Sozialpolitik" verwendet, diese beziehen sich aber ausschließlich auf „die Solidarität des Volkes mit seinen Angehörigen".[237] Dementsprechend wird unter der Überschrift „Die raumorientierte Volkswirtschaft" gefordert: „Arbeitsplätze sind zuerst an Deutsche zu vergeben".[238] Unter der Überschrift „Sozialpolitik als nationale Solidarität" wird propagiert: „Ausländer sind aus dem deutschen Sozialversicherungswesen auszugliedern. Asylanten dürfen keinen einklagbaren Anspruch auf deutsche Sozialleistungen besitzen".[239] Unter dem Programmpunkt: „Deutschland muß wieder deutsch werden"[240] beklagt die *NPD*, „durch eine menschen- und völkerverachtende Integration" würden „Ausländer und Deutsche gleichermaßen ihrer Heimat entfremdet und entwurzelt".[241] Weiter heißt es: „In zahlreichen Städten bilden sich Ausländerghettos, in denen die deutsche Restbevölkerung zur Minderheit im eigenen Land wird. [...] Deutsche und Angehörige fremder Völker stehen sich dort immer feindseliger gegenüber. Durch diese Entwicklung wird der innere Friede zunehmend gefährdet".[242] In den beim Bundesverfassungsgericht eingereichten Verbotsanträgen werden der *NPD* „verfassungswidrige Zielsetzungen", ein „aggressivkämpferisches Verhalten" und eine „Wesensverwandtschaft mit dem Nationalsozialismus" vorgeworfen. (siehe unten)

„Revisionismus" sowie die „nationale Frage", welche noch unter → Günter Deckert einen zentralen Stellenwert einnahmen, sind hingegen an den programmatischen Rand gedrängt worden, wenngleich sie im Parteiprogramm immer noch ihren Platz finden. Statt dessen steht die Agitation gegen das parlamentarisch-demokratische politische System im allgemeinen und deren Vertreter und Agenturen im besonderen im Mittelpunkt, denen unter anderem gezielte „Umerziehung", „Überfremdung" und fehlende Legitimation im deutschen Volk vorgeworfen werden.

In der *NPD* findet sich ein ausgeprägter Antiamerikanismus. So wird beispielsweise der „American way of life" in einer von Vertretern der *NPD* und anderen „Persönlichkeiten des

---

234 Vgl. Bernd Wagner, „Rechtsextremismus und völkische Orientierung – Zur gegenwärtigen Lage in den neuen Bundesländern", in: Wolfgang Benz (Hrsg.), Jahrbuch für Antisemitismusforschung 9, 2000: 23-25.
235 Vgl. Richard Stöss, Rechtsextremismus im vereinten Deutschland, 2000: 79.
236 Vgl. Hoffmann 1999: 330.
237 Parteiprogramm der NPD (Webversion).
238 Ebd.
239 Ebd.
240 Ebd.
241 Ebd.
242 Ebd.

Nationalen Widerstandes" unterzeichneten Erklärung als „Todesmarsch der menschlichen Gattung" bezeichnet.[243] Bezüglich der Terroranschläge vom 11. September 2001 in den USA hieß es in einer Erklärung des *NPD*-Parteivorstandes vom 13.9.2002: „Der NPD-Parteivorstand verurteilt den Terroranschlag in den USA und stellt fest, daß Gewalt kein Mittel der Politik sein darf. Allerdings befindet sich Amerika seit Jahrzehnten im Krieg und muß immer mit entsprechenden Gegenreaktionen rechnen. Erstmals wurden die Amerikaner auf ihrem eigenen Territorium empfindlich getroffen. Die USA betreiben seit ihrer Gründung eine imperialistische Politik. Sie begann mit der weitgehenden Ausrottung der Indianer, der Versklavung der Schwarzen und wird ihr Ende nicht mit der Bombardierung Jugoslawiens gefunden haben. Ein altes Sprichwort sagt: ,Wer Wind sät, wird Sturm ernten!'".[244] In derselben Presseerklärung wird unter anderem ein „sofortiger Austritt Deutschlands aus der NATO!" gefordert sowie der „Abzug aller US-Besatzungstruppen aus Deutschland!".[245] Auch in der Erklärung: „Den Völkern die Freiheit – Den Globalisten ihr globales Vietnam!" wird auf die Terroranschläge Bezug genommen: „Der Luftschlag vom 11. September 2001 ist die Markierung der Globalisten als Aggressoren durch die geschundenen und abgeweideten Völker".[246] Zu den Erstunterzeichnern dieses Aufrufes gehören neben *NPD*-Mitgliedern wie Udo Voigt und Horst Mahler unter anderem Dieter Kern vom → *Bündnis Rechts*, Aktivisten der *Kameradschaft Germania*, → Oliver Schweigert für das *Nationale und Soziale Aktionsbündnis Mitteldeutschland* und André Kapke vom *Thüringer Heimatschutz (THS)*, sowie → Friedhelm Busse, → Manfred Roeder und Manfred Börm.[247] In einer Erklärung des „Parteivorstandes, Amt für Politik und Bündnisse" vom 22.5.2002 bezüglich des Besuches des US-amerikanischen Präsidenten George W. Bush am 22./23. Mai 2002 heißt es: Bush „ist der höchste Repräsentant eines Staates, der seine Interessen weltweit brutal und rücksichtslos durchsetzt. [...] Infolge der undemokratischen Strukturen der USA sind die Interessen dieses Staates nicht mit den Interessen seiner Bevölkerung identisch, sondern mit der einer kleinen superreichen Oberschicht, der es in erster Linie um eine Vermehrung ihres eigenen Kapitals geht. Zur Durchsetzung dieser Interessen bedienen sich die USA der Strategie eines dreifachen Imperialismus: des militärischen Imperialismus, des wirtschaftlichen Imperialismus und des kulturellen Imperialismus".[248]

Mit großer Ablehnung steht die *NPD* zudem einem Einsatz der Bundeswehr im Ausland gegenüber. In einer Pressemitteilung der *NPD* vom 6.11.2001 wird zur Kriegsdienstverweigerung aufgefordert: „Wir Nationaldemokraten lehnen eine deutsche Beteiligung an völkerrechtswidrigen, kriegerischen Terrorhandlungen der USA ab. Der Parteivorstand der NPD stellt fest, daß die Bundeswehr sich zu einer Söldnertruppe fremder Machtinteressen ent-

---

243 „Den Völkern die Freiheit – Den Globalisten ihr globales Vietnam!", auf: WWW-Seiten der NPD (eingesehen am 15.3.2002). Vgl. zum Begriff „Globalisten" den Beitrag von Thomas Grumke in diesem Band.
244 Pressemitteilung „Erklärung des Parteivorstandes zum Terroranschlag in den USA. Rot-Grün führt Deutschland in den Krieg!", auf: WWW-Seiten der NPD (eingesehen am 15.3.2002).
245 Ebd.
246 „Den Völkern die Freiheit – Den Globalisten ihr globales Vietnam!", auf: WWW-Seiten der NPD (eingesehen am 15.3.2002).
247 Ebd.
248 Parteivorstand, Amt für Politik und Bündnisse, „Freiheit für Deutschland – Ami go home! Erklärung der NPD zum Bush-Besuch", auf: WWW-Seiten der NPD (eingesehen am 24.5.2002).

wickelt und fordert alle deutschen Soldaten auf, ggf. von ihrem im Grundgesetz garantierten Recht auf Kriegsdienstverweigerung Gebrauch zu machen".[249]

Organisation und Aktivitäten: Die zentralistisch organisierte *NPD* gliedert sich in 15 Landesverbände, wobei Berlin und Brandenburg einen gemeinsamen Landesverband bilden. Daneben bestehen zahlreiche Kreis- und Ortsverbände. Der Landesverband Sachsen mit Sitz in Leipzig ist mit derzeit ca. 1.000 (2000: 1.100) Mitgliedern in zahlreichen Kreis- und etlichen Ortsverbänden stärkster Landesverband der *NPD*. Diesem Umstand trägt auch der Umzug der → *Deutsche Stimme Verlags GmbH* im Januar 2000 und der *JN* nach Riesa in Sachsen Rechnung. Der *NPD*-Bundesvorstand wird alle zwei Jahre durch den Bundesparteitag gewählt,[250] zuletzt am 16./17.3.2002 im niedersächsischen Königslutter.

Die *NPD* wurde 1964 von ehemaligen Anhängern der *Deutschen Partei (DP)*, der *Deutschen Reichspartei (DRP)*, der *Deutschnationalen Volkspartei (DNVP)* sowie einer Vielzahl weiterer Kleingruppen gegründet.[251] Die der Gründung zugrundeliegende Idee war die der Schaffung eines neuen Sammelbeckens für Rechte in Deutschland: „Die NPD verstand sich von Anfang an als Volks- und Sammlungspartei für alle nationalgesinnten Deutschen".[252]

Die Jahre 1967 bis 1969 stellen die Hochphase der *NPD* dar. Zu dieser Zeit hatte die Partei bis zu 28.000 Mitglieder.[253] Bereits 1965 konnte sie bei der Bundestagswahl 2,1% der Stimmen verbuchen, bis 1968 gelang der Partei der Einzug in sieben Landesparlamente. Bei den Bundestagswahlen verpasste die *NPD* jedoch mit 4,3% der Zweitstimmen den Einzug in den Bundestag. In der Folgezeit versank die *NPD* quasi in der Bedeutungslosigkeit, die 70er und 80er Jahre brachten einen steten Mitgliederrückgang. Seit den 70er Jahren konnte die *NPD* bei Wahlen, abgesehen von einzelnen Hochburgen und seltenen Ausnahmen wie der hessischen Kommunalwahl 1989 (6,6% in Frankfurt am Main) und der Landtagswahl 1988 in Baden-Württemberg (2,1%) nie mehr als maximal 0,5% der Stimmen gewinnen.[254]

1986 vereinbarten die sich bis dato in gegenseitiger Ablehnung gegenüberstehenden Parteien *NPD* und → *DVU*, künftig zu kooperieren. In einer gemeinsamen Erklärung vom 2. April 1987 hieß es: „Um das unfruchtbare Gegeneinander der Vergangenheit zu überwinden, erklären die Präsidien der NPD und der DVU-Liste D sich bei folgenden Wahlen unter Wahrung ihrer Organisation und politischer Eigenständigkeit gegenseitig zu unterstützen [...]".[255] Unter anderem wurde vereinbart, dass die *DVU* bei den Europawahlen, die *NPD* bei der Bundestagswahl antreten werden. Insbesondere der Verzicht auf eine Teilnahme an der Europawahl mißfiel einem Großteil der *NPD*-Mitgliedschaft, befürchteten sie doch, die *NPD* würde schlussendlich in der *DVU* aufgehen. Mußgnug wurde zudem vorgeworfen, er

---

249 Pressemitteilung „Keine deutschen Soldaten für fremde Interessen – Kriegsdienstverweigerung jetzt!", auf: WWW-Seiten der NPD (eingesehen am 15.3.2002).
250 WWW-Seiten der NPD (eingesehen am 22.1.2002).
251 Vgl. Stöss, 2000: 49.
252 Stephan Corbeau, „Die NPD und der Verleger Frey: Eine lange, aber nicht unendliche Geschichte." In: Holger Apfel (Hrsg.). „Alles Große steht im Sturm": Tradition und Zukunft einer nationalen Partei, 1999: 141.
253 Vgl. ebd.
254 Armin Pfahl-Traughber, „Der organisierte Rechtsextremismus in Deutschland nach 1945. Zur Entwicklung auf den Handlungsfeldern „Aktion" – „Gewalt" – „Kultur" – „Politik",. In: Wilfried Schubarth/Richard Stöss (Hrsg.). Rechtsextremismus in der Bundesrepublik Deutschland, 2000: 71-100, hier: 95.
255 *Deutsche Stimme* 5/1987, zit. nach Hoffmann, 1999: 240.

hätte die Partei an den ausschließlich finanziellen Interessen folgenden → Dr. Gerhard Frey verkauft und die getroffenen Abmachungen fielen zu Ungunsten der *NPD* aus. Im Anschluss an einen Satzungsstreit, der dadurch ausgelöst wurde, dass die Kooperationsbefürworter im Bundesvorstand keine Zweidrittel-Mehrheit stellten, fand am 26.6.1988 ein Sonderparteitag in Feucht statt. Mußgnug und das Parteipräsidium stellten im Zusammenhang mit der Abstimmung über den Verzicht auf die Europawahl die Vertrauensfrage und bekamen dieses knapp bestätigt. Nach der Europawahl wurden die Stimmen der Kooperations-Gegner wieder lauter und die *NPD* distanzierte sich zunehmend wieder von der Frey-Partei.[256]

1991 wurde → Günter Deckert als Nachfolger Martin Mußgnugs in einer Kampfabstimmung zum neuen Bundesvorsitzenden gewählt. Während Mußgnug aufgrund der desolaten Situation der Partei dafür plädierte, dass die *NPD* sich einer neuen Sammlungsbewegung anschließen solle, bestanden Deckert und seine Anhänger auf der Eigenständigkeit der *NPD* und verwiesen auf die neuen Potenziale in Ostdeutschland. Mußgnug und sein Stellvertreter Jürgen Schützinger traten später aus der *NPD* aus und der → *Deutschen Liga für Volk und Heimat (DLVH)* bei. Nach Deckerts Verurteilung im November 1995 zu einer zweijährigen Haftstrafe wegen Volksverhetzung wurde er von den zuständigen Gremien der *NPD* seiner Funktionen enthoben. Zudem wurde Deckert vorgeworfen, er habe Parteigelder „außerhalb der ordnungsgemäßen Buchführung unter Missachtung von Beschlüssen verwaltet".[257] Neuer Bundesvorsitzender wurde Udo Voigt. Unter seiner Führung wurde nicht nur ein ideologischer Kurswechsel forciert, sondern die *NPD* arbeitete nun auch enger mit rechtsextremen Skinhead-Gruppierungen, → *Kameradschaften* und anderen neonazistischen Elementen zusammen. Diese Zusammenarbeit drückte sich zum Beispiel in Aktionsbündnissen aus, die gemeinsam Demonstrationen vorbereiten und durchführen.[258] Auch traten viele Aktivisten der Anfang/Mitte der 90er Jahre verbotenen neonazistisch orientierten Gruppierungen der *NPD/JN* bei, was die modifizierte ideologische Ausrichtung der *NPD* förderte. Nachdem sich der Kurs Voigts in der *NPD* durchgesetzt hatte, übernahmen schließlich auch führende Rechtsextremisten wie → Steffen Hupka, → Frank Schwerdt (ehemaliger Vorsitzender der Gruppierung *Die Nationalen e.V.*) und → Jens Pühse (ehemaliges Mitglied der → *Nationalistischen Front*) Posten im Parteivorstand. Für wie relevant die Zusammenarbeit zwischen Partei und *Kameradschaften*, allen Differenzen zum Trotz, prinzipiell von den führenden Köpfen der Partei angesehen wird, verdeutlichte Ende 2000 beispielsweise der *NPD*-Funktionär Frank Schwerdt: „So wichtig es ist, daß die Partei Bewegung braucht, so braucht die Bewegung auch Partei".[259] In Thüringen beispielsweise war die *NPD* eng mit dem *Thüringer Heimatschutz (THS)* verwoben, welcher sich 1996 aus der Vorläuferorganisation *Anti-Antifa Ostthüringen* bildete. Des weiteren meldete die *NPD* Aufmärsche des *THS* an. Zudem fanden sich im Landesvorstand der *NPD THS*-Kader wie Jörg Krautheim (Gera), Mirko Eberlein (Saalfeld) und Ralf Wohlleben (Jena).[260] Bis zu seiner Enttarnung als V-Mann im Mai 2001 war auch der (inzwischen ehemalige) Kopf des *THS*, Tino Brandt, in solcher Doppelfunktion tätig.[261] Insbesondere im Zusammenhang mit den Diskussionen um ein mögliches *NPD*-Verbot (hierzu siehe weiter unten) scheinen sich einige so genannte

---

256 Vgl. Hoffmann, 1999: 240-244.
257 Ulrich Eigenfeld in *Zündstoff* 4/1995, zit. nach Hoffmann 1999: 269.
258 Vgl. Stöss, 2000: 118.
259 Zit. nach o.A., „‚Gemeinsam kämpfen': NPD wird auch künftig mit freien Gruppen zusammenarbeiten", in: *Deutsche Stimme*, 12/2000-01/2001, S.11.
260 Vgl. Richard Linde, „Motor der Gewalt", in: *blick nach rechts* Nr.17/2001, S.6.
261 Vgl. Eberhard Löblich, „Klein und gefährlich", in: *blick nach rechts*, Nr. 6/2002, S.4/5, hier S.5.

„freie Kräfte" von der *NPD* zu distanzieren. In einer von Andreas Biere unterzeichneten „Erklärung der ungebundenen Kräfte Sachsen-Anhalts" heißt es: Die „freien Kräfte Sachsen-Anhalts kündigen der NPD die Zusammenarbeit." Dies begründen sie zum einen „politisch-strategisch" mit dem Rückzug von Demonstrationen aufgrund der Debatten um ein mögliches Verbot, zum anderen „weltanschaulich", indem sie der *NPD* die Duldung und Unterstützung des ehemaligen Landesvorsitzenden vorhalten, obwohl bekannt war, dass dieser mit einer Filippina verheiratet war, und drittens „charakterlich", weil V-Männer im Parteivorstand geduldet wurden. Weiter heißt es: „Auch sind wir der Ansicht, dass jegliche weitere Arbeit mit der Partei bzw. an der Partei unnötige Zeit- und Kraftverschwendung ist. Die Partei trägt nicht mehr den Geist unseres Kampfes für Volk und Vaterland!"[262]

Seit der zweiten Hälfte der 1990er Jahre orientiert sich die *NPD* an einem sogenannten „Drei-Säulen-Konzept". Grundlage ist ein Strategiepapier, welches 1997 durch das „Amt Politik im Parteivorstand" erarbeitet wurde und auf dem Bundesparteitag 1998 in Stavenhagen „als für die Partei verbindlich festgelegt wurde."[263] Dieses Konzept setzt sich zusammen aus den drei Komponenten „Kampf um die Straße, Kampf um die Köpfe, Kampf um die Parlamente". Letzterer spielt derzeit eine eher nachgeordnete Rolle. So hat beispielsweise Winfried Petzold, Landesvorsitzender der *NPD* Sachsen, ausdrücklich darauf verwiesen, dass die *NPD* „kein Wahlverein"[264] sei. In Wahlen sieht Petzold lediglich „eines von vielen Mitteln des politischen Kampfes, jedoch kein ausschließliches"[265]. Bei den Bundestagswahlen 2002 wird die *NPD* dennoch, schon wegen der Propagandawirkung und der Wahlkampfkostenerstattung, „flächendeckend antreten".[266]

Der Schwerpunkt liegt vielmehr auf dem „Kampf um die Straße". Udo Voigt schrieb 1999: „Erst wenn wir den von uns eröffneten ‚Kampf um die Straße' endgültig für uns entschieden haben, kann der ‚Kampf um die Parlamente' mit der Aussicht geführt werden, keine schnell verschwindenden Proteststimmen zu kanalisieren, sondern eine dauerhafte nationale Kraft im Nachkriegsdeutschland zu etablieren, die dem Anspruch gerecht wird, eine wirkliche Alternative zum liberalkapitalistischen System der BRD zu sein".[267] Der „Kampf um die Straße" findet seinen Ausdruck vor allem in zahlreichen von der *NPD* organisierten Demonstrationen. Dem liegt die Einschätzung zugrunde, dass die *NPD* „Massenwirkung nur durch die Mobilisierung der Straße erreichen kann".[268] Die *NPD* versteht sich dabei als Speerspitze einer sogenannten „Nationalen Außerparlamentarischen Opposition" (NAPO),[269] ein 1998 auf dem „1. Tag des Nationalen Widerstands" in Passau von Udo Voigt erstmals verwendeter Begriff,[270] der als Synonym für den „Nationalen Widerstand" auf der Straße anzusehen ist. Somit hat sich die *NPD* – insbesondere seit der zweiten Hälfte der 90er Jahre – zu einer aktionistischen „Kampfpartei" entwickelt.

---

262 „Erklärung der ungebundenen Kräfte Sachsen-Anhalts", auf den WWW-Seiten des *Aktionsbüro Mitte* (eingesehen am 26.5.2002).
263 Udo Voigt, „Mit der NAPO auf dem Weg in das neue Jahrtausend", In Apfel 1999: 469-475, hier: 469.
264 Zit. nach Verfassungsschutzbericht Sachsen 2000: 36.
265 Zit. nach ebd.
266 Pressemitteilung „‚Deutschland wir kommen': Udo Voigt bleibt NPD-Parteivorsitzender", auf: WWW-Seiten der *NPD* (eingesehen am 26.3.2002).
267 Voigt in: Apfel 1999: 470.
268 Holger Apfel, „Das strategische Konzept der NPD", in: Apfel 1999: 365-360, hier: 360.
269 Vgl. Verfassungsschutzbericht Bund 2000: 60.
270 Vgl. Voigt in Apfel 1999: 471.

Noch ein weiteres strategisches Konzept wurde im Umfeld der *NPD* entwickelt. Zu Beginn der 90er Jahre veröffentlichte die Zeitschrift *Vorderste Front* der *NPD*-Studentenorganisation *Nationaldemokratischer Hochschulbund (NHB)*, ein Diskussionspapier mit dem Titel „Schafft befreite Zonen!", in welchem erstmals die Strategie der „National befreiten Zonen" vorgestellt wurde, welche seitdem unter anderem in der Parteizeitung *Deutsche Stimme* immer wieder thematisiert wird. Solche Zonen sind, so Udo Voigt in einem Interview mit der *Deutschen Stimme*, „Teil der Konzeption einer [...] Säule unseres strategischen Konzeptes, nämlich des ‚Kampfes um die Köpfe'. [...] Die Köpfe, die [...] vom geistigen Systemmüll gereinigt wurden, sind die ersten national befreiten Zonen".[271] Die Errichtung „befreiter Zonen" wird als die primäre Aufgabe des „Nationalen Widerstandes" angesehen, denn solche Zonen seien der erste Schritt auf dem Wege zur Schaffung eines „befreiten Landes".[272] Ziel ist die Etablierung einer „Gegenmacht". Hierzu heißt es im Strategiepapier: „Wir müssen Freiräume schaffen, in denen *wir* faktisch die Macht ausüben, in denen *wir* sanktionsfähig sind, d.h. *wir* bestrafen Abweichler und Feinde, *wir* unterstützen Kampfgefährtinnen und -gefährten, *wir* helfen unterdrückten, ausgegrenzten und verfolgten Mitbürgern. [...] Wir sind drinnen, der Staat bleibt draußen".[273] Von einer „befreiten Zone" könne man beispielsweise dann sprechen, wenn „wir nicht nur ungestört demonstrieren und Info-Stände abhalten können, sondern die Konterrevolutionäre dies genau nicht tun können".[274] Zunächst gelte es, sich auf einzelne Wohnobjekte und Straßenzüge zu konzentrieren, „um vor Ort sichtbar Macht auszudrücken".[275] Der ansässigen Bevölkerung müsse man hilfsbereit gegenüber treten: Zum Beispiel könne man „alten Leuten [...] beim Ausfüllen von Formularen helfen [...] Babysitter bei arbeitenden Ehepaaren oder alleinstehenden Müttern spielen [...], die Straßen sauber und durch regelmäßige Nachtpatrouillen sicher halten".[276] Hieran wird deutlich, dass die *NPD* verstärkt versucht, den kommunalen Nahraum zu erobern. Demgemäß forderte Voigt, die *NPD* müsse „mit Persönlichkeiten ‚Gesicht' zeigen, die uns repräsentieren und für den Bürger wählbar sind und seine Identifikation mit uns erlauben. [...] Das nationale politische Fundament muß in den Kommunen aufgebaut werden. In der Gemeinde muß man die Vertreter deutscher Bürgerinteressen persönlich kennen".[277]

In Teilen Mecklenburg-Vorpommerns versuchen Vertreter der *NPD* mit Angeboten für Kinder den Nachwuchs für sich zu gewinnen. Auf „Kinderfesten" werden kostenlos Essen und Getränke verteilt und die Kinder mit Spielen und Aktivitäten, die teilweise mit Preisen belohnt werden, bei Laune gehalten.[278] Am 2.10.2001 fand ein „Drachenfest" der *NPD* in Greifswald statt, welches gemeinsam von den *NPD*-Kreisverbänden Greifswald (Kreisvorsitzender: Maik Spiegelmacher) und Stralsund ausgerichtet wurde. Eigenangaben zufolge kamen rund 200 Kinder „und sorgten für ausgelassene Stimmung. Und auch die Eltern kamen [...] und gestalteten das Fest mit".[279] *NPD*-Nähe ist für die *Schülerinitiative für freie Meinungsbildung und -äußerung*, die sich im Januar 2001 gegründet hat, festzustellen.

---

271 „Wiederaufbau einer Volksgemeinschaft", in: *Deutsche Stimme*, 02/2002, S.3.
272 Jürgen Schwab, „Couragierte Gegenmacht", in: *Deutsche Stimme*, 10/1999, S.17.
273 „Schafft befreite Zonen!", in: *Vorderste Front*, Nr. 2/1991 (Hervorhebungen im Original).
274 Ebd.
275 Ebd.
276 Ebd.
277 Udo Voigt, „Mit der NAPO auf den Weg in das neue Jahrtausend", in: Apfel 1999: 470.
278 Vgl. Meldungen, in: *blick nach rechts* Nr.8/2002, S.15.
279 WWW-Seiten des *NPD*-Kreisverbandes Greifswald (eingesehen am 8.6.2002).

Kontaktadressen bestehen in Waren, Stralsund, Demmin, Insel Usedom und Greifswald.[280] Wenn auch die *Schülerinitiative* eigenem Bekunden nach organisatorisch unabhängig ist, so „bot sich die NPD im Gegensatz zu den etablierten Parteien oder Stiftungen [...] als Unterstützer an, wofür wir wirklich dankbar sein können".[281] In der Publikation der *Schülerinitiative*, dem *Norddeutschen Sprachrohr*, schreibt unter anderem der stellvertretende Landesvorsitzende der *NPD* Mecklenburg-Vorpommern, Lutz Dessau, als freier Mitarbeiter.[282] Zu den Unterstützern des *Sprachrohr* gehören der von → Doris Zutt und ihrer Familie betriebene „Patriotentreff" sowie der vom *Kameradschaftsbund Usedom (KBU)* herausgegebene *Insel-Bote*.[283] Laut einer Meldung vom 6.3.2002 auf der Internetpräsenz des *NPD*-Kreisverband Greifswald sammelte die *Schülerinitiative* gemeinsam mit einer sogenannten *Bürgerinitiative zur Wahrung der Grundrechte* 160 Unterschriften „gegen die Schließung der Schulen in der Umgebung".[284] Die Schülerinitiative tritt auch durch die Durchführung von Demonstrationen in Erscheinung, so auch im Sommer 2002 in Greifswald unter dem Motto „Gegen Medienhetze und politische Verfolgung".[285] Weiterhin tritt die *Schülerinitiative* durch Infostände in Erscheinung.

Anfang 2001 haben Bundesregierung, Bundesrat und Bundestag beim Bundesverfassungsgericht in Karlsruhe (BVerfG) jeweils eigene Anträge auf Einleitung eines Verbotsverfahrens gegen die *NPD* eingereicht. Grundlage dieser Anträge ist Artikel 21 Absatz 2 Grundgesetz (GG), der lautet: „Parteien, die nach ihren Zielen oder nach dem Verhalten ihrer Anhänger darauf ausgehen, die freiheitliche demokratische Grundordnung zu beeinträchtigen oder zu beseitigen oder den Bestand der Bundesrepublik Deutschland zu gefährden, sind verfassungswidrig. Über die Frage der Verfassungswidrigkeit entscheidet das Bundesverfassungsgericht." Bisher wurden in der Geschichte der Bundesrepublik Deutschland erst zwei Parteiverbote ausgesprochen, 1952 gegen die rechtsextremistische *Sozialistische Reichspartei Deutschlands (SRP)* und 1956 gegen die linksextremistische *Kommunistische Partei Deutschlands (KPD)*.

Die Verfassungsfeindlichkeit der *NPD* wird im wesentlichen begründet mit deren Eintreten für einen sogenannten „völkischen Kollektivismus", aus dem sich eine Wesensverwandtschaft mit dem historischen Nationalsozialismus ableiten ließe. Zudem vertrete die *NPD* ihre verfassungsfeindlichen Zielsetzungen auf eine aktiv-kämpferische, aggressive Weise, wofür, nach Einschätzung der Antragsteller, auch zahlreiche Ermittlungsverfahren im Umfeld der *NPD* sprechen.

Die *NPD* reagierte auf die einsetzende Diskussion um ein mögliches Verbot mit einer Kampagne unter dem Motto: „Argumente statt Verbote". Zudem antwortete sie auf die eingereichten Verbotsanträge mit jeweiligen Stellungnahmen. Bevollmächtigte Rechtsanwälte der *NPD* sind → Horst Mahler und → Dr. Hans-Günter Eisenecker. In der von Eisenecker unterzeichneten Stellungnahme der *NPD* vom 19. Juni 2001 zum Verbotsantrag des Bundesrats wird diesem unter anderem das „Fehlen einer sachlichen Methodik" vorgeworfen. In dieser Stellungnahme wird betont: „Kein Antrag gelangt zu einem Verständnis der Wertehaltung der Antragsgegnerin [i.e. der *NPD*]. Die Anträge beinhalten und kommentieren lediglich eine Fülle – quellenkritisch ungeprüfter – Einzelheiten, ohne Maßstäbe zu finden. Das Wesen und die nur aus diesem verständliche Zielsetzung der Antragsgegnerin bleibt allen drei Anträgen ver-

---

280 WWW-Seiten der *Bürgerinitiative zur Wahrung der Grundrechte* (eingesehen am 9.6.2002).
281 WWW-Seiten des *Sprachrohr* (eingesehen am 6.6.2002).
282 Ebd.
283 Ebd.
284 WWW-Seiten des *NPD*-Kreisverbandes Greifswald (eingesehen am 9.4.2002).
285 Ebd.

schlossen".[286] Horst Mahler kehrt in der von ihm verfassten Stellungnahme der *NPD* vom 20.April 2001 zum Verbotsantrag der Bundesregierung die Perspektive sozusagen um, indem er seinerseits der Bundesregierung Verfassungsfeindlichkeit vorwirft. Er schreibt, „daß die Haltung der Bundesregierung mit den freiheitlich-demokratischen Grundlagen des Grundgesetzes nicht vereinbar ist." An späterer Stelle heißt es: „Der volksverleugnende Standpunkt der Regierung ist klar verfassungswidrig. Er ist das Manifest einer Fremdherrschaft über das Deutsche Volk".[287] Auch in der ebenfalls von Horst Mahler zu verantwortenden Stellungnahme der *NPD* vom 30. Mai 2001 zum Verbotsantrag des Bundestages wird die rhetorische Frage aufgeworfen: „Wer ist [...] wohl der Verfassungsfeind?".[288] Des weiteren wird versucht, den Vorwurf der Wesensverwandtschaft mit dem Nationalsozialismus entgegenzutreten. So formulierte Eisenecker in bereits erwähnter Stellungnahme: „Es zeigt sich [...], daß jene Momente, die den Hitlerismus prägen, mit den ideellen Grundlagen der Antragsgegnerin unvereinbar sind. Dies gilt auch für die von der *NSDAP* praktizierte Ablehnung der Selbstverwaltung des Volkes, insbesondere für das Führerprinzip".[289]

Am 1.Oktober 2001 fasste das BVerfG den Beschluss, die Verhandlungen über ein mögliches Verbot der *NPD* durchzuführen. Der erste Verhandlungstermin wurde jedoch abgesetzt, nachdem ein Abteilungsleiter des *Bundesministeriums des Innern* einem Mitglied des zweiten Senats telefonisch mitgeteilt hatte, dass einer der geladenen Zeugen, ein langjähriges *NPD*-Bundesvorstandsmitglied sowie Vorstand eines Landesverbandes, früher als V-Mann für den Verfassungsschutz tätig war. Daraus ergaben sich juristische Fragen, die bis zum ursprünglich vorgesehenen Verhandlungstermin nicht zu klären waren. Die für Februar 2002 festgelegten Termine wurden dementsprechend am 22.1.2002 aufgehoben.[290] Das Verbotsverfahren war somit aber lediglich aufgeschoben, nicht aufgehoben; die Anträge wurden, trotz derartiger Spekulationen und Aufforderungen, nicht zurückgezogen. Am 11.2.2002 gaben die drei Antragsteller beim BVerfG eine gemeinsame Stellungnahme ab, in welcher über den Einsatz der bis dahin enttarnten V-Leute berichtet wird. Diese hätten keinen steuernden Einfluss auf die *NPD* gehabt und die auf diese Weise gewonnenen Informationen könnten, juristisch bedenkenlos, durchaus verwertet werden. Das Verfahren soll nach der Bundestagswahl 2002 wieder aufgenommen werden. Der Zweite Senat des BVerfG hat angekündigt, am 8.10.2002 einen Erörterungstermin zur „V-Mann-Problematik" durchzuführen.[291]

Auch die *NPD* zog aus der Enttarnung der V-Leute Konsequenzen: „Das Landesschiedsgericht Nordrhein-Westfalen hat auf seiner Sitzung am 28. April 2002 dem Antrag des Parteivorstandes der NPD, Wolfgang Frenz und Udo Holtmann aus der Partei auszu-

---

286 Dr. Hans Günter Eisenecker, „Stellungnahme der NPD zum Verbotsantrag des Bundesrats", 19.6.2001, auf: http://www.extremismus.com/dox/dnpd.htm (eingesehen am 19.5.02).
287 Horst Mahler, „Stellungnahme der NPD zum Verbotsantrag der Bundesregierung", 20.4.2001, in: http://www.extremismus.com/dox/bnpd.htm (eingesehen am 19.5.02).
288 Horst Mahler, „Stellungnahme der NPD zum Verbotsantrag des Bundestages", 30.5.2001, in: http://www.extremismus.com/dox/cnpd.htm (eingesehen am 19.5.02).
289 Dr. Hans Günter Eisenecker, „Stellungnahme der NPD zum Verbotsantrag des Bundesrats", 19.6.2001, in: http://www.extremismus.com/dox/dnpd.htm (eingesehen am 19.5.02).
290 „Termine zur mündlichen Verhandlung im Parteiverbotsverfahren aufgehoben", Pressemitteilung des BVerfG vom 22.1.2002, auf: http://www.extremismus.com/dox/bvg5,htm (eingesehen am 24.5.2002).
291 „Fortgang des NPD-Verbotsverfahrens", Pressemitteilung des BVerfG vom 7.5.2001 zum Fortgang des NPD-Verbotsverfahrens, auf: http://www.extremismus.com/dox/bvg6.htm (eingesehen am 24.5.2002).

schließen, stattgegeben".[292] Insgesamt sorgten die V-Mann-Enthüllungen in Teilen der *NPD* für Unruhe. So findet sich auf der Internetpräsenz des *Aktionsbüros Sachsen-Anhalts* eine „Gemeinsame Austrittserklärung der Mitglieder des NPD-KV-Anhalt aus der Nationaldemokratischen Partei Deutschlands (NPD)". Begründet wird dies damit, dass „Udo Voigt und der restliche Parteivorstand [...] auf dem Bundesparteitag, am 16./17. März 2002 in absolut unbefriedigender Weise Rechenschaft über die enttarnten Spitzel in der Parteiführung abgelegt" hätten.[293] Zudem könne man die „Parteipolitik der Vergangenheit [...] nur noch als Sabotage bezeichnen [...]. Wir sind der Überzeugung, dass die negativen Kräfte die *NPD* fest im Griff haben und jeder Reformversuch entweder scheitern oder einen unverhältnismäßig hohen Kraftaufwand erfordern muss".[294]

Hatte sich die schwierige finanzielle Situation der *NPD* im Mai 2001 durch den Verkauf einer als Geschäftsstelle des Landesverbandes Baden-Württemberg genutzten Villa in Ehningen für 1,1 Millionen € zwischenzeitlich entspannt,[295] so wurde die Partei ein Jahr später mit empfindlichen Einbußen konfrontiert. Im Mai 2002 hat Bundestagspräsident Wolfgang Thierse die vierteljährlichen Abschlagszahlungen an die *NPD* aus der Parteienfinanzierung gestoppt. Bis auf weiteres stehen der *NPD* somit rund 112.000 € weniger zur Verfügung. Es sei naheliegend, so die Begründung, dass die Partei im Falle eines Verbotes aus der Parteienfinanzierung ausscheide und das Geld zurückzahlen müsse. Daher solle die *NPD* das Geld nur bei entsprechender Sicherheitsleistung bekommen. Die *NPD* reagierte erzürnt und hat „das Bundesverfassungsgericht um Erlaß einer einstweiligen Anordnung ersucht", da es sich um einen Versuch handele, „die NPD ‚auf kaltem Wege' – nämlich durch finanzielle Strangulierung – zu liquidieren".[296] Ein von Horst Mahler beim BVerfG eingebrachter Eilantrag auf einstweilige Verfügung wurde Mitte Juni abgewiesen.

Im Zusammenhang mit der Debatte um ein mögliches Verbot der *NPD* sind auch die Konflikte zu verstehen, welche die Gründung der *Revolutionären Plattform – Aufbruch 2000 (RPF)* mit sich brachte. Die *RPF* war erstmals auf dem *NPD*-Parteitag im März 2000 in Erscheinung getreten[297] und übernahm die Rolle einer innerparteilichen Opposition. Sie fungierte als Bindeglied zwischen den neonazistisch orientierten Kräften in der Partei und den → *Freien Kameradschaften*.[298] Während die Partei zunächst, um ihr Fortbestehen bemüht, vorläufig auf Aufmärsche und öffentliche Kooperation mit neonazistischen Kräften verzichtete, orientierte sich die *RPF* an einem wesentlich radikaleren Kurs und verfuhr getreu dem Motto, dass der Kampf auch im Falle eines *NPD*-Verbot weitergeht. Mitbegründer und führender Kopf der *RPF* war → Steffen Hupka, um ihn sammelten sich Personen wie Jürgen Gerg aber auch der im Mai 2001 schließlich als V-Mann enttarnte Tino Brandt. In der *RPF* waren rund ein Dutzend Parteimitglieder aktiv, der Kreis von Sympathisanten war wesentlich höher. Regionale Schwerpunkte der *RPF* bildeten insbesondere Berlin-Brandenburg und Schleswig-Holstein. Im Dezember 2000 verabschiedete der Parteivorstand ei-

---

292 Parteivorstand der NPD, „Frenz und Holtmann aus der Partei ausgeschlossen", auf: WWW-Seiten der NPD (eingesehen am 30.4.2002).
293 „Gemeinsame Austrittserklärung der Mitglieder des NPD-KV-Anhalt aus der Nationaldemokratischen Partei Deutschlands (NPD)", auf: WWW-Seiten der *Nationalisten Köthen* (eingesehen am 24.5.2002).
294 Ebd.
295 Verfassungsschutzbericht des Bundes 2001 (Pressefassung): 81.
296 Horst Mahler, Dr. Hans Günter Eisenecker, „NPD klagt zustehende Gelder aus der Parteienfinanzierung ein", auf: WWW-Seiten der *NPD* (eingesehen am 24.5.2002).
297 Vgl. Jean Cremet, „Keine Kameraden", in: *blick nach rechts* Nr.3/2001, S.6/7, hier: 6.
298 Vgl. ebd.

nen von → Holger Apfel eingebrachten Unvereinbarkeitsbeschluß gegenüber der *RPF*.[299] Vorausgegangen war der *NPD*-Landesparteitag am 14.10.2000 in Tönning (Schleswig-Holstein). Hier hatte eine Gruppe um den *RPF*ler Gerg den bisherigen Landesvorsitzenden Ingo Stawitz putschartig abgelöst. Gerg sowie unter anderem Peter Borchert übernahmen Führungspositionen. Daraufhin rief der *NPD*-Parteivorstand den Notstand über den Landesverband aus und leitete ein Partei-Ausschlußverfahren gegen Gerg ein. Ebenso wurde der am 24.2.2001 zum neuen Landesvorsitzenden gewählte Borchert von der *NPD*-Bundesführung seines Amtes enthoben, da er, entgegen einer Weisung Voigts, auf der 1. Mai-Demonstration in Frankfurt/Main als Redner auftrat.[300] Als Landesvorsitzender in Schleswig-Holstein wurde Uwe Schäfer eingesetzt.[301] Das Landgericht Berlin hat den Ende September 2001 über den Landesverband verhängten organisatorischen Notstand außer Kraft gesetzt, was auch Borchert und Gerg wieder in ihre Ämter rückversetzte. Anfang 2002 hat sich die *RPF* infolge eines Beschlusses vom 12.1.2002 in Magdeburg schließlich selbst wieder aufgelöst.[302] Zuvor war Steffen Hupka im Dezember 2001 aus der *NPD* ausgeschlossen worden.[303]

Bedeutung: Die *NPD* ist zur Zeit die in Deutschland einflußreichste und signifikanteste rechtsextreme Organisation. Als einzige der rechtsextremen Parteien ist es der *NPD* einigermaßen gelungen, sich in den neuen Bundesländern zu etablieren, wenn auch nicht als Wahlpartei. Auch erkennbare Mitglieder-Zuwächse konnte die Partei in den letzten Jahren fast ausschließlich in den neuen Bundesländern verzeichnen.

Durch ihre Öffnung gegenüber dem militanten, neonazistischen Spektrum gelang es der *NPD* nach und nach eine entscheidende Rolle innerhalb der rechtsextremen Bewegung einzunehmen. Vor allem in Thüringen und Sachsen gelang es der *NPD*, mit ihrer aktivistischen und subversiven Strategie örtliche und regionale Zentren zu etablieren. Auf diese Weise konnte sie auch zum einen die rechtsextreme Jugendbewegung binden und politisch instrumentalisieren, zum anderen demokratische Bestrebungen nahezu unwirksam machen.[304] Besonders hervorzuheben ist hier das strategische Konzept, welches den gleichzeitigen Kampf um die Straße, den Kampf um die Köpfe sowie den Kampf um die Wähler vorsieht. Wenn auch die Zusammenarbeit mit „freien Nationalisten" durchaus mit Problemen behaftet ist, wie zum Beispiel die Auseinandersetzungen um die *RPF* und der Ausschluß Hupkas aus der *NPD* Ende 2001 zeigen, so wird dennoch immer wieder betont, dass man einer „partiellen Kooperation", so Holger Apfel in einem Interview mit der *Deutschen Stimme* von August 2001, „mit allen politikfähigen Nationalisten aufgeschlossen" gegenüberstehe.[305]

Als neue Kampfbegriffe haben sich Antiimperialismus und auch eine vehement vertretene Ablehnung der Globalisierung etabliert. Festzustellen ist zudem eine Solidarisierung der *NPD* mit Palästina, verbunden mit einer radikalen Kritik gegen die, wie es auf der Internetpräsenz

---

299 Vgl. ebd.: 7.
300 Verfassungsschutzbericht des Bundes 2001 (Pressefassung): 83.
301 Jean Cremet, „Keine Kameraden", in: *blick nach rechts* Nr.3/2001, S.6.
302 Vgl. Meldungen, in: *blick nach rechts* Nr.2/2002, S. 15.
303 Vgl. ebd.
304 Vgl. Bernd Wagner, „Rechtsextremismus und völkische Orientierung – Zur gegenwärtigen Lage in den neuen Bundesländern", in: Wolfgang Benz (Hrsg.), Jahrbuch für Antisemitimsusforschung 9, 2000: 23.
305 „Junge Nationaldemokraten – jung, dynamisch, national: Die etwas andere Jugend in der bundesrepublikanischen Spaßgesellschaft", in: *Deutsche Stimme* 8/2001, S. 3.

des *NPD*-Kreisverbandes Hannover heißt, „faschistischen Besatzungspolitik Israels".[306] Am 19.4.2002 schloß sich der *NPD*-Kreisverband Greifswald einer Demonstration der dortigen arabischen Studentenschaft gegen, wie es auf der Internetpräsenz der NPD Greifswald heißt, „den israelischen Terror in Nahost" und die „illegale[n] Besetzung palästinensischer Gebiete durch die Israelis und ihre Vasallen"[307] an. Hierzu heißt es weiter in einer Meldung vom 19.4.2002: „Mit Genehmigung der Versammlungsleitung nahm auch die *NPD*-Greifswald an dieser Protestkundgebung teil. […] Forderungen und Argumente wie ‚Sharon-Kindermörder', ‚Israel-Kindermörder', ‚George Bush-Kindermörder' oder ‚Raus-Raus-Raus-Raus aus Palästina' hallten durch die Hansestadt. Natürlich hatten wir gegen diese Argumentationen nichts einzuwenden. Wir protestierten gemeinsam".[308]

Dass das drohende Verbot den inneren Zirkel der *NPD* zusammenrücken läßt beweist eine „Gemeinsame Erklärung" der als unversöhnlich zerstritten vermuteten Udo Voigt und Günter Deckert. In der zusammen mit Ulrich Eigenfeld, Erwin Kemna, Holger Apfel und Peter Marx unterzeichneten Stellungnahme konnten „die wesentlichen Streitfragen aus der Amtszeit Günter Deckerts" nun „einer weitgehend befriedigenden Sachaufklärung zugeführt werden".[309] An die Parteifreunde wird appelliert, „gerade in einer so schicksalsträchtigen Zeit wie der heutigen, in der unsere Partei einem ebenso perfiden wie undemokratischen Verbotsverfahren trotzen muß, nicht länger das selbstschädigende Gegeneinander zu suchen, sondern im Kampf gegen die eigentlichen Feinde des deutschen Volkes gemeinsam für ein freies, ein besseres Deutschland zu streiten".[310]

Abschließend läßt sich konstatieren, dass die eingereichten Verbotsanträge von Bundesrat, Bundestag und Bundesregierung die *NPD* weniger geschwächt haben dürften als die internen V-Mann-Diskussionen.

Literatur

Uwe Hoffmann (1999), Die NPD: Entwicklung, Ideologie und Struktur, Frankfurt am Main.

---

306 WWW-Seiten der NPD Hannover (eingesehen am 9.6.2002).
307 WWW-Seiten der NPD-Greifwald (eingesehen am 9.4.2002).
308 Ebd. (eingesehen am 9.4.2002).
309 „Gemeinsame Erklärung", in: *Deutsche Stimme* 7/2002, S.13.
310 Ebd.

Nationale Alternative (NA)

Gründung: 30.1.1990

Sitz: Ost-Berlin

Funktionäre/namhafte Aktivisten: → Oliver Schweigert (Vorsitzender seit 1991); Ingo Hasselbach (Vorsitzender ab Oktober 1990); Frank Lutz (Vorsitzender bis Oktober 1990);[311] Kay Diesner[312]

Mitgliederzahl: ca. 30[313]

Publikationen: unbekannt

Suborganisation: *Bürgerinitiative Wohnraumsanierung /WOSAN*[314]

Programmatik/politische Zielsetzung: Satzung und Programm der *NA* waren weitestgehend von der neonazistischen Hamburger Kleinstpartei *Nationale Liste (NL)* abgeschrieben, einer 1989 gegründeten Landespartei um die Hamburger Neonazis → Christian Worch und → Thomas Wulff, welche im Februar 1995 durch die Hamburger Behörde für Inneres verboten wurde (Vereinsverbot). Die *NA* forderte unter anderem, Berlin solle wieder Hauptstadt Deutschlands werden, die Verschwendung von Steuergeldern müsse beendet werden, deutsche Familien seien zu fördern und Arbeitsplätze an deutsche Arbeiter zu vergeben. Weitere Forderungen erstreckten sich auf den Abzug aller „Fremdtruppen" aus Deutschland sowie die Beendigung der Integration von „Ausländern" und deren „Rückführung" in ihre Herkunftsländer.

Organisation und Aktivitäten: Die Gründungsmitglieder der *NA* kamen aus der *Lichtenberger Front* und der *Bewegung 30. Januar* und hatten zum Großteil bereits eine mehrjährige Laufbahn in der einschlägigen Szene der DDR durchlaufen.[315] Die Entwicklung der *NA* wurde von Kadern der → *Gesinnungsgemeinschaft der Neuen Front (GdNF)*, Mitgliedern der *NL* sowie der österreichischen *Volkstreuen Außerparlamentarischen Opposition (VAPO)* beeinflusst.[316] Von letzterer ist unter anderem → Gottfried Küssel hervorzuheben. Weitreichende personelle Überschneidungen bestanden zwischen der *NA* und der → *Deutschen Alternative (DA)*.[317] Im Frühjahr 1990 wurde die *NA* gar zur „Sektion Mitteldeutschland" der *DA* erklärt, was in den eigenen Reihen jedoch nicht unumstritten war.[318] Während zum Beispiel Frank Lutz für die Selbständigkeit der *NA* eintrat, befürwortete → Oliver Schweigert den Anschluss an die *DA*.[319]

---

311 Angaben laut Ingo Hasselbach/Winfried Bonengel, Die Abrechnung: Ein Neonazi steigt aus, Berlin, 2001. (2.Auflage).
312 Anton Maegerle, „Der braune Sumpf", in: *blick nach rechts* Nr.5/1997, S.2.
313 Laut Hasselbach hatte die *NA* im Sommer 1990 ca. 800 Mitglieder (S.58).
314 Verfassungsschutzbericht Berlin 1990: 106f.
315 Bernd Wagner (Hrsg.), Handbuch Rechtsextremismus: Netzwerke, Parteien, Organisationen, Ideologiezentren, Medien, 1994: 122.
316 Ebd.: 125.
317 Verfassungsschutzbericht Berlin 1990: 104.
318 Wagner, 1994: 124.
319 Ebd.

Die *NA* war die erste im Parteienregister der DDR-Volkskammer erfasste rechtsextreme Gruppe.[320] Trotz Parteienstatus scheiterte 1990 der Versuch, an den Volkskammer- und Kommunalwahlen in der DDR teilzunehmen. Zwar hatte die *NA* einen Kandidaten aufgestellt, das Präsidium der zentralen Wahlkommission der DDR strich diesen jedoch, nachdem bei einer Hausdurchsuchung in der Weitlingstraße 122 zahlreiches neonationalsozialistisches Propagandamaterial gefunden wurde, wieder vom Stimmzettel.[321] Im Dezember des selben Jahres trat *NA*-Mitglied Oliver Schweigert in Berlin-Lichtenberg als Einzelkandidat bei den Wahlen zum Berliner Abgeordnetenhaus an, erreichte aber lediglich 0,2% der Stimmen.[322]

Als „Parteizentrale" der *NA* fungierte ein besetztes Haus in der Weitlingstraße in Berlin-Lichtenberg. In diesem Haus verkehrten bekannte Neonazis. Zu den Gästen gehörten → Michael Kühnen, Christian Worch, Ekkehard Weil sowie der Führer der → *NSDAP/AO*, → Gary Rex Lauck.[323] Gottfried Küssel wohnte laut Hasselbach gar zeitweise in dem von der *NA* besetzten Haus in der Weitlingstraße.[324]

Im März 1990 schloss sich die *NA* mit der *DA* und *Wotans Volk*, einer 1987 von → Arnulf Winfried Priem gegründeten „Jugendgruppe", zu einem sogenannten *Berliner Block* zusammen, einem „Dachverband für alle deutsch-alternativen Kräfte in ganz Berlin".[325] Das Gründungsdossier, die „Berliner Erklärung", war unterzeichnet von Frank Lutz für die *NA*, Priem für *Wotans Volk* und Oliver Schweigert für die *DA*.[326]

Die *NA* fiel insbesondere durch militante Aktionen ihrer Mitglieder auf. So waren Aktivisten der *NA* an Angriffen auf von „Linken" besetzte Häuser beteiligt.[327] Auf das Konto von *NA*-Aktivisten gehen auch etliche Übergriffe 1990 gegen Sinti und Roma am Bahnhof Lichtenberg.[328] 1990 „feierten" Mitglieder der *NA* am 20. April auf dem Berliner Alexanderplatz den Geburtstag Adolf Hitlers,[329] im August 1991 nahmen *NA*-Anhänger am Rudolf Heß-Gedenkmarsch in Bayreuth teil.[330] Des weiteren führte die NA Wehrsportübungen durch.[331] Laut Anton Maegerle begann der „neonazistische Todesschütze" Kay Diesner seine rechtsextreme Karriere als 17jähriges Mitglied der *NA* 1990.[332]

Bedeutung: Die *NA* wurde noch zu DDR-Zeiten ins Leben gerufen und ist die erste rechtsextreme Gruppe, die auf dem Gebiet der ehemaligen DDR gegründet wurde und deren Entwicklung bereits zu DDR-Zeiten durch Aktivisten der westdeutschen Neonazi-Szene gefördert wurde. Sie trug so dazu bei, dass zwischen ost- und westdeutschen Neonazis Verbindungen geknüpft und vertieft wurden.

---

320 Ebd.: 122; Hasselbach, 2001: 42.
321 Verfassungsschutzbericht des Bundes 1990: 118.
322 Wagner, 1994: 125f.; Verfassungsschutzbericht des Bundes: 18.
323 Jens Mecklenburg, Handbuch deutscher Rechtsextremismus, 1996: 256; zu Lauck siehe Verfassungsschutzbericht Berlin 1990: 105.
324 Hasselbach, 2001: 57.
325 „Berliner Erklärung", in: *Die Neue Front* Nr. 72, 1990, S.42.
326 Ebd.: S.42f.
327 Hasselbach, 2001: 58.
328 Ebd.: 57
329 Ebd.: 59
330 Mecklenburg 1996: 287.
331 Antifaschistisches Autorenkollektiv, Drahtzieher im braunen Netz: Ein aktueller Überblick über den Neonazi-Untergrund in Deutschland und Österreich, 1996: 43.
332 Anton Maegerle, „Der braune Sumpf", in: *blick nach rechts* Nr.5/1997, S.2.

Das Haus in der Weitlingstraße diente als eine Art „Zentrale", in der diverse Aktionen geplant und vorbereitet wurden. Das besetzte Haus hatte zudem eine enorme symbolische Bedeutung, griffen Neonazis doch damit auf ein Instrumentarium zurück, welches bis dahin ausschließlich von der „Linken" verwandt wurde: die Hausbesetzung. Noch eine Aktionsform wurde von „links" übernommen: die Gründung von sogenannten Sanierungsinitiativen. Zu nennen ist hier die *Bürgerinitiative Wohnraumsanierung (WOSAN)*. Nachdem die *WOSAN* im Dezember 1990 durch die Kommunale Wohnungsverwaltung aufgefordert worden war, das Haus in der Weitlingstraße zu verlassen – eine Forderung, der die Bewohner nachkamen – ist die *NA* allerdings nach und nach zerfallen, ohne sich jedoch selbst aufzulösen. Am Schluss dieses Auflösungsprozesses blieb quasi nur noch Oliver Schweigert als letztes und einziges Mitglied übrig.

Nationale Offensive (NO)

Gründung: 3.7.1990

Verbot: 21.12.1992 durch den Bundesminister des Innern

Sitz: Augsburg

Funktionäre/namhafte Aktivisten: → Michael Swierczek (Vorsitzender), Carlo Bauer (Bundesgeschäftsführer), → Christian Malcoci, Mirko Hesse

Mitgliederzahl: 1991: ca. 100, vor Verbot: ca. 140-150

Publikationen: *Deutscher Beobachter – Zeitung der Nationalen Offensive* (erschien monatlich, Auflage nach Eigenangaben: 500-800[333]), *Der politische Soldat*

Programmatik/politische Zielsetzung: Im Zentrum der Weltanschauung der *NO* stand eine ausgeprägte Ausländerfeindlichkeit. So forderte die *NO* in ihrem Programm eine „Rückführung der Ausländer in ihre Heimatländer – Kulturvermischung ist Völkermord"[334], „Erhebliche Verschärfung des Asylrechts zur Verhinderung des Asylmißbrauchs"[335] sowie „Verschärfung der Bestimmungen zur Erlangung der deutschen Staatsbürgerschaft"[336]. Die über den „Materialdienst" der *NO* vertriebenen Aufkleber propagierten: „Mit aller Kraft für Deutschland!" und „Kein Wahlrecht für Ausländer!" Des weiteren wurde der Austritt aus der NATO gefordert sowie „Drogendealer ins Arbeitslager!" Ziel der *NO* war, auf diese Weise „die Zukunft unseres Volkes zu sichern".[337]

Die *NO* verstand sich selbst als „kämpferisch"[338], was sie auch mit der Namenswahl ausdrücken wollte: „Offensiv sein heißt: sich wehren! Heißt kämpfen! Und Kämpfer wollen wir sein für UNSER Deutschland! Offensiv sein heißt, alles in die Waagschale zu werfen,

---

333 *Deutscher Beobachter* Nr.1, 9/1990: 3.
334 Programm der *NO*.
335 Ebd.
336 Ebd.
337 *Der politische Soldat*, 1/1991: 3.
338 *Deutscher Beobachter* Nr.1, 9/1990: 3

denn: Wer nicht setzt sein Leben ein, dem wird das Leben nie gewonnen sein! Angriff!!!"[339]
Ihre Gegner wollte die *NO* „bis aufs Blut bekämpfen".[340]

Organisation und Aktivitäten: Die *NO* wurde von ehemaligen Funktionären und Aktivisten der zu der Zeit im Zerfall befindlichen → *Freiheitlichen Deutschen Arbeiterpartei* (*FAP*) gegründet. Die Initiative ging maßgeblich von → Michael Swierczek aus. Innerhalb der *NO* hatten Mitglieder des → *Komitees zur Vorbereitung der Feierlichkeiten zum 100. Geburtstag Adolf Hitlers* (*KAH*) eine führende Rolle inne.

Neben dem Bundesverband bestanden einzelne Landesverbände sowie kleinere Gruppen bzw. Zellen, der Einfluss der *NO* beschränkte sich jedoch hauptsächlich auf Bayern. Bereits 1990 gab es Bemühungen, den Einfluss auf das Gebiet der DDR auszuweiten. Auf einem Treffen in Thüringen von Führungskadern der *NO* mit Gleichgesinnten aus der DDR wurde das Interesse bekundet, *NO*-Strukturen auch in „Mitteldeutschland" zu errichten und dort Landesverbände aufzubauen. Für 1991 sind dann auch Mitgliederzuwächse der *NO* in den neuen Bundesländern zu verzeichnen.[341]

Um ihren Anspruch auf den Parteienstatus geltend zu machen, beabsichtigte die *NO* ursprünglich, an der Landtagswahl im Oktober 1990 in Bayern teilzunehmen. Dieses Vorhaben scheiterte an zu wenigen Unterstützerunterschriften.[342] Bei der Kommunalwahl 1992 in Singen und Konstanz traten jedoch zwei Kandidaten der *NO* an, erreichten aber jeweils nur 0,2%.[343] Die *NO* war ebenfalls an der Durchführung verschiedener Aufmärsche beteiligt. Unter anderem rief sie zum Rudolf-Heß-Gedenken am 18. August 1990 in Wunsiedel auf.[344] Auch in den folgenden Jahren mobilisierte sie zu den alljährlichen Rudolf-Heß-Gedenkmärschen.[345]

Zu vielen anderen rechtsextremen Gruppierungen unterhielt die *NO* Kontakte und führte mit diesen gemeinsame Aktionen durch. Mitglieder der *Nationalen Liste* (*NL*) und der → *Nationalistischen Front* (*NF*) nahmen 1990 an einem „Parteitag" der *NO* teil.[346] 1991 richtete die *NO* außerdem gemeinsam mit der → *Nationalen Alternative* (*NA*) Führungsseminare aus.[347] Die Kontakte und Bestrebungen der *NO* reichten weit ins osteuropäische Ausland hinein. So bestanden Verbindungen nach Rumänien, Rußland,[348] Litauen sowie in die Ukraine. Dort kooperierte die *NO* offiziell mit dem *Ukrainischen Studentenverband*.[349] In Oberschlesien erwarb die *NO* Häuser, die als Schulungszentren genutzt werden sollten.[350] Des weiteren pflegte die *NO* Kontakte zur → *NSDAP/AO*.

Obgleich sich die *NO* als Partei verstand und vereinzelt an Wahlen teilnahm (siehe oben), wurde sie als Verein verboten. Im Rahmen dieses Verbotes kam es zu Hausdurchsu-

---

339 Ebd.: 1 (Hervorhebung im Original).
340 Ebd.
341 Vgl. Bundesministerium des Innern, Verfassungsschutzbericht 1991: 98.
342 Vgl. Bundesministerium des Innern, Verfassungsschutzbericht 1990: 99.
343 Vgl. Bernd Wagner (Hrsg.), Handbuch Rechtsextremismus: Netzwerke, Parteien, Organisationen, Ideologiezentren, Medien, 1994: 130.
344 Vgl. *Deutscher Beobachter* Nr.1, 9/1990: 6.
345 Vgl. Wagner 1994: 130.
346 Vgl. ebd. 129.
347 Vgl. Jens Mecklenburg (Hrsg.), Handbuch deutscher Rechtsextremismus, 1996: 290.
348 Vgl. ebd.
349 Vgl. Wagner 1994: 131.
350 Vgl. ebd.

chungen bei einigen Mitgliedern der *NO*, bei denen auch Waffen beschlagnahmt wurden. Schwarzpulverfunde veranlassen zu der Annahme, dass ein Anschlag geplant war.[351]

Bedeutung: Die *NO* war ein Sammelbecken vor allem aus enttäuschten *FAP*-Kadern, verstand sich aber als Plattform und Schnittstelle für Bündnisse im zersplitterten neonazistischen Lager. Medienwirksam wußte sich die *NO* zum Beispiel im Juni 1991 in Szene zu setzen mit Solidaritätsbekundungen für den vor dem Landgericht Stuttgart angeklagten *SS*-Schergen Josef Schwammberger.

Auch die intensiven Kontakte nach Osteuropa, vor allem nach Polen in die „ehemaligen deutschen Gebiete", machten die *NO* im rechtsextremen Lager zu einer wichtigen Größe. *NO*-Kader wie → Christian Malcoci oder auch → Michael Swierczek sind außerdem nach wie vor wichtige Akteure der deutschen extremen Rechten.

Nationaler Sanitätsdienst „Das braune Kreuz"

Gründung: 1998 von Mitgliedern des *Skingirl Freundeskreises Deutschland (SFD)*[352]

Sitz: Postfach in Ronnenberg (Niedersachsen)

Funktionäre/namhafte Aktivisten: Christiane Dolscheid, Cathleen Grewe

Mitgliederzahl: Eigenangaben zufolge besteht das Braune Kreuz aus „etwa 20 festen Mitgliedern plus Interessenten" aus Schleswig-Holstein, Niedersachsen, Brandenburg, Berlin und Sachsen[353]

Publikationen: „Broschüren, welche sich mit gesundheitlichen Themen auseinandersetzen und damit der Aufklärung dienen sollen."[354]

Programmatik/politische Zielsetzung: Gegründet wurde das *Braune Kreuz* in erster Linie von Mitgliedern des *SFD*. Unterstützung erhielten diese dabei von freien → *Kameradschaften* und der → *NPD*.[355] Das *Braune Kreuz* ist „eine Art ‚Rotes Kreuz' für nationale Zwecke"[356], welches einer Selbstdarstellung folgend, „aus der Notwendigkeit heraus, daß es immer häufiger zu Übergriffen von Seiten linker Chaoten auf politischen Veranstaltungen kommt"[357] initiiert wurde. In solchen Fällen, „nach Angriffen des roten Pöbels, aber auch

---

351 Vgl. ebd. 130.
352 Vgl. o.A., Ein neues Hetendorf?, in: *blick nach rechts*, 4/2000, S. 3.
353 Interview im Skinzine *Foiersturm*, Nr.8.
354 Selbstdarstellung des *Braunen Kreuzes* auf den www-Seiten von *Die Kommenden* (eingesehen am 31.1.2002).
355 *NPD*-Verbotsantrag des Bundesrates vom 30.3.2001, in: http://www.extremismus.com/dox/ antrag-br.htm (eingesehen am 27.5.2002).
356 Jürgen Schwab, „Mit Sanitätstasche und Armbinde: „Das braune Kreuz" nahm 1998 seine Arbeit auf und expandier", in: *Deutsche Stimme* 1/2000: 9.
357 Selbstdarstellung des *Braunen Kreuzes* auf den www-Seiten von *Die Kommenden* (eingesehen am 31.1.2002).

[…] der Staatsdiener"[358], sieht es das *Braune Kreuz* als seine Aufgabe an, den „Kameraden" Erste Hilfe zu leisten.[359]

Die Aktivisten des *Braunen Kreuzes* verstehen sich selbst als „junge, aktive Kameraden und Kameradinnen, die durch entsprechende Kenntnisse und Schulungen als Helfer agieren".[360] Zum Großteil sind diese weiblichen Geschlechts.[361] „Im norddeutschen Raum wird das BRAUNE KREUZ von freien Kräften getragen und unterstützt".[362]

Organisation und Aktivitäten: Einsatzorte des *Braunen Kreuzes* sind vorwiegend rechtsextreme Demonstrationen. Teilweise ist das *Braune Kreuz* dort mit einem Sanitätsfahrzeug anwesend, manchmal wird auch der Lautsprecherwagen zur Verfügung gestellt.[363] Erkennungszeichen des *Nationalen Sanitätsdienstes* ist die spezifische „Ausrüstung (Armbinde, Tuch oder Weste, Sanitätertasche), welche mit unserem Symbol, dem braunen Kreuz versehen ist".[364]

Das *Braune Kreuz* tritt auch selbst als Veranstalter von Demonstrationen auf. Ein Aufruf zu einer Demonstration für den 5.6.1999 (tatsächlich fand die Veranstaltung schließlich am 10.7.1999 statt) unter dem Motto „Die Schandausstellung kehrt zurück ..." wies das *Braune Kreuz* neben dem *Nationaldemokratischen Hochschulbund (NHB)*, *Freien Nationalisten* (→ *Kameradschaften/Freie Nationalisten*) und Freien Aktionsgruppen im *Nationalen und Sozialen Aktionsbüro Norddeutschland* (→ *Kameradschaften/Freie Nationalisten*) und den → *Jungen Nationaldemokraten (JN)* Nordermark als Veranstalter aus.[365]

Bedeutung: Das *Braune Kreuz* wird als Teil „im Organisationsgefüge des nationalen Widerstands"[366] angesehen.

Dem entsprechend wurde im *NPD*-Parteiorgan *Deutsche Stimme* im Januar 2000 festgestellt, dass „die Akzeptanz dieser Initiative im nationalen Spektrum weitgehend unbestritten" sei.[367] Diese Auffassung wird auch im *Zentralorgan* Nr.13/2001 geteilt: „Der Begriff BRAUNES KREUZ als Bezeichnung für nationale Sanitäter hat sich seit nunmehr drei Jahren im Widerstand etabliert."[368] In einem Interview mit einer Aktivistin des *Braunen Kreuzes* in derselben Ausgabe des *Zentralorgan* spricht diese jedoch davon, dass „die Einsatzbereitschaft vieler Aktivisten leider rapide" abnehme.[369]

---

358 Gespräch „Das Braune Kreuz", in: *Zentralorgan* Nr. 13/2001: 14.
359 Selbstdarstellung des *Braunen Kreuzes* auf den WWW-Seiten von *Die Kommenden* (eingesehen am 31.1.2002).
360 Ebd.
361 Vgl. o.A., Ein neues Hetendorf?, in: *blick nach rechts*, 4/2000, S. 3.
362 Gespräch, „Das braune Kreuz", in: *Zentralorgan* Nr. 13/2001: 14 (Hervorhebung im Original).
363 Vgl. ebd., 13/2001:14.
364 Selbstdarstellung des *Braunen Kreuzes* auf den WWW-Seiten von *Die Kommenden* (eingesehen am 31.1.2002).
365 Vgl. *NPD*-Verbotsantrag des Bundesrates, in: www.extremismus.com/dox/antrag-br.htm#civ3cbb (eingesehen am 27.5.2002).
366 Jürgen Schwab, „Mit Sanitätstasche und Armbinde: ‚Das Braune Kreuz' nahm 1998 seine Arbeit auf und expandierte", in: *Deutsche Stimme* 1/2000: 9.
367 Ebd., 1/2000: 9.
368 Zit., „Das Braune Kreuz", in: *Zentralorgan* Nr. 13/2001: 14.
369 Ebd., 13/2991: 16.

Unterdessen versucht das *Braune Kreuz* sich zu vergrößern. So werden „hilfsbereite Nationalisten zu Sanitätern ausgebildet."[370] Des weiteren strebt das *Braune Kreuz* an, „in absehbarer Zeit in allen Regionen Deutschlands vertreten zu sein, damit wir auch auf allen Demos und Veranstaltungen vor Ort sein können."[371] Um dieses Ziel zu erreichen, appelliert das *Braune Kreuz* an „Kameradschaft und Gemeinschaftsbewußtsein"[372] und ruft zur personellen und finanziellen Unterstützung auf.[373]

Nationalistische Front (NF)

Gründung: 16.11.1985 in Steinhagen bei Bielefeld

Verbot: 27.11.1992 durch den Bundesminister des Innern

Sitz: Detmold (Nordrhein-Westfalen; anfangs Bielefeld)

Funktionäre/namhafte Aktivisten: → Meinolf Schönborn (Vorsitzender und Generalsekretär seit 1986), Bernhard Pauli (Vorsitzender bis 1986), → Steffen Hupka, Andreas Pohl, → Jens Pühse

Mitgliederzahl: bis zu 400 vor dem Verbot

Unter-/Nebenorganisationen: Jugendorganisation *Jungsturm Deutschland* (für Jugendliche ab 14 Jahre)

Publikationen: *Klartext, Nachrichten aus der Szene, Revolte, Aufbruch* (interner Rundbrief), *Schulungsblätter, Volkskampf, Hetzer, Nachrichten und Informationen, Kelheimer Beobachter, Wille und Weg* (Westberlin), sowie viele regionale Publikationen, die zum Teil nur vorübergehend erschienen.

Programmatik/politische Zielsetzung: Laut Satzung verstand sich die *NF* als zugehörig „zur weltweiten Bewegung des sozialrevolutionären Befreiungsnationalismus."[374] Im 10 Punkte umfassenden Grundsatzprogramm der *NF* hieß es hierzu unter der Überschrift „Befreiungsnationalismus": Deutschland sei „in seinem Volksschicksal fremder Entscheidungsgewalt unterworfen", und „für die friedliche Zukunft Deutschlands [sei] die antiimperialistische Nationale Befreiung von fremder Macht und ihren deutschen Handlangern" vonnöten.[375] Die *NF* forderte die „Brechung der Zinsknechtschaft" und strebte die Schaffung einer „solidarischen Volksgemeinschaft" an.[376] Allgemein erinnert dies stark an das Nationalsozialismus-Verständnis des Strasser-Flügels der *NSDAP*.

Ausländerfeindlichkeit und Antisemitismus, basierend auf völkisch-rassistischem Gedankengut bildeten den weltanschaulichen Kern der *NF*. So hieß es in einem ihrer Flugblätter: „Zwei Drittel unseres Volkes sind für *Ausländer raus!* Des Volkes Wille ist unser Auf-

---

370 Jürgen Schwab, Mit Sanitätstasche und Armbinde: „Das Braune Kreuz" nahm 1998 seine Arbeit auf und expandiert, in: *Deutsche Stimme* 1/2000: 9.
371 Zit., Das Braune Kreuz, in: *Zentralorgan* Nr. 13/2001: 16.
372 Ebd., 13/2001: 16.
373 Ebd., 13/2001: 16.
374 Satzung der *NF* West-Deutschlands vom 8.11.1986.
375 Grundsatzprogramm der *NF*.
376 Satzung und Aktionsprogramm der *NF* vom 30.11.1987, zit. nach Uwe Backes/Patrick Moreau, Die extreme Rechte in Deutschland, 1994: 86.

trag." Und weiter: „SIE KOMMEN! Seit Jahrzehnten und in Massen (...) Asylanten in Mengen, die längst unsere finanziellen Mittel überschreiten!"[377] Der „Kampf [...] gegen weitere fremdvölkische Einwanderung und für die Heimführung der Ausländer"[378] war dementsprechend im Grundsatzprogramm der *NF* fest geschrieben. Einen weiteren Schwerpunkt bildete die ebenfalls im Grundsatzprogramm verankerte Forderung nach Revision der deutschen Grenze im Osten. „Ostgebiete: Verzicht ist Verrat!" heißt es beispielsweise in einem *NF*-Flugblatt[379]; in einem weiteren Flugblatt wird explizit der (politische) Kampf „gegen die Anerkennung der Oder-Neiße-Linie als deutscher Ostgrenze" propagiert.[380]

Zur Durchsetzung ihrer Ziele fehlte es der *NF* nicht an Entschlossenheit. Hierzu heisst es in einem Flugblatt: „Deutschland ist uns zu wichtig, als daß wir es unseren Gegnern überlassen werden! Daher kämpfen wir nicht halbherzig, sondern mit voller Kraft und tiefster Überzeugung! Die Feinde unseres Volkes werden es zu spüren bekommen! Wir sind bereit!!"[381]

Organisation und Aktivitäten: Die *NF* entwickelte sich aus der *Nationalen Front/Bund Sozialrevolutionärer Nationalisten* (*NF/BSN*), welche im September 1983 in München ins Leben gerufen wurde, benannte sich 1984 um in *Nationalistische Front* und agierte vorerst ausschließlich in Bayern. Im November 1985 wurde schließlich die bundesweite Partei *NF* gegründet. Erster Vorsitzender war Bernhard Pauli, dessen Nachfolge 1986 Meinolf Schönborn antrat.

Die *NF* war nicht nur ihrem Selbstverständnis nach eine Kaderpartei, sondern auch organisatorisch als eine solche aufgebaut. Dementsprechend wurden potentielle Mitglieder vor der Aufnahme in den Kreis der *NF* erst genau unter die Lupe genommen, bevor sie als Anwärter auf Mitgliedschaft eine halbjährige Probezeit, welche unter anderem obligatorisch die Teilnahme an einem sogenannten Grundseminar einschloß, zu absolvieren hatten. Die *NF* war also nicht nur eine, wie sie sich selbst beschrieb, „weltanschaulich-geschlossene Kaderpartei",[382] sondern auch personell und organisatorisch recht geschlossen. Der innerorganisatorische Aufbau folgte eigenen Aussagen zufolge dem „Prinzip des demokratischen Zentralismus".[383] Gemäß dieser zentralistischen Organisationsweise wurden die politischen Leitlinien von der Organisationsleitung vorgegeben. Eine Stufe weiter unten in der Hierarchie war der „Bereichsleiter" angesiedelt, darunter wiederum der „Ortsgruppenleiter, die unterste Stufe der Hierarchie bildete der sogenannte „Stützpunkt". Es ist also angemessen, die Organisationsstruktur der *NF* als „strenge Befehlshierarchie"[384] zu bezeichnen. Obgleich der strikten Hierarchie und klar abgegrenzten Zuständigkeiten kam es innerhalb der Reihen der *NF* zu folgenschweren innerorganisatorischen Konflikten und gar zu Lagerbildungen. Vor allem die Schaffung sogenannter *Nationaler Einsatzkommandos* (*NEK*), die sich eng an die Freikorps der Weimarer Republik anlehnten, durch Schönborn stieß auf heftige Kritik

---

377 Flugblatt der *NF*; ohne Datum, Hervorhebung im Original.
378 Grundsatzprogramm der *NF*.
379 Flugblatt der *NF*; ohne Datum.
380 Flugblatt der *NF*; ohne Datum.
381 Flugblatt der *NF*; ohne Datum.
382 *NF*, Erkennen – Handeln – Ändern; ohne Datum
383 Ebd.
384 Antifaschistisches Autorenkollektiv, Drahtzieher im braunen Netz: ein aktueller Überblick über den Neonazi-Untergrund in Deutschland und Österreich, 1996: 91.

durch Andreas Pohl und seine Anhänger und führte zur Spaltung der *NF* in zwei Flügel.[385] Am 8.8.1992 veranstaltete der „Pohl-Flügel" schließlich einen eigenen außerordentlichen Parteitag im brandenburgischen Kremmen. Auf diesem wurde ein neuer Vorstand gewählt, sowie Pohl, ehemaliger Schlagzeuger der Skinband *Kraft durch Froide*, zum neuen Vorsitzenden gekürt, während Schönborn seines Amtes enthoben wurde. Dieser focht diese Entscheidung jedoch juristisch an und hatte hiermit Erfolg: Vor Gericht wurde ihm das Recht zur weiteren Führung der *NF* zugesprochen. Die Annulierung der Entscheidungen des Kremmener Parteitags veranlassten Pohl und seine Gefolgsleute zum Verlassen der *NF* sowie zur Gründung der *Sozialrevolutionären Arbeiterfront (SrA)*.[386]

Geographisch gliederte sich die *NF* in die Bereiche Nord, Süd und Mitte sowie den allerdings nur formal existierenden Bereich Ost, in welchem die Gebiete jenseits der „Oder-Neiße-Linie" zusammengefasst werden.[387]

Ein Teil der finanziellen Ausstattung der *NF* entsprang dem Erlös des von Schönborn geleiteten *Klartext-Verlages*, welcher seinen Sitz im selben Haus wie die *NF* in Detmold-Pivitsheide hatte. Über diesen Verlag wurden unter anderem Zeitungen und Schulungsmaterialien, Aufkleber, Anstecker und T-Shirts mit Slogans wie „White Power" oder „Deutschland den Deutschen" sowie einschlägige Musik vertrieben. Zusätzliche Unterstützung bekam die *NF* von dem *Förderkreis Junges Deutschland*.

Die *NF* unterhielt zu etlichen rechtsextremen Organisationen Kontakte, die zumeist durch die Kader gepflegt wurden. Seit ihrer Gründung pflegte die *NF* Kontakte zu verschiedenen Skinheadgruppierungen, auch aus Ostberlin. Zudem bestanden unter anderem Beziehungen zur *Gesellschaft für biologische Anthropologie, Eugenik und Verhaltensforschung*, zur → *Wiking-Jugend*, zur *Nationalen Liste* Hamburg; zu den → *REP* Brandenburg, zur → *Deutsche Liga für Volk und Heimat (DLVH)* sowie zur *Deutschen Kulturgemeinschaft (DKG)*.[388]

Da die *NF* Aktionismus im Prinzip ablehnte und primäres Ziel die Schaffung einer Kaderpartei war, standen Mitgliederschulungen im Zentrum der Bemühungen. Solche Schulungen fanden teilweise in Kooperation mit der → *Artgemeinschaft* statt. Die Aktivitäten beschränkten sich jedoch nicht ausschließlich auf (interne) Fortbildungen. Anfang der 90er Jahre kandidierte die *NF* bei drei Wahlen. Sowohl in Bremen 1991 (0,03%), wie auch in Berlin 1992 (0,31%) und Kelheim in Niederbayern 1992 (1,29%), konnte die *NF* allerdings nur sehr wenige Wähler mobilisieren.[389] Des weiteren nahmen *NF*-Aktivisten an diversen Demonstrationen und Aufmärschen teil, wie beispielsweise Rudolf-Heß-Gedenkmärschen oder Veranstaltungen zum „Heldengedenken" an gefallene *SS*-Soldaten. Schließlich war die *NF* 1991 Initiator einer Kampagne „Schluß mit dem Holocaust" und trat durch diverse Plakate, Flugblätter und Infostände in Erscheinung. Ein Zeichen für die Gewaltbereitschaft der *NF* ist in den Wehrsportlagern zu sehen, welche seit 1986 jährlich stattfanden. Auch einzelne *NF*-Mitglieder oder Personen aus ihrem Umfeld schreckten vor Gewalt nicht zurück. So verübte das *NF*-Mitglied Josef Saller im Dezember 1988 auf ein hauptsächlich von Ausländern bewohntes Haus in Schwandorf einen Brandanschlag, der vier Tote zur Folge hatte.[390]

---

385 Vgl. Bernd Wagner (Hrsg.), Handbuch Rechtsextremismus: Netzwerke, Parteien, Organisationen, Ideologiezentren, Medien, 1994: 135.
386 Vgl. Wagner 1994: 135.
387 Vgl. Jens Mecklenburg, (Hrsg.), Handbuch deutscher Rechtsextremismus, 1996: 295.
388 Vgl. Backes/Moreau 1994; Wagner 1994: 137f.; Mecklenburg 1996: 296.
389 Vgl. Mecklenburg 1996: 295f.
390 Vgl. den Beitrag von Anton Maegerle in diesem Band.

Bedeutung: Die *NF* ist als eine der erfolgreichsten rechtsextremen Organisationen in den 90er Jahren anzusehen. Als betont antikapitalistische, auf die national-revolutionären Vorstellungen der Gebrüder Strasser aus der Frühzeit des Nationalsozialismus zurückgreifende Gruppe, nahm die *NF* bereits einige im gegenwärtigen deutschen Rechtsextremismus weitverbreitete Ideologieelemente auf und reicherte diese mit Holocaust-„revisionistischen" Thesen an. Die Vereinigung der beiden deutschen Staaten 1990 wertete die *NF* als Erfolg des westlichen Kapitalismus und dessen Bestrebungen, neue Ansatzmärkte zu erschließen. Nach wie vor sind *NF*-Kader in der Szene aktiv, wie zum Beispiel → Steffen Hupka oder → Jens Pühse.

Nationalsozialistische Deutsche Arbeiterpartei/Auslands- und Aufbauorganisation (NSDAP/AO)

Gründung: 1972 in den USA
Sitz: Lincoln/Nebraska – USA
Funktionäre/namhafte Aktivisten: → Gary Rex „Gerhard" Lauck (Gründer und Vorsitzender), → Michael Kühnen (†1991), Martyn Freling, Kevin Storm
Mitgliederzahl: Genaue Zahlen sind unbekannt.
Publikationen: *NS-Kampfruf, The New Order, Sveriges Nationella Förbund, Uj Rend, Faedrelandet, NS News Bulletin* (erscheint in ca. 13 Sprachen).

Programmatik/politische Zielsetzung: Gegründet wurde die *NSDAP/AO* mit dem Ziel der Wiederzulassung der *NSDAP* in der Bundesrepublik Deutschland und der Errichtung eines nationalsozialistischen Staates. Selbst bezeichnet sie sich als eine „Kampf- und Glaubensgemeinschaft der Vorkämpfer der nationalsozialistischen Weltanschauung".[391] Die Erhaltung der weißen Rasse und die Herstellung einer sogenannten „pan-arischen Solidarität" ist die wichtigste Aufgabe der Organisation. Dazu sind verschiedene Methoden notwendig: „Eine legale, gewaltfreie politische Tätigkeit in den Ländern, wo unsere Bewegung legal ist; eine gewaltfreie Untergrundtätigkeit in den Ländern, wo sie ‚verboten' ist."[392] Gleichzeitig wird im *NS-Kampruf* jedoch immer wieder zu Gewalt aufgerufen. Wichtigstes Mittel zum Erreichen der Ziele ist nach eigenen Aussagen *NS*-Propagandamaterial. *Mein Kampf* gilt nach eigenen Angaben als ideologische Grundlage der *NSDAP/AO*.

Die Organisation ist ideologisch vollkommen im Nationalsozialismus Hitlerischer Prägung verfangen. In den von der NSDAP/AO im Internet verbreiteten „Seven Principles of National Socialism", wird deutlich der Bezug zu Hitler hergestellt: „We believe that Adolf Hitler was the gift of an unscrutable Providence to a world on the brink of Jewish-Bolshevik catastrophe, and that only the blazing spirit of this heroic man can give us the strength and

---

391 Zit. *NSDAP/AO*, Eine Einführung zur NSDAP/AO 2000: 1f. (download *NSDAP/AO* Webpage 29.10.2001).
392 Ebd., 2000: 2.

inspiration to rise (...) to bring the world to a new birth of radiant idealism, realistic peace, intenational order, and social justice".[393]

Lauck selbst betont: „Ich bin US-Staatsbürger deutscher Abstammung und nationalsozialistischer Gesinnung. In erster Linie bin ich der (ganzen) weißen Rasse verpflichtet".[394]

Der aggressiv biologische Rassismus und Antisemitismus des Nationalsozialismus wird nahtlos übernommen. Das „Endziel" ist ebenfalls die Auslöschung aller Juden in der gesamten Welt: „He [Hitler] was too humane. (...) and we do not intend on making that same mistake again".[395] Der Holocaust ist für Lauck aus einer Art Notwehrsituation erwachsen. Angeblich gab es „Elemente", „die schon vor 1933 einen Krieg gegen die germanische Rasse geführt haben, die zu Auschwitz geführt haben. (...) Wir lehnen es ab, unsere Feinde [die Juden] nicht zu bekämpfen, weil sie meinen, dass unsere Vorfahren vor 60 Jahren sie ein wenig unsanft behandelt hätten, oder so".[396] Das „Weltjudentum" ist der erklärte Feind. Interessant an der ideologischen Variante des Nationalsozialismus bei Lauck ist, dass sie „pan-arisch" gewendet wird. D.h. es geht ihm um die Schaffung einer internationalen nationalsozialistischen Bewegung, die eine sogenannte „pan-arische Revolution" vorantreiben soll. Insofern wird der Nationalsozialismus der Hitlerischen Prägung erweitert und dessen Slavophobie überwunden, denn „pan-arisch" schließt ebenso die „Erzfeinde" des 3.Reiches ein, die USA und Russland. Selbstverständlich sind damit nur die „arischen" Elemente in diesen Ländern gemeint.

Organisation und Aktivitäten: Die von Gary Lauck 1972 im Alter von 19 Jahren gegründete *NSDAP/AO* ist eine in den USA ansässige Partei, die sich aber schon aufgrund der internationalen Tätigkeiten, nicht auf eine feste Form reduzieren läßt. Sie ist eine typische Kaderpartei, die seit den 70er Jahren international agiert und hauptsächlich über Aktivisten in Dänemark *NS*-Propagandamaterial in die Bundesrepublik Deutschland einschleust. Der Vertrieb von *NS*-Devotionalien, Schriften wie der eigenen Zeitschrift *NS-Kampruf* und Nazi-Computerspielen findet weltweit mittlerweile hauptsächlich im Internet statt. In der Bundesrepublik gilt die *NSDAP/AO* als wichtigste Quelle für *NS*-Propagandamaterial. Lauck selbst bezeichnet seine Organisation als „Propagandamaschine der orthodox nationalsozialistischen Bewegung".[397]

Zu den wichtigsten Kadern in der Bundesrepublik soll Lauck vorzügliche Beziehungen besitzen. In der Vergangenheit unterhielten Anhänger der *NSDAP/AO* in Deutschland auch Kontakte zur → *Wehrsportgruppe Hoffmann*.[398] Zu den Personenkontakten zählten u.a. auch → Gottfried Küssel, → Christian Malcoci, → Christian Worch, → Arnulf Winfried Priem oder → Michael Swierczek.

1995 beginnen die Internetaktivitäten der *NSDAP/AO*. Seit dieser Zeit ist die Organisation verstärkt im Internet aktiv und organisiert auch den Vertrieb der Propagandamaterialien über die eigene Webpage.

1995 wird Lauck in Dänemark, aufgrund eines internationalen Haftbefehls, festgenommen und in der Bundesrepublik zu vier Jahren Haft verurteilt, was die Aktivitäten der *NSDAP/AO* einschränkte, ihnen aber keinen Abbruch tat. Personell ist die Situation der *NSDAP/AO* in

---

393 Zit. in Thomas Grumke, Rechtsextremismus in den USA, 2001: 55.
394 Ebd. 2001: 55.
395 Ebd. 2001: 56.
396 Ebd. 2001: 57.
397 Ebd. 2001: 55.
398 Vgl. Rainer Fromm, Die „Wehrsportgruppe Hoffmann": Darstellung, Analyse und Einordnung, 1998: 285ff.

den USA undurchsichtig. Außer Lauck-Stellvertreter Kevin Storm und Büroleiterin Opal Soltau schien niemand während Laucks Inhaftierung die Geschäfte weiterzuführen.

Bei Hausdurchsuchungen von Aktivisten der *NSDAP/AO* in der Bundesrepublik, stellt die Polizei regelmäßig *NS*-Propagandamaterial sowie vereinzelt Hieb- und Stichwaffen sicher. Gute Kontakte bestehen zwischen der *NSDAP/AO* und Rechtsextremisten in Lateinamerika, Australien, Europa und Nordamerika.

Bedeutung: Die *NSDAP/AO* spielt in den USA selbst eine eher marginale Rolle. Für die Bundesrepublik gilt sie immer noch als wichtigster Lieferant von *NS*-Propagandamaterial und kann zu Recht als „Propaganda-Dienstleistungsunternehmen für deutsche *NS*-Anhänger"[399] bezeichnet werden, insbesondere nachdem Lauck nun das Internet für sich entdeckt hat. Auch wenn die *NSDAP/AO* letztlich nur noch eine virtuelle „Partei" ist, geht die Hetze gegen Demokratie, Pluralismus und insbesondere Juden unvermindert weiter. Die konspirative Struktur und die internationalen Verbindungen der Organisation sollten angesichts der verbreiteten Anleitungen zum Bombenbau und den rechtsterroristischen Ansätzen in der rechtsextremen Szene[400], nicht unterschätzt werden, insbesondere da aus alten *NSDAP/AO*-Strukturen neue Kooperationsgeflechte erwachsen können.

Parteigründer Gary Lauck ist der entscheidende Motor der *NSDAP/AO* und wird mit großer Wahrscheinlichkeit dafür sorgen, dass diese auch in den kommenden Jahren ein Aktivposten im internationalen Rechtsextremismus bleibt.

Literatur

Grumke, Thomas (2001): Rechtsextremismus in den USA, Opladen (Leske + Budrich).

Die Republikaner (REP)

Gründung: 27. November 1983

Sitz: Berlin

Funktionäre/namhafte Aktivisten: Franz Handlos (Ex-Vorsitzender und Ex-Mitglied), Ekkehard Voigt (Ex-Mitglied), → Franz Schönhuber (Ex-Vorsitzender), → Dr. Rolf Schlierer (Vorsitzender seit 1994), → Harald Neubauer (Ex-Mitglied/Ex-Funktionär), Christian Käs

Mitgliederzahl: 2000: ca. 13.000; 2001: ca. 11.500

Publikationen: *Der Republikaner* (Auflage: 20.000 monatlich)

Programmatik/politische Zielsetzung: *Die Republikaner* bezeichnen sich in ihrem Programm als eine „sozial-patriotische" Partei. Nation und Volk stehen im Mittelpunkt der Programmatik und bilden nach ihr eine Einheit, die sich „im Staat frei die innere und äußere

---

399 Vgl. Klaus Maler, „Das Netzwerk der militanten Neonazis", in: Jens Mecklenburg, Handbuch deutscher Rechtsextremismus, 1996: 580.
400 Vgl. Verfassungsschutzbericht des Bundes 2000: 19ff.

Form gibt".[401] Die Partei tritt für die Erhaltung der Staatsbürgerschaft auf Basis des Abstammungsrechts ein. Deutsche stecken nach Meinung der *Republikaner* in einer „babylonischen Gefangenschaft",[402] die endlich ein Ende finden müsse.

Während das Parteiprogramm von 1987 noch eindeutig rechtsradikale Inhalte besaß, so wurden diese in den beiden folgenden Programmen von 1990 und 1993 weitgehend entfernt. Es handelte sich bei der Abänderung des Programms allerdings lediglich um eine Umformulierung der politischen Inhalte. Im Kern behielt es seine rechtsradikale Ausrichtung, wie es auch der Verfassungsschutz in seinem Bericht von 2000 feststellt. Seit 1992 werden die *Republikaner* ständig vom Bundesamt für Verfassungsschutz und den Landesämtern für Verfassungsschutz beobachtet.

Unter dem seit 1994 amtierenden Vorsitzenden der *Republikaner*, → Rolf Schlierer, versucht die Partei sich als rechtskonservativ, mit starker sozialer und wirtschaftlicher Ausrichtung zu etablieren. Die starken nationalistischen und rassistischen Tendenzen sowie die Relativierung der nationalsozialistischen Verbrechen sind aber immer noch deutlich erkennbar. *REP*-Mitglieder arbeiten darüber hinaus vereinzelt mit Aktivisten des rechtsradikalen Spektrums zusammen. Der Abgrenzungskurs zu anderen rechtsradikalen Parteien, der von Schönhuber in Gang gesetzt und von Schlierer fortgeführt wurde, wie der Versuch sich vom Rechtsradikalismus freizusprechen, haben der Partei organisatorisch eher geschadet.

Organisation und Aktivitäten: Gegründet wurde die Partei von Franz Handlos, Ekkehard Voigt und Franz Schönhuber als Reaktion auf die von ihnen vermißte „geistig-moralische Wende" 1982.[403] Konkreter Auslöser der Gründung war der vom damaligen *CSU*-Vorsitzenden und bayerischen Ministerpräsidenten, Franz-Josef Strauß, vermittelte Milliarden-Kredit an die DDR.[404] Die Gründer besaßen jedoch unterschiedliche Vorstellungen vom Aufbau der *Republikaner* als Partei. Handlos und Voigt wollten die Partei als rechtskonservative Alternative zur *CSU* aufbauen, während Schönhuber eine moderne rechtsradikale Partei, im Stile des französischen *Front National*, anstrebte.[405] Schönhuber setze sich durch und wurde 1985 Vorsitzender der Partei.

1986 kam es zum ersten größeren Wahlerfolg der Republikaner, die bei den Landtagswahlen in Bayern 3% der Stimmen erhielt. Weitaus größere Popularität erreichten sie durch die Wahlen zum Abgeordnetenhaus in Berlin 1989, bei denen sie 7,5% erzielten. Die im gleichen Jahr stattfindenden Europaparlaments-Wahlen, schlossen die *Republikaner* mit 7,1% ab. Ab diesem Zeitpunkt galten sie als großer Hoffnungsträger in der rechtsradikalen Parteienlandschaft.

1992 kam es erneut zu zwei herausragenden Wahlerfolgen. In Baden-Württemberg bei den Landtagswahlen wurden 10,9% und in Berlin bei den Kommunalwahlen 8,3% erreicht.

Aufgrund interner Streitereien löste Schlierer 1994 den bisherigen Amtsinhaber Schönhuber, als Parteivorsitzenden ab. Im darauffolgenden Jahr verließ Schönhuber die Partei.

1996 konnten die *Republikaner* in Baden-Württemberg mit 9,1% erneut gut abschneiden, während sie in anderen Bundesländern nur sehr dürftige Wahlerfolge verzeichneten. Die Stimmanteile bei anderen Wahlen lagen zwischen zwei und vier Prozent. Bei den Bundestagswahlen 1998 erhielten sie lediglich 1,8%. Im Jahre 2000 beteiligten sich die *Re-*

---

401 Homepage der *Republikaner*, Die Republikaner 1993, Parteiprogramm (eingesehen am 25.10.2001).
402 Ebd. (eingesehen am 25.10.2001)
403 Vgl. Hans-Gerd Jaschke, Die Republikaner: Profile einer Rechtsaußen-Partei, 1993: 47ff.
404 Ebd. 75ff
405 Vgl. Armin Pfahl-Traughber, Rechtsextremismus in der Bundesrepublik, 1999: 31ff.

publikaner nur an den Landtagswahlen in Nordrhein-Westfalen und erreichten dort mickrige 1,1% der Stimmen. 2001 konnte die Partei keine nennenswerten Ergebnisse erzielen. Beispielsweise erhielten sie bei den Berliner Abgeordnetenhauswahlen 1,3% und bei den Wahlen zur Hamburger Bürgerschaft 0,1%. In Baden-Württemberg erhielten die *Republikaner* bei den Landtagswahlen nur noch 4,4% der abgegebenen Stimmen, was den Auszug aus dem letzten Landesparlament bedeutete.

Der immer wieder durch aggressiv-xenophobe Äußerungen in Erscheinung getretene Rechtsanwalt Christian Käs saß von 1992 bis 2001 als Landesvorsitzender für die *Republikaner* im Landtag von Baden-Württemberg und arbeitete dort u.a. in der Enquete-Kommission „Jugend Arbeit Zukunft". Er wurde nach dem Austritt Schönhubers zum stärksten Konkurrenten des neuen Parteivorsitzenden Rolf Schlierer. Während Schlierer einen rechtskonservativen Kurs zu verfolgen und sich dabei von Rechtsradikalen zu distanzieren versuchte, trat Käs für die Zusammenarbeit mit → *DVU* und → *NPD* ein. Auch mit *Freien Nationalisten* (→ *Kameradschaften*) wie → Thomas Wulff trat er auf. Ein Auftritt bei der → *Deutschen Aufbauorganisation (DAO)* gab zu Spekulationen Anlass, er werde sich künftig verstärkt bei → Alfred Mechtersheimer engagieren. Am 10. Februar 2002 wurde Käs seiner Ämter enthoben, weil es Unregelmäßigkeiten in der Kasse seines Landesverbandes gegeben haben soll.[406] Damit hat Schlierer den internen Machtkampf fürs erste zu seinen Gunsten entscheiden können, verliert aber gleichzeitig eine wichtige Integrationsfigur in der Partei. Im Juni gab Käs seinen Austritt aus der Partei bekannt.[407]

Während die *Republikaner* 1998 noch 15.000 Mitglieder besaßen, sanken die Mitgliederzahlen 1999 auf ca. 14.000 und im Jahre 2000 auf 13.000 und 2001 auf 11.000. In Ostdeutschland verfügen sie lediglich über 1000 Parteimitglieder.

Bedeutung: Ende der 80er Jahre konnten sich die *Republikaner* für einige Zeit als großer Hoffnungsträger der rechtsradikalen Parteien etablieren. Sie stellten eine Brückenpartei zwischen Konservatismus und Rechtsradikalismus dar.

Interne Streitereien und die abgeänderte Programmatik konnten langfristig keine Wähler an die Partei binden und führten zu vermehrten Austritten der Mitglieder. Mittlerweile kann behauptet werden, dass sich die *Republikaner* in einer schweren Krise befinden. Ausbleibende Wahlerfolge und der Rückgang der Mitgliederzahlen bestätigen die mittlerweile unbedeutende Rolle der Partei in der rechtsradikalen Parteienlandschaft. Die Bedeutung der von einer Krise zur nächsten wankenden Partei innerhalb des Rechtsradikalismus ist auch aufgrund der neueren subkulturellen Erscheinungsformen gering.

Es bleibt abzuwarten, ob das Ausscheiden aus dem baden-württembergischen Landtag nebst dem herben Verlust von Abgeordnetendiäten, Fraktionssalärs und anderen Zuschüssen, den *Republikanern* den endgültigen Rest geben wird.

Literatur

Hafeneger, Benno (2000): Die ‚Republikaner' in Stadtallendorf. Eine Lokalstudie, Schwalbach (Wochenschau).
Jaschke, Hans-Gerd (1993): Die ‚Republikaner'. Profile einer Rechtsaußen-Partei, Bonn (Dietz).
Meier, Lüder/Griese, Birgit: „Die Republikaner im Landtag von Baden-Württemberg (1992-1996)", in: Butterwegge, Christoph et al. (1997), Rechtsextremisten in Parlamenten. Forschungsstand – Fallstudien – Gegenstrategien, Opladen (Leske + Budrich), S. 219ff.

---

406 Vgl. Benny Bender, „Der Super-Gau", in: *blick nach rechts* 04/2002, S. 2
407 Vgl. Gabriele Renz, „Käs verläßt die Republikaner", in: *Frankfurter Rundschau*, 12.6.2002

Stahlhelm e.V. Bund der Frontsoldaten. Kampfbund für Europa

Gründung: Zuerst 1918. Nachdem der *Stahlhelm* 1934/35 im *Nationalsozialistischen Deutschen Frontkämpferbund* aufgegangen ist, kommt es 1951 in Köln zur Neugründung.

Sitz: Düsseldorf (bis 2000)

Funktionäre/namhafte Aktivisten: Günter Drückhammer (Vorsitzender 1996-2000), Kai-Uwe Drückhammer (Bundesjugendführer 1996-2000)

Mitgliederzahl: ca. 100

Publikationen: *Der Frontsoldat – Mitteilungsblatt des Stahlhelm e.V.* (seit 1955), *Der Stahlhelm* (zuerst 1919-1935, danach wieder seit 1951, erscheint zweimonatlich)

Programmatik/politische Zielsetzung: Eines der wesentlichen Ziele des *Stahlhelm* ist die Wiederherstellung des Deutschen Reiches. So definierte der *Stahlhelm* seine Zielsetzung wie folgt: „Das oberste Ziel ist die Wiederherstellung des DEUTSCHEN REICHES in seinen historischen Grenzen und die Wehrhafterhaltung der deutschen Jugend."[408] Des weiteren erhebt der *Stahlhelm* einen hegemonialen Anspruch der Deutschen in Europa. Die nationalistisch-militaristische Glorifizierung der deutschen Geschichte drückt sich sowohl in einer Verherrlichung des deutschen Soldatentums, als auch in der Leugnung der deutschen Schuld am Ausbruch der beiden Weltkriege aus. Ein weiterer Bestandteil des Geschichtsbildes des *Stahlhelm* ist die Leugnung des Holocaust, welche ihre Begründung im rigiden Antisemitismus des *Stahlhelm* findet.

Organisation und Aktivitäten: Kurz nach seiner Wiedergründung 1951 durch ehemalige Funktionäre des *Stahlhelm* in der Weimarer Republik schließt sich der *Stahlhelm* dem *Verband deutscher Soldaten (VdS)* an. Dies war in den eigenen Reihen von Beginn an nicht unumstritten und führte schließlich Anfang der 60er zu immensen Mitgliederrückgängen. In den 70ern benennt sich der *Stahlhelm* um und bezeichnet sich seitdem als *Stahlhelm – Kampfbund für Europa*. Zunehmend pflegt der *Stahlhelm* nun Verbindungen zu Traditionsverbänden im Ausland und unterhält auch Kontakte zur → *DVU*.[409] Beziehungen bestanden ebenfalls zur → *NPD* und deren Jugendorganisation → *JN* wie auch zu Organisationen und Gruppierungen des militanten rechtsextremen Spektrums. Teilweise bestanden auch Mitgliederüberschneidungen. So ist *Stahlhelm*-Mitglied Klaus Kämpfer gleichzeitig Kader der *Arbeitsgemeinschaft Naturreligiöser Stammesverbände Europas (ANSE)*, der ehemalige → *FAP*-Kader Stefan Bliesner ist sowohl Mitglied des *Stahlhelm* als auch der → *Hilfsorganisation für nationale politische Gefangene und deren Angehörige e.V. (HNG)*.[410] In den 70er Jahren kam es zu gemeinsamen Aktionen des *Stahlhelm* mit der → *Wiking-Jugend*

---

408 Zit. nach Innenministerium des Landes Nordrhein-Westfalen, Verfassungsschutzbericht 2000: 68 (Hervorhebung im Original).

409 Rainer Fromm, Die ‚Wehrsportgruppe Hoffmann': Darstellung, Analyse und Einordnung: Ein Beitrag zur Geschichte des deutschen und europäischen Rechtsextremismus, Frankfurt/Main, 1998: 82.

410 Vgl. den Beitrag von Anton Maegerle in diesem Band.

(WJ) und → Manfred Roeder.[411] Auch auf die *Wehrsportgruppe Hoffmann* übte der *Stahlhelm* große Anziehungskraft aus, die bis 1974 als *Jungstahlhelm* auftritt.[412] Nach dem Verbot der Wehrsportgruppe 1980 traten schließlich mehrere Aktivisten dem *Stahlhelm* bei.[413] Nichtsdestotrotz bekommt der *Stahlhelm* 1983 die Gemeinnützigkeit zugesprochen.[414]

Der militante Charakter des *Stahlhelm* wurde 1998 deutlich, als die Polizei bei mehreren Mitgliedern des Landesverbandes Rheinland-Pfalz ein gewaltiges Waffenlager aushob, nachdem gegen sie unter anderem der Verdacht gehegt wurde, an mehreren Schändungen jüdischer Friedhöfe beteiligt gewesen zu sein.[415] Auch vom *Stahlhelm* durchgeführte Wehrsportübungen sind Indizien für die Militanz der Gruppe. Eine „erfolgreiche" Teilnahme an solchen Wehrsportübungen wird mit dem sogenannten „Stahlhelm-Wehrsportkreuz" „belohnt". Die weiteren Aktivitäten des *Stahlhelm* erstrecken sich auf Sommer- und Winterlager, Kameradschaftsabende, Sonnwendfeiern, jährliche „Reichsgründungsfeiern" sowie die Durchführung von Demonstrationen. So war der *Stahlhelm* Mitorganisator der Demonstration im Februar 1999 gegen die Ausstellung „Vernichtungskrieg. Verbrechen der Wehrmacht 1941-44" in Saarbrücken. Die Aktivitäten des *Stahlhelm* konzentrierten sich, bis zu seiner Selbstauflösung im Juni 2000 hauptsächlich auf Rheinland-Pfalz, Schleswig-Holstein/Hamburg und das Saarland. 1998 wurde in Belgien ein *Stahlhelm – Landesverband Flandern* gegründet. Dieser unterhält enge Kontakte zum rheinland-pfälzischen *Stahlhelm*.[416]

Ende der 90er Jahre intensivierte der *Stahlhelm* seine Bemühungen, Kinder und Jugendliche zu rekrutieren und einzubinden. Unterstrichen wurde dies durch die Gründung eines *Scharnhorstbundes deutscher Jungen und Mädchen* sowie eines *Spielkreises* für Kinder bis zum 12.Lebensjahr.[417] Zudem wurde verstärkt versucht, rechte Skinheads an den *Stahlhelm* zu binden.[418]

Bedeutung: Ab den frühen 70er Jahren hatten Traditionsverbände wie der *Stahlhelm* Vorbildcharakter für diverse Wehrsportgruppen. Fromm merkt zutreffend an: „Die Traditionslinie des ‚Stahlhelm' führt direkt zu Wehrsportgruppen wie der WSG Hoffmann."[419] Auch nach dem Verbot der *WSG Hoffmann* 1980 zieht der *Stahlhelm* Wehrsportler an.[420] Den militanten Charakter legten Teile des *Stahlhelm* auch in den 90ern nicht ab, wie beispielsweise die Waffenfunde 1998 deutlich machen (s.o.).

Die seit Ende der 1990er Jahre zu verzeichnenden Bemühungen, Familienangehörige der Mitglieder in die Organisation aufzunehmen und diese im Sinne der eigenen Weltanschauung ideologisch zu prägen, kann als Ergebnis von Stagnationserscheinungen des *Stahlhelms* bewertet werden. Durch die verstärkte Öffnung für alle Altersgruppen und die dementsprechend geschaffene neue Struktur konnte der *Stahlhelm* sich allerdings nicht in gewünschtem Maße regenerieren. Mit einem Rundschreiben vom 13. Juni 2000 verkündete

---

411 Vgl. Informationsdienst gegen Rechtsextremismus (IDGR), „Stahlhelm", http://www.idgr.de/lexikon/stich/s/stahlhelm/stahlhelm.html (eingesehen am 28.5.2002).
412 Vgl. Fromm 1998: 490.
413 Vgl. den Beitrag von Anton Maegerle in diesem Band.
414 Vgl. Jens Mecklenburg (Hrsg.), „Handbuch deutscher Rechtsextremismus," 1996: 341.
415 Vgl. IDGR (einesehen am 28.5.2002).
416 Vgl. Verfassungsschutz Rheinland-Pfalz, Tätigkeitsbericht 2000: 71und IDGR (eingesehen am 28.5.2002).
417 Vgl. IDGR (eingesehen am 28.5.2002).
418 Vgl. ebd. (eingesehen am 28.5.2002).
419 Fromm 1998: 82.
420 Ebd. 1998: 83.

die Führung des *Stahlhelm* schließlich die Auflösung des bundesweiten *Stahlhelm e.V.*[421] Zuvor war ein Ermittlungsverfahren gegen drei Funktionäre des *Stahlhelm* wegen Verwendung von Kennzeichen verfassungswidriger Organisationen eingeleitet worden.[422] Einzelne Landesverbände wie der Landesverband Rheinland-Pfalz bestehen hingegen weiter. Viele jüngere Mitglieder in Rheinland-Pfalz waren nicht im *Stahlhelm*-Bundesverband, sondern hatten sich dem *Militärhistorischen Verein – Der Stahlhelm – Landesverband Pfalz* angeschlossen, welcher über eine eigene Satzung verfügte und demnach nicht von der Auflösung betroffen war.[423]

Stille Hilfe für Kriegsgefangene und Internierte e.V.

> **Gründung**: 1951
>
> **Sitz**: Rotenburg an der Wümme (Niedersachsen)
>
> **Funktionäre/namhafte Aktivisten**: Horst Janzen, Adelheid Klug, Klaus Goebel, Arnulf Rühaak, Gudrun Burwitz, Gertrud Herr[424]
>
> **Mitgliederzahl**: ca. 100
>
> **Publikationen**: *Rundbrief* (Mitteilungsblatt, erscheint zwei mal jährlich)[425]

Programmatik/politische Zielsetzung: Die *Stille Hilfe* orientiert sich an dem Motto: „Unsere Ehre heißt Treue", stellt sich somit bewußt in die Tradition der *SS*, die unter dem gleichen Motto stand. Ziel der *Stillen Hilfe* ist es laut Satzung „in stiller tätiger Hilfe allen denjenigen [zu] helfen, die infolge der Verhältnisse der Kriegs- und Nachkriegszeit durch Gefangennahme, Internierung oder ähnliche, von ihnen persönlich nicht zu vertretende, Umstände ihre Freiheit verloren haben".[426] Dieser Sichtweise entsprechend werden verurteilte Nationalsozialisten aus dem Umfeld der *Stillen Hilfe* als „Kriegsverurteilte" bezeichnet.[427]

Organisation und Aktivitäten: Gründerin und erste Vorsitzende der *Stillen Hilfe* war Prinzessin Helene-Elisabeth von Isenburg, auch Mutter Elisabeth genannt.[428] Der Verein wurde erstmals am 15.11.1951 in das Vereinsregister von Wolfratshausen eingetragen.[429] Im damaligen Vorstand waren neben dem württembergischen Altbischof Theophil Wurm und dem Münchener Weihbischof Johannes Neuhäusler auch der ehemalige *SS*-Standartenführer Wilhelm Spengler und der einstige Obersturmbannführer Heinrich Malz.[430]

---

421 Vgl. Verfassungsschutz Rheinland-Pfalz 2000: 34.
422 Niedersächsisches Innenministerium, Verfassungsschutzbericht 2000: 77.
423 Ebd.
424 Alle Angaben Schröm/Röpke, Stille Hilfe für braune Kameraden, 2001.
425 Ebd.: 40.
426 Zit. nach ebd.: 43.
427 Ebd.: 44.
428 Ebd.: 42.
429 Ebd.: 42.
430 Ebd.: 42.

In den Reihen der *Stillen Hilfe* sammeln sich u.a. frühere, unbelehrbare Nationalsozialisten und ehemalige Angehörige der Waffen-*SS*.[431] Zu den Mitgliedern gehört unter anderem Gudrun Burwitz, die Tochter Heinrich Himmlers („Reichsführer SS"), die zwar nur einfaches Mitglied der *Stillen Hilfe* ist, aber aufgrund ihres Vaters als „graue Eminenz" gilt.[432]

Nach dem Zweiten Weltkrieg halfen Aktivisten aus dem Umfeld der *Stillen Hilfe*, und vor deren Gründung 1951 bereits spätere Mitglieder derselben, gesuchte *SS*-Schergen ins Ausland zu schleusen.[433] Ein beliebtes Ziel war Südamerika. Auf der Fluchtroute über Italien arbeitete die *Stille Hilfe* unter anderem mit Hans-Ulrich Rudel zusammen und wurde durch einzelne Vertreter des Vatikan unterstützt.[434] Auf diesem Wege ist auch dem Organisator der „Endlösung" Adolf Eichmann unter dem Namen Ricardo Klement die Flucht nach Argentinien gelungen.[435] Eine weitere Fluchtroute verlief über Skandinavien. So konnte beispielsweise Johann von Leers, ein ehemaliger enger Mitarbeiter des Reichspropagandaministers Goebbels, unterstützt durch einen Schleuser über Dänemark und Schweden fliehen. Leers war später, zum Islam konvertiert, als Amin Ben Omar im ägyptischen Innenministerium beschäftigt.[436] In den 50er Jahren war Schweden ein wichtiger Standort der *Stillen Hilfe*. Dortiger Statthalter war Per Engdahl in Malmö. So verwundert es auch nicht, daß die damalige Vizepräsidentin Gräfin Lili Hamilton aus Stockholm kam.

Später sah es die *Stille Hilfe* dann als ihre Aufgabe an, sich (offiziell) um inhaftierte NS-Kriegsverbrecher zu kümmern: es wurden Anwälte wie auch Geld für die Angehörigen besorgt. Zu den Betreuten gehörten hochkarätige NS-Verbrecher wie Josef Schwammberger und Anton Malloth.[437]

Kontakte pflegte die *Stille Hilfe* unter anderem zu dem Auschwitz-Leugner → Thies Christophersen.[438] In dessen Versandbuchhandlung *Nordwind* hatte die *Stille Hilfe* anfangs NS-Literatur für inhaftierte, von ihr betreute NS-Verbrecher bestellt. Diese Bestellungen wurden jedoch eingestellt, nach dem Verfassungsschutz den Versandhandel unter Beobachtung gestellt hatte. Die Beziehungen zu Christophersen brachen dennoch nicht ab. Mit Unterstützung durch das Umfeld der *Stillen Hilfe* gelang es, obwohl international nach ihm gefahndet wurde, ihn seit 1991 unter richtigen Namen bei einer „stillen Helferin" in Ehningen (Baden-Württemberg) als Untermieter zu melden.[439]

Mitglieder der *Stillen Hilfe* referierten unter anderem auf den sogenannten „Hetendorfer Tagungswochen", welche von 1991 bis 1997 jährlich auf dem Anwesen und Schulungszentrum Hetendorf Nr.13 des 1984 gegründeten, in Hamburg ansässigen *Heide-Heim e.V.* stattfanden.[440] Die Hetendorfer Tagungswochen wurden geleitet von dem Rechtsanwalt und Multifunktionär im rechtsextremen Lager, → Jürgen Rieger, unter anderem Vorsitzender des am 12.2.1998 durch das niedersächsische Innenministerium verbotenen *Heide-Heim e.V.*

Als eng an die *Stille-Hilfe*-Programmatik angelehnt ist die → *Hilfsorganisation für nationale politische Gefangene und deren Angehörige e.V. (HNG)* anzusehen. So läßt sich

---

431 Ebd.: 12.
432 Ebd.: 40.
433 Ebd.: 12.
434 Ebd.: 44.
435 Ebd.: 46.
436 Ebd.: 50 und 59.
437 Ebd.: 12 und 196.
438 Ebd.: 191.
439 Ebd.: 192.
440 Verfassungsschutzbericht Niedersachsen 1998: 39.

denn auch eine Kooperation der beiden Organisationen feststellen,[441] zum Beispiel gehören beide zum Unterstützerkreis des NS-Kriegsverbrechers Erich Priebke. Nachdem dessen lebenslange Gefängnisstrafe aus gesundheitlichen Gründen in Hausarrest umgewandelt worden war, forderten beide seine Begnadigung.

Die *Stille Hilfe* war und ist nicht die einzige Organisation, die sich um NS-Kriegsverbrecher kümmert bzw. kümmerte. Daneben bestand unter anderem die *SS-Untergrundorganisation Odessa* (*Organisation der ehemaligen SS-Angehörigen*), zu deren führenden Mitgliedern Otto Skorzeny, ehemaliger Obersturmbannführer und vorübergehend Chef der Sabotageabteilung des Reichssicherheitshauptamtes, gehörte.[442] Hinzu kam die, wie die *Stille Hilfe*, legal operierende *Hilfsgemeinschaft auf Gegenseitigkeit* (HIAG). Die *HIAG* wurde 1951 gegründet und konnte bereits nach kurzer Zeit ein Netz von 376 lokalen und regionalen Gruppen aufweisen.[443] Ebenso wie die *Stille Hilfe* bekam auch die *HIAG* 1956 (beim Finanzamt Hagen) die Gemeinnützigkeit zugesprochen und hieß fortan *Hilfsgemeinschaft auf Gegenseitigkeit, Bundesverband der Soldaten der ehemaligen Waffen-SS e.V.*[444]

Bedeutung: Bei der *Stillen Hilfe* handelt es sich, so ist zu vermuten, um den ältesten rechtsradikalen Verein in der Bundesrepublik.[445] Trotz dieser Ausrichtung konnte die als mildtätiger Verein getarnte Organisation jahrzehntelang im Verborgenen agieren. Lediglich in den Jahren 1968 bis 1971 wurde sie durch den Verfassungsschutz beobachtet.[446]

1994 wurde dem „SS-Veteranenverein"[447] rückwirkend bis 1990 durch das Finanzamt die Gemeinnützigkeit abgesprochen.[448] Die *Stille Hilfe* legte hier gegen Widerspruch ein und am 17. November 1999 entschied der Bundesfinanzhof in letzter Instanz, dass der *Stillen Hilfe* die Gemeinnützigkeit abzusprechen ist.[449] Für die *Stille Hilfe* bedeutet dies, dass sie Spenden von nun an nicht mehr steuerlich absetzen kann. Dennoch verfügt die *Stille Hilfe* noch immer über erhebliche finanzielle Ressourcen. Schröm und Röpke vermuten, dass das wahrscheinlich in sechsstelliger DM-Höhe auf einem Konto des Vereins liegende Geld „nicht nur für die wenigen Kriegsverbrecher verwendet wird, die noch in Haftanstalten sitzen. Vielmehr kann angenommen werden, daß die Altnazis damit dem braunen Nachwuchs unter die Arme greifen."[450]

Literatur

Schröm, Oliver/Röpke, Andrea (2001), Stille Hilfe für braune Kameraden: Das geheime Netzwerk der Alt- und Neonazis, Berlin: Chr. Links Verlag.

---

441 Ebd.: 196.
442 Ebd.: 49 und 57.
443 Ebd.: 57.
444 Ebd.: 58.
445 Vgl. Ebd.: 42.
446 Ebd.: 120.
447 Ebd.: 8.
448 Ebd.: 172f.
449 Ebd.: 190.
450 Ebd.: 198.

Thule-Seminar – Forschungs- und Lehrgemeinschaft für die indoeuropäische Kultur e.V.

Gründung: 1980 in Kassel

Sitz: Kassel

Funktionäre/namhafte Aktivisten: Pierre Krebs, Burkhard Weecke (seit 1987 Chefredakteur der *Elemente*), Sigrid Hunke (†1999); Gründungsmitglieder: Pierre Krebs, Wigbert Grabert, Marielouise Grabert, Hans-Michael Fiedler

Mitgliederzahl: ca. 50

Publikationen: *Metapo – Metapolitik im Angriff zur Neugeburt Europas, Elemente der Metapolitik zur europäischen Neugeburt, Thule Forum*

Programmatik/politische Zielsetzung: Das *Thule-Seminar e.V.* orientiert sich ideologisch und strategisch an der Nouvelle Droite (Neue Rechte), insbesondere an der französischen *Groupement de Recherche et d'Études sur la Civilisation Européenne (GRECE)*. Entsprechend des innerhalb der „Neuen Rechten" verbreiteten „Gramscismus von rechts" hieß es in einer Ausgabe der *Elemente der Metapolitik zur europäischen Neugeburt* aus dem Jahr 1987: „Eine politische Revolution bereitet sich immer erst im Geist vor, durch eine langwierige ideologische Entwicklung innerhalb der zivilen Gesellschaft. Um zu ermöglichen, dass die neue politische Botschaft Fuß fasst (Tätigkeit der Partei), muß zuerst auf die Denk- und Verhaltensweisen innerhalb der zivilen Gesellschaft Einfluss" genommen werden.[451]

Den weltbildlichen Kern des *Thule-Seminars*, welches vom sächsischen Verfassungsschutz als „eindeutig rechtsextremistische Organisation" eingestuft wird,[452] bildet eine als ethnozentristisch gewendete Ideologie der Ungleichheit. Diese Ausrichtung wird deutlich an den Absichten des *Thule-Seminars*, sich der „Durchsetzung einer multirassischen, d.h. monoprimitiven Gesellschaft ethnosuizider Völker in Europa" entgegenzustellen. Dazu sollen sogenannte „Metapo" (kurz für „metapolitische Zellen") gebildet werden.

Diese Zellen sind dem Verständnis des *Thule-Seminars* zufolge „im deutschen Raum die Werkstätten der einzigen Bewegung, die kompromisslos, konsequent und entschlossen […] die sogenannte transatlantische Wertegemeinschaft angreift", „eine heidnisch-metaphysische Alternative zum Judäo-Christentum erarbeitet", „sich zum europäischen biokulturellen Bewusstsein bekennt und es mit den Mitteln der modernen Wissenschaft erforscht und begründet", „sich der Geschichte der Vergangenheit stellt, ohne sie bewältigen zu wollen" sowie „mit zahlreichen Bewegungen der ‚Neuen Kultur' in ganz Europa zusammenarbeitet".[453]

Organisation und Aktivitäten: Gründer des *Thule-Seminars* ist Pierre Krebs, ein in Kassel (Hessen) wohnhafter Franzose. Ebenso wie → Alain de Benoist ist Krebs ein entschiedener Gegner des „Egalitarismus". Hierzu schreibt Krebs: „Der Egalitarismus ist bestrebt, die ethnischen, kulturellen, ja sogar sexuellen (Neofeminismus) Unterschiede zu kriminalisieren, die absurde Vorstellung, daß die Menschen identisch seien, durchzusetzen, die liberale Theorie des ‚besseren Vorteils' zu katechisieren, den Profit zu vergöttern, und das wurde zu

---

451 O.A., „Die Flucht nach vorn – Gramscis metapolitische Wandlung," in: *Elemente zur Metapolitik*, 1. Ausgabe 1987 (Januar/März), S.4.
452 Sächsisches Staatsministerium des Innern, Verfassungsschutzbericht 1996: 42.
453 Internetseiten des *Thule-Seminars* (eingesehen am 13.5.2002).

einem Volltreffer: die Europäer schenkten ihm Glauben um den Preis eines ansteckenden existentiellen Unbehagens, das die Soziologen ‚Koeffizient des Zukunftsverlusts' nennen."[454] Krebs ist zudem Mitglied der → *Artgemeinschaft*. 1999 referierte Krebs beim *Nationaldemokratischen Hochschulbund* (*NHB*).[455] Zu den Mitbegründern des *Thule-Seminars* gehörten unter anderem auch Wigbert Grabert, der den rechtsradikalen → *Grabert-Verlag* leitet, der bis etwa 1983 die Bücher des *Thule-Seminars* publizierte[456] sowie Hans-Michael Fiedler, der zuletzt am 24. Juni 2001 in den Vorstand der → *NPD* Niedersachsen (Beisitzer) gewählt wurde.

Um dem Selbstverständnis „als geistig-geschichtliche Ideenschmiede für eine künftige europäische Neuordnung aller europäischen Völker unter besonderer Berücksichtigung ihres biokulturellen und heidnisch-religiösen Erbes" gerecht zu werden, sollen die „weltanschaulichen Alternativen" publiziert werden.[457] Seit 1986 werden die *Elemente der Metapolitik zur europäischen Neugeburt* herausgegeben, wenn auch nur sehr unregelmäßig. Nach einer Ausgabe von 1990 erschien erst wieder 1998 eine Ausgabe der *Elemente*. Im Frühjahr 2000 wurde die erste Ausgabe der *Metapo* veröffentlicht, welche vorrangig Jugendliche ansprechen soll. Letzteres wird schon an der Themenwahl recht deutlich. So werden in Ausgabe 3 unter anderem ein Gespräch mit Josef Maria Klumb „über den Kampf für die neue Kultur" und Berichte über das Wave-Gothic-Festival in Leipzig sowie *Von Thronstahl* abgedruckt.[458] Ursprünglich sollte *Metapo* vierteljährlich erscheinen, dies war aber nach Angaben des *Thule-Seminars* „nicht realisierbar". Die vierte war zugleich die „vorerst letzte gedruckte Ausgabe". Den Schwerpunkt der „kommenden Arbeit wird, neben der Herausgabe unregelmäßiger Publikationen, die Arbeit im weltweiten Netz sein."[459]

Die Aktivitäten des *Thule-Seminars* werden gefördert durch die sogenannten „Förderkreise des ‚Thule-Seminars'": „Hugin-, Munin- und Gungirkreis".[460] Diese „sind ein unabhängiger Zusammenschluß von identitätsbewussten Europäern, die die Gefahren für die *biokulturelle* Weiterentwicklung der europäischen Völker und Kulturen erkannt haben. Sie fühlen sich berufen, den metapolitischen Kampf des ‚Thule-Seminars' für eine ethnokulturelle Neugeburt Europas, das heißt seine verlegerischen, informellen und forschenden Aktivitäten durch eine finanzielle Operationsgrundlage zu sichern und zu fördern".[461]

In der sogenannten „Thule-Bibliothek" befinden sich zahlreiche Bücher im Angebot, darunter unter anderem der „Klassiker der vom ‚Thule-Seminar' beharrlich verfochtenen Weltanschauung", das von Pierre Krebs herausgegebene Buch „Das unverfängliche Erbe. Alternativen zum Prinzip der Gleichheit", in welchem sich auch Aufsätze von Alain de Benoist sowie Armin Mohler finden.[462] Aus der Feder Mohlers stammt zudem das deutsche Vorwort in Alain de Benoists Buch „Kulturrevolution von rechts". Der 1920 in Basel (Schweiz) geborene Mohler kann als geistiger Vater der Neuen Rechten in Deutschland angesehen werden.[463] Zu seinen

---

454 Pierre Krebs, „Die Frau ist die Zukunft des Mannes" in: *Elemente* Nr.3, auf den Internetseiten des *Thule-Seminars* (eingesehen am 13.5.02)
455 Vgl. *Deutsche Stimme* 7/1999, S.12
456 Vgl. Friedrich Paul Heller; Anton Maegerle, Die Sprache des Hasses: Rechtsextremismus und völkische Esoterik, 2001: 115f.
457 Internetseiten des *Thule-Seminars* (eingesehen am 18.1.2002)
458 Ebd. (eingesehen am 14.5.02).
459 Ebd. (eingesehen am 13.5.02).
460 Ebd. (eingesehen am 18.1.2002).
461 Ebd. (eingesehen am 13.5.02).
462 Vgl. ebd. (eingesehen am 13.5.02).
463 Vgl. Armin Pfahl-Traughber, ‚Konservative Revolution' und ‚Neue Rechte': Rechtsextremistische Intellektuelle gegen den demokratischen Verfassungsschutz, 1998: 164.

wichtigsten Veröffentlichungen gehört „Die Konservative Revolution 1918-1932", ein Standardwerk für all diejenigen, die den Ideen den „Konservativen Revolution" anhängen. 1967 erhielt er den „Konrad-Adenauer-Preis" für Publizistik der „Deutschland-Stiftung".[464] Mohler veröffentlichte zeitweilig bei renommierten Zeitschriften und Zeitungen, so unter anderem in den 50er Jahren bei der *Frankfurter Allgemeinen Zeitung*. Von 1970 bis 1985 war er als freier Mitarbeiter im Feuilleton von *Die Welt* tätig. Des weiteren publizierte er von Mitte bis Ende der 80er Jahre in *Der Republikaner*, dem Publikationsorgan der rechtsradikalen → *Republikaner* (REP). Bis 1994 schrieb er überdies Kolumnen für die *Junge Freiheit*. Mohler verfasste zudem Artikel in rechtsradikalen Publikationen wie *Criticon*, *Europa Vorn*, *Nation & Europa* sowie in den *Staatsbriefen*.[465]

Im Angebot der „Thule-Bibliothek" ist außerdem eine Monographie von Pierre Krebs mit dem Titel „Im Kampf um das Wesen. Ethnosuizid in der multirassischen Gesellschaft der judäochristlichen Zivilisation des Westens oder ethnokulturelle Neugeburt Europas in der organischen Demokratie indoeuropäischer Prägung?". Eine Leseprobe dieser Schrift ist auf der Internetpräsenz der *Staatsbriefe* abrufbar. Die von Hans-Dietrich Sander herausgegebenen neurechten, reichsdeutschen *Staatsbriefe* erschienen von 1990 bis Ende 2001 monatlich und hatten zuletzt 800 Abonnenten. Mit Heft 12/2001 hat Sander seine Arbeit an den *Staatsbriefen* beendet.[466]

Das *Thule-Seminar* unterhält des weiteren einen eigenen Verlag und Versandhandel namens *Ariadne-Versand und Verlag des Thule-Seminar e.V.* Dieser führt neben Publikationen des *Thule-Seminars* auch eine sogenannte „Thule-Kollektion", in deren Rahmen unter anderem Uhren, Anstecker und Sweatshirts mit dem Symbol des *Thule-Seminars* angeboten werden.[467] Symbol des *Thule-Seminars* ist die Schwarze Sonne, ein aus zwölf Sig-Runen bestehendes Sonnenrad, das auf Heinrich Himmlers „esoterische Neigungen" zurückgeht.[468] Sie ziert auf Geheiß Himmlers den Boden des „Obergruppenführersaals" der Wewelsburg (Paderborn), einer *SS*-Ordensburg.

Das *Thule-Seminar* wirkt an der seit dem Jahr 2000 bestehenden sogenannten *Deutschen Akademie* mit. Bei dieser handelt es sich um eine im Jahr 2000 von Pierre Krebs, → Horst Mahler, → Reinhold Oberlercher u.a. initiierte organisationsübregreifende „gemeinsame Bildungsinitiative", an der auch der *Nationaldemokratische Hochschulbund* (*NHB*), das → *Deutsche Kolleg* sowie *die Werkstatt Neues Deutschland* beteiligt sind.[469] Ende Juni 2001 führte die *Deutsche Akademie* ein Sommerseminar unter der Losung „Neue Kultur in nationalbefreiten Zonen" durch. Neben dem *NHB*-Vorsitzenden Martin Laus, dem schweizer Anthroposophen Bernhard Schaub und dem *NPD*-Theoretiker → Jürgen Schwab referierte unter anderem auch Pierre Krebs – zum Thema „Neue Kultur für die indogermanischen Völker".[470]

Bedeutung: Das *Thule-Seminar* konnte seit seiner Gründung keine beständige Wirkung entfalten und ist selbst im rechtsradikalen Lager weitgehend isoliert. Dies mag nicht zuletzt der Tatsache geschuldet sein, dass es sich beim *Thule-Seminar* um einen Zusammenschluss von

---

464 Vgl. ebd. 165.
465 Vgl. ebd. 164ff.
466 Vgl. Hans-Dietrich Sander, „Brief an die Leser," in: *Staatsbriefe* 12/2001: 61.
467 Vgl. Internetseiten des *Thule-Seminars* (eingesehen am 13.5.02).
468 Vgl. Heller/Maegerle 2001: 15f. Zur „Schwarzen Sonne" vgl. auch den Beitrag von Friedrich Paul Heller in diesem Band.
469 Vgl. Jürgen W. Gansel, „Ringen um den Volksstaat," in: *Deutsche Stimme* 9/2000, S. 21.
470 Vgl. Katharina Heidemann, „Neue Kultur in nationalbefreiten Zonen: Gelungenes Sommerseminar durchgeführt," in: *Deutsche Stimme* 8/2001, S.11.

selbsternannten Intellektuellen handelt. Während der französischen Nouvelle Droite um Alain de Benoist ein gewisses intellektuelles Format nicht abzusprechen ist, lässt das *Thule-Seminar* ein solches vermissen. Die Publikationen des *Thule-Seminars* werden von eher plumpen Argumentationen durchzogen und widerlegen so auf eindrucksvolle Art und Weise den an sich selbst gestellten wissenschaftlichen Anspruch.

Für die letzten Jahre lässt sich ein Bruch des *Thule-Seminars* mit de Benoist feststellen. Dies wird nicht zuletzt daran deutlich, dass seit der dritten Ausgabe der *Metapo* Guillaume Faye zu deren regelmäßigen Autoren zählt,[471] was mit einer gemeinsamen Orientierung begründet wird. Faye, einst Anhänger de Benoists und nun einer von dessen entschiedensten Gegnern, trat 1987 aus dem *GRECE* aus[472] und arbeitet seit Anfang der 90er unter anderem bei den *Synergies Européennes* mit, einer seit 1993 bestehenden Abspaltung des *GRECE*. Die *Synergies Européennes* sind nationalrevolutionär ausgerichtet und orientieren sich an einem organisch-hierarchischen Staats- und Gesellschaftsmodell. Das Netzwerk der *Synergies Européennes* ist gesamteuropäisch angelegt und folgt einer dezentralen Organisationsweise. Seit 1995 besteht auch eine *Synergon* genannte Sektion der „Europäischen Synergien" in Deutschland, die von dem Belgier Robert Steuckers mitbegründet wurde und ihren Sitz in Hamburg hat.[473] Diese kooperiert seit 1997 eng mit der *Deutsch Europäischen Studiengesellschaft (DESG)*. Seit dem Jahr 2000 besteht zudem eine Zusammenarbeit mit dem rechtsradikalen → *Verlag Zeitenwende* (Dresden), die beispielsweise in gemeinsamen Tagungen ihren Ausdruck findet.[474] Zudem veröffentlicht *Synergon* regelmäßig Artikel in der vom *Verlag Zeitenwende* herausgegebenen Publikation *hagal – die allumfassende*.[475]

Wiking-Jugend (WJ)

Gründung: 1952 in Wilhelmshaven, als Zusammenschluss der *Reichsjugend*, der *Deutschen Unitarischen Jugend* sowie der *Vaterländischen Jugend*

Verbot: 10.11.1994 durch den Bundesminister des Innern

Sitz: Stolberg (Nordrhein-Westfalen), zuletzt: Berlin[476]

Funktionäre/namhafte Aktivisten: Wolfram Nahrath (letzter Bundesvorsitzender von 1991-1994), → Wolfgang Nahrath (Bundesvorsitzender von 1967 bis 1991), Raoul Nahrath (Bundesvorsitzender 1954 bis 1967), Walter Matthaei (erster Bundesvorsitzender bis 1954), Manfred Börm („Gauführer Nord"), Odfried Hepp, Hans Jaus (Schatzmeister), → Frank Rennicke („Gau Schwaben"), → Jürgen Rieger

Mitgliederzahl: vor dem Verbot ca. 400

Publikationen: *Wikinger* (erschien vierteljährlich, Auflage ca. 500), *Bauge – Mädelbrief der Wiking-Jugend, Pimpfenblatt, Gäck* (monatlich erscheinendes Schülermagazin, Auflage ca. 10.000), *Fahrtenpläne* (jährlich), Odal-Kalender.

---

471 Vgl. Internetseiten des *Thule-Seminars* (eingesehen am 13.5.2002).
472 Internetseiten des *Verlag Zeitenwende* (eingesehen am 14.5.2002).
473 Vgl. Heller/Maegerle 2001: 119.
474 Vgl. Internetseiten des *Verlag Zeitenwende* (eingesehen am 14.5.2002).
475 Vgl. ebd.
476 Landesamt für Verfassungsschutz Sachsen, „Mit Hakenkreuz und Totenkopf: Wie sich Rechtsextremisten zu erkennen geben," 2000: 12.

Programmatik/politische Zielsetzung: Ihrem Selbstverständnis nach verstand sich die *Wiking-Jugend (WJ)* als „volkstreue nordländische Jugendbewegung".[477] Im Zentrum der rassistischen, antisemitischen, völkischen Weltanschauung der *WJ* stand eine „germanisierende Nordlandideologie". So waren in den „Leitsätzen" der *WJ* Bekenntnisse zum Volkstums- und Reichsgedanken festgeschrieben. Ideologisch stand die *WJ* der *Hitler-Jugend (HJ)* und der *SS* sehr nahe. „Vorbilder" der *WJ* waren dementsprechend „politische und soldatische Leitbilder des Nationalsozialismus", darunter Rudolf Heß.[478] Bereits die Namensgebung folgte in Anlehnung an eine Division der *Waffen-SS* „Wiking", die Gauabzeichen entsprachen denen der *HJ*. Eine Einstufung der *WJ* als neonazistische Organisation, wie sie unter anderem der Verfassungsschutz vornahm, ist also gerechtfertigt.

Ziel der *WJ* war die „Erziehung zur gemeinschaftsgebundenen Persönlichkeit".[479] Des weiteren wurde die Errichtung eines „Sozialismus auf völkischer Grundlage" sowie eines nationalsozialistischen Staates angestrebt. Eine solche „Reichseinheit" bezeichnete die *WJ* als „Nordland".

Organisation und Aktivitäten: Die nach dem Führerprinzip aufgebaute *WJ* war – in bewusster Anlehnung an die *HJ* – in „Gaue" und „Horste", sowie in „Jungen"- und „Mädelschaften" gegliedert. Vor dem Verbot bestanden Gaue in Bayern, Preußen/Berlin, Schwaben, Rhein-Westfalen, Nordmark (Schleswig-Holstein/Hamburg), Niedersachsen (inklusive Bremen), Hessen/Franken/Rheinland-Pfalz, Thüringen und Sachsen.[480] Interne Streitigkeiten führten 1985 zur Gründung einer Abspaltung der *WJ*, dem *Sturmvogel*.

Zu den Aktivitäten der *WJ* zählten unter anderem Zelt-, Wochenend-, Sommer-, Herbst-, Winter-, Berg- und Skilager, Wandern, Fahrten zu Kriegsgräbern, Erntedank- und Sonnwendfeiern, Volkstanz und Drachenfliegen.[481] In dieser Hinsicht kann die *WJ* als eine „braune Pfadfinderorganisation"[482] bezeichnet werden. An den jährlich zu Pfingsten stattfindenden „Tagen volkstreuer Jugend" nahmen unter anderem Mitglieder der → *Freiheitlichen Deutschen Arbeiterpartei (FAP)* teil.[483] Pfingsten 1994 fand diese Veranstaltung im berühmt-berüchtigten rechtsextremen Tagungshaus in Hetendorf (Niedersachsen) statt.

Die *WJ* führte außerdem auch Wehrsportübungen durch, bei welchen unter anderem Schießübungen auf dem Programm standen. In solchen Lagern ging es der *WJ* um „paramilitärische Ausbildung".[484] So verwundert es nicht, dass die *WJ* enge Verbindungen zur *Wehrsportgruppe Hoffmann* unterhielt. Diese Kontakte basierten zum einen auf „Doppelmitgliedschaften"[485] sowie auf gemeinsamen Aktivitäten.[486] Mitte der 70er Jahre nahmen einem Augenzeugenbericht zufolge Mitglieder der *Wehrsportgruppe Hoffmann* samt deren Führer Karl-Heinz Hoffmann an einer als „Pfingstlager" bezeichneten Wehrsportübung der *WJ*

---

477 Bundessatzung der *Wiking-Jugend*, Ziffer II, zit. in: Bundesministerium des Innern (BMI), Verfassungsschutzbericht 1994: 118.
478 Rainer Fromm, Die ‚Wehrsportgruppe Hoffmann': Darstellung, Analyse und Einordnung: ein Beitrag zur Geschichte des deutschen und europäischen Rechtsextremismus, 1998: 88f.
479 *Wikinger* 4/1992, S.4. zit. in: BMI, Verfassungsschutzbericht 1993: 144.
480 BMI 1994: 118.
481 Fromm 1998: 85f.
482 Ebd. 85.
483 BMI 1994: 119.
484 Fromm 1998: 86f.
485 Ebd. 1998. Helmut Dieterle war beispielsweise gleichzeitig Mitglied der *NPD*, der *WJ* und der *Wehrsportgruppe Hoffmann*.
486 Ebd. 1998.

teil.[487] Aus den Reihen der *WJ* rekrutierte Hoffmann Gefolgsleute. So startete z.B. der Rechtsterrorist Odfried Hepp seine politische „Karriere" bei der *WJ*.[488]

Seit Anfang der 70er Jahre kooperierte die *WJ* eng mit → Dr. Gerhard Frey und dessen *Freiheitlichen Rat*. In diesem waren unter anderem die → *Deutsche Volksunion (DVU)*, der *Deutsche Block*, der *Jungbund Adler*, die *Aktion Oder-Neiße* sowie der → *Stahlhelm – Kampfbund für Europa* vereinigt.[489] Weiterhin bestanden Kontakte zur → *Artgemeinschaft*, zur *Deutschen Kulturgemeinschaft (DKG)*, zur → *Nationalistischen Front (NF)*, sowie zur → *Deutschen Alternative (DA)*. Auch zur → *Nationaldemokratischen Partei Deutschlands (NPD)* pflegte die *WJ* „beste Verbindungen".[490] So konnte die *WJ* auch in der *NPD*-Parteizeitung *Deutsche Stimme (DS)* Anzeigen schalten.[491]

Die *WJ* pflegte auch internationale Verbindungen und verfügte über Sektionen im europäischen Ausland. 1980 bestanden Sektionen in Flandern (Belgien), Frankreich, Spanien, Großbritannien, der Schweiz und Norwegen.[492] Diese Sektionen führten gemeinsame Lager in den unterschiedlichen Ländern durch.[493] Die internationalen Kontakte schlossen auch andere Organisationen ein, so zum *Vlaamse Militanten Orde (VMO)* und weiteren gleichgesinnten Organisationen in verschiedenen europäischen Ländern.[494]

Am 10.11.1994 wurde die *WJ* „wegen ihrer Wesensverwandtschaft mit der NSDAP und der HJ verboten."[495] Versuche der *WJ*, dieses Verbot aufzuheben, scheiterten. Am 13.4.1999 wurde das Verbot schließlich durch das Bundesverwaltungsgericht bestätigt, da die *WJ* sich „aktiv-kämpferisch" „gegen die verfassungsmäßige Ordnung richtet."[496] Viele ehemalige Mitglieder der *WJ* haben nach dem Verbot in der *NPD/JN* eine neue Heimat gefunden, so unter anderem Katharina Handschuh (bis 1999 *JN*-Mädelbauftragte), Axel Schunk (bis 1998 Landesvorstandsmitglied der bayerischen *NPD*), Hans-Peter Krieger (kandidierte 1994 bei den Kommunalwahlen in Nordrhein-Westfalen für die *NPD*) oder das *NPD*-Bundesvorstandsmitglied Manfred Börm.[497]

Bedeutung: Zum Zeitpunkt ihres Verbotes stellte die *WJ* die stärkste Jugendorganisation des neonazistischen Spektrums dar. Innerhalb der rechtsextreme Szene kam der *WJ* die Funktion eines „Durchlauferhitzers" zu. Zahlreiche Rechtsextremisten sammelten in der *WJ* ihre ersten politischen und „praktischen" Erfahrungen.[498]

Wenn auch, wie vom LKA Sachsen festgestellt, nicht direkt als Nachfolgeorganisation,[499] so doch als „Quasi-Nachfolgeorganisation" der *WJ* können die im April 2001 verbote-

---

487 Vgl. Peter Dudek, „Jugendliche Rechtsextremisten: Zwischen Hakenkreuz und Odalsrune 1945 bis heute," 1985: 133.
488 Fromm 1998: 90.
489 Fromm 1998: 87.
490 Anton Maegerle, „Auffangbecken NPD," in: *blick nach rechts* 19/2000: 8.
491 Ebd. 19/2000.
492 Fromm 1998: 88f.
493 Ebd. 1998: 89.
494 Vgl. ebd.; Bernd Wagner (Hrsg.), Handbuch Rechtsextremismus: Netzwerke, Parteien, Organisationen, Ideologiezentren, Medien, 1994: 148 und Jens Mecklenburg (Hrsg.), Handbuch deutscher Rechtsextremismus, 1996: 322.
495 BMI 1994: 118.
496 „Bundesverwaltungsgericht bestätigt Verbot der Wiking-Jugend," in: http://www.bverwg.de/presse/1999/pr-1999-20.htm (eingesehen am 26.2.2002).
497 Maegerle 19/2000: 8.
498 Fromm 1998: 90.
499 Lukas Kilian, „Örtliche Kumpaneien," in: *blick nach rechts* 14/2000, S.3.

nen *Skinheads Sächsische Schweiz (SSS)* angesehen werden. Diese wurden ebenso wie deren Aufbauorganisation *SSS/AO* „von Ex-Mitgliedern der Wiking-Jugend gegründet[...]"[500]. Trotz Verbot lebt so die Programmatik der *WJ* vor allem durch nach wie vor aktive Kader und nicht zuletzt die omnipräsente → Nahrath-Familie fort.

Witikobund

Gründung: 1947[501]

Sitz: München

Funktionäre/namhafte Aktivisten: Dr. Walter Staffa (ehemaliger Bundesvorsitzender), Horst Rudolf Übelacker (Bundesvorsitzender, zuvor stellvertretender Bundesvorsitzender), Hellmut Diwald, Herbert Fleissner, Wigbert Grabert, Hans-Ulrich Kopp, Rolf Kosiek

Mitgliederzahl: ca. 1000

Publikationen: *Witiko-Brief*

Unter-/Nebenorganisationen: Jugendorganisation *Junge Witikonen*

Programmatik/politische Zielsetzung: Die „sudetendeutsche Gesinnungsgemeinschaft"[502] *Witikobund* folgt einem Geschichtsbild, in welchem die „Verbrechen der Alliierten und Assoziierten am deutschen Volk"[503] im Vordergrund stehen. In einem Interview mit der *Jungen Freiheit* 1998 antwortete der Witikone Herbert Fleissner auf die Frage, welches „Ereignis für die Welt das einschneidenste gewesen" sei: „Die Vertreibung 1945".[504] Noch deutlicher formulierte dies der Bundesvorsitzende des *Witikobundes*, Hans Rudolf Übelacker. Er schrieb in der *Jungen Freiheit*, „das wahrhaft ‚singuläre' Jahrhundertverbrechen [sei das] an 20 Millionen deutschen Flüchtlingen und gezielt entwurzelten ost- und sudetendeutschen sowie auslandsdeutschen Heimatvertriebenen."[505] In diesem Artikel prangert Übelacker auch eine angebliche „Holocaust-Kultur" sowie angebliche „Kriegslügen gegen Deutschland" an.[506] Antisemitisch geprägte Textstellen sind nach Angaben des Verfassungsschutzes in letzter Zeit verstärkt im *Witikobrief* aufgefallen.[507] Der Antisemitismus paart sich mit einer Ablehnung gegen „alles Nichtdeutsche"[508]. In einem Interview mit *Der Republikaner* be-

---

500 Lukas Kilian, „Trotz Verbot nicht tot," in: *blick nach rechts* 8/2001, S.2.
501 Martin Dietzsch, „Kader gegen die Fünfundvierziger: Die völkische Gesinnungsgemeinschaft Witikobund," in: Helmut Kellershohn (Hrsg.), Das Plagiat: Der Völkische Nationalismus der ‚Jungen Freiheit', 1994: 134.
502 O. A. „Witikobund stellt klar (März 2002): Nachhilfe für offizielles Prag", in: WWW-Seiten *des Ostdeutschen Arbeitskreises Hochtaunus* (eingesehen am 1.6.2002).
503 Horst Rudolf Übelacker, „Gleiches Recht," in: *Junge Freiheit* vom 21.5.1999, S. 22.
504 O. A. „Der Fragebogen: Herbert Fleissner, Verleger" in: *Junge Freiheit* vom 27.11.1998, S. 18..
505 Übelacker 1999.
506 Ebd.
507 So die Bundesregierung auf eine Kleine Anfrage der *PDS* im Bundestag. *heute im bundestag* vom 21.12.2001, in: http://www.bundestag.de/aktuell/hib/2001_334/04.html (eingesehen am 20.2.2002).
508 Übelacker 1999.

klagte Übelacker „die millionenfache Überfremdung durch den Zustrom nichteuropäischer Volksmassen nach Europa".[509]

Primäres Ziel des *Witikobundes* ist die Lösung der „Frage der deutschen Einheit, zu der die sudetendeutsche Problematik gehört".[510] Aus den Reihen des *Witikobundes* wird Kritik an den „verbrecherischen ‚Benes-Dekreten'"[511] geübt und gegen Tschechien der Vorwurf der „Raubsicherungspolitik" erhoben.[512]

Organisation und Aktivitäten: Neben dem Bundesverband bestehen Landesverbände des *Witikobundes*. Einer der größten ist der Landesverband Nordrhein-Westfalen. Entsprechend der großdeutschen Ausrichtung besteht auch ein Landesverband in Österreich.[513] Gegründet wurde der *Witikobund* von sieben Anhängern der in der Weimarer Republik bestehenden, von Konrad Henlein geführten *Sudetendeutschen Partei (SdP)*. Nach deren Gleichschaltung mit der *NSDAP* übernahmen führende Köpfe der *SdP* gehobene Posten in der *SS*.[514]

Der *Witikobund* versteht sich selbst als Elite. Dementsprechend kann nicht jeder beitreten. Die Mitgliedschaft kann erst erworben werden, wenn zwei Witikonen für den Mitgliedschaftsanwärter bürgen. Die *Jungen Witikonen* rekrutieren ihren Nachwuchs hauptsächlich aus den Reihen revanchistischer Turnerschaften und Studentenverbindungen.[515] Zur Durchsetzung seiner Ziele benutzt der *Witikobund* andere Organisationen. Diese sollen von innen her gemäß den eigenen Vorstellungen beeinflusst und verändert werden, am besten durch das Besetzen von Schlüsselpositionen. Der Witikone Walter Brand formulierte diese Idee folgendermaßen: „Alle Umsetzung geistiger Erkenntnis vollzieht sich in Organisationen. Auf diese aber kann man nicht oder nur schwer – und dann vielfach unerwünscht – von außen einwirken. Man muss selbst in ihnen stehen. Und wenn man dann auf diese tatsächlich Einfluß ausüben will – und dies ist schließlich das legitime Recht eines jedes einzelnen Mitgliedes – dann muß man eben an solche Stellen gelangen, von denen man aus zu wirken in der Lage ist".[516] Auf diese Weise gelang dem *Witikobund* die Einflussnahme auf die Politik der 1950 gegründeten *Sudetendeutschen Landsmannschaft (SL)* und deren Unterorganisationen.[517] Der Bundesvorsitzende des *Witikobundes*, Horst Rudolf Übelacker, referierte auf dem 53. Sudetendeutschen Tag am 18./19. Mai 2002 in Nürnberg im Rahmen einer Vortragsveranstaltung des *Witikobundes e.V.* zum Thema „Benesch-Dekrete oder Menschenrechte".[518] Übelacker schreibt zudem in der *Sudetenpost*, dem offiziellen Organ der Sudeten-

---

509 Horst Rudolf Übelacker in einem Interview, in: *Der Republikaner* Nr.6/1990, S.9, zit. nach Antifaschistisches Autorenkollektiv, Drahtzieher im braunen Netz: Ein aktueller Überblick über den Neonazi-Untergrund in Deutschland und Österreich, 1996: 238
510 Hans-Ulrich Kopp, Leitartikel in *Witikobrief* Nr.4/1993, zit. nach ebd. 1996: 238.
511 O. A. „Witikobund stellt klar (März 2002): Nachhilfe für offizielles Prag," in: WWW-Seiten *des Ostdeutschen Arbeitskreises Hochtaunus* (eingesehen am 1.6.2002).
512 Presseerklärung des *Witikobundes* vom 4.2.2001, „Witikobund übt auf seiner Strategietagung vom 2.-4. Februar 2001 scharfe Kritik am Bundesvorsitzenden der Sudetendeutschen Landsmannschaft (SL)" in: WWW-Seiten des *Ostdeutschen Arbeitskreises Hochtaunus* (eingesehen am 1.6.2002).
513 Vgl. Jens Mecklenburg, Handbuch deutscher Rechtsextremismus, 1996: 365.
514 Vgl. Antifaschistischer Autorenkollektiv 1996: 235.
515 Vgl. ebd. 244.
516 Zit. nach ebd. 236 und 367.
517 Ebd. 237.
518 WWW-Seiten zum Sudetendeutschen Tag (eingesehen am 1.6.2002).

deutschen Landsmannschaft in Österreich (SLÖ).[519] Auch im Bund der Vertrieben (BdV) konnte der Witikobund erheblichen Einfluss geltend machen.[520]

Der Witikobund pflegt weitläufige Kontakte. Meist kommen diese durch eine gleichzeitige Mitgliedschaft eines Witikonen in anderen Organisationen und Gruppierungen, zustande. Nicht selten besetzen Witikonen, entsprechend der oben angeführten Strategie, dort Schlüsselpositionen. Der Einfluß des Witikobundes erstreckt sich über das radikal rechte Spektrum hinaus in Wirtschaft und Politik.[521] Verbindungen bestehen ins rechts-konservative Lager. In den 70er Jahren nahmen an den „Reichsgründungsfeiern" des Witikobundes unter anderem Aktivisten der → Wiking-Jugend (WJ) teil.[522] Und in den 80er Jahren stand der Witikobund in Beziehung zum Hilfskomitee Südliches Afrika (HSA), dessen Schwerpunkt in der Rechtfertigung der Apartheid liegt.[523] Reger Kontakt besteht zu zahlreichen Organisationen des rechtsradikalen Spektrums. Der Witikone und ehemalige Vorsitzende des Witikobundes, Dr. Walter Staffa, ist Vorstandsmitglied der Deutschen Studiengemeinschaft (DSG), als auch Mitglied im Bundesvorstand der SL.[524] Staffa ist zudem, wie auch der Witikone Alfred Ardelt Co-Autor des von Rolf-Josef Eibicht und Anne Hipp herausgegebenen Buches „Der Vertreibungsholocaust. Politik zur Wiedergutmachung eines Jahrtausendverbrechens", welches im Jahr 2000 im → NPD-eigenen → Deutsche Stimme-Verlag erschienen ist. Beim Bundestreffen der Jungen Landsmannschaft Ostpreußen (JLO) im November 2000 in Thüringen, an dem auch Übelacker teilnahm, wurde über eine Kooperation von Witikobund und JLO gesprochen.[525] Bereits in einer Erklärung vom 22.7.2000 stellte Dirk Pott für den Bundesvorstand der JLO klar: „Mit ihm [i.e. dem Witikobund e.V.] verbindet uns das gemeinsame Streben nach einer gerechten Lösung der Vertriebenenfrage und nach der völkerrechtsgemäßen Vollendung der Einheit Deutschlands in Frieden und Freiheit als wichtigen Voraussetzungen für ein partnerschaftliches Nebeneinander souveräner europäischer Völker. Dabei respektieren beide Seiten die besonderen Schwerpunkte, die sich der jeweilige Partner für sein heimatpolitisches Wirken gesetzt hat".[526] Zur Ausweitung seines Einflusses gründet der Witikobund diverse organisationsübergreifende Vorfeldorganisationen, wie das „revisionistische" Deutsche Seminar.[527]

Die Jungen Witikonen (JW) standen bzw. stehen in Kontakt zum Beispiel zum Sturmvogel, einer Abspaltung der Wiking-Jugend, zum Freibund (ehemals Bund Heimattreuer Jugend BHJ)[528] und zum Nationaleuropäischen Jugendwerk. Mit letzterem führten die JW gemeinsam die „Deutschlandpolitischen Seminare" durch.[529]

---

519 WWW-Seiten der Sudetenpost (eingesehen am 1.6.2002).
520 Vgl. Antifaschistisches Autorenkollektiv 1996: 237.
521 Vgl. ebd. 239.
522 Vgl. ebd. 240.
523 Antifaschistisches Autorenkollektiv 1996: 240.
524 Interview mit Dr. Walter Staffa: „Heimatpolitik in Vergangenheit und Zukunft", in: WWW-Seiten der Wiener Nachrichten Online (eingesehen am 14.5.02).
525 „JLO-Treffen am Kyffhäuser", in: WWW-Seiten der Jungen Landsmannschaft Ostpreußen e.V., Landesverband Baden-Württemberg (eingesehen am 20.2.2002).
526 O. A. „Erklärung des Bundesvorstandes" vom 22.7.2000, in: WWW-Seiten der Jungen Landsmannschaft Ostpreußen e.V. (eingesehen am 14.5.2002).
527 Antifaschistisches Autorenkollektiv 1996: 241.
528 Ebd. 1996: 244.
529 Ebd. 1996: 244.

Bedeutung: Durch seine weitläufigen Kontakte und zahlreichen personellen Überschneidungen mit zahlreichen Gruppierungen, Organisationen und Parteien ist der *Witikobund* in einer für ihn günstigen Ausgangssituation, seine Ideen unters „Volk" zu bringen, zumal sich der Einfluss des *Witikobundes* weit über das rechtsradikale Spektrum hinaus in Wirtschaft und Politik erstreckt. Erleichtert wurde das Agieren des *Witikobundes* nicht zuletzt dadurch, dass der Verfassungsschutz die politische Orientierung des *Witikobundes* lange Zeit übersehen zu haben scheint. Erst 2001 räumte das Bundesamt für Verfassungsschutz „eine Verdichtung von Anhaltspunkten für rechtsextremistische Bestrebungen" ein.[530]

---

530 Ulla Jelpke, „Verfassungsschutz bemerkt den Witikobund: Verdichtung von Anhaltspunkten für Rechtsextremismus" in: http://www.klick-nach-rechts.de/gegen-rechts/2001/04/witiko.htm (eingesehen am 4.6.2002).

2. Verlage/Vertriebe/Versandhandel

Andromeda Versandbuchhandel

> **Gründung**: 1995
>
> **Sitz**: Nürnberg
>
> **Eigentümer/Leiter**: Anke Herrmann
>
> **Autoren/Titel im Angebot**: u.a. → Jan Udo Holey (alias Jan van Helsing, „Der Dritte Weltkrieg"), → Alain de Benoist („Aus rechter Sicht" Band I + II), Léon Degrelle („Hitler: Geboren in Versailles"), Bücher des → *Grabert Verlages* (u.a. „Die Thule-Gesellschaft" oder „Geschichtliche Entlastung Deutschlands – Ein Alptraum für deutsche Politiker?"), Bücher des → *ARNDT-Verlages* (u.a. „Der ewige Deutschenhaß – Hintermänner und Nutznießer des Antigermanismus" oder „Deutschland verblödet – Wem nutzt der dumme Deutsche?")
>
> Das Angebot umfaßt ebenfalls Titel von Autoren und Verlagen, die keinesfalls zum rechtsradikalen Spektrum zu zählen sind. Des weiteren bieten der Versand und die Buchhandlung auch andere Artikel an wie beispielsweise Videos, CD's, MC's, ätherische Öle, Räucherstäbchen, Schmuck, Edelsteine oder Tarot-Karten.

Programmschwerpunkte: Das Angebot des *Andromeda Versandbuchhandels* und des gleichnamigen Buchladens umfasst hauptsächlich Bücher. Daneben werden auch einige Videos und Tonträger angeboten. Thematische Schwerpunkte sind eine Mischung aus Esoterik, Verschwörungstheorie, Ufologie, Heidentum und Publikationen der sogenannten Neuen Rechten.

Auf der Homepage erklärt der Versand den Grund seines Angebotes und der thematischen Ausrichtung. Dabei drücken sich die Autoren in einer seltsamen Weise aus, die geheimnisvoll und konspirativ wirkt: „Als wir im Fruehjahr 1995 die Buchhandlung Andromeda eroeffneten, war uns allen noch gar nicht bewusst, welches enorme Informationsdefizit offenbar innerhalb der einschlaegig interessierten Leserschaft herrscht. Wir hatten damit gerechnet, dass das eine oder andere Buch schwer zu besorgen sein wuerde, dass viele gute Titel bereits seit Jahren unauffindbar oder konfisziert bzw. zensiert waeren. Aber wir hatten keine Ahnung, welches Ausmass die ‚Flurbereinigung' innerhalb der deutschen Buecherlandschaft schon damals angenommen hatte..."[531] Was mit „einschlägig" gemeint ist, wird nicht näher erläutert. Später im Text wird jedoch deutlich, was mit „Flurbereinigung" gemeint ist: „Hinzu kam, dass zum Zeitpunkt der ersten Ausgeban gerade eine Buchkonfiszie-

---

531 Zit. nach der Homepage des *Andromeda Versandhandels* (eingesehen am 25.2.2002).

rungs-Welle Deutschland und die Schweiz ueberrollte, der auch Jan van Helsings Buecher ‚Geheimgesellschaften 1' und ‚Geheimgesellschaften 2' zum Opfer fielen".[532] Der in rechtsextremen Kreisen positiv rezipierte Esoteriker Jan Udo Holey, alias Jan van Helsing, wird ein persönlicher Freund des Versandhauses genannt.[533]

Andromeda soll „ein alle Parameter, Glaubenssysteme und Wertungen zulassendes Gefuege mit genug Platz fuer JEDE Art von Denken, Fuehlen und Handeln" sein.[534]

Historischer Überblick: Nach eigenen Angaben wurde der Buchhandel im Frühjahr 1995 eröffnet. *Andromeda* recherchierte nach besagter „einschlägiger Literatur" und bot rund um die oben genannten Themen Bücher, Videos und Tonträger an. Angeblich trug der Versand allerhand Material zusammen und knüpfte diverse Kontakte zu anderen Autoren, Verlagen, Wissenschaftlern und Spezialisten.

Der *Versand* fing an eine Publikation mit dem Namen „*Inside Andromeda*" zu veröffentlichen, die mittlerweile die Nummer 57 erreicht hat. In dieser Publikation werden neben Buchlisten beispielsweise Leserbriefe zu Jan van Helsings Büchern, Texte von → Alfred Mechtersheimer oder Beiträge einschlägiger Personen abgedruckt. Die Texte decken die gesamte Bandbreite der oben genannten Themen des Buchhandels ab. In vielen Texten werden die Schwerpunkte Verschwörungstheorie, Ufologie und die Debatte um Jan van Helsing immer wieder deutlich.

Bedeutung: Der *Andromeda* Versandbuchhandel und der Buchladen bedienen mit ihrem Angebot hauptsächlich einen Personenkreis, der aus der „Esoterik-Szene" stammt. Der Versand ist mit seinem Angebot jedoch im esoterisch-rechtsradikalen Spektrum anzusiedeln. Es werden Publikationen wie die antisemitischen und weltverschwörungstheoretischen Bücher von Jan van Helsing genauso angeboten, wie Bücher zu den Themen Druiden, Kelten, Engel, Atlantis, Ufos oder Numerologie.

Dass Weltverschwörungstheorien im Kern oft antisemitisch ausgerichtet sind, wird hier erneut sichtbar. Auf der Angebotsliste des Versands im Internet sind dementsprechend die Themen „Illuminati & Geheimregierungen, Logen, Politisches & Wirtschaft" einem Themenbereich zugeordnet.

Armanen-Verlag

Gründung: vermutlich 1976 (Gründung des → *Armanen-Ordens*)

Sitz: Köln

Eigentümer/Leiter: Adolf und Sigrun Schleipfer (alias Freifrau von Schlichting)

Autoren/Titel im Angebot: → Alain de Benoist, Julius Evola, Bücher zur sogenannten „Ariosophie" des Österreichers Guido von List

---

532 Ebd. (eingesehen am 25.2.2002) (Fehler im Original).
533 Zu Holey vgl. den Beitrag von F.P. Heller in diesem Band.
534 Zit. nach der Homepage des *Andromeda Versandhandels* (eingesehen am 25.2.2002).

Programmschwerpunkte: Beim *Armanen-Verlag*, einem Versandbuchandel, handelt es sich um den hauseigenen Verlag des → *Armanen-Ordens*. Über den Versandbuchhandel kann man „das ideologische Rüstzeug"[535] der Armanen beziehen. In einer Anzeige des *Armanen-Verlags* heißt es: „Ständig eine große Auswahl von Büchern aus allen Bereichen der naturreligiösen Kulturbewegung am Lager, fast alle Werke von Guido v. List lieferbar, umfangreiches Antiquariat esoterischer und kulturhistorischer Veröffentlichungen!"[536]

Guido von List begründete die sogenannte „Ariosophie", eine Lehre von der „rassischen" Überlegenheit der „Arier". In dieser Lehre verband von List rassistische Elemente der Theosophie mit einer heidnisch-völkisch-esoterischen Runenlehre.

Historischer Überblick: Der *Armanen-Orden* wurde 1976 von Adolf Schleipfer gegründet. Er ging aus der 1969 neugegründeten *Guido von List Gesellschaft* hervor. Vermutlich wurde zeitgleich mit der Gründung des *Ordens* auch der Versandbuchhandel eröffnet. Er bedient seitdem die rechtsradikale Esoterik- und Heidenszene mit Material.

Enge Verbindungen bestehen – schon auf personeller Ebene – zwischen dem *Armanen-Orden*, dem gleichnamigen Verlag und der *Arbeitsgemeinschaft Naturreligiöser Stammesverbände Europas* (ANSE).[537] Sigrun Schleipfer ist eine der zentralen Personen der *ANSE*. Diese Organisation gilt als eine Vorfeldorganisation des *Armanen-Ordens*, weil dieser sich in der Öffentlichkeit eher zurückhält.[538] Die internationale Vernetzung des Verlages (wie des *Ordens*) wird u.a. auch in einer Verlinkung auf der Webpräsenz des amerikanischen *Order of the Knights of Runes* deutlich, wo der Verlag als „official publishing house of the Armanen-Orden, the guardians of Armanen wisdom in Mitgard" bezeichnet wird.[539]

Bedeutung: Der *Armanen-Orden* und sein gleichnamiger Verlag bieten Literatur für das heidnisch-germanisch-esoterische Publikum. In einer Presseerklärung des *Rabenclans – Arbeitskreis der Heiden in Deutschland e.V.*, eines antirassistisch ausgerichteten Vereins, heißt es: „Einen bislang unterschätzten Aspekt in der Auseinandersetzung mit rassistischen Gruppen und Tendenzen in Deutschland stellt die Heidenszene dar. Unter dem Deckmantel neopaganistischer Religiösität werden hier rassistische Anschauungen vertreten, die sich aus den selben Quellen speisen wie schon die Nazi-Ideologie. Eine zentrale Funktion hat dabei der ‚Armanenorden' inne, um den sich fast die gesamte Heidenszene Deutschlands schart, wobei diese Strukturen in der Regel verschleiert werden. Der Führungsanspruch und die Strategie des ‚Armanenordens' ist vielen neuheidnischen Gruppierungen selbst nicht oder nur teilweise bewußt. Dadurch gelingt es dem ‚Armanenorden', die eindeutig rassistischen Elemente seiner Ideologie aus dem öffentlichen Blickfeld zu schieben."[540]

---

535 Vgl. Franziska Hundseder, Wotans Jünger. Neuheidnische Gruppen zwischen Esoterik und Rechtsradikalismus, 1998: 128.
536 Vgl. *Huginn und Muninn* Nr.12/1999, S. 1.
537 Vgl. Anton Maegerle, „Neuheidentum und neugermanische Glaubensgemeinschaften", in: *Der Rechte Rand* 14/1991, S. 9f.
538 Vgl. Jens Mecklenburg, Handbuch deutscher Rechtsextremismus, 1996: 367f.
539 Vgl. Webseite des *Order of the Knights of Runes* (eingesehen am 10.6.2002).
540 O.A., „Pressemitteilung zum Rassismus in Deutschland – bestehende Strukturen im neuheidnischen Deckmantel", in: http://www.rabenclan.de/presse4.htm (eingesehen am 10.6.2002).

ARNDT-Verlag (ARNDT-Buchdienst/Europa-Buchhandlung, Lesen & Schenken GmbH)

> **Gründung**: 1963
>
> **Sitz**: Kreis Plön (Schleswig-Holstein)
>
> **Eigentümer/Leiter**: Dietmar Munier
>
> **Autoren/Titel im Angebot**: „Ausländer Stopp – Handbuch gegen Überfremdung", eine Broschüre von → Günter Deckert, „Goebbels, Macht und Magie", von → David Irving, „Verbrechen an der Wehrmacht" von Franz W. Seidler (Hrsg.), erscheint im angegliederten *Pour le Mérite-Verlag*, „Der ewige Deutschenhaß. Hintermänner und Nutznießer des Antigermanismus", von Gustav Sichelschmidt, „Mit ruhig festem Schritt. Aus der Geschichte der SA", von Wilfried von Oven.

Programmschwerpunkte: Der *ARNDT-Verlag* hat seinen Schwerpunkt auf „Revisionismus" gelegt. Der Verlag veröffentlicht hauptsächlich Werke, die die Kriegsschuld des 3. Reiches und die Verbrechen der Wehrmacht verharmlosen sollen. Dagegen werden „alliierte Kriegsverbrechen" gesetzt. Der *ARNDT-Verlag* stellt eine Zweigniederlassung der *Lesen & Schenken Verlagsauslieferung und Versandgesellschaft mbH* dar. Dietmar Munier ist ebenfalls Geschäftsführer von *Lesen & Schenken*, die nach eigenen Angaben für den *ARNDT-Verlag*, den *Orion-Heimreiter-Verlag* und die *Europa-Buchhandlung* ausliefert.[541] Im Katalog der *GmbH* 1998 schreibt Munier im Vorwort: „An der Spitze aller Verhöhnungen und Verleumdungen dieser Tage steht zweifelsfrei die linksextremistisch motivierte Ausstellung gegen die deutsche Wehrmacht. Mit ihrer Kriminalisierung (das hatte nicht einmal das Nürnberger Siegertribunal gewagt!) soll die Generation der Weltkriegsteilnehmer insgesamt zu Verbrechern gestempelt werden. Aber nicht nur die – gemeint sind wir alle: ‚Seht nur, dazu ist jeder einzelne Deutsche fähig – Mord als Nationalcharakter' (...) Wie gerne würden wir die Toten ruhen lassen, aber notorische Geschichtsfälscher und die Ehre unserer Soldaten lassen uns keine Wahl: Mit dem Buch ‚Verbrechen an der Wehrmacht' wollen wir das unsrige dafür tun, daß unsere toten Soldaten unbefleckt in fremder Erde ruhen dürfen".[542] Munier bezeichnet den Verlag als „zeitgeschichtlich engagierten Verlag und Versandhandel".[543]

Über den *Lesen & Schenken*-Katalog kann man die verschiedensten Dinge beziehen, wie z.B. Bücher zu „revisionistischen" Themen, Wehrmachtssoldaten-Statuen und Büsten, Wikinger- und Bismarck-Gemälde, Geschirr, Schmuck mit germanischen Symbolen, Pfefferminzplätzchen, einen Fernsehsessel und einen Elektroschocker.[544]

Historischer Überblick: 1983 wurde der Verlag, der 1963 von Heinz von Arndt gegründet wurde, von Dietmar Munier übernommen. Munier publiziert von Anfang an Bücher zum Thema „Revisionismus".[545] Verschiedene Bücher des britischen Holocaust-Leugners → David Irving werden vom *Arndt-Verlag* beworben.

In den Rundschreiben des *ARNDT-Verlages* macht Munier immer wieder Werbung für seine *Aktion Deutsches Königsberg*. Dabei handelt es sich um eine 1991 gegründete Initiati-

---

541 Vgl. Anschreiben zum *Lesen & Schenken*-Bestellkatalog vom 12.2.1998.
542 Zit. Dietmar Munier, Vorwort, in: *Lesen & Schenken* Bestellkatalog 31/1998, S. 1
543 ebd.
544 Vgl. ebd. 31/1998.
545 Vgl. Mecklenburg, Handbuch deutscher Rechtsextremismus, 1996: 398f.

ve Muniers, die die Ansiedlung Rußlanddeutscher im russischen Teil des ehemaligen Ostpreußens fördern will. Ihm geht es dabei um die „Regermanisierung" dieser Gebiete und die faktische Infragestellung der Oder-Neiße-Grenze.[546] 1992 gründete Munier den *Schulverein zur Förderung der Russlanddeutschen in Ostpreußen e. V.*, der im ehemaligen Ostpreußen die *Deutsche Schule Trakehnen* betreibt. Im folgenden Jahr wurde von ihm *Gesellschaft für Siedlungsförderung in Trakehnen m. b. H.* gegründet.

1996 wurde von russischer Seite ein Einreiseverbot für Munier verhängt. Seitdem sind Muniers direkte Aktivitäten in diesem Gebiet zurückgegangen.[547]

Bedeutung: Der *ARNDT*-Verlag mit seinen Ablegern gilt als einer der größten und wichtigsten Verlage im rechtsradikalen Lager der Bundesrepublik.[548] Obwohl z.B. der angegliederte *Pour le Mérite–Verlag* auch Bücher nicht-rechtsradikaler Autoren veröffentlicht, dienen diese gleichwohl aber einem rechtsradikalen Diskurs.

In der Diskussion um die Ausstellung zu den Verbrechen der Wehrmacht des Hamburger *Institutes für Sozialforschung* konnte der Verlag mit seinen Veröffentlichungen Akzente setzen.[549] Der für seine deftigen Attacken bekannte Dietmar Munier agitierte auch im Vorwort seines neuen Versandkataloges (34.Folge/2002) „kräftig gegen Spitzenpolitiker der im Bundestag vertretenen Parteien, allen voran gegen führende Vertreter der Regierungskoalition".[550] So wird Bundeskanzler Gerhard Schröder als „Juso-Marxist, Wiedervereinigungsgegner, Vertriebenenverächter und PDS-Hofierer" denunziert und Außenminister Joschka Fischer als „Kriegstrommler und Demokratieverächter" beschimpft. Munier ruft dazu auf, Deutschland vor diesen „Zerstörern" und „Deutsch-Selbsthassern" zu schützen.[551]

Deutsche Stimme Verlags GmbH

Gründung: 1976 (Ersterscheinung der *Deutschen Stimme* am 5. Januar 1976)

Sitz: seit Januar 2000 in Riesa (Sachsen)

Eigentümer/Leiter: Geschäftsführer der Verlagsgesellschaft mbH sind Erwin Kemna und → Holger Apfel (letzterer ist ebenfalls Chefredakteur der *Deutschen Stimme*), Herausgeber der *Deutschen Stimme* ist der → *NPD*-Parteivorstand, mit Sitz in Berlin.

Autoren/Titel im Angebot: u.a. *Deutsche Stimme* (*NPD*-Parteiorgan seit 1976), Rolf-Josef Eibicht (*Vertreibungsholocaust*), Holger Apfel (*Alles Große steht im Sturm*), → Jürgen Schwab (*Deutsche Bausteine*)

Programmschwerpunkte: Im Verlagsprogramm des *Deutsche Stimme Verlages*, bzw. des Versandes, befinden sich neben diversen Eigenpublikationen Erscheinungen anderer ein-

---

546 Ebd. 1996: S.343f. und „Dossier: Aktion Deutsches Königsberg (ADK)", in: http://www.idgr.de (eingesehen am 10.6.2002).
547 Antwort der Bundesregierung auf die Kleine Anfrage der Abgeordneten Ulla Jelpke und der Fraktion der *PDS*, Drucksache 14/5635/2001, S. 2f.
548 Vgl. Verfassungsschutzbericht des Bundes 2000: 109.
549 Ebd. 2000: 109
550 o.A., „Munier hetzt gegen Regierungsmitglieder", in: *blick nach rechts*, Nr. 8/2001, S. 14.
551 Ebd.

schlägiger Verlage. Über den Versand des Verlages kann man sich nicht nur mit Literatur versorgen, sondern u.a. auch mit Videos, Tonträgern, Wandschmuck, Schmuck und Uhren, Flaggen, Personen-Kontroll-Metalldetektoren, Büsten, Wachsfackeln, Aufnähern, Aufklebern, Kleidung sowie Schwertern und Messern.[552]

Die wichtigste Publikation ist die monatlich erscheinende *Deutsche Stimme (DS)* als Parteiorgan der → *NPD*. Nach eigenen Angaben soll die *DS* als Parteiorgan eine Alternative zur „bürgerlichen Presse"[553] darstellen. Neben dem eigenen parteigebundenen Publikum sollen breitere Schichten der „verschiedenen nationalen Strömungen" angesprochen werden, und die „teilweise noch unterentwickelte Diskussionskultur der Nationalisten" soll gefördert werden.[554]

Historischer Überblick: Der Verlag gibt seit 1976 die *Deutsche Stimme* heraus. Er wurde gegründet, um endlich eine parteieigene Zeitung zu schaffen, deren Herausgeberschaft in den Händen des *NPD*-Parteivorstandes liegen sollte.[555]

Die erste Ausgabe der *Deutschen Stimme* erschien im Januar 1976. Anfangs besaß das Blatt eine Auflagenstärke von 100.000 Exemplaren.[556] Ende der achtziger Jahre erhöhte sich die Auflage um nochmals ca.100.000 auf 200.000 Exemplare.

Zu Beginn der 90er Jahre mußte die *Deutsche Stimme* starke Auflagenrückgänge hinnehmen. Aufgrund der entstandenen finanziellen Notlage, wurde das Angebot von Büchern und Videokassetten ausgeweitet. Ferner wurden Werbeanzeigen geschaltet.[557]

Mit der Stabilisierung der Partei in den folgenden Jahren wurde auch das Lay-Out der Zeitung verbessert. Seit einiger Zeit besitzt die *Deutsche Stimme* eine Internetausgabe. Als Parteiorgan besitzt die *Deutsche Stimme* eine bestimmte Funktion innerhalb der *NPD*. Sie bereitet der Partei einen Teil der ideologischen Basis und soll ebenso über die Parteistrukturen hinweg Menschen ansprechen. Mittlerweile erscheint die *Deutsche Stimme* nur noch in einer Auflagenhöhe von 10.000 monatlich.

1999 kaufte der *Deutsche Stimme Verlag* den *Donner-Versand GbR* auf. Ehemalige Geschäftsführer des einschlägigen Versandes waren zwei Ex-Mitglieder der verbotenen → *Nationalistischen Front (NF)*.[558] Die beiden ehemaligen Geschäftsführer sollen ebenfalls im Umfeld der *Sauerländer Aktionsfront (SAF)* aktiv gewesen sein (→ *Kameradschaften/Freie Nationalisten*).

Im Angebot des *DS*-Versandes erkennt man auch die Hinwendung der Partei zu subkulturellen Zusammenhängen. Beispielsweise kann man über den Versand T-Shirts und Aufnäher bestellen, die eindeutig in der rechtsextremen Skinhead-Szene verwendet werden.

Auch andere Artikel weisen auf die rechtsextreme Schwerpunktausrichtung des Angebots hin. Neben den schon erwähnten einschlägigen Büchern wie z.B. Publikationen der sogenannten Neuen Rechten, erhält man über den Versand Videos über die Deutsche Wehrmacht, Poster von Ian Stuart Donaldson, dem verstorbenen Bandleader der rechtsextremen Band *Skrewdriver*, Reichskriegs- und Keltenkreuzflaggen sowie „White Power"-T-Shirts, Aufkleber und Aufnäher. Speziell für den Vertrieb der Musik ist die dem Verlag angegliederte *Pühses Liste* zuständig, ein eigener kleiner Versandkatalog des einschlägig bekannten → Jens Pühse. Pühse

---

552 Vgl. Katalog der *Deutschen Stimme Verlagsgesellschaft mbH* 2000.
553 Zit. nach Jürgen Distler, „Auf steinigen Pfaden. Geschichte und Gegenwart der nationaldemokratischen Presse", in Holger Apfel (Hrsg.), Alles Große steht im Sturm, 1999: 323.
554 Ebd.: 323.
555 Vgl. ebd.: 318ff.
556 Vgl. Uwe Hoffmann, Die NPD. Entwicklung, Ideologie und Struktur, 1999: 435ff.
557 Ebd.: 436.
558 Vgl. Verfassungsschutzbericht Nordrhein Westfalen 1998: 126.

ist ehemaliger Aktivist der *Nationalistischen Front* und der → *Jungen Nationaldemokraten (JN)*, der schon 1993 den *Blitzversand* und wenig später den *Tonträgervertrieb Jens Pühse* aufbaute. 1997 wurde *Pühses Liste* in die *DS-Verlags GmbH* integriert.

Unter strengen Auflagen konnte am 8. September 2001 im sächsischen Grimma ein *DS-Pressefest* organisiert werden, an dem ca. 1500 Personen teilnahmen. Strömender Regen wie maue Musik trugen dazu bei, dass die Veranstaltung zu einem Reinfall wurde, so dass der Organisator Jens Pühse sogar im Jahre 2002 freien Eintritt bei Vorlage eines Tickets des Jahres 2001 gewähren will.[559] Dieses Pressefest fand am 3. August im niedersächsischen Königslutter statt, als Redner waren mit David Duke (Vorsitzender *European-American Unity and Rights Organization – EURO*) und Nick Griffin (Vorsitzender *British National Party – BNP*) internationale Szene-Prominenz zugegen.

Bedeutung: Der Verlag besitzt mit der Herausgabe der *Deutschen Stimme* eine wichtige Funktion für die *NPD*. Sie ist mit ihrer Auflage (ca. 10.000 monatlich) eine der auflagestärksten Zeitungen im rechtsextremen Spektrum und besitzt damit über die *NPD* hinaus eine wichtige Bedeutung.

Der Verlag und Versand bedient mit seinem Angebot eine breite rechts orientierte Klientel. Neurechte Publikationen sind ebenso erhältlich, wie Bekleidung für rechtsextreme Skinheads. Zeitgleich mit der politischen Neuorientierung der *NPD* („Kampf um die Köpfe, Kampf um die Straße, Kampf um die Parlamente") und der politischen Öffnung hin zu neonationalsozialistischen Kreisen (*Kameradschaften/Freie Nationalisten*), wurde das Angebot um diverse Artikel erweitert, um auch für das subkulturell-rechtsextreme Umfeld interessant zu werden.

Im Falle eines Verbots der *NPD* würde laut der Anklageschrift des Bundestages vom März 2001 auch der *Deutsche Stimme Verlag* als Sonderorganisation der *NPD* verboten werden, was strammen Kadern wie z.B. Holger Apfel, einen empfindlichen Teil ihres Einkommens kosten würde.

Druckschriften- und Zeitungsverlags GmbH (DSZ-Verlag)

Gründung: 1958

Sitz: München

Eigentümer/Leiter: → Dr. Gerhard Frey (Geschäftsführerin des *FZ-Verlags* ist dessen Ehefrau Regine Frey)[560]

Autoren/Titel im Angebot: *National-Zeitung – Deutsche Wochen-Zeitung (NZ)*, die angegliederte *Freiheitliche Buch- und Zeitschriftenverlags GmbH (FZ-Verlag)* vertreibt u.a. mit Hilfe des seinerseits wiederum angegliederten *Deutschen Buchdienstes* Bücher (z.B. „Wer ist wer im Judentum Band 1 und 2, Band 2 mit dem Sonderkapitel Verheimlichte jüdische Dokumente", 1995 von David Korn oder „KZ-Lügen – Die Antwort auf Goldhagen", 1997 von Hartmut Stern), Tonträger (u.a. die CD *Deutschland, Deutschland über alles*), Medaillen (u.a. mit den Konterfeis von Rudolf Heß oder Generalfeldmarschall Erwin Rommel), Videos (z.B. *Die Landser – Nordkap*), diverse Karten und Flaggen.

---

559 Vgl. „Kritische Nachlese zum Deutsche Stimme Pressefest in Grimma" (Meldung vom 11.9. 2001), in: Webpage der *NPD*, (eingesehen am 9.6.2002).
560 Vgl. Bundesamt für Verfassungsschutz, Deutsche Volksunion (DVU). Strukturanalyse einer rechtsextremistischen Partei, 1998: 25f.

Programmschwerpunkte: In der *Druckschriften- und Zeitungsverlags GmbH (DSZ-Verlag)* erscheint die auflagenstärkste Publikation des rechtsradikalen Spektrums in der Bundesrepublik, die *National-Zeitung – Deutsche Wochen-Zeitung*. Die Zeitung fungiert als Organ der → *Deutschen Volksunion (DVU)*.

Der *DSZ-Verlags GmbH* ist die *Freiheitliche Buch- und Zeitschriftenverlags GmbH* angegliedert, die über ein reichhaltiges Angebot an verschiedensten Produkten verfügt, das sich offensichtlich an Käufer mit rechtsradikalen Einstellungen wendet.

Historischer Überblick: 1958 gründete der von Hause aus wohlhabende → Gerhard Frey die *Deutsche Soldaten-Zeitungs-Verlags GmbH*,[561] die 1968 in *Druckschriften und Zeitschriftenverlags GmbH* umbenannt wurde.[562] Er übernahm mit der Gesellschaft 50% der Anteile an der *Deutschen Soldaten-Zeitung*, die u.a. von ehemaligen Mitgliedern der *Waffen-SS* gegründet wurde.[563] Gerhard Frey arbeitete in den 50er Jahren an der *Deutschen Soldaten-Zeitung* mit.[564] 1960 kaufte er schließlich die restlichen Anteile vom bisherigen Herausgeber, dem *Schild-Verlag*, und änderte den Namen der Zeitung in *Deutsche Soldaten-Zeitung und National-Zeitung*. Ab 1963 erschien sie unter dem Namen *Deutsche National-Zeitung (DNZ)*.[565] Auch erschien sie nun nicht mehr nur monatlich, sondern wöchentlich, und der Inhalt des Blattes wurde umfangreicher. Mit der Übernahme der Zeitung stieg ihre Auflage von 27.500 im Jahre 1958 auf 60.000 Exemplare 1962.[566] Die *Deutsche National-Zeitung* sollte sich nach Freys Vorstellung als Wochenzeitung für das gesamte rechte Spektrum etablieren.

1963 erwarb Frey die Vertriebenen-Zeitungen *Schlesische Rundschau* und *Der Sudetendeutsche*, deren Inhalte in die *DNZ* eingegliedert wurden. In den 60er Jahren konnte Frey seinen Anzeigenteil durch Werbeanzeigen bekannter Firmen ausbauen, was sicherlich zu einem seriöseren Erscheinungsbild und zur fortschreitenden Etablierung des Blattes beitrug.[567] Die Auflage konnte bis Mitte der 60er auf ca. 100.000 Exemplare gesteigert werden.[568]

1969 sollte das Erscheinen der Zeitung aufgrund antisemitischer Berichterstattung eingestellt werden. Der damalige Bundesinnenminister Ernst Benda stellte beim Bundesverfassungsgericht einen Antrag nach Artikel 18 GG, um das weitere Erscheinen zu unterbinden und Frey das „Grundrecht auf freie Meinungsäußerung" zu entziehen.[569] Der Antrag wurde 1974 vom Bundesverfassungsgericht abgelehnt.

1971 gründete Frey neben der → *DVU* den *Deutschen Anzeiger (DA)*, der als ihr Organ fungierte. 1986 kaufte Frey die *Deutsche Wochen-Zeitung (DWZ)* auf, die sich hauptsächlich revisionistischer Themen annahm. Ursprünglich wurde die *DWZ* von ehemaligen → *NPD*-Funktionären herausgegeben (u.a. Adolf von Thadden).[570] Die Inhalte der *National-Zeitung* und der *DWZ* glichen sich sehr schnell an und waren oft fast deckungsgleich. 1991 integrierte Frey den *Deutschen Anzeiger* in die *DWZ*, die von da ab *Deutsche Wochen-*

---

561 Vgl. Uwe Backes, Patrick Moreau, Die extreme Rechte in Deutschland, 1993: 40
562 Vgl. Bundesamt für Verfassungsschutz, Rechtsextremistische Bestrebungen im Internet, 2000: 18
563 Vgl. Annette Linke, Der Multimillionär Frey und die DVU, 1994: 73
564 Vgl. Backes/Moreau 1993: 40.
565 Vgl. Linke 1994: 75; und Britta Obszerninks, Matthias Schmidt, DVU im Aufwärtstrend – Gefahr für die Demokratie?, 1998: 25.
566 Vgl. Linke 1994: 75.
567 Ebd. 75ff.
568 Ebd. 76.
569 Ebd. 78.
570 Ebd. 79.

Zeitung – Deutscher Anzeiger hieß. Die inhaltliche Übereinstimmung blieb nach wie vor erhalten. Ab der Ausgabe 36 vom 3. September 1999 folgte der inhaltlichen Gleichsetzung auch der formelle Zusammenschluß.[571] Seitdem existiert eine wöchentlich erscheinende Zeitung mit dem Namen *National-Zeitung – Deutsche Wochen-Zeitung (NZ)*. Mittlerweile ist die Auflage auf 45.000 Exemplare wöchentlich zurückgegangen.

Die ehemaligen Publikationen der *DSZ-Verlags GmbH* zeichneten sich durch reißerisch aufgemachte Artikel aus, die an den Stil von Boulevard-Zeitungen erinnern. Die heutige *NZ* führt diesen Stil fort. Die Inhalte besitzen deutlich rechtsradikale Charakterzüge.

Bedeutung: Die Bedeutung des *DSZ-Verlags* liegt in der ungeheuren Kontinuität der Herausgabe der *National-Zeitung – Deutschen Wochen-Zeitung*. Die *NZ* ist immer noch die auflagenstärkste Publikation im rechtsradikalen Lager. Sie kann aufgrund der Person Freys und seiner Funktionen im Verlag und der Partei praktisch als Presseorgan der *DVU* bezeichnet werden. Die revisionistische, antisemitische, nationalistische und zuweilen rassistische Agitation der *NZ* besitzt mit ihrer hohen Auflage allerdings eine große Wirkung über das Personenspektrum der *DVU* hinaus. Ebenso erreicht der angegliederte Buch- und Versandhandel der *FZ-Verlags GmbH* mit seinem Angebot große Teile der rechtsradikalen Szene.

Der *DSZ-Verlag* versorgt Teile des rechtsradikalen Spektrums in der Bundesrepublik mit einer Zeitung, die eine ideologisierende Wirkung besitzt, und diversen Artikeln, mit denen sich neonazistische Kreise bis zu rechtskonservativ ausgerichtete Personen ausstatten können.

Der finanzielle Aspekt für Frey und seine Familie ist hierbei sicherlich nicht zu vernachlässigen. Der erhebliche Profit den Frey mit seinem Verlagsimperium erzielt, half ihm in der Vergangenheit, den Motor seiner eigenen Partei, der *DVU*, am Laufen zu halten. Freys Geschäfte werden von Teilen der rechtsextremen Szene, so u.a. Teilen der → *NPD*, sehr kritisch gesehen.

Grabert Verlag (Hohenrain Verlags GmbH)

Gründung: 1953 (1985 *Hohenrain Verlags GmbH*)

Sitz: Tübingen

Eigentümer/Leiter: Bis zu seinem Tode 1978 Herbert Grabert. Danach übernahm sein Sohn, Wigbert Grabert, den Verlag.

Autoren/Titel im Angebot: u.a *Deutschland in Geschichte und Gegenwart* (Vierteljahresschrift), der *Euro-Kurier* (zweimonatlich erscheinendes Informationsblatt), zahlreiche „revisionistische" Werke wie u.a. 1961 „Der erzwungene Krieg", von David Leslie Hoggan; 1979 „Der Auschwitz-Mythos" von → Wilhelm Stäglich; 1981 „Feuerzeichen – Die ‚Reichskristallnacht'" von Ingrid Weckert, 1994 „Grundlagen zur Zeitgeschichte" von → Germar Rudolf (Ehename: Germar Scheerer, Pseudonym u.a.: Ernst Gauss)

Im *Hohenrain Verlag* erschien u.a. 1999 „Deutschland soll deutsch bleiben. Kein Einwanderungsland, kein Doppelpaß, kein Bodenrecht" von Heinrich Lummer oder 2001 „Schöne Vernetzte Welt. Eine Antwort auf die Globalisierung" von → Alain de Benoist.

---

571 Innenministerium des Landes Nordrhein-Westfalen, Verfassungsschutzbericht 1999: 74

Programmschwerpunkte: Der Schwerpunkt des Verlages liegt auf dem „Revisionismus". Ab 1972 öffnet sich der Verlag den Themen der französischen *Nouvelle Droite*.[572] Neben den „rein revisionistischen" Werken, verfügt der Verlag in seinem Programm auch über andere ideologische Publikationen der radikalen Rechten aus dem In- und Ausland sowie Bücher zu den Themen Zeitgeschichte, Politik, Vor- und Frühgeschichte, Philosophie und Kunst.

Die Vierteljahresschrift *Deutschland in Geschichte und Gegenwart*, die ebenfalls ihren Schwerpunkt auf „Revisionismus" legt aber auch zu tagespolitischen Themen Stellung bezieht, gilt als eines der bedeutendsten Ideologieorgane der radikalen Rechten in der Bundesrepublik.[573]

Dem Verlag ist die *Versandbuchhandlung Grabert* angeschlossen. Die Versandbuchhandlung bietet ebenfalls Publikationen anderer einschlägiger Verlage an.

Gleichzeitig ist Wigbert Grabert Geschäftsführer der *Hohenrain Verlags GmbH*. Dieser Verlag ist ein Tochterunternehmen des *Grabert Verlages*, dessen Programm sich an ein breiteres Publikum wendet. Dort erscheinen Bücher zu den Themen Euro, Globalisierung oder multikulturelle Gesellschaft.[574]

Historischer Überblick: 1953 gründete Herbert Grabert, ehemaliger Mitarbeiter des *Reichsministeriums für die besetzten Ostgebiete*, den Verlag, der anfangs noch unter dem Namen *Verlag der deutschen Hochschullehrerzeitung* existierte. Daneben gründete er einen Verein, der als publizistisches Forum für ex-Nazi-Dozenten der deutschen Hochschulen fungieren sollte.[575] Dieser Verein besaß eine eigene Publikation, die sich ab 1972 dann in *Deutschland in Geschichte und Gegenwart* umbenannte.

Ab den 60er Jahren spezialisierte sich der Verlag auf Geschichtsrevisionismus. Die bekannteste Publikation dazu ist das 1961 erschienene Buch von David Leslie Hoggan „Der erzwungene Krieg", in dem der Autor die deutsche Kriegsschuld leugnet. Teile des Inhalts wurden als gefälscht entlarvt.[576]

1979 erschien im *Grabert Verlag* „Der Auschwitz-Mythos" des Hamburger Finanzrichters → Wilhelm Stäglich. Er erklärte in diesem Buch viele Passagen aus dem Protokoll der Wannsee-Konferenz schlicht für sinnwidrig. Damit stünden sie im Verdacht, nachträglich hinzugefügt worden zu sein. Würde man diese Stellen aus dem Protokoll streichen, würde der wahre Sinn der Konferenz erkennbar werden. Ein solchermaßen „zensiertes" Protokoll der Wannsee-Konferenz, besitzt einen gänzlich anderen Inhalt und zeugt „von den fürsorglichen Bestrebungen des NS-Regimes, den Juden neuen Lebensraum im Osten zu verschaffen".[577]

1981 erschien ein Buch von Ingrid Weckert, der ehemaligen Vorsitzenden der *Antizionistischen Aktion* → Michael Kühnens, mit dem Titel „Feuerzeichen. Die ‚Reichskristallnacht'. Anstifter und Brandstifter – Opfer und Nutznießer". In diesem Buch weist Weckert kurzerhand „den Juden" die Schuld an der Reichspogromnacht zu.[578]

---

572 Vgl. Jens Mecklenburg, Handbuch deutscher Rechtsextremismus, 1996: 411f.
573 Vgl. Anton Maegerle „Leugner aus Tübingen", in der *taz* vom 11.2.1995: 32.
574 Vgl. Verfassungsschutzbericht des Bundes 2001: 128f.
575 Vgl. Anton Maegerle „Leugner aus Tübingen", in der *taz* vom 11.2.1995: 32.
576 Vgl. Jürgen Zarusky, „Die Leugnung des Völkermords", in Wolfgang Benz (Hrsg.), Auf dem Weg zum Bürgerkrieg?, 2001: 63ff.
577 Zit. nach ebd. 2001: 69.
578 Vgl. Anton Maegerle „Leugner aus Tübingen", in der *taz* vom 11.2.1995: 32.

1998 wurde Wigbert Grabert vom Amtsgericht Tübingen wegen Volksverhetzung zu einer Geldstrafe verurteilt.[579]

Im *Hohenrain-Verlag* erschien u.a. auch das Buch von Heinrich Lummer mit dem Titel „Deutschland soll deutsch bleiben: kein Einwanderungsland, kein Doppelpaß, kein Bodenrecht", in dem der Berliner Ex-Senator vor „Überfremdung" der Deutschen warnt und sich ebenso für die „Erhaltung" des deutschen Volkes und der deutschen Kultur ausspricht.[580]

In der Vergangenheit wurden mehrere Bücher des Verlags beschlagnahmt und von der Bundesprüfstelle für jugendgefährdende Schriften indiziert, gerichtlich verboten und eingezogen.

Bedeutung: Der *Grabert Verlag* gilt als einer der bedeutendsten, ältesten und größten Verlage des deutschen Rechtsradikalismus. Er deckt mit seinem Angebot und dem seines Tochterunternehmens, ein breites Spektrum an rechter Literatur ab. Einige im Verlag erschienene Bücher werden von „Revisionisten" gerne zitiert und als Beweise für ihre „Thesen" herangezogen.

Aufgrund seiner zahlreichen und teilweise für die rechtsradikale Szene bedeutenden Publikationen, ebenso wie aufgrund der Kontinuität des Verlages, besitzt dieser eine überaus wichtige Rolle als „Ideologiebereiter" innerhalb des deutschen Rechtsradikalismus.

Nation Europa Verlag GmbH

Gründung: 1951
Sitz: Coburg (Bayern)
Eigentümer/Leiter: Bis 1996 war → Peter Dehoust Hauptgesellschafter der Verlagsgesellschaft. Mittlerweile ist → Harald Neubauer Mehrheitseigner[581]
Autoren/Titel im Angebot: u.a. *Nation & Europa – Deutsche Monatshefte* (nachfolgend abgekürzt *Nation & Europa* genannt), erscheint monatlich.

Programmschwerpunkte: In der Selbstdarstellung des Verlages[582], bezeichnet dieser sich als überparteiliche Einrichtung, die aber „Partei ergreift". Der Verlag setzt sich ein u.a. „Für ein einiges Deutschland in einem Europa freier Völker und für den Nationalstaat als bewährtes Ordnungsprinzip", für „eine wirtschaftliche und soziale Solidargemeinschaft des Volksganzen und für die nationale Präferenz auf dem Arbeits- und Wohnungsmarkt". Rechtsradikalen Denkens entsprechend wird weiterhin gekämpft für „den Schutz aller Völ-

---

579 Vgl. Verfassungsschutzbericht des Landes Nordrhein-Westfalen 1998: 126f.
580 Siehe Klappentext des Buches: Heinrich Lummer, Deutschland soll deutsch bleiben: kein Einwanderungsland, kein Doppelpaß, kein Bodenrecht, 1999.
581 Vgl. Thomas Pfeiffer, Für Volk und Vaterland. Das Mediennetz der Rechten – Presse, Musik, Internet, 2002: 146.
582 Vgl. Webpage von *Nation & Europa* (eingesehen am 12.6.2002).

ker vor Überfremdung, Ausbeutung und ‚globalisierender' Gleichmacherei" und für „demokratischen Patriotismus in Deutschland".[583]

Der Verlag ist u.a. weiterhin gegen „einen EU-Vielvölkerstaat mit zentralistischem Kommissariat in Brüssel als Vorstufe zur ‚One World', gegen „die ‚multikulturelle' Zerstörung der Volksidentität, gegen Masseneinwanderung und Asylmißbrauch" sowie gegen „die zunehmende Einschränkung bürgerlicher Freiheitsrechte, gegen ‚political correctness', Zensur und eine Geschichtsschreibung unter Strafrechtsdiktat".[584]

Die wichtigste und bekannteste Publikation ist die monatlich erscheinende Zeitschrift *Nation & Europa*. In ihrem Inhalt geht es meist um revisionistische und fremdenfeindliche Themen sowie um den Ausbau der Vernetzung der europäischen Rechten. Das Organ gilt als bedeutendste rechtsradikale Strategie- und Theoriepublikation in Deutschland. Ziel der Zeitschrift ist die Einheit der Rechten in Europa.[585] Anton Maegerle meint zur *Nation & Europa*: „Der Titel der 1951 erstmals erschienenen Zeitschrift ‚Nation Europa' ist Ausdruck der Ersetzung von ‚Deutschland' durch ‚Europa'. Der Titel ist programmatisch gemeint".[586] Diese „europäische Ausrichtung" stellt keinen Widerspruch zur oben genannten Kritik an der Europäischen Union dar. Gemeint ist hier die Europakonzeption der sogenannten Neuen Rechten.[587]

In den Artikeln lässt sich ein eindeutiger Trend zur „Ethnisierung der Berichterstattung" erkennen.[588]

Der *GmbH* ist ein Buchdienst angegliedert, der Bücher über die *Waffen-SS*, über den Zweiten Weltkrieg, zum Thema Revisionismus, Publikationen von Autoren der sogenannten Neuen Rechten, Bücher zum Thema Germanen, Videos hauptsächlich über den Zweiten Weltkrieg, Poster mit germanisch-mythologischen Abbildungen und Aufkleber („Unsere Soldaten sind keine Verbrecher" und „Holocaust-Industrie: Schluß mit der Abzockerei") vertreibt.[589]

Historischer Überblick: Die Zeitschrift mitsamt des Verlags, wurde 1951 durch den ehemaligen Chef der Bandenbekämpfung im Führerhauptquartier und ex-*SS*-Sturmbannführer, Arthur Ehrhardt, sowie den Schriftsteller und *SA*-Mann Herbert Böhme gegründet. Zu diesem Zeitpunkt hieß sie *Nation Europa*. Der Titel der Zeitschrift ist auf einen Begriff des englischen Rechtsextremisten Oswald Mosley zurückzuführen, der 1947 von der „Nation Europa" sprach und darunter das „rassisch überlegene Zentrum der Erde"[590] verstand. Die *SS* diente aufgrund ihres übernationalen Charakters als Vorbild dieser Vorstellung von Europa.[591]

Im Jahre 1990 wurde der Titel in *Nation & Europa – Deutsche Monatshefte* umgewandelt. Grund war die Fusion der Zeitschrift mit den *Deutschen Monatsheften* des Verlegers Gerd Sudholt.

Ehrhardt besaß bis zu seinem Tode 1971 die Anteilsmehrheit (52%) am Verlag. → Gerhard Frey übernahm zuvor im Jahre 1965 kurzzeitig 31% des Anteils an der GmbH.[592]

---

583 Zit. ebd. (eingesehen am 12.6.2002).
584 Zit. ebd. (eingesehen am 12.6.2002).
585 Vgl. Pfeiffer 2002: 145ff.
586 Zit. Anton Maegerle, „Das Europa der Rassisten", in *blick nach rechts*, Nr. 08/1996: 2.
587 Vgl. ebd., S. 2f.
588 Vgl. Pfeiffer 2002: 175f.
589 Vgl. Verlagsangebot auf der Webpage von *Nation & Europa* (eingesehen am 25.3.2002).
590 Zit. Anton Maegerle, „Das Europa der Rassisten", in *blick nach rechts*, Nr. 08/1996: 2.
591 Vgl. Pfeiffer 2002: 146.
592 Ebd., 2002: 146.

Frey zog sich aber sehr schnell wieder aus der Gesellschaft zurück. → Peter Dehoust, heutiger Mitherausgeber der Zeitschrift, übernahm von Erhardt die Mehrheit am Verlag bis 1996. Ab diesem Zeitpunkt ist → Harald Neubauer Mehrheitseigner und ebenfalls Mitherausgeber von *Nation & Europa*.[593]

Neben Dehoust und Neubauer, wird der verstorbene, ehemalige *NPD*-Vorsitzende Adolf von Thadden als Mitherausgeber genannt.[594]

Nation & Europa erscheint im DIN-A5-Format mit einer Auflage von ca. 15.000 Exemplaren monatlich. Viele der Autoren sind in rechtsradikalen Organisationen unterschiedlichster Couleur aktiv.[595] Unter Ihnen befinden sich viele prominente Namen der Rechten in Europa. In der Vergangenheit haben Personen wie etwa Julius Evola, → Alain de Benoist, Jean-Marie Le Pen oder Bruno Mégret für *Nation & Europa* geschrieben. → Franz Schönhuber besitzt eine regelmäßige Kolumne in der Monatszeitung.

Bedeutung: Die Bedeutung des Verlages liegt in der Herausgabe der *Nation & Europa*. Diese Zeitschrift gilt als wichtigstes Theorieorgan im deutschen Rechtsradikalismus. Mit Hilfe der sogenannten neurechten Autoren, besitzt die Zeitschrift große Wirkung auf Personen auch außerhalb des rechtsradikalen Spektrums. Der Wirkungsbereich des Heftes auf das sogenannte Scharnierspektrum, scheint mittlerweile sogar größer zu sein, als auf den eindeutig rechtsextremen Bereich.[596]

Auch dank ihrer Kontinuität und langen Existenz, konnte die Zeitschrift an der Vernetzung der Rechten in Europa mitarbeiten. Ebenso hat die Zeitschrift zur Intellektualisierung des Rechtsradikalismus beigetragen.

Verlag und Agentur Werner Symanek (VAWS)

Gründung: Mitte der 80er Jahre

Sitz: Oberhausen (die Postfachadresse befindet sich in Duisburg)

Eigentümer/Leiter: Werner Symanek

Autoren/Titel im Angebot: Bücher (wie u.a. „Leicht entflammbares Material" – eine Biographie über die Band *Forthcoming Fire* oder „Unter falscher Flagge" – ein vom „VAWS-Pressebüro" herausgegebenes Buch, in dem es um angebliche Machenschaften der Stasi, des Mossad und des „westdeutschen Verfassungsschutzes" geht), Videos (u.a. „Hitler, Himmler und der schwarze Orden der SS" oder „Templer, Katharer und die Weltverschwörung der Freimaurer"), Tonträger (u.a. eine CD von der Band *Blood Axis*) sowie diverse Produkte wie Hemden oder Postkarten. Druck und Vertrieb der *Unabhängigen Nachrichten* (*UN*) werden von Symaneks VAWS übernommen.[597]

---

593 Ebd. 2002: 146.
594 Vgl. Webpage von *Nation & Europa* (eingesehen am 25.3.2002).
595 Vgl. Pfeiffer 2002: 147ff.
596 Ebd. 2002: 175f.
597 Vgl. Thomas Pfeiffer, Für Volk und Vaterland. Das Mediennetz der Rechten – Presse, Musik, Internet 2001: 185.

Programmschwerpunkte: Auf der Homepage des Verlags heißt es: „Hier ist sie endlich, die pädagogisch äußerst bedenkliche Website von VAWS. Provokation ist unsere Stärke. Geheimdienste ziehen wir magisch an."[598] Zum Ziel der Verlagsagentur heißt es weiter: „Wir sind ausgezogen, um das letzte bißchen Wissen in dieser Republik zu sammeln und (vielleicht) zu retten. Was Sie bei uns finden, ist die Essenz des Kritischen, der Hintergrund des Verschwiegenen und die Vorboten des Verbotenen."[599]

Diese verschwörungstheoretisch anmutende Ausdrucksweise wird durch das Angebot des Verlags bekräftigt. Unter den angebotenen Büchern findet man viele Publikationen zu Geheimdiensten, Politskandalen und Verschwörungstheorien.[600] Im Angebot befinden sich auch von Symanek herausgegebene Bücher, wie eines über Aktfotografie der NS-Zeit oder „Deutschland muß vernichtet werden".[601] Im zuletzt genannten Buch geht es um die „beiden Kriegsbegeisterten Roosevelt und Churchill" und um angebliche US-amerikanische sowie britische Pläne zur „Vernichtung" Deutschlands. Die angebotenen CDs haben ihren Schwerpunkt auf Musik aus der Dark-Wave Szene. Unter den Videos befinden sich Titel die sich ebenfalls mit Verschwörungstheorien befassen.[602]

Weiterhin druckt und vertreibt Symanek in seinem Verlag die *Unabhängigen Nachrichten*. Die *Unabhängigen Nachrichten* werden vom *Unabhängige Freundeskreise e.V.* mit Sitz in Oberhausen herausgegeben. Bis zur Ausgabe 03/1999 diente die Postfachanschrift des Verlags von Werner Symanek in Bingen als Sammelanschrift des Blattes, danach ist eine Adresse in Oberhausen angegeben. „Für die Wahrung der Grund- und Bürgerrechte des Einzelnen, der Souveränität und Selbstbestimmung der Nationen, für das Heimatrecht der Völker im eigenen Land, für den Erhalt der Pressevielfalt und Meinungsfreiheit!"[603] ist als oberster Grundsatz der *UN* auf der Internetseite angegeben. Zu den Zielen heißt es: „Verpflichtet allein einem Ziel, das nicht ‚Vergangenheit' und nicht überholt ist, nach dem heute immer mehr Völker in aller Welt aufbrechen: der EINHEIT, FREIHEIT und UNABHÄNGIGKEIT, – der Zukunft unseres Volkes! Diesem Ziel dient unsere Arbeit. Argumente, Quellen und Zitate, die wir in der UN zusammenstellen, geben Ihnen Unterlagen für Ihre Aufklärungsarbeit im Bekanntenkreis, in Parteien, in Gruppen und Verbänden oder als Einzelkämpfer zu wirken, – jeder in seinem Bereich und nach seinen Möglichkeiten. Wenn Sie Ihren Teil dabei tun wollen, unterstützen Sie bitte unsere Arbeit".[604] Was mit „Aufklärungsarbeit" gemeint ist wird klar, wenn man sich die *UN* anschaut.

Die *UN* besitzen einen relativ eigenwilligen „Sie-wissen-schon-was-wir-meinen"-Stil. In der Regel werden bestimmte Meinungen der *UN* in der Publikation nicht deutlich ausgesprochen, sondern mehr oder weniger kommentarlos verschiedene Artikel aus anderen Zeitungen zitiert. Darin geht es dann um kriminelle Ausländer, um die Frage der Entschädigung der Zwangsarbeiter etc. Deutsche werden sogar mit der amerikanischen indigenen Bevölkerung verglichen, die mittlerweile in Reservaten lebe, da sie „Einwanderer" nicht erfolgreich stoppen konnten („Die Indianer konnten die Einwanderer nicht stoppen. Jetzt leben sie in Reservaten. Wenn SIE ihren Kindern das ersparen wollen, wehren sie sich!"[605]).

---

598 Zit. nach Homepage der *VAWS* (eingesehen am 6.6.2002). Die meisten Produkte können unter einer anderen Webadresse der *VAWS* online bestellt werden.
599 Zit. nach ebd. (eingesehen am 6.6.2002).
600 Vgl. Homepage des *VAWS* Mailorders (eingesehen am 6.6.2002).
601 Vgl. Homepage des *VAWS* (eingesehen am 6.6.2002).
602 Vgl. Homepage des *VAWS* Mailorders (eingesehen am 6.6.2002).
603 Zit. nach Webpage der *Unabhängigen Nachrichten* (eingesehen am 6.6.2002).
604 Ebd. Hervorhebungen im Original (eingesehen am 6.6.2002).
605 Zit. nach *Unabhängige Nachrichten* 07/1998, S. 10.

Weiterhin gibt es unter der Rubrik „Das Letzte" abgedruckte Artikel, wie beispielsweise eine Pressemeldung zur Verleihung des Bundesverdienstkreuzes an Steven Spielberg für seinen Film „Schindlers Liste", die folgendermaßen kommentiert wird: „Verdienstkreuze für Filmemacher, die dramaturgisch gekonnt (und gewinnbringend!) weltweit Stimmung machen gegen das ‚Vergessen der deutschen Schuld', dafür aber Gefängnis für Historiker wie Udo Walendy, die irgendetwas Widersprüchliches anzuzweifeln wagen" (→ Udo Walendy).[606] Auf weitere Erklärungen o.ä. wird verzichtet.

Historischer Überblick: Mitte der 80er Jahre gründete Werner Symanek seinen Verlag *VAWS*. Mit dem Angebot des Verlags, das wie oben beschrieben eine Mischung aus Geschichtsrevisionismus und Dark-Wave darstellt, versucht Symanek hauptsächlich auf die Dark-Wave-Szene einzuwirken. Dieser Versuch wurde durch die zeitweige Mitarbeit des in Dark-Wave-Kreisen bekannten Josef Klumb, alias Jay Kay, unterstützt, dem seit geraumer Zeit der Vorwurf gemacht wird, er würde versuchen die Dark-Wave-Szene mit rechtsradikalen Inhalten zu füllen. Die Tätigkeit im Verlag Symaneks beschreibt Klumb selbst allerdings als unbedeutend.[607]

Im Jahre 2001 wurden zwei Konten des Verlags von den jeweiligen Banken gekündigt. Die *UN* erscheinen seit 1969 monatlich mit einer gegenwärtigen Auflagenstärke von ca. 10.000 Exemplaren. Herausgeber ist der *Unabhängige Freundeskreise e.V.* Verlegt werden die *UN* aber vom *VAWS*. Die Zeitschrift erreicht große Teile des rechtsradikalen Spektrums. 1995 wurden die *UN* in den Verlagsräumen Symaneks beschlagnahmt.

Bedeutung: Der Verlag versucht sich mit seinem Angebot in der Dark-Wave-Szene zu etablieren. In den letzten Jahren konnten verstärkt Versuche von rechtsradikaler Seite beobachtet werden, die in der Dark-Wave- und Gothic-Szene ohnehin existenten Anknüpfungspunkte für völkische und verschwörungstheoretische Ideologien zu verstärken und diese Subkultur zu politisieren.

Die *UN* erreichen ein großes Spektrum von Rechtsradikalen und besitzen mit der Herausgabe seit 1969 eine hohe Kontinuität. Des weiteren bedient Symanek eine rechtsradikale Klientel, die von Holocaust- und Kriegsschuldleugnern bis zu Weltverschwörungsanhängern reicht.

Verlag Zeitenwende

Gründung: unbekannt

Sitz: Dresden

Eigentümer/Leiter: Sven Henkler

Autoren/Titel im Angebot: u.a. Vierteljahreszeitschrift *Hagal – Die Allumfassende* (offizielle Zeitschrift von *Synergon Deutschland*), *Mensch und Mythos*

---

606 Zit. nach *Unabhängige Nachrichten* 08/1998, S. 11.
607 Vgl. Pfeiffer 2001: 183ff.

Programmschwerpunkte: Der Verlag bringt die vierteljährlich erscheinende Zeitschrift *Hagal* heraus. Ihm angeschlossen ist ein kleiner Buchvertrieb.

Die Themenschwerpunkte der Zeitschrift sind eine Mischung aus Heidentum, Esoterik und Dark Wave sowie der Idee vom „Reich Europa". Letzteres ist an die europapolitischen Konzeptionen der sogenannten „Neuen Rechten" angelehnt.[608]

Der Buchvertrieb bietet u.a. Publikationen der „Neuen Rechten" an, wie z.B. die Broschüre *Ausbruch aus den Ideologien*, aus dem *Synergon-Forum*.[609] Neben Publikationen zu neuheidnischen Themen kann man über den Verlag auch das germanisch-mythologische Spiel „Der Weltenwandler" beziehen.

Neben den eigenen Produkten können über den Vertriebsdienst des Verlages *Zeitenwende* auch Publikationen anderer rechtsradikaler Verlage bezogen werden. Dazu gehören insbesondere der → *Grabert-* (Tübingen) und der *ARUN-Verlag* (Engerda/Thüringen).

Historischer Überblick: Genaue Angaben über den Zeitpunkt der Gründung des Verlags existieren nicht. Seit 1996 ist der Verlag den Verfassungsschutzbehörden in Sachsen bekannt.[610]

Anfang 2000 wurde in der Zeitschrift *Hagal* die Idee eines „eurasischen Reiches" aufgenommen. Schon einige Jahre zuvor, erschienen im Verlag Broschüren mit den Titeln „Reich Europa" und „Adler und Rose". In diesen Broschüren wurde die Abschaffung der Demokratie zu Gunsten eines autoritären Führerstaates gefordert sowie der Holocaust verharmlost.[611]

Seit 2000 existiert eine enge Zusammenarbeit mit der *Deutsch-Europäischen Studiengesellschaft* (*DESG*) und *Synergon Deutschland*.[612] Hierbei geht es um eine Stärkung eines speziellen Europa-Gedankens innerhalb der „Neuen Rechten". Auf der Webpage des Verlages wird für die „Europäischen Synergien" ausdrücklich geworben. Die Ziele dieser „Synergien" werden in der „Charta" von *Synergon* beschrieben. Hier wird u.a. die „Schaffung einer Synergie selbstbewußter Kräfte zur Umsetzung der Einheit eines Europas mit einem wirklichen Machtwillen" gefordert sowie die „Förderung der die Beziehungen und den Austausch zwischen Europäern ermöglichenden Bedingungen mit dem Ziel, die Freundschaft und das Verhältnis zu entwickeln, das zur Aufrichtung einer wahren Schicksalsgemeinschaft notwendig ist" und die „Anerkennung der herausragenden Stellung des europäischen Geistes, die dieser seit den Zeiten unserer heidnischen Vorfahren bis zu den heutigen Tagen besitzt".[613] Gemeint ist hier ein „Reich Europa" im Sinne der Neuen Rechten. Die Ideologie von der Überlegenheit einer Nation tritt hinter die Idee eines geeinten, „überlegenen" Europas. Der auf der Homepage des Verlags zitierte französische Ideologe der Neuen Rechten, Guillaume Faye, hatte vor mit dieser Bewegung: „alles, was die soziologische Rechte darstellt, zu überwinden, sich allen neuen Impulsen aus der Gesellschaft zu öffnen und konsequent der nostalgisch-folkloristischen Rechten eine definitive Absage" zu erteilen.[614] Die bisherige völkische Definition der radikalen Rechten von Nation und Volk, wird

---

608 Vgl. Jean Cremet, „Der Traum von Eurasien", in: *blick nach rechts* 10/2000, S. 4/5.
609 Vgl. Webpage des Verlags (eingesehen am 8.6.2002).
610 Vgl. Verfassungsschutzbericht Sachsen 2001: 80f.
611 Vgl. Verfassungsschutz Sachsen, http://www.sachsen.de/de/bf/verwaltung/verfassungsschutz/ extremismus/organisationen/verlage/inhalt_re.html (eingesehen am 3.4.2002).
612 Verfassungsschutzbericht des Bundes 2000: 100.
613 Vgl. Webpage des Verlags (eingesehen am 8.6.2002).
614 Zit. in „Die Europäischen Synergien: Wieso, Weshalb, Warum?", Webpage des Verlags (eingesehen am 8.6.2002).

somit um die europäische Dimension erweitert. Einfach formuliert geht es nicht mehr um „Deutschland den Deutschen", sondern um „Europa den Europäern".

Bedeutung: Dem Verlag kommt durch die Zusammenarbeit mit den neurechten Vordenkern eines „Reichs Europas", eine „Multiplikatorenrolle" zu. Diese konnte er nach bisherigen Erkenntnissen nicht sehr erfolgreich einlösen. Europapolitische Konzepte und Überlegungen innerhalb der radikalen Rechten werden allerdings aufgrund der Vernetzung in Europa zunehmend interessanter und Themen wie Globalisierung stehen auch auf der rechtsradikalen Tagesordnung ganz oben.[615] Ob der Verlag mit seiner Publikation *Hagal* dabei eine Rolle zu spielen hat, bleibt abzuwarten.

Der Verlag *Zeitenwende* organisiert verschiedene Veranstaltungen wie sog. Lesertreffen. Das „5. Zeitenwende-Lesertreffen" im März 2001 stand unter dem Motto „Der Gral – Der Mythos des Abendlandes". Im Umfeld der vom Verlag maßgeblich mitorganisierten „Synergon-Sommerakademie" ist auch der belgische Rechtsradikale und Generalsekretär der *Europäischen Synergien*, Robert Steuckers aktiv.[616]

Verlagsgesellschaft Berg mbH (VGB)

Gründung: 1991
Sitz: Inning (Bayern)
Eigentümer/Leiter: Dr. Gert Sudholt, Karl Richter (Chefredakteur)
Autoren/Titel im Angebot: u.a. „Schluss mit deutschem Selbsthass" (Horst Mahler, Franz Schönhuber), *Opposition – Magazin für Deutschland* (erscheint zweimonatlich).

Programmschwerpunkte: Neben militärhistorischen Werken und revisionistischen Publikationen finden sich im Angebot auch verschiedene Veröffentlichungen zu aktuellen politischen Themen. Neben diversen Büchern erscheint in der *Verlagsgesellschaft Berg mbH* auch das Magazin *Opposition*, das sich als Strategie- und Theorieorgan versteht. Nach Aussagen des Verlages werden „Bücher für die Mehrheit gemacht", da einer Umfrage zufolge 70% aller Deutschen stolz auf ihr Land seien. „Für diese schweigende Mehrheit verlegen wir Bücher".[617]

Historischer Überblick: Die *Verlagsgesellschaft Berg (VGB)* entstand 1991 aus den vormals selbstständigen Verlagen *Druffel*, *Kurt-Vowinckel* und *Türmer*. Sie wurde vom einschlägig bekannten Dr. Gert Sudholt gegründet, dem ehemaligen Vorsitzenden der → *Gesellschaft für Freie Publizistik (GFP)*.

Der *Druffel-Verlag* wurde 1952 von Helmut und Ursula Sündermann gegründet. Hier erschienen u.a. Memoiren diverser bekannter Personen des 3. Reiches, wie u.a. von Joachim

---

615 Vgl. den Beitrag von Thomas Grumke in diesem Band.
616 „Zeitenwende-Verlag veranstaltet Lesertreffen", in: *blick nach rechts* 3/2001, S. 15.
617 Zit. nach Roland Lory, „Mehrheit schweigt," in: *blick nach rechts* 18/2001, S. 7.

von Ribbentropp oder Hans-Ulrich Rudel.[618] 1972 verstarb Helmut Sündermann und sein Schwiegersohn, Gert Sudholt, führte die Geschäfte des Verlags fort.

1949 wurde der *Türmer-Verlag* von Herbert Böhme gegründet, der noch 1944 eine Professur für Philosophie an der deutschen Universität Posen übernommen hatte.

Schon in den 20er Jahren wurde der *Vowinckel-Verlag* von Kurt Vowinckel gegründet. Ebenso wie die anderen Verlage besaß er ein rechtsradikal ausgerichtetes Verlagsprogramm. Der Schwerpunkt der Verlage lag vorwiegend auf revisionistischen Publikationen.[619]

Die *VGB* gab sich in der Öffentlichkeit gemäßigter. In einer Mitteilung hieß es: „Mit dem hier erstmals vorgelegten Programm der VGB hoffen wir deutlich zu erkennen zu geben, daß wir – auch wenn wir uns ebenfalls an historischen und zeitgeschichtlichen Schwerpunkten orientieren – inhaltlich und thematisch andere Wege zu beschreiten gedenken als unsere Vorläufer."[620]

Seit 1998 erscheint in der *VGB* das Magazin *Opposition*. Mit der Zeitschrift soll die „nonkonforme Publizistik in Deutschland" gestärkt werden und der „authentischen Opposition in der Bundesrepublik" eine „überparteiliche, aktuelle und garantiert politisch inkorrekte Stimme" gegeben werden.[621] In der *Opposition* schreiben u.a. → Franz Schönhuber, → Reinhold Oberlercher oder → Alain de Benoist. Chefredakteur ist der Publizist Karl Richter, ein ehemaliges Mitglied der *Burschenschaft Danubia*, ehemaliger Chefredakteur der *Deutschen Rundschau* (→ *Deutsche Liga für Volk und Heimat*) und Redaktionsmitglied von *Nation & Europa* (→ *Nation Europa Verlag GmbH*).[622] *Opposition* versucht eine Art „Spiegel von Rechts" darzustellen. Es erscheinen Reportagen und Berichte aus der ganzen Welt. Zentrale Themen sind oft „Überfremdung", Zuwanderung und die „Folgen" einer multikulturellen Gesellschaft: „Multikulti allenthalben: Aber allzu viel ist ungesund."[623] Der Versuch, sich seriös zu geben, scheitert kläglich, wenn z.B. wie fast selbstverständlich das Buch des amerikanischen Rechtsextremisten David Duke, „My Awakening. A Path to Racial Understanding", besprochen und sehr wohlwollend über Duke geschrieben wird: „Insgesamt bietet ‚My Awakening' einen interessanten und beeindruckenden Einblick in das Leben eines von weiten Teilen des politischen Establishments verfemten Politikers. David Duke nimmt in seiner Autobiographie kein Blatt vor den Mund und zeigt dem Leser Details auf, die ihm ansonsten verborgen bleiben (...) Seine Perspektive ist naturgemäß eine amerikanische, doch viele Dinge, die Duke anspricht, können sicherlich auch auf europäische oder deutsche Verhältnisse übertragen werden."[624] Auch ist „Multikulti" im Zweifelsfall daran schuld, wenn es mit einer Fußballmannschaft nicht funktioniert: „Bundesliga-Aufsteiger Energie Cottbus wollte zeigen, wie man den deutschen Fußball aus seiner Misere führt: bei einem Spiel in Bremen präsentierte sich eine Mannschaft mit neun (in Zahlen 9) ausländischen Spielern (...) in der Bundesliga dümpeln die Cottbuser nach wie vor auf einem der letzten Plätze. Ob's am Multikulti-Rezept liegt?"[625]

---

618 Vgl. Uwe Backes, Patrick Moreau, Die extreme Rechte in Deutschland, 1993: 119f.
619 Ebd.
620 Zit. in Jens Mecklenburg (Hrsg.), Handbuch deutscher Rechtsextremismus, 1996: 433.
621 Werner Olles, „Immer noch kein Schluß mit lustig," in: *Junge Freiheit* 25/2001, S. 10.
622 Vgl. Volkmar Wölk, „Zur Renaissance der Geopolitik bei Neofaschisten und Konservativen," in: *Der Rechte Rand*, 17/1992, S. 7ff., Rainer Fromm, Barbara Kernbach, Hans-Gerd Jaschke, Am rechten Rand. Lexikon des Rechtsradikalismus, 1994: 41ff. und Jean Cremet, „Systemopposition," in: *blick nach rechts* 12/2000, S.4f.
623 Peter Winkelvoß, „Wer will schon deutsch sein?" in: *Opposition* 01/2002, S. 21.
624 Thorsten Thomsen, „Lebensansichten eines Verfemten," in: *Opposition*, 01/2001, S. 57.
625 O.A., „Multikulti-Fußball," in: *Opposition*, 06/2000, S. 27.

Mitglied im Redaktionsteam ist mittlerweile eigenen Angaben zufolge auch Josef Klumb, alias Jay Kay, dem zu Verschwörungstheorien neigenden ehemaligen Sänger der Band *Weissglut*.[626] Weitere Autoren schreiben auch für *Nation & Europa* (→ *Nation Europa Verlag GmbH*).[627] Inhaltlich handelt es sich bei der *Opposition* um ein „Parallel-Produkt" zu *Nation & Europa*.[628] Die politischen Inhalte der *Opposition* werden jedoch nicht ganz so offensichtlich wie in der *Nation & Europa* vermittelt.

Bedeutung: Vor allem mit der Herausgabe der *Opposition* versucht der Verlag, ein breiteres Publikum anzusprechen. Mittlerweile konnte sich das Magazin in der rechtsradikalen publizistischen Landschaft etablieren, allerdings nicht so wie ursprünglich geplant. Die *Opposition* ist weit davon entfernt so etwas wie der angestrebte „Spiegel von Rechts" zu sein, obwohl das Magazin bundesweit an Kiosken angeboten wird.

Die lange Geschichte der Vorläuferverlage und die durch den Zusammenschluss der Unternehmen erreichte Kontinuität der Publikationen, machen die *VGB* zu einem bedeutenden Verlag innerhalb der rechtsradikalen Szene mit einschlägigen, im rechtsradikalen Spektrum aktiven Autoren.

Wikingerversand

Gründung: unbekannt

Sitz: Geiselhöring bzw. Straubing (Bayern)

Eigentümer/Leiter: Wikinger GmbH

Autoren/Titel im Angebot: Bekleidung, Bücher, Tonträger, Schmuck, Fahnen, etc.

Programmschwerpunkte: Das Angebot des *Wikingerversands* richtet sich offenbar an rechtsextreme Skinheads und Neonazis. Nach eigenen Angaben möchte der Versand die „Szene sinnvoll politisieren".[629] Der Versand vertreibt teilweise selbst produzierte Kleidung. „Klassische" Firmen, mit denen sich Rechtsextreme i.d.R. ausstatten, wie beispielsweise *Lonsdale*, *Fred Perry* oder *Ben Sherman*, werden vom Versand bewußt nicht angeboten, weil diese nach eigener Aussage „nichts mit den ‚Rechten' zu tun haben wollen".[630] Der Versand betreibt professionelles „Merchandising"[631] und unterhält eine sehr professionelle, ständig überarbeitete Internetpräsenz nebst Online-Shop. Neben Kleidung bietet der Ver-

---

626 Vgl. Informationsdienst gegen Rechtsextremismus, „Josef Maria Klumb," http://www.idgr. de/lexikon/bio/k/klumb-josef/klumb.html (eingesehen am 9.6.2002).
627 Vgl. Innenministerium des Landes Nordrhein-Westfalen, Verfassungsschutzbericht 2000: 134f.
628 Vgl. Bundesministerium des Innern, Verfassungsschutzbericht 2000: S. 110.
629 Zit. in *blick nach rechts* 09/2001, S. 15.
630 Zit. ebd.
631 Merchandising beschreibt die Herstellung und den Verkauf von Produkten aller Art (Tassen, Spielfiguren, T-Shirts, Stifte, Brettspiele etc.), die gleichzeitig als Werbeträger für einen Film, eine Band usw. fungieren. Dieses Geschäft und der Begriff entstanden nach dem ersten Film der Star Wars Reihe des US-amerikanischen Produzenten und Regisseurs George Lucas. Mit Merchandise-Artikeln lässt sich i.d.R. sehr viel Geld verdienen.

sand u.a. auch Broschüren des *Deutschen Rechtsbüros* an, die Aktivisten über Themen wie „Hausdurchsuchungen" oder „Versammlungen" aufklären und vor staatlicher Repression bewahren sollen.

Historischer Überblick: Das Gründungsdatum des Versands ist nicht genau bekannt. Ab 1999 präsentierte er sich mit einer eigenen Homepage im Internet. Die gegenwärtige Internetpräsenz des Versands ist auf den ehemaligen stellvertretenden *JN*-Vorsitzenden von Bayern, Siegfried Birl, zugelassen, der auch (einer) der mutmaßliche(n) Eigentümer des Betriebs ist.

Über den *Wikingerversand* kann man sich von Nazi-Skinhead-T-Shirts, über Schermaschinen, bis zu einschlägiger Bekleidung für die Kinder alles bestellen, was das rechtsextreme Herz begehrt. Im Angebot befinden sich ebenfalls Met, Parfüm für den Herren (*Nationalist*) und für die Dame (*Walküre*). Die obligatorischen rechtsextremen Aufnäher, Pins, Schmuckstücke und Fahnen, fehlen ebensowenig wie Babybekleidung und zahlreiche Druckmotive, wie z.B. „Odin statt Jesus", „Mein Freund ist Deutscher" oder das Druckmotiv „White Power", bei dem neben der Schrift auch eine weiße Samenzelle abgebildet ist – nach eigenen Angaben ein Motiv für „Unterhose, Boxershort und Unterhemd".[632]

Bedeutung: Die Aufmachung und das Angebot des Versands lassen auf eine gewisse Professionalität der Macher schließen. Die Produkte sind zielgruppengerecht ausgewählt und dürften eine hohe Attraktivität auf die potentiellen Kundinnen und Kunden ausüben. „Eigene" Kleidung wirkt sich sicherlich positiv auf den Zusammenhalt in der rechtsextremen Szene aus und könnte durchaus eine politisierende Wirkung auf bisher eher diffus politisch agierende und schwach gefestigte jugendliche Skinheads besitzen. Nicht zu vergessen sind die hohen Gewinnmöglichkeiten, die in dieser Art von „Merchandising" des extrem rechten Gedankenguts steckt.

Im Zuge der Antirassismus-Initiativen der „klassischen" Firmenprodukte,[633] die bisher von Rechtsextremen bevorzugt in Deutschland gekauft wurden, bleibt abzuwarten, ob sich der Versand in Zukunft mit eigenen Produkten vielleicht sogar vergrößern kann.

---

632 Vgl. Webseite des *Wikingerversands* (eingesehen am 4.4.2002)
633 Z.B. macht die Firma *Lonsdale* ausdrücklich Werbung gegen Rechtsextremismus/Rassismus und distanziert sich eindeutig von dieser Art von Käufern, obwohl die Firma sicherlich viel Geld mit diesen Kunden machen könnte (und in der Vergangenheit auch gemacht hat). Vgl. den Beitrag von Lorenz Korgel und Dierk Borstel in diesem Band.

3. Bands/Musiker

14 Nothelfer

Bandmitglieder:	Gesang	Thomas Sattelberg
	Gitarre	„Wego"
	Gitarre	„Patt"
	Bass	„Ohmus"
	Schlagzeug	Michael
Gründungsjahr:	1996	
Heimatort/-region:	Pirna (Sachsen)	
Veröffentlichungen:	CD: „Einstand"	
	CD: „Hate'n Roll"	

Wichtige Auftritte: Zu einem gemeinsamen Konzert mit der schwedischen rechtsradikalen Band *Ultima Thule* und → *Kampfzone* (D) am 21.11.1998 in Dresden erschienen 800 Personen aus dem ambivalent unpolitischen bzw. aus dem rechten Skinheadspektrum. Im Mai 1999 hatte die Band einen Auftritt in Leipzig mit den eindeutig rechtsextremen Bands *Storm* (F), *Warlord* (GB), *Legion of St. George* (GB) und *Proissenheads* (D) vor ca. 1000 Nazi-Skins.

Zudem trat die Band im Oktober 1997 bei einem offiziellen „Konzert von jungen Nachwuchsbands des Landkreises" auf, das von der „Sächsischen Zeitung" und der „Sparkasse Pirna-Sebnitz" ins Leben gerufen bzw. unterstützt wurde. Die Band *14 Nothelfer* belegte bei diesem Konzert aufgrund des eindeutig rechtsextremen Publikums, das extra zu dieser Veranstaltung anreiste, den ersten Platz und strich einen Geldpreis ein.

Sonstige Aktivitäten/Informationen: Der Name *14 Nothelfer* kommt ebenfalls in der christlichen Mythologie vor und steht für 14 Heilige aus der Region der Sächsischen Schweiz. Es ist allerdings anzunehmen, daß die Band eher auf die 14[634] in dem Namen anspielt und sich darauf bezieht.

Thomas Sattelberg, ehemals Mitglied der → *Wiking-Jugend (WJ)* und Mitherausgeber der *WJ*-Zeitschrift *Trotzkopf*, war Mitbegründer der mittlerweile verbotenen *Skinheads Sächsische Schweiz (SSS)* und gehörte dem → *NPD*-Kreisvorstand Sächsische Schweiz an. Für den *NPD*-Kreisverband seiner Region baute Sattelberg einen Ordnerdienst auf. Ein weiteres wichtiges Mitglied der *SSS* mit Kontakt zur Band ist Uwe Leichsenring, der für die *NPD* im Stadtrat von Königstein sitzt und das Amt des *NPD*-Kreisgeschäftsführers bekleidete. Beruflich war Sattelberg bis zum Verbot der *SSS* als Sozialpädagoge im Bereich Jugendarbeit bei der Arbeiterwohlfahrt in Pirna tätig.[635]

---

634 Die Zahl 14 spielt in der Neonazi-Symbolik auf den Slogan des militanten amerikanischen Rassisten David Lane an: „We must secure the existence of our people and a future for white children".
635 Mitteldeutscher Rundfunk: *MDR-Fakt*, Sendung vom 15.1.2001.

Bedeutung: Mittlerweile ist die Band zu einer nicht nur regional, sondern auch bundesweit bekannten Größe im Rechtsrockbereich avanciert, die im Vergleich zu anderen lokalen Bands schon mit „Szene-Größen" (siehe wichtige Auftritte) aufgetreten ist und in vielen Fanzines positiv besprochen wird. Die Bandmitglieder bezeichnen sich selbst als „freundschaftlich verbunden" mit der *NPD*, mit → *Blood & Honour* (Sachsen) und den *Skinheads Sächsische Schweiz* (*SSS*).[636] Kontakte hat die Band auch zur *White-Warrior-Crew Sebnitz*, einem Ableger der *Skinheads Sächsische Schweiz*.[637] Aufgrund der engen Vernetzung mit Teilen der *Skinheads Sächsische Schweiz* wurde durch die Band zum einen die *SSS* überregional bekannt gemacht, zum anderen profitierte die Band selbst vom Ruf und den Kontakten der *SSS*.

Carpe Diem

Bandmitglieder:	Gesang, Bass Ralf H. Gitarre Kay Bunn (ehemals → *Noie Werte*) Gitarre Gernot D. Schlagzeug Sascha D.
Gründungsjahr:	1998, aufgelöst 2001
Heimatort/-region:	Raum Stuttgart (Baden-Württemberg)
Veröffentlichungen:	Demo-CD „Frei geboren"

Wichtige Auftritte: Diverse Konzerte in Deutschland, Frankreich und der Schweiz.

Sonstige Aktivitäten/Informationen: Einige der Bandmitglieder betreiben ein eigenes Label *IDM-Records* (= „Identität durch Musik") in Esslingen. Mitglieder dieser Initiative sind unter anderem die rechte Neofolk-Band *Von Thronstahl* des ehemaligen *Weissglut*-Musikers Josef Maria Klumb, die Skinhead-Band *Nordwind*, sowie die Heavy-Metal-Band *Megalith*.[638]

Bedeutung: Musikalisch konnte die Band in der rechtsradikalen Szene nicht Fuß fassen und löste sich nach vier Jahren wieder auf. Einzig die Bemühungen der Musiker um ein Musikrichtungen übergreifendes Netzwerk waren und sind von Erfolg gekrönt. Die Homepage der Initiative *Identität durch Musik* (*IDM*), vor allem deren Internetforum erfreuen sich großer Beliebtheit und schaffen den Brückenschlag zu anderen Musikszenen. Vorbild der Initiative *IDM* ist der französische Vorläufer *Rock Identitaire Français* (*RIF*), dem auch die Musiker von *Carpe Diem* beigetreten sind. *IDM* beeinflußte aber nicht nur die Musikszene, sondern auch rechtsradikale Theoriediskussionen. So gab die Band dem politischen Theorieorgan des organisierten Rechtsradikalismus *Nation & Europa* (Ausgabe 1/2001)[639] ein Interview und setzte dort wichtige Impulse zur Führung eines Diskurses um den Begriff der Identität, den sie selbst als nationalpolitisch versteht und völkisch herleitet.

---

636 *White Supremacy* Nr.2, 2000, S.4/5.
637 Ebd.
638 Internetseiten der *Initiative IDM*, eingesehen am 14.6.2002.
639 „Carpe Diem – eine Band stellt sich vor", in: *Nation & Europa*, Nr. 1/2001, S.55ff.

Daniel Eggers (†)

Heimatort/-region:	Grevesmühlen (Mecklenburg-Vorpommern)	
Veröffentlichungen:	CD 1996:	„Mit Schild und Schwert"
	CD 1996:	„Odins Land"
	CD 1996:	„Was unsere Väter einst schufen"
	CD 1997:	„Sag mir, daß du kämpfst"
	CD 1997:	„Lieder die wir einst sangen"
	CD 1997:	„Live in Teterow"
	CD 1997:	„Unter der schwarzen Fahne"
	CD 1998:	„Für die Freiheit singen und kämpfen wir" (mit Lars Hellmich)
	CD 1998:	„Nordische Klänge"
	CD 1998:	„Protest – Jugend am Boden"
	CD 1998:	„Die Zukunft setzt Zeichen"
	CD 1998:	„Schwarzes Korps"
	CD 1999:	„Wollt ihr den totalen Sieg"
	CD 2001:	„Frontkämpfer" (mit Ronny Papenbrock)
	CD 2001:	„Ruhm unserer Heimat"
	CD	„Lieber stehend sterben"
Arisches Blut	CD 1996:	„Unter Führers Befehl" *(indiziert 1997)*
	CD 1996:	„Das Vermächtnis des Führers" *(indiziert 1998)*
	CD 1997:	„Durch Ironie in die Knie"
	CD 1997:	„150 % deutsch" *(indiziert 1997)*
Schwarzes Korps	CD 1997:	„Dem Sieg entgegen"
Bonzenjäger	CD 1997:	„Gute Zeiten – Schlechte Zeiten" *(indiziert 1998)*
WAW Kampfkapelle	CD 2000:	„Der zweite Streich – Nur vom Feinsten" *(indiziert 2000)*

Wichtige Auftritte: Keine überregional bedeutenden Auftritte bekannt.

sonstige Aktivitäten/Informationen: Daniel Eggers hatte sehr gute Kontakte zur → *NPD*. Zudem publizierte Eggers unter den Namen *Arisches Blut, Schwarzes Korps, Bonzenjäger* und *WAW Kampfkapelle* eine Unzahl an CD's und Samplerbeiträgen.

Am 6.8.2001 tötete *Daniel Eggers* sich im Alter von 26 Jahren selbst.

Bedeutung: Mit über 500 verschiedenen Musikstücken war Eggers einer der bekanntesten und aktivsten rechten Musiker. Mit seinen verschiedenen Musikprojekten bediente er sowohl legale, als auch illegale Musikwünsche. So schlug er unter seinem richtigen Namen – Daniel Eggers – politisch gesehen eher gemäßigte Töne an, während er unter dem Pseudonym *Arisches Blut* offen den Nationalsozialismus verherrlichte, den Holocaust leugnete und zu Hass und Gewalt gegen die diversen Feindbilder des Rechtsextremismus aufrief.

Mit seinen verschiedenen Musikprojekten verursachte Eggers jedoch auch Streit innerhalb der rechtsextremen Szene. Laut einer Gedenkseite für Daniel Eggers im Internet wurden die ersten beiden CDs unter dem Pseudonym *Arisches Blut*, nach Eggers Selbstdarstellung unauthorisiert bei dem in Skandinavien ansässigen Label *NS-Records* veröffentlicht, obwohl er zu diesem Zeitpunkt einen Exklusivvertrag bei Torsten Lemmers Firma *Funny-Sounds* unterzeichnet hatte.

Obwohl Eggers mit der ursprünglichen Band *Weißer Arischer Widerstand Kampfkapelle* (*WAW*) nichts zu tun hatte, gab er sich für eine Veröffentlichung diesen Namen und brachte eine äußerst antisemitische und rassistische CD heraus. Die ursprünglichen Musiker der *WAW Kampfkapelle* reagierten sehr verärgert über die Veröffentlichung, waren jedoch rechtlich machtlos, da sie nicht als Bandmitglieder öffentlich in Erscheinung treten konnten.

Nach Daniel Eggers Selbstmord wurde innerhalb der rechtsextremen Szene das Gerücht gestreut, er sei im Zusammenhang mit dem *NPD*-Verbotsantrag und der V-Mann-Affäre ermordet worden.

Endstufe

Bandmitglieder:	Gesang, Gitarre		Jens „Brandy" Brandt
	Bass		Jens
	Schlagzeug		Armin
Gründungsjahr:	1981		
Heimatort/-region:	Bremen		
Veröffentlichungen:	Demo	1984:	„Gruß an Deutschland"
	Demo	1985:	„A way of life"
	Demo	1986:	„Die Party" (gemeinsam mit der nicht-politischen Skinhead-Band *Springtoifel*)
	LP/CD	1987:	„Der Clou" *(indiziert 1992, 1994)*
	LP/CD	1989:	„Skinhead Rock´n Roll" *(beschlagnahmt 1994)*
	Single	1990:	„Deutschland wir stehen zu Dir"
	Single	1990:	„Schenk noch einen ein"
	LP/CD	1990:	„Allzeit bereit" *(beschlagnahmt 1994)*
	Sampler	1991:	„No surrender Vol. IV"
	Sampler	1993:	„Norddeutscher Sampler"
	CD	1993:	„Glatzenparty"
	CD	1994:	„Schütze Deine Kinder"
	CD	1994:	„Raritäten 1983-1994" *(indiziert 1997)*
	MCD	1995:	„Die Welt gehörte uns"
	MC	1995:	„Rund um den Roland"
	Sampler	1996:	„The flame never dies"
	CD	1997:	„Der Tod ist überall"
	CD	1998:	„Wir kriegen Euch alle"
	CD	1998:	„Live in Mallorca"
	CD	1998:	„Victory"
	CD	1998:	„Wir sind die Straße"
	Sampler	1998:	„Resistance Greatest Hits"
	Sampler	1998:	„Die Deutschen kommen" *(Sampler indiziert 1998)*
	Sampler	1998:	„Skinhead Rock'n Roll"
	CD	1999:	„96/98"
	CD	1999:	„Renees wir lieben Euch"
	CD	2000:	„Mit den Jungs auf Tour"
	Projekte:	1991:	Störstufe (→ *Störkraft/Endstufe*)
		1994:	Mad Martens
		1997:	Grenadier (*Endstufe/Fortress/Bound for Glory*)
	CD	2001:	„Adrenalin-Bootboys Bremen" (mit Musikern der Hooligan-Band *Kategorie C*)

Wichtige Auftritte: Ihren Auftritt 1998 auf Mallorca bezeichnet die Band auf ihrer Homepage als den Höhepunkt der Bandgeschichte.

Sonstige Aktivitäten/Informationen: Das Label *Hanse-Records*, das Ladengeschäft *Mach 1*, sowie zwei Vertriebe und ein Skinheadfanzine stammen aus dem Umfeld bzw. von Mitgliedern von *Endstufe*.[640] Die Band unterhält zudem gute Kontakte zur Band *Kategorie C*, die ebenfalls aus Bremen stammt.

Bedeutung: *Endstufe* war eine der ersten Rechtsrockbands in Deutschland und veröffentlichte somit auch eines der ersten Rechtsrock-Alben überhaupt. Die Tatsache, dass sie ebenso wie die *Böhsen Onkelz* und *KDF*, offen, wenn auch sehr diffus, rechts auftraten, hat die Skinheadkultur in Deutschland entscheidend geprägt und prägt sie bis heute. Von Anfang an hatte durch diese Bands Skinheadsein in Deutschland ein weitaus rechteres Image als beispielsweise in England und zog dementsprechend auch weit mehr Rechtsextremisten an. Bis heute verkaufen sich die CD's der Band sehr gut, *Endstufe* sprechen selbst von mindestens 100.000 verkauften Tonträgern. Die Band ist jedoch kaum noch musikalisch aktiv, zumal die Bandmitglieder dem Jugendsubkulturalter entwachsen sind. Dennoch sind sie in verschiedenen Projekten aktiv und über die diversen kommerziellen Aktivitäten, vor allem das Label *Hanse-Records*,[641] sehr bedeutsam für die rechtsextreme Musik-Infrastruktur.

Jörg Hähnel

Heimatort/-region:	Frankfurt/Oder
Veröffentlichungen:	CD : „Lieder in klangloser Zeit"

Wichtige Auftritte: Hähnel tritt vor allem im Rahmen politischer Veranstaltungen auf, so zum Beispiel auf mehreren Bundesparteitagen der → *NPD;* auf der → *HNG*-Jahreshauptversammlung und im *NPD*-Wahlkampf in Berlin im Jahr 2001 wie auch → Frank Rennicke und die rechte Liedermacherin Annett Moeck.

Sonstige Aktivitäten/Informationen: Hähnel war 1997 Landesvorsitzender der → *Jungen Nationaldemokraten* (JN) Berlin-Brandenburg und war zu diesem Zeitpunkt Beisitzer im *JN*-Bundesvorstand.[642] Im September 2001 trat er auf dem Pressefest der → *Deutschen Stimme* in Grimma auf. Er organisiert regelmäßig Fahrten zu Veranstaltungen einschlägiger Organisationen im gesamten Bundesgebiet und war zeitweilig im Ordnerdienst der *Jungen Nationaldemokraten (JN)* tätig. Darüber hinaus tritt er selbst als Organisator und Anmelder diverser Szene-Aktivitäten in Erscheinung. So organisierte er 1996 den Bundeskongreß der *JN* in Leipzig mit und meldete Demonstrationen in Frankfurt/Oder an.[643]

---

640 Searchlight/Antifaschistisches Infoblatt/Enough is enough/rat (Hrsg.): White Noise, 2001: 85.
641 Ebenda: 90.
642 *Der Rechte Rand*, Nr. 49, Nov./Dez. 1997, S. 16.
643 Pressemitteilung der Opferperspektive Brandenburg vom 16.8.2001 (Internetausgabe eingesehen am 14.6.02).

Bedeutung: Vor allem öffentlichkeitswirksame Aktionen wie ein Singeabend im Altersheim oder eine Baumpflanzaktion 1998 in Frankfurt/Oder machten ihn weit über die Grenzen der rechtsextremen Szene hinaus bekannt und trugen dazu bei, dass er für die *NPD* in die Stadtverordnetenversammlung von Frankfurt/Oder gewählt wurde. Auch dort verbreitete er derart offen seine rechte Propaganda, dass er bereits aus einer Sitzung ausgeschlossen wurde.

Hähnel ist durch seine Doppelfunktion (*NPD*-Funktionär/Liedermacher) der Prototyp der politischen Instrumentalisierung von Musik. Dabei stellt er selbst Musik immer nur als ein Instrument zur politischen Willensbildung dar und misst der musikalischen Qualität nur eine untergeordnete Bedeutung bei.

Hate Society

Bandmitglieder:	Gesang: Bernd „Pernod" Peruch
Gründungsjahr:	nicht bekannt
Heimatort/-region:	Bamberg (Bayern)
Veröffentlichungen:	CD: „Hell's your place" CD: „Sound of racial Hatred" *(indiziert 2001)* CD: „Strength thru Blood" (gemeinsam mit der britischen *Blood & Honour*-Band *Razors Edge*)

Wichtige Auftritte: Im März 2001 spielte die Band gemeinsam mit den Bands *Blackshirts* (GB), *Oidoxie* (D), *Chingford Attack* (GB) und *Razors Edge* (GB) auf einem Gedenkkonzert für den verstorbenen deutschen *Blood & Honour*-Aktivisten *Marcel Schilf* in Großbritannien. Organisiert wurde dieses Konzert durch *Blood & Honour Scandinavia*.[644]

Sonstige Aktivitäten/Informationen: Recherchen der Zeitschrift *AIB* zufolge versuchte Bernd Peruch – ehemaliger Sektionsleiter von *Blood & Honour Franken* – gemeinsam mit Bernd Stehmann (Bielefeld) den *Blood & Honour* nahestehenden *Nibelungen-Versand* zu übernehmen.[645] Im Juni 1999 war Peruch zudem Gastgeber eines Organisationstreffens, an dem unter anderem eine Delegation der britischen Neonazi-Terror-Organisation *Combat 18* (*C18*) teilnahm.[646] Gerüchten zufolge soll der Sänger maßgeblich am Aufbau von *C18* Strukturen in der Region Bayreuth/Nürnberg beteiligt sein. Peruch soll zudem Verbindungsmann für einen Teil der CD-Produktion der britischen *Combat 18*-Band *Warhammer* in Europa gewesen sein und die Kontakte in die Schweiz für die Band geknüpft haben.[647]

Bedeutung: *Hate Society* positioniert sich eindeutig positiv zum Nationalsozialismus und ist eine der wenigen Bands, die sich öffentlich in ihren Liedern zu der englischen Terroror-

---

644 Homepage von *Blood & Honour* Scandinavia.
645 *AIB-Antifaschistisches Info-Blatt*, Nr. 49, Okt./Nov. 1999 (Internetausgabe, eingesehen am 14.6.02).
646 *Lotta – Antifaschistische Zeitung aus NRW*, Ausgabe Nr. 1, Winter 1999 (Internetausgabe).
647 *Searchlight Magazin*, April 2000: „Shut down the peddlers of hate." (Internetausgabe).

ganisation *C18* bekennt. Sie bewirkte damit ein gesteigertes Interesse der deutschen Szene am Aufbau von *C18* Strukturen und wird als eine der beiden *Combat-18*-Bands in Deutschland gehandelt.

Aufgrund der sprachlich sehr einfachen englischen Texte läßt sich die Musik sowohl national als auch international sehr gut vermarkten und hat *Hate Society* international zu einer der bekanntesten deutschen Rechtsrockbands werden lassen.

Kampfzone

Bandmitglieder:	Gesang	Denny Stöver
	Gitarrist	Andreas „Grütze"
	Bass	Danny
	Schlagzeug	Holm
Gründungsjahr:	1994	
Heimatort/-region:	Bernburg (Sachsen-Anhalt)	
Veröffentlichungen: EP	1996:	„Made in Germany"
Sampler	1997:	„Kraft durch Oi!"
CD/LP	1997:	„Kurze Haare, schwere Boots"
CD/LP	1998:	„Aussenseiter"
Sampler	1999:	„We will never die Vol.2"
EP	2001:	„Krieger mit Stolz"
CD	2002:	„Zwischen den Fronten"

Wichtige Auftritte: Gemeinsam mit der rechten schwedischen Band *Ultima Thule* und der eindeutig rechtsextrem einzuordnenden Band → *14 Nothelfer* (Pirna) trat die Band im November 1998 in Dresden vor etwa 800 Personen aus dem ambivalent unpolitischen Skinhead- und Punkspektrum auf.

Sonstige Aktivitäten/Informationen: Die Band hat einen Werdegang von einer nichtpolitischen Skinhead- und Punkband zu einer mittlerweile durchaus *RAC*-freundlichen[648] Skinhead-Band zu verzeichnen. Die Bandmitglieder von *Kampfzone* lassen sich vorzugsweise auf ihren CD-Covern mit T-Shirts ausländischer rassistischer Bands (*Nordic Thunder*, *Aggravated Assault* u.ä.) ablichten.

Auf ihrer Single „Krieger mit Stolz" ist Ian Stuart Donaldson, Begründer der *Blood & Honour*-Bewegung und Sänger der britischen rassistischen Skinheadband *Skrewdriver*, abgebildet.

Bedeutung: Textlich kann man *Kampfzone* kaum als *eindeutig* rechtsextrem bezeichnen, obwohl durchaus starke Tendenzen zu entdecken sind und selbst der Verfassungsschutz *Kampfzone* als rechtsextrem einstuft. Die Band spielt ganz offensichtlich mit rechten Darstellungen, ihre Mitglieder liebäugeln selbst mit rechten Bands, beharren jedoch auf dem

---

648 RAC steht für „Rock against Communism", ein Mitte/Ende der 1980er Jahre in England entstandener musikalischer Gegenpol zu der damals ins Leben gerufenen Musikbewegung „Rock against Racism" (RAR).

Image der unpolitischen Skinheadband. Durch die Möglichkeit für die Band, auf unpolitischen Skinhead- und Punkkonzerten aufzutreten, wo sie durchaus auch Songs offen rechtsextremer Bands nachspielen, bzw. die Möglichkeit für die Band, mit rechtsextremen Bands aufzutreten, stellen sie ein Bindeglied zwischen unpolitisch ambivalenter und rechtsextremer Skinheadszene dar und schaffen somit auch einen gewissen Grad an Akzeptanz für rechtsextreme Tendenzen in der unpolitischen Skinheadszene.

Kraftschlag

Bandmitglieder:	Sänger		Jens-Uwe Arpe
	Gitarre		Steve
	Bass		Patrick
	Schlagzeug		Holger Ingvarson
Gründungsjahr:	1989		
Heimatort/-region:	Elmshorn/Schleswig Holstein		
Veröffentlichungen:	Demo:		„Kraftschlag" *(indiziert 1994)*
	Demo:		„Live in Weimar" *(indiziert 1994)*
	CD/LP	1992:	„Trotz Verbot nicht tot" *(indiziert 1993)*
	MCD	1994:	„Unsere Zukunft" *(indiziert 1998)*
	CD	1995:	„Nordwind" *(beschlagnahmt 1998)*
	MCD	1997:	„Alles oder nichts"
	MCD	1997:	„Festung Europa"
	MCD	1997:	„Gegenwind"
	MCD	1997:	„Rechtsrock"
	MCD	1998:	„Wird dieses Land uns je verstehen?"
	CD:		„Mein Name ist Deutschland"
	CD	1997:	„Weiße Musik" (Kraftschlag-Solo)
	CD:		„Weiße Musik II" (Kraftschlag –Solo)
	EP	1996:	Kraftschlag/Mistreat (USA) „Waffenbrüder" *(indiziert)*
	CD	1998:	„Deutsch geboren"
	CD	1999:	„Nach zehn Jahren"
	CD:		„Wellenbrecher" (läuft unter *Rungholt*)
	CD	2001:	„12 Jahre...Musik wie brennendes Benzin"
	CD:		„Live in Club Valhalla"
	CD:		„Deutschland, wir kommen Vol. I"
	CD:		„Deutschland, wir kommen Vol. II"
Projekte:			mit der Band *Storm* (F) brachte der Sänger die CD „Northmen" heraus

Wichtige Auftritte: Trotz zahlreicher Konzerte im In- und Ausland sind keine überregional oder international herausragenden Auftritte bekannt. Für die Band selbst war der bisher wichtigste Auftritt das auf CD veröffentlichte Konzert im Club Valhalla (Dänemark).

Sonstige Aktivitäten/Informationen: Der ehemalige Bassist der Band und deren Gründungsmitglied Haiko Feyerabend war ehemals Mitglied der rechtsextremen → *Freiheitlichen Deutschen Arbeiterpartei (FAP)*.[649]

Aufgrund der volksverhetzenden Texte auf der ersten CD der Band wurden die Bandmitglieder zu zum Teil mehrjährigen Haftstrafen verurteilt. Nachdem Jens Arpe einen Teil seiner Strafe verbüßt hatte, ging er nach Dänemark, wo er mit dem gebürtigen Deutschen und *Blood & Honour*-Aktivisten Marcel Schilf mehrere Konzerte und den weiteren Vertrieb der in Deutschland indizierten ersten *Kraftschlag*-CD organisierte.

Der ehemalige Schlagzeuger der Band spielte zeitweilig auch in der rechten Punk-Band *V-Punk* um den Kieler Nachtclubbetreiber Zejlko.

Bedeutung: Die erste CD der Band ist nicht zuletzt aufgrund der Verurteilung der Bandmitglieder eine der bekanntesten Rechtsrockveröffentlichungen Deutschlands. Durch die Verbüßung der Haftstrafen im Zusammenhang mit dieser CD galten die Bandmitglieder anfänglich als besonders überzeugte und ihren Idealen verpflichtete Musiker. Nachdem die Band 1997 jedoch von Torsten Lemmer unter Vertrag genommen wurde und damit horrende Summen verdiente, sich textlich aber äußerst kompromißbereit gab, schwand der Ruf der Band im harten Kern der Szene. Dennoch verkaufen sich die CDs gerade bei jüngeren Konsumenten sehr gut, *Kraftschlag* ist immer noch eine der bekanntesten White-Power-Bands weltweit.

Landser

Bandmitglieder:	Gesang	Michael „Lunikof" Regener
	Gitarre	André Möricke
	Bass	Jean-Rene Bauer
	Schlagzeug	Christian Wenndorf
Gründungsjahr:	1992 unter dem Namen „Endlösung", 2002 aufgelöst	
Heimatort/-region:	Berlin	
Veröffentlichungen:	MC 1992:	„Das Reich kommt wieder"
	CD 1995:	„Republik der Strolche"
	CD:	„Live im Stahlwerk"
	CD:	„Berlin bleibt Deutsch"
	Sampler 1997:	„Die Deutschen kommen"
	CD 1998:	„Rock gegen Oben"
	Sampler 1998:	„Guess who's coming to dinner"
	Sampler 1999:	„Blood & Honour Vol. 3"
	CD 2000:	„Ran an den Feind"
	Sampler 2000:	„Guess who's coming to dinner II"
	Sampler 2001:	„Blood & Honour Brandenburg"

Wichtige Auftritte: Die wenigen Live-Auftritte der Band waren immer im Rahmen von *Blood & Honour*-Veranstaltungen organisiert und wurden angeblich vermummt abgehalten. So trat *Landser* u.a. auf dem Deutschlandtreffen von *Blood & Honour* Ende der Neunziger auf.

---

649 *Enough is Enough*, Ausgabe Nov.-Jan. 1999/2000, (Internetausgabe eingesehen am 14.6.2002).

Sonstige Aktivitäten/Informationen: Die Band ist eng verbunden mit der *Ariogermanischen Kampfgemeinschaft – Die Vandalen*, der enge Kontakte in die organisierte Kriminalität nachgesagt werden. So wurde der Bassist der Band zu einer Haftstrafe verurteilt, weil er ein Präzisionsgewehr an eine rechtsterroristische Vereinigung (*Nationalrevolutionäre Zellen*) verkaufen wollte.

Der Vertriebsleiter der Band, Jan Werner, ist Mitherausgeber des rassistischen Skinheadfanzines *White Supremacy*.[650] Die gesamte Band sowie der Vertriebsleiter wurden im September 2001 verhaftet. Die Verhandlung gegen die Band wegen Bildung einer kriminellen Vereinigung ist die erste in der Geschichte der Bundesrepublik, in der eine Musikgruppe dieses Straftatbestandes bezichtigt wird.[651]

Der Sänger der Band arbeitete in diversen anderen Musikprojekten mit. Nachgesagt wird ihm eine Beteiligung an der durch besonders extremen Antisemitismus und Rassismus gezeichneten CD *WAW Kampfkapelle*, „Lieder zum Mitsingen". Er trat mehrfach als Gastsänger für befreundete Bands auf, so zum Beispiel mit → *Nordmacht* (Budapest 1997), oder unter dem Namen *Goldhagens willige Speichellecker* mit der Band *Stahlgewitter*. Im Jahr 2002 kündigte die Band ihre Auflösung an.

Bedeutung: *Landser* ist die wohl bekannteste deutsche Rechtsrockband und ihre CDs wurden in Startauflagen bis zu 10.000 hergestellt. Durch ein ausgeklügeltes Vertriebssystem konnten die CDs innerhalb Deutschlands breit gestreut vertrieben werden und erreichten eine bis dahin unbekannte Qualität und Quantität der Vermarktung.

Da alle Veröffentlichungen rechtsextreme, jugendgefährdende Texte enthielten, wurden die CDs konspirativ eingespielt, gefertigt und vertrieben. Die Band war mehrfach zu Gast bei Rechtsrockproduzenten in Nordamerika, produzierte dort einige CDs und war auch durch diesen Umstand eine der ersten deutschen Rechtsrockbands, die auch auf dem amerikanischen Kontinent erfolgreich ihre Musik absetzen konnte.

Macht und Ehre

Bandmitglieder:	Gesang	Steve „Jonesy" Jones
	Gitarre	Andy
	Bass	Jopeck
	Schlagzeug	Andi
Gründungsjahr:	1990	
Heimatort/-region:	Berlin	
Veröffentlichungen:	Demo:	„Sturm 20" *(indiziert 1994)*
	Demo 1991:	„Thorsten Koch" *(indiziert 1994)*
	CD:	„Volkssturm 93" *(indiziert 1995)*
	CD:	„Herrenrasse" *(indiziert 1997)*
	CD 1996:	„NSDAP" *(indiziert 1997)*
	CD :	„Nigger out" *(indiziert 1998)*
	CD:	„Gegen den Untermenschen" *(indiziert 1999)*

---

650 Markus Ragusch, „Kriminelle Landser", in: *Der Rechte Rand. Beats against Fascism.* Schwerpunkt: Rechte Musik. Nr. 74, Jan./Febr. 2002, S. 6.
651 *Tagesspiegel* vom 8.10.2001, Internetausgabe.

Wichtige Auftritte: keine bekannt.

Sonstige Aktivitäten/Informationen: Steve Jones ist in der Berliner rechtsextremen Szene seit mehr als 15 Jahren aktiv und unterhält beste Kontakte zu Berliner und bundesweiten Szenegrößen. So zum Beispiel zu → Arnulf W. Priem, mit dem er auch gemeinsam musikalisch in Erscheinung trat.

Mittlerweile hat sich die Band *Macht und Ehre* aufgelöst. Neben *Macht und Ehre* lebt Jones sich musikalisch auch noch mit seinem Solo-Projekt *Schwarzer Orden* aus. Sinn und Zweck der Veröffentlichungen Jones unter diesem Pseudonym war es auch, das Image von *Macht und Ehre* als radikalste deutsche Rechtsrock-Band ohne legale Veröffentlichungen zu halten. Dementsprechend wurden gemäßigtere Texte von Jones unter dem Namen *Schwarzer Orden* publiziert.

Bedeutung: *Macht und Ehre* stellt eine der radikalsten deutschen rechtsextremen Bands dar, die offen zum Mord an Juden, Linken und anderen Feindbildern aufrufen und Texte mit eindeutigem nationalsozialistischem Hintergrund verbreiten (CD „NSDAP"). Der CD-Vertrieb der Band fand über den damals noch existenten in Schweden ansässigen *NS 88 – Versand* von Marcel Schilf statt.

Konnte die Band nicht gerade durch musikalische Leistungen glänzen, so waren doch zumindest die Texte das extremste, was es zeitweise auf dem deutschen Rechtsrock-Markt gab.

Das einzige Interview mit Steve Jones, das jemals erschien, fand auf Vermittlung eines bekannten Berliner Rechtsextremisten mit Mitarbeitern von *RockNord*[652] statt.

---

652 *RockNord* online, nicht im Magazin veröffentlicht (eingesehen am 14.6.2002).

Noie Werte

Bandmitglieder:	Gesang	Steffen Hammer	
	Gitarre	Olli	
	Gitarre	„Mucke"	
	Bass	Klaus	
	Schlagzeug	Stefan	
Gründungsjahr:	1987		
Heimatort/-region:	Leonberg (Baden-Württemberg)		
Veröffentlichungen:	Demotape	1987	
	LP/CD	1991:	„Kraft für Deutschland" *(indiziert 1992, 1994)*
	Single/MCD	1994:	„Danke/Ein harter Weg"
	CD	1996:	„Sohn aus Heldenland"
	Sampler	1998:	„Die besten Soldaten Vol. II"
	CD	2000:	„Am Puls der Zeit"
	MCD:		„Weltmeister der Ewigkeit"
	MCD	2001:	„Zusammenhalt"
Veröffentlichte Projekte	MLP/MCD	1991:	*German-British-Friendship* „Als der Schnee fiel" (Sänger der Band mit zwei Mitgliedern der britischen rassistischen Skinhead-Band *Skrewdriver*)
	Sampler	1992:	„White Power Skins" (ebenda)
	CD	1994:	*German-British-Friendship* „Songs of Hope" (wiederum Mitglieder von *Noie Werte* und *Skrewdriver*, aber auch von *Brutal Attack* und *Squadron*)
	CD	1998:	„Songs of Hope II – Narben der Gewalt" (mit Unterstützung von Bandmitgliedern der Bands *No Remorse* und *Fortress*)

Wichtige Auftritte: Schon 1989 traten *Noie Werte* mit den Skinheadrockgrößen damaliger Zeit – der unpolitischen Band *Boots & Braces*, *Vortex*, den eindeutig nationalistischen *Commando Pernod*, *Kahlkopf* und → *Endstufe* – bei einem Festival in Mindelheim auf.

Mittlerweile kann *Noie Werte* auf Auftritte mit internationalen Rechtsrockgrößen, wie zum Beispiel mit *Razors Edge* (GB) im August 2001 zurückblicken. Die Band trat zudem auf dem mißlungenen Pressefest der → *NPD*-nahen → *Deutschen Stimme* im September d.J. in Grimma auf.

Sonstige Aktivitäten/Informationen: Der 1995 ausgeschiedene Gitarrist der Gruppe, Michael Wendland, war bis 1997 Landesvorsitzender der → *Jungen Nationaldemokraten* und bis September 2001 *NPD*-Vorsitzender in Baden-Württemberg.[653] Steffen Hammer betreibt seit 1994 in Stuttgart das Label *German-British-Friendship-Records* (*G.B.F.-Records*) sowie *Hammer-Records*.

---

653 Benny Bender, „Musikalisches Ländle", in: *blick nach rechts*, Nr. 12/2002, S.2-3.

Bedeutung: Durch ihre guten Kontakte vor allem zur britischen White-Power-Szene konnte sich *Noie Werte* relativ schnell einen guten Namen in der deutschen rechtsextremen Skinheadszene verschaffen und für eine internationale Vernetzung im Musikbereich sorgen. *Noie Werte* kommt hierbei eine Schlüsselstellung zu. Die Band war im deutschen Bereich eine der ersten, die ein konkretes internationales Bandprojekt installieren konnte, das trotz mehrmaligem Personalwechsel heute noch besteht.

Aber auch durch ihre Ballade „Als der Schnee fiel", die gemeinsam mit zwei Musikern der britischen Band *Skrewdriver* eingespielt wurde, verhalf die Band der deutschen Rechtsrockszene zu neuen Impulsen. Zum ersten Mal wurde eine Akzeptanz für Rechtsrockballaden geschaffen, der später eine wahre Flut solcher Balladen folgte.

Nordmacht

Bandmitglieder:	Gesang	Torsten
	Gitarre	Marcel
	Gitarre	„Frösi"
	Schlagzeug	Christian
	Bass	unbekannt
Gründungsjahr:	1994	
Heimatort/-region:	Rostock (Mecklenburg-Vorpommern)	
Veröffentlichungen:	CD: „Ihre Ehre heißt Treue" *(indiziert 2001)*	
	CD: „Verlorenes Erbe"	

Wichtige Auftritte: Bis 1998 hatte die Band nach eigenen Angaben etwa 20 Auftritte im In- und Ausland. Dabei trat sie mit nationalen und internationalen Szenegrößen auf. So zum Beispiel im Oktober 1999 mit *Razors Edge* (GB) und *Hets Mot Folksgrupp* (Schweden), sowie im September 2001 beim Ian-Stuart-Memorial in Tostedt (bei Hamburg) mit *Youngland* (USA), *Ultima Ratio* (D) und *Extreme Hatred* (USA).

Am 3. Februar 2001 spielte die Band gemeinsam mit den Bands *Doitsche Patrioten* (Magdeburg) und → *Noie Werte* in Hamburg im Rahmen einer „privaten Geburtstagsfeier" vor etwa 600 Personen aus dem rechtsradikalen Spektrum. Die Organisatoren stammen aus dem Umfeld führender ehemaliger → *Blood & Honour*-Aktivisten wie Torben Klebe (Hamburg) und Tim Bartling (Neumünster, *Club 88*).[654] Beim Versuch der Polizei, das Konzert aufzulösen, wurde diese mit massivem Flaschenhagel empfangen. Bei einem Auftritt der Band *Nordmacht* in Budapest übernahm zeitweise der → *Landser*-Sänger Michael Regener das Mikro.

Sonstige Aktivitäten/Informationen: Die Band ist eindeutig dem Umfeld des mittlerweile verbotenen, aber weiter funktionierenden *Blood & Honour*-Netzwerkes zuzuordnen. So bekennen sich in einem Interview mit dem Fanzine *Der Weisse Wolf* mindestens zwei Bandmitglieder dazu, Mitglieder der *Blood & Honour*- Sektion Mecklenburg zu sein.[655]

---

654 *taz Hamburg* Nr. 6364, 5.2.2001, S. 21.
655 Internetseite des Fanzines *Weißer Wolf* (Internetseite eingesehen am 14.6.2002).

Bedeutung: Die Band verfügt über gute Kontakte nach Osteuropa, wie der Auftritt der Band in Budapest und die Produktion der ersten CD in Breslau zeigen. Gemeinsam mit dem Rostocker Liedermacher Andre Lüders spielte die Band die inoffizielle Hymne der → *Freien Kameradschaften* „Frei-Sozial-National" ein und ist dadurch spätestens ab diesem Zeitpunkt in der Kameradschaftsszene Deutschlands bekannt geworden.

Die guten Kontakte zu *Blood & Honour* und der gemeinsame Auftritt mit Michael Regener trugen der Band den Ruf ein, zum harten Kern der deutschen Rechtsrock-Szene zu gehören.

Frank Rennicke

Heimatort/-region:	Ehningen (Baden-Württemberg)	
Veröffentlichungen:	CD 1993:	„Deutsche Gefühle"
	CD:	„Protestnoten für Deutschland" *(indiziert 1994)*
	CD:	„Sehnsucht nach Deutschland" *(indiziert 1994)*
	CD:	„Lieder gegen die Zensur-Deutschland" *(indiziert 1994)*
	CD:	„Unterm Schutt der Zeit" *(indiziert 1994)*
	CD:	„Lieder gegen die Zensur – Schutt *(indiziert 1995)*
	CD:	„Wir singen Kampf- und Soldatenlieder"*(indiziert 1994)*
	CD:	„Auslese" *(indiziert 1996)*
	CD 1996:	„Andere(r) Lieder"
	CD:	„Anderes aufgelegt – Andere(r) Lieder Teil II"
	CD 1997:	„Kameraden"
	CD 1997:	„Frühwerke-Edition Teil I"
	CD 1997:	„Frühwerke-Edition Teil II"
	CD:	„Der Väter Land"
	CD:	„1848 – Deutsche Freiheitslieder"
	CD:	„Trotz alledem"
	CD:	„Nur unsere Gedanken sind frei"
	DoCD:	„Hautnah (live)"
	CD:	„Ich bin nicht modern .... Ich fühle deutsch" *(indiziert 1997)*
	CD:	„Wenn der Taxifahrer dreimal klingelt"
	CD:	„Die erlesene Auswahl – Das Beste aus den ersten Jahren" *(indiziert 1997)*

Wichtige Auftritte: Rennicke ist regelmäßig geladener Balladen-Barde der gesamten rechtsradikalen Szene. Vorwiegend stellt er sich jedoch für Veranstaltungen der → *Nationaldemokratischen Partei Deutschlands* (*NPD*) zur Verfügung. So spielte Rennicke unter anderem auf dem Festakt „35 Jahre NPD" am 27. November 1999 in München, am „2.Tag des Nationalen Widerstandes" in Passau am 27. Mai 2000, unterstützte Agitations- und Wahlkampfveranstaltungen der *NPD* (mit Beteiligung der Liedermacherin Annett Moeck) im Berliner Wahlkampf 2001 und trat auf dem → *Deutsche Stimme*-Pressefest im September 2001 in Grimma auf. Rennicke selbst spricht von über 650 Auftritten insgesamt.[656]

---

656 Internetpräsenz von Rennicke (eingesehen am 10.6.2002).

Sonstige Aktivitäten/Informationen: Auf seiner „offiziellen Heimatseite" stellt sich Frank Rennicke folgendermaßen selbst dar: „Nationaler Barde, verheiratet, fünf Kinder, seit über fünfzehn Jahren im nationalen Freiheitskampf, gebürtiger Niedersachse, Systemverfolgter, Steckenpferd: Volk, Familie, Vaterland".

Rennicke wurde vor dem Böblinger Amtsgericht im November 2000 wegen Volksverhetzung zu zehn Monaten auf drei Jahre zur Bewährung ausgesetzt verurteilt. Das Gericht behielt 70.450 Mark zurück, die während des Verfahrens beschlagnahmt worden waren und mutmaßlich aus den Einnahmen vom Verkauf auch indizierter Tonträger stammen. Seitdem versucht Rennicke, gegen das „Schandurteil" vorzugehen, und wirbt auf seiner Homepage im Internet um potentielle Spender, die seine in „Not geratene Familie" unterstützen wollen. Mitte Juni fand eine Demonstration „gegen die stalinistische Terror-Verfolgung des Liedermachers Frank Rennicke – Für Wahrheit und Meinungsfreiheit und die uneingeschränkte Gewährung demokratischer Grund- und Menschenrechte auch für Deutsche!" statt.[657]

Bedeutung: Frank Rennicke nimmt eine herausragende Stellung in der rechtsradikalen Musikszene ein. Er verbindet innerhalb der rechtsradikalen Bewegung nicht nur die Generationen, sondern wird auch als Medium zur Gewinnung neuer Sympathisanten angesehen. Im Gegensatz zu den meisten Rechtsrockmusikern (die noch vorwiegend, aber nicht nur, aus dem Skinheadbereich stammen) erreicht Frank Rennicke durch sein „gutbürgerliches" Auftreten und seine Musik ältere wie auch jüngere Menschen.

Nach seiner Verurteilung schränkte Frank Rennicke seine Aktivitäten deutlich ein und verlor daraufhin binnen kurzer Zeit an Bedeutung für die Szene. Er gilt aber weiterhin als Wegbereiter und größter Protagonist des Balladengesanges im gesamten rechtsradikalen Spektrum. Rennicke beschränkte sich bei der Verbreitung seiner Ideale und Wertvorstellungen nicht nur auf Musik, sondern trat auch bei verschiedenen Veranstaltungen als Redner auf. Es ist nicht zu erwarten, dass es bei Rennicke durch weitere Verurteilungen zu irgendeinem Sinneswandel kommen wird. Im Gegenteil kommt ihm mittlerweile eine politisch relevante Märtyrer-Rolle in weiten Teilen der Szene zu, die Rennicke nicht unangenehm zu sein scheint.

---

657 Aus einer Meldung verbreitet von der *NPD* sowie von „Musiker Fuer Meinungsfreiheit".

Saccara/Stahlgewitter

Bandmitglieder:	Sänger	Daniel „Gigi" Giese
Gründungsjahr:	1986	
Heimatort/-region:	Meppen (Niedersachsen)	
Veröffentlichungen:	Demo 1987	
	2. Demo 1989	
	LP 1990:	„Urbi et orbi"
	3. Demo 1992	
	CD 1993:	„Sturmfest und erdverwachsen"
	CD 1994:	„Der letzte Mann" *(indiziert 1994)*
	CD 1995:	„Dein Freund und Helfer"
	CD 1999:	„Weltvergifter"
	Sampler:	„Leaderless Resistance"
	Sampler:	„6 für Deutschland"
	Sampler:	„Alles für Deutschland"

Stahlgewitter

Bandmitglieder:	Frank Krämer	
	Daniel „Gigi" Giese	
Gründungsjahr:	unbekannt	
Heimatort/-region:	Meppen (Niedersachsen)	
Veröffentlichungen:	CD:	„Das eiserne Gebet" *(indiziert 1999)*
	CD 1998:	„Germania" *(indiziert 1999)*
	CD 2002:	„Politischer Soldat"
als *Halgadom*	CD 2002:	„Halgadom" (gemeinsam mit der Band *Absurd* des als Satansmörder" bekannt gewordenen Hendrik Möbus)

Wichtige Auftritte: Während von *Saccara* keine öffentlichen Auftritte bekannt sind, spielte *Stahlgewitter* mehrfach auf größeren Veranstaltungen der deutschen *Blood & Honour*-Szene. So trat *Stahlgewitter* bei einem Konzert in Klein Gladebrügge (Schleswig-Holstein) vor etwa 750 rechtsextremen Skinheads gemeinsam mit dem Sänger von → *Landser*, Michael Regener, auf. Organisiert wurde das Konzert durch die *Blood & Honour*-Sektion Nordmark.

Sonstige Aktivitäten/Informationen: Mindestens eines der Bandmitglieder spielte nebenbei bei dem berühmt-berüchtigten Musik-Projekt *Zillertaler Türkenjäger*, die Schlagermelodien mit stark rassistischen Texten covern. Die Band hat sehr gute Kontakte zu *Blood & Honour* und läßt seit ihrer Neugründung als *Stahlgewitter* an Ihrer rechtsextremen Gesinnung in den Liedtexten keinen Zweifel aufkommen. Daher wurden auch alle Veröffentlichungen der Band indiziert.

Bedeutung: Aufgrund des in Skinheadkreisen untypischen Aussehens (lange Haare, Heavy Metal-Outfit) und der sehr metallastigen Musik sprach die Band *Saccara* nur einen sehr kleinen Teil der rechtsextremen Musikszene an. Die Band produzierte verhältnismäßig viele Tonträger, ohne jedoch größere Bedeutung zu erlangen. Erst die diversen Musikprojekte vor allem von Daniel Giese machten die Band überregional bekannt. Einige Tonträger sind zwar indiziert, jedoch zeichnen sich die Veröffentlichungen neben parolenhaften Allgemeinplätzen vor allem durch dümmliche Sauflieder aus.

Die Neugründung *Stahlgewitter* hetzt in ihren Texten offen gegen die diversen Feindbilder der Szene und verherrlicht die Zeit des Nationalsozialismus. Aufgrund der Qualität ist die Musik sehr beliebt, die Kontakte zu *Landser*-Sänger Michael Regener, z.T. unter dem Namen *Goldhagens willige Speichellecker*, haben der Band das Image eingebracht, zum inneren Kreis der rechtsextremen Musikszene zu gehören. Da die Band aber kaum noch öffentlich auftritt und auch seit mehreren Jahren keine Neuveröffentlichungen erschienen sind, nimmt die Bedeutung zunehmend ab. Es bleibt abzuwarten, ob die Band mit ihrer geplanten Neuveröffentlichung wieder Fuß in der Szene fassen kann.

Spreegeschwader

Bandmitglieder:	Gitarre, Gesang	Alex G.
	Gitarre	Sascha
	Bass	Rico (ex-*Proissenheads*)
	Schlagzeug	Alex Bahls
Gründungsjahr:	1994	
Heimatort/-region:	Berlin	
Veröffentlichungen:	CD 1996: „Eisern Berlin"	
	CD 1996: „Bleib wie du bist"	
	CD 1998: „Orientexpress"	
	CD:	„European Guard" (mit der Band *Storm (F)* – indiziert 2000)
	CD:	„White Power Skinheads" *(solo, indiziert 2001)*

Wichtige Auftritte: Bis 1998 hatte die Band etliche öffentliche Auftritte, vor allem mit anderen Berliner Bands wie *D.S.T.*, *Legion of Thor*, aber auch mit internationalen Bands wie *Max Resist & The Hooligans* (USA) und *Pluton Svea* (Schweden). Die Band *Spreegeschwader* trat auch mehrfach im Ausland auf.

Sonstige Aktivitäten/Informationen: Die Mitglieder der Band sind fest in die rechtsextreme Szene in Berlin integriert, ein Bandmitglied arbeitete zeitweise in dem Berliner Szeneladen *Helloween*. Daher war es für ein breites Publikum möglich, die Auftrittsorte der Band zu erfahren. Ein Mitglied der Band verbüßt zur Zeit eine längere Haftstrafe, nachdem er einen Antifaschisten angegriffen und verletzt hatte.

Bedeutung: Aufgrund der Inhaftierung dieses einen Bandmitgliedes tritt die Band seit längerer Zeit nicht mehr öffentlich auf und kann als Band auch keine politische Aussenwirkung mehr erzeugen. Die Verkaufszahlen der Solo-CD „White Power Skinheads" lagen bis zur

Indizierung weit unter den Erwartungen von Produzent → Jens Pühse. Zur Zeit wird die CD über *Resistance Records* in den USA vertrieben. Da sich die Band nach der ersten CD musikalisch stetig weiter von „Skinheadmusik" hin zu „Heavy Metal" entwickelt hat, spricht sie nur noch ein kleineres Publikum in der rechten Skinheadszene an. Die Band ist bekannt dafür, dass sie, anders als auf den CDs, öffentlich positiven Bezug zum Nationalsozialismus nimmt und auf Konzerten mehrfach strafbar in Erscheinung trat (§86a etc.). Für die CDs wurden mehrere Musiktitel umgeschrieben, um einer Indizierung aus dem Weg zu gehen, so geschehen mit dem Song „S-Bahn-Surfer".

Störkraft

Bandmitglieder:	Sänger	Jörg Petritsch
	Gitarren	Volker (mittlerweile bei *4Promille*)
	Schlagzeug	Ralf
		(zeitweise Michael Devers)
Gründungsjahr:	1985	
Heimatort/-region:	Andernach (Rheinland-Pfalz)	
Veröffentlichungen:	LP/CD 1989:	„Dreckig, kahl und hundsgemein" *(indiziert 1992)*
	LP/CD 1991:	„Mann für Mann" *(indiziert 1993)*
	LP/CD 1991:	„Live"*(indiziert 1994)*
	MCD 1993:	„Mordbrenner ihr gehört nicht zu uns !"
	MCD:	„Skinhead Girl"
	MCD:	„Wir sind wieder da"
	CD:	„Wikinger"
	CD:	„Unter Froinden" (ersten drei Veröffentlichungen auf einer CD) *(indiziert 1997)*
	MCD:	„Gib niemals auf"
	MCD:	„Bier, Wein, Weiber und Gesang"
	MCD:	„Skinheadgirl"
	CD:	„Wir sind die Kraft"
	MC:	„Das waren noch Zeiten" *(indiziert 1998)*
	CD:	„Jörg und die Bagaluten" (Sänger solo)

Wichtige Auftritte: Die Band leistete mit ihrem – auch in der rechtsextremen Szene – umstrittenen Auftritt in der SAT1 Live-Sendung „Einspruch" 1992 einen Anteil zu einem wahren Rechtsrockboom in Deutschland. Dabei wurde erstmals einer bekennenden rechtsextremen Musikband ein öffentliches Forum im Fernsehen geboten.

Sonstige Aktivitäten/Informationen: Die Band ist nicht mehr aktiv. Der Sänger Jörg Petritsch war in der Folgezeit an verschiedenen Musikprojekten beteiligt, so z.B. an dem Projekt *Störstufe* in Zusammenarbeit mit Musikern der Band *Endstufe*. Der Ex-Gitarrist der Band spielt mittlerweile in der unpolitischen Oi!-Band *4 Promille*.

Bedeutung: Die Band ist neben *Landser* zum Inbegriff von Rechtsrock in Deutschland geworden und hat zum großen Boom Anfang der 90er Jahre massgeblich beigetragen. Sie war lange Zeit die bekannteste rechtsextreme Musikband im deutschsprachigen Raum. Nach etlichen Strafverfahren hat sich die Band politisch weniger offen geäußert, intern jedoch nie einen Zweifel an der Gesinnung aufkommen lassen. Nach den Brandanschlägen von Mölln und Solingen distanzierte sich die Band mit der CD „Mordbrenner – ihr gehört nicht zu uns" öffentlich von Mordanschlägen auf Ausländerheime. Die rechte Szene reagierte sehr gespalten auf dieses Statement. Deshalb erschienen von den zeitgleich produzierten insgesamt fünf MCD's später nur vier gemeinsam auf einer CD. Lediglich die Titel der MCD „Mordbrenner..." sind nicht auf der CD „Wikinger" enthalten.

Da die Band in der Sendung „Einspruch" mit ihrem kurzzeitigen Manager Torsten Lemmer auftrat, wird sie häufig mit ihm assoziiert, obwohl keine der CDs für eine der Firmen von Torsten Lemmer eingespielt wurde.

Sturmwehr

Bandmitglieder:	Gesang, Gitarre	Jens Brucherseifer[658]
	Gesang	Detlef „Detn" Kalisch
	Schlagzeug	Ronny Krämer
Gründungsjahr:	1994	
Heimatort/-region:	Gelsenkirchen (Nordrhein-Westfalen)	
Veröffentlichungen:	CD 1995:	„Zerschlag Deine Ketten"
	MCD:	„Musik im Zeichen des Thor"
	CD 1995:	„Stimme unserer Ahnen"
	MCD 1996:	„Nordisches Blut"
	CD 1996:	„Nordland"
	Sampler:	„Knüppelhart und unverschämt"
	Sampler:	„Destiny Rock"
	CD 1996:	„Donnergott"
	CD 1997:	„Bataillone des Sieges"
	CD 1998:	„Der große Zapfenstreich (Best of)"
	CD 1998:	„Triumphzug (Best of)"
	CD 1999:	„Bis zum Ende"
	CD 1999:	„Kohle und Stahl"
	CD 2001:	„In Treue zu Dir"
	CD 2001:	„Einigkeit und Recht und Freiheit (nur Jens B.)"
nicht chronologisch	CD:	„Zerschlagt den Terror"
	CD:	„Totaler Widerstand"
	CD:	„Deutschland"
	CD:	„Patriotische Balladen"

Wichtige Auftritte: Der Sänger der Gruppe, Jens Brucherseifer, war zu dem im September 2001 stattfindenden Pressefest der → *NPD*-nahen → *Deutschen Stimme* in Grimma eingeladen worden.

---

658 *Lotta – Antifaschistische Zeitung aus NRW*, Nr. 8; Frühjahr 2002, S. 21.

Durch einige Wechsel im Line-up trat die Gruppe in den letzten vier Jahren kaum bzw. nicht öffentlich auf.

Bedeutung: *Sturmwehr* zählt zu den bekanntesten Rechtsrockbands in Deutschland. Aber auch in der internationalen rechtsextremen Musikszene ist sie sehr angesehen. Mit den Sängern der Bands *Celtic Warrior* und *Brutal Attack* startete *Sturmwehr* ein Projekt namens *Dragon Lance*, von dem bis dato eine CD erschienen ist.[659]

Von der Gruppe wurde bis heute keine musikalische Veröffentlichung indiziert. Die letzten CDs wurden zwar unter dem Namen *Sturmwehr* produziert, aber nur von Brucherseifer und einigen Studiomusikern eingespielt. Da die Band bei Torsten Lemmers Firmen unter Vertrag war, hat sie im harten Kern der Szene ebenfalls den Ruf, mit der Musik lediglich Geld verdienen zu wollen.

---

659 *RockNord* online, Ausgabe 55 (eingesehen am 14.6.2002).

IV. Verzeichnis von Akteuren gegen Rechtsradikalismus

Baden-Württemberg

Freudenberg Stiftung

Kontakt: Freudenbergstraße 2
69469 Weinheim /Bergstraße
Tel.: 06201/174 98
Fax: 06201/132 62
E-Mail: info@freudenbergstiftung.de
Internet: www.freudenbergstiftung.de

Arbeitsgebiet: Ziel der Freudenberg Stiftung ist es, durch innovative Handlungsmodelle zur Überwindung sozialer Ausgrenzung und zur Stärkung der demokratischen Alltagskultur in Schule, Jugendarbeit und Gesellschaft beizutragen. Dabei ist ihr wichtig, regionale Verantwortungsgemeinschaften zu fördern, die in einer Partnerschaft zwischen privaten und öffentlichen Einrichtungen Praxisprojekte entwickeln.

Die Freudenberg Stiftung versteht sich als operative Stiftung, die eigene Projekte entwirft, umsetzt, weiterentwickelt und verbreitet. Sie ist aber auch offen für extern entwikkelte Initiativen. Die Schwerpunktbereiche für die aktive Stiftungspolitik sind u.a. eine gleichberechtigte Teilhabe ethnisch-kultureller Minderheiten und in diesem Zusammenhang, interkulturelles Lernen und wirksame Strategien gegen Diskriminierung, Fremdenfeindlichkeit und Rechtsextremismus. Jugendlichen zwischen Schule und Beruf sollen neue Formen politischer Bildung und Erziehung im Sinne demokratischer Grundwerte und Handlungsmodelle gegen Gewaltbereitschaft vermittelt werden.

Die Stiftung initiiert, fördert und begleitet konkrete Praxisprojekte in den Stiftungsschwerpunkten sowohl in den westdeutschen, als auch in den ostdeutschen Bundesländern. Hier sind es insbesonde die Regionale Arbeitsstelle für Ausländerfragen, Jugendarbeit und Schule in den Neuen Ländern (RAA), die Flüchtlingsarbeit in Ostdeutschland: Jüdische Beratungsstelle, Roma-Initiativen, das Zentrum Demokratische Kultur – Rechtsextremismus, Jugendgewalt, Neue Medien, Projekte der Amadeu Antonio Stiftung, die Deutsche Kinder- und Jugendstiftung (DKJS) sowie Projekte im Ausland und transnationale Projekte.

Die Stiftung veranstaltet regelmäßig das „Weinheimer Gespräch" zu Bildungsfragen.

Mannheimer Schüler gegen rechts

Kontakt: E-mail: mail@msgr.de
Internet: www.msgr.de

Arbeitsgebiet: Die im Herbst 2000 von einigen engagierten Mannheimer Schülern gegründete Initiative hat sich zum Ziel gesetzt, rechtsradikalen Strömungen in- und außerhalb der Schulen entgegenzuwirken. Mit Information und Aufklärung wollen sie das Abgleiten Jugendlicher in die rechte Szene verhindern sowie Schülerinnen und Schüler, die sich gegen Fremdenfeindlichkeit und Vorurteile engagieren, in ihrem Denken und Handeln stärken. Dazu wurden sowohl schulübergreifende als auch schulinterne Projekte gestartet, vom groß angelegten Konzert gegen Rechts bis zur Morgenandacht anlässlich des internationalen Tages des Antirassismus. Derzeit engagieren sich gut zwanzig Schülerinnen und Schüler von elf Mannheimer Gymnasien und zwei Realschulen in der Initiative. Künftig soll dieser Kreis noch um weitere Schulen, besonders Berufs-, Haupt- und Realschulen, erweitert werden.

Jugendzentrum in Selbstverwaltung „Friedrich Dürr" – JUZ Mannheim

Kontakt: Käthe-Kollwitz-Str. 2-4
68169 Mannheim
Tel.: 0621-305144
E-mail: akantifa@juz-mannheim.de
Internet: http://www.juz-mannheim.de/start.htm

Arbeitsgebiet: Das Jugendzentrum in Selbstverwaltung „Friedrich Dürr" (JUZ) besteht seit Mai 1973 und ist das älteste noch bestehende selbstverwaltete Jugendzentrum in Baden-Württemberg. Es setzt sich zusammen aus einem Trägerverein, der Aktion bzw. Vollversammlung (VV) und der Geschäftsführung. Im JUZ sind gegenwärtig ca. 20 Jugendliche aktiv, die den Kern der Vollversammlung bilden. Dazu kommen rund 50 Jugendliche, die bei Veranstaltungen und anderen Aktivitäten im JUZ mitarbeiten. Der Arbeitskreis Antifa ist eine Teilfachschaft der Fachschaft für politische Bildung. Er organisiert Veranstaltungen zu den Themen Rechtsextremismus, Faschismus und Rassismus. Einmal wöchentlich führt der AK Antifa ein publikumsöffentliches Plenum durch.

Bayern

Solidarität gegen Gewalt

Kontakt: Herzog-Heinrich-Str. 22
80336 München
E-Mail: 089/233 28 145
Fax: 089/233 21 246
E-Mail: solidaritaet.kvr@muenchen.de
Internet: www.muenchen.de

Arbeitsgebiet: Die Initiative „Solidarität gegen Gewalt" setzt ein klares Zeichen: „Gewalt – egal in welcher Form – hat in München keine Chance!" Durch die Initiative soll jeder angeregt werden, sich mit seinen individuellen Möglichkeiten zur Hilfeleistung in Gewaltsituationen auseinander zu setzen, damit im Ernstfall keiner mehr wegsieht. Sie stellt unter einem „gemeinsamen Dach" die Arbeit von öffentlichen und privaten Initiativen in und um München vor und bietet die Möglichkeit, sich über Schulungen für das Verhalten in Konfliktsituationen genau so wie über konkrete Hilfestellungen und Ansprechpartner informieren zu können.

Berlin

Antifaschistisches Pressearchiv und Bildungszentrum Berlin e.V. (apabiz)

Kontakt: Lausitzer Str. 10
10999 Berlin
Tel./Fax: 030/611 62 49
E-Mail: mail@apabiz.de
Internet: www.apabiz.de

Arbeitsgebiet: Der Verein fördert und vernetzt Initiativen gegen Rassismus, Antisemitismus und Neofaschismus und informiert seit 1971 über die Entwicklung der extremen Rechten. Das Angebot richtet sich an alle, die mit rechtsextremer Gewalt, neofaschistischer Organisierung, rassistischen Übergriffen oder der Verbreitung von völkischen und menschenverachtenden Ideologien konfrontiert sind. Der Verein bietet vielfältige Materialien, Seminare und Vorträge an, die über unterschiedliche Aspekte des Rechtsextremismus aufklären und Argumente liefern. apabiz verfügt mit den gesammelten Publikationen, Primärquellen, Presseveröffentlichungen, einer Datenbank und einer Bibliothek über eines der umfangreichsten Archive in Deutschland, welches für Recherchen genutzt werden kann.

Amadeu Antonio Stiftung – Initiativen für Zivilgesellschaft und Demokratische Kultur

Kontakt: Chausseestrasse 29
10115 Berlin
Tel: 030/240 45 450
Fax: 030/240 45 509
E-Mail: info@Amadeu-Antonio-Stiftung.de
Internet: www.amadeu-antonio-stiftung.de

Arbeitsgebiet: Die Amadeu Antonio Stiftung (AAS), benannt nach dem angolanischen Vertragsarbeiter Amadeu Antonio, der 1990 im brandenburgischen Eberswalde von rechtsextremen Jugendlichen zu Tode geprügelt wurde, bietet finanzielle Förderung, Fortbildung und Beratung. Die geförderten Projekte zielen auf die Eindämmung von Rassismus und Antisemitismus vor allem in der Jugendarbeit und gehen kontinuierlich gegen Rechtsextremismus vor. Besonders förderungswürdig sind gelungene Projekte in der demokratischen Jugendarbeit, in der Betreuung von Opfern rechtsextremer Gewalt sowie kommunale Netzwerke, Gemeinschaftsinitiativen und Aktionsbündnisse, die sich für eine demokratische Alltagskultur, den Schutz von Minderheiten und den Aufbau von Zivilgesellschaft engagieren. Die Stiftung leistet Aufklärung, bietet Informationen und fördert u.a. gezielt das Zentrum Demokratische Kultur in Berlin.

Das Aktionsprogramm CIVITAS – initiativ gegen Rechtsextremismus in den neuen Bundesländern, ein Programm des Bundesministeriums für Familie, Senioren, Frauen und Jugend, das ziviles Engagement gegen Rechtsextremismus, Fremdenfeindlichkeit und Antisemitismus fördert und unterstützt, wird von der Amadeu Antonio Stiftung in Zusammenarbeit mit der Stiftung Demokratische Jugend umgesetzt. Dafür wurde die gemeinsame Servicestelle CIVITAS eingerichtet.

Anne Frank Zentrum

Kontakt: Rosenthaler Str. 39, 3. Hinterhof
10178 Berlin
Tel.: 030/308 72 988
Fax: 030/308 72 989
E-Mail: Zentrum@annefrank.de
Internet: www.annefrank.de

Arbeitsgebiet: Das Anne Frank Zentrum Berlin ist die deutsche Partnerorganisation des *Anne Frank Hauses, Amsterdam*. Über die Beschäftigung mit Anne Frank fördert das Anne Frank Zentrum die Erinnerung an die nationalsozialistischen Verbrechen und trägt die Botschaft ihres Tagebuches in die heutige Zeit. Kinder und Jugendliche sollen zur Auseinandersetzung mit deutscher – insbesondere nationalsozialistischer – Geschichte angeregt werden. Dabei wird auf die Hintergründe und Formen von Rassismus und Antisemitismus in Vergangenheit und Gegenwart aufmerksam gemacht. Die pädagogische Arbeit mit jungen Menschen bildet einen Schwerpunkt des Anne Frank Zentrums.

Antirassistisch-Interkulturelles-Informationszentrum AriC Berlin e. V.

Kontakt: Chausseestrasse 29
10115 Berlin
Tel: 030/308 79 90
Fax: 030/308 799 12
E-Mail: aric@aric.de
Internet: www.aric.de

Arbeitsgebiet: AriC Berlin e. V. initiert Projekte zur Aufklärung/Bildung/Information zum Problem Rassismus/Antisemitismus und engagiert sich bei der Vernetzung von Einrichtungen der MigranInnen- und Flüchtlingsarbeit, der Jugend-, Sozial- und Bildungsarbeit. Als Service wird eine Adressdatenbank erstellt von Institutionen, Organisationen und Projekten, die sich der antirassistischen Arbeit widmen. Der Verein stellt eine Literatur- und Materialdatenbank in enger Zusammenarbeit mit der Mediathek der Regionalen Arbeitsstelle für Ausländerfragen, Jugendarbeit und Schule (RAA Berlin) zur Nutzung bereit.

blick nach rechts

Kontakt: Stresemannstr. 30
10963 Berlin
Fax: 030/255 94 499
E-Mail: info@bnr.de
Internet: www.bnr.de

Arbeitsgebiet: Die vierzehntägig erscheinende Zeitschrift „blick nach rechts" informiert seit mehr als 15 Jahren über Entwicklungen in der rechtsextremen Szene und deren Veröffentlichungen, bietet Analysen, Hintergrundinformationen und informiert über Aktivitäten, Personen und organisatorische Verflechtungen der Rechtsextremen – nicht nur im deutschsprachigen Raum. Die Zeitschrift stellt ihre aktuellen Artikel auch Online zur Verfügung, ebenso ein Archiv sowie Links zu anderen Initiativen und Organisationen, die sich gegen Rechtsextremismus wenden.

Gegen Vergessen – Für Demokratie e.V.

Kontakt: Stauffenbergstrasse 13-14
10785 Berlin
Tel.: 030/2639 78-3
Fax: 030/2639 78-40
E-Mail: info@gegen-vergessen.de
Internet: www.gegen-vergessen.de

Arbeitsgebiet: Der Verein wurde 1993 von Bürgern initiiert, die selbst unter den nationalsozialistischen Verbrechen gelitten haben bzw. von der Unrechts- und Verfolgungspolitik der SED-Diktatur betroffen waren. Erinnerung, Wissensvermittlung und Aufklärung über Ursprüne dieser unterschiedlichen Phasen deutscher Geschichte im 20. Jahrhundert bedeutet für die Initiatoren Anerkennung der Leiden und Gedenken an die Opfer. Der Verein berät und fördert Projekte und Initiativen, die sich mit dem aktuellen Rechtsextremismus, mit Rassismus und Antisemitismus auseinandersetzen. Schwerpunkte in der Arbeit sind die Zusammenarbeit mit Gedenkstätten und dabei die Einbeziehung der Erfahrungen von Zeitzeugen, Bildungsveranstaltungen und Angebote für Schulen und für Aus- und Weiterbildung. Die Vereinigung hat unter anderem folgende Projekte angeregt oder unterstützt: Verfolgung und Lebensgeschichte (Diktaturerfahrungen unter nationalsozialistischer und stalinistischer Herrschaft in Deutschland), Rettung vor der Shoah (eine vollständige Erfassung aller Fälle, in denen Deutsche in den Jahren 1939-1945 verfolgten Juden das Leben gerettet haben).

Gesicht Zeigen! Aktion weltoffenes Deutschland e.V.

Kontakt: Torstrasse 124
10119 Berlin
Tel: 030/280 44-786
Fax: 030/280 44-813
E-Mail: kontakt@gesichtzeigen.de
Internet: www.gesichtzeigen.de

Arbeitsgebiet: Gesicht Zeigen! ist eine im Jahre 2000 von Uwe-Karsten Heye und Paul Spiegel gegründete bundesweite Initiative gegen rechte Gewalt und für mehr Zivilcourage. Der Verein initiiert öffentliche Kampagnen gegen Rechtsextremismus, unterstützt Aktionen gegen Rassismus und Fremdenfeindlichkeit und ist zur Anlaufstelle geworden für Menschen, die sich gegen Fremdenfeindlichkeit und Rassismus engagieren wollen und dabei Unterstützung brauchen. Die Organisation hilft, prominente Persönlichkeiten für Gesprächsrunden und Podiumsdiskussionen zu vermitteln, ist Mitveranstalter bei Demonstrationen, organisiert Zeitzeugengespräche an Schulen und stellt Know how und Informationsmaterialien gegen rechte Gewalt zur Verfügung.

ReachOut /ARIBA e.V.

Beratung und Bildung gegen Rechtsextremismus und Rassismus
Kontakt: Köpenicker Strasse 9
10997 Berlin
Tel.: 030/695 68 339
Fax: 030/695 68 346
E-Mail: info@reachoutberlin.de
Internet: www.reachoutberlin.de

Arbeitsgebiet: ReachOut ist ein Projekt von ARIBA e.V für Beratungs- und Bildungsarbeit gegen Rechtsextremismus und Rassismus in Berlin. ReachOut wendet sich an Menschen, die von Rassismus, Diskriminierung und rechtsextremistischen Angriffen betroffen sind und deren Angehörige sowie an MultiplikatorInnen aus dem Bereich Erwachsenen- und Jugendbildung. ReachOut setzt sich das Ziel, Betroffene in ihrer Handlungsautonomie zu stärken und die Öffentlichkeit für das Ausmaß und die Folgen von Diskriminierung und Rassismus zu sensibilisieren.

Regionale Arbeitsstellen für Ausländerfragen, Jugendarbeit und Schule (RAA) Berlin e. V.

Kontakt: Chausseestrasse 29
10115 Berlin
Tel.: 030/240 45 100
Fax: 030/240 45 509
E-Mail: info@raa-berlin.de
Internet: www.raa-berlin.de

Arbeitsgebiet: Die RAA Berlin arbeitet als Unterstützungsagentur für Schulentwicklung sowie für demokratiefördernde und interkulturelle Projektarbeit. Sie initiiert und entwickelt eigene Projekte vor allem in Schule und Schulumfeld. Sie unterstützt Pädagogen, Jugendliche, kommunale Akteure, Eltern und Engagierte, die in Schule, Jugendarbeit und Gemeinwesen für Demokratie und Zivilgesellschaft aktiv sind. Ziel ihrer vielfältigen Arbeit sind u.a. Schutz und Stärkung von Minderheiten sowie Engagement und Handeln gegen Rechtsextremismus, Rassismus und Antisemitismus.

Konkrete Angebote der RAA Berlin sind gegenwärtig:

Beratung, Entwicklung und Durchführung von Projekten, Entwicklung und Bereitstellung von Lehr-, Lern- und Arbeitsmaterialien sowie Publikationen, Beratung jüdischer Zuwander/innen aus der ehemaligen UdSSR, berufliche Bildung türkischer Auszubildender, Roma- und Flüchtlingsarbeit, Peer Leader Training zum Thema interkulturelle Kompetenz, Schülerclubs, CIVIS – Jugendvideowettbewerb „Leben in kultureller Vielfalt – gegen Rassismus und Ausgrenzung", Schülerclubs, Standpunkte – Erziehung für Demokratie – gegen Rechtsextremismus und eine öffentliche Mediathek.

Stiftung Demokratische Jugend

Kontakt: Grünberger Str. 54
10245 Berlin
Tel.: 030/294 52 89
Fax: 030/294 52 81
E-Mail: buero@jugendstiftung.org
Internet: www.jugendstiftung.org

Arbeitsgebiet: Die SDJ unterstützt Projekte, die an die Interessen junger Menschen anknüpfen und von ihnen mitbestimmt und mitgestaltet werden. Sie sollen zur Selbstbestimmung befähigt und zu gesellschaftlicher Mitverantwortung sowie zu sozialem Engagement angeregt werden.

Daneben hat sich die Stiftung initiierend in besonderen strukturentwickelnden Förderbereichen engagiert, wie z.B. „Demokratie und Toleranz" (Landes- und Bundesprogramme), „Jugendarbeit im ländlichen Raum" (Jugendclubprogramm), „Neue Medien/Jugendinformation" (Jugend ans Netz/Jugendinfopoints).

Die Stiftung ist operativ als Informations- und Beratungsdienstleister für Träger in den neuen Bundesländern tätig. Kernstück ist die Erfassung aller Träger, Projekte und Angebote der Jugendarbeit in der Datenbank ProMix, die in Zusammenarbeit mit den Bundesländern entwickelt wurde. Sie wird bislang von mehr als 3.000 Einrichtungen als Arbeitshilfe genutzt und ist als Internetdatenbank unter www.yellowsites.org nutzbar.

Stiftung SPI

Geschäftsbereich Soziale Räume und Projekte
Kontakt: Schönhauser Allee 73
10437 Berlin
Tel.: 030/417 25 628
Fax: 030/417 25 630
E-Mail: ostkreuz@stiftung-spi.de
Internet: www.stiftung-spi.de

Arbeitsgebiet: „Ostkreuz – Netzwerke gegen Rechts" arbeitet für die Anerkennung, den Schutz und den Respekt gegenüber ethnischen, kulturellen und sozialen Minderheiten, die Stärkung der demokratischen Kultur und gegen Rechtsextremismus, Fremdenfeindlichkeit und Antisemitismus.

„Ostkreuz – Netzwerke gegen Rechts" versteht sich als eine Art Drehscheibe zur Vernetzung und Unterstützung verschiedener lokaler Akteure und ist an einem raschen, unkomplizierten Austausch von Erfahrungen und Erkenntnissen interessiert. Die Arbeit konzentriert sich vorwiegend auf die Bezirke Pankow und Marzahn-Hellersdorf.

Zentrum für Antisemitismusforschung, Technische Universität Berlin

Kontakt: Ernst-Reuter-Platz 7
10587 Berlin
Tel.: 030/314 23 154
Fax: 030/314 21 136
E-Mail: zfa10154@mailszrz.zrz.tu-berlin.de
Internet: www.tu-berlin.de

Arbeitsgebiet: Das Zentrum für Antisemitismusforschung betreibt interdisziplinäre Grundlagenforschung zu historischen und aktuellen Formen des Antisemitismus in verschiedenen Ländern sowie zahlreiche Forschungsprojekte zur deutsch-jüdischen Geschichte und zum Holocaust. Das Zentrum leistet darüber hinaus mit Lehrveranstaltungen, seiner umfangreichen Materialsammlung und Literaturhinweisen Dienstleistungen und Aufklärungsarbeit für die Öffentlichkeit. Die Arbeitsergebnisse werden u.a. im „Jahrbuch für Antisemitismusforschung" veröffentlicht. Eine eingerichtete Arbeitsstelle Jugendgewalt und Rechtsextremismus informiert über Jugendgewalt, Fremdenfeindlichkeit und Rechtsextremismus, berät bei der Konzeption, Planung und Durchführung von Fortbildungsveranstaltungen und führt auch eigene Fortbildungsveranstaltungen durch. Die Arbeitstelle betreibt im Rahmen von Lokalstudien Forschungen zur Situation von Jugendlichen in Berlin und Brandenburg.

Zentrum Demokratische Kultur (ZDK), Rechtsextremismus – Jugendgewalt – Neue Medien

Kontakt: Chausseestrasse 29
10115 Berlin
Tel.: 030/240 45 320
Fax: 030/240 45 309
E-Mail: info@zdk-berlin.de
Internet: www.zdk-berlin.de

Arbeitsgebiet: Das Zentrum Demokratische Kultur wurde 1997 gegründet. Rechtsextreme Entwicklungen in der Bundesrepublik, besonders die Bekämpfung einer sich manifestierenden rechtsextremen Jugendkultur in Ostdeutschland sind der Schwerpunkt der Arbeit. Das Zentrum will die Öffentlichkeit über diese Entwicklungen aufklären und über Möglichkeiten der Intervention beraten. Dabei geht es um eine klare Analyse des deutschen Rechtsextremismus bei gleichzeitiger Vermittlung demokratischer Denk- und Verhaltensweisen auf allen gesellschaftlichen Ebenen. Praktisches Handeln wird hier mit wissenschaftlicher Expertise verknüpft, wofür vor allem der Bereich Analyse und Auswertung mit eigenem umfangreichem Archiv verantwortlich zeichnet.

Unter dem Dach des Zentrums arbeiten eine Vielzahl von Projekten. Dabei kooperieren die Projekte eng mit den Regionalen Arbeitsstellen für Ausländerfragen, Jugendarbeit und Schule (RAA) Berlin in den neuen Ländern sowie mit zahlreichen lokalen Initiativen.

Projekte des Zentrums sind:

Community Coaching

Kontakt: Tel.: 030/240 45 400
E-Mail: dierk.borstel@zdk-berlin.de
kerstin.sischka@zdk-berlin.de

Arbeitsgebiet: Die Besonderheit von Community Coaching gegenüber anderen Beratungsansätzen besteht in einer professionellen Analyse der kommunalen Situation, die mit einer Studie dokumentiert wird. Durch Community Coaching werden Kommunen und die dort tätigen Initiativen und Institutionen dabei begleitet, selbst langfristige Handlungskonzepte zu entwickeln. Rechtsextremen Bestrebungen wird so entgegengewirkt und ein aktiv demokratisches Gemeinwesen gesichert und entwickelt. Leitgedanke ist die Hilfe zur Selbsthilfe. Unterstützung bei der Vernetzung, Fortbildung und Training können ebenfalls Bestandteil von Community Coaching sein.

Mobile Beratung gegen Rechtsextremismus Berlin (MBR)

Kontakt: Chausseestrasse 29
10115 Berlin
Tel.: 030/240 45 430
E-Mail: mbr@zdk-berlin.de

Arbeitsgebiet: Das Projekt versteht sich als eine nachfrageorientierte professionelle Beratungsagentur für Initiativen, Schulen, Jugendarbeit, kommunale Politik und Wirtschaft in Berlin. Das Team kann angefordert werden, sobald in einem bestimmten Gebiet oder in einer Einrichtung rechtsextreme Aktivitäten festgestellt werden. Auf der Grundlage problemorientierter und situativer Handlungsstrategien gegen Rechtsextremismus sollen staatliche, wirtschaftliche und zivilgesellschaftliche Akteure in ihrer Initiative und Kompetenz gestärkt werden. Das Angebot der MBR umfasst hierbei sowohl Analysen der jeweiligen rechtsextremen Erscheinungsformen vor Ort als auch die gemeinsame Ausarbeitung von adäquaten Gegenstrategien sowie Fortbildungsmaßnahmen und die Vermittlung von potentiellen Kooperationspartnern bei der Realisierung von Projekten.

Arbeitsgemeinschaft Netzwerke gegen Rechtsextremismus

Kontakt: Lorenz Korgel
Tel.: 030/240 45 410
E-Mail: lorenz.korgel@zdk-berlin.de

Das ZDK war maßgeblich an der Initiierung und Gründung der AG Netzwerke beteiligt. Sie versteht sich als Dienstleistungs- und Beratungsstruktur für Zivilgesellschaft in Ostdeutschland. Sie vermittelt Partnerorganisationen und FachexpertInnen und engagiert sich für deren überregionale Vernetzung. In der AG arbeiten das Anne Frank Zentrum, der Verein Gegen Vergessen – Für Demokratie, das Netzwerk für Demokratie und Courage, der Verein Miteinander Sachsen-Anhalt, die Amadeu Antonio Stiftung und die Stiftung Demokratische Jugend.

EXIT-Deutschland

Kontakt: Postfach 040 324
10062 Berlin
Tel: 0171/713 64 52
Fax: 089/244 347 789
E-Mail: info@exit-deutschland.de
Internet: www.exit-deutschland.de

Arbeitsgebiet: EXIT arbeitet nach dem Prinzip „Hilfe zur Selbsthilfe" und bietet allen Ausstiegswilligen die Möglichkeit, neue Perspektiven außerhalb der rechtsextremen Szene zu entwickeln. Dabei vermittelt EXIT Kontakte und gewährt praktische Hilfe. EXIT bietet jedoch keine langfristige ökonomische und soziale Absicherung für ehemalige Rechtsextremisten an und schützt sie nicht vor strafrechtlicher Verfolgung. Personen, die aussteigen und ihre rechtsextreme Ideologie hinter sich lassen wollen, müssen von sich aus den Kontakt zu EXIT aufnehmen.

Eltern potentieller Ausstiegswilliger können sich bei der EXIT-Elterninitiative beraten lassen.

Kontakt: Postfach 040324
10062 Berlin
Tel.: 0173/973 8386
Fax: 089/244 347 789
E-Mail: elterninitiative@exit-deutschland.de

Brandenburg

Aktion Noteingang

Kontakt: Breitscheidstr. 43a
16321 Bernau
Tel.: 03338/5590
Internet: www.djb-ev.de/noteingang

Arbeitsgebiet: Die „Aktion Noteingang" ist eine Initiative antirassistischer Jugendlicher aus der brandenburgischen Kleinstadt Bernau, um auf rechtsextreme und rassistische Übergriffe aufmerksam zu machen, Solidarität mit den Betroffenen zu zeigen und ihnen Schutz zu gewähren. Im Rahmen des Projekts werden Ladenbesitzer, Gaststätten, kommunale Verantwortliche und Sozialeinrichtungen und andere öffentliche Institutionen aufgefordert, mittels eines Aufklebers für die potenziell von Gewalt Betroffenen öffentlichen Schutz und Hilfe zu signalisieren. So bietet sich „Aktion Noteingang" als konkrete Tat an, um aktiv in das Geschehen einzugreifen und Zivilcourage zu beweisen. Die Idee der Aktion wurde auch über die Strukturen des Demokratischen Jugendforums Brandenburg e. V. (DJB) in andere Städte hinein getragen läuft mittlerweile erfolgreich in zahlreichen Städten Brandenburgs.

Demokratisches Jugendforum Brandenburg e.V. (DJB)

Kontakt: Breitscheidstrasse 41
16321 Bernau
Tel./Fax: 03338/45 94 07
E-Mail: info@djb-ev.de
Internet: www.djb-ev.de

Arbeitsgebiet: Das DJB ist ein in Brandenburg landesweit tätiger Verein. Er versteht sich als Forum, das im Bereich der Jugendbildung und damit in der Jugendarbeit sein Handlungsfeld sieht. Mit der Schaffung von partizipatorischen Strukturen will das DJB einen Raum schaffen, der bedarfsorientierte Jugendarbeit ermöglichen soll. Es sieht sich dabei nicht als Gremium, das Prozesse bestimmen will, sondern als Forum, das jungen Menschen, Jugendgruppen, -initiativen und Multiplikatoren als Möglichkeitsraum zur Verfügung steht, um sich auf Landesebene zu äußern und einzubringen.

Eberswalder Zentrum für demokratische Kultur, Jugendarbeit und Schule e.V.

Kontakt: Am Bahnhof Eisenspalterei
16222 Eberswalde
Tel.: 03334/382481 oder 0172/3037277
E-Mail: Smasuch@aol.com; eisenspalterei@t-online.de
Internet: www.eberswalde.de

Arbeitsgebiet: Arbeitsschwerpunkte des Zentrums sind einerseits die Förderung der Schuljugendarbeit, der Schulsozialarbeit und der Zusammenarbeit zwischen Jugendhilfe und Schule sowie andererseits die Förderung präventiver Maßnahmen gegen Fremdenfeindlichkeit und Jugendgewalt. Der Verein fördert zivilgesellschaftliches Engagement von Bürgerinnen und Bürgern in der Stadt Eberswalde.

Jugendverein Bruchbude e.V.

Kontakt: Dorfstrasse 11a
17268 Milmersdorf
Tel./Fax: 039886/5580
E-Mail: bruchbude@t-online.de
Internet: www.die-bruchbude.de

Arbeitsgebiet: „Die Bruchbude" – ist Jugendhaus, Kulturzentrum, Sportstudio, Bibliothek, Disko, Internet-Cafe, Werkstatt und Workcamp. Der Verein sieht seinen pädagogischen Auftrag darin, jungen Menschen ein Erfahrungsfeld jenseits von Familie und Schule zu bieten und sie zu demokratischem Handeln und Toleranz zu erziehen. „Die Bruchbude" will mit ihren offenen Angeboten zwischen pädagogischem Auftrag und Fun kontinuierlich Gegenakzente zu rechten Tendenzen und Alltagsrassismus setzen und die für rechtes Gedankengut empfänglichen Jugendlichen auf keinen Fall sich selbst überlassen.

Netzwerk gegen Gewalt, Rechtsextremismus und Fremdenfeindlichkeit

Kontakt: Coppistrasse 1-3
16227 Eberswalde
E-Mail: netzwerk@fh-eberswalde.de
Internet: www.fh-eberswalde.de

Arbeitsgebiet: Das Netzwerk versteht sich als offene Informations- und Kooperationsgemeinschaft gegen rechte Gewalt in der Stadt. Es will schnell, unbürokratisch und parteiübergreifend helfen und agieren. So wurden u.a. eine Plakat- und Postkartenaktion mit dem Titel: „Grüne Karte – Zehn Punkte für Zivilcourage" organisiert. Diese zehn Punkte informieren, wie man sich verhalten kann, wenn man Zeuge eines rechtsradikalen Anschlages geworden ist. Bemühungen um eine bundesweite Verbreitung der „Zehn Punkte für Zivilcourage" laufen bereits.

Opferperspektive Brandenburg e.V.

Kontakt: Lindenstrasse 53
14467 Potsdam
Tel.: 0171/1935669
Fax: 0180/505254017285
E-Mail: info@opferperspektive.de
Internet: www.opferperspektive.de

Arbeitsgebiet: Der Verein unterstützt Opfer rechtsextremer Gewalt, Perspektiven für die Zeit nach einem erlittenen Übergriff zu entwickeln. In der öffentlichen Diskussion geht es darum, die Perspektive der Opfer stärker in den Vordergrund zu rücken. Deshalb erarbeitet der Verein mit engagierten Menschen vor Ort Möglichkeiten, wie die Opfer unterstützt und der rechtsextremen Gewalt der Nährboden entzogen werden kann. Die Opferperspektive unterstützt und vernetzt daher Initiativen vor Ort, die sich für Opfer rechtsextremer Gewalt einsetzen wollen, informiert die Öffentlichkeit aus der Sicht der Angegriffenen und dokumentiert die Folgen der Angriffe in anonymisierter Form. Es werden auch Informationsveranstaltungen zum Umgang mit Rechtsextremismus organisiert.

Anlaufstelle für Opfer rechtsextremer Gewalt/Cottbus	Tel.: 0172/7585772
Kontakt- und Beratungsstelle für Opfer rechter Gewalt/Bernau	Tel.: 0333/75 46 67
Beratungsstelle für Opfer rechtsextremer Gewalt/Strausberg	Tel.: 0173/6343 604
Beratungsstelle für Opfer rechtsextremer Gewalt/Frankfurt (Oder)	Tel.: 03335/6659994

Brandenburg

PUERTO ALEGRE e.V.

Kontakt: Franz-Mehring-Strasse 24
15320 Frankfurt (Oder)
E-Mail: puerto.alegre@web.de
Internet: www.puerto-alegre.de

Arbeitsgebiet: 1991 gründeten engagierte FrankfurterInnen den Verein PUERTO ALEGRE (spanisch: fröhlicher Hafen) um einen multikulturellen Treffpunkt für In- und Ausländer und Menschen verschiedener Generationen, Anschauungen, Kulturen und Lebensweisen in der Stadt zu haben. Ein wesentlicher Bestandteil der Arbeit besteht in der Bildungsarbeit mit Kindern und Jugendlichen in Form von Projekttagen. Beispielsweise werden in einer Vielzahl von Übungen und spielerischen Aktivitäten demokratische Grundprinzipien erfahren, die Vor- und Nachteile eines demokratischen Systems erlebt und das spannungsvolle Verhältnis von Gleichheit und Freiheit nachempfunden. In öffentlichen Abendveranstaltungen und Seminaren wird zu verschiedenen aktuell-politischen Themen eingeladen.

Regionale Arbeitsstellen für Ausländerfragen, Jugendarbeit und Schule (RAA) Brandenburg e.V.

Kontakt: Friedrich-Engels-Straße 1
14473 Potsdam
Tel: 0331/747 80-0
Fax: 0331/747 80-20
E-Mail: info@raa-brandenburg.de
Internet: www.raa-brandenburg.de

Arbeitsgebiet: Die RAA Brandenburg sieht ihre Aufgabe darin, in Zusammenarbeit mit Kindergärten, Schulen, Jugendeinrichtungen und Gemeinden Verständnis für fremde Kulturen zu fördern, Weltoffenheit auch an kleinen Orten zu verstärken, Anfälligkeiten gegen rechtsextreme Orientierungen zu verringern und demokratisches, humanes Handeln zu bestärken. Die Organisation verfolgt dieses Ziel durch verschiedene Aktivitäten, wie z.B. schulische und außerschulische Projekte, Seminare, internationale Begegnungen, Fortbildungen und Kulturwochen. Daneben übernimmt die RAA teilweise die Beratung, Betreuung und Integration von Ausländern und Aussiedlern auf lokaler Ebene.

Die Niederlassungen der RAA Brandenburg sind in Angermünde, Belzig, Forst, Frankfurt (Oder), Lübbenau, Rathenow, Storkow, Strausberg, und Wittenberge.

Der RAA Brandenburg e.V. angegliedert ist das Mobile Beratungsteam (MBT), das innerhalb des Handlungskonzeptes der Landesregierung „Tolerantes Brandenburg" Kommunen und Bürgergruppen im Kampf gegen Gewalt, Fremdenfeindlichkeit und Rechtsextremismus berät, informiert und vernetzt.

Mobiles Beratungsteam (MBT)

Kontakt: Tel.: 0331/740 62 46
Fax: 0331/740 62 47
E-Mail: mobiles-beratungsteam@jpberlin.de,
Internet: www.mobiles-beratungsteam.de

Arbeitsgebiet: Das Mobile Beratungsteam setzt sich dafür ein, dass Menschen im Lande etwas tun können – und tun wollen. „Hilfe zur Selbsthilfe" steht für das Angebot des Mobilen Beratungsteams. Das politische Rahmenprogramm der Landesregierung ist das der besonderen Situation des Bundeslandes angemessene Handlungskonzept: „Tolerantes Brandenburg". Mit umfassender Präventionsarbeit soll zunehmenden rechtsextremen und rassistischen Orientierungen in Teilen der Bevölkerung sowie subkulturellen Entwicklungen und Organisationsbedürfnissen mit rechtsextremen Hintergrund gewehrt werden. Das MBT hat sich diesem Handlungskonzept zugeordnet. Es gehört gleichzeitig als Untergliederung zur RAA Brandenburg. Das MBT will gemeinsam mit gesellschaftlich relevanten Kräften und engagierten Bürgerinnen und Bürgern die Sicherung demokratischer Grundwerte, Verantwortung und kreative Gestaltungsmöglichkeiten innerhalb demokratischer Alltagskultur stärken: Fünf Regionalteams nehmen die jeweilige Situation in Landkreisen und Kommunen wahr. Sie suchen Verbündete um Rechtsextremismus, rassistische Einstellungen und Gewalt in der Alltagskultur sichtbar werden zu lassen.

Regionalbüros des MBT sind in Neuruppin, Schwedt, Beelitz, Fürstenwalde und Cottbus.

Bremen

Flüchtlingsrat c/o katholisches Bildungswerk

Kontakt: Kolpingstr. 4-6
28195 Bremen
Tel.: 0421/323202
Fax: 0421/169 28 40
Internet: www.bildungswerk-derkatholiken.de
www.bremen.de/weiterbildung

Arbeitsgebiet: Das Programm des Bildungswerks konzentriert sich auf vier Themenschwerpunkte: Theologie-Kirche, Familie-Erziehung, Gesellschaft-Politik, Kommunikation-Kultur. Ein Drittel der jährlich ca. 150 Veranstaltungen des Bildungswerkes finden in Kooperation mit den Kirchengemeinden statt. Besondere Angebote sind: Bildungsurlaub für Familien und Alleinerziehende, Deutsch-Intensivkurse für Ausländer/Flüchtlinge sowie entwicklungspolitische und ökologische Themen.

Hamburg

Nadir Archiv Hamburg

Kontakt: Brigittenstr. 5
20359 Hamburg
Tel.: 040/431 894 60
Fax: 040/431 894 62
E-Mail: nadir@mail.nadir.org
Internet: www.nadir.org

Das nadir Infosystem bietet unterschiedlichen Strömungen und Bewegungen der Linken eine Plattform im Netz. Es ist mit der virtuellen Version eines Infoladens vergleichbar: Es stellt Email (Postfächer) und Newsgroups (Informations- und Diskussionsaustausch) bereit, verschickt Mailinglisten (Rundbriefe), füttert ein digitales Infosystem (Archiv, Aktuelles, Adressliste etc.), aktuelle tagespolitische Informationen, elektronische Kopien linker Periodika sowie ein Archiv im Web zu allen für die Weiterentwicklung der Linken wichtigen Themen. Aktuelle Diskussionen und Ereignisse sollen in den Kontext ihrer Geschichte gestellt werden.

Hessen

BASTA

Kontakt: Taunusstrasse 54
65183 Wiesbaden
E-Mail: redaktion@basta-net.de
Internet: www.basta-net.de

Arbeitsgebiet: Basta – „Nein zur Gewalt" ist eine informative Zeitschrift. Sie enthält Erfahrungsberichte von Schülern, Unterrichtsmaterialien, Aktionen, Hintergrundinformationen über Rechtsextremismus, Initiativen gegen Rechtsextremismus und viele praktische Tipps sowie Adressen von Anlaufstellen, die bei Problemen weiterhelfen sollen.

Interkultureller Rat in Deutschland e. V.

Kontakt: Riedstr. 2
64295 Darmstadt
Tel.: 06151/339971
Fax: 06151/3919740
E-Mail: info@interkultureller-rat.de
Internet: www.interkultureller-rat.de

Arbeitsgebiet: Der Interkulturelle Rat wurde 1994 gegründet. In ihm arbeiten Menschen unterschiedlicher Herkunft und Nationalität sowie verschiedener gesellschaftlicher Gruppen zusammen. Dies sind Gewerkschaften, Arbeitgeberverbände, Religionsgemeinschaften, Migranten- und Menschenrechtsorganisationen, Kommunen und staatliche Stellen, Medien und wissenschaftliche Institutionen. Der Rat entwickelt Strategien zum Abbau von Rassismus, Antisemitismus und Fremdenfeindlichkeit und will interkulturelle und interreligiöse Dialogstrukturen zwischen deutschen und ausländischen Bürgerinnen und Bürgern und ihren Organisationen befördern. Tendenzen zum ethnischen Rückzug der Minderheiten soll so entgegengewirkt werden. Mit einer langfristig angelegten Aufklärungsarbeit sollen Vorbehalte in der Bevölkerung abgebaut und Akzeptanz für Deutschland als Einwanderungsland geschaffen werden.

Mecklenburg-Vorpommern

Diên Hông-Gemeinsam unter einem Dach e.V.

Kontakt: Waldemarstr. 33
18057 Rostock
Tel.: 0381/769 83 05
Fax: 0381-768 99 71
E-Mail: dienhongrostock@aol.com
Internet: www.dienhong.de

Arbeitsgebiet: Nach den rassistischen Ausschreitungen 1992 in Rostock-Lichtenhagen beschlossen VietnamesInnen, ihr Schicksal selbst aktiv zu beeinflussen und vor allem den Kontakt zu deutschen EinwohnerInnen der Hansestadt zu suchen und zu gestalten. Der Verein arbeitet für ein besseres Zusammenleben und Chancengleichheit zwischen Deutschen, VietnamesInnen und anderen Zugewanderten. Er leistet antirassistische Arbeit und bietet Hilfe für Opfer von Fremdenhass. Ein besonderer Schwerpunkt des Engagements liegt in der sprachlichen und beruflichen Qualifizierung Zugewanderter.

Greifswalder Bündnis gegen Rechts

Kontakt: Lange Str. 14a
17498 Greifswald
Tel.: 03834/799517
Fax: 03834/799517
E-Mail: info@greifswald-gegen-rechts.de
Internet: www.greifswald-gegen-rechts.de

Arbeitsgebiet: Das Greifswalder Bündnis gegen Rechts betreibt eine Mailingliste zur Koordination von Aktionen gegen Rechtsextremismus in der Region und macht rechtsextreme Erscheinungsformen öffentlich.

Landesweite Opferberatung, Beistand und Information für Betroffene rechter Gewalt in Mecklenburg-Vorpommern (LOBBI) e.V.

Kontakt: Budapesterstr. 16
18057 Rostock
Tel.: 0381/20 09 377
Fax: 0381/20 09 378
E-Mail: mail@lobbi-mv.de

Arbeitsgebiet: LOBBI e.V. ist ein gemeinnütziger Verein, der Opfer rechter Gewalt in Mecklenburg-Vorpommern unterstützt. Der Verein leistet unbürokratisch Hilfe für betroffene Personen, informiert beispielsweise zu rechtlichen Möglichkeiten, begleitet und unterstützt bei Behördengängen oder hilft bei der Suche nach ZeugInnen. LOBBI e.V. trägt durch eine gezielte Öffentlichkeits- und Informationsarbeit zu einem gesellschaftlichen Klima bei, in dem Ausgrenzung nicht geduldet und Zivilcourage gefördert wird. Der Verein unterstützt den Aufbau eines Netzwerkes antirassistischer und antifaschistischer Initiativen, um perspektivisch professionellen Opferbeistand und Opferschutz zu gewährleisten, mit dem Ziel, präventiv gegen rechte Gewalt wirksam zu werden.
    Regionalbüros von LOBBI e.V. befinden sich in Neubrandenburg und in Wismar.

Mobiles Beratungsteam für demokratische Kultur

Kontakt: Lange Strasse 17
17192 Waren (Müritz)
Tel.: 03991/63 59 70
Fax: 03991/66 70 43
E-Mail: mbt-mv@raa-mv.de
Internet: www.raa-mv.de

Arbeitsgebiet: Das Mobile Beratungsteam ist ein Projekt der RAA Mecklenburg-Vorpommern. Es versteht sich als ein Dienstleistungsanbieter, der systematische Beratung bei Störungen und Konflikten des demokratischen Zusammenlebens im Gemeinwesen leistet. Das Angebot richtet sich u.a. an Kommunalverwaltungen, Jugendeinrichtungen, Kirchgemeinden, regionale Initiativen und Schulen. Ihnen wird Unterstützung bei der Wahrnehmung und Deutung antidemokratischer Entwicklungen und bei der Erarbeitung von Gegenstrategien gewährt. Zum Selbstverständnis der Arbeitsweise des Beratungsteams gehört die Hilfe zur Selbsthilfe als sinnvollste und nachhaltigste Form der Unterstützung. Das Team vermittelt Kontakte zu vorhandenen Netzwerken, Bündnissen, Initiativen und Partnern.

Regionalbüros befinden sich in Schwerin und in Greifswald.

Mobiles Beratungsteam für Demokratieentwicklung und Extremismusverhütung

Kontakt: Am Ziegenmarkt 4
18055 Rostock
Tel.: 0381/25 22 430
Fax: 0381/25 22 459
Funk: 0172/958 36 94
E-Mail: mbt@ev-akademie-mv.de
Internet: www.ev-akademie-mv.de/projekte

Arbeitsgebiet: Das Mobile Beratungsteam ist ein Projekt der Evangelischen Akademie Mecklenburg-Vorpommern. Das Ziel der Beratungstätigkeit ist die Förderung von Demokratie und Toleranz sowie die Verhütung von Rechtsextremismus, Fremdenfeindlichkeit und Antisemitismus. Das Angebot richtet sich an all diejenigen, die sich für eine offene und solidarische Gesellschaft einsetzen. Durch die Beratung vor Ort sollen Handlungsspielräume für demokratische Kräfte erweitert, ihre Anstrengungen gebündelt und Strategien für zivilgesellschaftliches Handeln entwickelt werden. Das Team sieht seine Aufgaben und Kompetenzen vor allem in der Unterstützung bei der Erstellung einer lokalen Problem- und Zielbeschreibung sowie in der Entwicklung von entsprechenden Handlungsstrategien. Außerdem bietet es Hilfestellungen bei der Kontaktherstellung und Konfliktvermittlung, der Information zu demokratie- und extremismusbezogenen Themen sowie bei der Konzeption und Organisation entsprechender Veranstaltungen und Projekte an.

Regionale Arbeitsstellen für Jugendhilfe, Schule und interkulturelle Arbeit (RAA) Mecklenburg-Vorpommern e.V.

Kontakt: Lange Straße 17
17192 Waren (Müritz)
Tel.: 03991/66 70 44
Fax: 03991/66 70 43
E-Mail: asj.mv@t-online.de
Internet: www.raa-mv.de

Arbeitsgebiet: Die RAA Mecklenburg-Vorpommern ist eine landesweite Beratungs- und Unterstützungsagentur für Schulen, öffentliche Träger sowie freie Träger aus den Bereichen Jugendarbeit, Jugendhilfe, berufliche Bildung und interkulturelle Arbeit. Der Verein ist als Partner der Deutschen Kinder- und Jugendstiftung Träger der Arbeitsstelle für Schule und Jugendhilfe, die verschiedene Förderprogramme in Mecklenburg-Vorpommern koordiniert und umsetzt, u.a. zu Themen wie Schülerfirmen, berufliche Orientierung, Schülerclubs und schulbezogene Jugendarbeit, Schulpartnerschaften, Freiwilliges Engagement von Jugendlichen.

Die RAA Mecklenburg-Vorpommern unterstützt Menschen, Projekte und Initiativen, die sich für die Entwicklung und Gestaltung der Bürgergesellschaft und ein interkulturelles Miteinander einsetzen.

Niedersachsen

Arbeitsstelle Rechtsextremismus und Gewalt Bildungsvereinigung Arbeit und Leben Nds. e.V.

Kontakt: Bohlweg 55
38100 Braunschweig
Tel.: 0531/123 36-42
Fax: 0531/123 36-55
E-Mail: info@arug.de
www.arug.de

Arbeitsgebiet: Die Arbeitsstelle wurde 1994 als Projekt der Geschäftsstelle von „Arbeit und Leben" in Braunschweig gegründet. Ausgehend von praktischer Arbeit mit Jugendlichen und jungen Erwachsenen im Rahmen von Kursangeboten des zweiten Bildungsweges entstanden die Arbeitsfelder „Rechtsextremismus" und „Gewalt" zunächst als Reaktionen auf eine Zunahme von Gewaltbereitschaft und Rechtsorientierung unter den Teilnehmern und ein entsprechend offenes, offensives Auftreten. Über eine intensive Einzelfallarbeit stellten sich rasch Notwendigkeiten struktureller und koordinierter Arbeit dar. Laufende Projekte sind u.a. eine Multimediaausstellung „Rechte Jugendkulturen", die „Aktion Braunschweiger Noteingang" und ein Projekt Ausstiegshilfen. Geplant ist künftig auch die Arbeit eines Mobilen Beratungsteam sowie Elternarbeit. Der Arbeitsstelle ist ein eigener Verlag angegliedert, der u.a. Materialien und Publikationen zu den Themengebieten Rechtsextremismus und Gewalt, veröffentlicht.

Interkulturelle Arbeitsstelle für Forschung, Dokumentation, Bildung und Beratung e.V.

Kontakt: Alexanderstrasse 48
26121 Oldenburg
Tel.: 0441/88 40 16
Fax: 0441/98 46 06
E-Mail: ibisev.ol@t-online.de
Internet: www.ibis-ev.de

Arbeitsgebiet: Die Interkulturelle Arbeitsstelle stellt ein breites Informationsangebot zu den Themen Flucht/Asyl, Diskriminierung, multikulturelle Gesellschaft, Fremdenfeindlichkeit und Ähnliches zur Verfügung. Im Internet gibt es zudem eine umfangreiche Linkliste mit Organisationen im interkulturellen Bereich.

Niedersächsischer Flüchtlingsrat e. V.

Kontakt: Lessingstr. 1
31135 Hildesheim
Tel.: 05121/156 05
Fax: 05121/316 09
E-Mail: nds@nds-fluerat.org
Internet: www.nds-fluerat.org

Arbeitsgebiet: Der Flüchtlingsrat bietet fachliche Beratung, Rechtshilfe in ausgewählten Einzelfällen sowie Flüchtlingshilfe-Projekte an. Außerdem gibt der Flüchtlingsrat die Zeitschrift für Flüchtlingspolitik heraus. Er leistet Gremienarbeit im Bündnis gegen Fremdenfeindlichkeit und für interkulturelle Verständigung und beteiligt sich unter anderem am Projekt: „Flüchtlingsinitiativen und Selbstorganisationen ans Netz".

Nordrhein-Westfalen

Antidiskriminierungsbüro Siegen

Kontakt: Hüterstr. 52
57072 Siegen
Tel.: 0271/336083
e-mail: ADB.Suedwestfalen@epost.de

Arbeitsgebiete: Das Antidiskriminierungsbüro leistet Unterstützung und Beratung für Personen, die von Rassismus, Antisemitismus und Diskriminierung betroffen sind. Es ist Ansprechpartner für Aktionstage in Schulen, Informationsveranstaltungen für Medien, Polizei oder Verwaltungsbereiche sowie für die Vermittlung in Konflikten zwischen Verwaltung und MigrantInnen. Im Mittelpunkt der Arbeit steht auch die Vernetzung auf regionaler Ebene mit Institutionen aus den Bereichen Universität, Ausländerbeirat, Wohlfahrtsverbände etc.

Aktion Courage e.V.

Kontakt: Kaiserstrasse 201
53113 Bonn
Tel.: 0228/21 30 61
Fax: 0228/26 29 78
E-Mail: info@aktioncourage.org
Internet: www.aktioncourage.org

Arbeitsgebiet: Der Verein engagiert sich für die Beseitigung von Diskriminierungen ethnischer Minderheiten und für die Erleichterung ihrer Integration. Er setzt sich nicht nur mit den besonders schweren Fällen von Fremdenfeindlichkeit und Gewalt in unserer Gesellschaft auseinander, sondern geht auch gegen den unscheinbareren, aber von vielen Betroffenen als nicht weniger verletzend empfundenen alltäglichen Rassismus vor. „Schule ohne Rassismus" heisst eines der Projekte der Aktion. Der Verein veröffentlicht Broschüren und andere Informationsmaterialien.

Informations- und Dokumentationsstelle gegen Gewalt, Rechtsextremismus und Ausländerfeindlichkeit in NRW – IDA-NRW

Kontakt: Friedrichstrasse 61a
40217 Düsseldorf
Tel.: 0211/15 92 55-5
Fax: 0211/37 10 25
E-Mail: Info@ida-nrw.de
Internet: www.ida-nrw.de

Arbeitsgebiet: Seit 1994 beschäftigt sich IDA-NRW mit Präventionsarbeit gegen rechtsextreme Denkweisen und Erscheinungsformen und richtet sein Angebot vor allem an Jugendverbände in NRW. IDA-NRW informiert über Ereignisse mit rechtsextremem und rassistischem Hintergrund in NRW, über Projekte und präventive Maßnahmen gegen Rassismus und Rechtsextremismus in der Jugendarbeit, über didaktische und methodische Ansätze in der Antirassismusarbeit und in der Interkulturellen Pädagogik sowie über Forschungsergebnisse im Themenspektrum. IDA bietet außerdem Seminare, Workshops, Tagungen und Fachgespräche, auch in Kooperation mit anderen Trägern an.

Nadeshda e.V. Informations- und Kommunikationsmedium für Politik, Umwelt und Kultur

Kontakt: Auf der Scholle 23
40668 Meerbusch
Fax: 2159-961914
Support: 2051-61160
E-Mail: s.ellersick@nadeshda.gun.de
Internet: www.nadeshda.org

Arbeitsgebiet: Nadeshda betreibt eine Mailbox in den Bereichen Politik, Kultur und Umwelt als Forum für gesellschaftlich und politisch interessierte und engagierte Menschen und Gruppen, um sie miteinander zu vernetzen und ins Gespräch zu bringen. Dafür stellen sie umfangreiche Informations- und Diskussionsangebote bereit. So eine umfangreiche Bibliothek mit Archiv und Datensammlungen, außerdem gibt Nadeshda direkte Unterstützung für einzelne Gruppen zur individuellen Vernetzung durch die Einrichtung von eigenen Brettern. Zum Angebot gehören inzwischen auch Archive im Web – diese Dokumentensammlungen u.a. zu den Themen Antifaschismus und Asyl & Migration werden laufend erweitert.

Regionale Arbeitsstellen zur Förderung von Kindern und Jugendlichen aus Zuwandererfamilien (RAA)

Kontakt: Tiegelstrasse 27
45141 Essen
Tel.: 0201/83 28 301
Fax: 0201/83 28 333
E-Mail: hauptstelle@raa.de
Internet: www.raa.de

Arbeitsgebiet: Interkulturelles Miteinander als Chance für die Entwicklung aller Kinder, für hier geborene, hier aufgewachsene und zugewanderte Kinder – gleich welcher Herkunft sie sind: Dafür entwickeln die RAA Programme und Projekte und setzen diese in Kooperation mit Partnern wie Kindertagesstätten, Schulen, Jugendämtern, Kammern von Industrie und Handwerk und Berufsberatung um. 1980 wurden in NRW die ersten RAA eingerichtet – ein Modellversuch, dessen Ergebnisse überzeugten. Die RAA wurden als kommunale Einrichtungen und Einrichtungen von Kreisen anerkannt. Heute gibt es in NRW bereits 27 RAA, weitere Regionale Arbeitsstellen sind geplant.

SOS – Rassismus – NRW

Kontakt: Haus Villigst
58239 Schwerte
Tel.: 02304/75 51 90
Fax: 02304/75 52 48
E-Mail: g.kirchhoff@aej-haus-villigst.de
Internet: www.sos-rassismus-nrw.de

Arbeitsgebiet: Die Arbeitsgruppe SOS-Rassismus-NRW ist eine Initiative im Amt für Jugendarbeit der EKvW, dort organisatorisch eingebunden und institutionell verwurzelt und stützt sich auf ca. 28 Profis in der Anti-Rassismus-Arbeit und ca. 250 Partnergruppen in ganz NRW. SOS-Rassismus-NRW begleitet, berät, unterstützt und fördert Jugendcliquen, Kirchengemeinden, Schulen, Jugendzentren, Jugendverbände, Jugendinitiativen und Menschenrechtsgruppen, um gemeinsam mit ihnen gegen den offenen Rassismus vorzugehen. SOS-Rassismus-NRW realisiert Ideen und Projekte zur Anti-Rassismus-Arbeit und engagiert sich insbesondere in Gewalt- und Rassismus- Deeskalationstrainings zur zivilen Konfliktbearbeitung. Die Arbeitsgruppe hat umfangreiche Materialien zum Thema Gewalt und Rassismus publiziert. Im Internet unter dem Stichwort Beratung findet man zahlreiche Kontaktadressen von Antidiskriminierungsbüros, Antirassismus-Telefonen u.a.

Verband für Interkulturelle Arbeit (VIA e. V.)

Kontakt: Hochemmericher Strasse 71
47226 Duisburg
Tel.: 02065/53 346
Fax: 02065/53 561
E-Mail: via-bund@t-online.de
Internet: www.paritaet.org/via/

Arbeitsgebiet: VIA e. V. ist ein Dachverband für Vereine, Gruppen und Initiativen aus Deutschland, die in der Migranten- und Flüchtlingsarbeit aktiv sind. Bundesweit sind über 100 Organisationen im VIA organisiert. Der Verein unterstützt unter anderem die Durchführung von Projekten gegen Rassismus, Ausländerfeindlichkeit, Diskriminierung und Intoleranz. Er bietet Seminare an und engagiert sich für die Vernetzung und Förderung der Zusammenarbeit von Initiativen. VIA e.V. versteht sich als deutscher Partner für andere demokratische Organisationen in Europa.

Duisburger Institut für Sprach- und Sozialforschung (DISS)

Kontakt: Siegstrasse 15
47051 Duisburg
Tel.: 0203/20 249
Fax: 0203/28 78 81
E-Mail: diss@uni-duisburg.de
Internet: www.uni-duisburg.de/DISS

Arbeitsgebiet: Das Duisburger Institut für Sprach- und Sozialforschung e. V. existiert seit 1987. Der eingetragene Verein stellt sich das Ziel, Wissenschaft und Forschung, Bildung und Erziehung zu fördern und mit wissenschaftlichen Analysen einen Beitrag zur Demokratisierung zu leisten. Die thematischen Arbeitsschwerpunkte des DISS sind: Rassismus und Einwanderung in der Bundesrepublik, Rechtsextreme Entwicklungen, völkisch-nationale Tendenzen, Antisemitismus in der Bundesrepublik, soziale Ausgrenzung, Biopolitik und Bioethik-Debatte, Diskurstheorie und Diskursanalyse. Das Institut veröffentlicht regelmäßig Forschungsmaterialien im DISS-Journal und kooperiert eng mit der Universität Duisburg.

Düsseldorfer Appell

Kontakt: Lacombletstr. 10
40239 Düsseldorf
Tel.: 0211/992 00 00
Fax: 0211 992 00 08
E-Mail: volker.neupert@jugendring-duesseldorf.de

Arbeitsgebiet: Der „Düsseldorfer Appell" ist ein Verbund von Gewerkschaften, Jugendverbänden, Kirchen, Parteien und Organisationen, die sich 1991 zusammengeschlossen haben. Die Zielgruppe sind Düsseldorfer Einwohner ausländischer Herkunft, Jugendliche und interessierte Bürger. Der Düsseldorfer Appell erarbeitet präventive Ansätze zur Verhinderung von Gewalt, Fremdenfeindlichkeit und Rassismus in der Stadt und tritt für ein demokratisches, gewaltfreies und menschenwürdiges Zusammenleben ein. Die Initiative gibt Informationen und Publikationen heraus und bietet Bildungsveranstaltungen und interkulturelle Begegnungen zu Themenfeldern wie Migration, Integration, Diskriminierung und Rechtsextremismus an. Sie bearbeitet Diskriminierungsfälle und gewährt Hilfesuchenden Unterstützung.

Rheinland–Pfalz

Jugendschutz.net

Kontakt: Fritz-Kohl-Str. 24
55122 Mainz
Tel.: 06131/3285 20/23/28
Fax: 06131/3285 22
E-Mail: buero@jugendschutz.net
Internet: www.jugendschutz.de

Arbeitsgebiet: Jugendschutz.net wurde 1997 von den Jugendministern der Länder gemeinsam eingerichtet, um für die Beachtung des notwendigen Jugendschutzes in den neuen Informations- und Kommunikationsdiensten zu sorgen. Damit soll die Durchführung der Jugendschutzbestimmungen nach dem Mediendienst-Staatsvertrag der Länder unterstützt werden. Darin wird festgehalten, daß für Online-Dienste, die sich an die Allgemeinheit richten, vergleichbare Regelungen gelten, wie für andere Massenmedien. Wie auch in Rundfunk und Fernsehen sind gewaltverherrlichende, rassistische oder pornographische Angebote unzulässig. Angebote, die Kinder und Jugendliche in ihrer noch nicht abgeschlossenen Entwicklung beeinträchtigen, sollen soweit möglich auf Erwachsene beschränkt werden.

Saarland

Die Brücke e. V.

Kontakt: Riottestr. 16
66123 Saarbrücken
Tel.: 0681/390 58 50
Fax: 0681/817 229
E-Mail: bruecke@handshake.de
Internet: www.bruecke-saarbruecken.de

Arbeitsgebiet: Die Brücke e.V. ist ein Verein zur Förderung politischer, sozialer und kultureller Verständigung zwischen Mitbürgern deutscher und ausländischer Herkunft. Er wurde

1984 gegründet und ist als gemeinnützig anerkannt. Der Verein verfügt über eine Sammlung von Publikationen in Archiv und Bibliothek, koordiniert und führt Bildungsveranstaltungen durch, leistet Hilfe für ausländische Mitbürger und setzt sich für die Förderung der Anerkennung der kulturellen Eigenständigkeit der Mitbürger ausländischer Herkunft durch geeignete Veranstaltungen ein. Der Verein gibt vierteljährlich die Zeitschrift „Die Brücke – Forum für antirassistische Politik und Kultur" heraus, die als Diskussionsforum für die Leser fungiert. Die Brücke dient auch als Kontaktstelle und verfügt über ein reichhaltiges Archiv und eine Bibliothek.

Ramesch – Forum für interkulturelle Begegnung e. V.

Kontakt: Johannstrasse 13
66111 Saarbrücken
Tel: 0681/3904921
Fax: 0681/938 8849
E-Mail: info@ramesch.de
Internet: www.ramesch.de

Arbeitsgebiet: Ramesch heißt „Freude". Das Forum Interkulturelle Begegnung – Ramesch e. V. setzt sich seit zehn Jahren intensiv für die Kommunikationen zwischen Menschen unterschiedlicher Herkunft ein. Der Verein tritt für eine interkulturelle Erziehung bereits in Kindergärten und Schulen ein und engagiert sich in der Arbeit gegen die zunehmenden fremdenfeindlichen Übergriffe. Mit Veranstaltungen, Symposien, Lesungen und Fortbildungen für MultiplikatorInnen vermittelt er Informationen zu verschiedenen Kulturkreisen. Er bietet Hilfestellung bei Problemen und berät u.a. in der Migrationspolitik und antirassistischen Präventionsarbeit. Er initiierte zahlreiche Projekte, die den Dialog zwischen Deutschen und Ausländern förderten.

Sachsen

Aktion Zivilcourage Pirna

Kontakt: Lange Strasse 13
01796 Pirna
Tel.: 03501/460880
Fax: 03501/460881
E-Mail: buero@zivilcourage-pirna.de
Internet: www.zivilcourage-pirna.de

Arbeitsgebiet: Eine Gruppe Jugendlicher aus dem Landkreis Sächsische Schweiz gründete 1999 nach erschreckend hohen Wahlergebnissen rechter Parteien im Landkreis Sächsische Schweiz und einer zunehmenden Gewaltbereitschaft unter Jugendlichen diese Initiative. Sie setzt sich mit Rechtsextremismus und Fremdenfeindlichkeit, besonders in der Region, auseinander. Die Arbeit in Projekten soll das Demokratieverständnis unter Jugendlichen stärken und die Probleme Gewalt, Rechtsextremismus und Fremdenfeindlichkeit thematisieren. Die Gruppe initiierte einen „Runden Tisch" mit Vertretern des Landkreises, allen demokratischen Parteien, Gewerkschaften, den Kirchen und weiteren Vertretern des öffentlichen Lebens, um auf das rechtsextremistische Problem im Landkreis aufmerksam zu machen. Die „Aktion Zivilcourage Pirna" engagiert sich besonders in Schulen und Jugendtreffpunkten und arbeitet eng mit weiteren Gruppen und Vereinen zusammen.

„AMAL" – Hilfe für Betroffene rechter Gewalt Sachsen

Kontakt: Tel.: 0351/88 94 174
E-Mail: amal-sachsen@ndk-wurzen.de
Internet: www.amal-sachsen.de

Arbeitsgebiet: Das Projekt berät Betroffene von rechtsextremer und rassistischer Gewalt, dokumentiert die Fälle anonym und leistet Aufklärung in der Öffentlichkeit über das Geschehen aus der Sicht der Betroffenen. Die Opfer erhalten die Möglichkeit, über das Erlebte zu sprechen, sie erhalten Hinweise zu rechtlichen Möglichkeiten, Hilfe bei Behördengängen und Antragstellungen und auf Wunsch werden Kontakte zu weiteren Initiativen vor Ort vermittelt. Das Netzwerk für Demokratische Kultur e.V. ist Träger dieses Projektes und unterhält in Dresden, Görlitz und Wurzen regionale Beratungszentren.

Dresden   Tel.: 0351/88 94 174
Wurzen   Tel.: 03425/85 15 41
Görlitz   Tel.: 0170/31 80 755

Büro für freie Kultur- und Jugendarbeit e.V.
Mobiles Beratungsteam Sachsen

Kontakt: Bautzener Strasse 41 HH
01099 Dresden
Tel.: 0351/889 4169
Fax: 0351/804 9671
E-Mail: bringtfriede@kulturstadt-dresden.de

Arbeitsgebiet: Die Mobilen Beratungsteams des Kulturbüros Sachsen stärken die Selbsthilfekompetenzen zur Unterstützung der demokratischen Zivilgesellschaft konkret vor Ort. Zielgruppen der mobilen Beratungsarbeit sind lokale Vereine und Initiativen, kirchliche Gruppen sowie Politik, Verwaltung und Wirtschaft. Das Kulturbüro Sachsen versteht sich als Motor in einem sich bildenden Netzwerk demokratischer Kultur. Dabei verfolgt das Kulturbüro Sachsen basierend auf seinen Erfahrungen in der Soziokultur, der Theater-, Schul- und Gemeinwesenarbeit ein Gesamtkonzept der demokratischen Interventions- und Präventionsarbeit in Sachsen. Die Mobilen Beratungsteams haben ihre Regionalbüros in Pirna, Neukirchen und Wurzen und arbeiten in den jeweiligen Regierungsbezirken.

Pirna: mbt.pirna@tolerantes-sachsen.de
Wurzen: mbt.wurzen@tolerantes-sachsen.de
Neuenkirchen: mbt.neukirchen@tolerantes-sachsen.de

Herbert-Wehner-Bildungswerk e. V.

Kontakt: Kamenzer Str. 12
01099 Dresden
Tel.: 0351/80 40 220
Fax: 0351/80 40 222
E-Mail: info@wehnerwerk.de
Internet: www.wehnerwerk.de

Arbeitsgebiet: Das Herbert-Wehner-Bildungswerk ist das der sächsischen Sozialdemokratie nahestehende Bildungswerk. Es hat seit 1999 seinen Sitz in Dresden. Seine Hauptaufgabe sieht es in der Befähigung von Bürgerinnen und Bürgern zum politischen Engagement und zur Übernahme von Verantwortung in der Gesellschaft. Dazu führt es Seminare, Tagungen und Diskussionsveranstaltungen u.a. zum Thema Rechtsextremismus durch. Das Angebot des Herbert-Wehner-Bildungswerks ist allen Bürgerinnen und Bürgern des Freistaates Sachsen zugänglich. Eine Bibliothek zu den Themen Deutschlandpolitik und auch umfangreiche Literatur zur politischen Theorie sowie aktuelle zeitgenössische Schriften zum politischen System vieler europäischer Staaten ist vorhanden.

Initiative Augen auf – Zivilcourage zeigen

Kontakt: Klienbergerplatz 1
02763 Zittau
Tel.: 03583/50 90 007
Fax: 03583/77 913
E-Mail: info@augenauf.net
Internet: www.augenauf.net

Arbeitsgebiet: Grundlegendes Ziel der im Jahre 2000 in Zittau gegründeten Initiative ist die Förderung sozialer Toleranz und Zivilcourage in Ostdeutschland, bei dem vor allem hier lebende Ausländer bei der Integration unterstützt werden sollen. Um ein besseres Zusammenkommen und Kennenlernen von Menschen verschiedener Herkunft und Kultur zu ermöglichen, veranstaltete die Initiative erfolgreich regionale Festivals Augen auf – Zivilcourage zeigen, um so insbesondere einen Abbau von Intoleranz und Vorurteilen zu bewirken und vor allem der Jugend ein kulturelles Erlebnis zu bieten. Durch Workshops, Diskussionen, Musikveranstaltungen, Ausstellungen, Vorlesungen, Sportveranstaltungen, Theatervorstellungen und vielem mehr soll eine Ebene des kommunikativen Miteinanders hergestellt werden. Außerdem dokumentiert die Initiative rechtsextreme Übergriffe in der Region und informiert darüber die Öffentlichkeit.

Netzwerk für Demokratie und Courage e.V.

Kontakt: Schweriner Str. 50
01067 Dresden
Tel.: 0351/86 33 133
Fax: 0351/86 33 132
E-Mail: mail.an.ndc@web.de

Arbeitsgebiet: Schwerpunkt der Arbeit sind Projektschultage gegen Diskriminierung sowie interkulturelle Arbeit. Im Netzwerk sind Jugendverbände und Projekte junger Erwachsener zusammengeschlossen, um mit ihrer Arbeit junge Menschen zum Nach-, Um- und Mitdenken anzuregen. Seit dem Projekt „Für Demokratie Courage zeigen" engagieren sich junge Menschen mit dem Ziel, SchülerInnen und LehrerInnen Mut zu machen und nicht wegzusehen, wenn andere sich rassistisch äußern oder handeln.

Netzwerk für Demokratische Kultur e.V.

Kontakt: Bahnhofstr. 19
04808 Wurzen
Tel: 03425 85210
Fax: 03425 85209
E-Mail: buero@ndk-wurzen.de
Internet: www.ndk-wurzen.de

Das Netzwerk hat sich 1999 gegründet, um gemeinsam mit verschiedenen regionalen wie überregionalen Partnern Aktivitäten zur Stärkung einer demokratischen Zivilgesellschaft zu initiieren, da Fremdenfeindlichkeit und Rassismus auch in dieser Region verbreitet sind. Die rechtsextreme Szene hat sich im Raum Wurzen über mehrere Jahre hinaus ausbauen und etablieren können. Die Akteure bieten u.a. Beratung für Betroffene rechtsextremer Gewalt, eine Geschichtswerkstatt, Fortbildung sowie Beratungs- und Erfahrungsvermittlung, eine Mediathek, Internationale Jugendbegegnungen sowie ein Infoblatt.

Regionale Arbeitsstelle für Ausländerfragen, Jugendarbeit und Schule (RAA) Sachsen e.V.

Kontakt: Strasse des Friedens 27
02977 Hoyerswerda
Tel.: 03571/41 60 72
Fax: 03571/92 40 47
E-Mail: kontakt@raa-hoyerswerda.com
Internet: www.raa-hoyerswerda.com

Arbeitsgebiet: „Jugend gegen Gewalt und für mehr Toleranz" – so lautet der Name des Projektes der RAA Sachsen. Der Verein engagiert sich für die Entwicklung von Toleranz und gegen Gewalt, Extremismus und Fremdenfeindlichkeit besonders bei Kindern und Jugendlichen im Umfeld der Schule. Er leistet präventive Projektarbeit an Schulen auf den

Gebieten Gewalt und Extremismus (besonders Rechtsextremismus und Jugenddelinquenz). Der Verein organisiert Projekte zur Entwicklung des Demokratieverständnisses junger Menschen und zur Förderung von Toleranz.

RAA Leipzig

Kontakt: Sternwartenstr. 4
04103 Leipzig
Tel.: 0331 201 0869
Fax: 0331 747 8020
e-mail: raa-leipzig@t-online.de
Internet: www.raa-leipzig.de

Arbeitsgebiet: Die RAA Leipzig entwickelte in den 8 Jahren ihres Bestehens Angebote in den Arbeitsfeldern Integration von jugendlichen Migranten in Schule und Lebenswelt, Interkulturelle Bildung und Erziehung, Öffnung von Schule: Schulsozialarbeit und Schuljugendarbeit, Politische Bildung gegen Rechtsextremismus und Beratung für Opfer rechtsextremer Gewalt. Arbeitsorte sind 5 Schulen, 2 Jugendtreffs (Clubs) und ein Asylbewerberheim.

Sächsische Arbeitsstelle für Schule und Jugendarbeit

Kontakt: Hohenthalplatz 2a,
01067 Dresden
Tel: 0351 4906867
Fax: 0351 4906874
e-mail: Schule.und.Jugendhilfe@t-online.de
Internet: www.sn.schule.de

Arbeitsgebiet: Die Arbeitsstelle wurde als Dach zur Initiierung, Koordinierung, Vernetzung von Aktivitäten in Bereich von Schule und Jugendhilfe unter Nutzung der bestehenden Infrastruktur eingerichtet. Sie gehört als Beratungs- und Serviceangebot der Deutschen Kinder- und Jugendstiftung zum RAA Sachsen e.V.

Sachsen-Anhalt

Miteinander – Netzwerk für Demokratie und Weltoffenheit in Sachsen-Anhalt e.V.

Kontakt: Liebigstr. 6
39104 Magdeburg
Tel.: 0391/62 07 73
Fax: 0391/62 07 740
E-Mail: net.gs@miteinander-ev.de
Internet: www.miteinander-ev.de

Arbeitsgebiet: Miteinander e. V. fördert den Demokratiegedanken und engagiert sich für die Stärkung einer demokratischen Kultur. Mit Projekten gegen Rechtsextremismus fördert „Miteinander" praxisorientierte Weiterbildung für MultiplikatorInnen aus Kinder-, Jugendarbeit, Schule und Sozialarbeit. Der Verein berät bei Konflikten im Zusammnehang von Ausgrenzung und Fremdenfeindlichkeit und entwickelt Konzepte zum Abbau rechtsextremer Gewalt. Zudem unterstützt er die Zusammenarbeit zwischen den für schulische und außerschulische Aufgaben zuständigen Einrichtungen und Initiativen, fördert die Verständigung zwischen Deutschen und Ausländern sowie die interkulturelle Kommunikation in Schule und Nachbarschaft. Mit seinen vier regionalen Zentren leistet Miteinander e. V. einen Beitrag zur vernetzten Struktur im Bundesland, um Fremdenfeindlichkeit und Diskriminierungen eine demokratische Alltagskultur entgegenzusetzen.

Regionale Zentren befinden sich in		
	Gardelegen/Nord	Tel.: 03907/71 56 67
	Aschersleben/Mitte	Tel.: 03473/84 03 36
	Rosslau/Ost	Tel.: 034901/5 29 66
	Weißenfels/Süd	Tel.: 03443/23 92 47

Mobile Beratung für Opfer rechtsextremer Gewalt in Sachsen-Anhalt

Kontakt: Jüdenstr. 31
06667 Weißenfels
Tel.: 03443/33 38 62
Fax: 03443/23 92 51
E-Mail: opferberatung.sued@miteinander-ev.de
Internet: www.mobile-opferberatung.de

Arbeitsgebiet: Die Mobile Beratung wendet sich an Menschen, die von Rassismus, Diskriminierung und rechtsextremistischen Angriffen betroffen sind. Die Organisation unterstützt die Betroffenen bei der Suche u.a. nach Rechtsanwälten, berät in (psycho-)sozialen Fragen, begleitet bei Behördengängen, leistet Hilfestellung bei der Selbstorganisation etc. Die Organisation vernetzt und unterstützt die Initiativen vor Ort, analysiert und dokumentiert Opferfälle rechtsextremer und fremdenfeindlicher Gewalt.

Kontaktstellen sind in		
	Halle/Süd	Tel.: 0345/548 38 51
	Gardelegen/Nord	Tel.: 03907/77 80 38
	Magdeburg/Mitte	Tel.: 0391/620 77 55
	Region Dessau	Tel.: 0340/661 23 95

Schleswig-Holstein

Flüchtlingsrat Schleswig-Holstein e. V.

Kontakt: Oldenburger Str. 25
24143 Kiel
Tel.: 0431 736077
Fax : 0431 736077
E-mail: office@frsh.de
Internet: www.frsh.de

Arbeitsgebiet: Der Flüchtlingsrat ist der Dachverband der unabhängigen im Bundesland engagierten Initiativen der solidarischen Flüchtlingshilfe. Mit öffentlichen und zielgruppenorientierten Themenveranstaltungen zu den Schwerpunkten Asyl, Migration, Rassismus und Antisemitismus leistet der Rat Aufklärungsarbeit. Er führt zudem regelmäßige Gespräche mit den kommunalen Behörden, um eine nichtrestriktive Verwaltungspraxis und Flüchtlingspolitik zu befördern.

Thüringen

ABAD – Anlaufstelle für Betroffene von rechtsextremen und rassistischen Angriffen und Diskriminierungen

Kontakt: Warsbergstrasse 1
99092 Erfurt
Tel.: 0361/217 27 23
Fax: 0361/217 27 27
E-Mail: abad-ef@gmx.de
Internet: www.abad-th.de

Arbeitsgebiet: ABAD unterstützt Opfer rechtsextremer Angriffe und bietet den Betroffenen Beratung, Begleitung und Unterstützung, hilft bei der Suche nach Zeugen bzw. unterstützt bei Behördengängen oder Gerichtsverfahren. Die rechtsextremen, rassistischen Vorfälle werden an die Öffentlichkeit gegeben und Initiativen vor Ort, die sich für Betroffene einsetzen wollen, werden unterstützt. ABAD beteiligt sich am Aufbau eines landesweiten Netzwerkes antirassistischer und antifaschistischer Vereine, Verbände und Initiativen.

Büros befinden sich in Erfurt (für Nord-, Mittel-, Süd-, und Westthüringen) Gera (für Ostthüringen).

Mobiles Beratungsteam gegen Rechtsextremismus in Thüringen (MOBiT e.V.)

Kontakt: Brühl 23
99867 Gotha
Tel.: 03621/22 86 96
Fax: 03621/22 86 98
E-Mail: mail@mobit.de
Internet: www.mobit.org

Arbeitsgebiet: Das Beratungsteam führt gemeinwesenorientierte Beratung für Initiativen und engagierte Einzelpersonen durch und unterstützt regionale Netzwerke und Aktionsbündnisse. Das Team entwickelt Anerkennungsformen für zivilgesellschaftliches Engagement, vermittelt Handlungskompetenzen für MultiplikatorInnen und informiert die Öffentlichkeit. Rechtsextreme Hegemoniebestrebungen und gesellschaftliche Gegenstrategien werden dokumentiert und analysiert. MOBiT kooperiert eng mit der Anlaufstelle für Betroffene von rechtsextremen und rassistischen Angriffe und Diskriminierungen (ABAD) und dem Neonazi-Aussteigerprojekt EXIT in Berlin.

Regionalbüro Saalfeld   Tel.: 03671/52 77 78

Internet

haGalil

Kontakt: Tel.: 0179-1121546
E-Mail: hagalil@hagalil.com
Internet: www.hagalil.com

Arbeitsgebiet: Der größte jüdische Onlinedienst in Europa liefert auf einer sehr informativen und kommunikativen Internetseite u.a. aktuelle Nachrichten, einen Newsletter und Informationen zu Geschichte und Gegenwart des Judentums in Europa. Mit einer Datenmenge, die ausgedruckt 45.000 DIN A-4-Seiten füllen würde, ist es hagalil.com gelungen antisemitische Hetze im Internet auf hintere Ränge der Suchmaschinen zu verdrängen. Jeder Schüler der heute Informationen zu einer der vielseitigen Facetten jüdischen Lebens sucht, wird mit allerhöchster Wahrscheinlichkeit auf hagalil.com landen. Jeden Monat nehmen 140.000 Leser dieses Angebot an, das unter dem Motto „100 Seiten Wahrheit gegen jede Seite Lüge und Hass" angetreten ist. Unter www.nazis-im-internet.de können rechtsextremistische Internangebote gemeldet werden. Die für haGalil ehrenamtlich tätigen Juristen ermitteln rechtsradikale Site-Betreiber und leiten die Ergebnisse an die Strafverfolgungsbehörden weiter. Unter www.klick-nach-rechts.de findet der Nutzer eine umfangreiche Aufstellung antisemitisch motivierter Straftaten. Unter www.antisemitismus.net finden sich umfangreiche Bildungsmaterialien zum Antisemitismus, der für die Herausgeber charakteristisches Kernstück nazistischer Ideologie und Propaganda ist.

Informationsdienst gegen Rechtsextremismus (IDGR)

Kontakt: E-Mail: webmaster@idgr.de
Internet: www.idgr.de

Arbeitsgebiet: Der „Informationsdienst gegen Rechtsextremismus" (IDGR) wird herausgegeben von Margret Chatwin und ist eine private Homepage zur Bereitstellung von Informationen zum Rechtsextremismus. Besondere Aufmerksamkeit erhalten Exponenten der Leugnung des Holocaust und ihre Methoden, rechtsextreme Aktivitäten (auch im Internet) sowie antisemitische Konspirationsthesen. Zu diesem Zweck befindet sich seit Januar 2000 auch ein umfangreiches Online-Lexikon Rechtsextremismus im Netz. Zielgruppe des Lexikons ist weniger ein Fachpublikum, als vielmehr allgemein Interessierte, die sich über das Internet einen ersten Überblick verschaffen wollen. Zur Vertiefung der darin behandelten Themen finden sich Literaturhinweise und Links. Hinzu kommt eine Linkseite mit einer Auswahl von Presseerzeugnissen sowie ein Verweis für die Recherche in Bibliotheken und Archiven.

Das Informationsportal gegen Rechtsextremismus von deutschsprachigen Zeitungen, Agenturen und Sendern

Kontakt: E-Mail: forum@NetzGegenrechts.de
Internet: www.netzgegenrechts.de

Arbeitsgebiet: Das Informationsportal besteht aus 21 namhaften deutschsprachigen Medien. Nutzer der Site finden Beiträge der Medienpartner unter zwölf Fragestellungen (z.B. „Was tun Politik, Wirtschaft und Gesellschaft gegen Rechtsextremismus?"; „Wie kann man die Entstehung rechtsradikaler Einstellungen bei Jugendlichen verhindern?"). Der Inhalt der Site wird täglich mit den Artikeln der Medienpartner aktualisiert. So kann ein breites Publikum über den jeweiligen Erscheinungstag hinaus auf Beiträge zum Thema zugreifen. Die Deutsche Presse-Agentur stellt einen Nachrichten-Ticker mit neuesten Meldungen zum Rechtsradikalismus zur Verfügung. Unter der Rubrik „Schwarzes Brett" werden Aktionen und Initiativen angekündigt.

V. Bibliographie

Ahlheim, Klaus/Heger, Bardo (2002): Die unbequeme Vergangenheit. NS-Vergangenheit, Holocaust und die Schwierigkeiten des Erinnerns. Schwalbach/Ts.: Wochenschau Verlag.
Antifaschistisches Autorenkollektiv (Hrsg.) (1996): Drahtzieher im braunen Netz. Ein aktueller Überblick über den Neonazi-Untergrund in Deutschland und Österreich. Hamburg: Konkret Literatur.
Archiv der Jugendkulturen (Hrsg.) (2001): Reaktionäre Rebellen. Rechtsextreme Musik in Deutschland. Berlin: Tilsner.
Baacke, Dieter/Thier, Michaela/Lindemann, Frank (Hrsg.) (1994): Rock von rechts. Bielefeld: Gesellschaft für Medienpädagogik und Kommunikationskultur.
Baacke, Dieter/Farin, Klaus/Lauffer, Jürgen (Hrsg.) (1999): Rock von Rechts II. Milieus, Hintergründe und Materialien. Bielefeld: Gesellschaft für Medienpädagogik und Kommunikationskultur.
Backes, Uwe (1989): Politischer Extremismus in demokratischen Verfassungsstaaten. Opladen: Leske + Budrich.
Backes, Uwe/Jesse, Eckhard (1989): Politischer Extremismus in der Bundesrepublik Deutschland. Bonn: Bundeszentrale für politische Bildung
Backes, Uwe/Moreau, Patrick (1994): Die extreme Rechte in Deutschland. 2. erweiterte Auflage München: Akademie Verlag.
Backes, Uwe/Jesse, Eckhard (2001): Jahrbuch Extremismus und Demokratie. 13. Jahrgang. Baden-Baden: Nomos.
Bailer-Galanda, Brigitte/Benz, Wolfgang/Neugebauer, Wolfgang (1996): Die Ausschwitzleugner. „Revisionistische" Geschichtslüge und historische Wahrheit. Berlin: Elefanten Press.
Bailer-Galanda, Brigitte/Neugebauer, Wolfgang (1997): Haider und die Freiheitlichen in Österreich. Berlin: Elefanten Press.
Bataille, Georges (1997): Die psychologische Struktur des Faschismus – Die Souveränität. München: Matthes u. Seitz.
Behrend, Katharina (1996): NPD – REP: die Rolle nationalistischer Bewegungen im politischen System der Bundesrepublik Deutschland am Beispiel von NPD und Republikaner im historischen Vergleich. Regensburg: Roderer.
Behringer, Martin/Borstel, Dierk/Pilz, Desiree/Reimer, Catrin/Schmalstieg, Catharina/Sischka, Kerstin (2001): Rechtsextremismus und demokratische Kontexte unter besonderer Berücksichtigung sicherheits- und jugendpolitischer Aspekte – Eine Kommunalanalyse im Auftrag des Kreispräventionsrates im Landkreis Dahme-Spreewald. Berlin: Zentrum Demokratische Kultur.
Beichelt, Timm/Minkenberg, Michael (2002): „Rechtsradikalismus in Transformationsgesellschaften. Entstehungsbedingungen und Erklärungsmodell", in: Osteuropa Nr. 52 (3), S. 247-263.
Benthin, Rainer (1996): Die Neue Rechte in Deutschland und ihr Einfluss auf den politischen Diskurs der Gegenwart. Frankfurt/Main: Peter Lang.

Benz, Wolfgang (Hrsg.) (1989): Rechtsextremismus in der Bundesrepublik: Voraussetzungen, Zusammenhänge, Wirkungen. Frankfurt/Main: Fischer.
Benz, Wolfgang (Hrsg.) (2001): Auf dem Weg zum Bürgerkrieg? Rechtsextremismus und Gewalt gegen Fremde in Deutschland. Frankfurt/Main: Fischer.
Bergmann, Werner/Erb, Rainer (1994): Neonazismus und rechte Subkultur. Berlin: Metropol.
Betz, Hans-Georg (1994): Radical right wing populism in Western Europe. New York: St. Martin's Press.
Birsl, Ursula (1994): Rechtsextremismus – männlich, weiblich? Eine Fallstudie zu geschlechtsspezifischen Lebensverläufen, Handlungsspielräumen und Orientierungsweisen. Opladen: Leske + Budrich.
Bitzan, Renate (Hrsg.) (1997): Rechte Frauen – Skingirls, Walküren und feine Damen. Berlin: Elefanten Press.
Bitzan, Renate (2000): Selbstbilder rechter Frauen: zwischen Antisexismus und völkischem Denken. Tübingen: Ed. Diskord.
Björgo, Tore/Witte, Rob (Hrsg.) (1993): Racist Violence in Europe. Basingstoke: Macmillan.
Brauner-Orthen, Alice (2001): Die Neue Rechte in Deutschland. Antidemokratische und rassistische Tendenzen. Opladen: Leske + Budrich.
Breuer, Stefan (1993): Anatomie einer konservativen Revolution. Darmstadt: Wissenschaftliche Buchgesellschaft.
Brubaker, Rogers (1992): Citizenship and Nationhood in France and Germany. Cambridge/London: Cambridge University Press.
Brubaker, Rogers (1997): Nationalism Reframed. Nationhood and the National Question in the New Europe. Cambridge: Cambridge University Press.
Büchner, Britta Ruth (1995): Rechte Frauen, Frauenrechte und Klischees der Normalität. Gespräche mit „Republikanerinnen". Pfaffenweiler: Centaurus.
Bundesamt für Verfassungsschutz (Hrsg.) (1998): Rechtsextremistische Skinheads. Entwicklung, Musik-Szene, Fanzines. Köln.
Bundesamt für Verfassungsschutz (Hrsg.) (2000): Skinheads. Bands & Konzerte. Köln.
Buntenbach, Annelie/Kellersohn, Helmut/Kretschmer, Dirk (Hrsg.) (1998): Ruck-wärts in die Zukunft. Zur Ideologie des Neokonservatismus. Duisburg: DISS.
Butterwegge, Christoph (1996): Rechtsextremismus, Rassismus und Gewalt. Darmstadt: Wissenschaftliche Buchgesellschaft.
Butterwegge, Christoph (2002): Rechtsextremismus, Freiburg: Herder.
Butterwege, Christoph/Isola, Horst (Hrsg.) (1991): Rechtsextremismus im vereinten Deutschland. Randerscheinung oder Gefahr für die Demokratie? 3. Auflage. Bremen/Berlin: Steintor.
Butterwegge, Christoph/Griese, Birgit/Krüger, Coerw/Meier, Lüder, Niermann, Gunther (1997): Rechtsextremisten in Parlamenten. Opladen: Leske + Budrich.
Butterwegge, Christoph/Lohmann, Georg (Hrsg.) (2001): Jugend, Rechtsextremismus und Gewalt. Analysen und Argumente. 2. Auflage. Opladen: Leske + Budrich.
Butterwegge, Christoph/Cremer, Janine/Häusler, Alexander (2002): Themen der rechten – Themen der Mitte. Zuwanderung, demographischer Wandel und Nationalbewußtsein. Opladen: Leske + Budrich.
Cheles, Luciano u.a. (Hrsg.): The Far Right in Western and Eastern Europe. 2. Auflage. London/New York: Longman.
Christians, Georg (1990): „Die Reihen fest geschlossen". Die FAP – Zu Anatomie und Umfeld einer militant –neofaschistischen Partei in den 80er Jahren. Marburg: Verlag Arbeit & Gesellschaft.
Decker, Frank (2000): Parteien unter Druck. Der neue Rechtspopulismus in den westlichen Demokratien. Opladen: Leske + Budrich.
Deutsches Jugendinstitut (Hrsg.) (1995): Gewalt gegen Fremde. Rechtsradikale, Skinheads und Mitläufer. Weinheim/München: Juventa.
Diederichs, Otto (1995): Hilfe, Polizei – Fremdenfeindlichkeit bei Deutschlands Ordnungshütern. Berlin: Elefanten Press.

Dudek, Peter/Jaschke, Hans-Gerd (1984): Entstehung und Entwicklung des Rechtsextremismus in der Bundesrepublik. Dokumente und Materialien. Zur Tradition einer besonderen politischen Kultur. Opladen: Westdeutscher Verlag.
Dünkel, Frieder/Geng, Bernd (Hrsg.) (1999): Rechtsextremismus und Fremdenfeindlichkeit. Bestandsaufnahme und Interventionsstrategien. Mönchengladbach: Forum.
Echelmeyer, Axel (1999): Rechtsextreme Publizistik: zur Soziologie eines politischen Phänomens. Frankfurt/Main, Berlin u.a.: Lang.
Eimuth, Kurt Helmuth/Lemhöfer, Lutz (Hrsg.): Braune Flecken in der Esoterik. Der Antisemitismus der Alternativen. Forum Bd. 18. Frankfurt/Main: GEP-Buch.
Fahr, Margitta-Sybille (2001): „Stolz weht die Flagge schwarz-weiß-rot". Herausgegeben vom Kommunalpolitischen Forum e.V. Berlin.
Falter, Jürgen (1991): Hitlers Wähler. München: C.H.Beck.
Falter, Jürgen (1994): Wer wählt rechts? Die Wähler und Anhänger rechtsextremistischer Parteien im vereinigten Deutschland. München: C.H.Beck.
Falter, Jürgen/Jaschke, Hans-Gerd/Winkler, Jürgen (Hrsg.) (1996): Rechtsextremismus. Ergebnisse und Perspektiven der Forschung. Sonderheft 27/1996 der Politischen Vierteljahresschrift. Opladen: Westdeutscher Verlag.
Falter, Jürgen/Arzheimer, Kai (1998): Rechtsextremismus unter Jugendlichen in Deutschland 1998 und im Vergleich zum Jahr 1994. Gutachten im Auftrag des Bundesministeriums für Familie, Senioren, Frauen und Jugend, unveröffentlichtes Manuskript. Universität Mainz.
Fantifa Marburg (Hrsg.) (1995): Kameradinnen. Frauen stricken am braunen Netz. Münster: Unrast.
Farin, Klaus (Hrsg.) (1997): Die Skins. Mythos und Realität. Berlin: Chr. Links.
Farin, Klaus/Seidel-Pielen, Eberhard (1993): Skinheads. München: C.H. Beck.
Fischer, Jörg (2001): Das NPD Verbot. Berlin: Espresso.
Fittkau, Karl-Heinz (1990): Zur Phänomenologie rechtsextremer Straftaten in der DDR, Humboldt-Universität Berlin: Promotion A.
Flatz, Christian/Riedmann, Sylvia/Kröll, Michael (Hrsg.) (1998): Rassismus im virtuellen Raum. Berlin/Hamburg: Argument.
Frindte, Wolfgang (Hrsg.) (1999): Fremde – Freunde – Feindlichkeiten. Wiesbaden: Westdeutscher Verlag.
Fromm, Rainer (1994): Am rechten Rand. Lexikon des Rechtsradikalismus. Marburg: Schüren.
Fromm, Rainer (1998): Die „Wehrsportgruppe Hoffmann": Darstellung, Analyse und Einordnung, Frankfurt/Main et al.: Peter Lang.
Funke, Hajo (2002): Paranoia und Politik – Rechtsextremismus in der Berliner Republik. Berlin: Hans Schiler.
Geden, Oliver (1999): Rechte Ökologie – Umweltschutz zwischen Emanzipation und Faschismus. Berlin: Elefanten Press.
Gessenharter, Wolfgang (1994): Kippt die Republik? Die Neue Rechte und ihre Unterstützung durch Politik und Medien. München: Droemer Knaur.
Gessenharter, Wolfgang (1998): „Neue radikale Rechte, intellektuelle Rechte und Rechtsextremismus", in ders./Fröchling, Helmut (Hrsg.), Rechtsextremismus und neue Rechte in Deutschland: Neuvermessung eines politisch-ideologischen Raumes? Opladen: Leske + Budrich, S. 25-68.
Gessenharter, Wolfgang/Fröchling, Helmut (Hrsg.) (1998): Rechtsextremismus und neue Rechte in Deutschland: Neuvermessung eines politisch-ideologischen Raumes? Opladen: Leske + Budrich.
Goodrick-Clarke, Nicholas (1998): Hitlers´s Priestess. Savitri Devi, the Hindu-Aryan Myth and Neo-Nazism. New York: New York University Press.
Greß, Franz/Jaschke, Hans-Gerd/Schönekäs, Klaus (1990): Neue Rechte und Rechtsextremismus in Europa: Bundesrepublik, Frankreich, Großbritannien. Opladen: Westdeutscher Verlag.
Grumke, Thomas (2001): Rechtsextremismus in den USA. Opladen: Leske + Budrich.
Grumke, Thomas (2001b): „Beziehungen zwischen Rechtsextremisten in den USA und Deutschland, 1945-1990". In: Junker, Detlef et al. (Hrsg.): Die USA und Deutschland im Zeitalter des Kalten Krieges, 1945-1990. Ein Handbuch (2 Bände). Stuttgart/München: DVA, S. 740-749 (Band 2).
Guggemos, Peter (2000): Politische Einstellungen von Republikaner WählerInnen. Das Angebot der Partei und die politische Nachfrage. Würzburg: Ergon Verlag.

Hafeneger, Benno (1997): Sozialstruktur der extremen Rechten. Mandatsträger der „Republikaner" und der NPD am Beispiel der hessischen Kommunalparlamente. Schwalbach/Ts.: Wochenschau-Verlag.
Hafeneger, Benno (2000): Die „Republikaner" in Stadtallendorf. Eine Lokalstudie. Schwalbach/Ts.: Wochenschau-Verlag.
Hainsworth, Paul (Hrsg.) (2000): The Politics of the Extreme Right. From the Margins to the Mainstream. London/New York: Pinter.
Hasselbach, Ingo/Bonengel, Winfried (2001): Die Abrechnung. Ein Neonazi steigt aus. 2. Auflage. Berlin: Aufbau Taschenbuch.
Heitmeyer, Wilhelm (1987): Rechtsextreme Orientierungen bei Jugendlichen. Empirische Ergebnisse und Erklärungsmuster einer Untersuchung zur politischen Sozialisation. Weinheim/München: Juventa.
Heitmeyer, Wilhelm (Hrsg.) (1994): Das Gewalt-Dilemma. Gesellschaftliche Reaktionen auf fremdenfeindliche Gewalt und Rechtsextremismus. Frankfurt a.M. Suhrkamp
Heitmeyer, Wilhelm (Hrsg.) (1997): Was treibt die Gesellschaft auseinander?, Frankfurt/Main: Suhrkamp.
Heitmeyer, Wilhelm/Buhse, Heike/Liebe-Freund, Joachim/Möller, Kurt/Müller, Joachim/Ritz, Helmut/Siller, Gertrud/Vossen, Johannes (1993): Die Bielefelder Rechtsextremismus-Studie. Erste Langzeituntersuchung zur politischen Sozialisation männlicher Jugendlicher. 2. Auflage. Weinheim/München: Juventa.
Heller, Friedrich Paul/Maegerle, Anton (1998): Thule: vom völkischen Okkultismus bis zur neuen Rechten. 2. Auflage. Stuttgart: Schmetterling-Verlag.
Heller, Friedrich Paul/Maegerle, Anton (2001): Die Sprache des Hasses. Rechtsextremismus und völkische Esoterik. Stuttgart: Schmetterling-Verlag.
Hellmann, Kai-Uwe/Koopmans, Ruud (Hrsg.) (1998): Paradigmen der Bewegungsforschung: Entstehung und Entwicklung von Neuen Sozialen Bewegungen und Rechtsextremismus. Opladen/Wiesbaden: Westdeutscher Verlag.
Hirsch, Kurt (1989): Rechts von der Union. Personen, Organisationen, Parteien seit 1945. Ein Lexikon. München: Kesebeck & Schuler.
Hockenos, Paul (1993): Free to Hate. The Rise of the Right in Post-communist Eastern Europe. New York/London: Routledge.
Hoffmann, Jürgen/Lepszy, Norbert (1998): Die DVU in den Landesparlamenten: inkompetent, zerstritten, politikunfähig. Eine Bilanz rechtsextremer Politik nach zehn Jahren. Sankt Augustin: Konrad-Adenauer-Stiftung.
Hoffmann, Uwe (1998): Die NPD. Entwicklung, Ideologie, Struktur. Frankfurt/Main et al.: Peter Lang.
Holtmann, Everhard (2002): Protestpartei am rechten Rand. Die DVU in der Wählerlandschaft und im Landtag von Sachsen-Anhalt. 3. Auflage. Opladen: Leske + Budrich.
Hufer, Klaus-Peter (2001): Argumentationstraining gegen Stammtischparolen. Materialien und Anleitung für Bildungsarbeit und Selbstlernen. 3. Auflage. Schwalbach: Wochenschau.
Hundseder, Franziska (1989): Wotans Jünger: neuheidnische Gruppen zwischen Esoterik und Rechtsradikalismus. München: Heyne.
Innenministerium des Landes Nordrhein-Westfalen (2001): Rechtsextremismus und Fremdenfeindlichkeit in Nordrhein-Westfalen – Bestandsaufnahme, Hintergründe und Gegenstrategien. Düsseldorf.
Jäger, Siegfried (Hrsg.) (1988): Rechtsdruck. Die Presse der Neuen Rechten. Berlin/Bonn: Dietz.
Jäger, Siegfried (1998): Der Spuk ist nicht vorbei: völkisch-nationalistische Ideologeme im öffentlichen Diskurs der Gegenwart, Duisburg: DISS.
Jäger, Margret/Jäger, Siegfried (1999): Gefährliche Erbschaften: die schleichende Restauration rechten Denken. Berlin: Aufbau-Taschenbuch-Verlag.
Jaschke, Hans-Gerd (1993): Die Republikaner. Profile einer Rechtsaußen-Partei. Bonn: J.H.W. Dietz.
Jaschke, Hans-Gerd (2001): Rechtsextremismus und Fremdenfeindlichkeit. Begriffe, Positionen, Praxisfelder. 2. Auflage. Opladen: Westdeutscher Verlag.

Jaschke, Hans-Gerd/Rätsch, Birgit/Winterberg, Yury (2001): Nach Hitler. Radikale Rechte rüsten auf. München: Bertelsmann

Kaplan, Jeffrey/Björgo, Tore (1998): Nation and Race. The Emerging Euro-American Racist Subculture. Boston: Northeastern Univ. Press.

Kaplan, Jeffrey/Weinberg, Leonard (1998): The Emergence of a Euro-American Radical Right. New Brunswik, NJ: Rutgers Univ. Press.

Kellershohn, Helmut (Hrsg.) (1994): Das Plagiat. Der Völkische Nationalismus der Jungen Freiheit. Duisburg: DISS.

Kinner, Klaus/Richter, Rolf (Hrsg.) (2000): Rechtsextremismus und Antifaschismus. Berlin: Karl-Dietz-Verlag.

Kitschelt, Herbert (1995): The radical right in Western Europe. A comparative analysis. In Zusammenarbeit mit Anthony McGann. Ann Arbor, MI: Univ. of Michigan Press.

Klotz, Johannes/Wiegel, Gerd (Hrsg.) (2001): Geistige Brandstiftung. Die neue Sprache der Berliner Republik. Berlin: Aufbau Taschenbuch.

König, Hans-Dieter (Hrsg.): Sozialpsychologie des Rechtsextremismus. Frankfurt/Main: Suhrkamp.

Kowalsky, Wolfgang/Schroeder, Wolfgang (Hrsg.) (1994): Rechtsextremismus. Einführung und Forschungsbilanz. Opladen: Westdeutscher Verlag.

Kühnl, Reinhard (1998): Die extreme Rechte in Europa. Zur neueren Entwicklung in Deutschland, Österreich, Frankreich und Italien. Heilbronn: Distel-Verlag.

Kühnl, Reinhard (2000): Der deutsche Faschismus in Quellen und Dokumenten. Köln: PapyRossa.

Kühnl, Reinhard/Rilling, Rainer/Sager, Christine (1969): Die NPD. Struktur, Ideologie und Funktion einer neofaschistischen Partei. Frankfurt/Main: Suhrkamp.

Landesamt für Verfassungsschutz Hamburg (2001): Rechtsextremismus in Stichworten: Ideologien, Organisationen, Aktivitäten. Hamburg.

Landesamt für Verfassungsschutz Sachsen (2000): Mit Hakenkreuz und Totenkopf. Wie sich Rechtsextremisten zu erkennen geben. Dresden

Lange, Astrid (1993): Was die Rechten lesen. Fünfzig rechtsextreme Zeitschriften. Ziele, Inhalte, Taktik. München: Beck.

Laqueur, Walter (1996): Fascism. Past, Present, Future. Oxford: Oxford University Press.

Lee, Martin L. (1997): The Beast Reawakens. Boston: Little, Brown.

Leggewie, Claus (1987): Der Geist steht rechts. Ausflüge in die Denkfabriken der Wende. Berlin: Rotbuch.

Leggewie, Claus (1989): Die Republikaner. Phantombild der Neuen Rechten. Berlin: Rotbuch.

Leggewie, Claus/Meier, Horst (Hrsg.) (2002): Verbot der NPD oder Mit Rechtsradikalen leben? Frankfurt/Main: Suhrkamp.

Lenk, Kurt/Meuter, Günter/Otten, Henrique Ricardo (1997): Vordenker der Neuen Rechten. Frankfurt a. M./New York: Campus

Linke, Annette (1994): Der Multimillionär Frey und die DVU. Daten, Fakten, Hintergründe. Essen: Klartext.

Loos, Peter (1998): Mitglieder und Sympathisanten rechtsextremer Parteien. Wiesbaden: Deutscher Universitätsverlag.

Lynen von Berg, Heinz (2000): Politische Mitte und Rechtsextremismus. Diskurse zu fremdenfeindlicher Gewalt im 12. Deutschen Bundestag (1990-1994). Opladen: Leske + Budrich.

Mantino, Susanne (1999): Ursachen von Rechtsextremismus: ein heuristisches Erklärungskonzept, Baden-Baden: Nomos.

Mecklenburg, Jens (Hrsg.) (1996): Antifa Reader. Antifaschistisches Handbuch und Ratgeber. Berlin: Elefanten Press.

Mecklenburg, Jens (Hrsg.) (1996): Handbuch deutscher Rechtsextremismus. Berlin: Elefanten Press.

Mecklenburg, Jens (Hrsg.) (1999): Braune Gefahr: DVU, NPD, REP – Geschichte und Zukunft, Berlin: Elefanten Press.

Mecklenburg, Jens (Hrsg.) (1999). Was tun gegen rechts? Berlin: Elefanten Press.

Menschik-Bendele, Jutta/Ottomeyer, Klaus (1998). Sozialpsychologie des Rechtsextremismus: Entstehung und Veränderung eines Syndroms. Opladen: Leske + Budrich.
Menhorn, Christian (2001): Skinheads – Porträt einer Subkultur. Baden-Baden: Nomos.
Merkl, Peter/Weinberg, Leonard (Hrsg.) (1997): The Revival of Right-Wing Extremism in the Nineties. London: Frank Cass.
Minkenberg, Michael (1990): Neokonservatismus und Neue Rechte in den USA. Neuere konservative Gruppierungen und Strömungen im Kontext sozialen und kulturellen Wandels. Baden-Baden: Nomos.
Minkenberg, Michael (1998): Die neue radikale Rechte im Vergleich. USA, Frankreich, Deutschland. Opladen/Wiesbaden: Westdeutscher Verlag.
Moreau, Patrick (1994): Les Hériteurs du III. Reich: L`extrême droite allemande de 1945 à nos jours. Paris: Éditions du Seuil.
Mudde, Cas (2000): The ideology of the extreme right. Manchester: Manchester University Press.
Müller-Münch, Ingrid (1998): Biedermänner und Brandstifter: Fremdenfeindlichkeit vor Gericht. Bonn: Dietz.
Neubacher, Bernd (1996): NPD, DVU-Liste D, Die Republikaner. Ein Vergleich ihrer Ziele, Organisationen und Wirkungsfelder. Köln: PapyRossa.
Neubacher, Frank (1999): Fremdenfeindliche Brandanschläge. Eine kriminologisch-empirische Untersuchung von Tätern, Tathintergründen und gerichtlicher Verarbeitung in Jugendstrafverfahren. Mönchengladbach: Forum.
Nickolay, Bernd (2000): Rechtsextremismus im Internet. Würzburg: Ergon.
Niederländer, Loni (1988): Zum politischen Wesen der Skinheads, unveröff. Forschungsbericht der Sektion Kriminalistik der Humboldt-Universität Berlin.
Niedermayer, Oskar/Stöss, Richard (1998): „Rechtsextremismus, politische Unzufriedenheit und das Wählerpotenzial rechtsextremer Parteien in der Bundesrepublik im Frühsommer 1998". Arbeitspapiere des Otto-Stammer-Zentrum, Nr. 1. Berlin: Freie Universität Berlin.
Obszerninks, Britta/Schmidt, Matthias (1998): DVU im Aufwärtstrend – Gefahr für die Demokratie? Fakten, Analysen, Gegenstrategien. Münster: Agenda.
Pfahl-Traughber, Armin (1993): Rechtsextremismus. Eine kritische Bestandsaufnahme nach der Wiedervereinigung. Bonn/Berlin: Bouvier.
Pfahl-Traughber, Armin (1998): ‚Konservative Revolution' und ‚Neue Rechte'. Rechtsextremistische Intellektuelle gegen den demokratischen Verfassungsstaat. Opladen: Leske + Budrich.
Pfahl-Traughber, Armin (1999): Rechtsextremismus in der Bundesrepublik, München: Beck.
Pfeiffer, Thomas (2002): Für Volk und Vaterland. Das Mediennetz der Rechten – Presse, Musik, Internet. Berlin: Aufbau Taschenbuch.
Pörksen, Bernhard (2000): Die Konstruktion von Feindbildern. Zum Sprachgebrauch in neonazistischen Medien. Wiesbaden: Westdeutscher Verlag.
Rabert, Bernhard (1995): Links- und Rechtsterrorismus in der Bundesrepublik Deutschland von 1970 bis heute. Bonn: Bernard & Graefe.
Ramet, Sabrine (Hrsg.) (1999): The Radical Right in Central and Eastern Europe since 1989. University Park, PA: Penn State Press.
Revlin, Judith (1999): Slavophiles and Commissars. Enemies of Democracy in Modern Russia. New York: St. Martin`s Press.
Schmid, Bernhard (1998): Die Rechten in Frankreich: Von der Französischen Revolution zum Front National. Berlin: Elefanten Press.
Schmidt, Friedemann (2001): Die Neue Rechte und die Berliner Republik. Wiesbaden: Westdeutscher Verlag.
Schmitt, Ulli (2000): Nicht wegschauen – eingreifen. Mainz: Landeszentrale für politische Bildung Rheinland-Pfalz.
Schneider, Ulrich (Hrsg.) (2001): tut was! Strategien gegen rechts. Köln: PapyRossa.
Schröder, Burkhard (1992): Rechte Kerle. Skinheads, Faschos, Hooligans. Reinbek: Rowohlt.
Schröder, Burkhard (1997): Im Griff der rechten Szene. Ostdeutsche Städte in Angst. Reinbek: Rowohlt.
Schröder, Burkhard (2001): Nazis sind Pop. Berlin: Espresso.

Schröm, Oliver/Röpke, Andrea (2001): Stille Hilfe für braune Kameraden. Das geheime Netzwerk der Alt- und Neonazis. Berlin: Chr. Links.
Schubarth, Wilfried/Stöss, Richard (Hrsg.) (2000): Rechtsextremismus in der Bundesrepublik Deutschland. Eine Bilanz. Opladen: Leske + Budrich.
Searchlight, Antifaschistisches Infoblatt, Enough is enough, rat (Hrsg.) (2001): White Noise: Rechts-Rock, Skinhead-Musik, Blood & Honour – Einblicke in die internationale Neonazi-Musik-Szene. 3. Auflage. Hamburg/Münster: Unrast.
Shenfield, Steven (2000): Russian Fascism: Traditions, Tendencies and Movements. New York: M.E. Sharpe.
Siegler, Bernd (1991): Auferstanden aus Ruinen. Rechtsextremismus in der DDR. Berlin: Edition Tiamat.
Siller, Gertrud (1997): Rechtsextremismus bei Frauen. Zusammenhänge zwischen geschlechtsspezifischen Erfahrungen und politische Orientierungen. Opladen: Leske + Budrich.
Simonelli, Frederick J. (1999): American Fuehrer. George Lincoln Rockwell and the American Nazi Party, Urbana, IL: Univ. of Illinois Press.
Speit, Andreas (Hrsg.) (2000): Ästhetische Mobilmachung: Dark-Wave, Neofolk und Industrial im Spannungsfeld rechter Ideologien. Münster: Unrast.
Stiftung Dokumentationsarchiv des österreichischen Widerstandes (Hrsg.) (1993): Handbuch des österreichischen Rechtsextremismus. Wien: Deuticke.
Stöss, Richard (1989): Die extreme Rechte in der Bundesrepublik. Entwicklung – Ursachen – Gegenmaßnahmen. Opladen: Leske + Budrich.
Stöss, Richard (1990): Die Republikaner. Woher sie kommen, was sie wollen, wer sie wählt, was zu tun ist. Köln: Bund-Verlag.
Stöss, Richard (2000): Rechtsextremismus im vereinten Deutschland. 3. Auflage. Bonn: Friedrich-Ebert-Stiftung.
Sturzbecher, Dietmar (1997): Jugend und Gewalt in Ostdeutschland. Göttingen: Verlag für Angewandte Psychologie.
Sturzbecher, Dietmar/Freytag, Ronald (Hrsg.) (2000): Antisemitismus unter Jugendlichen. Göttingen: Verlag für Angewandte Psychologie.
Tillner, Christiane (Hrsg.) (1994): Frauen – Rechtsextremismus, Rassismus, Gewalt. Münster: agenda.
Tuor-Kurth, Christina (Hrsg.) (2001): Neuer Antisemitismus – alte Vorurteile? Berlin: Kohlhammer.
Verein zur Förderung politischer Jugendkulturen e.V./Antifa 3000 (Hrsg.) (2002): Freie Kameradschaften. Hannover.
Wagner, Bernd (1994): Handbuch Rechtsextremismus. Netzwerke – Parteien – Organisationen – Ideologiezentren – Medien, Reinbek: Rowohlt.
Wagner, Bernd (1994): Jugend – Gewalt – Szenen. Berlin: dip.
Wagner, Bernd (1998): Rechtsextremismus und kulturelle Subversion in den neuen Ländern, Berlin: Zentrum Demokratische Kultur.
Wagner, Bernd (2000): „Rechtsextremismus und völkische Orientierung – Zur gegenwärtigen Lage in den neuen Bundesländern". In: Benz, Wolfgang (Hrsg.): Jahrbuch für Antisemitismusforschung 9. Frankfurt a. M./New York: Campus.
Wahl, Klaus/Tramitz, Christiane/Blumtritt, Jörg (2001): Fremdenfeindlichkeit. Auf den Spuren extremer Emotionen. Opladen: Leske + Budrich.
Waibel, Harry (1996): Rechtsextremismus in der DDR bis 1989. Köln: PapyRossa.
Widmann, Peter/Erb, Rainer/Benz, Wolfgang (Hrsg.) (1999): Gewalt ohne Ausweg? Strategien gegen Rechtsextremismus und Jugendgewalt in Berlin und Brandenburg. Berlin: Metropol.
Willems, Helmut/Eckert, Roland/Würtz, Stefanie/Steinmetz, Linda/Hill, Paul B. (1993): Fremdenfeindliche Gewalt, Einstellungen, Täter, Konflikteskalation. Opladen: Leske + Budrich.
Willems, Helmut/Würtz, Stefanie/Eckert, Roland (1994): Analyse fremdenfeindlicher Straftäter. In: Texte zur inneren Sicherheit. Bonn.
Wlecklik, Petra (Hrsg.) (1995): Frauen und Rechtsextremismus. Göttingen: Lamuv.
Woods, Roger (2001): Nation ohne Selbstbewusstsein. Von der konservativen Revolution zur Neuen Rechten. Baden-Baden: Nomos.

Worm, Uwe (1995): Die Neue Rechte in der Bundesrepublik. Programmatik, Ideologie und Presse. Köln: PapyRossa.
Zötsch, Claudia (1999): Powergirls und Drachenmädchen: weibliche Symbolwelten in Mythologie und Jugendkultur. Münster: Unrast.

Autoren

Dr. Renate Bitzan, Studium der Soziologie und Politikwissenschaft, 1998 Promotion zum Geschlechterdiskurs von Autorinnen rechtsextremer Zeitschriften; Beteiligung an wissenschaftlichen und politischen Projekten im Bereich Feminismus/Antifaschismus/Antirassismus/Migration. Veröffentlichungen u.a.: *Rechte Frauen. Skingirls, Walküren und feine Damen*, Berlin 1997; *Selbstbilder rechter Frauen. Zwischen Antisexismus und völkischem Denken*, Tübingen 2000. Zur Zeit wiss. Assistentin an der Universität Göttingen.

Dierk Borstel, Diplom-Politologe, stellv. Leiter des ZDK, Spezialgebiet *Community Coaching*, Publikationen: „Ich grüße mit einem dreifachen 88", in: Heinrich Böll Stiftung (Hrsg.): *Aktiv gegen rechts*, Dortmund, 2001; „Community Coaching als Strategie gegen rechtsextreme Dominanzbestrebungen", in: *Forum für Kinder- und Jugendarbeit*, Nr.3/2001 „Rechtsextremismus und Schule. Anregungen zum Umgang mit einem gesamtgesellschaftlichen Problem", in: *Schule in Aktion*, Stuttgart, 2001.

Margret Chatwin, zweiter Bildungsweg, Studium der Politikwissenschaft, freie Journalistin und (nebenberufliche) Herausgeberin des Online-Dienstes „Informationsdienst gegen Rechtsextremismus" (IDGR – http://www.idgr.de), zahlreiche Artikel im Online-Lexikon Rechtsextremismus des IDGR.

Dr. Wolfgang Gessenharter, Professor für Politikwissenschaft an der Universität der Bundeswehr Hamburg. Forschungsgebiete: Rechtsextremismus, Bürgerbeteiligung, Politische Kultur. Einschlägige Literatur u.a.: *Kippt die Republik? Die Neue Rechte und ihre Unterstützung durch Politik und Medien*, München 1994; mit Helmut Fröchling, *Rechtsextremismus und Neue Rechte in Deutschland. Neuvermessung eines politisch-ideologischen Raumes?*, Opladen 1998; „Zur Funktion neurechter Freund-Feindbilder in Geschichte und Gegenwart der Bundesrepublik", in: Greven, Michael Th./von Wrochem, Oliver (Hrsg.), *Der Krieg in der Nachkriegszeit*, Opladen 2000, S. 197-211.

Dr. Thomas Grumke, Studium der Politikwissenschaft in Osnabrück, Ottawa, Berlin und Frankfurt/Oder; Promotion zur extremen Rechten in den USA; zahlreiche Beiträge zum Rechtsextremismus, u.a. *Rechtsextremismus in den USA*, Opladen 2001 und im *blick nach rechts*. Zur Zeit wissenschaftlicher Mitarbeiter im Zentrum Demokratische Kultur und Lehrbeauftragter am John F. Kennedy-Institut der Freien Universität Berlin.

Friedrich Paul Heller, freier Journalist, Autor von *Colonia Dignidad. Von der Psychosekte zum Folterlager,* Stuttgart 1993; mit Anton Maegerle: *Thule. Vom völkischen Okkultismus bis zur Neuen Rechten.* Stuttgart 1998 (2. Aufl.); mit Anton Maegerle: *Die Sprache des Hasses. Rechtsextremismus und völkische Esoterik,* Stuttgart 2001.

Lorenz Korgel, Diplom-Politologe, wissenschaftlicher Referent für überregionale Vernetzung im Zentrum Demokratische Kultur, Berlin. Aktuelle Veröffentlichungen: „*Rechtsextreme Denkwelten*" In: Bulletin – Schriftenreihe des Zentrum Demokratische Kultur, 1/2002. Berlin/Leipzig 2002, S. 10-15; „*Zivilgesellschaft und Rechtsextremismus*", in: Bulletin – Schriftenreihe des Zentrum Demokratische Kultur 1/2000, Berlin 2000, S. 12-17.

Anton Maegerle, Journalist, Buch-und TV-Autor, außerdem langjähriger Mitarbeiter des SPD-nahen Informationsdienstes *blick nach rechts,* der *Archiv-Notizen* des Duisburger Instituts für Sprach-und Sozialforschung (DISS) und der Vierteljahreshefte *Tribüne.* Veröffentlichungen neben den Titeln mit F. P. Heller (siehe Heller) u.a. „*Criticon: Die Junge Freiheit im Zeitschriftenformat*", in: Kellershohn, Helmut (Hg.): *Das Plagiat. Der Völkische Nationalismus der Jungen Freiheit,* Duisburg, 1994; S. 117-S.131; mit Martin Dietzsch: „*Antisemitismus per Mausklick*", in: Neugebauer, Wolfgang u.a. (Hg.): *Die Auschwitzleugner.* Berlin 1996; S. 225-236.

Dr. Michael Minkenberg, Professor für Politikwissenschaft an der Europa-Universität Viadrina in Frankfurt/Oder. Zahlreiche Veröffentlichungen zum Rechtsextremismus sowie zu Religion und Politik, u.a. *Die neue radikale Rechte im Vergleich: USA, Frankreich, Deutschland,* Opladen 1998; *Religion und Politik – zwischen Universalismus und Partikularismus,* Redaktion mit Ilona Ostner und Heinz-Dieter Meyer. Band 2 des Jahrbuchs für Europa- und Nordamerika-Studien, Opladen 2000.

Klaus Parker, Studium der Pädagogik in Bremen sowie der Rechtswissenschaften in Hagen und Bremen. Er ist zuständig für den Bereich „Rechtsextremismus im Internet" bei dem jüdischen Online-Magazin *haGalil* und lebt in Berlin.

Dr. Armin Pfahl-Traughber, Politikwissenschaftler und Soziologe, ist Verfasser mehrerer Bücher über Rechtsextremismus, u.a. *Rechtsextremismus in der Bundesrepublik,* München 1999. Er arbeitet als wissenschaftlicher Mitarbeiter im Bundesamt für Verfassungsschutz und als Lehrbeauftragter an der Universität Köln.

Dr. Thomas Pfeiffer, Studium der Journalistik und Politikwissenschaft in Dortmund, Bochum und Dublin. Er arbeitet z. Zt. als wissenschaftlicher Mitarbeiter in der Abteilung Verfassungsschutz des Innenministeriums Nordrhein-Westfalen und ist Lehrbeauftragter der Ruhr-Universität Bochum. Veröffentlichtlichungen: *Für Volk und Vaterland. Das Mediennetz der Rechten – Presse, Musik, Internet,* Berlin 2002, *Rechtsextremisten auf dem Daten-Highway* (1996) sowie Beiträge für Tageszeitungen und Fachzeitschriften.

Sven Pötsch, Mitarbeiter des Projektes Exit-Deutschland (Ausstiegsbegleitung, methodische Aufarbeitung der Ausstiegsgründe und –szenarien aus der rechtsextremen Szene). Vorträge und Veröffentlichungen in verschieden Publikationen (u.a. ZDK Bulletin) zu den Themen rechtsextreme Jugendsubkultur, Ausstiegsgründe und –szenarien aus dem Rechtsextremismus und Rechtsextremismus im Internet.

Autoren

Dr. Dieter Rucht, Professor für Soziologie am Wissenschaftszentrum Berlin für Sozialforschung. Arbeitsgebiete: Modernisierung, politische Partizipation, soziale Bewegungen, Protest. Ausgewählte neuere Publikationen: mit Donatella della Porta und Hanspeter Kriesi (Hrsg.): *Social Movements in a Globalizing World*, London 1999; mit Roland Roth (Hrsg.): *Jugendkulturen, Politik und Protest,* Opladen 2000; (Hrsg.): *Protest in der Bundesrepublik. Strukturen und Entwicklungen.* Frankfurt/M. 2001.

Bernd Wagner, Dipl.-Kriminalist, 1990/91 Leiter Staatsschutz im Gemeinsamen Landeskriminalamt der neuen Bundesländer (GLKA), 1992-94 wiss. Mitarbeiter des Instituts für Sozialarbeit und Sozialpädagogik (ISS) Frankfurt/Main im Bundesmodellprogramm gegen Aggression und Gewalt Jugendlicher in den neuen Ländern (AgAG). Zur Zeit Leiter des Zentrum Demokratische Kultur sowie der Aussteigerinitiative Exit in Berlin. Zahlreiche Veröffentlichungen zum Rechtsextremismus.

Dr. phil. habil. Helmut Willems, Privatdozent für Soziologie an der Universität Trier, Vorstand der AG sozialwissenschaftliche Forschung und Weiterbildung (asw) an der Universität Trier, Mitglied des Centre de etudes sur la situation de jeunesse en Europe (Cesije) in Luxembourg. Zahlreiche Publikationen u.a. zu den Arbeitsgebieten: Gewalt und Kriminalität, Politische Gewalt und Extremismus, Fremdenfeindlichkeit und Rechtsextremismus.

Personenregister

Adriano, Alberto 131, 164
Alloush, Ibrahim 186
Althans, Ewald Bela 270, 275, 298, 335, 341, 347
Amaudruz, Gaston Armand 47
Amin Ben Omar 431
Apfel, Holger 44f.f, 47, 51, 59, 93, 110, **233ff**, 251ff., 263, 267, 297, 300, 304, 306, 338, 348, 371, 387, 389, 391, 402, 405, 407f., 412f., 447ff.
Apfel, Norbert 263
Arcand, Adrien 346
Ardelt, Alfred 441
Armaudruz, Gaston Armand 245
Armstrong, Roy 53, 54
Arndt, Heinz von 446
Arpe, Jens-Uwe 121, 470f.
Austin App 257

Baader, Andreas 278
Bajen, Tanja 94
Bär, Tobias 387f.
Barbu, Eugen 68
Bartling, Tim 475
Bauer, Carlo 416,
Bauer, Jean-Rene 167, 471
Baumann, Werner 156, 250
Bayen, Casjen 161
Beam, Louis 166, 282, 358
Behrend, Katharina 92
Beier, Henry 385
Beier, Klaus 286, 319, 389, 402
Beisicht, Gabriele Renate 307
Beisicht, Markus 307, 310
Ben Noui, Omar 163
Benda, Ernst 256, 450
Benoist, Alain de 95, 109, 195, **236ff**, 251, 309, 433f., 436, 443g., 451, 455, 460
Berg, Allan 107, 111, 167, 319, 437, 459
Berger, Michael 169

Bethage, Rene 328
Biere, Andreas 407
Birl, Siegfried 462
Bischoff, Erich 183
Bliesmer, Stefan 170
Blot, Yvan 237, 251f.
Böhme, Herbert 249, 322, 454, 460
Böhnhardt, Uwe 168
Borchardt, Siegfried „SS-Siggi" 127, 169, **239f.**, 273, 328, 343, 375, 391, 395
Borchert, Peter 247, 254, 345, 361, 391, 412
Börm, Manfred 402, 404, 436, 438
Brand, Walter 77, 85, 440
Brandner, Walter 370
Brandt, Jens „Brandy" 466
Brandt, Tino 406, 411
Brandt, Willy 332
Brauchitsch, Mareike 384, 386
Brehl, Thomas **240**, 241, 272f., 276, 285, 336, 353f., 380f., 398, 400f.
Brinkmann, Albert 48
Broszat, Martin 270
Brucherseifer, Jens 481f.
Brüel, Detlev 361
Bubis, Ignatz 176ff., 187, 197, 247, 250, 279
Bublies, Siegfried 319
Buchholz, Silvio 398
Burdi, George 52
Burg, J. G. 205, 265, 297f., 359, 396, 404
Burger, Norbert 323
Burwitz, Gudrun 430f.
Bush, George W. 404
Busse, Friedhelm 160, 168, **241ff.**, 280, 285, 327, 336, 375ff., 386, 391

Caignet, Michel 273, 401
Carto, Willis 314
Castro, Fidel 333
Chamberlain, Houston Stewart 369
Cholewa, Detlef (s.a. Nolde, Detlef) 295, 327, 329

Christophersen, Thies 49, **243ff.**, 275, 277, 286, 298, 302, 334f., 340, 346, 431
Codreanu, Corneliu 307
Colditz, Heinz 303
Corbeau, Stephan 256, 371, 405
Cotteril, Mark 53
Crämer, Thorsten 253, 308f.
Czurkas, Istvan 67, 184

Dannenberg, Roman 362
Dassow, Kathleen 91
Deckert, Günter 55, **245ff.**, 312, 337, 339, 341, 386, 391, 402f., 406, 413, 446
Degrelle, Leon 401, 443
Dehoust, Peter 107, 118, **248ff.**, 310, 366f., 379, 453, 455
Delle, Alexander 50, 306, 387, 402
Demming, Patrick 168
Dessau, Lutz 131, 164, 255, 349, 409
Devi, Savitri 47
Diedrichsen, Dietrich 211
Diesner, Kay 167f., 204, 295, 327, 414f.
Dissberger, Karl-Heinz 166
Distler, Jürgen 43, 50, 52, 234, **251f.**, 297, 321, 402, 448
Dittmer, Melanie 94
Diwald, Hellmut 111, 317, 439
Dolscheid, Christiane 418
Donaldson, Ian Stuart (s.a. Stuart, Ian) 117, 122, 357f., 448, 469
Dönitz, Grossadmiral a. D. Karl 302
Drückhammer, Günter 428
Drückhammer, Kai-Uwe 428
Duke, David 45, 53ff., 186, 303, 449, 460
Dürr, Robert 325

Eberhardt, Erich 125
Eberlein, Mirko 406
Eckes, Ludwig 331
Eggers, Daniel 465f.
Eggert, Reinhart 361
Egoldt, Herbert 387
Egolf, Steffen 387
Eibicht, Rolf-Josef 111, 113, 441, 447
Eichmann, Adolf 431
Eigenfeld, Ulrich 255, 402, 406, 413
Eisenecker, Dr. Hans-Günter 185, 235, **253ff.**, 272, 280, 339, 349, 402, 409ff.
Eitel, Christian 307
Endres, Gerd 276
Endsik, Gerhon (s. Honsik, Gerd) 264

Engdahl, Per 431
Engelhard, Dietmar 195
Engels, Friedrich 349, 398
Ensslin, Gudrun 278
Erhardt, Arthur 455
Evola, Julius 249, 444, 455
Ezer, Achim 305, 389

Faurisson, Robert 56, 259, 346
Faye, Guilaume 237, 436, 458
Feyerabend, Haiko 471
Fiebig, Henry 166
Fiedler, Hans-Michael 233, 433f.
Finkelstein, Norman 163
Fischer, Iris-Katrin 91
Fischer, Jörg 247
Fischer, M. 361
Fischer, Sylvia 94
Fleissner, Herbert 439
Flickinger, Axel 387
Flug, Stephan 170, 308
Förster, Gerhard 259f.
Franco, Francisco 43, 371
Freifrau von Schlichting (s. Schleipfer, Sigrun)
Freling, Martijn 281, 423
Frenz, Wolfgang 268, 339, 410f.
Frey, Gerhard 24, 68, 100, 105, 174, 243, **255ff.**, 270, 290f., 315, 318, 368ff., 405f., 438, 450f., 454
Frey, Regine 449
Friedman, Michel 160, 174, 178, 303
Friedrich, Christof (s. Zündel, Ernst)
Fröhlich, Wolfgang 260
Funar, Gheorghe 69

Galinski, Heinz 38, 144, 169, 177f.
Gängel, Andreas 262
Gansel, Jürgen 252, 320, 402, 435
Garaudy, Roger 27, 186
Gauss, Ernst (s. Rudolf, Germar) 260, 313, 451
Gerg, Jürgen 328, 411
Gerlach, Hannes 349
Gerlach, Heinrich 296
Geyer, Florian 321
Giese, Daniel „Gigi" 478f.
Giesen, Lutz 391, 395
Glasauer, Franz 366
Gliebe, Erich 44, 52
Gmurczyk, Adam 70
Göbeke-Teichert, Stefan 387
Gobineau, Arthur de 369

Personenregister

Godenau, Roy (s. Armstrong, Roy)
Goebbels, Josef 257, 269, 398, 431, 446
Goebel, Klaus 289f., 430
Goerth, Christa 93, 286, 342, 384f.
Goertz, André 136f., 163, 308, 344, 375, 396
Goldhagen, Daniel 208, 278f., 449
Göring, Hermann 110, 269
Grabert, Herbert 439, 451f.
Grabert, Marielouise 433
Grabert, Wigbert 111, 238, 433f., 439, 443, 451ff.
Graf, Jürgen 54, 58, 186, **258ff.**, 266, 313
Gramsci, Antonio 106, 199, 237
Granata, Russ 261
Greifenstein, Roman 170
Grewe, Cathleen 91, 345, 418
Grewe, Michael 345
Griffin, Nick 53, 58f., 252, 449
Grimm, Dr. Holle 379
Grolitsch, Lisbeth 287f., 322, 377f.
Gruhle, Andreas 398
Guttoso, Hervé 178

Habermann, Peter 398
Hägglund, Eric 50, 390
Hähnel, Jörg 20, 328, 390, 467, 468
Haider, Jörg 185, 199, 210, 275, 322, 334
Hamilton, Gräfin Lili 327, 431
Hammer, Steffen 125, 179, 217, 474
Hancock, Anthony 299
Handlos, Franz 317, 425f.
Handschuh, Katharina 90, 438
Hani, Chris 249
Hardos, Trutz (s. Hockemeyer, Tom)
Hardwick, Erica 53
Harwood, Richard 346
Hasselbach, Ingo 327, 414f.
Hehl, Christian **261f.**, 305, 327, 357
Hehr, Melanie 361
Heidegger, Martin 193
Heidel, Volker 273, 342
Heidemann, Katharina 435
Heise, Thorsten **262ff.**, 375, 386, 391
Hell, George 110, 468
Hellmich, Lars 390, 465
Helsing, Jan van (s.a. Holey, Jan Udo) 26, 206, 208, 212, 434, 443f.
Henkler, Sven 457
Henlein, Konrad 440
Hepp, Odfried 168, 289f., 436, 438
Hepp, Prof. Robert 111
Hermann, Hajo 187, 226, 312, 378

Herr, Gertrud 174, 178, 266, 376, 430
Herrmann, Anke 88, 443
Herte, Robert 237
Herwig, Alfred 53
Heß, Rudolf 145, 171, 216, 235, 289, 301, 327f., 331, 381, 437, 449
Hesse, Mirko 124, 165, 383f., 416
Himmler, Heinrich 207, 455
Hipp, Anne 441
Hitler, Adolf 16, 49, 59, 145, 167, 180, 184, 192, 203, 205f., 208ff., 212, 215f., 218, 244, 265, 269f., 289, 298, 322f.3, 347, 378, 392, 423f., 443, 455
Hockemeyer, Tom 208
Hofer, Andreas 296
Hoffmann, Karl-Heinz 9, 156, 257, 371, 401, 437
Hoggan, David Leslie 340, 451f.
Holey, Jan Udo 206, 212, 443f.
Holtmann, Udo 268, 339, 372, 410f.
Honecker, Erich 16, 333
Honsik, Gerd 261, **264ff.**, 275f., 323
Hörnle, Raymund 303
Huber, Ahmad 55f.
Hübner, Frank 241, 272, 291, 329, 362f., 367, 398
Huck, Manfred 261
Hunke, Sigrid 95ff., 433
Hupka, Steffen 120, 234, 247, 254, **267f.**, 280, 317, 327, 330, 339, 361, 375, 390f., 395, 406, 411, 420, 423
Huscher, Klaus 244
Hussein, Saddam 283
Hutten, Ulrich von 297f., 323, 325, 377f.

Irving, David 55f., 110, 245, 248, 257, 265, **269ff.**, 312, 346, 370, 380, 446
Isenburg, Prinzessin Helene-Elisabeth von 430

Janzen, Horst 430
Jaus, Hans 436
Jay Kay (s. Klumb, Josef)
Jebens, Dr. Albrecht 379f.
Jones, Steve 472f.
Jordan, Colin 47
Jünger, Ernst 192,
Jünger, Friedrich Georg 192

Kählke, Timo 166
Kalisch, Detlef „Detn" 481

Kaltenbrunner, Gerd-Klaus 190, 194, 198
Kämpf, Klaus 170
Kämpfer, Klaus 14, 416, 428
Kappel, Heiner 333
Karl, Andreas 107, 110, 250, 263, 268, 292, 302, 327, 375, 379, 459f.
Karsli, Jamal 173
Käs, Christian 264, 314f., 425, 427
Kehring, Enrico 361
Keller, William (auch Wolfgang) 50f.
Kemna, Erwin 164, 254, 309, 402, 413, 447
Kemp, Arthur 249
Kendzia, Rudolf 366
Kerkhoff, Frank 402
Kern, Dieter 13ff., 22, 62, 70, 76, 204, 210, 220, 282, 354, 361f., 369, 392, 404, 420, 426, 433, 444, 471, 476, 482
Kexel, Walther 168, 289
Kiese, Michaela 91
Kim, Jong Il 272, 398
Klebe, Torben 122f., 344f., 357, 391, 475
Klement, Ricardo 431
Klocke, Jens-Werner 166
Klug, Adelheid 430
Klumb, Josef 207f., 216f., 434, 457, 461, 464
Knörzer, Winfried 194
Knudsen, Poul Rijs 244
Knütter, Prof. Dr. Hans-Helmuth 161f., 284
Kogon, Eugen 216, 226
Kohl, Helmut 177, 210, 317
Köhler, Gundolf 170
König, Gertrud 95, 153, 157
Kopp, Hans-Ulrich 439f.
Korn, David 449
Kosche, Thekla 94, 159
Kosiek, Dr. Rolf 379, 439
Köster, Stefan 402
Koswig, René 362f.
Koth, Michael 185, 241, **271f.**, 295, 398, 400
Krämer, Frank 478
Krämer, Ronny 481
Krauß, Winfried 288, 402f.
Krebs, Pierre 238, 433ff.
Krenz, Egon 241
Kreutzer, Marco 398
Krick, Michael 167, 170, 262, 282, 327
Krieger, Hans-Peter 210, 438, 469
Kronz, Heinz 398
Krumpholz, Jürgen 328
Kühnen, Michael 44, 49, 118, 192, 205, 240, 270, **273ff.**, 277, 285f., 291, 295, 300, 326, 342, 353f., 363, 376, 380ff., 385f., 392, 398, 401, 415, 423

Küssel, Gottfried 49, 168, 240f., **275ff.**, 287, 326, 336, 380, 382, 414f., 424
Kusserow, Wilhelm 356

Landigs, Wilhelm 207
Lane, David 46, 167, 218, 463
Lange, Stefan 114f., 327, 357
Laroche, Fabrice 236
Lauck, Gary Rex 48f., 244, **276ff.**, 282, 326, 386, 415, 423ff.
Laus, Martin 402, 435
Layer, Mike 387
Le Gallou, Jean-Yves 252
Le Pen, Jean-Marie 58, 68, 250, 258, 308, 455
Leers, Johann von 431
Lehmann, Andreas 250
Leichsenring, Uwe 402, 463
Lembke, Heinz 271, 289f., 327
Lemke, Jörn 328
Lemke, Thomas 168, 204
Lemmer, Torsten 119, 120f., 124, 174, 307, 318, 471, 481
Leuchter, Fred 246, 248, 301, 312, 346
Leuken, I. 398
Lipstadt, Deborah 54f., 186, 270, 370
List, Guido von 196, 354f., 444f.
Löwenthal, Gerhard 331
Luckow, Ralf 169
Lüders, André 476
Ludtke, Bruno 47
Lummer, Heinrich 111, 113, 328, 332f., 451, 453
Lunikof (s. Regener, Michael)
Lutz, Frank 414f.
Lutz, Siegfried 400
Lux, Stefan 402
Lyons, Kirk 53

Macdonald, Andrew 44, 167, 207
Mahler, Horst 25f., 45f., 55f., 58, 171, 185f., 207, 209f., 212, 235f., **278ff.**, 290, 293f., 303, 308, 318, 320f., 327, 336, 339, 361, 373f., 402, 404, 409ff., 434f., 459
Malcoci, Christian 273, **281f.**, 285, 295, 328, 336, 353, 384, 391, 395, 401, 416, 418, 424
Malcoci, Maria Luise 481
Malz, Heinrich 430
Manzke, Dieter 164
Marquard, Danny 328
Marx, Arnd-Heinz 240

Marx, Peter 402, 413
Matthaei, Walter 287, 363, 436
Mattogno, Carlo 259, 260
Maurer, Reinhart 195, 297
Mechtersheimer, Alfred 92, 161, **283f.**, 310, 364f., 380, 427, 444
Meenen, Uwe 269, 279, 294, 319, 373f.
Mégret, Bruno 237f., 455
Meinhof, Ulrike 294
Melzer, Gottfried 182
Meseberg, Sascha 127
Meurer, Mario 304
Möbus, Hendrik 52, 53, 124, 478
Moczulski, Leszek 69
Moeck, Anett 467, 476
Mohler, Armin 190, 194, 238, 317, 434
Möllemann, Jürgen 174, 186, 197
Möller, Axel 138, 349
Möricke, André 471
Mosler, Jürgen 240ff., 273, 281, **284f.**, 300, 336, 375f, 382, 401
Mosley, Oswald 249, 454
Müller, Carsten 168
Müller, Curt 286, 384
Müller, Harald 286
Müller, Marcel 361
Müller, Ursula (auch Ursel) 93, 99, 100, 164, 282, **285f.**, 384, 386, 401
Mundlos, Uwe 168

Nachtigall, Carola 89, 327, 402
Nahrath, Dirk 288
Nahrath, Raoul 287, 436
Nahrath, Ulf 288
Nahrath, Wolfgang **287f.**, 436
Nahrath, Wolfram 288, 436
Nasser, Gamal Abdel 298
Naumann, Peter 168, 171, **288ff.**, 303
Neubauer, Harald 248ff., **290f.**, 307, 310, 318, 364ff., 380, 425, 453, 455
Neuhäusler, Weihbischof Johannes 430
Ney, Johannes P. 293
Nier, Dr. Michael 310
Nolde, Detlef 295, 327, 329
Nordbruch, Dr. Claus 304, 310
Nottelmann, Inge 92

Oberlercher, Reinhold 209, 279, **291ff.**, 320, 373f., 435, 460
Ochensberger, Walter 276, 285, 336
Ollert, Ralf 305

Olles, Werner 195f., 460
Ostendorf, Hendrik 52
Oven, Wilfried von 110, 257, 379, 446

Pahl, Gisela (auch Gisa; Pseudonym Gisela Sedelmaier bzw. Sedlmaier) 95, 301
Pakiet, Alexander 163
Pakleppa, Jens 328
Palau, Stella 89, 91, 327
Pauli, Bernhard 420f.
Paulitsch, Annemarie 328
Peiper, Jochen 371
Penkert, Mike 329
Peruch, Bernd „Pernod" 468
Petak, Gerhard 206
Peters, Marc 119
Petri, Michael 241, 261, 276, 286, 336, 362
Petritsch, Jörg 119, 480
Petzold, Winfried 272, 402, 407
Pfahler, Anton 170
Pierce, Dr. William 44ff., 48, 50ff., 56f., 59, 124, 126, 167
Platonov, Oleg 186, 260
Pleyer, Wilhelm 370
Pockrandt, Stephan 112
Pohl, Andreas 118, 267, 295, 316f., 329, 420, 422
Polacek, Karl 110, 263, 375
Pölzius, Marco 328
Pott, Dirk 441
Pradel, Timo 161
Preuß, Friedrich 402
Priebke, Erich 432
Priem, Arnulf 168, 241, 274, 276, **294f.**, 327, 362, 380, 415, 424, 473
Prümmer, Michael 311
Pühse, Jens 52, 126, 252, 262, **296f.**, 317, 390, 406, 420, 423, 448f., 480

Radl, Franz 168, 276
Rami, Ahmed 27, 54, 56, 184, 186, 260, 266, 299
Raven, Greg 314
Regener, Michael „Lunikof" 471, 475f., 478f.
Reisegger, Gerhoch 186
Reisz, Heinz 274, 276, 381
Reitz, Axel 241, 398ff.
Remer, Otto Ernst 266, **297ff.**, 312, 323, 377f.
Remer-Heipke, Anneliese 299
Rennicke, Frank 20, 160f., 288, 310, 328, 334, 390, 436, 467, 476f.

Ribbentropp, Joachim von 460
Richter, Karl 27, 107, 161, 167, 186, 246, 250, 334, 379, 459, 460
Rieger, Jürgen 95, 113, 204, 285, **300ff.**, 316f., 335, 356f., 362, 431, 436
Riis-Knudsen, Paul Heinrich 46
Rimland, Ingrid 56, 347
Ringmeyer, Christine 93
Rochow, Stefan 348
Rockwell, George Lincoln 47f., 59, 167
Roeder, Manfred 48, 53, 160, 168, 170, 244, 277, 286, **302ff.**, 327, 404, 429
Röhl, Klaus Rainer 283
Röhler, Andreas 271
Rohling, August 181
Röhm, Ernst 353, 392
Rohrmoser, Günther 278
Rommel, Erwin 449
Roques, Henri 184
Rosenberg, Alfred 201, 210, 287
Roßmüller, Sascha **304ff.**, 387, 389ff., 402
Rouhs, Manfred 119, 238, 291, **306ff.**, 330, 366
Rudel, Hans-Ulrich 255f., 371, 431, 460
Rudolf, Germar (Ehename Scheerer; Pseudonym Ernst Gauss) 54, 56, 100, 105, 131, 143, 157f., 163, 169f., 214, 235, 258, 260, 289, 299, 301, **312ff.**, 327f., 331, 342, 366, 379, 381, 415, 437, 439f., 449, 451
Rühaak, Arnulf 430
Rustemeyer, Hans 309

Sachs, Volker 348
Saller, Josef 168, 422
Salm, Ilse Carola 252
Salzberger, Franz 305
Sander, Hans-Dietrich 233, 292f., 320, 435
Sattelberg, Thomas 463
Schaal, Karl-August 315
Schacht, Ulrich 199, 201
Schäfer, Uwe 412
Schaub, Bernhard 435
Schäuble, Wolfgang 195, 200f.
Scheel, Walter 298
Scheele, Martin 398
Scherer, Ellen-Doris 93
Schilf, Marcel 121f., 263, 357, 468, 471, 473
Schill, Ronald Barnabas 333
Schillock, Lutz 295
Schily, Otto 360
Schirinowski, Wladimir 68f., 258
Schlaeper, Karlheinz 307

Schleipfer, Adolf 354f., 444f.
Schleipfer, Sigrun 354f., 444f.
Schlichting, Alexander 164, 354, 444
Schlichting, Sigrun von (s. Schleipfer, Sigrun)
Schlierer, Dr. med. Rolf **314f.**, 318, 425ff.
Schlotmann, Sandy 90
Schmidtke, S. 398
Schmitt, Carl 192ff., 199, 201, 215, 226, 237, 321
Scholz, Alexander 328
Scholz, Christian 166
Schön, Jürgen 238, 255, 272, 402
Schönbohm, Jörg 197
Schönborn, Erwin 244, 302
Schönborn, Meinolf 164, 289, **315ff.**, 324, 420ff.
Schönhuber, Franz 107, 177, 249f., 257, 290f., 308ff., 314, **317f.**, 425f., 455, 459f.
Schrenck-Notzing, Caspar von 238
Schröder, Gerhard 20, 23, 28, 35, 41, 110, 115, 118, 179, 212, 226, 279, 288ff., 292, 333, 447
Schunk, Axel 438
Schützinger, Jürgen 291, 366f., 379, 406
Schwab, Jürgen 252, **319ff.**, 338, 380, 386, 402, 408, 418ff., 435, 447
Schwalbach, Walter 170, 200, 224, 427
Schwammberger, Josef 418, 431
Schweiger, Herbert 276, 287, 316f., **322ff.**, 378
Schweigert, Oliver 91, 161f., 295, **325ff.**, 391, 395, 404, 414ff.
Schwerdt, Frank 235, 255, 282, 301, 308, 326, **328ff.**, 361, 366, 377, 386, 402, 406
Schwilk, Heimo 199, 201
Scrinzi, Otto 319
Seidler, Franz W. 446
Sidos, François 236
Sidos, Henri 236
Sidos, Jacques 236
Sidos, Pierre 236
Siegerist, Joachim **331ff.**
Skorzeny, Otto 432
Sladek, Miroslav 66
Smith, Bradley R. 259, 313
Soltau, Opal 170, 425
Sorel, Georges 193
Soros, George 67, 369
Spangenberg, Walter 400
Spengler, Oswald 193, 430
Spengler, Wilhelm 430
Spiegel, Paul 23, 123, 130, 173, 176, 184, 186, 194, 197, 247, 460f.
Spiegelmacher, Maik 255, 349, 408

Personenregister

Springmann, Baldur 364f.
SS-Siggi (s. Borchardt, Siegfried)
Staffa, Dr. Walter 439, 441
Stäglich, Wilhelm **334f.**, 451f.
Stawitz, Ingo 366, 412
Stecker, Torben 328
Stehmann, Bernd 328, 391, 395, 468
Stein, Dieter 211f., 318
Steiner, Felix 344
Stelter, Andrew 328
Stern, Hartmut 9, 131, 137, 449
Steuckers, Robert 238, 436, 459
Stocker, Leopold 162
Stoiber, Edmund 333
Storm, Kevin 423, 425
Storr, Andreas 234, 288, 329
Stöver, Denny 469
Strasser, Georg 375, 392, 423
Strasser, Otto 219, 375, 392, 423
Strauß, Franz-Josef 179, 317, 331, 426
Strauss, Wolfgang 309
Stuart, Ian 20, 117, 122, 357ff., 448, 469
Studer, Andreas 259
Sudholt, Dr. Gert 111, 249, 308, 310, 379, 454, 459f.
Sündermann, Helmut 249, 459
Sündermann, Ursula 459
Süßmuth, Rita 160
Swierczek, Michael 242, 262, 273, 281, 285, **336f.**, 375f., 391, 396, 401, 416ff., 424
Symanek, Werner 112, 455ff.

Tejkovski, Boreslav 70
TerreBlanche, Eugene 263
Teufel, Wolfgang 208, 263, 328
Thadden, Adolf von 242, 272, 398
Thiel, Michael 248f., 402, 450, 455
Thielen, Friedrich 402
Toben, Frederick 54, 56, 135, 186, 260
Tödter, Bernd 169, 361
Togram, Micha 398f.
Töpfer, Peter 271
Trebitsch, Arthur 369
Tudor, Corneliu Vadim 68f.
Turner, Hal 54
Turner, Mark 57
Tyndall, John 47

Übelacker, Horst Rudolf 439ff.
Ulbrich, Stefan 208

Venner, Dominique 236
Vial, Pierre 237
Vibeke, Birka 94
Vogt, Arthur 259
Voigt, Ekkehard 317, 425f.
Voigt, Udo 50f., 58, 165, 171, 174, 185, 197, 233ff., 247f., 251ff., 268, 280, 290, 297, 327, **337ff.**, 343, 361, 391, 402ff., 411, 413
Vorderbrügge, Sibylle 303

Wagner, Sascha 5, 8, 10, 13, 15ff., 18, 24, 28, 31, 35, 41, 126, 219, 227, 249, 290, 310, 329, 386, 394, 403, 412, 414ff., 417, 422, 438
Walendy, Udo 111, 335, **340f.**, 379f., 386, 457
Walker, Michael 238
Walser, Martin 177, 197
Wasiliew, Dimitri 70
Webenau, Alexander von 50f., 252, 306
Weber, Mark 186, 259, 314
Weckert, Ingrid 347, 451f.
Wedding, Nico 308f., 313
Weecke, Burkhard 433
Weidner, Norbert 242, 263
Weil, Ekkehard 86, 143, 169, 263, 276, 303, 320, 415
Weininger, Otto 369
Weißmann, Karlheinz 190, 193, 198
Wendland, Michael 474
Wendt, Bendix 169
Wendt, Christian 329, 384, 386
Wenndorf, Christian 471
Werner, Jan 85, 112, 176, 187, 195, 198, 250, 331f., 455ff., 460, 472
Wessel, Horst 327
Westerwelle, Guido 174, 197
Wiechmann, Claudia 93, 364f.
Wieder, Dr. Friedrich 23, 308, 330
Willms, Bernhard 317
Winfried, Horst 294, 415, 424
Winkelsett, Uschi 93
Winterstetter, Inge 250
Wohlleben, Ralf 406
Wolfschlag, Claus-Michael 162
Wolter, Judith 93
Worch, Christian 33, 49, 55, 94, 107, 118, 122, 161, 192, 239f., 245, 254, 264, 273ff., 280f., 285f., 300, 327, 330, 339, **342ff.**, 353f., 361, 380ff., 384f., 391, 393, 395, 400, 414f., 424
Wulff, Thomas 107, 161, 254, 264, 301, 342f., **344f.**, 391, 393, 395, 414, 427

Wurm, Altbischof Theophil 430

Yeboah, Samuel Kofi 168

Zehnsdorf, Andreas 111, 120

Zepp-LaRouche, Helga 173
Zimmermann, Andree 141, 157, 327
Zschäpe, Beate 168
Zündel, Ernst 56, 213, 244, 259, 265, 270, 312, 341, **345ff**.
Zutt, Alfred 348
Zutt, Doris 93f., 348f., 402, 409, **348ff**.

Sachregister

1. Mai 79, 126, 211, 412
1. Tag des Nationalen Widerstands 407
11. September 2001 26f., 45, 184, 210, 217, 388, 399, 404
14 Nothelfer **463f.**, 469
14 Words 167, 218
4 Promille 480
Aggravated Assault 469
Aktion Ausländerrückführung 353
Aktion Deutsches Königsberg 446ff.
Aktion Lebensschutz 381
Aktion Oder-Neiße (AKON) 371
Aktionsbündnis Mitteldeutschland 395, 404
Aktionsfront Nationaler Sozialisten/Nationale Aktivisten (ANS/NA) 239f., 267, 273, 281, 284, 286, 336, 342, **353f.**
Al Qaida 55
Al Taqwa 55
Allianz für Deutschland 24
American Dissident Voices Broadcast 52
American Friends of the British National Party (AF-BNP) 52
American Nazi Party (ANP) 47
Andromeda Versandbuchhandel **443f.**
Anti-Amerikanismus 45, 78, 388, 399
Anti-Antifa 90, 138, 161, 406
Anti-Antifa Ostthüringen 406
Antiimperialismus 26, 45, 185, 375, 412
Antizionistische Aktion 381
Arab Committee of Historical Revisionism 186
Arbeitsgemeinschaft naturreligiöser Stammesverbände Europas (ANSE) 108, 204
Arbeitskreis Mädelschar 92
Ariosophie 354, 444f.
Arisches Blut 465
Armanen-Orden **354f.**, 444
Armanen-Verlag 355, **444f.**
ARNDT-Verlag (ARNDT-Buchdienst/Europa-Buchhandlung, Lesen & Schenken GmbH) **446f.**

Artbekenntnis 356f.
Artgemeinschaft – Germanische Glaubensgemeinschaft wesensgemäßer Lebensgestaltung e.V. 204, 281, 285, 300, 317, **356f.**, 422, 434, 438
Aryan Sisterhood 95
Aufbruch 24, 99, 204, 411, 420
Aufrecht! – Zeitschrift für nationale Solidarität 375
Auschwitz-Lüge 180
Aussteiger 120
Ausstellung „Vernichtungskrieg. Verbrechen der Wehrmacht 1941-1944" 31, 112
Australian Friends of Europe 58
Australian Friends of the BNP 58

Barett/Kabinett-Verlag 166
Barnes Review 54
Bauge – Mädelbrief der Wiking-Jugend 436
Bayernkurier 108
Ben Sherman 213, 461
Berliner Block 415
Bewegung 30. Januar 16f., 414
Bewegung Deutsche Volksgemeinschaft (BDVG) 389
Bildungswerk Deutsche Volksgemeinschaft (BDVG) 389
Blackshirts 468
Blitzkrieg 107
Blitzversand 449
Blood & Honour Division Deutschland 91, 127, 327, **357ff.**
Blood & Honour Scandinavia 358, 468
Bomberjacke 213
Bonzenjäger 465
Boots & Braces 474
Borussenfront 126
Brandenburger Beobachter 362
British National Party (BNP) 47
Brutal Attack 474, 482

Bund der Goten 205
Bund Deutscher Mädel (BDM) 87
Bund Freier Bürger (BFB) 25
Bund heimattreuer Frauen (BhF) 92
Bundeswehr 180, 404
Bündnis Rechts 94, 161, 217, **361f.**, 404
Bürgerinitiative zur Wahrung der Grundrechte 93, 409
Bürgerwehren 163
Burschenschaft Danubia 238, 279, 292, 460
Burschenschaft Danubo-Markomannia 275
Burschenschaft Rugia-Markomannia 265

Cannstatter Kreis 161
Carpe Diem **464**
Celtic Warrior 482
Celtic Wear 214
Charlemagne Hammerskins 180
Chingford Attack 468
Chrisi Avgi 50
Club Valhalla 470
Combat 20, 122, 359, 468
Commando Pernod 474
Consdaple 214
Cotswold Agreement 48
Creative Zeite Verlag und Vertrieb GmbH 111, 120
Criticón 190, 191, 192, 198

Dark-Wave 207, 456, 457
Das Freie Forum 379
Das Korps 353
Der Aktivist 387
Der Frontsoldat – Mitteilungsblatt des Stahlhelm e.V. 428
Der Gegenangriff 398
Der gestiefelte Kater 95
Der Landser 207, 212
Der neue Republikaner 108
Der politische Soldat 416
Der Republikaner 162, 425, 435, 439, 440
Der Schlesier 109
Der Stürmer 182, 183
Der Sudetendeutsche 450
Der Weisse Wolf 161, 475
Deutsche Akademie 435
Deutsche Aktionsgruppen 168
Deutsche Allianz 366
Deutsche Allianz – Vereinigte Rechte 366
Deutsche Alternative (DA) 17, 22, 33, 168, **362f.**, 381

Deutsche Annalen 111
Deutsche Aufbau-Organisation (DAO) **364f.**
Deutsche Frauenfront (DFF) 91
Deutsche Geschichte 111
Deutsche Kulturgemeinschaft (DKG) 322f.
Deutsche Liga für Volk und Heimat (DLVH) 107, **366f.**, 422
Deutsche National-Zeitung (DNZ) 450
Deutsche Rundschau 366
Deutsche Schule Trakehnen 447
Deutsche Soldaten-Zeitung und National-Zeitung 450
Deutsche Stimme 25, 43, 50, 52, 55, 58f., 93, 106 108, 110, 120, 153, 166, 170, 365, 367, 389, 402, 405f., 408, 412f., 418ff., 434f., 438, 441, **447ff.**, 476
Deutsche Stimme Verlags GmbH 365, 405, 447
Deutsche Volkspartei (DVP) 21, 24
Deutsche Volksunion (DVU) 24, 29, 88, **368ff.**, 438, 449
Deutsche Wochen-Zeitung (DWZ) 450
Deutscher Anzeiger 451
Deutscher Beobachter 401, 416f.
Deutscher Standpunkt 375
Deutsches Kolleg (DK) 209, 269, 291, 319, **373ff.**
Deutsches Reich 373f.
Deutschland in Geschichte und Gegenwart 107, 111, 451f.
Deutschland-Stiftung 435
Die Burg 359
Die Grünen 88
Die Härte 34
Die Innere Front 353
Die Kommenden 213, 418f.
Die Nationalen e.V. 22, 25, 377, 406
Die Neue Front 380ff., 415
Dobermann 214
Doc Martens 213
Doitsche Patrioten 475
Donner-Versand GbR 448
Dragon Lance 482
Drei-Säulen-Konzept 407
Druckschriften- und Zeitungsverlag GmbH – DSZ-Verlag GmbH 368, **449ff.**
Druffel-Verlag 459
DS EXTRA 108
DVU-Liste D 257, 318, 405

Eichenlaub 168
Eine Bewegung in Waffen 166
Einheit und Kampf 152

Eis und Licht 112
Eislicht-Verlag 112
Elemente der Metapolitik zur europäischen Neugeburt 433f.
Endlösung 125, 186, 210, 431, 471
Endstufe **466f.**, 474, 480
Esoterik 26, 172, 205ff., 211f. 354, 434, 443, 445, 458
Ethnopluralismus 112, 190, 194f., 197
Ethnozentrismus 65, 78
Euro-Kurier 209f., 212, 451
Europa Vorn 119, 435
Europa-Buchhandlung 446
Everlast 213
Extreme Hatred 475

Faedrelandet 423
Fahrtenpläne 436
Faisceaux Nationalistes Européens (FNE) 401
Fanzines 20, 40, 79, 95, 120, 124, 383, 464, 475
FAP-Frauenschaft 91
Feuer & Sturm 92, 100
Foiersturm 418
Forthcoming Fire 455
Forza Nuova 184
Franken Widerstand 396
Fred Perry 213, 461
Freibund 441
Freie Deutsche Jugend (FDJ) 14
Freie Gewerkschaftsbewegung 381
Freie Kameradschaft Karlsruhe 396
Freie Kameradschaft Köln 400
Freie Nationalisten 22, 391, 393, 419, 448f.
Freie Wählergemeinschaft (FWG) 119
Freiheitliche Deutsche Arbeiterpartei (FAP) 17, 22, 354, **375f.**
Freiheitliche Deutsche Volkspartei (FDVP) 94
Freiheitliche Partei Österreichs (FPÖ) 364
Freizeitverein Hansa 353, 381
Freizeitverein Isar 96 e.V. 396
Freundeskreis Deutsche Politik 353
Freundeskreis Heinz Reisz 381
Freundeskreis Ulrich von Hutten 287, 297f., 322, **377ff.**
Freyja 92, 95
Friedensbewegung 2000 364
Front der Nationalen Rettung (FNR) 68
Frontdienst 387
Führerloser Widerstand 24, 358
Funny-Sounds 117, 465

Gäck 436
Gau-Dreieck 215
Gefährtschaftsbrief 356
Gegenangriff 399
Gemeinschaft deutscher Frauen (GdF) 89
German-British-Friendship-Records (G.B.F.-Records) 474
Germanenkult 203, 355
Germanenorden 95
Germanische Glaubens-Gemeinschaft 205
Gesellschaft für Freie Publizistik (GFP) **379f.**
Gesinnungsgemeinschaft der Neuen Front (GdNF) 16, 161, 354, 362, **380ff.**, 414
Globalisierung 26, 58, 155, 388f., 412, 451f., 459
Grabert-Verlag 111, 209, 212, 312, 313, 335, 379, 434, 443, **451ff.**, 458
Groupement de Recherche et d'Études sur la Civilisation Européenne (GRECE) 236ff., 433ff.
Gubener Heimatfront 17
Guido von List Gesellschaft 355, 445
Gylfiliten 203

Hagal – Die Allumfassende 457
haGalil 9, 132, 134, 138, 520
Hakenkreuz 47, 49, 180, 183, 203, 206f., 215, 225f., 436, 438
Hamburger Sturm 92, 127, 169, 395
Hammerfest 123, 384
Hammer-Records 474
Hammerskin-Nation 383
Hammerskins 21, 34, 57, 165, 216, **383f.**
Hanse-Records 467
Harakiri 20
HA-Records 165
Hass-Attacke 383
Hate Records 124
Hate Society **468f.**
Hatecrime Streetwear 214
Heideheim e.V. 357
Heide-Heim e.V. 357, 431
Heidenkreis Hamburg e.V. 203
Heidentum 203, 354, 443, 458
Heidnische Gemeinschaft 203
Heimattreue Jugend 24
Helloween 20, 479
Helly Hansen 213
Heritage and Destiny. The Magazine of the American Friends of the BNP 52f.
Hetendorfer Tagungswochen 357, 431
Hetzer 138, 420

Hilfsgemeinschaft auf Gegenseitigkeit (HIAG) 432
Hilfskomitee Südliches Afrika (HSA) 441
Hilfsorganisation für nationale politische Gefangene und deren Angehörige e.V. (HNG) 91, 93, 99, 161, 164, 166, 168, 170f., 239, 242, 253, 261f., 264, 267, 274, 276f., 281f., **284ff.**, 289, 301, 315, 320, 326, 329f., 341, 343, 384ff., 395, 428, 431, 467
Historikerverband 111
Hitler-Jugend (HJ) 170, 437
Hohenrain-Verlag 111, 211, 453
Holocaust-Leugner 54ff., 135
Holocaustleugnung 112, 187
Huginn und Muninn 108, 355, 445
Huttenbriefe für Volkstum, Kultur, Wahrheit und Recht 323, 377ff.

Ian-Stuart-Memorial 123, 475
Ijzerbedevaart 43
Ijzer-Wallfahrt 43
Illuminati 206, 208, 444
Index 161
Initiative Frieden 2000 364
Initiative für Ausländerbegrenzung (IfA) 371
Initiative Pro Köln 93
Insel-Bote 409
Inside Andromeda 444
Institut für Staatspolitik 198
Institute for Historical Review (IHR) 54, 185
Irmgard 91

JN-INTERN 387
JN-Mädelbund Nordrheinwestfalen 90
Jugend-wacht 390
Jungbund Adler 438
Junge Freiheit (JF) 105, 108, 110, 113f., 162, 173, 190, 192f., 195, 198f., 212, 238, 250, 272, 291, 435, 439, 460
Junge Landmannschaft Ostpreußen (JLO) 320, 441
Junge Nationaldemokraten (JN) 24f., 31, 50, 90, 110, 245, 251, 253, 261, 267, 273, 286, 288, 296, 304ff., 315, 336, 338, **387ff.**, 402, 412
Junge Witikonen 439
Junges Franken 384
Jungstahlhelm 429
Jungsturm Deutschland 420

Kahlkopf 474
Kameradschaft Bremen 165, 395
Kameradschaft Bremen-Nord 165
Kameradschaft Celle 73 395
Kameradschaft Dortmund 395
Kameradschaft Gera 396
Kameradschaft Germania Berlin 79, 396
Kameradschaft Karlsruhe 171
Kameradschaft Lüneburg/Uelzen Trupp 18 395
Kameradschaft Nordmark 169
Kameradschaft Northeim 395
Kameradschaft Pinneberg 164, 395
Kameradschaft Schwarzwald-Bär 396
Kameradschaft Treptow 165, 168
Kameradschaft Walter Spangenberg Köln 400
Kameradschaften 22, 24ff., 33, 35, 78, 80, 89, 91f., 107, 125, 143, 166, 216f., 353, 360ff., 380, 384, **391ff.**, 406, 411, 418f., 427, 448f., 476
Kameradschaftsbund Usedom (KBU) 409
Kampfbund Deutscher Sozialisten (KDS) 25, **398ff.**
Kampfzone 463, **469f.**
KC – die Band 127
KDF 467
Keltenkreuz 214, 216, 219
Kern 490
Ketzerblatt Frontal 120
Klartext 118, 420
Knights of the Ku Klux Klan 167
Knobelbecher 95
Komitee zur Vorbereitung der Feierlichkeiten zum 100. Geburtstag Adolf Hitlers (KAH) **401f.**
Kommando Omega 168
Kommunistische Partei Deutschlands (KPD) 409
Kraft Deutscher Mädels 92
Kraftschlag 119ff., **470f.**
Kreuzritter für Deutschland 359
Kriegsschuld 144, 369, 379, 446, 452
Ku Klux Klan 54, 186
kulturelle Hegemonie 198, 397
kulturelle Subversion 22f., 28, 41, 227, 394
Kulturkreis Ahnenerbe 208
K.W. Schütz-Verlag 298
Kyffhäuser-Verlag 111

Landser 15, 20, 53, 122ff., 126f., 161, 164, 169, 214, 384, 449, **471f.**, 478, 480
Landsmannschaft Ostpreußen 108
Landsmannschaft Schlesien 109
Langener Erklärung 398

Legion Condor 371
Legion of St. George 463
Legion of Thor 479
Leopold Stocker Verlag 162
Lesen & Schenken Verlagsauslieferung und Versandgesellschaft mbH 446
Lexikon der Neuen Front 44, 380f.
Lichtenberger Front 414
Lonsdale 212f., 223, 461f.
Lübscher Aufklärer 95, 361

Mach 1 467
Macht und Ehre **472f**.
Mädelbrief 95
Mädelbund für Frauen 353
Mädel-Kameradschaft Sachsen-Anhalt 92
Mädelschar Deutschland (MSD) 92
Mammonismus 26, 45
Manifest des Deutschen Kollegs 374
Masterrace 214
Max Resist & The Hooligans 479
Megalith 464
Mein Kampf 199, 203, 209, 212, 423
Mensch und Mythos 457
Metapo – Metapolitik im Angriff zur Neugeburt Europas 433
metapolitische Zellen 433
Militias 363
Mitteldeutsche Nationaldemokratische Partei Deutschlands (MNPD) 24
Moderne Zeiten 111, 119f.
Moderne Zeiten-Vertrieb 111
Mut 9, 111, 222f., 516
Mythen 103, 172, 203ff., 209ff., 220
Mythologie 5, 9, 203, 207f., 211, 214, 463

Nachrichten aus der Szene 420
Nachrichten der HNG 384ff.
Nachrichten und Informationen 420
Nada Management Organization 55
Nahkampf 127
Nation & Europa – Deutsche Monatshefte 106, 109, 114, 118, 166, 190, 195, 248ff., 256, 291f., 311, 318, 355, 367, 453f., 460f.
Nation & Europa Verlag GmbH 355, **453f.**, 460f.
National Alliance (NA) 44ff., 50ff., 57, 59, 124, 126, 167 252, 297
National Alliance Bulletin 46f., 51f., 57, 59
national befreite Zonen 22
National Front 78, 357

National Organization for European American Rights (NOFEAR) 52
National Socialist Irish Workers Party (NSIWP) 401
National Socialist Party of America (NSPA) 48
National Socialist Party of the United Kingdom (NSPUK) 401
National Socialist World 48
National Vanguard 50, 51
Nationaldemokratische Partei Deutschlands (NPD) 14, 21f., 24ff., 29, 31ff., 35, 41, 44f., 47, 50ff., 58f., 78, 80, 88ff., 93ff., 106, 108, 110, 112f., 120, 125f., 138, 143, 160f., 163ff., 169ff., 174, 178, 185f., 189, 192, 197ff., 207, 209, 215, 218, 233, 240ff., 244ff., 248, 251, 253ff., 256, 261f., 264, 267ff., 272, 278ff. 284ff., 293f., 296ff., 301, 303ff., 308ff., 314ff., 319f., 324ff., 330, 334, 336ff., 345, 348f., **402ff**.
Nationaldemokratischer Hochschulbund (NHB) 35, 51, 163, 408
Nationale Aktivisten 118
Nationale Alternative (NA) 16f., 24, 32, **414ff**.
Nationale Bewegung 162
Nationale Jugend 163
Nationale Liste 22, 381, 414
Nationale Offensive 21f., **416ff**.
Nationale Sammlung (NS) 168
Nationale Weiberaktionsfront (NWAF) 92
Nationaler Mädelbund 90
Nationaler Mädelbund Thüringen 90
Natinaler Sanitätsdienst „Das braune Kreuz" **418ff**.
Nationaler Widerstand 24, 79, 171, 396
Nationaler Widerstand Dresden (NWD) 24
Nationaler Widerstand Karlsruhe 171
Nationalistische Front (NF) 21f., 118, **420ff**.
national-revolutionäre Zellen 169
Nationalsozialistische Deutsche Arbeiterpartei/Auslands- und Aufbauorganisation (NSDAP/AO) **423ff**.
National-Zeitung – Deutsche Wochen-Zeitung (NZ) 368f., 449, 451
Naturreligion 357
Neue Nation 375
Neue Rechte 10, 14, 105, 115, 189, 192, 194ff., 199f., 205, 433
Neuheiden 204f.
Neuschwabenland 208
New Age-Bewegung 204
New Balance 213
Nibelungen-Versand 468

No Remorse 358, 474
Noie Werte 359, 464, **474f**.
Nordic Thunder 469
Nordische Glaubensgemeinschaft e.V. 356
Nordische Zeitung 356
Nordland 52, 124, 213, 437, 481
Nordland Records 52
Nordlandideologie 437
Nordland-Netz 94
Nordmacht 472, **475F**:
Nordwind 431, 464, 470
Notgemeinschaft für Volkstum und Kultur (NG) 378
Nouvelle Droite 68, 109, 433, 436, 452
NPD-Frauengruppe 90
NPD-Frauenstammtisch 90
NS 88 – Versand 473
NS News Bulletin 423
NS-Kampfruf 166, 423

Odal-Kalender 436
Oderwacht 21
Odessa (Organisation der ehemaligen SS-Angehörigen) 432
Odin 168, 203f., 206, 211, 216, 462
Odinisten 203
Odins Erben 20
Oidoxie 468
Okkultismus 5, 9, 102, 203, 211f.
Opposition – Magazin für Deutschland 459
Order of the Knights of Runes 445
Orion-Heimreiter-Verlag 446
„Ostküste" 46, 184, 210
Ostpreußenblatt 108, 178

Pamjat (Erinnerung) 70
Panzerfaust Records 123
Partei des Nationalen Rechtes 70
Partei Rechtsstaatlicher Offensive 365
Partida Nationala 68
Patria-Versand 213, 217f.
Pimpfenblatt 436
Pit Bull 217
Pluton Svea 479
Pour le Mérite-Verlag 446
Proissenheads 463
Protokolle der Weisen von Zion 184f., 206
prozeß-info 401
Pühses Liste 448

Querschläger 120

Radio Islam 27
Radio Maryja 66f., 69f., 73
Radio Oasen 122
Razors Edge 468, 474f.
Rechtsrock 117, 120, 126f., 470, 480
Reichsbürgerkunde 374
Reichsjugend 436
Republikaner (REP) 24f., 27, 29, 40, 80, 86, 88, 93, 102, 104, 108f., 119, 143, 162, 166, 177, 222, 249, 251, 257, 264, 283, 289ff., 294, 306f., 312, 314f., 317ff., 326, 328f., 338, 366f., **425ff**., 435, 439
Resistance Records 52, 57, 123f., 126, 480
Revolte 420
Rock Identitaire Français (RIF) 464
RockNORD 107, 109ff., 113
Route 90 358
Rudolf-Gutachten 107
Ruhrstürmer 95
Russische Nationale Einheit (RNE) 68
Russische Nationale Versammlung (RNA) 68

Saccara **478**
Satanismus 26, 206
Sauerländer Aktionsfront (SAF) 167, 395, 448
Scheinheilige Brüder 121
Schild-Verlag 450
Schlachtruf 95
Schlesische Rundschau 450
Schriften wider den Zeitgeist 398
Schulungsblätter 420
Schulungstexte zum Vierten Reich 373
Schwarze Sonne 207f., 214, 216, 435
Schwarzer Orden 214, 473
Schwarzes Korps 465
Selbstschutz Sachsen-Anhalt 396
Sieg 45, 122, 160, 171, 219, 465
Sigill 112
Sig-Rune 215
Sittengesetz 356
Skingirl Freundeskreis Deutschland (SFD) 89
Skingirl-Front Deutschland 91
Skinheads 15f., 18, 20, 25, 27, 31ff., 38ff., 66, 70ff., 108, 115, 122, 125ff., 143f., 152f., 162, 164f., 184, 205, 211f., 223, 384, 390f., 393, 396, 429, 439, 449, 461ff., 478f.
Skinheads Sächsische Schweiz (SSS) 165, 439, 463f.

Skrewdriver 20, 111, 214, 358, 448, 469, 474, 475
Skull-Records 121
Sleipnir 27, 107
Söhne der Arier 17
Southern Cross Hammerskins 383
Sozial-Liberale Deutsche Partei (SLP) 375
Sozialrevolutionäre Arbeiterfront (SrA) 21
Spreegeschwader 20, **479f.**
Staatsbriefe 46, 435
Stahlgewitter 472, **478f.**
Stahlhelm e.V. Bund der Frontsoldaten. Kampfbund für Europa **428ff.**
Stahlhelm – Landesverband Flandern 429
Standarte 375
Stiftung Ahnenerbe 208
Stille Hilfe für Kriegsgefangene und Internierte e.V. **430ff.**
Storchennest 94f., 102
Storm 463
Störkraft 119f., 466, **480f.**
Störstufe 466, 480
Straftaten 5, 9, 27, 30, 135, 141ff., 159, 177ff., 183, 394, 520
Strikeforce 123
Studienzentrum Weikersheim 380
Sturm 44, 47, 51, 59, 93, 371, 375, 399, 404f., 447f., 472
Sturmwehr **481f.**
Sturmvogel 437, 441
Sudetendeutsche Landsmannschaft 440
Sudetenpost 440f.
Sun Service Groß- und Versandhandel 206
Sveriges Nationella Förbund 423
Synergies Européennes 436
Synergon Deutschland 457f.

The New Order 49, 423
The Order 167
The Turner Diaries 46, 167
Thorshammer 20, 216
Thule Forum 433
Thule-Bibliothek 434f.
Thule-Kollektion 435
Thule-Seminar – Forschung und Lehrgemeinschaft für die indoeuropäische Kultur e.V. **433ff.**
Thüringer Heimatschutz (THS) 168, 404, 406
Tonstörung 34
Tonträgervertrieb Jens Pühse 449
Triskele 91, 95, 214, 386

Trotzkopf 463
Troublemaker 213
TTV-Versand 117
Türmer-Verlag 460

Ufologie 443f.
Uj Rend 423
Ulrich-von-Hutten-Preis 341, 379f.
Ultima Ratio 475
Ultima Thule 463, 469
Umbruch 64, 74
Unabhängige Freundeskreise e.V. 456f.

Vatra Romaneasca 66, 70
Verband deutscher Soldaten (VdS) 428
Verité et Justice 185
Verlag und Agentur Werner Symanek (VAWS) 112, **455ff.**
Verlag Zeitenwende 436, **457ff.**, 459
Verlagsgesellschaft Berg mbH (VGB) **459ff.**
Victory 95, 466
Vierteljahreshefte für freie Geschichtsforschung (VffG) 107
Volksbund Rudolf Heß 381
Volkskampf 420
Volkspolizei 13
Volkssozialistische Bewegung Deutschlands/Partei der Arbeit (VSBD/PdA) 160
Volkssturm 472
Volkstreue 95, 382
Volkstroi 20
Volksverhetzer 177
Volksverhetzung 107, 121, 133, 138, 145, 147, 150, 178, 208, 354, 406, 453, 477
Volkszorn 34
Von Thronstahl 218, 434, 464
Vorderste Front 35, 408
Vortex 474
Vowinckel-Verlag 111, 460
V-Punk 121, 471
Vrij Historisch Onderzoek (VHO) 56

Waffen-SS 125, 162, 370, 431f., 437, 450, 454
Wahrheit macht frei 176
Walhall Germany 214
Walküre 91, 94f., 214, 462
Wannsee-Konferenz 452
Warlord 463
WAW Kampfkapelle 465f., 472

Wehrsportgruppe Hoffmann 168, 170, 371, 386, 401, 424, 428f., 437
Wehrsportübungen 165, 171, 211, 415, 429, 437
Wehrt Euch 383
Weissglut 461
Weltkirche des Schöpfers 53
Werden und Wesen der Artreligion 356
Werkstatt Neues Deutschland 435
Werwolf 166, 210
Werwolf Jagdeinheit Senftenberg 166
Wetterleuchten 398
Wewelsburg 207f., 216, 435
White Aryan Rebels 160
White Noise Clubs 358
White Power Musik 117, 122, 126
White Power. The Newspaper of White Revolution 48
White Supremacy 464, 472
White Youth 357, 359
White-Warrior-Crew Sebnitz 464
Widerstand West 395
Wiedervereinigung Deutschlands 375
Wikinger 206, 436f., 446, 461, 480f.

Wikinger GmbH 461
Wikinger-Versand 216, **461f**.
Wiking-Jugend (WJ) 17, 21, 160, 170, 429, **436ff**., 441, 463
Wille und Weg 420
Witiko-Brief 439
Witikobund 292, **439ff**.
World Church of the Creator (WCOTC) 53
World Union of National Socialists (WUNS) 47
Wotan 108, 203, 211
Wotans Volk 214, 415

Youngland 475

Zentralorgan 57, 91, 105, 107, 207, 212, 393, 395, 419f.
Zinnober 112
Zundelsite 56
Zur Zeit 25, 480
Zyklon B 17